LAROUSSE

MINI DICTIONNAIRE

FRANÇAIS
ITALIEN

ITALIEN
FRANÇAIS

D0684782

Pour cette édition / Per la presente edizione

LUCA BASILI   CHLOÉ BOURBON

MARC CHABRIER   MICHAEL FUSARO

MONIKA HOFMANN   MERY MARTINELLI

GIOVANNI PICCI   SILVIA VALMORI

Pour les éditions précédentes / Per le precedenti edizioni

CRISTINA BONINI   MARC CHABRIER

LUCIANA CISBANI   NATHALIE FERRETTO

LAURENCE LARROCHE   IRIS LLORCA

ANTONELLA MAURI   DEBORA MAZZA

RUTH NOBLE   FABRIZIA PARINI

ROSE ROCIOLA

© LAROUSSE, 2007

MINI
ISBN 978-2-03-584004-2

MINI PLUS
ISBN 978-2-03-583764-6

LAROUSSE, PARIS
21, rue du Montparnasse, 75283 Paris Cedex 06

LAROUSSE

MINI
DIZIONARIO

FRANCESE
ITALIANO

ITALIANO
FRANCESE

LAROUSSE

SOMMAIRE

SOMMARIO

La gamme MINI Larousse a été conçue pour répondre aux besoins du débutant et du voyageur.

Avec plus de 30 000 mots et expressions et plus de 40 000 traductions, ce nouveau dictionnaire présente non seulement le vocabulaire général, mais aussi de nombreuses expressions permettant de tout déchiffrer, des panneaux de signalisation jusqu'aux cartes de restaurant.

Le vocabulaire essentiel est éclairé par de nombreux exemples et des indicateurs de sens précis. La consultation en est facilitée par une présentation étudiée.

À la fois pratique et complet, cet ouvrage est une mine d'informations qui vous suivra partout. « Buon viaggio », et n'hésitez pas à nous faire part de vos suggestions.

L'ÉDITEUR

Il mini dizionario Larousse è stato realizzato per rispondere alle esigenze di chi viaggia o comincia a studiare il francese.

Con più di 30.000 parole ed espressioni e oltre 40.000 traduzioni, questo nuovo dizionario comprende non solo la terminologia di base, ma anche numerose espressioni utili per capire cartelli informativi e i menù dei ristoranti.

Le divisioni semantiche sono accuratamente indicate e la consultazione delle voci complesse è facilitata dai numerosi esempi e dalla presentazione chiara ed efficace.

Completo e allo stesso tempo praticissimo, questo dizionario si rivelerà un indispensabile compagno di studio e di viaggio. Contiamo sul vostro apprezzamento e vi preghiamo di inviarci i vostri suggerimenti. 'Bon voyage !'

L'EDITORE

Abréviations / Abbreviazioni

abréviation	a(b)br	abbreviazione
adjectif	adj / agg	aggettivo
adverbe	adv	avverbio
anatomie	ANAT	anatomia
article	art	article
adverbe	avv	avverbio
Belgique	Belg	Belgio
commerce	COMM	commercio
conjonction	cong / conj	congiunzione
cuisine	CULIN	cucina
démonstratif	dim	dimostrativo
droit	D(I)R	diritto
interjection	esclam	esclamazione
féminin	f	femminile
familier	fam	familiare
figuré	fig	figurato
finance	FIN	finanza
soutenu	form	formale
géographie	GEOG	geografia
grammaire	GRAMM	grammatica
Suisse	Helv	Svizzera
indéfini	indef	indefinito
informatique	INFORM	informatica
interjection	interj	esclamazione
interrogatif	interr	interrogativo
invariable	inv	invariabile
locution	loc	locuzione
masculin	m	maschile
mathématiques	MAT(H)	matematica
médecine	MED / MÉD	medicina
même forme pour le masculin et le féminin : ex. démocrate	mf	stessa forma per il maschile e il femminile: es. atleta
militaire	MIL	militare

Abréviations / Abbreviazioni		
nom dont le genre est flottant : ex. un arobase ou une arobase	m o f / m ou f	sostantivo appartenente a entrambi i generi: es. un meteorite o una meteorite
musique	MUS	musica
nom	n	sostantivo
nautique	NAUT	nautica
nom masculin et nom féminin : ex. menteur, euse	nm, f	sostantivo maschile con la desinenza femminile: es. attore, trIce
nom dont le genre est flottant : ex. un arobase ou une arobase	nm ou nf	sostantivo appartenente a entrambi i generi: es. un meteorite o una meteorite
numéral	num	numerale
péjoratif	péj	spregiativo
personnel	pers	personale
pluriel	pl	plurale
politique	POLIT	politica
participe passé	pp	participio passato
participe présent	p prés	participio presente
préfixe	préf	prefisso
préposition	prep / prép	preposizione
pronom	pron	pronome
quelque chose	qc / qqch	qualcosa
quelqu'un	qn / qqn	qualcuno
régional	region	regionale
relatif	rel	relativo
religion	RELIG	religione
nom	s	sostantivo
scolaire	SCOL	scuola
singulier	sing	singolare
nom masculin et nom féminin : ex. menteur, euse	sm, f	sostantivo maschile con la desinenza femminile: es. attore, trice
nom dont le genre est flottant : ex. un arobase ou une arobase	sm o sf	sostantivo appartenente a entrambi i generi: es. un meteorite o una meteorite

Abréviations / Abbreviazioni		
soutenu	sout	formale
péjoratif	spreg	spregiativo
technologie	TEC(H)NOL	tecnologia
transports	TRANS	trasporti
verbe	v	verbo
verbe auxiliaire	v aus	verbo ausiliare
verbe intransitif	vi	verbo intransitivo
verbe impersonnel	v impers	verbo impersonale
vulgaire	volg	volgare
verbe pronominal	vp	verbo pronominale
verbe réfléchi	vr	verbo riflessivo
verbe transitif	vt	verbo transitivo
vulgaire	vulg	volgare

	francese	italiano	commenti
[a]	lac, papillon	pane, casa	
[e]	chez, année	verde, tre	
[ɛ]	bec, aime	caffè, pezzo	
[i]	vie, île	vino, isola	
[o]	drôle, aube	monte, pozzo	
[ɔ]	fort, donner	corpo, sciocco	
[u]	outil, goût	una, cultura	
[y]	usage, lune		Suono tra una 'i' e una 'u'.
[ø]	aveu, jeu		
[œ]	peuplc, bœuf		
[ə]	regard, je, le		E muta. Suono rapido come nello schwa napoletano.
[j]	yeux, paille, yaourt	ieri, pioggia, yen	
[w]	ouest, oui	fuori, guasto	
[ɥ]	lui, nult		
[ɛ̃]	timbre, main		
[ɑ̃]	champ, ennui		
[ɔ̃]	ongle, mon		
[œ̃]	parfum, brun		
[p]	prendre, grippe	porta, sapore	

	francese	italiano	commenti
[b]	bateau, rosbif	barca, libro	
[t]	théâtre, temps	torre, patata	
[d]	dalle, ronde	dare, odore	
[k]	coq, quatre, magique	cane, conto, culla, chiesa, quando, qui, quello	
[g]	garder, épilogue	gara, ghiro	
[ts]	gratte-ciel	anzi, pizza	
[dz]	pizza	zona	
[(t)ʃ]	tchao, tchèque	cena, ciao	
[dʒ]	jazz, gin	gente, gioco, jazz	
[f]	fête, physique	fine, afa	
[v]	voir, rive, wagon	vero, uovo, watt	
[s]	cela, savant	stella, sabato	
[z]	fraise, zéro	sdraio, sbaglio	
[ʃ]	charrue, schéma	scimmia, ascia	
[m]	mât, drame	mare, amico	
[n]	nager, trône	notte, animale	
[ɲ]	agneau, peigner	gnocchi, ogni	
[l]	halle, lit	lana, vela	
[ʒ]	rouge, jeune	beige	
[ʀ]	arracher, sabre		

	italien	français	commentaires
[a]	pane, casa	lac, papillon	
[e]	verde, tre	chez, année	
[ɛ]	caffè, pezzo	bec, aime	
[i]	vino, isola	vie, île	
[o]	monte, pozzo	drôle, aube	
[ɔ]	corpo, sciocco	fort, donner	
[u]	una, cultura	outil, goût	
[j]	ieri, pioggia, yen	yeux, paille, yaourt	
[w]	fuori, guasto	ouest, oui	
[p]	porta, sapore	prendre, grippe	
[b]	barca, libro	bateau, rosbif	
[t]	torre, patata	théâtre, temps	
[d]	dare, odore	dalle, ronde	
[k]	cane, conto, culla, chiesa, quando, qui, quello	coq, quatre, magique	
[g]	gara, ghiro	garder, épilogue	
[ts]	anzi, pizza	gratte-ciel	
[dz]	zona	pizza	
[(t)ʃ]	cena, ciao	tchao, tchèque	
[dʒ]	gente, gioco, jazz	jazz, gin	
[f]	fine, afa	fête, physique	

11

	italien	français	commentaires
[v]	vero, uovo, watt	voir, rive, wagon	
[s]	stella, sabato	cela, savant	
[z]	sdraio, sbaglio	fraise, zéro	
[ʃ]	scimmia, ascia	charrue, schéma	
[m]	mare, amico	mât, drame	
[n]	notte, animale	nager, trône	
[ɲ]	gnocchi, ogni	agneau, peigner	
[l]	lana, vela	halle, lit	
[ʎ]	gli, figli		N'existe pas en français. Le son le plus proche est [li].
[r]	rosa, padre		Le r italien n'est pas roulé. La prononciation est dentale.
[ʒ]	beige	rouge, jeune	

Noms de marque
Les noms de marque sont désignés dans ce dictionnaire par le symbole ®. Néanmoins, ni ce symbole, ni son absence, ne sont représentatifs du statut légal de la marque.

Marchi registrati
Le parole considerate marchi registrati sono contrassegnate in questo dizionario con il simbolo ®.
In ogni caso, né la presenza né l'assenza di tale simbolo implica alcuna valutazione del reale stato giuridico di un marchio.

Remarque sur la phonétique
Le symbole ['] représente le « h aspiré » français, dans hachis ['aʃi], par exemple.

Note sulla fonetica
Il simbolo ['] rappresenta la «h aspirata» in francese, ad esempio hachis ['aʃi].

a A

a [a] ➤ avoir

A [a] *(abr de autoroute)* A *(autostrada)*

à [a] *prép*
1. *(introduit un complément d'objet indirect)* a ● **penser à qqch/qqn** pensare a qc/qn ● **donner qqch à qqn** dare qc a qn
2. *(indique le lieu où l'on est)* a ● **j'habite à Paris** abito a Parigi ● **rester à la maison** restare a casa ● **à la campagne/montagne** in campagna/montagna ● **il y a une piscine à deux kilomètres du village** c'è una piscina a due chilometri dal paese
3. *(indique le lieu où l'on va)* a ● **allons au théâtre** andiamo a teatro ● **il est parti à la pêche** è andato a pesca ● **aller au Portugal** andare in Portogallo ● **aller à Paris** andare a Parigi
4. *(introduit un complément de temps)* a ● **embarquer à 21 h 30** imbarcarsi alle 21.30 ● **au mois d'août** nel mese di agosto ● **le musée est à cinq minutes d'ici** il museo è a cinque minuti da qui ● **à jeudi ! a giovedì!**
5. *(indique la manière, le moyen)* a ● **à deux** in due ● **à pied** a piedi ● **écrire au crayon** scrivere a matita ● **fait à la main** fatto a mano ● **à la française** alla francese
6. *(indique l'appartenance)* ● **à qui sont ces lunettes ?** di chi sono questi occhiali? ● **cet argent est à moi/à lui/à Isabelle** questi soldi sono miei/suoi/di Isabelle ● **une amie à moi** una mia amica
7. *(indique un prix)* da ● **une place à 15 euros** un posto da 15 euro
8. *(indique une caractéristique)* ● **le garçon aux yeux bleus** il ragazzo con gli occhi blu ● **une chemise à manches courtes** una camicia a maniche corte ● **un bateau à vapeur** un battello a vapore
9. *(indique un rapport)* a ● **100 km à l'heure** 100 km all'ora
10. *(indique le but)* da ● **le courrier à poster** la posta da imbucare ● **maison à vendre** abitazione in vendita, vendesi abitazione

AB [abe] *(abr de assez bien)* ≃ discreto

abaisser [abese] *vt (levier)* abbassare

abandon [abɑ̃dɔ̃] *nm* ● **à l'abandon** in abbandono ● **laisser qqch à l'abandon** lasciare qc in abbandono

abandonné, e [abɑ̃dɔne] *adj* abbandonato(a)

abandonner [abɑ̃dɔne] *vt* abbandonare ◇ *vi* rinunciare

abat-jour [abaʒuʀ] *nm inv* paralume *m*

abats [aba] *nmpl* frattaglie *fpl*

abattoir [abatwaʀ] *nm* macello *m*

abattre [abatʀ] *vt* **1.** abbattere **2.** *(tuer une personne)* ammazzare ; *(tuer un animal)* abbattere ● **ne te laisse pas abattre !** non ti abbattere!

abattu, e [abaty] *adj* abbattuto(a)

abbaye [abei] *nf* abbazia *f*

abcès [apsɛ] *nm* ascesso *m*

abeille [abɛj] *nf* ape *f*

aberrant, e [abeʀɑ̃, ɑ̃t] *adj* aberrante

abîmer [abime] *vt* rovinare ◆ **s'abîmer** *vp* **1.** rovinarsi **2.** *(fruit)* andare a male ● **s'abîmer les yeux** rovinarsi la vista

aboiements [abwamɑ̃] *nmpl* latrati *mpl*

abolir [abɔliʀ] *vt* abolire

abominable [abɔminabl] *adj* **1.** *(temps)* orrendo(a) **2.** *(crime)* abominevole

abondant, e [abɔ̃dɑ̃, ɑ̃t] *adj* abbondante

abonné, e [abɔne] *nm, f* abbonato *m*, -a *f* ◇ *adj* ● **être abonné à un journal** essere abbonato a un giornale

abonnement [abɔnmɑ̃] *nm* abbonamento *m*

abonner [abɔne] ● **s'abonner à** *vp + prep* ● **s'abonner à un journal** abbonarsi a un giornale

abord [abɔʀ] ● **d'abord** *adv* **1.** *(avant)* prima **2.** *(premièrement)* innanzitutto ● **abords** *nmpl* dintorni *mpl* ● **aux abords de Paris** nei dintorni di Parigi

abordable [abɔʀdabl] *adj (prix)* abbordabile

aborder [abɔʀde] *vt* **1.** *(personne)* avvicinare **2.** *(sujet)* affrontare ◇ *vi* NAUT approdare

aboutir [abutiʀ] *vi (réussir)* ● **les négociations ont abouti** le trattative hanno avuto esito positivo ● **aboutir à** portare a

aboyer [abwaje] *vi* abbaiare

abrégé [abʀeʒe] *nm* ● **en abrégé** in breve

abréger [abʀeʒe] *vt* abbreviare ● **abrège !** *(fam)* falla breve OU corta!

abreuvoir [abʀœvwaʀ] *nm* abbeveratoio *m*

abréviation [abʀevjasjɔ̃] *nf* abbreviazione *f*

abri [abʀi] *nm* riparo *m* ● **abri antiatomique** rifugio *m* antiatomico ● **être/se mettre à l'abri (de)** essere/mettersi al riparo (da)

abricot [abʀiko] *nm* albicocca *f*

abriter [abʀite] ● **s'abriter (de)** *vp + prep* ripararsi (da)

abrupt, e [abʀypt] *adj (escarpé)* ripido(a)

abruti, e [abʀyti] *adj* **1.** *(fam) (bête)* cretino(a) **2.** *(assommé)* inebetito(a) ◇ *nm, f (fam)* cretino *m*, -a *f*

abrutissant, e [abʀytisɑ̃, ɑ̃t] *adj* alienante

absence [apsɑ̃s] *nf* assenza *f* ● **en l'absence de qqn** in assenza di qn ● **en mon/ton absence** in mia/tua assenza

absent, e [apsɑ̃, ɑ̃t] *adj* assente ◇ *nm, f* assente *mf*

absenter [apsɑ̃te] ● **s'absenter** *vp* assentarsi

absolu, e [apsɔly] *adj* assoluto(a)

absolument [apsɔlymɑ̃] *adv* **1.** assolutamente **2.** *(bien sûr)* certamente

absorbant, e [apsɔʀbɑ̃, ɑ̃t] *adj (papier, tissu)* assorbente

absorber [apsɔʀbe] *vt* **1.** assorbire **2.** *(nourriture)* ingerire

abstenir [apstəniʀ] ● **s'abstenir** *vp (de voter)* astenersi ● **s'abstenir de faire qqch** astenersi dal fare qc

abstention [apstɑ̃sjɔ̃] *nf* astensione *f*

abstenu, e [apstəny] *pp* ➤ **abstenir**

abstrait, e [apstʀɛ, ɛt] *adj* astratto(a)

absurde [apsyʀd] *adj* assurdo(a)

abus [aby] *nm* abuso *m* ● **attention à l'abus d'alcool** attenzione all'abuso di alcolici ● **tout abus sera sévèrement puni** ogni abuso sarà severamente punito

abuser [abyze] *vi (exagérer)* esagerare ● **il abuse !** *(fam)* sta esagerando! ● **abuser de** *(nourriture, boisson)* fare abuso di ; *(force, autorité)* abusare di

académie [akademi] *nf (zone administrative) circoscrizione amministrativa dell'insegnamento francese* • **l'Académie française** *associazione alla quale appartengono i principali esponenti della letteratura francese*

acajou [akaʒu] *nm* mogano *m*

accaparer [akapare] *vt (conversation, personne)* monopolizzare

accéder [aksede] ◆ **accéder à** *v + prep (lieu, pouvoir)* accedere a

accélérateur [akseleratœr] *nm* acceleratore *m*

accélération [akselerasjɔ̃] *nf* accelerazione *f*

accélérer [akselere] *vi* **1.** *AUTO* accelerare **2.** *(se dépêcher)* sbrigarsi

accent [aksɑ̃] *nm* accento *m* • **mettre l'accent sur** mettere l'accento su • **accent aigu** accento acuto • **accent circonflexe** accento circonflesso • **accent grave** accento grave

accentuer [aksɑ̃tɥe] *vt (mot)* accentare ◆ **s'accentuer** *vp (s'intensifier)* accentuarsi

acceptable [akseptabl] *adj* accettabile

accepter [aksepte] *vt* accettare • **il a accepté de m'aider** ha accettato di aiutarmi • **l'établissement n'accepte pas les chèques** non si accettano assegni

accès [aksɛ] *nm* accesso *m* • **cette porte donne accès à mon jardin** questa porta permette di accedere al giardino ▼ **accès interdit** divieto d'accesso ▼ **accès aux trains** ai binari

accessible [aksesibl] *adj* accessibile

accessoire [akseswar] *nm* **1.** *(bijou, écharpe)* accessorio *m* **2.** *(outil)* utensile *m*

accident [aksidɑ̃] *nm* incidente *m* • **accident de la route** incidente stradale • **accident du travail** infortunio *m* sul lavoro • **accident de voiture** incidente d'auto

accidenté, e [aksidɑ̃te] *adj* **1.** *(voiture)* sinistrato(a) **2.** *(terrain)* accidentato(a)

accidentel, elle [aksidɑ̃tɛl] *adj* **1.** *(mort)* accidentale **2.** *(rencontre, découverte)* casuale

accolade [akɔlad] *nf (signe graphique)* graffa *f*

accompagnateur, trice [akɔ̃paɲatœr, tris] *nm, f* accompagnatore *m*, -trice *f*

accompagnement [akɔ̃paɲmɑ̃] *nm* **1.** *CULIN* contorno *m* **2.** *MUS* accompagnamento *m*

accompagner [akɔ̃paɲe] *vt* accompagnare

accomplir [akɔ̃pliʀ] *vt* compiere

accord [akɔr] *nm* **1.** accordo *m* **2.** *GRAMM* concordanza *f* • **d'accord !** d'accordo! • **se mettre d'accord** mettersi d'accordo • **être d'accord avec** essere d'accordo con • **être d'accord pour (faire) qqch** essere d'accordo per (fare) qc

accordéon [akɔrdeɔ̃] *nm* fisarmonica *f*

accorder [akɔrde] *vt MUS* accordare • **accorder qqch à qqn** concedere qc a qn ◆ **s'accorder** *vp* **1.** *(s'octroyer)* concedersi **2.** *GRAMM* accordare, concordare • **je me suis accordé une journée de repos** mi sono concesso una giornata di riposo

accoster [akɔste] *vt (personne)* avvicinare ◇ *vi NAUT* accostare

accotement [akɔtmɑ̃] *nm* banchina *f* ▼ **accotements non stabilisés** banchina cedevole

accouchement [akuʃmɑ̃] *nm* parto *m*

accoucher [akuʃe] *vi* ◆ **accoucher (de)** partorire ● **elle a accouché d'un garçon** ha partorito un maschietto

accouder [akude] ◆ **s'accouder** *vp* ● **s'accouder au comptoir/à la fenêtre** appoggiarsi con i gomiti al bancone/alla finestra

accoudoir [akudwaʀ] *nm* bracciolo *m*

accourir [akuʀiʀ] *vi* accorrere

accouru, e [akuʀy] *pp* ➤ **accourir**

accoutumer [akutyme] ◆ **s'accoutumer à** *vp + prep* abituarsi a

accroc [akʀo] *nm* strappo *m*

accrochage [akʀɔʒaʒ] *nm* **1.** *(accident)* scontro *m* **2.** *(fam) (dispute)* battibecco *m*

accrocher [akʀɔʃe] *vt* **1.** *(remorque, caravane)* attaccare **2.** *(tableau)* appendere **3.** *(déchirer)* strappare **4.** *(heurter)* urtare ◆ **s'accrocher** *vp (fam) (persévérer)* tener duro ● **s'accrocher à** *(se tenir à)* aggrapparsi a ● **accroche-toi, ça va secouer !** tieniti forte!

accroupir [akʀupiʀ] ◆ **s'accroupir** *vp* accovacciarsi

accueil [akœj] *nm* **1.** *(bienvenue)* accoglienza *f* **2.** *(bureau)* reception *f inv* ● **s'adresser à l'accueil** rivolgersi alla reception ● **laisser qqch à l'accueil** lasciare qc alla reception

accueillant, e [akœjɑ̃, ɑ̃t] *adj* accogliente

accueillir [akœjiʀ] *vt* accogliere ● **comment a-t-il accueilli la nouvelle ?** come ha accolto la notizia?

accumuler [akymyle] *vt* accumulare ◆ **s'accumuler** *vp* accumularsi

accusation [akyzasjɔ̃] *nf* accusa *f*

accusé, e [akyze] *nm, f* imputato *m*, -a *f* ◇ *nm* ● **accusé de réception** ricevuta *f* di ritorno

accuser [akyze] *vt* accusare ● **il est accusé de vol/de négligence** è accusato di furto/di negligenza ● **on l'a accusé de voler dans la caisse** l'hanno accusato di aver rubato dei soldi dalla cassa

acéré, e [aseʀe] *adj* affilato(a)

acharnement [aʃaʀnəmɑ̃] *nm* accanimento *m* ● **avec acharnement** con accanimento

acharner [aʃaʀne] ◆ **s'acharner** *vp* ● **s'acharner à faire qqch** ostinarsi a fare qc ● **s'acharner sur qqn** *(verbalement, physiquement)* accanirsi contro ou su qn

achat [aʃa] *nm* acquisto *m* ● **faire des achats** fare acquisti

acheter [aʃte] *vt* comperare, comprare ● **je lui ai acheté sa collection de timbres** ho comprato la sua collezione di francobolli ● **j'ai acheté un manteau à ma fille** ho comprato un cappotto per mia figlia

acheteur, euse [aʃtœʀ, øz] *nm, f* acquirente *mf*

achever [aʃve] *vt* **1.** terminare **2.** *(tuer)* finire ◆ **s'achever** *vp* terminare ● **les travaux s'achèvent cette semaine** i lavori saranno terminati questa settimana

acide [asid] *adj* acido(a) ◇ *nm* acido *m*

acier [asje] *nm* acciaio *m* ● **acier inoxydable** acciaio inossidabile ● **en acier** d'acciaio

acné [akne] *nf* acne *f*

acompte [akɔ̃t] *nm* acconto *m*

à-coup, s [aku] *nm* scossa *f* ● **par à-coups** a singhiozzo

acoustique [akustik] *nf* acustica *f*

acquérir [akeʀiʀ] vt **1.** *(acheter)* acquistare **2.** *(réputation, expérience)* acquisire

acquis, e [aki, iz] pp ➤ **acquérir**

acquisition [akizisjɔ̃] nf acquisto m ● **faire l'acquisition de qqch** acquistare qc

acquitter [akite] vt DR assolvere ◆ **s'acquitter de** vp + prep **1.** *(dette)* liberarsi di **2.** *(tâche, devoir)* adempiere a

âcre [akʀ] adj *(odeur)* acre

acrobate [akʀɔbat] nmf acrobata m

acrobatie [akʀɔbasi] nf acrobazia f

acrylique [akʀilik] nm acrilico m

acte [akt] nm atto m ● **acte de naissance** atto ou certificato m di nascita

acteur, trice [aktœʀ, tʀis] nm, f attore m, -trice f

actif, ive [aktif, iv] adj attivo(a)

action [aksjɔ̃] nf **1.** azione f **2.** *(effet)* effetto m

actionnaire [aksjɔnɛʀ] nmf azionista mf

actionner [aksjɔne] vt azionare

active ➤ **actif**

activer [aktive] vt *(feu)* attizzare ◆ **s'activer** vp *(se dépêcher)* sbrigarsi

activité [aktivite] nf attività f inv ● **activité physique/sportive** attività fisica/sportiva ● **activité professionnelle** attività professionale ● **en activité** in attività

actrice ➤ **acteur**

actualité [aktɥalite] nf ● **l'actualité** l'attualità f ● **d'actualité** d'attualità ◆ **actualités** nfpl **1.** *(à la radio)* giornale m radio **2.** *(à la télévision)* telegiornale m

actuel, elle [aktɥɛl] adj attuale

actuellement [aktɥɛlmɑ̃] adv attualmente

acupuncture [akypɔ̃ktyʀ] nf agopuntura f

adaptateur [adaptatœʀ] nm *(pour prise de courant)* adattatore m

adaptation [adaptasjɔ̃] nf adattamento m ● **temps d'adaptation** periodo di adattamento

adapter [adapte] vt adattare ● **adapter qqch à** adattare qc a ◆ **s'adapter** vp adattarsi ● **s'adapter à** adattarsi a

additif [aditif] nm additivo m ▼ **sans additif** senza additivi

addition [adisjɔ̃] nf **1.** *(calcul)* addizione f **2.** *(note)* conto m ● **faire une addition** fare un'addizione ● **payer l'addition** pagare il conto ● **demander l'addition** chiedere il conto ● **l'addition, s'il vous plaît !** il conto, per favore!

additionner [adisjɔne] vt sommare

adepte [adɛpt] nmf **1.** *(d'une secte)* adepto m, -a f **2.** *(amateur)* ● **je suis un adepte du ski/du rock** sono (un) appassionato di sci/di musica rock

adéquat, e [adekwa, at] adj adeguato(a)

adhérent, e [adeʀɑ̃, ɑ̃t] nm, f aderente mf

adhérer [adeʀe] vi ● **adhérer à** *(coller)* aderire a ; *(être membre de)* fare parte di

adhésif, ive [adezif, iv] adj adesivo(a)

adieu, x [adjø] nm addio m ● **adieu !** addio! ● **faire ses adieux à qqn** prendere commiato da qn

adjectif [adʒɛktif] nm aggettivo m

adjoint, e [adʒwɛ̃, ɛ̃t] nm, f vice mf inv

admettre [admɛtʀ] vt ammettere ● **être admis à un examen** essere ammesso a un esame

administration [administʀasjɔ̃] *nf* amministrazione *f* • **l'Administration** la Pubblica Amministrazione

admirable [admiʀabl] *adj* ammirevole

admirateur, trice [admiʀatœʀ, tʀis] *nm, f* ammiratore *m*, -trice *f*

admiration [admiʀasjɔ̃] *nf* ammirazione *f*

admirer [admiʀe] *vt* ammirare

admis, e [admi, iz] *pp* ➤ **admettre**

admissible [admisibl] *adj* **1.** *(tolérable)* ammissibile **2.** SCOL ammesso(a)

adolescence [adɔlesɑ̃s] *nf* adolescenza *f*

adolescent, e [adɔlesɑ̃, ɑ̃t] *nm, f* adolescente *mf*

adopter [adɔpte] *vt* adottare

adoptif, ive [adɔptif, iv] *adj* adottivo(a)

adoption [adɔpsjɔ̃] *nf* adozione *f*

adorable [adɔʀabl] *adj* adorabile

adorer [adɔʀe] *vt* adorare

adosser [adose] *vp* • **s'adosser à** OU **contre** addossarsi a

adoucir [adusiʀ] *vt* **1.** *(linge)* ammorbidire **2.** *(traits, caractère)* addolcire

adresse [adʀɛs] *nf* **1.** *(domicile)* indirizzo *m* **2.** *(habileté)* destrezza *f* • **adresse personnelle** OU **perso** indirizzo privato • **adresse professionnelle** indirizzo professionale • **adresse électronique** indirizzo elettronico

L'adresse

Les adresses italiennes sont généralement constituées des nom et prénom du destinataire, du nom de la rue suivi du numéro, du CAP (code postal) et de la commune de résidence ; vient ensuite la mention de la province (en abrégé) et, si vous écrivez de l'étranger, du pays. Voici un exemple : Carlo Piana – viale Bolognesi, nº 16 – 47100 Forlì – FC (c'est-à-dire l'abréviation de la province Forlì-Cesena). Si vous désirez envoyer un courrier chez une personne hébergée par quelqu'un d'autre, vous ferez suivre son nom de l'abréviation anglaise c/o (care of) et du nom de la personne qui l'héberge : Paolo Novembri – c/o Carlo Piana.

adresser [adʀese] *vt* **1.** *(courrier, message)* indirizzare **2.** *(remarque)* rivolgere • **s'adresser à** *vp* + *prep* **1.** *(parler à)* rivolgersi a **2.** *(concerner)* essere rivolto(a) a

Adriatique [adʀijatik] *nf* • **l'Adriatique** l'Adriatico *m*

adroit, e [adʀwa, at] *adj* abile

adulte [adylt] *nmf* adulto *m*, -a *f*

adverbe [advɛʀb] *nm* avverbio *m*

adversaire [advɛʀsɛʀ] *nmf* avversario *m*, -a *f*

adverse [advɛʀs] *adj* • **dans le camp adverse** nel campo avversario • **la partie adverse** la parte avversa

aération [aeʀasjɔ̃] *nf* aerazione *f*

aérer [aeʀe] *vt* aerare

aérien, enne [aeʀjɛ̃, ɛn] *adj* aereo(a)

aérodrome [aeʀodʀom] *nm* aerodromo *m*

aérodynamique [aeʀodinamik] *adj* aerodinamico(a)

aérogare [aeʀɔgaʀ] *nf* (air-)terminal *m inv*

aéroglisseur [aeʀɔglisœʀ] *nm* hovercraft *m inv*

aérophagie [aeʀɔfaʒi] *nf* aerofagia *f*

aéroport [aeʀɔpɔʀ] *nm* aeroporto *m*

aérosol [aeʀɔsɔl] *nm* aerosol *m inv*

affaiblir [afeblir] *vt* 1. indebolire 2. (*atténuer*) attenuare ♦ **s'affaiblir** *vp* 1. (*personne*) indebolirsi 2. (*lumière*) affievolirsi 3. (*son*) attenuarsi

affaire [afeʀ] *nf* 1. (*entreprise*) azienda *f* 2. (*marché*) affare *m* 3. (*question*) faccenda *f* 4. (*scandale*) scandalo *m* 5. (*procès*) causa *f* ● **avoir affaire à qqn** avere a che fare con qn ● **faire l'affaire** andare bene ● **une sale affaire** un brutto affare ● **l'affaire Dreyfus** il caso Dreyfus ● **c'est une (bonne) affaire** ! è un (buon) affare! ♦ **affaires** *nfpl* (*objets*) cose *fpl* ● **les affaires** FIN gli affari ● **occupe-toi de tes affaires** ! pensa ai fatti tuoi!

affaisser [afese] ♦ **s'affaisser** *vp* 1. (*personne*) accasciarsi 2. (*sol*) cedere

affamé, e [afame] *adj* affamato(a)

affecter [afɛkte] *vt* 1. (*toucher*) addolorare 2. (*fonds*) destinare 3. (*personne*) turbare

affection [afɛksjɔ̃] *nf* (*sentiment*) affetto *m*

affectueusement [afɛktɥøzmɑ̃] *adv* affettuosamente ● **bien affectueusement** (*dans une lettre*) con affetto

affectueux, euse [afɛktɥø, øz] *adj* affettuoso(a)

affichage [afiʃaʒ] *nm* INFORM visualizzazione *f* ▼ **affichage interdit** divieto d'affissione

affiche [afiʃ] *nf* 1. (*électorale, publicitaire*) manifesto *m* 2. (*de cinéma, de théâtre*) cartellone *m* 3. (*décorative*) poster *m inv*

afficher [afiʃe] *vt* (*placarder*) affiggere

affilée [afile] ♦ **d'affilée** *adv* ● **il a mangé quatre hamburgers d'affilée** si è mangiato quattro hamburger di fila ● **j'ai travaillé huit heures d'affilée** ho lavorato otto ore filate

affirmation [afiʀmasjɔ̃] *nf* affermazione *f*

affirmer [afiʀme] *vt* affermare ♦ **s'affirmer** *vp* (*personnalité, talent*) affermarsi

affligeant, e [afliʒɑ̃, ɑ̃t] *adj* (*lamentable*) penoso(a)

affluence [aflyɑ̃s] *nf* affluenza *f* ● **aux heures d'affluence** nelle ore di maggiore affluenza

affluent [aflyɑ̃] *nm* affluente *m*

affolement [afɔlmɑ̃] *nm* panico *m*

affoler [afɔle] *vt* sconvolgere ♦ **s'affoler** *vp* 1. (*paniquer*) perdere la testa 2. (*s'inquiéter*) ● **ne t'affole pas** ! non ti agitare!

affranchir [afʀɑ̃ʃiʀ] *vt* (*timbrer*) affrancare

affranchissement [afʀɑ̃ʃismɑ̃] *nm* (*d'une lettre, d'un colis*) affrancatura *f*

affreusement [afʀøzmɑ̃] *adv* (*énormément*) terribilmente

affreux, euse [afʀø, øz] *adj* orrendo(a)

affronter [afʀɔ̃te] *vt* affrontare ♦ **s'affronter** *vp* affrontarsi

affût [afy] *nm* ● **être à l'affût de** (*erreur, scandale*) essere a caccia di

affûter [afyte] *vt* affilare

afin [afɛ̃] ♦ **afin de** *prép* per ● **afin que** *conj* affinché

africain, e [afʀikɛ̃, ɛn] *adj* africano(a) ◆ **Africain, e** *nm, f* africano m, -a f

Afrique [afʀik] *nf* ● **l'Afrique** l'Africa f ● **l'Afrique du Sud** il Sudafrica

agaçant, e [agasɑ̃, ɑ̃t] *adj* irritante

agacer [agase] *vt* irritare

âge [aʒ] *nm* età f *inv* ● **quel âge as-tu ?** quanti anni hai? ● **une personne d'un certain âge** una persona di una certa età ● **le troisième âge** la terza età

âgé, e [aʒe] *adj* anziano(a) ● **les personnes âgées** gli anziani ● **âgé de 13 ans** di 13 anni

agence [aʒɑ̃s] *nf* agenzia f ● **agence de voyages** agenzia di viaggi

agenda [aʒɛ̃da] *nm* agenda f ● **agenda électronique** agenda elettronica ● **noter un rendez-vous dans son agenda** segnare un appuntamento sull'agenda

agenouiller [aʒnuje] ◆ **s'agenouiller** *vp* inginocchiarsi

agent [aʒɑ̃] *nm* ● **agent (de police)** agente m (di polizia) ● **agent de change** agente di cambio

agglomération [aglɔmeʀasjɔ̃] *nf* agglomerato m ● **l'agglomération parisienne** Parigi e la sua periferia

aggraver [agʀave] *vt* aggravare ◆ **s'aggraver** *vp* aggravarsi

agile [aʒil] *adj* agile

agilité [aʒilite] *nf* agilità f *inv*

agir [aʒiʀ] *vi* agire ◆ *v impers* ● **dans ce livre, il s'agit de...** questo libro tratta di... ● **de quoi s'agit-il ?** di cosa si tratta? ● **il s'agit de faire des efforts** bisogna fare degli sforzi

agitation [aʒitasjɔ̃] *nf* agitazione f

agité, e [aʒite] *adj* agitato(a)

agiter [aʒite] *vt* agitare ◆ **s'agiter** *vp* agitarsi

agneau, x [aɲo] *nm* agnello m

agonie [agɔni] *nf* agonia f ● **être à l'agonie** essere in agonia

agrafe [agʀaf] *nf* **1.** *(de bureau)* graffetta f **2.** *(de vêtement)* gancio m

agrafer [agʀafe] *vt* *(feuilles)* pinzare, graffare

agrafeuse [agʀaføz] *nf* pinzatrice f

agrandir [agʀɑ̃diʀ] *vt* ingrandire ◆ **s'agrandir** *vp* ingrandirsi

agrandissement [agʀɑ̃dismɑ̃] *nm* *(photo)* ingrandimento m

agréable [agʀeabl] *adj* piacevole

agrès [agʀɛ] *nmpl* SPORT attrezzi *mpl* (ginnici)

agresser [agʀese] *vt* aggredire

agresseur [agʀesœʀ] *nm* aggressore m

agressif, ive [agʀesif, iv] *adj* aggressivo(a)

agression [agʀesjɔ̃] *nf* aggressione f

agricole [agʀikɔl] *adj* agricolo(a)

agriculteur, trice [agʀikyltœʀ, tʀis] *nm, f* agricoltore m, -trice f

agriculture [agʀikyltyʀ] *nf* agricoltura f

agripper [agʀipe] *vt* afferrare ◆ **s'agripper à** *vp + prep* aggrapparsi a

agroalimentaire [agʀoalimɑ̃tɛʀ] *adj* ● **l'industrie agroalimentaire** l'industria agroalimentare ◇ *nm* ● **l'agroalimentaire** il settore agroalimentare

agrumes [agʀym] *nmpl* agrumi *mpl*

ahuri, e [ayʀi] *adj* sbalordito(a)

ahurissant, e [ayʀisɑ̃, ɑ̃t] *adj* incredibile

ai [ɛ] ➤ avoir

aide [ɛd] *nf* aiuto m ● **appeler à l'aide** invocare aiuto ● **à l'aide !** aiuto! ● **à l'aide**

d'un tournevis *(avec)* per mezzo di un giravite

aider [ede] *vt* aiutare ● **il m'a aidé à transporter ces cartons** mi ha aiutato a trasportare gli scatoloni ● **s'aider** *vp* aiutarsi

aie [ɛ] ➤ **avoir**

aïe [aj] *interj* ahi!

aigle [ɛgl] *nm* aquila *f*

aigre [ɛgʀ] *adj (goût)* aspro(a)

aigre-doux, douce [ɛgʀədu, dus] *(mpl* aigres-doux, *fpl* aigres-douces) *adj (sauce)* agrodolce ● **porc à l'aigre-douce** maiale in agrodolce

aigri, e [egʀi] *adj* inacidito(a)

aigu, uë [egy] *adj* **1.** acuto(a) **2.** *(lame)* appuntito(a)

aiguillage [egɥijaʒ] *nm* scambio *m*

aiguille [egɥij] *nf* **1.** ago *m* **2.** *(de montre)* lancetta *f* ● **aiguille de pin** ago di pino ● **aiguille à tricoter** ferro *m* da calza

aiguillette [egɥijɛt] *nf* ● **aiguillettes de canard** fettine di filetto d'anatra tagliate sottili

aiguiser [egize] *vt* affilare

ail [aj] *nm* aglio *m*

aile [ɛl] *nf* **1.** ala *f* **2.** *(de voiture)* parafango *m*

ailier, ère [elje, ɛʀ] *nm, f SPORT* ala *f*

aille [aj] ➤ **aller**

ailleurs [ajœʀ] *adv* altrove ● **d'ailleurs** *(du reste)* del resto, d'altronde ; *(à propos)* a proposito

aimable [ɛmabl] *adj* gentile

aimant [ɛmɑ̃] *nm* calamita *f*

aimer [eme] *vt (d'amour)* amare ● **j'aime (bien) le chocolat** mi piace il cioccolato ● **j'aime (bien) nager** mi piace nuotare

● **j'aime bien Paul** Paul mi è simpatico ● **j'aimerais visiter l'Italie** vorrei visitare l'italia ● **j'aimerais mieux partir** preferirei andare via

aine [ɛn] *nf* inguine *m*

aîné, e [ene] *adj* maggiore ◇ *nm, f* ● **l'aîné est à l'université et le dernier au lycée** il più grande va all'università e il più piccolo va al liceo ● **elle est mon aînée de deux ans** è più vecchia ou più grande di me di due anni

ainsi [ɛ̃si] *adv* così ● **ainsi que** *(et)* e ● **et ainsi de suite** e così via

aïoli [ajɔli] *nm* maionese all'aglio

air [ɛʀ] *nm* aria *f* ● **avoir l'air (d'être)** malade sembrare malato(a) ● **avoir l'air d'un clown** aver l'aria di un pagliaccio ● **il a l'air de faire beau** sembra che faccia bello ● **en l'air** *(en haut)* in aria ● **il a fichu notre projet en l'air** *(gâcher)* ha mandato all'aria il nostro progetto ● **prendre l'air** prendere una boccata d'aria ● **air conditionné** aria condizionata

Airbag® [ɛʀbag] *nm* airbag® *m inv*

aire [ɛʀ] *nf (surface)* area *f* ● **aire de jeu** parco *m* giochi ● **aire de repos** area di sosta ● **aire de stationnement** area di parcheggio

airelle [ɛʀɛl] *nf* bacca rossa, simile al mirtillo

aisance [ezɑ̃s] *nf* **1.** *(facilité)* facilità *f inv* **2.** *(richesse)* agiatezza *f*

aise [ez] *nf* ● **à l'aise** a proprio agio ● **mal à l'aise** a disagio

aisé, e [eze] *adj (riche)* agiato(a)

aisselle [esɛl] *nf* ascella *f*

ajouter [aʒute] *vt* ● **ajouter qqch (à)** aggiungere qc (a) ● **j'ajoute qu'il est arrivé**

en retard aggiungo che è arrivato in ritardo

ajuster [aʒyste] *vt* **1.** *(adapter)* adattare **2.** *(vêtement)* stringere

alarmant, e [alaʀmɑ̃, ɑ̃t] *adj* allarmante

alarme [alaʀm] *nf* allarme *m* ● **donner l'alarme** dare l'allarme

albanais, e [albanɛ, ɛz] *adj* albanese ◇ *nm (langue)* albanese *m* ◆ **Albanais, e** *nm, f* albanese *mf*

Albanie [albani] *nf* ● **l'Albanie** l'Albania *f*

album [albɔm] *nm* **1.** *(livre)* albo *m* **2.** *(disque)* album *m inv* ● **album (de) photos** album di fotografie

alcool [alkɔl] *nm* alcol *m inv* ● **sans alcool** analcolico ● **alcool à 90°** alcol a 90° ● **alcool à brûler** alcol metilico

alcoolique [alkɔlik] *nmf* alcolizzato *m*, -a *f*

alcoolisé, e [alkɔlize] *adj* alcolico(a) ● **non alcoolisé** analcolico

Alcotest® [alkɔtɛst] *nm* alcotest® *m inv*

aléatoire [aleatwaʀ] *adj* aleatorio(a)

alentours [alɑ̃tuʀ] *nmpl* dintorni *mpl* ● **aux alentours (de)** nei dintorni (di)

alerte [alɛʀt] *nf* allarme *m* ● **donner l'alerte** dare l'allarme

alerter [alɛʀte] *vt* **1.** *(d'un danger)* allertare **2.** *(informer)* avvertire

algèbre [alʒɛbʀ] *nf* algebra *f*

Alger [alʒe] *n* Algeri *f*

Algérie [alʒeʀi] *nf* ● **l'Algérie** l'Algeria *f*

algérien, enne [alʒeʀjɛ̃, ɛn] *adj* algerino(a) ◆ **Algérien, enne** *nm, f* algerino *m*, -a *f*

algues [alg] *nfpl* alghe *fpl*

alibi [alibi] *nm* alibi *m inv*

alignement [aliɲmɑ̃] *nm* allineamento *m*

aligner [aliɲe] *vt* allineare ◆ **s'aligner** *vp* allinearsi

aliment [alimɑ̃] *nm* alimento *m*

alimentation [alimɑ̃tasjɔ̃] *nf* **1.** alimentazione *f* **2.** *(épicerie)* generi alimentari *mpl* **3.** TECH alimentatore *m*

alimenter [alimɑ̃te] *vt* alimentare

Allah [ala] *n* Allah *m*

allaiter [alete] *vt* allattare

alléchant, e [aleʃɑ̃, ɑ̃t] *adj* allettante

allée [ale] *nf* viale *m* ● **allées et venues** andirivieni *m inv* ● **faire des allées et venues** fare avanti e indietro

allégé, e [aleʒe] *adj (aliment)* magro(a), light *(inv)*

Allemagne [almaɲ] *nf* ● **l'Allemagne** la Germania

allemand, e [almɑ̃, ɑ̃d] *adj* tedesco(a) ◇ *nm (langue)* tedesco *m* ◆ **Allemand, e** *nm, f* tedesco *m*, -a *f*

aller [ale] *nm*

1. *(parcours)* andata *f* ● **à l'aller** all'andata **2.** *(billet)* ● **aller (simple)** biglietto *m* di sola andata ● **aller (et) retour** (biglietto) andata e ritorno

◇ *vi*

1. *(se déplacer)* andare ● **aller au Portugal** andare in Portogallo ● **pour aller à la cathédrale, s'il vous plaît ?** per andare alla cattedrale, per favore? ● **aller en vacances** andare in vacanza ● **aller à l'école** andare a scuola ● **aller au supermarché** andare al supermercato **2.** *(suj : route)* andare

3. (*exprime un état*) ● comment allez-vous ? come sta? ● (*comment*) ça va ? - ça va come va? - bene ● aller bien/mal (*personne*) stare bene/male ; (*situation*) andare bene/male

4. (*convenir*) andar bene ● aller à qqn (*couleur, style*) star bene a qn ; (*taille d'un vêtement*) andar bene a qn ● ça te va bien ti sta bene ● ça te va de qn ● ça te va de aller au cinéma ? ti va di andare al cinema? ● le rouge ne va pas avec le rose il rosso non si intona ou abbina con il rosa

5. (*suivi d'un infinitif, exprime le but*) ● j'irai le chercher à la gare andrò a prenderlo alla stazione ● va voir si tout se passe bien vai a vedere se è tutto a posto ● aller voir qqch andare a vedere qc ● aller voir qqn andare a trovare qn

6. (*suivi d'un infinitif, exprime le futur proche*) ● quand vas-tu te décider ? quando ti decidi? ● le film va commencer il film sta per cominciare

7. (*dans des expressions*) ● allez ! su! ● allons ! su! ● y aller (*partir*) andare via ; (*s'y rendre*) andarci ● vas-y ! (*pars*) vai! ; (*décide-toi*) dai! ● bon, j'y vais (*je pars*) io vado ● on y va ? andiamo?

◆ **s'en aller** *vp* andarsene ; (*suj : tache, couleur*) andar via ● allez-vous-en ! andate via!

allergie [alɛʀʒi] *nf* allergia *f*

allergique [alɛʀʒik] *adj* ● être allergique à essere allergico(a)

aller-retour [alɛʀ(ə)tuʀ] (*pl* allers-retours) *nm* (*billet*) biglietto *m* andata e ritorno

alliage [aljaʒ] *nm* lega *f*

alliance [aljɑ̃s] *nf* **1.** (*bague*) fede *f* **2.** (*union*) intesa *f*

allié, e [alje] *nm, f* alleato *m*, -a *f*

allô [alo] *interj* pronto!

allocation [alɔkasjɔ̃] *nf* indennità *f inv* ● allocations familiales assegni *mpl* familiari

allonger [alɔ̃ʒe] *vt* allungare ◆ **s'allonger** *vp* **1.** (*augmenter*) allungarsi **2.** (*s'étendre*) stendersi

allumage [alymaʒ] *nm* AUTO accensione *f*

allume-cigares [alymsigaʀ] *nm inv* accendisigari *m inv*

allumer [alyme] *vt* accendere ◆ **s'allumer** *vp* accendersi

allumette [alymɛt] *nf* fiammifero *m*

allure [alyʀ] *nf* **1.** (*apparence*) aspetto *m* **2.** (*vitesse*) andatura *f* ● à toute allure a tutta velocità

allusion [alyzjɔ̃] *nf* allusione *f* ● faire allusion à fare allusione a

alors [alɔʀ] *adv* allora ● alors, tu viens ? allora, vieni? ● ça alors ! questa poi! ● et alors ? e allora? ● alors que mentre

alourdir [aluʀdiʀ] *vt* appesantire

aloyau, x [alwajo] *nm* lombata *f* di manzo

Alpes [alp] *nfpl* ● les Alpes le Alpi

alphabet [alfabɛ] *nm* alfabeto *m*

alphabétique [alfabetik] *adj* alfabetico(a) ● par ordre alphabétique in ordine alfabetico

alpin [alpɛ̃] *adj m* ➤ ski

alpinisme [alpinism] *nm* alpinismo *m*

alpiniste [alpinist] *nmf* alpinista *mf*

Alsace [alzas] *nf* ● l'Alsace l'Alsazia *f*

altermondialisation [altɛʀmɔ̃djalizasjɔ̃] *nf* movimento *m* no global

altermondialiste [altɛʀmɔ̃djalist] *adj* & *nmf* no global *(inv)*

alternatif [altɛʀnatif] *adj m* ➤ **courant**

alternativement [altɛʀnativmɑ̃] *adv* alternativamente

alterner [altɛʀne] *vi* alternarsi

altitude [altityd] *nf* altitudine *f* ● **à 2000 m d'altitude** a quota 2000 m

alu [aly] *(fam) adj* ● **papier alu** foglio di alluminio, (carta) stagnola *f*

aluminium [alyminjɔm] *nm* alluminio *m*

amabilité [amabilite] *nf* gentilezza *f*

amadouer [amadwe] *vt* rabbonire

amaigrissant, e [amegʀisɑ̃, ɑ̃t] *adj* dimagrante

amande [amɑ̃d] *nf* mandorla *f* ● **pâte d'amandes** pasta di mandorle

amant [amɑ̃] *nm* amante *m*

amarrer [amaʀe] *vt (bateau)* ormeggiare

amasser [amase] *vt* 1. *(empiler)* ammassare 2. *(argent)* accumulare

amateur, trice [amatœʀ, tʀis] *adj* dilettante ◇ *nm, f* 1. *(non-professionnel)* amatore *m*, -trice *f* 2. *(péj) (peu sérieux)* dilettante *mf* ● **être amateur de bon vin** essere amante del buon vino

ambassade [ɑ̃basad] *nf* ambasciata *f*

ambassadeur, drice [ɑ̃basadœʀ, dʀis] *nm, f* ambasciatore *m*, -trice *f*

ambiance [ɑ̃bjɑ̃s] *nf* 1. *(atmosphère)* atmosfera *f* 2. *(entrain)* animazione *f* ● **il y a de l'ambiance !** c'è una bella atmosfera! ● **bonne/mauvaise ambiance** bella/ brutta atmosfera ● **d'ambiance** *(musique, éclairage)* di atmosfera

ambigu, uë [ɑ̃bigy] *adj* ambiguo(a)

ambitieux, euse [ɑ̃bisjø, øz] *adj* ambizioso(a)

ambition [ɑ̃bisjɔ̃] *nf* ambizione *f*

ambulance [ɑ̃bylɑ̃s] *nf* ambulanza *f*

ambulant [ɑ̃bylɑ̃] *adj m* ➤ **marchand**

âme [am] *nf* anima *f*

amélioration [ameljɔʀasjɔ̃] *nf* miglioramento *m*

améliorer [ameljɔʀe] *vt* migliorare ● **s'améliorer** *vp* migliorare

aménagé, e [amenaʒe] *adj (cuisine, camping)* attrezzato(a)

aménager [amenaʒe] *vt (pièce, appartement)* sistemare

amende [amɑ̃d] *nf* multa *f*, ammenda *f*

amener [amne] *vt* 1. portare 2. *(causer)* causare

amer, ère [amɛʀ] *adj* amaro(a)

américain, e [ameʀikɛ̃, ɛn] *adj* americano(a) ● **Américain** *e nm, f* americano *m*, -a *f*

Amérique [ameʀik] *nf* ● **l'Amérique** l'America *f* ● **l'Amérique du Nord** l'America settentrionale ou del Nord ● **l'Amérique du Sud** il Sudamerica ● **l'Amérique centrale** l'America centrale ● **l'Amérique latine** l'America latina

amertume [amɛʀtym] *nf* 1. *(d'un aliment)* amaro *m* 2. *(tristesse)* amarezza *f*

ameublement [amœbləmɑ̃] *nm* arredamento *m*

ami, e [ami] *nm, f* 1. amico *m*, -a *f* 2. *(fiancé)* compagno *m*, -a *f* ● **être (très) amis** essere (molto) amici

amiable [amjabl] *adj* ● **à l'amiable** *(divorce)* consensuale ; *(arrangement)* in via amichevole

amiante [amjɑ̃t] *nm* amianto *m*

amical, e, aux [amikal, o] *adj* amichevole

amicalement [amikalmɑ̃] *adv* **1.** amichevolement **2.** *(dans une lettre)* cordiali saluti

amitié [amitje] *nf* amicizia *f* ● **amitiés** *(dans une lettre)* saluti

amnésique [amnezik] *adj* colpito(a) da amnesia

amont [amɔ̃] *nm* ● **en amont (de)** a monte (di)

amorcer [amɔʀse] *vt (commencer)* iniziare

amortir [amɔʀtiʀ] *vt* **1.** *(choc, son)* attutire **2.** *(achat, dépense)* ammortizzare

amortisseur [amɔʀtisœʀ] *nm* ammortizzatore *m*

amour [amuʀ] *nm* amore *m* ● **faire l'amour** fare l'amore

amoureux, euse [amuʀø, øz] *adj* innamorato(a) ● **être amoureux de qqn** essere innamorato di qn ◆ **amoureux** *nmpl* innamorati *mpl*

amour-propre [amuʀpʀɔpʀ] *(pl amours-propres) nm* amor proprio *m*

amovible [amɔvibl] *adj* staccabile

amphithéâtre [ɑ̃fiteatʀ] *nm* **1.** anfiteatro *m* **2.** *(salle de cours)* aula *f* magna

ample [ɑ̃pl] *adj* ampio(a)

amplement [ɑ̃pləmɑ̃] *adv* ampiamente

ampli [ɑ̃pli] *nm (fam)* amplificatore *m*

amplificateur [ɑ̃plifikatœʀ] *nm* amplificatore *m*

amplifier [ɑ̃plifje] *vt* amplificare

ampoule [ɑ̃pul] *nf* **1.** *(de lampe)* lampadina *f* **2.** *(de médicament)* fiala *f* **3.** *(cloque)* vescica *f*

amputer [ɑ̃pyte] *vt* amputare

amusant, e [amyzɑ̃, ɑ̃t] *adj* divertente

amuse-gueule [amyzɡœl] *nm inv* stuzzichino *m*

amuser [amyze] *vt* ● **amuser qqn** divertire qn ◆ **s'amuser** *vp* divertirsi ● **ça l'amuse de m'embêter** prova gusto a darmi fastidio ● **s'amuser à faire qqch** divertirsi a fare qc

amygdales [amidal] *nfpl* tonsille *fpl*

an [ɑ̃] *nm* anno *m* ● **il a neuf ans** ha nove anni ● **en l'an 2000** nel 2000

anachronique [anakʀɔnik] *adj* anacronistico(a)

analogue [analɔɡ] *adj* analogo(a)

analphabète [analfabɛt] *adj & nmf* analfabeta

analyse [analiz] *nf* analisi *f* inv ● **analyse de sang** esame *m* del sangue

analyser [analize] *vt* analizzare

ananas [anana(s)] *nm* ananas *m* inv

anarchie [anaʀʃi] *nf* anarchia *f*

anatomie [anatɔmi] *nf* anatomia *f*

ancêtre [ɑ̃sɛtʀ] *nmf* **1.** *(parent)* antenato *m*, -a *f* **2.** *(version précédente)* ● **l'ancêtre de l'ordinateur** l'antenato del computer

anchois [ɑ̃ʃwa] *nm* acciuga *f*

ancien, enne [ɑ̃sjɛ̃, ɛn] *adj* **1.** *(du passé)* antico(a) **2.** *(vieux)* vecchio(a) **3.** ● **mon ancienne femme** la mia ex moglie ◆ **ancien** *nm (Afrique)* vecchio *m* saggio

ancienneté [ɑ̃sjɛnte] *nf (dans une entreprise)* anzianità *f* inv

ancre [ɑ̃kʀ] *nf* ancora *f* ● **jeter l'ancre** gettare l'ancora ● **lever l'ancre** levare l'ancora

Andorre [ɑ̃dɔʀ] *nf* ● **l'Andorre** Andorra *f*

andouille [ɑ̃duj] *nf* **1.** *CULIN* salsiccia *f* di trippa di maiale, consumata fredda e tagliata

gliata a fettine **2.** (*fam*) (*imbécile*) salame m

andouillette [ãdujɛt] *nf* salsiccia di trippa di maiale da mangiare cotta

âne [an] *nm* asino m

anéantir [aneãtiʀ] *vt* **1.** annientare **2.** (*espoirs*) distruggere

anecdote [anɛkdɔt] *nf* aneddoto m

anémie [anemi] *nf* anemia f

ânerie [anʀi] *nf* stupidaggine f • **faire/dire des âneries** fare/dire stupidaggini

anesthésie [anɛstezi] *nf* anestesia f • **être sous anesthésie** essere sotto anestesia • **anesthésie générale** anestesia generale • **anesthésie locale** anestesia locale

ange [ãʒ] *nm* angelo m

angine [ãʒin] *nf* angina f • **angine de poitrine** angina pectoris

anglais, e [ãglɛ, ez] *adj* inglese ◇ *nm* (*langue*) inglese m • **Anglais, e** *nm, f* inglese *mf*

angle [ãgl] *nm* angolo m • **angle droit** angolo retto

Angleterre [ãglətɛʀ] *nf* • **l'Angleterre** l'Inghilterra f

angoisse [ãgwas] *nf* angoscia f

angoissé, e [ãgwase] *adj* angosciato(a) m

angora [ãgɔʀa] *nm* (*laine*) angora f

anguille [ãgij] *nf* anguilla f • **anguilles au vert** *anguille preparate con vino bianco, panna, spinaci, acetosella e aromi, specialità belga*

animal, aux [animal, o] *nm* animale m • **animal domestique** animale domestico

animateur, trice [animatœʀ, tʀis] *nm, f* **1.** (*de club, de groupe*) animatore m, -tri-

ce f **2.** (*à la radio, la télévision*) presentatore m, -trice f

animation [animasjɔ̃] *nf* **1.** (*entrain*) animazione f **2.** (*dans la rue*) vita f, movimento m • **animations** *nfpl* (*culturelles, d'un club*) manifestazioni *fpl*

animé, e [anime] *adj* **1.** (*rue*) movimentato(a) **2.** (*conversation*) animato(a)

animer [anime] *vt* **1.** animare **2.** (*émission*) presentare ◆ **s'animer** *vp* animarsi

anis [ani(s)] *nm* anice m

ankyloser [ãkiloze] ◆ **s'ankyloser** *vp* intorpidirsi

anneau, x [ano] *nm* anello m

année [ane] *nf* anno m • **année bissextile** anno bisestile • **année scolaire** anno scolastico

annexe [anɛks] *nf* **1.** (*document*) allegato m **2.** (*bâtiment*) struttura f annessa

anniversaire [anivɛʀsɛʀ] *nm* compleanno m • **anniversaire de mariage** anniversario m di matrimonio • **bon** OU **joyeux anniversaire !** (tanti auguri di) buon compleanno!

annonce [anɔ̃s] *nf* **1.** annuncio m **2.** (*dans un journal*) pubblicità f *inv* • **(petites) annonces** inserzioni *fpl*

annoncer [anɔ̃se] *vt* annunciare ◆ **s'annoncer** *vp* • **s'annoncer bien** presentarsi bene

annuaire [anɥɛʀ] *nm* (*recueil*) annuario m • **annuaire (téléphonique)** elenco m (telefonico)

annuel, elle [anɥɛl] *adj* **1.** (*fête, plante, visite, congé*) annuale **2.** (*budget*) annuo(a)

annulaire [anɥlɛʀ] *nm* anulare m

annulation [anylasjɔ̃] *nf* annullamento m

annuler [anyle] *vt* annullare

anomalie [anɔmali] *nf* anomalia *f*

anonyme [anɔnim] *adj* anonimo(a)

anorak [anɔrak] *nm* giacca *f* a vento

anormal, e, aux [anɔrmal, o] *adj* anormale

ANPE *nf* (*abr de* Agence nationale pour l'emploi) ≈ Ufficio *m* di collocamento

anse [ɑ̃s] *nf (poignée)* manico *m*

Antarctique [ɑ̃tarktik] *nm* • l'(océan) Antarctique l'(oceano) Antartico *m*

antenne [ɑ̃ten] *nf* antenna *f* • **antenne parabolique** antenna parabolica

antérieur, e [ɑ̃terjœr] *adj* 1. *(précédent)* precedente 2. *(de devant)* anteriore

anthrax *nm* antrace *m*

antibiotique [ɑ̃tibjɔtik] *nm* antibiotico *m*

antibrouillards [ɑ̃tibrujar] *nmpl* antinebbia *m inv*

anticiper [ɑ̃tisipe] *vt (événement, paiement)* anticipare

antidopage [ɑ̃tidɔpaʒ], **antidoping** [ɑ̃tidɔpiŋ] *adj inv* • **contrôle antidopage** controllo antidoping

antidote [ɑ̃tidɔt] *nm* antidoto *m*

antigel [ɑ̃tiʒel] *nm* antigelo *m inv*

antillais, e [ɑ̃tije, ɛz] *adj* antillano(a) • **Antillais, e** *nm, f* antillano m, -a *f*

Antilles [ɑ̃tij] *nfpl* • **les Antilles** le Antille

antimite [ɑ̃timit] *nm* tarmicida *m*

antimondialisation [ɑ̃timɔ̃djalizasjɔ̃] *nf* movimento *m* no global

antimondialiste [ɑ̃timɔ̃djalist] *nmf* no global *mf inv*

antipathique [ɑ̃tipatik] *adj* antipatico(a)

antiquaire [ɑ̃tiker] *nmf* antiquario *m*, -a *f*

antique [ɑ̃tik] *adj* antico(a)

antiquité [ɑ̃tikite] *nf* antichità *f inv* • **magasin d'antiquités** negozio d'antiquariato • **l'Antiquité** l' antichità classica

antiseptique [ɑ̃tiseptik] *adj* antisettico(a)

antivol [ɑ̃tivɔl] *nm* antifurto *m inv*

anxiété [ɑ̃ksjete] *nf* ansia *f*

anxieux, euse [ɑ̃ksjø, øz] *adj* ansioso(a)

AOC (*abr de* appellation d'origine contrôlée) DOC *(denominazione di origine controllata)*

Aoste [aost] *n* • **le Val d'Aoste** la Valle d'Aosta

août [ut] *nm* agosto *m* • **en août** ou **au mois d'août** a ou in agosto • **début août** all'inizio di agosto • **fin août** alla fine di agosto • **le deux août** il due agosto

apaiser [apeze] *vt* 1. *(personne)* calmare 2. *(colère, douleur)* placare

Apennins [apenɛ̃] *nmpl* Appennini *mpl*

apercevoir [apersəvwar] *vt* intravedere • **je l'ai aperçu dans la rue** l'ho intravisto per strada ◆ **s'apercevoir** *vp* • **s'apercevoir de** accorgersi di • **s'apercevoir que** accorgersi che

¹aperçu, e [apersy] *pp* ➤ **apercevoir**

²aperçu [apersy] *nm* • **avoir/donner un aperçu de qqch** avere/fornire un quadro generale di qc

apéritif [aperitif] *nm* aperitivo *m*

aphone [afɔn] *adj* afono(a)

aphte [aft] *nm* afta *f*

apitoyer [apitwaje] ◆ **s'apitoyer sur** *vp + prep (personne)* impietosirsi per

ap. J-C (*abr écrite de après Jésus-Christ*) d.C. (*dopo Cristo*)

aplanir [aplaniʀ] *vt* **1.** (*terrain*) spianare **2.** (*difficultés*) appianare

aplatir [aplatiʀ] *vt* appiattire

aplomb [aplɔ̃] *nm* (*culot*) sfacciataggine *f* ● **d'aplomb** (*vertical*) a piombo

apostrophe [apɔstʀɔf] *nf* apostrofo *m* ● « s » apostrophe 's' apostrofo

apôtre [apotʀ] *nm* apostolo *m*

apparaître [apaʀɛtʀ] *vi* **1.** apparire **2.** (*sembler*) sembrare ● **il apparaît évident que...** risulta ovvio che...

appareil [apaʀɛj] *nm* apparecchio *m* ● **qui est à l'appareil ?** chi parla? ● **appareil digestif** apparato *m* digerente ● **appareil ménager** elettrodomestico *m* ● **appareil photo** macchina *f* fotografica ● **appareil photo numérique** macchina *f* fotografica digitale

apparemment [apaʀamɑ̃] *adv* apparentemente

apparence [apaʀɑ̃s] *nf* apparenza *f* ● **en apparence** apparentemente

apparent, e [apaʀɑ̃, ɑ̃t] *adj* **1.** (*poutres, pierres*) a vista **2.** (*superficiel*) apparente

apparition [apaʀisjɔ̃] *nf* **1.** apparizione *f* **2.** (*de rougeurs, de boutons*) comparsa *f* ● **faire son apparition** comparire

appartement [apaʀtəmɑ̃] *nm* appartamento *m*

appartenir [apaʀtəniʀ] *vi* ● **appartenir à** appartenere a

appartenu [apaʀtəny] *pp* ➤ **appartenir**

apparu, e [apaʀy] *pp* ➤ **apparaître**

appât [apa] *nm* esca *f*

appel [apɛl] *nm* **1.** (*cri*) richiamo *m* **2.** (*coup de téléphone*) chiamata *f* ● **faire**

l'appel SCOL fare l'appello ● **faire appel à** fare appello a ● **on m'a fait un appel de phares** mi hanno lampeggiato

appeler [aple] *vt* chiamare ● **appeler à l'aide** invocare aiuto ● **appeler un taxi** chiamare un taxi ● **s'appeler** *vp* **1.** (*se nommer*) chiamarsi **2.** (*se téléphoner*) telefonarsi ● **comment t'appelles-tu ?** come ti chiami? ● **je m'appelle...** mi chiamo...

appendicite [apɛ̃disit] *nf* appendicite *f*

appétissant, e [apetisã, ãt] *adj* appetitoso(a)

appétit [apeti] *nm* appetito *m* ● **avoir de l'appétit** avere appetito ● **bon appétit !** buon appetito!

applaudir [aplodiʀ] *vt & vi* applaudire

applaudissements [aplodismã] *nmpl* applausi *mpl*

application [aplikasjɔ̃] *nf* applicazione *f*

applique [aplik] *nf* applique *f inv*

appliqué, e [aplike] *adj* **1.** (*élève*) diligente **2.** (*écriture*) accurato(a)

appliquer [aplike] *vt* **1.** (*loi, tarif*) applicare **2.** (*peinture*) stendere ● **s'appliquer** *vp* (*élève*) applicarsi

appoint [apwɛ̃] *nm* ● **faire l'appoint** pagare con denaro contato ● **d'appoint** (*chauffage, lit*) supplementare

apporter [apɔʀte] *vt* **1.** portare **2.** (*soin*) mettere

appréciation [apʀesjasjɔ̃] *nf* **1.** giudizio *m* **2.** (*évaluation*) valutazione *f*

apprécier [apʀesje] *vt* **1.** (*aimer*) apprezzare **2.** (*évaluer*) valutare

appréhension [apʀeɑ̃sjɔ̃] *nf* apprensione *f*

apprendre [apʀɑ̃dʀ] *vt* **1.** (*étudier*) imparare **2.** (*nouvelle*) apprendere ● **apprendre**

qqch à qqn *(discipline)* insegnare qc a qn ; *(nouvelle)* informare qn di qc ● **apprendre à faire qqch** imparare a fare qc

apprenti, e [apʀɑ̃ti] *nm, f* apprendista *mf*

apprentissage [apʀɑ̃tisaʒ] *nm* **1.** *(d'un métier manuel)* apprendistato *m* **2.** *(d'une langue, d'un art)* apprendimento *m*

apprêter [apʀete] ● **s'apprêter à** *vp + prep (être sur le point de)* accingersi a ● **s'apprêter à faire qqch** accingersi a fare qc

appris, e [apʀi, iz] *pp* ➤ **apprendre**

apprivoiser [apʀivwaze] *vt* addomesticare

approcher [apʀɔʃe] *vt* avvicinare ◇ *vi* avvicinarsi ● **approcher qqch de** avvicinare qc a ● **approcher de** avvicinarsi a ◆ **s'approcher** *vp* avvicinarsi ● **s'approcher de** avvicinarsi a

approfondir [apʀɔfɔ̃diʀ] *vt* approfondire

approprié, e [apʀɔpʀije] *adj* appropriato(a)

approuver [apʀuve] *vt* approvare

approvisionner [apʀɔvizjɔne] ● **s'approvisionner** *vp (faire des achats)* fare provviste ● **s'approvisionner en** rifornirsi di

approximatif, ive [apʀɔksimatif, iv] *adj* approssimativo(a)

appuie-tête [apɥitɛt] *(pl* appuis-tête*) nm* poggiatesta *m inv*

appuyer [apɥije] *vt* appoggiare ◇ *vi* ● **appuyer sur** *(touche, bouton)* premere ; *(frein, stylo)* premere ◆ **s'appuyer** *vp* ● **s'appuyer à** appoggiarsi a

après [apʀɛ] *prép & adv* dopo ● **après avoir fait qqch** dopo aver fatto qc ● **après**

tout dopo tutto ● **l'année d'après** l'anno dopo ● **d'après moi** secondo me

après-demain [apʀɛdmɛ̃] *adv* dopodomani

après-midi [apʀɛmidi] *nm inv* ou *nf inv* pomeriggio *m* ● **l'après-midi** *(tous les jours)* di pomeriggio ● **dans l'après-midi** nel pomeriggio

après-rasage, s [apʀɛʀazaʒ] *nm* dopobarba *m inv*

après-shampooing [apʀɛʃɑ̃pwɛ̃] *nm inv* doposhampoo *m inv*

après-ski, s [apʀɛski] *nm* doposci *m inv*

a priori [apʀijɔʀi] *adv* a priori

apte [apt] *adj* ● **apte à qqch** idoneo(a) a qc ● **apte à faire qqch** adatto(a) a fare qc

aptitudes [aptityd] *nfpl* disposizione *f*

aquarelle [akwaʀɛl] *nf* acquarello *m*

aquarium [akwaʀjɔm] *nm* acquario *m*

aquatique [akwatik] *adj* acquatico(a)

aqueduc [akdyk] *nm* acquedotto *m*

Aquitaine [akitɛn] *nf* ● **l'Aquitaine** l'Aquitania *f*

AR 1. *(abr de aller-retour)* A/R *(andata e ritorno)* **2.** *(abr de accusé de réception)* RR *(ricevuta di ritorno)*

arabe [aʀab] *adj* arabo(a) ◇ *nm (langue)* arabo *m* ◆ **Arabe** *nmf* arabo *m,* -a *f*

arachide [aʀaʃid] *nf* arachide *f*

araignée [aʀɛɲe] *nf* ragno *m*

arbitraire [aʀbitʀɛʀ] *adj* arbitrario(a)

arbitre [aʀbitʀ] *nmf* arbitro *m*

arbitrer [aʀbitʀe] *vt* arbitrare

arbre [aʀbʀ] *nm* albero *m* ● **arbre fruitier** albero da frutto ● **arbre généalogique** albero genealogico

arbuste [aʀbyst] *nm* arbusto *m*

arc [aʀk] *nm* arco *m*

arcade [aʀkad] *nf* arcata *f* • **arcade sourcilière** arcata sopracciliare

arc-bouter [aʀkbute] • **s'arc-bouter** *vp* inarcarsi

arc-en-ciel [aʀkɑ̃sjɛl] (*pl* **arcs-en-ciel**) *nm* arcobaleno *m*

archaïque [aʀkaik] *adj* arcaico(a)

arche [aʀʃ] *nf* arco *m* • **l'Arche de Noé** l'Arca *f* di Noè

archéologie [aʀkeɔlɔʒi] *nf* archeologia *f*

archéologue [aʀkeɔlɔg] *nmf* archeologo *m*, -a *f*

archet [aʀʃɛ] *nm* archetto *m*

archipel [aʀʃipɛl] *nm* arcipelago *m*

architecte [aʀʃitɛkt] *nmf* architetto *m*

architecture [aʀʃitɛktyʀ] *nf* architettura *f*

archives [aʀʃiv] *nfpl* archivio *m*

Arctique [aʀktik] *nm* • **l'(océan) Arctique** l'(oceano) Artico *m*

ardent, e [aʀdɑ̃, ɑ̃t] *adj* **1.** (*défenseur*) accanito(a) **2.** (*désir*) ardente

ardoise [aʀdwaz] *nf* **1.** ardesia *f* **2.** (*pour écrire*) lavagna *f*

ardu, e [aʀdy] *adj* arduo(a)

arènes [aʀɛn] *nfpl* arena *f*

arête [aʀɛt] *nf* **1.** (*de poisson*) lisca *f* **2.** (*angle*) spigolo *m*

argent [aʀʒɑ̃] *nm* **1.** (*métal*) argento *m* **2.** (*monnaie*) denaro *m* • **argent liquide** denaro liquido • **argent de poche** (*d'un enfant*) paghetta *f*

argenté, e [aʀʒɑ̃te] *adj* argentato(a)

argenterie [aʀʒɑ̃tʀi] *nf* argenteria *f*

argentin, e [aʀʒɑ̃tɛ̃, in] *adj* argentino(a) • **Argentin, e** *nm, f* argentino *m*, -a *f*

Argentine [aʀʒɑ̃tin] *nf* • **l'Argentine** l'Argentina *f*

argile [aʀʒil] *nf* argilla *f*

argot [aʀgo] *nm* gergo *m*, slang *m inv*

argument [aʀgymɑ̃] *nm* argomentazione *f*

aride [aʀid] *adj* arido(a)

aristocratie [aʀistɔkʀasi] *nf* aristocrazia *f*

arithmétique [aʀitmetik] *nf* aritmetica *f*

armature [aʀmatyʀ] *nf* **1.** armatura *f* **2.** (*d'un soutien-gorge*) ferretto *m*

arme [aʀm] *nf* arma *f* • **arme à feu** arma da fuoco • **arme blanche** arma bianca

armé, e [aʀme] *adj* armato(a) • **être armé de** essere armato di

armée [aʀme] *nf* esercito *m*

armement [aʀməmɑ̃] *nm* armamento *m*

armer [aʀme] *vt* **1.** armare **2.** (*appareil photo*) caricare

armistice [aʀmistis] *nm* armistizio *m*

armoire [aʀmwaʀ] *nf* armadio *m* • **armoire à pharmacie** armadietto *m* dei medicinali

armoiries [aʀmwaʀi] *nfpl* stemma *m*

armure [aʀmyʀ] *nf* armatura *f*

aromate [aʀɔmat] *nm* aroma *m*

aromatique [aʀɔmatik] *adj* aromatico(a)

aromatisé, e [aʀɔmatize] *adj* aromatizzato(a) • **aromatisé à la vanille/au chocolat** aromatizzato alla vaniglia/al cioccolato

arôme [aʀom] *nm* **1.** (*odeur*) profumo *m* **2.** (*goût*) gusto *m* • **l'arôme du café/du vin** l'aroma del caffè/del vino

arqué, e [aʀke] *adj* arcuato(a) • **(avoir) les jambes arquées** (avere) le gambe storte

arracher [aʀaʃe] *vt* **1.** *(feuille)* strappare **2.** *(mauvaises herbes)* estirpare **3.** *(dent)* estrarre • **le voleur lui arracha son sac à main** lo scippatore le strappò la borsetta di mano

arrangement [aʀɑ̃ʒmɑ̃] *nm* **1.** *(disposition)* disposizione *f* **2.** *(accord)* accordo *m* **3.** MUS arrangiamento *m*

arranger [aʀɑ̃ʒe] *vt* **1.** *(organiser)* sistemare **2.** *(résoudre)* risolvere **3.** *(réparer)* aggiustare • **cela m'arrange** mi fa comodo • **cela ne m'arrange pas du tout** per me non va (affatto) bene ◆ **s'arranger** *vp* **1.** *(se mettre d'accord)* mettersi d'accordo **2.** *(s'améliorer)* sistemarsi • **tout finira par s'arranger** tutto si sistemerà • **arrangez-vous pour être là à l'heure** fate in modo di essere puntuali

arrestation [aʀɛstasjɔ̃] *nf* arresto *m* • **être en état d'arrestation** essere in stato di arresto

arrêt [aʀɛ] *nm* **1.** *(interruption)* interruzione *f* **2.** *(immobilisation)* arresto *m* **3.** *(station)* fermata *f* ▼ **arrêt interdit** divieto di sosta ▼ **ne pas descendre avant l'arrêt complet du train** non aprire prima che il treno sia fermo • **arrêt d'autobus** fermata d'autobus • **en arrêt de travail** in malattia • **sans arrêt** *(parler, travailler)* senza sosta

arrêter [aʀete] *vt* **1.** smettere **2.** *(circulation)* bloccare **3.** *(passant)* fermare **4.** *(suspect)* arrestare ◇ *vi* smettere • **arrête !** smettila! • **j'ai arrêté de fumer l'an dernier** ho smesso di fumare l'anno scorso ◆ **s'arrêter** *vp* **1.** *(personne, véhicule)* fermarsi **2.** *(activité)* smettere • **il s'est arrê-**té de travailler en juin ha smesso di lavorare a giugno

arrhes [aʀ] *nfpl* caparra *f* • **verser des arrhes** versare una caparra

arrière [aʀjɛʀ] *adj inv* posteriore ◇ *nm* parte *f* posteriore • **à l'arrière** dietro • **en arrière** *(rester, regarder)* indietro ; *(tomber)* all'indietro

arriéré, e [aʀjeʀe] *adj* arretrato(a)

arrière-boutique, s [aʀjɛʀbutik] *nf* retrobottega *m inv*

arrière-grand-mère [aʀjɛʀgʀɑ̃mɛʀ] *(pl* **arrière-grands-mères)** *nf* bisnonna *f*

arrière-grand-père [aʀjɛʀgʀɑ̃pɛʀ] *(pl* **arrière-grands-pères)** *nm* bisnonno *m*

arrière-grands-parents [aʀjɛʀgʀɑ̃paʀɑ̃] *nmpl* bisnonni *mpl*

arrière-pensée, s [aʀjɛʀpɑ̃se] *nf* secondo fine *m*

arrière-plan, s [aʀjɛʀplɑ̃] *nm* • **à l'arrière-plan** *(d'un tableau)* sullo sfondo ; *(d'un événement)* in secondo piano

arrière-saison, s [aʀjɛʀsezɔ̃] *nf* fine stagione *f*

arrivée [aʀive] *nf* **1.** arrivo *m* **2.** *(d'une course)* traguardo *m* ▼ **arrivées** arrivi

arriver [aʀive] *vi* **1.** arrivare **2.** *(se produire)* capitare ◇ *v impers* • **il arrive que** capita che • **il m'arrive d'oublier son nom** mi capita di dimenticare il suo nome • **que t'est-il arrivé ?** che cosa ti è capitato? • **mon train arrive à quinze heures** il mio treno arriva alle quindici • **arriver à qqch** arrivare a qc • **je n'arrive pas à ouvrir la porte** non riesco ad aprire la porta

arriviste [aʀivist] *nmf* arrivista *mf*

arobase, ar(r)obas [aʀɔbas] *nm* ou *nf* (*dans une adresse électronique*) chiocciolina *f*, at *m inv*

arrogant, e [aʀɔgɑ̃, ɑ̃t] *adj* arrogante

arrondir [aʀɔ̃diʀ] *vt* arrotondare ● **arrondir ses fins de mois** arrotondare lo stipendio

arrondissement [aʀɔ̃dismɑ̃] *nm* circoscrizione amministrativa delle grandi città

Les arrondissements

A Parigi, Lione e Marsiglia, gli *arrondissements* sono sottounità del comune aventi un sindaco proprio. Quelli parigini sono venti, disposti a spirale sul territorio urbano, con il primo al centro. Vengono generalmente designati attraverso il solo numero (spesso scritto in numeri romani) ed alcuni sono connotati in modo specifico: il sedicesimo, ad esempio, è piuttosto borghese, mentre il quinto è tipicamente studentesco e ricco di caffè e cinema.

arrosage [aʀozaʒ] *nm* annaffiatura *f*

arroser [aʀoze] *vt* (*plante, jardin*) annaffiare

arrosoir [aʀozwaʀ] *nm* annaffiatoio *m*

Arrt = arrondissement

art [aʀ] *nm* ● **l'art** l'arte *f* ● **art roman/gothique** arte romanica/gotica ● **arts plastiques** arti figurative ● **le septième art** la settima arte

Arte [aʀte] *n* canale culturale franco-tedesco

artère [aʀtɛʀ] *nf* arteria *f*

artichaut [aʀtiʃo] *nm* carciofo *m*

article [aʀtikl] *nm* articolo *m*

articulation [aʀtikylasjɔ̃] *nf* articolazione *f*

articulé, e [aʀtikyle] *adj* **1.** (*objet*) snodabile **2.** (*langage*) articolato(a)

articuler [aʀtikyle] *vt* & *vi* articolare

artifice [aʀtifis] *nm* ➤ **feu**

artificiel, elle [aʀtifisjɛl] *adj* **1.** (*lac*) artificiale **2.** (*cheveux, fleurs, rire*) finto(a)

artisan, e [aʀtizɑ̃, an] *nm, f* artigiano *m*, -a *f*

artisanal, e, aux [aʀtizanal, o] *adj* artigianale

artisanat [aʀtizana] *nm* artigianato *m*

artiste [aʀtist] *nmf* artista *mf*

artistique [aʀtistik] *adj* artistico(a)

¹**as** [a] ➤ **avoir**

²**as** [as] *nm* asso *m* ● **l'as de pique** l'asso di picche

asc. (*abr de ascenseur*) asc.

ascendant [asɑ̃dɑ̃] *nm* ascendente *m*

ascenseur [asɑ̃sœʀ] *nm* ascensore *m*

ascension [asɑ̃sjɔ̃] *nf* **1.** scalata *f* **2.** (*fig*) (*progression*) ascesa *f* ◆ **Ascension** *nf* ● **l'Ascension** l'Ascensione *f*

asiatique [azjatik] *adj* asiatico(a) ◆ **Asiatique** *nmf* asiatico *m*, -a *f*

Asie [azi] *nf* ● **l'Asie** l'Asia *f*

asile [azil] *nm* **1.** (*psychiatrique*) manicomio *m* **2.** (*refuge, politique*) ricovero *m*

aspect [aspɛ] *nm* aspetto *m*

asperge [aspɛʀʒ] *nf* asparago *m* ● **asperges à la flamande** *asparagi con uova sode schiacciate, burro e prezzemolo, specialità belga*

asperger [aspɛʀʒe] *vt* aspergere

as

aspérités [asperite] *nfpl* asperità *fpl*

asphyxier [asfiksje] *vt* affissiare ♦ **s'asphyxier** *vp* affissiarsi

aspirante [aspirɑ̃t] *adj f* ➤ **hotte**

aspirateur [aspiratœr] *nm* aspirapolvere *m*

aspirer [aspire] *vt* aspirare

aspirine® [aspirin] *nf* aspirina® *f*

assaillant, e [asajɑ̃, ɑ̃t] *nm, f* assalitore *m*, -trice *f*

assaillir [asajir] *vt* assalire ♦ **il fut assailli de questions** fu tempestato di domande

assaisonnement [asezɔnmɑ̃] *nm* condimento *m*

assassin [asasɛ̃] *nm* assassino *m*, -a *f*

assassiner [asasine] *vt* assassinare

assaut [aso] *nm* assalto *m* ♦ **donner l'assaut** attaccare, lanciare l'assalto

assemblage [asɑ̃blaʒ] *nm* assemblaggio *m*

assemblée [asɑ̃ble] *nf* assemblea *f* ♦ **l'Assemblée (nationale)** ≃ la Camera dei Deputati

assembler [asɑ̃ble] *vt (meuble)* montare

asseoir [aswar] ♦ **s'asseoir** *vp* sedersi

assez [ase] *adv* abbastanza ♦ **assez de temps/provisions** abbastanza tempo/provviste ♦ **en avoir assez (de)** averne abbastanza (di)

assidu, e [asidy] *adj* assiduo(a)

assiéger [asjeʒe] *vt* assediare

assiette [asjɛt] *nf* piatto *m* ♦ **assiette de crudités** piatto di verdure crude miste ♦ **assiette creuse** piatto fondo ♦ **assiette à dessert** piatto da dessert ♦ **assiette plate** piatto basso

assimiler [asimile] *vt (comprendre)* assimilare

assis, e [asi, iz] *pp* ➤ **asseoir** ◇ *adj* ♦ **(être) assis** (essere) seduto

assises [asiz] *nfpl* ♦ **(cour d')assises** Corte *f* d'assise

assistance [asistɑ̃s] *nf* **1.** *(public)* spettatori *mpl* **2.** *(aide)* assistenza *f*

assistant, e [asistɑ̃, ɑ̃t] *nm, f* assistente *mf* ♦ **assistante sociale** assistente sociale

assister [asiste] *vt* assistere ♦ **assister à** assistere a

association [asɔsjasjɔ̃] *nf* associazione *f*

associer [asɔsje] *vt* associare ♦ **s'associer** *vp* **s'associer (à** ou **avec)** associarsi (a ou con)

assombrir [asɔ̃brir] *vt* oscurare ♦ **s'assombrir** *vp* oscurarsi

assommer [asɔme] *vt (frapper)* stordire

assorti, e [asɔrti] *adj* **1.** *(vêtements, couleurs)* abbinato(a) **2.** *(varié)* assortito(a)

assortiment [asɔrtimɑ̃] *nm* assortimento *m*

assoupir [asupir] ♦ **s'assoupir** *vp* assopirsi

assouplir [asuplir] *vt (muscles)* sciogliere

assouplissant [asuplisɑ̃] *nm* ammorbidente *m*

assouplissement [asuplismɑ̃] *nm (exercices)* riscaldamento *m*

assouplisseur [asupliscœr] = **assouplissant**

assourdissant, e [asurdisɑ̃, ɑ̃t] *adj* assordante

assumer [asyme] *vt* **1.** *(conséquences)* accettare **2.** *(responsabilité)* assumersi **3.** *(fonction, rôle)* svolgere

assurance [asyrɑ̃s] *nf* **1.** *(contrat)* assicurazione *f* **2.** *(aisance)* sicurezza *f* ♦ **assurance automobile** assicurazione automobile ● **assurance tous risques** assicurazione multirischio

assuré, e [asyre] *adj* **1.** *(certain)* assicurato(a) **2.** *(résolu)* sicuro(a)

assurer [asyre] *vt* **1.** *(maison, voiture)* assicurare **2.** *(fonction, tâche)* svolgere ● **je t'assure que c'est vrai** ti assicuro che è vero ● **il est fou, je t'assure** è pazzo, credimi! ◆ **s'assurer** *vp* assicurarsi ● **s'assurer contre le vol** assicurarsi contro il furto ● **s'assurer de** assicurarsi di ● **s'assurer que** assicurarsi che

astérisque [asterisk] *nm* asterisco *m*

asthmatique [asmatik] *adj* asmatico(a)

asthme [asm] *nm* asma *f* ● **avoir de l'asthme** avere l'asma

asticot [astiko] *nm* verme *m*

astiquer [astike] *vt* lucidare

astre [astʀ] *nm* astro *m*

astrologie [astʀɔlɔʒi] *nf* astrologia *f*

astronaute [astʀonot] *nmf* astronauta *m*

astronomie [astʀɔnɔmi] *nf* astronomia *f*

astuce [astys] *nf* **1.** *(truc)* stratagemma *m* **2.** *(ingéniosité)* astuzia *f*

astucieux, euse [astysjø, øz] *adj* astuto(a)

atelier [atəlje] *nm* **1.** *(d'usine)* officina *f* **2.** *(de peintre)* studio *m* **3.** *(groupe de travail)* ● **un atelier d'écriture** un laboratorio di scrittura

athée [ate] *adj* ateo(a)

athénée [atene] *nm* *(Belg)* scuola *f* secondaria

athlète [atlɛt] *nmf* atleta *mf*

athlétisme [atletism] *nm* atletica *f*

atlantique [atlɑ̃tik] *adj* atlantico(a) ◆ **Atlantique** *nm* ● **l'(océan) Atlantique** l'(oceano) Atlantico *m*

atlas [atlas] *nm* atlante *m*

atmosphère [atmɔsfɛʀ] *nf* atmosfera *f*

atome [atom] *nm* atomo *m*

atomique [atɔmik] *adj* atomico(a)

atomiseur [atɔmizœʀ] *nm* spray *m inv*

atout [atu] *nm* **1.** *(carte)* briscola *f* **2.** *(avantage)* carta *f* vincente ● **atout pique** la briscola è picche

atroce [atʀɔs] *adj* atroce

atrocité [atʀɔsite] *nf* atrocità *f inv*

attachant, e [ataʃɑ̃, ɑ̃t] *adj* ● **un garçon attachant** un ragazzo che si fa vuoler bene

attaché-case [ataʃekɛz] *(pl* **attachéscases***)* *nm* ventiquattrore *f inv*

attachement [ataʃmɑ̃] *nm* attaccamento *m*

attacher [ataʃe] *vt* attaccare ◇ *vi* *(dans une poêle)* attaccarsi ● **attachez vos ceintures** allacciate le cinture ◆ **s'attacher** *vp* attaccarsi ● **s'attacher à** attaccarsi ou affezionarsi a

attaquant, e [atakɑ̃, ɑ̃t] *nm, f* SPORT attaccante *mf*

attaque [atak] *nf* attacco *m*

attaquer [atake] *vt* attaccare ◆ **s'attaquer à** *vp + prep* **1.** *(personne)* prendersela con **2.** *(problème, tâche)* affrontare

attarder [atarde] ◆ **s'attarder** *vp* attardarsi

atteindre [atɛ̃dʀ] *vt* **1.** arrivare a **2.** *(émouvoir)* toccare **3.** *(suj : balle)* colpire ● **être atteint de** essere affetto da

atteint, e [atɛ̃, ɛ̃t] *pp* ➤ **atteindre**

atteler [atle] *vt* **1.** *(chevaux)* attaccare **2.** *(remorque)* agganciare

attelle [atɛl] *nf* stecca *f*

attendre [atɑ̃dʀ] *vt* & *vi* aspettare ● **attendre un enfant** aspettare un bambino ● **attendre que** aspettare che ● **attendre qqch de** aspettarsi qc da ◆ **s'attendre à** *vp* + *prep* aspettarsi

attendrir [atɑ̃dʀiʀ] *vt* intenerire

attentat [atɑ̃ta] *nm* attentato *m* ● **attentat à la bombe** attentato dinamitardo

attente [atɑ̃t] *nf* attesa *f* ● **en attente** in attesa ● **dans l'attente de recevoir de vos nouvelles...** *(dans une lettre)* in attesa di ricevere vostre notizie...

attentif, ive [atɑ̃tif, iv] *adj* attento(a)

attention [atɑ̃sjɔ̃] *nf* attenzione *f* ● **attention !** attenzione! ● **faire attention (à)** *(se concentrer)* prestare attenzione (a) ; *(être prudent)* fare attenzione (a)

atténuer [atenɥe] *vt* **1.** attenuare **2.** *(bruit)* attutire

atterrir [ateʀiʀ] *vi* atterrare

atterrissage [ateʀisaʒ] *nm* atterraggio *m*

attestation [atɛstasjɔ̃] *nf* attestato *m*

attirant, e [atiʀɑ̃, ɑ̃t] *adj* attraente

attirer [atiʀe] *vt* attirare ● **attirer l'attention de qqn** attirare l'attenzione di qn ◆ **s'attirer** *vp* ● **s'attirer des ennuis** attirarsi dei guai

attiser [atize] *vt* attizzare

attitude [atityd] *nf* *(comportement)* atteggiamento *m*

attraction [atʀaksjɔ̃] *nf* attrazione *f*

attrait [atʀɛ] *nm* *(charme)* attrattiva *f*

attraper [atʀape] *vt* **1.** prendere **2.** *(surprendre)* sorprendere **3.** *(fam)* *(gronder)* sgridare

attrayant, e [atʀɛjɑ̃, ɑ̃t] *adj* attraente

attribuer [atʀibɥe] *vt* ● **attribuer qqch à qqn** attribuire qc a qn

attroupement [atʀupmɑ̃] *nm* assembramento *m*

atypique [atipik] *adj* atipico(a)

au [o] = à + le ; ➤ à

aube [ob] *nf* alba *f* ● **à l'aube** all'alba

auberge [obɛʀʒ] *nf* locanda *f* ● **auberge de jeunesse** ostello *m* (della gioventù)

aubergine [obɛʀʒin] *nf* melanzana *f*

aucun, e [okœ̃, yn] *adj* nessuno(a) ◇ *pron* nessuno(a) ● **sans aucun doute** senza alcun dubbio ● **aucune idée !** non ne ho idea ● **aucun des deux** nessuno dei due ● **aucun d'entre nous** nessuno di noi

audace [odas] *nf* audacia *f*

audacieux, euse [odasjø, øz] *adj* audace

au-delà [odəla] *adv* oltre ● **au-delà de** oltre

au-dessous [odəsu] *adv* sotto ● **les enfants de 12 ans et au-dessous** i bambini fino a 12 anni ● **au-dessous de** sotto

au-dessus [odəsy] *adv* **1.** sopra **2.** *(dans une hiérarchie)* oltre ● **au-dessus de** sopra

audience [odjɑ̃s] *nf* **1.** *(entretien)* udienza *f* **2.** *(public)* audience *f inv*

audiovisuel, elle [odjovizɥɛl] *adj* audiovisivo(a)

auditeur, trice [oditœʀ, tʀis] *nm, f* ascoltatore *m*, -trice *f*

audition [odisjɔ̃] *nf* **1.** *(examen)* audizione *f* **2.** *(sens)* udito *m*

auditoire [oditwaʀ] *nm* uditorio *m*

auditorium [oditɔʀjɔm] *nm* auditorium *m inv*

augmentation [ɔgmɑ̃tasjɔ̃] *nf* aumento *m* ● **augmentation (de salaire)** aumento (di stipendio) ● **en augmentation** in aumento

augmenter [ɔgmɑ̃te] *vt & vi* aumentare

aujourd'hui [oʒuʁdɥi] *adv* oggi ● **d'aujourd'hui** di oggi ; *(de notre époque)* d'oggi

auparavant [opaʁavɑ̃] *adv* prima

auprès [opʁɛ] ● **auprès de** *prép* 1. *(à côté de)* accanto a 2. *(en s'adressant à)* presso

auquel [okɛl] = à + lequel ; ➤ **lequel**

aura [ɔʁa] *nf* aura *f*

aura etc ➤ avoir

auréole [ɔʁeɔl] *nf (tache)* alone *m*

aurore [ɔʁɔʁ] *nf* aurora *f*

ausculter [ɔskylte] *vt* auscultare

aussi [osi] *adv*

1. *(également)* anche ● **j'ai faim - moi aussi !** ho fame - anch'io!

2. *(introduit une comparaison)* ● **il n'est pas aussi sympathique que sa sœur** non è simpatico come sua sorella ● **elle travaille aussi bien que moi** lavora bene quanto me

3. *(à ce point)* così ● **je n'ai jamais rien vu d'aussi beau** non ho mai visto niente di così bello

◇ *conj (par conséquent)* pertanto

aussitôt [osito] *adv* subito ● **aussitôt que** appena

austère [ostɛʁ] *adj* austero(a)

Australie [ostʁali] *nf* ● **l'Australie** l'Australia *f*

australien, enne [ostʁaljɛ̃, ɛn] *adj* australiano(a) ● **Australien, enne** *nm, f* australiano *m*, -a *f*

autant [otɑ̃] *adv*

1. *(exprime la comparaison)* ● **autant que** quanto ● **l'aller simple coûte presque autant que l'aller et retour** la sola andata costa quasi quanto l'andata e ritorno ● **je n'ai pas autant d'amis que lui** non ho tanti amici quanto lui ● **il y a autant de femmes que d'hommes** ci sono tante donne quanti uomini

2. *(exprime l'intensité)* così tanto ● **je ne savais pas qu'il pleuvait autant ici** non sapevo che piovesse così tanto qui ● **si j'avais autant de temps/autant de vacances...** se avessi tutto questo tempo/tante vacanze...

3. *(il vaut mieux)* ● **autant partir demain** tanto vale partire domani

4. *(dans des expressions)* ● **j'aime autant...** preferisco... ● **d'autant (plus) que** tanto più che ● **pour autant que je sache** per quanto ne so

autel [otɛl] *nm* altare *m*

auteur, e [otœʁ] *nm, f* autore *m*, -trice *f*

authentique [otɑ̃tik] *adj* autentico(a)

auto [oto] *nf* auto *f inv* ● **autos tamponneuses** autoscontro *m*

autobiographie [otobjɔgʁafi] *nf* autobiografia *f*

autobus [otobys] *nm* autobus *m inv*

autocar [otokaʁ] *nm* 1. *(de ligne)* corriera *f* 2. *(de tourisme)* pullman *m inv*

autocollant [otokɔlɑ̃] *nm* adesivo *m*

auto(-)couchette(s) [otokuʃet] *adj inv* ● **train auto(-)couchette(s)** treno *m* che trasporta auto e passeggeri

autocuiseur [otokɥizœʁ] *nm* pentola *f* a pressione

auto-école, s [otoekɔl] *nf* scuola *f* guida

autographe [otogʁaf] *nm* autografo *m*

automate [otomat] *nm (jouet)* automa *m*

automatique [otomatik] *adj* automatico(a)

automne [ɔtɔn] *nm* autunno *m* ● **en automne** d'autunno

automobile [ɔtɔmɔbil] *adj* automobilistico(a)

automobiliste [ɔtɔmɔbilist] *nmf* automobilista *mf*

autonome [ɔtɔnɔm] *adj* autonomo(a)

autonomie [ɔtɔnɔmi] *nf* autonomia *f*

autopsie [ɔtɔpsi] *nf* autopsia *f*

autoradio [ɔtɔradjo] *nm* autoradio *f inv*

autorisation [ɔtɔrizasjɔ̃] *nf* autorizzazione *f*

autoriser [ɔtɔrize] *vt* autorizzare ● **je vous autorise à partir plus tôt** vi autorizzo ad andarvene prima

autoritaire [ɔtɔritɛr] *adj* autoritario(a)

autorité [ɔtɔrite] *nf* autorità *f inv* ● **les autorités** le autorità

autoroute [ɔtɔrut] *nf* autostrada *f* ● **autoroute de l'information** INFORM autostrada informatica ● **autoroute à péage** autostrada a pagamento

auto-stop [ɔtɔstɔp] *nm sing* autostop *m inv* ● **faire de l'auto-stop** fare l'autostop

autour [ɔtur] *adv* intorno ● **tout autour** intorno ● **autour de** intorno a ; *(environ)* circa

autre [ɔtr] *adj*

1. *(différent)* altro(a) ● **j'aimerais essayer une autre couleur** vorrei provare un altro colore

2. *(supplémentaire)* altro(a) ● **une autre bouteille d'eau minérale, s'il vous plaît** un'altra bottiglia d'acqua minerale, per favore ● **il n'y a rien d'autre à voir ici** non c'è nient'altro da vedere qui ● **veux-tu autre chose** ou **quelque chose d'autre ?** vuoi qualcos'altro ?

3. *(restant)* altro(a) ● **les autres passagers sont priés de descendre de l'appareil** gli altri passeggeri sono pregati di scendere dall'aereo

4. *(dans des expressions)* ● **autre part** altrove ● **d'autre part** per altra parte
◇ *pron* altro(a) ● **l'autre** l'altro(a) ● **un autre** un altro ● **il ne se soucie pas des autres** non si preoccupa degli altri ● **d'une minute à l'autre** da un momento all'altro ● **j'aime les bons vins, entre autres ceux de Bordeaux** mi piacciono i vini buoni, ad esempio quelli di Bordeaux

autrefois [ɔtrəfwa] *adv* una volta

autrement [ɔtrəmɑ̃] *adv* **1.** *(différemment)* diversamente **2.** *(sinon)* altrimenti ● **autrement dit** in altri termini

Autriche [ɔtriʃ] *nf* ● **l'Autriche** l'Austria *f*

autrichien, enne [ɔtriʃjɛ̃, ɛn] *adj* austriaco(a) ● **Autrichien, enne** *nm, f* austriaco *m, -a f*

autruche [ɔtryʃ] *nf* struzzo *m*

auvent [ovã] *nm* pensilina *f*

Auvergne [ovɛrɲ] *nf* ➤ **bleu**

aux [o] = **à** + **les** ; ➤ **à**

auxiliaire [ɔksiljɛr] *nmf (assistant)* ausiliare *mf* ◇ *nm* GRAMM ausiliare *m*

auxquelles [okɛl] = **à** + **lesquelles** ; ➤ **lequel**

auxquels [okɛl] = **à** + **lesquels** ; ➤ **lequel**

av. = **avenue**

avachi, e [avaʃi] *adj* **1.** *(personne)* rammollito(a) **2.** *(canapé)* sfasciato(a)

aval [aval] *nm* tratto *m* a valle ● **en aval (de)** a valle di

avalanche [avalɑ̃ʃ] *nf* valanga *f*

avaler [avale] *vt* inghiottire

avance [avɑ̃s] *nf* **1.** *(progression)* avanzata *f* **2.** *(prêt)* anticipo *m* ● **à l'avance** ou **d'avance** *(payer, remercier)* in anticipo ● **en avance** in anticipo

avancer [avɑ̃se] *vt* **1.** spostare in avanti **2.** *(main, assiette)* allungare **3.** *(anticiper, prêter)* anticipare ◇ *vi* **1.** avanzare **2.** *(progresser)* andare avanti **3.** *(montre, pendule)* essere avanti ● **avancer une réunion** anticipare una riunione ● **avance !** vai avanti! ● **avancer de cinq minutes** essere avanti di cinque minuti ● **s'avancer** *vp* **1.** avvicinarsi **2.** *(partir devant)* andare avanti ● **s'avancer dans son travail** portarsi avanti nel lavoro

avant [avɑ̃] *prép* prima di ◇ *adv* prima ◇ *nm* **1.** *(partie antérieure)* parte *f* anteriore **2.** SPORT attaccante *m* ◇ *adj inv* anteriore ● **avant de partir, ferme bien la porte** prima di partire chiudi bene la porta ● **avant que** prima che ● **avant tout** prima di tutto ● **l'année d'avant** l'anno prima ● **en avant** *(tomber)* in avanti ; *(partir)* avanti ● **à l'avant** davanti

avantage [avɑ̃taʒ] *nm* vantaggio *m* ● **avoir l'avantage** essere in vantaggio

avantager [avɑ̃taʒe] *vt* avvantaggiare

avantageux, euse [avɑ̃taʒø, øz] *adj* vantaggioso(a)

avant-bras [avɑ̃bʁa] *nm inv* avambraccio *m*

avant-dernier, ère, s [avɑ̃dɛʁnje, ɛʁ] *adj & nm, f* penultimo(a)

avant-hier [avɑ̃tjɛʁ] *adv* l'altro ieri

avant-première, s [avɑ̃pʁəmjɛʁ] *nf* anteprima *f* ● **en avant-première** in anteprima

avant-propos [avɑ̃pʁopo] *nm inv* prefazione *f*

avare [avaʁ] *adj & nmf* avaro(a)

avarice [avaʁis] *nf* avarizia *f*

avarié, e [avaʁje] *adj* avariato(a)

avec [avɛk] *prép* con ● **avec gentillesse** con gentilezza, gentilmente ● **et avec ça ?** desidera altro? ● **faire avec** accontentarsi

avenir [avniʁ] *nm* avvenire *m* ● **à l'avenir** in futuro ● **d'avenir** *(métier, technique)* di sicuro avvenire

aventure [avɑ̃tyʁ] *nf* avventura *f*

aventurer [avɑ̃tyʁe] ● **s'aventurer** *vp* avventurarsi

aventurier, ère [avɑ̃tyʁje, ɛʁ] *nm, f* (qui aime le risque) avventuriero *m*, -a *f*

avenue [avny] *nf* viale *m*

avérer [aveʁe] ● **s'avérer** *vp* *(se révéler)* rivelarsi ● **ses prédictions se sont avérées** le sue predizioni si sono verificate

averse [avɛʁs] *nf* acquazzone *m*

avertir [avɛʁtiʁ] *vt* avvertire ● **il faut l'avertir du danger** occorre avvertirlo del pericolo

avertissement [avɛʁtismɑ̃] *nm* **1.** avvertimento *m* **2.** SCOL ammonizione *f*

aveu, x [avø] *nm* confessione *f*

aveugle [avœgl] *adj & nmf* cieco(a)

aveugler [avœgle] *vt* accecare

aveuglette [avœglɛt] ● **à l'aveuglette** *adv* alla cieca

aviateur, trice [avjatœʁ, tʁis] *nm, f* aviatore *m*, -trice *f*

aviation [avjasjɔ̃] *nf* MIL aviazione *f*

avide [avid] *adj* avido(a) ● **avide de** assetato(a) di

avion [avjɔ̃] *nm* aereo *m* ▼ **par avion** per via aerea ● **en avion** in aereo ● **prendre l'avion** prendere l'aereo

aviron [avirɔ̃] *nm* **1.** *(rame)* ramo *m* **2.** *(sport)* canottaggio *m*

avis [avi] *nm* avviso *m* ● **changer d'avis** cambiare idea ● **à mon avis** a mio avviso ● **avis de réception** ricevuta *f* di ritorno

av. J-C *(abr de avant Jésus-Christ)* a.C. *(avanti Cristo)*

¹avocat, e [avɔka, at] *nm, f* avvocato *m*, -essa *f*

²avocat *nm (fruit)* avocado *m inv*

avoine [avwan] *nf* avena *f*

avoir [avwaʀ] *vt*

1. *(posséder)* avere ● **j'ai deux frères et une sœur** ho due fratelli e una sorella ● **j'ai deux ordinateurs** ho due computer

2. *(comme caractéristique)* avere ● **avoir les cheveux bruns** avere i capelli scuri ● **avoir de l'ambition** avere ambizione

3. *(être âgé de)* ● **quel âge as-tu ?** quanti anni hai? ● **j'ai 13 ans** ho 13 anni

4. *(obtenir)* prendere ● **j'ai eu mon permis le mois dernier** ho preso la patente il mese scorso

5. *(éprouver)* avere ● **avoir des remords** avere dei rimorsi

6. *(fam) (duper)* ● **se faire avoir** farsi fregare

7. *(exprime l'obligation)* ● **avoir à faire qqch** dover fare qc ● **vous n'avez qu'à remplir ce formulaire** deve solo compilare questo modulo

8. *(dans des expressions)* ● **vous en avez encore pour longtemps ?** ne avete ancora per molto? ● **nous en avons eu pour 50 euros** abbiamo speso 50 euro

◇ *v aux* avere ● **j'ai terminé** ho finito ● **hier nous avons visité le château** ieri abbiamo visitato il castello ● **elle a été malade** è stata malata

◆ **il y a** *v impers*

1. *(il existe)* ● **il y a un problème** c'è un problema ● **a-t-il des toilettes au rez-de-chaussée ?** ci sono dei gabinetti al piano terra? ● **qu'est-ce qu'il y a ?** cosa c'è?

2. *(temporel)* ● **il y a trois ans** tre anni fa ● **il y a plusieurs années que nous venons ici** è da diversi anni che veniamo qui

3. *(exprime l'obligation)* ● **il n'y a plus qu'à tout recommencer** non resta che ricominciare tutto da capo

avortement [avɔʀtəmɑ̃] *nm* aborto *m*

avorter [avɔʀte] *vi* abortire

avouer [avwe] *vt* confessare ● **il faut avouer que...** bisogna ammettere che...

avril [avʀil] *nm* aprile *m* ● **le premier avril** il primo aprile ● **en avril** ou **au mois d'avril** a ou in aprile ● **début avril** all'inizio di aprile ● **fin avril** alla fine di aprile ● **le deux avril** il due aprile

axe [aks] *nm* asse *m* ● **axe rouge** *sezione della rete stradale parigina nella quale è vietato sostare a causa del traffico intenso*

ayant [ejɑ̃] *p prés* ➤ **avoir**

ayons [ejɔ̃] ➤ **avoir**

azote [azɔt] *nm* azoto *m*

Azur [azyʀ] *nm* ➤ **côte**

*b***B**

B = bien

baba [baba] *nm* ● baba au rhum babà *m inv* al rum

babines [babin] *nfpl* labbra *fpl* cascanti *(di animale)*

babiole [babjɔl] *nf* **1.** *(objet)* ninnolo *m* **2.** *(broutille)* sciocchezza *f*

bâbord [babɔʀ] *nm* babordo *m* ● à bâbord a babordo

baby-foot [babifut] *nm inv* calcetto *m*

baby-sitter, s [bebisitœʀ] *nmf* baby sitter *mf inv*

bac [bak] *nm* **1.** *(d'un évier)* vasca *f* **2.** *(bateau)* traghetto *m* **3.** *(fam)* *(abr de baccalauréat)* ≃ maturità *f inv* ● bac à légumes scomparto *m* verdura ● passer/avoir son bac ≃ sostenere/superare l'esame di maturità

baccalauréat [bakalɔʀea] *nm* ≃ maturità *f inv*

Le baccalauréat

Il *baccalauréat*, comunemente detto *bac*, è il diploma francese che corrisponde alla *maturità* italiana e che dà accesso all'università. Per ottenerlo, alla fine della *terminale* (l'ultimo anno di scuola superiore) gli studenti devono superare alcune prove scritte e orali, che variano a seconda dell'indirizzo di studi seguito (scientifico, letterario, economico e sociale o tecnico).

bâche [baʃ] *nf* telone *m*

bâcler [bakle] *vt* raffazzonare

bacon [bekɔn] *nm* bacon *m inv*

bactérie [bakteʀi] *nf* batterio *m*

badge [badʒ] *nm* **1.** *(pour vêtement)* spilla *f* rotonda **2.** *(d'identification)* badge *m inv*

badigeonner [badiʒɔne] *vt* *(mur)* intonacare

badminton [badmintɔn] *nm* volano *m*

baffe [baf] *nf* *(fam)* sberla *f*

baffle [bafl] *nm* cassa *f* acustica

bafouiller [bafuje] *vt & vi* farfugliare

bagage [bagaʒ] *nm* bagaglio *m* ● bagage à main bagaglio a mano ● bagage cabine bagaglio a mano ou da cabina

bagarre [bagaʀ] *nf* rissa *f*

bagarrer [bagaʀe] ◆ **se bagarrer** *vp* **1.** *(se battre)* azzuffarsi **2.** *(se disputer)* litigare

bagnes [baɲ] *nm* formaggio a pasta dura, tipico del Valais in Svizzera

bagnole [baɲɔl] *nf* *(fam)* macchina *f*

bague [bag] *nf* anello *m*

baguette [bagɛt] *nf* **1.** bacchetta *f* **2.** *(pain)* baguette *f inv* **3.** *(chinoise)* bastoncino *m* ● baguette magique bacchetta magica

baie [be] *nf* **1.** *(fruit)* bacca *f* **2.** *(golfe)* baia *f* ● baie vitrée vetrata *f*

baignade [beɲad] *nf* bagno *m* ▼ baignade interdite divieto di balneazione

baigner [beɲe] *vt* fare il bagno a ◆ **se baigner** *vp* fare il bagno

baignoire [beɲwaʀ] *nf* vasca *f* da bagno

bail [baj] (*pl* **baux** [bo]) *nm* contratto *m* d'affitto

bâiller [baje] *vi* sbadigliare

bâillonner [bajɔne] *vt* imbavagliare

bain [bɛ̃] *nm* bagno *m* ● **prendre un bain** fare il bagno ● **prendre un bain de soleil** prendere il sole ● **grand bain** *(de piscine)* vasca *f* grande ● **petit bain** *(de piscine)* vasca piccola ● **bain à remous** idromassaggio *m*

bain-marie [bɛ̃mari] (*pl* **bains-marie**) *nm* bagnomaria *m inv*

baïonnette [bajɔnɛt] *nf* baionetta *f*

baiser [beze] *nm* bacio *m*

baisse [bɛs] *nf* diminuzione *f* ● **en baisse** in ribasso

baisser [bese] *vt* abbassare ◇ *vi* **1.** *(descendre)* scendere **2.** *(diminuer)* diminuire ● **se baisser** *vp* abbassarsi

bal [bal] *nm* ballo *m*

balade [balad] *nf* passeggiata *f*

balader [balade] ● **se balader** *vp* andare a spasso

balai [balɛ] *nm* **1.** scopa *f* **2.** *(d'essuie-glace)* spazzola *f* **3.** *(fam)* *(année d'âge)* anno *m*

balance [balɑ̃s] *nf* bilancia *f* ● **Balance** *nf* Bilancia *f*

balancer [balɑ̃se] *vt* **1.** dondolare **2.** *(fam)* *(jeter)* scaraventare ● **se balancer** *vp* dondolarsi

balancier [balɑ̃sje] *nm* bilanciere *m*

balançoire [balɑ̃swar] *nf* altalena *f*

balayer [baleje] *vt* **1.** spazzare **2.** *(nuages)* spazzar via

balayeur, euse [balɛjœr, øz] *nm, f* spazzino *m*, -a *f*

balbutier [balbysje] *vt & vi* balbettare

balcon [balkɔ̃] *nm* **1.** balcone *m* **2.** *(au théâtre)* galleria *f*

baleine [balɛn] *nf* **1.** *(animal)* balena *f* **2.** *(de parapluie)* stecca *f*

balise [baliz] *nf* **1.** NAUT boa *f* da segnale **2.** *(de randonnée)* segnalazione *f*

balle [bal] *nf* **1.** SPORT palla *f* **2.** *(d'arme à feu)* pallottola *f* **3.** *(fam)* *(franc)* franco *m*

ballerine [balrin] *nf* ballerina *f*

ballet [balɛ] *nm* balletto *m*

ballon [balɔ̃] *nm* **1.** pallone *m* **2.** *(d'enfant, pour fête)* palloncino *m* **3.** *(verre)* bicchiere *m* tondo

ballonné, e [balɔne] *adj* gonfio(a)

ballotter [balɔte] *vt* ● **être ballotté(e)** essere sballottato(a)

balnéaire [balneɛr] *adj* ➤ **station**

balustrade [balystrad] *nf* balaustra *f*

bambin [bɑ̃bɛ̃] *nm* bimbo *m*

bambou [bɑ̃bu] *nm* bambù *m inv*

banal, e [banal] *adj* banale

banane [banan] *nf* **1.** banana *f* **2.** *(porte-monnaie)* marsupio *m*

bananier, ère [bananje, ɛr] *adj* bananiero(a)

banc [bɑ̃] *nm* **1.** panca *f* **2.** *(de poissons)* banco *m* ● **banc public** panchina *f* ● **banc de sable** banco di sabbia

bancaire [bɑ̃kɛr] *adj* bancario(a)

bancal, e [bɑ̃kal] *adj* sbilenco(a)

bancassurance [bɑ̃kasyrɑ̃s] *nf* bancassicurazione *f*

bandage [bɑ̃daʒ] *nm* fasciatura *f*

bande [bɑ̃d] *nf* **1.** *(de tissu, de papier)* striscia *f* **2.** *(pansement)* benda *f* **3.** *(groupe)* gruppo *m* ● **bande d'arrêt d'urgence** corsia *f* di emergenza ● **bande blanche** *(sur route)* striscia bianca ● **bande dessinée**

fumetto *m* ● **bande magnétique** nastro *m* magnetico ● **bande originale** colonna *f* sonora originale

bandeau, x [bɑ̃do] *nm* **1.** *(dans les cheveux)* fascia *f* **2.** *(sur les yeux)* benda *f*

bander [bɑ̃de] *vt* bendare

banderole [bɑ̃dʀɔl] *nf* banderuola *f*

bandit [bɑ̃di] *nm* bandito *m*

bandoulière [bɑ̃duljɛʀ] *nf* bandoliera *f* ● **en bandoulière** a tracolla

banjo [bɑ̃dʒo] *nm* banjo *m inv*

banlieue [bɑ̃ljø] *nf* periferia *f*

banlieusard, e [bɑ̃ljøzaʀ, aʀd] *nm, f* abitante della periferia delle grandi città

banque [bɑ̃k] *nf* banca *f* ● **aller à la banque** andare in banca ● **Banque Centrale Européenne** Banca Centrale Europea

banquet [bɑ̃kɛ] *nm* banchetto *m*

banquette [bɑ̃kɛt] *nf* sedile *m*

banquier, ère [bɑ̃kje, ɛʀ] *nm, f* banchiere *m*, -a *f*

banquise [bɑ̃kiz] *nf* banchisa *f*

baptême [batɛm] *nm* battesimo *m* ● **baptême de l'air** battesimo dell'aria

bar [baʀ] *nm* **1.** bar *m inv* **2.** *(comptoir)* banco *m* ● **bar à café** *(Helv)* bar nel quale vengono serviti solo analcolici

baraque [baʀak] *nf* **1.** *(de jardin)* capanna *f* **2.** *(de fête foraine)* baraccone *m* **3.** *(fam) (maison)* casa *f*

baratin [baʀatɛ̃] *nm (fam)* chiacchiere *fpl*

barbare [baʀbaʀ] *adj* barbaro(a)

Barbarie [baʀbaʀi] ➤ **orgue**

barbe [baʀb] *nf* barba *f* ● **barbe à papa** zucchero *m* filato

barbecue [baʀbəkju] *nm* barbecue *m inv*

barbelé [baʀbəle] *nm* ● **(fil de fer) barbelé** filo *m* (di ferro) spinato

barboter [baʀbɔte] *vi* sguazzare

barbouillé, e [baʀbuje] *adj* ● **être barbouillé(e)** avere lo stomaco sottosopra

barbouiller [baʀbuje] *vt* **1.** *(écrire)* scarabocchiare **2.** *(peindre, salir)* imbrattare

barbu [baʀby] *adj m* barbuto

Barco® [baʀko] *nm* videoproiettore *m*

barème [baʀɛm] *nm* **1.** *(de prix)* tabella *f* **2.** *(de notes)* criterio *m* di votazione

baril [baʀil] *nm* barile *m*

bariolé, e [baʀjɔle] *adj* variopinto(a)

barmaid [baʀmɛd] *nf* barista *f*

barman [baʀman] *nm* barista *m*

baromètre [baʀɔmɛtʀ] *nm* barometro *m*

baron, onne [baʀɔ̃, ɔn] *nm, f* barone *m*, -essa *f*

barque [baʀk] *nf* barca *f*

barrage [baʀaʒ] *nm (sur une rivière)* diga *f* ● **barrage de police** posto *m* di blocco

barre [baʀ] *nf* **1.** sbarra *f* **2.** *(de chocolat)* stecca *f* **3.** *NAUT* barra *f* ● **barre de menu** *INFORM* barra *f* del menù, menu *m inv* bar ● **barre d'outils** *INFORM* barra degli strumenti

barreau, x [baʀo] *nm* sbarra *f*

barrer [baʀe] *vt* **1.** sbarrare **2.** *NAUT* pilotare (col timone)

barrette [baʀɛt] *nf (à cheveux)* fermaglio *m*

barricade [baʀikad] *nf* barricata *f*

barricader [baʀikade] *vt* **1.** *(porte)* sprangare **2.** *(rue)* barricare ◆ **se barricader** *vp* barricarsi

barrière [baʀjɛʀ] *nf (clôture)* barriera *f*

bar-tabac [baʀtaba] *(pl bars-tabacs) nm* bar-tabacchi *m inv*

bas, basse [ba, bas] *adj* basso(a) ◇ *nm*
1. *(partie inférieure)* parte *f* inferiore **2.**
(vêtement) calza *f* ◇ *adv* **1.** in basso **2.** *(parler)*
a bassa voce **• en bas** in basso **;** *(à l'étage
inférieur)* di sotto **;** *(de l'escalier)* giù **• en
bas de** in fondo a

bas-côté, s [bakote] *nm (de la route)*
banchina *f*

bascule [baskyl] *nf* **1.** *(pour peser)* bilancia *f* **2.** *(jeu)* dondolo *m*

basculer [baskyle] *vt* ribaltare ◇ *vi* cadere

base [baz] *nf* base *f* **• à base de** a base di
• de base di base **• base de données** banca *f* dati

baser [baze] *vt* **• baser qqch sur** basare
qc su **✦ se baser sur** *vp* + *prep* basarsi su

basilic [bazilik] *nm* basilico *m*

basilique [bazilik] *nf* basilica *f*

basket [basket] *nf (chaussure)* scarpa *f* da
ginnastica

basket(-ball) [basket(bol)] *nm* pallacanestro *f*, basket *m inv*

basquaise [baskɛz] *adj f* ➤ **poulet**

basque [bask] *adj* basco(a) ◇ *nm (langue)*
basco *m* **• Basque** *nmf* basco *m*, -a *f*

basse ➤ **bas**

basse-cour [baskuʀ] *(pl* **basses-cours)**
nf cortile *m*

bassin [basɛ̃] *nm* bacino *m* **• le Bassin
parisien** la pianura parigina **• grand bassin** *(de piscine)* vasca *f* grande **• petit bassin** *(de piscine)* vasca piccola

bassine [basin] *nf* bacinella *f*

Bastille [bastij] *nf* **• l'opéra Bastille** il
teatro della Bastiglia

bataille [bataj] *nf* battaglia *f*

bâtard, e [bataʀ, aʀd] *nm, f (chien)* bastardo *m*, -a *f*

bateau, x [bato] *nm* **1.** barca *f* **2.** *(sur le
trottoir)* passo *m* carraio **• bateau de pêche** peschereccio *m* **• bateau à voiles** barca a vela

bateau-mouche [batomuʃ] *(pl* bateaux-mouches)** *nm* battello turistico in
servizio a Parigi

bâtiment [batimã] *nm* edificio *m* **• le bâtiment** *(secteur d'activité)* l'edilizia *f*

bâtir [batiʀ] *vt* costruire

bâton [batɔ̃] *nm* bastone *m* **• bâton de
craie** gessetto *m* **• bâton de rouge à lèvres**
rossetto *m*

bâtonnet [batɔnɛ] *nm* **1.** bastoncino *m*
2. *(coton-tige)* cotton fioc® *m inv*

battant [batã] *nm (d'une porte)* battente
m

battement [batmã] *nm* **1.** *(coup)* battito
m **2.** *(intervalle)* intervallo *m*

batterie [batʀi] *nf* batteria *f* **• batterie
de cuisine** batteria da cucina

batteur, euse [batœʀ, øz] *nm, f MUS* batterista *mf* ◇ *nm (mélangeur)* frusta *f*

battre [batʀ] *vt* **1.** *(personne)* picchiare
2. *(tapis, adversaire)* battere ◇ *vi* **1.** *(cœur)*
battere **2.** *(porte, volet)* sbattere **• battre
les œufs en neige** montare gli albumi a
neve **• battre la mesure** battere il tempo
• battre des mains battere le mani **✦ se
battre** *vp* **• se battre (avec qqn)** battersi
(con qn)

baume [bom] *nm* balsamo *m*

baux [bo] ➤ **bail**

bavard, e [bavaʀ, aʀd] *adj & nm, f* chiacchierone(a)

bavardage [bavaʀdaʒ] *nm* chiacchiera *f*

bavarder [bavaʀde] *vi* chiacchierare

bavarois [bavaʀwa] *nm CULIN* bavarese *f*

bave [bav] *nf* bava *f*

baver [bave] *vi* sbavare ● j'en ai bavé è stata dura

bavette [bavɛt] *nf CULIN* spuntatura *f* di lombo

baveux, euse [bavø, øz] *adj (omelette)* poco cotto(a)

bavoir [bavwaʀ] *nm* bavaglino *m*

bavure [bavyʀ] *nf* **1.** *(tache)* sbavatura *f* **2.** *(erreur)* errore *m*

bazar [bazaʀ] *nm* **1.** *(magasin)* bazar *m inv* **2.** *(fam) (désordre)* baraonda *f*

BCBG *adj (abr de bon chic bon genre)* fighetto(a)

BCE *nf abr de* Banque Centrale Européenne

Bd = boulevard

BD [bede] = bande dessinée

beau, belle [bo, bɛl] *(mpl* beaux [bo]*) (bel* [bɛl] *devant voyelle ou h muet) adj* bello(a) ◇ *adv* ● il fait beau fa bello ● j'ai beau essayer... per quanto provi... ● beau travail ! bel lavoro! ● un beau jour un bel giorno

beaucoup [boku] *adv* molto ● il faut beaucoup de patience ci vuole molta pazienza ● beaucoup de livres molti libri ● beaucoup plus cher molto più caro ● je travaille beaucoup plus maintenant lavoro molto di più adesso ● beaucoup plus de tolérance molta più tolleranza ● beaucoup plus de fautes molti più errori ● des pays, j'en ai visité beaucoup di paesi ne ho visitati molti

beau-fils [bofis] *(pl* beaux-fils*) nm* **1.** *(fils du conjoint)* figliastro *m* **2.** *(gendre)* genero *m*

beau-frère [bofʀɛʀ] *(pl* beaux-frères*) nm* cognato *m*

beau-père [bopɛʀ] *(pl* beaux-pères*) nm* **1.** *(père du conjoint)* suocero *m* **2.** *(compagnon de la mère)* patrigno *m*

beauté [bote] *nf* bellezza *f*

beaux-parents [bopaʀɑ̃] *nmpl* suoceri *mpl*

bébé [bebe] *nm* bambino *m* piccolo, bambina *f* piccola

bec [bɛk] *nm* becco *m* ● bec verseur beccuccio *m*

béchamel [beʃamɛl] *nf* ● (sauce) béchamel besciamella *f*

bêche [bɛʃ] *nf* vanga *f*

bêcher [beʃe] *vt* vangare

bée [be] *adj f* ● bouche bée a bocca aperta

bégayer [begeje] *vi* balbettare

bégonia [begɔnja] *nm* begonia *f*

beige [bɛʒ] *adj* beige *(inv)* ◇ *nm* beige *m inv*

beigne [bɛɲ] *nm* ● donner ou filer une beigne à qqn dare una sberla a qn

beignet [bɛɲɛ] *nm* frittella *f*

bel ➤ beau

bêler [bele] *vi* belare

belge [bɛlʒ] *adj* belga ◆ **Belge** *nmf* belga *mf*

Belgique [bɛlʒik] *nf* ● la Belgique il Belgio

bélier [belje] *nm* montone *m* ◆ **Bélier** *nm* Ariete *m*

belle-fille [bɛlfij] (pl **belles-filles**) nf 1. (fille du conjoint) figliastra f 2. (compagne du fils) nuora f

Belle-Hélène [bɛlelɛn] adj ➤ poire

belle-mère [bɛlmɛr] (pl **belles-mères**) nf 1. (mère du conjoint) suocera f 2. (compagne du père) matrigna f

belle-sœur [bɛlsœr] (pl **belles-sœurs**) nf cognata f

belote [bəlɔt] nf belote f (gioco di carte)

bénéfice [benefis] nm 1. (financier) profitto m 2. (avantage) vantaggio m

bénéflcier [benefisje] ◆ **bénéficier de** v + prep beneficiare di

bénéfique [benefik] adj benefico(a)

bénévole [benevɔl] adj volontario(a)

bénin, igne [benẽ, iɲ] adj benigno(a)

bénir [benir] vt benedire

bénite [benit] adj f ➤ eau

bénitier [benitje] nm acquasantiera f

benne [bɛn] nf benna f

BEP nm titolo di studio rilasciato al termine di due anni di formazione professionale dopo la « troisième », ovvero dopo la quarta classe della scuola secondaria di primo grado

béquille [bekij] nf 1. MÉD stampella f 2. (de vélo, de moto) cavalletto m

berceau, x [bɛrso] nm culla f

bercer [bɛrse] vt cullare

berceuse [bɛrsøz] nf ninnananna f

Bercy [bɛrsi] n ◆ **(le palais omnisports de Paris-)Bercy** il palazzetto dello sport di Bercy a Parigi

béret [berɛ] nm berretto m

berge [bɛrʒ] nf argine m

berger, ère [bɛrʒe, ɛr] nm, f pastore m, -ella f ◆ **berger allemand** pastore tedesco

bergerie [bɛrʒəri] nf ovile m

berlingot [bɛrlɛ̃go] nm 1. (bonbon) caramella f alla frutta (di forma tetraedrica) 2. (de lait, de javel) confezione f (di piccole dimensioni)

bermuda [bɛrmyda] nm bermuda mpl

Berne [bɛrn] n Berna f

besoin [bəzwẽ] nm bisogno m ● j'ai besoin d'un marteau ho bisogno di un martello, mi serve un martello ● j'ai besoin de me reposer ho bisogno di riposarmi ● nous avons besoin de temps abbiamo bisogno di tempo, ci occorre tempo ● faire ses besoins fare i propri bisogni

bestiole [bɛstjɔl] nf bestiola f

best-seller, s [bɛstsɛlœr] nm best-seller m inv

bétail [betaj] nm bestiame m

bête [bɛt] adj stupido(a) ◇ nf bestia f

bêtement [bɛtmɑ̃] adv stupidamente

bêtise [betiz] nf 1. (acte, parole) stupidaggine f 2. (stupidité) stupidità f inv

béton [betɔ̃] nm calcestruzzo m, cemento m

bette [bɛt] nf bietola f

betterave [bɛtrav] nf barbabietola f

beurre [bœr] nm burro m

beurrer [bœre] vt imburrare

biais [bjɛ] nm ● **par le biais de** tramite ● **en biais** di sbieco

bibelot [biblo] nm soprammobile m

biberon [bibrɔ̃] nm biberon m ● **donner le biberon à** dare il biberon a

Bible [bibl] nf ● **la Bible** la Bibbia

bibliothécaire [biblijɔtekɛr] nmf bibliotecario m, -a f

bibliothèque [biblijɔtɛk] nf 1. (salle, édifice) biblioteca f 2. (meuble) libreria f ● **la**

Bibliothèque Nationale de France la Biblioteca Nazionale Francese

biceps [biseps] *nm* bicipite *m*

biche [biʃ] *nf* cerbiatta *f*

bicyclette [bisiklɛt] *nf* bicicletta *f*

bidet [bidɛ] *nm* bidè *m inv*

bidon [bidɔ̃] *nm* bidone *m* ◆ *adj inv (fam)*
● **une excuse bidon** una balla

bidonville [bidɔ̃vil] *nm* bidonville *f inv*

Biélorussie [bjelɔʀysi] *nf* ● la Biélorussie la Bielorussia

bien [bjɛ̃] (**mieux** *est le comparatif et le superlatif de* **bien**) *adv*
1. *(de façon satisfaisante)* bene ● **avez-vous bien dormi ?** ha dormito bene?
2. *(beaucoup, très)* molto ● **je me suis bien amusé pendant ces vacances** mi sono divertito molto durante queste vacanze
● **une personne bien sympathique** una persona molto simpatica ● **j'espère bien que...** spero che... ● **bien plus** molto di più
3. *(au moins)* almeno ● **cela fait bien deux mois qu'il n'a pas plu** saranno almeno due mesi che non è piovuto
4. *(effectivement)* proprio ● **c'est bien ce qu'il me semblait** è proprio come mi sembrava
5. *(dans des expressions)* ● **bien des gens** molta gente ● **il a bien de la chance** ha una bella fortuna ● (**c'est**) **bien fait (pour toi) !** ti sta bene! ● **nous ferions mieux de réserver à l'avance** faremmo meglio a prenotare
◇ *adj inv*
1. *(satisfaisant, de bonne qualité)* bello(a)
● **il est bien ton ordinateur** hai un bel computer
2. *(moralement)* giusto(a) ● **c'est une fille bien** è una ragazza in gamba
3. *(convenable)* perbene *(inv)* ● **ça fait bien** è ben visto
4. *(en bonne santé)* bene *inv* ● **être/se sentir bien** stare/sentirsi bene
5. *(à l'aise)* bene *(inv)* ● **on est bien dans ce fauteuil** si sta bene in questa poltrona
6. *(beau)* bello(a) ● **elle est bien avec cet ensemble** sta bene con questo completo
◇ *interj* bene!
◇ *nm*
1. *(intérêt)* bene *m* ● **c'est pour ton bien** è per il tuo bene
2. *(sens moral)* bene *m*
3. *(dans des expressions)* ● **dire du bien de** parlare bene di ● **faire du bien à qqn** far del bene a qn
● **biens** *nmpl (richesses)* beni *mpl*

bien-être [bjɛ̃nɛtʀ] *nm* benessere *m*

bienfaisant, e [bjɛ̃fəzɑ̃, ɑ̃t] *adj* benefico(a)

bientôt [bjɛ̃to] *adv* presto ● **à bientôt !** a presto!

bienveillant, e [bjɛ̃vɛjɑ̃, ɑ̃t] *adj* benevolo(a)

bienvenu, e [bjɛ̃vny] *adj* benvenuto(a)

bienvenue [bjɛ̃vny] *nf* ● **bienvenue !** benvenuto(a) ! ● **souhaiter la bienvenue à qqn** dare il benvenuto a qn

bière [bjɛʀ] *nf* birra *f* ● **bière (à la) pression** birra alla spina

bifteck [biftɛk] *nm* bistecca *f*

bifurquer [bifyʀke] *vi* **1.** *(route)* biforcarsi **2.** *(voiture)* deviare

Bige ® [biʒ] *adj inv* ● **billet Bige** biglietto Bige ®

bigorneau, x [bigɔʀno] *nm* lumachina *f* di mare

bigoudi [bigudi] *nm* bigodino *m*

bijou, x [biʒu] *nm* gioiello *m*

bijouterie [biʒutʀi] *nf* gioielleria *f*

Bikini® [bikini] *nm* bikini® *m inv*

bilan [bilɑ̃] *nm* bilancio *m* ● **faire le bilan (de)** fare il bilancio (di)

bilingue [bilɛ̃g] *adj* bilingue

billard [bijaʀ] *nm* biliardo *m*

bille [bij] *nf* **1.** *(petite boule)* pallina *f* **2.** *(d'enfant, de billard)* bl(g)lia *f*

billet [bije] *nm* biglietto *m* ● **billet (de banque)** banconota *f* ● **billet aller et retour** biglietto andata e ritorno ● **billet simple** biglietto solo andata

billetterie [bijetʀi] *nf (guichet)* biglietteria *f* ● **billetterie automatique** *(billets de train)* biglietteria automatica ; *(billets de banque)* bancomat® *m inv*

bimensuel, elle [bimɑ̃sɥel] *adj* bimensile

biographie [bjɔgʀafi] *nf* biografia *f*

biologie [bjɔlɔʒi] *nf* biologia *f*

biologique [bjɔlɔʒik] *adj* biologico(a)

bioterrorisme [bjɔteʀɔʀism] *nm* bioterrorismo *m*

bis [bis] *interj* bis ! ◇ *adv* bis ● **j'habite au 6 bis** abito al 6 bis

biscornu, e [biskɔʀny] *adj (objet)* sbilenco(a)

biscotte [biskɔt] *nf* fetta *f* biscottata

biscuit [biskɥi] *nm* biscotto *m* ● **biscuit salé** cracker *m inv*

bise [biz] *nf* **1.** *(baiser)* bacio *m* **2.** *(vent)* tramontana *f* ● **faire une bise à qqn** dare un bacio a qn ● **grosses bises** *(dans une lettre)* bacioni ● **on se fait la bise ?** diamoci un bacio *(come saluto)*

bison [bizɔ̃] *nm* bisonte *m* ● **Bison Futé** servizio francese d'informazione sul traffico stradale ≈ Onda *f* verde

bisou [bizu] *nm (fam)* bacino *m*

bisque [bisk] *nf* passato *f* di crostacei servito con panna liquida

bissextile [bisekstil] *adj* ➤ année

bistro(t) [bistʀo] *nm* caffè *m inv*

bitume [bitym] *nm* bitume *m*

bizarre [bizaʀ] *adj* strano(a)

blafard, e [blafaʀ, aʀd] *adj* **1.** *(visage)* smorto(a) **2.** *(lumière)* fioco(a)

blague [blag] *nf* **1.** *(histoire drôle)* barzelletta *f* **2.** *(mensonge, farce)* scherzo *m* ● **sans blague !** davvero?

blaguer [blage] *vi* scherzare

blaireau [blɛʀo] *nm (fam)* testa *f* di legno

blanc, blanche [blɑ̃, blɑ̃ʃ] *adj* bianco(a) ◇ *nm* **1.** bianco *m* **2.** *(espace)* spazio *m* bianco **3.** *(vin)* vino *m* bianco ● **blanc cassé** bianco sporco ● **blanc d'œuf** albume *m* ● **blanc de poulet** petto *m* di pollo ● **chauffer qqch à blanc** portare qc a incandescenza ● **rendre copie blanche** consegnare il foglio in bianco ● **tirer à blanc** sparare a salve ● **Blanc, Blanche** *nm, f* bianco *m, -a f*

blancheur [blɑ̃ʃœʀ] *nf* candore *m*

blanchir [blɑ̃ʃiʀ] *vt* imbiancare ◇ *vi* diventare bianco

blanchisserie [blɑ̃ʃisʀi] *nf* lavanderia *f*

blanquette [blɑ̃ket] *nf* **1.** *(plat)* spezzatino di carne bianca **2.** *(vin)* vino bianco spumante della Linguadoca (sud-ovest della Francia) ● **blanquette de veau** spezzatino di vitello

blasé, e [blaze] *adj* vissuto(a)

blazer [blazɛʀ] *nm* blazer *m inv*

blé [ble] *nm* **1.** grano *m* **2.** *(fam) (argent)* quattrini *mpl* ● **blé d'Inde** *(Québec)* granoturco *m*

blême [blɛm] *adj* livido(a)

blessant, e [blesɑ̃, ɑ̃t] *adj* offensivo(a)

blessé, e [blese] *nm, f* ferito *m*, *-a f*

blesser [blese] *vt* ferire ● **se blesser** *vp* ferirsi ● **se blesser à la main** ferirsi alla mano

blessure [blesyʀ] *nf* ferita *f*

blette [blɛt] = **bette**

bleu, e [blø] *adj* **1.** blu *(inv)*, azzurro(a) **2.** *(steak)* molto al sangue ◇ *nm* **1.** blu *m inv*, azzurro *m* **2.** *(hématome)* livido *m* ● **bleu (d'Auvergne)** formaggio con muffa della regione omonima ● **bleu ciel** azzurro cielo ● **bleu marine** blu scuro ● **bleu de travail** tuta *f* da lavoro

bleuet [bløɛ] *nm* **1.** fiordaliso *m* **2.** *(Québec)* mirtillo *m*

blindé, e [blɛ̃de] *adj* blindato(a)

blizzard [blizaʀ] *nm* blizzard *m inv*

bloc [blɔk] *nm* blocco *m* ● **à bloc** a fondo ● **en bloc** in blocco

blocage [blɔkaʒ] *nm* blocco *m*

bloc-notes [blɔknɔt] *(pl* blocs-notes*)* *nm* bloc-notes *m inv*

blocus [blɔkys] *nm* blocco *m*

blond, e [blɔ̃, blɔ̃d] *adj* biondo(a) ● **blond platine** biondo platino

blonde [blɔ̃d] *nf (cigarette)* sigaretta *f* bionda ● *(bière)* birra *f* chiara

bloquer [blɔke] *vt* bloccare

blottir [blɔtiʀ] ● **se blottir** *vp* rannicchiarsi

blouse [bluz] *nf* **1.** *(d'élève)* grembiule *m* **2.** *(de médecin)* camice *m*

blouson [bluzɔ̃] *nm* giubbotto *m*

blues [bluz] *nm* blues *m inv* ● **avoir le blues** *(fig)* essere giù di morale

BNF *nf abr de* **Bibliothèque nationale de France**

bob [bɔb] *nm (chapeau)* cappello *m* floscio

bobine [bɔbin] *nf* bobina *f*

bobo [bobo] *(abr de* bourgeois bohème*)* *nmf* borghese *mf* bohémien

bobsleigh [bɔbslɛg] *nm* bob *m inv*

bocal, aux [bɔkal, o] *nm* **1.** *(de conserves)* barattolo *m* **2.** *(à poissons)* vaso *m*

body [bɔdi] *nm* body *m inv*

body-building, s [bɔdibildiŋ] *nm* body-building *m inv*

bœuf [bœf] *nm* **1.** bue *m* **2.** *CULIN* manzo *m* ● **bœuf bourguignon** manzo brasato nel vino rosso con cipolla e pezzi di pancetta

bof [bɔf] *interj* mah! ● **comment tu as trouvé le film ? - bof !** cosa ne pensi del film? - mah!

bogue [bɔg], **bug** [bʌg] *nm INFORM* bug *m inv*

bohémien, enne [bɔemjɛ̃, ɛn] *nm, f* zingaro *m*, *-a f*

boire [bwaʀ] *vt* **1.** bere **2.** *(absorber)* assorbire ◇ *vi* bere ● **boire un verre** bere un bicchiere

bois [bwa] *nm* **1.** *(matière)* legno *m* **2.** *(forêt)* bosco *m* ◇ *nmpl (d'un cerf)* corna *fpl*

boisé, e [bwaze] *adj* boscoso(a)

boiseries [bwazʀi] *nfpl* rivestimenti *mpl* di legno

boisson [bwasɔ̃] *nf* bevanda *f* ● **la boisson** *(alcool)* gli alcolici *mpl*

boîte [bwat] *nf* scatola *f* ● **boîte d'allumettes** scatola *f* di fiammiferi ● **boîte de conserve** barattolo *m* di conserva ● **boîte aux lettres** buca *f* delle lettere ● **boîte aux lettres électronique** *INFORM* casella *f* (di posta elettronica), mailbox *f inv* ● **boîte (de nuit)** locale *m* notturno ● **boîte à outils** cassetta *f* per gli attrezzi ● **boîte postale** casella postale ● **boîte de vitesses** cambio *m* ● **boîte vocale** casella vocale

boiter [bwate] *vi* zoppicare

boiteux, euse [bwatø, øz] *adj* zoppo(a)

boîtier [bwatje] *nm* **1.** *(de montre)* cassa *f* **2.** *(de cassette)* scatola *f* **3.** *(d'appareil photo)* corpo *m*

bol [bɔl] *nm* tazza *f*

bolide [bɔlid] *nm* bolide *m*

Bolivie [bɔlivi] *nf* ● **la Bolivie** la Bolivia

bolivien, enne [bɔlivjɛ̃, ɛn] *adj* boliviano(a) ● **Bolivien, enne** *nm, f* boliviano *m*, -a *f*

Bologne [bɔlɔɲ] *n* Bologna *f*

bombardement [bɔ̃baʀdəmã] *nm* bombardamento *m*

bombarder [bɔ̃baʀde] *vt* bombardare ● **bombarder qqn de questions** tempestare qn di domande

bombe [bɔ̃b] *nf* **1.** *(arme)* bomba *f* **2.** *(vaporisateur)* bomboletta *f* ● **bombe atomique** bomba atomica

bon, bonne [bɔ̃, bɔn] *(meilleur* [mejœʀ] *est le comparatif et le superlatif de* bon*)* *adj*

1. *(agréable)* buono(a) ● **nous avons passé de très bonnes vacances** abbiamo passato delle ottime vacanze

2. *(de qualité)* buono(a) ● **une bonne voiture** una buona macchina

3. *(doué)* bravo(a) ● **être bon en qqch** essere bravo in qc

4. *(correct)* giusto(a) ● **est-ce le bon numéro ?** è il numero giusto?

5. *(généreux)* buono(a)

6. *(utile)* ● **c'est bon pour la santé** fa bene alla salute ● **il n'est bon à rien** è un buono a nulla ● **c'est bon à savoir** buono a sapersi

7. *(document, titre de transport)* valido(a)

8. *(en intensif)* ● **ça fait une bonne heure que j'attends** è un'ora buona che aspetto

9. *(dans l'expression des souhaits)* ● **bonne année !** buon anno! ● **bonnes vacances !** buone vacanze!

10. *(dans des expressions)* ● **bon !** *(d'accord)* bene! ; *(pour conclure)* allora ● **ah bon ?** ah sì? ● **c'est bon !** va bene! ● **pour de bon** per davvero

◇ *adv* ● **il fait bon** si sta bene ● **sentir bon** profumare ● **tenir bon** *(physiquement)* tenere duro ; *(mentalement)* resistere

◇ *nm* buono *m*

bonbon [bɔ̃bɔ̃] *nm* caramella *f*

bond [bɔ̃] *nm* balzo *m*

bondé, e [bɔ̃de] *adj* strapieno(a)

bondir [bɔ̃diʀ] *vi* balzare

bonheur [bɔnœʀ] *nm* **1.** felicità *f inv* **2.** *(chance)* fortuna *f* **3.** *(plaisir)* piacere *m* ● **j'ai le bonheur de le connaître** ho la fortuna di conoscerlo ● **quel bonheur !** che piacere!

bonhomme [bɔnɔm] (*pl* bonshommes [bɔ̃zɔm]) *nm* (*fam*) (homme) tipo *m*
● **bonhomme de neige** pupazzo *m* di neve

bonjour [bɔ̃ʒuʀ] *interj* buongiorno ● **dire bonjour à qqn** salutare qn

bonne [bɔn] *adj* ➤ **bon** ◇ *nf* domestica *f*

bonnet [bɔnɛ] *nm* berretto *m* ● **bonnet de bain** cuffia *f* da bagno

bonsoir [bɔ̃swaʀ] *interj* buonasera ● **dire bonsoir à qqn** salutare qn

bonté [bɔ̃te] *nf* bontà *f inv*

bord [bɔʀ] *nm* **1.** bordo *m* **2.** (*d'une jupe, d'une nappe*) orlo *m* **3.** (*de la route*) ciglio *m* **4.** (*d'une rivière*) riva *f* ● **à bord (de)** a bordo (di) ● **au bord (de)** (*route*) sul ciglio (di) ; (*rivière*) sulla riva (di) ● **au bord de la mer** in riva al mare

bordelaise [bɔʀdəlɛz] *adj* ➤ **entrecôte**

border [bɔʀde] *vt* **1.** (*longer*) costeggiare **2.** (*enfant*) rimboccare le coperte a

bordure [bɔʀdyʀ] *nf* **1.** bordo *m* **2.** (*liseré*) profilo *m* ● **en bordure de** (*mer, rivière*) in riva a ; (*forêt*) ai margini di

borgne [bɔʀɲ] *adj* guercio(a)

borne [bɔʀn] *nf* ● **borne (kilométrique)** pietra *f* miliare ● **dépasser les bornes** (*fig*) oltrepassare i limiti

borné, e [bɔʀne] *adj* (*bête*) ottuso(a)

Bosnie-Herzégovine [bɔsniɛʀzegɔvin] *nf* ● **la Bosnie-Herzégovine** la Bosnia-Erzegovina

bosquet [bɔskɛ] *nm* boschetto *m*

bosse [bɔs] *nf* **1.** gobba *f* **2.** (*au front*) bernoccolo *m*

bossu, e [bɔsy] *adj* gobbo(a)

botanique [bɔtanik] *adj* botanico(a)

botte [bɔt] *nf* **1.** (*chaussure*) stivale *m* **2.** (*de légumes, de fleurs*) mazzo *m* **3.** (*de foin*) balla *f*

Bottin® [bɔtɛ̃] *nm* elenco *m* (telefonico)

bottine [bɔtin] *nf* stivaletto *m*

bouc [buk] *nm* **1.** (*animal*) becco *m* **2.** (*barbe*) pizzo *m* ● **bouc émissaire** capro *m* espiatorio

bouche [buʃ] *nf* bocca *f* ● **bouche d'égout** tombino *m* ● **bouche de métro** entrata *f* della metropolitana

bouchée [buʃe] *nf* **1.** boccone *m* **2.** (*au chocolat*) cioccolatino *m* ripieno ● **bouchée à la reine** *vol-au-vent* ripieno di carne bianca in salsa, servito come primo

¹**boucher** [buʃe] *vt* **1.** tappare **2.** (*passage*) ostruire **3.** (*vue*) impedire

²**boucher, ère** [buʃe, ɛʀ] *nm, f* macellaio *m*, -a *f*

boucherie [buʃʀi] *nf* macelleria *f*

bouchon [buʃɔ̃] *nm* **1.** tappo *m* **2.** (*embouteillage*) ingorgo *m* **3.** (*de pêche*) galleggiante *m* **4.** (*restaurant*) tavernetta *f*

boucle [bukl] *nf* **1.** (*de cheveux*) ricciolo *m* **2.** (*de ceinture*) fibbia *f* **3.** (*circuit*) circuito *m* ● **boucle d'oreille** orecchino *m*

bouclé, e [bukle] *adj* (*frisé*) riccio(a)

boucler [bukle] *vt* **1.** (*valise*) chiudere **2.** (*ceinture*) allacciarsi **3.** (*fam*) (*enfermer*) rinchiudere ◇ *vi* (*cheveux*) arricciarsi

bouclier [buklije] *nm* scudo *m*

bouddhiste [budist] *adj & nmf* buddista

bouder [bude] *vi* fare il muso

boudin [budɛ̃] *nm* **1.** CULIN salsicciotto *m* **2.** (*fam*) (*personne laide*) cesso *m* ● **boudin blanc** salsicciotto di carne bianca e latte, tipico del periodo natalizio ● **boudin noir** sanguinaccio *m*

boue [bu] *nf* fango *m*

bouée [bwe] *nf* **1.** *(pour nager)* salvagente *m inv* **2.** *(balise)* boa *f* ● **bouée de sauvetage** salvagente

boueux, euse [bwø, øz] *adj* **1.** *(chemin)* fangoso(a) **2.** *(chaussures)* infangato(a)

bouffant, e [bufã, ãt] *adj* a sbuffo *(inv)*

bouffée [bufe] *nf* **1.** *(d'air)* soffio *m* **2.** *(de tabac)* boccata *f* **3.** *(de chaleur)* vampata *f* **4.** *(d'angoisse, de colère)* accesso *m*

bouffi, e [bufi] *adj* gonfio(a)

bougeotte [buʒɔt] *nf* ● **avoir la bougeotte** *(fam)* muoversi in continuazione

bouger [buʒe] *vt* muovere ◇ *vi* **1.** muoversi **2.** *(dent)* ballare **3.** *(situation)* smuovere

bougie [buʒi] *nf* candela *f*

bouillabaisse [bujabɛs] *nf* specialità provenzale a base di pesce bollito, condito con olio d'oliva, zafferano, ecc. e servito con fette di pane

bouillant, e [bujã, ãt] *adj* bollente

bouillie [buji] *nf* **1.** *(pour bébé)* pappa *f* **2.** *(pâte)* poltiglia *f*

bouillir [bujir] *vi* bollire

bouilloire [bujwar] *nf* bollitore *m*

bouillon [bujɔ̃] *nm* brodo *m*

bouillonner [bujɔne] *vi* ribollire

bouillotte [bujɔt] *nf* borsa *f* dell'acqua calda

boulanger, ère [bulãʒe, ɛr] *nm, f* panettiere *m*, -a *f*

boulangerie [bulãʒri] *nf* panetteria *f*

boule [bul] *nf* **1.** palla *f* **2.** *(de pétanque)* boccia *f* ● **jouer aux boules** giocare a bocce ● **boule de Bâle** *(Helv)* grossa salsiccia servita con salsa vinaigrette ◆ **boules** *nfpl* ● **avoir les boules** *(fam)* *(avoir peur)* far-

sela sotto ; *(être énervé)* essere incavolato(a)

bouledogue [buldɔg] *nm* bulldog *m inv*

boulet [bule] *nm* palla *f* di cannone

boulette [bulɛt] *nf* pallina *f* ● **boulette de viande** polpetta *f* *(di carne)*

boulevard [bulvar] *nm* viale *m* ● **les grands boulevards** *(à Paris)* i viali tra la Madeleine e della République a Parigi

bouleversement [bulvɛrsəmã] *nm* sconvolgimento *m*

bouleverser [bulvɛrse] *vt* sconvolgere

boulon [bulɔ̃] *nm* bullone *m*

boulot [bulo] *nm* *(fam)* lavoro *m*

bouquet [bukɛ] *nm* **1.** mazzo *m* **2.** *(crevette)* gamberone *m* **3.** *(d'un vin)* bouquet *m inv (aroma del vino)* ● **bouquet de programmes** *TV* scelta *f* di programmi

bouquin [bukɛ̃] *nm* *(fam)* libro *m*

bourdon [burdɔ̃] *nm* calabrone *m*

bourdonner [burdɔne] *vi* ronzare

bourgeois, e [burʒwa, az] *adj* **1.** *(quartier, intérieur)* signorile **2.** *(péj)* borghese ◇ *nm, f (péj)* borghese *mf*

bourgeoisie [burʒwazi] *nf* borghesia *f*

bourgeon [burʒɔ̃] *nm* gemma *f*

bourgeonner [burʒɔne] *vi* germogliare

Bourgogne [burgɔɲ] *nf* ● **la Bourgogne** la Borgogna

bourguignon, onne [burgiɲɔ̃, ɔn] *adj* ► **bœuf, fondue**

bourrasque [burask] *nf* bufera *f*

bourratif, ive [buratif, iv] *adj* *(aliment)* che riempie

bourré, e [bure] *adj* **1.** *(plein)* strapieno(a) **2.** *(vulg)* *(ivre)* sbronzo(a) ● **bourré de** pieno (zeppo) di

bourreau, x [buʀo] nm boia m inv

bourrelet [buʀlɛ] nm 1. (de graisse) cuscinetto m 2. (de porte) guarnizione f

bourse [buʀs] nf borsa f ● **la Bourse** la Borsa

boursier, ère [buʀsje, ɛʀ] adj 1. (étudiant) borsista 2. (transaction) di Borsa

boursouflé, e [buʀsufle] adj gonfio(a)

bousculade [buskylad] nf pigia pigia m inv

bousculer [buskyle] vt 1. urtare 2. (fig) (presser) mettere fretta a

boussole [busɔl] nf bussola f

bout [bu] nm 1. (d'une pièce, d'une corde) estremità f inv 2. (du nez, des doigts) punta f 3. (morceau) pezzo m ● **au bout de** (dans l'espace) in fondo a ; (à la fin de) alla fine di ; (après) dopo ● **être à bout de forces** essere allo stremo delle forze ● **être à bout (de nerfs)** avere i nervi a pezzi

boute-en-train [butɑ̃tʀɛ̃] nm inv mattacchione m, -a f

bouteille [butɛj] nf bottiglia f ● **bouteille de gaz** bombola f di gas ● **bouteille d'oxygène** bombola f d'ossigeno

boutique [butik] nf negozio m ● **boutique franche** ou **hors taxes** duty free (shop) m inv

bouton [butɔ̃] nm 1. bottone m 2. (sur la peau) brufolo m 3. (de fleur) bocciolo m

bouton-d'or [butɔ̃dɔʀ] (pl **boutons-d'or**) nm botton d'oro m

boutonner [butɔne] vt abbottonare

boutonnière [butɔnjɛʀ] nf asola f

bowling [buliŋ] nm bowling m inv

box [bɔks] nm inv box m inv

boxe [bɔks] nf pugilato m

boxer [bɔksɛʀ] nm (chien) boxer m inv

boxeur, euse [bɔksœʀ, øz] nm, f pugile mf

boyau, x [bwajo] nm (de roue) tubolare m ● **boyaux** nmpl ANAT budella fpl

boycotter [bɔjkɔte] vt boicottare

BP (abr de boîte postale) CP (casella postale)

bracelet [bʀaslɛ] nm 1. braccialetto m 2. (de montre) cinturino m

bracelet-montre [bʀaslɛmɔ̃tʀ] (pl **bracelets-montres**) nm orologio m da polso

braconnier, ère [bʀakɔnje, ɛʀ] nm, f bracconiere m, -a f

brader [bʀade] vt svendere ▼ **on brade** svendita

braderie [bʀadʀi] nf svendita f (all'aperto)

braguette [bʀagɛt] nf patta f (dei pantaloni)

braille [bʀaj] nm braille m inv

brailler [bʀaje] vi (fam) sbraitare

braise [bʀɛz] nf brace f ● **à la braise** alla brace

brancard [bʀɑ̃kaʀ] nm barella f

branchages [bʀɑ̃ʃaʒ] nmpl fascina f

branche [bʀɑ̃ʃ] nf 1. ramo m 2. (de lunettes) stanghetta f 3. (d'une industrie) settore m

branchement [bʀɑ̃ʃmɑ̃] nm allacciamento m

brancher [bʀɑ̃ʃe] vt collegare

brandade [bʀɑ̃dad] nf ● **brandade (de morue)** purè di baccalà con latte, olio d'oliva e, spesso, aglio

brandir [bʀɑ̃diʀ] vt brandire

branlant, e [bʀɑ̃lɑ̃, ɑ̃t] adj traballante

braquer [bʀake] vi sterzare ◇ vt (diriger) dirigere ● **braquer une arme sur qqn**

puntare un'arma contro qn ◆ **se braquer** *vp* impuntarsi

bras [bʀa] *nm* **1.** braccio *m* **2.** *(de fauteuil)* bracciolo *m* ● **bras de mer** braccio di mare

brassard [bʀasaʀ] *nm* bracciale *m*

brasse [bʀas] *nf (nage)* rana *f*

brasser [bʀase] *vt* **1.** *(remuer)* mescolare **2.** *(bière)* fabbricare

brasserie [bʀasʀi] *nf* **1.** *(restaurant)* caffè ristorante *m* **2.** *(bar à bière)* birreria *f* **3.** *(usine)* fabbrica *f* di birra

brassière [bʀasjɛʀ] *nf* **1.** *(pour bébé)* camicino *m* **2.** *(Québec)* *(soutien-gorge)* reggiseno *m*

brave [bʀav] *adj (courageux)* coraggioso(a) ● **un brave homme** *(honnête)* un brav'uomo

bravo [bʀavo] *interj* **1.** *(à une personne)* bravo(a)! **2.** *(à plusieurs personnes)* bravi(e)!

bravoure [bʀavuʀ] *nf* coraggio *m*

break [bʀɛk] *nm (voiture)* familiare *f*

brebis [bʀəbi] *nf* pecora *f*

brèche [bʀɛʃ] *nf* breccia *f*

bredouiller [bʀəduje] *vi* farfugliare

bref, brève [bʀɛf, bʀɛv] *adj* breve ◆ **bref** *adv* insomma

Brésil [bʀezil] *nm* ● **le Brésil** il Brasile

brésilien, enne [bʀeziljɛ̃, ɛn] *adj* brasiliano(a) ◆ **Brésilien, enne** *nm, f* brasiliano *m*, **-a** *f*

Bretagne [bʀətaɲ] *nf* ● **la Bretagne** la Bretagna

bretelle [bʀətɛl] *nf* **1.** spallina *f* **2.** *(d'autoroute)* raccordo *m* (autostradale) ◆ **bretelles** *nfpl* bretelle *fpl*

breton, onne [bʀətɔ̃, ɔn] *adj* bretone ◇ *nm (langue)* bretone *m* ◆ **Breton, onne** *nm, f* bretone *mf*

brève ➤ **bref**

brevet [bʀəvɛ] *nm* **1.** *(diplôme)* diploma *m* **2.** *(d'invention)* brevetto *m* ● **brevet (des collèges)** ≃ licenza *f* media

bribes [bʀib] *nfpl* ● **bribes de conversation** brandelli *mpl* di conversazione

bricolage [bʀikɔlaʒ] *nm* fai da te *m inv*, bricolage *m inv* ● **faire du bricolage** fare (del) bricolage

bricole [bʀikɔl] *nf* cosetta *f*

bricoler [bʀikɔle] *vt* riparare (sommariamente) ◇ *vi* fare bricolage

bricoleur, euse [bʀikɔlœʀ, øz] *nm, f* amante *mf* del bricolage

bride [bʀid] *nf* briglia *f*

bridé, e [bʀide] *adj* ● **avoir les yeux bridés** avere gli occhi a mandorla

bridge [bʀidʒ] *nm* **1.** bridge *m inv* **2.** *(appareil dentaire)* ponte *m*

brie [bʀi] *nm* brie *m inv (formaggio fermentato a pasta molle)*

brièvement [bʀijɛvmã] *adv* brevemente

brigade [bʀigad] *nf* **1.** MIL brigata *f* **2.** *(de gendarmerie, police)* squadra *f*

brigand [bʀigã] *nm* bandito *m*

brillamment [bʀijamã] *adv* brillantemente

brillant, e [bʀijã, ãt] *adj* brillante ◇ *nm (diamant)* brillante *m*

briller [bʀije] *vi* brillare

brin [bʀɛ̃] *nm (de laine)* filo *m* ● **brin d'herbe** filo d'erba ● **brin de muguet** ramo *m* di mughetto

brindille [bʀɛ̃dij] *nf* fuscello *m*

brioche [bʀijɔʃ] nf brioche f inv

brique [bʀik] nf **1.** mattone m **2.** (de lait, de jus de fruit) confezione f (tetrapak®)

briquet [bʀikɛ] nm accendino m

brise [bʀiz] nf brezza f

briser [bʀize] vt **1.** spezzare **2.** (carrière) stroncare ● **briser les rêves de qqn** infrangere i sogni di qn

britannique [bʀitanik] adj britannico(a) ◆ **Britannique** nmf britannico m, -a f

brocante [bʀɔkɑ̃t] nf mercatino m

brocanteur, euse [bʀɔkɑ̃tœʀ, øz] nm, f rigattiere m, -a f

broche [bʀɔʃ] nf **1.** spilla f **2.** CULIN spiedo m

brochet [bʀɔʃɛ] nm luccio m

brochette [bʀɔʃɛt] nf spiedino m

brochure [bʀɔʃyʀ] nf opuscolo m

brocoli [bʀɔkɔli] nm broccolo m

broder [bʀɔde] vt ricamare

broderie [bʀɔdʀi] nf ricamo m

bronches [bʀɔ̃ʃ] nfpl bronchi mpl

bronchite [bʀɔ̃ʃit] nf bronchite f

bronzage [bʀɔ̃zaʒ] nm abbronzatura f

bronze [bʀɔ̃z] nm bronzo m

bronzer [bʀɔ̃ze] vi abbronzarsi ● **se faire bronzer** prendere il sole

brosse [bʀɔs] nf spazzola f ● **brosse à cheveux** spazzola per capelli ● **brosse à dents** spazzolino m (da denti) ● **en brosse** (cheveux) a spazzola

brosser [bʀɔse] vt spazzolare ● **se brosser** vp ● **se brosser les dents** lavarsi i denti

brouette [bʀuɛt] nf carriola f

brouhaha [bʀuaa] nm brusio m

brouillard [bʀujaʀ] nm nebbia f

brouillé [bʀuje] adj m ➤ œuf

brouiller [bʀuje] vt **1.** (idées) confondere **2.** (liquide) intorbidire **3.** (vue) annebbiare ◆ **se brouiller** vp **1.** (se fâcher) litigare **2.** (idées) confondersi **3.** (vue) annebbiarsi

brouillon [bʀujɔ̃] nm brutta copia f

broussailles [bʀusaj] nfpl cespugli mpl

brousse [bʀus] nf boscaglia f

brouter [bʀute] vt brucare

broyer [bʀwaje] vt triturare

brucelles [bʀysɛl] nfpl (Helv) (pince à épiler) pinzette fpl

brugnon [bʀyɲɔ̃] nm pesca noce f

bruine [bʀɥin] nf pioggerellina f

bruit [bʀɥi] nm rumore m ● **faire du bruit** (personne, objet) fare rumore ; (fig) (événement) fare scalpore

brûlant, e [bʀylɑ̃, ɑ̃t] adj **1.** bollente **2.** (soleil) cocente

brûlé [bʀyle] nm ● **ça sent le brûlé** c'è puzza di bruciato

brûler [bʀyle] vt bruciare ◇ vi **1.** (flamber) bruciare **2.** (chauffer) scottare ● **brûler un feu rouge** passare col rosso ● **se brûler** vp bruciarsi ● **se brûler la main** scottarsi la mano

brûlure [bʀylyʀ] nf **1.** ustione f **2.** (sensation) bruciore m ● **brûlures d'estomac** bruciori di stomaco

brume [bʀym] nf foschia f

brumeux, euse [bʀymø, øz] adj nebbioso(a)

brun, e [bʀœ̃, bʀyn] adj **1.** bruno(a) **2.** (tabac) scuro(a)

brune [bʀyn] nf (cigarette) sigaretta f di tabacco scuro ● **(bière) brune** birra f scura

Brushing® [bʀœʃiŋ] *nm* piega *f*, messa *f* in piega

brusque [bʀysk] *adj* brusco(a)

brut, e [bʀyt] *adj* **1.** *(matière, pétrole)* greggio(a) **2.** *(poids, salaire)* lordo(a) **3.** *(cidre, champagne)* brut *(inv)*

brutal, e, aux [bʀytal, o] *adj* brutale

brutaliser [bʀytalize] *vt* maltrattare

brute [bʀyt] *nf* bruto *m*

Bruxelles [bʀy(k)sɛl] *n* Bruxelles *f*

bruyant, e [bʀɥijɑ̃, ɑ̃t] *adj* rumoroso(a)

bruyère [bʀyjɛʀ] *nf* brughiera *f*

BTS *nm (abr de brevet de technicien supérieur)* diploma parauniversitario ottenuto dopo un corso di studi di due anni

bu, e [by] *pp* ➤ **boire**

buanderie [bɥɑ̃dʀi] *nf (Québec) (blanchisserie)* lavanderia *f*

bûche [byʃ] *nf* ceppo *m* ● **bûche de Noël** dolce natalizio a forma di tronchetto composto di pan di Spagna ripieno, arrotolato e ricoperto di crema

bûcheron, onne [byʃʀɔ̃, ɔn] *nm* taglialegna *m inv*

budget [bydʒɛ] *nm* **1.** *(d'une entreprise)* bilancio *m* preventivo **2.** *(moyens financiers)* finanze *fpl*

buée [bɥe] *nf* ● **il y a de la buée sur les vitres** i vetri sono appannati

buffet [byfɛ] *nm* **1.** *(repas, cafétéria)* buffet *m inv* **2.** *(meuble)* credenza *f* ● **buffet froid** buffet freddo

bug [bʌg] *nm* = **bogue**

building [bildiŋ] *nm* grattacielo *m*

buisson [bɥisɔ̃] *nm* cespuglio *m*

bulgare [bylgaʀ] *adj* bulgaro(a) ◇ *nm (langue)* bulgaro *m* ● **Bulgare** *nmf* bulgaro *m*, -a *f*

Bulgarie [bylgaʀi] *nf* ● **la Bulgarie** la Bulgaria

bulldozer [byldozɛʀ] *nm* bulldozer *m inv*

bulle [byl] *nf* bolla *f* ● **faire des bulles** *(avec un chewing-gum)* fare i palloni ; *(savon)* fare le bolle

bulletin [byltɛ̃] *nm* **1.** *(papier)* bollettino *m* **2.** *(d'informations)* notiziario *m* flash **3.** SCOL pagella *f* ● **bulletin météorologique** bollettino meteorologico ● **bulletin de salaire** foglio *m* paga ● **bulletin de vote** scheda *f* elettorale

bungalow [bœ̃galo] *nm* bungalow *m inv*

bureau [byʀo] *nm* **1.** ufficio *m* **2.** *(meuble)* scrivania *f* **3.** INFORM desktop *m inv* ● **bureau de change** cambio *m* ● **bureau de poste** ufficio postale ● **bureau de tabac** tabaccheria *f*

burlesque [byʀlɛsk] *adj* burlesco(a)

bus [bys] *nm* autobus *m inv*

buste [byst] *nm* busto *m*

but [byt] *nm* **1.** *(intention)* scopo *m* **2.** *(destination)* meta *f* **3.** SPORT *(point)* gol *m inv*, rete *f* ● **les buts** SPORT *(zone)* le reti ● **dans le but de** allo scopo di

butane [bytan] *nm* butano *m*

buté, e [byte] *adj* testardo(a)

buter [byte] *vi* ● **buter sur** ou **contre** inciampare in ; *(difficulté)* scontrarsi con

butin [bytɛ̃] *nm* bottino *m*

butte [byt] *nf* collinetta *f*

buvard [byvaʀ] *nm* carta *f* assorbente

buvette [byvɛt] *nf* chiosco *m* (delle bibite)

cC

c' ➤ ce

ça [sa] *pron* **1.** questo **2.** *(objet lointain)* quello ● ça c'est la gare centrale questa è la stazione centrale ● et ça là-bas, c'est quoi ? e quello cos'è? ● ça n'est pas facile non è semplice ● ça va ? - ça va ! come va? - bene! ● comment ça ? come sarebbe? ● c'est ça *(c'est exact)* proprio così

cabane [kaban] *nf* capanna *f*

cabaret [kabaʀɛ] *nm* cabaret *m inv*

cabillaud [kabijo] *nm* merluzzo *m*

cabine [kabin] *nf* cabina *f* ● cabine de douche cabina della doccia ● cabine d'essayage camerino *m* (di prova) ● cabine (de pilotage) cabina (di pilotaggio) ● cabine (téléphonique) cabina (telefonica)

cabinet [kabinɛ] *nm (d'avocat, de médecin)* studio *m* ● cabinet de toilette bagno *m (solitamente in camera)* ◆ cabinets *nmpl* gabinetto *m*

câble [kabl] *nm* cavo *m* ● (télévision par) câble (televisione *f*) via cavo

cabosser [kabɔse] *vt* ammaccare

caca [kaka] *nm* ● faire caca *(fam)* fare la cacca

cacah(o)uète [kakawɛt] *nf* nocciolina *f* (americana)

cacao [kakao] *nm* cacao *m inv*

cache-cache [kaʃkaʃ] *nm inv* ● jouer à cache-cache giocare a nascondino

cachemire [kaʃmiʀ] *nm* cachemire *m inv*

cache-nez [kaʃne] *nm inv* sciarpa *f*

cacher [kaʃe] *vt* **1.** nascondere **2.** *(vue, soleil)* parare ◆ se cacher *vp* nascondersi

cachet [kaʃɛ] *nm* **1.** *(comprimé)* compressa *f*, cachet *m inv* **2.** *(tampon)* timbro *m*

cachette [kaʃɛt] *nf* nascondiglio *m* ● en cachette di nascosto

cachot [kaʃo] *nm* cella *f*

cacophonie [kakɔfɔni] *nf* cacofonia *f*

cactus [kaktys] *nm* cactus *m inv*

cadavre [kadavʀ] *nm* cadavere *m*

Caddie® [kadi] *nm* carrello *m*

cadeau, x [kado] *nm* regalo *m* ● faire un cadeau à qqn fare un regalo a qn ● je lui ai fait cadeau de mon téléviseur gli/le ho regalato il mio televisore

cadenas [kadna] *nm* lucchetto *m*

cadence [kadɑ̃s] *nf* cadenza *f* ● en cadence a cadenza

cadet, ette [kade, ɛt] *adj & nm, f* minore

cadran [kadʀɑ̃] *nm* quadrante *m* ● cadran solaire quadrante solare

cadre [kadʀ] *nm* **1.** quadro *m* **2.** *(bordure)* cornice *f* **3.** *(de vélo)* telaio *m* ● dans le cadre de mon travail/de mes recherches nell'ambito del mio lavoro/delle mie ricerche

cafard [kafaʀ] *nm (insecte)* scarafaggio *m* ● avoir le cafard *(fam)* essere giù di corda

café [kafe] *nm* caffè *m inv* ● café crème ou au lait caffellatte *m inv* ● café épicé *(Helv)* caffè nero con aggiunta di cannella e chiodi di garofano ● café liégeois *gelato al caffè ricoperto di panna montata* ● café noir caffè nero

Les cafés

Sono così chiamati i locali nei quali i francesi si siedono, magari *en terrasse* (all'aperto), per bere o consumare dei pasti leggeri, ma anche per leggere, scrivere o studiare. Naturalmente si può ordinare *un café*: in tal caso si riceverà un espresso decisamente più lungo di quelli serviti nei bar italiani. In alternativa si può chiedere *un café noisette* (caffè macchiato), *un café crème* (caffellatte), *un café allongé* (caffè lungo), *un café serré* (più vicino a un normale espresso italiano), oppure *un déca* (decaffeinato). Alcuni di questi locali - soprattutto a Parigi - sono stati strettamente legati alla vita politica, culturale e letteraria della Francia.

cafétéria [kafeteʀja] *nf* self-service *m inv*

café-théâtre [kafeteatʀ] (*pl* **cafés-théâtres**) *nm caffè nel quale, consumando, si assiste ad uno spettacolo (per lo più comico)*

cafetière [kaftjɛʀ] *nf* caffettiera *f* ● **cafetière électrique** macchina *f* per il caffè

cage [kaʒ] *nf* **1.** gabbia *f* **2.** SPORT rete *f* ● **cage d'escalier** tromba *f* delle scale

cagoule [kagul] *nf* passamontagna *m inv*

cahier [kaje] *nm* quaderno *m* ● **cahier de brouillon** quaderno di brutta (copia) ● **cahier de textes** (*d'élève*) diario *m* scolastico

caille [kaj] *nf* quaglia *f*

cailler [kaje] *vi* **1.** (*lait*) cagliare **2.** (*sang*) coagulare

caillot [kajo] *nm* grumo *m*

caillou, x [kaju] *nm* sasso *m*

caisse [kɛs] *nf* cassa *f* ● **caisse d'épargne** cassa di risparmio

caissier, ère [kesje, ɛʀ] *nm, f* cassiere *m, -a f*

cajou [kaʒu] *nm* ➤ noix

cake [kɛk] *nm* plum-cake *m inv*

Calabre [kalabʀ] *nf* Calabria *f*

calamar [kalamaʀ], **calmar** [kalmaʀ] *nm* calamaro *m*

calcaire [kalkɛʀ] *nm* calcare *m* ◇ *adj* calcareo(a)

calciné, e [kalsine] *adj* carbonizzato(a)

calcium [kalsjɔm] *nm* calcio *m*

calcul [kalkyl] *nm* **1.** calcolo *m* **2.** MÉD ● **calcul rénal** calcolo *m* renale ● **le calcul** l'aritmetica *f* ● **faire du calcul mental** calcolare a mente

calculatrice [kalkylatʀis] *nf* calcolatrice *f*

calculer [kalkyle] *vt* calcolare

cale [kal] *nf* (*pour stabiliser*) zeppa *f*

calé, e [kale] *adj* (*fam*) (*doué*) forte

caleçon [kalsɔ̃] *nm* **1.** (*sous-vêtement*) boxer *m inv* **2.** (*pantalon*) fuseaux *mpl*

calembour [kalɑ̃buʀ] *nm* gioco *m* di parole

calendrier [kalɑ̃dʀije] *nm* calendario *m*

Le calendrier scolaire

Il calendario scolastico ha una grande influenza sulla vita sociale e politica francese. Dalle elementari al liceo, gli studenti hanno due mesi di vacanze estive, una settimana in novembre (per Ognissanti), due settimane a Natale, due settimane in febbraio (o marzo) e due settimane in aprile (o maggio). La data delle vacanze estive, di quelle di novembre e di quelle di Natale, è la stessa in tutta la Francia. Per limitare code e disagi al momento delle partenze e dei ritorni, invece, la data delle vacanze di febbraio e di quelle di primavera cambia per ciascuna delle tre zone (A, B, e C) in cui è suddiviso il territorio nazionale.

cale-pied, s [kalpje] *nm (de moto)* serrapiedi *m inv*

caler [kale] *vt* rendere stabile ◇ *vi* **1.** *(voiture, moteur)* spegnersi **2.** *(fam)* *(à table)* ● **je cale** sto scoppiando

califourchon [kalifuʃɔ̃] ● **à califourchon sur** *prép* a cavalcioni di

câlin [kalɛ̃] *nm* ● **faire un câlin à qqn** fare le coccole a qn

calmant [kalmɑ̃] *nm* calmante *m*

calmar [kalmaʀ] = **calamar**

calme [kalm] *adj* calmo(a) ◇ *nm* calma *f* ● **du calme!** calma!

calmer [kalme] *vt* calmare ♦ **se calmer** *vp* calmarsi

calorie [kalɔʀi] *nf* caloria *f*

calque [kalk] *nm* ● **(papier-)calque** carta *f* da lucido

calvados [kalvados] *nm (alcool)* calvados *m inv*

camarade [kamaʀad] *nmf* compagno *m*, -a *f* ● **camarade de classe** compagno di classe

cambouis [kɑ̃bwi] *nm* grasso *m*

cambré, e [kɑ̃bʀe] *adj* inarcato(a)

cambriolage [kɑ̃bʀijɔlaʒ] *nm* furto *m* con scasso

cambrioler [kɑ̃bʀijɔle] *vt* **1.** *(casa)* svaligiare **2.** *(persona)* derubare

cambrioleur, euse [kɑ̃bʀijɔlœʀ, øz] *nm, f* scassinatore *m*, -trice *f*

camembert [kamɑ̃bɛʀ] *nm* camembert *m inv*

caméra [kameʀa] *nf* **1.** *(de cinéma)* cinepresa *f* **2.** *(de télévision)* telecamera *f*

Caméscope® [kameskɔp] *nm* videocamera *f*

camion [kamjɔ̃] *nm* camion *m inv*

camion-citerne [kamjɔ̃sitɛʀn] *(pl* camions-citernes) *nm* autocisterna *f*

camionnette [kamjɔnɛt] *nf* furgone *m*

camionneur [kamjɔnœʀ] *nm* camionista *m*

camp [kɑ̃] *nm* **1.** campo *m* **2.** *(de tentes)* accampamento *m* ● **faire un camp (de vacances)** fare un campo (estivo) ● **le camp adverse** il campo avversario

campagne [kɑ̃paɲ] *nf* campagna *f*

camper [kɑ̃pe] *vi* campeggiare

campeur, euse [kɑ̃pœʀ, øz] *nm, f* campeggiatore *m*, -trice *f*

camping [kɑ̃piŋ] *nm* campeggio *m* ● **faire du camping** fare campeggio ● **camping à la ferme** piccolo campeggio attrezzato sul terreno di un'azienda agricola ● **camping sauvage** campeggio libero

camping-car, s [kɑ̃piŋkaʀ] *nm* camper *m inv*

Camping-Gaz® [kɑ̃piŋgaz] *nm inv* fornello *m* da campeggio

Canada [kanada] *nm* ● **le Canada** il Canada

canadien, enne [kanadjɛ̃, ɛn] *adj* canadese ◆ **Canadien, enne** *nm, f* canadese *mf*

canadienne [kanadjɛn] *nf* **1.** *(veste)* giacca foderata di montone **2.** *(tente)* canadese *f*

canal, aux [kanal, o] *nm* canale *m* ● **Canal +** canale televisivo francese a pagamento

canalisation [kanalizasjɔ̃] *nf* tubazione *f*

canapé [kanape] *nm* **1.** *(siège)* divano *m* **2.** *(toast)* tartina *f* ● **canapé convertible** divano letto

canapé-lit [kanapeli] *(pl* canapés-lits) *nm* divano *m* letto

canard [kanaʀ] *nm* anatra *f* ● **canard à l'orange** anatra all'arancia ● **canard laqué** anatra laccata

canari [kanaʀi] *nm* canarino *m*

cancer [kɑ̃sɛʀ] *nm* cancro *m* ◆ **Cancer** *nm* Cancro *m*

cancéreux, euse [kɑ̃seʀø, øz] *adj* canceroso(a)

candidat, e [kɑ̃dida, at] *nm, f* candidato *m*, -a *f*

candidature [kɑ̃didatyʀ] *nf* candidatura *f* ● **poser sa candidature (à)** presentare la propria candidatura (a)

caneton [kantɔ̃] *nm* anatroccolo *m*

canette [kanɛt] *nf* *(bouteille)* lattina *f*

caniche [kaniʃ] *nm* barboncino *m*

canicule [kanikyl] *nf* canicola *f*

canif [kanif] *nm* temperino *m*

canine [kanin] *nf* canino *m*

caniveau, x [kanivo] *nm* canaletto *m* di scolo

canne [kan] *nf* bastone *m* ● **canne à pêche** canna *f* da pesca ● **canne à sucre** canna da zucchero

cannelle [kanɛl] *nf* cannella *f*

cannelloni(s) [kanɛlɔni] *nmpl* cannelloni *mpl*

cannette [kanɛt] = **canette**

canoë [kanɔe] *nm* canoa *f* ● **faire du canoë** andare in canoa

canoë-kayak [kanɔekajak] *(pl* canoës-kayaks) *nm* kayak *f inv* ● **faire du canoë-kayak** andare in kayak

canon [kanɔ̃] *nm* **1.** MIL cannone *m* **2.** *(d'une arme à feu)* canna *f* **3.** *(personne belle)* ● **quel canon !** che strafico(a)!

canot [kano] *nm* canotto *m* ● **canot pneumatique** gommone *m* ● **canot de sauvetage** scialuppa *f* di salvataggio

cantal [kɑ̃tal] *nm* formaggio prodotto nella regione omonima

cantatrice [kɑ̃tatʀis] *nf* cantante *f* lirica

cantine [kɑ̃tin] *nf* mensa *f*

La cantine

Il sistema delle mense scolastiche francesi risale alla fine dell'Ottocento. Poiché gli studenti francesi hanno lezione sia al mattino che al pomeriggio, tutte le scuole hanno una mensa, compresi gli asili. Il prezzo che i ragazzi pagano per accedervi dipende dal reddito familiare. Pur avendo la possibilità di tornare a casa, la maggior parte degli studenti rimane a pranzo in mensa.

---

cantique [kɑ̃tik] *nm* cantico *m*

canton [kɑ̃tɔ̃] *nm* **1.** *(en France)* circoscrizione *f* elettorale **2.** *(en Suisse)* cantone *m*

cantonais [kɑ̃tɔnɛ] *adj m* ➤ **riz**

canyon, cañon [kaɲɔ̃, kanjɔn] *nm* canyon *m inv*

canyoning [kaɲoniŋ] *nm* canyoning *m inv*

caoutchouc [kautʃu] *nm* gomma *f*

cap [kap] *nm* **1.** *(pointe de terre)* capo *m* **2.** *NAUT* rotta *f* • **mettre le cap sur** fare rotta verso

CAP *nm* ≃ diploma *m* di scuola professionale

capable [kapabl] *adj* capace • **être capable de faire qqch** essere capace di fare qc

capacités [kapasite] *nfpl (aptitude)* capacità *fpl*

cape [kap] *nf* mantello *m*

capitaine [kapiten] *nm* capitano *m*

capital, e, aux [kapital, o] *adj* capitale ◇ *nm* capitale *m*

capitale [kapital] *nf* **1.** *(ville)* capitale *f* **2.** *(lettre)* maiuscola *f*

capot [kapo] *nm* cofano *m*

capote [kapɔt] *nf AUTO* capote *f inv*

capoter [kapɔte] *vi* **1.** *(projet, entreprise)* naufragare **2.** *(Québec) (fam) (perdre la tête)* perdere la testa

câpre [kɑpʀ] *nf* cappero *m*

caprice [kapʀis] *nm (envie)* capriccio *m* • **faire un caprice** fare i capricci

capricieux, euse [kapʀisjø, øz] *adj* capriccioso(a)

Capricorne [kapʀikɔʀn] *nm* Capricorno *m*

capsule [kapsyl] *nf (de bouteille)* tappo *m* • **capsule spatiale** capsula *f* spaziale

capter [kapte] *vt* captare • **mon portable ne capte pas ici** qui il mio cellulare non prende

captivité [kaptivite] *nf* cattività *f inv* • **en captivité** in cattività

capture [kaptyʀ] *nf* cattura *f* • **capture d'écran** cattura dello schermo

capturer [kaptyʀe] *vt* catturare

capuche [kapyʃ] *nf* cappuccio *m*

capuchon [kapyʃɔ̃] *nm* cappuccio *m*

caquelon [kaklɔ̃] *nm (Helv)* recipiente da *fonduta*

¹ car [kaʀ] *conj* perché

² car [kaʀ] *nm* **1.** *(de ligne)* corriera *f* **2.** *(de tourisme)* pullman *m inv*

carabine [kaʀabin] *nf* carabina *f*

caractère [kaʀaktɛʀ] *nm* carattere *m* • **avoir du caractère** *(personne)* avere carattere ; *(maison)* avere stile • **avoir bon/mauvais caractère** avere un buon/brutto carattere • **caractères d'imprimerie** caratteri stampa

caractéristique [kaʀakteʀistik] *nf* caratteristica *f* ◇ *adj* • **caractéristique de** caratteristico(a) di

carafe [kaʀaf] *nf* caraffa *f*

Caraïbes [kaʀaib] *nfpl* • **les Caraïbes** i Caraibi

carambolage [kaʀɑ̃bɔlaʒ] *nm (fam)* *(choc)* tamponnamento *m* a catena

caramel [kaʀamɛl] *nm* 1. *(sucre brûlé)* caramello *m* 2. *(bonbon)* caramella *f* mou

carapace [kaʀapas] *nf (d'animal, de crustacé)* guscio *m*

caravane [kaʀavan] *nf* roulotte *f inv*

carbonade [kaʀbɔnad] *nf* ● **carbonade flamande** spezzatino *di manzo e cipolle preparato con birra*

carbone [kaʀbɔn] *nm* carbonio *m* ● **(papier) carbone** carta *f* carbone

carburant [kaʀbyʀɑ̃] *nm* carburante *m*

carburateur [kaʀbyʀatœʀ] *nm* carburatore *m*

carcasse [kaʀkas] *nf* carcassa *f*

cardiaque [kaʀdjak] *adj* 1. *(maladie)* cardiaco(a) 2. *(personne)* ● **(être) cardiaque** (essere) cardiopatico(a)

cardigan [kaʀdigã] *nm* cardigan *m inv*

cardinaux [kaʀdino] *adj mpl* ▶ **point**

cardiologue [kaʀdjɔlɔg] *nmf* cardiologo *m, -a f*

caresse [kaʀɛs] *nf* carezza *f*

caresser [kaʀese] *vt* accarezzare

cargaison [kaʀgɛzɔ̃] *nf* carico *m*

cargo [kaʀgo] *nm* nave *f* da carico

caricature [kaʀikatyʀ] *nf* caricatura *f*

carie [kaʀi] *nf* carie *f inv*

carillon [kaʀijɔ̃] *nm* 1. *(d'horloge)* carillon *m inv* 2. *(de porte)* campanello *m*

carnage [kaʀnaʒ] *nm* carneficina *f* ● **faire un carnage** *(fig)* fare una strage

carnaval [kaʀnaval] *nm* carnevale *m*

carnet [kaʀnɛ] *nm* 1. *(taccuino)* 2. *(de tickets, de timbres)* blocchetto *m* ● **carnet d'adresses** agendina *f* ● **carnet de chè-**

ques libretto *m* degli assegni ● **carnet de notes** pagella *f*

Le carnet de tickets

In Francia, per spostarsi in metro, in autobus o in *RER*, è possibile comprare un blocchetto di dieci biglietti, il cosiddetto *carnet*. Il prezzo è conveniente: a Parigi, ad esempio, un biglietto singolo costa circa 1,40 euro, mentre *un carnet* costa 10,70 euro.

carnotzet [kaʀnɔtze] *nm (Helv) (dans un restaurant)* sala *o* parte *di un ristorante riservata ai clienti che consumano piatti a base di formaggio*

carotte [kaʀɔt] *nf* carota *f*

carpe [kaʀp] *nf* carpa *f*

carpette [kaʀpɛt] *nf* tappetino *m*

carré, e [kaʀe] *adj* quadrato(a) ◇ *nm* 1. quadrato *m* 2. *(de chocolat)* quadratino *m* 3. *(d'agneau, de porc)* lombata *f* ● **deux mètres carrés** due metri quadri ● **deux au carré** due al quadrato

carreau, x [kaʀo] *nm* 1. *(vitre)* vetro *m* 2. *(de céramique)* piastrella *f* 3. *(carré)* quadrato *m* 4. *(aux cartes)* quadri *mpl* ● **à carreaux** *(vêtement)* a quadri

carrefour [kaʀfuʀ] *nm* incrocio *m*

carrelage [kaʀlaʒ] *nm* piastrelle *fpl*

carrément [kaʀemã] *adv* 1. *(franchement)* chiaro e tondo 2. *(très)* davvero ● **il me l'a dit carrément** me lo ha detto chiaramente *ou* chiaro e tondo ● **je suis carrément déçu** sono davvero deluso

carrière [kaʀjɛʀ] *nf* **1.** *(profession)* carriera *f* **2.** *(de pierre)* cava *f* ● **faire carrière dans qqch** fare carriera in qc

carrosse [kaʀɔs] *nm* carrozza *f*

carrosserie [kaʀɔsʀi] *nf* carrozzeria *f*

carrure [kaʀyʀ] *nf* **1.** larghezza *f* di spalle **2.** *(fig) (envergure)* calibro *m*

cartable [kaʀtabl] *nm* cartella *f*

carte [kaʀt] *nf* **1.** *(à jouer)* carta *f* **2.** *(document officiel)* tessera *f* **3.** *(plan)* cartina *f* **4.** *(de restaurant)* menu *m inv* ● **à la carte** *(menu)* alla carta ● **carte bancaire** ≃ bancomat® *m inv* ● **Carte Bleue**® ≃ bancomat® *(funzionante anche come carta di credito)* ● **carte de crédit** carta di credito ● **carte d'embarquement** carta d'imbarco ● **carte de fidélité** carta fedeltà ● **carte grise** libretto *m* di circolazione ● **carte (nationale) d'identité** carta d'identità ● **Carte Orange** abbonamento mensile valido su autobus, metropolitana e treni nella regione parigina ● **carte postale** cartolina *f* ● **carte téléphonique** ou **carte de téléphone** scheda *f* telefonica ● **carte des vins** lista *f* dei vini ● **carte de visite** biglietto *m* da visita

La Carte Bleue

La *carte bleue* è una tessera generalmente dotata di banda magnetica e di microchip che consente di effettuare pagamenti elettronici, nei negozi e su Internet, e di prelevare liquidi agli sportelli francesi, equivalenti ai bancomat italiani. La *carte bleue* è spesso accettata a partire da 15 euro di spesa. Per utilizzarla è necessario digitare un codice, ma non occorre alcuna firma.

La Carte Nationale d'Identité

La *CNI*, la carta d'identità francese, ha le stesse caratteristiche di quella italiana, ma scade dieci anni dopo la data di emissione. Oggi, la *CNI* non è più di carta, ma di plastica; per tale ragione è considerata infalsificabile.

cartilage [kaʀtilaʒ] *nm* cartilagine *f*

carton [kaʀtɔ̃] *nm* **1.** *(matière)* cartone *m* **2.** *(boîte)* scatolone *m* **3.** *(feuille)* ● **carton d'invitation** invito *m*

cartouche [kaʀtuʃ] *nf* **1.** cartuccia *f* **2.** *(de cigarettes)* stecca *f*

cas [ka] *nm* caso *m* ● **au cas où** nel caso in cui ● **dans ce cas** in tal caso ● **en cas de besoin** in caso di necessità ● **en tout cas** in ogni caso

cascade [kaskad] *nf* **1.** *(chute d'eau)* cascata *f* **2.** *(au cinéma)* scena *f* pericolosa

cascadeur, euse [kaskadœʀ, øz] *nm, f* cascatore *m*, -trice *f*

case [kaz] *nf* **1.** *(de damier, de mots croisés)* casella *f* **2.** *(compartiment)* scomparto *m* **3.** *(hutte)* capanna *f* ▼ **cochez la case choisie** barrate la casella prescelta

caserne [kazɛʀn] *nf* caserma *f* ● **caserne des pompiers** caserma dei vigili del fuoco

casier [kazje] *nm* *(compartiment)* casella *f* ● **casier à bouteilles** portabottiglie *m inv* ● **casier judiciaire** fedina *f* penale

casino [kazino] *nm* casinò *m inv*

casque [kask] *nm* **1.** casco *m* **2.** *(écouteurs)* cuffia *f*

casquette [kasket] *nf* coppola *f*

casse-cou [kasku] *nmf inv* sperocolato *m*, -a *f*

casse-croûte [kaskrut] *nm inv* spuntino *m*

casse-noix [kasnwa] *nm inv* schiaccianoci *m inv*

casser [kase] *vt* rompere ● **casser les oreilles à qqn** rompere i timpani a qn ● **casser les pieds à qqn** *(fam)* rompere le scatole a qn ◆ **se casser** *vp* rompersi ● **se casser le bras** rompersi il braccio ● **se casser la figure** *(tomber)* cadere ● **je me casse !** *(fam)* io vado

casserole [kasrɔl] *nf (contenant)* tegame *m*

casse-tête [kastet] *nm inv* rompicapo *m inv*

cassette [kaset] *nf (de musique)* cassetta *f* ● **cassette vidéo** videocassetta *f*

cassis [kasis] *nm* ribes *m* nero

cassoulet [kasule] *nm* carne in umido di anatra, oca, maiale o agnello con fagioli bianchi, piatto tipico della regione di Tolosa

catalogue [katalɔg] *nm* catalogo *m*

catastrophe [katastrɔf] *nf* catastrofe *f*

catastrophique [katastrɔfik] *adj* catastrofico(a)

catch [katʃ] *nm* catch *m inv*

catéchisme [kateʃism] *nm* catechismo *m*

catégorie [kategɔri] *nf* categoria *f*

catégorique [kategɔrik] *adj* categorico(a)

cathédrale [katedral] *nf* cattedrale *f*

catholique [katɔlik] *adj & nmf* cattolico(a)

cauchemar [koʃmar] *nm* incubo *m*

cause [koz] *nf (raison)* causa *f* ▼ **fermé pour cause de...** chiuso per... ● **à cause de** a causa di

causer [koze] *vt* causare ◇ *vi (parler)* chiacchierare

caution [kosjɔ̃] *nf* **1.** *(pour une location)* cauzione *f* **2.** *(personne)* garante *mf* ● **se porter caution (pour qqn)** fare da garante (a qn)

cavalier, ère [kavalje, ɛr] *nm, f* **1.** *(à cheval)* cavaliere *m*, cavallerizza *f* **2.** *(partenaire)* cavaliere *m*, dama *f* ◇ *nm (aux échecs)* cavallo *m*

cave [kav] *nf* cantina *f* ● **cave à vins** cantinetta *f* ● **cave à cigares** *(boîte)* scatola *f* portasigari

caverne [kavern] *nf* caverna *f*

caviar [kavjar] *nm* caviale *m*

CB = Carte Bleue®

CD [sede] *nm (abr de Compact Disc)* CD *m inv*

CDI *nm (abr de Centre de Documentation et d'Information)* centro di documentazione e informazione nelle scuole

CD-ROM [sederɔm] *nm inv* CD-ROM *m inv*

ce, cette, ces [sə, set, se] *(cet* [set] *devant voyelle ou h muet) adj* **1.** *(proche dans l'espace ou dans le temps)* questo(a) ● **cette nuit** stanotte **2.** *(éloigné dans l'espace ou dans le temps)* quello(a) ◇ *pron* **1.** *(pour mettre en valeur)* ● **c'est** è ● **ce sont** sono ● **c'est moi !** sono io! ● **c'est votre**

collègue qui m'a renseigné è il suo collega che mi ha dato le informazioni **2.** *(dans des interrogations)* ● **est-ce bien là ?** è qui? ● **qui est-ce ?** chi è? **3.** *(avec un relatif)* ● **ce que tu voudras** quello che vuoi ● **ce qui nous intéresse, ce sont les paysages** quello che ci interessa sono i paesaggi ● **ce dont vous aurez besoin en camping** quello di cui avrete bisogno in campeggio **4.** *(en intensif)* ● **ce qu'il fait chaud !** che caldo (che fa)! ● **ce qu'elle est belle !** che bella (che è)!

CE *nm* **1.** *(abr de cours élémentaire)* ● **CE1** ≃ seconda *f* elementare ● **CE2** ≃ terza *f* elementare **2.** *(abr de comité d'entreprise)* ≃ dopolavoro *m* aziendale

ceci [səsi] *pron* questo

céder [sede] *vt & vi* cedere ▼ **cédez le passage** dare la precedenza

CEDEX [sedɛks] *nm* codice apposto accanto all'indirizzo sulla posta destinata a ditte o enti importanti per assicurare la consegna rapida

cédille [sedij] *nf* cediglia *f* ● **c cédille** c con la cediglia

CEI *nf* *(abr de Communauté des États Indépendants)* CSI *f* *(Comunità di Stati Indipendenti)*

ceinture [sɛ̃tyʀ] *nf* **1.** cintura *f* **2.** *(milieu du corps)* *(punto m)* vita *f* ● **ceinture de sécurité** cintura di sicurezza

cela [səla] *pron* **1.** ciò **2.** *(ce dont on a parlé)* questo ● **cela ne fait rien** non fa niente ● **comment cela ?** ma come? ● **c'est cela** *(c'est exact)* proprio così

célèbre [selɛbʀ] *adj* celebre

célébrer [selebʀe] *vt* celebrare

célébrité [selebʀite] *nf* celebrità *f inv*

céleri [sɛlʀi] *nm* sedano *m* ● **céleri rémoulade** sedano rapa grattugiato servito con maionese alla senape

célibataire [selibataʀ] *adj & nmf* **1.** *(homme)* celibe **2.** *(femme)* nubile ● **père célibataire** padre *m* single, ragazzo-padre *m* ● **mère célibataire** madre *f* single, ragazza-madre *f*

celle ➤ **celui**

celle-ci ➤ **celui-ci**

celle-là ➤ **celui-là**

cellule [selyl] *nf* **1.** *(cachot)* cella *f* **2.** *(d'un organisme)* cellula *f* **3.** *(électrique)* fotocellula *f*

cellulite [selylit] *nf* cellulite *f*

celui, celle [səlɥi, sɛl] *(mpl* **ceux** [sø]*)* *pron* quello(a) ● **celui de devant** quello davanti ● **celle de Pierre** quella di Pierre ● **celui qui part à 13 h 30** quello che parte alle 13.30 ● **ceux dont je t'ai parlé** quelli di cui ti ho parlato

celui-ci, celle-ci [səlɥisi, sɛlsi] *(mpl* **ceux-ci** [søsi]*)* *pron* questo(a)

celui-là, celle-là [səlɥila, sɛlla] *(mpl* **ceux-là** [søla]*)* *pron* quello(a)

cendre [sɑ̃dʀ] *nf* cenere *f*

cendrier [sɑ̃dʀije] *nm* posacenere *m inv*

censurer [sɑ̃syʀe] *vt* censurare

cent [sɑ̃] *adj num & pron num* cento ◇ *nm* cento *m* ● **cent pour cent** cento per cento ● **cent euros** cento euro ● **deux cents euros** duecento euro ● **deux cent douze euros** duecentododici euro ● **il a cent ans** ha cento anni ● **page cent** pagina cento ● **ils étaient cent** erano (in) cento ● **(au) cent rue Lepic** al numero cento di rue Lepic

centaine [sɑ̃tɛn] nf • **une centaine (de)** un centinaio (di)

centième [sɑ̃tjɛm] adj num & pron num centesimo(a) ◊ nm (fraction) centesimo m

centime [sɑ̃tim] nm centesimo m • **centime d'euro** centesimo

centimètre [sɑ̃timɛtʀ] nm centimetro m

central, e, aux [sɑ̃tʀal, o] adj centrale

centrale [sɑ̃tʀal] nf (électrique) centrale f • **centrale nucléaire** centrale nucleare

centre [sɑ̃tʀ] nm centro m • **habiter/aller dans le centre** abitare/andare in centro • **centre aéré** centro estivo di vacanza per bambini, con attività all'aperto • **centre commercial** centro commerciale

centre-ville [sɑ̃tʀəvil] (pl centres-villes) nm centro m (di città)

cèpe [sɛp] nm porcino m

cependant [səpɑ̃dɑ̃] conj tuttavia

céramique [seʀamik] nf ceramica f

cercle [sɛʀkl] nm cerchio m

cercueil [sɛʀkœj] nm bara f

céréale [seʀeal] nf cereale m

cérémonie [seʀemɔni] nf cerimonia f

cerf [sɛʀ] nm cervo m

cerf-volant [sɛʀvɔlɑ̃] (pl cerfs-volants) nm aquilone m

cerise [səʀiz] nf ciliegia f

cerisier [səʀizje] nm ciliegio m

cerner [sɛʀne] vt (encercler) circondare

cernes [sɛʀn] nmpl occhiaie fpl

certain, e [sɛʀtɛ̃, ɛn] adj certo(a) • **être certain de qqch** essere certo di qc • **être certain que** essere certo che • **un certain temps** un certo tempo • **un certain Jean** un certo Jean ◆ **certains, certaines** adj alcuni(e), certi(e) ◊ pron alcuni(e)

certainement [sɛʀtɛnmɑ̃] adv 1. (probablement) molto probabilmente 2. (bien sûr) certamente

certes [sɛʀt] adv certo

certificat [sɛʀtifika] nm certificato m • **certificat médical** certificato medico • **certificat de scolarité** attestato m di frequenza

certifier [sɛʀtifje] vt 1. (assurer) garantire 2. (authentifier) certificare • **certifié conforme** autenticato

certitude [sɛʀtityd] nf certezza f

cerveau, x [sɛʀvo] nm cervello m

cervelas [sɛʀvəla] nm grossa salsiccia aromatizzata, da mangiare cotta o cruda

cervelle [sɛʀvɛl] nf 1. cervella f 2. (fig) (intelligence) cervello m

ces ➤ ce

césars [sezaʀ] nmpl premio cinematografico

Les Césars

L'assegnazione dei *Césars* è la versione francese degli oscar americani. Dal 1976 ogni anno, a marzo, i professionisti del cinema premiano il miglior film francese, il miglior film straniero, il miglior regista, attore, ecc. La denominazione *César* deriva dal nome dello scultore che ha creato la statuetta consegnata ai vincitori.

cesse [sɛs] ◆ **sans cesse** adv senza sosta

cesser [sese] vi smettere • **cesser de faire qqch** smettere di fare qc

c'est-à-dire [setadiʀ] adv cioè

cet ➤ ce

cette ➤ ce

ceux ➤ celui

ceux-ci ➤ celui-ci

ceux-là ➤ celui-là

Cf. (*abr de confer*) cfr.

chacun, e [ʃakœ̃, yn] *pron* ognuno(a) ● **chacun d'entre vous/nous/eux** ognuno di voi/noi/essi

chagrin [ʃagrɛ̃] *nm* dispiacere *m* ● **avoir du chagrin** essere triste

chahut [ʃay] *nm* baccano *m* ● **faire du chahut** fare baccano

chaîne [ʃɛn] *nf* **1.** catena *f* **2.** ● **chaîne de télévision** rete *m* televisa, canale *m* ● **travail à la chaîne** lavoro a catena ● **je travaille à la chaîne** lavoro alla catena di montaggio ● **chaîne (hi-fi)** (impianto *m*) stereo *m inv* ● **chaîne laser** stereo con lettore di compact disc ● **chaîne de montagnes** catena montuosa ● **chaîne à péage** pay-TV, televisione a pagamento ● **chaîne thématique** canale tematico ou a tema

chair [ʃɛʀ] *nf* **1.** carne *f* **2.** (*de fruit*) polpa *f* ◇ *adj inv* (*couleur*) carne (*inv*) ● **chair à saucisse** carne da insaccati ● **en chair et en os** in carne e ossa ● **avoir la chair de poule** avere la pelle d'oca

chaise [ʃɛz] *nf* sedia *f* ● **chaise longue** sedia a sdraio ● **chaise roulante** sedia a rotelle

châle [ʃal] *nm* scialle *m*

chalet [ʃalɛ] *nm* **1.** chalet *m inv* **2.** (*Québec*) (*maison de campagne*) casa *f* in campagna

chaleur [ʃalœʀ] *nf* calore *m*

chaleureux, euse [ʃalœʀø, øz] *adj* caloroso(a)

chaloupe [ʃalup] *nf* (*Québec*) (*barque*) barca *f* a remi

chalumeau, x [ʃalymo] *nm* cannello *m*, fiamma *f* ossidrica

chamailler [ʃamaje] ● **se chamailler** *vp* bisticciare

chambre [ʃɑ̃bʀ] *nf* ● **chambre (à coucher)** camera *f* (da letto) ● **chambre à air** (*de pneu*) camera d'aria ● **chambre d'amis** camera degli ospiti ● **Chambre des députés** Camera dei deputati ● **chambre d'hôte** *camera per ospiti paganti presso un privato* ● **chambre double** camera doppia ● **chambre (pour) une personne** camera singola

chameau, x [ʃamo] *nm* cammello *m*

chamois [ʃamwa] *nm* ➤ peau

champ [ʃɑ̃] *nm* campo *m* ● **champ de bataille** campo di battaglia ● **champ de courses** ippodromo *m*

champagne [ʃɑ̃paɲ] *nm* champagne *m inv*

Le champagne

Se gli italiani sono soliti brindare con un bicchiare di spumante, i francesi amano farlo con una coppa di champagne. Esistono diverse tipologie di champagne (bianco, rosso e rosato), tutte prodotte nel nord-est della Francia. Servito soprattutto come aperitivo, lo champagne è anche un ingrediente fondamentale del *kir royal*, un cocktail a base di *cassis* (liquore di ribes nero).

champignon [ʃɑ̃piɲɔ̃] *nm* fungo *m* ● champignons *nmpl* **champignons serviti freddi, conditi con olio d'oliva, limone e spezie** ● **champignon de Paris** champignon *m inv*

champion, onne [ʃɑ̃pjɔ̃, ɔn] *nm, f* campione *m*, -essa *f*

championnat [ʃɑ̃pjɔna] *nm* campionato *m*

chance [ʃɑ̃s] *nf* **1.** (sort favorable) fortuna *f* **2.** (probabilité) probabilità *f* inv ● **avoir de la chance** avere fortuna ● **avoir des chances de faire qqch** avere delle possibilità di fare qc ● **bonne chance !** buona fortuna!

chanceler [ʃɑ̃sle] *vi* barcollare

Chandeleur [ʃɑ̃dlœr] *nf* ● **la Chandeleur** la Candelora

La Chandeleur

Festeggiata il 2 febbraio come in Italia, per i francesi la Candelora è una buona occasione per preparare le *crêpe*. Secondo la tradizione, bisogna girarle facendole saltare e tenendo la padella con una mano sola. Se si riesce a farlo, senza che le *crêpe* cadano, si avrà un anno di prosperità.

chandelier [ʃɑ̃dəlje] *nm* candeliere *m*

chandelle [ʃɑ̃dɛl] *nf* candela *f* ● **un dîner aux chandelles** una cenetta a lume di candela

change [ʃɑ̃ʒ] *nm* cambio *m*

changement [ʃɑ̃ʒmɑ̃] *nm* cambiamento *m* ● **changement de vitesse** cambio *m* (di velocità)

changer [ʃɑ̃ʒe] *vt & vi* cambiare ● **changer des euros en dollars** cambiare degli euro in dollari ● **changer d'avis** cambiare idea ● **changer de chemise** cambiarsi la camicia ◆ **se changer** *vp* (s'habiller) cambiarsi ● **se changer en** trasformarsi in

chanson [ʃɑ̃sɔ̃] *nf* canzone *f*

chant [ʃɑ̃] *nm* canto *m*

chantage [ʃɑ̃taʒ] *nm* ricatto *m*

chanter [ʃɑ̃te] *vt & vi* cantare

chanteur, euse [ʃɑ̃tœr, øz] *nm, f* cantante *mf*

chantier [ʃɑ̃tje] *nm* cantiere *m*

Chantilly [ʃɑ̃tiji] *nf* ● **(crème) Chantilly** panna *f* montata

chantonner [ʃɑ̃tɔne] *vi* canticchiare

chapeau, x [ʃapo] *nm* cappello *m* ● **chapeau de paille** cappello di paglia

chapelet [ʃaplɛ] *nm* rosario *m*

chapelle [ʃapɛl] *nf* cappella *f*

chapelure [ʃaplyr] *nf* pangrattato *m*

chapiteau, x [ʃapito] *nm* (de cirque) tendone *m*

chapitre [ʃapitr] *nm* capitolo *m*

chapon [ʃapɔ̃] *nm* cappone *m*

chaque [ʃak] *adj* ogni

char [ʃar] *nm* **1.** ● **char (d'assaut)** carro *m* armato **2.** (de carnaval) carro *m* **3.** (Québec) (voiture) auto *f* ● **char à voile** carro a vela

charabia [ʃarabja] *nm* (fam) ostrogoto *m*

charade [ʃarad] *nf* sciarada *f*

charbon [ʃarbɔ̃] *nm* carbone *m*

charcuterie [ʃarkytri] *nf* **1.** (aliments) salumi *mpl* **2.** (magasin) salumeria *f*

chardon [ʃardɔ̃] *nm* cardo *m*

charge [ʃaʀʒ] nf **1.** carico m **2.** (fig) (gêne) peso m ● **prendre qqch en charge** farsi carico di qc ● **les frais sont à votre charge** le spese sono a carico vostro ● **charges** nfpl (d'un appartement) spese fpl condominiali

chargement [ʃaʀʒəmɑ̃] nm carico m

charger [ʃaʀʒe] vt caricare ● **il m'a chargé de vous avertir** mi ha incaricato di avvertirvi ● **se charger de** vp + prep occuparsi di

chariot [ʃaʀjo] nm carrello m

charité [ʃaʀite] nf carità f inv

charlotte [ʃaʀlɔt] nf dolce freddo o caldo a base di crema (al cioccolato o alla frutta) o gelato e rivestito di savoiardi

charmant, e [ʃaʀmɑ̃, ɑ̃t] adj **1.** (joli) incantevole **2.** (sympathique) molto simpatico(a)

charme [ʃaʀm] nm fascino m

charmer [ʃaʀme] vt affascinare

charnière [ʃaʀnjɛʀ] nf cerniera f

charpente [ʃaʀpɑ̃t] nf intelaiatura f

charpentier [ʃaʀpɑ̃tje] nm carpentiere m

charrette [ʃaʀɛt] nf carretta f

charrue [ʃaʀy] nf aratro m

charter [ʃaʀtɛʀ] nm ● (vol) charter charter m inv

chas [ʃa] nm cruna f

chasse [ʃas] nf caccia f ● **aller à la chasse** andare a caccia ● **tirer la chasse (d'eau)** tirare l'acqua

chasselas [ʃasla] nm vitigno molto comune in Svizzera dal quale si ricavano vini bianchi

chasse-neige [ʃasnɛʒ] nm inv spazzaneve m inv

chasser [ʃase] vt **1.** (animal) cacciare **2.** (personne) cacciare (via) ◇ vi cacciare ● **chasser qqn de** cacciare qn da

chasseur, euse [ʃasœʀ, øz] nm, f cacciatore m, -trice f

châssis [ʃasi] nm telaio m

chat, chatte [ʃa, ʃat] nm, f gatto m, -a f ● **avoir un chat dans la gorge** avere un raspino in gola

châtaigne [ʃatɛɲ] nf castagna f

châtaignier [ʃatɛɲe] nm castagno m

châtain [ʃatɛ̃] adj castano(a)

château, x [ʃato] nm castello m ● **château d'eau** serbatoio m d'acqua ● **château fort** roccaforte f

chaton [ʃatɔ̃] nm (chat) micio m

chatouiller [ʃatuje] vt solleticare

chatouilleux, euse [ʃatujø, øz] adj ● **être chatouilleux** soffrire del solletico

chatte ➤ **chat**

chaud, e [ʃo, ʃod] adj **1.** caldo(a) **2.** (vêtement) pesante ◇ nm ● **rester au chaud** restare al caldo ● **il fait chaud** fa caldo ● **avoir chaud** avere caldo ● **tenir chaud** tenere caldo

chaudière [ʃodjɛʀ] nf caldaia f

chaudronnée [ʃodʀɔne] nf (Québec) piatto a base di vari pesci di mare, cipolle e aromi cotti in brodo

chauffage [ʃofaʒ] nm riscaldamento m ● **chauffage central** riscaldamento centrale ● **chauffage électrique/au gaz** riscaldamento elettrico/a gas

chauffard [ʃofaʀ] nm pirata m della strada ● **après l'accident, le chauffard a pris la fuite** dopo l'incidente, l'auto pirata è scappata

chauffe-eau [ʃofo] nm inv boiler m inv

chauffer [ʃofe] *vt* scaldare ◇ *vi* **1.** scaldare **2.** *(surchauffer)* scaldarsi

chauffeur [ʃofœʀ] *nm* conducente *m* ● **chauffeur de taxi** tassista *mf*

chaumière [ʃomjɛʀ] *nf* capanna *f (con tetto di paglia)*

chaussée [ʃose] *nf* carreggiata *f* ▼ **chaussée déformée** strada dissestata

chausse-pied, s [ʃospje] *nm* calzascarpe *m inv*

chausser [ʃose] *vi* ● **chausser du 38** portare il 38

chaussette [ʃosɛt] *nf* calzino *m*, calza *f*

chausson [ʃosɔ̃] *nm* pantofola *f* ● **chausson aux pommes** fagottino *m* di mele ● **chaussons de danse** scarpette *fpl* da ballo

chaussure [ʃosyʀ] *nf* scarpa *f* ● **une paire de chaussures** un paio di scarpe ● **chaussures de marche** scarpe da passeggio ● **chaussure à scratch** scarpa con allacciatura velcro®

chauve [ʃov] *adj* calvo(a)

chauve-souris [ʃovsuʀi] *(pl* chauves-souris) *nf* pipistrello *m*

chauvin, e [ʃovɛ̃, in] *adj* sciovinista

chavirer [ʃaviʀe] *vi* capovolgersi

chef [ʃɛf] *nm* **1.** capo *m* **2.** *(cuisinier)* chef *m inv* ● **chef d'entreprise** direttore(trice) aziendale OU d'azienda ● **chef d'État** capo di Stato ● **chef de gare** capostazione *m* ● **chef d'orchestre** direttore(trice) d'orchestra

chef-d'œuvre [ʃedœvʀ] *(pl* chefs-d'œuvre) *nm* capolavoro *m*

chef-lieu [ʃɛfljø] *(pl* chefs-lieux) *nm* capoluogo *m*

chemin [ʃəmɛ̃] *nm* **1.** stradina *f* **2.** *(parcours)* strada *f* ● **en chemin** per strada

chemin de fer [ʃəmɛ̃dəfɛʀ] *(pl* chemins de fer) *nm* ferrovia *f*

cheminée [ʃəmine] *nf* **1.** *(de maison)* camino *m* **2.** *(d'usine)* ciminiera *f*

chemise [ʃəmiz] *nf* **1.** camicia *f* **2.** *(en carton)* cartelletta *f* ● **chemise de nuit** camicia da notte

chemisier [ʃəmizje] *nm* camicetta *f*

chêne [ʃɛn] *nm* quercia *f*

chenil [ʃənil] *nm* **1.** canile *m* **2.** *(Helv) (objets sans valeur)* cianfrusaglie *fpl*

chenille [ʃənij] *nf* **1.** bruco *m* **2.** *(de véhicule)* cingolo *m*

chèque [ʃɛk] *nm* assegno *m* ● **chèque barré** assegno sbarrato ● **chèque en blanc** assegno in bianco ● **chèque sans provision** assegno scoperto ● **chèque de voyage** traveller's cheque *m inv*

Chèque-Restaurant® [ʃɛkʀɛstɔʀɑ̃] *(pl* Chèques-Restaurant) *nm* ticket restaurant *m inv*

chéquier [ʃekje] *nm* libretto *m* degli assegni

cher, chère [ʃɛʀ] *adj & adv* caro(a) ● **cher Monsieur** gentile Signore ● **cher Laurent** caro Laurent ● **ça coûte cher** costa molto

chercher [ʃɛʀʃe] *vt* cercare ● **aller chercher qqn à la gare** andare a prendere qn in stazione ◆ **chercher à** *v + prep* cercare di

chercheur, euse [ʃɛʀʃœʀ, øz] *nm, f* ricercatore *m*, -trice *f*

chéri, e [ʃeʀi] *adj* caro(a) ◇ *nm, f* ● **mon chéri/ma chérie** tesoro

cheval, aux [ʃəval, o] *nm* cavallo *m* • **monter à cheval** cavalcare • **faire du cheval** fare equitazione • **à cheval sur** *(chaise, branche)* a cavallo di

chevalier [ʃəvalje] *nm* cavaliere *m*

chevelure [ʃəvlyr] *nf* capigliatura *f*

chevet [ʃəvɛ] *nm* ➤ **lampe, table**

cheveu, x [ʃəvø] *nm* • **cheveux** *nmpl* capelli *mpl* • **avoir les cheveux blonds/bruns** avere i capelli biondi/mori • **avoir les cheveux longs/courts** avere i capelli lunghi/corti

cheville [ʃəvij] *nf* **1.** ANAT caviglia *f* **2.** *(en plastique)* tassello *m*

chèvre [ʃɛvr] *nf* capra *f*

chevreuil [ʃəvrœj] *nm* capriolo *m*

chewing-gum, s [ʃwingɔm] *nm* gomma *f* da masticare

chez [ʃe] *prép* **1.** a **2.** *(dans le caractère de)* in **3.** *(dans une adresse)* c/o • **chez moi** a casa (mia) • **chez le dentiste** dal dentista

chic [ʃik] *adj* chic *(inv)*

chiche [ʃiʃ] *adj m* ➤ **pois**

chicon [ʃikɔ̃] *nm* (Belg) insalata *f* belga

chicorée [ʃikɔre] *nf* cicoria *f*

chien, chienne [ʃjɛ̃, ʃjɛn] *nm, f* cane *m*, cagna *f*

chiffon [ʃifɔ̃] *nm* straccio *m* • **chiffon (à poussière)** straccio per spolverare

chiffonner [ʃifɔne] *vt* sgualcire

chiffre [ʃifr] *nm* cifra *f*

chignon [ʃiɲɔ̃] *nm* chignon *m inv*

Chili [ʃili] *nm* • **le Chili** il Cile

chilien, enne [ʃiljɛ̃, ɛn] *adj* cileno(a) • **Chilien, enne** *nm, f* cileno *m*, -a *f*

chimie [ʃimi] *nf* chimica *f*

chimique [ʃimik] *adj* chimico(a)

Chine [ʃin] *nf* • **la Chine** la Cina

chinois, e [ʃinwa, az] *adj* cinese • **chinois** *nm* *(langue)* cinese *m* • **Chinois, e** *nm, f* cinese *mf*

chiot [ʃjo] *nm* cucciolo *m (di cane)*

chipolata [ʃipolata] *nf* salsiccia lunga e sottile

chips [ʃips] *nfpl* patatine *fpl*

chirurgie [ʃiryrʒi] *nf* chirurgia *f* • **chirurgie esthétique** chirurgia estetica

chirurgien, enne [ʃiryrʒjɛ̃, ɛn] *nm, f* chirurgo *m*, -a *f*

chlore [klɔr] *nm* cloro *m*

choc [ʃɔk] *nm* **1.** *(physique)* urto *m* **2.** *(émotionnel)* shock *m inv*

chocolat [ʃɔkɔla] *nm* **1.** cioccolato *m* **2.** *(boisson)* cioccolata *f* • **chocolat blanc** cioccolato bianco • **chocolat au lait** cioccolato al latte • **chocolat liégeois** gelato al cioccolato ricoperto di panna montata • **chocolat noir** cioccolato fondente

choesels [tʃuzœl] *nmpl* (Belg) spezzatino di carni varie e trippa cotto a fuoco lento con cipolle e birra

chœur [kœr] *nm* coro *m* • **en chœur** in coro

choisir [ʃwazir] *vt* scegliere

choix [ʃwa] *nm* scelta *f* • **avoir le choix** poter scegliere • **au choix** a scelta • **de premier/second choix** di prima/seconda scelta

cholestérol [kɔlɛsterɔl] *nm* colesterolo *m*

chômage [ʃomaʒ] *nm* disoccupazione *f* • **être au chômage** essere disoccupato(a)

chômeur, euse [ʃomœr, øz] *nm, f* disoccupato *m*, -a *f*

choquant, e [ʃɔkɑ̃, ɑ̃t] *adj* scioccante

choquer [ʃɔke] *vt* scioccare

chorale [kɔʀal] *nf* corale *f*

chose [ʃoz] *nf* cosa *f* ● **autre chose** (qualcos')altro ● **quelque chose** qualcosa

chou, x [ʃu] *nm* cavolo *m* ● **chou de Bruxelles** cavolino *m* di Bruxelles ● **chou à la crème** bignè *m inv* ● **chou rouge** cavolo rosso

chouchou, oute [ʃuʃu, ut] *nm, f* (*fam*) cocco *m*, -a *f* ◇ *nm* elastico per capelli foderato di tessuto

choucroute [ʃukʀut] *nf* ● **choucroute (garnie)** specialità alsaziana a base di crauti, patate, salsicce e carne

chouette [ʃwɛt] *nf* civetta *f* ◇ *adj* (*fam*) bello(a)

chou-fleur [ʃuflœʀ] (*pl* choux-fleurs) *nm* cavolfiore *m*

chrétien, enne [kʀetjɛ̃, ɛn] *adj & nm, f* cristiano(a)

chromé, e [kʀome] *adj* cromato(a)

chromes [kʀom] *nmpl* (*d'un véhicule*) parti *fpl* cromate

chronique [kʀonik] *adj* cronico(a) ◇ *nf* cronaca *f*

chronologique [kʀonolɔʒik] *adj* cronologico(a)

chronomètre [kʀonometʀ] *nm* cronometro *m*

chronométrer [kʀonometʀe] *vt* cronometrare

CHU (*abr de centre hospitalo-universitaire*) *nm* centro ospedaliero universitario

chuchotement [ʃyʃotmɑ̃] *nm* (*d'une personne*) bisbiglio *m*

chuchoter [ʃyʃote] *vt & vi* bisbigliare

chut [ʃyt] *interj* sss!

chute [ʃyt] *nf* (*fait de tomber*) caduta *f* ● **chute d'eau** cascata *f* ● **chute de neige** nevicata *f*

Chypre [ʃipʀ] *nf* Cipro *f* ● **à Chypre** a Cipro

chypriote [ʃipʀijot], **cypriote** [sipʀijot] *adj* cipriota(i, e) ● **Chypriote, Cypriote** *nmf* cipriota *mf* -i, -e

ci [si] *adv* ● **ce livre-ci** questo libro ● **ces jours-ci** questi giorni

cible [sibl] *nf* bersaglio *m*

ciboulette [sibulet] *nf* erba *f* cipollina

cicatrice [sikatʀis] *nf* cicatrice *f*

cicatriser [sikatʀize] *vi* cicatrizzarsi

cidre [sidʀ] *nm* sidro *m*

Cie (*abr de compagnie*) C.ia (*compagnia*)

ciel [sjel] *nm* **1.** cielo *m* **2.** (*paradis* : *pl* cieux) cielo *m*

cierge [sjeʀʒ] *nm* cero *m*

cigale [sigal] *nf* cicala *f*

cigare [sigaʀ] *nm* sigaro *m*

cigarette [sigaʀɛt] *nf* sigaretta *f* ● **cigarette filtre** sigaretta con filtro ● **cigarette russe** biscotto lungo e cilindrico servito con gelati e mousse

cigogne [sigɔɲ] *nf* cicogna *f*

ci-joint, e [siʒwɛ̃, ɛ̃t] *adj* allegato(a) ◇ *adv* in allegato ● **vous trouverez ci-joint...** allego...

cil [sil] *nm* ciglio *m*

cime [sim] *nf* cima *f*

ciment [simɑ̃] *nm* cemento *m*

cimetière [simtjɛʀ] *nm* cimitero *m*

cinéaste [sineast] *nmf* cineasta *mf*

ciné-club, s [sineklœb] *nm* cineclub *m inv*

cinéma [sinema] *nm* cinema *m inv* ● **aller au cinéma** andare al cinema

cinémathèque [sinematɛk] *nf* cineteca *f*

cinéphile [sinefil] *nmf* cinefilo *m*, -a *f*

cinq [sɛ̃k] *adj num & pron num* cinque ◇ *nm* cinque *m* ● **il a cinq ans** ha cinque anni ● **il est cinq heures** sono le cinque ● **le cinq janvier** il cinque gennaio ● **page cinq** pagina cinque ● **ils étaient cinq** erano in cinque ● **le cinq de pique** il cinque di picche ● **(au) cinq rue Lepic** rue Lepic numero cinque

cinquantaine [sɛ̃kɑ̃tɛn] *nf* ● **une cinquantaine (de)** una cinquantina (di) ● **avoir la cinquantaine** essere sulla cinquantina

cinquante [sɛ̃kɑ̃t] *adj num & pron num* cinquanta ◇ *nm* cinquanta *m* ● **il a cinquante ans** ha cinquant'anni ● **page cinquante** pagina cinquanta ● **ils étaient cinquante** erano (in) cinquanta ● **(au) cinquante rue Lepic** rue Lepic numero cinquanta

cinquantième [sɛ̃kɑ̃tjɛm] *adj num & pron num* cinquantesimo(a) ◇ *nm* **1.** *(fraction)* cinquantesimo *m* **2.** *(étage)* cinquantesimo *m* (piano)

cinquième [sɛ̃kjɛm] *adj num & pron num* quinto(a) ◇ *nf* **1.** SCOL ≃ seconda media *f* **2.** *(vitesse)* quinta *f* ◇ *nm* **1.** *(fraction)* quinto *m* **2.** *(étage)* quinto *m* (piano) **3.** *(arrondissement)* quinto "arrondissement"

cintre [sɛ̃tr] *nm* gruccia *f*

cintré, e [sɛ̃tre] *adj (veste)* avvitato(a)

cipâte [sipat] *nm (Québec)* torta salata di pastafrolla composta da strati di pata-te, cipolle, carne di manzo e maiale, ricoperta di brodo di manzo

cirage [siraʒ] *nm* lucido *m* da scarpe

circonflexe [sirkɔ̃flɛks] *adj* ➤ **accent**

circonstances [sirkɔ̃stɑ̃s] *nfpl* circostanze *fpl*

circuit [sirkɥi] *nm* **1.** circuito *m* **2.** *(trajet)* giro *m* ● **circuit touristique** giro turistico

circulaire [sirkyler] *adj* circolare ◇ *nf* circolare *f*

circulation [sirkylasjɔ̃] *nf* **1.** *(routière)* traffico *m* **2.** *(du sang)* circolazione *f*

circuler [sirkyle] *vi* circolare

cire [sir] *nf* cera *f*

ciré [sire] *nm* incerata *f*

cirer [sire] *vt* lucidare ◇ *vt* **j'en ai rien à cirer** *(vulg)* non me ne frega niente

cirque [sirk] *nm* circo *m*

ciseaux [sizo] *nmpl* ● **(une paire de) ciseaux** (un paio di) forbici *fpl*

citadin, e [sitadɛ̃, in] *nm, f* cittadino *m*, -a *f*

citation [sitasjɔ̃] *nf* citazione *f*

cité [site] *nf* **1.** città *f inv* **2.** *(groupe d'immeubles)* gruppo di caseggiati popolari nella periferia delle grandi città ● **cité universitaire** alloggi *mpl* universitari

citer [site] *vt* citare

citerne [sitern] *nf* cisterna *f*

citoyen, enne [sitwajɛ̃, ɛn] *nm, f* cittadino *m*, -a *f*

citron [sitrɔ̃] *nm* limone *m* ● **citron vert** limone verde ● **citron pressé** spremuta di limone

citronnade [sitrɔnad] *nf* limonata *f*

citrouille [sitruj] *nf* zucca *f*

civet [sive] *nm* salmì *m inv*

civière [sivjer] *nf* barella *f*

civil, e [sivil] *adj* civile ◇ *nm (personne)* civile *m* ● **en civil** in borghese

civilisation [sivilizasjɔ̃] *nf* civiltà *f inv*

cl *(abr de centilitre)* cl *(centilitro)*

clafoutis [klafuti] *nm* flan alle ciliegie *o* ad altri frutti

clair, e [klɛʀ] *adj* chiaro(a) ◇ *adv* chiaro ◇ *nm.* ● **clair de lune** chiaro *m* di luna ● **c'est clair ?** (tutto) chiaro?

clairement [klɛʀmɑ̃] *adv* chiaramente

clairière [klɛʀjɛʀ] *nf* radura *f*

clairon [klɛʀɔ̃] *nm* tromba *f*

clairsemé, e [klɛʀsəme] *adj* rado(a)

clandestin, e [klɑ̃dɛstɛ̃, in] *adj & nm, f* clandestino(a)

claque [klak] *nf* schiaffo *m*

claquement [klakmɑ̃] *nm* schiocco *m*

claquer [klake] *vt & vi* sbattere ● **claquer des dents** battere i denti ● **claquer des doigts** schioccare le dita ◆ **se claquer** *vp* ● **se claquer un muscle** stirarsi un muscolo

claquettes [klakɛt] *nfpl* **1.** *(chaussures de plage)* ciabatte *fpl* da mare **2.** *(danse)* tip tap *m inv*

clarinette [klaʀinɛt] *nf* clarinetto *m*

clarté [klaʀte] *nf* **1.** chiarore *m* **2.** *(d'un raisonnement)* chiarezza *f*

classe [klas] *nf* **1.** classe *f* **2.** *(salle)* aula *f* ● **classe affaires** business class *f inv* ● **classe éco(nomique)** classe economica ● **première classe** prima classe ● **aller en classe** andare a scuola ● **classe de mer** gita *f* scolastica al mare ● **classe de neige** gita scolastica in montagna ● **classes préparatoires** corsi biennali, preparatori all'esame di accesso agli istituti universi-

tari di maggior prestigio ● **classe verte** gita scolastica in campagna

Les classes préparatoires

Dopo il *bac* (la maturità), gli studenti migliori possono frequentare le *classes préparatoires*: due anni di corsi per preparare l'esame di ammissione alle *Grandes Écoles*, università di grande prestigio come *l'École Normale Supérieure* (equivalente alla Normale di Pisa) o *l'École Polytechnique* (Ingegneria). I corsi sono di tre tipi: letterari, scientifici ed economici.

classement [klasmɑ̃] *nm* **1.** *(rangement)* classificazione *f* **2.** *(sportif)* classifica *f*

classer [klase] *vt* classificare ◆ **se classer** *vp* ● **se classer premier** *(élève, sportif)* classificarsi primo

classeur [klasœʀ] *nm* classificatore *m*

classique [klasik] *adj* classico(a)

clavicule [klavikyl] *nf* clavicola *f*

clavier [klavje] *nm* tastiera *f*

clé [kle] *nf* chiave *f* ● **fermer qqch à clé** chiudere qc a chiave ● **clé anglaise** chiave inglese ● **clé de contact** chiave (di accensione) ● **clé à molette** chiave regolabile

clef [kle] = **clé**

clémentine [klemɑ̃tin] *nf* mandarancio *m*

Clic-Clac® [klikklac] *nm* divano-letto *m* (divani-letto *pl*)

cliché [kliʃe] *nm* **1.** *(photo)* negativo *m* **2.** *(idée banale)* cliché *m inv*

client, e [klijɑ̃, ɑ̃t] *nm, f* cliente *mf*

clientèle [klijɑ̃tɛl] *nf* clientela *f*

cligner [kliɲe] *vi* • **cligner des yeux** strizzare gli occhi

clignotant [kliɲɔtɑ̃] *nm* lampeggiatore *m*, freccia *f*

clignoter [kliɲɔte] *vi* lampeggiare

clim [klim] *nf (fam)* aria *f* condizionata

climat [klima] *nm* clima *m*

climatisation [klimatizasjɔ̃] *nf* aria *f* condizionata

climatisé, e [klimatize] *adj* climatizzato(a)

clin d'œil [klɛ̃dœj] *nm* • **faire un clin d'œil à qqn** fare l'occhiolino a qn • **en un clin d'œil** in un batter d'occhio

clinique [klinik] *nf* clinica *f*

clip [klip] *nm* **1.** *(boucle d'oreille)* clip *f inv* **2.** *(film)* videoclip *m inv*

clochard, e [klɔʃaʀ, aʀd] *nm, f* barbone *m*, -a *f*

cloche [klɔʃ] *nf* campana *f* • **cloche à fromage** copriformaggio *m inv*

cloche-pied [klɔʃpje] ◆ **à cloche-pied** *adv* su un piede solo

clocher [klɔʃe] *nm* campanile *m*

clochette [klɔʃɛt] *nf* campanello *m*

cloison [klwazɔ̃] *nf* parete *f* divisoria

cloître [klwatʀ] *nm* chiostro *m*

cloque [klɔk] *nf* bolla *f*

clôture [klotyʀ] *nf (barrière)* recinto *m*

clôturer [klotyʀe] *vt (champ, jardin)* recintare

clou [klu] *nm* chiodo *m* • **clou de girofle** chiodo di garofano ◆ **clous** *nmpl (passage piétons)* strisce *fpl* (pedonali)

clouer [klue] *vt* inchiodare

clown [klun] *nm* clown *m inv*, pagliaccio *m*

club [klœb] *nm* club *m inv*

cm *(abr de centimètre)* cm *(centimetro)*

CM *nm (abr de cours moyen)* • **CM1** ≃ quarta *f* elementare • **CM2** ≃ quinta *f* elementare

coaguler [kɔagyle] *vi* coagulare

cobaye [kɔbaj] *nm* cavia *f*

Coca(-Cola)® [kɔka(kɔla)] *nm inv* Coca(-Cola)® *f*

coccinelle [kɔksinɛl] *nf* coccinella *f*

cocher [kɔʃe] *vt* contrassegnare

cochon, onne [kɔʃɔ̃, ɔn] *nm, f (fam) (personne sale)* sporcaccione *m*, -a *f* ◆ *nm* maiale *m* • **cochon d'Inde** porcellino *m* d'India

cocktail [kɔktɛl] *nm* cocktail *m inv*

coco [koko] *nm* ➤ **noix**

cocotier [kɔkɔtje] *nm* cocco *m (albero)*

cocotte [kɔkɔt] *nf (casserole)* pentola *f*

Cocotte-Minute® [kɔkɔtminyt] *(pl* Cocottes-Minute*)* *nf* pentola *f* a pressione

code [kɔd] *nm* codice *m* • **code confidentiel** codice (personale) segreto • **code PIN** codice PIN • **code postal** codice (d'avviamento) postale • **code de la route** codice stradale • **veillez taper** ou **saisir votre code** digiti il suo codice ◆ **codes** *nmpl* AUTO anabbaglianti *mpl*

Le code postal

Negli indirizzi francesi, il codice postale precede sempre il nome della città di destinazione. Le prime due cifre del codice indicano il dipartimento, mentre le ultime tre indicano generalmente la città. Tuttavia, a Parigi le ultime due cifre si riferiscono all'*arrondissement*. Per esempio, 75013 è il codice postale del XIII arrondissement di Parigi (che appartiene al dipartimento n° 75).

codé, e [kɔde] *adj (message)* in codice
code-barres [cɔdbaʀ] *(pl* codes-barres) *nm* codice *m* a barre
cœur [kœʀ] *nm* **1.** cuore *m* **2.** *(d'un problème)* fulcro *m* **3.** *(aux cartes)* cuori *mpl* • **avoir bon cœur** avere buon cuore • **de bon cœur** volentieri • **par cœur** a memoria • **cœur d'artichaut** cuore di carciofo • **cœur de palmier** cuore di palma
coffre [kɔfʀ] *nm* **1.** *(de voiture)* bagagliaio *m* **2.** *(malle)* baule *m*
coffre-fort [kɔfʀəfɔʀ] *(pl* coffres-forts) *nm* cassaforte *f*
coffret [kɔfʀɛ] *nm* cofanetto *m*
cogénération *nf* cogenerazione *f*
cognac [kɔɲak] *nm* cognac *m inv*
cogner [kɔɲe] *vi* battere • **se cogner** *vp* sbattere • **se cogner la tête** sbattere la testa
cohabitation *nf* coabitazione *f*

La cohabitation

In politica, si parla di *cohabitation* nel caso in cui la maggioranza al governo e il presidente della Repubblica appartengano a due correnti politiche opposte. Il termine fu coniato tra il 1986 e il 1988, quando il presidente socialista

François Mitterrand ebbe un primo ministro di destra, Jacques Chirac.

cohabiter [kɔabite] *vi* convivere
cohérent, e [kɔeʀɑ̃, ɑ̃t] *adj* coerente
cohue [kɔy] *nf* ressa *f*
coiffer [kwafe] *vt* pettinare • **être coiffé de qqch** avere qc in testa • **se coiffer** *vp* pettinarsi
coiffeur, euse [kwafœʀ, øz] *nm, f* parrucchiere *m, -a f*
coiffure [kwafyʀ] *nf* pettinatura *f*
coin [kwɛ̃] *nm* **1.** angolo *m* **2.** *(d'une table)* spigolo *m* • **au coin de** all'angolo di • **dans le coin** *(dans les environs)* nei dintorni
coincer [kwɛ̃se] *vt* incastrare • **se coincer** *vp* incastrarsi • **se coincer le doigt** schiacciarsi il dito
coïncidence [kɔɛ̃sidɑ̃s] *nf* coincidenza *f*
coïncider [kɔɛ̃side] *vi* coincidere
col [kɔl] *nm* **1.** *(de veste, de robe)* collo *m* **2.** *(de chemise)* colletto *m* **3.** *(en montagne)* passo *m* • **col roulé** collo alto • **col en V** scollo a V
colère [kɔlɛʀ] *nf* collera *f* • **être en colère (contre qqn)** essere arrabbiato(a) (con qn) • **se mettre en colère** arrabbiarsi
colin [kɔlɛ̃] *nm* merluzzo *m*
colique [kɔlik] *nf* colica *f*
colis [kɔli] *nm* • **colis postal** pacco *m* postale
collaborer [kɔlabɔʀe] *vi* collaborare
collant, e [kɔlɑ̃, ɑ̃t] *adj* **1.** *(adhésif)* adesivo(a) **2.** *(étroit)* aderente ◇ *nm* **1.** collant *m inv* **2.** *(épais)* calzamaglia *f*

colle [kɔl] nf **1.** colla f **2.** SCOL (retenue) punizione che consiste in ore supplementari a scuola

collecte [kɔlɛkt] nf colletta f

collectif, ive [kɔlɛktif, iv] adj collettivo(a)

collection [kɔlɛksjɔ̃] nf collezione f

collectionner [kɔlɛksjɔne] vt collezionare

collège [kɔlɛʒ] nm ≃ scuola f media inferiore

Le collège

Equivalente alla scuola media italiana, *le collège* si divide in *sixième, cinquième, quatrième* e *troisième*, quattro anni di studio durante i quali non sono generalmente previste bocciature. Le lezioni durano generalmente dalle 8 alle 17, con un intervallo di un paio d'ore per il pranzo. Al termine del *collège*, gli allievi si presentano al loro primo esame statale, *le Brevet national des collèges*. Nonostante sia obbligatorio, non è necessario superarlo per proseguire gli studi.

collégien, enne [kɔleʒjɛ̃, ɛn] nm, f alunno m, -a f (della scuola media)

collègue [kɔlɛg] nmf collega mf

coller [kɔle] vt **1.** incollare **2.** (fam) (donner) rifilare **3.** SCOL (punir) punire (con ore supplementari) **4.** INFORM incollare

collier [kɔlje] nm **1.** collana f **2.** (de chien) collare m

colline [kɔlin] nf collina f

collision [kɔlizjɔ̃] nf scontro m

colo [kɔlo] nf (fam) colonia f (estiva)

Cologne [kɔlɔɲ] n ➤ eau

colombe [kɔlɔ̃b] nf colomba f

Colombie [kɔlɔ̃bi] nf ◆ la Colombie la Colombia

colombien, enne [kɔlɔ̃bjɛ̃, ɛn] adj colombiano(a) ◆ **Colombien, enne** nm, f colombiano m, -a f

colonie [kɔlɔni] nf colonia f ● colonie de vacances colonia estiva

colonne [kɔlɔn] nf colonna f ● colonne vertébrale colonna vertebrale

colorant [kɔlɔrɑ̃] nm colorante m ▼ sans colorants senza coloranti

colorier [kɔlɔrje] vt colorare

coloris [kɔlɔri] nm tinta f

COM [dɾɔm] (abr de collectivité d'outre-mer) nm ente territoriale francese d'oltremare: sono definiti COM la Polinesia francese, l'isola Mayotte (nell'Oceano Indiano), il gruppo di isolotti Saint-Pierre-et-Miquelon (nell'Oceano Atlantico) e l'arcipelago Wallis-et-Futuna (nell'Oceano Pacifico)

coma [kɔma] nm coma m inv ● être dans le coma essere in coma

combat [kɔ̃ba] nm **1.** combattimento m **2.** (fig) (contre la maladie, des idées) lotta f

combattant, e [kɔ̃batɑ̃, ɑ̃t] nm, f combattente mf ● ancien combattant reduce m

combattre [kɔ̃batʀ] vt & vi combattere

combien [kɔ̃bjɛ̃] adv quanto ● combien ça coûte ? quanto costa ? ● combien de temps faut-il ? quanto tempo ci vuole ? ● combien de valises avez-vous ? quante valigie ha ?

combinaison [kɔ̃binɛzɔ̃] *nf* 1. *(code)* combinazione *f* 2. *(sous-vêtement)* sottoveste *f* 3. *(de motard, de skieur)* tuta *f* ● **combinaison de plongée** muta *f*
combiné [kɔ̃bine] *nm* ● **combiné (téléphonique)** ricevitore *m* (telefonico)
combiner [kɔ̃bine] *vt* combinare
comble [kɔ̃bl] *nm* ● **c'est un comble !** è il colmo! ● **le comble de la jalousie** il colmo della gelosia
combler [kɔ̃ble] *vt* 1. *(boucher)* colmare 2. *(satisfaire)* appagare
combustible [kɔ̃bystibl] *nm* combustibile *m*
Côme [kom] *n* ● **le lac de Côme** il lago di Como
comédie [kɔmedi] *nf* commedia *f* ● **jouer la comédie** *(faire semblant)* fingere ● **comédie musicale** commedia musicale
comédien, enne [kɔmedjɛ̃, ɛn] *nm, f* 1. *(acteur)* attore *m*, -trice *f* 2. *(hypocrite)* commediante *m*
comestible [kɔmestibl] *adj* commestibile
comique [kɔmik] *adj* 1. *(genre, acteur)* comico(a) 2. *(drôle)* buffo(a)
comité [kɔmite] *nm* comitato *m* ● **comité d'entreprise** consiglio *m* di fabbrica
commandant [kɔmɑ̃dɑ̃] *nm* 1. MIL *(gradé)* maggiore *m* 2. *(d'un bateau, d'un avion)* comandante *m*
commande [kɔmɑ̃d] *nf* 1. comando *m* 2. *(achat)* ordine *m* ● **les commandes** *(d'un avion)* i comandi
commander [kɔmɑ̃de] *vt* 1. ordinare 2. *(armée, mécanisme)* comandare ● **commander un taxi** prenotare un taxi

comme [kɔm] *conj*
1. *(introduit une comparaison)* come ● **elle est blonde, comme sa mère** è bionda, come sua madre ● **comme si rien ne s'était passé** come se non fosse successo niente
2. *(de la manière que)* come ● **comme vous voudrez** come volete ● **comme il faut** come si deve
3. *(par exemple)* come ● **les villes fortifiées comme Carcassonne** le città fortificate come Carcassonne
4. *(en tant que)* come ● **qu'est-ce que vous avez comme desserts ?** cosa avete come dolce?
5. *(étant donné que)* siccome ● **comme vous n'arriviez pas, nous sommes passés à table** siccome non arrivavate, ci siamo messi a tavola
6. *(dans des expressions)* ● **comme ça** così ● **comme ci comme ça** *(fam)* così così ● **sympa comme tout** *(fam)* davvero simpatico
◊ *adv (marque l'intensité)* ● **comme c'est grand !** com'è grande! ● **vous savez comme il est difficile de se loger ici** sa com'è difficile trovare alloggio qui
commencement [kɔmɑ̃smɑ̃] *nm* inizio *m*
commencer [kɔmɑ̃se] *vt & vi* cominciare ● **commencer à faire qqch** cominciare a fare qc ● **commencer par qqch** cominciare con qc ● **commencer par faire qqch** cominciare col fare qc
comment [kɔmɑ̃] *adv* come ● **comment tu t'appelles ?** come ti chiami? ● **comment allez-vous ?** come sta?
commentaire [kɔmɑ̃tɛʀ] *nm* commento *m*

commerçant, e [kɔmɛʀsɑ̃, ɑ̃t] *adj* commerciale ◇ *nm, f* commerciante *mf*

commerce [kɔmɛʀs] *nm* **1.** *(activité)* commercio *m* **2.** *(boutique)* negozio *m* ● **dans le commerce** *(article)* in commercio ● **commerce électronique** commercio elettronico

commercial, e, aux [kɔmɛʀsjal, o] *adj* commerciale

commettre [kɔmɛtʀ] *vt* commettere ● **commettre un crime** commettere un reato

commis, e [kɔmi, iz] *pp* ➤ **commettre**

commissaire [kɔmisɛʀ] *nm* ● **commissaire (de police)** commissario *m* (di polizia)

commissariat [kɔmisaʀja] *nm* ● **commissariat (de police)** commissariato *m* (di polizia)

commission [kɔmisjɔ̃] *nf* commissione *f* ◆ **commissions** *nfpl* *(courses)* spesa *f* ● **faire les commissions** fare la spesa

commode [kɔmɔd] *adj* pratico(a) ◇ *nf* comò *m inv*

commun, e [kɔmɛ̃, yn] *adj* comune ● **avoir qqch en commun** avere qc in comune ● **mettre qqch en commun** mettere in comune qc

communauté [kɔmynote] *nf* comunità *f inv*

commune [kɔmyn] *nf* comune *m*

communication [kɔmynikasjɔ̃] *nf* comunicazione *f* ● **communication (téléphonique)** comunicazione (telefonica)

communion [kɔmynjɔ̃] *nf* comunione *f* ● **faire sa première communion** fare la prima comunione

communiqué [kɔmynike] *nm* comunicato *m*

communiquer [kɔmynike] *vt & vi* comunicare

communisme [kɔmynism] *nm* comunismo *m*

communiste [kɔmynist] *adj & nmf* comunista

compact, e [kɔ̃pakt] *adj* compatto(a)

Compact Disc®, s [kɔ̃paktdisk] *nm* compact (disc) *m inv*

compagne [kɔ̃paɲ] *nf* compagna *f*

compagnie [kɔ̃paɲi] *nf* compagnia *f* ● **en compagnie de** in compagnia di ● **tenir compagnie à** fare compagnia a ● **compagnie aérienne** compagnia aerea

compagnon [kɔ̃paɲɔ̃] *nm* compagno *m*

comparable [kɔ̃paʀabl] *adj* paragonabile

comparaison [kɔ̃paʀɛzɔ̃] *nf* paragone *m*

comparer [kɔ̃paʀe] *vt* paragonare ● **comparer qqch à** OU **avec** paragonare qc a OU con

compartiment [kɔ̃paʀtimɑ̃] *nm* **1.** *(case)* scomparto *m* **2.** *(de wagon)* scompartimento *m* ● **compartiment fumeurs/non-fumeurs** scompartimento fumatori/non fumatori

compas [kɔ̃pa] *nm* **1.** MATH compasso *m* **2.** *(boussole)* bussola *f*

compatible [kɔ̃patibl] *adj* compatibile

compatriote [kɔ̃patʀijɔt] *nmf* compatriota *m*

compensation [kɔ̃pɑ̃sasjɔ̃] *nf* compensazione *f*

compenser [kɔ̃pɑ̃se] *vt* compensare

compétence [kɔ̃petɑ̃s] *nf* competenza *f*

compétent, **e** [kɔ̃petɑ̃, ɑ̃t] *adj* competente

compétitif, **ive** [kɔ̃petitif, iv] *adj* **1.** *(entreprise)* competitivo(a) **2.** *(prix)* concorrenziale

compétition [kɔ̃petisjɔ̃] *nf* competizione *f* ● **faire de la compétition** fare agonismo

compil [kɔ̃pil] *nf* *(fam)* compilation *f inv*

complément [kɔ̃plemɑ̃] *nm* complemento *m*

complémentaire [kɔ̃plemɑ̃tɛʀ] *adj* complementare

complet, **ète** [kɔ̃plɛ, ɛt] *adj* **1.** *(entier)* completo(a) **2.** *(plein)* pieno(a) **3.** *(aliment)* integrale ▼ **complet** *(spectacle)* tutto esaurito ; *(hôtel, parking)* completo

complètement [kɔ̃plɛtmɑ̃] *adv* completamente

compléter [kɔ̃plete] *vt* completare ◆ **se compléter** *vp* completarsi

complexe [kɔ̃plɛks] *adj* complesso(a) ◇ *nm* complesso *m* ● **complexe multisalles** multisala *f*, cinema *m inv* multisala

complice [kɔ̃plis] *adj* & *nmf* complice

compliment [kɔ̃plimɑ̃] *nm* complimento *m*

compliqué, **e** [kɔ̃plike] *adj* complicato(a)

compliquer [kɔ̃plike] *vt* complicare ◆ **se compliquer** *vp* complicarsi

complot [kɔ̃plo] *nm* complotto *m*

comportement [kɔ̃pɔʀtəmɑ̃] *nm* comportamento *m*

comporter [kɔ̃pɔʀte] *vt* comportare ◆ **se comporter** *vp* comportarsi

composer [kɔ̃poze] *vt* comporre ● **composé de** composto da

compositeur, **trice** [kɔ̃pozitœʀ, tʀis] *nm*, *f* compositore *m*, -trice *f*

composition [kɔ̃pozisjɔ̃] *nf* **1.** composizione *f* **2.** SCOL compito *m* in classe

composter [kɔ̃pɔste] *vt* obliterare ▼ **compostez votre billet** timbrare il biglietto

Composter

Se vi trovate in Francia e state per prendere l'autobus, il treno o la metro, ricordate di *composter* (convalidare) il vostro titolo di viaggio presso un'apposita obliteratrice, il cosiddetto *composteur*. In questo modo eviterete di dover pagare una multa piuttosto salata.

compote [kɔ̃pɔt] *nf* composta *f* ● **compote de pommes** composta di mele

compréhensible [kɔ̃pʀeɑ̃sibl] *adj* comprensibile

compréhensif, **ive** [kɔ̃pʀeɑ̃sif, iv] *adj* comprensivo(a)

comprendre [kɔ̃pʀɑ̃dʀ] *vt* **1.** capire **2.** *(comporter)* comprendere ◆ **se comprendre** *vp* capirsi

compresse [kɔ̃pʀɛs] *nf* compressa *f* (di garza)

comprimé [kɔ̃pʀime] *nm* compressa *f*

compris, **e** [kɔ̃pʀi, iz] *pp* ➤ **comprendre** ◇ *adj* *(inclus)* compreso(a) ● **service non compris** servizio escluso ● **tout compris** tutto compreso ● **y compris mon frère** compreso mio fratello ● **y compris mes amies** comprese le mie amiche

compromettre [kɔ̃pʀɔmɛtʀ] *vt* compromettere

compromis, e [kɔ̃pʀɔmi, iz] *pp*
➤ **compromettre** ◇ *nm* compromesso *m*

comptabilité [kɔ̃tabilite] *nf* contabilità *f*
inv

comptable [kɔ̃tabl] *nmf* contabile *mf*

comptant [kɔ̃tɑ̃] *adv* ● payer comptant
pagare in contanti

compte [kɔ̃t] *nm* conto *m* ● faire ses
comptes fare i conti ● se rendre compte
de/que rendersi conto di/che ● compte
bancaire conto (corrente) bancario
● compte postal conto postale ● en fin de
compte in fin dei conti ● tout compte
fait tutto sommato

compte-gouttes [kɔ̃tgut] *nm inv* contagocce *m inv*

compter [kɔ̃te] *vt & vi* contare ● compter faire qqch contare di fare qc
◆ **compter sur** *v + prep* contare su

compte-rendu [kɔ̃tʀɑ̃dy] (*pl* comptes-rendus) *nm* resoconto *m*

compteur [kɔ̃tœʀ] *nm* (*d'eau, de gaz*)
contatore *m* ● compteur (kilométrique)
contachilometri *m inv* ● compteur (de vitesse) tachimetro *m*

comptoir [kɔ̃twaʀ] *nm* banco *m*

comte, esse [kɔ̃t, kɔ̃tes] *nm, f* conte *m*,
-essa *f*

con, conne [kɔ̃, kɔn] *adj & nm, f* (*vulg*)
scemo(a)

concentration [kɔ̃sɑ̃tʀasjɔ̃] *nf* concentrazione *f*

concentré, e [kɔ̃sɑ̃tʀe] *adj* concentrato(a) ◇ *nm* ● concentré de tomate concentrato *m* di pomodoro

concentrer [kɔ̃sɑ̃tʀe] *vt* concentrare
◆ **se concentrer (sur)** *vp + prep* concentrarsi (su)

conception [kɔ̃sɛpsjɔ̃] *nf* **1.** (*création*)
concepimento *m* **2.** (*notion*) concezione *f*

concerner [kɔ̃sɛʀne] *vt* riguardare ● en
ce qui concerne... per quanto riguarda...

concert [kɔ̃sɛʀ] *nm* concerto *m*

concessionnaire [kɔ̃sesjɔnɛʀ] *nm* concessionario *m*

concevoir [kɔ̃svwaʀ] *vt* concepire

concierge [kɔ̃sjɛʀʒ] *nmf* portinaio *m*,
-a *f*

concis, e [kɔ̃si, iz] *adj* conciso(a)

conclure [kɔ̃klyʀ] *vt* concludere

conclusion [kɔ̃klyzjɔ̃] *nf* conclusione *f*
● en conclusion in conclusione

concombre [kɔ̃kɔ̃bʀ] *nm* cetriolo *m*

concours [kɔ̃kuʀ] *nm* concorso *m*
● concours de circonstances concorso di
circostanze

concret, ète [kɔ̃kʀɛ, ɛt] *adj* concreto(a)

concrétiser [kɔ̃kʀetize] ◆ **se concrétiser** *vp* concretizzarsi

concurrence [kɔ̃kyʀɑ̃s] *nf* concorrenza *f*

concurrent, e [kɔ̃kyʀɑ̃, ɑ̃t] *nm, f* concorrente *mf*

condamnation [kɔ̃danasjɔ̃] *nf* condanna *f*

condamner [kɔ̃dane] *vt* condannare

condensation [kɔ̃dɑ̃sasjɔ̃] *nf* condensazione *f*

condensé, e [kɔ̃dɑ̃se] *adj* condensato(a)

condiment [kɔ̃dimɑ̃] *nm* condimento *m*

condition [kɔ̃disjɔ̃] *nf* condizione *f* ● à
condition de/que a condizione di/che

conditionné, e [kɔ̃disjɔne] *adj m* ➤ **air**

conditionnel [kɔ̃disjɔnɛl] *nm* condizionale *m*

condoléances [kɔ̃dɔleɑ̃s] *nfpl* ● présenter ses condoléances à qqn fare le condoglianze a qn

conducteur, trice [kɔ̃dyktœʀ, tʀis] *nm, f* conducente *mf*

conduire [kɔ̃dyiʀ] *vt* **1.** condurre **2.** *(véhicule)* guidare ◇ *vi (automobiliste)* guidare ● **conduire à** *(chemin, couloir)* condurre a ◆ **se conduire** *vp* comportarsi

conduit, e [kɔ̃dyi, it] *pp* ➤ **conduire**

conduite [kɔ̃dyit] *nf* **1.** *(de véhicule)* guida *f* **2.** *(comportement)* condotta *f*

cône [kon] *nm* **1.** cono *m* **2.** *(glace)* cornetto *m*

confection [kɔ̃fɛksjɔ̃] *nf* confezione *f*

confectionner [kɔ̃fɛksjɔne] *vt* confezionare

conférence [kɔ̃feʀɑ̃s] *nf* conferenza *f*

confesser [kɔ̃fese] ◆ **se confesser** *vp* confessarsi

confession [kɔ̃fesjɔ̃] *nf* confessione *f*

confettis [kɔ̃feti] *nmpl* coriandoli *mpl*

confiance [kɔ̃fjɑ̃s] *nf* fiducia *f* ● avoir confiance en avere fiducia in ● faire confiance à qqn fidarsi di qn

confiant, e [kɔ̃fjɑ̃, ɑ̃t] *adj* fiducioso(a)

confidence [kɔ̃fidɑ̃s] *nf* confidenza *f* ● faire des confidences à qqn fare delle confidenze a qn

confidentiel, elle [kɔ̃fidɑ̃sjɛl] *adj* confidenziale

confier [kɔ̃fje] *vt* ● confier qqch à qqn *(objet)* affidare qc a qn ; *(secret)* confidare qc a qn ◆ **se confier (à)** *vp + prep* confidarsi (con)

confirmation [kɔ̃fiʀmasjɔ̃] *nf* conferma *f* ● confirmation de réservation conferma di prenotazione

confirmer [kɔ̃fiʀme] *vt* confermare

confiserie [kɔ̃fizʀi] *nf* **1.** *(sucreries)* dolciumi *mpl* **2.** *(magasin)* negozio *m* di dolciumi

confisquer [kɔ̃fiske] *vt* confiscare

confit [kɔ̃fi] *adj m* ➤ **fruit** ◇ *nm* ● confit de canard/d'oie *pezzi d'anatra/oca cotti nel loro grasso e conservati in scatola o in boccali di vetro*

confiture [kɔ̃fityʀ] *nf* marmellata *f*

conflit [kɔ̃fli] *nm* conflitto *m*

confondre [kɔ̃fɔ̃dʀ] *vt (mélanger)* confondere

conforme [kɔ̃fɔʀm] *adj* ● conforme à conforme a

conformément [kɔ̃fɔʀmemɑ̃] *adv* ● conformément à ses souhaits conformemente ai suoi desideri

confort [kɔ̃fɔʀ] *nm* comfort *m inv* ▼ tout confort tutti i comfort

confortable [kɔ̃fɔʀtabl] *adj* **1.** *(pièce)* confortevole **2.** *(fauteuil)* comodo(a)

confrère [kɔ̃fʀɛʀ] *nm* collega *m*

confronter [kɔ̃fʀɔ̃te] *vt* confrontare

confus, e [kɔ̃fy, yz] *adj* confuso(a)

confusion [kɔ̃fyzjɔ̃] *nf* confusione *f*

congé [kɔ̃ʒe] *nm* ferie *fpl* ● être en congé essere in ferie ● avoir un jour de congé avere un giorno di ferie ● congé (de) maladie aspettativa *f* per malattia ● congés payés ferie retribuite

congélateur [kɔ̃ʒelatœʀ] *nm* congelatore *m*

congeler [kɔ̃ʒle] *vt* congelare

congestion [kɔ̃ʒɛstjɔ̃] *nf* congestione *f* ● congestion cérébrale ictus *m* inv

congolais [kɔ̃gɔlɛ] *nm* pasticcino al cocco

congrès [kɔ̃gʀɛ] *nm* congresso *m*

conjoint, e [kɔ̃ʒwɛ̃, ɛ̃t] *nm, f* coniuge *mf*

conjonction [kɔ̃ʒɔ̃ksjɔ̃] *nf* ● **conjonction de coordination/subordination** congiunzione *f* coordinativa/subordinativa

conjonctivite [kɔ̃ʒɔ̃ktivit] *nf* congiuntivite *f*

conjoncture [kɔ̃ʒɔ̃ktyʀ] *nf* congiuntura *f*

conjugaison [kɔ̃ʒygɛzɔ̃] *nf* coniugazione *f*

conjuguer [kɔ̃ʒyge] *vt* coniugare

connaissance [kɔnɛsɑ̃s] *nf* **1.** *(savoir)* conoscenza *f* **2.** *(relation)* conoscente *mf* ● **avoir des connaissances en...** avere delle cognizioni di... ● **faire la connaissance de qqn** fare la conoscenza di qn ● **perdre connaissance** perdere conoscenza

connaisseur, euse [kɔnɛsœʀ, øz] *nm, f* intenditore *m*, -trice *f*

connaître [kɔnɛtʀ] *vt* **1.** conoscere **2.** *(leçon, adresse)* sapere ◆ **s'y connaître en** *vp + prep* intendersi di

conne ➤ **con**

connecter [kɔnɛkte] *vt* collegare ◆ **se connecter** *vp* collegarsi ● **se connecter à Internet** collegarsi a Internet

connu, e [kɔny] *pp* ➤ **connaître** ◇ *adj* noto(a)

conquérir [kɔ̃keʀiʀ] *vt* conquistare

conquête [kɔ̃kɛt] *nf* conquista *f*

conquis, e [kɔ̃ki, iz] *pp* ➤ **conquérir**

consacrer [kɔ̃sakʀe] *vt* ● **consacrer qqch à** dedicare qc a ◆ **se consacrer à** *vp + prep* dedicarsi a

consciemment [kɔ̃sjamɑ̃] *adv* consapevolmente

conscience [kɔ̃sjɑ̃s] *nf* coscienza *f* ● **avoir/prendre conscience de qqch** avere/prendere coscienza di qc ● **avoir mauvaise conscience** avere la coscienza sporca

consciencieux, euse [kɔ̃sjɑ̃sjø, øz] *adj* coscienzioso(a)

conscient, e [kɔ̃sjɑ̃, ɑ̃t] *adj* cosciente

consécutif, ive [kɔ̃sekytif, iv] *adj* consecutivo(a)

conseil [kɔ̃sɛj] *nm* consiglio *m* ● **demander conseil à qqn** chiedere consiglio a qn

¹conseiller [kɔ̃seje] *vt* consigliare ● **conseiller à qqn de faire qqch** consigliare a qn di fare qc

²conseiller, ère [kɔ̃seje, ɛʀ] *nm, f* consulente *mf* ● **conseiller d'orientation** consulente per l'orientamento scolastico

conséquence [kɔ̃sekɑ̃s] *nf* conseguenza *f*

conséquent [kɔ̃sekɑ̃] ◆ **par conséquent** *adv* di conseguenza

conservateur, trice [kɔ̃sɛʀvatœʀ, tʀis] *adj & nm, f* conservatore(trice) ● **conservateur** *nm (alimentaire)* conservante *m*

conservatoire [kɔ̃sɛʀvatwaʀ] *nm* conservatorio *m*

conserve [kɔ̃sɛʀv] *nf (boîte)* scatola *f* ● **en conserve** in scatola

conserver [kɔ̃sɛʀve] *vt* conservare

considérable [kɔ̃sideʀabl] *adj* considerevole

considération [kɔ̃sideʀasjɔ̃] *nf* ● **prendre qqn/qqch en considération** prendere in considerazione qn/qc

considérer [kɔ̃sideʀe] *vt* ● **considérer que** considerare che ● **considérer qqn/qqch comme** considerare qn/qc come

consigne [kɔ̃siɲ] *nf (de gare)* deposito m (bagagli) ● **consigne automatique** deposito automatico

consistance [kɔ̃sistɑ̃s] *nf* consistenza f

consistant, e [kɔ̃sistɑ̃, ɑ̃t] *adj* consistente

consister [kɔ̃siste] *vi* ● **consister à faire qqch** consistere nel fare qc ● **en quoi consiste votre projet ?** in cosa consiste il vostro/suo progetto?

consœur [kɔ̃sœr] *nf* collega f

consolation [kɔ̃sɔlasjɔ̃] *nf* consolazione f

console [kɔ̃sɔl] *nf INFORM* console f *inv* ● **console de jeux** console f

consoler [kɔ̃sɔle] *vt* consolare

consommateur, trice [kɔ̃sɔmatœr, tris] *nm, f* **1.** consumatore m, -trice f **2.** *(dans un bar)* cliente mf

consommation [kɔ̃sɔmasjɔ̃] *nf* **1.** consumo m **2.** *(boisson)* consumazione f

consommé [kɔ̃sɔme] *nm* consommé m *inv*

consommer [kɔ̃sɔme] *vt* consumare ▾ à **consommer avant le...** da consumarsi entro il...

consonne [kɔ̃sɔn] *nf* consonante f

constamment [kɔ̃stamɑ̃] *adv* costantemente

constant, e [kɔ̃stɑ̃, ɑ̃t] *adj* costante

constat [kɔ̃sta] *nm* constatazione f ● **(faire un) constat à l'amiable** (fare una) constatazione amichevole, (fare il) CID m

constater [kɔ̃state] *vt* constatare

consterné, e [kɔ̃stɛrne] *adj* costernato(a)

constipé, e [kɔ̃stipe] *adj* costipato(a)

constituer [kɔ̃stitɥe] *vt* costituire ● **constitué de** costituito da ou di

construction [kɔ̃stryksjɔ̃] *nf* costruzione f

construire [kɔ̃stryir] *vt* costruire **construit, e** [kɔ̃stryi, it] *pp* ➤ **construire**

consulat [kɔ̃syla] *nm* consolato m

consultation [kɔ̃syltasjɔ̃] *nf (chez le médecin)* visita f (medica)

consulter [kɔ̃sylte] *vt* consultare

contact [kɔ̃takt] *nm* contatto m ● **couper le contact** spegnere il quadro *(in auto)* ● **mettre le contact** accendere il quadro *(in auto)* ● **entrer en contact avec qqn** venire a contatto con qn ● **être/rester en contact avec qqn** essere/tenersi in contatto con qn ● **prendre contact avec qqn** mettersi in contatto con qn ● **avoir des contacts (dans une entreprise/à l'étranger)** avere dei contatti (all'interno di un'impresa/all'estero)

contacter [kɔ̃takte] *vt* contattare

contagieux, euse [kɔ̃taʒjø, øz] *adj* contagioso(a)

contaminer [kɔ̃tamine] *vt* contaminare

conte [kɔ̃t] *nm* racconto m ● **conte de fées** fiaba f

contempler [kɔ̃tɑ̃ple] *vt* contemplare

contemporain, e [kɔ̃tɑ̃pɔrɛ̃, ɛn] *adj* contemporaneo(a)

contenir [kɔ̃tnir] *vt* contenere

content, e [kɔ̃tɑ̃, ɑ̃t] *adj* contento(a) ● **être content de qqch** essere contento di qc

contenter [kɔ̃tɑ̃te] *vt* accontentare ◆ **se contenter de** *vp + prep* accontentarsi di ● **elle s'est contentée de sourire** si è limitata a sorridere

contenu, e [kɔ̃tny] *pp* ➤ **contenir** ◇ *nm* contenuto *m*

contester [kɔ̃teste] *vt* contestare

contexte [kɔ̃tekst] *nm* contesto *m*

continent [kɔ̃tinɑ̃] *nm* continente *m*

continu, e [kɔ̃tiny] *adj* continuo(a)

continuel, elle [kɔ̃tinɥel] *adj* continuo(a)

continuellement [kɔ̃tinɥelmɑ̃] *adv* continuamente

continuer [kɔ̃tinɥe] *vt & vi* continuare ● continuer à ou de faire qqch continuare a fare qc

contour [kɔ̃tuʀ] *nm* contorno *m*

contourner [kɔ̃tuʀne] *vt* 1. aggirare 2. *(ville, montagne)* girare intorno a

contraceptif, ive [kɔ̃tʀaseptif, iv] *adj* contraccettivo(a) ◇ *nm* contraccettivo *m*

contraception [kɔ̃tʀasepsjɔ̃] *nf* contraccezione *f* ● moyen de contraception contraccettivo *m*

contracter [kɔ̃tʀakte] *vt* contrarre

contradictoire [kɔ̃tʀadiktwaʀ] *adj* contraddittorio(a)

contraindre [kɔ̃tʀɛ̃dʀ] *vt* costringere

contraire [kɔ̃tʀɛʀ] *nm* contrario *m* ◇ *adj* opposto(a) ● contraire à contrario(a) a ● au contraire al contrario

contrairement [kɔ̃tʀɛʀmɑ̃] ◆ **contrairement à** *prép* contrariamente a

contrarier [kɔ̃tʀaʀje] *vt* contrariare

contraste [kɔ̃tʀast] *nm* contrasto *m*

contrat [kɔ̃tʀa] *nm* contratto *m* ● contrat de travail contratto di lavoro ● rupture de contrat rottura di un contratto ● contrat d'apprentissage contratto di formazione

contravention [kɔ̃tʀavɑ̃sjɔ̃] *nf (amende)* contravvenzione *f*

contre [kɔ̃tʀ] *prép* 1. contro 2. *(en échange de)* in cambio di ● par contre invece

contre-attaque, s [kɔ̃tʀatak] *nf* contrattacco *m*

contrebande [kɔ̃tʀəbɑ̃d] *nf* contrabbando *m* ● passer qqch en contrebande importare qc di contrabbando ● des cigarettes de contrebande sigarette di contrabbando

contrebasse [kɔ̃tʀəbas] *nf* contrabbasso *m*

contrecœur [kɔ̃tʀəkœʀ] ◆ **à contrecœur** *adv* a malincuore

contrecoup [kɔ̃tʀəku] *nm* contraccolpo *m*

contredire [kɔ̃tʀədiʀ] *vt* contraddire

contre-indication, s [kɔ̃tʀɛ̃dikasjɔ̃] *nf* controindicazione *f*

contre-jour [kɔ̃tʀəʒuʀ] ◆ **à contre-jour** *adv* (in) controluce

contrepartie [kɔ̃tʀəpaʀti] *nf* contropartita *f* ● en contrepartie in compenso

contreplaqué [kɔ̃tʀəplake] *nm* compensato *m*

contrepoison [kɔ̃tʀəpwazɔ̃] *nm* antidoto *m*

contresens [kɔ̃tʀəsɑ̃s] *nm (dans une traduction)* fraintendimento *m* ● (rouler) à contresens (andare) contromano

contretemps [kɔ̃tʀətɑ̃] *nm* contrattempo *m*

contribuer [kɔ̃tʀibɥe] ◆ **contribuer à** *v + prép* contribuire a

contrôle [kɔ̃tʀol] *nm* 1. *(vérification technique)* revisione *f* 2. *(des billets, des papiers)* controllo *m* 3. SCOL compito *m* in classe

● **contrôle aérien** controllo del traffico aereo ● **contrôle d'identité** controllo documenti ● **perdre le contrôle de son véhicule** perdere il controllo del veicolo

contrôler [kɔ̃tʀole] *vt* controllare

contrôleur, euse [kɔ̃tʀolœʀ, øz] *nm, f* controllore *m*, -a *f* ● **contrôleur aérien** controllore di volo

contrordre [kɔ̃tʀɔʀdʀ] *nm* contrordine *m*

convaincre [kɔ̃vɛ̃kʀ] *vt* convincere ● **convaincre qqn de faire qqch** convincere qn a fare qc

convalescence [kɔ̃valesɑ̃s] *nf* convalescenza *f*

convenable [kɔ̃vnabl] *adj* 1. *(adapté)* adeguato(a) 2. *(décent)* decoroso(a)

convenir [kɔ̃vniʀ] ● **convenir à** *v + prep* 1. *(satisfaire)* andar bene a 2. *(être adapté à)* essere adatto(a) a ● **ça me convient** (mi) va bene ● **non, cette robe ne convient pas à l'occasion** no, questo vestito non è adatto all'occasione

convenu, e [kɔ̃vny] *pp* ➤ convenir

conversation [kɔ̃vɛʀsasjɔ̃] *nf* conversazione *f*

convertible [kɔ̃vɛʀtibl] *adj* ➤ canapé

convocation [kɔ̃vɔkasjɔ̃] *nf (à un examen)* appello *m*

convoi [kɔ̃vwa] *nm* convoglio *m* ● **convoi exceptionnel** trasporto *m* eccezionale

convoquer [kɔ̃vɔke] *vt* convocare

coopération [kɔɔpeʀasjɔ̃] *nf* cooperazione *f*

coopérer [kɔɔpeʀe] *vi* cooperare

coordonné, e [kɔɔʀdɔne] *adj* coordinato(a)

coordonnées [kɔɔʀdɔne] *nfpl (adresse)* recapito *m* ● **laissez-moi vos coordonnées** mi lasci un recapito

coordonner [kɔɔʀdɔne] *vt* coordinare

copain, copine [kɔpɛ̃, kɔpin] *nm, f* 1. *(fam) (ami)* amico *m*, -a *f* 2. *(petit ami)* fidanzato *m*, -a *f*

coparentalité [kɔpaʀɑ̃talite] *nf* autorità *f inv* parentale congiunta

copie [kɔpi] *nf* 1. copia *f* 2. *(devoir)* compito *m*

copier [kɔpje] *vt* INFORM copiare ● **copier (qqch) sur qqn** copiare (qc) da qn

copieux, euse [kɔpjø, øz] *adj* abbondante

copilote [kɔpilɔt] *nmf* copilota *mf*

copine ➤ copain

coq [kɔk] *nm* gallo *m* ● **coq au vin** gallo *(più comunemente pollo o gallina) cotto a fuoco lento nel vino rosso con pancetta, funghi e cipolle*

coque [kɔk] *nf* 1. *(d'œuf)* guscio *m* 2. *(de bateau)* scafo *m* 3. *(coquillage)* cuore *m (mollusco)*

coquelet [kɔkle] *nm* galletto *m*

coquelicot [kɔkliko] *nm* papavero *m*

coqueluche [kɔklyʃ] *nf* MÉD pertosse *f*

coquet, ette [kɔke, et] *adj (personne)* civettuolo(a)

coquetier [kɔktje] *nm* portauovo *m inv*

coquillage [kɔkijaʒ] *nm* 1. conchiglia *f* 2. CULIN mollusco *m (con conchiglia)*

coquille [kɔkij] *nf (d'œuf, de noix, de mollusque)* guscio *m* ● **coquille Saint-Jacques** capasanta *f*

coquillettes [kɔkijet] *nfpl* pipette *fpl*, chifferi *mpl*

coquin, e [kɔkɛ̃, in] *adj (enfant)* birichino(a)

cor [kɔr] *nm* **1.** *(instrument)* corno *m* **2.** MÉD callo *m*

corail, aux [kɔraj, o] *nm* corallo *m* ● **(train) Corail** (treno *m*) intercity *m inv*

Coran [kɔrã] *nm* Corano *m*

corbeau, x [kɔrbo] *nm* corvo *m*

corbeille [kɔrbɛj] *nf* **1.** cesto *m* **2.** IN-FORM cestino *m* ● **corbeille à papier** cestino della carta

corbillard [kɔrbijar] *nm* carro *m* funebre

corde [kɔrd] *nf* corda *f* ● **corde à linge** filo *m* per stendere ● **corde à sauter** corda per saltare ● **cordes vocales** corde vocali

cordialement [kɔrdjalmã] *adv* cordialmente

cordon [kɔrdɔ̃] *nm* cordone *m* ● **cordon d'alimentation** cavo *m* di alimentazione

cordonnerie [kɔrdɔnri] *nf* calzoleria *f*

cordonnier [kɔrdɔnje] *nm* calzolaio *m*

Corée [kɔre] *nf* Corea *f* ● **la Corée du Nord/Sud** la Corea del Nord/del Sud

coréen, enne [kɔreɛ̃, ɛn] *adj* coreano(a) ◆ **coréen** *nm (langue)* coreano *m* ◆ **Coréen, enne** *nm, f* coreano *m*, -a *f*

coriandre [kɔrjãdr] *nf* coriandolo *m*

corne [kɔrn] *nf* corno *m*

cornet [kɔrnɛ] *nm* **1.** *(de glace)* cono *m* **2.** *(de frites)* cartoccio *m*

cornettes [kɔrnɛt] *nfpl (Helv) piccoli maccheroni ricurvi*

cornichon [kɔrniʃɔ̃] *nm* cetriolino *m* sottaceto

corps [kɔr] *nm* corpo *m*

correct, e [kɔrɛkt] *adj* corretto(a)

correcteur, trice [kɔrɛktœr, tris] *nm, f* correttore *m*, -trice *f* ◆ **correcteur** *nm* ● **correcteur orthographique** correttore ortografico

correction [kɔrɛksjɔ̃] *nf* **1.** correzione *f* **2.** *(punition)* punizione *f (corporale)*

correspondance [kɔrɛspɔ̃dãs] *nf* **1.** *(courrier)* corrispondenza *f* **2.** *(transport)* collegamento *m* **3.** *(train, métro)* coincidenza *f* ● **par correspondance** per corrispondenza

correspondant, e [kɔrɛspɔ̃dã, ãt] *adj &* *nm, f* corrispondente

correspondre [kɔrɛspɔ̃dr] *vi* **1.** *(coïncider)* corrispondere **2.** *(écrire)* essere in corrispondenza ● **correspondre à** corrispondere a

corrida [kɔrida] *nf* corrida *f*

corridor [kɔridɔr] *nm* corridoio *m*

corriger [kɔriʒe] *vt* correggere ◆ **se corriger** *vp* correggersi

corrosif, ive [kɔrozif, iv] *adj* corrosivo(a)

corse [kɔrs] *adj* corso(a) ◆ **Corse** *nmf* corso *m*, -a *f* ◇ *nf* ● **la Corse** la Corsica

cortège [kɔrtɛʒ] *nm* corteo *m*

corvée [kɔrve] *nf* corvè *f inv*

Costa Rica [kɔstarika] *nm* ● **le Costa Rica** il Costa Rica

costaricain, e [kɔstarikɛ̃, ɛn] *adj* costaricano(a), costaricense ◆ **Costaricain, e** *nm, f* costaricano *m*, -a *f*, costaricense *mf*

costaud [kɔsto] *adj* **1.** *(fam) (musclé)* ben piantato(a) **2.** *(objet)* robusto(a)

costume [kɔstym] *nm* **1.** *(d'homme)* vestito *m* (da uomo) **2.** *(de théâtre, de déguisement)* costume *m*

côte [kot] nf 1. (pente, bord de mer) costa f 2. ANAT costola f 3. (d'agneau, de porc, etc.) costoletta f ● **la Côte d'Azur** la Costa Azzurra

côté [kote] nm lato m ● **de quel côté dois-je aller ?** da che parte devo andare? ● **à côté** accanto ● **à côté de** accanto a ; (comparé à) in confronto a ● **de l'autre côté (de)** dall'altra parte (di) ● **mettre qqch de côté** mettere da parte qc ● **sur le côté** (sur le flanc) su un fianco

Côte d'Ivoire [kotdivwar] nf ● **la Côte d'Ivoire** la Costa d'Avorio

côtelé [kotle] adj ➤ **velours**

côtelette [kotlɛt] nf costoletta f

cotisation [kɔtizazjɔ̃] nf (à un club) quota f ◆ **cotisations** nfpl (sociales) contributi mpl

coton [kɔtɔ̃] nm cotone m ● **coton** (hydrophile) cotone (idrofilo)

Coton-Tige ® [kɔtɔ̃tiʒ] (pl **Cotons-Tiges**) nm cotton fioc® m inv

cou [ku] nm collo m

couchage [kuʃaʒ] nm ➤ **sac**

couchant [kuʃɑ̃] adj ➤ **soleil**

couche [kuʃ] nf 1. (épaisseur) strato m 2. (de bébé) pannolino m

couche-culotte [kuʃkylɔt] (pl **couches-culottes**) nf pannolino m

coucher [kuʃe] vt 1. (mettre au lit) mettere a letto 2. (étendre) coricare ◇ vi (dormir) dormire ● **être couché** (être étendu) essere disteso ; (être au lit) essere a letto ● **coucher avec qqn** (fam) andare a letto con qn ◆ **se coucher** vp 1. (personne) andare a letto 2. (soleil) tramontare

couchette [kuʃɛt] nf cuccetta f

coucou [kuku] nm 1. (oiseau) cuculo m 2. (horloge) cucù m inv ◇ interj cucù!

coude [kud] nm gomito m

coudre [kudʀ] vt & vi cucire

couette [kwɛt] nf (édredon) piumone m ◆ **couettes** nfpl (coiffure) codini mpl

cougnou [kuɲu] nm (Belg) grossa brioche piatta a forma di Gesù Bambino, specialità natalizia

couler [kule] vi 1. (rivière) scorrere 2. (liquide) colare 3. (bateau) affondare ◇ vt (bateau) affondare

couleur [kulœʀ] nf 1. colore m 2. (de cartes) seme m ● **de quelle couleur est... ?** di che colore è...?

couleuvre [kulœvʀ] nf biscia f

coulis [kuli] nm coulis m inv

coulisses [kulis] nfpl (d'un théâtre) quinte fpl

couloir [kulwaʀ] nm 1. corridoio m 2. (de bus) corsia f preferenziale

coup [ku] nm

1. (choc physique) colpo m ● **donner un coup à qqn** colpire qn ● **donner un coup de coude à qqn** dare una gomitata a qn ● **coup de pied** calcio m ● **coup de poing** pugno m

2. (avec un instrument) ● **passer un coup de balai** dare una spazzata ● **coup de feu** sparo m

3. (choc moral) colpo m ● **coup dur** (fam) brutto colpo

4. (d'horloge) rintocco m ; (à la porte) colpo m

5. (aux échecs) mossa f ; (au tennis) colpo m ; (au foot) calcio m ● **coup franc** calcio di punizione

6. *(action malhonnête)* (brutto) tiro *m* ● **faire un coup à qqn** giocare un (brutto) tiro a qn

7. *(fam)* *(fois)* volta *f* ● **du premier coup** al primo tentativo ● **d'un (seul) coup** *(en une fois)* in una volta ; *(soudainement)* di colpo

8. *(dans des expressions)* ● **coup de chance** colpo *m* di fortuna ● **coup de fil** ou **de téléphone** colpo di telefono ● **donner un coup de main à qqn** dare una mano a qn ● **jeter un coup d'œil (à)** dare un'occhiata (a) ● **coup de soleil** colpo di sole ● **boire un coup** *(fam)* bere un bicchiere ● **du coup...** e così... ● **tenir le coup** resistere

coupable [kupabl] *adj* colpevole ◇ *nmf* colpevole *mf* ● **coupable de** colpevole di

coupe [kup] *nf* **1.** coppa *f* **2.** *(de cheveux, de vêtements)* taglio *m* ● **à la coupe** *(fromage, etc.)* al taglio

coupe-papier [kuppapje] *nm inv* tagliacarte *m inv*

couper [kupe] *vt* **1.** tagliare **2.** *INFORM* tagliare **3.** *(cartes)* coppare ◇ *vi* tagliare ● **couper la route à qqn** tagliare la strada a qn ● **se couper** *vp* tagliarsi

couper-coller [kupekɔle] *nm inv* *INFORM* ● **faire un couper-coller** fare copia-incolla

couple [kupl] *nm* coppia *f*

couplet [kuple] *nm* strofa *f*

coupure [kupyʀ] *nf* **1.** taglio *m* **2.** *(interruption)* interruzione *f* ● **coupure de courant** black-out *m inv* ● **coupure de journal** ritaglio *m* di giornale

couque [kuk] *nf* **1.** *(Belg)* *(biscuit)* biscotto *m* **2.** *(pain d'épices)* panpepato *m* **3.** *(brioche)* brioche *f inv*

cour [kuʀ] *nf* **1.** *(d'immeuble, de ferme)* cortile *m* **2.** *(tribunal, d'un roi)* corte *f* ● **cour (de récréation)** cortile

courage [kuʀaʒ] *nm* coraggio *m* ● **bon courage !** *(bon travail)* buon lavoro! ; *(bonne chance)* buona fortuna!

courageux, euse [kuʀaʒø, øz] *adj* coraggioso(a)

couramment [kuʀamɑ̃] *adv* **1.** *(fréquemment)* frequentemente **2.** *(parler)* correntemente

courant, e [kuʀɑ̃, ɑ̃t] *adj* *(fréquent)* comune ◇ *nm* corrente *f* ● **être au courant (de)** essere al corrente (di) ● **tenir qqn au courant** tenere qn al corrente ● **le 15 courant** il 15 del corrente mese ● **courant mai/septembre** il prossimo maggio/settembre ● **courant d'air** corrente d'aria ● **courant alternatif/continu** corrente alternata/continua

courbatures [kuʀbatyʀ] *nfpl* ● **avoir des courbatures** essere (tutto) indolenzito, essere (tutta) indolenzita

courbe [kuʀb] *adj* curvo(a) ◇ *nf* curva *f*

courber [kuʀbe] *vt* *(plier)* curvare

coureur, euse [kuʀœʀ, øz] *nm, f* ● **coureur automobile** pilota *mf* ● **coureur cycliste** ciclista *mf* ● **coureur à pied** podista *mf*

courgette [kuʀʒɛt] *nf* zucchina *f*

courir [kuʀiʀ] *vi* & *vt* correre

couronne [kuʀɔn] *nf* corona *f*

courrier [kuʀje] *nm* posta *f* ● **par courrier** per posta ● **adresser/envoyer un courrier** inviare/spedire una lettera

courroie [kuʀwa] *nf* cinghia *f*

cours [kuʀ] *nm* **1.** *(leçon)* lezione *f* **2.** *(d'une monnaie, d'une marchandise)* corso *m* ● **au cours de** durante ● **en cours** in corso ● **cours d'eau** corso d'acqua

course [kuʀs] *nf* corsa *f* ● **courses** *nfpl* *(achats)* spesa *f* ● **faire les courses** fare la spesa

coursier [kuʀsje] *nm* fattorino *m*

court, e [kuʀ, kuʀt] *adj* corto(a) ● *(de tennis)* campo *m* da tennis ◇ *adv* ● **ses cheveux sont coupés court** i suoi capelli sono tagliati corti ● **être à court de** essere a corto di

court-bouillon [kuʀbujɔ̃] *(pl* **courts-bouillons)** *nm* brodo aromatizzato in cui si fa cuocere il pesce o la carne

court-circuit [kuʀsiʀkɥi] *(pl* **courts-circuits)** *nm* cortocircuito *m*

court-métrage [kuʀmetʀaʒ] *(pl* **courts-métrages)** *nm* cortometraggio *m*

courtois, e [kuʀtwa, az] *adj* cortese

couru, e [kuʀy] *pp* ➤ **courir**

couscous [kuskus] *nm* *(plat)* cuscus *m inv*

cousin, e [kuzɛ̃, in] *nm, f* cugino *m*, -a *f* ● **cousin germain** cugino di primo grado

coussin [kusɛ̃] *nm* cuscino *m*

cousu, e [kuzy] *pp* ➤ **coudre**

coût [ku] *nm* costo *m*

couteau, x [kuto] *nm* coltello *m*

coûter [kute] *vt & vi* costare ● **combien ça coûte ?** quanto costa?

coutume [kutym] *nf* usanza *f*

couture [kutyʀ] *nf* **1.** *(sur un vêtement)* cucitura *f* **2.** *(activité)* cucito *m*

couturier, ère [kutyʀje, ɛʀ] *nm, f* sarto *m*, -a *f* ● **grand couturier** sarto d'alta moda

couvent [kuvã] *nm* convento *m*

couver [kuve] *vt & vi* covare

couvercle [kuvɛʀkl] *nm* coperchio *m*

couvert, e [kuvɛʀ, ɛʀt] *pp* ➤ **couvrir** ◇ *nm* **1.** *(couteau, fourchette)* posata *f* **2.** *(place à table)* coperto *m* ◇ *adj* coperto(a) ● **bien couvert** *(bien vêtu)* ben coperto ● **couvert de** coperto di ● **mettre le couvert** apparecchiare

couverture [kuvɛʀtyʀ] *nf* **1.** coperta *f* **2.** *(de livre)* copertina *f*

couvrir [kuvʀiʀ] *vt* **1.** coprire **2.** *(livre, cahier)* foderare ● **couvrir qqch de** coprire qc di ou con ● **se couvrir** *vp* coprirsi ● **couvrir de** coprirsi di

cow-boy, s [koboj] *nm* cow-boy *m inv*

CP *nm* *(abr de cours préparatoire)* primo anno della scuola elementare

crabe [kʀab] *nm* granchio *m*

cracher [kʀaʃe] *vt & vi* sputare

craie [kʀe] *nf* gesso *m*

craindre [kʀɛ̃dʀ] *vt* **1.** temere **2.** *(être sensible à)* soffrire

craint, e [kʀɛ̃, ɛ̃t] *pp* ➤ **craindre**

crainte [kʀɛ̃t] *nf* timore *m* ● **de crainte que** per timore che

craintif, ive [kʀɛ̃tif, iv] *adj* timoroso(a)

cramique [kʀamik] *nm* *(Belg)* brioche *f* di pasta sfoglia a spirale guarnita di uvetta

crampe [kʀãp] *nf* crampo *m*

cramponner [kʀãpɔne] ● **se cramponner (à)** *vp + prep* aggrapparsi (a)

crampons [kʀãpɔ̃] *nmpl* *(de foot, de rugby)* tacchetti *mpl*

cran [kʀã] *nm* **1.** *(de ceinture)* buco *m* **2.** *(entaille)* tacca *f* **3.** *(fam) (courage)* fegato *m* ● **(couteau à) cran d'arrêt** coltello *m* a serramanico

crâne [kʀan] *nm* cranio *m*

crapaud [kʀapo] *nm* rospo *m*

craquement [kʀakmɑ̃] *nm* scricchiolio *m*

craquer [kʀake] *vi* **1.** *(faire un bruit)* scricchiolare **2.** *(casser)* cedere **3.** *(nerveusement)* crollare ◇ *vt (allumette)* sfregare

crasse [kʀas] *nf* sporcizia *f*

cravate [kʀavat] *nf* cravatta *f*

crawl [kʀol] *nm* stile *m* libero ● **nager le crawl** nuotare a stile libero

crayon [kʀɛjɔ̃] *nm* matita *f* ● **crayon de couleur** matita colorata

création [kʀeasjɔ̃] *nf* creazione *f*

crèche [kʀɛʃ] *nf* **1.** *(garderie)* asilo *m* nido **2.** *RELIG* presepio *m*, presepe *m*

crédit [kʀedi] *nm* credito *m* ● **acheter qqch à crédit** comperare qc a credito

créditer [kʀedite] *vt* ● **créditer un compte de 200 euros** accreditare 200 euro su un conto

créer [kʀee] *vt* creare

crémaillère [kʀemajɛʀ] *nf* ● **pendre la crémaillère** *fare una festa per inaugurare la nuova casa*

crème [kʀɛm] *nf* crema *f* ● **crème anglaise** crema ● **crème caramel** crème *m inv* caramel ● **crème fraîche** panna *f* ● **crème glacée** gelato *m* ● **crème pâtissière** crema pasticciera

crémerie [kʀemʀi] *nf* latteria *f*

crémeux, euse [kʀemø, øz] *adj* cremoso(a)

créneau, x [kʀeno] *nm* ● **faire un créneau** parcheggiare tra due veicoli ◆ **créneaux** *nmpl (de château)* merli *mpl*

crêpe [kʀɛp] *nf* crêpe *f inv* ● **crêpe bretonne** crêpe bretone *(spesso a base di farina di grano saraceno)*

crêperie [kʀepʀi] *nf* crêperie *f inv*

crépi [kʀepi] *nm* intonaco *m*

crépu, e [kʀepy] *adj* crespo(a)

cresson [kʀesɔ̃] *nm* crescione *m*

crête [kʀɛt] *nf* cresta *f*

cretons [kʀɔtɔ̃] *nmpl (Québec)* specie di "rillettes" di maiale

creuser [kʀøze] *vt* scavare ● **ça creuse !** mette appetito! ◆ **se creuser** *vp* ● **se creuser la tête** ou **la cervelle** spremersi il cervello

creux, creuse [kʀø, kʀøz] *adj* cavo(a) ◇ *nm* incavo *m*

crevaison [kʀəvɛzɔ̃] *nf* ● **avoir une crevaison** forare una gomma

crevant, e [kʀəvɑ̃, ɑ̃t] *adj (fam) (fatigant)* spossante

crevasse [kʀəvas] *nf (en montagne)* crepaccio *m*

crevé, e [kʀəve] *adj (fam) (fatigué)* stanco morto, stanca morta

crever [kʀəve] *vt* **1.** *(percer)* bucare **2.** *(fam) (fatiguer)* spossare ◇ *vi* **1.** *(exploser)* scoppiare **2.** *(avoir une crevaison)* forare **3.** *(fam) (mourir)* crepare

crevette [kʀəvɛt] *nf* gamberetto *m* ● **crevette grise** gamberetto grigio *(pescato sulle coste della Manica e del mare del Nord)* ● **crevette rose** gamberetto rosa

cri [kʀi] *nm* grido *m* ● **pousser un cri** lanciare un grido

cric [kʀik] *nm* cric *m inv*

cricket [kʀikɛt] *nm* cricket *m inv*

crier [kʀije] *vi* **1.** *(de douleur, de colère)* urlare **2.** *(parler fort)* gridare ◇ *vt* urlare

crime [kʀim] *nm* **1.** *(meurtre)* delitto *m* **2.** *(faute grave)* crimine *m* ● **crime contre l'humanité** crimine contro l'umanità

criminel, elle [kriminel] *nm, f* criminale *mf*

crinière [kʀinjɛʀ] *nf* criniera *f*

crise [kʀiz] *nf* crisi *f inv* ● **crise cardiaque** crisi cardiaca ● **crise de foie** mal *m* di stomaco ● **crise de nerfs** crisi di nervi

crispé, e [kʀispe] *adj* **1.** *(personne)* teso(a) **2.** *(sourire, poing)* contratto(a)

cristal, aux [kʀistal, o] *nm* cristallo *m*

critère [kʀitɛʀ] *nm* criterio *m*

critique [kʀitik] *adj* critico(a) ◇ *nmf* critico *m*, -a *f* ◇ *nf* critica *f*

critiquer [kʀitike] *vt* criticare

croate [kʀɔat] *adj* croato(a) ◇ *nm (langue)* croato *m* ● **Croate** *nmf* croato *m*, -a *f*

Croatie [kʀɔasi] *nf* ● **la Croatie** la Croazia

croc [kʀo] *nm (canine)* zanna *f*

croche-pied, s [kʀɔʃpje] *nm* ● **faire un croche-pied à qqn** fare lo sgambetto a qn

crochet [kʀɔʃɛ] *nm* **1.** gancio *m* **2.** *(tricot)* uncinetto *m*

crocodile [kʀɔkɔdil] *nm* coccodrillo *m*

croire [kʀwaʀ] *vt* credere ◇ *vi* ● **croire à/ en** credere a/in ● **croire que** credere che *(+ subjonctif)* ● **il croit avoir raison** crede di avere ragione ◆ **se croire** *vp* ● **il se croit intelligent** si crede intelligente ● **on se croirait au Moyen Âge** sembra di essere nel Medio Evo

croisement [kʀwazmã] *nm* incrocio *m*

croiser [kʀwaze] *vt* incrociare ◆ **se croiser** *vp* incrociarsi

croisière [kʀwazjɛʀ] *nf* crociera *f*

croissance [kʀwasãs] *nf* crescita *f*

croissant [kʀwasã] *nm* **1.** *(pâtisserie)* ≃ cornetto *m* **2.** *(de lune)* mezzaluna *f*

croix [kʀwa] *nf* croce *f* ● **en croix** a croce

Croix-Rouge [kʀwaʀuʒ] *nf* ● **la Croix-Rouge** la Croce Rossa

croque-madame [kʀɔkmadam] *nm inv* toast ricoperto da un uovo fritto

croque-monsieur [kʀɔkməsjø] *nm inv* ≃ toast *m inv*

croquer [kʀɔke] *vt* **1.** *(pomme)* addentare **2.** *(bonbon)* masticare ◇ *vi (craquer)* essere croccante

croquette [kʀɔkɛt] *nf* crocchetta *f* ● **croquettes pour chiens** croccantini *mpl* per cani

cross [kʀɔs] *nm inv* **1.** *(à moto)* motocross *m inv* **2.** *(à pied)* corsa *f* campestre

crotte [kʀɔt] *nf* sterco *m*

crottin [kʀɔtɛ̃] *nm* **1.** sterco *m (di equini, ovini)* **2.** *(fromage)* piccolo formaggio di capra, fresco o stagionato, spesso servito caldo con insalata

croustade [kʀustad] *nf* fagotto di pasta sfoglia ripieno

croustillant, e [kʀustijã, ãt] *adj* croccante

croûte [kʀut] *nf* crosta *f* ● **croûte au fromage** *(Helv)* fetta di pane gratinata al formaggio e vino bianco, a volte con un uovo

croûton [kʀutɔ̃] *nm* **1.** *(pain frit)* crostino *m* **2.** *(extrémité du pain)* cantuccio *m (di pane)*

croyant, e [kʀwajã, ãt] *adj* credente

CRS *(abr de compagnie républicaine de sécurité)* *nm* agente di polizia con compito di assicurare l'ordine pubblico

cru, e [kʀy] *pp* ➤ **croire** ◇ *adj* crudo(a) ◇ *nm* ● **un grand cru** un vino pregiato

crudités [kʀydite] *nfpl assortimento di verdure crude condite e servite generalmente come primo*

crue [kʀy] *nf* piena *f* ● **être en crue** essere in piena

cruel, elle [kʀyɛl] *adj* **1.** *(comportement)* crudele **2.** *(animal)* feroce

crustacés [kʀystase] *nmpl* crostacei *mpl*

crypter [kʀipte] *vt* codificare ● **chaîne cryptée** pay-TV

Cuba [kyba] *n* Cuba *f*

cubain, e [kybɛ̃, ɛn] *adj* cubano(a) ◆ **Cubain, e** *nm, f* cubano *m*, -a *f*

cube [kyb] *nm* cubo *m* ● **mètre cube** metro cubo

cueillir [kœjiʀ] *vt* cogliere

cuiller [kɥijɛʀ] = **cuillère**

cuillère [kɥijɛʀ] *nf* cucchiaio *m* ● **cuillère à café** *ou* **petite cuillère** cucchiaino *m* (da caffè) ● **cuillère à soupe** cucchiaio *m*

cuillerée [kɥijeʀe] *nf* cucchiaio *m*

cuir [kɥiʀ] *nm (matériau)* pelle *f*

cuire [kɥiʀ] *vt & vi* cuocere

cuisine [kɥizin] *nf* cucina *f* ● **faire la cuisine** cucinare

cuisiner [kɥizine] *vt* preparare ◇ *vi* cucinare

cuisinier, ère [kɥizinje, ɛʀ] *nm, f* cuoco *m*, -a *f*

cuisinière [kɥizinjɛʀ] *nf (fourneau)* cucina *f*

cuisse [kɥis] *nf* coscia *f* ● **cuisses de grenouille** cosce di rana

cuisson [kɥisɔ̃] *nf* cottura *f*

cuit, e [kɥi, kɥit] *adj* cotto(a)

cuivre [kɥivʀ] *nm* rame *m*

cul [ky] *nm (vulg) (fesses)* culo *m*

culasse [kylas] *nf* ➤ **joint**

culotte [kylɔt] *nf (slip)* mutande *fpl* ● **culotte de cheval** *(cellulite)* cuscinetti *mpl*

culte [kylt] *nm* culto *m*

cultivateur, trice [kyltivatœʀ, tʀis] *nm, f* coltivatore *m*, -trice *f*

cultiver [kyltive] *vt* coltivare ◆ **se cultiver** *vp (personne)* istruirsi, farsi una cultura

culture [kyltyʀ] *nf* **1.** *(agricole)* coltivazione *f* **2.** *(connaissances, civilisation)* cultura *f* ◆ **cultures** *nfpl (terres cultivées)* colture *fpl*

culturel, elle [kyltyʀɛl] *adj* culturale

cumin [kymɛ̃] *nm* cumino *m*

curé [kyʀe] *nm* parroco *m*

cure-dents [kyʀdɑ̃] *nm inv* stuzzicadenti *m inv*

curieux, euse [kyʀjø, øz] *adj* curioso(a) ◇ *nmpl* curiosi *mpl*

curiosité [kyʀjozite] *nf* curiosità *f inv*

curry [kyʀi] *nm* **1.** *(épice)* curry *m inv* **2.** *(plat)* piatto al curry

cutanée [kytane] *adj f* ➤ **éruption**

cuvette [kyvɛt] *nf* **1.** *(bassine)* catino *m*, bacinella *f* **2.** *(vallée)* conca *f*

CV *nm* **1.** (*abr de* curriculum vitae) curriculum *m inv* **2.** AUTO (*abr de cheval*) CV *(cavallo vapore)* ● **envoyer un CV** mandare un curriculum

cybercafé [sibɛʀkafe] *nm* internet café *m inv*, cibercaffè *m inv*

cybercommerce [sibɛʀkɔmɛʀs] *nm* cibercommercio *m*, commercio *m* elettronico

cybernaute [sibɛʀnot] *nmf* cibernavigatore *m*, -trice *f*

cyclable [siklabl] *adj* ➤ **piste**

cycle [sikl] *nm* ciclo *m*

cyclisme [siklism] *nm* ciclismo *m*

cycliste [siklist] *adj* ciclistico(a) ◇ *nmf* ciclista *mf* ◇ *nm* (short) pantaloncini *mpl* da ciclista

cyclone [siklon] *nm* ciclone *m*

cygne [siɲ] *nm* cigno *m*

cylindre [silɛ̃dʀ] *nm* cilindro *m*

cynique [sinik] *adj* cinico(a)

cyprès [sipʀɛ] *nm* cipresso *m*

DAB [dab] ➤ **distributeur automatique de billets**

daim [dɛ̃] *nm* daino *m*

dalle [dal] *nf* lastra *f* • **avoir la dalle** *(fam) (avoir faim)* morire di fame

dame [dam] *nf* **1.** signora *f* **2.** *(aux cartes)* donna *f*, regina *f* ◆ **dames** *nfpl (jeu)* dama *f*

damier [damje] *nm (de dames)* scacchiera *f*

Danemark [danmark] *nm* • **le Danemark** la Danimarca

danger [dɑ̃ʒe] *nm* pericolo *m* • **être en danger** essere in pericolo

dangereux, euse [dɑ̃ʒʀø, øz] *adj* pericoloso(a)

danois, e [danwa, az] *adj* danese ◇ *nm (langue)* danese *m* • **Danois, e** *nm, f* danese *mf*

dans [dɑ̃] *prép*

1. *(indique la situation)* in • **je vis dans le sud de la France** vivo nel sud della Francia • **vous travaillez dans quel secteur ?** di cosa si occupa?

2. *(indique la direction)* in • **nous allons en vacances dans les Alpes** andiamo in vacanza sulle Alpi • **vous allez dans la mauvaise direction** andate nella direzione sbagliata

3. *(indique la provenance)* in • **choisissez un dessert dans notre sélection du jour** scelga un dessert nella nostra selezione del giorno

4. *(indique le moment)* • **dans mon enfance** durante la mia infanzia • **dans combien de temps arrivons-nous ?** tra quanto arriviamo? • **le spectacle commence dans cinq minutes** lo spettacolo comincia tra cinque minuti

5. *(indique une approximation)* • **ça doit coûter dans les 40 euros** deve costare sui 40 euro

danse [dɑ̃s] *nf* • **la danse** la danza • **une danse** un ballo • **danse classique** danza classica • **danse moderne** danza moderna

danser [dɑ̃se] *vt & vi* ballare

danseur, euse [dɑ̃sœr, øz] *nm, f* ballerino *m*, -a *f*

darne [daʀn] *nf* trancio *m*

date [dat] *nf* data *f* • **date limite** scadenza *f* ▼ **date limite de consommation** data di scadenza ▼ **date limite de vente** etichetta indicante il termine ultimo di vendita di un prodotto • **date de naissance** data di nascita

dater [date] *vt* datare ◇ *vi (être vieux)* essere datato(a) ● **dater de** *(remonter à)* risalire a

datte [dat] *nf* dattero m

daube [dob] *nf* ● **(bœuf en) daube** stufato di manzo cotto nel vino rosso con spezie

dauphin [dofɛ̃] *nm* delfino m

dauphine [dofin] *nf* ➤ **pomme**

dauphinois [dofinwa] *adj m* ➤ **gratin**

daurade [dɔrad] *nf* orata f

davantage [davɑ̃taʒ] *adv* di più ● **davantage de temps/d'argent** più tempo/denaro

de [də] *prép*
1. *(indique l'appartenance)* di ● **la porte du salon** la porta della sala ● **le frère de Pierre** il fratello di Pierre
2. *(indique la provenance)* da ● **j'arrive de Lille** arrivo da Lilla ● **d'où êtes-vous ? - de Bordeaux** di dove siete? - di Bordeaux
3. *(avec "à")* ● **de Paris à Tokyo** da Parigi a Tokyo ● **de la mi-août à début septembre** dalla metà di agosto all'inizio di settembre
4. *(indique une caractéristique)* di ● **une statue de pierre** una statua di pietra ● **des billets de 100 euros** dei biglietti da 100 euro ● **l'avion de 7 h 20** l'aereo delle 7 e 20 ● **un jeune homme de 25 ans** un giovane di 25 anni
5. *(introduit un complément)* ● **parler de qqch** parlare di qc ● **arrêter de faire qqch** smettere di fare qc
6. *(désigne le contenu)* di ● **un verre de vin** un bicchiere di vino
7. *(parmi)* di ● **plusieurs de ces plages sont polluées** molte di queste spiagge sono inquinate ● **la moitié du temps/de nos clients** la metà del tempo/dei nostri clienti
8. *(indique le moyen, la manière)* con ● **saluer qqn d'un mouvement de tête** salutare qn con un cenno della testa ● **d'un air distrait** con aria distratta
9. *(indique la cause)* di ● **je meurs de faim !** sto morendo di fame!
◇ *art* di ● **je voudrais du vin/de la confiture** vorrei del vino/della marmellata ● **achète des yaourts/des pommes/des journaux** compra degli yogurt/delle mele/dei giornali ● **ils n'ont pas d'enfants** non hanno figli

dé [de] *nm (à jouer)* dado m ● **dé (à coudre)** ditale m

déballer [debale] *vt (cadeau)* scartare ● **déballer ses affaires** disfare le valigie

débarbouiller [debarbuje] ● **se débarbouiller** *vp* lavarsi la faccia

débardeur [debardœr] *nm (T-shirt)* canottiera f

débarquer [debarke] *vt & vi* sbarcare

débarras [debara] *nm* ripostiglio m ● **bon débarras !** che sollievo!

débarrasser [debarase] *vt (désencombrer)* sbarazzare ● **débarrasser (la table)** sparecchiare ● **débarrasser qqn de qqch** *(vêtement, paquets)* prendere qc da qn ● **débarrasser qqn de qqn** togliere di torno qn a qn ● **se débarrasser de** *vp + prep* sbarazzarsi di

débat [deba] *nm* dibattito m

débattre [debatR] *vt* dibattere ◇ *vi* discutere ● **débattre (de) qqch** dibattere qc ● **(prix) à débattre** (prezzo) trattabile ◆ **se débattre** *vp* dibattersi

débit [debi] *nm* **1.** *(d'eau)* erogazione *f* **2.** *(bancaire)* addebito *m*

débiter [debite] *vt (compte)* addebitare

déblayer [debleje] *vt* sgomberare

débloquer [debloke] *vt* sbloccare ◇ *vi (fam)* • **il débloque !** sta dando i numeri!

déboîter [debwate] *vt (objet)* smontare ◇ *vi (voiture)* uscire dalla fila • **se déboîter** *vp* • **se déboîter l'épaule** lussarsi la spalla

débordé, e [deborde] *adj* • **être débordé (de travail)** essere stracarico(a) (di lavoro)

déborder [deborde] *vi* **1.** *(lait, casserole)* traboccare **2.** *(rivière)* straripare

débouché [debuʃe] *nm* sbocco *m*

déboucher [debuʃe] *vt* **1.** sturare **2.** *(bouteille)* stappare • **déboucher sur** *v + prep* sboccare su

débourser [deburse] *vt* sborsare

debout [dəbu] *adv* in piedi • **se mettre debout** alzarsi in piedi • **tenir debout** stare in piedi

déboutonner [debutɔne] *vt* sbottonare

débraillé, e [debraje] *adj* trasandato(a)

débrancher [debrɑ̃ʃe] *vt* staccare

débrayer [debreje] *vi* lasciare la frizione

débris [debri] *nmpl (de verre)* cocci *mpl*

débrouiller [debruje] • **se débrouiller** *vp* arrangiarsi • **débrouille-toi pour être à l'heure** vedi di essere puntuale

début [deby] *nm* inizio *m* • **au début (de)** all'inizio (di)

débutant, e [debytɑ̃, ɑ̃t] *nm, f* principiante *mf*

débuter [debyte] *vi* **1.** cominciare **2.** *(artiste)* debuttare

déca [deka] *nm (fam)* decaffeinato *m*

décaféiné, e [dekafeine] *adj* decaffeinato(a)

décalage [dekalaʒ] *nm* scarto *m* • **décalage horaire** differenza *f* di fuso orario

décalcomanie [dekalkɔmani] *nf* decalcomania *f*

décaler [dekale] *vt* spostare

décalquer [dekalke] *vt* decalcare

décapant [dekapɑ̃] *nm* solvente *m*

décaper [dekape] *vt* scrostare

décapiter [dekapite] *vt* decapitare

décapotable [dekapɔtabl] *nf* • **(voiture)** decappottabile *f*

décapsuler [dekapsyle] *vt* stappare

décapsuleur [dekapsylœr] *nm* apribottiglie *m inv*

décéder [desede] *vi* decedere

décembre [desɑ̃br] *nm* dicembre *m* • **en décembre** *ou* **au mois de décembre** a *ou* in dicembre • **début décembre** all'inizio di dicembre • **fin décembre** alla fine di dicembre • **le deux décembre** il due dicembre

décent, e [desɑ̃, ɑ̃t] *adj* decente

déception [desɛpsjɔ̃] *nf* delusione *f*

décerner [desɛrne] *vt (prix)* assegnare

décès [desɛ] *nm* decesso *m*

décevant, e [desəvɑ̃, ɑ̃t] *adj* deludente

décevoir [desəvwar] *vt* deludere

déchaîner [deʃene] *vt* scatenare • **se déchaîner** *vp* scatenarsi

décharge [deʃarʒ] *nf* **1.** *(d'ordures)* discarica *f* **2.** *(électrique)* scarica *f*

décharger [deʃarʒe] *vt* scaricare

déchausser [deʃose] • **se déchausser** *vp* togliersi le scarpe

déchèterie [deʃɛtri] *nf* centro per il trattamento o il riciclaggio dei rifiuti

déchets [deʃe] *nmpl* rifiuti *mpl*

déchiffrer [deʃifre] *vt* decifrare

déchiqueter [deʃikte] *vt* fare a brandelli

déchirer [deʃire] *vt* strappare ◆ **se déchirer** *vp* strapparsi

déchirure [deʃiryr] *nf* strappo *m* ● **déchirure musculaire** strappo muscolare

déci [desi] *nm (Helv) bicchiere di vino da 10 cl*

décidé, e [deside] *adj* deciso(a)

décidément [desidemɑ̃] *adv (vraiment)* davvero ● **décidément, je n'ai pas de chance !** non ho davvero fortuna!

décider [deside] *vt* decidere ● **décider qqn (à faire qqch)** convincere qn (a fare qc) ● **décider de faire qqch** decidere di fare qc ◆ **se décider** *vp* decidersi

décideur, euse [desidœr, øz] *nm, f* colui *m*, colei *f* che decide

décimal, e, aux [desimal, o] *adj* decimale

décisif, ive [desizif, iv] *adj* decisivo(a)

décision [desizjɔ̃] *nf* decisione *f*

déclaration [deklarasjɔ̃] *nf* dichiarazione *f* ● **déclaration d'impôts** dichiarazione dei redditi

déclarer [deklare] *vt* dichiarare ● **rien à déclarer** niente da dichiarare ◆ **se déclarer** *vp (se manifester)* manifestarsi

déclencher [deklɑ̃ʃe] *vt* 1. *(mécanisme)* innescare 2. *(guerre)* scatenare

déclic [deklik] *nm* scatto *m* ● **avoir un déclic** *(comprendre)* avere un'illuminazione

déco [deko] *(abr de décoration) (fam) nf* arredamento *m*

décoiffer [dekwafe] *vt* spettinare

décollage [dekɔlaʒ] *nm* decollo *m*

décoller [dekɔle] *vt* scollare ◇ *vi (avion)* decollare ◆ **se décoller** *vp* scollarsi

décolleté, e [dekɔlte] *adj* scollato(a) ◇ *nm* scollatura *f*

décolorer [dekɔlɔre] *vt* 1. *(tissu)* scolorire 2. *(cheveux)* decolorare

décombres [dekɔ̃br] *nmpl* macerie *fpl*

décommander [dekɔmɑ̃de] *vt* disdire ◆ **se décommander** *vp* 1. *(pour un rendez-vous)* disdire l'appuntamento 2. *(pour une invitation)* disdire l'invito

décomposer [dekɔ̃poze] ◆ **se décomposer** *vp (pourrir)* decomporsi

déconcentrer [dekɔ̃sɑ̃tre] ◆ **se déconcentrer** *vp* deconcentrarsi

déconcerter [dekɔ̃sɛrte] *vt* sconcertare

déconseiller [dekɔ̃seje] *vt* ● **déconseiller à qqn de faire qqch** sconsigliare a qn di fare qc

décontracté, e [dekɔ̃trakte] *adj* 1. *(personne, sourire)* rilassato(a) 2. *(tenue)* casual *(inv)*

décor [dekɔr] *nm* 1. scenario *m* 2. *(d'une pièce)* arredamento *m*

décorateur, trice [dekɔratœr, tris] *nm, f* 1. *(d'intérieur)* arredatore *m*, -trice *f* 2. *(de théâtre)* scenografo *m*, -a *f*

décoration [dekɔrasjɔ̃] *nf* 1. *(d'une pièce)* arredo *m* 2. *(médaille)* decorazione *f*

décorer [dekɔre] *vt* 1. decorare 2. *(pièce)* arredare

décortiquer [dekɔrtike] *vt (noix, crabe)* sgusciare

découdre [dekudr] *vt* scucire ◆ **se découdre** *vp* scucirsi

découler [dekule] ◆ **découler de** *v + prep* derivare da

découper [dekupe] *vt* **1.** *(gâteau, viande)* tagliare **2.** *(images, photos)* ritagliare

découragé, e [dekuraʒe] *adj* scoraggiato(a)

décourager [dekuraʒe] *vt* scoraggiare ✦ **se décourager** *vp* scoraggiarsi

décousu, e [dekuzy] *adj* **1.** *(vêtement)* scucito(a) **2.** *(raisonnement, conversation)* sconnesso(a)

découvert, e [dekuvɛr, ɛrt] *pp* ➤ **découvrir** ◇ *nm (bancaire)* scoperto *m* ● **être à découvert** avere uno scoperto

découverte [dekuvɛrt] *nf* scoperta *f*

découvrir [dekuvrir] *vt* scoprire

décrire [dekrir] *vt* descrivere

décrocher [dekrɔʃe] *vt (tableau)* staccare ● **décrocher (le téléphone)** *(pour répondre)* rispondere (al telefono) ▼ **décrochez (le combiné)** sollevare il ricevitore ✦ **se décrocher** *vp* staccarsi

déçu, e [desy] *pp* ➤ **décevoir** ◇ *adj* deluso(a)

dédaigneux, euse [dedɛɲø, øz] *adj* sdegnoso(a)

dédain [dedɛ̃] *nm* disdegno *m*

dedans [dədɑ̃] *adv* dentro ◇ *nm* interno *m* ● **là-dedans** là/qui dentro

dédicacer [dedikase] *vt* ● **dédicacer un livre à qqn** fare una dedica su un libro a qn

dédier [dedje] *vt* ● **dédier une chanson à qqn** dedicare una canzone a qn

dédommagement [dedɔmaʒmɑ̃] *nm* risarcimento *m*

dédommager [dedɔmaʒe] *vt* risarcire

déduction [dedyksjɔ̃] *nf* deduzione *f*

déduire [dedɥir] *vt* ● **déduire qqch de** dedurre qc da ● **j'en déduis que** ne deduco che

déduit, e [dedɥi, it] *pp* ➤ **déduire**

déesse [deɛs] *nf* dea *f*

défaire [defɛr] *vt* disfare ✦ **se défaire** *vp* **1.** *(nœud)* disfarsi **2.** *(chignon)* sciogliersi

défait, e [defɛ, ɛt] *pp* ➤ **défaire**

défaite [defɛt] *nf* disfatta *f*

défaut [defo] *nm* difetto *m* ● **à défaut de** in mancanza di ● **par défaut** *INFORM* di default

défavorable [defavɔrabl] *adj* sfavorevole

défavoriser [defavɔrize] *vt* sfavorire

défectueux, euse [defektɥø, øz] *adj* difettoso(a)

défendre [defɑ̃dr] *vt* difendere ● **défendre à qqn de faire qqch** vietare a qn di fare qc ✦ **se défendre** *vp* difendersi

défense [defɑ̃s] *nf* **1.** difesa *f* **2.** *(d'éléphant)* zanna *f* ● **prendre la défense de qqn** prendere le difese di qn ▼ **défense de déposer des ordures** vietato scaricare rifiuti ▼ **défense d'entrer** vietato l'ingresso

défi [defi] *nm* sfida *f*

déficit [defisit] *nm* deficit *m inv*

déficitaire [defisitɛr] *adj* deficitario(a)

défier [defje] *vt* sfidare

défigurer [defigyre] *vt* sfigurare

défilé [defile] *nm* **1.** *(de mode, militaire)* sfilata *f* **2.** *(gorge)* gola *f*

défiler [defile] *vi* sfilare

définir [definir] *vt* definire

définitif, ive [definitif, iv] *adj* definitivo(a) ● **en définitive** in definitiva

définition [definisjɔ̃] *nf* definizione *f*

définitivement [definitivmã] *adv* définitivement

défoncer [defɔ̃se] *vt* sfondare

déformé, e [defɔrme] *adj* **1.** *(vêtement)* deformato(a) **2.** *(route)* dissestato(a)

déformer [defɔrme] *vt* deformare

défouler [defule] ◆ **se défouler** *vp* sfogarsi

défricher [defriʃe] *vt* dissodare

dégager [degaʒe] *vt* **1.** *(déblayer)* sgomberare **2.** *(fumée, odeur)* sprigionare ◆ **dégager qqn/qqch de** liberare qn/qc da ◆ **se dégager** *vp* **1.** liberarsi **2.** *(ciel)* schiarirsi ◆ **se dégager de** *(se libérer de)* liberarsi da ; *(suj : fumée, odeur)* sprigionarsi da

dégainer [degene] *vt* sfoderare

dégarni, e [degarni] *adj (crâne, personne)* stempiato(a)

dégâts [dega] *nmpl* danni *mpl* ◆ **faire des dégâts** provocare danni

dégel [deʒɛl] *nm* disgelo *m*

dégeler [deʒle] *vt* sgelare ◇ *vi (lac, surgelé)* sgelarsi

dégénérer [deʒenere] *vi* degenerare

dégivrage [deʒivraʒ] *nm* sbrinamento *m*

dégivrer [deʒivre] *vt* sbrinare

dégonfler [degɔ̃fle] *vt* sgonfiare ◆ **se dégonfler** *vp* **1.** sgonfiarsi **2.** *(fam) (avoir peur)* tirarsi indietro

dégouliner [deguline] *vi* gocciolare

dégourdi, e [degurdi] *adj* sveglio(a)

dégourdir [degurdir] ◆ **se dégourdir** *vp* ◆ **se dégourdir les jambes** sgranchirsi le gambe

dégoût [degu] *nm* disgusto *m*

dégoûtant, e [degutã, ãt] *adj* disgustoso(a)

dégoûter [degute] *vt* disgustare ◆ **dégoûter qqn de** far passare la voglia a qn di

dégrafer [degrafe] *vt (vêtement)* slacciare

degré [dəgre] *nm* grado *m*

dégressif, ive [degresif, iv] *adj* scalare

dégringoler [degrɛ̃gɔle] *vi* ruzzolare

dégueulasse [degœlas] *adj (fam)* ◆ **c'est dégueulasse** fa schifo

déguisement [degizmã] *nm* travestimento *m*

déguiser [degize] *vt* **1.** *(personne)* travestire **2.** *(voix)* contraffare ◆ **se déguiser** *vp* travestirsi ◆ **se déguiser en** travestirsi da

dégustation [degystasjɔ̃] *nf* degustazione *f*

déguster [degyste] *vt (goûter)* degustare

dehors [dəɔr] *adv* fuori ◇ *nm* esterno *m* ◆ **jeter** *ou* **mettre qqn dehors** buttar fuori qn ◆ **en dehors de** fuori da ; *(sauf)* all'infuori di ◆ **en dehors de la ville** fuori città

déjà [deʒa] *adv* già

déjeuner [deʒœne] *nm* **1.** pranzo *m* **2.** *(petit déjeuner)* (prima) colazione *f* ◇ *vi* **1.** pranzare **2.** *(le matin)* fare colazione ◆ **déjeuner d'affaires** pranzo d'affari ◆ **inviter qqn à déjeuner** invitare qn a pranzo

délabré, e [delabre] *adj* scalcinato(a)

délacer [delase] *vt* slacciare

délai [dele] *nm* **1.** *(durée)* termine *m* **2.** *(temps supplémentaire)* proroga *f*

délavé, e [delave] *adj* sbiadito(a)

délayer [deleje] *vt (mélanger)* diluire

Delco® [delko] *nm* spinterogeno *m*

délégué, e [delege] *nm, f* delegato *m*, -a *f*

délibérément [deliberemɑ̃] *adv* deliberatamente

délicat, e [delika, at] *adj* delicato(a)

délicatement [delikatmɑ̃] *adv* delicatamente

délicieux, euse [delisjø, øz] *adj* delizioso(a)

délimiter [delimite] *vt* delimitare

délinquance [delɛ̃kɑ̃s] *nf* delinquenza *f*

délinquant, e [delɛ̃kɑ̃, ɑ̃t] *nm, f* delinquente *mf*

délirer [delire] *vi* delirare

délit [deli] *nm* reato *m*

délivrer [delivre] *vt* 1. (*prisonnier*) liberare 2. (*autorisation, reçu*) rilasciare

déloyal, e, aux [delwajal, o] *adj* sleale

delta [dɛlta] *nm* delta *m inv*

deltaplane [dɛltaplan] *nm* deltaplano *m*

déluge [delyʒ] *nm* diluvio *m*

demain [dəmɛ̃] *adv* domani ● **à demain !** a domani! ● **demain matin/soir** domani mattina/sera

demande [dəmɑ̃d] *nf* domanda *f* ▼ **demandes d'emploi** richieste di lavoro

demander [dəmɑ̃de] *vt* 1. chiedere, domandare 2. (*nécessiter*) richiedere ● **demander qqch à qqn** chiedere qc a qn ● **demander à qqn de faire qqch** chiedere a qn di fare qc ● **se demander** *vp* chiedersi, domandarsi

demandeur, euse [dəmɑ̃dœr, øz] *nm, f* ● **demandeur d'emploi** disoccupato *m,* -a *f* (*iscritto nelle liste di collocamento*)

démangeaison [demɑ̃ʒezɔ̃] *nf* prurito *m* ● **avoir des démangeaisons** avere prurito

démanger [demɑ̃ʒe] *vt* prudere a

démaquillant, e [demakijɑ̃, ɑ̃t] *adj* struccante ● **lait démaquillant** latte detergente, struccante *m* ♦ **démaquillant** *nm* struccante *m*

démarche [demarʃ] *nf* (*allure*) andatura *f* ♦ **démarches** (*administratives*) pratiche *fpl*

démarrage [demaraʒ] *nm* partenza *f*

démarrer [demare] *vi* 1. (*partir*) partire 2. (*commencer*) iniziare

démarreur [demarœr] *nm* motorino *m* d'avviamento

démasquer [demaske] *vt* smascherare

démêler [demele] *vt* sbrogliare

déménagement [demenaʒmɑ̃] *nm* trasloco *m*

déménager [demenaʒe] *vt & vi* traslocare

démener [demne] ● **se démener** *vp* 1. (*bouger*) dimenarsi 2. (*faire des efforts*) darsi da fare

dément, e [demɑ̃, ɑ̃t] *adj* 1. demente 2. (*fam*) (*incroyable*) pazzesco(a)

démentir [demɑ̃tir] *vt* smentire

démesuré, e [demzyre] *adj* smisurato(a)

démettre [demɛtr] ● **se démettre** *vp* ● **se démettre l'épaule** lussarsi una spalla

demeure [dəmœr] *nf* (*manoir*) dimora *f* signorile

demeurer [dəmœre] *vi* 1. (*sout*) (*habiter*) dimorare 2. (*rester*) restare

demi, e [dəmi] *adj* mezzo(a) ◇ *nm* (*bière*) birra *f* piccola ● **il est cinq heures et demie** sono le cinque e mezzo ● **un demi-kilo de** mezzo chilo di ● **à demi fermé** semichiuso

demi-finale, s [dəmifinal] *nf* semifinale *f*

demi-frère, s [dəmifrɛr] *nm* fratellastro *m*

demi-heure, s [dəmijœʀ] *nf* mezz'ora *f*

demi-pension, s [dəmipɑ̃sjɔ̃] *nf* **1.** *(à l'hôtel)* mezza pensione *f* **2.** *(à l'école)* sistema in cui l'alunno usufruisce della mensa scolastica

demi-pensionnaire, s [dəmipɑ̃sjɔnɛʀ] *nmf (élève)* allievo che usufruisce della mensa scolastica

démis, e [demi, iz] *pp* ➤ **démettre**

demi-saison, s [dəmisɛzɔ̃] *nf* **de demi-saison** *(vêtement)* da mezza stagione

demi-sœur, s [dəmisœʀ] *nf* sorellastra *f*

démission [demisjɔ̃] *nf* dimissioni *fpl* ● **donner sa démission** dare le dimissioni

démissionner [demisjɔne] *vi* dare le dimissioni

demi-tarif, s [dəmitaʀif] *nm* prezzo ridotto del 50%

demi-tour, s [dəmituʀ] *nm* ● **faire demi-tour** *(à pied)* fare dietrofront ; *(en voiture)* fare un'inversione (di marcia)

démocratie [demɔkʀasi] *nf* democrazia *f*

démocratique [demɔkʀatik] *adj* democratico(a)

démodé, e [demode] *adj* fuori moda *inv*

demoiselle [dəmwazɛl] *nf* signorina *f* ● **demoiselle d'honneur** *(à un mariage)* damigella *f* d'onore

démolir [demɔliʀ] *vt* demolire

démon [demɔ̃] *nm* demonio *m*

démonstratif, ive [demɔ̃stʀatif, iv] *adj* dimostrativo(a)

démonstration [demɔ̃stʀasjɔ̃] *nf* dimostrazione *f*

démonter [demɔ̃te] *vt* smontare

démontrer [demɔ̃tʀe] *vt* dimostrare

démoraliser [demɔʀalize] *vt* demoralizzare

démouler [demule] *vt* ● **démouler un gâteau** sformare un dolce

démuni, e [demyni] *adj (pauvre)* bisognoso(a)

dénicher [deniʃe] *vt (trouver)* scovare

dénivellation [denivelasjɔ̃] *nf* dislivello *m*

dénoncer [denɔ̃se] *vt* denunciare

dénouement [denumɑ̃] *nm* conclusione *f*

dénouer [denwe] *vt* sciogliere

dénoyauter [denwajɔte] *vt* snocciolare

denrée [dɑ̃ʀe] *nf* derrata *f* ● **denrée alimentaire/périssable** derrata alimentare/deperibile

dense [dɑ̃s] *adj* denso(a)

dent [dɑ̃] *nf* dente *m* ● **dent de lait** dente da latte ● **dent de sagesse** dente del giudizio

dentelle [dɑ̃tɛl] *nf* pizzo *m*

dentier [dɑ̃tje] *nm* dentiera *f*

dentifrice [dɑ̃tifʀis] *nm* dentifricio *m*

dentiste [dɑ̃tist] *nmf* dentista *mf*

Denver [dɑ̃nvɛʀ] *n* ➤ **sabot**

déodorant [deɔdɔʀɑ̃] *nm* deodorante *m*

dépannage [depanaʒ] *nm* riparazione *f* ● **service de dépannage** *AUTO* soccorso *m* stradale

dépanner [depane] *vt* **1.** riparare **2.** *(fig) (aider)* dare una mano a

dépanneur [depanœʀ] *nm* **1.** *(de voitures)* meccanico *m* **2.** *(d'appareils ménagers)* tecnico *m* **3.** *(Québec) (épicerie)* negozio di alimentari aperto fino a tardi

dépanneuse [depanøz] *nf* carro *m* attrezzi

dépareillé, e [depareje] *adj (gant, chaussette)* spaiato(a)

départ [depar] *nm* partenza *f* ● **au départ** *(au début)* all'inizio ▼ **départs** partenze

départager [departaʒe] *vt* fare lo spareggio tra

département [departəmɑ̃] *nm* **1.** *(division administrative)* unità territoriale e amministrativa della Francia **2.** *(service)* reparto *m*

départementale [departəmɑ̃tal] *nf* ● **(route) départementale** ≃ (strada) provinciale *f*

dépassement [depasmɑ̃] *nm (sur la route)* sorpasso *m*

dépasser [depase] *vt* superare ◇ *vi (déborder)* spuntare

dépaysement [depeizmɑ̃] *nm* **1.** *(lors d'un voyage)* spaesamento *m* **2.** *(changement)* cambiamento *m* d'aria

dépêcher [depeʃe] ● **se dépêcher** *vp* sbrigarsi ● **se dépêcher de faire qqch** sbrigarsi a fare qc

dépendre [depɑ̃dr] *vi* ● **dépendre de** dipendere da ● **ça dépend** dipende

dépens [depɑ̃] ● **aux dépens de** *prép* a spese di

dépense [depɑ̃s] *nf* spesa *f*

dépenser [depɑ̃se] *vt* spendere ● **se dépenser** *vp (physiquement)* affaticarsi

dépensier, ère [depɑ̃sje, ɛr] *adj* spendaccione(a)

dépit [depi] *nm* dispetto *m* ● **en dépit de** a dispetto di

déplacement [deplasmɑ̃] *nm* **1.** spostamento *m* **2.** *(voyage)* trasferta *f* ● **en déplacement** in trasferta

déplacer [deplase] *vt* spostare ● **se déplacer** *vp* **1.** spostarsi **2.** *(voyager)* viaggiare

déplaire [deplɛr] ● **déplaire à** *v + prep* ● **ça me déplaît** non mi piace

déplaisant, e [deplezɑ̃, ɑ̃t] *adj* sgradevole

dépliant [deplijɑ̃] *nm* depliant *m inv*

déplier [deplije] *vt* aprire ● **se déplier** *vp* aprirsi

déplorable [deplɔrabl] *adj* deplorevole

déployer [deplwaje] *vt (ailes, carte)* spiegare

déporter [depɔrte] ● **se déporter** *vp (véhicule)* sbandare

déposer [depoze] *vt* depositare ● **se déposer** *vp* depositarsi

dépôt [depo] *nm* deposito *m*

dépotoir [depotwar] *nm* immondezzaio *m*

dépouiller [depuje] *vt (voler)* spogliare

dépourvu, e [depurvy] *adj* ● **dépourvu(e) de** sprovvisto(a) di ● **prendre qqn au dépourvu** prendere qn alla sprovvista

dépression [depresjɔ̃] *nf (atmosphérique)* depressione *f* ● **dépression (nerveuse)** esaurimento *m* (nervoso)

déprimer [deprime] *vt* deprimere ◇ *vi* essere depresso(a)

depuis [dəpɥi] *prép* da ◇ *adv* da allora ● **je travaille ici depuis trois ans** lavoro qui da tre anni ● **depuis quand est-il marié ?** da quando è sposato? ● **depuis que** da quando

député, e [depyte] *nm, f* deputato *m*, -a *f*

déraciner [derasine] *vt* sradicare

dérailler [deraje] *vi (train)* deragliare

dérailleur [derajœr] *nm* cambio *m*

dé

dérangement [deʀɑ̃ʒmɑ̃] *nm (gêne)* disturbo *m* ● **en dérangement** guasto(a)

déranger [deʀɑ̃ʒe] *vt 1. (gêner)* disturbare **2.** *(objets, affaires)* mettere in disordine ● **ça vous dérange si je fume ?** la disturba ou le dà fastidio se fumo ? ◆ **se déranger** *vp (se déplacer)* scomodarsi

dérapage [deʀapaʒ] *nm* slittamento *m*

déraper [deʀape] *vi* slittare

dérégler [deʀegle] *vt* guastare ◆ **se dérégler** *vp* guastarsi

dérive [deʀiv] *nf* deriva *f* ● **aller à la dérive** andare alla deriva

dériver [deʀive] *vi* derivare

dermatologue [dɛʀmatɔlɔg] *nmf* dermatologo *m*, -a *f*

dernier, ère [dɛʀnje, ɛʀ] *adj* ultimo(a) ◇ *nm, f* ultimo *m*, -a *f* ● **la semaine dernière** la settimana scorsa ● **en dernier** *(enfin)* infine ; *(arriver)* per ultimo

dernièrement [dɛʀnjɛʀmɑ̃] *adv* ultimamente

dérouler [deʀule] *vt* srotolare ◆ **se dérouler** *vp (avoir lieu)* svolgersi

dérouter [deʀute] *vt* **1.** *(surprendre)* spiazzare **2.** *(avion, navire)* dirottare

derrière [dɛʀjɛʀ] *prép & adv* dietro ◇ *nm* **1.** *(partie arrière)* retro *m* **2.** *(fesses)* didietro *m* ● **de derrière** *(patte, roue)* posteriore

des [de] = **de** + **les** ; ➤ **de, un**

dès [dɛ] *prép* (a partire) da ● **dès que** (non) appena

désaccord [dezakɔʀ] *nm* disaccordo *m*

désaffecté, e [dezafɛkte] *adj* **1.** *(gare, entrepôt)* abbandonato(a) **2.** *(église)* sconsacrato(a)

désagréable [dezagʀeabl] *adj* sgradevole

désaltérer [dezaltere] ◆ **se désaltérer** *vp* dissetarsi

désapprouver [dezapʀuve] *vt* disapprovare

désarçonner [dezaʀsɔne] *vt* disarcionare

désarmer [dezaʀme] *vt* disarmare

désastre [dezastʀ] *nm* disastro *m*

désastreux, euse [dezastʀø, øz] *adj* disastroso(a)

désavantage [dezavɑ̃taʒ] *nm* svantaggio *m*

désavantager [dezavɑ̃taʒe] *vt* svantaggiare

descendant, e [desɑ̃dɑ̃, ɑ̃t] *nm, f* discendente *mf*

descendre [desɑ̃dʀ] *vt* **1.** *(rue, escalier)* scendere **2.** *(transporter)* portare giù ◇ *vi* scendere ● **descendre de** *(voiture, vélo)* scendere da ; *(ancêtres)* discendere da

descente [desɑ̃t] *nf* discesa *f* ● **descente de lit** scendiletto *m inv*

description [dɛskʀipsjɔ̃] *nf* descrizione *f*

désemparé, e [dezɑ̃paʀe] *adj* sperduto(a)

déséquilibre [dezekilibʀ] *nm* squilibrio *m* ● **en déséquilibre** in bilico

déséquilibré, e [dezekilibʀe] *nm, f* squilibrato *m*, -a *f*

déséquilibrer [dezekilibʀe] *vt* squilibrare

désert, e [dezɛʀ, ɛʀt] *adj* deserto(a) ◇ *nm* deserto *m*

déserter [dezɛʀte] *vi* disertare

désertique [dezɛʀtik] *adj* desertico(a)

désespéré, e [dezɛspeʀe] *adj* disperato(a)

désespoir [dezɛspwar] *nm* disperazione f

déshabiller [dezabije] *vt* spogliare ◆ **se déshabiller** *vp* spogliarsi

désherbant [dezɛrbã] *nm* diserbante m

désherber [dezɛrbe] *vt* diserbare

déshonorer [dezɔnɔre] *vt* disonorare

déshydraté, e [dezidrate] *adj* **1.** *(aliment)* liofilizzato(a) **2.** *(fig) (assoiffé)* disidratato(a)

déshydrater [dezidrate] *vt (aliments)* liofilizzare ◆ **se déshydrater** *vp* disidratarsi

désigner [dezine] *vt* designare

désillusion [dezilyzjõ] *nf* disillusione f

désinfectant [dezẽfɛktã] *nm* disinfettante m

désinfecter [dezẽfɛkte] *vt* disinfettare

désintéressé, e [dezẽterese] *adj* disinteressato(a)

désintéresser [dezẽterese] ◆ **se désintéresser de** *vp* + *prep* disinteressarsi di

désinvolte [dezẽvɔlt] *adj* disinvolto(a)

désir [dezir] *nm* desiderio m

désirer [dezire] *vt* desiderare ◆ **vous désirez ?** desidera? ◆ **laisser à désirer** lasciare a desiderare

désobéir [dezɔbeir] *vi* disubbidire ◆ **désobéir à** disubbidire a

désobéissant, e [dezɔbeisã, ãt] *adj* disubbidiente

désodorisant [dezɔdɔrizã] *nm* deodorante m *(per ambienti)*

désolant, e [dezɔlã, ãt] *adj* desolante

désolé, e [dezɔle] *adj* desolato(a) ◆ **je suis désolé (de)** sono spiacente (di) ◆ **désolé, je ne pourrai pas venir** mi dispiace, ma non potrò venire

désordonné, e [dezɔrdɔne] *adj* disordinato(a)

désordre [dezɔrdr] *nm* disordine m ◆ **être en désordre** essere in disordine

désorienté, e [dezɔrjãte] *adj* disorientato(a)

désormais [dezɔrmɛ] *adv* ormai

desquelles [dekɛl] = de + lesquelles ; ➤ **lequel**

desquels [dekɛl] = de + lesquels ; ➤ **lequel**

dessécher [deseʃe] *vt* seccare ◆ **se dessécher** *vp* seccarsi

desserrer [desere] *vt* **1.** allentare **2.** *(dents, poing)* aprire

dessert [desɛr] *nm* dolce m, dessert m inv

desservir [desɛrvir] *vt* **1.** *(ville, gare)* collegare **2.** *(table)* sparecchiare

dessin [desẽ] *nm* disegno m ◆ **dessin animé** cartone m animato

dessinateur, trice [desinatœr, tris] *nm, f* disegnatore m, -trice f

dessiner [desine] *vt* disegnare

dessous [dəsu] *adv* sotto ◇ *nm* sotto m inv, parte f inferiore ◆ **les voisins du dessous** i vicini del piano di sotto ◆ **en dessous** sotto ◆ **en dessous de** *(valeur, prévisions)* al di sotto di

dessous-de-plat [dəsudəpla] *nm inv* sottopiatto m

dessus [dəsy] *adv* sopra ◇ *nm* sopra m inv, parte f superiore ◆ **les voisins du dessus** i vicini del piano di sopra ◆ **avoir le dessus** avere il sopravvento

dessus-de-lit [dəsydəli] *nm inv* coprileto m inv

destin [dɛstẽ] *nm* destino m

destinataire [dɛstinatɛʀ] *nmf* destinatario *m*, -a *f*

destination [dɛstinasjɔ̃] *nf* destinazione *f* ● **arriver à destination** arrivare a destinazione ● **à destination de** a destinazione di

destiné, e [dɛstine] *adj* ● **être destiné à** essere destinato a

destruction [dɛstʀyksjɔ̃] *nf* distruzione *f*

détachant [detaʃɑ̃] *nm* smacchiatore *m*

détacher [detaʃe] *vt* **1.** slegare **2.** (*découper*) staccare **3.** (*nettoyer*) smacchiare ● **se détacher** *vp* **1.** (*se défaire*) slegarsi **2.** (*se séparer*) staccarsi

détail [detaj] *nm* dettaglio *m* ● **au détail** al dettaglio ● **en détail** dettagliatamente

détaillant, e [detajɑ̃, ɑ̃t] *nm, f* dettagliante *mf*

détaillé, e [detaje] *adj* dettagliato(a)

détartrant [detaʀtʀɑ̃] *nm* disincrostante *m*

détaxé, e [detakse] *adj* detassato(a)

détecter [detɛkte] *vt* scoprire

détective [detɛktiv] *nmf* investigatore *m*, -trice *f*

déteindre [detɛ̃dʀ] *vi* stingere ● **déteindre sur qqch** (*vêtement*) stingere e macchiare qc

déteint, e [detɛ̃, ɛ̃t] *pp* ➤ **déteindre**

détendre [detɑ̃dʀ] *vt* **1.** (*corde, élastique*) allentare **2.** (*personne, atmosphère*) distendere ● **se détendre** *vp* **1.** (*corde, élastique*) allentarsi **2.** (*se décontracter*) rilassarsi

détendu, e [detɑ̃dy] *adj* (*décontracté*) rilassato(a)

détenir [detniʀ] *vt* detenere

détenu, e [detny] *pp* ➤ **détenir** ◇ *nm, f* detenuto *m*, -a *f*

détergent [detɛʀʒɑ̃] *nm* detergente *m*

détériorer [deteʀjɔʀe] *vt* deteriorare ● **se détériorer** *vp* deteriorarsi

déterminé, e [detɛʀmine] *adj* determinato(a)

déterminer [detɛʀmine] *vt* (*préciser*) determinare

déterrer [detɛʀe] *vt* dissotterrare

détester [detɛste] *vt* detestare

détonation [detɔnasjɔ̃] *nf* detonazione *f*

détour [detuʀ] *nm* ● **faire un détour** fare una deviazione

détourner [detuʀne] *vt* **1.** (*regard, attention*) distogliere **2.** (*circulation*) deviare **3.** (*argent*) sottrarre ● **se détourner** *vp* girarsi ● **se détourner de** (*se désintéresser de*) allontanarsi da

détraqué, e [detʀake] *adj* **1.** (*déréglé*) ● **être détraqué** non andare bene **2.** (*fam*) (*fou*) fuori di testa *inv*

détritus [detʀity(s)] *nmpl* rifiuti *mpl*

détroit [detʀwa] *nm* stretto *m*

détruire [detʀɥiʀ] *vt* distruggere

détruit, e [detʀɥi, it] *pp* ➤ **détruire**

dette [dɛt] *nf* debito *m*

DEUG [dœg] *nm* diploma conseguito dopo *i primi due anni di università*

deuil [dœj] *nm* lutto *m* ● **être en deuil** essere in lutto

deux [dø] *num* due ● **à deux** in due ● **deux points** (*signe de ponctuation*) due punti *mpl* ● **il a deux ans** ha due anni ● **il est deux heures** sono le due ● **le deux janvier** il due gennaio ● **page deux** pagina due ● **ils étaient deux** erano in due

● **le deux de carreau** il due di quadri
● **(au) deux rue Lepic** rue Lepic numero due

deuxième [døzjɛm] *adj num & pron num* secondo(a) ◇ *nm* **1.** *(étage)* secondo piano *m* **2.** *(arrondissement)* secondo "arrondissement"

deux-pièces [døpjɛs] *nm* **1.** *(maillot de bain)* duepezzi *m inv* **2.** *(appartement)* bilocale *m*

deux-roues [døru] *nm* (veicolo a) due ruote *m inv*

dévaliser [devalize] *vt* svaligiare

devancer [dəvɑ̃se] *vt* precedere

devant [dəvɑ̃] *prép* davanti a ◇ *adv* **1.** davanti **2.** *(en avant)* in avanti ◇ *nm* davanti *m inv* ● **de devant** *(patte, roue)* anteriore

devanture [dəvɑ̃tyʀ] *nf* vetrina *f*

dévaster [devaste] *vt* devastare

développement [devlɔpmɑ̃] *nm* sviluppo *m*

développer [devlɔpe] *vt* sviluppare ◆ **se développer** *vp* svilupparsi

devenir [dəvniʀ] *vi* diventare

devenu, e [dəvny] *pp* ➤ **devenir**

déviation [devjasjɔ̃] *nf* deviazione *f*

dévier [devje] *vt* deviare

deviner [dəvine] *vt* **1.** indovinare **2.** *(apercevoir)* scorgere

devinette [dəvinɛt] *nf* indovinello *m*

devis [dəvi] *nm* preventivo *m*

dévisager [devizaʒe] *vt* squadrare

devise [dəviz] *nf* **1.** *(slogan)* motto *m* **2.** *(argent)* valuta *f* estera

deviser [dəvize] *vt* *(Helv)* fare il preventivo di

dévisser [devise] *vt* svitare

dévoiler [devwale] *vt* *(secret, intentions)* svelare

devoir [dəvwaʀ] *vt*
1. *(argent, explications)* ● **devoir qqch à qqn** dovere qc a qn
2. *(exprime l'obligation)* dovere ● **je dois partir tôt demain** devo partire presto domani
3. *(pour suggérer)* ● **vous devriez essayer le rafting** dovrebbe provare il rafting
4. *(exprime le regret)* ● **j'aurais dû/je n'aurais pas dû l'écouter** avrei dovuto/non avrei dovuto ascoltarlo
5. *(exprime la probabilité)* dovere ● **ça doit coûter cher** deve costar caro ● **le temps devrait s'améliorer cette semaine** il tempo dovrebbe migliorare questa settimana
6. *(exprime l'intention)* dovere ● **nous devions partir hier, mais...** dovevamo partire ieri, ma...
◇ *nm*
1. *(obligation)* dovere *m*
2. *SCOL* ● **devoir (à la maison)** compito *m* (a casa) ● **devoir (sur table)** compito in classe
◆ **devoirs** *nmpl* *SCOL* compiti *mpl* ● **faire ses devoirs** fare i compiti ● **devoirs de vacances** compiti delle vacanze

dévorer [devɔre] *vt* divorare

dévoué, e [devwe] *adj* devoto(a)

dévouer [devwe] ◆ **se dévouer** *vp* sacrificarsi

devra etc ➤ **devoir**

dézipper [dezipe] *vt* *INFORM* decomprimere

diabète [djabɛt] *nm* diabete *m*

diabétique [djabetik] *adj* diabetico(a)

diable [djabl] *nm* diavolo *m*

diabolo [djabɔlo] *nm* • **diabolo menthe** gassosa *f* alla menta

diagnostic [djagnɔstik] *nm* diagnosi *f inv*

diagonale [djagɔnal] *nf* diagonale *f* • **en diagonale** *(traverser)* in diagonale • **lire qqch en diagonale** dare una scorsa a qc

dialecte [djalɛkt] *nm* dialetto *m*

dialogue [djalɔg] *nm* dialogo *m*

diamant [djamɑ̃] *nm* diamante *m*

diamètre [djamɛtʀ] *nm* diametro *m*

diapositive [djapozitiv] *nf* diapositiva *f*

diarrhée [djaʀe] *nf* diarrea *f*

dictateur [diktatœʀ] *nm* dittatore *m*

dictature [diktatyʀ] *nf* dittatura *f*

dictée [dikte] *nf* dettato *m*

dicter [dikte] *vt* dettare

dictionnaire [diksjɔnɛʀ] *nm* dizionario *m*

dicton [diktɔ̃] *nm* detto *m*

dièse [djɛz] • **appuyez sur (la touche) dièse** prema (il tasto) cancelletto

diesel [djezɛl] *nm* diesel *m inv* ◇ *adj* diesel *inv*

diététique [djetetik] *adj* dietetico(a)

dieu, x [djø] *nm* dio *m* • **Dieu** *nm* Dio *m* • **mon Dieu !** Dio mio!

différence [difeʀɑ̃s] *nf* differenza *f*

différent, e [difeʀɑ̃, ɑ̃t] *adj* differente • **différent de** differente da • **différent(e)s** *adj (divers)* diversi(e)

différer [difeʀe] *vt & vi* differire • **différer de** differire da

difficile [difisil] *adj* difficile

difficulté [difikylte] *nf* difficoltà *f inv* • **avoir des difficultés à faire qqch** avere difficoltà nel fare qc • **en difficulté** in difficoltà

diffuser [difyze] *vt* **1.** *RADIO* trasmettere **2.** *(chaleur, lumière, parfum)* diffondere

digérer [diʒeʀe] *vt* digerire

digeste [diʒɛst] *adj* digeribile

digestif, ive [diʒɛstif, iv] *adj* digestivo(a) ◇ *nm* digestivo *m*

digestion [diʒɛstjɔ̃] *nf* digestione *f*

Digicode® [diʒikɔd] *nm* sistema per l'apertura del portone tramite codice

digital, e, aux [diʒital, o] *adj* digitale

digne [diɲ] *adj (sérieux)* dignitoso(a) • **digne de** degno(a) di

digue [dig] *nf* argine *m*

dilater [dilate] *vt* dilatare • **se dilater** *vp* dilatarsi

diluer [dilɥe] *vt* diluire

dimanche [dimɑ̃ʃ] *nm* domenica *f* • **nous sommes dimanche** è domenica • **dimanche 13 septembre** domenica 13 settembre • **nous sommes partis dimanche** siamo partiti domenica • **dimanche dernier** domenica scorsa • **dimanche prochain** domenica prossima • **dimanche matin** domenica mattina • **le dimanche** di domenica • **à dimanche !** a domenica!

dimension [dimɑ̃sjɔ̃] *nf* dimensione *f*

diminuer [diminɥe] *vt* **1.** *(chiffre, mesure)* diminuire **2.** *(courage, mérite)* sminuire **3.** *(physiquement)* debilitare ◇ *vi* diminuire, calare

diminutif [diminytif] *nm* diminutivo *m*

dinde [dɛ̃d] *nf* tacchino *m* • **dinde aux marrons** tacchino farcito con castagne, preparato specialmente durante le feste natalizie

dîner [dine] *nm* cena *f* ◇ *vi* cenare

diplomate [diplomat] *adj & nmf* diplomatico(a) ◇ *nm* CULIN *dessert a base de savoiardi, canditi e crema*

diplomatie [diplomasi] *nf* diplomazia *f*

diplôme [diplom] *nm* diploma *m*

dire [diʀ] *vt*
1. *(prononcer, exprimer)* dire ● **dire la vérité** dire la verità ● **dire à qqn que/pourquoi/comment** dire a qn che/perché/come ● **comment dit-on : " de rien " en italien ?** come si dice " de rien " in italiano? ● **il ne dit pas..., on dit...** non si dice..., si dice...
2. *(prétendre)* dire ● **on dit que...** si dice che...
3. *(ordonner)* ● **dire à qqn de faire qqch** dire a qn di fare qc
4. *(penser)* dire ● **qu'est-ce que vous en dites ?** che ne dite? ● **que dirais-tu de... ?** cosa ne diresti di...?
5. *(dans des expressions)* ● **on dirait qu'il va pleuvoir** si direbbe che stia per piovere ● **à vrai dire...** a dire il vero... ● **ça ne me dit rien** non mi tenta ● **cela dit...** detto questo... ● **disons...** diciamo...
● **se dire** *vp (penser)* dirsi

direct, e [diʀɛkt] *adj* diretto(a) ◇ *nm (train)* diretto *m* ● **en direct (de)** in diretta (da)

directement [diʀɛktəmã] *adv* direttamente

directeur, trice [diʀɛktœʀ, tʀis] *nm, f* direttore *m*, -trice *f*

direction [diʀɛksjɔ̃] *nf* **1.** direzione *f* **2.** AUTO sterzo *m* ● **en direction de Paris** diretto(a) a Parigi ▼ **toutes directions**

tutte le direzioni ● **s'adresser à la direction** rivolgersi alla direzione

dirigeant, e [diʀiʒã, ãt] *nm, f* dirigente *mf*

diriger [diʀiʒe] *vt* **1.** dirigere **2.** *(véhicule)* guidare ● **diriger qqch sur** dirigere qc su ● **se diriger vers** *vp + prep* dirigersi verso

dis ➤ **dire**

discipline [disiplin] *nf* disciplina *f*

discipliné, e [disipline] *adj* disciplinato(a)

disc-jockey, s [diskʒɔke] *nm* disc-jockey *m inv*

discothèque [diskotek] *nf* discoteca *f*

discours [diskuʀ] *nm* discorso *m*

discret, ète [diskʀɛ, ɛt] *adj* discreto(a)

discrétion [diskʀesjɔ̃] *nf* discrezione *f*

discrimination [diskʀiminasjɔ̃] *nf* discriminazione *f*

discussion [diskysjɔ̃] *nf* discussione *f*

discuter [diskyte] *vi* discutere ● **discuter de qqch (avec qqn)** discutere di qc (con qn)

dise etc ➤ **dire**

disjoncter [disʒɔ̃kte] *vi* ● **ça a disjoncté** è saltata la corrente

disjoncteur [disʒɔ̃ktœʀ] *nm* salvavita® *m inv*

disons ➤ **dire**

disparaître [dispaʀɛtʀ] *vi* **1.** sparire **2.** *(coutume, civilisation)* scomparire

disparition [dispaʀisjɔ̃] *nf* **1.** scomparsa *f* **2.** *(d'une espèce)* estinzione *f*

disparu, e [dispaʀy] *pp* ➤ **disparaître** ◇ *nm, f* disperso *m*, -a *f*

dispensaire [dispãsɛʀ] *nm* ambulatorio *m*

dispenser [dispɑ̃se] *vt* **1.** dispensare **2. •** dispenser qqn de qqch esonerare qn da qc

disperser [dispɛʀse] *vt* disperdere

disponible [disponibl] *adj* disponibile

disposé, e [dispoze] *adj* **•** être disposé à faire qqch essere disposto a fare qc

disposer [dispoze] *vt* disporre **♦ disposer de** *v + prep* disporre di

dispositif [dispozitif] *nm* dispositivo *m*

disposition [dispozisjɔ̃] *nf* disposizione *f* **•** à la disposition de qqn a disposizione di qn **•** prenez vos dispositions sappiatevi regolare

disproportionné, e [dispʀɔpɔʀsjɔne] *adj* sproporzionato(a)

dispute [dispyt] *nf* disputa *f*

disputer [dispyte] *vt* (*match, épreuve*) disputare **♦ se disputer** *vp* litigare

disquaire [diskɛʀ] *nmf* negoziante *mf* di dischi

disqualifier [diskalifje] *vt* squalificare

disque [disk] *nm* disco *m* **•** disque laser laser disc *m inv* **•** disque dur hard disk *m inv*

disquette [diskɛt] *nf* dischetto *m*

dissertation [disɛʀtasjɔ̃] *nf* tema *m*

dissimuler [disimyle] *vt* **1.** nascondere **2.** (*sentiment*) dissimulare

dissipé, e [disipe] *adj* indisciplinato(a)

dissiper [disipe] **♦ se dissiper** *vp* (*brouillard*) dissiparsi

dissolvant [disɔlvɑ̃] *nm* solvente *m*

dissoudre [disudʀ] *vt* sciogliere

dissous, oute [disu, ut] *pp* ➤ dissoudre

dissuader [disɥade] *vt* **•** dissuader qqn de faire qqch dissuadere qn dal fare qc

distance [distɑ̃s] *nf* distanza *f* **•** à une distance de 20 km ou à 20 km de distance a una distanza di 20 km, a 20 km di distanza **•** à distance a distanza

distancer [distɑ̃se] *vt* (*concurrent sportif*) distanziare **•** distancer la concurrence sbaragliare la concorrenza

distinct, e [distɛ̃, ɛ̃kt] *adj* distinto(a)

distinction [distɛ̃ksjɔ̃] *nf* **•** faire une distinction entre fare una distinzione fra **•** sans distinction senza distinzioni

distingué, e [distɛ̃ge] *adj* distinto(a) **•** salutations distinguées distinti saluti

distinguer [distɛ̃ge] *vt* distinguere **♦ se distinguer de** *vp + prep* distinguersi da

distraction [distʀaksjɔ̃] *nf* **1.** distrazione *f* **2.** (*passe-temps*) svago *m*

distraire [distʀɛʀ] *vt* distrarre **♦ se distraire** *vp* distrarsi

distrait, e [distʀɛ, ɛt] *pp* ➤ distraire ◇ *adj* distratto(a)

distribuer [distʀibɥe] *vt* distribuire

distributeur [distʀibytœʀ] *nm* distributore *m* **•** distributeur (automatique) de billets bancomat® *m inv*

distribution [distʀibysjɔ̃] *nf* **1.** distribuzione *f* **2.** (*dans un film*) cast *m inv*

dit, e [di, dit] *pp* ➤ dire

dites ➤ dire

divan [divɑ̃] *nm* divano *m*

divers, es [divɛʀ, ɛʀs] *adj* **1.** (*variés*) vari (varie) **2.** (*plusieurs*) vari (varie), parecchi (parecchie) **•** les divers droite/gauche *POL* i partiti minori di destra/di sinistra

divertir [divɛʀtiʀ] *vt* divertire **♦ se divertir** *vp* divertirsi

divertissement [divɛʀtismɑ̃] *nm* divertimento *m*

divin, e [divɛ̃, in] *adj* divino(a)

diviser [divize] *vt* dividere

division [divizjɔ̃] *nf* **1.** divisione *f* **2.** SPORT série *f inv*

divorce [divɔʀs] *nm* divorzio *m* • demander/obtenir le divorce chiedere/ottenere il divorzio

divorcé, e [divɔʀse] *adj & nm, f* divorziato(a)

divorcer [divɔʀse] *vi* divorziare

dix [dis] *adj num & pron num* dieci ◇ *nm* dieci *m* • il a dix ans ha dieci anni • il est dix heures sono le dieci • le dix janvier il dieci gennaio • page dix pagina dieci • ils étaient dix erano in dieci • le dix de pique il dieci di picche • (au) dix rue Lepic al numero dieci di rue Lepic

dix-huit [dizɥit] *adj num & pron num* diciotto ◇ *nm* diciotto *m* • il a dix-huit ans ha diciotto anni • il est dix-huit heures sono le diciotto • le dix-huit janvier il diciotto gennaio • page dix-huit pagina diciotto • ils étaient dix-huit erano (in) diciotto • (au) dix-huit rue Lepic al numero diciotto di rue Lepic

dix-huitième [dizɥitjɛm] *adj num & pron num* diciottesimo(a) ◇ *nm* **1.** *(fraction)* diciottesimo *m* **2.** *(étage)* diciottesimo *m* (piano) **3.** *(arrondissement)* diciottesimo "arrondissement"

dixième [dizjɛm] *adj num & pron num* decimo(a) ◇ *nm* **1.** *(fraction)* decimo *m* **2.** *(étage)* decimo piano *m* **3.** *(arrondissement)* decimo "arrondissement"

dix-neuf [diznœf] *adj num & pron num* diciannove ◇ *nm* diciannove *m* • il a dix-neuf ans ha diciannove anni • il est dix-neuf heures sono le diciannove • le dix-neuf janvier il diciannove gennaio • page dix-neuf pagina diciannove • ils étaient dix-neuf erano (in) diciannove • (au) dix-neuf rue Lepic al numero diciannove di rue Lepic

dix-neuvième [diznœvjɛm] *adj num & pron num* diciannovesimo(a) ◇ *nm* **1.** *(fraction)* diciannovesimo *m* **2.** *(étage)* diciannovesimo *m* (piano) **3.** *(arrondissement)* diciannovesimo "arrondissement"

dix-sept [disset] *adj num & pron num* diciassette ◇ *nm* diciassette *m* • il a dix-sept ans ha diciassette anni • il est dix-sept heures sono le diciassette • le dix-sept janvier il diciassette gennaio • page dix-sept pagina diciassette • ils étaient dix-sept erano (in) diciassette • (au) dix-sept rue Lepic al numero diciassette di rue Lepic

dix-septième [dissetjɛm] *adj num & pron num* diciassettesimo(a) ◇ *nm* **1.** *(fraction)* diciassettesimo *m* **2.** *(étage)* diciassettesimo *m* (piano) **3.** *(arrondissement)* diciassettesimo "arrondissement"

dizaine [dizɛn] *nf* • une dizaine (de) una decina (di)

DJ [didʒe] *nm (abr de disc-jockey)* DJ *m inv*

docile [dɔsil] *adj* docile

docks [dɔk] *nmpl* banchine *fpl*

docteur [dɔktœʀ] *nm* dottore *m*, -essa *f*

document [dɔkymɑ̃] *nm* documento *m*

documentaire [dɔkymɑ̃tɛʀ] *nm* documentario *m*

documentaliste [dɔkymɑ̃talist] *nmf* SCOL bibliotecario *m*, -a *f*

documentation [dɔkymɑ̃tasjɔ̃] nf documentazione f ● demander de la documentation chiedere la documentazione

documenter [dɔkymɑ̃te] ● **se documenter** vp documentarsi

doigt [dwa] nm dito m ● doigt de pied dito del piede ● être à deux doigts de faire qqch (fig) essere sul punto di fare qc ● un doigt de (petite quantité) un dito di

dois ➤ devoir

doive etc ➤ devoir

dollar [dɔlaʀ] nm dollaro m

domaine [dɔmɛn] nm 1. (propriété) proprietà f inv 2. (secteur) campo m ● travailler dans le domaine de la finance lavorare nel campo della finanza

dôme [dom] nm cupola f

domestique [dɔmɛstik] adj (tâche) domestico(a) ◇ nmf domestico m, -a f

domicile [dɔmisil] nm domicilio m ● à domicile a domicilio

dominer [dɔmine] vt & vi dominare

dominos [dɔmino] nmpl domino m inv ● jouer aux dominos giocare a domino

dommage [dɔmaʒ] nm ● (quel) dommage ! (che) peccato! ● c'est dommage de devoir partir déjà è un peccato dover andare già via ● c'est dommage que... è un peccato che... ◆ dommages nmpl danni mpl

dompter [dɔ̃(p)te] vt domare

dompteur, euse [dɔ̃(p)tœʀ, øz] nm, f domatore m, -trice f

DOM-TOM [dɔmtɔm] (abr de département d'outre-mer/territoire d'outre-mer) nmpl province e territori francesi d'oltremare

Les DOM-TOM

I territori francesi d'oltremare non sono più caratterizzati da DOM (Départements d'Outre-Mer) e da TOM (Territoires d'Outre-Mer), ma si suddividono in DROM (Départements et Régions d'Outre-Mer) e COM (Collectivités d'Outre-Mer). Inoltre, l'Unione Europea li ha riconosciuti come PTOM (Pays et Territoires d'Outre-Mer).

don [dɔ̃] nm (aptitude) dono m ● don de sang/d'organe donazione f del sangue/di organi

donc [dɔ̃k] conj 1. (par conséquent) quindi 2. (pour reprendre) dunque

donjon [dɔ̃ʒɔ̃] nm torrione m

données [dɔne] nfpl dati mpl

donner [dɔne] vt dare ● donner un livre à qqn dare un libro a qn ● donner à manger à qqn dare da mangiare a qn ● donner chaud scaldare ● donner soif mettere sete ● donner son sang donare il sangue ◆ **donner sur** v + prep dare su

dont [dɔ̃] pron rel
1. (complément du verbe) ● la façon dont ça s'est passé il modo in cui è accaduto ● la région dont je viens est très montagneuse la regione da cui vengo è molto montuosa ● c'est le camping dont on nous a parlé è il campeggio di cui ci hanno parlato
2. (complément de l'adjectif) di cui, del quale (della quale, dei quali, delle quali) ● l'établissement dont ils sont responsables l'ente del quale sono responsabili

3. *(complément du nom, exprime l'appartenance)* il cui (la cui) ● **pour ceux dont la passion est le sport** per coloro la cui passione è lo sport ● **ton ami dont les parents sont divorcés** il tuo amico i cui genitori sono divorziati

4. *(parmi lesquels)* ● **nous avons passé plusieurs jours au Portugal, dont trois à la plage** abbiamo passato parecchi giorni in Portogallo, tre dei quali al mare ● **certaines personnes, dont elle, pensent que...** certe persone, tra cui lei, pensano che...

dopage [dɔpaʒ] *nm* doping *m inv*

doré, e [dɔʀe] *adj* dorato(a)

dorénavant [dɔʀenavɑ̃] *adv* d'ora in avanti, d'ora in poi

dorin [dɔʀɛ̃] *nm (Helv)* nome collettivo dei vini bianchi del cantone del Vaud, in Svizzera

dormir [dɔʀmiʀ] *vi* dormire

dortoir [dɔʀtwaʀ] *nm* dormitorio *m*

dos [do] *nm* **1.** schiena *f* **2.** *(d'un siège)* schienale *m* **3.** *(d'une feuille)* retro *m* **4.** *(natation)* ● **dos crawlé** dorso *m* ● **au dos (de)** sul retro (di) ● **de dos** di spalle ● **avoir mal au dos** avere mal di schiena

dose [doz] *nf* dose *f*

dossier [dɔsje] *nm* **1.** *(d'un siège)* spalliera *f* **2.** *(documents)* pratica *f* **3.** INFORM cartella *f* ● **dossier d'inscription** modulo *m* d'iscrizione

douane [dwan] *nf* dogana *f*

douanier, ère [dwanje, ɛʀ] *nm, f* doganiere *m*, -a *f*

doublage [dublaʒ] *nm* doppiaggio *m*

double [dubl] *adj* doppio(a) ◇ *nm* **1.** *(copie)* duplicato *m* **2.** *(partie de tennis)* doppio *m* ◇ *adv (compter, voir)* doppio

● **le double (de)** il doppio (di) ● **avoir qqch en double** avere un doppione di qc

double-clic [dublklik] *(pl -s-s)* *nm* INFORM doppio clic *m*

double-cliquer [dublklike] *vt* INFORM fare doppio clic su

doubler [duble] *vt* **1.** raddoppiare **2.** AUTO sorpassare **3.** *(film)* doppiare ◇ *vi* **1.** raddoppiare **2.** AUTO sorpassare ● **mes revenus ont doublé en un an** nel giro di un anno il mio reddito è raddoppiato

doublure [dublyʀ] *nf (d'un vêtement)* fodera *f*

douce ➤ **doux**

doucement [dusmɑ̃] *adv* piano ● **tout doucement** piano piano

douceur [dusœʀ] *nf* **1.** dolcezza *f* **2.** *(au toucher)* morbidezza *f* ● **avec douceur** dolcemente ● **en douceur** dolcemente

douche [duʃ] *nf* doccia *f* ● **prendre une douche** fare una doccia

doucher [duʃe] ● **se doucher** *vp* farsi una doccia

doué, e [dwe] *adj* dotato(a) ● **doué(e) pour** ou **en qqch** portato(a) per qc

douillet, ette [duje, et] *adj (délicat)* delicato(a)

douleur [dulœʀ] *nf* dolore *m* ● **avoir une douleur au ventre/au bras** avere un dolore alla pancia/al braccio

douloureux, euse [duluʀø, øz] *adj* **1.** *(opération, souvenir)* doloroso(a) **2.** *(partie du corps)* dolorante

doute [dut] *nm* dubbio *m* ● **avoir un doute (sur)** avere dei dubbi (su) ● **sans doute** *(probablement)* probabilmente

douter [dute] *vt* ● **douter que** dubitare che ◆ **douter de** *v* + *prep* dubitare di ◆ **se**

douter [dute] *vp* ● **se douter de qqch** sospettare qc ● **se douter que** sospettare che

doux, douce [du, dus] *adj* **1.** dolce **2.** *(au toucher)* morbido(a) **3.** *(temps)* mite ● **il fait doux, aujourd'hui** si sta bene oggi

douzaine [duzɛn] *nf* ● **une douzaine (de)** una dozzina (di)

douze [duz] *adj num & pron num* dodici ⬦ *nm* dodici *m* ● **il a douze ans** ha dodici anni ● **le douze janvier** il dodici gennaio ● **page douze** pagina dodici ● **ils étaient douze erano in dodici** ● **(au) douze rue Lepic** rue Lepic numero dodici

douzième [duzjɛm] *adj num & pron num* dodicesimo(a) ⬦ *nm* **1.** *(fraction)* dodicesimo *m* **2.** *(étage)* dodicesimo piano *m* **3.** *(arrondissement)* dodicesimo "arrondissement"

dragée [draʒe] *nf* confetto *m*

dragon [dragɔ̃] *nm* drago *m*

draguer [drage] *vt (fam) (personne)* rimorchiare

dramatique [dramatik] *adj* drammatico(a)

drame [dram] *nm* dramma *m*

drap [dra] *nm* lenzuolo *m* ● **changer les draps** cambiare le lenzuola ● **drap housse** lenzuolo con angoli

drapeau, x [drapo] *nm* bandiera *f*

drap-housse [draus] *(pl draps-housses) nm* lenzuolo *m* con gli angoli

dresser [drese] *vt* **1.** *(tente)* montare **2.** *(tête)* sollevare **3.** *(animal)* addestrare ♦ **se dresser** *vp* **1.** *(se mettre droit)* drizzarsi **2.** *(arbre)* ergersi

drogue [drɔg] *nf* ● **la drogue** la droga ● **drogue douce/dure** droga leggera/pesante

drogué, e [drɔge] *nm, f* drogato *m*, -a *f*

droguer [drɔge] ♦ **se droguer** *vp* drogarsi

droguerie [drɔgʀi] *nf* drogheria *f*

droit, e [drwa, drwat] *adj* **1.** diritto(a), dritto(a) **2.** *(côté, main)* destro(a) ⬦ *adv* diritto, dritto ⬦ *nm* **1.** *(autorisation)* diritto *m* **2.** *(taxe)* tassa *f* ● **le droit** DR il diritto ● **droit de vote** diritto di voto ● **avoir le droit de faire qqch** avere il diritto di fare qc ● **avoir droit à qqch** avere diritto a qc ● **payer les droits d'inscription** pagare le tasse di iscrizione

droite [drwat] *nf* ● **la droite** la destra ● **à droite (de)** a destra (di) ● **de droite** POL di destra

droitier, ère [drwatje, ɛʀ] *adj & nm, f* destrimano(a)

drôle [drol] *adj* **1.** *(amusant)* divertente **2.** *(bizarre)* strano(a)

DROM [drɔm] *(abr de départements et régions d'outre-mer) nmpl* territori francesi d'oltremare che sono allo stesso tempo un dipartimento e una regione: ne fanno parte la Guadalupa, la Guyana francese, la Martinica e l'isola della Réunion

drugstore [drœgstɔʀ] *nm* drugstore *m inv*

du [dy] = **de** + **le ; ⮞ de**

dû, due [dy] *pp* ⮞ **devoir**

duc, duchesse [dyk, dyʃes] *nm, f* duca *m*, duchessa *f*

duel [dɥɛl] *nm* duello *m* ● **se battre en duel** battersi in duello, sfidarsi a duello

duffle-coat, s [dœfœlkot] *nm* montgomery *m inv*

dune [dyn] *nf* duna *f*

duo [dyo] *nm* **1.** *MUS* duetto *m* **2.** *(d'artistes)* duo *m*

duplex [dypleks] *nm (appartement)* appartamento *m* su due piani

duplicata [dyplikata] *nm* duplicato *m*

duquel [dykel] = de + lequel ; ➤ **lequel**

dur, e [dyr] *adj* duro(a) ◇ *adv* duro • **travailler dur** lavorare sodo

durant [dyrã] *prép* durante

durcir [dyrsir] *vi* indurire

durée [dyre] *nf* durata *f* • **pour une durée de** per una durata di

durer [dyre] *vi* durare

dureté [dyrte] *nf* durezza *f*

duvet [dyve] *nm* **1.** *(plumes)* piumino *m* **2.** *(sac de couchage)* sacco *m* a pelo

DVD-ROM [dvdrɔm] *(abr de Digital Vídeo ou Versatile Disc Read Only Memory)* *nm inv* DVD-ROM *m inv*

dynamique [dinamik] *adj* dinamico(a)

dynamite [dinamit] *nf* dinamite *f*

dynamo [dinamo] *nf* dinamo *f inv*

dyslexique [disleksik] *adj* dislessico(a)

*e*E

E *(abr de est)* E

eau, x [o] *nf* acqua *f* • **eau bénite** acqua santa • **eau de Cologne** acqua di colonia • **eau douce** acqua dolce • **eau gazeuse** acqua gasata • **eau de mer** acqua di mare • **eau minérale** acqua minerale • **eau oxygénée** acqua ossigenata • **eau plate** acqua naturale • **eau potable/non pota-**

ble acqua potabile/non potabile • **eau du robinet** acqua del rubinetto • **eau de toilette** eau de toilette *f inv* • **elle a perdu les eaux** le si sono rotte le acque • **tomber à l'eau** andare in fumo

eau-de-vie [odvi] *(pl* **eaux-de-vie)** *nf* acquavite *f*

ébéniste [ebenist] *nmf* ebanista *mf*

éblouir [ebluir] *vt* abbagliare

éblouissant, e [ebluisɑ̃, ɑ̃t] *adj (aveuglant)* abbagliante

éborgner [eborɲe] *vt* • **éborgner qqn** cavare un occhio a qn

éboueur [ebwœr] *nm* netturbino *m*

ébouillanter [ebujɑ̃te] *vt* scottare • **s'ébouillanter** *vp* scottarsi

éboulement [ebulmɑ̃] *nm* frana *f*

ébouriffé, e [eburife] *adj* arruffato(a)

ébrécher [ebreʃe] *vt* scheggiare

ébrouer [ebrue] • **s'ébrouer** *vp* scrollarsi

ébruiter [ebruite] *vt* divulgare

ébullition [ebylisjɔ̃] *nf* ebollizione *f* • **porter qqch à ébullition** portare qc ad ebollizione

écaille [ekaj] *nf* **1.** *(de poisson)* squama *f* **2.** *(d'huître)* valva *f* **3.** *(matière)* tartaruga *f*

écailler [ekaje] *vt (poisson)* squamare

écarlate [ekarlat] *adj* scarlatto(a)

écarquiller [ekarkije] *vt* • **écarquiller les yeux** sgranare gli occhi

écart [ekar] *nm* **1.** *(distance)* distanza *f* **2.** *(différence)* scarto *m* • **faire un écart** deviare • **à l'écart de** *(ville, discussion)* fuori da ; *(agitation, affaire)* lontano da • **grand écart** spaccata *f*

écarter [ekarte] *vt* **1.** *(ouvrir)* allargare **2.** *(éloigner)* allontanare

échafaudage [eʃafodaʒ] nm impalcatura f

échalote [eʃalɔt] nf scalogno m

échancré, e [eʃɑ̃kʀe] adj (vêtement) scollato(a)

échange [eʃɑ̃ʒ] nm **1.** scambio m **2.** SCOL gemellaggio m ● **en échange (de)** in cambio (di)

échanger [eʃɑ̃ʒe] vt scambiare ● **échanger qqch contre** scambiare qc con

échangeur [eʃɑ̃ʒœʀ] nm (d'autoroute) svincolo m

échantillon [eʃɑ̃tijɔ̃] nm campione m

échappement [eʃapmɑ̃] nm ➤ **pot, tuyau**

échapper [eʃape] ◆ **échapper à** v + prep sfuggire a ● **ça m'a échappé** (nom, détail) mi è sfuggito di mente ; (paroles) mi è sfuggito ● **s'échapper** vp scappare ● **s'échapper de** scappare da

écharde [eʃaʀd] nf scheggia f

écharpe [eʃaʀp] nf (cache-nez) sciarpa f ● **le bras en écharpe** con il braccio al collo

échauffement [eʃofmɑ̃] nm (sportif) riscaldamento m

échauffer [eʃofe] ● **s'échauffer** vp (sportif) scaldarsi

échec [eʃɛk] nm insuccesso m ● **échec !** scacco! ● **échec et mat !** scacco matto! ● **être en situation d'échec scolaire** andare male a scuola ● **échecs** nmpl scacchi mpl ● **jouer aux échecs** giocare a scacchi

échelle [eʃɛl] nf scala f ● **faire la courte échelle à qqn** fare scaletta a qn ◆ **échelle de Richter** nf scala Richter

échelon [eʃlɔ̃] nm **1.** (d'échelle) piolo m **2.** (grade) livello m

échine [eʃin] nf CULIN lombata f (di maiale)

échiquier [eʃikje] nm scacchiera f

écho [eko] nm eco m o f

échographie [ekɔgʀafi] nf ecografia f ● **faire** ou **passer une échographie** fare ou eseguire un'ecografia

échouer [eʃwe] vi (rater) fallire

éclabousser [eklabuse] vt schizzare

éclaboussure [eklabusyʀ] nf schizzo m

éclair [eklɛʀ] nm **1.** lampo m **2.** (gâteau) bignè allungato, ripieno di crema alla caffè o al cioccolato e ricoperto di glassa

éclairage [eklɛʀaʒ] nm illuminazione f

éclaircie [eklɛʀsi] nf schiarita f

éclaircir [eklɛʀsiʀ] vt schiarire ● **s'éclaircir** vp (ciel) schiarirsi

éclaircissement [eklɛʀsismɑ̃] nm chiarimento m

éclairer [eklɛʀe] vt illuminare ● **s'éclairer** vp (visage) illuminarsi

éclaireur, euse [eklɛʀœʀ, øz] nm, f (scout) mf inv (non cattolico) ● **partir en éclaireur** partire in avanscoperta

éclat [ekla] nm **1.** (de verre) scheggia f **2.** (d'une lumière) bagliore m ● **éclats de rire** scoppi mpl di risa ● **éclats de voix** grida fpl

éclatant, e [eklatɑ̃, ɑ̃t] adj **1.** (lumière, blancheur, sourire) splendente **2.** (succès) clamoroso(a)

éclater [eklate] vi scoppiare ● **éclater de rire** scoppiare a ridere ● **éclater en sanglots** scoppiare in singhiozzi

éclipse [eklips] nf eclissi f inv

éclosion [eklozjɔ̃] nf (d'œufs) schiusa f

écluse [eklyz] nf chiusa f

écobilan nm ecobilancio m

écœurant, e [ekœrã, ãt] *adj* nauseante

écœurer [ekœre] *vt (dégoûter)* nauseare

école [ekɔl] *nf* scuola *f* • **à l'école** a scuola • **école publique/privée** scuola pubblica/privata

L'école

In Francia, i bambini tra i tre e i sei anni possono frequentare *l'école maternelle* (la scuola materna), suddivisa in tre classi secondo la fascia di età: *petite, moyenne* e *grande section*. L'istruzione obbligatoria inizia all'età di sei anni, con *l'école primaire* (la scuola elementare) che dura cinque anni e si divide in: *CP* (corso preparatorio), *CE1* (corso elementare 1), *CE2* (corso elementare 2), *CM1* (corso medio 1) e *CM2* (corso medio 2).

écolier, ère [ekɔlje, ɛʀ] *nm, f* scolaro *m*, -a *f*

écologie [ekɔlɔʒi] *nf* ecologia *f*

écologique [ekɔlɔʒik] *adj* ecologico(a)

économie [ekɔnɔmi] *nf* economia *f* ✦ **économies** *nfpl* risparmi *mpl* • **faire des économies** fare economia, risparmiare

économique [ekɔnɔmik] *adj* economico(a)

économiser [ekɔnɔmize] *vt* risparmiare

écorce [ekɔʀs] *nf* scorza *f*

écorcher [ekɔʀʃe] *vp* sbucciarsi • **s'écorcher le genou** sbucciarsi il ginocchio

écorchure [ekɔʀʃyʀ] *nf* sbucciatura *f*

écossais, e [ekɔsε, εz] *adj* scozzese ✦ **Écossais, e** *nm, f* scozzese *mf*

Écosse [ekɔs] *nf* • **l'Écosse** la Scozia

écotourisme [ekɔturism] *nm* turismo *m* verde

écouler [ekule] ✦ **s'écouler** *vp* scorrere

écouter [ekute] *vt* ascoltare

écouteur [ekutœʀ] *nm (de téléphone)* ricevitore *m* • **écouteurs** *(casque)* cuffie *fpl*

écran [ekʀã] *nm* **1.** schermo *m* **2.** *(de fumée, d'arbres)* cortina *f* • **(crème) écran total** crema *f* protezione totale • **le grand écran** *(cinéma)* il grande schermo • **le petit écran** *(la télévision)* il piccolo schermo

écrasant, e [ekʀazã, ãt] *adj* **1.** *(victoire)* schiacciante **2.** *(chaleur)* opprimente

écraser [ekʀaze] *vt* **1.** schiacciare **2.** *(en voiture)* investire • **se faire écraser** *(par une voiture)* essere investito(a) ✦ **s'écraser** *vp (avion)* schiantarsi

écrémé, e [ekʀeme] *adj* scremato(a) • **lait demi-écrémé** latte parzialmente scremato

écrevisse [ekʀəvis] *nf* gambero *m*

écrier [ekʀije] ✦ **s'écrier** *vp* esclamare

écrin [ekʀɛ̃] *nm* scrigno *m*

écrire [ekʀiʀ] *vt & vi* scrivere ✦ **s'écrire** *vp* scriversi

écrit, e [ekʀi, it] *pp* ➤ **écrire** ⋄ *nm* • **par écrit** per iscritto • **à l'écrit** *(examen)* allo scritto

écriteau, x [ekʀito] *nm* cartello *m*

écriture [ekʀityʀ] *nf* scrittura *f*

écrivain [ekʀivɛ̃, ɛn] *nm, f* scrittore *m*, -trice *f*

écrou [ekʀu] *nm* dado *m*

écrouler [ekʀule] ◆ **s'écrouler** vp crollare

écru, e [ekʀy] adj (couleur) beige (inv)

ecsta [ɛksta] (abr de ecstasy) (fam) nm ecstasy m inv

écume [ekym] nf schiuma f

écureuil [ekyʀœj] nm scoiattolo m

écurie [ekyʀi] nf scuderia f

écusson [ekysɔ̃] nm stemma m

eczéma [ɛgzema] nm eczema m ● **j'ai de l'eczéma** ho un eczema

édenté, e [edɑ̃te] adj sdentato(a)

édifice [edifis] nm edificio m

éditer [edite] vt pubblicare

édition [edisjɔ̃] nf **1.** (exemplaires) edizione f **2.** (industrie) editoria f

édredon [edʀədɔ̃] nm piumone m (del letto)

éducatif, ive [edykatif, iv] adj educativo(a)

éducation [edykasjɔ̃] nf educazione f ● **éducation physique** educazione fisica ● **l'Éducation nationale** la Pubblica Istruzione

éduquer [edyke] vt educare

effacer [efase] vt cancellare ◆ **s'effacer** vp (disparaître) cancellarsi

effaceur [efasœʀ] nm scolorina® f

effectif [efɛktif] nm effettivo m

effectivement [efɛktivmɑ̃] adv effettivamente

effectuer [efɛktɥe] vt effettuare

efféminé, e [efemine] adj effeminato(a)

effervescent, e [efɛʀvesɑ̃, ɑ̃t] adj effervescente

effet [efɛ] nm (résultat, impression) effetto m ● **effet secondaire** effetto collaterale

● **effets spéciaux** effetti speciali ● **en effet** in effetti ● **faire de l'effet** fare effetto

efficace [efikas] adj **1.** (médicament, mesure) efficace **2.** (personne, travail) efficiente

efficacité [efikasite] nf efficacia f

effilé, e [efile] adj (lame) affilato(a)

effilocher [efilɔʃe] ◆ **s'effilocher** vp sfilacciarsi

effleurer [eflœʀe] vt sfiorare

effondrer [efɔ̃dʀe] ◆ **s'effondrer** vp crollare

efforcer [efɔʀse] ◆ **s'efforcer de** vp + prep sforzarsi di

effort [efɔʀ] nm sforzo m ● **faire des efforts (pour)** fare degli sforzi (per)

effrayant, e [efʀɛjɑ̃, ɑ̃t] adj spaventoso(a)

effrayer [efʀɛje] vt spaventare

effriter [efʀite] ◆ **s'effriter** vp sgretolarsi

effroyable [efʀwajabl] adj spaventoso(a)

égal, e, aux [egal, o] adj (identique) uguale ● **ça m'est égal** mi è indifferente

également [egalmɑ̃] adv (aussi) anche

égaliser [egalize] vt & vi pareggiare

égalité [egalite] nf **1.** uguaglianza f **2.** (au tennis) parità f ● **être à égalité** SPORT essere pari ● **égalité des chances** parità di opportunità

égard [egaʀ] nm ● **à l'égard de** riguardo a

égarer [egaʀe] vt perdere ◆ **s'égarer** vp perdersi

égayer [egeje] vt (soirée) rallegrare

église [egliz] *nf* chiesa *f* ● **l'Église** la Chiesa ● **un homme d'église** un uomo di chiesa

égoïste [egɔist] *adj* & *nmf* egoista

égorger [egɔrʒe] *vt* sgozzare

égouts [egu] *nmpl* fognature *fpl*

égoutter [egute] *vt* scolare

égouttoir [egutwar] *nm* **1.** *(passoire)* colapasta *m inv* **2.** *(à vaisselle)* scolapiatti *m inv*

égratigner [egratiɲe] *vt* graffiare ◆ **s'égratigner** *vp* graffiarsi ● **s'égratigner le genou** graffiarsi il ginocchio

égratignure [egratiɲyr] *nf* graffio *m*

égrener [egrəne] *vt (maïs, raisin)* sgranare

Égypte [eʒipt] *nf* ● **l'Égypte** l'Egitto *m*

égyptien, enne [eʒipsjɛ̃, ɛn] *adj* egiziano(a) ◆ **Égyptien, enne** *nm, f* egiziano *m*, -a *f*

eh [e] *interj* ehi ! ● **eh bien...** *(marque l'hésitation)* mah...

élan [elɑ̃] *nm* slancio *m* ● **prendre son élan** prendere lo slancio

élancer [elɑ̃se] ◆ **s'élancer** *vp* lanciarsi

élargir [elarʒir] *vt* allargare ◆ **s'élargir** *vp* allargarsi

élastique [elastik] *adj* elastico(a) ◇ *nm* elastico *m*

électeur, trice [elɛktœr, tris] *nm, f* elettore *m*, -trice *f* ● **carte d'électeur** tessera elettorale

élections [elɛksjɔ̃] *nfpl* elezioni *fpl* ● **élections législatives** (elezioni) politiche *fpl* ● **élections présidentielles** (elezioni) presidenziali *fpl* ● **se présenter aux élections** presentarsi alle elezioni

électricien, enne [elɛktrisjɛ̃, ɛn] *nm, f* elettricista *mf*

électricité [elɛktrisite] *nf* elettricità *f inv* ● **électricité statique** elettricità statica

électrique [elɛktrik] *adj* elettrico(a)

électrocuter [elɛktrɔkyte] ◆ **s'électrocuter** *vp* fulminarsi

électroménager [elɛktrɔmenaʒe] *nm* elettrodomestici *mpl*

électronique [elɛktrɔnik] *adj* elettronico(a) ◇ *nf* elettronica *f*

électuaire [elɛktɥɛr] *nm (Helv)* = marmellata *f*

élégance [elegɑ̃s] *nf* eleganza *f*

élégant, e [elegɑ̃, ɑ̃t] *adj* elegante

élément [elemɑ̃] *nm* elemento *m*

élémentaire [elemɑ̃tɛr] *adj* elementare

éléphant [elefɑ̃] *nm* elefante *m*

élevage [elvaʒ] *nm* allevamento *m*

élève [elɛv] *nmf* allievo *m*, -a *f*

élevé, e [elve] *adj* **1.** *(haut)* elevato(a) **2.** *(important)* alto(a) ● **bien élevé(e)** (ben) educato(a) ● **mal élevé(e)** maleducato(a)

élever [elve] *vt* **1.** *(enfant, animaux)* allevare **2.** *(niveau, voix)* alzare ◆ **s'élever** *vp* **1.** *(monter)* innalzarsi **2.** *(augmenter)* aumentare ● **les frais s'élèvent à 200 euros** le spese ammontano a 200 euro

éleveur, euse [elvœr, øz] *nm, f* allevatore *m*, -trice *f*

éliminatoire [eliminatwar] *adj* eliminatorio(a) ◇ *nf* eliminatoria *f*

éliminer [elimine] *vt* eliminare ◇ *vi* ● **il faut boire pour éliminer** bisogna bere per eliminare le tossine

élire [eliʀ] *vt* eleggere

elle [el] *pron (après prép ou comparaison)* lei ● **elle est grande** è alta ● **elle-même** lei stessa ● **elle ne se préoccupe que d'elle-même** si preoccupa solo di se stessa ◆ **elles** *pron (après prép ou comparaison)* loro ● **elles sont arrivées** sono arrivate ● **elles-mêmes** loro stesse ● **elles ne se préoccupent que d'elles-mêmes** si preoccupano solo di se stesse

éloigné, e [elwaɲe] *adj* lontano(a) ● **éloigné de** lontano da

éloigner [elwaɲe] *vt* allontanare ◆ **s'éloigner (de)** *vp + prep* allontanarsi (da)

élongation [elɔ̃gasjɔ̃] *nf* stiramento *m*

élu, e [ely] *pp* ► **élire** ◇ *nm, f* eletto *m, -a f*

Élysée [elize] *nm* ● **l'Élysée** l'Eliseo *m* ≃ il Quirinale

L'Élysée

Situato a Parigi, vicino agli Champs Élysées, questo palazzo è stato costruito nel 1718 ed è la sede della presidenza della Repubblica fin dal 1873. Spesso si usa il termine *Élysée* per indicare il presidente della Repubblica o la sua funzione.

e-mail, s [imel] *nm* posta *f* elettronica, e-mail *f* inv ● **envoyer/recevoir un e-mail** inviare/ricevere una mail ● **tu me don-** nes ton e-mail ? *(adresse)* mi dai il tuo indirizzo e-mail?

L'e-mail

Contrairement à la lettre papier, les courriers électroniques se passent aisément d'introduction et de conclusion. En revanche, les formules de politesse en début et fin de courrier sont les mêmes que pour les lettres.

émail, aux [emaj, o] *nm* smalto *m*

emballage [ɑ̃balaʒ] *nm* imballaggio *m*

emballer [ɑ̃bale] *vt* **1.** imballare **2.** *(fam) (enthousiasmer)* entusiasmare

embarcadère [ɑ̃baʀkadɛʀ] *nm* imbarcadero *m*

embarcation [ɑ̃baʀkasjɔ̃] *nf* imbarcazione *f*

embarquement [ɑ̃baʀkəmɑ̃] *nm* imbarco *m* ▼ **embarquement immédiat** imbarco immediato

embarquer [ɑ̃baʀke] *vt* **1.** imbarcare **2.** *(fam) (emmener)* portare via ◇ *vi* imbarcarsi ● **j'embarque à midi** mi imbarco a mezzogiorno ◆ **s'embarquer** *vp* imbarcarsi

embarras [ɑ̃baʀa] *nm* imbarazzo *m* ● **mettre qqn dans l'embarras** mettere qn in imbarazzo

embarrassant, e [ɑ̃baʀasɑ̃, ɑ̃t] *adj* imbarazzante

embarrasser [ɑ̃baʀase] *vt* **1.** *(encombrer)* ingombrare **2.** *(gêner)* mettere in imbarazzo ◆ **s'embarrasser de** *vp + prep* ingombrarsi di ● **ne pas s'embarrasser de** non preoccuparsi troppo di

embaucher [ɑ̃boʃe] vt assumere

embellir [ɑ̃belir] vt & vi abbellire

embêtant, e [ɑ̃betɑ̃, ɑ̃t] adj seccante

embêter [ɑ̃bete] vt 1. (taquiner) scocciare 2. (contrarier) infastidire ♦ **s'embêter** vp (s'ennuyer) scocciarsi

emblème [ɑ̃blɛm] nm emblema m

emboîter [ɑ̃bwate] vt incastrare ♦ **s'emboîter** vp incastrarsi

embouchure [ɑ̃buʃyr] nf (d'un fleuve) foce f

embourber [ɑ̃burbe] ♦ **s'embourber** vp impantanarsi

embout [ɑ̃bu] nm puntale m

embouteillage [ɑ̃buteja3] nm ingorgo m ● **être coincé dans les embouteillages** essere bloccato (in un ingorgo)

embranchement [ɑ̃brɑ̃ʃmɑ̃] nm (carrefour) diramazione f

embrasser [ɑ̃brase] vt baciare ♦ **s'embrasser** vp baciarsi

embrayage [ɑ̃breja3] nm frizione f

embrayer [ɑ̃breje] vi innestare la frizione

embrouiller [ɑ̃bruje] vt 1. (fils) ingarbugliare 2. (situation) imbrogliare ♦ **s'embrouiller** vp imbrogliarsi

embruns [ɑ̃brœ̃] nmpl spruzzi mpl d'acqua di mare

embuscade [ɑ̃byskad] nf imboscata f ● **tomber dans une embuscade** cadere in un'imboscata

éméché, e [emeʃe] adj brillo(a)

émeraude [emrod] nf smeraldo m ◇ adj inv verde smeraldo (inv)

émerveillé, e [emɛrveje] adj meravigliato(a)

émetteur [emetœr] nm emittente f

émettre [emɛtr] vt 1. emettere 2. (émission) trasmettere

émeute [emøt] nf sommossa f

émigré, e [emigre] adj & nm, f emigrato(a)

émigrer [emigre] vi emigrare

émincé [emɛ̃se] nm sottili fette di carne arrostita, brasata o lessa, ricoperte di salsa ● **émincé de veau à la zurichoise** carne e rognoni di vitello preparati con panna, funghi e vino bianco

émis, e [emi, iz] pp ➤ **émettre**

émission [emisjɔ̃] nf (programme, transmission) trasmissione f ● **une émission de variétés** una varietà (televisivo)

emmagasiner [ɑ̃magazine] vt immagazzinare

emmanchure [ɑ̃mɑ̃ʃyr] nf giromanica m

emmêler [ɑ̃mele] vt (fils, cheveux) aggrovigliare ♦ **s'emmêler** vp 1. (fils, cheveux) aggrovigliarsi 2. (souvenirs, dates) confondersi

emménager [ɑ̃menaʒe] vi stabilirsi, trasferirsi

emmener [ɑ̃mne] vt portare ● **je t'emmène voir un film** ti porto a vedere un film

emmental [emɛ̃tal] nm emmental m inv

emmitoufler [ɑ̃mitufle] ♦ **s'emmitoufler** vp imbaccuccarsi

emoticon [emɔtikɔ] nm INFORM emoticon f inv

émotif, ive [emɔtif, iv] adj emotivo(a)

émotion [emɔsjɔ̃] nf emozione f

émouvant, e [emuvɑ̃, ɑ̃t] adj commovente

émouvoir [emuvwar] vt commuovere

empaillé, e [ɑ̃paje] *adj* imbalsamato(a)

empaqueter [ɑ̃pakte] *vt* impacchettare

emparer [ɑ̃paʀe] ◆ **s'emparer de** *vp + prep* impadronirsi di

empêchement [ɑ̃pɛʃmɑ̃] *nm* impedimento ● **avoir un empêchement** avere un contrattempo

empêcher [ɑ̃peʃe] *vt* impedire ● **empêcher qqn de faire qqch** impedire a qn di fare qc ● **(il) n'empêche que** ciò non toglie che ◆ **s'empêcher de** *vp + prep* ● **je n'ai pas m'empêcher de rire** non ho potuto evitare di ridere

empereur [ɑ̃pʀœʀ] *nm* imperatore *m*

empester [ɑ̃peste] *vt (sentir)* puzzare di ◇ *vi* puzzare

empêtrer [ɑ̃petʀe] ◆ **s'empêtrer dans** *vp + prep* **1.** *(fils)* impigliarsi in **2.** *(mensonges)* impegolarsi in

empiffrer [ɑ̃pifʀe] ◆ **s'empiffrer (de)** *vp + prep (fam)* strafogarsi (di)

empiler [ɑ̃pile] *vt* impilare ● **s'empiler** *vp* ammucchiarsi ● **ces chaises s'empilent** queste sedie possono essere messe l'una sull'altra

empire [ɑ̃piʀ] *nm* impero *m* ● **l'empire romain** l'impero romano

empirer [ɑ̃piʀe] *vi* peggiorare

emplacement [ɑ̃plasmɑ̃] *nm* **1.** posizione *f* **2.** *(de parking)* posto *m* macchina ▼ **emplacement réservé** parcheggio riservato

emploi [ɑ̃plwa] *nm* impiego *m* ● **l'emploi** *(en économie)* l'occupazione *f* ● **emploi du temps** orario *m* ● **chercher/trouver un emploi** cercare/trovare lavoro ● **offre/demande d'emploi** offerta/richiesta di lavoro

employé, e [ɑ̃plwaje] *nm, f* dipendente *mf* ● **employé(e) de bureau** impiegato *m*, -a *f*

employer [ɑ̃plwaje] *vt* **1.** *(salarié)* impiegare **2.** *(objet, mot)* usare

employeur, euse [ɑ̃plwajœr, øz] *nm, f* datore *m*, -trice *f* di lavoro

empoigner [ɑ̃pwaɲe] *vt* afferrare

empoisonnement [ɑ̃pwazɔnmɑ̃] *nm* avvelenamento *m*

empoisonner [ɑ̃pwazɔne] *vt* avvelenare

emporter [ɑ̃pɔʀte] *vt* **1.** portare **2.** *(suj : vent, rivière)* portare via ● **à emporter** *(plats)* da asporto ● **l'emporter sur** avere la meglio su ◆ **s'emporter** *vp* alterarsi

empreinte [ɑ̃pʀɛt] *nf* impronta *f* ● **empreintes digitales** impronte digitali ● **empreinte génétique** impronta genetica

empresser [ɑ̃pʀese] ◆ **s'empresser** *vp* ● **s'empresser de faire qqch** affrettarsi a fare qc

emprisonner [ɑ̃pʀizɔne] *vt* imprigionare

emprunt [ɑ̃prœ̃] *nm* prestito *m* ● **faire un emprunt** chiedere un prestito

emprunter [ɑ̃prœ̃te] *vt* **1.** prendere in prestito **2.** *(itinéraire)* prendere ● **emprunter de l'argent à qqn** farsi prestare dei soldi da qn ● **je lui ai emprunté son livre** ho preso in prestito il suo libro ● **je peux t'emprunter ton stylo ?** puoi prestarmi la penna?

ému, e [emy] *pp* ➤ **émouvoir** ◇ *adj* commosso(a)

en [ɑ̃] *prép* **1.** *(indique le moment)* in ● **en été** d'estate ● **en août** ad agosto ● **en 1995** nel 1995

2. *(indique le lieu)* in ● être en classe essere in classe ● habiter en France abitare in Francia ● aller en ville/en Dordogne andare in città/in Dordogna
3. *(désigne la matière)* di ● un pull en laine un golfino di lana
4. *(indique la durée)* in ● en dix minutes in dieci minuti
5. *(indique l'état)* in ● être en vacances essere in vacanza ● s'habiller en noir vestirsi di nero ● combien ça fait en euros ? quant'è in euro? ● ça se dit " tazza " en italien si dice " tazza " in italiano
6. *(indique le moyen)* en ● voyager en avion/voiture viaggiare in aereo/macchina
7. *(pour désigner la taille, la pointure)* ● auriez-vous celles-ci en 38 ? non avrebbe una 38? ● ce modèle existe-t-il en plus petit ? avete taglie più piccole di questo modello?
8. *(devant un participe présent)* ● en arrivant à Paris arrivando a Parigi
◇ *pron*
1. *(objet indirect)* ne ● n'en parlons plus non parliamone più
2. *(avec un indéfini)* ne ● en reprendrez-vous ? ne vuole ancora?
3. *(indique la provenance)* ● il est entré dans le magasin au moment où j'en sortais è entrato nel negozio mentre io uscivo ● j'en viens ci sono appena stato
4. *(complément du nom, de l'adjectif)* ne ● j'en garde un excellent souvenir ne conservo un ottimo ricordo ● il en est fou ne va matto

encadrer [ɑ̃kadʀe] *vt* incorniciare
encaisser [ɑ̃kese] *vt* incassare

encastrer [ɑ̃kastʀe] *vt* incassare
enceinte [ɑ̃sɛ̃t] *adj f* incinta ● être enceinte essere incinta ● tomber enceinte rimanere incinta ● je suis enceinte de six mois sono al sesto mese di gravidanza ◇ *nf* **1.** *(haut-parleur)* cassa *f* (acustica) **2.** *(d'une ville)* mura *fpl*
encens [ɑ̃sɑ̃] *nm* incenso *m*
encercler [ɑ̃seʀkle] *vt* (personne, ville) accerchiare
enchaîner [ɑ̃ʃene] *vt* **1.** *(attacher)* incatenare **2.** *(idées, phrases)* concatenare ◆ **s'enchaîner** *vp* (se suivre) concatenarsi
enchanté, e [ɑ̃ʃɑ̃te] *adj* contentissimo(a) ● enchanté (de faire votre connaissance) ! molto lieto (di conoscerla)! ● je suis enchanté du séjour sono contentissimo del viaggio
enchères [ɑ̃ʃɛʀ] *nfpl* asta *f* ● vendre qqch aux enchères vendere qc all'asta
enclencher [ɑ̃klɑ̃ʃe] *vt* innescare
enclos [ɑ̃klo] *nm* recinto *m*
encoche [ɑ̃kɔʃ] *nf* tacca *f*
encolure [ɑ̃kɔlyʀ] *nf* (de vêtement) collo *m*
encombrant, e [ɑ̃kɔ̃bʀɑ̃, ɑ̃t] *adj* ingombrante
encombrements [ɑ̃kɔ̃bʀəmɑ̃] *nmpl* (embouteillages) ingorghi *mpl*
encombrer [ɑ̃kɔ̃bʀe] *vt* intralciare ● encombré de (pièce, table) ingombro di
encore [ɑ̃kɔʀ] *adv*
1. *(toujours)* ancora ● il reste encore une centaine de kilomètres restano ancora un centinaio di chilometri ● pas encore non ancora
2. *(de nouveau)* ancora ● j'ai encore oublié mes clefs ! ho dimenticato ancora le

chiavi! ● **encore une fois** ancora una volta
3. *(en plus)* ancora ● **encore un peu de légumes ?** ancora un po' di verdura ? ● **reste encore un peu** resta ancora un po'
4. *(en intensif)* ancora ● **c'est encore plus cher ici** è ancora più caro qui

encourager [ɑ̃kuʀaʒe] *vt* incoraggiare ● **encourager qqn à faire qqch** incoraggiare qn a fare qc

encre [ɑ̃kʀ] *nf* inchiostro *m* ● **encre de Chine** inchiostro di china

encyclopédie [ɑ̃siklɔpedi] *nf* enciclopedia *f*

endetter [ɑ̃dete] ◆ **s'endetter** *vp* indebitarsi

endive [ɑ̃div] *nf* indivia *f*

endommager [ɑ̃dɔmaʒe] *vt* danneggiare

endormi, e [ɑ̃dɔʀmi] *adj* addormentato(a)

endormir [ɑ̃dɔʀmiʀ] *vt* addormentare ◆ **s'endormir** *vp* addormentarsi

endroit [ɑ̃dʀwa] *nm* **1.** luogo *m* **2.** *(d'un pull)* diritto *m* ● **à l'endroit** al diritto ● **je connais un endroit sympa** conosco un posto carino

endurance [ɑ̃dyʀɑ̃s] *nf* resistenza *f*

endurant, e [ɑ̃dyʀɑ̃, ɑ̃t] *adj* resistente

endurcir [ɑ̃dyʀsiʀ] ◆ **s'endurcir** *vp* indurirsi

énergie [enɛʀʒi] *nf* **1.** energia *f* **2.** ● **énergie renouvelable** energia rinnovabile

énergique [enɛʀʒik] *adj* energico(a)

énerver [enɛʀve] *vt* innervosire ◆ **s'énerver** *vp* innervosirsi

enfance [ɑ̃fɑ̃s] *nf* infanzia *f* ● **souvenirs d'enfance** ricordi d'infanzia

enfant [ɑ̃fɑ̃] *nmf* **1.** bambino *m*, -a *f* **2.** *(descendant)* figlio *m*, -a *f* ● **enfant de chœur** chierichetto *m* ● **attendre un enfant** aspettare un bambino

enfantin, e [ɑ̃fɑ̃tɛ̃, in] *adj* infantile

enfer [ɑ̃fɛʀ] *nm* inferno *m*

enfermer [ɑ̃fɛʀme] *vt* **1.** *(personne)* rinchiudere **2.** *(objet)* chiudere

enfiler [ɑ̃file] *vt* infilare

enfin [ɑ̃fɛ̃] *adv* **1.** *(finalement)* finalmente **2.** *(en dernier)* infine ● **nous sommes enfin arrivés !** finalmente siamo arrivati !

enflammer [ɑ̃flame] ◆ **s'enflammer** *vp* infiammarsi

enfler [ɑ̃fle] *vi* gonfiarsi ● **ma cheville a enflé** mi si è gonfiata la caviglia

enfoncer [ɑ̃fɔ̃se] *vt* **1.** *(clou)* conficcare **2.** *(porte, aile de voiture)* sfondare ● **enfoncer qqch dans** conficcare qc in ◆ **s'enfoncer** *vp* sprofondare

enfouir [ɑ̃fwiʀ] *vt* seppellire

enfreindre [ɑ̃fʀɛ̃dʀ] *vt* ● **enfreindre la loi** infrangere la legge

enfreint, e [ɑ̃fʀɛ̃, ɛ̃t] *pp* ➤ **enfreindre**

enfuir [ɑ̃fɥiʀ] ◆ **s'enfuir** *vp* fuggire

enfumé, e [ɑ̃fyme] *adj* fumoso(a)

engagement [ɑ̃gaʒmɑ̃] *nm* **1.** *(promesse)* impegno *m* **2.** SPORT ingaggio *m*

engager [ɑ̃gaʒe] *vt* **1.** *(salarié, personnel)* assumere **2.** *(conversation, négociations)* iniziare ◆ **s'engager** *vp* *(dans l'armée)* arruolarsi ● **s'engager à faire qqch** impegnarsi a fare qc ● **s'engager sur l'autoroute** entrare in autostrada

engelure [ɑ̃ʒlyʀ] *nf* gelone *m*

engin [ɑ̃ʒɛ̃] *nm* apparecchio *m*

engloutir [ãglutiʀ] vt 1. *(nourriture)* divorare 2. *(submerger)* inghiottire

engouffrer [ãgufʀe] ◆ **s'engouffrer dans** vp + prep riversarsi in

engourdi, e [ãguʀdi] adj intorpidito(a)

engrais [ãgʀɛ] nm concime m

engraisser [ãgʀese] vt & vi ingrassare

engrenage [ãgʀənaʒ] nm ingranaggio m

énigmatique [enigmatik] adj enigmatico(a)

énigme [enigm] nf enigma m

enjamber [ãʒãbe] vt 1. *(flaque, fossé)* scavalcare 2. *(suj : pont)* attraversare

enjoliveur [ãʒɔlivœʀ] nm coprimozzo m

enlaidir [ãlediʀ] vt imbruttire

enlèvement [ãlɛvmã] nm 1. *(kidnapping)* rapimento m 2. *(de voiture)* rimozione f ▼ enlèvement demandé adesivo applicato dai vigili urbani sul finestrino di una macchina di cui è stata richiesta la rimozione

enlever [ãlve] vt 1. togliere 2. *(kidnapper)* rapire ◆ **s'enlever** vp *(tache)* andare via

enliser [ãlize] ◆ **s'enliser** vp impantanarsi

enneigé, e [ãneʒe] adj innevato(a)

ennemi, e [ɛnmi] nm, f nemico m, -a f

ennui [ãnɥi] nm noia f ● avoir des ennuis avere delle noie ● des ennuis de santé avere dei problemi di salute

ennuyé, e [ãnɥije] adj seccato(a)

ennuyer [ãnɥije] vt 1. *(lasser)* annoiare 2. *(contrarier)* seccare ◆ **s'ennuyer** vp annoiarsi

ennuyeux, euse [ãnɥijø, øz] adj 1. *(lassant)* noioso(a) 2. *(contrariant)* seccante

énorme [enɔʀm] adj enorme

énormément [enɔʀmemã] adv enormemente ● il a fait énormément de progrès ha fatto dei progressi enormi ● il y avait énormément de monde c'era un mare di gente

enquête [ãkɛt] nf inchiesta f

enquêter [ãkete] vi ● enquêter (sur) indagare (su)

enragé, e [ãʀaʒe] adj *(chien)* rabbioso(a)

enrayer [ãʀeje] vt *(maladie, crise)* arrestare ◆ **s'enrayer** vp *(arme)* incepparsi

enregistrement [ãʀəʒistʀəmã] nm *(musical, de données)* registrazione f ▼ enregistrement des bagages check-in m inv

enregistrer [ãʀəʒistʀe] vt 1. registrare 2. INFORM ● enregistrer (sous) salvare (in)

enrhumé, e [ãʀyme] adj raffreddato(a)

enrhumer [ãʀyme] ◆ **s'enrhumer** vp prendere il raffreddore

enrichir [ãʀiʃiʀ] vt arricchire ◆ **s'enrichir** vp arricchirsi

enrobé, e [ãʀɔbe] adj ● enrobé(e) de ricoperto(a) di

enroué, e [ãʀwe] adj *(voix, personne)* rauco(a)

enrouler [ãʀule] vt arrotolare ◆ **s'enrouler** vp arrotolarsi

enseignant, e [ãsɛɲã, ãt] nm, f insegnante mf

enseigne [ãsɛɲ] nf insegna f ● enseigne lumineuse insegna luminosa

enseignement [ãsɛɲmã] nm insegnamento m ● enseignement primaire/secondaire/supérieur istruzione f elementare/secondaria/universitaria

enseigner [ãsɛɲe] *vt & vi* insegnare ● **enseigner l'anglais à qqn** insegnare l'inglese a qn

ensemble [ãsãbl] *adv* insieme ◇ *nm* **1.** insieme *m* **2.** *(vêtement)* completo *m* ● **l'ensemble de** l'insieme di ● **dans l'ensemble** nell'insieme

ensevelir [ãsəvliʀ] *vt* seppellire

ensoleillé, e [ãsɔleje] *adj* soleggiato(a)

ensuite [ãsɥit] *adv* poi, dopo

entaille [ãtaj] *nf* **1.** *(blessure)* taglio *m* **2.** *(fente)* incisione *f*

entamer [ãtame] *vt* cominciare

entasser [ãtase] *vt (mettre en tas)* ammucchiare ✦ **s'entasser** *vp (voyageurs)* stiparsi

entendre [ãtãdʀ] *vt* sentire ● **j'ai entendu dire que** ho sentito dire che ● **entendre parler de** sentir parlare di ● **s'entendre** *vp (sympathiser)* andar d'accordo ● **s'entendre (bien) avec qqn** andar d'accordo con qn

entendu, e [ãtãdy] *adj (convenu)* inteso(a) ● **(c'est) entendu !** siamo intesi! ● **bien entendu** beninteso

enterrement [ãtɛʀmã] *nm (cérémonie)* funerale *m* ● **enterrement de vie de garçon/jeune fille** addio *m* al celibato/nubilato

enterrer [ãtere] *vt* seppellire

en-tête, s [ãtɛt] *nm* intestazione *f* ● **papier à en-tête** carta intestata

entêter [ãtete] ✦ **s'entêter** *vp* ostinarsi ● **s'entêter à faire qqch** ostinarsi a fare qc

enthousiasme [ãtuzjasm] *nm* entusiasmo *m*

enthousiasmer [ãtuzjasme] *vt* entusiasmare ✦ **s'enthousiasmer pour** *vp + prep* entusiasmarsi per

enthousiaste [ãtuzjast] *adj* entusiasta

entier, ère [ãtje, ɛʀ] *adj* **1.** intero(a) **2.** *(confiance, liberté)* completo(a) ● **dans le monde entier** nel mondo intero ● **pendant des journées entières** per delle intere giornate ● **en entier** per intero

entièrement [ãtjɛʀmã] *adv* interamente

entonnoir [ãtɔnwaʀ] *nm* imbuto *m*

entorse [ãtɔʀs] *nf* storta *f* ● **se faire une entorse** prendere una storta

entortiller [ãtɔʀtije] *vt* attorcigliare

entourage [ãtuʀaʒ] *nm* cerchia *f*

entourer [ãtuʀe] *vt* **1.** *(cerner)* circondare **2.** *(mot, phrase)* cerchiare ● **entouré d'une clôture** circondato da un recinto ● **entouré d'un trait rouge** cerchiato di rosso

entracte [ãtʀakt] *nm* intervallo *m*

entraider [ãtʀede] ✦ **s'entraider** *vp* aiutarsi reciprocamente

entrain [ãtʀɛ̃] *nm* ● **avec entrain** con brio ● **plein d'entrain** pieno di brio

entraînant, e [ãtʀɛnã, ãt] *adj (musique)* trascinante

entraînement [ãtʀɛnmã] *nm* allenamento *m* ● **manquer d'entraînement** essere fuori allenamento

entraîner [ãtʀene] *vt* **1.** *(emporter, emmener)* trascinare **2.** SPORT allenare **3.** *(provoquer)* ● **entraîner des complications** comportare complicazioni ● **s'entraîner** *vp* allenarsi ● **s'entraîner à faire qqch** allenarsi a fare qc

entraîneur, euse [ɑ̃tʀɛnœʀ, øz] *nm, f* SPORT allenatore *m*, -trice *f*

entraver [ɑ̃tʀave] *vt* ostacolare

entre [ɑ̃tʀ] *prép* tra, fra ● **entre amis** tra ou fra amici ● **entre l'église et la mairie** tra la chiesa e il municipio ● **choisir entre deux choses** scegliere tra due cose ● **l'un d'entre nous** uno di noi

entrebâiller [ɑ̃tʀəbɑje] *vt* socchiudere

entrechoquer [ɑ̃tʀəʃɔke] ● **s'entrechoquer** *vp* scontrarsi

entrecôte [ɑ̃tʀəkot] *nf* costata *f* ● **entrecôte à la bordelaise** costata alla griglia accompagnata da una salsa al vino rosso e allo scalogno

entrée [ɑ̃tʀe] *nf* **1.** ingresso *m* **2.** CULIN antipasto *m* ▼ **entrée gratuite** ingresso gratuito ▼ **entrée interdite** vietato l'ingresso ▼ **entrée libre** ingresso libero ● **vous prendrez une entrée ?** desidera un antipasto?

entreposer [ɑ̃tʀəpoze] *vt* immagazzinare

entrepôt [ɑ̃tʀəpo] *nm* magazzino *m*

entreprendre [ɑ̃tʀəpʀɑ̃dʀ] *vt* intraprendere

entrepreneur, euse [ɑ̃tʀəpʀənœʀ, øz] *nm, f* imprenditore *m*, -trice *f*

entrepris, e [ɑ̃tʀəpʀi, iz] *pp* ➤ **entreprendre**

entreprise [ɑ̃tʀəpʀiz] *nf* impresa *f*

entrer [ɑ̃tʀe] *vi* entrare ◇ *vt* INFORM inserire ● **entrez !** avanti! ● **entrer dans** entrare in

entre-temps [ɑ̃tʀətɑ̃] *adv* nel frattempo

entretenir [ɑ̃tʀətəniʀ] *vt* (maison, plante) curare ◆ **s'entretenir** *vp* ● **s'entretenir (de qqch) avec qqn** intrattenersi con qn (su qc)

entretenu, e [ɑ̃tʀətəny] *pp* ➤ **entretenir**

entretien [ɑ̃tʀətjɛ̃] *nm* **1.** (d'un vêtement, d'une machine) manutenzione *f* **2.** (conversation) colloquio *m* ● **entretien téléphonique** colloquio telefonico ● **entretien d'embauche** colloquio di lavoro

entrevue [ɑ̃tʀəvy] *nf* incontro *m*

entrouvert, e [ɑ̃tʀuvɛʀ, ɛʀt] *adj* socchiuso(a)

énumération [enymeʀasjɔ̃] *nf* enumerazione *f*

énumérer [enymeʀe] *vt* enumerare

envahir [ɑ̃vaiʀ] *vt* invadere

envahissant, e [ɑ̃vaisɑ̃, ɑ̃t] *adj* invadente

enveloppe [ɑ̃vlɔp] *nf* busta *f*

Libeller une enveloppe

Comme en France, il existe des usages pour libeller une enveloppe en Italie. Si l'adresse du destinataire doit obligatoirement être écrite à droite, sous le timbre, vous pourrez choisir d'écrire l'adresse de l'expéditeur au dos de l'enveloppe, sur une ou deux lignes, ou sur le devant de l'enveloppe, en haut à gauche.

envelopper [ɑ̃vlɔpe] *vt* avvolgere

envers [ɑ̃vɛʀ] *prép* verso ◇ *nm* retro *m* ● **à l'envers** a rovescio ● **l'envers et l'endroit** il dritto e il rovescio ● **envers mon frère** verso mio fratello ● **envers lui** verso di lui

envie [ɑ̃vi] *nf* 1. *(désir)* voglia *f* 2. *(jalousie)* invidia *f* • avoir envie de faire qqch avere voglia di fare qc • avoir envie de qqch avere voglia di qc

envier [ɑ̃vje] *vt* invidiare

environ [ɑ̃virɔ̃] *adv* circa • environs *nmpl* dintorni *mpl* • il y avait environ 30 personnes c'erano circa 30 persone • aux environs de *(heure, nombre)* intorno a ; *(lieu)* nei dintorni di • dans les environs nei dintorni

environnant, e [ɑ̃virɔnɑ̃, ɑ̃t] *adj* circostante

environnement [ɑ̃virɔnmɑ̃] *nm* ambiente *m* • protection de l'environnement protezione ambientale • travailler dans l'environnement lavorare nel settore ambientale

environnemental, e, aux [ɑ̃virɔnmɑ̃tal, o] *adj* ambientale

envisager [ɑ̃vizaʒe] *vt* 1. *(considérer)* considerare 2. *(projeter)* prevedere • j'envisage de m'installer à Rome ho intenzione di stabilirmi a Roma

envoi [ɑ̃vwa] *nm* invio *m*

envoler [ɑ̃vɔle] • s'envoler *vp* 1. *(oiseau, avion)* prendere il volo 2. *(feuilles)* volare via

envoyé, e [ɑ̃vwaje] *nm, f* inviato *m*, -a *f* • envoyé spécial inviato speciale

envoyer [ɑ̃vwaje] *vt* 1. *(lettre, paquet)* mandare, inviare 2. *(balle, objet)* lanciare 3. *(mail, SMS)* inviare 4. *(personne)* mandare

épagneul [epaɲœl] *nm* épagneul *m inv*

épais, aisse [epɛ, ɛs] *adj* 1. *(large)* spesso(a) 2. *(cheveux)* folto(a) 3. *(brouillard)* fitto(a) 4. *(soupe)* denso(a)

épaisseur [epesœr] *nf* spessore *m*

épaissir [epesir] *vi* CULIN addensare • s'épaissir *vp (brouillard)* infittirsi

épanouir [epanwir] • s'épanouir *vp* 1. *(fleur)* sbocciare 2. *(visage)* illuminarsi 3. *(personne)* s'épanouir dans son travail realizzarsi nel lavoro

épargne [eparɲ] *nf* risparmio *m*

épargner [eparɲe] *vt* risparmiare

éparpiller [eparpije] *vt* sparpagliare • s'éparpiller *vp* sparpagliarsi

épatant, e [epatɑ̃, ɑ̃t] *adj* straordinario(a)

épater [epate] *vt* sbalordire

épaule [epol] *nf* spalla *f* • épaule d'agneau spalla di agnello, con o senz'osso, arrostita, grigliata o brasata

épaulette [epolɛt] *nf* spallina *f*

épave [epav] *nf* 1. *(relitto m)* 2. *(voiture)* rottame *m*

épée [epe] *nf* spada *f*

épeler [eple] *vt* fare lo spelling • pouvez-vous m'épeler votre nom ? mi può dire come si scrive il suo nome?

éperon [eprɔ̃] *nm* sperone *m*

épi [epi] *nm* 1. *(de blé, de maïs)* spiga *f* 2. *(de cheveux)* ciuffo *m* ribelle • stationnement en épi parcheggio a spina di pesce

épice [epis] *nf* spezia *f* ➤ pain

épicé, e [epise] *adj* piccante

épicerie [episri] *nf* 1. *(magasin)* negozio *m* di *(generi)* alimentari 2. *(denrées)* *(generi)* alimentari *mpl* • épicerie fine *(boutique)* negozio di alta gastronomia

épicier, ère [episje, ɛr] *nm, f* negoziante *m f* di alimentari

épidémie [epidemi] *nf* epidemia *f*

épier [epje] *vt* spiare

épilepsie [epilɛpsi] *nf* epilessia *f* ● **crise d'épilepsie** crisi epilettica

épiler [epile] *vt* depilare ● **se faire épiler** fare la depilazione ◆ **s'épiler** *vp* depilarsi

épinards [epinaʀ] *nmpl* spinaci *mpl*

épine [epin] *nf* spina *f* ● **épine dorsale** spina dorsale

épingle [epɛ̃gl] *nf* spillo *m* ● **épingle à cheveux** forcina *f* ● **épingle à nourrice** spilla *f* da balia

épisode [epizɔd] *nm* 1. (*de feuilleton*) puntata *f* 2. (*événement*) episodio *m*

éplucher [eplyʃe] *vt* sbucciare

épluchures [eplyʃyʀ] *nfpl* bucce *fpl*

éponge [epɔ̃ʒ] *nf* spugna *f*

éponger [epɔ̃ʒe] *vt* asciugare

époque [epɔk] *nf* epoca *f* ● **à l'époque (de)** all'epoca (di)

épouse ➤ **époux**

épouser [epuze] *vt* sposare

épousseter [epuste] *vt* spolverare

épouvantable [epuvɑ̃tabl] *adj* spaventoso(a)

épouvantail [epuvɑ̃taj] *nm* spaventapasseri *m*

épouvante [epuvɑ̃t] *nf* ➤ **film**

épouvanter [epuvɑ̃te] *vt* spaventare

époux, épouse [epu, epuz] *nm, f* marito *m*, moglie *f*

épreuve [epʀœv] *nf* prova *f*

éprouvant, e [epʀuvɑ̃, ɑ̃t] *adj* faticoso(a)

éprouver [epʀuve] *vt* provare

éprouvette [epʀuvɛt] *nf* provetta *f*

EPS *nf* (*abr de éducation physique et sportive*) educazione *f* fisica

épuisant, e [epɥizɑ̃, ɑ̃t] *adj* estenuante

épuisé, e [epɥize] *adj* 1. sfinito(a) 2. (*livre, produit*) esaurito(a)

épuiser [epɥize] *vt* 1. sfinire 2. (*ressources*) esaurire

épuisette [epɥizɛt] *nf* guadino *m*

équateur [ekwatœʀ] *nm* equatore *m*

équation [ekwasjɔ̃] *nf* equazione *f*

équerre [ekɛʀ] *nf* squadra *f*

équilibre [ekilibʀ] *nm* equilibrio *m* ● **en équilibre** in equilibrio ● **perdre l'équilibre** perdere l'equilibrio

équilibré, e [ekilibʀe] *adj* equilibrato(a)

équilibriste [ekilibʀist] *nmf* equilibrista *mf*

équipage [ekipaʒ] *nm* equipaggio *m* ● **membre d'équipage** membro dell'equipaggio

équipe [ekip] *nf* 1. squadra *f* 2. (*d'employés*) gruppo *m*

équipement [ekipmɑ̃] *nm* attrezzatura *f*

équiper [ekipe] *vt* 1. (*personne*) equipaggiare 2. (*cuisine, voiture*) attrezzare ◆ **s'équiper (de)** *vp + prep* attrezzarsi ou equipaggiarsi (di)

équipier, ère [ekipje, ɛʀ] *nm, f* SPORT compagno *m*, -a *f* di squadra

équitable [ekitabl] *adj* equo(a) ● **commerce équitable** commercio equo (e solidale)

équitation [ekitasjɔ̃] *nf* equitazione *f* ● **faire de l'équitation** fare equitazione

équivalent, e [ekivalɑ̃, ɑ̃t] *adj* equivalente ◇ *nm* equivalente *m*

équivaloir [ekivalwaʀ] *vi* ● **ça équivaut à (faire)...** questo equivale a (fare)... ● **une tonne équivaut à 1000 kilos** una tonnellata equivale a 1000 chili

érable [eʀabl] *nm* acero *m* ● **sirop d'érable** sciroppo d'acero

érafler [eʀafle] *vt* scalfire

éraflure [eʀaflyʀ] *nf* scalfittura *f*

érotique [eʀɔtik] *adj* erotico(a)

erreur [eʀœʀ] *nf* errore *m* ● **faire une erreur** fare un errore

éruption [eʀypsjɔ̃] *nf* eruzione *f* ● **éruption cutanée** eruzione cutanea

es ➤ **être**

ESB (*abr de Encéphalopathie Spongiforme Bovine*) *nf* BSE *f inv* (*encefalopatia spongiforme bovina*)

escabeau, x [eskabo] *nm* scaletta *f*

escalade [eskalad] *nf* 1. (*d'une montagne*) scalata *f* 2. (*activité*) alpinismo *m*

escalader [eskalade] *vt* scalare

Escalator® [eskalatɔʀ] *nm* scala *f* mobile

escale [eskal] *nf* scalo *m* ● **faire escale (à)** fare scalo (a) ● **vol sans escale** volo senza scalo

escalier [eskalje] *nm* scala *f* ● **les escaliers** le scale ● **tomber dans les escaliers** cadere dalle scale ● **escalier roulant** scala mobile

escalope [eskalɔp] *nf* scaloppina *f*

escargot [eskaʀgo] *nm* lumaca *f*

escarpé, e [eskaʀpe] *adj* scosceso(a)

escarpin [eskaʀpɛ̃] *nm* décolleté *m inv*

escavèche [eskaveʃ] *nf* (*Belg*) pesci fritti immersi in una salsa di vino e aceto

esclaffer [esklafe] ◆ **s'esclaffer** *vp* scoppiare a ridere

esclavage [esklavaʒ] *nm* schiavitù *f inv*

esclave [esklav] *nmf* schiavo *m*, -a *f*

escorte [eskɔʀt] *nf* scorta *f* ● **sous escorte policière** scortato(a), sotto scorta

escrime [eskʀim] *nf* scherma *f*

escroc [eskʀo] *nm* truffatore *m*

escroquerie [eskʀɔki] *nf* truffa *f*

espace [espas] *nm* spazio *m* ● **en l'espace de trois jours** nel giro di tre giorni ● **espace fumeurs/non-fumeurs** zona *f* fumatori/non fumatori ● **espaces verts** zone verdi

espacer [espase] *vt* 1. (*arbres, maisons*) distanziare 2. (*visites*) diradare

espadrille [espadʀij] *nf* espadrilles *fpl*

Espagne [espaɲ] *nf* ● **l'Espagne** la Spagna

espagnol, e [espaɲɔl] *adj* spagnolo(a) ◇ *nm* (*langue*) spagnolo *m* ◆ **Espagnol, e** *nm, f* spagnolo *m*, -a *f*

espèce [espɛs] *nf* (*race*) specie *f inv* ● **espèce en voie d'extinction** specie in via di estinzione ● **une espèce de** una specie di ● **espèce d'imbécile !** razza di imbecille! ◆ **espèces** *nfpl* contanti *mpl* ● **(payer) en espèces** (pagare) in contanti

espérer [espeʀe] *vt* sperare ● **espérer faire qqch** sperare di fare qc ● **j'espère (bien) !** spero (bene)!

espion, onne [espjɔ̃, ɔn] *nm, f* spia *f*

espionnage [espjɔnaʒ] *nm* spionaggio *m* ● **espionnage industriel** spionaggio industriale ● **film d'espionnage** film di spionaggio

espionner [espjɔne] *vt* spiare

esplanade [esplanad] *nf* piazzale *m*

espoir [espwaʀ] *nm* speranza *f*

esprit [espʀi] *nm* 1. (*pensée*) mente *f* 2. (*caractère*) temperamento *m* 3. (*humour, fantôme*) spirito *m*

Esquimau, aude, x [ɛskimo, od] *nm, f* eschimese *mf* ● **Esquimau**® *nm* (glace) ≃ pinguino *m*

esquisser [ɛskise] *vt* abbozzare

esquiver [ɛskive] *vt* schivare ● **s'esquiver** *vp* svignarsela

essai [esɛ] *nm* **1.** *(test)* prova *f* **2.** *(tentative)* tentativo *m* **3.** *(littéraire)* saggio *m* **4.** SPORT meta *f* ● **à l'essai** in prova

essaim [esɛ̃] *nm* sciame *m*

essayage [esɛjaʒ] *nm* ➤ **cabine**

essayer [eseje] *vt* **1.** provare **2.** *(tenter)* tentare ● **essayer de faire qqch** tentare di fare qc ● **essayer un vêtement** provare un indumento

essence [esɑ̃s] *nf* benzina *f* ● **essence sans plomb** benzina senza piombo

essentiel, elle [esɑ̃sjɛl] *adj* essenziale ◇ *nm* ● **l'essentiel** l'essenziale *m*

essieu, x [esjø] *nm* asse *m*

essorage [esɔraʒ] *nm* (sur un lave-linge) centrifuga *f*

essorer [esɔre] *vt* **1.** *(à la main)* strizzare **2.** *(suj : lave-linge)* centrifugare

essoufflé, e [esufle] *adj* senza fiato *(inv)*

essuie-glace, s [esɥiglas] *nm* tergicristallo *m*

essuie-mains [esɥimɛ̃] *nm inv* asciugamano *m*

essuie-tout [esɥitu] *nm inv* carta f assorbente

essuyer [esɥije] *vt* asciugare ● **essuie tes pieds avant d'entrer !** pulisciti le scarpe prima di entrare ! ◆ **s'essuyer** *vp* asciugarsi ● **s'essuyer les mains** asciugarsi le mani

¹est [ɛ] ➤ **être**

²est [ɛst] *adj inv* est *(inv)*, orientale ◇ *nm* est *m* ● **à l'est (de)** a est (di)

est-ce que [ɛskə] *adv* ● **est-ce que Marc est là ?** c'è Marco? ● **est-ce que tu as mangé ?** hai mangiato ? ● **comment est-ce que ça s'est passé ?** com'è andata ?

esthéticien, enne [estetisjɛ̃, ɛn] *nm, f* estetista *mf*

esthétique [estetik] *adj* estetico(a)

estimation [ɛstimasjɔ̃] *nf* stima *f*

estimer [estime] *vt* stimare ● **estimer que** ritenere che

estival, e [ɛstival] *adj* estivo(a)

estivant, e [ɛstivɑ̃, ɑ̃t] *nm, f* villeggiante *mf*

estomac [ɛstɔma] *nm* stomaco *m* ● **avoir des brûlures d'estomac** avere bruciori di stomaco

Estonie [ɛstɔni] *nf* ● **l'Estonie** l'Estonia *f*

estrade [ɛstrad] *nf* pedana *f*

estragon [ɛstragɔ̃] *nm* dragoncello *m*

estuaire [ɛstɥɛr] *nm* estuario *m*

et [e] *conj* e ● **et après ?** *(pour défier)* e allora? ● **je l'aime bien, et toi ?** mi piace, e a te? ● **vingt et un** ventuno

étable [etabl] *nf* stalla *f*

établi [etabli] *nm* banco *m* (di lavoro)

établir [etablir] *vt* **1.** *(commerce, entreprise)* mettere su **2.** *(liste, devis)* fare **3.** *(contact, relations)* stabilire ◆ **s'établir** *vp* **1.** stabilirsi **2.** *(usage, relations)* instaurarsi

établissement [etablismɑ̃] *nm (organisme)* ente *m* ● **établissement scolaire** istituto *m* scolastico

étage [etaʒ] *nm* piano *m* ● **au premier étage** al primo piano ● **à l'étage** *(en haut)* al piano superiore

étagère [etaʒɛʀ] nf 1. (dans un meuble) ripiano m, scaffale m 2. (meuble) mobile m a ripiani

étain [etɛ̃] nm stagno m

étais ➤ **être**

étal [etal] nm (sur les marchés) bancarella f

étalage [etalaʒ] nm (vitrine) vetrina f

étaler [etale] vt 1. (nappe, carte) stendere 2. (beurre, confiture) spalmare 3. (paiements) ripartire ◆ **s'étaler** vp 1. (s'étendre) estendersi 2. (dans le temps) ● mon stage s'étale sur six mois il mio stage ha una durata di sei mesi

étanche [etɑ̃ʃ] adj stagno(a)

étang [etɑ̃] nm stagno m

étant [etɑ̃] p prés ➤ **être**

étape [etap] nf tappa f ● faire étape à fare tappa a

état [eta] nm stato m ● en état (de marche) in grado di funzionare ● en bon état in buone condizioni ● en mauvais état in cattive condizioni ● état civil stato civile ● état d'esprit stato d'animo ● état de santé stato di salute ● **État** nm POL Stato m

États-Unis [etazyni] nmpl ● les États-Unis gli Stati Uniti

etc. (abr de et cetera) ecc.

et cetera [ɛtsetera] adv eccetera

¹ **été** [ete] pp ➤ **être**

² **été** [ete] nm estate f ● en été d'estate

éteindre [etɛ̃dʀ] vt spegnere ◆ **s'éteindre** vp spegnersi

éteint, e [etɛ̃, ɛ̃t] pp ➤ **éteindre**

étendre [etɑ̃dʀ] vt 1. stendere 2. (personne) distendere ◆ **s'étendre** vp 1. (se coucher) stendersi 2. (être situé, se propager) estendersi

étendu, e [etɑ̃dy] adj 1. (grand) vasto(a) 2. (couché) disteso(a)

étendue [etɑ̃dy] nf 1. (surface) superficie f 2. (fig) (importance) ● l'étendue des dégâts l'entità f inv dei danni

éternel, elle [etɛʀnɛl] adj eterno(a)

éternité [etɛʀnite] nf eternità f inv ● cela fait une éternité que... è una vita che...

éternuement [etɛʀnymɑ̃] nm starnuto m

éternuer [etɛʀnɥe] vi starnutire

êtes ➤ **être**

étinceler [etɛ̃sle] vi scintillare

étincelle [etɛ̃sɛl] nf scintilla f

étiquette [etiket] nf etichetta f

étirer [etire] vt (élastique) tendere 2. (jambes) distendere ◆ **s'étirer** vp (personne) stirarsi

étoffe [etɔf] nf stoffa f

étoile [etwal] nf 1. stella f 2. (dessin) asterisco m ● hôtel deux/trois étoiles albergo a due/tre stelle ● dormir à la belle étoile dormire all'aperto ● étoile de mer stella marina

étonnant, e [etɔnɑ̃, ɑ̃t] adj sorprendente

étonné, e [etɔne] adj stupito(a)

étonner [etɔne] vt stupire ● ça m'étonnerait (que) mi stupirebbe (che) ● tu m'étonnes ! (fam) per forza! ◆ **s'étonner** vp ● s'étonner que stupirsi che

étouffant, e [etufɑ̃, ɑ̃t] adj soffocante

étouffer [etufe] vt & vi soffocare ◆ **s'étouffer** vp 1. (manquer d'air) soffocare 2. (mourir) strozzarsi

étourderie [eturdəri] *nf (caractère)* sbadataggine f ● **par étourderie** per sbadataggine ● **faire une étourderie** fare un errore di distrazione

étourdi, e [eturdi] *adj* sbadato(a)

étourdir [eturdir] *vt* stordire

étourdissement [eturdismã] *nm* stordimento m

étrange [etrãʒ] *adj* strano(a)

étranger, ère [etrãʒe, ɛr] *adj* **1.** *(ville, coutume)* straniero(a) **2.** *(inconnu)* estraneo(a) **3.** *(des autres nations)* estero(a) ● **les Affaires Étrangères** gli Affari Esteri ◇ *nm, f* **1.** *(d'un autre pays)* straniero m, -a f **2.** *(inconnu)* estraneo m, -a f ◇ *nm* ● **à l'étranger** all'estero

étrangler [etrãgle] *vt* strozzare ● **s'étrangler** *vp* strozzarsi

être [etr] *vi*

1. *(pour décrire)* essere ● **être content** essere contento ● **je suis architecte** sono architetto ● **elle est grande et maigre** è alta e magra

2. *(pour désigner le lieu, l'origine)* essere ● **nous serons à Naples/à la maison à partir de demain** saremo a Napoli/a casa a partire da domani ● **d'où êtes-vous?** di dove siete?

3. *(pour donner la date, l'heure)* ● **quel jour sommes-nous?** che giorno è oggi? ● **nous sommes jeudi** è giovedì ● **quelle heure est-il?** che ore sono? ● **il est seize heures** sono le sedici

4. *(aller)* ● **j'ai été trois fois en Italie** sono stato tre volte in Italia

5. *(pour exprimer l'appartenance)* ● **être à qqn** essere di qn ● **cette voiture est à** vous? questa macchina è sua? ● **c'est à Daniel** è di Daniel

◇ *v impers*

1. *(pour désigner le moment)* ● **il est tard** è tardi

2. *(avec un adjectif ou un participe passé)* ● **il est difficile de savoir si...** è difficile sapere se... ● **il est recommandé de réserver à l'avance** è preferibile prenotare in anticipo

◇ *v aux*

1. *(pour former le passé composé)* essere ● **nous sommes partis hier** siamo partiti ieri ● **je suis née en 1976** sono nata nel 1976 ● **tu t'es coiffé?** ti sei pettinato?

2. *(pour former le passif)* essere ● **le train a été retardé** il treno è stato ritardato

◇ *nm (créature)* essere m ● **être humain** essere umano

étrennes [etren] *nfpl* mancia che si usa dare a capodanno al postino, ai netturbini, alla portinaia, ecc.

étrier [etrije] *nm* staffa f

étroit, e [etrwa, at] *adj* stretto(a) ● **à l'étroit** stare stretto

étude [etyd] *nf* **1.** studio m **2.** *(salle d'école)* aula f di studio ● **études** *nfpl* studi mpl ● **faire des études (de qqch)** studiare (qc) ● **arrêter/poursuivre ses études** interrompere/continuare gli studi

étudiant, e [etydjã, ãt] *adj* studentesco(a) ◇ *nm, f* studente m, -essa f *(universitario)*

étudier [etydje] *vt & vi* studiare

étui [etɥi] *nm* astuccio m

eu, e [y] *pp* ➤ **avoir**

euh [ø] *interj* ehm!

euro [ørɔ] *nm* euro *m inv* • **trois euros cinquante** tre euro e cinquanta • **zone euro** zona euro

eurochèque [ørɔʃɛk] *nm* eurochèque *m inv*

Europe [ørɔp] *nf* • **l'Europe** l'Europa *f* • **l'Europe de l'Est** l'Europa dell'Est

européen, enne [ørɔpeɛ̃, ɛn] *adj* europeo(a) ◆ **européennes** *nfpl* POL (elezioni) europee *fpl* • **Européen, enne** *nm, f* europeo *m*, -a *f*

eux [ø] *pron* loro • **eux-mêmes** loro stessi • **pour eux-mêmes** per se stessi

évacuer [evakɥe] *vt* evacuare

évader [evade] ◆ **s'évader** *vp* evadere

évaluer [evalɥe] *vt* valutare

Évangile [evɑ̃ʒil] *nm* Vangelo *m* • **l'Évangile selon Saint Jean** il Vangelo secondo Giovanni

évanouir [evanwir] ◆ **s'évanouir** *vp* svenire

évaporer [evapɔre] ◆ **s'évaporer** *vp* evaporare

évasé, e [evaze] *adj (vêtement)* svasato(a)

évasion [evazjɔ̃] *nf* evasione *f*

éveillé, e [eveje] *adj* sveglio(a)

éveiller [eveje] *vt* **1.** *(soupçons, attention)* suscitare **2.** *(intelligence, imagination)* risvegliare ◆ **s'éveiller** *vp* *(sensibilité, curiosité)* risvegliarsi

événement [evenmɑ̃] *nm* **1.** *(fait)* evento *m* **2.** *(fait important)* avvenimento *m*

éventail [evɑ̃taj] *nm* ventaglio *m*

éventrer [evɑ̃tre] *vt* sventrare

éventuel, elle [evɑ̃tɥɛl] *adj* eventuale

éventuellement [evɑ̃tɥɛlmɑ̃] *adv* eventualmente

évêque [evɛk] *nm* vescovo *m*

évidemment [evidamɑ̃] *adv* evidentemente

évident, e [evidɑ̃, ɑ̃t] *adj* evidente • **c'est pas évident !** *(pas facile)* non è facile!

évier [evje] *nm* acquaio *m*

évitement [evitmɑ̃] *nm* *(Belg) (déviation)* deviazione *f*

éviter [evite] *vt (voiture, personne, endroit)* evitare • **je voudrais éviter cette fatigue à ma mère** vorrei evitare questa fatica a mia madre • **éviter de faire qqch** evitare di fare qc

évolué, e [evɔlɥe] *adj* evoluto(a)

évoluer [evɔlɥe] *vi* **1.** evolversi **2.** *(maladie)* svilupparsi, evolvere • **les nouvelles technologies évoluent rapidement** le nuove tecnologie (si) evolvono velocemente

évolution [evɔlysjɔ̃] *nf* **1.** evoluzione *f* **2.** *(d'une maladie)* decorso *m*

évoquer [evɔke] *vt* **1.** *(faire penser à)* rievocare **2.** *(mentionner)* accennare a

ex [ɛks] *nmf (fam)* ex *mf inv*

ex- [ɛks] *préf (ancien)* ex-

exact, e [ɛgzakt] *adj* **1.** esatto(a) **2.** *(ponctuel)* puntuale • **c'est exact** è esatto

exactement [ɛgzaktəmɑ̃] *adv* esattamente

exactitude [ɛgzaktityd] *nf* **1.** *(précision)* esattezza *f* **2.** *(ponctualité)* puntualità *f inv*

ex æquo [ɛgzeko] *adj inv* ex æquo

exagérer [ɛgzaʒere] *vt & vi* esagerare

examen [ɛgzamɛ̃] *nm* **1.** esame *m* **2.** DR • **mise en examen** avviso *m* ou informazione *f* di garanzia • **mettre qqn en exa-**

men inviare a qn un avviso ou un'informazione di garanzia ● **examen blanc** *prova destinata a verificare la preparazione dei candidati, prima di sostenere un esame*

examinateur, trice [ɛgzaminatœʀ, tʀis] *nm, f* esaminatore *m*, -trice *f*

examiner [ɛgzamine] *vt* **1.** esaminare **2.** *(malade)* visitare

exaspérer [ɛgzaspeʀe] *vt* esasperare

excédent [ɛksedɑ̃] *nm* eccedenza *f* ● **excédent de bagages** bagaglio in eccedenza

excéder [ɛksede] *vt (dépasser)* superare

excellent, e [ɛkselɑ̃, ɑ̃t] *adj* ottimo(a)

excentrique [ɛksɑ̃tʀik] *adj* eccentrico(a)

excepté [ɛksɛpte] *prép* eccetto

exception [ɛksɛpsjɔ̃] *nf* eccezione *f* ● **faire une exception** fare un'eccezione ● **à l'exception de** a eccezione di ● **sans exception** senza eccezione

exceptionnel, elle [ɛksɛpsjɔnɛl] *adj* eccezionale

excès [ɛksɛ] *nm* eccesso *m* ● **excès de vitesse** eccesso di velocità ● **faire des excès** esagerare

excessif, ive [ɛksesif, iv] *adj* eccessivo(a)

excitant, e [ɛksitɑ̃, ɑ̃t] *adj* eccitante ◇ *nm* eccitante *m*

excitation [ɛksitasjɔ̃] *nf* eccitazione *f*

exciter [ɛksite] *vt* eccitare

exclamation [ɛksklamasjɔ̃] *nf* esclamazione *f*

exclamer [ɛksklame] ● **s'exclamer** *vp* esclamare

exclure [ɛksklyʀ] *vt* escludere

exclusif, ive [ɛksklyzif, iv] *adj* esclusivo(a)

exclusivité [ɛksklyzivite] *nf* esclusiva *f* ● **en exclusivité** *(film)* in prima visione

excursion [ɛkskyʀsjɔ̃] *nf* gita *f*

excuse [ɛkskyz] *nf* scusa *f* ● **excuses** *nfpl* ● **faire des excuses à qqn** fare le proprie scuse a qn ● **je vous présente mes excuses** le porgo le mie scuse

excuser [ɛkskyze] *vt* scusare ● **excusez-moi (mi)** scusi ● **s'excuser** *vp* scusarsi ● **s'excuser de faire qqch** scusarsi di fare qc

exécuter [ɛgzekyte] *vt* **1.** eseguire **2.** *(personne)* giustiziare

exécution [ɛgzekysjɔ̃] *nf (mise à mort)* esecuzione *f*

exemplaire [ɛgzɑ̃plɛʀ] *adj* esemplare ◇ *nm* **1.** esemplare *m* **2.** *(de document)* copia *f*

exemple [ɛgzɑ̃pl] *nm* esempio *m* ● **par exemple** ad ou per esempio ● **donner un exemple** fare un esempio

exercer [ɛgzɛʀse] *vt* esercitare ● **s'exercer** *vp* esercitarsi

exercice [ɛgzɛʀsis] *nm* esercizio *m* ● **faire de l'exercice** fare esercizio

exigeant, e [ɛgziʒɑ̃, ɑ̃t] *adj* esigente

exigence [ɛgziʒɑ̃s] *nf* esigenza *f*

exiger [ɛgziʒe] *vt* **1.** esigere **2.** *(avoir besoin de)* richiedere

exiler [ɛgzile] ● **s'exiler** *vp* esiliarsi

existence [ɛgzistɑ̃s] *nf* esistenza *f*

exister [ɛgziste] *vi* esistere ● **il existe un endroit où...** c'è un posto in cui... ● **il existe plusieurs types de pain** esistono diversi tipi di pane

exorbitant, e [ɛgzɔrbitã, ãt] *adj* esorbitante

exotique [ɛgzɔtik] *adj* esotico(a)

expatrier [ɛkspatrije] ◆ **s'expatrier** *vp* espatriare

expédier [ɛkspedje] *vt (envoyer)* spedire

expéditeur, trice [ɛkspeditœr, tris] *nm, f* mittente *mf*

expédition [ɛkspedisjɔ̃] *nf* spedizione *f*

expérience [ɛksperjãs] *nf* **1.** esperienza *f* **2.** *(scientifique)* esperimento *m* ● **expérience (professionnelle)** esperienza (professionale) ● **avoir de l'expérience** avere esperienza

expérimenté, e [ɛksperimãte] *adj* esperto(a)

expert [ɛksper] *nm* esperto *m* ● **expert en** esperto di

expertiser [ɛkspertize] *vt* valutare

expiration [ɛkspirasjɔ̃] *nf* ● **arriver à expiration** scadere

expirer [ɛkspire] *vi* **1.** *(souffler)* espirare **2.** *(prendre fin)* finire

explication [ɛksplikasjɔ̃] *nf* **1.** spiegazione *f* **2.** *(discussion)* chiarimento *m* ● **explication de texte** commento *m* di un testo

expliquer [ɛksplike] *vt* **1.** spiegare **2.** *(justifier)* giustificare ● **expliquer qqch à qqn** spiegare qc a qn ◆ **s'expliquer** *vp* **1.** spiegarsi **2.** *(se justifier)* fornire spiegazioni

exploit [ɛksplwa] *nm* exploit *m inv*, prodezza *f*

exploitation [ɛksplwatasjɔ̃] *nf* sfruttamento *m* ● **exploitation (agricole)** azienda *f* agricola

exploiter [ɛksplwate] *vt* sfruttare

exploration [ɛksplɔrasjɔ̃] *nf* esplorazione *f*

explorer [ɛksplɔre] *vt* esplorare

exploser [ɛksploze] *vi* esplodere

explosif, ive [ɛksplozif, iv] *adj* esplosivo(a) ◇ *nm* esplosivo *m*

explosion [ɛksplozjɔ̃] *nf* esplosione *f*

expo [ɛkspo] *nf (fam)* esposizione *f*

exportation [ɛkspɔrtasjɔ̃] *nf* esportazione *f*

exporter [ɛkspɔrte] *vt* esportare

exposé, e [ɛkspoze] *adj* esposto(a) ◇ *nm* esposizione *f* ● **exposé au sud** esposto a sud ● **bien exposé** ben esposto

exposer [ɛkspoze] *vt* esporre ◆ **s'exposer à** *vp + prep (au soleil)* ● **ne vous exposez pas entre midi et deux** non esponetevi al sole tra mezzogiorno e le due

exposition [ɛkspozisjɔ̃] *nf* **1.** mostra *f* **2.** *(d'une maison)* esposizione *f*

¹exprès [ɛkspres] *adj inv (lettre)* espresso(a) ◇ *nm* ● **par exprès** per espresso

²exprès [ɛkspre] *adv* apposta ● **faire exprès de faire qqch** fare apposta a fare qc ● **je n'ai pas fait exprès** non (l')ho fatto apposta

express [ɛkspres] *nm (café)* = expresso ● **(train) express** (treno) espresso *m*

expression [ɛkspresjɔ̃] *nf* espressione *f* ● **expression écrite** espressione scritta ● **expression orale** espressione orale

expresso [ɛkspreso] *nm* espresso *m*

exprimer [ɛksprime] *vt* esprimere ◆ **s'exprimer** *vp* esprimersi

expulser [ɛkspylse] *vt* espellere

expulsion [ɛkspylsjɔ̃] *nf* espulsione *f*

exquis, e [ɛkski, iz] *adj* squisito(a)

extensible [ɛkstɑ̃sibl] *adj* **1.** *(matériau)* estensibile **2.** *(contrat, garantie)* che può essere esteso(a) **3.** *INFORM* ● **mémoire extensible à 1 Go** memoria espandibile a 1 Gb

exténué, e [ɛkstenɥe] *adj* estenuato(a)

extérieur, e [ɛksterjœr] *adj* **1.** *(escalier, boulevard)* esterno(a) **2.** *(commerce, politique)* estero(a) ◇ *nm* **1.** esterno *m* **2.** *(apparence)* apparenza *f* ● **à l'extérieur** fuori ; *SPORT* fuori casa ● **à l'extérieur de** all'esterno di

exterminer [ɛkstɛrmine] *vt* sterminare

externe [ɛkstɛrn] *adj* esterno(a) ◇ *nmf* *(élève)* esterno *m*, -a *f*

extincteur [ɛkstɛ̃ktœr] *nm* estintore *m*

extinction [ɛkstɛ̃ksjɔ̃] *nf* ● **extinction de voix** abbassamento *m* di voce ● *(animal)* **en voie d'extinction** (animale) in via di estinzione

extra [ɛkstra] *adj inv* **1.** *(qualité)* extra *(inv)* **2.** *(fam) (formidable)* straordinario(a) ◇ *préf (très)* extra- ◇ *nm (chose, dépense inhabituelle)* extra *m inv*

extraire [ɛkstrɛr] *vt* estrarre ● **extraire qqn/qqch de** estrarre qn/qc da ● **se faire extraire une dent** farsi estrarre un dente

extrait [ɛkstrɛ] *nm* estratto *m* ● **extrait de casier judiciaire** fedina *f* penale

extraordinaire [ɛkstraɔrdinɛr] *adj* straordinario(a)

extravagant, e [ɛkstravagɑ̃, ɑ̃t] *adj* stravagante

extrême [ɛkstrɛm] *adj* estremo(a) ◇ *nm* estremo *m* ● **l'Extrême-Orient** l'Estremo Oriente ● **les sports extrêmes** gli sport estremi

extrêmement [ɛkstrɛmmɑ̃] *adv* estremamente

extrémité [ɛkstremite] *nf* estremità *f inv*

F *(abr de Fahrenheit)* F

fable [fabl] *nf* favola *f*

fabricant, e [fabrikɑ̃, ɑ̃t] *nm, f* fabbricante *mf*

fabrication [fabrikasjɔ̃] *nf* fabbricazione *f* ● **fabrication artisanale** lavorazione *f* artigianale

fabriquer [fabrike] *vt* fabbricare ● **mais qu'est-ce que tu fabriques ?** *(fam)* che diavolo fai?

fabuleux, euse [fabylø, øz] *adj* favoloso(a)

fac [fak] *nf (fam)* università *f inv* ● **je suis en deuxième année de fac** sono al secondo anno di università

façade [fasad] *nf* facciata *f*

face [fas] *nf* **1.** *(côté)* lato *m* **2.** *(d'une pièce)* testa *f* **3.** *(visage)* faccia *f* ● **faire face à** *(être devant)* essere di fronte a ; *(affronter)* far fronte a ● **de face** di fronte ● **en face (de)** di fronte ● **face à face** faccia a faccia

fâché, e [faʃe] *adj* arrabbiato(a) ● **ils sont fâchés** *(brouillés)* hanno litigato

fâcher [faʃe] ● **se fâcher** *vp* **1.** arrabbiarsi **2.** *(se brouiller)* litigare

fa

facile [fasil] *adj* facile

facilement [fasilmã] *adv* **1.** facilmente **2.** *(au moins)* almeno

facilité [fasilite] *nf (aisance)* facilità *f inv* ◆ **facilités** *nfpl* ● **facilités de paiement** agevolazioni *fpl*

faciliter [fasilite] *vt* facilitare

façon [fasɔ̃] *nf* modo *m* ● **de façon (à ce) que** in modo che ● **de toute façon** in ogni modo ● **non merci, sans façon** no grazie, senza complimenti

facteur, trice [faktœʀ, tʀis] *nm, f* postino *m*, -a *f* ⬦ *nm* fattore *m* ● **le facteur chance** il fattore fortuna

facture [faktyʀ] *nf* **1.** *(de magasin)* fattura *f* **2.** *(de gaz, de téléphone)* bolletta *f*

facturer [faktyʀe] *vt* fatturare

facturette [faktyʀɛt] *nf* ricevuta *f* della carta di credito

facultatif, ive [fakyltatif, iv] *adj* facoltativo(a)

faculté [fakylte] *nf* facoltà *f inv*

fade [fad] *adj* **1.** *(aliment)* insipido(a) **2.** *(couleur)* scialbo(a) **3.** *(histoire, personne)* insignificante

fagot [fago] *nm* fascina *f*

faible [fɛbl] *adj* **1.** debole **2.** *(son)* fievole **3.** *(lumière)* fioco(a) **4.** *(revenus)* modesto(a) **5.** *(élève)* scarso(a) ⬦ *nm* ● **avoir un faible pour** avere un debole per

faiblement [fɛbləmã] *adv* debolmente

faiblesse [fɛblɛs] *nf* debolezza *f*

faiblir [feblir] *vi* **1.** *(physiquement)* indebolirsi **2.** *(diminuer)* diminuire

faïence [fajãs] *nf* ceramica *f*

faille [faj] *nf* **1.** *(du terrain)* faglia *f* **2.** *(défaut)* pecca *f*

faillir [fajir] *vi* ● **il a failli tomber** per poco non cadeva ● **j'ai failli rater mon train** stavo per perdere il treno

faillite [fajit] *nf* fallimento *m* ● **faire faillite** fallire

faim [fɛ̃] *nf* fame *f* ● **avoir faim** aver fame

fainéant, e [feneã, ãt] *adj* pigro(a) ⬦ *nm, f* fannullone *m*, -a *f*

faire [fɛʀ] *vt*

1. *(fabriquer, préparer)* fare ● **faire un gâteau** fare un dolce

2. *(effectuer)* fare ● **faire les comptes** fare i conti

3. *(arranger, nettoyer)* ● **faire son lit** farsi il letto ● **faire la vaisselle** lavare i piatti ● **faire ses valises** fare le valigie

4. *(s'occuper à)* fare ● **que faites-vous comme métier ?** che lavoro fa? ● **faire des études de médecine** studiare medicina

5. *(provoquer)* fare ● **faire mal à qqn** far male a qn ● **faire de la peine à qqn** dare un dispiacere a qn

6. *(imiter)* fare ● **faire l'imbécile** fare lo scemo

7. *(parcourir)* fare ● **nous avons fait 150 km en deux heures** abbiamo fatto 150 km in due ore ● **faire du 80 (à l'heure)** andare a 80 (all'ora)

8. *(avec des mesures)* ● **je fais 1,68 m** sono alto(a) 1,68 m ● **je fais du 40** porto il 40

9. MATH ● **10 et 3 font 13** 10 più 3 fa 13

10. *(dans des expressions)* ● **ça ne fait rien** non fa niente ● **il ne fait que pleuvoir** non fa che piovere ● **qu'est-ce que ça peut te faire ?** che cosa te ne importa?

● qu'est-ce que j'ai fait de mes clefs ? dove ho messo le (mie) chiavi?
◊ *vi*
1. *(agir)* fare ● vas-y, mais fais vite vacci, ma fa' in fretta ● vous feriez mieux de... fareste meglio a... ● faîtes comme chez vous faccia come a casa sua
2. *(avoir l'air)* ● faire jeune/vieux aver l'aria giovane/invecchiata
◊ *v impers*
1. *(climat, température)* ● il fait chaud il caldo ● il fait -2° C ci sono -2° C
2. *(exprime la durée)* ● ça fait trois jours que nous avons quitté Rouen è da tre giorni che siamo partiti da Rouen ● ça fait dix ans que j'habite ici è da dieci anni che abito qui
◊ *v aux* fare ● faire tomber/cuire qqch far cadere/cuocere qc ● faire nettoyer un vêtement far lavare un abito
◊ *v substitut* fare ● on lui a conseillé de réserver mais il ne l'a pas fait gli hanno consigliato di prenotare, ma non l'ha fatto
● **se faire** *vp*
1. *(être convenable, à la mode)* ● ça se fait *(c'est à la mode)* va di moda ● ça ne se fait pas *(ce n'est pas convenable)* non è educato ● ça se fait d'apporter une bouteille de vin si usa portare una bottiglia di vino
2. *(avoir, provoquer)* farsi ● se faire des amis farsi degli amici ● se faire du souci preoccuparsi
3. *(avec un infinitif)* farsi ● se faire aider farsi aiutare ● se faire opérer farsi operare
4. *(devenir)* ● se faire vieux farsi vecchio ● il se fait tard si fa tardi

5. *(dans des expressions)* ● comment se fait-il que... ? com'è che...? ● ne pas s'en faire non preoccuparsi
◆ **se faire à** *vp + prep (s'habituer à)* abituarsi a

faire-part [fɛʁpaʁ] *nm inv* partecipazione *f*

fais ➤ **faire**

faisable [fəzabl] *adj* fattibile

faisan [fəzɑ̃] *nm* fagiano *m*

faisant [fəzɑ̃] *p prés* ➤ **faire**

faisons ➤ **faire**

fait, e [fɛ, fɛt] *pp* ➤ **faire** ◊ *adj* **1.** fatto(a) **2.** *(fromage)* stagionato(a) ◊ *nm* fatto *m* ● **bien fait (pour toi)** ! ti sta bene! ● **faits divers** *(rubrique)* cronaca *f* ● **au fait** *(à propos)* a proposito ● **en fait** in realtà ● **prendre qqn sur le fait** cogliere qn sul fatto

faites ➤ **faire**

fait-tout [fɛtu] *nm inv* pentola *f*

falaise [falɛz] *nf* scogliera *f*

falloir [falwaʁ] *v impers* ● **il faut du courage pour faire ça** occorre coraggio per farlo ● **il faut y aller** ou **que nous y allions** bisogna andarci ou che ci andiamo ● **il me faut deux kilos d'oranges** mi occorrono due chili di arance

fallu [faly] *pp* ➤ **falloir**

falsifier [falsifje] *vt* falsificare

fameux, euse [famø, øz] *adj (célèbre)* famoso(a)

familial, e, aux [familjal, o] *adj* **1.** familiare **2.** *(entreprise)* a conduzione familiare

familiarité [familjaʁite] *nf* familiarità *f inv*

familier, ère [familje, ɛʀ] *adj* familiare

famille [famij] *nf* famiglia *f* ● **famille d'accueil** *(pour enfants en difficulté)* famiglia adottiva ● **un membre de la famille** un componente della famiglia ● **en famille** in famiglia ● **famille monoparentale** famiglia monoparentale ● **famille recomposée** famiglia ricostituita

fan [fan] *nmf (fam)* fan *nf inv*

fanatique [fanatik] *adj & nmf* fanatico(a)

fané, e [fane] *adj (fleur)* appassito(a)

faner [fane] ◆ **se faner** *vp (fleur)* appassire

fanfare [fɑ̃faʀ] *nf* fanfara *f*

fantaisie [fɑ̃tezi] *nf* **1.** *(imagination)* fantasia *f* **2.** *(caprice)* capriccio *m* ● **bijou fantaisie** bigiotteria *f*

fantastique [fɑ̃tastik] *adj* fantastico(a)

fantôme [fɑ̃tom] *nm* fantasma *m*

far [faʀ] *nm* ● **far breton** *flan* alle prugne servito freddo o tiepido

farce [faʀs] *nf* **1.** *(plaisanterie)* scherzo *m* **2.** *CULIN* ripieno *m* ● **faire une farce à qqn** fare uno scherzo a qn

farceur, euse [faʀsœʀ, øz] *nm, f* burlone *m, -a f*

farci, e [faʀsi] *adj* ripieno(a)

fard [faʀ] *nm* ● **fard à joues** fard *m inv* ● **fard à paupières** ombretto *m*

farfelu, e [faʀfəly] *adj* strambo(a)

farine [faʀin] *nf* farina *f* ● **farine animale** farina animale

farouche [faʀuʃ] *adj* **1.** *(animal)* selvatico(a) **2.** *(enfant)* scontroso(a) **3.** *(haine)* feroce

fascinant, e [fasinɑ̃, ɑ̃t] *adj* affascinante

fasciner [fasine] *vt* affascinare

fasse etc ➤ faire

fatal, e [fatal] *adj* fatale

fatalement [fatalmɑ̃] *adv* fatalmente

fataliste [fatalist] *adj* fatalista

fatigant, e [fatigɑ̃, ɑ̃t] *adj* **1.** faticoso(a) **2.** *(agaçant)* seccante

fatigue [fatig] *nf* stanchezza *f* ● **je suis mort(e) de fatigue** sono stanco(a) morto(a)

fatigué, e [fatige] *adj* stanco(a) ● **être fatigué de faire qqch** essere stanco di fare qc

fatiguer [fatige] *vt* **1.** stancare **2.** *(agacer)* stufare ◆ **se fatiguer** *vp* stancarsi

faubourgs [fobuʀ] *nmpl* periferia *f*

faucher [foʃe] *vt* **1.** falciare **2.** *(fam) (voler)* fregare

faudra ➤ falloir

faufiler [fofile] ◆ **se faufiler** *vp* intrufolarsi

faune [fon] *nf* fauna *f*

fausse ➤ faux

fausser [fose] *vt (résultat)* falsare

faut ➤ falloir

faute [fot] *nf* **1.** errore *m* **2.** *(responsabilité)* colpa *f* ● **c'est (de) ma faute** è colpa mia ● **faute de mieux,...** in mancanza di meglio,... ● **nous avons dû écourter nos vacances faute d'argent** abbiamo dovuto abbreviare le vacanze per mancanza di soldi

fauteuil [fotœj] *nm* poltrona *f* ● **fauteuil à bascule** sedia *f* a dondolo ● **fauteuil roulant** sedia a rotelle

fauve [fov] *nm* belva *f*

faux, fausse [fo, fos] *adj* **1.** *(incorrect)* sbagliato(a) **2.** *(billet)* falso(a) **3.** *(moustache)* finto(a) ◇ *adv* ● **chanter faux** essere stonato(a) • **jouer faux** stonare • **fausse note** stonatura *f* • **faux numéro** numero sbagliato

faux-filet, s [fofilɛ] *nm* controfiletto *m*

faveur [favœʀ] *nf (service)* favore *m* • **en faveur de** in favore di

favorable [favɔʀabl] *adj* favorevole • **être favorable à** essere favorevole a

favori, ite [favɔʀi, it] *adj* favorito(a)

favoriser [favɔʀize] *vt* favorire

fax [faks] *nm* fax *m inv* • **envoyer un fax** inviare un fax

faxer [fakse] *vt* inviare per fax

féculent [fekylɑ̃] *nm* farinaceo *m*

fédéral, e, aux [federal, o] *adj* federale

fédération [federasjɔ̃] *nf* federazione *f*

fée [fe] *nf* fata *f*

feignant, e [fɛɲɑ̃, ɑ̃t] *adj (fam)* sfaticato(a)

feinte [fɛ̃t] *nf* finta *f*

fêler [fele] • **se fêler** *vp* incrinarsi

félicitations [felisitasjɔ̃] *nfpl* congratulazioni *fpl* • **(avec) toutes nos félicitations !** (le nostre) congratulazioni !

féliciter [felisite] *vt* • **féliciter qqn** congratularsi con qn

félin [felɛ̃] *nm* felino *m*

femelle [fəmɛl] *nf* femmina *f*

féminin, e [feminɛ̃, in] *adj* femminile

femme [fam] *nf* **1.** donna *f* **2.** *(épouse)* moglie *f* • **femme de chambre** cameriera *f* • **femme de ménage** donna delle pulizie • **bonne femme** *(fam)* tipa *f*

fendant [fɑ̃dɑ̃] *nm* vino bianco del cantone del Valais in Svizzera

fendre [fɑ̃dʀ] *vt* spaccare

fenêtre [fənɛtʀ] *nf* finestra *f*

fenouil [fənuj] *nm* finocchio *m*

fente [fɑ̃t] *nf* fessura *f*

fer [fɛʀ] *nm* ferro *m* • **fer à cheval** ferro di cavallo • **fer forgé** ferro battuto • **fer à repasser** ferro da stiro

féra [feʀa] *nf pesce del lago di Ginevra, dalle carni bianche e con poche lische*

fera etc ➤ faire

fer-blanc [fɛʀblɑ̃] *(pl* **fers-blancs***) nm* latta *f*

férié [feʀje] *adj m ➤ jour*

ferme [fɛʀm] *adj* **1.** *(dur)* duro(a) **2.** *(strict)* fermo(a) ◇ *nf* fattoria *f* • **ferme auberge** ≃ agriturismo *m*

fermé, e [fɛʀme] *adj* chiuso(a)

fermement [fɛʀməmɑ̃] *adv* fermamente

fermenter [fɛʀmɑ̃te] *vi* fermentare

fermer [fɛʀme] *vt* **1.** chiudere **2.** *(radio)* spegnere ◇ *vi* chiudere • **fermer qqch à clef** chiudere qc a chiave • **ça ne ferme pas** *(porte, boîte)* non si chiude ◆ **se fermer** *vp* chiudersi

fermeté [fɛʀməte] *nf* **1.** *(dureté)* compattezza *f* **2.** *(autorité)* fermezza *f*

fermeture [fɛʀmətyʀ] *nf* chiusura *f* ▼ **fermeture annuelle** chiusura annuale • **fermeture Éclair**® cerniera *f* (lampo)

fermier, ère [fɛʀmje, ɛʀ] *nm, f* agricoltore *m*, -trice *f*

fermoir [fɛʀmwaʀ] *nm* fermaglio *m*

féroce [feʀɔs] *adj* feroce

ferraille [feʀaj] *nf* ferraglia *f*

ferrée [feʀe] *adj f ➤ voie*

ferroviaire [feʀɔvjɛʀ] *adj* ferroviario(a)

ferry, s, ies [feʀi] *nm* traghetto *m*

fertile [fɛʀtil] *adj* fertile

fesse [fɛs] *nf* natica *f* ◆ **fesses** *nfpl* sedere *m*

fessée [fese] *nf* sculacciata *f*

festin [fɛstɛ̃] *nm* banchetto *m*

festival [fɛstival] *nm* festival *m inv*

Le festival d'Avignon

Creato nel 1947 da Jean Vilar, il festival ha luogo ogni estate e rappresenta una vetrina di grande prestigio per il teatro d'avanguardia, la musica e la danza contemporanea. Parallelamente al festival ufficiale, si svolge un "festival off" che accoglie numerosi spettacoli di strada.

Le festival de Cannes

Istituito nel 1938, questo festival internazionale del cinema si svolge ogni anno a Cannes, nel mese di maggio. Il riconoscimento più prestigioso è la *Palme d'Or* (Palma d'oro), che premia uno dei migliori film dell'anno.

fête [fɛt] *nf* **1.** festa *f* **2.** *(jour du saint)* onomastico *m* ◆ **faire la fête** divertirsi ◆ **bonne fête !** buona festa! ◆ **fête foraine** giostre *fpl* ◆ **fête des Mères** festa della mamma ◆ **la fête de la Musique** *festival musicale che ha luogo nelle strade la notte del 21 giugno* ◆ **fête nationale** festa nazionale ◆ **fête des Pères** festa del papà ◆ **fêtes** *nfpl* ◆ **les fêtes (de fin d'année)** le feste (di fine anno)

Bonne Fête !

Per un onomastico i francesi sono soliti augurare *Bonne Fête !* al festeggiato. Lo stesso augurio, però, può essere rivolto alle mamme nel giorno della *Fête des Mères*, ai papà nel giorno della *Fête des Pères* e alle nonne per la *Fête des Grand-mères*, che cade la terza domenica di giugno.

La fête de la Musique

È una manifestazione istituita all'inizio degli anni 80 per favorire la diffusione della musica in Francia. Da allora, tutti gli anni, la notte del 21 giugno i musicisti possono esibirsi nelle strade e nelle piazze. Gli spettacoli sono gratuiti.

fêter [fete] *vt* festeggiare

feu, x [fø] *nm* **1.** fuoco *m* **2.** *(lumière)* faro *m* ◆ **avez-vous du feu ?** ha da accendere? ◆ **faire du feu** accendere il fuoco ◆ **mettre le feu à** dare fuoco a ◆ **à feu doux** a fuoco lento ◆ **feu d'artifice** fuoco d'artificio ◆ **feu de camp** falò *m inv* ◆ **feu rouge** semaforo *m* rosso ◆ **feux arrière** luci *fpl* di posizione posteriori ◆ **feux de croisement** anabbaglianti *mpl* ◆ **feux de recul** luci di retromarcia ◆ **feu de signalisation** ou **tricolore** semaforo *m* ◆ **au feu !** al fuoco! ◆ **en feu** *(forêt, maison)* in fiamme

feuillage [fœjaʒ] *nm* fogliame *m*

feuille [fœj] nf 1. (d'arbre) foglia f 2. (de papier) foglio m ● **feuille morte** foglia morta

feuilleté, e [fœjte] adj ➤ **pâte** ◇ nm torta salata o dolce di pasta sfoglia

feuilleter [fœjte] vt sfogliare

feuilleton [fœjtɔ̃] nm (télévisé) fiction f inv

feutre [føtʀ] nm 1. (stylo) pennarello m 2. (chapeau) feltro m

fève [fɛv] nf 1. fava f 2. (de galette) figurina ceramica che si trova all'interno della "galette des Rois"

février [fevʀije] nm febbraio m ● **en février** ou **au mois de février** a ou in febbraio ● **début février** all'inizio di febbraio ● **fin février** alla fine di febbraio ● **le deux février** il due febbraio

fiable [fjabl] adj affidabile

fiançailles [fijɑ̃saj] nfpl fidanzamento m

fiancé, e [fijɑ̃se] nm, f fidanzato m, -a f

fiancer [fijɑ̃se] ♦ **se fiancer** vp fidanzarsi

fibre [fibʀ] nf fibra f ● **fibre optique** fibra ottica

ficeler [fisle] vt legare (con lo spago)

ficelle [fisɛl] nf 1. spago m 2. (pain) baguette molto sottile

fiche [fiʃ] nf 1. (de carton, de papier) scheda f 2. (de prise) punta f ● **fiche de paie** busta paga f

ficher [fiʃe] vt 1. (planter) conficcare 2. (fam) (faire) combinare ● **mais qu'est-ce qu'il fiche ?** (fam) ma cosa combina ? ● **fiche-moi la paix !** (fam) lasciami in pace ! ● **fiche le camp !** (fam) togliti dai piedi ! ♦ **se ficher de** vp + prep (fam) (se mo-

quer) prendere in giro ● **je m'en fiche** (fam) (ça m'est égal) me ne infischio

fichier [fiʃje] nm 1. (boîte) schedario m 2. INFORM file m inv

fichu, e [fiʃy] adj (fam) ● **c'est fichu** (raté) non c'è più niente da fare ; (cassé, abîmé) è andato ● **être bien fichu** (beau) essere ben fatto ● **être mal fichu** (malade) non star bene

fidèle [fidɛl] adj fedele

fidélité [fidelite] nf fedeltà f inv

¹fier [fje] ♦ **se fier à** vp + prep fidarsi di

²fier, fière [fjɛʀ] adj fiero(a) ● **être fier de** essere fiero di

fierté [fjɛʀte] nf orgoglio m

fièvre [fjɛvʀ] nf febbre f ● **avoir de la fièvre** avere la febbre ● **avoir 39 de fièvre** avere la febbre a 39, avere 39 di febbre ● **fièvre aphteuse** afta f epizootica

fiévreux, euse [fjevʀø, øz] adj febbricitante

fig. (abr de figure) fig (figura)

figé, e [fiʒe] adj 1. (sauce) rappreso(a) 2. (personne) immobile

figer [fiʒe] ♦ **se figer** vp (sauce) rapprendersi

figue [fig] nf fico m ● **figue de Barbarie** fico d'India

figure [figyʀ] nf 1. figura f 2. (visage) faccia f

figurer [figyʀe] vi apparire

fil [fil] nm filo m ● **fil de fer** filo di ferro

file [fil] nf fila f ● **file (d'attente)** coda f ● **à la file** (en suivant) in fila ● **en file (indienne)** in fila (indiana)

filer [file] vt (collant) smagliare ◇ vi 1. (aller vite) filare 2. (fam) (partir) filarsela ● **filer un livre à qqn** (fam) rifilare un libro a qn ● **filer un coup de pied à qqn** *(fam)* mollare un calcio a qn

filet [filɛ] *nm* **1.** *(de pêche, au tennis)* rete *f* **2.** *(de poisson, de bœuf)* filetto *m* **3.** *(d'eau)* filo *m* ● **filet à bagages** rete portabagagli ● **filet mignon** punta *f* di filetto ● **filet américain** *(Belg)* bistecca *f* alla tartara *f*

filiale [filjal] *nf* filiale *f*

filière [filjɛʀ] *nf SCOL* indirizzo *m* ● **filière scientifique/littéraire** indirizzo scientifico/letterario

fille [fij] *nf* **1.** *(enfant)* bambina *f* **2.** *(jeune femme)* ragazza *f* **3.** *(descendante)* figlia *f*

fillette [fijɛt] *nf* ragazzina *f*

filleul, e [fijœl] *nm, f* figlioccio *m*, -a *f*

film [film] *nm* **1.** film *m* **2.** *(plastique)* pellicola *f* ● **film d'horreur** ou **d'épouvante** film dell'orrore ● **film vidéo** video *m inv*

filmer [filme] *vt* filmare

fils [fis] *nm* figlio *m*

filtre [filtʀ] *nm* filtro *m* ● **filtre parental** *INFORM* software *m inv* di controllo parentale

filtrer [filtʀe] *vt* filtrare

fin, e [fɛ̃, fin] *adj* **1.** *(couche, cheveux, esprit)* sottile **2.** *(sable, traits)* fine ◇ *nf* fine *f* ● **fin juillet** a fine luglio ● **à la fin (de)** alla fine (di)

final, e, als, aux [final, o] *adj* finale

finale [final] *nf* finale *f*

finalement [finalmã] *adv* alla fine

finaliste [finalist] *nmf* finalista *mf*

finance [finãs] *nf* ● **la finance** *(profession)* l'alta finanza *f* ● **les Finances** le finanze

financement [finãsmã] *nm* finanziamento *m*

financer [finãse] *vt* finanziare

financier, ère [finãsje, ɛʀ] *adj* finanziario(a) ◇ *nm* *(gâteau)* dolcetto *m* di mandorle e frutta candita ● **sauce financière** finanziera *f* (salsa ai tartufi e al madera)

finesse [fines] *nf* finezza *f*

finir [finiʀ] *vt & vi* finire ● **finir de faire qqch** finire di fare qc ● **il a fini par accepter** ha finito per accettare

finlandais, e [fɛ̃lɑ̃dɛ, ɛz] *adj* finlandese ◇ *nm* = **finnois** ● **Finlandais, e** *nm, f* finlandese *mf*

Finlande [fɛ̃lɑ̃d] *nf* ● **la Finlande** la Finlandia

finnois [finwa] *nm* finlandese *m*

fioul [fjul] *nm* nafta *f*

fisc [fisk] *nm* fisco *m*

fiscal, e, aux [fiskal, o] *adj* fiscale ● **contrôle fiscal** controllo fiscale

fissure [fisyʀ] *nf* *(dans un mur)* fessura *f*

fissurer [fisyʀe] ● **se fissurer** *vp* creparsi

fixation [fiksasjɔ̃] *nf* *(de ski)* attacco *m*

fixe [fiks] *adj* fisso(a) ◇ *nm* *(téléphone)* ● **appeler sur le fixe** chiamare sul fisso

fixer [fikse] *vt* fissare

flacon [flakɔ̃] *nm* flacone *m*

flageolet [flaʒɔlɛ] *nm* fagiolo *m* nano

flagrant, e [flagʀɑ̃, ɑ̃t] *adj* flagrante ● **en flagrant délit** in flagrante (delitto)

flair [flɛʀ] *nm* fiuto *m*

flairer [flɛʀe] *vt* **1.** annusare **2.** *(fig)* *(deviner)* fiutare

flamand, e [flamɑ̃, ɑ̃d] *adj* fiammingo(a) ◇ *nm* *(langue)* fiammingo *m*

flambé, e [flɑ̃be] *adj* flambé *(inv)*

flamber [flɑ̃be] *vi* bruciare

flamiche [flamiʃ] *nf* torta salata, per lo più al formaggio e ai porri, tipica del Belgio e del nord della Francia

flamme [flam] *nf* fiamma f ● **en flammes** in fiamme

flan [flɑ̃] *nm* budino m

flanc [flɑ̃] *nm* **1.** *(d'un animal)* fianco m **2.** *(d'une colline)* pendio m ● **couché sur le flanc** disteso su un fianco

flâner [flɑne] *vi* andare a zonzo

flanquer [flɑ̃ke] *vt (entourer)* fiancheggiare ● **flanquer une gifle à qqn** *(fam)* appioppare uno schiaffo a qn ● **flanquer qqn à la porte** *(fam)* sbattere fuori qn

flaque [flak] *nf* **1.** *(d'eau)* pozzanghera f **2.** *(d'huile)* pozza f

flash [flaʃ] *nm* **1.** *(d'appareil photo)* flash m inv **2.** *(d'information)* notiziario m flash

flasher [flaʃe] *vi* ● **se faire flasher (par un radar)** farsi beccare (da un autovelox)

flatter [flate] *vt* adulare

fléau, x [fleo] *nm (catastrophe)* flagello m

flèche [flɛʃ] *nf* freccia f

fléchette [fleʃet] *nf* freccetta f

fléchir [fleʃiʀ] *vt* flettere ◇ *vi* flettersi

flemme [flɛm] *nf (fam)* ● **avoir la flemme** non avere voglia (di fare nulla) ● **j'ai la flemme de faire mes devoirs** non ho voglia di fare i compiti

flétri, e [fletʀi] *adj (fleur)* appassito(a)

fleur [flœʀ] *nf* fiore m ● **fleur d'oranger** CULIN fiore d'arancio ● **à fleurs** a fiori ● **en fleur(s)** *(plante, arbre)* in fiore

fleuri, e [flœʀi] *adj* **1.** *(maison, jardin)* fiorito(a) **2.** *(tissu, motif)* a fiori

fleurir [flœʀiʀ] *vi* fiorire

fleuriste [flœʀist] *nmf* fiorista mf

fleuve [flœv] *nm* fiume m

flexible [flɛksibl] *adj* flessibile

flic [flik] *nm (fam)* poliziotto m

¹flipper [flipœʀ] *nm* flipper m inv

²flipper [flipe] *vi (fam) (avoir peur)* farsela sotto

flirter [flœʀte] *vi* flirtare

flocon [flɔkɔ̃] *nm* ● **flocon de neige** fiocco m di neve ● **flocons d'avoine** fiocchi d'avena

flore [flɔʀ] *nf (végétaux)* flora f ● **flore intestinale** flora intestinale

Florence [flɔʀɑ̃s] *n* Firenze f

flot [flo] *nm* **1.** onda f **2.** *(grande quantité)* fiume m

flottante [flɔtɑ̃t] *adj f* ➤ **île**

flotte [flɔt] *nf* **1.** *(de navires)* flotta f **2.** *(fam) (pluie)* pioggia f **3.** *(fam) (eau)* acqua f

flotter [flɔte] *vi* **1.** galleggiare **2.** *(au vent)* ondeggiare

flotteur [flɔtœʀ] *nm* galleggiante m

flou, e [flu] *adj* **1.** *(photo)* sfuocato(a) **2.** *(idée, souvenir)* vago(a)

fluide [flɥid] *adj* **1.** *(substance)* fluido(a) **2.** *(circulation)* scorrevole ◇ *nm* fluido m

fluo [flyo] *adj inv* fluorescente

fluor [flyɔʀ] *nm* fluoro m

fluorescent, e [flyɔʀesɑ̃] *adj* fluorescente

flûte [flyt] *nf* **1.** *(instrument)* flauto m **2.** *(pain)* baguette sottile **3.** *(verre)* bicchiere m a calice ◇ *interj* accidenti! ● **flûte (à bec)** flauto m dolce

flux [fly] *nm* flusso m ● **flux migratoire** flusso migratorio

FM *(abr de frequency modulation) nf* FM f

FNAC [fnak] *nf* catena di negozi di libri, dischi, computer, apparecchi fotografici, ecc.

foi [fwa] *nf* fede *f* ● **(de) bonne foi** (in) buonafede *f* ● **(de) mauvaise foi** (in) malafede *f*

foie [fwa] *nm* fegato *m* ● **foie gras** foie gras *m inv* (fegato d'oca o d'anatra) ● **foie de veau** fegato di vitello

foin [fwɛ̃] *nm* fieno *m*

foire [fwaʀ] *nf* fiera *f*

fois [fwa] *nf* volta *f* ● **une fois (par jour)** una volta (al giorno) ● **3 fois 2** 3 per 2 ● **il est à la fois peintre et musicien** è allo stesso tempo pittore e musicista ● **ne parlez pas tous à la fois !** non parlate tutti insieme! ● **des fois** (*parfois*) a volte ● **une fois que tu auras terminé** quando avrai finito ● **une fois pour toutes** una volta per tutte

folie [fɔli] *nf* follia *f* ● **faire une folie** (*dépenser*) fare una follia

folklore [fɔlklɔʀ] *nm* folklore *m*

folklorique [fɔlklɔʀik] *adj* folkloristico(a)

folle ➤ **fou**

foncé, e [fɔ̃se] *adj* scuro(a)

foncer [fɔ̃se] *vi* 1. (*s'assombrir*) scurirsi 2. (*fam*) (*aller vite*) precipitarsi ● **foncer sur** precipitarsi su

fonction [fɔ̃ksjɔ̃] *nf* funzione *f* ● **la fonction publique** gli statali ● **en fonction de** in funzione di ● **logement/voiture de fonction** alloggio/macchina di servizio

fonctionnaire [fɔ̃ksjɔnɛʀ] *nmf* funzionario *m*, -a *f*

fonctionnel, elle [fɔ̃ksjɔnɛl] *adj* funzionale

fonctionnement [fɔ̃ksjɔnmɑ̃] *nm* funzionamento *m*

fonctionner [fɔ̃ksjɔne] *vi* funzionare ● **faire fonctionner qqch** fare funzionare qc ● **ça ne fonctionne plus** non funziona più

fond [fɔ̃] *nm* 1. fondo *m* 2. (*d'une photo, d'un tableau*) sfondo *m* ● **au fond** ou **dans le fond** (*en réalité*) in fondo ● **au fond de** in fondo a ● **à fond** (*pousser*) a fondo ; (*respirer*) profondamente ; (*rouler*) a tutta velocità ● **fond d'écran** INFORM sfondo *m* del desktop ● **fond d'artichaut** fondo di carciofo ● **fond de teint** fondotinta *m* ● **fonds marins** fondali *mpl* marini

fondamental, e, aux [fɔ̃damɑ̃tal, o] *adj* fondamentale

fondant, e [fɔ̃dɑ̃, ɑ̃t] *adj* fondente ◊ *nm* ● **fondant au chocolat** dolce al cioccolato dalla consistenza fondente

fondation [fɔ̃dasjɔ̃] *nf* fondazione *f* ◆ **fondations** *nfpl* (*d'une maison*) fondamenta *fpl*

fonder [fɔ̃de] *vt* fondare ◆ **se fonder sur** *vp + prep* fondarsi su

fondre [fɔ̃dʀ] *vi* 1. fondere 2. (*neige*) sciogliersi ● **fondre en larmes** scoppiare a piangere

fonds [fɔ̃] *nmpl* (*argent*) fondi *mpl* ● **fonds de commerce** attività *f inv* (commerciale) ● **fonds de pension** fondo pensione

fondue [fɔ̃dy] *nf* ● **fondue bourguignonne** bourguignonne *f inv* (carne tagliata a cubi, cotta in tavola nell'olio bollente e accompagnata da salse varie) ● **fondue parmesan** (Québec) formaggio cremoso contenente parmigiano e ricoperto di pangrattato, servito caldo ● **fondue savoyarde** fonduta *f* *fo*

font [f5] ➤ **faire**

fontaine [f5tɛn] *nf* fontana *f*

fonte [f5t] *nf* 1. *(métal)* ghisa *f* 2. *(des neiges)* scioglimento *m*

foot(ball) [fut(bol)] *nm* calcio *m* ● **jouer au football** giocare a calcio

footballeur, euse [futbolœr, øz] *nm, f* calciatore *m*, -trice *f*

footing [futiŋ] *nm* footing *m inv* ● **faire un footing** fare footing

forain, e [fɔrɛ̃, ɛn] *adj* ▷ **fête** ◇ *nm* giostraio *m*, -a *f*

force [fɔrs] *nf* 1. forza *f* 2. *(niveau)* livello *m* ● **forces** *(physiques)* forze ● **de force** *(par la violence)* di forza ● **à force de faire qqch** a forza di fare qc

forcément [fɔrsemɑ̃] *adv* per forza

forcer [fɔrse] *vt & vi* forzare ● **forcer qqn à faire qqch** costringere qn a fare qc ● **se forcer** *vp* ● **se forcer (à faire qqch)** forzarsi (a fare qc)

forêt [fɔrɛ] *nf* foresta *f*

forêt-noire [fɔrɛnwar] *(pl* forêts-noires*)* *nf* torta al cioccolato con panna e ciliegie

forfait [fɔrfɛ] *nm* 1. *(abonnement)* abbonamento *m* 2. *(de ski)* skipass *m inv* ● **forfait Internet illimité** abbonamento flat a Internet ● **déclarer forfait** dichiarare forfait

forfaitaire [fɔrfetɛr] *adj* forfettario(a)

forgé [fɔrʒe] *adj m* ➤ **fer**

forger [fɔrʒe] *vt* forgiare

formalités [fɔrmalite] *nfpl* formalità *fpl* ● **remplir les formalités** sbrigare le formalità

format [fɔrma] *nm* formato *m*

formater [fɔrmate] *vt* formattare

formation [fɔrmasjɔ̃] *nf* formazione *f* ● **formation en alternance** formazione in alternanza

forme [fɔrm] *nf* forma *f* ● **en forme de** a forma di ● **être en (pleine) forme** essere in (piena) forma

former [fɔrme] *vt* formare ● **se former** *vp* formarsi

formidable [fɔrmidabl] *adj* formidabile

formulaire [fɔrmylɛr] *nm* formulario *m*, modulo *m* ● **remplir un formulaire** compilare un modulo

formule [fɔrmyl] *nf* 1. formula *f* 2. *(de restaurant)* menu *m inv*

fort, e [fɔr, fɔrt] *adj* 1. forte 2. *(gros)* robusto(a) ◇ *adv* forte ● **fort en maths** bravo in matematica

forteresse [fɔrtɔrɛs] *nf* fortezza *f*

fortifications [fɔrtifikasjɔ̃] *nfpl* fortificazioni *fpl*

fortifier [fɔrtifje] *vt* 1. *(ville, église)* fortificare 2. *(suj : médicament)* irrobustire

fortune [fɔrtyn] *nf* fortuna *f* ● **faire fortune** fare fortuna

forum [fɔrɔm] *nm* ● **forum (de discussion)** *INFORM* forum *m inv* di discussione

fosse [fos] *nf* fossa *f*

fossé [fose] *nm* fosso *m*

fossette [fosɛt] *nf* fossetta *f*

fossile [fosil] *nm* fossile *m*

fou, folle [fu, fɔl] *adj* 1. pazzo(a) 2. *(extraordinaire)* pazzesco(a) ◇ *nm, f* pazzo *m*, -a *f* ◇ *nm* *(aux échecs)* alfiere *m* ● **(avoir le) fou rire** (avere la) ridarella

foudre [fudr] *nf* fulmine *m*

foudroyant, e [fudrwajɑ̃, ɑ̃t] *adj* fulminante

foudroyer [fudrwaje] *vt* fulminare

fouet [fwɛ] *nm* 1. frusta *f* 2. *CULIN* frusta *f*, frullino *m* ● **de plein fouet** in pieno

fouetter [fwete] *vt* 1. frustare 2. *CULIN* sbattere

fougère [fuʒɛʀ] *nf* felce *f*

fouiller [fuje] *vt* (bagage, personne) perquisire

fouillis [fuji] *nm* disordine *m*

foulard [fulaʀ] *nm* foulard *m inv*

foule [ful] *nf* folla *f*

fouler [fule] ● **se fouler** *vp* ● **se fouler la cheville** slogarsi la caviglia

foulure [fulyʀ] *nf* slogatura *f*

four [fuʀ] *nm* forno *m* ● **cuit au four** cotto al forno

fourche [fuʀʃ] *nf* 1. forca *f* 2. (Belg) (heure libre) ora *f* libera

fourchette [fuʀʃɛt] *nf* 1. forchetta *f* 2. (de prix) fascia *f*

fourchu, e [fuʀʃy] *adj* 1. biforcuto 2. (cheveux) con doppie punte

fourgon [fuʀgɔ̃] *nm* 1. (camion) furgone *m* 2. (wagon) vagone *m*

fourgonnette [fuʀgɔnɛt] *nf* furgoncino *m*

fourmi [fuʀmi] *nf* formica *f* ● **j'ai des fourmis dans les jambes** mi si sono addormentate le gambe

fourmilière [fuʀmiljɛʀ] *nf* formicaio *m*

fourneau, x [fuʀno] *nm* fornello *m*

fournir [fuʀniʀ] *vt* 1. (marchandises, preuve, argument) fornire 2. (effort) compiere ● **fournir du travail à qqn** fornire del lavoro a qn

fournisseur, euse [fuʀnisœʀ, øz] *nm, f* 1. fornitore *m*, -trice *f* 2. *INFORM* ● **fournisseur d'accès** provider *m inv*

fournitures [fuʀnityʀ] *nfpl* forniture *fpl* ● **fournitures de bureau** cancelleria *f*

fourré, e [fuʀe] *adj* 1. (vêtement) foderato(a) 2. *CULIN* ripieno(a)

fourrer [fuʀe] *vt* 1. *CULIN* farcire 2. (fam) (mettre) ficcare ◆ **se fourrer** *vp* (fam) (se mettre) ficcarsi

fourre-tout [fuʀtu] *nm inv* (sac) borsone *m*

fourrière [fuʀjɛʀ] *nf* 1. (pour voitures) deposito *m* d'auto 2. (pour animaux) canile *m* ● **ma voiture a été mise à la fourrière** la mia auto è stata rimossa

fourrure [fuʀyʀ] *nf* pelliccia *f*

foyer [fwaje] *nm* 1. (d'une cheminée) focolare *m* 2. (domicile) casa *f* 3. (établissement) centro *m* di accoglienza 4. (d'étudiants) pensionato *m* ● **femme/mère au foyer** casalinga *f*

fracasser [fʀakase] ◆ **se fracasser** *vp* fracassarsi

fraction [fʀaksjɔ̃] *nf* frazione *f*

fracture [fʀaktyʀ] *nf* 1. frattura *f* 2. ● **fracture sociale** frattura *f* sociale

fracturer [fʀaktyʀe] *vt* (porte, coffre) scassinare ◆ **se fracturer** *vp* ● **se fracturer la jambe** fratturarsi la gamba

fragile [fʀaʒil] *adj* 1. fragile 2. (santé) delicato(a)

fragment [fʀagmɑ̃] *nm* frammento *m*

fraîche ➤ **frais**

fraîcheur [fʀeʃœʀ] *nf* 1. frescura *f* 2. (d'un aliment) freschezza *f*

frais, fraîche [fʀɛ, fʀɛʃ] *adj* fresco(a) ◇ *nmpl* (dépenses) spese *fpl* ◇ *nm* ● **mettre qqch au frais** mettere qc in fresco ● **prendre le frais** prendere il fresco ● **il fait frais** fa fresco ▼ **servir frais** servire fresco

fraise [fʀɛz] *nf* fragola *f*

fraisier [fʀezje] *nm* **1.** fragola *f* **2.** *(gâteau)* torta a base di pan di Spagna imbevuta di kirsch e farcita di crema e fragole fresche

framboise [fʀɑ̃bwaz] *nf* lampone *m*

framboisier [fʀɑ̃bwazje] *nm* **1.** lampone *m* **2.** *(gâteau)* torta a base di pan di Spagna imbevuta di kirsch e farcita di crema e lamponi freschi

franc, franche [fʀɑ̃, fʀɑ̃ʃ] *adj* franco(a) ◇ *nm* *(monnaie)* franco *m* ● **franc suisse** franco svizzero

français, e [fʀɑ̃sɛ, ɛz] *adj* francese ◇ *nm* *(langue)* francese *m* ◆ **Français, e** *nm, f* francese *mf*

France [fʀɑ̃s] *nf* ● **la France** la Francia ● **France 2** rete televisiva francese nazionale ● **France 3** rete televisiva francese nazionale ● **France Télécom** servizio nazionale di telecomunicazioni francese

franche ➤ **franc**

franchement [fʀɑ̃ʃmɑ̃] *adv* **1.** francamente **2.** *(tout à fait)* ● **c'est franchement insuffisant** è assolutamente insufficiente

franchir [fʀɑ̃ʃiʀ] *vt* **1.** *(porte, frontière)* varcare **2.** *(obstacle)* superare

franchise [fʀɑ̃ʃiz] *nf* **1.** franchezza *f* **2.** *(d'assurance, de location automobile)* franchigia *f*

francilien, enne [fʀɑ̃siljɛ̃, ɛn] *adj* dell'Ile-de-France ◆ **Francilien, enne** *nm, f* abitante dell'Ile-de-France

francophone [fʀɑ̃kɔfɔn] *adj* francofono(a)

frange [fʀɑ̃ʒ] *nf* frangia *f* ● **à franges** a frange

frangipane [fʀɑ̃ʒipan] *nf* **1.** *(crème)* ≈ pasta *f* di mandorle **2.** *(gâteau)* dolce con una sorta di pasta di mandorle all'interno

frappant, e [fʀapɑ̃, ɑ̃t] *adj* impressionante

frappé, e [fʀape] *adj (frais)* ghiacciato(a) ● **café frappé** frullato al caffè

frapper [fʀape] *vi* battere ◇ *vt* **1.** picchiare **2.** *(suj : fait, maladie)* colpire ● **frapper deux coups** bussare due volte ● **frapper (à la porte)** bussare (alla porta) ● **frapper dans ses mains** battere le mani

fraude [fʀod] *nf* frode *f* ● **passer qqch en fraude** passare qc di contrabbando

frayer [fʀeje] ◆ **se frayer** *vp* ● **se frayer un chemin** farsi strada

frayeur [fʀejœʀ] *nf* spavento *m*

fredonner [fʀədɔne] *vt* canticchiare

freezer [fʀizœʀ] *nm* freezer *m inv*

frein [fʀɛ̃] *nm* freno *m* ● **frein à main** freno a mano

freiner [fʀene] *vt & vi* frenare

frémir [fʀemiʀ] *vi* **1.** fremere **2.** *(feuillage)* stormire

fréquence [fʀekɑ̃s] *nf* frequenza *f*

fréquent, e [fʀekɑ̃, ɑ̃t] *adj* frequente

fréquenter [fʀekɑ̃te] *vt* frequentare

frère [fʀɛʀ] *nm* **1.** fratello *m* **2.** *(moine)* frate *m*

fresque [fʀɛsk] *nf* affresco *m*

friand [fʀijɑ̃] *nm* involtino di pasta sfoglia ripieno di salsiccia, formaggio, ecc., servito caldo

friandise [fʀijɑ̃diz] *nf* dolciume *m*

fric [fʀik] *nm (fam)* quattrini *mpl*

fricassée [fʀikase] *nf* fricassea *f*

frictionner [fʀiksjɔne] *vt* frizionare

Frigidaire ® [fʀiʒidɛʀ] *nm* frigorifero *m*

frigo [fʀigo] *nm (fam)* frigo *m inv*

frileux, euse [fʀilø, øz] *adj* freddoloso(a)

frimer [fʀime] *vi (fam)* fare lo sbruffone (la sbruffona)

fripé, e [fʀipe] *adj (vêtement)* sgualcito(a)

frire [fʀiʀ] *vt & vi* friggere ● **faire frire** far friggere

frisé, e [fʀize] *adj* riccio(a)

frisée [fʀize] *nf* insalata *f* riccia

friser [fʀize] *vi* **1.** *(cheveux)* arricciarsi **2.** *(personne)* essere riccio(a)

frisson [fʀisɔ̃] *nm* brivido *m* ● **avoir des frissons** avere i brividi

frissonner [fʀisɔne] *vi* rabbrividire

frit, e [fʀi, fʀit] *pp* ➤ **frire** ◇ *adj* fritto(a)

frites [fʀit] *nfpl* ● **(pommes) frites** patate *fpl* fritte

friteuse [fʀitøz] *nf* friggitrice *f*

friture [fʀityʀ] *nf* **1.** frittura *f* **2.** *(fam) (parasites)* disturbi *mpl*

froid, e [fʀwa, fʀwad] *adj* freddo(a) ◇ *nm* freddo *m* ◇ *adv* ● **avoir froid** avere freddo ● **il fait froid** fa freddo ● **prendre froid** prendere freddo

froidement [fʀwadmɑ̃] *adv* freddamente

froisser [fʀwase] *vt* **1.** *(papier)* spiegazzare **2.** *(tissu)* stropicciare ● **se froisser** *vp* stropicciarsi

frôler [fʀole] *vt* sfiorare

fromage [fʀomaʒ] *nm* formaggio *m* ● **fromage blanc** *formaggio fresco cremoso* ● **fromage de tête** soppressata *f*

Le fromage

In Francia esistono più di 400 varietà di formaggi: *à pâte fraîche* (freschi), come *Cervelle de Canut*; *à pâte molle* (a pasta molle), come *brie* e *camembert*; *à pâte pressée* (a pasta dura), come *tome* e *comté*; i *bleus* (erborinati), come *roquefort* e *bleu de Bresse*.

---

fronce [fʀɔ̃s] *nf* arricciatura *f*

froncer [fʀɔ̃se] *vt (vêtement)* arricciare ● **froncer les sourcils** aggrottare le sopracciglia

fronde [fʀɔ̃d] *nf* fionda *f*

front [fʀɔ̃] *nm* **1.** fronte *f* **2.** *(à la guerre)* fronte *m* ● **de front** *(de face)* di fronte ; *(côte à côte)* fianco a fianco ; *(en même temps)* contemporaneamente

frontière [fʀɔ̃tjɛʀ] *nf* **1.** frontiera *f* **2.** *(fig) (limite)* confine *m*

frottement [fʀɔtmɑ̃] *nm* sfregamento *m*

frotter [fʀɔte] *vt & vi* sfregare

fruit [fʀɥi] *nm* frutto *m* ● **fruit de la passion** frutto della passione ● **fruits confits** frutta *f* candita ● **fruits de mer** frutti di mare ● **fruits secs** frutta secca

fruitier [fʀɥitje] *adj m* ➤ **arbre**

fugue [fyg] *nf* ● **faire une fugue** scappare di casa

fuir [fɥiʀ] *vi* **1.** fuggire **2.** *(robinet)* perdere **3.** *(eau)* fuoriuscire

fuite [fɥit] *nf* **1.** fuga *f* **2.** *(d'eau)* perdita *f* ● **être en fuite** essere in fuga ● **prendre la fuite** darsi alla fuga

fumé, e [fyme] *adj* **1.** CULIN affumicato(a) **2.** *(verres, vitres)* sfumato(a)

fumée [fyme] *nf* fumo *m*

fumer [fyme] *vt* & *vi* fumare

fumeur, euse [fymœʀ, øz] *nm, f* fumatore *m*, -trice *f* ● **non-fumeur** non fumatori

fumier [fymje] *nm* letame *m*

funambule [fynɑ̃byl] *nmf* funambolo *m*, -a *f*

funèbre [fynɛbʀ] *adj* ➤ pompe

funérailles [fyneʀaj] *nfpl* (*sout*) esequie *fpl*

funiculaire [fynikylɛʀ] *nm* funicolare *f*

fur [fyʀ] ● **au fur et à mesure** *adv* man mano ● **au fur et à mesure que** man mano che

fureur [fyʀœʀ] *nf* furore *m* ● **faire fureur** far furore

furieux, euse [fyʀjø, øz] *adj* furioso(a)

furoncle [fyʀɔ̃kl] *nm* foruncolo *m*

fuseau, x [fyzo] *nm* (*pantalon*) pantaloni *mpl* con la staffa ● **fuseau horaire** fuso *m* orario

fusée [fyze] *nf* razzo *m*

fusible [fyzibl] *nm* fusibile *m* ● **les fusibles ont sauté** sono saltati i fusibili

fusil [fyzi] *nm* fucile *m*

fusillade [fyzijad] *nf* sparatoria *f*

fusiller [fyzije] *vt* fucilare ● **fusiller qqn du regard** fulminare qn con lo sguardo

fusionnel, elle [fyzjɔnɛl] *adj* ● **un rapport/amour fusionnel** un rapporto/amore simbiotico

futé, e [fyte] *adj* furbo(a)

futile [fytil] *adj* futile

futur, e [fytyʀ] *adj* futuro(a) ◇ *nm* futuro *m*

*g*G

gâcher [gɑʃe] *vt* **1.** (*détruire*) rovinare **2.** (*gaspiller*) sprecare

gâchette [gɑʃɛt] *nf* grilletto *m*

gâchis [gɑʃi] *nm* spreco *m*

gadget [gadʒɛt] *nm* accessorio *m*

gaffe [gaf] *nf* ● **faire une gaffe** fare una gaffe ● **faire gaffe (à)** (*fam*) fare attenzione (a)

gag [gag] *nm* **1.** (*dans un film*) scena *f* comica **2.** (*plaisanterie*) scherzo *m*

gage [gaʒ] *nm* (*dans un jeu*) penitenza *f*

gagnant, e [gaɲɑ̃, ɑ̃t] *adj* vincente ◇ *nm, f* vincitore *m*, -trice *f*

gagner [gaɲe] *vi* vincere ◇ *vt* **1.** (*concours, course, prix*) vincere **2.** (*argent, temps, place*) guadagnare

gai, e [gɛ] *adj* allegro(a)

gaiement [gemɑ̃] *adv* allegramente

gaieté [gete] *nf* allegria *f*

gain [gɛ̃] *nm* (*de temps, d'espace*) risparmio *m* ● **gains** *nmpl* **1.** (*salaire*) guadagno *m* **2.** (*au jeu*) vincita *f*

gaine [gɛn] *nf* **1.** (*étui*) fodero *m* **2.** (*sous-vêtement*) guaina *f*

gala [gala] *nm* serata *f* di gala

galant [galɑ̃] *adj m* galante

galerie [galʀi] *nf* **1.** (*passage couvert*) galleria *f* **2.** (*à bagages*) portabagagli *m inv* ● **galerie (d'art)** galleria (d'arte) ● **galerie marchande** centro *m* commerciale

galet [galɛ] *nm* ciottolo *m*

galette [galɛt] *nf* **1.** *(gâteau)* torta dolce o salata, di forma rotonda **2.** *(crêpe)* crêpe *f inv* di grano saraceno ● **galette bretonne** *(biscuit)* biscotto al burro ● **galette des Rois** dolce francese tipico dell'Epifania

La galette des Rois

Dolce di pasta sfoglia ripieno di marzapane, tipico della *fête des rois* (festa dei re magi) celebrata il 6 gennaio, giorno dell'Epifania. La *galette* contiene una statuina di porcellana chiamata *fève*. La persona che trova la *fève* nella sua fetta di dolce diventa il re o la regina della giornata e ha il diritto di portare la corona di cartone dorato, venduta insieme al dolce.

Galles [gal] *n* ➤ **pays**

galon [galɔ̃] *nm* gallone *m*

galop [galo] *nm* ● **aller/partir au galop** andare/partire al galoppo

galoper [galope] *vi* *(cheval)* galoppare

gambader [gɑ̃bade] *vi* saltellare

gambas [gɑ̃bas] *nfpl* scampi *mpl*

gamelle [gamɛl] *nf* gavetta *f*

gamin, e [gamɛ̃, in] *nm, f* *(fam)* bambino *m*, -a *f*

gamme [gam] *nf* gamma *f* ● **j'achète toujours du bas/haut de gamme** compro sempre prodotti di bassa/alta qualità ● **un meuble bas/haut de gamme** un mobile di bassa/alta qualità

ganglion [gɑ̃glijɔ̃] *nm* ● **avoir des ganglions** avere delle ghiandole infiammate

gangster [gɑ̃gstɛʀ] *nm* gangster *m inv*

gant [gɑ̃] *nm* **1.** guanto *m* **2.** *(de boxe)* guantone *m* ● **gant de toilette** guanto di spugna

garage [gaʀaʒ] *nm* **1.** *(d'une maison)* garage *m inv* **2.** *(de réparation)* officina *f* *(meccanica)*

garagiste [gaʀaʒist] *nm* **1.** *(propriétaire)* garagista *m* **2.** *(mécanicien)* meccanico *m*

garantie [gaʀɑ̃ti] *nf* garanzia *f* ● **(bon de) garantie** garanzia ● **(appareil) sous garantie** *(apparecchio)* in garanzia

garantir [gaʀɑ̃tiʀ] *vt* garantire ● **garantir qqch à qqn** garantire qc a qn ● **garantir à qqn que** garantire a qn che

garçon [gaʀsɔ̃] *nm* **1.** bambino *m* **2.** *(homme)* ragazzo *m* ● **garçon (de café)** cameriere *m*

¹ garde [gaʀd] *nm* ● **garde du corps** guardia *f* del corpo

² garde [gaʀd] *nf* **1.** *(d'un endroit, d'un enfant)* sorveglianza *f* **2.** *(soldats)* guardia *f* ● **avoir la garde d'un enfant** *DR* avere la custodia di un bambino ● **garde alternée (des enfants)** *DR* affidamento *m* alternato (dei figli) ● **monter la garde** montare la guardia ● **mettre qqn en garde (contre)** mettere qn in guardia (contro) ● **prendre garde (à)** fare attenzione (a) ● **médecin de garde** medico di guardia ● **pharmacie de garde** farmacia di turno ● **garde à vue** *DR* custodia *f* cautelare

Garde [gaʀd] *n* ● **le lac de Garde** il lago di Garda

garde-barrière [gaʀdbaʀjɛʀ] *(pl* **gardes-barrière(s)***)* *nmf* casellante *mf*

garde-boue [gaʀdəbu] *nm inv* parafango *m*

garde-chasse [gaʀdəʃas] (*pl* **gardes-chasse(s)**) *nm* guardiacaccia *m inv*

garde-fou, **s** [gaʀdəfu] *nm* ringhiera *f*

garder [gaʀde] *vt* **1.** tenere **2.** (*enfant, malade*) badare a **3.** (*lieu, prisonnier*) sorvegliare **4.** (*souvenir, impression*) conservare ▸ **à garder au frais après ouverture** conservare in frigo dopo l'apertura ◆ **se garder** *vp* (*aliment*) conservarsi

garderie [gaʀdəʀi] *nf* SCOL = dopo-scuola *m inv*

garde-robe, **s** [gaʀdəʀɔb] *nf* guardaroba *m inv*

gardien, **enne** [gaʀdjɛ̃, ɛn] *nm*, *f* **1.** (*de musée, de parc*) custode *mf* **2.** (*d'immeuble*) portiere *m*, -a *f* ◆ **gardien de but** portiere ◆ **gardien de nuit** guardiano *m* notturno

gare [gaʀ] *nf* stazione *f* ◇ *interj* ◆ **gare à toi !** (*menace*) guai a te! ◆ **entrer en gare** entrare in stazione ◆ **gare routière** stazione degli autobus

garer [gaʀe] *vt* parcheggiare ◆ **se garer** *vp* parcheggiare

gargouille [gaʀguj] *nf* doccione *m*

gargouiller [gaʀguje] *vi* **1.** (*tuyau*) gorgogliare **2.** (*estomac*) brontolare

garnement [gaʀnəmɑ̃] *nm* (piccola) peste *f*

garni, **e** [gaʀni] *adj* (*plat*) con contorno

Garnier [gaʀnje] *n* ◆ **le palais Garnier ou l'Opéra Garnier** teatro lirico di Parigi

garnir [gaʀniʀ] *vt* ◆ **garnir qqch de** (*équiper*) dotare qc di ; (*décorer*) guarnire qc di

garniture [gaʀnityʀ] *nf* **1.** (*légumes*) contorno *m* **2.** (*décoration*) decorazione *f*

gars [ga] *nm* (*fam*) tipo *m*

gas-oil, **s** [gazwal] *nm* = **gazole**

gaspillage [gaspijaʒ] *nm* spreco *m*

gaspiller [gaspije] *vt* sprecare

gastronomique [gastʀɔnɔmik] *adj* gastronomico(a)

gâté, **e** [gate] *adj* **1.** (*fruit, dent*) marcio(a) **2.** (*enfant*) viziato(a)

gâteau, **x** [gato] *nm* dolce *m* ◆ **gâteau marbré** dolce marmorizzato ◆ **gâteau sec** biscotto *m*

gâter [gate] *vt* (*enfant*) viziare ◆ **se gâter** *vp* **1.** (*fruit, dent*) marcire **2.** (*temps*) guastarsi **3.** (*situation*) deteriorarsi

gâteux, **euse** [gatø, øz] *adj* rimbambito(a)

gauche [goʃ] *adj* **1.** sinistro(a) **2.** (*maladroit*) maldestro(a) ◇ *nf* ◆ **la gauche** la sinistra ◆ **à gauche (de)** a sinistra (di) ◆ **de gauche** di sinistra

gaucher, **ère** [goʃe, ɛʀ] *adj* & *nm*, *f* mancino(a)

gaufre [gofʀ] *nf* cialda *f*, gaufre *f inv*

gaufrette [gofʀɛt] *nf* wafer *m inv*

gaver [gave] *vt* ◆ **gaver qqn de qqch** (*aliments*) rimpinzare qn di qc ◆ **se gaver de** *vp* + *prep* (*aliments*) rimpinzarsi di

gay [gɛ] *adj inv* & *nmf inv* gay (*inv*)

gaz [gaz] *nm inv* gas *m inv*

gaze [gaz] *nf* garza *f*

gazeux, **euse** [gazø, øz] *adj* (*boisson*) gassato(a)

gazinière [gazinjɛʀ] *nf* cucina *f* a gas

gazole [gazɔl] *nm* gasolio *m*

gazon [gazɔ̃] *nm* **1.** (*herbe*) erba *f* **2.** (*terrain*) prato *m*

GB (*abr de* Grande-Bretagne) GB (*Gran Bretagna*)

géant, **e** [ʒeɑ̃, ɑ̃t] *adj* **1.** gigantesco(a) **2.** COMM (*paquet*) gigante ◇ *nm*, *f* gigante *m*, -essa *f*

gel [ʒɛl] nm **1.** (glace) gelo m **2.** (pour cheveux, dentifrice) gel m inv

gélatine [ʒelatin] nf CULIN f di pesce

gelée [ʒəle] nf **1.** (glace) gelo m **2.** (de fruits) gelatina f ● **en gelée** in gelatina

geler [ʒəle] vt & vi gelare ● **il gèle** gela

gélule [ʒelyl] nf capsula f

Gémeaux [ʒemo] nmpl Gemelli mpl

gémir [ʒemiʀ] vi gemere

gênant, e [ʒenɑ̃, ɑ̃t] adj **1.** (encombrant) fastidioso(a) **2.** (embarrassant) imbarazzante

gencive [ʒɑ̃siv] nf gengiva f

gendarme [ʒɑ̃daʀm] nm ≃ carabiniere m

gendarmerie [ʒɑ̃daʀməʀi] nf ≃ Carabinieri mpl

gendre [ʒɑ̃dʀ] nm genero m

gêne [ʒɛn] nf **1.** (physique) disturbo m **2.** (embarras) imbarazzo m

généalogique [ʒenealɔʒik] adj ➤ arbre

gêner [ʒene] vt **1.** dare fastidio a **2.** (embarrasser) imbarazzare ● **ça vous gêne si je fume ?** le dà fastidio se fumo ? ◆ **se gêner** vp ● **ne pas se gêner (pour)** non farsi scrupolo (di)

général, e, aux [ʒeneʀal, o] adj **1.** generale **2.** (large) generico(a) ◇ nm generale m ● **en général** in generale

généralement [ʒeneʀalmɑ̃] adv generalmente

généraliste [ʒeneʀalist] nm ● **(médecin) généraliste** medico m generico

génération [ʒeneʀasjɔ̃] nf generazione f

généreux, euse [ʒeneʀø, øz] adj generoso(a)

générique [ʒeneʀik] nm titoli mpl di testa ◇ adj generico ● **médicament générique** MÉD farmaco generico

générosité [ʒeneʀozite] nf generosità f inv

Gênes [ʒɛn] n Genova f

genêt [ʒəne] nm ginestra f

génétique [ʒenetik] adj genetico(a)

Genève [ʒənɛv] n Ginevra f

génial, e, aux [ʒenjal, o] adj **1.** (brillant) geniale **2.** (fam) (excellent) stupendo(a)

génie [ʒeni] nm genio m

génoise [ʒenwaz] nf pan m di Spagna

génotype [ʒenɔtip] nm genotipo m

genou, x [ʒənu] nm ginocchio m ● **être/se mettre à genoux** essere/mettersi in ginocchio

genre [ʒɑ̃ʀ] nm genere m ● **un genre de** un tipo ou genere di ● **en tous genres** di tutti i tipi ou generi

gens [ʒɑ̃] nmpl gente f ● **peu de/beaucoup de gens** poca/molta gente

gentil, ille [ʒɑ̃ti, ij] adj **1.** gentile **2.** (sage) ● **sois gentil** stai buono

gentillesse [ʒɑ̃tijɛs] nf gentilezza f

gentiment [ʒɑ̃timɑ̃] adv **1.** gentilmente **2.** (sagement) ● **jouez gentiment !** giocate, ma fate i bravi ! **3.** (Helv) (tranquillement) tranquillamente

géographie [ʒeɔgʀafi] nf geografia f

géométrie [ʒeɔmetʀi] nf geometria f

géranium [ʒeʀanjɔm] nm geranio m

gérant, e [ʒeʀɑ̃, ɑ̃t] nm, f gestore m, -trice f

gerbe [ʒɛʀb] nf **1.** (de blé, d'étincelles) fascio m **2.** (de fleurs) cesto m

gercé, e [ʒɛʀse] adj ● **avoir les lèvres gercées** avere le labbra screpolate

gérer [ʒere] vt gestire
germain, e [ʒɛʀmɛ̃, ɛn] adj ➤ cousin
germe [ʒɛʀm] nm 1. (de plante) germoglio m 2. (de maladie) germe m
germer [ʒɛʀme] vi germogliare
gésier [ʒezje] nm ventriglio m (parte dello stomaco del pollame utilizzata in cucina)
geste [ʒɛst] nm gesto m
gesticuler [ʒɛstikyle] vi gesticolare
gestion [ʒɛstjɔ̃] nf gestione f
gibelotte [ʒiblɔt] nf spezzatino di coniglio al vino bianco
gibier [ʒibje] nm selvaggina f
giboulée [ʒibule] nf piovasco m
gicler [ʒikle] vi schizzare
gifle [ʒifl] nf schiaffo m
gifler [ʒifle] vt schiaffeggiare
gigantesque [ʒigɑ̃tɛsk] adj 1. gigantesco(a) 2. (extraordinaire) colossale
gigot [ʒigo] nm cosciotto m
gigoter [ʒigɔte] vi dimenarsi
gilet [ʒile] nm 1. (pull) cardigan m inv 2. (sans manches) gilè m inv ● **gilet de sauvetage** giubbotto m salvagente
gin [dʒin] nm gin m inv
gingembre [ʒɛ̃ʒɑ̃bʀ] nm zenzero m
girafe [ʒiʀaf] nf giraffa f
giratoire [ʒiʀatwaʀ] adj ➤ sens
girofle [ʒiʀɔfl] nm ➤ clou
girouette [ʒiʀwɛt] nf banderuola f
gisement [ʒizmɑ̃] nm giacimento m
gitan, e [ʒitɑ̃, an] nm, f gitano m, -a f
gîte [ʒit] nm (de bœuf) controgirello m ● **gîte d'étape** tappa f ● **gîte (rural)** agriturismo m

givre [ʒivʀ] nm brina f
givré, e [ʒivʀe] adj brinato(a) ● **orange givrée** gelato all'arancia servito in un'arancia ghiacciata svuotata
glace [glas] nf 1. ghiaccio m 2. (crème glacée) gelato m 3. (miroir) specchio m 4. (de la voiture) finestrino m ● **glace à la vanille/à la fraise** gelato alla vaniglia/alla fragola
glacé, e [glase] adj ghiacciato(a) ● **crème glacée** gelato confezionato (in scatola)
glacer [glase] vt 1. ghiacciare 2. (intimider) raggelare
glacial, e, s, aux [glasjal, o] adj glaciale
glacier [glasje] nm 1. (de montagne) ghiacciaio m 2. (marchand) gelataio m
glacière [glasjɛʀ] nf borsa f termica
glaçon [glasɔ̃] nm cubetto m di ghiaccio
gland [glɑ̃] nm ghianda f

glande [glɑ̃d] *nf* ghiandola *f*

glissade [glisad] *nf* scivolata *f*

glissant, e [glisɑ̃, ɑ̃t] *adj* 1. *(route)* sdrucciolevole 2. *(savon)* scivoloso(a)

glisser [glise] *vt (sous une porte)* mettere ◇ *vi* 1. slittare 2. *(être glissant)* essere scivoloso(a) ● **faire glisser** *INFORM* trascinare ◆ **se glisser** *vp* introdursi

global, e, aux [glɔbal, o] *adj* globale

globalement [glɔbalmɑ̃] *adv* globalmente

globalisation [glɔbalizasjɔ̃] *nf* globalizzazione *f*

globe [glɔb] *nm* 1. globo *m* 2. *(représentant la Terre)* mappamondo *m* ● **le globe (terrestre)** il globo (terrestre)

gloire [glwaʀ] *nf* gloria *f*

glorieux, euse [glɔʀjø, øz] *adj* glorioso(a)

glossaire [glɔsɛʀ] *nm* glossario *m*

gloussements [glusmɑ̃] *nmpl* 1. *(de poule)* chiocciare *m* 2. *(rire)* starnazzare *m*

glouton, onne [glutɔ̃, ɔn] *adj* ingordo(a)

gluant, e [glyɑ̃, ɑ̃t] *adj* appiccicoso(a)

GO [ʒeo] *(abr de grandes ondes)* LW *(Long Waves)*

gobelet [gɔblɛ] *nm* 1. *(pour boire)* bicchiere *m* 2. *(à dés)* bussolotto *m*

gober [gɔbe] *vt* 1. *(œuf, huître)* ingoiare 2. *(fam) (croire)* bere

goéland [gɔelɑ̃] *nm* gabbiano *m*

goinfre [gwɛ̃fʀ] *nmf* ingordo *m*, -a *f*

golf [gɔlf] *nm* 1. golf *m inv* 2. *(terrain)* campo *m* da golf ● **golf miniature** minigolf *m inv* ● **club de golf** *(bâton)* mazza da golf

golfe [gɔlf] *nm* golfo *m*

gomme [gɔm] *nf* gomma *f*

gommer [gɔme] *vt (effacer)* cancellare

gond [gɔ̃] *nm* cardine *m*

gonflé, e [gɔ̃fle] *adj* 1. *(enflé)* gonfio(a) 2. *(fam) (audacieux)* ● **il est gonflé !** ha una bella faccia tosta!

gonfler [gɔ̃fle] *vt* gonfiare ◇ *vi* gonfiarsi

gorge [gɔʀʒ] *nf* gola *f*

gorgée [gɔʀʒe] *nf* sorso *m*

gorille [gɔʀij] *nm* gorilla *m inv*

gosette [gɔzɛt] *nf (Belg)* specie di strudel alle albicocche o alle mele

gosse [gɔs] *nmf (fam)* bambino *m*, -a *f*

gothique [gɔtik] *adj* gotico(a)

gouache [gwaʃ] *nf* tempera *f*

goudron [gudʀɔ̃] *nm* catrame *m*

goudronner [gudʀɔne] *vt* incatramare

gouffre [gufʀ] *nm* voragine *f*

goulot [gulo] *nm* collo *m* ● **boire au goulot** bere alla bottiglia

gourde [guʀd] *nf* borraccia *f*

gourmand, e [guʀmɑ̃, ɑ̃d] *adj* goloso(a)

gourmandise [guʀmɑ̃diz] *nf* golosità *f inv* ● **des gourmandises** *(bonbons)* dei dolci

gourmet [guʀmɛ] *nm* buongustaio *m*, -a *f*

gourmette [guʀmɛt] *nf* braccialetto *m (a maglie piatte)*

gousse [gus] *nf* ● **gousse d'ail** spicchio *m* d'aglio ● **gousse de vanille** stecca *f* di vaniglia

goût [gu] *nm* gusto *m* ● **avoir bon goût** *(aliment)* essere gustoso(a) ; *(personne)* avere buon gusto ● **mauvais goût** cattivo gusto

goûter [gute] *nm* merenda *f* ◇ *vt (aliment, vin)* assaggiare ◇ *vi* fare merenda ● **goûter à qqch** assaggiare qc

goutte [gut] *nf* goccia *f* ● **goutte à goutte** a goccia a goccia ✦ **gouttes** *nfpl (médicament)* gocce *fpl*

gouttelette [gutlɛt] *nf* gocciolina *f*

gouttière [gutjɛʀ] *nf* grondaia *f*

gouvernail [guvɛʀnaj] *nm* timone *m*

gouvernement [guvɛʀnəmɑ̃] *nm* governo *m* ● **être au gouvernement** essere al governo

gouverner [guvɛʀne] *vt* governare

GPS *(abr de Global Positioning System) nm* GPS *m inv*

GR *(abr de (sentier de) grande randonnée) nm* sentiero *m* escursionistico

grâce [gʀas] *nf* grazia *f* ● **grâce à** grazie a

gracieux, euse [gʀasjø, øz] *adj* aggraziato(a)

grade [gʀad] *nm* grado *m*

gradins [gʀadɛ̃] *nmpl* gradinate *fpl*

gradué, e [gʀadɥe] *adj* 1. *(verre, règle)* graduato(a) 2. *(Belg) (diplômé)* titolare di diploma superiore tecnico

graduel, elle [gʀadɥɛl] *adj* graduale

graffiti(s) [gʀafiti] *nmpl* graffiti *mpl*

grain [gʀɛ̃] *nm* 1. *(de sel, de sable)* granello *m* 2. *(de riz, de raisin, de café)* chicco *m* ● **grain de beauté** neo *m*

graine [gʀɛn] *nf* seme *m*

graisse [gʀɛs] *nf* grasso *m*

graisser [gʀese] *vt* 1. *(moteur)* lubrificare 2. *(poêle)* ungere

graisseux, euse [gʀesø, øz] *adj* unto(a)

grammaire [gʀamɛʀ] *nf* grammatica *f*

grammatical, e, aux [gʀamatikal, o] *adj* grammaticale

gramme [gʀam] *nm* grammo *m*

grand, e [gʀɑ̃, gʀɑ̃d] *adj* 1. grande 2. *(personne)* alto(a) ◇ *adv* ● **grand ouvert** spalancato ● **il est grand temps de...** è ora di... ● **grand frère** fratello maggiore ● **grand magasin** grande magazzino ● **grande surface** supermercato ● **les grandes vacances** le vacanze estive

grand-chose [gʀɑ̃ʃoz] *pron* ● **il ne m'a pas dit grand-chose** non mi ha detto un gran che ● **ça ne vaut pas grand-chose** non vale un granché

Grande-Bretagne [gʀɑ̃dbʀətaɲ] *nf* ● **la Grande-Bretagne** la Gran Bretagna

grandeur [gʀɑ̃dœʀ] *nf* grandezza *f* ● **grandeur nature** grandezza naturale

grandir [gʀɑ̃diʀ] *vi* crescere

grand-mère [gʀɑ̃mɛʀ] *(pl* **grands-mères)** *nf* nonna *f*

grand-père [gʀɑ̃pɛʀ] *(pl* **grands-pères)** *nm* nonno *m*

grand-rue, s [gʀɑ̃ʀy] *nf* via *f* principale

Grand-Saint-Bernard [gʀɑ̃sɛ̃bɛʀnaʀ] *nm* ● **le col du Grand-Saint-Bernard** il passo del Gran San Bernardo

grands-parents [gʀɑ̃paʀɑ̃] *nmpl* nonni *mpl*

grange [gʀɑ̃ʒ] *nf* fienile *m*

granit [gʀanit] *nm* granito *m*

granulé [gʀanyle] *nm* granulo *m*

graphique [gʀafik] *nm* grafico *m*

grappe [gʀap] *nf* grappolo *m* ● **une grappe de raisin** un grappolo d'uva

gras, grasse [gʀa, gʀas] *adj* 1. grasso(a) 2. *(taché)* unto(a) ◇ *nm* 1. grasso *m* 2. *(ca-*

ractères d'imprimerie) grassetto *m* ● **faire la grasse matinée** dormire fino a tardi

gras-double, s [gʀadubl] *nm* trippa *f* di bue

gratin [gʀatɛ̃] *nm* CUIN qualsiasi piatto ricoperto di formaggio grattugiato o pangrattato cotto in forno ● **gratin dauphinois** patate alla panna o al latte gratinate

gratinée [gʀatine] *nf (soupe)* zuppa di cipolle gratinata

gratiner [gʀatine] *vi* ● **faire gratiner** qqch far gratinare qc

gratis [gʀatis] *adv* gratis

gratitude [gʀatityd] *nf* gratitudine *f*

gratte-ciel [gʀatsjɛl] *nm inv* grattacielo *m*

gratter [gʀate] *vt* **1.** *(peau)* grattare **2.** *(peinture, tache)* raschiare ◆ **se gratter** *vp* grattarsi

gratuit, e [gʀatɥi, it] *adj* gratuito(a)

gravats [gʀava] *nmpl* macerie *fpl*

grave [gʀav] *adj* grave

gravement [gʀavmɑ̃] *adv* gravemente

graver [gʀave] *vt* **1.** incidere **2.** INFORM masterizzare

graveur [gʀavœʀ] *nm* INFORM masterizzatore *m*

gravier [gʀavje] *nm* ghiaia *f*

gravillon [gʀavijɔ̃] *nm* ghiaia *f*

gravir [gʀaviʀ] *vt* scalare

gravité [gʀavite] *nf* gravità *f inv* ● **sans gravité** di poco conto

gravure [gʀavyʀ] *nf* **1.** incisione *f* **2.** INFORM masterizzazione *f*

gré [gʀe] *nm* ● **de mon plein gré** di mia spontanea volontà ● **de gré ou de force** con le buone o con le cattive ● **bon gré mal gré** volente o nolente

grec, grecque [gʀɛk] *adj* greco(a) ◇ *nm (langue)* greco *m* ◆ **Grec, Grecque** *nm, f* greco *m, -a f*

Grèce [gʀɛs] *nf* ● **la Grèce** la Grecia

greffe [gʀɛf] *nf* trapianto *m*

greffer [gʀefe] *vt* trapiantare

grêle [gʀɛl] *nf* grandine *f*

grêler [gʀele] *v impers* ● **il grêle** grandina

grêlon [gʀelɔ̃] *nm* chicco *m* di grandine

grelot [gʀəlo] *nm* sonaglio *m*

grelotter [gʀəlɔte] *vi* tremare

grenade [gʀənad] *nf* **1.** *(fruit)* melagrana *f* **2.** *(arme)* granata *f*

grenadine [gʀənadin] *nf* granatina *f*

grenat [gʀəna] *adj inv* granata *(inv)*

grenier [gʀənje] *nm* granaio *m*

grenouille [gʀənuj] *nf* rana *f* ● **cuisses de grenouille** coscette di rana

grésiller [gʀezije] *vi* **1.** *(huile)* sfrigolare **2.** *(radio)* gracchiare

grève [gʀɛv] *nf (arrêt de travail)* sciopero *m* ● **être/se mettre en grève** essere/entrare in sciopero ● **grève de la faim** sciopero della fame

gréviste [gʀevist] *nmf* scioperante *mf*

gribouillage [gʀibujaʒ] *nm* scarabocchio *m*

gribouiller [gʀibuje] *vt* scarabocchiare

griffe [gʀif] *nf* **1.** artiglio *m* **2.** *(Belg) (éraflure)* graffio *m*

griffer [gʀife] *vt* graffiare

griffonner [gʀifɔne] *vt* scarabocchiare

grignoter [gʀiɲɔte] *vt* sgranocchiare

gril [gʀil] *nm* griglia *f* ● **au gril** alla griglia

grillade [gʀijad] *nf* grigliata *f*

grillage [gʀijaʒ] *nm (clôture)* rete *f* metallica

grille [gʀij] *nf* **1.** *(d'un jardin)* cancello *m* **2.** *(d'un four)* griglia *f* **3.** *(d'égouts)* tombino *m* **4.** *(de mots croisés)* schema *m* **5.** *(de loto)* schedina *f* **6.** *(tableau)* tabella *f*

grillé, e [gʀije] *adj* **1.** *(ampoule)* bruciato(a) **2.** *(viande)* grigliato(a) ● **du pain grillé** pane tostato

grille-pain [gʀijpɛ̃] *nm inv* tostapane *m inv*

griller [gʀije] *vt* **1.** *(viande, poisson)* grigliare **2.** *(pain)* tostare ● **griller un feu rouge** *(fam)* passare col rosso

grillon [gʀijɔ̃] *nm* grillo *m*

grimace [gʀimas] *nf* smorfia *f* ● **faire des grimaces** fare le boccacce

grimpant, e [gʀɛ̃pɑ̃, ɑ̃t] *adj (plante)* rampicante

grimper [gʀɛ̃pe] *vt* arrampicarsi su ◇ *vi* **1.** *(chemin)* inerpicarsi **2.** *(alpiniste)* arrampicarsi **3.** *(prix)* salire ● **grimper aux arbres** arrampicarsi sugli alberi

grincement [gʀɛ̃smɑ̃] *nm* cigolio *m*

grincer [gʀɛ̃se] *vi* cigolare ● **grincer des dents** digrignare i denti

grincheux, euse [gʀɛ̃ʃø, øz] *adj* scorbutico(a)

griotte [gʀijɔt] *nf* amarena *f*

grippe [gʀip] *nf* influenza *f* ● **avoir la grippe** avere l'influenza

grippé, e [gʀipe] *adj (malade)* influenzato(a)

gris, e [gʀi, gʀiz] *adj* grigio(a) ◇ *nm* grigio *m*

grivois, e [gʀivwa, az] *adj* salace

grognement [gʀɔɲmɑ̃] *nm* grugnito *m*

grogner [gʀɔɲe] *vi* **1.** *(animal)* grugnire **2.** *(protester)* brontolare

grognon, onne [gʀɔɲɔ̃, ɔn] *adj* brontolone(a)

grondement [gʀɔ̃dmɑ̃] *nm (de tonnerre)* rombo *m*

gronder [gʀɔ̃de] *vt* sgridare ◇ *vi (tonnerre)* tuonare ● **se faire gronder** essere sgridato(a)

groom [gʀum] *nm* fattorino *m*

gros, grosse [gʀo, gʀos] *adj* grosso(a) ◇ *adv* **1.** *(écrire)* grande **2.** *(gagner)* molto ◇ *nm* ● **en gros** *(environ)* a grandi linee ; *COMM* all'ingrosso ● **le (plus) gros du travail** il grosso del lavoro ● **gros lot** primo premio ● **gros mot** parolaccia *f* ● **gros titre** titolo *m*

groseille [gʀozɛj] *nf* ribes *m inv* rosso ● **groseille à maquereau** uvaspina *f*

grosse ➤ **gros**

grossesse [gʀoses] *nf* gravidanza *f*

grosseur [gʀosœʀ] *nf* **1.** grossezza *f* **2.** *MÉD* gonfiore *m*

grossier, ère [gʀosje, ɛʀ] *adj* **1.** volgare **2.** *(croquis, erreur)* grossolano(a)

grossièreté [gʀosjɛʀte] *nf* volgarità *f inv*

grossir [gʀosiʀ] *vt* ingrandire ◇ *vi (prendre du poids)* ingrassare

grosso modo [gʀosomodo] *adv* grosso modo

grotesque [gʀɔtɛsk] *adj* grottesco(a)

grotte [gʀɔt] *nf* grotta *f*

grouiller [gʀuje] ● **grouiller de** *v + prep* brulicare di

groupe [gʀup] *nm* gruppo *m* ● **groupe armé** gruppo armato ● **en groupe** in gruppo ● **groupe sanguin** gruppo sanguigno

grouper [grupe] vt raggruppare ◆ **se grouper** vp raggrupparsi

gruau [gryo] nm (Québec) farinata di fiocchi d'avena, consumata a colazione

grue [gry] nf gru f inv

grumeau, x [grymo] nm grumo m

grunge [grænʒ] adj grunge (inv)

gruyère [gryjɛr] nm groviera m o f

guacamole [gwakamɔl(e)] nm guacamole m inv

Guadeloupe [gwadlup] nf ● **la Guadeloupe** la Guadalupa

guadeloupéen, enne [gwadlupeɛ̃, ɛn] adj della Guadalupa ◆ **Guadeloupéen, enne** nm, f nativo(a) o abitante della Guadalupa

Guatemala [gwatemala] nm ● **le Guatemala** il Guatemala

guatémaltèque [gwatemaltɛk] adj guatemalteco(a) ◆ **Guatémaltèque** nmf guatemalteco m, -a f

guédille [gedij] nf (Québec) panino imbottito di insalata, di uova o di pollo

guêpe [gɛp] nf vespa f

guère [gɛr] adv ● **elle ne mange guère** non mangia niente

guérir [gerir] vt & vi guarire

guérison [gerizɔ̃] nf guarigione f

guerre [gɛr] nf guerra f ● **déclarer la guerre** dichiarare guerra ● **être en guerre** essere in guerra ● **guerre mondiale** guerra mondiale ● **guerre atomique** ou **nucléaire** guerra atomica ou nucleare ● **guerre bactériologique/biologique/chimique** guerra batteriologica/biologica/chimica ● **guerre de religion** guerra di religione

guerrier, ère [gerje, ɛr] nm, f guerriero m, -a f

guet [gɛ] nm ● **faire le guet** fare la guardia

guetter [gete] vt 1. (attendre) fare la posta a 2. (menacer) minacciare

gueule [gœl] nf 1. (d'animal) fauci fpl 2. (vulg) (visage) muso m ● **avoir la gueule de bois** (fam) aver i postumi di una sbornia ● **faire la gueule** (fam) fare il muso

gueuler [gœle] vi (fam) (crier) sbraitare

gueuze [gøz] nf (Belg) birra forte, sottoposta a due fermentazioni

gui [gi] nm vischio m

guichet [giʃe] nm 1. (de poste) sportello m 2. (de gare) biglietteria f ● **guichet automatique (de banque)** bancomat® m inv

guichetier, ère [giʃtje, ɛr] nm, f sportellista mf

guide [gid] nm guida f ● **guide touristique** guida turistica

guider [gide] vt guidare

guidon [gidɔ̃] nm manubrio m

guignol [giɲɔl] nm (théâtre) burattino m

guillemets [gijmɛ] nmpl virgolette fpl ● **entre guillemets** tra virgolette

guimauve [gimov] nf marshmallow m inv

guirlande [girlɑ̃d] nf ghirlanda f

guise [giz] nf ● **en guise de récompense** a mo' di ricompensa

guitare [gitar] nf chitarra f ● **guitare électrique** chitarra elettrica

guitariste [gitarist] nmf chitarrista mf

Guyane [gɥijan] nf ● **la Guyane (française)** la Guyana francese

gymnase [ʒimnaz] *nm* palestra *f*
gymnastique [ʒimnastik] *nf* ginnastica *f*
gynécologue [ʒinekɔlɔg] *nmf* ginecologo *m*, -a *f*

_h_H

habile [abil] *adj* abile
habileté [abilte] *nf* abilità *f inv*
habillé, e [abije] *adj* **1.** vestito(a) **2.** (tenue) elegante
habillement [abijmã] *nm* abbigliamento *m*
habiller [abije] *vt* vestire ◆ **s'habiller** *vp* **1.** vestirsi **2.** (élégamment) vestirsi in modo elegante ● **s'habiller bien/mal** vestirsi bene/male
habitant, e [abitã, ãt] *nm, f* **1.** abitante *mf* **2.** (Québec) (paysan) contadino *m*, -a *f* ● **loger chez l'habitant** alloggiare in casa privata
habitation [abitasjɔ̃] *nf* abitazione *f*
habiter [abite] *vt* abitare (in) ◇ *vi* abitare
habits [abi] *nmpl* abiti *mpl*
habitude [abityd] *nf* abitudine *f* ● **avoir l'habitude de faire qqch** avere l'abitudine di fare qc ● **d'habitude** di solito ● **comme d'habitude** come al solito ● **une mauvaise habitude** una cattiva abitudine
habituel, elle [abitɥɛl] *adj* abituale
habituellement [abitɥɛlmã] *adv* abitualmente

habituer [abitɥe] *vt* ● **habituer qqn à faire qqch** abituare qn a fare qc ● **être habitué à faire qqch** essere abituato a fare qc ◆ **s'habituer à** *vp + prep* ● **s'habituer à (faire) qqch** abituarsi a (fare) qc
hache [ˈaʃ] *nf* ascia *f*
haché, é [ˈaʃe] *adj* ● **viande hachée** carne macinata
hacher [ˈaʃe] *vt* tritare
hachis [ˈaʃi] *nm* carne o pesce finemente tritati ● **hachis Parmentier** carne di manzo tritata, ricoperta di purè di patate e gratinata
hachoir [ˈaʃwaʀ] *nm* (lame) mezzaluna *f*
hachures [ˈaʃyʀ] *nfpl* tratteggio *m*
haddock [ˈadɔk] *nm* eglefino *m* (pesce simile al merluzzo)
haie [ˈɛ] *nf* siepe *f*
haine [ˈɛn] *nf* odio *m*
haïr [ˈaiʀ] *vt* odiare
Haïti [aiti] *n* Haiti *f*
hâle [ˈal] *nm* abbronzatura *f*
haleine [alɛn] *nf* fiato *m* ● **avoir bonne/mauvaise haleine** avere l'alito profumato/cattivo
haleter [ˈalte] *vi* ansimare
hall [ˈol] *nm* atrio *m*
halle [ˈal] *nf* mercato *m* coperto
hallucination [alysinasjɔ̃] *nf* allucinazione *f*
halogène [alɔʒɛn] *nm* ● **(lampe) halogène** (lampada) alogena *f*
halte [ˈalt] *nf* **1.** (arrêt) sosta *f* **2.** (lieu) tappa *f* ● **faire halte** fare sosta
haltère [altɛʀ] *nm* peso *m* (per sollevamento)
hamac [ˈamak] *nm* amaca *f*

hamburger ['ɑburgœr] *nm* hamburger *m inv (panino)*

hameçon [amsɔ̃] *nm* amo *m*

hamster ['amster] *nm* criceto *m*

hanche ['ɑ̃ʃ] *nf* anca *f*

handball ['ɑdbal] *nm* pallamano *f*

handicap ['ɑdikap] *nm* handicap *m inv*

handicapé, e ['ɑdikape] *adj & nm, f* handicappato(a)

hangar ['ɑgar] *nm* capannone *m*

hanté, e ['ɑ̃te] *adj* infestato(a) da fantasmi

happer ['ape] *vt* **1.** afferrare **2.** *(suj : voiture, train)* travolgere

harcèlement ['arsɛlmɑ̃] *nm* molestia *f* ● **harcèlement sexuel** molestie sessuali ● **harcèlement moral** mobbing *m inv*

harceler ['arsəle] *vt* assillare

hardi, e ['ardi] *adj* ardito(a)

hareng ['arɑ̃] *nm* aringa *f* ● **hareng saur** aringa affumicata

hargneux, euse ['arɲø, øz] *adj (personne, ton)* astioso(a)

haricot ['ariko] *nm* fagiolo *m* ● **haricot blanc** fagiolo bianco ● **haricot vert** fagiolino *m*

harmonica [armonika] *nm* armonica *f*

harmonie [armoni] *nf* armonia *f*

harmonieux, euse [armonjø, øz] *adj* armonioso(a)

harmoniser [armonize] *vt* armonizzare

harnais ['arnɛ] *nm* **1.** *(d'alpiniste)* imbragatura *f* **2.** *(de cheval)* bardatura *f*

harpe ['arp] *nf* arpa *f*

hasard ['azar] *nm* caso *m* ● **au hasard** a caso ● **à tout hasard** per ogni evenienza ● **par hasard** per caso

hasardeux, euse ['azardø, øz] *adj* rischioso(a)

hâte ['at] *nf* fretta *f* ● **à la hâte** ou **en hâte** in fretta ● **sans hâte** senza fretta ● **avoir hâte de faire qqch** avere fretta di fare qc

hâter ['ate] *vp* affrettarsi

hausse ['os] *nf* aumento *m* ● **être en hausse** essere in aumento

hausser ['ose] *vt* alzare ● **hausser les épaules** alzare le spalle

haut, e ['o, 'ot] *adj* alto(a) ◇ *nm (d'un arbre, de la montagne)* cima *f* ◇ *adv* ● **l'avion vole haut** l'aereo vola alto ● **la chouette vole haut** la civetta vola alta ● **tout haut** ad alta voce ● **haut la main** con estrema facilità ● **de haut en bas** da cima a fondo ● **en haut** in cima ; *(à l'étage)* di sopra ● **en haut de** in cima a ● **la pièce fait 3 m de haut** la stanza è alta 3 m ● **avoir des hauts et des bas** avere degli alti e bassi

hautain, e ['otɛ̃, ɛn] *adj* altezzoso(a)

haute-fidélité ['otfidelite] *nf* alta fedeltà *f inv*

hauteur ['otœr] *nf* **1.** altezza *f* **2.** *(colline)* altura *f* ● **être à la hauteur** essere all'altezza

haut-le-cœur ['olkœr] *nm inv* conato *m* di vomito

haut-parleur, s ['oparlœr] *nm* altoparlante *m*

hebdomadaire [ɛbdɔmadɛr] *adj* settimanale ◇ *nm* settimanale *m*

hébergement [ebɛrʒəmɑ̃] *nm* **1.** sistemazione *f* **2.** *(d'un site web)* hosting *m inv*

héberger [ebɛrʒe] *vt* ospitare

hectare [ɛktar] *nm* ettaro *m*

hein ['ɛ̃] *interj (fam)* ● **tu ne lui diras pas, hein ?** non glielo dirai, vero? ● **hein ?** eh?

hélas ['elas] *interj* ahimè!

hélice [elis] *nf* elica *f*

hélicoptère [elikɔptɛʀ] *nm* elicottero *m*

helvétique [elvetik] *adj* elvetico(a)

hématome [ematom] *nm* ematoma *m*

hémorragie [emɔʀaʒi] *nf* emorragia *f*

hennissement ['enismã] *nm* nitrito *m*

hépatite [epatit] *nf* epatite *f* ● **hépatite A/B/C** epatite A/B/C

herbe [ɛʀb] *nf* erba *f* ● **fines herbes** aromatiche ● **mauvaises herbes** erbacce *fpl*

héréditaire [eʀeditɛʀ] *adj* ereditario(a)

hérisser ['eʀise] ● **se hérisser** *vp* rizzarsi

hérisson ['eʀisɔ̃] *nm* riccio *m*

héritage [eʀitaʒ] *nm* eredità *f inv*

hériter [eʀite] *vt* ereditare ◆ **hériter de** *v + prep* ● **hériter d'une maison** ereditare una casa

héritier, ère [eʀitje, ɛʀ] *nm, f* erede *mf*

hermétique [ɛʀmetik] *adj* ermetico(a)

hernie ['ɛʀni] *nf* ernia *f*

héroïne [eʀɔin] *nf (drogue)* eroina *f* ➤ **héros**

héroïsme [eʀɔism] *nm* eroismo *m*

héros, héroïne ['eʀo, eʀɔin] *nm, f* eroe *m*, eroina *f*

hésitation [ezitasjɔ̃] *nf* esitazione *f* ● **sans hésitation** senza esitazione

hésiter [ezite] *vi* esitare ● **hésiter à faire qqch** esitare a fare qc

hêtre ['ɛtʀ] *nm* faggio *m*

heure [œʀ] *nf* 1. ora *f* 2. *(moment)* momento *m* ● **quelle heure est-il ? - il est quatre heures** che ore sono ou che ora è? - sono le quattro ● **il est trois heures vingt** sono le tre e venti ● **à quelle heure part le train ? - à deux heures** a che ora parte il treno? - alle due ● **c'est l'heure de...** è ora di... ● **nous sommes arrivés à l'heure** siamo arrivati in orario ● **de bonne heure** di buon'ora ● **heures de bureau** orario m d'ufficio ● **heures d'ouverture** orario d'apertura ● **heures de pointe** ore di punta ● **(avec) une heure de retard** con un'ora di ritardo ● **l'heure d'été/d'hiver** l'ora legale/solare

heureusement [øʀøzmã] *adv* fortunatamente, per fortuna

heureux, euse [øʀø, øz] *adj* felice

heurter ['œʀte] *vt* urtare

hexagone [egzagɔn] *nm* esagono *m* ● **l'Hexagone** la Francia

hibou, x ['ibu] *nm* gufo *m*

hier [ijɛʀ] *adv* ieri ● **hier après-midi** ieri pomeriggio

hiérarchie ['jeʀaʀʃi] *nf* gerarchia *f*

hiéroglyphes ['jeʀɔglif] *nmpl* geroglifici *mpl*

hi-fi ['ifi] *nf inv* hi-fi *m inv*

hilarant, e [ilaʀɑ̃, ɑ̃t] *adj* esilarante

hindou, e [ɛ̃du] *adj* indù *(inv)* ◇ *nm, f* indù *mf inv*

hippodrome [ipɔdʀom] *nm* ippodromo *m*

hippopotame [ipɔpɔtam] *nm* ippopotamo *m*

hirondelle [iʀɔ̃dɛl] *nf* rondine *f*

hisser ['ise] *vt* issare

histoire [istwaʀ] *nf* storia *f* ● **faire des histoires** fare storie ● **histoire drôle** barzelletta *f*

historique [istɔʀik] *adj* storico(a)

hit-parade, s [ˈitpaʀad] *nm* hit-parade *f inv*

HIV [ˈaʃive] *(abr de human immuno deficiency virus) nm* HIV *m inv*

hiver [iveʀ] *nm* inverno *m* ● **en hiver** d'inverno

HLM *(abr de habitation à loyer modéré) nm inv* ou *nf inv* ≃ casa *f* popolare ● **habiter en HLM** abitare in una casa popolare

hobby, s, ies [ˈɔbi] *nm* hobby *m inv*

hochepot [ˈɔʃpo] *nm* lesso di carne di maiale, manzo, agnello e verdure miste, specialità fiamminga

hocher [ˈɔʃe] *vt* ● **hocher la tête** scuotere la testa

hochet [ˈɔʃɛ] *nm* sonaglino *m*

hockey [ˈɔkɛ] *nm* hockey *m inv* ● **hockey sur glace** hockey su ghiaccio

hold-up [ˈɔldœp] *nm inv* rapina *f* a mano armata

hollandais, e [ˈɔlɑ̃dɛ, ɛz] *adj* olandese ◇ *nm (langue)* olandese *m* ◆ **Hollandais, e** *nm, f* olandese *mf*

hollande [ˈɔlɑ̃d] *nm (fromage)* formaggio *m* olandese

Hollande [ˈɔlɑ̃d] *nf* ● **la Hollande** l'Olanda *f*

homard [ˈɔmaʀ] *nm* astice *m* ● **homard à l'américaine** astice preparato in una salsa di vino bianco, cognac, pomodori, cipolle e aromi ● **homard Thermidor** carne di astice grigliata servita nella corazza con una salsa alla senape

homéopathie [ɔmeopati] *nf* omeopatia *f*

hommage [ɔmaʒ] *nm* ● **en hommage à** in omaggio a ● **rendre hommage à** rendere omaggio a

homme [ɔm] *nm* uomo *m* ● **homme d'affaires** uomo d'affari ● **homme politique** politico *m* ● **homme d'État** uomo di Stato

homogène [ɔmɔʒɛn] *adj* omogeneo(a)

homophobe [ɔmɔfɔb] *adj* omofobo(a)

homosexuel, elle [ɔmɔseksɥɛl] *adj & nm, f* omosessuale

Honduras [ˈɔ̃dyʀas] *nm* ● **le Honduras** l'Honduras *m*

hondurien, enne [ˈɔ̃dyʀjɛ̃, ɛn] *adj* honduregno(a) ◆ **Hondurien, enne** *nm, f* honduregno *m*, -a *f*

Hongrie [ˈɔ̃gʀi] *nf* ● **la Hongrie** l'Ungheria *f*

hongrois, e [ˈɔ̃gʀwa, az] *adj* ungherese ◆ **hongrois** *nm (langue)* ungherese *m* ◆ **Hongrois, e** *nm, f* ungherese *mf*

honnête [ɔnɛt] *adj* **1.** onesto(a) **2.** *(salaire, résultats)* accettabile

honnêteté [ɔnɛtte] *nf* onestà *f inv*

honneur [ɔnœʀ] *nm* onore *m* ● **en l'honneur de** in onore di ● **faire honneur à** *(repas)* fare onore a

honorable [ɔnɔʀabl] *adj* **1.** *(acte)* onorevole **2.** *(personne)* rispettabile **3.** *(résultat)* accettabile

honoraires [ɔnɔʀɛʀ] *nmpl* onorario *m*

honte [ˈɔ̃t] *nf* vergogna *f* ● **avoir honte (de)** vergognarsi (di) ● **faire honte à qqn** far vergognare qn

honteux, euse [ˈɔ̃tø, øz] *adj* vergognoso(a)

hooligan, houligan [ˈuligan] *nm* hooligan *m inv*

hôpital, aux [ɔpital, o] *nm* ospedale *m* ● **hôpital psychiatrique** ospedale psichiatrico ● **à l'hôpital** in ospedale

hoquet [ˈɔke] *nm* ● **avoir le hoquet** avere il singhiozzo

horaire [ɔRɛR] *nm* orario *m* ▼ **horaires d'ouverture** orario d'apertura

horizon [ɔRizɔ̃] *nm* orizzonte *m* ● **à l'horizon** all'orizzonte

horizontal, e, aux [ɔRizɔ̃tal, o] *adj* orizzontale

horloge [ɔRlɔʒ] *nf* orologio *m* ● **l'horloge parlante** l'ora *f* esatta

horloger, ère [ɔRlɔʒe, ɛR] *nm, f* orologiaio *m*, -a *f*

horlogerie [ɔRlɔʒRi] *nf* orologeria *f*

hormone [ɔRmɔn] *nf* ormone *m*

hormonothérapie [ɔRmɔnɔteRapi] *nf MÉD* ormonoterapia *f*

horoscope [ɔRɔskɔp] *nm* oroscopo *m*

horreur [ɔRœR] *nf* orrore *m* ● **quelle horreur ! !** che orrore! ● **avoir horreur de qqch** avere orrore di qc

horrible [ɔRibl] *adj* orribile

horriblement [ɔRibləmã] *adv* orribilmente

horrifié, e [ɔRifje] *adj* inorridito(a)

hors [ˈɔR] *prép* ● **hors de** fuori da ● **hors jeu** fuori gioco ● **hors saison** fuori stagione ▼ **hors service** guasto ● **hors sujet** fuori tema ● **hors taxes** *(prix)* tasse escluse ● **hors de prix** carissimo(a) ● **hors de question** fuori questione ● **être hors de soi** essere fuori di sé ● **hors d'usage** fuori uso

hors-bord [ˈɔRbɔR] *nm inv* fuoribordo *m inv*

hors-d'œuvre [ˈɔRdœvR] *nm inv* antipasto *m*

hors-série [ɔRseRi] *nm inv* (numero) speciale *m*

hortensia [ɔRtɑ̃sja] *nm* ortensia *f*

horticulture [ɔRtikyltyR] *nf* orticoltura *f*

hospitaliser [ɔspitalize] *vt* ricoverare (in ospedale)

hospitalité [ɔspitalite] *nf* ospitalità *f inv*

hostie [ɔsti] *nf* ostia *f*

hostile [ɔstil] *adj* ostile

hostilité [ɔstilite] *nf* ostilità *f inv*

hot dog, s [ˈɔtdɔg] *nm* hot dog *m inv*

hôte, hôtesse [ot, otɛs] *nm, f* ospite *m* ◆ **hôte** *nm* ospite *mf*

hôtel [otel] *nm* **1.** albergo *m* **2.** *(château)* palazzo *m* ● **hôtel de ville** municipio *m* ● **hôtel particulier** palazzo *m* privato ● **descendre à l'hôtel** alloggiare in albergo

hôtellerie [otelRi] *nf* **1.** *(hôtel)* albergo *m* **2.** *(activité)* settore *m* alberghiero ● **travailler dans l'hôtellerie** lavorare nel settore alberghiero

hôtesse [otɛs] *nf (d'accueil)* hostess *f inv* ● **hôtesse de l'air** hostess

hot line, s [ˈɔtlain] *nf* hot line *f inv*

hotte [ˈɔt] *nf (panier)* gerla *f* ● **hotte (aspirante)** cappa *f*

houle [ˈul] *nf* ● **il y a de la houle** il mare è mosso

hourra [ˈuRa] *interj* urrà!

house [aws], **house music** [awsmjuzik] *nf* house music *f inv*

housse [ˈus] *nf* fodera *f* ● **housse de couette** copripiumone *m*

houx [ˈu] *nm* agrifoglio *m*

hovercraft [ɔvœrkraft] *nm* hovercraft *m inv*

HT ➤ hors taxes

hublot ['yblo] *nm* oblò *m inv*

huer ['ɥe] *vt* fischiare

huile [ɥil] *nf* olio *m* ● **huile d'arachide** olio d'arachide ● **huile d'olive** olio d'oliva ● **huile solaire** olio solare ● **changer l'huile** (d'un moteur) cambiare l'olio

huiler [ɥile] *vt* oliare

huileux, euse [ɥilø, øz] *adj* oleoso(a)

huissier [ɥisje] *nm* DR ufficiale *m* giudiziario

huit ['ɥit] *adj num & pron num* otto ◇ *nm* otto *m* ● **il a huit ans** ha otto anni ● **il est huit heures** sono le otto ● **le huit janvier** l'otto gennaio ● **page huit** pagina otto ● **ils étaient huit** erano in otto ● **le huit de pique** l'otto di picche ● **(au) huit rue Lepic** rue Lepic numero otto

huitaine ['ɥiten] *nf* ● **une huitaine (de jours)** circa otto giorni

huitième ['ɥitjɛm] *adj num & pron num* ottavo(a) ◇ *nm* **1.** (fraction) ottavo *m* **2.** (étage) ottavo piano *m* **3.** (arrondissement) ottavo "arrondissement"

huître [ɥitr] *nf* ostrica *f*

humain, e [ymɛ̃, ɛn] *adj* umano(a) ◇ *nm* umano *m*

humanitaire [ymaniter] *adj* umanitario(a) ◇ *nm* ● **l' humanitaire** il settore umanitario ● **travailler dans l'humanitaire** lavorare nel settore umanitario ● **couloir humanitaire** corridoio umanitario

humanité [ymanite] *nf* umanità *f inv*

humble [œbl] *adj* umile

humecter [ymɛkte] *vt* inumidire

humeur [ymœr] *nf* umore *m* ● **être de bonne/mauvaise humeur** essere di buon/cattivo umore

humide [ymid] *adj* umido(a)

humidité [ymidite] *nf* umidità *f inv*

humiliant, e [ymiljã, ãt] *adj* umiliante

humilier [ymilje] *vt* umiliare

humoristique [ymɔristik] *adj* umoristico(a)

humour [ymur] *nm* umorismo *m* ● **avoir de l'humour** avere il senso dell'umorismo

hurlement ['yrləmã] *nm* **1.** urlo *m* **2.** (de chien) ululato *m*

hurler ['yrle] *vi* **1.** urlare **2.** (chien, vent) ululare

hutte ['yt] *nf* capanna *f*

hydratant, e [idratã, ãt] *adj* idratante

hydrophile [idrɔfil] *adj* ➤ coton

hygiène [iʒjɛn] *nf* igiene *f*

hygiénique [iʒjenik] *adj* igienico(a), ➤ serviette

hymne [imn] *nm* (religieux) inno *m* ● **hymne national** inno nazionale

hyper- *préf* (fam) (très) ● **hyper-sympa** strasimpatico(a)

hypermarché [ipɛrmarʃe] *nm* ipermercato *m*

hypertension [ipɛrtɑ̃sjɔ̃] *nf* ipertensione *f* ● **faire de l'hypertension** avere problemi di ipertensione

hypertexte [ipɛrtɛkst] *adj* ● **lien hypertexte** link *m inv* ipertestuale

hypnotiser [ipnɔtize] *vt* ipnotizzare

hypocrisie [ipɔkrizi] *nf* ipocrisia *f*

hypocrite [ipɔkrit] *adj & nmf* ipocrita

hypothèse [ipotɛz] *nf* ipotesi *f inv* ● **dans l'hypothèse où il viendrait** nel caso dovesse venire

hystérique [isterik] *adj* isterico(a)

i I

iceberg [ajsbɛrg] *nm* iceberg *m inv*

ici [isi] *adv* qui, qua ● **d'ici là** fino ad allora ● **d'ici peu** tra breve ● **par ici** (*de ce côté*) di qua ; (*dans les environs*) da queste parti ● **les gens d'ici** la gente di qui

icône [ikon] *nf* icona *f*

idéal, e, aux [ideal, o] *adj* ideale ◆ *nm* ideale ● **l'idéal, ce serait...** l'ideale sarebbe...

idéaliste [idealist] *adj* idealistico(a) ◇ *nmf* idealista *mf*

idée [ide] *nf* idea *f* ● **avoir l'idée de** avere idea di ● **(avoir) une bonne/mauvaise idée** (avere) una buona/cattiva idea

identifier [idɑ̃tifje] *vt* identificare ◆ **s'identifier à** *vp + prep* identificarsi con

identique [idɑ̃tik] *adj* ● **identique (à)** identico(a)(a)

identité [idɑ̃tite] *nf* (*nom*) identità *f inv*, ➤ **pièce, papiers**

idiot, e [idjo, ɔt] *adj & nm, f* scemo(a)

idiotie [idjosi] *nf* idiozia *f*

idole [idɔl] *nf* idolo *m*

igloo [iglu] *nm* igloo *m inv*

ignoble [iɲɔbl] *adj* ignobile

ignorant, e [iɲorɑ̃, ɑ̃t] *adj & nm, f* ignorante

ignorer [iɲore] *vt* ignorare

il [il] *pron* (*sujet masculin*) ● **il est grand** è grande ; (*sujet de v impers*) ● **il pleut** piove ◆ **ils** *pron* ● **il sont arrivés** sono arrivati

île [il] *nf* isola *f* ● **île flottante** *dessert costituito da albumi montati a neve cotti e disposti su un letto di crema e ricoperti di caramello* ● **l'île Maurice** le Mauritius

Île-de-France [ildəfrɑ̃s] *nf* regione nella quale si trova Parigi

illégal, e, aux [ilegal, o] *adj* illegale

illettré, e [iletre] *adj & nm, f* analfabeta

illimité, e [ilimite] *adj* illimitato(a)

illisible [ilizibl] *adj* illeggibile

illuminer [ilymine] *vt* illuminare ◆ **s'illuminer** *vp* illuminarsi

illusion [ilyzjɔ̃] *nf* (*idée fausse*) illusione *f* ● **se faire des illusions** farsi delle illusioni ● **illusion d'optique** illusione ottica

illusionniste [ilyzjɔnist] *nmf* illusionista *mf*

illustration [ilystrasjɔ̃] *nf* illustrazione *f*

illustré, e [ilystre] *adj* illustrato(a) ◇ *nm* rotocalco *m*

illustrer [ilystre] *vt* illustrare

îlot [ilo] *nm* isolotto *m*

ils ➤ **il**

image [imaʒ] *nf* immagine *f* ● **à l'image de** sul modello di

imagerie [imaʒri] *nf* ● **imagerie médicale** diagnostica *f* per immagini

imaginaire [imaʒinɛr] *adj* immaginario(a)

imagination [imaʒinasjɔ̃] nf immaginazione f ● **avoir de l'imagination** avere molta fantasia

imaginer [imaʒine] vt immaginare ◆ **s'imaginer** vp immaginarsi ● **s'imaginer que** credere che (+ subjonctif) ● **il s'imagine être le plus doué** crede di essere il più bravo

imbattable [ɛ̃batabl] adj imbattibile

imbécile [ɛ̃besil] nmf imbecille mf

imbiber [ɛ̃bibe] vt inzuppare ● **imbiber qqch de** impregnare qc di

imbuvable [ɛ̃byvabl] adj imbevibile

imitateur, trice [imitatœr, tris] nm, f imitatore m, -trice f

imitation [imitasjɔ̃] nf imitazione f ● **imitation cuir** in similpelle

imiter [imite] vt imitare

immangeable [ɛ̃mɑ̃ʒabl] adj immangiabile

immatriculation [imatrikylasjɔ̃] nf 1. (inscription) immatricolazione f 2. ● **numéro d'immatriculation** numero di targa

immédiat, e [imedja, at] adj immediato(a)

immédiatement [imedjatmɑ̃] adv immediatamente

immense [imɑ̃s] adj 1. (pays, succès) immenso(a) 2. (personne) altissimo(a)

immergé, e [imɛrʒe] adj immerso(a)

immeuble [imœbl] nm palazzo m, condominio m

immigration [imigrasjɔ̃] nf immigrazione f ● **immigration clandestine** immigrazione clandestina

immigré, e [imigre] adj & nm, f immigrato(a)

immobile [imɔbil] adj immobile

immobilier, ère [imɔbilje, ɛr] adj immobiliare ◇ nm ● **l'immobilier** il settore immobiliare

immobiliser [imɔbilize] vt 1. (personne) immobilizzare 2. (véhicule) arrestare

immonde [imɔ̃d] adj immondo(a)

immoral, e, aux [imɔral, o] adj immorale

immortel, elle [imɔrtɛl] adj immortale

immuniser [imynize] vt immunizzare

impact [ɛ̃pakt] nm impatto m

impair, e [ɛ̃pɛr] adj dispari (inv)

impardonnable [ɛ̃pardɔnabl] adj imperdonabile

imparfait, e [ɛ̃parfɛ, ɛt] adj imperfetto(a) ◆ **imparfait** nm GRAMM imperfetto m ● **l'imparfait du subjonctif** il congiuntivo imperfetto

impartial, e, aux [ɛ̃parsjal, o] adj imparziale

impasse [ɛ̃pas] nf vicolo m cieco ● **faire une impasse sur qqch** SCOL saltare qc dal programma

impassible [ɛ̃pasibl] adj impassibile

impatience [ɛ̃pasjɑ̃s] nf impazienza f

impatient, e [ɛ̃pasjɑ̃, ɑ̃t] adj impaziente ● **être impatient de faire qqch** essere impaziente di fare qc

impatienter [ɛ̃pasjɑ̃te] ◆ **s'impatienter** vp spazientirsi

impeccable [ɛ̃pekabl] adj impeccabile

imper [ɛ̃pɛr] nm impermeabile m

impératif, ive [ɛ̃peratif, iv] adj imperativo(a) ◇ nm GRAMM imperativo m

impératrice [ɛ̃peratris] nf imperatrice f

imperceptible [ɛ̃persɛptibl] adj impercettibile

imperfection [ɛ̃pɛʀfɛksjɔ̃] *nf* imperfezione *f*

impérial, e, aux [ɛ̃peʀjal, o] *adj* imperiale

impériale [ɛ̃peʀjal] *nf* ➤ autobus

imperméable [ɛ̃pɛʀmeabl] *adj* impermeabile ◇ *nm* impermeabile *m*

impersonnel, elle [ɛ̃pɛʀsɔnɛl] *adj* impersonale

impitoyable [ɛ̃pitwajabl] *adj* spietato(a)

implanter [ɛ̃plɑ̃te] *vt* 1. *(idée, mode)* introdurre 2. *(entreprise)* impiantare ◆ **s'implanter** *vp* impiantarsi

impliquer [ɛ̃plike] *vt* implicare ● **impliquer qqn dans qqch** implicare qn in qc ◆ **s'impliquer dans** *vp + prep* impegnarsi in

impoli, e [ɛ̃pɔli] *adj* maleducato(a)

import [ɛ̃pɔʀ] *nm (Belg) (montant)* importo *m*

importance [ɛ̃pɔʀtɑ̃s] *nf* importanza *f* ● **avoir de l'importance** essere importante, avere importanza ● **cela n'a aucune** ou **pas d'importance** non ha alcuna importanza

important, e [ɛ̃pɔʀtɑ̃, ɑ̃t] *adj* importante

importation [ɛ̃pɔʀtasjɔ̃] *nf* importazione *f*

importer [ɛ̃pɔʀte] *vt & vi* importare ● **n'importe comment** *(mal)* a casaccio ● **n'importe quel...** qualunque... ● **n'importe qui** chiunque ● **n'importe quoi !** ma che dico/dici/dice ecc.?

import-export [ɛ̃pɔʀɛkspɔʀ] *(pl imports-exports)* *nm* import-export *m inv*

importuner [ɛ̃pɔʀtyne] *vt* importunare

imposable [ɛ̃pozabl] *adj (personne)* soggetto(a) a tasse

imposant, e [ɛ̃pozɑ̃, ɑ̃t] *adj* imponente

imposer [ɛ̃poze] *vt* 1. imporre 2. *(taxer)* tassare ● **imposer qqch à qqn** imporre qc a qn ◆ **s'imposer** *vp* imporsi

impossible [ɛ̃posibl] *adj* impossibile ● **il est impossible de réserver** è impossibile prenotare ● **il est impossible que** è impossibile che

impôt [ɛ̃po] *nm* imposta *f*, tassa *f* ● **payer ses impôts** pagare le tasse ● **impôt sur le revenu** imposta sul reddito ● **impôts locaux** imposte locali

impraticable [ɛ̃pʀatikabl] *adj* impraticabile

imprégner [ɛ̃pʀeɲe] *vt* impregnare ● **imprégner qqch de** impregnare qc di ◆ **s'imprégner de** *vp* impregnarsi di

impression [ɛ̃pʀesjɔ̃] *nf* 1. *(sentiment)* impressione *f* 2. *(d'un texte)* stampa *f* ● **avoir l'impression que** avere l'impressione che ● **j'ai l'impression d'avoir dit une bêtise** mi sa che ho detto una stupidaggine

impressionnant, e [ɛ̃pʀesjɔnɑ̃, ɑ̃t] *adj* impressionante

impressionner [ɛ̃pʀesjɔne] *vt* impressionare

imprévisible [ɛ̃pʀevizibl] *adj* imprevedibile

imprévu, e [ɛ̃pʀevy] *adj* imprevisto(a) ◇ *nm* ● **l'imprévu** l'imprevisto *m* ● **avoir un imprévu** avere un imprevisto

imprimante [ɛ̃pʀimɑ̃t] *nf* stampante *f* ● **imprimante laser/jet d'encre** stampante laser/a getto d'inchiostro

imprimé, e [ɛ̃pʀime] *adj* stampato(a)

imprimer [ɛ̃pʀime] *vt* stampare
imprimerie [ɛ̃pʀimʀi] *nf* tipografia *f*
imprononçable [ɛ̃pʀɔnɔ̃sabl] *adj* impronunciabile
improviser [ɛ̃pʀɔvize] *vt & vi* improvvisare
improviste [ɛ̃pʀɔvist] ◆ **à l'improviste** *adv* all'improvviso
imprudence [ɛ̃pʀydɑ̃s] *nf* imprudenza *f*
imprudent, e [ɛ̃pʀydɑ̃, ɑ̃t] *adj* imprudente
impuissant, e [ɛ̃pɥisɑ̃, ɑ̃t] *adj* impotente
impulsif, ive [ɛ̃pylsif, iv] *adj* impulsivo(a)
impureté [ɛ̃pyʀte] *nf* impurità *f inv*
inabordable [inabɔʀdabl] *adj (prix)* proibitivo(a)
inacceptable [inakseptabl] *adj* inaccettabile
inaccessible [inaksesibl] *adj* inaccessibile
inachevé, e [inaʃve] *adj* incompiuto(a)
inactif, ive [inaktif, iv] *adj* inattivo(a)
inadapté, e [inadapte] *adj* inadatto(a)
inadmissible [inadmisibl] *adj* inammissibile
inanimé, e [inanime] *adj* **1.** *(sans connaissance)* esanime **2.** *(mort)* senza vita
inaperçu, e [inapɛʀsy] *adj* ◆ **passer inaperçu(e)** passare inosservato(a)
inapte [inapt] *adj* ◆ **inapte à qqch** inadatto(a) a qc ◆ **inapte au service militaire** inabile al servizio militare
inattendu, e [inatɑ̃dy] *adj* inatteso(a)
inattention [inatɑ̃sjɔ̃] *nf* disattenzione *f* ◆ **faute d'inattention** errore di distrazione

inaudible [inodibl] *adj* impercettibile
inauguration [inogyʀasjɔ̃] *nf* inaugurazione *f*
inaugurer [inogyʀe] *vt* inaugurare
incalculable [ɛ̃kalkylabl] *adj* incalcolabile
incandescent, e [ɛ̃kɑ̃desɑ̃, ɑ̃t] *adj* incandescente
incapable [ɛ̃kapabl] *nmf* incapace *mf* ◇ *adj* ◆ **être incapable de faire qqch** essere incapace di fare qc
incapacité [ɛ̃kapasite] *nf* incapacità *f inv* ◆ **être dans l'incapacité de faire qqch** essere nell'impossibilità di fare qc
incarner [ɛ̃kaʀne] *vt* incarnare
incassable [ɛ̃kasabl] *adj* infrangibile
incendie [ɛ̃sɑ̃di] *nm* incendio *m*
incendier [ɛ̃sɑ̃dje] *vt* incendiare
incertain, e [ɛ̃sɛʀtɛ̃, ɛn] *adj* incerto(a)
incertitude [ɛ̃sɛʀtityd] *nf* incertezza *f* ◆ **être dans l'incertitude** essere nell'incertezza
incessamment [ɛ̃sesamɑ̃] *adv* quanto prima
incessant, e [ɛ̃sesɑ̃, ɑ̃t] *adj* incessante
incident [ɛ̃sidɑ̃] *nm* incidente *m* ◆ **sans incident** senza intoppi
incisive [ɛ̃siziv] *nf* incisivo *m*
inciter [ɛ̃site] *vt* ◆ **inciter qqn à faire qqch** incitare qn a fare qc
incivilité [ɛ̃sivilite] *nf (acte)* inciviltà *f inv*
incliné, e [ɛ̃kline] *adj* inclinato(a)
incliner [ɛ̃kline] *vt* inclinare ◆ **s'incliner** *vp* inclinarsi, inchinarsi ◆ **s'incliner devant** *(adversaire)* inchinarsi di fronte a
inclure [ɛ̃klyʀ] *vt* includere

inclus, e [ɛ̃kly, yz] *pp* ➤ **inclure** ◇ *adj* incluso(a) • **jusqu'au 15 inclus** fino al 15 incluso • **le pourboire n'est pas inclus dans le prix** il servizio non è compreso nel prezzo

incohérent, e [ɛ̃kɔeʀɑ̃, ɑ̃t] *adj* incoerente

incollable [ɛ̃kɔlabl] *adj* **1.** *(riz)* che non scuoce **2.** *(fam) (qui sait tout)* imbattibile

incolore [ɛ̃kɔlɔʀ] *adj* incolore

incommoder [ɛ̃kɔmɔde] *vt* disturbare

incomparable [ɛ̃kɔ̃paʀabl] *adj* impareggiabile

incompatible [ɛ̃kɔ̃patibl] *adj* incompatibile

incompétent, e [ɛ̃kɔ̃petɑ̃, ɑ̃t] *adj* incompetente

incomplet, ète [ɛ̃kɔ̃plɛ, ɛt] *adj* incompleto(a)

incompréhensible [ɛ̃kɔ̃pʀeɑ̃sibl] *adj* incomprensibile

inconditionnel, elle [ɛ̃kɔ̃disjɔnɛl] *nm, f* • **un inconditionnel de** un acceso sostenitore di

incongru, e [ɛ̃kɔ̃gʀy] *adj* sconveniente

inconnu, e [ɛ̃kɔny] *adj & nm, f* sconosciuto(a) ♦ **inconnu** *nm* • **l'inconnu** l'ignoto *m* ♦ **inconnue** *nf* MATH incognita *f*

inconsciemment [ɛ̃kɔ̃sjamɑ̃] *adv* inconsciamente

inconscient, e [ɛ̃kɔ̃sjɑ̃, ɑ̃t] *adj* incosciente ◇ *nm* • **l'inconscient** l'inconscio *m*

inconsolable [ɛ̃kɔ̃sɔlabl] *adj* inconsolabile

incontestable [ɛ̃kɔ̃tɛstabl] *adj* incontestabile

inconvénient [ɛ̃kɔ̃venjɑ̃] *nm* inconveniente *m*

incorporer [ɛ̃kɔʀpɔʀe] *vt* incorporare • **incorporer qqch à** incorporare qc a

incorrect, e [ɛ̃kɔʀɛkt] *adj* **1.** *(faux)* inesatto(a) **2.** *(impoli)* scorretto(a)

incorrigible [ɛ̃kɔʀiʒibl] *adj* *(personne)* incorreggibile

incrédule [ɛ̃kʀedyl] *adj* incredulo(a)

incroyable [ɛ̃kʀwajabl] *adj* incredibile

incruster [ɛ̃kʀyste] ♦ **s'incruster** *vp* *(tache, saleté)* incrostarsi

inculpé, e [ɛ̃kylpe] *nm, f* imputato *m*, -a *f*

inculper [ɛ̃kylpe] *vt* incolpare • **il a été inculpé de vol** è stato accusato di furto

inculte [ɛ̃kylt] *adj* incolto(a)

incurable [ɛ̃kyʀabl] *adj* *(maladie)* incurabile

Inde [ɛ̃d] *nf* • **l'Inde** l'India *f*

indécent, e [ɛ̃desɑ̃, ɑ̃t] *adj* indecente

indécis, e [ɛ̃desi, iz] *adj* *(hésitant)* indeciso(a)

indéfini, e [ɛ̃defini] *adj* indefinito(a)

indéfiniment [ɛ̃definimɑ̃] *adv* all'infinito

indélébile [ɛ̃delebil] *adj* indelebile

indemne [ɛ̃dɛmn] *adj* indenne • **sortir indemne d'un accident** uscire indenne da un incidente

indemniser [ɛ̃dɛmnize] *vt* indennizzare

indemnité [ɛ̃dɛmnite] *nf* indennità *f inv* • **indemnité de chômage** indennità di disoccupazione • **indemnité de licenciement** indennità di licenziamento

indépendamment [ɛ̃depɑ̃damɑ̃] ♦ **indépendamment de** *prép (à part)* a prescindere da

indépendance [ɛ̃depɑ̃dɑ̃s] *nf* indipendenza *f*

indépendant, e [ɛ̃depɑ̃dɑ̃, ɑ̃t] *adj* indipendente ● être indépendant de *(sans relation avec)* non dipendere da ● travailleur indépendant libero professionista *m*

indescriptible [ɛ̃dɛskriptibl] *adj* indescrivibile

index [ɛ̃dɛks] *nm* indice *m*

indicateur [ɛ̃dikatœr] *adj m* ➤ **poteau**

indicatif [ɛ̃dikatif] *nm* **1.** *(téléphonique)* prefisso *m* **2.** *(d'une émission)* sigla *f* **3.** *GRAMM* indicativo *m* ◇ *adj m* ● à titre indicatif a titolo indicativo

indication [ɛ̃dikasjɔ̃] *nf* indicazione *f* ▼ **indications** *(sur un médicament)* indicazioni

indice [ɛ̃dis] *nm* **1.** *(signe)* indice *m* **2.** *(dans une enquête)* indizio *m*

indien, enne [ɛ̃djɛ̃, ɛn] *adj* indiano(a) ● **Indien, enne** *nm, f* indiano *m*, -a *f*

indifféremment [ɛ̃diferamɑ̃] *adv* indifferentemente

indifférence [ɛ̃diferɑ̃s] *nf* indifferenza *f*

indifférent, e [ɛ̃diferɑ̃, ɑ̃t] *adj* indifferente ● ça m'est indifférent mi è indifferente

indigène [ɛ̃diʒɛn] *nmf* indigeno *m*, -a *f*

indigeste [ɛ̃diʒɛst] *adj* indigesto(a)

indigestion [ɛ̃diʒɛstjɔ̃] *nf* indigestione *f*

indignation [ɛ̃diɲasjɔ̃] *nf* indignazione *f*

indigner [ɛ̃diɲe] ● s'indigner *vp* ● s'indigner de qqch indignarsi per qc

indiquer [ɛ̃dike] *vt (révéler)* rivelare ● indiquer qqn/qqch à qqn indicare qn/qc a qn ● pouvez-vous m'indiquer la route pour la gare ? saprebbe indicarmi la strada per la stazione?

indirect, e [ɛ̃dirɛkt] *adj* indiretto(a)

indirectement [ɛ̃dirɛktəmɑ̃] *adv* indirettamente

indiscipliné, e [ɛ̃disipline] *adj* indisciplinato(a)

indiscret, ète [ɛ̃diskrɛ, ɛt] *adj* indiscreto(a)

indiscrétion [ɛ̃diskresjɔ̃] *nf* **1.** *(caractère)* indiscrezione *f* **2.** *(gaffe)* indelicatezza *f*

indispensable [ɛ̃dispɑ̃sabl] *adj* indispensabile

individu [ɛ̃dividy] *nm* individuo *m*

individualiste [ɛ̃dividɥalist] *adj & nm, f* individualista

individuel, elle [ɛ̃dividɥɛl] *adj (chambre, portion)* singolo(a)

indolore [ɛ̃dɔlɔr] *adj* indolore

indulgent, e [ɛ̃dylʒɑ̃, ɑ̃t] *adj* indulgente

industrialisé, e [ɛ̃dystrijalize] *adj* industrializzato(a) ● pays industrialisé paese industrializzato

industrie [ɛ̃dystri] *nf* industria *f*

industriel, elle [ɛ̃dystrijɛl] *adj* industriale ◆ **industriel** *nm* industriale *mf*

inédit, e [inedi, it] *adj* inedito(a)

inefficace [inefikas] *adj* **1.** *(méthode, médicament)* inefficace **2.** *(personne)* inefficiente

inégal, e, aux [inegal, o] *adj* **1.** disuguale **2.** *(travail, résultats)* discontinuo(a)

inégalité [inegalite] *nf* disuguaglianza *f* ● inégalités sociales disuguaglianze sociali

inépuisable [inepɥizabl] *adj* inesauribile

inerte [inɛrt] *adj* inerte

inestimable [inɛstimabl] *adj* inestimabile

inévitable [inevitabl] *adj* inevitabile

inexact, e [inɛgza(kt), akt] *adj* inesatto(a)

inexcusable [inɛkskyzabl] *adj* imperdonabile

inexistant, e [inɛgzistɑ̃, ɑ̃t] *adj* inesistente

inexplicable [inɛksplikabl] *adj* inspiegabile

inexpliqué, e [inɛksplike] *adj* inspiegato(a)

in extremis [inɛkstʀemis] *adv* in extremis

infaillible [ɛ̃fajibl] *adj* infallibile

infarctus [ɛ̃faʀktys] *nm* infarto *m* ● **avoir un infarctus** avere un infarto

infatigable [ɛ̃fatigabl] *adj* instancabile

infect, e [ɛ̃fɛkt] *adj* 1. schifoso(a) 2. *(attitude, personne)* ignobile

infecter [ɛ̃fɛkte] ◆ **s'infecter** *vp* infettarsi

infection [ɛ̃fɛksjɔ̃] *nf* 1. infezione *f* 2. *(odeur)* fetore *m*

inférieur, e [ɛ̃feʀjœʀ] *adj* inferiore ● **inférieur à** inferiore a

infériorité [ɛ̃feʀjɔʀite] *nf* inferiorità *f inv* ● **sentiment/complexe d'infériorité** sentimento/complesso d'inferiorità ● **en infériorité numérique** in inferiorità numerica

infernal, e, aux [ɛ̃fɛʀnal, o] *adj* 1. infernale 2. *(enfant)* terribile

infesté, e [ɛ̃fɛste] *adj* ● **infesté(e) de** infestato(a) da

infidèle [ɛ̃fidɛl] *adj* infedele

infiltrer [ɛ̃filtʀe] ◆ **s'infiltrer** *vp* infiltrarsi

infime [ɛ̃fim] *adj* infimo(a)

infini, e [ɛ̃fini] *adj* infinito(a) ◇ *nm* infinito *m* ● **à l'infini** *(se prolonger, discuter)* all'infinito

infiniment [ɛ̃finimɑ̃] *adv* infinitamente ● **je vous remercie infiniment** la ringrazio infinitamente

infinitif [ɛ̃finitif] *nm* infinito *m*

infirme [ɛ̃fiʀm] *adj & nmf* infermo(a)

infirmerie [ɛ̃fiʀməʀi] *nf* infermeria *f*

infirmier, ère [ɛ̃fiʀmje, ɛʀ] *nm, f* infermiere *m*, -a *f*

inflammable [ɛ̃flamabl] *adj* infiammabile

inflammation [ɛ̃flamasjɔ̃] *nf* infiammazione *f*

inflation [ɛ̃flasjɔ̃] *nf* inflazione *f*

inflexible [ɛ̃flɛksibl] *adj* inflessibile

infliger [ɛ̃fliʒe] *vt* ● **infliger une correction à qqn** infliggere una punizione a qn

influence [ɛ̃flyɑ̃s] *nf* influenza *f* ● **avoir de l'influence sur qqn** avere influenza su qn

influencer [ɛ̃flyɑ̃se] *vt* influenzare

influent, e [ɛ̃flyɑ̃, ɑ̃t] *adj* influente

informaticien, enne [ɛ̃fɔʀmatisjɛ̃, ɛn] *nm, f* informatico *m*, -a *f*

information [ɛ̃fɔʀmasjɔ̃] *nf* informazione *f* ● **d'information** *(réunion, site)* informativo(a) ◆ **informations** *nfpl* 1. *(à la télé)* telegiornale *m* 2. *(à la radio)* giornale *m* radio ● **je l'ai entendu/vu aux informations** l'ho sentito al giornale radio/visto al telegiornale

informatique [ɛ̃fɔʀmatik] *adj* informatico(a) ◇ *nf* informatica *f* ● **faire de l'informatique** lavorare nel settore informatico

informatisé, e [ɛ̃fɔʀmatize] *adj* informatizzato(a)

informe [ɛ̃fɔʀm] *adj* senza forma *(inv)*

informer [ɛ̃fɔʀme] *vt* ● informer qqn de/que informare qn di/che ● **s'informer (de)** *vp* + *prep* informarsi (su)

infos [ɛ̃fo] *nfpl (fam)* **1.** *(à la télé)* TG *m inv* **2.** *(à la radio)* giornale *m* radio ● regarder les infos guardare il TG ● écouter les infos ascoltare il giornale radio

infraction [ɛ̃fʀaksjɔ̃] *nf* infrazione *f* ● **être en infraction** commettere un'infrazione

infranchissable [ɛ̃fʀɑ̃ʃisabl] *adj* invalicabile

infusion [ɛ̃fyzjɔ̃] *nf* infuso *m*

ingénieur [ɛ̃ʒenjœʀ] *nm* ingegnere *mf*

ingénieux, euse [ɛ̃ʒenjø, øz] *adj* ingegnoso(a)

ingrat, e [ɛ̃gʀa, at] *adj* ingrato(a)

ingratitude [ɛ̃gʀatityd] *nf* ingratitudine *f*

ingrédient [ɛ̃gʀedjɑ̃] *nm* ingrediente *m*

inhabituel, elle [inabituɛl] *adj* insolito(a)

inhumain, e [inymɛ̃, ɛn] *adj* disumano(a)

inimaginable [inimaʒinabl] *adj* inimmaginabile

ininflammable [inɛ̃flamabl] *adj* ininfiammabile

ininterrompu, e [inɛ̃teʀɔ̃py] *adj* ininterrotto(a)

initial, e, aux [inisjal, o] *adj* iniziale

initiale [inisjal] *nf* iniziale *f*

initiation [inisjasjɔ̃] *nf* SCOL *(apprentissage)* introduzione *f* ● **un cours d'initiation à** un corso di introduzione a

initiative [inisjativ] *nf* iniziativa *f* ● **prendre l'initiative de faire qqch** prendere l'iniziativa di fare qc

injecter [ɛ̃ʒɛkte] *vt* iniettare

injection [ɛ̃ʒɛksjɔ̃] *nf* iniezione *f*

injure [ɛ̃ʒyʀ] *nf* ingiuria *f*

injurier [ɛ̃ʒyʀje] *vt* ingiuriare

injuste [ɛ̃ʒyst] *adj* ingiusto(a)

injustice [ɛ̃ʒystis] *nf* ingiustizia *f*

injustifié, e [ɛ̃ʒystifje] *adj* ingiustificato(a)

inné, e [ine] *adj* innato(a)

innocence [inɔsɑ̃s] *nf* innocenza *f* ● **en toute innocence** in perfetta buonafede

innocent, e [inɔsɑ̃, ɑ̃t] *adj* & *nm, f* innocente

innombrable [inɔ̃bʀabl] *adj* innumerevole

innovant, e [inɔvɑ̃, ɑ̃t] *adj* innovativo(a)

innover [inɔve] *vi* innovare

inoccupé, e [inɔkype] *adj (vide)* libero(a)

inodore [inɔdɔʀ] *adj* inodore

inoffensif, ive [inɔfɑ̃sif, iv] *adj* innocuo(a)

inondation [inɔ̃dasjɔ̃] *nf* **1.** *(d'une ville, d'une région)* inondazione *f* **2.** *(d'un local)* allagamento *m*

inonder [inɔ̃de] *vt* **1.** *(ville, région)* inondare **2.** *(local)* allagare

inoubliable [inublijabl] *adj* indimenticabile

Inox ® [inɔks] *nm* inox *m inv*

inoxydable [inɔksidabl] *adj* inossidabile

inquiet, iète [ɛ̃kjɛ, ɛt] *adj* inquieto(a)

inquiétant, e [ɛ̃kjetɑ̃, ɑ̃t] *adj* inquietante

inquiéter [ɛ̃kjete] *vt* preoccupare ◆ **s'inquiéter** *vp* preoccuparsi

inquiétude [ɛ̃kjetyd] *nf* inquietudine *f*

inscription [ɛ̃skʀipsjɔ̃] *nf* **1.** *(sur une liste, à l'université)* iscrizione *f* **2.** *(sur un mur)* scritta *f*

inscrire [ɛ̃skʀiʀ] *vt* iscrivere ◆ **s'inscrire** *vp* iscriversi ● **s'inscrire à un club** iscriversi a un club

inscrit, e [ɛ̃skʀi, it] *pp* ➤ **inscrire**

insecte [ɛ̃sɛkt] *nm* insetto *m*

insecticide [ɛ̃sɛktisid] *nm* insetticida *m*

insensé, e [ɛ̃sɑ̃se] *adj* **1.** *(aberrant)* insensato(a) **2.** *(extraordinaire)* pazzesco(a)

insensible [ɛ̃sɑ̃sibl] *adj* insensibile ● **être insensible à** essere insensibile a

inséparable [ɛ̃sepaʀabl] *adj* inseparabile

insérer [ɛ̃seʀe] *vt* inserire

insigne [ɛ̃siɲ] *nm* *(d'un policier, d'un club)* distintivo *m*

insignifiant, e [ɛ̃siɲifjɑ̃, ɑ̃t] *adj* insignificante

insinuer [ɛ̃sinɥe] *vt* insinuare

insistance [ɛ̃sistɑ̃s] *nf* insistenza *f* ● **avec insistance** con insistenza

insister [ɛ̃siste] *vi* insistere ● **insister sur** insistere su ● **inutile d'insister** (è) inutile insistere

insolation [ɛ̃sɔlasjɔ̃] *nf* insolazione *f*

insolence [ɛ̃sɔlɑ̃s] *nf* insolenza *f*

insolent, e [ɛ̃sɔlɑ̃, ɑ̃t] *adj* insolente

insolite [ɛ̃sɔlit] *adj* insolito(a)

insoluble [ɛ̃sɔlybl] *adj* *(problème)* irresolubile

insomnie [ɛ̃sɔmni] *nf* insonnia *f* ● **avoir des insomnies** soffrire di insonnia

insonorisé, e [ɛ̃sɔnɔʀize] *adj* insonorizzato(a)

insouciant, e [ɛ̃susjɑ̃, ɑ̃t] *adj* spensierato(a)

inspecter [ɛ̃spɛkte] *vt* ispezionare

inspecteur, trice [ɛ̃spɛktœʀ, tʀis] *nm, f* ispettore *m*, -trice *f* ● **inspecteur de police** ispettore di polizia

inspiration [ɛ̃spiʀasjɔ̃] *nf* **1.** inspirazione *f* **2.** *(idées)* ispirazione *f*

inspirer [ɛ̃spiʀe] *vt* *(donner des idées à)* ispirare ◇ *vi* *(respirer)* inspirare ◆ **s'inspirer de** + *prep* ispirarsi a ● **le réalisateur s'est inspiré d'un roman** il regista si è ispirato a un romanzo

instable [ɛ̃stabl] *adj* instabile

installation [ɛ̃stalasjɔ̃] *nf* **1.** *(emménagement)* sistemazione *f* **2.** *(structure)* impianto *m*

installer [ɛ̃stale] *vt* **1.** sistemare **2.** *(eau, électricité, logiciel, programme)* installare ◆ **s'installer** *vp* **1.** *(dans un appartement, professionnellement)* stabilirsi **2.** *(dans un fauteuil)* sedersi ● **je vous en prie, installez-vous** prego, si sieda

instant [ɛ̃stɑ̃] *nm* istante *m* ● **il sort à l'instant** è appena uscito ● **dans un instant** fra un attimo *ou* istante ● **pour l'instant** per il momento

instantané, e [ɛ̃stɑ̃tane] *adj* **1.** istantaneo(a) **2.** *(café, potage)* solubile

instinct [ɛ̃stɛ̃] *nm* istinto *m* ● **instinct de survie** istinto di sopravvivenza

instinctif, ive [ɛ̃stɛ̃ktif, iv] *adj* istintivo(a)

institut [ɛ̃stity] *nm* istituto *m* ● **institut de beauté** istituto di bellezza

instituteur, trice [ɛ̃stitytœr, tris] *nm, f* maestro *m*, -a *f*

institution [ɛ̃stitysjɔ̃] *nf* istituzione *f*

instructif, ive [ɛ̃stryktif, iv] *adj* istruttivo(a)

instruction [ɛ̃stryksjɔ̃] *nf* istruzione *f*

instruire [ɛ̃struir] ◆ **s'instruire** *vp* istruirsi

instruit, e [ɛ̃strɥi, it] *pp* ➤ **instruire** ◇ *adj (cultivé)* istruito(a)

instrument [ɛ̃strymɑ̃] *nm* strumento *m* ● **instrument (de musique)** strumento (musicale)

instrumentaliser [ɛ̃strymɑ̃talize] *vt* strumentalizzare

insuffisant, e [ɛ̃syfizɑ̃, ɑ̃t] *adj* insufficiente

insuline [ɛ̃sylin] *nf* insulina *f*

insulte [ɛ̃sylt] *nf* insulto *m*

insulter [ɛ̃sylte] *vt* insultare

insupportable [ɛ̃syportabl] *adj* insopportabile

insurmontable [ɛ̃syrmɔ̃tabl] *adj (difficulté)* insormontabile

intact, e [ɛ̃takt] *adj* intatto(a)

intégral, e, aux [ɛ̃tegral, o] *adj* integrale

intégration [ɛ̃tegrasjɔ̃] *nf (sociale)* integrazione *f*

intégrer [ɛ̃tegre] *vt* integrare ◆ **s'intégrer** *vp* ● **(bien) s'intégrer** *(socialement)* integrarsi (bene)

intellectuel, elle [ɛ̃telɛktɥel] *adj & nm, f* intellettuale

intelligence [ɛ̃teliʒɑ̃s] *nf* intelligenza *f*

intelligent, e [ɛ̃teliʒɑ̃, ɑ̃t] *adj* intelligente

intempéries [ɛ̃tɑ̃peri] *nfpl* intemperie *fpl*

intense [ɛ̃tɑ̃s] *adj* intenso(a)

intensif, ive [ɛ̃tɑ̃sif, iv] *adj* intensivo(a)

intensité [ɛ̃tɑ̃site] *nf* intensità *f inv*

intention [ɛ̃tɑ̃sjɔ̃] *nf* intenzione *f* ● **avoir l'intention de faire qqch** avere intenzione di fare qc ● **intention de vote** intenzione di voto

intentionné, e [ɛ̃tɑ̃sjɔne] *adj* ● **bien/mal intentionné** ben/male intenzionato

intercalaire [ɛ̃terkaler] *nm* foglio *m* intercalare

intercaler [ɛ̃terkale] *vt* intercalare

intercepter [ɛ̃tersepte] *vt* intercettare

interchangeable [ɛ̃terʃɑ̃ʒabl] *adj* intercambiabile

interclasse [ɛ̃terklas] *nm* intervallo *m* (tra due lezioni)

interdiction [ɛ̃terdiksjɔ̃] *nf* divieto *m* ▼ **interdiction de fumer** vietato fumare

interdire [ɛ̃terdir] *vt* vietare ● **ma mère m'a interdit de sortir** mia madre mi ha vietato di uscire

interdit, e [ɛ̃terdi, it] *pp* ➤ **interdire** ◇ *adj (défendu)* vietato(a) ● **il est interdit de fumer** è vietato fumare

intéressant, e [ɛ̃teresɑ̃, ɑ̃t] *adj* interessante

intéresser [ɛ̃terese] *vt* interessare ◆ **s'intéresser à** *vp + prep* interessarsi a

intérêt [ɛ̃tere] *nm* interesse *m* ● **tu as intérêt à te dépêcher** ti conviene sbrigarti ● **dans l'intérêt de** nell'interesse di ● **intérêts** *nmpl* FIN interessi *mpl*

interface [ɛ̃terfas] *nf* interfaccia *f*

intérieur, e [ɛ̃teʀjœʀ] *adj* interno(a) ◇ *nm* **1.** interno *m* **2.** (maison) casa *f* ● **à l'intérieur (de)** all'interno (di)

intérim [ɛ̃teʀim] *nm (travail)* lavoro *m* interinale ● **faire de l'intérim** lavorare come interinale

interligne [ɛ̃teʀliɲ] *nm* interlinea *f*

interlocuteur, trice [ɛ̃teʀlɔkytœʀ, tʀis] *nm, f* interlocutore *m*, -trice *f*

intermédiaire [ɛ̃teʀmedjɛʀ] *adj* intermedio(a) ◇ *nmf* intermediario *m*, -a *f* ◇ *nm* ● **par l'intermédiaire de** per il tramite di

interminable [ɛ̃teʀminabl] *adj* interminabile

intermittent, e [ɛ̃teʀmitɑ̃, ɑ̃t] *nm, f* ● **les intermittents du spectacle** i precari dello spettacolo

internat [ɛ̃teʀna] *nm (stage hospitalier)* internato *m*

international, e, aux [ɛ̃teʀnasjɔnal, o] *adj* internazionale

internaute [ɛ̃teʀnot] *nmf* Internauta *mf*

interne [ɛ̃teʀn] *adj* interno(a) ◇ *nmf* **1.** SCOL allievo *m* interno, allieva *f* interna **2.** (des hôpitaux) interno *m*, -a *f*

interner [ɛ̃teʀne] *vt (malade)* ricoverare

Internet [ɛ̃teʀnɛt] *nm* Internet *m inv* ● **avoir Internet (à la maison/au bureau)** avere Internet (a casa/in ufficio) ● **surfer sur Internet** navigare su Internet

interpeller [ɛ̃teʀpəle] *vt* **1.** (appeler) interpellare **2.** (suj : police) fermare

Interphone® [ɛ̃teʀfɔn] *nm (d'un immeuble)* citofono *m*

interposer [ɛ̃teʀpoze] ◆ **s'interposer** *vp* interporsi

interprète [ɛ̃teʀpʀɛt] *nmf* interprete *mf*

interpréter [ɛ̃teʀpʀete] *vt* interpretare

interrogation [ɛ̃teʀɔgasjɔ̃] *nf (question)* interrogazione *f* ● **interrogation (écrite)** compito *m* in classe

interrogatoire [ɛ̃teʀɔgatwaʀ] *nm* interrogatorio *m*

interroger [ɛ̃teʀɔʒe] *vt* interrogare ● **interroger qqn sur** interrogare qn su

interrompre [ɛ̃teʀɔ̃pʀ] *vt* interrompere

interrupteur [ɛ̃teʀyptœʀ] *nm* interruttore *m*

interruption [ɛ̃teʀypsjɔ̃] *nf* interruzione *f* ● **sans interruption** senza interruzioni

intersection [ɛ̃teʀseksjɔ̃] *nf* **1.** (carrefour) incrocio *m* **2.** MATH intersezione *f*

intervalle [ɛ̃teʀval] *nm* intervallo *m* ● **à deux jours d'intervalle** a due giorni di distanza

intervenir [ɛ̃teʀvəniʀ] *vi* intervenire

intervention [ɛ̃teʀvɑ̃sjɔ̃] *nf* intervento *m*

intervenu, e [ɛ̃teʀvəny] *pp* ➤ **intervenir**

interview [ɛ̃teʀvju] *nf* intervista *f*

interviewer [ɛ̃teʀvjuve] *vt* intervistare

intestin [ɛ̃tɛstɛ̃] *nm* intestino *m*

intestinal, e, aux [ɛ̃tɛstinal, o] *adj* intestinale

intime [ɛ̃tim] *adj* intimo(a)

intimider [ɛ̃timide] *vt* intimidire

intimité [ɛ̃timite] *nf* intimità *f inv*

intituler [ɛ̃tityle] ◆ **s'intituler** *vp* intitolarsi

intolérable [ɛ̃tɔleʀabl] *adj* intollerabile

intoxication [ɛ̃tɔksikasjɔ̃] *nf* ● **intoxication alimentaire** intossicazione *f* alimentare

intraduisible [ɛ̃tradɥizibl] *adj* intraducibile

intransigeant, e [ɛ̃trãziʒã, ãt] *adj* intransigente

intrépide [ɛ̃trepid] *adj* intrepido(a)

intrigue [ɛ̃trig] *nf* (*d'une histoire*) intreccio *m*

intriguer [ɛ̃trige] *vt* intrigare • **tout ça m'intrigue** ciò mi incuriosisce

introduction [ɛ̃trɔdyksjɔ̃] *nf* introduzione *f*

introduire [ɛ̃trɔdɥir] *vt* introdurre • **s'introduire** *vp* (*pénétrer*) introdursi

introduit, e [ɛ̃trɔdɥi, it] *pp* ➤ **introduire**

introuvable [ɛ̃truvabl] *adj* introvabile

intrus, e [ɛ̃try, yz] *nm, f* intruso *m*, -a *f*

intuition [œœtɥisjɔ̃] *nf* intuizione *f* • **avoir de l'intuition** avere intuito

inusable [inyzabl] *adj* molto resistente

inutile [inytil] *adj* inutile

inutilisable [inytilizabl] *adj* inutilizzabile

invalide [ɛ̃valid] *nmf* invalido *m*, -a *f*

invariable [ɛ̃varjabl] *adj* invariabile

invasion [ɛ̃vazjɔ̃] *nf* invasione *f*

inventaire [ɛ̃vãter] *nm* inventario *m* • **faire l'inventaire de qqch** fare l'inventario di qc ▼ **fermé pour cause d'inventaire** chiuso per inventario

inventer [ɛ̃vãte] *vt* inventare

inventeur, trice [ɛ̃vãtœr, tris] *nm, f* ventore *m*, -trice *f*

invention [ɛ̃vãsjɔ̃] *nf* invenzione *f*

inverse [ɛ̃vɛrs] *nm* contrario *m* • **à l'inverse (de)** al contrario (di) • **en sens inverse** in senso opposto

investir [ɛ̃vestir] *vt* investire • **s'investir dans** *vp + prep* • **s'investir dans son travail** investire nel proprio lavoro

investissement [ɛ̃vestismã] *nm* investimento *m*

invisible [ɛ̃vizibl] *adj* invisibile

invitation [ɛ̃vitasjɔ̃] *nf* invito *m*

invité, e [ɛ̃vite] *nm, f* invitato *m*, -a *f*

inviter [ɛ̃vite] *vt* invitare • **inviter qqn à (faire) qqch** invitare qn a (fare) qc

involontaire [ɛ̃vɔlɔ̃ter] *adj* involontario(a)

invraisemblable [ɛ̃vresãblabl] *adj* inverosimile

iode [jɔd] *nm* ➤ **teinture**

ira *etc* ➤ **aller**

Irak, Iraq [irak] *nm* • **l'Irak l'Iraq** *m*

irakien, enne, iraquien, enne [irakjɛ̃, ɛn] *adj* iracheno(a) • **Irakien, enne, Iraquien, enne** *nm, f* iracheno *m*, -a *f*

Iran [irã] *nm* • **l'Iran l'Iran** *m*

iranien, enne [iranjɛ̃, ɛn] *adj* iraniano(a) • **Iranien, enne** *nm, f* iraniano *m*, -a *f*

irlandais, e [irlãde, ez] *adj* irlandese • **Irlandais, e** *nm, f* irlandese *mf*

Irlande [irlãd] *nf* • **l'Irlande du Nord** l'Irlanda *f* del Nord • **la République d'Irlande** la Repubblica d'Irlanda

IRM [iɛrɛm] (*abr de Imagerie par Résonance Magnétique*) *nm MÉD* RMN *f inv* (*risonanza magnetica nucleare*)

ironie [irɔni] *nf* ironia *f*

ironique [irɔnik] *adj* ironico(a)

irrationnel, elle [irasjɔnel] *adj* irrazionale

irrécupérable [irekyperabl] *adj* irrecuperabile

irréel, elle [ireel] *adj* irreale

irrégulier, ère [iregylje, ɛr] *adj* **1.** irregolare **2.** *(résultats)* discontinuo(a)

irremplaçable [irɑ̃plasabl] *adj* insostituibile

irréparable [ireparabl] *adj* irreparabile

irrésistible [irezistibl] *adj* irresistibile

irrespirable [irespirabl] *adj* irrespirabile

irrigation [irigasjɔ̃] *nf* irrigazione *f*

irritable [iritabl] *adj* irritabile

irritation [iritasjɔ̃] *nf* irritazione *f*

irriter [irite] *vt* irritare

islam [islam] *nm* ● **l'islam** l'islam *m*

islandais, e [islɑ̃dɛ, ɛz] *adj* islandese ◆ **islandais** *nm (langue)* islandese *m* ◆ **Islandais, e** *nm, f* islandese *mf*

Islande [islɑ̃d] *nf* ● **l'Islande** l'Islanda *f*

isolant, e [izɔlɑ̃, ɑ̃t] *adj* isolante ◇ *nm* isolante *m*

isolation [izɔlasjɔ̃] *nf* isolamento *m*

isolé, e [izɔle] *adj* isolato(a)

isoler [izɔle] *vt* isolare ● **s'isoler** *vp* isolarsi

Israël [israɛl] *n* Israele *m*

issu, e [isy] *adj* ● **être issu de** *(famille)* venire da ; *(processus, théorie)* derivare da

issue [isy] *nf (sortie)* uscita *f* ▼ **voie sans issue** strada senza uscita ● **issue de secours** uscita di sicurezza

Italie [itali] *nf* ● **l'Italie** l'Italia *f*

italien, enne [italjɛ̃, ɛn] *adj* italiano(a) ◇ *nm (langue)* italiano *m* ◆ **Italien, enne** *nm, f* italiano *m*, -a *f*

italique [italik] *nm* corsivo *m*

itinéraire [itinerɛr] *nm* itinerario *m* ● **itinéraire bis** *itinerario alternativo per evitare il traffico*

ivoire [ivwar] *nm* avorio *m*

ivre [ivr] *adj* ubriaco(a)

ivrogne [ivrɔɲ] *nmf* ubriacone *m*, -a *f*

jacinthe [ʒasɛ̃t] *nf* giacinto *m*

Jacuzzi® [ʒakuzi] *nm* idromassaggio *m*, Jacuzzi® *m inv*

jaillir [ʒajir] *vi (eau)* zampillare

jalousie [ʒaluzi] *nf* gelosia *f*

jaloux, ouse [ʒalu, uz] *adj* geloso(a) ● **être jaloux de** essere geloso di

jamaïquain, e, jamaïcain, e [ʒamaikɛ̃, ɛn] *adj* giamaicano(a) ◆ **Jamaïquain, e, Jamaïcain, e** *nm, f* giamaicano *m*, -a *f*

Jamaïque [ʒamaik] *nf* ● **la Jamaïque** la Giamaica

jamais [ʒame] *adv* mai ● **ne... jamais** non... mai ● **je ne reviendrai jamais plus** non tornerò mai più ● **c'est le plus long voyage que j'aie jamais fait** è il viaggio più lungo che io abbia mai fatto ● **plus que jamais** più che mai ● **si jamais tu le vois,...** se mai lo vedessi,... ● **à jamais** per sempre

jambe [ʒɑ̃b] *nf* gamba *f*

jambon [ʒɑ̃bɔ̃] *nm* prosciutto *m* • **jambon blanc** prosciutto cotto • **jambon cru** prosciutto crudo

jambonneau, x [ʒɑ̃bɔno] *nm* prosciutto *m* ricavato dalla zampa del maiale, consumato freddo

jante [ʒɑ̃t] *nf* cerchione *m*

janvier [ʒɑ̃vje] *nm* gennaio *m* • **en janvier** OU **au mois de janvier** a OU in gennaio • **début janvier** all'inizio di gennaio • **fin janvier** alla fine di gennaio • **le deux janvier** il due gennaio

Japon [ʒapɔ̃] *nm* • **le Japon** il Giappone

japonais, e [ʒapɔnɛ, ɛz] *adj* giapponese ◇ *nm* *(langue)* giapponese *m* ◆ **Japonais, e** *nm, f* giapponese *mf*

jardin [ʒardɛ̃] *nm* giardino *m* • **jardin d'enfants** scuola *f* materna privata • **jardin public** giardino pubblico

jardinage [ʒardinaʒ] *nm* giardinaggio *m*

jardinier, ère [ʒardinje, ɛʀ] *nm, f* giardiniere *m, -a f*

jardinière [ʒardinjɛʀ] *nf (bac)* fioriera *f* • **jardinière de légumes** verdure *fpl* cotte miste

jarret [ʒaʀɛ] *nm* • **jarret de veau** ossobuco *m*

jauge [ʒoʒ] *nf* indicatore *m* • **jauge d'essence** indicatore di benzina • **jauge d'huile** indicatore del livello dell'olio

jaune [ʒon] *adj* giallo(a) ◇ *nm* giallo *m* • **jaune d'œuf** tuorlo *m*

jaunir [ʒoniʀ] *vi* ingiallire

jaunisse [ʒonis] *nf* itterizia *f*

Javel [ʒavɛl] *nf* • **(eau de) Javel** candeggina *f*

jazz [dʒaz] *nm* jazz *m inv*

je [ʒə] *pron* • **je pense que ça va** penso che vada bene

jean [dʒin] *nm* jeans *mpl*

Jeep® [dʒip] *nf* jeep® *f inv*

jerrican [ʒeʀikan] *nm* tanica *f*

Jésus-Christ [ʒezykʀi] *nm* Gesù Cristo *m* • **après Jésus-Christ** dopo Cristo • **avant Jésus-Christ** avanti Cristo

¹ jet [ʒɛ] *nm* **1.** *(de liquide)* getto *m* **2.** *(fait de lancer)* lancio *m* • **jet d'eau** getto d'acqua

² jet [dʒɛt] *nm (avion)* jet *m inv*

jetable [ʒətabl] *adj* usa e getta *(inv)*

jetée [ʒəte] *nf* molo *m*

jeter [ʒəte] *vt* gettare ◆ **se jeter** *vp* • **se jeter dans** gettarsi in • **se jeter sur** gettarsi su

jeton [ʒətɔ̃] *nm* gettone *m*

jet-set, s [dʒɛtsɛt] *nf* jet-set *m inv*

jeu, x [ʒø] *nm* **1.** gioco *m* **2.** *(au tennis)* game *m* **3.** *(assortiment)* serie *f inv* • **jeu de cartes** *(distraction)* gioco di carte ; *(paquet)* mazzo *m* di carte • **jeu d'échecs** scacchi *mpl* • **jeu de mots** gioco di parole • **jeu de société** gioco di società • **jeu vidéo** videogioco *m* • **les jeux Olympiques** le olimpiadi

jeudi [ʒødi] *nm* giovedì *m inv* • **nous sommes jeudi** è giovedì • **jeudi 13 septembre** giovedì 13 settembre • **nous sommes partis jeudi** siamo partiti giovedì • **jeudi dernier** giovedì scorso • **jeudi prochain** giovedì prossimo • **jeudi matin** giovedì mattina • **le jeudi** di giovedì • **à jeudi !** a giovedì!

jeun [ʒœ̃] *nm* • **à jeun** *adj* a digiuno

jeune [ʒœn] *adj & nmf* giovane ● **jeune fille** ragazza *f* ● **jeune homme** giovanotto *m* ● **les jeunes** i giovani

jeûner [ʒøne] *vi* digiunare

jeunesse [ʒœnɛs] *nf* gioventù *f inv*

job [dʒɔb] *nm (fam)* lavoro *m*

jockey [ʒɔkɛ] *nm* fantino *m*

jogging [dʒɔgiŋ] *nm* **1.** *(vêtement)* tuta *f* da ginnastica **2.** *(course)* jogging *m inv* ● **faire du jogging** fare jogging

joie [ʒwa] *nf* gioia *f*

joindre [ʒwɛ̃dr] *vt* **1.** *(relier)* unire **2.** *(contacter)* mettersi in contatto con ● **joindre qqch à** allegare qc a ● **joindre un document/un fichier** allegare un documento/un file ● **je n'arrive pas à le joindre** non riesco a mettermi in contatto con lui ◆ **se joindre** *vp + prep* unirsi a

joint, e [ʒwɛ̃, ɛ̃t] *pp* ➤ **joindre** ; ➤ **pièce** ◇ *nm* **1.** TECH giunto *m* **2.** *(fam) (drogue)* spinello *m* ● **joint de culasse** guarnizione *f* della testata

joker [ʒɔkɛʀ] *nm* jolly *m inv*

joli, e [ʒɔli] *adj* carino(a)

jongleur, euse [ʒɔ̃glœʀ, øz] *nm, f* giocoliere *m*, -a *f*

jonquille [ʒɔ̃kij] *nf* giunchiglia *f*

joual [ʒwal] *nm (Québec)* insieme delle varianti del francese parlato nel Québec

joue [ʒu] *nf* guancia *f*

jouer [ʒwe] *vi* **1.** *(enfant)* giocare **2.** *(musicien)* suonare **3.** *(acteur)* recitare ◇ *vt* **1.** *(carte, somme)* giocare **2.** *(rôle)* recitare **3.** *(pièce de théâtre)* rappresentare **4.** *(mélodie, sonate)* suonare ● **jouer à** *(tennis, foot, cartes)* giocare a ● **jouer de** *(instru-*

ment) suonare ● **jouer un rôle dans qqch** avere un ruolo in qc

jouet [ʒwɛ] *nm* giocattolo *m*

joueur, euse [ʒwœʀ, øz] *nm, f* giocatore *m*, -trice *f* ● **être mauvais joueur** non essere sportivo ● **joueur de cartes** giocatore di carte ● **joueur de flûte** flautista *m* ● **joueur de foot** giocatore di calcio

jour [ʒuʀ] *nm* giorno *m* ● **il fait jour** è giorno ● **jour de l'An** capodanno *m* ● **jour férié** giorno festivo ● **jour ouvrable** giorno feriale ● **huit jours** otto giorni ● **quinze jours** quindici giorni ● **de jour** di giorno ● **du jour au lendemain** da un giorno all'altro ● **de nos jours** ai giorni nostri ● **être à jour** essere aggiornato(a) ● **mettre qqch à jour** aggiornare qc

journal, aux [ʒuʀnal, o] *nm* giornale *m* ● **journal (intime)** diario *m* ● **journal télévisé** telegiornale *m*

journaliste [ʒuʀnalist] *nmf* giornalista *mf*

journée [ʒuʀne] *nf* giornata *f* ● **dans la journée (aujourd'hui)** in giornata ; *(le jour)* di giorno ● **toute la journée** tutto il giorno

joyeux, euse [ʒwajø, øz] *adj* allegro(a) ● **joyeux anniversaire !** buon compleanno! ● **joyeux Noël !** buon Natale!

judo [ʒydo] *nm* judo *m inv* ● **faire du judo** fare judo

juge [ʒyʒ] *nm* giudice *m* ● **juge d'enfants** giudice minorile

juger [ʒyʒe] *vt* **1.** giudicare **2.** *(estimer)* valutare

juif, ive [ʒɥif, iv] *adj* ebreo(a) ◆ **Juif, ive** *nm, f* ebreo *m*, -a *f*

juillet [ʒɥijɛ] *nm* luglio *m* • **le 14-Juillet** *festa nazionale francese* • **en juillet** ou **au mois de juillet** a ou in luglio • **début juillet** all'inizio di luglio • **fin juillet** alla fine di luglio • **le deux juillet** il due luglio

Le 14-Juillet

Festa nazionale francese in cui si commemora la presa della Bastiglia, avvenuta nel 1789. I festeggiamenti comprendono fuochi d'artificio e balli. In presenza del presidente della Repubblica e del primo ministro, la mattina del 14 luglio (a Parigi) si può assistere a un'imponente sfilata militare.

juin [ʒɥɛ̃] *nm* giugno *m* • **en juin** ou **au mois de juin** a ou in giugno • **début juin** all'inizio di giugno • **fin juin** alla fine di giugno • **le trois juin** il tre giugno

juke-box [dʒukbɔks] *nm inv* juke-box *m inv*

julienne [ʒyljɛn] *nf* julienne *f inv*

jumeau, elle, eaux [ʒymo, ɛl] *adj* gemello(a) ⋄ *nm, f* • **des jumeaux** dei gemelli • **frère jumeau** fratello gemello • **sœur jumelle** sorella gemella

jumelé, e [ʒymle] *adj* ▾ **ville jumelée avec...** città gemellata con...

jumelle [ʒymɛl] *adj & nf* ➤ **jumeau** • **jumelles** *nfpl* binocolo *m*

jument [ʒymɑ̃] *nf* giumenta *f*

jungle [ʒœ̃gl] *nf* giungla *f*

jupe [ʒyp] *nf* gonna *f* • **jupe droite** gonna dritta • **jupe plissée** gonna a pieghe

jupon [ʒypɔ̃] *nm* sottogonna *f*

jurer [ʒyʀe] *vi* imprecare ⋄ *vt* • **jurer (à qqn) que** giurare (a qn) che • **jurer de faire qqch** giurare di fare qc

jury [ʒyʀi] *nm* **1.** giuria *f* **2.** *(d'examen)* commissione *f*

jus [ʒy] *nm* **1.** *(de fruit)* succo *m* **2.** *(de viande)* sugo *m* • **jus d'orange** succo d'arancia

jusque [ʒysk(ə)] • **jusqu'à** *prép* • **allez jusqu'à l'église** vada fino alla chiesa • **jusqu'à midi** fino a mezzogiorno • **ils resteront jusqu'à ce que je parte** resteranno finché non sarò partito • **jusqu'à présent** finora • **jusqu'ici** *adv* **1.** *(dans l'espace)* fin qui **2.** *(dans le temps)* finora • **jusque-là** *adv* **1.** *(dans l'espace)* fin là **2.** *(dans le temps)* fino a quel momento

justaucorps [ʒystokɔʀ] *nm* tutina *f*

juste [ʒyst] *adj* **1.** *(jugement, addition, personne)* giusto(a) **2.** *(note, voix)* intonato(a) **3.** *(vêtement)* stretto(a) **4.** *(insuffisant)* appena sufficiente ⋄ *adv* **1.** *(seulement)* giusto **2.** *(exactement)* proprio • **il a juste dit qu'il ne viendrait pas** ha detto solo che non verrà • **c'est juste à côté** è proprio qui accanto • **chanter juste** essere intonato(a) • **ça tombe juste** *(calcul)* i conti tornano • **que voulez-vous, au juste ?** cosa vuole esattamente? • **il est 8 h juste** sono le 8 in punto

justement [ʒystəmɑ̃] *adv* **1.** *(précisément)* proprio **2.** *(à plus forte raison)* appunto

justesse [ʒystɛs] • **de justesse** *adv* per un pelo

justice [ʒystis] *nf* giustizia *f*

justifier [ʒystifje] *vt* giustificare ◆ **se justifier** *vp (s'excuser)* giustificarsi

jute [ʒyt] *nm* ● (toile de) jute (tela di) iuta *f*

juteux, euse [ʒytø, øz] *adj* succoso(a)

kK

K7 [kaset] *nf (abr de cassette)* cassetta *f*

kaki [kaki] *adj inv* (color) cachi *(inv)*

kangourou [kãguru] *nm* canguro *m*

karaoké [karaoke] *nm* karaoke *m inv*

karaté [karate] *nm* karate *m inv*

kart [kart] *nm* go-kart *m inv*

karting [kartiŋ] *nm* karting *m*

kayak [kajak] *nm* kayak *m inv*

képi [kepi] *nm* chepì *m*

kermesse [kɛrmɛs] *nf* kermesse *f inv*

kérosène [kerozɛn] *nm* cherosene *m*

ketchup [kɛtʃœp] *nm* ketchup *m inv*

keuf [kœf] *nm (fam)* sbirro *m* ● **les keufs** la pula

keum [kœm] *nm (fam)* tizio *m*, uomo *m*

kg *(abr de kilogramme)* kg *(chilogrammo)*

kidnapper [kidnape] *vt* rapire

kilo(gramme) [kilo(gram)] *nm* chilo(grammo) *m*

kilométrage [kilometraʒ] *nm* chilometraggio *m* ● **kilométrage illimité** chilometraggio illimitato

kilomètre [kilomɛtr] *nm* chilometro *m* ● **100 kilomètres (à l')heure** 100 chilometri all'ora

kilt [kilt] *nm* kilt *m inv*

kiné [kine] *(fam) nmf (abr de kinésithérapeute)* c(h)inesiterapista *mf* ◇ *nf (abr de kinésithérapie)* ● **faire des séances de kiné** fare delle sedute di c(h)inesiterapia

kinésithérapeute [kineziterapøt] *nmf* c(h)inesiterapista *mf*

kiosque [kjɔsk] *nm (pavillon)* gazebo *m inv* ● **kiosque à journaux** edicola *f*

kir [kir] *nm* aperitivo a base di vino bianco e liquore di ribes nero ● **kir royal** aperitivo a base di champagne e liquore di ribes

kirsch [kirʃ] *nm* acquavite di ciliegie e amarene

kit [kit] *nm* kit *m inv* ● **en kit** in kit ● **kit mains libres** kit viva voce ● **kit piéton** auricolare *m*

kiwi [kiwi] *nm* kiwi *m inv*

Klaxon® [klaksɔn] *nm* clacson *m inv*

klaxonner [klaksɔne] *vi* suonare il clacson

Kleenex® [klinɛks] *nm* kleenex® *m inv*, fazzolettino *m* di carta

km *(abr de kilomètre)* km *(chilometro)*

km/h *(abr de kilomètre par heure)* km/h *(chilometro orario)*

K-O [kao] *(abr de knock-out) adj inv* k.o.

Kosovo [kɔsɔvo] *n* ● **le Kosovo** il Kosovo

kouglof [kuglɔf] *nm* dolce alsaziano con uvetta e mandorle

K-way® [kawe] *nm inv* K-way® *m inv*

kyste [kist] *nm* cisti *f inv*

l L

l [εl] (*abr de litre*) l (*litro*)

l' ➤ le

la ➤ le

là [la] *adv* **1.** (*lieu*) là, lì **2.** (*temps*) a quel punto ● **par là** (*de ce côté*) di là ; (*dans les environs*) nelle vicinanze ● **ils ne sont pas là** non ci sono ● **cette fille-là** quella ragazza ● **ce jour-là** quel giorno

là-bas [laba] *adv* laggiù

laboratoire [labɔratwar] *nm* laboratorio *m*

labourer [labure] *vt* arare

labyrinthe [labirɛ̃t] *nm* labirinto *m*

lac [lak] *nm* lago *m*

lacer [lase] *vt* allacciare

lacet [lase] *nm* **1.** (*de chaussure*) stringa *f* **2.** (*virage*) tornante *m*

lâche [lɑʃ] *adj* **1.** (*peureux*) vigliacco(a) **2.** (*nœud, corde*) lento(a) ◇ *nmf* vigliacco *m*, -a *f*

lâcher [lɑʃe] *vt* **1.** (*laisser partir*) lasciare (andare) **2.** (*laisser tomber*) lasciar cadere **3.** (*desserrer*) allentare ◇ *vi* (*corde, freins*) cedere ● **lâche-moi !** lasciami!

lâcheté [lɑʃte] *nf* vigliaccheria *f*

là-dedans [ladədɑ̃] *adv* **1.** (*lieu*) là dentro **2.** (*dans cela*) ● **il y a du vrai là-dedans** c'è del vero

là-dessous [ladsu] *adv* **1.** (*lieu*) là sotto **2.** (*dans cette affaire*) sotto

là-dessus [ladsy] *adv* **1.** (*lieu*) là sopra **2.** (*à ce sujet*) a questo proposito

là-haut [lao] *adv* lassù

laid, e [lε, lεd] *adj* brutto(a)

laideur [lεdœr] *nf* bruttezza *f*

lainage [lεnaʒ] *nm* (*vêtement*) indumento *m* di lana

laine [lεn] *nf* lana *f* ● **en laine** di lana

laïque, laïc [laik] *adj* laico(a)

laisse [lεs] *nf* guinzaglio *m* ● **tenir un chien en laisse** tenere un cane al guinzaglio

laisser [lese] *vt* lasciare ◇ *v aux* ● **laisser qqn faire qqch** lasciare qn fare qc ● **laisser tomber** (*objet*) lasciar cadere ; (*fig*) (*projet, personne*) lasciar perdere ● **laissemoi t'aider** lascia che ti aiuti ● **se laisser** *vp* lasciarsi ● **se laisser aller** lasciarsi andare ● **se laisser faire** (*par lâcheté*) non reagire

lait [lε] *nm* latte *m* ● **lait entier/demi-écrémé** latte intero/parzialmente scremato ● **lait démaquillant** latte detergente ● **lait solaire** crema *f* solare ● **lait de toilette** latte detergente

laitage [lεtaʒ] *nm* latticino *m*

laitier [lεtje] *adj m* ➤ **produit**

laiton [lεtɔ̃] *nm* ottone *m*

laitue [lεty] *nf* lattuga *f*

lambeau, x [lɑ̃bo] *nm* brandello *m* ● **en lambeaux** a ou in brandelli

lambic [lɑ̃bik] *nm* (*Belg*) birra forte a base di malto e frumento a fermentazione spontanea

lambris [lɑ̃bri] *nm* rivestimento *m*

lame [lam] *nf* **1.** lama *f* **2.** (*de verre, de métal*) lamina *f* **3.** (*vague*) onda *f* ● **lame de rasoir** lametta *f* da barba

lamelle [lamɛl] nf 1. *(tranche)* fetta f sottile 2. *(de verre, de métal)* lamella f

lamentable [lamɑ̃tabl] adj penoso(a)

lamenter [lamɑ̃te] ◆ **se lamenter** vp lamentarsi

lampadaire [lɑ̃padɛʀ] nm 1. *(dans un appartement)* lampada f a stelo 2. *(dans la rue)* lampione m

lampe [lɑ̃p] nf lampada f ● **lampe de chevet** abat-jour f inv ● **lampe de poche** pila f

lance [lɑ̃s] nf lancia f ● **lance d'incendie** lancia antincendio

lancée [lɑ̃se] nf ● **continuer sur sa lancée** continuare (sulla strada del successo)

lancement [lɑ̃smɑ̃] nm lancio m

lance-pierres [lɑ̃spjɛʀ] nm inv fionda f

lancer [lɑ̃se] vt lanciare ◆ **se lancer** vp lanciarsi ● **se lancer dans qqch** lanciarsi in qc

landau [lɑ̃do] nm carrozzina f

lande [lɑ̃d] nf landa f

langage [lɑ̃gaʒ] nm linguaggio m

langer [lɑ̃ʒe] vt fasciare

langouste [lɑ̃gust] nf aragosta f

langoustine [lɑ̃gustin] nf scampo m

langue [lɑ̃g] nf lingua f ● **langue étrangère** lingua straniera ● **langue maternelle** madrelingua ● **langue officielle** lingua ufficiale ● **langue vivante** lingua viva

Les langues régionales

Le principali lingue regionali parlate in Francia sono il basco, il bretone, il catalano, il corso e l'occitano. Possono essere studiate a diversi livelli nella scuola pubblica e privata. L'occitano è di gran lunga la più parlata, anche se, come tutte le lingue regionali, è in costante declino.

langue-de-chat [lɑ̃gdəʃa] *(pl langues-de-chat)* nf lingua f di gatto

languette [lɑ̃gɛt] nf linguetta f

lanière [lanjɛʀ] nf *(de cuir)* cinghia f

lanterne [lɑ̃tɛʀn] nf *(lampe)* lanterna f

lapin [lapɛ̃] nm coniglio m ● **poser un lapin à qqn** *(fam)* tirare un bidone a qn, dare buca a qn

laque [lak] nf lacca f

laqué [lake] adj m ➤ **canard**

laquelle [lakɛl] ➤ **lequel**

lard [laʀ] nm pancetta f

lardon [laʀdɔ̃] nm pezzetto m di pancetta

large [laʀʒ] adj 1. largo(a) 2. *(généreux)* generoso(a) 3. *(esprit)* aperto(a) ◇ nm *(en mer)* ● **au large de** al largo di ● **prendre le large** prendere il largo ◇ adv ● **prévoir large** abbondare nelle previsioni ● **ça fait 2 mètres de large** è largo 2 metri

largement [laʀʒəmɑ̃] adv 1. *(abondamment)* ampiamente 2. *(au moins)* almeno ● **il y en a largement assez** ce n'è più che abbastanza

largeur [laʀʒœʀ] nf larghezza f

larme [laʀm] nf lacrima f ● **être en larmes** essere in lacrime

lasagnes [lazaɲ] nfpl lasagne fpl

laser [lazɛʀ] nm laser m inv

lasser [lase] vt stufare ◆ **se lasser de** vp + prep stufarsi di

latéral, e, aux [lateral, o] adj laterale

latin [latɛ̃] nm latino m

latino-américain, e (*mpl* latino-américains, *fpl* latino-américaines) [latinoamerikɛ̃, ɛn] *adj* latino(-)americano(a) ● **Latino-Américain, e** *nm, f* latino(-)americano *m*, -a *f*

latitude [latityd] *nf* latitudine *f*

latte [lat] *nf* 1. asse *f* di legno 2. (*de sommier*) doga *f*

lauréat, e [lɔʀea, at] *nm, f* vincitore *m*, -trice *f*

laurier [lɔʀje] *nm* alloro *m*

lavable [lavabl] *adj* lavabile ● **lavable en machine** lavabile in lavatrice

lavabo [lavabo] *nm* lavandino *m*

lavage [lavaʒ] *nm* lavaggio *m*

lavande [lavɑ̃d] *nf* lavanda *f*

lave-linge [lavlɛ̃ʒ] *nm inv* lavatrice *f*

laver [lave] *vt* 1. lavare 2. (*tache*) pulire ◆ **se laver** *vp* lavarsi ● **se laver les dents** lavarsi i denti ● **se laver les mains** lavarsi le mani

laverie [lavʀi] *nf* ● **laverie (automatique)** lavanderia *f* automatica

lavette [lavɛt] *nf* (*tissu*) spugnetta *f*

lave-vaisselle [lavvɛsɛl] *nm inv* lavastoviglie *f inv*

lavoir [lavwaʀ] *nm* lavatoio *m*

laxatif [laksatif] *nm* lassativo *m*

layette [lejɛt] *nf* corredino *m* art

le, la [lə, la] (*pl* les [le]) *art*
1. (*gén*) il/lo, la (i/gli *mpl*, le *fpl*) ● le lac il lago ● le sport lo sport ● la fenêtre la finestra ● l'homme l'uomo ● les animaux gli animali ● les enfants i bambini ● l'amour l'amore ● nous sommes le 3 août è il 3 agosto ● le matin al mattino ● le samedi il sabato ● se laver les mains

lavarsi le mani ● elle a les yeux bleus ha gli occhi azzurri
2. (*chaque*) ● c'est 40 euros la nuit fanno 40 euro a ou per notte ● deux euros le kilo due euro al chilo ● 25 euros l'un 25 euro l'uno
◇ *pron*
1. (*représente une personne, un animal, une chose*) lo, la (li *mpl*, le *fpl*) ● laissez-les-nous lasciateceli
2. (*reprend un mot, une phrase*) lo ● je l'avais entendu dire l'avevo sentito dire

lécher [leʃe] *vt* leccare

lèche-vitrines [lɛʃvitrin] *nm inv* ● **faire du lèche-vitrines** guardare le vetrine

leçon [ləsɔ̃] *nf* 1. lezione *f* 2. (*conclusion*) insegnamento *m*

lecteur, trice [lɛktœʀ, tʀis] *nm, f* lettore *m*, -trice *f* ◇ *nm* INFORM lettore *m* ● **lecteur de cassettes** mangianastri *m inv* ● **lecteur laser** ou **(de) CD** lettore laser ou compact ● **lecteur de disquette** drive *m inv* per floppy-disk

lecture [lɛktyʀ] *nf* lettura *f*

légal, e, aux [legal, o] *adj* legale

légende [leʒɑ̃d] *nf* 1. (*conte*) leggenda *f* 2. (*d'une photo, d'un schéma*) didascalia *f*

léger, ère [leʒe, ɛʀ] *adj* leggero(a) ● **à la légère** (*parler, promettre*) alla leggera

légèrement [leʒɛʀmɑ̃] *adv* 1. (*un peu*) leggermente 2. (*s'habiller*) leggero(a)

légèreté [leʒɛʀte] *nf* leggerezza *f*

légionnellose [leʒjɔnelɔz] *nf* MÉD morbo *m* del legionario

législation [leʒislasjɔ̃] *nf* legislazione *f*

légitime [leʒitim] *adj* legittimo(a) ● **légitime défense** legittima difesa

léguer [lege] *vt* **1.** lasciare in eredità **2.** *(fig) (tradition, passion)* tramandare

légume [legym] *nm* verdura *f* ● **légumes verts** legumi *mpl* freschi ● **légumes secs** legumi secchi

lendemain [lãdəmɛ̃] *nm* ● **le lendemain de notre arrivée** il giorno dopo il nostro arrivo ● **le lendemain matin** il mattino dopo

lent, e [lã, lãt] *adj* lento(a)

lentement [lãtmã] *adv* lentamente

lenteur [lãtœr] *nf* lentezza *f*

lentille [lãtij] *nf* **1.** *(légume)* lenticchia *f* **2.** *(verre de contact)* lente *f* a contatto ● **porter des lentilles** portare ou indossare le lenti (a contatto)

léopard [leɔpar] *nm* leopardo *m*

lequel, laquelle [ləkɛl, lakɛl] *(mpl* **lesquels** [lekɛl], *fpl* **lesquelles** [lekɛl]) *pron* **1.** *(interrogatif)* quale (quali *pl)* **2.** *(sujet, objet)* il quale (la quale, i quali *mpl*, le quali *fpl)* ● **lequel veux-tu ?** quale vuoi? ● **la femme avec laquelle je discutais** la donna con cui discutevo ● **l'homme auquel j'ai parlé** l'uomo con cui ho parlato ● **l'homme duquel on m'a parlé** l'uomo di cui mi hanno parlato ● **les personnes auxquelles je pense** le persone a cui penso

les ➤ **le**

léser [leze] *vt* ledere

lésion [lezjɔ̃] *nf* lesione *f*

lesquelles ➤ **lequel**

lesquels ➤ **lequel**

lessive [lesiv] *nf* **1.** *(poudre, liquide)* detersivo *m* **2.** *(linge)* bucato *m* ● **faire la lessive** fare il bucato

lessiver [lesive] *vt* **1.** lavare *(con detersivo)* **2.** *(fam) (fatiguer)* sfinire

Lettonie [lɛtɔni] *nf* ● **la Lettonie** la Lettonia

lettre [lɛtr] *nf* lettera *f* ● **lettre de motivation** lettera di motivazione ● **en toutes lettres** in lettere ● **un homme de lettres** un letterato ● **j'ai fait lettres à la fac** ho studiato lettere all'università

Commencer une lettre

Une lettre commence générale-ment par *Caro/Cara,* c'est-à-dire Cher/Chère si l'on écrit à un ami ou à un membre de sa famille, ou par *Egregio/Egregia,* c'est-à-dire Monsieur/Madame dans la correspon-dance professionnelle ou officielle. Exemples : *Cara Luisa,* Chère Luisa ou *Cari nonni,* Chers grand-pa-rents; *Egregio Direttore,* Monsieur le Directeur ou *Egregia Signora Coltri,* Madame Coltri. Comme en fran-çais, cette mention est suivie d'un retour à la ligne. Le corps de la let-tre doit (ou devrait) être composé d'une introduction, d'un dévelop-pement et d'une conclusion.

Clore une lettre

À la fin d'une lettre, il est d'usage d'utiliser une formule du type *Con affetto,* Affectueusement ou *Un grosso abbraccio,* Je t'embrasse/Nous t'embrassons, lorsque l'on écrit à un ami ou un proche, et *Di-*

stinti Saluti, Salutations distinguées ou *Cordialmente,* Cordialement dans le cas de la correspondance professionnelle ou administrative. Après ces mentions, l'expéditeur devra apposer sa signature, qui sera précédée, dans les courriers commerciaux, des nom et prénom de l'interlocuteur ainsi que de la charge qu'il occupe au sein de l'entreprise ou de l'administration concernée.

leucémie [løsemi] *nf* leucemia *f*

leur [lœʀ] *adj* il/la loro (i loro *mpl*, le loro *fpl*) ◇ *pron* gli ● **je vais leur montrer le chemin** gli mostro la strada ● **tu devrais le leur renvoyer** dovresti rimandarglielo ◆ **le leur, la leur** (*pl* les leurs) *pron* il/la loro (i loro *mpl*, le loro *fpl*)

levé, e [ləve] *adj* (*hors du lit*) alzato(a), in piedi *(inv)* ● **le poing levé** con il pugno alzato

levée [ləve] *nf* (*du courrier*) levata *f*

lever [ləve] *vt* alzare ◇ *nm* ● **au lever** al risveglio ● **le lever du jour** lo spuntare del giorno ● **le lever du soleil** il sorgere del sole ● **se lever** *vp* **1.** alzarsi **2.** (*jour, soleil*) spuntare

levier [ləvje] *nm* leva *f* ● **levier de vitesse** leva del cambio

lèvre [lɛvʀ] *nf* labbro *m*

levure [ləvyʀ] *nm* lievito *m*

lexique [lɛksik] *nm* lessico *m*

lézard [lezaʀ] *nm* lucertola *f*

lézarder [lezaʀde] ◆ **se lézarder** *vp* creparsi

liaison [ljezɔ̃] *nf* **1.** (*aérienne, routière*) collegamento *m* **2.** (*amoureuse*) relazione *f* **3.** (*phonétique*) legamento *m* ● **être en liaison avec** essere in contatto con

liane [ljan] *nf* liana *f*

liasse [ljas] *nf* (*de billets*) mazzetta *f*

Liban [libɑ̃] *nm* ● **le Liban** il Libano

libanais, e [libanɛ, ɛz] *adj* libanese ◆ **Libanais, e** *nm, f* libanese *mf*

libéral, e, aux [libeʀal, o] *adj* liberale

libération [libeʀasjɔ̃] *nf* liberazione *f*

libérer [libeʀe] *vt* liberare ◆ **se libérer** *vp* liberarsi ● **je vais essayer de me libérer pour venir** cercherò di liberarmi per poter venire

liberté [libɛʀte] *nf* libertà *f inv* ● **en liberté** in libertà

libraire [libʀɛʀ] *nmf* libraio *m*, -a *f*

librairie [libʀeʀi] *nf* libreria *f*

libre [libʀ] *adj* libero(a) ● **libre de faire qqch** libero di fare qc

librement [libʀəmɑ̃] *adv* liberamente

libre-service [libʀəsɛʀvis] (*pl* libres-services) *nm* self-service *m inv*

Libye [libi] *nf* ● **la Libye** la Libia

libyen, enne [libjɛ̃, ɛn] *adj* libico(a) ◆ **Libyen, enne** *nm, f* libico *m*, -a *f*

licence [lisɑ̃s] *nf* **1.** (*permis*) licenza *f* **2.** (*diplôme*) diploma conseguito dopo tre anni di università ≃ laurea breve **3.** (*sportive*) tessera *f*

licenciement [lisɑ̃simɑ̃] *nm* licenziamento *m*

licencier [lisɑ̃sje] *vt* (*employé*) licenziare ● **se faire licencier** essere licenziato(a)

liège [ljɛʒ] *nm* sughero *m*

liégeois [ljeʒwa] *adj m* ➤ **café, chocolat**

lien [ljɛ̃] *nm* **1.** *(ruban, sangle)* laccio *m* **2.** *(relation)* legame *m* • **il n'y a aucun lien entre ces deux choses** non c'è alcun legame ou nesso tra le due cose

lier [lje] *vt* **1.** *(attacher)* legare **2.** *(par contrat)* vincolare **3.** *(phénomènes, idées)* collegare • **lier conversation avec qqn** attaccar discorso con qn • **se lier** *vp* • **se lier (d'amitié) avec qqn** stringere amicizia con qn

lierre [ljɛʀ] *nm* edera *f*

lieu, x [ljø] *nm* luogo *m* • **avoir lieu** aver luogo • **au lieu de** invece di

lièvre [ljɛvʀ] *nm* lepre *f*

ligne [liɲ] *nf* **1.** linea *f* **2.** *(de texte)* riga *f* • **avoir la ligne** avere la linea • **ligne directe** linea diretta • **aller à la ligne** andare a capo • **se mettre en ligne** mettersi in linea • **ligne blanche** *(sur la route)* striscia *f* bianca • **(en) ligne droite** (in) linea retta ▼ **grandes lignes** *segnale indicante le linee ferroviarie a lunghe percorrenze* • **dans les grandes lignes** *(grosso modo)* a grandi linee

ligoter [ligote] *vt* legare

lilas [lila] *nm* lillà *m inv*

limace [limas] *nf* lumacone *m*

limande [limɑ̃d] *nf* limanda *f*

lime [lim] *nf* lima *f* • **lime à ongles** limetta *f* per le unghie

limer [lime] *vt* limare

limitation [limitasjɔ̃] *nf* limitazione *f* • **limitation de vitesse** limite *m* di velocità

limite [limit] *nf* **1.** *(frontière)* confine *m* **2.** *(maximum ou minimum)* limite *m* ◇ *adj (date, prix)* limite *(inv)* • **à la limite** al limite • **sans limites** senza limiti

limiter [limite] *vt* limitare • **se limiter à** *vp + prep* limitarsi a

limonade [limonad] *nf* gassosa *f*

limpide [lɛ̃pid] *adj* **1.** limpido(a) **2.** *(explication)* chiaro(a)

lin [lɛ̃] *nm* lino *m*

linge [lɛ̃ʒ] *nm* **1.** *(de maison)* biancheria *f* **2.** *(vêtements)* panni *mpl* • **laver son linge** lavare i panni

lingerie [lɛ̃ʒʀi] *nf (sous-vêtements)* biancheria *f* intima femminile

lingette [lɛ̃ʒɛt] *nf* • **lingette démaquillante** salviettina *f* detergente • **lingette antibactérienne** salviettina disinfettante

lingot [lɛ̃go] *nm* • **lingot (d'or)** lingotto *m* (d'oro)

lino(léum) [lino(leɔm)] *nm* linoleum *m inv*

lion [ljɔ̃] *nm* leone *m* • **Lion** *nm* Leone *m*

liqueur [likœʀ] *nf* liquore *m*

liquidation [likidasjɔ̃] *nf* ▼ **liquidation totale** liquidazione totale

liquide [likid] *adj* liquido(a) ◇ *nm* liquido *m* • **(argent) liquide** contanti *mpl* • **payer en liquide** pagare in contanti • **liquide vaisselle** detersivo *m* per i piatti • **liquide de frein** liquido dei freni

liquider [likide] *vt (vendre)* liquidare

lire [liʀ] *vt & vi* leggere

lisible [lizibl] *adj* leggibile

lisière [lizjɛʀ] *nf (de la forêt)* limitare *m*

lisse [lis] *adj* liscio(a)

liste [list] *nf* lista *f* • **liste d'attente** lista d'attesa • **liste de mariage** lista nozze • **il est sur liste rouge** non figura sull'elenco del telefono

lit [li] *nm* letto *m* • **aller au lit** andare a letto • **lit de camp** branda *f* • **lit double**

ou **grand lit** letto matrimoniale ● **lit simple** ou **lit à une place** letto singolo ● **lits jumeaux** letti gemelli ● **lits superposés** letti a castello

litchi [litʃi] *nm* litchi *m inv*

literie [litʀi] *nf* articoli *mpl* per il letto

litière [litjɛʀ] *nf* lettiera *f*

litige [litiʒ] *nm* controversia *f*

litre [litʀ] *nm* litro *m*

littéraire [liteʀɛʀ] *adj* letterario(a)

littérature [liteʀatyʀ] *nf* letteratura *f*

littoral, aux [litɔʀal, o] *nm* litorale *m*

Lituanie [lityani] *nf* ● **la Lituanie** la Lituania

livide [livid] *adj* livido(a)

living(-room), s [liviŋ(ʀum)] *nm* soggiorno *m*

livraison [livʀɛzɔ̃] *nf* consegna *f* ● **livraison à domicile** consegna a domicilio ▼ **livraison des bagages** ritiro bagagli

¹**livre** [livʀ] *nm* libro *m* ● **livre de français** libro di francese ● **livre de poche** (libro) tascabile *m* ● **livre électronique** libro elettronico

²**livre** [livʀ] *nf* **1.** (demi-kilo) libbra *f* **2.** (monnaie) lira *f* ● **livre sterling** sterlina *f*

livrer [livʀe] *vt* consegnare ● **vous livrez à domicile ?** effettuate consegne a domicilio?

livret [livʀɛ] *nm* libretto *m* ● **livret (de caisse) d'épargne** libretto di risparmio ● **livret de famille** *libretto contenente l'estratto di matrimonio di una coppia e l'estratto di nascita dei figli* ● **livret scolaire** pagella *f*

livreur, euse [livʀœʀ, øz] *nm, f* addetto *m*, -a *f* alla consegna

local, e, aux [lɔkal, o] *adj* locale ◇ *nm* locale *m*

locataire [lɔkatɛʀ] *nmf* inquilino *m*, -a *f*

location [lɔkasjɔ̃] *nf* **1.** (d'une maison) affitto *m* **2.** (de costumes, de véhicules) noleggio *m* **3.** (de places) prenotazione *f* ▼ **location de voitures** autonoleggio

locomotive [lɔkɔmɔtiv] *nf* locomotiva *f*

loge [lɔʒ] *nf* **1.** (de concierge) portineria *f* **2.** (d'acteur) camerino *m*

logement [lɔʒmɑ̃] *nm* **1.** alloggio *m* **2.** (appartement) abitazione *f* ● **le logement** (secteur) l'abitazione

loger [lɔʒe] *vt* (héberger) ospitare ◇ *vi* alloggiare

logiciel [lɔʒisjɛl] *nm* software *m inv* ● **logiciel de navigation** browser *m inv*

logique [lɔʒik] *adj* logico(a) ◇ *nf* logica *f*

logiquement [lɔʒikmɑ̃] *adv* **1.** logicamente **2.** (normalement) a rigor di logica

logo [lɔɡo] *nm* logo *m inv*

loi [lwa] *nf* legge *f* ● **la loi** la legge ● **interdit par la loi** vietato dalla legge ● **la loi de l'offre et de la demande** la legge della domanda e dell'offerta

loin [lwɛ̃] *adv* lontano ● **la piscine est encore loin** la piscina è ancora lontana ● **au loin** in lontananza ● **de loin** da lontano ; (fig) (nettement) di gran lunga ● **loin de** lontano da ● **loin de là** (fig) (au contraire) tutt'altro

lointain, e [lwɛ̃tɛ̃, ɛn] *adj* lontano(a)

Loire [lwaʀ] *nf* ● **la Loire** (fleuve) la Loira ● **les châteaux de la Loire** i castelli della Loira

loisirs [lwaziʀ] *nmpl* **1.** (temps libre) tempo *m* libero **2.** (activités) passatempi *mpl*

Lombardie [lɔ̃baʀdi] *nf* • la Lombardie la Lombardia

Londres [lɔ̃dʀ] *n* Londra

long, longue [lɔ̃, lɔ̃g] *adj* lungo(a) • ça fait 10 mètres de long è lungo 10 metri • le long de la rivière lungo il fiume • de long en large avanti e indietro • à la longue alla lunga

longeole [lɔ̃ʒɔl] *nf* salsiccia affumicata tipica della zona di Ginevra

longer [lɔ̃ʒe] *vt (border)* costeggiare • longez la rivière pendant 500 mètres seguite il fiume per 500 metri

longitude [lɔ̃ʒityd] *nf* longitudine *f*

longtemps [lɔ̃tɑ̃] *adv* a lungo • depuis longtemps da molto • il y a longtemps que è da molto che • j'ai longtemps cru que... ho creduto a lungo che... • il ne faut pas longtemps pour... non ci vuole molto tempo per...

longue ➤ long

longuement [lɔ̃gmɑ̃] *adv* a lungo

longueur [lɔ̃gœʀ] *nf* lunghezza *f* • à longueur de journée tutto il giorno • longueur d'onde lunghezza d'onda

longue-vue [lɔ̃gvy] *(pl* longues-vues*) nf* cannocchiale *m*

loquet [lɔkɛ] *nm* saliscendi *m inv*

lorraine [lɔʀɛn] *adj f* ➤ quiche

lors [lɔʀ] • lors de *prép* durante

lorsque [lɔʀskə] *conj* quando

losange [lɔzɑ̃ʒ] *nm* losanga *f*

lot [lo] *nm* 1. *(de loterie)* premio *m* 2. COMM *(en offre spéciale)* confezione *f* • gagner le gros lot vincere il primo premio

loterie [lɔtʀi] *nf* lotteria *f*

lotion [lɔsjɔ̃] *nf* lozione *f* • lotion après-rasage (lozione) dopobarba *m inv*

lotissement [lɔtismɑ̃] *nm (habitations)* zona *f* residenziale

loto [lɔto] *nm (national)* lotteria *f* nazionale • le loto sportif ≃ il totocalcio

Le loto

Gioco gestito dalla società *Française des Jeux*, è equivalente al Superenalotto italiano. A Natale, per San Valentino, e in altre date particolari, diventa *Super Loto* e mette in palio un montepremi che può arrivare fino a 15 milioni di euro. Il *loto sportif*, analogo al totocalcio italiano, permette di scommettere sui risultati di una selezione di partite di calcio.

lotte [lɔt] *nf* coda *f* di rospo • lotte à l'américaine coda di rospo con pomodoro, scalogno e cognac

louche [luʃ] *adj* losco(a) ◇ *nf* mestolo *m*

loucher [luʃe] *vi* essere strabico(a)

louer [lwe] *vt* 1. affittare 2. *(véhicule)* noleggiare ▾ à louer affittasi

loup [lu] *nm* lupo *m*

loupe [lup] *nf* lente *f* (d'ingrandimento)

louper [lupe] *vt (fam)* 1. *(train)* perdere 2. *(examen)* fare cilecca a

lourd, e [luʀ, luʀd] *adj* 1. pesante 2. *(dépense, erreur)* grosso(a) 3. *(temps)* afoso(a) ◇ *adv* • peser lourd pesare molto

lourdement [luʀdəmɑ̃] *adv* 1. pesantemente 2. *(se tromper)* di grosso

lourdeur [luʀdœʀ] *nf* • avoir des lourdeurs d'estomac avere un senso di pesantezza allo stomaco

Louvre [luvʀ] *nm* • le Louvre il Louvre

Le Louvre

Un tempo residenza dei re di Francia, il palazzo del Louvre è stato trasformato in museo tra il 1791 ed il 1793. Al suo interno si trova una delle più ricche collezioni del mondo, divisa in sette sezioni che comprendono l'una dopo l'altro: oggetti antichi, sculture, dipinti, arti grafiche e – dal 2000 – una selezione dei capolavori delle prime culture d'Africa, Asia, Oceania ed America. I suoi locali sotterranei accolgono inoltre un ampio centro commerciale con negozi di lusso e ristoranti.

loyal, e, aux [lwajal, o] *adj* leale
loyauté [lwajote] *nf* lealtà *f inv*
loyer [lwaje] *nm* affitto *m* • payer son loyer pagare l'affitto
lu, e [ly] *pp* ➤ lire
lubrifiant [lybʀifjɑ̃] *nm* lubrificante *m*
lucarne [lykaʀn] *nf* lucernaio *m*
lucide [lysid] *adj* lucido(a)
lueur [lɥœʀ] *nf* **1.** chiarore *m* **2.** *(d'espoir)* barlume *m*
luge [lyʒ] *nf* slitta *f* • faire de la luge andare in slitta
lugubre [lygybʀ] *adj* lugubre
¹lui [lɥi] *pron* **1.** *(complément d'objet indirect)* gli (le) **2.** *(après une préposition, un comparatif)* lui **3.** *(pour renforcer le sujet)* lui

4. *(dans des expressions)* • c'est lui-même qui l'a dit l'ha detto lui stesso • il se contredit lui-même si contraddice da sé • dites-le-lui tout de suite diteglielo subito • je lui ai serré la main gli/le ho stretto la mano • j'en ai eu moins que lui ne ho avuto meno di lui • et lui, qu'est-ce qu'il en pense ? e lui, che cosa ne pensa? • c'est lui qui nous a renseignés è lui che ci ha informati
²lui [lɥi] *pp* ➤ luire
luire [lɥiʀ] *vi* luccicare
luisant, e [lɥizɑ̃, ɑ̃t] *adj (nez, peau, yeux)* lucido(a) ➤ ver
lumière [lymjɛʀ] *nf* luce *f* • allumer la lumière accendere la luce
luminaire [lyminɛʀ] *nm* lampada *f*
lumineux, euse [lyminø, øz] *adj* luminoso(a)
lunatique [lynatik] *adj* lunatico(a)
lunch, s, es [lœnʃ] *nm* rinfresco *m*
lundi [lœdi] *nm* lunedì *m inv* • nous sommes ou c'est lundi è lunedì • lundi 13 septembre lunedì 13 settembre • nous sommes partis lundi siamo partiti lunedì • lundi dernier lunedì scorso • lundi prochain lunedì prossimo • lundi matin lunedì mattina • le lundi di lunedì • à lundi ! a lunedì!
lune [lyn] *nf* luna *f* • lune de miel luna di miele • pleine lune luna piena
lunette [lynɛt] *nf (astronomie)* cannocchiale *m* • lunette arrière lunotto *m* posteriore ◆ **lunettes** *nfpl* occhiali *mpl* • lunettes de soleil occhiali da sole • lunettes de vue occhiali da vista
lustre [lystʀ] *nm* lampadario *m*
lutte [lyt] *nf* lotta *f*

lutter [lyte] *vi* lottare ● **lutter contre** lottare contro

luxation [lyksasjɔ̃] *nf* lussazione *f*

luxe [lyks] *nm* lusso *m* ● **de (grand) luxe** *(hôtel, produit)* di (gran) lusso

Luxembourg [lyksãbuʀ] *nm* ● **le Luxembourg** il Lussemburgo

luxembourgeois, e [lyksãbuʀʒwa, az] *adj* lussemburghese ◇ *nm (langue)* lussemburghese *m* ◆ **Luxembourgeois, e** *nm, f* lussemburghese *mf*

luxueux, euse [lyksɥø, øz] *adj* lussuoso(a)

lycée [lise] *nm* ≃ scuola *f* superiore ● **lycée professionnel** ≃ Istituto *m* professionale

Le lycée

La scuola superiore francese dura tre anni e comprende le classi *seconde, première* e *terminale*. Il *lycée général* prepara al *bac* (diploma che permette di iscriversi all'università) e gli indirizzi possibili sono: scientifico (S), letterario (L), economico e sociale (ES). Il *lycée technique* prepara al *bac technologique* o al *bac professionnel* e consente di lavorare nel settore terziario (STT), nel settore industriale (STI) e nel settore medico sociale (SMS).

lycéen, enne [liseɛ̃, en] *nm, f* studente *m*, -essa *f* delle superiori

Lycra® [likʀa] *nm* lycra® *f*

Lyon [ljɔ̃] *n* Lione *f*

m **M**

m [ɛm] *(abr de mètre)* m *(metro)*

M. *(abr de Monsieur)* Sig. *(Signor)*

m' ➤ **me**

ma ➤ **mon**

macadam [makadam] *nm* asfalto *m*

macaron [makaʀɔ̃] *nm (gâteau)* dolcetto di pasta di mandorle

macaronis [makaʀɔni] *nmpl* maccheroni *mpl*

macédoine [masedwan] *nf* ● **macédoine (de légumes)** verdura mista condita con maionese ● **macédoine de fruits** macedonia *f* (di frutta)

Macédoine [masedwan] *nf* ● **la Macédoine** la Macedonia *f*

macédonien, enne [masedɔnjɛ̃, en] *adj* macedone ◆ **macédonien** *nm (langue)* macedone *m* ◆ **Macédonien, enne** *nm, f* macedone *mf*

macérer [maseʀe] *vi* macerare

mâcher [maʃe] *vt* masticare

machin [maʃɛ̃] *nm (fam)* aggeggio *m*, coso *m*

machinal, e, aux [maʃinal, o] *adj* meccanico(a)

machine [maʃin] *nf* macchina *f* ● **machine à coudre** macchina da cucire ● **machine à laver** lavatrice *f* ● **machine à sous** slot-machine *f inv*

mâchoire [maʃwaʀ] *nf* mascella *f*

maçon [masɔ̃] *nm* muratore *m*

macro [makʀo] *nf INFORM* macro *f inv*

madame [madam] (*pl* mesdames [medam]) *nf* ● madame X la signora X ● bonjour madame/mesdames ! buongiorno signora/signore! ● **Madame**, (*dans une lettre*) Gentile Signora, ● **Madame !** (*pour appeler le professeur*) (signora) professoressa!

madeleine [madlɛn] *nf* pasticcino a forma di barchetta aromatizzato al limone o all'arancia

mademoiselle [madmwazɛl] (*pl* mesdemoiselles [medmwazɛl]) *nf* ● mademoiselle X la signorina X ● bonjour mademoiselle/mesdemoiselles ! buongiorno signorina/signorine! ● **Mademoiselle**, (*dans une lettre*) Gentile Signorina, ● **Mademoiselle !** (*pour appeler le professeur*) professoressa!

madère [madɛʀ] *nm* ➤ sauce

maf(f)ia [mafja] *nf* mafia *f*

magasin [magazɛ̃] *nm* negozio *m* ● vendu en magasin in vendita nei negozi ● les grands magasins i grandi magazzini

magasiner [magazine] (*Québec*) *vi* fare acquisti ◇ *vt* contrattare

magazine [magazin] *nm* rivista *f*

Maghreb [magʀɛb] *nm* ● le Maghreb il Magreb

Maghrébin, e [magʀebɛ̃, in] *nm, f* magrebino *m*, -a *f*

magicien, enne [maʒisjɛ̃, ɛn] *nm, f* mago *m*, -a *f*

magie [maʒi] *nf* magia *f* ● magie noire magia nera

magique [maʒik] *adj* magico(a)

magistrat [maʒistʀa] *nm* magistrato *m*

magnésium [maɲezjɔm] *nm* magnesio *m*

magnétique [maɲetik] *adj* magnetico(a)

magnétoscope [maɲetɔskɔp] *nm* videoregistratore *m*

magnifique [maɲifik] *adj* magnifico(a)

magret [magʀɛ] *nm* ● magret (de canard) filetto *m* d'anatra

mai [mɛ] *nm* maggio *m* ● le premier mai (*fête*) il primo maggio ● en mai ou au mois de mai a ou in maggio ● début mai all'inizio di maggio ● fin mai alla fine di maggio ● le deux mai il due maggio

maigre [mɛgʀ] *adj* magro(a)

maigrir [megʀiʀ] *vi* dimagrire

mail [mɛl] *nm* INFORM mail *f inv* ● avoir un mail avere un indirizzo e-mail ● donner son mail à qqn dare la propria mail a qn

maille [maj] *nf* maglia *f*

maillon [majɔ̃] *nm* (*d'une chaîne*) anello *m*

maillot [majo] *nm* 1. (*de foot*) maglia *f* 2. (*de danse*) tutina *f* ● maillot de bain costume *m* da bagno ● maillot une pièce costume intero ● maillot deux pièces due pezzi *m inv* ● maillot jaune (*du Tour de France*) maglia gialla

main [mɛ̃] *nf* mano *f* ● se donner la main darsi la mano ● fait (à la) main fatto a mano ● prendre qqch en main prendere in mano qc ● serrer la main à qqn stringere la mano a qn

main-d'œuvre [mɛ̃dœvʀ] (*pl* mains-d'œuvre) *nf* manodopera *f*

maintenant [mɛ̃tnɑ̃] *adv* 1. ora, adesso 2. (*de nos jours*) adesso

maintenir [mɛ̃tniʀ] *vt* 1. sostenere 2. (*conserver*) mantenere

maintenu, e [mɛ̃tny] *pp* ➤ maintenir

maire [mɛʀ] *nm* sindaco *m*

mairie [meʀi] *nf* municipio *m*

mais [me] *conj* ma • **mais non !** macché!

maïs [mais] *nm* granoturco *m*, mais *m inv*

maison [mezɔ̃] *nf* casa *f* ◇ *adj inv* fatto(a) in casa • **à la maison** in casa • **maison de campagne** casa di campagna • **maison individuelle** villetta *f* unifamiliare • **maison de la culture** centro socio-culturale

maître, esse [metʀ, metʀes] *nm, f* (d'un animal) padrone *m*, -a *f* • **maître/maîtresse** (d'école) maestro *m* /maestra *f* (elementare) • **maître d'hôtel** maître *m inv* d'hôtel • **maître nageur** istruttore *m*, -trice *f* di nuoto

maîtresse [metʀes] *nf* (amie) amante *f*

maîtrise [metʀiz] *nf* (diplôme) diploma conseguito dopo quattro anni d'università

maîtriser [metʀize] *vt* padroneggiare

majestueux, euse [maʒestɥø, øz] *adj* maestoso(a)

majeur, e [maʒœʀ] *adj* **1.** (adulte) maggiorenne **2.** (principal) principale ◇ *nm* (doigt) medio *m* • **la majeure partie (de)** la maggior parte (di)

majoration [maʒɔʀasjɔ̃] *nf* maggiorazione *f*

majorette [maʒɔʀet] *nf* majorette *f inv*

majorité [maʒɔʀite] *nf* **1.** (âge) maggiore età *f* **2.** (plus grand nombre) maggioranza *f* • **en majorité** in maggioranza • **la majorité de** la maggior parte di

majuscule [maʒyskyl] *nf* maiuscola *f* • **écrire en majuscules** scrivere in maiuscolo

mal [mal] (*pl* **maux**) [mo] *nm* (contraire du bien) male *m* ◇ *adv* male • **avoir mal** avere male • **avoir mal au cœur** avere la nausea • **avoir mal aux dents** avere mal di denti • **avoir mal au dos** avere mal di schiena • **avoir mal à la gorge** avere mal di gola • **avoir mal à la tête** avere mal di testa • **avoir mal au ventre** avere mal di pancia • **ça fait mal** fa male • **faire mal à** fare male a • **se faire mal (à)** farsi male (a) • **se donner du mal (pour faire qqch)** darsi da fare (per fare qc) • **mal de mer** mal di mare • **maux de tête** mal di testa • **pas mal !** (*fam*) niente male! • **pas mal de** (*fam*) (beaucoup) un bel po' di • **être/se sentir mal à l'aise** essere/sentirsi a disagio

malade [malad] *adj & nmf* malato(a) • **être malade** stare male • **malade mental** malato di mente • **malade mentale** malato di mente

maladie [maladi] *nf* malattia *f* • **maladie contagieuse** malattia contagiosa • **maladie héréditaire** malattia ereditaria • **maladie sexuellement transmissible** malattia sessualmente trasmissibile • **maladie d'Alzheimer** malattia di Alzheimer • **maladie de Creutzfeldt-Jakob** malattia di Creutzfeldt-Jakob • **maladie de Parkinson** malattia di Parkinson • **maladie de la vache folle** malattia della mucca pazza

maladresse [maladʀes] *nf* goffaggine *f*

maladroit, e [maladʀwa, at] *adj* **1.** (personne, geste) maldestro(a) **2.** (réponse, expression) inopportuno(a)

malais, e [male, ez] *adj* malese ◆ **malais** *nm* (langue) malese *m* ◆ **Malais, e** *nm, f* malese *mf*

malaise [malɛz] *nm* malessere *m* ● **avoir un malaise** avere un malore

Malaisie [malɛzi] *nf* ● **la Malaisie** la Malesia

malaxer [malakse] *vt* impastare

malbouffe [malbuf] *nf* cattiva alimentazione *f*

malchance [malʃɑ̃s] *nf* sfortuna *f*

mâle [mal] *adj* maschile ◇ *nm* maschio *m*

malentendu [malɑ̃tɑ̃dy] *nm* malinteso *m*

malfaiteur [malfɛtœʀ] *nm* malfattore *m*

malfamé, e [malfame] *adj* malfamato(a)

malformation [malfɔʀmasjɔ̃] *nf* malformazione *f*

malgré [malgʀe] *prép* malgrado ● **malgré tout** malgrado tutto

malheur [malœʀ] *nm* **1.** *(malchance)* sfortuna *f* **2.** *(événement)* disgrazia *f*

malheureusement [malœʀøzmɑ̃] *adv* sfortunatamente

malheureux, euse [malœʀø, øz] *adj* infelice

malhonnête [malɔnɛt] *adj* disonesto(a)

Mali [mali] *nm* ● **le Mali** il Mali

malicieux, euse [malisjø, øz] *adj* furbo(a)

malin, igne [malɛ̃, iɲ] *adj (habile, intelligent)* furbo(a)

malle [mal] *nf* baule *m*

mallette [malɛt] *nf* valigetta *f*

malmener [malmøne] *vt* maltrattare

malnutrition [malnytʀisjɔ̃] *nf* malnutrizione *f*

malpoli, e [malpɔli] *adj* maleducato(a)

malsain, e [malsɛ̃, ɛn] *adj* malsano(a)

maltraiter [maltʀete] *vt* maltrattare

malveillant, e [malvejɑ̃, ɑ̃t] *adj* malevolo(a)

maman [mamɑ̃] *nf* mamma *f*

mamie [mami] *nf (fam)* nonna *f*

mammifère [mamifɛʀ] *nm* mammifero *m*

manager [manadʒɛʀ] *nm* manager *mf inv*

manche [mɑ̃ʃ] *nf* **1.** *(de vêtement)* manica *f* **2.** *(de jeu)* manche *f inv* **3.** *(au tennis)* set *m inv* ◇ *nm* manico *m* ● **à manches courtes/longues** à maniche corte/lunghe ◆ **Manche** *f (mer)* ● **la Manche** la Manica

manchette [mɑ̃ʃɛt] *nf (d'une manche)* polsino *m* ● **boutons de manchette** gemelli *mpl*

mandarine [mɑ̃daʀin] *nf* mandarino *m*

mandat [mɑ̃da] *nm (postal)* vaglia *m inv*

manège [manɛʒ] *nm* **1.** *(attraction)* giostra *f* **2.** *(d'équitation)* maneggio *m*

manette [manɛt] *nf* levetta *f* ● **manette de jeux** joystick *m inv*

manga [mɑ̃ga] *nm* manga *m inv*

mangeoire [mɑ̃ʒwaʀ] *nf* mangiatoia *f*

manger [mɑ̃ʒe] *vt & vi* mangiare ● **donner à manger à qqn** dare da mangiare a qn ● **manger au restaurant** mangiare al ristorante ● **manger un morceau** mangiare un boccone

mangue [mɑ̃g] *nf* mango *m*

maniable [manjabl] *adj* maneggevole

maniaque [manjak] *adj* maniacale ◇ *nmf* maniaco *m*, -a *f* ● **maniaque sexuel** maniaco sessuale

manie [mani] *nf* mania *f*

manier [manje] *vt* maneggiare

manière [manjɛʀ] *nf* modo *m*, maniera *f* ● **de manière à faire qqch** in modo da fare qc • **de toute manière** ad ogni modo • **manières** *nfpl (attitude)* modi *mpl*

maniéré, e [manjere] *adj* affettato(a)

manif [manif] *nf (fam)* manifestazione *f*

manifestant, e [manifestã, ãt] *nm, f* manifestante *mf*

manifestation [manifestasjɔ̃] *nf* manifestazione *f*

manifester [manifeste] *vt & vi* manifestare • **se manifester** *vp (apparaître)* manifestarsi

manigancer [manigãse] *vt* tramare

manipulation [manipylasjɔ̃] *nf* manipolazione *f*

manipuler [manipyle] *vt* 1. maneggiare 2. *(fig) (personne)* strumentalizzare

manivelle [manivɛl] *nf* manovella *f*

mannequin [mankɛ̃] *nm* 1. *(de défilé)* indossatore *m*, -trice *f* 2. *(de vitrine)* manichino *m*

manœuvre [manœvʀ] *nf* manovra *f*

manœuvrer [manœvʀe] *vt* manovrare ◇ *vi (en voiture)* fare le manovre

manoir [manwaʀ] *nm* maniero *m*

manquant, e [mãkã, ãt] *adj* mancante

manque [mãk] *nm* • **le manque de** la mancanza di • **un manque de sérieux** una mancanza di serietà • **être en manque** *(toxicomane)* essere in astinenza

manquer [mãke] *vt* perdere ◇ *vi* 1. *(échouer)* fallire 2. *(être en moins)* mancare 3. *(à l'école)* essere assente • **elle nous manque** ci manca • **il me manque 10 euros** mi mancano 10 euro • **manquer de qqch** mancare di qc • **il a manqué (de) se faire écraser** per poco non si è fatto investire

mansardé, e [mãsaʀde] *adj* mansardato(a)

manteau, x [mãto] *nm* cappotto *m*

manucure [manykyʀ] *nmf* manicure *mf inv*

manuel, elle [manɥɛl] *adj* manuale ◇ *nm* manuale *m*

manuscrit [manyskʀi] *nm* manoscritto *m*

mappemonde [mapmɔ̃d] *nf* mappamondo *m*

maquereau, x [makʀo] *nm* sgombro *m*

maquette [makɛt] *nf* modellino *m*

maquillage [makijaʒ] *nm* trucco *m*

maquiller [makije] • **se maquiller** *vp* truccarsi

marais [maʀɛ] *nm* palude *f* • **le Marais** quartiere storico di Parigi

marathon [maʀatɔ̃] *nm* maratona *f*

marbre [maʀbʀ] *nm* marmo *m*

marbré, e [maʀbʀe] *adj m* ➤ **gâteau**

marchand, e [maʀʃã, ãd] *nm, f* negoziante *mf* • **marchand ambulant** venditore *m* ambulante • **marchand de fruits et légumes** ortolano *m* • **marchand de journaux** giornalaio *m*

marchander [maʀʃãde] *vi* mercanteggiare

marchandise [maʀʃãdiz] *nf* merce *f*

marche [maʀʃ] *nf* 1. *(parcours)* camminata *f* 2. *(d'escalier)* gradino *m* 3. *(fonctionnement)* funzionamento *m* • **marche arrière** *AUTO* retromarcia *f* • **faire de la marche** camminare • **marche silencieuse** marcia *f* silenziosa • **à une heure de marche** a un'ora di cammino • **en marche** *(en fonctionnement)* in funzione

marché [maʁʃe] *nm* **1.** mercato *m* **2.** *(contrat)* accordo *m* ● **faire son marché** fare la spesa ● **marché couvert** mercato coperto ● **marché aux puces** mercatino *m* delle pulci ● **bon marché** a buon mercato ● **par-dessus le marché** per giunta ● **conclure un marché** concludere un affare ● **marchés financiers** mercati finanziari

marchepied [maʁʃəpje] *nm* predellino *m*

marcher [maʁʃe] *vi* **1.** camminare **2.** *(fonctionner)* funzionare **3.** *(bien fonctionner)* andare bene ● **faire marcher qqch** far funzionare qc ● **faire marcher qqn** *(fam)* prendere qn per i fondelli

mardi [maʁdi] *nm* martedì *m inv* ● **mardi gras** martedì grasso ● **nous sommes mardi 13 septembre** mardi 13 settembre ● **nous sommes partis mardi** siamo partiti martedì ● **mardi dernier** martedì scorso ● **mardi prochain** martedì prossimo ● **mardi matin** martedì mattina ● **le mardi** di martedì ● **à mardi !** a martedì!

mare [maʁ] *nf* stagno *m*

marécage [maʁekaʒ] *nm* palude *f*

marée [maʁe] *nf* marea *f* ● **(à) marée basse/haute** (con la) bassa/alta marea

margarine [maʁgaʁin] *nf* margarina *f*

marge [maʁʒ] *nf* margine *m* ● **il n'est que 8 heures, nous avons de la marge** sono solo le 8, ce la facciamo tranquillamente

marginal, e, aux [maʁʒinal, o] *nm, f* marginale *m*

marguerite [maʁgəʁit] *nf* margherita *f*

mari [maʁi] *nm* marito *m*

mariage [maʁjaʒ] *nm* matrimonio *m*

marié, e [maʁje] *adj* sposato(a) ◇ *nm, f* sposo *m*, -a *f* ● **jeunes mariés** sposi novelli

marier [maʁje] ● **se marier** *vp* sposarsi

marin, e [maʁɛ̃, in] *adj* marino(a) ● **marin** *nm* marinaio *m*

marine [maʁin] *adj inv* ● **bleu marine** blu scuro *(inv)* ◇ *nm (couleur)* blu *m* scuro ◇ *nf* marina *f*

mariner [maʁine] *vi* marinare

marinière [maʁinjɛʁ] *nf* ➤ **moule²**

marionnette [maʁjɔnɛt] *nf* marionetta *f*

maritime [maʁitim] *adj* marittimo(a)

marketing [maʁketiŋ] *nm* marketing *m inv*

marmelade [maʁməlad] *nf* marmellata *f*

marmite [maʁmit] *nf* pentolone *m*

marmonner [maʁmɔne] *vt* borbottare

Maroc [maʁɔk] *nm* ● **le Maroc** il Marocco

marocain, e [maʁɔkɛ̃, ɛn] *adj* marocchino(a) ● **Marocain, e** *nm, f* marocchino *m*, -a *f*

maroquinerie [maʁɔkinʁi] *nf* pelletteria *f*

marque [maʁk] *nf* **1.** *(trace)* segno *m* **2.** *(commerciale)* marca *f* **3.** *(nombre de points)* punteggio *m* ● **un vêtement de marque** un indumento di marca

marqué, e [maʁke] *adj* **1.** *(différence, tendance)* netto(a) **2.** *(visage)* segnato(a)

marquer [maʁke] *vt* **1.** segnare **2.** *(impressionner)* impressionare ◇ *vi (stylo)* scrivere

marqueur [maʁkœʁ] *nm* pennarello *m*

marquis, e [maʀki, iz] *nm, f* marchese *m*, -a *f*

marraine [maʀɛn] *nf* madrina *f*

marrant, e [maʀɑ̃, ɑ̃t] *adj (fam)* divertente

marre [maʀ] *adv* ● **en avoir marre (de)** *(fam)* essere stufo(a) (di)

marrer [maʀe] ◆ **se marrer** *vp (fam)* **1.** *(rire)* ridere **2.** *(s'amuser)* divertirsi

marron [maʀɔ̃] *adj inv* marrone *(inv)* ◇ *nm* **1.** *(fruit)* castagna *f* **2.** *(couleur)* marrone *m* ● **marron glacé** marron glacé *m inv*

marronnier [maʀɔnje] *nm* castagno *m*

mars [maʀs] *nm* marzo *m* ● **en mars** ou **au mois de mars** in ou a marzo ● **début mars** all'inizio di marzo ● **fin mars** alla fine di marzo ● **le deux mars** il due marzo

Marseille [maʀsɛj] *n* Marsiglia *f*

marteau, x [maʀto] *nm* martello *m* ● **marteau piqueur** martello pneumatico

martiniquais, e [maʀtinikɛ, ɛz] *adj* della Martinica ◆ **Martiniquais, e**, *nm, f* nativo(a) o abitante della Martinica

Martinique [maʀtinik] *nf* ● **la Martinique** la Martinica

martyr, e [maʀtiʀ] *adj (enfant)* maltrattato(a) ◇ *nm, f* martire *mf*

martyre [maʀtiʀ] *nm* martirio *m* ● **souffrir le martyre** subire il martirio

martyriser [maʀtiʀize] *vt* martirizzare

mascara [maskaʀa] *nm* mascara *m inv*

mascotte [maskɔt] *nf* mascotte *f inv*

masculin, e [maskylɛ̃, in] *adj* maschile ◇ *nm* maschile *m*

masque [mask] *nm* maschera *f*

masquer [maske] *vt (cacher à la vue)* nascondere

massacre [masakʀ] *nm* massacro *m*

massacrer [masakʀe] *vt* **1.** *(tuer)* massacrare **2.** *(fig) (texte, morceau de musique)* straziare

massage [masaʒ] *nm* massaggio *m*

masse [mas] *nf* **1.** *(bloc)* massa *f* **2.** *(outil)* mazza *f* ● **une masse** ou **des masses de** una marea di ● **en masse** in massa ● **de masse** *(tourisme, consommation)* di massa

masser [mase] *vt (dos, personne)* massaggiare

masseur, euse [masœʀ, øz] *nm, f* massaggiatore *m*, -trice *f*

massif, ive [masif, iv] *adj* massiccio(a) ◆ **massif** *nm* **1.** *(d'arbustes, de fleurs)* cespuglio *m* **2.** *(montagneux)* massiccio *m* ● **le Massif central** il Massiccio centrale

massivement [masivmɑ̃] *adv* in massa

massue [masy] *nf* clava *f*

mastic [mastik] *nm* stucco *m*

mastiquer [mastike] *vt (mâcher)* masticare

mat, e [mat] *adj* **1.** *(métal, photo)* opaco(a) **2.** *(peau)* olivastro(a)

mât [ma] *nm* albero *m (di imbarcazione)*

match, s, es [matʃ] *nm* partita *f* ● **faire match nul** pareggiare ● **match aller** incontro *m* di andata ● **match retour** incontro di ritorno

matelas [matla] *nm* materasso *m* ● **matelas pneumatique** materassino *m* (gonfiabile)

matelassé, e [matlase] *adj* imbottito(a) ● **enveloppe matelassée** busta imbottita

mater [mate] *vt* **1.** domare **2.** *(fam) (regarder)* guardare

matérialiser [materjalize] ◆ **se maté-**
rialiser *vp* materializzarsi

matériaux [materjo] *nmpl* materiali *mpl*

matériel, elle [materjɛl] *adj* materiale
◆ **matériel** *nm* 1. attrezzatura *f* 2. INFORM
hardware *m inv* ● **matériel de camping**
attrezzatura da campeggio

maternel, elle [matɛrnɛl] *adj* mater-
no(a)

maternelle [matɛrnɛl] *nf* ● (école) maternelle scuola *f* materna

maternité [matɛrnite] *nf* maternità *f inv*
● **être en congé (de) maternité** essere in
maternità

mathématiques [matematik] *nfpl* matematica *f*

maths [mat] *nfpl* (*fam*) matematica *f*

matière [matjɛr] *nf* materia *f* ● **matière**
première materia prima ● **matières gras-**
ses grassi *mpl*

Matignon [matiɲɔ̃] *n* ● (l'hôtel) Matignon *palazzo del Primo ministro* ≃ palazzo *m* Chigi

Matignon

Il palazzo Matignon si trova a Parigi, nella Rue de Varenne, vicino
all'ambasciata italiana. È la residenza ufficiale del primo ministro
fin dal 1935. Spesso si usa il termine *Matignon* per indicare il primo ministro o la sua funzione.

matin [matɛ̃] *nm* mattino *m*, mattina *f*
● **le matin** (*tous les jours*) al mattino, alla
ou di mattina

matinal, e, aux [matinal, o] *adj* 1. (*réveil*)
mattutino(a) 2. (*personne*) mattiniero(a)

matinée [matine] *nf* 1. mattinata *f*
2. (*spectacle*) rappresentazione *f* diurna
● **dans la matinée** in mattinata

matraque [matrak] *nf* manganello *m*

maudire [modir] *vt* maledire

maudit, e [modi, it] *pp* ➤ **maudire** ◇ *adj*
maledetto(a)

Maurice [moris] *n* ➤ **île**

maussade [mosad] *adj* 1. (*humeur*) scon-
troso(a) 2. (*temps*) deprimente

mauvais, e [mɔvɛ, ɛz] *adj* 1. cattivo(a)
2. (*faux*) sbagliato(a) 3. (*nuisible*) danno-
so(a) ● **il fait mauvais** è brutto ● **être**
mauvais en qqch andare male in qc

mauve [mov] *adj* (*color*) malva (*inv*)

maux ➤ **mal**

max. (*abr de maximum*) max.

maximum [maksimɔm] *nm* massimo *m*
◇ *adj* massimo(a) ● **au maximum** al massimo

mayonnaise [majɔnɛz] *nf* maionese *f*

mazout [mazut] *nm* nafta *f*

me [mə] *pron* mi ● **il me l'a recommandé**
me lo ha raccomandato

mec [mɛk] *nm* (*fam*) tipo *m*

mécanicien, enne [mekanisjɛ̃, ɛn] *nm, f*
meccanico *m*, -a *f*

mécanique [mekanik] *adj* meccanico(a)
◇ *nf* meccanica *f*

mécanisme [mekanism] *nm* meccanismo *m*

méchamment [meʃamɑ̃] *adv* con cattiveria

méchanceté [meʃɑ̃ste] *nf* cattiveria *f*

méchant, e [meʃɑ̃, ɑ̃t] *adj* cattivo(a)

mèche [mɛʃ] *nf* 1. (*de cheveux*) ciocca *f*
2. (*de lampe*) stoppino *m* 3. (*d'explosif*)
miccia *f*

méchoui [meʃwi] *nm (repas)* agnello o montone intero cotto allo spiedo su fuoco a legna

méconnaissable [mekɔnɛsabl] *adj* irriconoscibile

mécontent, e [mekɔ̃tɑ̃, ɑ̃t] *adj* scontento(a)

médaille [medaj] *nf* 1. *(récompense)* medaglia *f* 2. *(médaillon)* medaglietta *f*

médaillon [medajɔ̃] *nm* medaglione *m*

médecin [medsɛ̃] *nm* medico *m* ● **médecin traitant** medico curante ● **aller chez le médecin** andare dal dottore ou medico

médecine [medsin] *nf* medicina *f*

Medef [medɛf] *(abr de Mouvement des entreprises de France) nm* ≃ Confindustria *f*

médias [medja] *nmpl* media *m inv*

médiatique [medjatik] *adj* mediatico(a)

médical, e, aux [medikal, o] *adj* medico(a)

médicament [medikamɑ̃] *nm* medicina *f*, farmaco *m* ● **prendre ses médicaments** prendere le medicine

médiéval, e, aux [medjeval, o] *adj* medievale

médiocre [medjɔkʀ] *adj* mediocre

médisant, e [medizɑ̃, ɑ̃t] *adj* maldicente

méditation [meditasjɔ̃] *nf* meditazione *f*

méditer [medite] *vt* & *vi* meditare

Méditerranée [mediteʀane] *nf* ● **la (mer) Méditerranée** il (mar) Mediterraneo

méditerranéen, enne [mediteʀaneɛ̃, ɛn] *adj* mediterraneo(a)

méduse [medyz] *nf* medusa *f*

meeting [mitiŋ] *nm* 1. *POL* meeting *m inv* 2. *SPORT* incontro *m* ● **meeting d'athlétisme** incontro di atletica

méfiance [mefjɑ̃s] *nf* diffidenza *f*

méfiant, e [mefjɑ̃, ɑ̃t] *adj* diffidente

méfier [mefje] ◆ **se méfier** *vp* diffidare ● **se méfier de** non fidarsi di

mégot [mego] *nm* mozzicone *m*

meilleur, e [mɛjœʀ] *adj* & *nm, f* migliore

mél [mɛl] *nm* INFORM (e-)mail *f inv*

mélancolie [melɑ̃kɔli] *nf* malinconia *f*

mélange [melɑ̃ʒ] *nm* miscuglio *m*

mélanger [melɑ̃ʒe] *vt* 1. mescolare 2. *(confondre)* confondere

Melba [melba] *adj inv* ➤ **pêche**

mêlée [mele] *nf* mischia *f*

mêler [mele] *vt (mélanger)* mescolare ● **mêler qqn à qqch** immischiare qn a qc ◆ **se mêler** *vp* ● **se mêler à** *(foule, manifestants)* mescolarsi a ● **se mêler de qqch** impicciarsi di qc ● **de quoi tu te mêles ?** di cosa ti impicci?

mélodie [melɔdi] *nf* melodia *f*

melon [məlɔ̃] *nm* melone *m*

membre [mɑ̃bʀ] *nm* membro *m*

même [mɛm] *adj*

1. *(identique)* stesso(a) ● **nous avons les mêmes places qu'à l'aller** abbiamo gli stessi posti che all'andata

2. *(sert à renforcer)* ● **c'est cela même** (è) proprio così

◇ *pron* ● **le/la même (que)** lo stesso/la stessa (che)

◇ *adv*

1. *(sert à renforcer)* ● **même les sandwichs sont chers ici** persino i panini sono cari qui ● **il n'y a même pas de cinéma** non

c'è nemmeno un cinema ● **même si** anche se

2. *(exactement)* proprio ● **ici même** proprio qui ● **c'est aujourd'hui même** è oggi stesso

3. *(dans des expressions)* ● **être à même de faire qqch** essere in grado di fare qc ● **bon appétit ! - vous de même** buon appetito! - altrettanti! ● **faire de même** fare lo stesso

mémé [meme] *nf (fam)* nonnina *f*

mémoire [memwaʀ] *nf* memoria *f* ● **de mémoire** *(réciter, jouer)* a memoria ● **mémoire morte** INFORM memoria ROM ● **mémoire vive** INFORM memoria RAM

menace [mənas] *nf* minaccia *f*

menacer [mənase] *vt* minacciare ◇ *vi* ● **menacer de faire qqch** minacciare di fare qc

ménage [menaʒ] *nm* **1.** *(rangement)* pulizie *fpl* di casa **2.** *(famille)* nucleo *m* familiare ● **faire le ménage** fare le pulizie

¹**ménager** [menaʒe] *vt (forces)* risparmiare

²**ménager, ère** [menaʒe, ɛʀ] *adj* domestico(a)

ménagère [menaʒɛʀ] *nf* **1.** *(couverts)* servizio *m* di posate **2.** *(personne)* casalinga *f*

ménagerie [menaʒʀi] *nf* serraglio *m*

mendiant, e [mɑ̃djɑ̃, ɑ̃t] *nm, f* mendicante *mf* ● **mendiant** *nm (gâteau)* pasticcino con mandorle, fichi, uvetta e nocciole

mendier [mɑ̃dje] *vi* mendicare

mener [məne] *vt* **1.** *(suj : chemin)* condurre **2.** *(accompagner)* portare **3.** *(équipe, travaux)* dirigere ◇ *vi* SPORT condurre ● **qui mène ?** chi vince?

menottes [mənɔt] *nfpl* manette *fpl*

mensonge [mɑ̃sɔ̃ʒ] *nm* bugia *f*

menstruations [mɑ̃stʀyasjɔ̃] *nfpl* mestruazioni *fpl*

mensualité [mɑ̃sɥalite] *nf* mensilità *f inv*

mensuel, elle [mɑ̃sɥɛl] *adj* mensile ● **mensuel** *nm* mensile *m*

mensurations [mɑ̃syʀasjɔ̃] *nfpl* misure *fpl*

mental, e, aux [mɑ̃tal, o] *adj* mentale

mentalité [mɑ̃talite] *nf* mentalità *f inv*

menteur, euse [mɑ̃tœʀ, øz] *nm, f* bugiardo *m*, -a *f*

menthe [mɑ̃t] *nf* menta *f* ● **menthe à l'eau** acqua e menta *f inv*

mention [mɑ̃sjɔ̃] *nf (à un examen)* giudizio abbinato a un diploma corrispondente al voto ottenuto ● **avec mention "très bien"** con il massimo dei voti ▼ **rayer les mentions inutiles** barrare le indicazioni inutili

mentionner [mɑ̃sjɔne] *vt* menzionare

mentir [mɑ̃tiʀ] *vi* mentire

menton [mɑ̃tɔ̃] *nm* mento *m*

menu, e [məny] *adj (très mince)* minuto(a) ● **menu** *nm* menù *m inv* ● **menu gastronomique** menù gastronomico ● **menu touristique** menù fisso ● **je prends le menu à 15 euros** prendo il menu da 15 euro ● **menu déroulant** INFORM menù a tendina

menuisier [mənɥizje] *nm* falegname *m*

mépris [mepʀi] *nm* disprezzo *m*

méprisant, e [mepʀizɑ̃, ɑ̃t] *adj* sprezzante

mépriser [mepʀize] *vt* disprezzare

mer [mɛr] *nf* mare *m* ● **en mer** in mare ● **au bord de la mer** in riva al mare ● **la mer du Nord** il mare del Nord

mercerie [mɛrsəri] *nf* merceria *f*

merci [mɛrsi] *interj* grazie! ● **merci beaucoup !** tante grazie! ● **merci de...** grazie per...

mercredi [mɛrkrədi] *nm* mercoledì *m inv* ● **nous sommes mercredi** è mercoledì ● **mercredi 13 septembre** mercoledì 13 settembre ● **nous sommes partis mercredi** siamo partiti mercoledì ● **mercredi dernier** mercoledì scorso ● **mercredi prochain** mercoledì prossimo ● **mercredi matin** mercoledì mattina ● **le mercredi** di mercoledì ● **à mercredi !** a mercoledì!

merde [mɛrd] *interj (vulg)* merda! ◇ *nf (vulg)* merda *f*

mère [mɛr] *nf* madre *f* ● **mère biologique** madre biologica

merguez [mɛrgɛz] *nf* salsiccia piccante di manzo e agnello originaria del Nord Africa

méridional, e, aux [meridjɔnal, o] *adj (du Midi)* del sud della Francia

meringue [mərɛ̃g] *nf* meringa *f*

mérite [merit] *nm* merito *m* ● **avoir du mérite** essere da ammirare

mériter [merite] *vt* meritare

merlan [mɛrlɑ̃] *nm* nasello *m*

merle [mɛrl] *nm* merlo *m*

merlu [mɛrly] *nm* merluzzo *m*

merveille [mɛrvɛj] *nf* meraviglia *f*

merveilleux, euse [mɛrvɛjø, øz] *adj* meraviglioso(a)

mes ➢ mon

mésaventure [mezavɑ̃tyr] *nf* disavventura *f*

mesdames ➢ madame

mesdemoiselles ➢ mademoiselle

mesquin, e [mɛskɛ̃, in] *adj* meschino(a)

message [mesaʒ] *nm* messaggio *m* ● **laisser un message** lasciare un messaggio

messager, ère [mesaʒe, ɛr] *nm, f* messaggero *m*, -a *f*

messagerie [mesaʒri] *nf* ● **messagerie électronique** posta *f* elettronica

messe [mes] *nf* messa *f*

messieurs ➢ monsieur

mesure [məzyr] *nf* **1.** misura *f* **2.** *(rythme)* tempo *m* ● **sur mesure** su misura ● **dans la mesure du possible** per quanto possibile ● **(ne pas) être en mesure de faire qqch** (non) essere in grado di fare qc ● **mesures de sécurité** misure di sicurezza

mesuré, e [məzyre] *adj (modéré)* misurato(a)

mesurer [məzyre] *vt* misurare ● **il mesure 1,80 mètres** è alto 1,80 ● **le bateau mesure 6 mètres de long** la barca misura 6 metri in lunghezza

met etc ➢ mettre

métal, aux [metal, o] *nm* metallo *m*

métallique [metalik] *adj* metallico(a)

météo [meteo] *nf* meteo *m inv* ● *(bulletin)* **météo** previsioni del tempo ● **météo marine** meteo marina

météorologique [meteɔrɔlɔʒik] *adj* meteorologico(a)

méthode [metɔd] *nf* **1.** metodo *m* **2.** *(manuel)* manuale *m*

méthodique [metɔdik] *adj* metodico(a)

méticuleux, euse [metikylø, øz] *adj* meticoloso(a)

métier [metje] *nm* mestiere *m*

métis, isse [metis] *nm, f* mulatto *m*, -a *f*

mètre [mɛtʀ] *nm* metro *m*

métro [metʀo] *nm* metro *m inv*, metropolitana *f* ● **métro aérien** metropolitana sopraelevata

Le métro

Creata nel 1900, la metropolitana parigina conta 14 linee e una fitta rete di stazioni in genere molto vicine tra loro. È il mezzo di trasporto più rapido della capitale e funziona senza interruzione dalle 5.30 del mattino all'una di notte. È vietato fumare non solo nei vagoni del *métro*, ma anche nelle stazioni.

métropole [metʀopɔl] *nf* **1.** *(ville)* metropoli *f inv* **2.** *(pays)* la Francia rispetto ai territori francesi d'oltremare

metteur, euse [metœʀ, øz] *nm, f* ● **metteur en scène** regista *mf*

mettre [mɛtʀ] *vt*
1. *(placer, poser)* mettere ● **mets-le sur la table** mettilo sul tavolo ● **mettre qqch debout** raddrizzare qc
2. *(vêtement)* mettersi
3. *(temps)* metterci ● **nous avons mis deux heures par l'autoroute** ci abbiamo messo due ore in autostrada
4. *(argent)* spendere ● **combien voulez-vous mettre ?** quanto vuole spendere?
5. *(dispositif)* mettere ; *(télé, radio)* accendere ● **mettre le chauffage** mettere il ri-

scaldamento ● **mettre le contact** girare la chiavetta
6. *(dans un état différent)* ● **mettre qqn en colère** far arrabbiare qn ● **mettre qqch en marche** mettere qc in funzione
7. *(dans des expressions)* ● **mettre la table** apparecchiare la tavola

◆ **se mettre** *vp*
1. *(se placer)* mettersi ● **se mettre debout** alzarsi
2. *(dans un état différent)* ● **se mettre en colère** arrabbiarsi ● **se mettre d'accord** mettersi d'accordo
3. *(vêtement, maquillage)* mettersi ● **elle s'est mis du rouge à lèvres** si è messa il rossetto
4. *(commencer)* ● **se mettre à faire qqch** mettersi a fare qc ● **se mettre au travail** mettersi al lavoro ● **s'y mettre** mettersi al lavoro

meuble [mœbl] *nm* mobile *m*

meublé [mœble] *nm* alloggio *m* ammobiliato

meubler [mœble] *vt* ammobiliare

meuf [mœf] *nf (fam)* ragazza *f*

meugler [møgle] *vi* muggire

meule [møl] *nf (de foin)* covone *m*

meunière [mønjɛʀ] *nf* ➤ **sole**

meurt ➤ **mourir**

meurtre [mœʀtʀ] *nm* omicidio *m*

meurtrier, ère [mœʀtʀije, ɛʀ] *nm, f* omicida *mf* ◆ **meurtrière** *nf (d'un château)* feritoia *f*

meurtrir [mœʀtʀiʀ] *vt* pestare

meurtrissure [mœʀtʀisyʀ] *nf* **1.** contusione *f* **2.** *(sur un fruit)* ammaccatura *f*

meute [møt] *nf* muta *f*

mexicain, e [mɛksikɛ̃, ɛn] *adj* messicano(a) ◆ **Mexicain, e** *nm, f* messicano *m*, -a *f*

Mexique [mɛksik] *nm* ● **le Mexique** il Messico *m*

mezzanine [mɛdzanin] *nf (dans une pièce)* soppalco *m*

mi- [mi] *préf* mezzo- ● **à la mi-mars** a metà marzo ● **à mi-chemin** a metà strada

miauler [mjole] *vi* miagolare

miche [miʃ] *nf (de pain)* pagnotta *f*

micro [mikʁo] *nm* **1.** *(amplificateur)* microfono *m* **2.** *(micro-ordinateur)* microcomputer *m inv*

microbe [mikʁɔb] *nm* microbo *m*

micro-ondes [mikʁoɔ̃d] *nm inv* ● *(four à)* micro-ondes forno *m* a microonde

micro-ordinateur, s [mikʁoɔʁdinatœʁ] *nm* microcomputer *m inv*

microprocesseur [mikʁopʁosesœʁ] *nm* microprocessore *m*

microscope [mikʁoskɔp] *nm* microscopio *m*

microscopique [mikʁoskɔpik] *adj* microscopico(a)

midi [midi] *nm* mezzogiorno *m* ● **le Midi** il Sud della Francia

mie [mi] *nf* mollica *f*

miel [mjɛl] *nm* miele *m*

mien ◆ **le mien, la mienne** [ləmjɛ̃, lamjɛn] *(mpl* **les miens** [lemjɛ̃], *fpl* **les miennes** [lemjɛn]) *pron* il mio (la mia, i miei *mpl,* le mie *fpl)*

miette [mjɛt] *nf* briciola *f* ● **en miettes** *(en morceaux)* in frantumi

mieux [mjø] *adv & adj inv* meglio ● **c'est ce qu'il fait le mieux** è ciò che fa meglio ● **le mieux équipé des deux hôtels** il più

attrezzato dei due alberghi ● **aller mieux** andare meglio ● **ça vaut mieux (pour toi)** è meglio (per te) ● **de mieux en mieux** di bene in meglio ● **c'est le mieux des deux/ de tous** *(le plus beau)* è il più bello dei due/di tutti ● **c'est le mieux** *(la meilleure chose à faire)* è la cosa migliore

mignon, onne [miɲɔ̃, ɔn] *adj* carino(a)

migraine [migʁɛn] *nf* emicrania *f*

mijoter [miʒote] *vi* cuocere a fuoco lento

Milan [milɑ̃] *n* Milano *f*

milieu, x [miljø] *nm* **1.** centro *m* **2.** *(environnement)* ambiente *m* ● **au milieu (de)** in mezzo (a)

militaire [militɛʁ] *adj &* ◇ *nmf* militare

militant, e [militɑ̃, ɑ̃t] *nm, f* militante *mf*

milk-shake, s [milkʃɛk] *nm* frappè *m inv*

mille [mil] *num* mille ◇ *nm* mille *m* ● **mille euros** mille euro ● **deux mille euros** duemila euro ● **en mille morceaux** in mille pezzi

mille-feuille, s [milfœj] *nm* millefoglie *m inv*

mille-pattes [milpat] *nm inv* millepiedi *m inv*

milliard [miljaʁ] *nm* miliardo *m*

milliardaire [miljaʁdɛʁ] *nmf* miliardario *m,* -a *f*

millier [milje] *nm* migliaio *m* ● **des milliers de** *(un grand nombre de)* migliaia di

millilitre [mililitʁ] *nm* millilitro *m*

millimètre [milimɛtʁ] *nm* millimetro *m*

million [miljɔ̃] *nm* milione *m*

millionnaire [miljɔnɛʁ] *nmf* milionario *m,* -a *f*

mime [mim] *nm* mimo *m*

mimer [mime] *vt* mimare

mimosa [mimoza] *nm* mimosa *f*

min (*abr de* minute) min. (*minuto*)

min. (*abr de* minimum) min. (*minimo*)

minable [minabl] *adj* (*fam*) penoso(a)

mince [mɛ̃s] *adj* **1.** (*personne*) snello(a) **2.** (*tissu, tranche*) sottile ◇ *interj* mannaggia!

mine [min] *nf* **1.** (*de charbon, d'or*) miniera *f* **2.** (*de crayon*) mina *f* **3.** (*visage*) faccia *f* • **avoir bonne/mauvaise mine** avere una bella/brutta cera • **faire mine de faire qqch** far finta di fare qc

miner [mine] *vt* minare

minerai [minrɛ] *nm* minerale *m*

minéral, e, aux [mineral, o] *adj* minerale ◆ **minéral** *nm* minerale *m*

minéralogique [mineralɔʒik] *adj* ➤ **plaque**

mineur, e [minœr] *adj* **1.** (*enfant*) minorenne **2.** (*peu important*) secondario(a) ◇ *nm, f* (*enfant*) minorenne *mf* ◆ **mineur** *nm* (*ouvrier*) minatore *m*

miniature [minjatyr] *adj* in miniatura ◇ *nf* (*de manuscrit, peinture*) miniatura *f* • **auto miniature** modellino *m* (d'auto)

minibar [minibar] *nm* minibar *m inv*

minidisque [minidisk] *nm* minidisc *m inv*

minijupe [miniʒyp] *nf* minigonna *f*

minimessage [minimɛsaʒ] *nm* SMS *m inv*

minimiser [minimize] *vt* minimizzare

minimum [minimɔm] *adj* minimo(a) ◇ *nm* minimo *m* • **au minimum** come minimo

ministère [ministɛr] *nm* ministero *m*

ministre [ministr] *nm* ministro *m*

minorité [minɔrite] *nf* minoranza *f*

minuit [minɥi] *nm* mezzanotte *f*

minuscule [minyskyl] *adj* minuscolo(a) ◇ *nf* minuscola *f* • **en minuscules** in minuscolo

minute [minyt] *nf* minuto *m* • **j'arrive dans une minute** arrivo fra un minuto • **d'une minute à l'autre** da un momento all'altro

minuterie [minytri] *nf* timer *m inv*

minuteur [minytœr] *nm* timer *m inv*

minutieux, euse [minysjø, øz] *adj* minuzioso(a)

mirabelle [mirabɛl] *nf* mirabella *f*

miracle [mirakl] *nm* miracolo *m*

mirage [miraʒ] *nm* miraggio *m*

miroir [mirwar] *nm* specchio *m*

mis, e [mi, miz] *pp* ➤ **mettre**

mise [miz] *nf* (*enjeu*) puntata *f* • **mise en scène** regia *f* • **mise en marche** messa in moto *f* • **mise à mort** uccisione *f* • **mise sous tension** accensione *f*

miser [mize] *vt* • **miser sur** *v + prep* **1.** (*au jeu*) puntare su **2.** (*compter sur*) contare su

misérable [mizerabl] *adj* **1.** (*pauvre*) miserabile **2.** (*salaire*) misero(a)

misère [mizɛr] *nf* (*pauvreté*) miseria *f*

missile [misil] *nm* missile *m*

mission [misjɔ̃] *nf* missione *f*

mistral [mistral] *nm* maestrale *m*

mitaine [mitɛn] *nf* mezzo guanto *m*

mite [mit] *nf* tarma *f*

mi-temps [mitɑ̃] *nf inv* **1.** (*moitié d'un match*) tempo *m* **2.** (*pause*) intervallo *m* • **travailler à mi-temps** lavorare part time

mitigé, e [mitiʒe] *adj* mitigato(a)

mitoyen, enne [mitwajɛ̃, ɛn] *adj* 1. *(mur)* in comune 2. *(maisons)* contiguo(a)

mitrailler [mitʀaje] *vt* 1. mitragliare 2. *(fam) (photographier)* prendere d'assalto

mitraillette [mitʀajɛt] *nf* mitra *m inv*

mitrailleuse [mitʀajøz] *nf* mitragliatrice *f*

mixer [mikse] *vt* frullare

mixe(u)r [miksœʀ] *nm* frullatore *m*

mixte [mikst] *adj* misto(a) ● **mariage mixte** matrimonio misto

ml *(abr de millilitre)* ml *(millilitro)*

Mlle *(abr de Mademoiselle)* Sig.na *(Signorina)*

mm *(abr de millimètre)* mm *(millimetro)*

Mme *(abr de Madame)* Sig.ra *(Signora)*

mobile [mɔbil] *adj* 1. *(cloison, pièce)* mobile 2. *(visage, regard)* vivace ◇ *nm* 1. *(d'un crime)* movente *m* 2. *(téléphone portable)* cellulare *m*

mobilier [mɔbilje] *nm* mobilio *m*

mobiliser [mɔbilize] *vt* mobilitare

Mobylette ® [mɔbilɛt] *nf* motorino *m*

mocassin [mɔkasɛ̃] *nm* mocassino *m*

moche [mɔʃ] *adj* brutto(a)

¹mode [mɔd] *nm* modo *m* ● **mode d'emploi** istruzioni *fpl* per l'uso

²mode [mɔd] *nf* moda *f* ● **à la mode** alla moda

modèle [mɔdɛl] *nm* modello *m* ● **modèle réduit** modello ridotto

modeler [mɔdle] *vt* modellare

modélisme [mɔdelism] *nm* modellismo *m*

modem [mɔdɛm] *nm* modem *m inv*

modération [mɔdeʀasjɔ̃] *nf* moderazione *f* ▼ **à consommer avec modération** da consumare con moderazione

modéré, e [mɔdeʀe] *adj* 1. *(personne, augmentation)* moderato(a) 2. *(prix)* modico(a)

moderne [mɔdɛʀn] *adj* moderno(a)

moderniser [mɔdɛʀnize] *vt* modernizzare

modeste [mɔdɛst] *adj* modesto(a)

modestie [mɔdɛsti] *nf* modestia *f* ● **sans fausse modestie** senza falsa modestia

modification [mɔdifikasjɔ̃] *nf* modifica *f*

modifier [mɔdifje] *vt* modificare

modulation [mɔdylasjɔ̃] *nf* ● **modulation de fréquence** modulazione *f* di frequenza

moelle [mwal] *nf* midollo *m* ● **moelle épinière** midollo spinale

moelleux, euse [mwalø, øz] *adj* soffice

mœurs [mœʀ(s)] *nfpl (habitudes)* costumi *mpl*

mohair [mɔɛʀ] *nm (laine)* mohair *m inv*

moi [mwa] *pron* 1. mi 2. *(après prép ou comparaison)* me 3. *(pour insister)* io ● **il/elle est à moi** è mio/mia ● **moi-même** io stesso(a) ● **pour moi-même** per me stesso ● **moi, je crois que...** io credo che...

moindre [mwɛ̃dʀ] *adj* inferiore ● **à un degré moindre** a un grado inferiore ● **il s'énerve au moindre incident** si agita per il minimo problema ● **le moindre...** il minimo...

moine [mwan] *nm* monaco *m*

moineau, x [mwano] *nm* passero *m*

moins [mwɛ̃] *adv*

1. *(pour comparer)* meno ● **moins ancien (que)** meno antico (di) ● **moins vite (que)** meno velocemente (di)

2. *(superlatif)* ● **c'est la nourriture qui coûte le moins** è il cibo che costa meno ● **la ville la moins intéressante que nous ayons visitée** la città meno interessante che abbiamo visitato ● **fatiguez-vous le moins possible** stancatevi il meno possibile

3. *(en quantité)* di meno ● **ils ont accepté de gagner moins** hanno accettato di guadagnare di meno ● **moins de viande/touristes** meno carne/turisti ● **en moins de dix minutes** in meno di dieci minuti

4. *(dans des expressions)* ● **à moins d'un imprévu** a meno che non capiti un imprevisto ● **à moins de rouler** ou **que nous roulions toute la nuit** a meno di viaggiare ou che viaggiamo tutta la notte ● **au moins** almeno ● **ça coûte deux euros de** ou **en moins** costa due euro in meno ● **j'ai deux ans de moins qu'elle** ho due anni meno di lei ● **de moins en moins** sempre meno ● **moins tu y penseras, mieux ça ira** meno ci pensi, meglio ti sentirai

◇ *prép* meno ● **trois heures moins le quart** le tre meno un quarto ● **10 moins 7 égale 3** 10 meno 7 uguale 3

mois [mwa] *nm* mese *m* ● **au mois de...** nel mese di...

moisi, e [mwazi] *adj* ammuffito(a) ◆ **moisi** *nm* muffa *f* ● **sentir le moisi** avere odore di muffa

moisir [mwazir] *vi* ammuffire

moisissure [mwazisyr] *nf* muffa *f*

moisson [mwasɔ̃] *nf* mietitura *f*

moissonner [mwasɔne] *vt* mietere

moissonneuse [mwasɔnøz] *nf* mietitrice *f*

moite [mwat] *adj* umido(a) ● **avoir les mains moites** avere le mani sudate

moitié [mwatje] *nf* metà *f inv* ● **la moitié de** la metà di ● **à moitié** a metà ● **la bouteille est à moitié vide** la bottiglia è mezza vuota ● **à moitié prix** a metà prezzo

moka [mɔka] *nm (gâteau)* dolce con strati di crema al caffè o al cioccolato

molaire [mɔlɛr] *nf* molare *m*

Moldavie [mɔldavi] *nf* ● **la Moldavie** la Moldavia *f*

molle ➤ **mou**

mollet [mɔlɛ] *nm* polpaccio *m*

molletonné, e [mɔltɔne] *adj* rivestito(a) di mollettone

mollusque [mɔlysk] *nm* mollusco *m*

môme [mom] *nmf (fam)* ragazzino *m*, -a *f*

moment [mɔmɑ̃] *nm* momento *m* ● **c'est le moment de...** è il momento di... ● **au moment où** nel momento in cui ● **du moment que** dal momento che ● **en ce moment** in questo momento ● **par moments** a tratti ● **pour le moment** per il momento

momentané, e [mɔmɑ̃tane] *adj* momentaneo(a)

momie [mɔmi] *nf* mummia *f*

mon, ma [mɔ̃, ma] *(pl mes* [me]) *adj* (il) mio ((la) mia, (i) miei, (le) mie) ● **mon père** mio padre ● **ma maison** la mia casa

Monaco [mɔnako] *n* il principato di Monaco

monarchie [mɔnarʃi] *nf* monarchia *f*

monastère [mɔnastɛr] *nm* monastero *m*

monde [mɔ̃d] *nm* mondo *m* ● **il y a du monde** ou **beaucoup de monde** c'è molta gente ● **tout le monde est venu** sono venuti tutti

mondial, e, aux [mɔ̃djal, o] *adj* mondiale

mondialisation [mɔ̃djalizasjɔ̃] *nf* globalizzazione *f*

mondialiste [mɔ̃djalist] *adj & nmf* mondialista

moniteur, trice [monitœr, tris] *nm, f* 1. *(de colonie)* sorvegliante *mf* 2. *(d'auto-école)* istruttore *m,* -trice *f* ◆ **moniteur** *nm (écran)* monitor *m inv*

monnaie [mɔnɛ] *nf* 1. *(argent, devises)* moneta *f* 2. *(pièces)* spiccioli *mpl* ● **vous avez la monnaie de 10 euros ?** potrebbe cambiarmi 10 euro (in spiccioli)? ● **faire de la monnaie** cambiare ● **rendre la monnaie à qqn** dare il resto a qn ● **monnaie unique** moneta unica

monologue [monolog] *nm* monologo *m*

monopoliser [monopolize] *vt* monopolizzare

monospace [monospas] *nm (auto)* familiare *f*

monotone [monoton] *adj* monotono(a)

monotonie [monotoni] *nf* monotonia *f*

monsieur [məsjø] *(pl* **messieurs** [mesjø])* *nm* signore *m* ● **monsieur X** signor X ● **bonjour, monsieur/messieurs !** buongiorno signore/signori! ● **Monsieur,** *(dans une lettre)* Egregio Signore, ● **Monsieur !** *(pour appeler le professeur)* (signor) professore!

monstre [mɔ̃str] *nm* mostro *m* ◇ *adj (fam) (énorme)* colossale

monstrueux, euse [mɔ̃stryø, øz] *adj* mostruoso(a)

mont [mɔ̃] *nm* monte *m* ● **le Mont Blanc** il monte Bianco ● **le Mont-Saint-Michel** il Mont-Saint-Michel

montage [mɔ̃taʒ] *nm* montaggio *m*

montagne [mɔ̃taɲ] *nf* montagna *f* ● **à la montagne** in montagna ● **montagnes russes** montagne russe

montagneux, euse [mɔ̃taɲø, øz] *adj* montagnoso(a)

montant, e [mɔ̃tɑ̃, ɑ̃t] *adj (marée)* ascendente ◆ **montant** *nm* 1. *(somme)* importo *m* 2. *(d'une fenêtre, d'une échelle)* montante *m*

montée [mɔ̃te] *nf* 1. *(pente)* salita *f* 2. *(des prix)* aumento *m*

monter [mɔ̃te] *vi (aux : être)* 1. salire 2. *(prix, température)* aumentare ◇ *vt (aux : avoir)* 1. *(escalier, côte)* salire 2. *(porter en haut)* portare su 3. *(son, chauffage)* alzare 4. *(cheval, tente, blancs d'œuf)* montare 5. *(société)* mettere su 6. *(coup)* organizzare 7. *(pièce de théâtre)* allestire ● **ça monte** *(route)* la strada è in salita ● **monter à bord (d'un avion)** salire a bordo (di un aereo) ● **monter à cheval** montare a cavallo ● **monter en voiture** salire in macchina ● **monter à** ou **sur une échelle** salire su una scala ◆ **se monter à** *vp + prep (s'élever à)* ammontare a

montre [mɔ̃tr] *nf* orologio *m* (da polso)

montrer [mɔ̃tre] *vt* 1. *(désigner, exposer)* far vedere 2. *(prouver)* dimostrare ● **montrer un monument à qqn** far vedere un monumento a qn ● **montrer qqn/qqch du doigt** indicare qn/qc con il dito ◆ **se montrer** *vp (apparaître)* apparire ● **se**

montrer courageux dimostrarsi coraggioso

monture [mɔ̃tyʀ] *nf* **1.** *(de lunettes)* montatura *f* **2.** *(cheval)* cavalcatura *f*

monument [mɔnymɑ̃] *nm* monumento *m* ● **monument aux morts** monumento ai caduti

moquer [mɔke] ◆ **se moquer de** *vp + prep* **1.** *(plaisanter)* prendere in giro **2.** *(accorder peu d'importance)* infischiarsi di ● **je m'en moque** me ne infischio

moques [mɔk] *nfpl (Belg)* specialità della città di Gand consistente in un rotolo di pasta ai chiodi di garofano ricoperto di zucchero

moquette [mɔket] *nf* moquette *f inv*

moqueur, euse [mɔkœʀ, øz] *adj* beffardo(a)

moral, e, aux [mɔʀal, o] *adj* morale ◆ **moral** *nm (état psychologique)* morale *m* ● **avoir le moral** essere su di morale ● **ne pas avoir le moral** essere giù di morale

morale [mɔʀal] *nf* morale *f* ● **faire la morale à qqn** fare la morale a qn

moralement [mɔʀalmɑ̃] *adv* moralmente

morceau, x [mɔʀso] *nm* **1.** pezzo *m* **2.** *(de musique)* brano *m* ● **morceau de sucre** zolletta *f*

mordiller [mɔʀdije] *vt* mordicchiare

mordre [mɔʀdʀ] *vt* mordere

morille [mɔʀij] *nf* spugnola *f*

mors [mɔʀ] *nm* morso *m*

morse [mɔʀs] *nm* **1.** *(animal)* tricheco *m* **2.** *(code)* alfabeto *m* morse

morsure [mɔʀsyʀ] *nf* morso *m*

mort, e [mɔʀ, mɔʀt] *pp* ➤ **mourir** ◇ *adj* **1.** morto(a) **2.** *(piles, radio)* fuori uso *(inv)*

◇ *nm, f* morto *m*, -a *f* ◆ **mort** *nf* morte *f* ● **être en danger de mort** essere in pericolo di vita ● **être mort de peur** essere morto di paura

mortel, elle [mɔʀtɛl] *adj* mortale

morue [mɔʀy] *nf* merluzzo *m*

mosaïque [mɔzaik] *nf* mosaico *m*

Moscou [mɔsku] *n* Mosca *f*

mosquée [mɔske] *nf* moschea *f*

mot [mo] *nm* parola *f* ● **je peux vous dire un mot ?** posso parlarle? ● **écrire un mot à qqn** scrivere due righe a qn ● **laisser un mot** lasciare un messaggio ● **mot à mot** parola per parola ● **mot de passe** parola d'ordine ; *INFORM* password *f inv* ● **mots croisés** parole crociate

motard [mɔtaʀ] *nm* **1.** motociclista *mf* **2.** *(gendarme, policier)* agente *m* in motocicletta

motel [mɔtɛl] *nm* motel *m inv*

moteur [mɔtœʀ] *nm* motore *m* ● **moteur de recherche** *INFORM* motore di ricerca

motif [mɔtif] *nm* motivo *m*

motivation [mɔtivasjɔ̃] *nf* motivazione *f* ● **lettre de motivation** lettera di motivazione

motivé, e [mɔtive] *adj* motivato(a)

moto [mɔto] *nf* moto *f inv*

motocross [mɔtokʀɔs] *nm* motocross *m inv*

motocycliste [mɔtosiklist] *nmf* motociclista *mf*

motte [mɔt] *nf (de terre, de gazon)* zolla *f* ● **motte de beurre** panetto *m* di burro

mou, molle [mu, mɔl] *adj* **1.** molle **2.** *(sans énergie)* fiacco(a)

mouche [muʃ] *nf* mosca *f*

moucher [muʃe] ◆ **se moucher** vp soffiarsi il naso

moucheron [muʃʀɔ̃] nm moscerino m

mouchoir [muʃwaʀ] nm fazzoletto m ● **mouchoir en papier** fazzoletto di carta

moudre [mudʀ] vt macinare

moue [mu] nf smorfia f ● **faire la moue** storcere il naso

mouette [mwɛt] nf gabbiano m

moufle [mufl] nf muffola f

mouillé, e [muje] adj bagnato(a)

mouiller [muje] vt bagnare ◆ **se mouiller** vp bagnarsi

mouillette [mujɛt] nf fettina f di pane (*da intingere nell'uovo*)

moulant, e [mulɑ̃, ɑ̃t] adj aderente

¹moule [mul] nm stampo m ● **moule à gâteau** stampo per dolci

²moule [mul] nf cozza f ● **moules marinière** cozze alla marinara

mouler [mule] vt modellare

moulin [mulɛ̃] nm (*à farine*) mulino m ● **moulin à café** macinacaffè m inv ● **moulin à poivre** macinapepe m inv ● **moulin à vent** mulino a vento

moulinet [mulinɛ] nm mulinello m

Moulinette® [mulinɛt] nf tritatutto m inv

moulu, e [muly] adj macinato(a)

moulure [mulyʀ] nf modanatura f

mourant, e [muʀɑ̃, ɑ̃t] adj morente

mourir [muʀiʀ] vi 1. morire 2. (*coutume, civilisation*) scomparire 3. (*son*) svanire ● **mourir de faim** morire di fame ● **mourir d'envie de faire qqch** morire dalla voglia di fare qc

moussaka [musaka] nf moussakà f inv

moussant, e [musɑ̃, ɑ̃t] adj ● **bain moussant** bagnoschiuma m inv ● **gel moussant** docciaschiuma m inv

mousse [mus] nf 1. (*bulles*) schiuma f 2. (*plante*) muschio m 3. CULIN mousse f inv ● **mousse à raser** schiuma da barba ● **mousse au chocolat** mousse al cioccolato

mousseline [muslin] nf (*tissu*) mussola f ◇ adj inv ● **purée** ou **pommes mousseline** purè m inv di patate ● **sauce mousseline** salsa a base di tuorli d'uovo, burro e panna montata

mousser [muse] vi fare schiuma

mousseux, euse [musø, øz] adj (*shampooing, chocolat*) schiumoso(a) ● **mousseux** nm ● **du (vin) mousseux** dello spumante

moustache [mustaʃ] nf baffo m

moustachu, e [mustaʃy] adj baffuto(a)

moustiquaire [mustikɛʀ] nf zanzariera f

moustique [mustik] nm zanzara f

moutarde [mutaʀd] nf senape f

mouton [mutɔ̃] nm 1. montone m 2. (*viande*) agnello m

mouvants [muvɑ̃] adj mpl ➤ **sable**

mouvement [muvmɑ̃] nm movimento m

mouvementé, e [muvmɑ̃te] adj movimentato(a)

moyen, enne [mwajɛ̃, ɛn] adj 1. medio(a) 2. (*passable*) mediocre ● **moyen** nm mezzo m ● **il n'y a pas moyen de le convaincre** non c'è modo di convincerlo ● **moyen de transport** mezzo di trasporto

● **au moyen de qqch** per mezzo di qc ◆ **moyens** *nmpl* **1.** *(financiers)* mezzi *mpl* **2.** *(capacités)* capacità *fpl* ● **avoir les moyens de faire qqch** *(financièrement)* avere i mezzi per fare qc ● **perdre ses moyens** andare in tilt

moyenne [mwajɛn] *nf* **1.** media *f* **2.** SCOL *(à un devoir, un examen)* sufficienza *f* ● **en moyenne** in media

muer [mɥe] *vi* **1.** *(animal)* fare la muta **2.** *(voix)* cambiare

muet, muette [mɥe, ɛt] *adj* muto(a)

Le muguet

In occasione della festa del primo maggio, i francesi sono soliti regalare un rametto di mughetto come portafortuna. Per quel giorno, la tradizione consente a chiunque di vendere il mughetto per strada.

mule [myl] *nf* **1.** *(animal)* mula *f* **2.** *(chaussure)* ciabatta *f*

mulet [mylɛ] *nm* mulo *m*

multicolore [myltikɔlɔʀ] *adj* multicolore

multiple [myltipl] *adj* molteplice ◇ *nm* multiplo *m*

multiplication [myltiplikasjɔ̃] *nf* moltiplicazione *f*

multiplier [myltiplije] *vt* moltiplicare ● **2 multiplié par 9** 2 moltiplicato per 9 ◆ **se multiplier** *vp* moltiplicarsi

multipropriété [myltiprɔprijete] *nf* multiproprietà *f inv*

multitude [myltityd] *nf* ● **une multitude de** una moltitudine di

municipal, e, aux [mynisipal, o] *adj* municipale

municipalité [mynisipalite] *nf* (mairie) municipio *m*

munir [mynir] *vt* ● **munir qqn/qqch de** munire qn/qc di ◆ **se munir de** *vp + prep* munirsi di

munitions [mynisjɔ̃] *nfpl* munizioni *fpl*

mur [myr] *nm* muro *m* ● **mur du son** muro del suono

mûr, e [myr] *adj* maturo(a)

muraille [myraj] *nf* muraglia *f*

mural, e, aux [myral, o] *adj* murale

mûre [myr] *nf* mora *f*

murer [myre] *vt* murare

mûrir [myrir] *vi* maturare

murmure [myrmyr] *nm* mormorio *m*

murmurer [myrmyre] *vi* mormorare

muscade [myskad] *nf* ● **(noix) muscade** noce *f* moscata

muscat [myska] *nm* **1.** *(raisin)* uva *f* moscata **2.** *(vin)* moscato *m*

muscle [myskl] *nm* muscolo *m*

musclé, e [myskle] *adj* muscoloso(a)

musculaire [myskyler] *adj* muscolare

musculation [myskylasjɔ̃] *nf* body building *m inv*

museau, x [myzo] *nm* **1.** *(de chien, de renard)* muso *m* **2.** CULIN nervetti di manzo o di maiale, serviti freddi come antipasto

musée [myze] *nm* museo *m*

muselière [myzəljɛr] *nf* museruola *f*

musical, e, aux [myzikal, o] *adj* musicale

music-hall, s [myzikol] *nm* **1.** *(théâtre)* music-hall *m inv* **2.** *(spectacle)* varietà *m inv* musicale

musicien, enne [myzisjɛ̃, en] *nm, f* musicista *mf*

musique [myzik] *nf (art)* musica *f* ● **musique de chambre** musica da camera ● **musique classique** musica classica ● **musique de film** colonna *f* sonora

musulman, e [myzylmã, an] *adj & nm, f* musulmano(a)

mutation [mytasjɔ̃] *nf* **1.** *(génétique)* mutazione *f* **2.** *(d'un employé)* trasferimento *m*

mutiler [mytile] *vt* mutilare

mutuel, elle [mytɥɛl] *adj* mutuo(a)

mutuelle [mytɥɛl] *nf* assicurazione *f*

mutuellement [mytɥɛlmã] *adv* reciprocamente

myope [mjɔp] *adj* miope

myosotis [mjɔzɔtis] *nm* nontiscordardimé *m inv*

myrtille [miʁtij] *nf* mirtillo *m*

mystère [mistɛʁ] *nm* mistero *m* ● **Mystère** ® *(glace)* gelato alla vaniglia con meringa ricoperto di scaglie di mandorle

mystérieusement [misteʁjøzmã] *adv* misteriosamente

mystérieux, euse [misteʁjø, øz] *adj* misterioso(a)

mythe [mit] *nm* mito *m*

mythologie [mitɔlɔʒi] *nf* mitologia *f*

*n*N

N *(abr de nord)* N

n° *(abr de numéro)* n. *(numero)*

n' ➤ **ne**

nacre [nakʁ] *nf* madreperla *f*

nage [naʒ] *nf* **1.** *(natation)* nuoto *m* **2.** *(façon de nager)* stile *m* ● **en nage** in un bagno di sudore ● **à la nage** a nuoto

nageoire [naʒwaʁ] *nf* pinna *f*

nager [naʒe] *vi* nuotare ◇ *vt* ● **nager la brasse/le crawl** nuotare a rana/a stile libero

nageur, euse [naʒœʁ, øz] *nm, f* nuotatore *m*, -trice *f*

naïf, naïve [naif, naiv] *adj* ingenuo(a)

nain, e [nɛ̃, nɛn] *adj & nm, f* nano(a) ● **nain de jardin** nano da giardino

naissance [nɛsɑ̃s] *nf* nascita *f* ● **à sa naissance...** alla sua nascita...

naître [nɛtʁ] *vi* nascere ● **je suis née le 23 mars 1979 à Sant'Elpidio a Mare** sono nata il 23 marzo (del) 1979 a Sant'Elpidio a Mare

naïve ➤ **naïf**

naïveté [naivte] *nf* ingenuità *f inv*

Naples [napl] *n* Napoli *f*

nappe [nap] *nf* **1.** *(linge)* tovaglia *f* **2.** *(de pétrole)* falda *f* **3.** *(de brouillard)* banco *m*

nappé, e [nape] *adj* ● **nappé de** ricoperto di

napperon [napʁɔ̃] *nm* centrino *m*

narine [naʁin] *nf* narice *f*

narrateur, trice [naratœr, tris] *nm, f* narratore *m*, -trice *f*

naseaux [nazo] *nmpl* narici *fpl (di animali)*

natal, e [natal] *adj* natale

natalité [natalite] *nf* natalità *f inv*

natation [natasjɔ̃] *nf* nuoto *m* ● faire de la natation fare nuoto ● natation synchronisée nuoto sincronizzato

natif, ive [natif, iv] *adj* ● natif de originario di

nation [nasjɔ̃] *nf* nazione *f*

national, e, aux [nasjɔnal, o] *adj* nazionale ◆ **nationale** *nf* ● (route) nationale ≈ (strada) statale *f*

nationaliser [nasjɔnalize] *vt* nazionalizzare

nationalité [nasjɔnalite] *nf* nazionalità *f inv*

native ➤ natif

natte [nat] *nf* 1. *(tresse)* treccia *f* 2. *(tapis)* stuoia *f*

naturaliser [natyralize] *vt* naturalizzare

nature [natyr] *nf* natura *f* ◇ *adj inv (yaourt, omelette, thé)* al naturale ● nature morte natura morta

naturel, elle [natyrɛl] *adj* 1. naturale 2. *(normal)* normale ◆ **naturel** *nm* 1. *(caractère)* indole *f* 2. *(simplicité)* naturalezza *f*

naturellement [natyrɛlmɑ̃] *adv* 1. *(spontanément)* con naturalezza 2. *(bien sûr)* naturalmente

naturiste [natyrist] *nmf* naturista *mf*

naufrage [nofraʒ] *nm* naufragio *m* ● faire naufrage naufragare

nausée [noze] *nf* nausea *f* ● avoir la nausée avere la nausea

nautique [notik] *adj* nautico(a)

naval, e [naval] *adj* navale

navarin [navarɛ̃] *nm* stufato di agnello accompagnato da patate o altre verdure

navet [nave] *nm* 1. rapa *f* 2. *(fam) (mauvais film)* schifezza *f*

navette [navet] *nf* navetta *f* ● faire la navette (entre) fare la spola (tra)

navigateur, trice [navigatœr, tris] *nm, f* navigatore *m*, -trice *f* ◆ **navigateur** *nm* INFORM browser *m inv*

navigation [navigasjɔ̃] *nf* navigazione *f* ● navigation de plaisance navigazione da diporto

naviguer [navige] *vi* navigare

navire [navir] *nm* nave *f*

navré, e [navre] *adj* spiacente

NB *(abr de Nota Bene)* NB

ne [nə] ➤ jamais, pas, personne, plus, que, rien

né, e [ne] *pp* ➤ naître

néanmoins [neɑ̃mwɛ̃] *adv* tuttavia

néant [neɑ̃] *nm* ● réduire qqch à néant vanificare qc ▼ néant *(sur un formulaire)* nessuno

nécessaire [nesesɛr] *adj* necessario(a) ◇ *nm (ce qui est indispensable)* necessario *m* ● il est nécessaire de partir immédiatement è necessario partire immediatamente

nécessité [nesesite] *nf* necessità *f inv*

nécessiter [nesesite] *vt* necessitare

nécessiteux, euse [nesesitø, øz] *nm, f* bisognoso *m*, -a *f*

nectarine [nɛktarin] *nf* pescanoce *f*

néerlandais, e [neɛrlɑ̃dɛ, ɛz] *adj* olandese ◆ **néerlandais** *nm (langue)* olandese *m* ◆ **Néerlandais, e** *nm, f* olandese *mf*

nef [nɛf] *nf* navata *f*

néfaste [nefast] *adj* nefasto(a)

négatif, ive [negatif, iv] *adj* negativo(a) ◆ **négatif** *nm* negativo *m*

négation [negasjɔ̃] *nf* negazione *f*

négligeable [negliʒabl] *adj* trascurabile

négligent, e [negliʒɑ̃, ɑ̃t] *adj* negligente

négliger [negliʒe] *vt* trascurare

négociant, e [negɔsjɑ̃, ɑ̃t] *nm, f* ● **négociant en vins** commerciante *mf* di vini

négociations [negɔsjasjɔ̃] *nfpl* negoziati *mpl*

négocier [negɔsje] *vt* 1. negoziare 2. *(virage)* prendere bene ◇ *vi* negoziare

neige [nɛʒ] *nf* neve *f*

neiger [neʒe] *v impers* ● **il neige** nevica

neigeux, euse [nɛʒø, øz] *adj* nevoso(a)

nénuphar [nenyfar] *nm* ninfea *f*

néon [neɔ̃] *nm* neon *m inv*

néo-zélandais, e [neozelɑ̃dɛ, ɛz] *(mpl inv, fpl* **néo-zélandaises)** *adj* neozelandese ◆ **Néo-Zélandais, e** *(mpl inv, fpl* **Néo-Zélandaises)** *nm, f* neozelandese *mf*

nerf [nɛr] *nm* nervo *m* ● **du nerf !** forza! ● **être à bout de nerfs** avere i nervi a pezzi

nerveusement [nɛrvøzmɑ̃] *adv* nervosamente

nerveux, euse [nɛrvø, øz] *adj* nervoso(a)

nervosité [nɛrvozite] *nf* nervosismo *m*

n'est-ce pas [nɛspa] *adv* vero?

net, nette [nɛt] *adj* 1. netto(a) 2. *(propre)* pulito(a) ◆ **net** *adv* 1. *(se casser)* di netto 2. *(s'arrêter)* di colpo

Net [nɛt] *nm* ● **le Net** la Rete *f*

netéconomie [netekɔnɔmi] *nf* net-economy *f inv*

nettement [nɛtmɑ̃] *adv* 1. *(clairement)* chiaramente 2. *(beaucoup, très)* nettamente

netteté [nɛtte] *nf* 1. *(d'une image)* nitidezza *f* 2. *(d'une explication)* chiarezza *f*

nettoyage [netwajaʒ] *nm* pulizia *f* ● **nettoyage à sec** lavaggio *m* a secco

nettoyer [netwaje] *vt* pulire ● **faire nettoyer un vêtement** portare un vestito in lavanderia

neuf, neuve [nœf, nœv] *adj* nuovo(a) ● **remettre qqch à neuf** rimettere qc a nuovo ● **quoi de neuf ?** novità? ◆ **neuf** *adj num & pron num* nove ◇ *nm* nove *m inv* ● **il a neuf ans** ha nove anni ● **il est neuf heures** sono le nove ● **le neuf janvier** il nove gennaio ● **page neuf** pagina nove ● **ils étaient neuf** erano in nove ● **le neuf de pique** il nove di picche ● **(au) neuf rue Lepic** rue Lepic numero nove

neutre [nøtr] *adj* neutro(a)

neuvième [nœvjɛm] *num* nono(a) ◇ *adj num & pron num* nono(a) ◇ *nm* 1. *(fraction)* nono *m* 2. *(étage)* nono piano *m* 3. *(arrondissement)* nono "arrondissement"

neveu, x [nəvø] *nm* nipote *m (di zii)*

nez [ne] *nm* 1. naso *m* 2. *(d'un avion)* muso *m* ● **se trouver nez à nez avec qqn** trovarsi faccia a faccia con qn

ni [ni] *conj* ● **ni... ni... né... né...** ● **je n'aime ni la guitare ni le piano** non mi piacciono né la chitarra né il piano ● **ni l'un ni l'autre ne sont français** né l'uno né l'altro sono francesi ● elle n'est ni mince **ni grosse** non è né magra né grassa

niais, e [nje, njɛz] *adj* sempliciotto(a)

Nicaragua [nikaragwa] *nm* ● **le Nicaragua** il Nicaragua

nicaraguayen, enne [nikaragwejɛ̃, ɛn] *adj* nicaraguense ◆ **Nicaraguayen, enne** *nm, f* nicaraguense *mf*

Nice [nis] *n* Nizza *f*

niche [niʃ] *nf* **1.** *(de chien)* cuccia *f* **2.** *(dans un mur)* nicchia *f*

niçoise [niswaz] *adj f* ➤ **salade**

nicotine [nikɔtin] *nf* nicotina *f*

nid [ni] *nm* **1.** nido *m* **2.** *(de souris)* tana *f*

nid-de-poule [nidpul] *(pl* **nids-de-poule)** *nm* buca *f*

nièce [njɛs] *nf* nipote *f (di zii)*

nier [nje] *vt* negare ● **nier avoir fait qqch** negare di aver fatto qc ● **nier que** negare che

Nil [nil] *nm* ● **le Nil** il Nilo

n'importe [nɛ̃pɔʀt] ➤ **importer**

niveau, x [nivo] *nm* livello *m* ● **au niveau de** *(de même hauteur, de même qualité)* allo stesso livello di ● **niveau d'huile** livello dell'olio ● **niveau de vie** tenore *m* di vita

noble [nɔbl] *adj & nmf* nobile

noblesse [nɔblɛs] *nf* nobiltà *f inv*

noce [nɔs] *nf* matrimonio *m* ● **noces d'or** nozze *fpl* d'oro

nocif, ive [nɔsif, iv] *adj* nocivo(a)

nocturne [nɔktyʀn] *adj* notturno(a) ◇ *nf (d'un magasin)* apertura *f* serale

Noël [nɔɛl] *nm ou nf* Natale *m* ● **réveillon/messe de Noël** vigilia/messa di Natale

Noël

La festa del Natale inizia la sera del 24 dicembre durante il quale è tradizione mangiare il tacchino farcito con castagne, seguito, come dessert, da un tronchetto alla crema (la *bûche*). Un tempo i bambini lasciavano le scarpe davanti al camino dove, l'indomani mattina, trovavano i regali portati da Babbo Natale. Oggi la distribuzione dei regali viene fatta sempre più spesso la sera della vigilia, intorno all'albero di Natale.

nœud [nø] *nm* **1.** nodo *m* **2.** *(ruban)* fiocco *m* ● **nœud papillon** papillon *m inv*

noir, e [nwaʀ] *adj* nero(a) ◆ **noir** *nm* **1.** nero *m* **2.** *(obscurité)* buio *m* ● **il fait noir** fa buio ● **dans le noir** al buio ◆ **Noir, e** *nm, f* nero *m*, -a *f*

noircir [nwaʀsiʀ] *vt* annerire ◇ *vi* annerirsi

noisetier [nwaztje] *nm* nocciolo *m*

noisette [nwazɛt] *nf* **1.** nocciola *f* **2.** *(morceau)* noce *f* ◇ *adj inv* nocciola *(inv)*

noix [nwa] *nf* noce *f* ● **noix de cajou** anacardo *m* ● **noix de coco** noce di cocco

nom [nɔ̃] *nm* **1.** nome *m* **2.** GRAMM sostantivo *m* ● **nom commun** nome comune ● **nom de famille** cognome *m* ● **nom de jeune fille** nome da ragazza ● **nom propre** nome proprio

nomade [nɔmad] *nmf* nomade *mf*

nombre [nɔ̃br] *nm* numero *m* • **un grand nombre de** un gran numero di • **les invités étaient au nombre de 120** gli invitati erano 120

nombreux, euse [nɔ̃brø, øz] *adj* numeroso(a) • **un groupe peu nombreux** un gruppo poco numeroso • **ils étaient peu nombreux** erano pochi

nombril [nɔ̃bril] *nm* ombelico *m*

nommer [nɔme] *vt* **1.** *(appeler)* chiamare **2.** *(à un poste)* nominare ◆ **se nommer** *vp* chiamarsi

non [nɔ̃] *adv* no • **non ?** *(exprime la surprise)* no? • **moi non plus** neanch'io, nemmeno io • **non seulement..., mais...** non solo..., ma...

nonante [nɔnɑ̃t] *num* (Belg & Helv) novanta

nonchalant, e [nɔ̃ʃalɑ̃, ɑ̃t] *adj* indolente

non-fumeur, euse [nɔ̃fymœr, øz] *nm, f* non fumatore *m*, -trice *f*

nord [nɔr] *adj inv* settentrionale ◇ *nm* nord *m inv* • **au nord (de)** a nord (di)

nord-américain, e *(mpl* nord-américains, *fpl* nord-américaines) [nɔramerikɛ̃, ɛn] *adj* nordamericano(a) ◆ **Nord-Américain, e** *nm, f* nordamericano *m*, -a *f*

nord-est [nɔrest] *adj inv* nordorientale ◇ *nm* nordest *m inv* • **au nord-est (de)** a nordest (di)

nordique [nɔrdik] *adj* **1.** nordico(a) **2.** *(Québec)* *(du nord canadien)* del Canada del nord

nord-ouest [nɔrwest] *adj inv* nordoccidentale ◇ *nm* nordovest *m inv* • **au nord-ouest (de)** a nordovest (di)

normal, e, aux [nɔrmal, o] *adj* normale • **ce n'est pas normal** *(pas juste)* non è giusto ◆ **normale** *nf* • **la normale** *(la moyenne)* la norma

normalement [nɔrmalmɑ̃] *adv* normalmente

normand, e [nɔrmɑ̃, ɑ̃d] *adj* normanno(a)

Normandie [nɔrmɑ̃di] *nf* • **la Normandie** la Normandia

norme [nɔrm] *nf* norma *f*

Norvège [nɔrvɛʒ] *nf* • **la Norvège** la Norvegia

norvégien, enne [nɔrveʒjɛ̃, ɛn] *adj* norvegese ◆ **norvégien** *nm (langue)* norvegese *m* ◆ **Norvégien, enne** *nm, f* norvegese *mf*

nos ➤ **notre**

nosocomial, e [nɔzɔkɔmjal] *adj* • **infection/maladie nosocomiale** infezione/ malattia nosocomiale

nostalgie [nɔstalʒi] *nf* nostalgia *f* • **avoir la nostalgie de** avere nostalgia di

notable [nɔtabl] *adj* notevole ◇ *nm* notabile *m*

notaire [nɔtɛr] *nm* notaio *m*

notamment [nɔtamɑ̃] *adv* in particolare

note [nɔt] *nf* **1.** nota *f* **2.** SCOL voto *m* • **prendre des notes** prendere appunti • **note de frais** nota spese

noter [nɔte] *vt* **1.** *(écrire)* annotare **2.** *(élève, devoir)* mettere il voto a **3.** *(remarquer)* notare

notice [nɔtis] *nf* *(mode d'emploi)* avvertenze *fpl*

notion [nɔsjɔ̃] *nf* nozione *f* • **avoir des notions de** avere nozioni di

notoriété [nɔtɔrjete] *nf* notorietà *f inv*

notre [nɔtʀ] *(pl* **nos** [no]*) adj* il nostro (la nostra, i nostri *mpl,* le nostre *fpl*) ● **notre grand-père** nostro nonno ● **notre maison** la nostra casa

nôtre [nɔtʀ] ◆ **le nôtre, la nôtre** *(pl les* **nôtres)** *pron* il nostro (la nostra, i nostri *mpl,* le nostre *fpl*)

Notre-Dame de Paris *n* Notre-Dame di Parigi

nouer [nwe] *vt* **1.** *(lacet, cheveux)* annodare **2.** *(cravate)* fare il nodo a

nougat [nuga] *nm* torrone *m*

nougatine [nugatin] *nf* croccante *m*

nouilles [nuj] *nfpl (fam) (pâtes)* pasta *f*

nourrice [nuʀis] *nf* bambinaia *f*

nourrir [nuʀiʀ] *vt* nutrire ◆ **se nourrir (de)** *vp + prep* nutrirsi (di)

nourrissant, e [nuʀisɑ̃, ɑ̃t] *adj* nutriente

nourrisson [nuʀisɔ̃] *nm* lattante *m*

nourriture [nuʀityʀ] *nf* cibo *m*

nous [nu] *pron* **1.** *(sujet)* noi **2.** *(complément, réfléchi, réciproque)* ci ● **nous-mêmes** noi stessi (stesse) ● **il nous a parlé de son voyage** ci ha parlato del suo viaggio ● **il nous en a parlé** ce ne ha parlato

nouveau, elle [nuvo, ɛl] *(mpl* **nouveaux** [nuvo]*)* **(nouvel** [nuvɛl] *devant voyelle ou h muet) adj* nuovo(a) ◇ *nm, f (dans une classe, un club)* nuovo *m,* -a *f* ● **rien de nouveau** niente di nuovo ● **le nouvel An** Capodanno *m* ● **à** ou **de nouveau** di nuovo ◆ **nouvelle** *nf* **1.** *(information)* notizia *f* **2.** *(roman)* novella *f* ● **les nouvelles** *(à la radio, à la télé)* le notizie ● **avoir des nouvelles de qqn** avere notizie di qn

nouveau-né, e, s [nuvone] *nm, f* neonato *m,* -a *f*

nouveauté [nuvote] *nf* novità *f inv*

nouvel ➤ **nouveau**

nouvelle ➤ **nouveau**

Nouvelle-Calédonie [nuvɛlkaledɔni] *nf* ● **la Nouvelle-Calédonie** la Nuova Caledonia

Nouvelle-Zélande [nuvɛlzelɑ̃d] *nf* ● **la Nouvelle-Zélande** la Nuova Zelanda

novembre [nɔvɑ̃bʀ] *nm* novembre *m* ● **en novembre** ou **au mois de novembre** a ou in novembre ● **début novembre** all'inizio di novembre ● **fin novembre** alla fine di novembre ● **le deux novembre** il due novembre

noyade [nwajad] *nf* annegamento *m*

noyau, x [nwajo] *nm* **1.** nocciolo *m* **2.** *(petit groupe)* nucleo *m*

noyé, e [nwaje] *nm, f* annegato *m,* -a *f*

¹noyer [nwaje] *nm* noce *m*

²noyer [nwaje] *vt* annegare ◆ **se noyer** *vp (par accident)* annegare

NPI *(abr de nouveaux pays industriels)* *nmpl* NPI *mpl (nuovi paesi industrializzati)*

nu, e [ny] *adj* **1.** nudo(a) **2.** *(pièce, arbre)* spoglio(a) ● **pieds nus** piedi nudi ● **tout nu** completamente nudo ● **à l'œil nu** a occhio nudo ● **nu-tête** a testa scoperta

nuage [nɥaʒ] *nm* nuvola *f*

nuageux, euse [nɥaʒø, øz] *adj* nuvoloso(a)

nuance [nɥɑ̃s] *nf* sfumatura *f*

nucléaire [nykleɛʀ] *adj* nucleare

nudiste [nydist] *nmf* nudista *mf*

nui [nɥi] *pp* ➤ **nuire**

nuire [nɥiʀ] ◆ **nuire à** *v + prep* nuocere a

nuisible [nɥizibl] *adj* nocivo(a) ● **nuisible à la santé** nocivo(a) per la salute

nuit [nɥi] *nf* notte *f* ● **la nuit** di notte ● **de nuit** di notte ● **bonne nuit !** buonanotte! ● **il fait nuit** è notte ● **une nuit blanche** una notte in bianco

nul, nulle [nyl] *adj* **1.** (*travail, devoir*) pessimo(a) **2.** (*fam*) (*idiot*) imbranato(a) ● **être nul en qqch** essere negato in qc ● **nulle part** da nessuna parte

numérique [nymerik] *adj* numerico(a)

numériser [nymerize] *vt* digitalizzare

numéro [nymero] *nm* numero *m* ● **numéro de compte** numero di conto ● **numéro d'immatriculation** (*d'un véhicule*) numero di targa ● **numéro de téléphone** numero di telefono ● **numéro de poste** numero interno ● **numéro vert** numero verde ● **faire un faux numéro** sbagliare numero

numéroter [nymerote] *vt* numerare ● **place numérotée** (*au spectacle*) posto numerato

nu-pieds [nypje] *nm inv* sandalo *m*

nuque [nyk] *nf* nuca *f*

Nylon® [nilɔ̃] *nm* nailon® *m inv*

Oo

O (*abr de Ouest*) O (*ovest*)

oasis [ɔazis] *nf* oasi *f inv*

obéir [ɔbeir] *vi* ubbidire ● **obéir à** ubbidire a

obéissant, e [ɔbeisɑ̃, ɑ̃t] *adj* ubbidiente

obèse [ɔbɛz] *adj* obeso(a)

objectif, ive [ɔbʒɛktif, iv] *adj* obiettivo(a) ◆ **objectif** *nm* obiettivo *m*

objection [ɔbʒɛksjɔ̃] *nf* obiezione *f*

objet [ɔbʒɛ] *nm* **1.** oggetto *m* **2.** (*but*) scopo *m* **3.** (*sujet*) tema *m* ● **(bureau des) objets trouvés** ufficio *m* oggetti smarriti ● **objets de valeur** oggetti di valore ● **être sans objet** (*demande*) essere ingiustificato(a)

obligation [ɔbligasjɔ̃] *nf* obbligo *m* ● **être dans l'obligation de** essere costretto(a) a ● **obligations militaires/familiales/professionnelles** obblighi militari/familiari/professionali

obligatoire [ɔbligatwar] *adj* obbligatorio(a)

obligé, e [ɔbliʒe] *adj* obbligato(a) ● **être obligé de faire qqch** essere obbligato a fare qc

obliger [ɔbliʒe] *vt* ● **obliger qqn à faire qqch** obbligare qn a fare qc

oblique [ɔblik] *adj* obliquo(a)

oblitérer [ɔblitere] *vt* obliterare

obscène [ɔpsɛn] *adj* osceno(a)

obscur, e [ɔpskyr] *adj* **1.** (*sombre*) scuro(a) **2.** (*incompréhensible, peu connu*) oscuro(a)

obscurcir [ɔpskyrsir] ◆ **s'obscurcir** *vp* oscurarsi

obscurité [ɔpskyrite] *nf* oscurità *f inv*

obséder [ɔpsede] *vt* ossessionare

obsèques [ɔpsɛk] *nfpl* (*sout*) esequie *fpl* ● **assister aux obsèques de qqn** assistere alle esequie di qn

observateur, trice [ɔpsɛrvatœr, tris] *adj & nm, f* osservatore(trice)

observation [ɔpsɛrvasjɔ̃] *nf* osservazione *f*

observatoire [ɔpsɛrvatwar] *nm* osservatorio *m*

observer [ɔpsɛrve] *vt* osservare

obsession [ɔpsesjɔ̃] *nf* ossessione *f*

obstacle [ɔpstakl] *nm (difficulté)* ostacolo *m*

obstiné, e [ɔpstine] *adj* ostinato(a)

obstiner [ɔpstine] ◆ **s'obstiner** *vp* ostinarsi ● **s'obstiner à faire qqch** ostinarsi a fare qc

obstruer [ɔpstrye] *vt* ostruire

obtenir [ɔptənir] *vt* ottenere

obtenu, e [ɔptəny] *pp* ➤ **obtenir**

obturateur [ɔptyratœr] *nm (d'appareil photo)* otturatore *m*

obus [ɔby] *nm* granata *f*

OC *(abr de ondes courtes)* SW *(Short Waves)*

occasion [ɔkazjɔ̃] *nf* occasione *f* ● **avoir l'occasion de faire qqch** avere l'occasione di fare qc ● **à l'occasion de** in occasione di ● **d'occasion** *(voiture, CD)* di seconda mano

occasionnel, elle [ɔkazjɔnɛl] *adj* occasionale

Occident [ɔksidɑ̃] *nm* ● **l'Occident** l'Occidente *m*

occidental, e, aux [ɔksidɑ̃tal, o] *adj* occidentale

occupation [ɔkypasjɔ̃] *nf* occupazione *f*

occupé, e [ɔkype] *adj* occupato(a) ● **ça sonne occupé** dà occupato

occuper [ɔkype] *vt* occupare ● **ça l'occupe** lo tiene occupato ● **s'occuper** *vp (se distraire)* tenersi occupato(a) ● **s'occuper de** occuparsi di ● **je m'en occupe** ci penso io, me ne occupo io

occurrence [ɔkyrɑ̃s] ◆ **en l'occurrence** *adv* nel caso specifico

océan [ɔseɑ̃] *nm* oceano *m*

Océanie [ɔseani] *nf* ● **l'Océanie** l'Oceania *f*

ocre [ɔkr] *adj inv* ocra *(inv)*

octane [ɔktan] *nm* ● **indice d'octane** numero di ottani

octante [ɔktɑ̃t] *num (Belg & Helv)* ottanta ➤ **six**

octet [ɔktɛ] *nm* byte *m inv*

octobre [ɔktɔbr] *nm* ottobre *m* ● **en octobre** ou **au mois de octobre** a ou in ottobre ● **début octobre** all'inizio di ottobre ● **fin octobre** alla fine di ottobre ● **le deux octobre** il due ottobre

oculiste [ɔkylist] *nmf* oculista *mf*

odeur [ɔdœr] *nf* odore *m*

odieux, euse [ɔdjø, øz] *adj* odioso(a)

odorat [ɔdɔra] *nm* odorato *m*

œil [œj] *(pl* **yeux** [jø]*) nm* occhio *m* ● **à l'œil** *(fam)* gratis ● **avoir qqn à l'œil** *(fam)* tenere d'occhio qn ● **mon œil !** *(fam)* come no!

œillet [œjɛ] *nm* **1.** garofano *m* **2.** *(de chaussure)* occhiello *m*

œsophage [ezɔfaʒ] *nm* esofago *m*

œuf [œf] *(se prononce* ø *au pluriel) nm* uovo *m* ● **œuf à la coque** uovo alla coque ● **œuf dur** uovo sodo ● **œuf de Pâques** uovo di Pasqua ● **œuf poché** uovo in camicia ● **œuf sur le plat** uovo all'occhio di bue ● **œufs brouillés** uova strapazzate ● **œufs à la neige** *dolce detto anche "île flottante", composto da albumi montati a neve ricoperti di scagliette di mandorla e che "galleggiano" sulla crema inglese*

œuvre [œvʀ] nf opera f ● mettre qqch en œuvre mettere in atto qc ● œuvre d'art opera d'arte

offenser [ɔfɑ̃se] vt offendere

offert, e [ɔfɛʀ, ɛʀt] pp ➤ offrir

office [ɔfis] nm 1. (organisme) ente m 2. (messe) uffizio m ● faire office de fungere da ● office de tourisme ente per il turismo ● d'office d'ufficio

officiel, elle [ɔfisjɛl] adj ufficiale

officiellement [ɔfisjɛlmɑ̃] adv ufficialmente

officier [ɔfisje] nm ufficiale m

offre [ɔfʀ] nf offerta f ▼ offre spéciale offerta speciale ● offres d'emploi offerte di lavoro

offrir [ɔfʀiʀ] vt ● offrir qqch à qqn (mettre à sa disposition) offrire qc a qn ; (en cadeau) regalare qc a qn ● offrir d' (à qqn) de faire qqch proporre (a qn) di fare qc ◆ s'offrir vp (cadeau, vacances) concedersi

OGM (abr de organisme génétiquement modifié) nm OGM m (organismo geneticamente modificato)

oie [wa] nf oca f

oignon [ɔɲɔ̃] nm 1. cipolla f 2. (de fleur) bulbo m ● petits oignons cipolline fpl

oiseau, x [wazo] nm uccello m

OK [ɔke] interj OK!

ola [ɔla] nf ● faire la ola fare la ola

olive [ɔliv] nf oliva f ● olive noire oliva nera ● olive verte oliva verde

olivier [ɔlivje] nm olivo m

olympique [ɔlɛ̃pik] adj olimpico(a)

omble [ɔ̃bl] nm ● omble chevalier pesce dalla carne sopraffina che si trova specialmente nel lago di Ginevra

ombragé, e [ɔ̃bʀaʒe] adj ombroso(a)

ombre [ɔ̃bʀ] nf ombra f ● à l'ombre (de) all'ombra (di) ● ombres chinoises ombre cinesi ● ombre à paupières ombretto m

ombrelle [ɔ̃bʀɛl] nf ombrellino m

OMC (abr de Organisation Mondiale du Commerce) nf OMC f (Organizzazione Mondiale del Commercio)

omelette [ɔmlɛt] nf frittata f ● omelette norvégienne dolce a base di gelato, meringa e pan di Spagna, spesso servito flambé

omission [ɔmisjɔ̃] nf omissione f

omnibus [ɔmnibys] nm ● (train) omnibus (treno) locale m

omoplate [ɔmɔplat] nf scapola f

on [ɔ̃] pron (quelqu'un) qualcuno ● on m'a dit que... mi hanno detto che... ● on dit que... si dice che... ● comment écrit-on " anno " ? come si scrive " anno " ? ● on y va ? (fam) andiamo?

oncle [ɔ̃kl] nm zio m

onctueux, euse [ɔ̃ktɥø, øz] adj (yaourt) cremoso(a)

onde [ɔ̃d] nf onda f ● grandes ondes onde lunghe ● ondes courtes/moyennes onde corte/medie

ondulé, e [ɔ̃dyle] adj ondulato(a)

ongle [ɔ̃gl] nm unghia f

ont [ɔ̃] ➤ avoir

ONU [ɔny] nf (abr de Organisation des Nations Unies) ONU f (Organizzazione delle Nazioni Unite)

onze [ɔ̃z] adj num & pron num undici ◇ onze undici m inv ● il a onze ans ha undici anni ● il est onze heures sono le undici ● le onze janvier l'undici gennaio ● page onze pagina undici ● ils étaient

onze erano in undici ● **(au) onze rue Lepic** rue Lepic numero undici

onzième [ɔ̃zjɛm] *adj num & pron num* undicesimo(a) ◇ *nm* **1.** *(fraction)* undicesimo *m* **2.** *(étage)* undicesimo piano *m* **3.** *(arrondissement)* undicesimo "arrondissement"

opaque [ɔpak] *adj* opaco(a)

opéra [ɔpeʀa] *nm* **1.** *(théâtre)* teatro *m* dell'opera **2.** *(spectacle)* opera *f*

opérateur, trice [ɔpeʀatœʀ, tʀis] *nm, f* operatore *m*, -trice *f* ● **opérateur téléphonique** gestore *m* di telefonia

opération [ɔpeʀasjɔ̃] *nf* operazione *f*

opérer [ɔpeʀe] *vt* *(malade)* operare ◇ *vi* *(médicament)* agire ● **se faire opérer (de)** operarsi (di)

opérette [ɔpeʀɛt] *nf* operetta *f*

ophtalmologiste [ɔftalmɔlɔʒist] *nmf* oculista *mf*, oftalmologo *m*, -a *f*

opinion [ɔpinjɔ̃] *nf* opinione *f* ● **l'opinion (publique)** l'opinione pubblica

opportun, e [ɔpɔʀtɛ̃, yn] *adj* opportuno(a)

opportuniste [ɔpɔʀtynist] *adj & nmf* opportunista

opposé, e [ɔpoze] *adj* opposto(a) ● **opposé** *nm* opposto *m* ● **opposé à** *(inverse)* opposto a ; *(hostile à)* contrario a ● **à l'opposé de** *(du côté opposé à)* dal lato opposto a ; *(contrairement à)* al contrario di

opposer [ɔpoze] *vt* **1.** *(argument, résistance)* opporre **2.** *(personnes, équipes)* mettere di fronte ● **s'opposer** *vp* *(s'affronter)* fronteggiarsi ● **s'opposer à** *(affronter)* affrontare ; *(interdire)* opporsi a

opposition [ɔpozisjɔ̃] *nf* **1.** opposizione *f* **2.** *(différence)* contrasto *m* ● **faire oppo-**

sition (à un chèque) bloccare (un assegno) ● **faire opposition (sur une carte bancaire)** bloccare (una carta di credito/debito)

oppresser [ɔpʀese] *vt* opprimere

oppression [ɔpʀesjɔ̃] *nf* oppressione *f*

opprimer [ɔpʀime] *vt* opprimere

opticien, enne [ɔptisjɛ̃, ɛn] *nm, f* ottico *m*, -a *f*

optimisme [ɔptimism] *nm* ottimismo *m*

optimiste [ɔptimist] *adj* ottimistico(a) ◇ *nmf* ottimista *mf*

option [ɔpsjɔ̃] *nf* **1.** *(matière au choix)* materia *f* a scelta **2.** *(matière facultative)* materia facoltativa **3.** *(accessoire)* optional *m inv* ● **en option** *(accessoire)* come optional ● **être en option** essere un optional

optionnel, elle [ɔpsjɔnɛl] *adj* *(matière)* facoltativo(a)

optique [ɔptik] *adj* ottico(a) ◇ *nf* ottica *f*

or [ɔʀ] *conj* ora ◇ *nm* oro *m* ● **en or** d'oro

orage [ɔʀaʒ] *nm* temporale *m*

orageux, euse [ɔʀaʒø, øz] *adj* temporalesco(a)

oral, e, aux [ɔʀal, o] *adj* orale ▼ **voie orale** per via orale ● **oral** *nm* *(examen)* orale *m*

orange [ɔʀɑ̃ʒ] *adj inv* arancione ◇ *nm* arancione *m* ◇ *nf* arancia *f* ● **orange pressée** spremuta d'arancia

orangeade [ɔʀɑ̃ʒad] *nf* aranciata *f*

oranger [ɔʀɑ̃ʒe] *nm* arancio *m* ➤ **fleur**

orbite [ɔʀbit] *nf* orbita *f*

orchestre [ɔʀkɛstʀ] *nm* orchestra *f*

orchidée [ɔʀkide] *nf* orchidea *f*

ordinaire [ɔʀdinɛʀ] *adj* ordinario(a) ◇ *nm* *(essence)* normale *f* ● **sortir de l'or-**

dinaire essere fuori del comune ● **d'ordinaire** di solito

ordinateur [ɔʀdinatœʀ] *nm* computer *m inv* ● **ordinateur portable** computer portatile

ordonnance [ɔʀdɔnɑ̃s] *nf (médicale)* ricetta *f* ● **sur ordonnance** dietro presentazione di ricetta medica

ordonné, e [ɔʀdɔne] *adj* ordinato(a)

ordonner [ɔʀdɔne] *vt* **1.** *(commander)* ordinare **2.** *(ranger)* mettere in ordine ● **ordonner à qqn de faire qqch** ordinare a qn di fare qc

ordre [ɔʀdʀ] *nm* ordine *m* ● **donner l'ordre (à qqn) de faire qqch** dare l'ordine (a qn) di fare qc ● **jusqu'à nouvel ordre** fino a nuovo ordine ● **en ordre** in ordine ● **mettre de l'ordre dans qqch** *(pièce, papiers)* mettere in ordine qc ● **dans l'ordre** nell'ordine ● **à l'ordre de** *(chèque)* all'ordine di ● **ordre alphabétique** ordine alfabetico

ordures [ɔʀdyʀ] *nfpl* rifiuti *mpl*

oreille [ɔʀɛj] *nf* orecchio *m*

oreiller [ɔʀeje] *nm* guanciale *m*

oreillons [ɔʀejɔ̃] *nmpl* orecchioni *mpl*

organe [ɔʀgan] *nm* organo *m*

organisateur, trice [ɔʀganizatœʀ, tʀis] *nm, f* organizzatore *m*, -trice *f*

organisation [ɔʀganizasjɔ̃] *nf* organizzazione *f*

organisé, e [ɔʀganize] *adj* organizzato(a)

organiser [ɔʀganize] *vt* organizzare ◆ **s'organiser** *vp* organizzarsi

organisme [ɔʀganism] *nm* organismo *m*

orge [ɔʀʒ] *nf* ➤ **sucre**

orgue [ɔʀg] *nm* organo *m* ● **orgue de Barbarie** organetto *m* di Barberia

orgueil [ɔʀgœj] *nm* orgoglio *m*

orgueilleux, euse [ɔʀgœjø, øz] *adj* orgoglioso(a)

Orient [ɔʀjɑ̃] *nm* ● **l'Orient** l'Oriente *m*

oriental, e, aux [ɔʀjɑ̃tal, o] *adj* orientale

orientation [ɔʀjɑ̃tasjɔ̃] *nf* orientamento *m*

orienter [ɔʀjɑ̃te] *vt* orientare ◆ **s'orienter** *vp* orientarsi ● **s'orienter vers** orientarsi verso

orifice [ɔʀifis] *nm* orifizio *m*

originaire [ɔʀiʒinɛʀ] *adj* ● **originaire de** originario(a) di

original, e, aux [ɔʀiʒinal, o] *adj* originale ◇ *nm, f* originale *mf* ◆ **original** *nm (peinture, écrit)* originale *m*

originalité [ɔʀiʒinalite] *nf* originalità *f inv*

origine [ɔʀiʒin] *nf* origine *f* ● **être à l'origine de qqch** essere all'origine di qc ● **à l'origine** in origine ● **d'origine** *(ancien)* originale ● **pays d'origine** paese d'origine

ORL = oto-rhino-laryngologiste

ornement [ɔʀnəmɑ̃] *nm* ornamento *m*

orner [ɔʀne] *vt* ornare ● **orner qqch de** ornare qc di

ornière [ɔʀnjɛʀ] *nf* carreggiata *f*

orphelin, e [ɔʀfəlɛ̃, in] *nm, f* orfano *m*, -a *f*

orphelinat [ɔʀfəlina] *nm* orfanotrofio *m*

Orsay [ɔʀse] *n* ● **le musée d'Orsay** museo parigino specializzato nell'arte del diciannovesimo secolo

orteil [ɔʀtɛj] *nm* dito *m* del piede ● **gros orteil** alluce *m*

orthographe [ɔʀtɔgʀaf] *nf* **1.** *(règles)* ortografia *f* **2.** *(d'un mot)* grafia *f*

orthophoniste [ɔʀtɔfɔnist] *nmf* ortofonista *mf*

ortie [ɔʀti] *nf* ortica *f*

os [ɔs] *nm* osso *m*

osciller [ɔsile] *vi* oscillare

osé, e [oze] *adj* **1.** *(audacieux)* azzardato(a) **2.** *(plaisanterie)* spinto(a)

oseille [ozɛj] *nf* acetosa *f*

oser [oze] *vt* osare ● **oser faire qqch** osare fare qc

osier [ozje] *nm* vimini *mpl*

otage [ɔtaʒ] *nm* ostaggio *m* ● **prendre qqn en otage** prendere qn in ostaggio

otarie [ɔtaʀi] *nf* otaria *f*

ôter [ote] *vt* togliere ● **ôte ton manteau** togliti il cappotto ● **ôter qqch à qqn** togliere qc a qn ● **3 ôté de 10 égale 7** 10 meno 3 uguale 7

otite [ɔtit] *nf* otite *f*

oto-rhino(-laryngologiste), s [ɔtɔʀinɔ(laʀɛ̃gɔlɔʒist)] *nmf* otorinolaringoiatra *mf*

ou [u] *conj* o ● **ou bien** oppure ● **ou... ou...** o... o

où [u] *adv*
1. *(pour interroger)* dove ● **où habitez-vous ?** dove abita ? ● **d'où êtes-vous ?** di dove siete ? ● **par où faut-il passer ?** da dove bisogna passare ?
2. *(dans une interrogation indirecte)* dove ● **nous ne savons pas où dormir** non sappiamo dove dormire

◇ *pron*
1. *(spatial)* ● **le village où j'habite** il paese in cui abito ● **le pays d'où je viens** il paese da cui vengo ● **les endroits où nous sommes allés** i luoghi in cui siamo andati ● **la ville par où nous venons de passer** la città da cui siamo appena passati
2. *(temporel)* in cui ● **le jour où...** il giorno in cui... ● **juste au moment où...** proprio nel momento in cui...

ouate [wat] *nf* ovatta *f*

oubli [ubli] *nm (étourderie)* dimenticanza *f*

oublier [ublije] *vt* dimenticare ● **oublier de faire qqch** dimenticare di fare qc

oubliettes [ublijɛt] *nfpl* segrete *fpl*

ouest [wɛst] *adj inv* ovest *m inv*, occidentale ◇ *nm* ovest *m inv* ● **à l'ouest (de)** a ovest (di)

ouf [uf] *interj* uff !

oui [wi] *adv* sì

ouïe [wi] *nf* udito *m* ● **ouïes** *nfpl (de poisson)* branchie *fpl*

ouragan [uʀagɑ̃] *nm* uragano *m*

ourlet [uʀlɛ] *nm* orlo *m*

ours [uʀs] *nm* orso *m* ● **ours en peluche** orsetto *m* di peluche

oursin [uʀsɛ̃] *nm* riccio *m* di mare

outil [uti] *nm* **1.** attrezzo *m* **2.** *(fig) (moyen)* strumento *m* ● **boîte** ou **caisse à outils** cassetta degli attrezzi

outillage [utijaʒ] *nm* attrezzatura *f*

outre [utʀ] *prép* oltre a ● **en outre** per di più ● **outre mesure** oltre misura

outré, e [utʀe] *adj* indignato(a)

outre-mer [utʀəmɛʀ] *adv* oltremare

ouvert, e [uvɛʀ, ɛʀt] *pp* ➤ ouvrir ◇ *adj* aperto(a) ▼ **ouvert le lundi** aperto il lunedì

ouvertement [uvɛrtəmɑ̃] *adv* apertamente

ouverture [uvɛrtyr] *nf* apertura *f*

ouvrable [uvrabl] *adj* ➤ jour

ouvrage [uvraʒ] *nm* opera *f*

ouvre-boîtes [uvrəbwat] *nm inv* apriscatole *m inv*

ouvre-bouteilles [uvrəbutɛj] *nm inv* apribottiglie *m inv*

ouvreur, euse [uvrœr, øz] *nm, f (au cinéma)* maschera *f*

ouvrier, ère [uvrije, ɛr] *adj & nm, f* operaio(a)

ouvrir [uvrir] *vt & vi* aprire ◆ **s'ouvrir** *vp* aprirsi

ovale [ɔval] *adj* ovale

oxyder [ɔkside] ◆ **s'oxyder** *vp* ossidarsi

oxygène [ɔksiʒɛn] *nm* ossigeno *m*

oxygénée [ɔksiʒene] *adj f* ➤ eau

ozone [ozɔn] *nm* ozono *m* ● **couche d'ozone** strato d'ozono

*p*P

pacifique [pasifik] *adj* pacifico(a) ● **l'océan Pacifique** l'oceano *m* Pacifico ● **le Pacifique** il Pacifico

pack [pak] *nm (de bouteilles)* confezione *f*

PACS [paks] *(abr de Pacte Civil de Solidarité) nm* patto *m* di solidarietà civile accordo tra due persone volto a regolamentare i rapporti personali e patrimoniali relativi alla loro vita in comune

pacsé, e [pakse] *(fam) nm, f* persona che ha stipulato un PACS

pacser [pakse] ◆ **se pacser** *vp* stipulare un PACS

pacte [pakt] *nm* patto *m*

paella [paɛla] *nf* paella *f*

pagayer [pageje] *vi* pagaiare

page [paʒ] *nf* pagina *f* ● **page d'accueil** *INFORM* home page *f inv* ● **page Web** *INFORM* pagina Web ● **page de garde** guardia *f* ● **les pages jaunes** le pagine gialle

paie [pɛ] = **paye**

palement [pemɑ̃] *nm* pagamento *m*

paillasson [pajasɔ̃] *nm* zerbino *m*

paille [paj] *nf* **1.** paglia *f* **2.** *(pour boire)* cannuccia *f*

paillette [pajɛt] *nf* paillette *f inv*

pain [pɛ̃] *nm* pane *m* ● **pain au chocolat** dolce di pasta sfoglia ripieno di cioccolato ● **pain complet** pane integrale ● **pain d'épice** panpepato *m* ● **pain de mie** pancarrè *m* ● **pain perdu** dolce di fette di pane raffermo imbevuto di latte, passato nell'uovo, zuccherato e fritto ● **pain aux raisins** dolcetto di pasta sfoglia a spirale guarnito di uvetta

Le pain

In Francia, come del resto in Italia, un pasto senza pane è inconcepibile. Lo si acquista dal panettiere soprattutto sotto forma del classico sfilatino (*baguette*), di filone (*bâtard*), o di pagnotta tonda rustica (*pain de campagne*). In genere, quando si chiede *un pain*, si intende una pagnotta lunga, del peso di 400 grammi. Il pane più comune è quello di farina di grano, ma esistono anche vari tipi di pane speciale.

pair, e [pɛʀ] *adj* pari *(inv)* ◆ **pair** *nm* ● **jeune fille au pair** ragazza alla pari

paire [pɛʀ] *nf* paio *m*

paisible [pezibl] *adj* tranquillo(a)

paître [pɛtʀ] *vi* pascolare

paix [pe] *nf* pace *f* ● **avoir la paix** starsene in pace

Pakistan [pakistɑ̃] *nm* ● **le Pakistan** il Pakistan

pakistanais, e [pakistanɛ, ɛz] *adj* pachistano(a) ◆ **Pakistanais, e** *nm, f* pachistano *m, -a f*

palace [palas] *nm* albergo *m* di lusso

palais [palɛ] *nm* 1. *(résidence)* palazzo *m* 2. *ANAT* palato *m* ● **Palais de justice** Palazzo di giustizia

pâle [pɑl] *adj* pallido(a)

Palerme [palɛʀm] *n* Palermo *f*

Palestine [palɛstin] *nf* ● **la Palestine** la Palestina

palestinien, enne [palɛstinjɛ̃, ɛn] *adj* palestinese ◆ **Palestinien, enne** *nm, f* palestinese *mf*

palette [palɛt] *nf* 1. *(de peintre)* tavolozza *f* 2. *(viande)* spalla *f* di maiale

palier [palje] *nm* pianerottolo *m*

pâlir [paliʀ] *vi* impallidire

palissade [palisad] *nf* palizzata *f*

palmarès [palmaʀɛs] *nm* 1. *(de victoires)* palmarès *m inv* 2. *(de chansons)* hit parade *f inv*

palme [palm] *nf (de plongée)* pinna *f*

palmé, e [palme] *adj (pattes)* palmato(a)

palmier [palmje] *nm* 1. *(arbre)* palma *f* 2. *(gâteau)* ventaglietto *m*

palourde [paluʀd] *nf* vongola *f*

palper [palpe] *vt* palpare

palpitant, e [palpitɑ̃, ɑ̃t] *adj* palpitante

palpiter [palpite] *vi* palpitare

pamplemousse [pɑ̃pləmus] *nm* pompelmo *m*

pan [pɑ̃] *nm* 1. *(de chemise)* lembo *m* 2. *(de mur)* tratto *m*

panaché [panaʃe] *nm* ● **(demi) panaché** bibita a base di birra e gassosa

panaris [panaʀi] *nm* patereccio *m*

pan-bagnat [pɑ̃baɲa] *(pl* **pans-bagnats)** *nm* panino imbottito con uova sode, insalata, pomodori, cipolle, acciughe, olive, ecc. e condito con olio d'oliva

pancarte [pɑ̃kaʀt] *nf* cartello *m*

pané, e [pane] *adj* impanato(a)

panier [panje] *nm* 1. cestino *m* 2. *(au basket)* canestro *m* ● **panier à provisions** borsa *f* della spesa

panier-repas [panjeʀəpa] *(pl* **paniers-repas)** *nm* pranzo *m* al sacco

panini [panini] *(pl* **paninis)** *nm* panino grigliato, servito caldo

panique [panik] *nf* panico *m*

paniquer [panike] *vt* spaventare ◇ *vi* farsi prendere dal panico

panne [pan] *nf* guasto *m* ● **être en panne** essere in panne ● **tomber en panne** rimanere in panne ● **il y a une panne d'électricité** ou **de courant** la luce ou la corrente è andata via ● **tomber en panne d'essence** ou **sèche** rimanere senza benzina ▼ **en panne** guasto

panneau, x [pano] nm **1.** (*d'indication*) cartello m **2.** (*de bois, de verre*) pannello m ● **panneau publicitaire** cartellone m pubblicitario ● **panneau de signalisation** cartello stradale

panoplie [panɔpli] nf (*déguisement*) costume m

panorama [panɔrama] nm panorama m

pansement [pɑ̃smɑ̃] nm medicazione f ● **pansement adhésif** cerotto m

pantacourt [pɑ̃takur] nm pantalone m alla pescatora

pantalon [pɑ̃talɔ̃] nm pantaloni mpl

panthère [pɑ̃tɛr] nf pantera f

pantin [pɑ̃tɛ̃] nm marionetta f

pantoufle [pɑ̃tufl] nf pantofola f

PAO (*abr de publication assistée par ordinateur*) nf DTP m inv (*desktop publishing*)

paon [pɑ̃] nm pavone m

papa [papa] nm papà m inv, babbo m

pape [pap] nm papa m

papet [papɛ] nm ● **papet vaudois** specialità del cantone di Vaud, in Svizzera, a base di porri, patate bollite, salsicce di cavolo e fegato d'oca

papeterie [papɛtri] nf (*magasin*) cartoleria f

papi [papi] nm nonno m

papier [papje] nm **1.** carta f **2.** (*feuille*) pezzo m di carta ● **papier alu(minium)** carta stagnola ● **papier cadeau** carta da regalo ● **papier d'emballage** carta da pacchi ● **papier à en-tête** carta intestata ● **papier hygiénique** ou **toilette** carta igienica ● **papier à lettres** carta da lettere ● **papier peint** carta da parati ● **papier de verre** carta vetrata ● **papiers (d'identité)** documenti mpl

papillon [papijɔ̃] nm farfalla f ● **nager le papillon** ou **la brasse papillon** nuotare a farfalla

papillote [papijɔt] nf ● **en papillote** CULIN al cartoccio

papoter [papɔte] vi chiacchierare

paquebot [pakbo] nm transatlantico m

pâquerette [pakrɛt] nf pratolina f

Pâques [pak] nm Pasqua f

paquet [pakɛ] nm **1.** (*colis*) pacco m **2.** (*de cigarettes, de chewing-gums*) pacchetto m **3.** (*de cartes*) mazzo m ● **paquet cadeau** pacco regalo

par [par] prép **1.** (*à travers*) da ● **passer par** passare da **2.** (*indique le moyen*) tramite ● **envoyer qqch par la poste** spedire qc tramite la posta **3.** (*introduit l'agent*) da ● **le logiciel est protégé par un code** il software è protetto da un codice **4.** (*indique la cause*) per ● **faire qqch par intérêt/amitié** fare qc per interesse/amicizia **5.** (*distributif*) a ● **deux comprimés par jour** due compresse al giorno ● **20 euros par personne** 20 euro a testa ● **deux par deux** due a due **6.** (*dans des expressions*) ● **par moments** a volte ● **par-ci par-là** qua e là

parabolique [parabɔlik] adj ➤ **antenne**

paracétamol [parasetamɔl] nm paracetamolo m

parachute [paraʃyt] nm paracadute m inv

parade [parad] nf (*défilé*) parata f

paradis [paradi] *nm* paradiso *m* ● **paradis fiscal** paradiso fiscale

paradoxal, e, aux [paradɔksal, o] *adj* paradossale

paradoxe [paradɔks] *nm* paradosso *m*

parages [paraʒ] *nmpl* ● **dans les parages** nei paraggi

paragraphe [paragraf] *nm* paragrafo *m*

Paraguay [paragwɛ] *nm* ● **le Paraguay** il Paraguay

paraguayen, enne [paragwejɛ̃, ɛn] *adj* paraguaiano(a) ◆ **Paraguayen, enne** *nm, f* paraguaiano *m*, -a *f*

paraître [parɛtr] *vi* **1.** *(sembler)* sembrare **2.** *(livre)* uscire ● **il paraît que** sembra che

parallèle [paralɛl] *adj* parallelo(a) ◇ *nm* parallelo *m* ● **parallèle à** parallelo a

paralyser [paralize] *vt* paralizzare

paralysie [paralizi] *nf* paralisi *f inv*

parapente [parapɑ̃t] *nm* parapendio *m* ● **faire du parapente** praticare il parapendio

parapet [parapɛ] *nm* parapetto *m*

parapluie [paraplɥi] *nm* ombrello *m*

parasite [parazit] *nm* parassita *m* ◆ **parasites** *nmpl (perturbation)* disturbi *mpl*

parasol [parasɔl] *nm* ombrellone *m*

paratonnerre [paratɔnɛr] *nm* parafulmine *m*

paravent [paravɑ̃] *nm* paravento *m*

parc [park] *nm* **1.** parco *m* **2.** *(de bébé)* box *m inv* ● **parc d'attractions** luna park *m inv* ● **parc de stationnement** parcheggio *m* ● **parc zoologique** giardino *m* zoologico ● **le Parc des Princes** stadio *m* di Parigi

Les Parcs nationaux

In Francia ci sono sei parchi nazionali, tra i quali i più famosi sono: Vanoise (sulle Alpi), Cévennes (nel sud-est) e Mercantour (sulle Alpi meridionali). In queste aree, la flora e la fauna sono rigorosamente protette, ma ai margini dei parchi le infrastrutture turistiche sono tollerate.

parce que [parsk(ə)] *conj* perché

parchemin [parʃəmɛ̃] *nm* pergamena *f*

parcmètre [parkmɛtr] *nm* parchimetro *m*

parcourir [parkurir] *vt* percorrere

parcours [parkur] *nm* percorso *m*

parcouru, e [parkury] *pp* ➤ **parcourir**

par-derrière [pardɛrjɛr] *adv* da dietro ◇ *prép* dietro a

par-dessous [pardəsu] *adv* da sotto ◇ *prép* sotto a

pardessus [pardəsy] *nm* soprabito *m*

par-dessus [pardəsy] *adv* da sopra ◇ *prép* sopra a

par-devant [pardəvɑ̃] *adv* dal davanti ◇ *prép* davanti a

pardon [pardɔ̃] *nm* ● **demander pardon à qqn** chiedere scusa a qn ● **pardon !** scusi!

Pardon

È l'equivalente bretone del pellegrinaggio. Esistono circa cinquanta *pardons*, fra i quali i più importanti riuniscono i pellegrini di tutta la Bretagna. Oltre a messe e processioni, durante i quali i fedeli portano costumi e acconciature tradizionali, vengono organizzate anche fiere, danze, ecc. I *pardons* hanno luogo tra marzo e settembre.

pardonner [pardɔne] *vt* perdonare ● **pardonner (qqch) à qqn** perdonare (qc) a qn

pare-brise [parbriz] *nm inv* parabrezza *m inv*

pare-chocs [parʃɔk] *nm inv* paraurti *m inv*

pareil, eille [parɛj] *adj* uguale ◇ *adv (fam)* uguale ● **une somme pareille** una somma simile ● **l'un ou l'autre, pour moi c'est pareil** l'uno vale l'altro, per me è uguale

parent, e [parɑ̃, ɑ̃t] *nm, f (de la famille)* parente *mf* ● **les parents** *(le père et la mère)* i genitori

parenthèse [parɑ̃tez] *nf* parentesi *f inv* ● **entre parenthèses** tra parentesi

parer [pare] *vt* parare

paresse [parɛs] *nf* pigrizia *f*

paresseux, euse [paresø, øz] *adj & nm, f* pigro(a)

parfait, e [parfɛ, et] *adj* perfetto(a) ◆ **parfait** *nm* CULIN semifreddo *m*

parfaitement [parfɛtmɑ̃] *adv* **1.** perfettamente **2.** *(en réponse)* proprio così

parfois [parfwa] *adv* a volte

parfum [parfœ̃] *nm* **1.** profumo *m* **2.** *(de glace)* gusto *m*

parfumé, e [parfyme] *adj* profumato(a)

parfumer [parfyme] *vt* **1.** profumare **2.** *(aliment)* aromatizzare ● **parfumé au citron** aromatizzato al limone ◆ **se parfumer** *vp* profumarsi

parfumerie [parfymri] *nf* profumeria *f*

pari [pari] *nm* scommessa *f* ● **faire un pari** fare una scommessa

parier [parje] *vt & vi* scommettere ● **je (te) parie que...** scommetto che... ● **parier sur** scommettere su

Paris [pari] *n* Parigi *f*

paris-brest [paribrest] *nm inv* ciambella ripiena di crema e cosparsa di mandorle tritate

parisien, enne [parizjɛ̃, ɛn] *adj* parigino(a) ◆ **Parisien, enne** *nm, f* parigino *m*, -a *f*

parka [parka] *nmf* parka *m inv*

parking [parkiŋ] *nm* parcheggio *m*

parlante [parlɑ̃t] *adj f ➤* horloge

parlement [parləmɑ̃] *nm* parlamento *m* ● **le Parlement européen** Il Parlamento europeo

parler [parle] *vt & vi* parlare ● **parler à qqn** de parlare a qn di

Parmentier [parmɑ̃tje] *n ➤* hachis

parmesan [parməzɑ̃] *nm* parmigiano *m*

parmi [parmi] *prép* tra

parodie [parɔdi] *nf* parodia *f*

paroi [parwa] *nf* parete *f*

paroisse [parwas] *nf* parrocchia *f*

parole [parɔl] *nf* parola *f* ● **adresser la parole à qqn** rivolgere la parola a qn ● **couper la parole à qqn** togliere la parola a qn ● **prendre la parole** prendere la parola

parquet [parkɛ] *nm (plancher)* parquet *m inv*

parrain [paʀɛ̃] *nm* padrino *m*

parrainer [paʀene] *vt* patrocinare

parsemer [paʀsəme] *vt* ● parsemer une allée de fleurs cospargere OU disseminare un viale di fiori

part [paʀ] *nf* **1.** *(d'un héritage)* parte *f* **2.** *(de gâteau)* fetta *f* ● prendre part à prendre parte a ● à part *(sauf)* a parte ● de la part de da parte di ● d'une part..., d'autre part da una parte..., dall'altra ● autre part altrove ● nulle part da nessuna parte ● quelque part da qualche parte

partage [paʀtaʒ] *nm* divisione *f*

partager [paʀtaʒe] *vt* dividere ◆ se partager *vp* ● se partager qqch dividersi qc

partenaire [paʀtənɛʀ] *nmf* partner *mf inv*

parterre [paʀtɛʀ] *nm* **1.** *(de fleurs)* aiuola *f* **2.** *(au théâtre)* platea *f*

parti [paʀti] *nm* partito *m* ● prendre parti pour prendere le parti di ● tirer parti de qqch trarre profitto da qc ● parti pris partito preso

partial, e, aux [paʀsjal, o] *adj* parziale

participant, e [paʀtisipã, ãt] *nm, f* partecipante *mf*

participation [paʀtisipasjɔ̃] *nf* partecipazione *f*

participer [paʀtisipe] ◆ participer à *v + prep* partecipare a

particularité [paʀtikylaʀite] *nf* particolarità *f inv*

particulier, ère [paʀtikylje, ɛʀ] *adj* **1.** particolare **2.** *(personnel)* privato(a) ◆ particulier *nm* privato *m* ● en particulier *(surtout)* in particolare ● offre réser-

vée aux particuliers offerta riservata ai privati

particulièrement [paʀtikyljɛʀmã] *adv* particolarmente

partie [paʀti] *nf* **1.** parte *f* **2.** *(au jeu, en sport)* partita *f* ● en partie in parte ● faire partie de fare parte di

partiel, elle [paʀsjɛl] *adj* parziale ◆ partiel *nm (examen)* parziale *m*

partiellement [paʀsjɛlmã] *adv* parzialmente

partir [paʀtiʀ] *vi* **1.** andare **2.** *(moteur, coup de feu)* partire **3.** *(tache)* andare via ● être bien/mal parti cominciare bene/male ● partir de partire da ● à partir de a partire da

partisan, e [paʀtizã, an] *nm, f* fautore *m*, -trice *f* ◆ *adj* ● être partisan de qqch essere fautore di qc ◆ partisan *nm (franc-tireur)* partigiano *m*

partition [paʀtisjɔ̃] *nf* MUS partitura *f*

partout [paʀtu] *adv* ovunque

paru, e [paʀy] *pp* ➤ paraître

parution [paʀysjɔ̃] *nf* pubblicazione *f*

parvenir [paʀvəniʀ] ◆ parvenir à *v + prep* arrivare a ● parvenir à faire qqch riuscire a fare qc ● faire parvenir qqch à qqn far avere qc a qn

parvenu, e [paʀvəny] *pp* ➤ parvenir

parvis [paʀvi] *nm* sagrato *m*

¹pas [pa] *adv*

1. *(avec "ne")* ● je n'aime pas les épinards non mi piacciono gli spinaci ● elle ne dort pas encore non dorme ancora ● je n'ai pas terminé non ho finito ● il n'y a pas de train pour Pise aujourd'hui non ci sono treni per Pise oggi ● les passagers

sont priés de ne pas fumer i passeggeri sono pregati di non fumare
2. *(sans "ne")* ● **tu viens ou pas ?** vieni o no? ● **elle a aimé l'exposition, moi pas** ou **pas moi** a lei è piaciuta la mostra, a me no ● **c'est un endroit pas très agréable** è un luogo non molto piacevole ● **pas du tout** niente affatto

²**pas** [pa] *nm* passo *m* ● **à deux pas de** a due passi da ● **pas à pas** passo a passo ● **sur le pas de la porte** sulla soglia

passable [pasabl] *adj* accettabile

passage [pasaʒ] *nm* passaggio *m* ● **être de passage** essere di passaggio ● **passage (pour) piétons** strisce *fpl* pedonali ● **passage à niveau** passaggio a livello ● **passage protégé** incrocio *m* con diritto di precedenza ● **passage souterrain** sottopassaggio *m*

passager, ère [pasaʒe, ɛʀ] *adj & nm, f* passeggero(a) ● **passager clandestin** passeggero clandestino

passant, e [pasã, ãt] *nm, f* passante *m* ◆ **passant** *nm (de ceinture)* passante *m*

passe [pas] *nf* SPORT passaggio *m*

passé, e [pase] *adj (terminé)* passato(a) ◆ **passé** *nm* passato *m* ● **l'an passé** l'anno scorso ● **passé composé** passato prossimo

passe-partout [paspaʀtu] *nm inv (clé)* passe-partout *m inv*

passe-passe [paspas] *nm inv* ● **tour de passe-passe** gioco *m* di prestigio

passeport [paspɔʀ] *nm* passaporto *m*

passer [pase] *vi*
1. *(gén)* passare ● **laisser passer qqn** lasciar passare qn ● **passer voir qqn** passa-

re a trovare qn ● **je passe en 3ᵉ l'année prochaine** passo in prima l'anno prossimo ● **passer en seconde** *(vitesse)* mettere la seconda ● **passer par** *(lieu)* passare da
2. *(à la télé, à la radio, au cinéma)* ● **qu'est-ce qui passe au cinéma ?** cosa danno al cinema? ● **le film passe ce soir sur la deuxième chaîne** il film va in onda stasera sul secondo canale ● **hier, je suis passé à la radio** ieri sono andato in onda alla radio
3. *(dans des expressions)* ● **passons !** *(pour changer de sujet)* cambiamo argomento! ● **en passant** en passant, di sfuggita

◇ *vt*
1. *(temps, vacances)* passare ● **nous avons passé l'après-midi à chercher un hôtel** abbiamo passato il pomeriggio a cercare un albergo
2. *(frontière, douane)* (oltre)passare
3. *(examen)* dare ; *(visite médicale)* fare
4. *(film)* dare ● **ils passent un western au cinéma** al cinema danno un film western
5. *(vitesse)* mettere
6. *(mettre, faire passer)* ● **passer le bras par la portière** sporgere il braccio dalla portiera ● **passer l'aspirateur** passare l'aspirapolvere ● **passer un disque** mettere un disco
7. *(filtrer)* colare ● **passer la soupe** passare le verdure per la zuppa
8. *(sauter)* ● **passer son tour** passare ● **je passe** passo
9. *(donner, transmettre)* passare ● **je vous le passe** *(au téléphone)* glielo passo ● **passer qqch à qqn** *(objet)* passare qc a qn ; *(maladie)* attaccare qc a qn

◆ **passer pour** *v + prep* passare per ● **se faire passer pour** farsi passare per

● **se passer** *vp (arriver)* succedere ● **qu'est-ce qui se passe ?** cosa succede? ● **se passer bien/mal** andare bene/male ● **se passer de** *vp + prep* fare a meno di

passerelle [pasʀɛl] *nf* 1. passerella *f* 2. *(sur un bateau)* ponte *m* di comando

passe-temps [pastɑ̃] *nm inv* passatempo *m*

passible [pasibl] *adj* ● **passible de** passibile di

passif, ive [pasif, iv] *adj* passivo(a) ◆ **passif** *nm* passivo *m*

passion [pasjɔ̃] *nf* passione *f*

passionnant, e [pasjɔnɑ̃, ɑ̃t] *adj* appassionante

passionné, e [pasjɔne] *adj & nm, f* appassionato(a) ● **passionné de musique** appassionato di musica

passionner [pasjɔne] *vt* appassionare ◆ **se passionner pour** *vp + prep* appassionarsi a

passoire [paswaʀ] *nf* colapasta *m inv*

pastel [pastɛl] *adj inv* pastello *(inv)*

pastèque [pastɛk] *nf* cocomero *m*, anguria *f*

pasteur [pastœʀ] *nm* pastore *m*

pasteurisé, e [pastœʀize] *adj* pastorizzato(a)

pastille [pastij] *nf* pastiglia *f*

pastis [pastis] *nm* pastis *m inv*

patate [patat] *nf (fam)* patata *f* ● **patates pilées** *(Québec)* purè *m inv* di patate

patauger [patoʒe] *vi* sguazzare

patch [patʃ] *nm* MÉD cerotto *m* transdermico

pâte [pat] *nf* pasta *f* ● **pâte à modeler** plastilina® *f* ● **pâte brisée** pasta brisée ● **pâte d'amandes** pasta di mandorle ● **pâte de fruits** gelatina *f* di frutta ● **pâte feuilletée** pasta sfoglia ● **pâte sablée** pastafrolla ● **pâtes** *nfpl* pasta *f*

pâté [pate] *nm* 1. *(charcuterie)* pâté *m inv* 2. *(de sable)* formina *f* (di sabbia) 3. *(tache)* macchia *f* ● **pâté chinois** *(Québec)* carne di manzo tritata ricoperta di mais e purè di patate e gratinata ● **pâté de maisons** isolato *m*

pâtée [pate] *nf (pour chien)* cibo *m*

paternel, elle [patɛʀnɛl] *adj* paterno(a)

pâteux, euse [patø, øz] *adj* pastoso(a)

patiemment [pasjamɑ̃] *adv* pazientemente

patience [pasjɑ̃s] *nf* 1. pazienza *f* 2. *(jeu de cartes)* solitario *m*

patient, e [pasjɑ̃, ɑ̃t] *adj* paziente ◇ *nm, f* MÉD paziente *mf*

patienter [pasjɑ̃te] *vi* pazientare

patin [patɛ̃] *nm* ● **patins à glace** pattini *mpl* da ghiaccio ● **patins à roulettes** pattini a rotelle

patinage [patinaʒ] *nm* pattinaggio *m* ● **patinage artistique** pattinaggio artistico

patiner [patine] *vi* 1. *(patineur)* pattinare 2. *(voiture, roue)* slittare

patineur, euse [patinœʀ, øz] *nm, f* pattinatore *m*, -trice *f*

patinoire [patinwaʀ] *nf* pista *f* di pattinaggio

pâtisserie [patisʀi] *nf* 1. *(magasin)* pasticceria *f* 2. *(gâteau)* pasta *f*

pâtissier, ère [patisje, ɛʀ] *nm, f* pasticciere *m*, -a *f*

patois [patwa] *nm* dialetto *m*

patrie [patri] *nf* patria *f*

patrimoine [patrimwan] *nm* patrimonio *m*

patriote [patrijɔt] *nmf* patriota *mf*

patriotique [patrijɔtik] *adj* patriottico(a)

patron, onne [patrɔ̃, ɔn] *nm, f* padrone *m*, -a *f* ♦ **patron** *nm (modèle de vêtement)* cartamodello *m*

patrouille [patruj] *nf* pattuglia *f*

patte [pat] *nf* **1.** *(d'animal)* zampa *f* **2.** *(languette)* patta *f* **3.** *(de cheveux)* basetta *f*

pâturage [patyraʒ] *nm* pascolo *m*

paume [pom] *nf* palmo *m*

paumer [pome] *vt (fam)* perdere ♦ **se paumer** *vp (fam)* perdersi

paupière [popjɛr] *nf* palpebra *f*

paupiette [popjɛt] *nf* involtino *m*

pause [poz] *nf* pausa *f* ● **faire une pause** fare una pausa

pause-café [pozkafe] *(pl* **pauses-café)** *nf* pausa *f* caffè

pauvre [povr] *adj & nmf* povero(a)

pauvreté [povrəte] *nf* povertà *f inv*

pavé, e [pave] *adj* lastricato(a) ♦ **pavé** *nm* selce *f* ● **pavé numérique** tastierino *nm* numerico

pavillon [pavijɔ̃] *nm (maison individuelle)* villetta *f*

payant, e [pɛjɑ̃, ɑ̃t] *adj* **1.** *(spectacle, place)* a pagamento **2.** *(hôte)* pagante

paye [pɛj] *nf* paga *f*

payer [peje] *vt* pagare ● **bien/mal payé** pagato bene/male ● **payer qqch à qqn** *(fam) (offrir)* pagare qc a qn

Comment payer

Dans la plupart des commerces italiens, il est possible de payer par carte bancaire (qu'il s'agisse d'une carte de débit, type *Bancomat*, ou d'une carte de crédit, type *Visa* ou *Mastercard*). Attention, peu de commerçants acceptent les chèques. Les factures (eau, électricité, etc.) et les abonnements sont généralement réglés par *bollettino postale*, sorte de TIP postal.

pays [pei] *nm* paese *m* ● **les gens du pays** *(de la région)* la gente del luogo ● **de pays** *(jambon, fromage)* locale ● **le pays de Galles** il Galles

paysage [peizaʒ] *nm* paesaggio *m*

paysan, anne [peizɑ̃, an] *nm, f* contadino *m*, -a *f*

Pays-Bas [peiba] *nmpl* ● **les Pays-Bas** i Paesi Bassi

PC *nm* **1.** *(abr de Parti communiste)* partito comunista **2.** *(abr de personal computer)* PC *m inv*

PCV *(abr de à percevoir) nm* ● **appeler en PCV** telefonare a carico del destinatario

PDG *(abr de président-directeur général) nm* presidente e direttore generale

péage [peaʒ] *nm* **1.** *(taxe)* pedaggio *m* **2.** *(lieu)* casello *m* (autostradale)

peau, x [po] *nf* **1.** pelle *f* **2.** *(de fruit)* buccia *f* ● **peau de chamois** daino *m*

pêche [pɛʃ] *nf* pesca *f* ● **aller à la pêche** *(à la ligne)* andare a pesca ● **pêche en mer** pesca di mare ● **pêche Melba** *gelato* alla vaniglia servito in una metà di pesca e ricoperto di sciroppo di lampone e panna

péché [peʃe] *nm* peccato *m*

¹**pêcher** [peʃe] *vt & vi* pescare

²**pêcher** [peʃe] *nm* pesco *m*

pêcheur, euse [peʃœr, øz] *nm, f* pescatore *m*, -trice *f*

pédagogie [pedagɔʒi] *nf* pedagogia *f*

pédale [pedal] *nf* pedale *m*

pédaler [pedale] *vi* pedalare

pédalier [pedalje] *nm* pedaliera *f*

Pédalo® [pedalo] *nm* pattino *m*, pedalò *m inv*

pédant, e [pedã, ãt] *adj* pedante

pédiatre [pedjatr] *nmf* pediatra *mf*

pédicure [pedikyr] *nmf* pedicure *mf inv*

pedigree [pedigre] *nm* pedigree *m inv*

pédophile [pedofil] *adj & nmf* pedofilo(a)

pédopsychiatre [pedɔpsikjatr] *nmf* psichiatra *mf* infantile

peigne [pɛɲ] *nm* **1.** pettine *m* **2.** *(barrette)* pettinino *m*

peigner [peɲe] *vt* pettinare ◆ **se peigner** *vp* pettinarsi

peignoir [peɲwar] *nm* vestaglia *f* ◆ **peignoir de bain** accappatoio *m*

peindre [pɛ̃dr] *vt* dipingere ● **peindre qqch en blanc** dipingere qc di bianco

peine [pɛn] *nf* **1.** *(tristesse)* dispiacere *m* **2.** *(effort)* fatica *f* **3.** *(de prison)* pena *f* ● **avoir de la peine** essere dispiaciuto(a) ● **avoir de la peine à faire qqch** fare fatica a far qc ● **faire de la peine à qqn** *(suj : nouvelle)* dare un dispiacere a qn ; *(suj : personne)* fare pena a qn ● **ce n'est pas la peine (de)** non è il caso (di) ● **valoir la**

peine valere la pena ● **sous peine de** sotto pena di ● **peine de mort** pena di morte ● **à peine** *(avec difficulté)* a malapena

peiner [pene] *vi* faticare

peint, e [pɛ̃, pɛ̃t] *pp* ➤ **peindre**

peintre [pɛ̃tr] *nm* **1.** *(artiste)* pittore *m*, -trice *f* **2.** *(en bâtiment)* imbianchino *m*

peinture [pɛ̃tyr] *nf* **1.** pittura *f* **2.** *(œuvre d'art)* dipinto *m*

pelage [pəlaʒ] *nm* pelame *m*

pêle-mêle [pɛlmɛl] *adv* alla rinfusa

peler [pəle] *vt* sbucciare ◇ *vi (perdre sa peau)* spellarsi

pèlerinage [pɛlrinaʒ] *nm* pellegrinaggio *m*

pelle [pɛl] *nf* **1.** pala *f* **2.** *(jouet d'enfant)* paletta *f*

pellicule [pelikyl] *nf* **1.** *(de film, de photos)* pellicola *f* **2.** *(couche)* strato *m* ◆ **pellicules** *nfpl* forfora *f*

pelote [pəlɔt] *nf (de fil, de laine)* gomitolo *m*

peloton [pəlɔtɔ̃] *nm* plotone *m*

pelotonner [pəlɔtɔne] ◆ **se pelotonner** *vp* raggomitolarsi

pelouse [pəluz] *nf* prato *m* ▼ **pelouse interdite** vietato calpestare le aiuole

peluche [pəlyʃ] *nf* peluche *m inv* ● **animal en peluche** animale di peluche

pelure [pəlyr] *nf* buccia *f*

pénaliser [penalize] *vt* penalizzare

penalty, s, ies [penalti] *nm* calcio *m* di rigore

penchant [pãʃã] *nm* ● **avoir un penchant pour** avere un debole per

pencher [pãʃe] *vt* inclinare ◇ *vi* pendere ● **pencher pour** propendere per ◆ **se pencher** *vp* sporgersi

pendant [pɑ̃dɑ̃] *prép* durante ● **pendant les vacances** durante le vacanze ● **pendant trois jours** per tre giorni ● **pendant que** mentre

pendentif [pɑ̃dɑ̃tif] *nm* ciondolo *m*

penderie [pɑ̃dʀi] *nf* guardaroba *m inv*

pendre [pɑ̃dʀ] *vt* **1.** *(suspendre)* appendere **2.** *(condamné)* impiccare ◇ *vi* pendere ♦ **se pendre** *vp (se tuer)* impiccarsi

pendule [pɑ̃dyl] *nf* **1.** *(sur pied)* pendolo *m* **2.** *(au mur)* orologio *m* a muro

pénétrer [penetʀe] *vi* ● **pénétrer dans** penetrare in

pénible [penibl] *adj* **1.** *(travail)* faticoso(a) **2.** *(souvenir, sensation)* brutto(a) **3.** *(fam) (agaçant)* insopportabile

péniche [peniʃ] *nf* chiatta *f*

pénicilline [penisilin] *nf* penicillina *f*

péninsule [penɛ̃syl] *nf* penisola *f*

pénis [penis] *nm* pene *m*

pense-bête, s [pɑ̃sbɛt] *nm* promemoria *m inv*

pensée [pɑ̃se] *nf* **1.** pensiero *m* **2.** *(fleur)* viola *f* del pensiero

penser [pɑ̃se] *vt & vi* pensare ● **qu'est-ce que tu en penses ?** che cosa ne pensi? ● **penser faire qqch** pensare di fare qc ● **penser à (faire) qqch** pensare a (fare) qc

pensif, ive [pɑ̃sif, iv] *adj* pensieroso(a)

pension [pɑ̃sjɔ̃] *nf* pensione *f* ● **être en pension** *(élève)* essere in collegio ● **pension complète** pensione completa ● **pension de famille** pensione familiare

pensionnaire [pɑ̃sjɔnɛʀ] *nmf* **1.** *(élève)* collegiale *mf* **2.** *(d'un hôtel)* pensionante *mf*

pensionnat [pɑ̃sjɔna] *nm* collegio *m*

pente [pɑ̃t] *nf* pendio *m* ● **en pente** in pendenza

Pentecôte [pɑ̃tkot] *nf* Pentecoste *f*

pénurie [penyʀi] *nf* penuria *f*

pépé [pepe] *nm (fam)* nonnino *m*

pépin [pepɛ̃] *nm* **1.** seme *m* **2.** *(fam) (ennui)* problema *m*

perçant, e [pɛʀsɑ̃, ɑ̃t] *adj* acuto(a)

percepteur, trice [pɛʀsɛptœʀ, tʀis] *nm, f* esattore *m,* -trice *f*

perceptible [pɛʀsɛptibl] *adj* percettibile

percer [pɛʀse] *vt* **1.** forare **2.** *(trou, ouverture)* aprire ◇ *vi* **1.** *(dent)* spuntare **2.** *(réussir)* sfondare

perceuse [pɛʀsøz] *nf* trapano *m*

percevoir [pɛʀsəvwaʀ] *vt* **1.** percepire **2.** *(nuance)* cogliere

perche [pɛʀʃ] *nf (tige)* pertica *f*

percher [pɛʀʃe] ♦ **se percher** *vp* appollaiarsi

perchoir [pɛʀʃwaʀ] *nm* trespolo *m*

perçu, e [pɛʀsy] *pp* ➤ percevoir

percussions [pɛʀkysjɔ̃] *nfpl* percussioni *fpl*

percuter [pɛʀkyte] *vt* sbattere contro

perdant, e [pɛʀdɑ̃, ɑ̃t] *nm, f* perdente *mf*

perdre [pɛʀdʀ] *vt & vi* perdere ● **perdre qqn de vue** perdere di vista qn ♦ **se perdre** *vp* perdersi

perdreau, x [pɛʀdʀo] *nm* giovane pernice *f*

perdrix [pɛʀdʀi] *nf* pernice *f*

perdu, e [pɛʀdy] *adj (village, coin)* sperduto(a)

père [pɛʀ] *nm* padre *m* ● **le Père Noël** Babbo *m* Natale

perfection [pɛʀfɛksjɔ̃] *nf* perfezione *f*

perfectionné, e [pɛʁfɛksjɔne] *adj* perfezionato(a)

perfectionnement [pɛʁfɛktjɔnmã] *nm* perfezionamento *m*

perfectionner [pɛʁfɛksjɔne] *vt* perfezionare ◆ **se perfectionner** *vp* perfezionarsi

perforer [pɛʁfɔʁe] *vt* perforare

performance [pɛʁfɔʁmãs] *nf* prestazione *f*

perfusion [pɛʁfyzjɔ̃] *nf* flebo *f inv* ◆ **sous perfusion** sotto flebo

péril [peʁil] *nm* pericolo *m* ◆ **en péril** in pericolo

périlleux, euse [peʁijø, øz] *adj* pericoloso(a)

périmé, e [peʁime] *adj* scaduto(a)

périmètre [peʁimɛtʁ] *nm* perimetro *m*

période [peʁjɔd] *nf* periodo *m* ◆ **en période de vacances** durante le vacanze

périodique [peʁjɔdik] *adj* periodico(a) ◇ *nm* periodico *m*

péripéties [peʁipesi] *nfpl* peripezie *fpl*

périph [peʁif] (*abr de périphérique*) (*fam*) tangenziale *f*

périphérique [peʁifeʁik] *adj* periferico(a) ◇ *nm INFORM* periferica *f* ◆ **le (boulevard) périphérique** la tangenziale

périr [peʁiʁ] *vi* (*sout*) perire

périssable [peʁisabl] *adj* deperibile

perle [pɛʁl] *nf* perla *f*

permanence [pɛʁmanãs] *nf* **1.** (*bureau*) servizio *m* permanente **2.** *SCOL* ore *fpl* buche (*passate in sala di studio*) ◆ **de permanence** di turno ◆ **en permanence** continuamente

permanent, e [pɛʁmanã, ãt] *adj* permanente

permanente [pɛʁmanãt] *nf* permanente *f*

perméable [pɛʁmeabl] *adj* permeabile

permettre [pɛʁmɛtʁ] *vt* permettere ◆ **il n'est pas permis de fumer** non è permesso fumare ◆ **permettre à qn de faire qqch** permettere a qn di fare qc ◆ **se permettre** *vp* ◆ **se permettre de faire qqch** permettersi di fare qc ◆ **je ne peux pas me permettre cette dépense** non posso permettermi una tale spesa

permis, e [pɛʁmi, iz] *pp* ➤ **permettre** ◆ **permis** *nm* permesso *m* ◆ **permis de conduire** patente *f* (di guida) ◆ **permis à points** patente a punti ◆ **permis de construire** concessione *f* edilizia ◆ **permis de pêche** licenza *f* di pesca ◆ **permis de séjour** permesso di soggiorno

permission [pɛʁmisjɔ̃] *nf* **1.** permesso *m* **2.** *MIL* licenza *f* ◆ **demander la permission de faire qqch** chiedere il permesso di fare qc

Pérou [peʁu] *nm* ◆ **le Pérou** il Perù

perpendiculaire [pɛʁpãdikylɛʁ] *adj* perpendicolare

perpétuel, elle [pɛʁpetɥɛl] *adj* perpetuo(a)

perplexe [pɛʁplɛks] *adj* perplesso(a)

perron [pɛʁɔ̃] *nm* scalinata *f*

perroquet [peʁɔkɛ] *nm* pappagallo *m*

perruche [peʁyʃ] *nf* cocorita *f*

perruque [peʁyk] *nf* parrucca *f*

persécuter [pɛʁsekyte] *vt* perseguitare

persécution [pɛʁsekysjɔ̃] *nf* persecuzione *f*

persévérant, e [pɛʁseveʁã, ãt] *adj* perseverante

persévérer [pɛʁseveʁe] *vi* perseverare

persienne [pɛʁsjɛn] *nf* persiana *f*

persil [pɛʁsi] *nm* prezzemolo *m*

persillé, e [pɛʁsije] *adj* **1.** *(au persil)* con prezzemolo **2.** *(fromage)* erborinato(a)

persistant, e [pɛʁsistã, ãt] *adj* persistente

persister [pɛʁsiste] *vi* persistere

perso [pɛʁso] *(abr de personnel) (fam) adj* personale

personnage [pɛʁsɔnaʒ] *nm* personaggio *m*

personnaliser [pɛʁsɔnalize] *vt* personalizzare

personnalité [pɛʁsɔnalite] *nf* personalità *f inv*

personne [pɛʁsɔn] *nf* persona *f* ◇ *pron* nessuno ● **il n'y a personne** non c'è nessuno ● **en personne** in persona ● **par personne** a persona ● **personne âgée** anziano *m*, -a *f*

personnel, elle [pɛʁsɔnɛl] *adj* personale ◆ **personnel** *nm* personale *m*

personnellement [pɛʁsɔnɛlmã] *adv* personalmente

personnifier [pɛʁsɔnifje] *vt* impersonare

perspective [pɛʁspɛktiv] *nf* prospettiva *f*

persuader [pɛʁsɥade] *vt* persuadere ● **il faut le persuader de partir** bisogna persuaderlo a partire

persuasif, ive [pɛʁsɥazif, iv] *adj* persuasivo(a)

perte [pɛʁt] *nf* perdita *f* ● **perte de temps** perdita di tempo

perturbation [pɛʁtyʁbasjɔ̃] *nf* perturbazione *f* ● **des perturbations dans les transports** dei disagi sui trasporti

perturber [pɛʁtyʁbe] *vt* **1.** *(plans, fête)* disturbare **2.** *(troubler)* turbare

péruvien, enne [peʁyvjɛ̃, ɛn] *adj* peruviano(a) ◆ **Péruvien, enne** *nm, f* peruviano *m*, -a *f*

pesant, e [pəzã, ãt] *adj* pesante

pesanteur [pəzãtœʁ] *nf* gravità *f inv*

pèse-personne [pɛzpɛʁsɔn] *nm inv* pesapersone *f inv*

peser [pəze] *vt & vi* pesare ● **peser lourd** pesare molto

pessimisme [pesimism] *nm* pessimismo *m*

pessimiste [pesimist] *adj & nmf* pessimista

peste [pɛst] *nf* peste *f*

pétale [petal] *nm* petalo *m*

pétanque [petãk] *nf* bocce *fpl*

pétard [petaʁ] *nm* *(explosif)* petardo *m*

péter [pete] *vi* **1.** *(fam) (se casser)* rompersi **2.** *(personne)* scoreggiare ● **péter les plombs** ou **un boulon** *(fam)* sclerare

pétillant, e [petijã, ãt] *adj* **1.** *(vin, eau)* frizzante **2.** *(yeux)* vispo(a)

pétiller [petije] *vi* **1.** *(champagne)* essere frizzante **2.** *(yeux)* brillare

petit, e [p(ə)ti, it] *adj* piccolo(a) ● **petit à petit** a poco a poco ● **petit ami** ragazzo *m* ● **petite amie** ragazza *f* ● **petit déjeuner** colazione *f* ● **petit pain** panino *m* ● **petits pois** piselli *mpl* ● **petit pot** omogeneizzato *m* ◆ **petit** *nm (d'un animal)* piccolo *m*

petite-fille [p(ə)titfij] *(pl* petites-filles*)* *nf* nipote *f (di nonni)*

petit-fils [p(ə)tifis] *(pl* petits-fils*)* *nm* nipote *m (di nonni)*

petit-four [p(ə)tifuʀ] (*pl* petits-fours) *nm* **1.** (*sucré*) pasticcino *m* **2.** (*salé*) salatino *m*

pétition [petisjɔ̃] *nf* petizione *f*

petits-enfants [p(ə)tizɑ̃fɑ̃] *nmpl* nipoti *mpl (di nonni)*

petit-suisse [p(ə)tisɥis] (*pl* petits-suisses) *nm* formaggio fresco cremoso confezionato in piccoli cilindri

pétrole [petʀɔl] *nm* petrolio *m*

pétrolier [petʀɔlje] *nm* (*bateau*) petroliera *f*

peu [pø] *adv*
1. (*avec un verbe, un adjectif, un adverbe*) poco ● j'ai peu voyagé ho viaggiato poco ● ils sont peu nombreux sono poco numerosi ● peu après poco dopo ● peu clairement in modo poco chiaro
2. (*avec un nom*) ● il reste peu de temps/peu de soupe resta poco tempo/poca minestra ● peu de gens poche persone
3. (*dans le temps*) poco ● il y a peu poco fa ● d'ici peu fra poco
4. (*dans des expressions*) ● à peu près più o meno ● peu à peu poco a poco
◇ *nm* ● un peu un po' ● un (tout) petit peu un pochino ● un peu de un po' di

peuple [pœpl] *nm* popolo *m*

peupler [pœple] *vt* popolare

peuplier [pœplije] *nm* pioppo *m*

peur [pœʀ] *nf* paura *f* ● avoir peur avere paura ● avoir peur de qqch avere paura di qc ● faire peur (à) fare paura (a)

peureux, euse [pœʀø, øz] *adj & nm, f* pauroso(a)

peut ➤ pouvoir

peut-être [pøtɛtʀ] *adv* forse ● peut-être que può darsi che (+ subjonctif), forse (+ indicatif) ● peut-être bien forse

peux ➤ pouvoir

phalange [falɑ̃ʒ] *nf* falange *f*

pharaon [faʀaɔ̃] *nm* faraone *m*

phare [faʀ] *nm* faro *m*

pharmacie [faʀmasi] *nf* **1.** (*magasin*) farmacia *f* **2.** (*armoire*) armadietto *m* dei medicinali

pharmacien, enne [faʀmasjɛ̃, ɛn] *nm, f* farmacista *mf*

phase [faz] *nf* fase *f* ● phase terminale *MÉD* stadio *m* terminale

phénoménal, e, aux [fenomenal, o] *adj* fenomenale

phénomène [fenomɛn] *nm* fenomeno *m*

philatélie [filateli] *nf* filatelia *f*

philippin, e [filipɛ̃, in] *adj* filippino(a) ◆ **Philippin, e** *nm, f* filippino *m*, -a *f*

Philippines [filipin] *nfpl* ● les Philippines le Filippine

philosophe [filozɔf] *nmf* filosofo *m*, -a *f* ◇ *adj* ● il est très philosophe prende la vita con filosofia

philosophie [filozɔfi] *nf* filosofia *f*

phonétique [fɔnetik] *adj* fonetico(a)

phoque [fɔk] *nf* foca *f*

photo [fɔto] *nf* foto *f inv* ● prendre qqn/qqch en photo fotografare qn/qc ● prendre une photo (de) fare una foto (a) ● y'a pas photo (*fam*) non c'è paragone

photocopie [fɔtɔkɔpi] *nf* fotocopia *f*

photocopier [fɔtɔkɔpje] *vt* fotocopiare

photocopieuse *nf* fotocopiatrice *f*

photographe [fɔtɔgʀaf] *nmf* fotografo *m*, -a *f*

photographie [fɔtɔgʀafi] *nf* fotografia *f*

photographier [fɔtɔgʁafje] *vt* fotografare

Photomaton® [fɔtɔmatɔ̃] *nm apparecchio automatico per le fototessere*

phrase [fʁaz] *nf* frase *f*

physionomie [fizjɔnɔmi] *nf* fisionomia *f*

physique [fizik] *adj* fisico(a) ◇ *nf* fisica *f* ◇ *nm (apparence)* fisico *m*

pianiste [pjanist] *nmf* pianista *mf*

piano [pjano] *nm* piano(forte) *m* • **jouer du piano** suonare il piano(forte)

pic [pik] *nm* **1.** *(montagne)* picco *m* **2.** • **pic d'audience** picco di ascolto • **pic de pollution** picco di inquinamento • **à pic** *(couler)* a picco ; *(descendre)* a strapiombo ; *(fig)* *(tomber, arriver)* a fagiolo

pichet [piʃɛ] *nm* caraffa *f*

pickpocket [pikpɔkɛt] *nm* borsaiolo *m*

picorer [pikɔʁe] *vt* piluccare *(vi)*

picotement [pikɔtmɑ̃] *nm* pizzicore *m*

picoter [pikɔte] *vt* pizzicare

pie [pi] *nf* gazza *f*

pièce [pjɛs] *nf* **1.** *(argent)* moneta *f* **2.** *(salle)* stanza *f* **3.** *(sur un vêtement)* toppa *f* **4.** *(morceau)* pezzo *m* • **cinq euros pièce** cinque euro l'uno • **(maillot de bain) une pièce** costume *m* intero • **pièce d'identité** documento *m* d'identità • **pièce de monnaie** moneta *f* • **pièce montée** torta a forma di piramide composta da bignè o da piani di pan di Spagna, servita durante le grandi occasioni • **pièce de rechange** pezzo di ricambio • **pièce (de théâtre)** spettacolo *m* teatrale, pièce *f inv* • **(en) pièce jointe** (come) allegato

pied [pje] *nm* piede *m* • **à pied** a piedi • **au pied de** ai piedi di • **avoir pied** toccare

piège [pjɛʒ] *nm* trappola *f* • **être pris au piège** cadere in (una) trappola

piéger [pjeʒe] *vt* **1.** intrappolare **2.** *(voiture, valise)* mettere dell'esplosivo in • **voiture piégée** autobomba *f*

Piémont [pjemɔ̃] *nm* Piemonte *m*

piercing [piʁsiŋ] *nm* piercing *m inv*

pierre [pjɛʁ] *nf* pietra *f* • **pierre précieuse** pietra preziosa

piétiner [pjetine] *vt* calpestare ◇ *vi (foule)* scalpitare

piéton, onne [pjetɔ̃, ɔn] *nm, f* pedone *m* ◇ *adj* pedonale

piétonnier, ère [pjetɔnje, ɛʁ] *adj* pedonale

pieu, x [pjø] *nm* palo *m*

pieuvre [pjœvʁ] *nf* piovra *f*

pigeon [piʒɔ̃] *nm* piccione *m*

pilaf [pilaf] *nm* ➤ **riz**

pile [pil] *nf* pila *f* ◇ *adv (arriver)* al momento giusto • **jouer qqch à pile ou face** giocarsi qc a testa o croce • **pile ou face?** testa o croce? • **s'arrêter pile** fermarsi di botto • **tu tombes pile !** capiti a fagiolo! • **3 h pile** le tre in punto

piler [pile] *vt* pestare ◇ *vi (fam) (freiner)* inchiodare

pilier [pilje] *nm* pilastro *m*

pili-pili *nm inv (Afrique)* berberè *m inv*

piller [pije] *vt* saccheggiare

pilote [pilɔt] *nm* **1.** pilota *m* **2.** INFORM driver *m inv*

piloter [pilɔte] *vt* pilotare

pilotis [pilɔti] *nm* palafitta *f*

pilule [pilyl] *nf* pillola *f* • **prendre la pilule** prendere la pillola

piment [pimɑ̃] *nm (condiment)* peperoncino *m* • **piment doux** peperoncino non

piccante ● **piment rouge** peperoncino rosso

pimenté, e [pimãte] *adj* piccante

pin [pɛ̃] *nm* pino *m*

pince [pɛ̃s] *nf* 1. *(outil)* pinza *f* 2. *(de crabe)* chela *f* 3. *(de vêtement)* pince *f inv* ● **pince à cheveux** molletta *f* per capelli ● **pince à épiler** pinzetta *f* ● **pince à linge** molletta *f* per biancheria

pinceau, x [pɛ̃so] *nm* pennello *m*

pincée [pɛ̃se] *nf* pizzico *m*

pincer [pɛ̃se] *vt* pizzicare

pingouin [pɛ̃gwɛ̃] *nm* pinguino *m*

ping-pong, s [piŋpɔ̃g] *nm* ping-pong *m inv*

pintade [pɛ̃tad] *nf* faraona *f*

pinte [pɛ̃t] *nf* 1. *(de bière)* pinta *f* 2. *(Helv) (café)* bar *m inv*

pioche [pjɔʃ] *nf (outil)* piccone *m*

piocher [pjɔʃe] *vi (aux cartes, aux dominos)* pescare

pion [pjɔ̃] *nm* 1. *(aux échecs)* pedone *m* 2. *(aux dames)* pedina *f*

pionnier, ère [pjɔnje, ɛʀ] *nm, f* pioniere *m, -a f*

pipe [pip] *nf* pipa *f*

pipi [pipi] *nm (fam)* pipì *f inv* ● **faire pipi** fare la pipì

piquant, e [pikã, ãt] *adj (épicé)* piccante ◆ **piquant** *nm (épine)* spina *f*

pique [pik] *nm (aux cartes)* picche *fpl*

pique-nique, s [piknik] *nm* picnic *m inv*

pique-niquer [piknike] *vi* fare un picnic

piquer [pike] *vt* 1. pungere 2. *(suj : fumée)* irritare 3. *(suj : poivre)* pizzicare 4. *(fam) (voler)* fregare ◇ *vi* 1. *(insecte)* pungere 2. *(épice)* pizzicare

piquet [pikɛ] *nm* picchetto *m*

piqûre [pikyʀ] *nf* puntura *f* ● **piqûre de rappel** *(injection f di)* richiamo *m*

piratage [piʀataʒ] *nm* 1. pirateria *f* 2. *(de logiciel, de téléphone)* clonazione *f*

pirate [piʀat] *nm* pirata *m* ◇ *adj* pirata *(inv)* ● **pirate de l'air** pirata dell'aria

pirater [piʀate] *vt* piratare

pire [piʀ] *adj* 1. *(comparatif)* peggio *(inv)* 2. *(superlatif)* peggiore ◇ *nm* ● **le pire** il peggio ● **de pire en pire** sempre peggio

pirouette [piʀwɛt] *nf (tour)* piroetta *f*

pis [pi] *nm (de vache)* mammella *f (di mucca)*

piscine [pisin] *nf* piscina *f*

Pise [piz] *n* Pisa *f*

pissenlit [pisãli] *nm* dente *m* di leone

pisser [pise] *vi (vulg)* pisciare

pistache [pistaʃ] *nf* pistacchio *m*

piste [pist] *nf* pista *f* ● **piste (d'atterrissage)** pista (di atterraggio) ● **piste cyclable** pista ciclabile ● **piste de danse** pista da ballo ● **piste verte/bleue/rouge/noire** *(au ski)* pista verde/blu/rossa/nera

pistolet [pistɔlɛ] *nm* pistola *f*

piston [pistɔ̃] *nm* 1. *(de moteur)* pistone *m* 2. *(fam) (appui)* spinta *f*

pistonner [pistɔne] *vt (fam)* raccomandare

pitié [pitje] *nf* pietà *f inv* ● **avoir pitié de qqn** avere pietà di qn ● **faire pitié à qqn** fare pietà a qn

pitoyable [pitwajabl] *adj* penoso(a)

pitre [pitʀ] *nm* pagliaccio *m* ● **faire le pitre** fare il pagliaccio

pittoresque [pitɔʀɛsk] *adj* pittoresco(a)

pivotant, e [pivɔtã, ãt] *adj* 1. *(porte)* battente 2. *(tête)* mobile

pivoter [pivɔte] *vi* ruotare

pizza [pidza] *nf* pizza *f*

pizzeria [pidzerja] *nf* pizzeria *f*

placard [plakar] *nm* **1.** (*armoire*) armadio *m* **2.** (*dans le mur*) armadio a muro

placarder [plakarde] *vt* affiggere

place [plas] *nf* **1.** posto *m* **2.** (*d'une ville*) piazza *f* • **changer qqch de place** cambiare posto a qc • **à la place de** al posto di • **sur place** sul posto • **vous mangez sur place ?** mangia qui? • **place assise/debout** posto a sedere/in piedi

placement [plasmã] *nm* (*financier*) investimento *m*

placer [plase] *vt* **1.** mettere **2.** (*argent*) investire • **se placer** *vp* **1.** mettersi **2.** (*se classer*) piazzarsi

plafond [plafɔ̃] *nm* **1.** soffitto *m* **2.** (*limite*) tetto *m*

plafonnier [plafɔnje] *nm* plafoniera *f*

plage [plaʒ] *nf* **1.** spiaggia *f* **2.** (*de CD*) brano *m* • **plage arrière** ripiano *m* posteriore di un'auto

plaie [plɛ] *nf* piaga *f*

plaindre [plɛ̃dʀ] *vt* compatire ◆ **se plaindre** *vp* lamentarsi • **se plaindre de** lamentarsi di

plaine [plɛn] *nf* pianura *f*

plaint, e [plɛ̃, ɛ̃t] *pp* > plaindre

plainte [plɛ̃t] *nf* **1.** (*gémissement*) lamento *m* **2.** (*en justice*) denuncia *f* • **porter plainte** sporgere denuncia

plaintif, ive [plɛ̃tif, iv] *adj* lamentoso(a)

plaire [plɛʀ] *vi* piacere • **plaire à qqn** piacere a qn • **ça ne me plaît pas** non mi piace • **s'il vous/te plaît** per piacere ou favore ◆ **se plaire** *vp* (*quelque part*) trovarsi bene

plaisance [plɛzɑ̃s] *nf* > **navigation, port**

plaisanter [plɛzɑ̃te] *vi* scherzare

plaisanterie [plɛzɑ̃tʀi] *nf* scherzo *m*

plaisir [plezir] *nm* piacere *m* • **faire plaisir à qqn** far piacere a qn • **avec plaisir !** con piacere!

plan [plɑ̃] *nm* **1.** (*projet*) progetto *m* **2.** (*carte*) pianta *f* **3.** (*structure*) schema *m* **4.** (*niveau*) piano *m* • **plan de ville** piant(in)a della città • **au premier/second plan** in primo/secondo piano • **gros plan** primo piano • **plan d'eau** laghetto *m* artificiale • **plan social** piano sociale • **plan vigipirate** dispositivo di sicurezza antiterrorismo che può essere attivato dal primo ministro, su proposta del ministro dell'interno

planche [plɑ̃ʃ] *nf* asse *f* • **faire la planche** fare il morto • **planche à roulettes** skateboard *m inv* • **planche à voile** windsurf *m inv*

plancher [plɑ̃ʃe] *nm* **1.** (*d'une maison*) parquet *m inv* **2.** (*d'une voiture*) fondo *m*

planer [plane] *vi* **1.** (*planeur, oiseau*) planare **2.** (*fig*) (*être dans la lune*) essere fuori di testa

planète [planɛt] *nf* pianeta *m*

planeur [planœr] *nm* aliante *m*

planifier [planifje] *vt* pianificare

planning [planiŋ] *nm* planning *m inv*

plantation [plɑ̃tasjɔ̃] *nf* (*exploitation agricole*) piantagione *f* • **plantations** (*plantes*) coltivazioni *fpl*

plante [plɑ̃t] *nf* pianta *f* • **plante des pieds** pianta dei piedi • **plante grasse** pianta grassa • **plante verte** pianta da appartamento

planter [plɑ̃te] *vt* **1.** piantare **2.** (*fam*) INFORM • **mon ordinateur a encore planté**

mi si è piantato un'altra volta il computer

plaque [plak] *nf* **1.** lastra *f* **2.** *(de chocolat)* tavoletta *f* **3.** *(de beurre)* pane *m* **4.** *(sur un mur)* targa *f* **5.** *(tache)* chiazza *f* ● **plaque de cuisson** piastra *f* (elettrica) ● **plaque d'immatriculation** ou **minéralogique** targa

plaqué, e [plake] *adj* ● **plaqué or/argent** placcato oro/argento

plaquer [plake] *vt (au rugby)* placcare ● **plaquer ses cheveux** lisciarsi i capelli

plaquette [plakɛt] *nf* **1.** *(de chocolat)* tavoletta *f* **2.** *(de beurre)* panetto *m* ● **plaquette de frein** pastiglia *f* dei freni

plastifié, e [plastifje] *adj* plastificato(a)

plastique [plastik] *nm* plastica *f* ● **sac en plastique** sacchetto di plastica

plat, e [pla, plat] *adj* **1.** *(terrain)* piano(a) **2.** *(poitrine)* piatto(a) **3.** *(chaussure)* senza tacco *(inv)* **4.** *(eau)* non gassato(a) ● **plat** *nm* piatto *m* ● **à plat** *(pneu)* a terra ; *(batterie)* scarico(a) ; *(fam) (fatigué)* sfinito(a) ● **à plat ventre** bocconi ● **plat cuisiné** piatto pronto ● **plat du jour** piatto del giorno ● **plat de résistance** piatto principale

platane [platan] *nm* platano *m*

plateau, x [plato] *nm* **1.** *(de cuisine)* vassoio *m* **2.** *(plaine)* tavolato *m* **3.** *(de télévision, de cinéma)* set *m inv* ● **plateau à fromage** vassoio da formaggio ● **plateau de fromages** piatto di formaggi assortiti

plate-bande [platbɑ̃d] *(pl* **plates-bandes***) nf* aiuola *f*

plate-forme [platfɔrm] *(pl* **plates-formes***) nf* piattaforma *f*

platine [platin] *nf* ● **platine cassette** piastra *f* ● **platine laser** lettore *m* cd ◇ *nm* platino *m*

plâtre [platʀ] *nm* gesso *m*

plâtrer [platʀe] *vt* MÉD ingessare

plausible [plozibl] *adj* plausibile

plébiscite [plebisit] *nm* **1.** plebiscito *m* **2.** *(Helv) (référendum)* referendum *m inv*

plein, e [plɛ̃, plɛn] *adj* pieno(a) ● **plein de** pieno di ; *(fam) (beaucoup de)* un sacco di ● **en plein devant moi** proprio davanti a me ● **en pleine forme** in piena forma ● **en pleine nuit** in piena notte ● **en plein milieu** nel bel mezzo ● **pleins phares** con gli abbaglianti ● **de plein-air** all'aperto ● **en plein-air** all'aperto ◆ **plein** *nm* ● **faire le plein (d'essence)** fare il pieno

pleurer [plœʀe] *vi* piangere

pleureur [plœʀœʀ] *adj m* ➤ **saule**

pleurnicher [plœʀniʃe] *vi* piagnucolare

pleut ➤ **pleuvoir**

pleuvoir [pløvwaʀ] *vi (insultes, coups, bombes)* piovere ◇ *v impers* ● **il pleut** piove ● **il pleut à verse** piove a dirotto

Plexiglas [plɛksiglas] *nm* plexiglas *m inv*

pli [pli] *nm* **1.** piega *f* **2.** *(aux cartes)* presa *f* ● **(faux) pli** grinza *f*

pliant, e [plijɑ̃, ɑ̃t] *adj* pieghevole

plier [plije] *vt* piegare ◇ *vi* piegarsi

plinthe [plɛ̃t] *nf (au bas d'un mur)* zoccolo *m*

plissé, e [plise] *adj* pieghettato(a)

plisser [plise] *vt* **1.** pieghettare **2.** *(yeux)* strizzare

plomb [plɔ̃] *nm* **1.** *(matière)* piombo *m* **2.** *(fusible)* fusibile *m* **3.** *(de pêche)* piombino m **4.** *(de chasse)* pallino m ● **les plombs ont sauté** sono saltati i fusibili

plombage [plɔ̃baʒ] *nm (d'une dent)* otturazione f

plomberie [plɔ̃bʀi] *nf (tuyauterie)* tubature *fpl*

plombier [plɔ̃bje] *nm* idraulico m

plongeant, e [plɔ̃ʒɑ̃, ɑ̃t] *adj* **1.** *(vue)* dall'alto **2.** *(décolleté)* vertiginoso(a)

plongée [plɔ̃ʒe] *nf* ● **plongée (sous-marine)** immersione f

plongeoir [plɔ̃ʒwaʀ] *nm* trampolino m

plongeon [plɔ̃ʒɔ̃] *nm* tuffo m

plonger [plɔ̃ʒe] *vi* tuffarsi ◇ *vt (dans l'eau)* immergere ● **être plongé dans ses pensées/son travail** essere immerso nei propri pensieri/nel proprio lavoro ● **se plonger dans** *vp + prep* immergersi in

plongeur, euse [plɔ̃ʒœʀ, øz] *nm, f (sous-marin)* sommozzatore m, -trice f

plu [ply] *pp* ➤ **plaire, pleuvoir**

pluie [plɥi] *nf* pioggia f

plumage [plymaʒ] *nm* piumaggio m

plume [plym] *nf* **1.** *(d'oiseau)* penna f **2.** *(duvet)* piuma f **3.** *(pour écrire)* pennino m

plupart [plypaʀ] *nf* ● **la plupart (de)** la maggior parte (di) ● **la plupart du temps** la maggior parte del tempo

pluriel [plyʀjɛl] *nm* plurale m

plus [ply(s)] *adv*

1. *(en comparer)* più ● **plus intéressant (que)** più interessante (di) ● **plus souvent (que)** più spesso (di)

2. *(superlatif)* ● **c'est ce qui me plaît le plus ici** è la cosa che mi piace di più qui ● **l'hôtel le plus cher où nous ayons logé** l'albergo più caro dove siamo stati ● **le**

plus souvent nella maggior parte dei casi ● **le plus... possible** il più... possibile

3. *(davantage)* di più ● **je ne veux pas dépenser plus** non voglio spendere di più ● **prendrez-vous plus de légumes ?** vuole più verdura? ● **il reste plus de 100 km jusqu'à Chartres** restano più di 100 km per arrivare a Chartres

4. *(avec "ne")* più ● **je n'en veux plus, merci** non ne voglio più, grazie

5. *(dans des expressions)* ● **de** ou **en plus** *(en supplément)* di ou in più ; *(d'autre part)* per di più ● **il a deux ans de plus que moi** ha due anni più di me ● **de plus en plus** sempre di più ● **de plus en plus vite** sempre più in fretta ● **de plus en plus de temps/problèmes** sempre più tempo/problemi ● **en plus de** oltre a ● **plus ou moins** più o meno ● **plus tu y penseras, pire ce sera** più ci pensi, peggio è ◇ *prép* più

plusieurs [plyzjœʀ] *adj & pron* parecchi (parecchie)

plus-que-parfait, s [plyskəpaʀfɛ] *nm* trapassato m prossimo

plutôt [plyto] *adv* piuttosto ● **plutôt que (de) faire qqch** piuttosto che ou di fare qc

pluvieux, euse [plyvjø, øz] *adj* piovoso(a)

PMU *nm* **1.** *(système)* ≃ Totip m inv **2.** *(bar)* locale per le scommesse ippiche

---

Le PMU

Questa sigla, che signifia *Paris Mutuel Urbain*, compare spesso nelle tabaccherie francesi ed indica che vi si possono fare scommesse sulle corse ippiche. Il tipo di scommessa più diffuso consiste nell'indicare su una schedina tre, quattro o cinque numeri da uno a venti (*tiercé, quarté* e *quinté*), corrispondenti ai cavalli in corsa. Per un *quinté dans l'ordre,* cioè per chi azzecca i primi cinque cavalli nell'esatto ordine d'arrivo, la vincita può essere molto elevata.

pneu [pnø] *nm* gomma *f,* pneumatico *m*

pneumatique [pnømatik] *adj* ➤ canot, matelas

pneumonie [pnømɔni] *nf* polmonite *f*

PO (*abr de petites ondes*) SW (*Short Waves*)

Pô [po] *nm* ● le Pô il Po *m*

poche [pɔʃ] *nf* tasca *f* ● **de poche** tascabile

pocher [pɔʃe] *vt* CULIN cuocere (*in un liquido bollente*)

pochette [pɔʃɛt] *nf* **1.** (*de rangement*) cartelletta *f* di plastica **2.** (*mouchoir*) fazzoletto *m* da taschino ● **pochette d'allumettes** scatoletta *f* di fiammiferi

podium [pɔdjɔm] *nm* podio *m*

¹**poêle** [pwal] *nm* stufa *f* ● **poêle à mazout** stufa a nafta

²**poêle** [pwal] *nf* ● **poêle (à frire)** padella *f* (*per friggere*)

poème [pɔɛm] *nm* poesia *f*

poésie [pɔezi] *nf* poesia *f*

poète [pɔɛt] *nm* poeta *m,* -essa *f*

poétique [pɔetik] *adj* poetico(a)

poids [pwa] *nm* peso *m* ● **perdre/prendre du poids** diminuire/aumentare di peso ● **poids lourd** (*camion*) mezzo *m* pesante

poignard [pwaɲar] *nm* pugnale *m*

poignarder [pwaɲarde] *vt* pugnalare

poignée [pwaɲe] *nf* **1.** (*de porte*) maniglia *f* **2.** (*de valise*) manico *m* **3.** (*de sable, de bonbons*) manciata *f* ● **une poignée de** (*très peu de*) un pugno di ● **poignée de main** stretta *f* di mano

poignet [pwaɲɛ] *nm* **1.** polso *m* **2.** (*de vêtement*) polsino *m*

poil [pwal] *nm* **1.** pelo *m* **2.** (*de pinceau, de brosse à dents*) setola *f* ● **à poil** (*fam*) nudo(a)

poilu, e [pwaly] *adj* peloso(a)

poing [pwɛ̃] *nm* pugno *m* ● **un coup de poing** un pugno

point [pwɛ̃] *nm* punto *m* ● **point de côté** fitta *f* intercostale ● **point de départ** punto di partenza ● **point d'exclamation** punto esclamativo ● **point faible** punto debole ● **point final** punto e basta ● **point d'interrogation** punto interrogativo ● **(au) point mort** AUTO in folle ● **point de repère** punto di riferimento ● **points cardinaux** punti cardinali ● **points de suspension** puntini *mpl* di sospensione ● **points (de suture)** punti (di sutura) ● **à point** (*steak*) a puntino ● **au point** (*méthode*) a punto ● **au point que** a punto che ● **à tel point que** a tal punto che ● **être sur le point de faire qqch** essere sul punto di fare qc

point de vue [pwɛ̃d(ə)vy] (*pl* **points de vue**) *nm* **1.** (*opinion*) punto *m* di vista **2.** (*endroit*) punto *m* panoramico

pointe [pwɛ̃t] *nf* punta *f* ● **sur la pointe des pieds** in punta dei piedi ● **à la pointe (de)** all'avanguardia (di) ● **de pointe**

(technique) di punta ● **en pointe** *(tailler)* a punta

pointer [pwɛte] *vt (diriger)* puntare ◇ *vi (au travail)* timbrare il cartellino

pointillé [pwɛtije] *nm* linea *f* trattegiata ● **en pointillé** a puntini

pointu, e [pwɛty] *adj* 1. *(couteau)* appuntito(a) 2. *(nez)* a punta

pointure [pwɛtyʀ] *nf* numero *m* ● **quelle pointure faites-vous ?** che numero porta?

point-virgule [pwɛvirgyl] *(pl points-virgules)* *nm* punto e virgola *m*

poire [pwaʀ] *nf* pera *f* ● **poire Belle-Hélène** pere sciroppate con gelato alla vaniglia, ricoperte di cioccolata calda

poireau, x [pwaʀo] *nm* porro *m*

poirier [pwaʀje] *nm* pero *m*

pois [pwa] *nm (rond)* pallino *m* ● **à pois** a pois ● **pois chiche** cece *m*

poison [pwazɔ̃] *nm* veleno *m*

poisseux, euse [pwasø, øz] *adj* appiccicoso(a)

poisson [pwasɔ̃] *nm* pesce *m* ● **poisson d'avril !** pesce d'aprile! ● **poissons du lac** *(Helv)* pesci pescati nel lago di Ginevra ● **poisson rouge** pesce rosso ◆ **Poissons** *nmpl* Pesci *mpl*

poissonnerie [pwasɔnʀi] *nf* pescheria *f*

poissonnier, ère [pwasɔnje, ɛʀ] *nm, f* pescivendolo *m, -a f*

poitrine [pwatʀin] *nf* 1. petto *m* 2. *(de porc)* pancetta *f*

poivre [pwavʀ] *nm* pepe *m*

poivré, e [pwavʀe] *adj* pepato(a)

poivrier [pwavʀije] *nm (sur la table)* pepaiola *f*

poivrière [pwavʀijɛʀ] *nf =* **poivrier**

poivron [pwavʀɔ̃] *nm* peperone *m*

poker [pɔkɛʀ] *nm* poker *m inv*

polaire [pɔlɛʀ] *adj* polare ◇ *nf (textile, vêtement)* pile *m inv*

Polaroid® [pɔlaʀɔid] *nm* polaroid® *f inv*

pôle [pol] *nm* polo *m* ● **pôle Nord/Sud** polo Nord/Sud

poli, e [pɔli] *adj* 1. educato(a) 2. *(verre, bois)* levigato(a)

police [pɔlis] *nf* 1. polizia *f* 2. *(de caractères)* font *m inv* ● **police d'assurance** polizza *f* di assicurazione ● **police secours** pronto intervento *m*

policier, ère [pɔlisje, ɛʀ] *adj* 1. *(roman, film)* giallo(a) 2. *(enquête)* di polizia ◆ **policier** *nm* 1. poliziotto *m* 2. *(film, livre)* giallo *m*, poliziesco *m*

poliment [pɔlimɑ̃] *adv* educatamente

politesse [pɔlites] *nf* buona educazione *f* ● **par politesse** per educazione

politicien, enne [pɔlitisjɛ̃, ɛn] *nm, f* politico *m*, -a *f*

politique [pɔlitik] *adj* politico(a) ◇ *nf* politica *f* ● **un homme/une femme politique** un politico/una politica

pollen [pɔlɛn] *nm* polline *m*

pollué, e [pɔlɥe] *adj* inquinato(a)

pollution [pɔlysjɔ̃] *nf* inquinamento *m*

polo [pɔlo] *nm (vêtement)* polo *f inv*

polochon [pɔlɔʃɔ̃] *nm* cuscino lungo e stretto

Pologne [pɔlɔɲ] *nf* ● **la Pologne** la Polonia

polonais, e [pɔlɔnɛ, ɛz] *adj* polacco(a) ◆ **polonais** *nm (langue)* polacco *m* ◆ **Polonais, e** *nm, f* polacco *m*, -a *f*

polyester [pɔliɛstɛʀ] *nm* poliestere *m*

Polynésie [pɔlinezi] nf • **la Polynésie** la Polinesia • **la Polynésie française** la Polinesia francese

polystyrène [pɔlistiʀɛn] nm polistirolo m

polyvalent, e [pɔlivalɑ̃, ɑ̃t] adj polivalente

POM [pɔm] (abr de Pays d'outre-mer) nm ciascuno dei due territori francesi considerati "paesi d'oltremare", ovvero la Polinesia francese e la Nuova Caledonia

pommade [pɔmad] nf pomata f

pomme [pɔm] nf **1.** mela f **2.** (de douche, d'arrosoir) cipolla f • **tomber dans les pommes** (fam) svenire • **pomme de pin** pigna f • **pommes dauphine** frittelle di patate ricoperte di pasta • **pommes noisettes** polpettine di patate rosolate

pomme de terre [pɔmdətɛʀ] (pl pommes de terre) nf patata f

pommette [pɔmɛt] nf zigomo m

pommier [pɔmje] nm melo m

pompe [pɔ̃p] nf pompa f • **pompe à essence** pompa di benzina • **pompe à vélo** pompa da bicicletta • **pompes funèbres** pompe funebri

pomper [pɔ̃pe] vt pompare

pompier [pɔ̃pje] nm pompiere m

pompiste [pɔ̃pist] nmf benzinaio m, -a f

pompon [pɔ̃pɔ̃] nm pompon m inv

poncer [pɔ̃se] vt levigare

ponctualité [pɔ̃ktɥalite] nf puntualità f inv

ponctuation [pɔ̃ktɥasjɔ̃] nf punteggiatura f

ponctuel, elle [pɔ̃ktɥɛl] adj puntuale

pondre [pɔ̃dʀ] vt deporre

poney [pɔnɛ] nm pony m inv

pont [pɔ̃] nm ponte m • **faire le pont** (congé) fare il ponte

pont-levis [pɔ̃ləvi] (pl ponts-levis) nm ponte m levatoio

ponton [pɔ̃tɔ̃] nm pontile m galleggiante

pop [pɔp] adj inv pop (inv) ◇ nf musica f pop

pop-corn [pɔpkɔʀn] nm inv popcorn m inv

populaire [pɔpylɛʀ] adj popolare

population [pɔpylasjɔ̃] nf popolazione f

porc [pɔʀ] nm maiale m

porcelaine [pɔʀsəlɛn] nf porcellana f

porche [pɔʀʃ] nm portico m

pore [pɔʀ] nm poro m

poreux, euse [pɔʀø, øz] adj poroso(a)

pornographique [pɔʀnɔgʀafik] adj pornografico(a)

port [pɔʀ] nm **1.** porto m **2.** INFORM porta f ▼ **port payé** porto a carico del mittente • **port de pêche** porto di pesca • **port de plaisance** ormeggio m • **port parallèle** porta parallela • **port série** porta seriale • **port USB** porta USB

portable [pɔʀtabl] adj portatile ◇ nm **1.** (ordinateur) portatile m **2.** (téléphone) cellulare m

portail [pɔʀtaj] nm **1.** portone m **2.** (Internet) portale m

portant, e [pɔʀtɑ̃, ɑ̃t] adj • **être bien/mal portant** stare bene/male • **à bout portant** a bruciapelo

portatif, ive [pɔʀtatif, iv] adj portatile

porte [pɔʀt] nf • **mettre qqn à la porte** mettere qn alla porta • **porte (d'embarquement)** porta (d'imbarco) • **porte d'entrée** porta d'ingresso

porte-avions [pɔrtavjɔ̃] *nm inv* portaerei *f inv*

porte-bagages [pɔrtbagaʒ] *nm inv* portabagagli *m inv*

porte-bébé, s [pɔrtbebe] *nm* (harnais) marsupio *m*

porte-bonheur [pɔrtbɔnœr] *nm inv* portafortuna *m inv*

porte-clefs [pɔrtəkle] = **porte-clés**

porte-clés [pɔrtəkle] *nm inv* portachiavi *m inv*

portée [pɔrte] *nf* **1.** (d'un son, d'une arme) portata *f* **2.** (d'une femelle) figliata *f* **3.** MUS pentagramma *m* ◆ **à la portée de qqn** (intellectuelle) alla portata di qn ◆ **à portée de (la) main** a portata di mano

porte-fenêtre [pɔrtfanɛtr] (*pl* portes-fenêtres) *nf* portafinestra *f*

portefeuille [pɔrtəfœj] *nm* portafogli *m inv*

porte-jarretelles [pɔrtʒartɛl] *nm inv* reggicalze *m inv*

portemanteau, x [pɔrtmɑ̃to] *nm* attaccapanni *m inv*

porte-monnaie [pɔrtmɔnɛ] *nm inv* portamonete *m inv*

porte-parole [pɔrtparɔl] *nm inv* portaparola *m*

porter [pɔrte] *vt* portare ◇ *vi* (son) arrivare ● **porter bonheur/malheur** portare fortuna/sfortuna ● **porter sur** (suj : discussion) vertere su ◆ **se porter** *vp* ● **se porter bien/mal** stare bene/male

porte-savon, s [pɔrtsavɔ̃] *nm* portasapone *m inv*

porte-serviette, s [pɔrtsɛrvjɛt] *nm* portasciugamani *m inv*

porteur, euse [pɔrtœr, øz] *nm, m, f* **1.** (de bagages) facchino *m*, -a *f* **2.** (d'une maladie) portatore *m*, -trice *f*

portier [pɔrtje] *nm* portiere *m*

portière [pɔrtjɛr] *nf* portiera *f*

portillon [pɔrtijɔ̃] *nm* portello *m* ● **portillon automatique** (transports) porta *f* automatica

portion [pɔrsjɔ̃] *nf* porzione *f*

porto [pɔrto] *nm* porto *m inv*

portoricain, e [pɔrtɔrikɛ̃, ɛn] *adj* portoricano(a) ◆ **Portoricain, e** *nm, f* portoricano *m*, -a *f*

Porto Rico [pɔrtoriko], **Puerto Rico** [pwɛrtoriko] *nm* ● **le Porto Rico** Portorico

portrait [pɔrtrɛ] *nm* ritratto *m*

portuaire [pɔrtɥɛr] *adj* portuale

portugais, e [pɔrtygɛ, ɛz] *adj* portoghese ◆ **portugais** *nm* (langue) portoghese *m* ◆ **Portugais, e** *nmf sing* portoghese *mf*

Portugal [pɔrtygal] *nm* ● **le Portugal** il Portogallo

pose [poz] *nf* posa *f* ● **prendre la pose** mettersi in posa ● **pellicule 24 poses** rullino da 24 pose

posé, e [poze] *adj* (calme) posato(a)

poser [poze] *vt* **1.** posare **2.** (installer) mettere **3.** (question) fare **4.** (problème) porre ◇ *vi* **1.** (pour une photo) mettersi in posa **2.** (suj : mannequin) posare ◆ **se poser** *vp* (oiseau, avion) posarsi

positif, ive [pozitif, iv] *adj* positivo(a)

position [pozisjɔ̃] *nf* posizione *f*

posologie [pozɔlɔʒi] *nf* posologia *f*

posséder [posede] *vt* possedere

possessif, ive [posesif, iv] *adj* possessivo(a)

possibilité [pɔsibilite] *nf* possibilità *f inv* ● **avoir la possibilité de faire qqch** avere la possibilità di fare qc

possible [pɔsibl] *adj* possibile ◇ *nm* ● **faire son possible (pour faire qqch)** fare il possibile (per fare qc) ● **le plus de... possible** il più possibile di... ● **dès que possible** appena possibile ● **le plus tôt possible** il più presto possibile ● **si possible** se è possibile

postal, e, aux [pɔstal, o] *adj* postale

¹**poste** [pɔst] *nm* **1.** *(emploi)* posto *m* **2.** *(de ligne téléphonique)* interno *m* ● **poste (de police)** commissariato *m* ● **poste de radio** radio *f inv* ● **poste de télévision** televisore *m*

²**poste** [pɔst] *nf* posta *f* ● **bureau de poste** ufficio postale ● **poste restante** fermo posta *m inv*

¹**poster** [pɔste] *vt (lettre)* imbucare

²**poster** [pɔstɛʀ] *nm* poster *m inv*

postérieur, e [pɔsteʀjœʀ] *adj* posteriore ◆ **postérieur** *nm* posteriore *m*

postier, ère [pɔstje, ɛʀ] *nm, f* impiegato *m*, -a *f* della posta

postillonner [pɔstijɔne] *vi* sputacchiare

Post-it ® [pɔstit] *nm inv* post-it ® *m inv*

post-scriptum [pɔstskʀiptɔm] *nm inv* post scriptum *m inv*

posture [pɔstyʀ] *nf* posizione *f*

pot [po] *nm* vasetto *m* ● **pot d'échappement** tubo *m* di scappamento ● **pot de fleurs** vaso *m* di fiori ● **faire un pot** fare una festicciola ● **prendre un pot** bere un bicchiere

potable [pɔtabl] *adj* ➤ **eau**

potage [pɔtaʒ] *nm* potage *m inv*, minestra *f*

potager [pɔtaʒe] *nm* ● **(jardin) potager** orto *m*

pot-au-feu [pɔtofø] *nm inv* bollito di manzo e verdure

pot-de-vin [podvɛ̃] *(pl* pots-de-vin*) nm* tangente *f*, bustarella *f*

poteau, x [pɔto] *nm* palo *m* ● **poteau indicateur** cartello *m*

potée [pɔte] *nf* maiale o manzo stufato con verdure

potentiel, elle [pɔtɑ̃sjɛl] *adj* potenziale ◆ **potentiel** *nm* potenziale *m*

poterie [pɔtʀi] *nf* **1.** *(art)* lavorazione *f* della terracotta **2.** *(objet)* terracotta *f*

potiron [pɔtiʀɔ̃] *nm* zucca *f*

pot-pourri [popuʀi] *(pl* pots-pourris*) nm (fleurs)* pot-pourri *m inv*

pou, x [pu] *nm* pidocchio *m*

poubelle [pubɛl] *nf* pattumiera *f* ● **mettre qqch à la poubelle** buttare qc nella spazzatura

pouce [pus] *nm* pollice *m*

pouding [pudiŋ] *nm* torta a base di pane e frutta candita ● **pouding de cochon** *(Québec)* torta salata a base di carne e fegato di maiale, cipolle e uova

poudre [pudʀ] *nf* **1.** polvere *f* **2.** *(maquillage)* cipria *f* **3.** *(explosif)* polvere *f* da sparo ● **en poudre** in polvere

poudreux, euse [pudʀø, øz] *adj (neige)* farinoso(a)

pouf [puf] *nm* puf *m*

pouffer [pufe] *vi* ● **pouffer (de rire)** scoppiare a ridere

poulailler [pulaje] *nm* pollaio *m*

poulain [pulɛ̃] *nm* puledro *m*

poule [pul] *nf* gallina *f* ● **poule au pot** gallina lessa

poulet [pulε] *nm* pollo *m* • **poulet basquaise** *pollo rosolato con pomodori, peperoni e aglio*

poulie [puli] *nf* puleggia *f*

pouls [pu] *nm* polso *m* • **prendre le pouls à qqn** misurare le pulsazioni a qn

poumon [pumɔ̃] *nm* polmone *m*

poupée [pupe] *nf* (jouet) bambola *f*

pour [puʀ] *prép*

1. (destiné à) per • **c'est pour vous** è per lei • **pour rien** (inutilement) inutilmente

2. (afin de) • **pour faire qqch** per fare qc • **pour que** perché

3. (en raison de) per • **pour avoir fait qqch** per aver fatto qc

4. (à destination de) per • **le vol pour Rome** il volo per Roma • **partir pour** partire per

5. (exprime la durée) per • **on en a encore pour une heure** ne abbiamo ancora per un'ora

6. (somme) • **je voudrais pour deux euros de bonbons** vorrei due euro di caramelle • **nous en avons eu pour 100 euros** abbiamo speso 100 euro

7. (en ce qui concerne) per • **pour moi** (à mon avis) per me

8. (à la place de) per • **signe pour moi** firma per me

9. (en faveur de) per • **être pour qqch** essere per qc • **je suis pour !** sono a favore!

10. (envers) per • **avoir de la sympathie pour qqn** avere simpatia per qn

pourboire [puʀbwaʀ] *nm* mancia *f*

pourcentage [puʀsɑ̃taʒ] *nm* percentuale *f*

pourquoi [puʀkwa] *adv* perché • **c'est pourquoi...** per questo... • **pourquoi pas ?** perché no?

pourra etc ➤ **pouvoir**

pourrir [puʀiʀ] *vi* marcire

pourriture [puʀityʀ] *nf* (partie moisie) marcio *m*

poursuite [puʀsɥit] *nf* inseguimento *m* • **se lancer à la poursuite de qqn** lanciarsi all'inseguimento di qn • **poursuites** *nfpl* DR procedimento *m*

poursuivi, e [puʀsɥivi] *pp* ➤ **poursuivre**

poursuivre [puʀsɥivʀ] *vt* 1. (voleur) inseguire 2. DR perseguire 3. (continuer) proseguire • **se poursuivre** *vp* proseguire

pourtant [puʀtɑ̃] *adv* eppure

pourvu [puʀvy] • **pourvu que** *conj* purché

pousse-pousse [puspus] *nm inv* (Helv) (poussette) passeggino *m*

pousser [puse] *vt* 1. spingere 2. (déplacer) spostare 3. (cri) emettere ◇ *vi* 1. spingere 2. (plante) crescere • **pousser qqn à faire qqch** spingere qn a fare qc • **faire pousser** (plantes, légumes) far crescere • **se laisser pousser les cheveux** farsi crescere i capelli ▼ **poussez** spingere • **se pousser** *vp* spostarsi

poussette [pusεt] *nf* passeggino *m*

poussière [pusjεʀ] *nf* polvere *f*

poussiéreux, euse [pusjeʀø, øz] *adj* polveroso(a)

poussin [pusε̃] *nm* pulcino *m*

poutine [putin] *nf* (Québec) patate fritte coperte di formaggio grattugiato e una salsa scura e speziata

poutre [putʀ] *nf* trave *f*

pouvoir [puvwaʀ] *nm* potere *m* • **le pouvoir** (politique) il potere • **les pouvoirs publics** le autorità

◇ *vt*

1. *(être capable de)* ● **pouvoir faire qqch** poter fare qc ● **pourriez-vous... ?** potrebbe...? ● **tu aurais pu faire ça avant !** avresti potuto farlo prima! ● **je n'en peux plus** non ne posso più ● **je n'y peux rien** non posso farci niente

2. *(être autorisé à)* ● **pouvoir faire qqch** poter fare qc

3. *(exprime l'hypothèse)* potere ● **attention, tu pourrais te blesser** attento, potresti ferirti

◆ **se pouvoir** *vp* ● **il se peut que...** può darsi che... ● **ça se pourrait (bien)** può darsi

prairie [pʀeʀi] *nf* prato *m*

praline [pʀalin] *nf* **1.** pralina *f* **2.** *(Belg)* *(chocolat)* cioccolatino *m*

praliné, e [pʀaline] *adj* pralinato(a)

pratiquant, e [pʀatikã, ãt] *adj* praticante

pratique [pʀatik] *adj* **1.** *(commode)* comodo(a) **2.** *(concret)* pratico(a) ◇ *nf* pratica *f* ● **en pratique** in realtà

pratiquement [pʀatikmã] *adv* praticamente

pratiquer [pʀatike] *vt* praticare

pré [pʀe] *nm* prato *m*

préau, X [pʀeo] *nm (de récréation)* cortile *m* coperto

précaire [pʀekɛʀ] *adj* precario(a)

précariser [pʀekaʀize] *vt* rendere precario(a)

précaution [pʀekosjɔ̃] *nf* precauzione *f* ● **prendre des précautions** prendere delle precauzioni ● **avec précaution** con cautela ● **par précaution** per precauzione

précédent, e [pʀesedã, ãt] *adj* precedente

précéder [pʀesede] *vt* precedere

précieux, euse [pʀesjø, øz] *adj* prezioso(a)

précipice [pʀesipis] *nm* precipizio *m*

précipitation [pʀesipitasjɔ̃] *nf* precipitazione *f* ◆ **précipitations** *nfpl (pluie)* precipitazioni *fpl*

précipiter [pʀesipite] *vt* precipitare ◆ **se précipiter** *vp* precipitarsi ● **se précipiter dans/vers/sur** precipitarsi in/verso/su

précis, e [pʀesi, iz] *adj* preciso(a) ● **à cinq heures précises** alle cinque in punto

préciser [pʀesize] *vt* precisare ◆ **se préciser** *vp* precisarsi

précision [pʀesizjɔ̃] *nf* **1.** precisione *f* **2.** *(explication)* precisazione *f*

précoce [pʀekɔs] *adj* precoce

prédécesseur [pʀedesesœʀ] *nm* predecessore *m*, -a *f*

prédiction [pʀediksjɔ̃] *nf* predizione *f*

prédire [pʀediʀ] *vt* predire

prédit, e [pʀedi, it] *pp* ➤ **prédire**

préfabriqué, e [pʀefabʀike] *adj* prefabbricato(a)

préface [pʀefas] *nf* prefazione *f*

préfecture [pʀefɛktyʀ] *nf* ≃ prefettura *f* ● **préfecture de police** ≃ questura *f*

préféré, e [pʀefeʀe] *adj & nm, f* preferito(a)

préférence [pʀefeʀãs] *nf* preferenza *f* ● **de préférence** preferibilmente

préférer [pʀefeʀe] *vt* preferire ● **préférer faire qqch** preferire fare qc ● **je préférerais qu'elle s'en aille** preferirei che lei se ne andasse

préfet [pʀefɛ] *nm* ≃ prefetto *m*

préhistoire [pʀeistwaʀ] *nf* preistoria *f*
préhistorique [pʀeistɔʀik] *adj* preistorico(a)
préjugé [pʀeʒyʒe] *nm* pregiudizio *m*
prélèvement [pʀelɛvmɑ̃] *nm* prelievo *m*
prélever [pʀeləve] *vt* **1.** *(somme, part)* prelevare **2.** *(sang)* fare un prelievo di
prématuré, e [pʀematyʀe] *adj* & *nm, f* prematuro(a)
prémédité, e [pʀemedite] *adj* premeditato(a)
premier, ère [pʀəmje, ɛʀ] *adj* primo(a) ◇ *nm, f* **1.** primo *m*, -a *f* **2.** *(étage)* primo piano *m* **3.** *(arrondissement)* primo "arrondissement" ● **en premier** *(d'abord)* in primo luogo ; *(arriver)* per primo ● **le premier de l'An** capodanno *m* ● **le premier février** il primo febbraio ● **Premier ministre** Primo ministro
première [pʀəmjɛʀ] *nf* **1.** *SCOL* ≃ quarta *f* superiore **2.** *(vitesse)* prima *f* **3.** *(au théâtre)* prima *f* **4.** *(transports)* prima classe *f* ● **voyager en première (classe)** viaggiare in prima classe
premièrement [pʀəmjɛʀmɑ̃] *adv* in primo luogo
prenais etc ➤ prendre
prendre [pʀɑ̃dʀ] *vt*
1. *(saisir, emporter, enlever)* prendere ● **prendre qqch à qqn** prendere qc a qn ● **passer prendre qqn** passare a prendere qn
2. *(repas, boisson)* ● **qu'est-ce que vous prendrez ?** cosa prende? ● **prendre le petit déjeuner** fare colazione ● **prendre un verre** bere qualcosa
3. *(utiliser)* prendere ● **quelle route dois-je prendre ?** che strada devo prendere?

● **prendre l'avion/le train** prendere l'aereo/il treno
4. *(attraper, surprendre)* prendere ● **se faire prendre** essere preso(a)
5. *(air, ton)* assumere
6. *(considérer)* ● **prendre qqn pour un imbécile** prendere qn per un imbecille
7. *(notes, mesures)* prendere
8. *(poids)* ● **prendre 2 kilos** mettere su 2 chili ● **prendre du poids** ingrassare
9. *(dans des expressions)* ● **qu'est-ce qui te prend ?** che cosa ti prende?
◇ *vi*
1. *(sauce, ciment)* rapprendersi
2. *(feu)* prendere
3. *(se diriger)* ● **prenez à droite** giri a destra
● **se prendre** *vp* ● **se prendre pour** prendersi per ● **s'en prendre à qqn** *(en paroles)* prendersela con qn ● **s'y prendre bien avec qqn** saperci fare con qn ● **s'y prendre mal** sbagliare
prenne etc ➤ prendre
prénom [pʀenɔ̃] *nm* nome *m*
préoccupé, e [pʀeɔkype] *adj* preoccupato(a)
préoccuper [pʀeɔkype] *vt* preoccupare ● **se préoccuper de** *vp + prep* preoccuparsi di
préparatifs [pʀepaʀatif] *nmpl* preparativi *mpl*
préparation [pʀepaʀasjɔ̃] *nf* preparazione *f*
préparer [pʀepaʀe] *vt* preparare ● **se préparer** *vp* prepararsi ● **se préparer à faire qqch** prepararsi a fare qc
préposition [pʀepozisjɔ̃] *nf* preposizione *f*

près [prɛ] *adv* ● **de près** da vicino ● **tout près** vicinissimo ● **près de la mairie** vicino al municipio ● **il a près de 30 ans** ha quasi 30 anni

prescrire [prɛskrir] *vt* prescrivere

prescrit, e [prɛskri, it] *pp* ➤ prescrire

présence [prezɑ̃s] *nf* presenza *f* ● **en présence de** in presenza di

présent, e [prezɑ̃, ɑ̃t] *adj* presente ● **à présent (que)** ora (che) ◆ **présent** *nm* presente *m*

présentateur, trice [prezɑ̃tatœr, tris] *nm, f* presentatore *m*, -trice *f*

présentation [prezɑ̃tasjɔ̃] *nf* presentazione *f* ● **présentations** *nfpl* ● **faire les présentations** fare le presentazioni

présenter [prezɑ̃te] *vt* 1. presentare 2. *(montrer)* mostrare ● **présenter qqn à qqn** presentare qn a qn ◆ **se présenter** *vp* presentarsi ● **se présenter bien/mal** presentarsi bene/male

préservatif [prezɛrvatif] *nm* preservativo *m*

préserver [prezɛrve] *vt* preservare ● **préserver qqn/qqch de** preservare qn/qc da

président, e [prezidɑ̃, ɑ̃t] *nm, f* presidente *mf* ● **le Président de la République** il presidente della repubblica

présider [prezide] *vt* presiedere

presque [prɛsk] *adv* quasi ● **il n'a presque pas de livres** non ha quasi nessun libro ● **il ne reste presque plus de pain** non c'è quasi più pane

presqu'île [prɛskil] *nf* penisola *f*

pressant, e [presɑ̃, ɑ̃t] *adj* urgente

presse [prɛs] *nf (journaux)* stampa *f* ● **presse à sensation** stampa scandalistica

pressé, e [prese] *adj* 1. *(qui a hâte)* ● **un homme/voyageur pressé** un uomo/viaggiatore che va di fretta 2. *(urgent)* urgente 3. *(citron, orange)* spremuto(a) ● **être pressé de faire qqch** aver fretta di fare qc

presse-citron [prɛssitrɔ̃] *nm inv* spremiagrumi *m inv*

pressentiment [presɑ̃timɑ̃] *nm* presentimento *m*

presser [prese] *vt* 1. *(fruit)* spremere 2. *(bouton)* premere ◇ *vi* ● **le temps presse** il tempo stringe ● **rien ne presse** non c'è nessuna fretta ◆ **se presser** *vp* affrettarsi

pressing [presiŋ] *nm* lavanderia *f*

pression [presjɔ̃] *nf* 1. pressione *f* 2. *(bouton)* automatico *m* ● **(bière) pression** birra *f* alla spina

prestidigitateur, trice [prestidiʒitatœr, tris] *nm, f* prestigiatore *m*, -trice *f*

prestige [prestiʒ] *nm* prestigio *m*

prêt, e [prɛ, prɛt] *adj* pronto(a) ● **être prêt à faire qqch** essere disposto(a) a fare qc ◆ **prêt** *nm* FIN prestito *m* ● **prêt bancaire/immobilier** prestito bancario/immobiliare

prêt-à-porter [prɛtaporte] *(pl* prêts-à-porter*) nm* prêt-à-porter *m inv*

prétendre [pretɑ̃dr] *vt* pretendere ● **prétendre que** pretendere che

prétentieux, euse [pretɑ̃sjø, øz] *adj* pretenzioso(a)

prétention [pretɑ̃sjɔ̃] *nf* pretesa *f* ● **sans prétention** senza pretese

prêter [prete] *vt* prestare ● **prêter un livre à qqn** prestare un libro a qn ● **prêter attention à** prestare attenzione a

prétexte [pretekst] *nm* pretesto *m* ● **sous prétexte que** col pretesto che

prétimbré, e [pretɛ̃bre] *adj* ● **enveloppe prétimbrée** busta preaffrancata

prêtre [pretr] *nm* prete *m*

preuve [prœv] *nf* prova *f* ● **faire preuve de** dar prova di ● **faire ses preuves** dimostrarsi efficace

prévenir [prevnir] *vt* **1.** *(avertir)* avvertire **2.** *(empêcher)* prevenire

préventif, ive [prevãtif, iv] *adj* preventivo(a)

prévention [prevãsjɔ̃] *nf* prevenzione *f* ● **prévention routière** *organismo incaricato della prevenzione degli incidenti stradali*

prévenu, e [prevny] *pp* ➤ **prévenir**
◇ *nm, f* DR imputato *m*, -a *f*

prévisible [previzibl] *adj* prevedibile

prévision [previzjɔ̃] *nf* previsione *f* ● **en prévision de** in previsione di ● **prévisions météo(rologiques)** previsioni del tempo

prévoir [prevwar] *vt* prevedere ● **comme prévu** come previsto

prévoyant, e [prevwajã, ãt] *adj* previdente

prévu, e [prevy] *pp* ➤ **prévoir**

prier [prije] *vt & vi* pregare ● **prier qqn de faire qqch** pregare qn di fare qc ● **je vous/t'en prie** prego

prière [prijer] *nf* preghiera *f* ▼ **prière de ne pas fumer** vietato fumare

primaire [primer] *adj* **1.** SCOL elementare **2.** *(péj) (raisonnement, personne)* terra terra *(inv)*

prime [prim] *nf* premio *m* ● **en prime** *(avec un achat)* in omaggio

primeurs [primœr] *nfpl* primizie *fpl*

primevère [primver] *nf* primula *f*

primitif, ive [primitif, iv] *adj* primitivo(a)

prince [prɛ̃s] *nm* principe *m*

princesse [prɛ̃ses] *nf* principessa *f*

principal, e, aux [prɛ̃sipal, o] *adj* principale ● **principal** *nm (d'un collège)* preside *mf* ● **le principal** *(l'essentiel)* l'essenziale *m*

principalement [prɛ̃sipalmã] *adv* principalmente

principe [prɛ̃sip] *nm* principio *m* ● **en principe** in linea di massima

printemps [prɛ̃tã] *nm* primavera *f* ● **au printemps** a ou in primavera

priori ➤ **a priori**

prioritaire [prijoriter] *adj* **1.** prioritario(a) **2.** *(sur la route)* ● **être prioritaire** avere la precedenza

priorité [prijorite] *nf* **1.** priorità *f inv* **2.** *(sur la route)* precedenza *f* ● **priorité à droite** precedenza a destra ● **laisser la priorité** dare la precedenza ▼ **vous n'avez pas la priorité** dare la precedenza

pris, e [pri, priz] *pp* ➤ **prendre**

prise [priz] *nf* **1.** *(à la pêche)* pescato *m* **2.** *(point d'appui)* presa *f* ● **prise (de courant)** *(dans le mur)* presa (della corrente) ; *(fiche)* spina *f* ● **prise multiple** presa multipla ● **prise de sang** prelievo *m* (di sangue)

prison [prizɔ̃] *nf* prigione *f* ● **en prison** in prigione

prisonnier, ère [prizɔnje, ɛr] *nm, f* prigioniero *m*, -a *f*

privé, e [prive] *adj* privato(a) ● **en privé** in privato

priver [prive] *vt* ● **priver qqn de qqch** privare qn di qc ◆ **se priver** *vp* privarsi ● **se priver de qqch** privarsi di qc

privilège [privilɛʒ] *nm* privilegio m

privilégié, e [privileʒje] *adj* privilegiato(a)

prix [pri] *nm* **1.** prezzo m **2.** *(récompense)* premio m ● **à tout prix** a ogni costo

probable [prɔbabl] *adj* probabile

probablement [prɔbabləmɑ̃] *adv* probabilmente

problème [prɔblɛm] *nm* problema m

procédé [prɔsede] *nm* procedimento m

procès [prɔsɛ] *nm* processo m ● **faire un procès à qqn** fare causa a qn

procession [prɔsesjɔ̃] *nf* processione f

processus [prɔsesys] *nm* processo m

procès-verbal, aux [prɔsevɛrbal, o] *nm (contravention)* multa f

prochain, e [prɔʃɛ̃, ɛn] *adj* prossimo(a) ● **la semaine prochaine** la settimana prossima

proche [prɔʃ] *adj* vicino(a) ● **être proche de** *(lieu, but)* essere vicino(a) a ; *(personne, ami)* essere intimo(a) di ● **le Proche-Orient** il Medioriente m

procréation [prɔkreasjɔ̃] *nf* procréation médicalement assistée procreazione f assistita

procuration [prɔkyrasjɔ̃] *nf* procura f ● **donner procuration à qqn** conferire una procura a qn

procurer [prɔkyre] ◆ **se procurer** *vp (marchandise)* procurarsi

procureur, e [prɔkyrœr] *nm, f* ● **procureur de la République** procuratore m del-

la Repubblica ● **procureur général** procuratore generale

prodigieux, euse [prɔdiʒjø, øz] *adj* prodigioso(a)

producteur, trice [prɔdyktœr, tris] *nm, f* produttore m, -trice f

production [prɔdyksjɔ̃] *nf* produzione f

produire [prɔdɥir] *vt* produrre ◆ **se produire** *vp* prodursi

produit, e [prɔdɥi, it] *pp* ➤ **produire** ◆ **produit** *nm* prodotto m ● **produits de beauté** prodotti di bellezza ● **produits laitiers** latticini *mpl*

prof [prɔf] *nmf (fam)* prof *mf inv*

professeur [prɔfesœr] *nm* professore m, -essa f ● **professeur d'anglais/de piano** professore d'inglese/di piano

profession [prɔfesjɔ̃] *nf* professione f ● **profession libérale** libera professione

professionnel, elle [prɔfesjɔnɛl] *adj* **1.** *(activité, expérience)* professionale **2.** *(sportif)* professionista ◇ *nm, f* professionista *mf*

profil [prɔfil] *nm* profilo m ● **de profil** di profilo ● **profil utilisateur** INFORM profilo utente

profit [prɔfi] *nm* profitto m ● **tirer profit de qqch** trarre profitto da qc

profiter [prɔfite] ◆ **profiter de** *v + prep* approfittare di

profiteroles [prɔfitrɔl] *nfpl* ● **profiteroles au chocolat** profiterole *m inv* al cioccolato

profond, e [prɔfɔ̃, ɔ̃d] *adj* profondo(a)

profondeur [prɔfɔ̃dœr] *nf* profondità f *inv* ● **à 10 mètres de profondeur** a 10 metri di profondità

programmateur [pʀɔgʀamatœʀ] *nm* programmatore *m*

programme [pʀɔgʀam] *nm* programma *m*

programmer [pʀɔgʀame] *vt* programmare

programmeur, euse [pʀɔgʀamœʀ, øz] *nm, f* programmatore *m*, -trice *f*

progrès [pʀɔgʀɛ] *nm* progresso *m* ● **être en progrès** migliorare ● **faire des progrès** fare progressi

progresser [pʀɔgʀese] *vi (s'améliorer)* fare progressi

progressif, ive [pʀɔgʀesif, iv] *adj* progressivo(a)

progressivement [pʀɔgʀesivmã] *adv* progressivamente

proie [pʀwa] *nf* preda *f*

projecteur [pʀɔʒɛktœʀ] *nm* proiettore *m*

projection [pʀɔʒɛksjɔ̃] *nf* proiezione *f*

projectionniste [pʀɔʒɛksjɔnist] *nmf* proiezionista *mf*

projet [pʀɔʒɛ] *nm* progetto *m* ● **projet de loi** disegno *m* di legge

projeter [pʀɔʒte] *vt* **1.** proiettare **2.** *(envisager)* progettare ● **projeter de faire qqch** progettare di fare qc

prolongation [pʀɔlɔ̃gasjɔ̃] *nf* prolungamento *m* ◆ **prolongations** *nfpl* SPORT tempi *mpl* supplementari

prolongement [pʀɔlɔ̃ʒmã] *nm (agrandissement)* prolungamento *m* ● **être dans le prolongement de** *(dans l'espace)* essere la continuazione di

prolonger [pʀɔlɔ̃ʒe] *vt* prolungare ◆ **se prolonger** *vp* prolungarsi

promenade [pʀɔmnad] *nf* passeggiata *f* ● **faire une promenade** fare una passeggiata

promener [pʀɔmne] *vt* portare a passeggio ou a spasso ◆ **se promener** *vp* andare a passeggio ou a spasso

promesse [pʀɔmɛs] *nf* promessa *f* ● **tenir ses promesses** mantenere le proprie promesse

promettre [pʀɔmɛtʀ] *vt* ● **promettre qqch à qqn** promettere qc a qn ● **promettre à qqn de faire qqch** promettere a qn di fare qc ● **c'est promis** promesso

promis, e [pʀɔmi, iz] *pp* ➤ **promettre**

promotion [pʀɔmɔsjɔ̃] *nf* promozione *f* ● **en promotion** *(article)* in offerta

pronom [pʀɔnɔ̃] *nm* pronome *m*

prononcer [pʀɔnɔ̃se] *vt* pronunciare ◆ **se prononcer** *vp* pronunciarsi ● **se prononcer sur qqch** pronunciarsi riguardo a qc ● **se prononcer en faveur de** pronunciarsi a favore di

prononciation [pʀɔnɔ̃sjasjɔ̃] *nf* pronuncia *f*

pronostic [pʀɔnɔstik] *nm* pronostico *m*

propagande [pʀɔpagɑ̃d] *nf* propaganda *f*

propager [pʀɔpaʒe] *vt* propagare ◆ **se propager** *vp* propagarsi

prophétie [pʀɔfesi] *nf* profezia *f*

propice [pʀɔpis] *adj* propizio(a)

proportion [pʀɔpɔʀsjɔ̃] *nf* **1.** proporzione *f* **2.** *(pourcentage)* percentuale *f*

proportionnel, elle [pʀɔpɔʀsjɔnɛl] *adj* proporzionale *a* ● **proportionnel à** proporzionale a

propos [pʀɔpo] *nmpl (paroles)* parole *fpl* ◇ *nm* ● **à propos** a proposito ● **à propos de** a proposito di

proposer [prɔpoze] *vt* proporre ● **proposer à qqn de faire qqch** proporre a qn di fare qc

proposition [prɔpozisjɔ̃] *nf* proposta *f*

propre [prɔpr] *adj* 1. pulito(a) 2. *(sens)* proprio(a) ● **avec ma propre voiture** con la mia macchina

proprement [prɔprəmɑ̃] *adv (manger, travailler)* bene

propreté [prɔprəte] *nf* pulizia *f*

propriétaire [prɔprijetɛr] *nmf* proprietario *m*, -a *f*

propriété [prɔprijete] *nf* proprietà *f inv* ▼ propriété privée proprietà privata

prose [proz] *nf* prosa *f*

prospectus [prɔspɛktys] *nm* volantino *m*

prospère [prɔspɛr] *adj* prospero(a)

prostitué, e [prɔstitɥe] *nm, f* gigolò *m inv*, prostituta *f*

protection [prɔtɛksjɔ̃] *nf* protezione *f*

protège-cahier, s [prɔtɛʒkaje] *nm* copertina *f*

protège-poignets [prɔtɛʒpwaɲɛ] *nm inv* polsiera *f*

protéger [prɔteʒe] *vt* proteggere ● **protéger qqn de** ou **contre qqch** proteggere qn da qc ◆ **se protéger (de)** *vp +* 1. mettersi al riparo (da) 2. *(sexuellement)* proteggersi (da)

protestant, e [prɔtɛstɑ̃, ɑ̃t] *adj* & *nm, f* protestante

protester [prɔteste] *vi* protestare

prothèse [prɔtɛz] *nf* protesi *f inv*

prototype [prɔtɔtip] *nm* prototipo *m*

prouesse [pruɛs] *nf* prodezza *f*

prouver [pruve] *vt* provare ● **prouver le contraire** dimostrare il contrario

provenance [prɔvnɑ̃s] *nf* provenienza *f* ● **en provenance de** proveniente da

provençal, e, aux [prɔvɑ̃sal, o] *adj* provenzale

Provence [prɔvɑ̃s] *nf* ● **la Provence** la Provenza *(regione nel sudest della Francia)*

provenir [prɔvnir] ◆ **provenir de** *v + prep* provenire da

proverbe [prɔvɛrb] *nm* proverbio *m*

province [prɔvɛ̃s] *nf (région)* provincia *f*

provincial, e, aux [prɔvɛ̃sjal, o] *adj (hors Paris)* provinciale

proviseur [prɔvizœr] *nm* preside *mf*

provisions [prɔvizjɔ̃] *nfpl* provviste *fpl*

provisoire [prɔvizwar] *adj* provvisorio(a)

provocant, e [prɔvɔkɑ̃, ɑ̃t] *adj* 1. provocatorio(a) 2. *(regard, sourire)* provocante

provoquer [prɔvɔke] *vt* provocare

proximité [prɔksimite] *nf* ● **à proximité (de)** in prossimità (di) ● **commerce de proximité** negozio di quartiere ● **police de proximité** polizia di quartiere

prudemment [prydamɑ̃] *adv* con prudenza

prudence [prydɑ̃s] *nf* prudenza *f* ● **avec prudence** con prudenza

prudent, e [prydɑ̃, ɑ̃t] *adj* prudente

prune [pryn] *nf* prugna *f*

pruneau, x [pryno] *nm* prugna *f* secca

PS *nm* 1. *(abr de post-scriptum)* P.S. 2. *(abr de parti socialiste)* partito socialista francese

psychanalyse [psikanaliz] *nf* psicanalisi *f inv*

psychanalyste [psikanalist] *nmf* psicanalista *mf*

psychiatre [psikjatʀ] *nmf* psichiatra *mf*
psychologie [psikɔlɔʒi] *nf* psicologia *f*
psychologique [psikɔlɔʒik] *adj* psicologico(a)
psychologue [psikɔlɔg] *nmf* psicologo *m*, -a *f*
pu [py] *pp* ➤ **pouvoir**
¹**pub** [pœb] *nm* pub *m inv*
²**pub** [pyb] *nf (fam)* pubblicità *f inv*
public, ique [pyblik] *adj* pubblico(a) ♦ **public** *nm* pubblico *m* ● **en public** in pubblico
publication [pyblikasjɔ̃] *nf* pubblicazione *f*
publicitaire [pyblisitɛʀ] *adj* pubblicitario(a)
publicité [pyblisite] *nf* pubblicità *f inv*
publier [pyblije] *vt* pubblicare
puce [pys] *nf* 1. (*insecte*) pulce *f* 2. *INFORM* chip *m inv*
pudding [pudiŋ] = **pouding**
pudique [pydik] *adj* pudico(a)
puer [pɥe] *vi* puzzare ◇ *vt* puzzare di
puéricultrice [pɥeʀikyltʀis] *nf* puericultrice *f*
puéril, e [pɥeʀil] *adj* puerile
puis [pɥi] *adv* poi
puisque [pɥiskə] *conj* dato che
puissance [pɥisɑ̃s] *nf* potenza *f*
puissant, e [pɥisɑ̃, ɑ̃t] *adj* 1. (*influent*) potente 2. (*fort*) possente
puisse etc ➤ **pouvoir**
puits [pɥi] *nm* pozzo *m* ● **puits de pétrole** pozzo di petrolio
pull(-over), s [pyl(ɔvɛʀ)] *nm* maglione *m*
pulpe [pylp] *nf* polpa *f*
pulsation [pylsasjɔ̃] *nf* pulsazione *f*

pulvérisateur [pylveʀizatœʀ] *nm* polverizzatore *m*
pulvériser [pylveʀize] *vt* polverizzare
punaise [pynɛz] *nf* 1. (*insecte*) cimice *f* 2. (*clou*) puntina *f*
¹**punch** [pɔ̃ʃ] *nm* (*boisson*) punch *m inv*
²**punch** [pœnʃ] *nm* (*fam*) (*énergie*) grinta *f*
punir [pyniʀ] *vt* punire
punition [pynisjɔ̃] *nf* punizione *f*
pupille [pypij] *nf* (*de l'œil*) pupilla *f*
pupitre [pypitʀ] *nm* 1. (*bureau*) banco *m* 2. (*à musique*) leggio *m*
pur, e [pyʀ] *adj* puro(a)
purée [pyʀe] *nf* purè *m inv* ● **purée (de pommes de terre)** purè (di patate)
pureté [pyʀte] *nf* purezza *f*
purger [pyʀʒe] *vt* 1. *MÉD* purgare 2. (*radiateur, tuyau*) pulire 3. (*peine de prison*) scontare
purification [pyʀifikasjɔ̃] *nf* ● **purification ethnique** purificazione *f* etnica
purifier [pyʀifje] *vt* purificare
pur-sang [pyʀsɑ̃] *nm inv* purosangue *m inv*
pus [py] *nm* pus *m inv*
puzzle [pœzl] *nm* puzzle *m inv*
PV (*abr de procès-verbal*) *nm* multa *f*
PVC (*abr de polyvinyl chloride*) *nm* PVC *m (polivinilcloruro)*
pyjama [piʒama] *nm* pigiama *m*
pylône [pilon] *nm* pilone *m*
pyramide [piʀamid] *nf* piramide *f* ♦ **Pyramide du Louvre** *n* piramide del Louvre
Pyrénées [piʀene] *nfpl* ● **les Pyrénées** i Pirenei
Pyrex® [piʀɛks] *nm* pyrex® *m inv*

q Q

QI (abr de quotient intellectuel) nm QI m inv (quoziente d'intelligenza)

quad [kwad] nm (moto) quad m inv

quadra [kadʀa] (abr de quadragénaire) (fam) nmf quarantenne mf

quadrillé, e [kadʀije] adj (papier) quadrettato(a)

quadruple [k(w)adʀypl] nm • le quadruple (de) il quadruplo (di)

quai [kɛ] nm 1. (de port) banchina f 2. (de gare) binario m 3. (du métro) marciapiede m

qualification [kalifikasjɔ̃] nf 1. SPORT qualificazione f 2. (diplôme) qualifica f

qualifié, e [kalifje] adj qualificato(a)

qualifier [kalifje] vt • qualifier qqn/qqch de qualificare qn/qc di • se qualifier vp qualificarsi

qualité [kalite] nf qualità f inv • de (bonne) qualité di (buona) qualità

quand [kɑ̃] adv & conj quando • quand même (malgré tout) comunque • quand même, tu exagères ! certo che esageri ! • quand même ! (finalement) alla buonora !

quant [kɑ̃] ◆ **quant à** prép quanto a

quantité [kɑ̃tite] nf quantità f inv • une quantité ou des quantités de (beaucoup de) una grande quantità di

quarantaine [kaʀɑ̃tɛn] nf (isolement) quarantena f • être en quarantaine essere in quarantena • une quarantaine (de)

una quarantina (di) • avoir la quarantaine essere sulla quarantina

quarante [kaʀɑ̃t] adj num & pron num quaranta ◇ quaranta m • il a quarante ans ha quaranta anni • page quarante pagina quaranta • ils étaient quarante erano (in) quaranta • (au) quarante rue Lepic al numero quaranta di rue Lepic

quarantième [kaʀɑ̃tjɛm] adj num & pron num quarantesimo(a) ◇ nm (fraction) quarantesimo m

quart [kaʀ] nm quarto m • il est cinq heures et quart sono le cinque e un quarto • il est cinq heures moins le quart sono le cinque meno un quarto • un quart d'heure un quarto d'ora

quartier [kaʀtje] nm 1. (d'une ville) quartiere m 2. (de fruit) spicchio m • le Quartier Latin il quartiere Latino

Le Quartier Latin

Questo quartiere a sud della Senna rappresenta il cuore della Parigi studentesca: sorge intorno alla Sorbona e si estende su una parte del quinto e del sesto arrondissement. Il Quartiere Latino è celebre, oltre che per l'Università ed alcuni dei più illustri licei, anche per le librerie, le biblioteche, i caffè e i cinema.

quart-monde [kaʀmɔ̃d] (pl quarts-mondes) nm • le quart-monde il quarto mondo

quartz [kwaʀts] nm quarzo m • montre à quartz orologio al quarzo

quasiment [kazimɑ̃] adv quasi

quatorze [katɔʀz] *adj num & pron num* quattordici ◇ *nm* quattordici *m* ● **il a quatorze ans** ha quattordici anni ● **il est quatorze heures** sono le quattordici ● **le quatorze janvier** il quattordici gennaio ● **page quatorze** pagina quattordici ● **ils étaient quatorze** erano (in) quattordici ● **(au) quatorze rue Lepic** al numero quattordici di rue Lepic

quatorzième [katɔʀzjɛm] *adj num & pron num* quattordicesimo(a) ◇ *nm* **1.** *(fraction)* quattordicesimo *m* **2.** *(étage)* quattordicesimo *m* (piano) **3.** *(arrondissement)* quattordicesimo "arrondissement"

quatre [katʀ] *adj num & pron num* quattro ◇ *nm* quattro *m inv* ● **monter les escaliers quatre à quatre** salire le scale a quattro a quattro ● **à quatre pattes** a quattro zampe ● **il a quatre ans** ha quattro anni ● **il est quatre heures** sono le quattro ● **le quatre janvier** il quattro gennaio ● **page quatre** pagina quattro ● **ils étaient quatre** erano in quattro ● **le quatre de pique** il quattro di picche ● **(au) quatre rue Lepic** rue Lepic numero quattro

quatre-quarts [katkaʀ] *nm inv* dolce preparato con quantità uguali di farina, burro, zucchero e uova

quatre-quatre [katkatʀ] *nm inv* fuoristrada *m inv*

quatre-vingt [katʀəvɛ̃] = **quatre-vingts**

quatre-vingt-dix [katʀəvɛ̃dis] *adj num & pron num* novanta ◇ *nm* novanta *m inv* ● **il a quatre-vingt-dix ans** ha novant'anni ● **page quatre-vingt-dix** pagina novanta ● **ils étaient quatre-vingt-dix** erano (in) novanta ● **(au) quatre-vingt-dix rue Lepic** al numero novanta di rue Lepic

quatre-vingt-dixième [katʀəvɛ̃dizjɛm] *adj num & pron num* novantesimo(a) ◇ *nm (fraction)* novantesimo *m*

quatre-vingtième [katʀəvɛ̃tjɛm] *num* ottantesimo(a) ➤ **sixième**

quatre-vingts [katʀəvɛ̃] *adj num & pron num* ottanta ◇ *nm* ottanta *m* ● **il a quatre-vingts ans** ha ottant'anni ● **quatre-vingt trois ans** ottantatré anni ● **page quatre-vingts** pagina ottanta ● **ils étaient quatre-vingts** erano (in) ottanta ● **(au) quatre-vingts rue Lepic** al numero ottanta di rue Lepic

quatrième [katʀijɛm] *adj num & pron num* quarto(a) ◇ *nf* **1.** SCOL ≃ terza *f* media **2.** *(vitesse)* quarta *f* ◇ *nm* **1.** *(fraction)* quarto *m* **2.** *(étage)* quarto piano *m* **3.** *(arrondissement)* quarto "arrondissement"

que [kə] *conj*
1. *(introduit une subordonnée)* che ● **voulez-vous que je ferme la fenêtre ?** vuole che chiuda la finestra? ● **je sais que tu es là** so che ci sei
2. *(dans une comparaison)* ➤ **aussi, autant, même, moins, plus**
3. *(exprime l'hypothèse)* ● **que nous partions aujourd'hui ou demain...** che si parta oggi o domani...
4. *(remplace une autre conjonction)* ● **comme il pleut et que je n'ai pas de parapluie...** siccome piove e non ho l'ombrello...
5. *(exprime une restriction)* ● **ne... que** solo ● **je n'ai qu'une sœur** ho solo una sorella

◇ *pron rel* che ● **la personne que vous voyez là-bas** la persona che vedete laggiù ● **le train que nous prenons part dans dix minutes** il treno che prendiamo parte tra dieci minuti ● **les livres qu'il m'a prêtés** i libri che mi ha prestato

◇ *pron interr* (che) cosa ● **qu'a-t-il dit** ou **qu'est-ce qu'il a dit?** (che) cosa ha detto? ● **qu'est-ce qui ne va pas ?** (che) cosa c'è che non va? ● **je ne sais plus que faire** non so più (che) cosa fare

◇ *adv (dans une exclamation)* **que c'est beau** ou **qu'est-ce que c'est beau ! che bello!**

Québec [kebɛk] *nm* ● **le Québec** il Québec

québécois, e [kebekwa, az] *adj* del Québec, quebecchese ◆ **Québécois, e** *nm, f* quebecchese *mf*

quel, quelle [kɛl] *adj*
1. *(interrogatif : personne)* quale ● **quels amis comptez-vous aller voir ?** quali amici contate di andare a trovare? ● **quelle vendeuse vous a conseillé ?** da quale commessa è stata consigliata?
2. *(interrogatif : chose)* quale ● **quelle heure est-il ?** che ora è ou che ore sono? ● **quel vin préfères-tu ?** quale vino preferisci?
3. *(exclamatif)* che ● **quel beau temps !** che bel tempo!
4. *(avec "que")* ● **tous les Français, quels qu'ils soient** tutti i francesi, senza distinzioni ● **quel que soit le temps** qualunque tempo faccia

◇ *pron interr* quale ● **quel est le plus intéressant des deux musées ?** qual è il più interessante dei due musei?

quelconque [kɛlkɔ̃k] *adj* qualunque

quelque [kɛlk(ə)] *adj* **1.** *(un peu de)* un po' di **2.** *(avec "que")* qualunque ● **dans quelque temps** tra un po' di tempo ● **quelque route que je prenne** qualunque strada io prenda ◆ **quelques** *adj* **1.** *(plusieurs)* alcuni(e) **2.** *(dans des expressions)* ● **30 euros et quelques** 30 euro e qualcosa ● **il est midi et quelques** è mezzogiorno e qualcosa ● **j'ai quelques lettres à écrire** ho alcune lettere da scrivere ● **aurais-tu quelques pièces pour le téléphone ?** avresti qualche moneta per il telefono?

quelque chose [kɛlkəʃoz] *pron* qualcosa ● **il y a quelque chose de bizarre** c'è qualcosa di strano

quelquefois [kɛlkəfwa] *adv* talvolta

quelque part [kɛlkəpaʀ] *adv* da qualche parte

quelques-uns, quelques-unes [kɛlkəzœ̃, kɛlkəzyn] *pron* alcuni(e)

quelqu'un [kɛlkœ̃] *pron* qualcuno

qu'en-dira-t-on [kɑ̃diratɔ̃] *nm inv* ● **le qu'en-dira-t-on** le dicerie *fpl*

quenelle [kənɛl] *nf* piatto tipico di Lione a base di latte, farina e uova, insaporito con pesce, carne bianca o funghi

qu'est-ce que [kɛskə] ➤ **que**

qu'est-ce qui [kɛski] ➤ **que**

question [kɛstjɔ̃] *nf* **1.** domanda *f* **2.** *(sujet)* questione *f* ● **l'affaire en question** il caso in questione ● **dans ce chapitre, il est question de...** questo capitolo tratta di... ● **il est question de construire une**

piscine si parla di costruire una piscina ● **(il n'en est) pas question !** non se ne parla nemmeno! ● **remettre qqch en question** rimettere qc in questione

questionnaire [kɛstjɔnɛʀ] *nm* questionario *m*

questionner [kɛstjɔne] *vt* interrogare

quête [kɛt] *nf* (d'argent) questua *f* ● **faire la quête** fare la questua ● **être en quête de qqch** essere in cerca ou alla ricerca di qc

quêter [kete] *vi* fare la questua

quetsche [kwɛtʃ] *nf* susina *f* (di tipo quetsche)

queue [kø] *nf* coda *f* ● **faire la queue** fare la coda ● **à la queue leu leu** in fila indiana ● **faire une queue de poisson à qqn** tagliare la strada a qn

queue-de-cheval [kødʃəval] (*pl* queues-de-cheval) *nf* coda *f* di cavallo

qui [ki] *pron rel*
1. (sujet) che ● **les passagers qui doivent changer d'avion** i passeggeri che devono cambiare aereo ● **la route qui mène à Calais** la strada che va a Calais
2. (complément d'objet direct) chi ● **tu vois qui je veux dire** sai chi voglio dire ● **invite qui tu veux** invita chi vuoi
3. (complément d'objet indirect) cui ● **la personne à qui j'ai parlé** la persona a cui ho parlato
4. (quiconque) ● **qui que ce soit** chiunque sia
5. (dans des expressions) ● **qui plus est...** per di più...
◇ *pron interr*
1. (sujet) chi ● **qui êtes-vous ?** chi è lei?

● **je voudrais savoir qui sera là** vorrei sapere chi ci sarà
2. (complément d'objet direct) chi ● **qui demandez-vous** ou **qui est-ce que vous demandez ?** chi vuole? ● **dites-moi qui vous demandez** mi dica chi vuole
3. (complément d'objet indirect) chi ● **à qui dois-je m'adresser ?** a chi devo rivolgermi?

quiche [kiʃ] *nf* ● **quiche lorraine** *torta salata di pasta frolla ripiena di uova, panna e pezzi di pancetta*

quiconque [kikõk] *pron* chiunque (+ *subjonctif*)

quille [kij] *nf* **1.** (de jeu) birillo *m* **2.** (d'un bateau) chiglia *f*

quincaillerie [kēkajʀi] *nf* (boutique) ferramenta *m inv*

quinqua [kēka] (abr de quinquagénaire) (fam) *nmf* cinquantenne *f*

quinquennat [kēkena] *nm* quinquennio *m*

quinte [kēt] *nf* ● **quinte de toux** accesso *m* di tosse

quintuple [kētypl] *nm* ● **le quintuple (de)** il quintuplo (di)

quinzaine [kēzen] *nf* **quindicina** *f* ● **une quinzaine (de)** (environ quinze) una quindicina (di)

quinze [kēz] *adj num & pron num* quindici ◇ *nm* quindici *m* ● **il a quinze ans** ha quindici anni ● **il est quinze heures** sono le quindici ● **le quinze janvier** il quindici gennaio ● **page quinze** pagina quindici ● **ils étaient quinze** erano (in) quindici ● **(au) quinze rue Lepic** al numero quindici di rue Lepic

quinzième [kɛ̃zjɛm] *adj num* & *pron num* quindicesimo(a) ◇ *nm* **1.** *(fraction)* quindicesimo *m* **2.** *(étage)* quindicesimo *m* *(piano)* **3.** *(arrondissement)* quindicesimo "arrondissement"

quiproquo [kipʀɔko] *nm* qui pro quo *m inv*

quittance [kitɑ̃s] *nf* quietanza *f*

quitte [kit] *adj* ● **être quitte envers qqn** non dover niente a qn ● **nous sommes quittes** siamo pari ● **quitte à faire qqch** a costo di fare qc

quitter [kite] *vt* **1.** lasciare **2.** INFORM chiudere ● **ne quittez pas** *(au téléphone)* resti in linea ● **se quitter** *vp* lasciarsi

quoi [kwa] *pron interr*
1. *(employé seul)* ● **c'est quoi ?** *(fam)* cos'è? ● **quoi de neuf ?** novità? ● **quoi ?** *(pour faire répéter)* cosa?
2. *(complément d'objet direct)* (che) cosa ● **je ne sais pas quoi dire** non so (che) cosa dire
3. *(après une préposition)* cosa ● **à quoi penses-tu ?** a cosa pensi? ● **à quoi bon ?** a che pro?
4. *(dans des expressions)* ● **tu viens ou quoi ?** *(fam)* vieni o no? ● **quoi que** qualsiasi cosa ● **quoi qu'il en soit...** comunque sia...
◇ *pron rel (après une préposition)* ● **ce à quoi je pense** quello a cui penso ● **avoir de quoi manger/vivre** avere di che mangiare/vivere ● **avez-vous de quoi écrire ?** avete qualcosa con cui scrivere? ● **merci - il n'y a pas de quoi** grazie - non c'è di che

quoique [kwakə] *conj* benché

quotidien, enne [kɔtidjɛ̃, ɛn] *adj* quotidiano(a) ◆ **quotidien** *nm* quotidiano *m*

quotient [kɔsjã] *nm* quoziente *m* ● **quotient intellectuel** quoziente di intelligenza

rabâcher [ʀabaʃe] *vt* *(fam)* ripetere in continuazione

rabais [ʀabɛ] *nm* sconto *m*

rabaisser [ʀabese] *vt* sminuire

rabat [ʀaba] *nm* **1.** *(de poche)* patta *f* **2.** *(d'enveloppe)* lembo *m*

rabat-joie [ʀabaʒwa] *nm inv* guastafeste *mf inv*

rabattre [ʀabatʀ] *vt* *(replier)* rivoltare ◆ **se rabattre** *vp* *(automobiliste)* rientrare nella corsia ● **se rabattre sur** *(choisir)* ripiegare su

rabbin [ʀabɛ̃] *nm* rabbino *m*

rabot [ʀabo] *nm* pialla *f*

raboter [ʀabɔte] *vt* piallare

rabougri, e [ʀabugʀi] *adj* rachitico(a)

raccommoder [ʀakɔmɔde] *vt* rammendare

raccompagner [ʀakɔ̃paɲe] *vt* riaccompagnare

raccord [ʀakɔʀ] *nm* raccordo *m*

raccourci [ʀakuʀsi] *nm* **1.** scorciatoia *f* **2.** INFORM collegamento *m* ● **créer un raccourci (sur le bureau)** creare un collegamento (sul desktop) ● **raccourci clavier** tasto *m* di scelta rapida

raccourcir [ʀakuʀsiʀ] *vt* accorciare (*vr*) ◇ *vi (jours)* accorciarsi

raccrocher [ʀakʀɔʃe] *vt* & *vi* riattaccare ● **ne raccroche pas !** *(au téléphone)* aspetta, non riattaccare!

race [ʀas] *nf* razza *f* ● **de race** di razza

racheter [ʀaʃte] *vt (acheter plus de)* ricomprare ● **racheter qqch à qqn** *(acheter d'occasion)* comprare qc da qn ● **se racheter** *vp* riscattarsi

racial, e, aux [ʀasjal, o] *adj* razziale

racine [ʀasin] *nf* radice *f* ● **racine carrée** radice quadrata

racisme [ʀasism] *nm* razzismo *m*

raciste [ʀasist] *adj* & *nm, f* razzista

racket [ʀaket] *nm* racket *m inv*

racketter [ʀakete] *vt* taglieggiare

raclée [ʀakle] *nf* **1.** *(correction)* (bella) lezione *f* **2.** *(défaite)* (bella) batosta *f*

racler [ʀakle] *vt* raschiare ◆ **se racler** *vp* ● **se racler la gorge** schiarirsi la gola

raclette [ʀaklet] *nf (plat)* piatto d'origine svizzera a base di formaggio fuso, patate bollite e, eventualmente, salumi

racontars [ʀakɔ̃taʀ] *nmpl (fam)* pettegolezzi *mpl*

raconter [ʀakɔ̃te] *vt* raccontare ● **raconter qqch à qqn** raccontare qc a qn ● **raconter à qqn que** raccontare a qn che ● **on raconte que...** si dice che...

radar [ʀadaʀ] *nm* **1.** radar *m inv* **2.** *(pour contrôle de vitesse)* autovelox *m inv*

radeau, x [ʀado] *nm* zattera *f*

radiateur [ʀadjatœʀ] *nm* radiatore *m*

radiations [ʀadjasjɔ̃] *nfpl* radiazioni *fpl*

radical, e, aux [ʀadikal, o] *adj* radicale ◆ **radical** *nm (d'un mot)* radicale *m*

radieux, euse [ʀadjø, øz] *adj* radioso(a)

radin, e [ʀadɛ̃, in] *adj (fam)* tirchio(a)

radio [ʀadjo] *nf* **1.** radio *f inv* **2.** MÉD radiografia *f*

radioactif, ive [ʀadjoaktif, iv] *adj* radioattivo(a)

radiocassette [ʀadjokaset] *nf* radioregistratore *m*

radiographie [ʀadjogʀafi] *nf* radiografia *f*

radiologue [ʀadjolɔg] *nmf* radiologo *m*, -a *f*

radio-réveil [ʀadjoʀevej] *(pl radios-réveils)* *nm* radiosveglia *f*

radis [ʀadi] *nm* ravanello *m*

radoter [ʀadote] *vi* ripetersi

radoucir [ʀadusiʀ] ◆ **se radoucir** *vp (temps)* mitigarsi

rafale [ʀafal] *nf* raffica *f*

raffermir [ʀafɛʀmiʀ] *vt* rassodare

raffiné, e [ʀafine] *adj* raffinato(a)

raffinement [ʀafinmã] *nm* raffinatezza *f*

raffinerie [ʀafinʀi] *nf* raffineria *f*

raffoler [ʀafɔle] ◆ **raffoler de** *v + prep* andar matto ou pazzo per

rafler [ʀafle] *vt (fam) (emporter)* fare razzia di

rafraîchir [ʀafʀeʃiʀ] *vt* **1.** *(atmosphère, boisson)* rinfrescare **2.** *(vêtement)* dare una rinfrescata a **3.** *(cheveux)* spuntare **4.** INFORM aggiornare ◆ **se rafraîchir** *vp* rinfrescarsi

rafraîchissant, e [ʀafʀeʃisã, ãt] *adj* rinfrescante

rafraîchissement [ʀafʀeʃismã] *nm (boisson)* bevanda *f* fresca

rage [ʀaʒ] *nf* rabbia *f* ● **rage de dents** forte mal *m* di denti

ragots [ʀago] *nmpl* (*fam*) pettegolezzi *mpl*

ragoût [ʀagu] *nm* stufato *m*

raide [ʀɛd] *adj* 1. (*corde, cheveux*) dritto(a) 2. (*personne, démarche*) rigido(a) 3. (*pente*) ripido(a) ◇ *adv* ● **tomber raide mort** cadere morto stecchito

raidir [ʀediʀ] *vt* irrigidire ◆ **se raidir** *vp* irrigidirsi

raie [ʀɛ] *nf* 1. riga *f* 2. (*poisson*) razza *f*

rails [ʀaj] *nmpl* rotaie *fpl*

rainure [ʀenyʀ] *nf* scanalatura *f*

raisin [ʀezɛ̃] *nm* uva *f* ● **raisins secs** uva passa, uvetta *f*

raison [ʀezɔ̃] *nf* ragione *f* ● **avoir raison (de faire qqch)** avere ragione (a fare qc) ● **en raison de** a causa di ● **à raison de** nella misura di

raisonnable [ʀezɔnabl] *adj* ragionevole

raisonnement [ʀezɔnmɑ̃] *nm* ragionamento *m*

raisonner [ʀezɔne] *vi* ragionare ◇ *vt* (*calmer*) far ragionare

rajeunir [ʀaʒœniʀ] *vi* ringiovanire ◇ *vt* (*faire paraître plus jeune*) ringiovanire

rajouter [ʀaʒute] *vt* aggiungere

ralenti [ʀalɑ̃ti] *nm* 1. (*d'un moteur*) minimo *m* 2. (*au cinéma*) rallentatore *m* ● **au ralenti** (*fonctionner*) a velocità ridotta ; (*passer une scène*) al rallentatore

ralentir [ʀalɑ̃tiʀ] *vt & vi* rallentare

râler [ʀale] *vi* (*fam*) brontolare

rallonge [ʀalɔ̃ʒ] *nf* prolunga *f*

rallonger [ʀalɔ̃ʒe] *vt* allungare ◇ *vi* (*jours*) allungarsi

rallumer [ʀalyme] *vt* riaccendere

rallye [ʀali] *nm* (*course automobile*) rally *m inv*

RAM [ʀam] (*abr de Random access memory*) *nf inv* RAM *f inv*

ramadan [ʀamadɑ̃] *nm* ramadan *m inv*

ramassage [ʀamasaʒ] *nm* ● **ramassage scolaire** trasporto *m* alunni

ramasser [ʀamase] *vt* 1. (*objet tombé*) raccogliere 2. (*fleurs, champignons*) cogliere

rambarde [ʀɑ̃baʀd] *nf* parapetto *m*

rame [ʀam] *nf* 1. (*aviron*) remo *m* 2. (*de métro*) convoglio *m*

ramener [ʀamne] *vt* riaccompagnare

ramequin [ʀamkɛ̃] *nm* (*récipient*) pirofila *f* individuale

ramer [ʀame] *vi* remare

ramollir [ʀamɔliʀ] *vt* rammollire ◆ **se ramollir** *vp* rammollirsi

ramoner [ʀamɔne] *vt* spazzare

rampe [ʀɑ̃p] *nf* 1. (*d'escalier*) corrimano *m* 2. (*d'accès*) rampa *f*

ramper [ʀɑ̃pe] *vi* strisciare

rampon [ʀɑ̃põ] *nm* (*Helv*) insalata dalle foglie piccole e ovali

rance [ʀɑ̃s] *adj* rancido(a)

ranch, s, es [ʀɑ̃ʃ] *nm* ranch *m inv*

rançon [ʀɑ̃sɔ̃] *nf* riscatto *m* ● **la rançon du succès** il prezzo del successo

rancune [ʀɑ̃kyn] *nf* rancore *m* ● **sans rancune !** senza rancore!

rancunier, ère [ʀɑ̃kynje, ɛʀ] *adj* rancoroso(a)

randonnée [ʀɑ̃dɔne] *nf* (*à pied*) escursione *f* ● **faire de la randonnée (pédestre)** fare trekking

rang [Rɑ̃] nm **1.** (rangée) fila f **2.** (place) posto m ● **se mettre en rang** mettersi in fila

rangé, e [Rɑ̃ʒe] adj (chambre) ordinato(a)

rangée [Rɑ̃ʒe] nf fila f

rangement [Rɑ̃ʒmɑ̃] nm (placard) armadio m a muro ● **faire du rangement** mettere in ordine

ranger [Rɑ̃ʒe] vt mettere in ordine ◆ **se ranger** vp (en voiture) accostare

ranimer [Ranime] vt **1.** (blessé) rianimare **2.** (feu) ravvivare

rap [Rap] nm rap m inv

rapace [Rapas] nm rapace m

rapatrier [Rapatrije] vt rimpatriare

râpe [Rɑp] nf **1.** grattugia f **2.** (Helv) (fam) (avare) tirchio m, -a f

râper [Rɑpe] vt (aliment) grattugiare

rapetisser [Raptise] vi rimpicciolire

râpeux, euse [Rɑpø, øz] adj **1.** (rugueux) ruvido(a) **2.** (vin) aspro(a)

raphia [Rafja] nm rafia f

rapide [Rapid] adj **1.** (cheval, pas, voiture) veloce **2.** (décision, guérison) rapido(a)

rapidement [Rapidmɑ̃] adv rapidamente

rapidité [Rapidite] nf **1.** (d'une guérison) rapidità f inv **2.** (d'un cheval) velocità f inv

rapiécer [Rapjese] vt rappezzare

rappel [Rapεl] nm (de paiement) sollecito m ▼ **rappel** (panneau routier) continua

rappeler [Raple] vt richiamare ● **rappeler qqch à qqn** ricordare qc a qn ◆ **se rappeler** vp ricordarsi ● **je ne me rappelle pas t'avoir dit ça** non mi ricordo di averti detto questo

rapport [RapɔR] nm rapporto m ● **par rapport à** rispetto a ● **rapports (sexuels) protégés** rapporti (sessuali) protetti

rapporter [RapɔRte] vt **1.** (rendre, ramener) riportare **2.** (argent, avantage) rendere ◇ vi (être avantageux) rendere ◆ **se rapporter à** vp + prep riferirsi a

rapprocher [RapRɔʃe] vt avvicinare ◆ **se rapprocher** vp avvicinarsi ● **se rapprocher de** avvicinarsi

raquette [Rakεt] nf racchetta f

rare [RɑR] adj raro(a)

rarement [RɑRmɑ̃] adv raramente

ras, e [Rɑ, Rɑz] adj raso(a) ● **ras** adv ● **(à) ras (couper)** raso ● **au ras de l'eau** a fior d'acqua ● **à ras bord** fino all'orlo ● **en avoir ras le bol** (fam) essere stufo(a)

raser [Rɑze] vt **1.** (barbe, personne) radere, rasare **2.** (frôler) rasentare ◆ **se raser** vp radersi

rasoir [RɑzwaR] nm rasoio m ● **rasoir électrique** rasoio elettrico

rassasié, e [Rasazje] adj sazio(a)

rassembler [Rɑsɑ̃ble] vt radunare ◆ **se rassembler** vp radunarsi

rasseoir [RaswaR] ◆ **se rasseoir** vp rimettersi a sedere

rassis, e [Rasi, iz] pp ➤ **rasseoir** ◇ adj (pain) raffermo(a)

rassurant, e [RasyRɑ̃, ɑ̃t] adj rassicurante

rassurer [RasyRe] vt rassicurare

rat [Ra] nm topo m

ratatiné, e [Ratatine] adj raggrinzito(a)

ratatouille [Ratatuj] nf ratatouille f inv

râteau, x [Rɑto] nm rastrello m

rater [ʀate] vt **1.** (cible) mancare **2.** (train) perdere **3.** (examen) essere bocciato(a) a ◇ vi (échouer) fallire

ration [ʀasjɔ̃] nf razione f

rationnel, elle [ʀasjɔnɛl] adj razionale

ratisser [ʀatise] vt rastrellare

RATP nf azienda dei trasporti parigini

rattacher [ʀataʃe] vt ● rattacher qqch à ricollegare qc a

ratte [ʀat] nf (pomme de terre) piccola patata di consistenza soda e di qualità pregiata

rattrapage [ʀatʀapaʒ] nm SCOL corso m di recupero

rattraper [ʀatʀape] vt **1.** (évadé) riprendere **2.** (objet) afferrare **3.** (retard) recuperare ● se rattraper vp **1.** (se retenir) aggrapparsi **2.** (d'une erreur) rimediare **3.** (sur le temps perdu) recuperare

rature [ʀatyʀ] nf cancellatura f

rauque [ʀok] adj rauco(a)

ravages [ʀavaʒ] nmpl ● faire des ravages (dégâts) causare ingenti danni

ravaler [ʀavale] vt (façade) rifare

rave [ʀɛv], **rave-party** [ʀɛvpaʀti] nf rave m inv

ravi, e [ʀavi] adj molto lieto(a) ● ravi de faire votre connaissance ! lieto di conoscerla!

ravin [ʀavɛ̃] nm burrone m

ravioli(s) [ʀavjɔli] nmpl ravioli mpl

raviser [ʀavize] ● se raviser vp ricredersi

ravissant, e [ʀavisɑ̃, ɑ̃t] adj incantevole

ravisseur, euse [ʀavisœʀ, øz] nm, f rapitore m, -trice f

ravitaillement [ʀavitajmɑ̃] nm **1.** (action) rifornimento m **2.** (provisions) provviste fpl

ravitailler [ʀavitaje] vt (village, armée) rifornire ● se ravitailler vp fare rifornimento

rayé, e [ʀeje] adj rigato(a)

rayer [ʀeje] vt **1.** (abîmer) rigare **2.** (barrer) depennare

rayon [ʀejɔ̃] nm **1.** raggio m **2.** (de grand magasin) reparto m ● rayons X raggi X

rayonnage [ʀejɔnaʒ] nm scaffalatura f

rayonner [ʀejɔne] vi (visage, personne) essere raggiante

rayure [ʀejyʀ] nf riga f ● à rayures a righe

raz(-)de(-)marée [ʀadmaʀe] nm inv maremoto m

réacteur [ʀeaktœʀ] nm reattore m

réaction [ʀeaksjɔ̃] nf reazione f

réagir [ʀeaʒiʀ] vi reagire

réalisateur, trice [ʀealizatœʀ, tʀis] nm, f (de cinéma, de télévision) regista mf

réaliser [ʀealize] vt realizzare ● se réaliser vp realizzarsi

réaliste [ʀealist] adj **1.** (à l'esprit pratique) realista **2.** (scène, film) realistico(a)

réalité [ʀealite] nf realtà f inv ● réalité virtuelle realtà virtuale ● en réalité in realtà

réanimation [ʀeanimasjɔ̃] nf rianimazione f

rebelle [ʀəbɛl] nmf ribelle mf

rebeller [ʀəbele] ● se rebeller vp ribellarsi

rebondir [ʀəbɔ̃diʀ] vi rimbalzare

rebondissements [ʀəbɔ̃dismɑ̃] nmpl (d'une affaire) nuovi sviluppi mpl

rebord [RəbɔR] *nm* (d'une fenêtre) davanzale *m*

reboucher [Rəbuʃe] *vt* richiudere

rebrousse-poil [Rəbʀuspwal] ◆ **à rebrousse-poil** *adv* contropelo

rebrousser [Rəbʀuse] *vt* ◆ **rebrousser chemin** tornare sui propri passi

rébus [Rebys] *nm* rebus *m inv*

récapituler [Rekapityle] *vt* riepilogare

récemment [Resamɑ̃] *adv* recentemente

recensement [Rəsɑ̃smɑ̃] *nm* censimento *m*

récent, e [Resɑ̃, ɑ̃t] *adj* recente

récépissé [Resepise] *nm* ricevuta *f*

récepteur [Reseptœʀ] *nm* 1. (radio) radioricevitore *m* 2. (téléphonique) ricevitore *m*

réception [Resepsjɔ̃] *nf* 1. (fête) ricevimento *m* 2. (d'un hôtel) reception *f inv* ● s'adresser à la réception rivolgersi alla reception ● à réception du colis all'arrivo del pacco

réceptionniste [Resepsjɔnist] *nmf* receptionist *mf inv*

recette [Rəset] *nf* 1. (de cuisine) ricetta *f* 2. (argent gagné) incasso *m*

recevoir [RəsəvwaR] *vt* 1. (colis, lettre) ricevere 2. (balle, coup) prendere 3. (à dîner) avere a cena 4. (accueillir) ospitare 5. (candidat) promuovere

rechange [Rəʃɑ̃ʒ] ◆ **de rechange** *adj* 1. (vêtement) di ricambio 2. (solution) alternativo(a)

recharge [RəʃaRʒ] *nf* ricarica *f*

rechargeable [RəʃaRʒabl] *adj* ricaricabile

recharger [RəʃaRʒe] *vt* ricaricare

réchaud [Reʃo] *nm* fornello *m* (da campeggio) ● réchaud à gaz fornello a gas

réchauffement [Reʃofmɑ̃] *nm* ● réchauffement de la planète surriscaldamento *m* del pianeta

réchauffer [Reʃofe] *vt* riscaldare ◆ **se réchauffer** *vp* riscaldarsi ● se réchauffer les mains riscaldarsi le mani

recherche [RəʃɛRʃ] *nf* ricerca *f* ● faire des recherches fare delle ricerche ● faire de la recherche fare ricerca ● être à la recherche de essere in cerca di

rechercher [RəʃɛRʃe] *vt* cercare

rechute [Rəʃyt] *nf* ricaduta *f* ● faire une rechute avere una ricaduta

rechuter [Rəʃyte] *vi* avere una ricaduta

récif [Resif] *nm* scoglio *m*

récipient [Resipjɑ̃] *nm* recipiente *m*

réciproque [Resipʀɔk] *adj* reciproco(a)

récit [Resi] *nm* racconto *m*

récital [Resital] *nm* recital *m inv*

récitation [Resitasjɔ̃] *nf* SCOL brano *m* da imparare a memoria

réciter [Resite] *vt* recitare

réclamation [Reklamasjɔ̃] *nf* reclamo *m*

réclamer [Reklame] *vt* reclamare

recoiffer [Rəkwafe] ◆ **se recoiffer** *vp* ripettinarsi

recoin [Rəkwɛ̃] *nm* angolino *m*

récolte [Rekɔlt] *nf* 1. (ramassage) raccolta *f* 2. (produit) raccolto *m*

récolter [Rekɔlte] *vt* raccogliere

recommandation [Rəkɔmɑ̃dasjɔ̃] *nf* raccomandazione *f*

recommandé, e [Rəkɔmɑ̃de] *adj* raccomandato(a) ◆ **recommandé** *nm* ● envoyer qqch en recommandé spedire qc per raccomandata

recommander [ʀəkɔmɑ̃de] *vt* raccomandare ◆ **se recommander** *vp* (Helv) *(insister)* insistere

recommencer [ʀəkɔmɑ̃se] *vt & vi* ricominciare ● **recommencer à faire qqch** ricominciare a fare qc

récompense [ʀekɔ̃pɑ̃s] *nf* ricompensa *f*

récompenser [ʀekɔ̃pɑ̃se] *vt* ricompensare

réconcilier [ʀekɔ̃silje] *vt* riconciliare ◆ **se réconcilier** *vp* riconciliarsi

reconduire [ʀəkɔ̃dɥiʀ] *vt (raccompagner)* riaccompagnare

reconduit, e [ʀəkɔ̃dɥi, it] *pp* ➤ **reconduire**

réconforter [ʀekɔ̃fɔʀte] *vt* (ri)confortare

reconnaissance [ʀəkɔnesɑ̃s] *nf (gratitude)* riconoscenza *f*

reconnaissant, e [ʀəkɔnesɑ̃, ɑ̃t] *adj* riconoscente ● **je vous suis très reconnaissant** le sono molto grato ou riconoscente

reconnaître [ʀəkɔnɛtʀ] *vt* riconoscere

reconnu, e [ʀəkɔny] *pp* ➤ **reconnaître**

reconstituer [ʀəkɔ̃stitɥe] *vt* ricostituire

reconstruire [ʀəkɔ̃stʀɥiʀ] *vt* ricostruire

reconstruit, e [ʀəkɔ̃stʀɥi, it] *pp* ➤ **reconstruire**

recontacter [ʀəkɔ̃takte] *vt* ricontattare ● **nous vous recontacterons** (ultérieurement) la ricontatteremo (in seguito)

reconvertir [ʀəkɔ̃vɛʀtiʀ] ◆ **se reconvertir (dans)** *vp + prep (professionnellement)* riciclarsi (in)

recopier [ʀəkɔpje] *vt* ricopiare

record [ʀəkɔʀ] *nm* record *m inv*

recoucher [ʀəkuʃe] ◆ **se recoucher** *vp* rimettersi a letto

recoudre [ʀəkudʀ] *vt* ricucire

recourbé, e [ʀəkuʀbe] *adj* ricurvo(a)

recours [ʀəkuʀ] *nm* ● **avoir recours à** fare ricorso a

recouvert, e [ʀəkuvɛʀ, ɛʀt] *pp* ➤ **recouvrir**

recouvrir [ʀəkuvʀiʀ] *vt* ricoprire ● **recouvrir qqch de** ricoprire qc di

récréation [ʀekʀeasjɔ̃] *nf* ricreazione *f*

recroqueviller [ʀəkʀɔkvije] ◆ **se recroqueviller** *vp* **1.** *(personne)* raggomitolarsi **2.** *(feuille)* accartocciarsi

recrutement [ʀəkʀytmɑ̃] *nm (de personnel)* reclutamento *m*

recruter [ʀəkʀyte] *vt* assumere

rectangle [ʀɛktɑ̃gl] *nm* rettangolo *m*

rectangulaire [ʀɛktɑ̃gylɛʀ] *adj* rettangolare

rectifier [ʀɛktifje] *vt* rettificare

rectiligne [ʀɛktiliɲ] *adj* rettilineo(a)

recto [ʀɛkto] *nm* recto *m inv* ● **recto verso** sulle due facciate

reçu, e [ʀəsy] *pp* ➤ **recevoir** ● **reçu** ricevuta *f*

recueil [ʀəkœj] *nm* raccolta *f*

recueillir [ʀəkœjiʀ] *vt* **1.** *(rassembler)* raccogliere **2.** *(accueillir)* accogliere ◆ **se recueillir** *vp* raccogliersi

recul [ʀəkyl] *nm (d'une arme)* rinculo *m* ● **prendre du recul** *(pour sauter)* prendere la rincorsa ; *(pour réfléchir)* prendersi un po' di tempo per riflettere

reculer [ʀəkyle] *vt* **1.** spostare indietro **2.** *(date)* rinviare ◇ *vi* indietreggiare

reculons [ʀəkylɔ̃] ◆ **à reculons** *adv* a ritroso

récupérer [ʀekypeʀe] *vt & vi* recuperare

récurer [ʀekyʀe] *vt* sfregare

recyclage [ʀəsiklaʒ] *nm* 1. *(de déchets)* riciclaggio *m* 2. *(professionnel)* riqualificazione *f*

recycler [ʀəsikle] *vt (déchets)* riciclare

rédacteur, trice [ʀedaktœʀ, tʀis] *nm, f*
● **rédacteur en chef** caporedattore *m*, -trice *f*

rédaction [ʀedaksjɔ̃] *nf* 1. redazione *f* 2. SCOL tema *m*

redémarrer [ʀədemaʀe] *vt* INFORM riavviare

redescendre [ʀədesɑ̃dʀ] *vi* ridiscendere

redevance [ʀədvɑ̃s] *nf (de télévision)* canone *m*

rediffusion [ʀədifyzjɔ̃] *nf (émission)* replica *f*

rédiger [ʀediʒe] *vt* redigere

redire [ʀədiʀ] *vt* ridire

redonner [ʀədɔne] *vt* ridare ● **redonner confiance à qqn** ridare fiducia a qn

redoubler [ʀəduble] *vt* SCOL ripetere ◇ *vi* 1. *(pluie)* aumentare 2. SCOL ● **je redouble** sono stato bocciato(a)

redoutable [ʀədutabl] *adj* terribile

redouter [ʀədute] *vt* temere

redresser [ʀədʀese] *vt* 1. *(tête, buste)* rialzare 2. *(objet)* raddrizzare ◇ *vi (en voiture)* raddrizzare le ruote ● **se redresser** *vp* raddrizzarsi

réduction [ʀedyksjɔ̃] *nf* 1. *(sur un prix)* sconto *m* 2. *(diminution)* riduzione *f*

réduire [ʀedɥiʀ] *vt* ridurre ● **réduire qqch en miettes** ridurre qc in frantumi ● **réduire qqch en poudre** *(écraser)* polverizzare qc

réduit, e [ʀedɥi, it] *pp* ➤ **réduire** ◇ *adj* ridotto(a)

rééducation [ʀeedykasjɔ̃] *nf* rieducazione *f*

réel, elle [ʀeel] *adj* reale

réellement [ʀeelmɑ̃] *adv* realmente

réexpédier [ʀeekspedje] *vt* rispedire

refaire [ʀəfɛʀ] *vt* rifare

refait, e [ʀəfɛ, ɛt] *pp* ➤ **refaire**

réfectoire [ʀefektwaʀ] *nm* refettorio *m*

référence [ʀefeʀɑ̃s] *nf* riferimento *m*
● **faire référence à** fare riferimento a
▼ **références exigées** si richiedono referenze

référendum [ʀefeʀɛ̃dɔm] *nm* referendum *m inv*

refermer [ʀəfɛʀme] *vt* richiudere ◆ **se refermer** *vp* richiudersi

réfléchi, e [ʀefleʃi] *adj* GRAMM riflessivo(a)

réfléchir [ʀefleʃiʀ] *vt & vi* riflettere ● **se réfléchir** *vp* riflettersi

reflet [ʀəflɛ] *nm* riflesso *m*

refléter [ʀəflete] *vt* riflettere ◆ **se refléter** *vp* 1. riflettersi 2. *(apparaître)* rispecchiarsi

réflexe [ʀeflɛks] *nm* riflesso *m*

réflexion [ʀeflɛksjɔ̃] *nf* 1. riflessione *f* 2. *(critique)* osservazione *f*

réforme [ʀefɔʀm] *nf* riforma *f*

réformer [ʀefɔʀme] *vt* riformare

refouler [ʀəfule] *vt* 1. *(foule)* respingere 2. *(sentiment, larmes)* soffocare

refrain [ʀəfʀɛ̃] *nm* ritornello *m*

réfrigérateur [ʀefʀiʒeʀatœʀ] *nm* frigorifero *m*

refroidir [ʀəfʀwadiʀ] *vt* raffreddare ◇ *vi* diventare freddo(a) ◆ **se refroidir** *vp* raffreddarsi

refroidissement [ʀəfʀwadismɑ̃] *nm*
1. *(de la température)* raffreddamento *m*
2. *(rhume)* raffreddore *m*

refuge [ʀəfyʒ] *nm* **1.** *(en montagne)* rifugio *m* **2.** *(pour sans-abri)* ricovero *m*

réfugié, e [ʀefyʒje] *nm, f* rifugiato *m*, -a *f*

réfugier [ʀefyʒje] ◆ **se réfugier** *vp* rifugiarsi

refus [ʀəfy] *nm* rifiuto *m*

refuser [ʀəfyze] *vt* **1.** rifiutare **2.** *(candidat)* respingere ● **refuser qqch à qqn** rifiutare qc a qn ● **refuser de faire qqch** rifiutare di fare qc

regagner [ʀəɡaɲe] *vt* **1.** *(reprendre)* recuperare **2.** *(place)* ritornare a ● **veuillez regagner vos places** si prega di raggiungere i posti a sedere

régaler [ʀeɡale] ◆ **se régaler** *vp* deliziarsi

regard [ʀəɡaʀ] *nm* sguardo *m*

regarder [ʀəɡaʀde] *vt* **1.** guardare **2.** *(concerner)* riguardare ● **ça ne te regarde pas** questo non ti riguarda

reggae [ʀeɡe] *nm* reggae *m inv*

régime [ʀeʒim] *nm* **1.** dieta *f* **2.** *(d'un moteur, politique)* regime *m* **3.** *(de bananes)* casco *m* ● **être/se mettre au régime** essere/mettersi a dieta ● **faire un régime** fare una dieta

régiment [ʀeʒimɑ̃] *nm* reggimento *m*

région [ʀeʒjɔ̃] *nf* regione *f*

régional, e, aux [ʀeʒjɔnal, o] *adj* regionale

registre [ʀəʒistʀ] *nm* registro *m*

réglable [ʀeɡlabl] *adj* regolabile ● **réglable en hauteur/profondeur** regolabile in altezza/profondità

réglage [ʀeɡlaʒ] *nm* regolazione *f*

règle [ʀɛɡl] *nf* **1.** *(instrument)* righello *m* **2.** *(loi)* regola *f* ● **règle graduée** riga *f* millimetrata ● **être en règle** essere in regola ● **en règle générale** in linea di massima ● **règles du jeu** regole del gioco ◆ **règles** *nfpl* mestruazioni *fpl*

règlement [ʀɛɡləmɑ̃] *nm* **1.** regolamento *m* **2.** *(paiement)* pagamento *m*

régler [ʀeɡle] *vt* **1.** *(appareil, moteur)* mettere a punto **2.** *(payer)* pagare **3.** *(problème)* risolvere

réglisse [ʀeɡlis] *nm* liquirizia *f*

règne [ʀɛɲ] *nm* regno *m*

régner [ʀeɲe] *vi* regnare

regret [ʀəɡʀɛ] *nm* **1.** *(pour s'excuser)* dispiacere *m* **2.** *(d'avoir fait qqch)* rimorso *m* **3.** *(de n'avoir pas fait qqch)* rimpianto *m*

regrettable [ʀəɡʀetabl] *adj* spiacevole ● **c'est regrettable que** è un peccato che (+ *subjonctif*)

regretter [ʀəɡʀete] *vt* **1.** *(erreur, décision)* pentirsi (di) **2.** *(personne)* rimpiangere ● **je regrette de devoir te dire ça** mi dispiace di dovertelo dire ● **je regrette que...** mi dispiace che...

regrouper [ʀəɡʀupe] *vt* raggruppare ◆ **se regrouper** *vp* raggrupparsi

régulier, ère [ʀeɡylje, ɛʀ] *adj* regolare

régulièrement [ʀeɡyljeʀmɑ̃] *adv* regolarmente

rehausseur [ʀəosœʀ] *nm* seggiolino *m*

rein [ʀɛ̃] *nm* rene *m*

réincarner [ʀeɛ̃kaʀne] ◆ **se réincarner** *vp* reincarnarsi

reine [ʀɛn] *nf* **1.** regina *f* **2.** *(aux échecs, aux cartes)* regina, donna *f*

rejeter [ʀəʒte] *vt* **1.** *(renvoyer)* rigettare **2.** *(refuser)* respingere

rejoindre [ʀəʒwɛ̃dʀ] *vt* **1.** *(personne)* raggiungere **2.** *(lieu)* arrivare a

rejoint [ʀəʒwɛ̃, ɛ̃t] *pp* ➤ **rejoindre**

réjouir [ʀeʒwiʀ] ◆ **se réjouir** *vp* rallegrarsi ◆ **se réjouir de qqch** rallegrarsi di qc

réjouissant, e [ʀeʒwisã, ãt] *adj* allegro(a)

relâcher [ʀəlɑʃe] *vt* *(prisonnier)* liberare ● **relâcher son attention** diminuire l'attenzione ◆ **se relâcher** *vp* **1.** *(attention)* diminuire **2.** *(se laisser aller)* lasciarsi andare

relais [ʀəlɛ] *nm* **1.** *(auberge)* albergo *m* **2.** SPORT staffetta *f* ● **prendre le relais de qqn** dare il cambio a qn ● **relais routier** ristorante situato su una strada molto frequentata

relancer [ʀəlɑ̃se] *vt* **1.** *(balle)* rilanciare **2.** *(solliciter)* sollecitare **3.** INFORM riavviare

relatif, ive [ʀəlatif, iv] *adj* relativo(a) ● **relatif à** relativo a

relation [ʀəlasjɔ̃] *nf* **1.** relazione *f* **2.** *(personne)* conoscenza *f* ● **être/entrer en relation(s) avec qqn** essere/entrare in relazione con qn ● **relations humaines/professionnelles** rapporti *mpl* umani/professionali ● **avoir de bonnes/mauvaises relations avec qqn** essere in buoni/cattivi rapporti con qn

relativement [ʀəlativmã] *adv* relativamente

relaxation [ʀəlaksasjɔ̃] *nf* rilassamento *m*

relaxer [ʀəlakse] ◆ **se relaxer** *vp* rilassarsi

relayer [ʀəleje] *vt* dare il cambio a ◆ **se relayer** *vp* ● **se relayer (pour faire qqch)** darsi il cambio (per fare qc)

relevé, e [ʀəlve] *adj* *(épicé)* piccante ◆ *nm* ● **relevé de compte** estratto *m* conto

relever [ʀəlve] *vt* **1.** *(tête, col, objet tombé)* tirare su **2.** *(remarquer)* notare **3.** *(épicer)* insaporire ◆ **se relever** *vp* rialzarsi

relief [ʀəljɛf] *nm* rilievo *m* ● **en relief** in rilievo

relier [ʀəlje] *vt* collegare

religieuse [ʀəliʒjøz] *nf* *(gâteau)* pasta composta da due bignè ripieni di crema al caffè o al cioccolato e ricoperti da una glassa

religieux, euse [ʀəliʒjø, øz] *adj* religioso(a) ◇ *nm, f* monaco *m*, -a *f*

religion [ʀəliʒjɔ̃] *nf* religione *f*

relire [ʀəliʀ] *vt* rileggere

reliure [ʀəljyʀ] *nf* *(couverture)* rilegatura *f*

relu, e [ʀəly] *pp* ➤ **relire**

remanier [ʀəmanje] *vt* rimaneggiare

remarquable [ʀəmaʀkabl] *adj* notevole

remarque [ʀəmaʀk] *nf* osservazione *f*

remarquer [ʀəmaʀke] *vt* *(s'apercevoir de)* notare ● **remarque,...** attenzione,... ◆ **se faire remarquer** farsi notare

rembobiner [ʀɑ̃bɔbine] *vt* riavvolgere

rembourré, e [ʀɑ̃buʀe] *adj* *(fauteuil, veste)* imbottito(a)

remboursement [ʀɑ̃buʀsəmã] *nm* rimborso *m*

rembourser [ʀɑ̃buʀse] *vt* rimborsare ● **se faire rembourser** essere rimborsato(a)

remède [ʀəmɛd] *nm* rimedio *m*

remédier [ʀəmedje] ◆ **remédier à** *v + prep* rimediare a

remerciements [ʀəmɛʀsimɑ̃] *nmpl* ringraziamenti *mpl*

remercier [ʀəmɛʀsje] *vt* ringraziare ● **remercier qqn de** ou **pour qqch** ringraziare qn di ou per qc ● **remercier qqn d'avoir fait qqch** ringraziare qn per aver fatto qc

remettre [ʀəmɛtʀ] *vt* **1.** rimettere **2.** (*retarder*) rimandare ● **remettre un paquet à qqn** consegnare un pacco a qn ● **remettre qqch en état** ripristinare qc ● **se remettre** *vp* rimettersi ● **se remettre à faire qqch** rimettersi a fare qc ● **se remettre au tennis** riprendere il tennis ● **se remettre d'un accident/d'une émotion** riprendersi da un incidente/da un'emozione

remis, e [ʀəmi, iz] *pp* ➤ remettre

remise [ʀəmiz] *nf* **1.** (*abri*) rimessa *f* **2.** (*rabais*) sconto *m* ● **faire une remise à qqn** fare uno sconto a qn

remontant [ʀəmɔ̃tɑ̃] *nm* ricostituente *m*

remontée [ʀəmɔ̃te] *nf* ● **remontées mécaniques** impianti *mpl* di risalita

remonte-pente, s [ʀəmɔ̃tpɑ̃t] *nm* skilift *m inv*

remonter [ʀəmɔ̃te] *vt (aux : avoir)* **1.** (*mettre plus haut*) tirare su **2.** (*côte, escalier*) risalire **3.** (*moteur, pièces*) rimontare **4.** (*montre*) ricaricare ◇ *vi (aux : être)* risalire ● **remonter à** (*dater de*) risalire a

remords [ʀəmɔʀ] *nm* rimorso *m*

remorque [ʀəmɔʀk] *nf* rimorchio *m*

remorquer [ʀəmɔʀke] *vt* rimorchiare

rémoulade [ʀemulad] *nf* ➤ céleri

remous [ʀəmu] *nm* (*d'un liquide*) mulinello *m* ● **bain à remous** vasca idromassaggio

remparts [ʀɑ̃paʀ] *nmpl* mura *fpl*

remplaçant, e [ʀɑ̃plasɑ̃, ɑ̃t] *nm, f* **1.** (*d'enseignant*) supplente *mf* **2.** (*de médecin*) sostituto *m*, -a *f* **3.** SPORT riserva *f*

remplacer [ʀɑ̃plase] *vt* sostituire ● **remplacer qqn/qqch par** sostituire qn/qc con

remplir [ʀɑ̃pliʀ] *vt* **1.** riempire **2.** (*questionnaire*) compilare ● **remplir qqch de** riempire qc di ● **se remplir (de)** *vp + prep* riempirsi (di)

remporter [ʀɑ̃pɔʀte] *vt* **1.** (*gagner*) vincere **2.** (*reprendre*) riprendere ● **remporter la victoire** ottenere la vittoria

remuant, e [ʀəmɥɑ̃, ɑ̃t] *adj* irrequieto(a)

remue-ménage [ʀəmymenaʒ] *nm inv* trambusto *m*

remuer [ʀəmɥe] *vt* **1.** muovere **2.** (*mélanger*) mescolare

rémunération [ʀemyneʀasjɔ̃] *nf* remunerazione *f*

rémunérer [ʀemyneʀe] *vt* remunerare

renard [ʀənaʀ] *nm* volpe *f*

rencontre [ʀɑ̃kɔ̃tʀ] *nf* incontro *m* ● **aller à la rencontre de qqn** andare incontro a qn

rencontrer [ʀɑ̃kɔ̃tʀe] *vt* **1.** incontrare **2.** (*faire la connaissance de*) conoscere ◆ **se rencontrer** *vp* **1.** (*par hasard*) incontrarsi **2.** (*faire connaissance*) conoscersi ● **on ne s'est pas déjà rencontrés ?** non ci siamo già incontrati ?

rendez-vous [ʀɑ̃devu] *nm* appuntamento *m* ● **rendez-vous chez moi à 14 h** appuntamento da me alle 14 ● **avoir ren-**

dez-vous avec qqn avere appuntamento con qn ● **donner rendez-vous à qqn** dare appuntamento a qn ● **prendre rendez-vous** prendere appuntamento

rendormir [ʀɑ̃dɔʀmiʀ] ♦ **se rendormir** *vp* riaddormentarsi

rendre [ʀɑ̃dʀ] *vt* restituire ● **rendre visite à qqn** far visita a qn ♦ **se rendre** *vp* (*armée, soldat*) arrendersi ● **se rendre à** (*aller à*) recarsi a ● **se rendre utile** rendersi utile

rênes [ʀɛn] *nfpl* redini *fpl*

renfermé, e [ʀɑ̃fɛʀme] *adj* chiuso(a) ♦ **renfermé** *nm* · **sentir le renfermé** puzzare di chiuso

renfermer [ʀɑ̃fɛʀme] *vt* (*contenir*) contenere

renfoncement [ʀɑ̃fɔ̃smɑ̃] *nm* rientranza *f*

renforcer [ʀɑ̃fɔʀse] *vt* **1.** (*consolider*) rinforzare **2.** (*fig*) (*certitude, peur*) rafforzare

renforts [ʀɑ̃fɔʀ] *nmpl* rinforzi *mpl*

renfrogné, e [ʀɑ̃fʀɔɲe] *adj* imbronciato(a)

renier [ʀənje] *vt* rinnegare

renifler [ʀənifle] *vi* tirar su col naso

renommé, e [ʀənɔme] *adj* rinomato(a)

renommée [ʀənɔme] *nf* fama *f*

renoncer [ʀənɔ̃se] ♦ **renoncer à** *v + prep* rinunciare a

renouer [ʀənwe] *vt* riallacciare ◇ *vi* ● **renouer avec qqn** riallacciare i rapporti con qn

renouvelable [ʀənuvlabl] *adj* rinnovabile ● **énergie renouvelable** energia rinnovabile

renouveler [ʀənuvle] *vt* rinnovare ♦ **se renouveler** *vp* (*se reproduire*) rinnovarsi

rénovation [ʀenɔvasjɔ̃] *nf* ristrutturazione *f*

rénover [ʀenɔve] *vt* ristrutturare

renseignement [ʀɑ̃sɛɲəmɑ̃] *nm* informazione *f* ● **appeler les renseignements** ≃ chiamare il servizio informazioni

renseigner [ʀɑ̃seɲe] *vt* ● **renseigner qqn (sur)** informare qn (su) ♦ **se renseigner (sur)** *vp + prep* informarsi (su)

rentable [ʀɑ̃tabl] *adj* redditizio(a)

rente [ʀɑ̃t] *nf* (*revenu*) rendita *f*

rentrée [ʀɑ̃tʀe] *nf* ● **rentrée (d'argent)** entrata *f* (di denaro) ● **rentrée (des classes)** riapertura *f* delle scuole ● **à la rentrée** (*en septembre*) alla riapertura delle scuole

La rentrée

L'inizio dell'anno scolastico dopo i due mesi di vacanze estive (*rentrée scolaire*) è fissato all'inizio di settembre. La data è la stessa in quasi tutta la Francia e corrisponde anche alla ripresa dell'attività politica (*rentrée parlementaire*) e delle manifestazioni culturali. Gli insegnanti ricominciano a lavorare qualche giorno prima (di solito una settimana): si parla allora di *prérentrée*.

rentrer [ʀɑ̃tʀe] *vi* (*aux : être*) **1.** (*entrer, être contenu*) entrare **2.** (*chez soi*) rientrare ◇ *vt* (*aux : avoir*) **1.** infilare **2.** (*dans la maison*) mettere dentro ● **rentrer dans** (*heurter*) sbattere contro ● **rentrer le ventre** tirare in dentro la pancia ♦ **se rentrer** *vp*

● **se rentrer dedans** *(fam) (voitures)* scontrarsi

renverser [ʀɑ̃vɛʀse] *vt* **1.** rovesciare **2.** *(piéton)* investire ● **se faire renverser** essere investito(a) ◆ **se renverser** *vp* rovesciarsi

renvoi [ʀɑ̃vwa] *nm* **1.** *(d'un élève)* espulsione *f* **2.** *(d'un salarié)* licenziamento *m* **3.** *(rot)* rutto *m*

renvoyer [ʀɑ̃vwaje] *vt* **1.** *(balle, lettre)* rinviare **2.** *(image, rayon)* riflettere **3.** *(élève)* espellere **4.** *(salarié)* licenziare

réorganiser [ʀeɔʀganize] *vt* riorganizzare

répandre [ʀepɑ̃dʀ] *vt* **1.** *(renverser)* versare **2.** *(nouvelle)* diffondere ◆ **se répandre** *vp* **1.** *(liquide)* versarsi **2.** *(nouvelle, maladie)* diffondersi

répandu, e [ʀepɑ̃dy] *adj (fréquent)* diffuso(a)

réparateur, trice [ʀepaʀatœʀ, tʀis] *nm, f* riparatore *m*, -trice *f*

réparation [ʀepaʀasjɔ̃] *nf* riparazione *f* ● **en réparation** in riparazione

réparer [ʀepaʀe] *vt* riparare ● **faire réparer qqch** far riparare qc

repartir [ʀəpaʀtiʀ] *vt & vi* ripartire

répartir [ʀepaʀtiʀ] *vt* scaglionare ◆ **répartir les enfants en groupes** *(sud)*dividere i bambini in gruppi ◆ **se répartir** *vp* ● **se répartir le travail** dividersi il lavoro

répartition [ʀepaʀtisjɔ̃] *nf* ripartizione *f*

repas [ʀəpa] *nm* pasto *m*

repassage [ʀəpasaʒ] *nm (de linge)* stiratura *f* ● **faire du repassage** stirare

repasser [ʀəpase] *vt (linge)* stirare ◇ *vi (passer de nouveau)* ripassare

repêchage [ʀəpɛʃaʒ] *nm (d'un sportif)* recupero *m*

repêcher [ʀəpeʃe] *vt* **1.** *(retirer de l'eau)* ripescare **2.** *(un concurrent)* ● **être repêché** essere ripescato

repeindre [ʀəpɛ̃dʀ] *vt* ridipingere

repeint, e [ʀəpɛ̃, ɛ̃t] *pp* ➤ **repeindre**

répercussions [ʀepɛʀkysjɔ̃] *nfpl* ripercussioni *fpl*

repère [ʀəpɛʀ] *nm* punto *m* di riferimento ● **faire un repère sur qqch** fare un segno su qc

repérer [ʀəpeʀe] *vt (fam) (remarquer)* avvistare ◆ **se repérer** *vp* orientarsi

répertoire [ʀepɛʀtwaʀ] *nm* **1.** *(carnet)* rubrica *f* **2.** *(d'un acteur, d'un musicien)* repertorio *m* **3.** INFORM directory *f inv*

répéter [ʀepete] *vt* **1.** ripetere **2.** *(rôle, œuvre)* provare ◆ **se répéter** *vp* ripetersi

répétition [ʀepetisjɔ̃] *nf* **1.** *(dans un texte)* ripetizione *f* **2.** *(au théâtre)* prova *f* ● **répétition générale** prova generale

replacer [ʀəplase] *vt* riporre

replier [ʀəplije] *vt* ripiegare

réplique [ʀeplik] *nf* **1.** *(réponse)* replica *f* **2.** *(copie)* riproduzione *f*

répliquer [ʀeplike] *vt & vi* replicare

répondeur [ʀepɔ̃dœʀ] *nm* ● **répondeur (téléphonique)** segreteria *f* telefonica

Le répondeur

Sur le répondeur de votre téléphone fixe, vous pouvez enregistrer un message du type : *risponde lo 02 86 32 47 38. Non siamo in casa. Lasciate il vostro nome e numero di telefono e vi richiameremo al più pre-*

sto, (vous êtes bien au 02 86 32 47 38. Nous sommes absents pour le moment. Merci de laisser vos coordonnées et nous vous rappellerons au plus tôt). S'il s'agit du répondeur de votre téléphone portable, enregistrez plutôt : _risponde il 340 69 13 686. In questo momento non sono disponibile. Potete richiamare più tardi o lasciare un messaggio dopo il segnale acustico. Grazie_ (vous êtes bien au 34 06 91 36 86. Je ne suis pas disponible pour le moment. Vous pouvez me rappeler plus tard ou laisser un message après le signal sonore. Merci).

répondre [repɔ̃dr] _vt & vi_ rispondere ● **répondre à qqn** rispondere a qn

réponse [repɔ̃s] _nf_ risposta _f_

reportage [rəpɔrtaʒ] _nm_ servizio _m_, reportage _m inv_

¹reporter [rəpɔrtɛr] _nm_ reporter _mf inv_

²reporter [rəpɔrte] _vt_ **1.** _(rapporter)_ riportare **2.** _(date, réunion)_ rinviare, rimandare

repos [rəpo] _nm_ riposo _m_ ● **prendre du repos** riposarsi

reposant, e [rəpozɑ̃, ɑ̃t] _adj_ riposante

reposer [rəpoze] _vt (remettre)_ riporre ◆ **se reposer** _vp_ riposarsi

repousser [rəpuse] _vt_ **1.** respingere **2.** _(retarder)_ rinviare, rimandare ◇ _vi_ **1.** _(cheveux, poils)_ ricrescere **2.** _(plante)_ rispuntare ● **repousser une réunion** posticipare una riunione

reprendre [rəprɑ̃dr] _vt_ riprendere ● **reprendre son souffle** riprendere fiato ▼ **ni repris ni échangé** la merce non si cambia ◆ **se reprendre** _vp_ riprendersi

représailles [rəprezaj] _nfpl_ rappresaglia _f_

représentant, e [rəprezɑ̃tɑ̃, ɑ̃t] _nm, f_ rappresentante _mf_ ● **représentant (de commerce)** rappresentante (di commercio)

représentatif, ive [rəprezɑ̃tatif, iv] _adj_ rappresentativo(a)

représentation [rəprezɑ̃tasjɔ̃] _nf_ rappresentazione _f_

représenter [rəprezɑ̃te] _vt_ rappresentare

répression [represjɔ̃] _nf_ repressione _f_

réprimer [reprime] _vt_ reprimere

repris, e [rəpri, iz] _pp_ ➤ **reprendre** ◆ **repris** _nm inv_ ● **repris de justice** pregiudicato _m_, -a _f_

reprise [rəpriz] _nf_ **1.** ripresa _f_ **2.** _(couture)_ rammendo _m_ ● **à plusieurs reprises** a più riprese

repriser [rəprize] _vt_ rammendare

reproche [rəprɔʃ] _nm_ rimprovero _m_

reprocher [rəprɔʃe] _vt_ ● **reprocher qqch à qqn** rimproverare qc a qn

reproduction [rəprɔdyksjɔ̃] _nf_ riproduzione _f_

reproduire [rəprɔdɥir] _vt_ riprodurre ◆ **se reproduire** _vp_ riprodursi

reproduit, e [rəprɔdɥi, it] _pp_ ➤ **reproduire**

reptile [reptil] _nm_ rettile _m_

république [repyblik] _nf_ repubblica _f_

répugnant, e [repyɲɑ̃, ɑ̃t] _adj_ ripugnante

réputation [Repytasjɔ̃] *nf* reputazione *f*

réputé, e [Repyte] *adj* rinomato(a)

requin [Rəkɛ̃] *nm* squalo *m*, pescecane *m*

RER *nm metropolitana che collega Parigi alla sua periferia*

Le RER

Rete ferroviaria denominata *Réseau Express Régional*, la *RER* collega Parigi alla periferia e funziona dalle 5 di mattina all'una di notte. Il prezzo di un biglietto varia a seconda della zona da raggiungere. Le stazioni e i vagoni dei treni sono non-fumatori.

rescapé, e [Rɛskape] *nm, f* superstite *mf*

rescousse [Rɛskus] *nf* ◆ **appeler qqn à la rescousse** chiamare qn in aiuto

réseau, x [Rezo] *nm* rete *f* ◆ **en réseau** *INFORM* in rete

réservation [RezɛRvasjɔ̃] *nf* prenotazione *f*

réserve [RezɛRv] *nf* **1.** riserva *f* **2.** *(discrétion)* riservatezza *f* ◆ **en réserve** di riserva

réservé, e [RezɛRve] *adj* **1.** *(discret)* riservato(a) **2.** *(place, chambre)* prenotato(a)

réserver [RezɛRve] *vt (billet, chambre)* prenotare ◆ **réserver une surprise à qqn** riservare una sorpresa a qn ◆ **se réserver** *vp* ◆ **se réserver le droit/la possibilité de faire qqch** riservarsi il diritto/la possibilità di fare qc

réservoir [RezɛRvwaR] *nm* serbatoio *m*

résidence [Rezidɑ̃s] *nf* **1.** *(domicile)* residenza *f* **2.** *(immeuble)* residence *m inv* ◆ **résidence secondaire** seconda casa *f*

résider [Rezide] *vi* risiedere

résigner [Rezine] ◆ **se résigner** *vp* rassegnarsi ◆ **se résigner à faire qqch** rassegnarsi a fare qc

résilier [Rezilje] *vt* **1.** *(contrat)* rescindere **2.** *(abonnement)* interrompere

résine [Rezin] *nf* resina *f*

résistance [Rezistɑ̃s] *nf* resistenza *f*

résistant, e [Rezistɑ̃, ɑ̃t] *adj* resistente ◇ *nm, f* partigiano *m*, -a *f*

résister [Reziste] ◆ **résister à** *v + prep* resistere a

résolu, e [Rezɔly] *pp* ➤ **résoudre** ◇ *adj (décidé)* risoluto(a)

résolution [Rezɔlysjɔ̃] *nf* risoluzione *f*

résonner [Rezɔne] *vi* risuonare

résoudre [RezudR] *vt* risolvere

respect [Rɛspɛ] *nm* rispetto *m* ◆ **avoir du respect pour qqn** avere rispetto per qn

respecter [Rɛspɛkte] *vt* rispettare

respectif, ive [Rɛspɛktif, iv] *adj* rispettivo(a)

respiration [RɛspiRasjɔ̃] *nf* respirazione *f*

respirer [RɛspiRe] *vt & vi* respirare

responsabilité [Rɛspɔ̃sabilite] *nf* responsabilità *f inv* ◆ **prendre ses responsabilités** assumersi le proprie responsabilità ◆ **sous la responsabilité de qqn** sotto la responsabilità di qn

responsable [Rɛspɔ̃sabl] *adj & nmf* responsabile ◆ **être responsable de qqch** essere responsabile di qc

ressaisir [RəseziR] ◆ **se ressaisir** *vp* riprendersi

ressemblant, e [Rəsɑ̃blɑ̃, ɑ̃t] *adj* somigliante

ressembler [Rəsɑ̃ble] ◆ **ressembler à** *v + prep* somigliare a ◆ **se ressembler** *vp* somigliarsi

ressemeler [Rəsəmle] *vt* risuolare

ressentir [Rəsɑ̃tiR] *vt* sentire

resserrer [RəseRe] *vt* (ceinture, nœud) stringere ◆ **se resserrer** *vp* (route) restringersi

resservir [RəseRviR] *vt & vi* riservire ◆ **se resservir** *vp* ◆ **se resservir (de)** servirsi di nuovo (di)

ressort [RəsɔR] *nm* molla *f*

ressortir [RəsɔRtiR] *vi* **1.** (sortir à nouveau) riuscire **2.** (se détacher) risaltare

ressortissant, e [RəsɔRtisɑ̃, ɑ̃t] *nm, f* ◆ **les ressortissants français** i cittadini francesi residenti all'estero

ressources [RəsuRs] *nfpl* risorse *fpl*

ressusciter [Resysite] *vi* risuscitare

restant, e [Rɛstɑ̃, ɑ̃t] *adj* ➤ **poste** ◆ **restant** *nm* resto *m*

restaurant [RɛstɔRɑ̃] *nm* ristorante *m* ◆ **restaurant universitaire** mensa *f* universitaria

restauration [RɛstɔRasjɔ̃] *nf* **1.** (rénovation) restauro *m* **2.** (gastronomie) ristorazione *f*

restaurer [RɛstɔRe] *vt* (monument) restaurare

reste [Rɛst] *nm* resto *m* ◆ **un reste de** (nourriture, tissu) un avanzo di ◆ **les restes** (d'un repas) gli avanzi

rester [Rɛste] *vi* restare

restituer [Rɛstitɥe] *vt* (rendre) restituire

resto [Rɛsto] *nm* (fam) ristorante *m* ◆ **les Restos du Cœur** centri di distribuzione di pasti gratuiti agli indigenti

restreindre [RɛstRɛ̃dR] *vt* ridurre

restreint, e [RɛstRɛ̃, ɛ̃t] *pp* ➤ **restreindre** ◇ *adj* ristretto(a)

résultat [Rezylta] *nm* risultato *m*

résumé [Rezyme] *nm* riassunto *m* ◆ **en résumé** in sintesi

résumer [Rezyme] *vt* riassumere

rétablir [RetabliR] *vt* ristabilire ◆ **se rétablir** *vp* ristabilirsi

retard [RətaR] *nm* ritardo *m* ◆ **avoir du retard** essere in ritardo ◆ **avoir une heure de retard** avere un'ora di ritardo ◆ **être en retard (sur)** essere indietro (su)

retarder [RətaRde] *vi* ◆ **ma montre retarde (de cinq minutes)** il mio orologio è indietro (di cinque minuti)

retenir [RətniR] *vt* **1.** (empêcher de partir, d'agir) trattenere **2.** (empêcher de tomber) tenere **3.** (réserver) prenotare **4.** (se souvenir de) ricordare ◆ **retenir son souffle** trattenere il fiato ◆ **je retiens 1** (dans une opération) riporto 1 ◆ **se retenir** *vp* ◆ **se retenir (à qqch)** tenersi (a qc) ◆ **se retenir (de faire qqch)** trattenersi (dal fare qc)

retenu, e [Rətny] *pp* ➤ **retenir**

retenue [Rətny] *nf* **1.** SCOL punizione che consiste in ore supplementari a scuola **2.** (dans une opération) riporto *m*

réticent, e [Retisɑ̃, ɑ̃t] *adj* reticente

retirer [RətiRe] *vt* **1.** togliere **2.** (billet, argent, bagages) ritirare ◆ **retirer qqch à qqn** togliere qc a qn ; (permis de conduire) ritirare qc a qn

retomber [Rətɔ̃be] *vi* **1.** ricadere **2.** (pendre) cadere ◆ **retomber malade** riammalarsi

retour [RətuR] *nm* ritorno *m* ◆ **être de retour** essere di ritorno ◆ **au retour** al ritorno

retourner [ʀətuʀne] vt 1. *(mettre à l'envers)* rovesciare 2. *(renvoyer)* rimandare ◇ vi ritornare ◆ **se retourner** vp 1. *(voiture, bateau)* capovolgersi 2. *(tourner la tête)* girarsi

retrait [ʀətʀɛ] nm *(d'argent)* prelievo m

retraite [ʀətʀɛt] nf pensione f ● **être à la retraite** essere in pensione ● **prendre sa retraite** andare in pensione ● **retraite complémentaire** pensione integrativa

retraité, e [ʀətʀete] nm, f pensionato m, -a f

retransmission [ʀətʀɑ̃smisjɔ̃] nf ritrasmissione f

rétrécir [ʀetʀesiʀ] vi restringersi ◆ **se rétrécir** vp restringersi

rétro [ʀetʀo] adj inv rétro *(inv)* ◇ nm *(fam)* *(rétroviseur)* retrovisore m

rétrograder [ʀetʀɔgʀade] vi *(automobiliste)* scalare (la marcia)

rétroprojecteur [ʀetʀopʀɔʒɛktœʀ] nm lavagna f luminosa

rétrospective [ʀetʀɔspɛktiv] nf retrospettiva f

retrousser [ʀətʀuse] vt *(manches, jupe)* rimboccare

retrouvailles [ʀətʀuvaj] nfpl ritrovo m

retrouver [ʀətʀuve] vt 1. ritrovare 2. *(rejoindre)* raggiungere ◆ **se retrouver** vp ritrovarsi

rétroviseur [ʀetʀovizœʀ] nm *(spec-chietto m)* retrovisore m

réunion [ʀeynjɔ̃] nf riunione f ● **salle de réunion** sala riunioni ● **la Réunion** la Riunione

réunionnais, e [ʀeynjɔnɛ, ɛz] adj della Réunion ◆ **Réunionnais, e** nm, f nativo(a) o abitante dell'isola della Réunion

réunir [ʀeyniʀ] vt riunire ◆ **se réunir** vp riunirsi

réussi, e [ʀeysi] adj riuscito(a)

réussir [ʀeysiʀ] vi riuscire ◇ vt ● **elle a réussi toutes ses photos** tutte le foto le sono venute bene ● **réussir à** qqch un esame ● **réussir à faire qqch** riuscire a fare qc ● **réussir à qqn** *(aliment, climat)* far bene a qn

réussite [ʀeysit] nf 1. riuscita f 2. *(jeu)* solitario m

revanche [ʀəvɑ̃ʃ] nf rivincita f ● **en revanche** in compenso

rêve [ʀɛv] nm sogno m

réveil [ʀevɛj] nm 1. risveglio m 2. *(pendule)* sveglia f ● **à son réveil** al suo risveglio

réveiller [ʀeveje] vt svegliare ◆ **se réveiller** vp 1. svegliarsi 2. *(douleur, souvenir)* risvegliarsi

réveillon [ʀevejɔ̃] nm 1. *(repas)* cenone m 2. *(fête du 24 décembre)* vigilia f 3. *(fête du 31 décembre)* veglione m

réveillonner [ʀevejɔne] vi *(faire un repas, une fête)* fare il cenone

révélation [ʀevelasjɔ̃] nf rivelazione f

révéler [ʀevele] vt rivelare ◆ **se révéler** vp *(s'avérer)* rivelarsi

revenant, e [ʀəvnɑ̃, ɑ̃t] nm, f spirito m ● **tiens, un revenant/une revenante !** chi non muore si rivede!

revendication [ʀəvɑ̃dikasjɔ̃] nf rivendicazione f

revendre [ʀəvɑ̃dʀ] vt rivendere

revenir [ʀəvniʀ] vi 1. *(venir à nouveau)* (ri)tornare 2. *(d'où l'on arrive)* tornare indietro ● **faire revenir qqch** CULIN rosolare qc ● **revenir cher** (venire a) costar caro ● **ça nous est revenu à 300 euros** ci è venuto a costare 300 euro ● **ça me revient maintenant** *(je me souviens)* ora mi ricordo ● **ça revient au même** fa lo stesso ● **je n'en reviens pas** non riesco a capacitarmene ● **revenir sur sa décision** tornare sulla propria decisione ● **revenir sur ses pas** tornare sui propri passi

revenu, e [rəvəny] *pp* ➤ **revenir** ◆ **revenu** *nm* reddito *m*

rêver [reve] *vi* **1.** sognare **2.** *(être distrait)* sognare ad occhi aperti ◇ *vt* ● **rêver que** sognare che ● **j'ai rêvé de lui** l'ho sognato ● **je rêve d'une croisière** il mio sogno è una crociera ● **rêver de faire qqch** sognare di fare qc

réverbère [reverber] *nm* lampione *m*

revers [rəver] *nm* **1.** *(d'une pièce, d'une main, au tennis)* rovescio *m* **2.** *(d'une veste, d'un pantalon)* risvolto *m*

réversible [reversibl] *adj* double face *(inv)*

revêtement [rəvɛtmɑ̃] *nm* rivestimento *m*

rêveur, euse [revœr, øz] *adj* **1.** *(personne)* distratto(a) **2.** *(air)* trasognato(a)

réviser [revize] *vt* *(leçons)* ripassare ● **faire réviser sa voiture** far revisionare l'auto

révision [revizjɔ̃] *nf* *(d'une voiture)* revisione *f* ● **révisions** *nfpl* SCOL ripasso *m*

revoir [rəvwar] *vt* rivedere ● **au revoir !** arrivederci!

révoltant, e [revɔltɑ̃, ɑ̃t] *adj* rivoltante

révolte [revɔlt] *nf* rivolta *f*

révolter [revɔlte] *vt* rivoltare ◆ **se révolter** *vp* rivoltarsi

révolution [revɔlysjɔ̃] *nf* rivoluzione *f* ● **la Révolution (Française)** la rivoluzione francese

révolutionnaire [revɔlysjɔner] *adj* & *nmf* rivoluzionario(a)

revolver [revɔlver] *nm* rivoltella *f*

revue [rəvy] *nf* *(magazine, spectacle)* rivista *f* ● **revue de presse** rassegna *f* stampa ● **passer qqch en revue** passare in rassegna qc

rez-de-chaussée [redʃose] *nm inv* pianterreno *m*, pianoterra *m inv*

Rhin [rɛ̃] *nm* ● **le Rhin** il Reno

rhinocéros [rinɔserɔs] *nm* rinoceronte *m*

Rhône [ron] *nm* ● **le Rhône** il Rodano

rhubarbe [rybarb] *nf* rabarbaro *m*

rhum [rɔm] *nm* rum *m inv*

rhumatismes [rymatism] *nmpl* reumatismi *mpl* ● **avoir des rhumatismes** avere i reumatismi

rhume [rym] *nm* raffreddore *m* ● **avoir un rhume** avere il raffreddore ● **rhume des foins** raffreddore da fieno

ri [ri] *pp* ➤ **rire**

ricaner [rikane] *vi* **1.** *(méchamment)* sogghignare **2.** *(bêtement)* sghignazzare

riche [riʃ] *adj* ricco(a) ◇ *nmf* ● **les riches** i ricchi ● **riche en** *(plein de)* ricco di

richesse [riʃes] *nf* ricchezza *f*

ricocher [rikɔʃe] *vi* rimbalzare

ricochet [rikɔʃɛ] *nm* ● **faire des ricochets** giocare a rimbalzello

ride [rid] *nf* ruga *f*

ridé, e [ride] *adj* rugoso(a)

rideau, x [rido] *nm* **1.** tenda *f* **2.** *(de magasin)* saracinesca *f* **3.** *(au théâtre)* sipario *m* **4.** *(fig)* *(de pluie, de fumée)* cortina *f*

ridicule [ʀidikyl] *adj* ridicolo(a)

rien [ʀjɛ̃] *pron* niente, nulla ● **ne... rien** non... niente ● **ça ne fait rien** non fa niente ● **de rien** (di) niente ● **pour rien** per niente ● **rien d'intéressant** niente di interessante ● **rien du tout** assolutamente niente ● **rien que** nient'altro che

rigide [ʀiʒid] *adj* rigido(a)

rigole [ʀiɡɔl] *nf* 1. (*caniveau*) canaletto *m* 2. (*eau*) rivolo *m*

rigoler [ʀiɡɔle] *vi* 1. (*fam*) (*rire*) ridere 2. (*s'amuser, plaisanter*) scherzare

rigolo, ote [ʀiɡɔlo, ɔt] *adj* (*fam*) buffo(a)

rigoureux, euse [ʀiɡuʀø, øz] *adj* 1. (*hiver*) rigido(a) 2. (*analyse, esprit*) rigoroso(a)

rigueur [ʀiɡœʀ] ◆ **à la rigueur** *adv* al limite

rillettes [ʀijɛt] *nfpl* carne di maiale, anatra o oca, tritata e cotta nello strutto

rime [ʀim] *nf* rima *f*

rinçage [ʀɛ̃saʒ] *nm* risciacquo *m*

rincer [ʀɛ̃se] *vt* sciacquare

ring [ʀiŋ] *nm* 1. (*de boxe*) ring *m inv* 2. (*Belg*) (*route*) ≃ tangenziale *f*

riposter [ʀipɔste] *vi* replicare

rire [ʀiʀ] *nm* risata *f* ◇ *vi* ridere ● **rire aux éclats** ridere fragorosamente ● **tu veux rire ?** vuoi scherzare? ● **pour rire** (*en plaisantant*) per ridere

ris [ʀi] *nmpl* ● **ris de veau** animelle *fpl* di vitello

risotto [ʀizoto] *nm* risotto *m*

risque [ʀisk] *nm* rischio *m* ● **prendre des risques** correre dei rischi

risqué, e [ʀiske] *adj* rischioso(a)

risquer [ʀiske] *vt* 1. rischiare 2. (*proposition, question*) azzardare ◆ **risquer de** *v* + *prep* rischiare di

rissolé, e [ʀisole] *adj* rosolato(a)

rivage [ʀivaʒ] *nm* riva *f*

rival, e, aux [ʀival, o] *adj & nm, f* rivale

rivalité [ʀivalite] *nf* rivalità *f inv*

rive [ʀiv] *nf* riva *f* ● **la Rive Gauche/Droite** (*à Paris*) *le due rive, a nord e a sud della Senna, che danno il nome alle due zone principali in cui è divisa Parigi*

riverain, e [ʀivʀɛ̃, ɛn] *nm, f* (*d'une rue*) abitante *mf* ▼ **sauf riverains** ≃ eccetto residenti

rivière [ʀivjɛʀ] *nf* fiume *m*

riz [ʀi] *nm* riso *m* ● **riz cantonais** riso alla cantonese ● **riz au lait** *dessert a base di riso cotto nel latte e aromatizzato, servito freddo o caldo* ● **riz pilaf** riso pilaf ● **riz sauvage** *pianta della famiglia del riso dai chicchi scuri*

RMI (*abr de revenu minimum d'insertion*) *nm sussidio versato dallo Stato alle persone a basso reddito*

RN = **route nationale**

robe [ʀɔb] *nf* 1. vestito *m* 2. (*d'un cheval*) mantello *m* ● **robe de chambre** vestaglia *f* ● **robe du soir** vestito da sera

robinet [ʀɔbinɛ] *nm* rubinetto *m*

robot [ʀɔbo] *nm* robot *m inv*

robuste [ʀɔbyst] *adj* robusto(a)

roc [ʀɔk] *nm* roccia *f*

rocade [ʀɔkad] *nf* tangenziale *f*

roche [ʀɔʃ] *nf* roccia *f*

rocher [ʀɔʃe] *nm* **1.** *(matière)* roccia *f* **2.** *(bloc)* masso *m* **3.** *(au chocolat)* cioccolatino *m* pralinato

rock [ʀɔk] *nm* rock *m inv*

rodage [ʀɔdaʒ] *nm* rodaggio *m*

rôder [ʀode] *vi* aggirarsi

rœsti [ʀøʃti] *nfpl (Helv)* frittella di patate grattugiate

rognon [ʀɔɲɔ̃] *nm* rognone *m*

roi [ʀwa] *nm* re *m* ● **les Rois** ou **la fête des Rois** l'Epifania *f*

Roland-Garros [ʀɔlɑ̃gaʀos] *n* ● **(le tournoi de) Roland-Garros** il torneo di Roland-Garros

rôle [ʀol] *nm* **1.** *(dans un film, une pièce)* parte *f* **2.** *(fonction)* ruolo *m*

rollers [ʀɔllœʀ] *nmpl (patins traditionnels)* pattini *mpl* (a rotelle) ; *(patins en ligne)* rollerblade *mpl* ● **faire du roller** pattinare

ROM [ʀɔm] *nf (abr de read only memory)* memoria *f* ROM

romain, e [ʀɔmɛ̃, ɛn] *adj* romano(a)

roman, e [ʀɔmɑ̃, an] *adj (architecture, église)* romanico(a) ◆ **roman** *nm* romanzo *m*

romancier, ère [ʀɔmɑ̃sje, ɛʀ] *nm, f* romanziere *m*, -a *f*

romantique [ʀɔmɑ̃tik] *adj* romantico(a)

romarin [ʀɔmaʀɛ̃] *nm* rosmarino *m*

Rome [ʀɔm] *n* Roma *f*

rompre [ʀɔ̃pʀ] *vi* rompere

romsteck, rumsteack [ʀɔmstɛk] *nm* scamone *m (taglio di manzo di prima scelta)*

ronces [ʀɔ̃s] *nfpl* rovi *mpl*

rond, e [ʀɔ̃, ʀɔ̃d] *adj* **1.** rotondo(a) **2.** *(chiffre, compte)* tondo(a) ◆ **rond** *nm* cerchio *m* ● **en rond** in cerchio

ronde [ʀɔ̃d] *nf (de policiers)* ronda *f*

rondelle [ʀɔ̃dɛl] *nf* **1.** *(tranche)* fettina *f* **2.** *TECH* rotella *f*

rond-point [ʀɔ̃pwɛ̃] *(pl* ronds-points*) nm* rotonda *f*

ronfler [ʀɔ̃fle] *vi* russare

ronger [ʀɔ̃ʒe] *vt* **1.** *(os)* rosicchiare **2.** *(suj : rouille)* corrodere ◆ **se ronger** *vp* ● **se ronger les ongles** mangiarsi le unghie

ronronner [ʀɔ̃ʀone] *vi (chat)* fare le fusa

roquefort [ʀɔkfɔʀ] *nm* formaggio *di latte di pecora erborinato*

rosace [ʀozas] *nf (vitrail)* rosone *m*

rosbif [ʀɔsbif] *nm* rosbif *m inv*

rose [ʀoz] *adj* rosa *(inv)* ◇ *nm* rosa *m* ◇ *nf* rosa *f*

rosé, e [ʀoze] *adj* roseo(a) ◆ **rosé** *nm (vin)* rosato *m*, rosé *m inv*

roseau, x [ʀozo] *nm* canna *f*

rosée [ʀoze] *nf* rugiada *f*

rosier [ʀozje] *nm* rosaio *m*

rossignol [ʀɔsiɲɔl] *nm* usignolo *m*

rot [ʀo] *nm* rutto *m*

roter [ʀɔte] *vi* ruttare

rôti [ʀoti] *nm* arrosto *m*

rôtie [ʀoti] *nf (Québec)* fetta di pancarré tostato

rotin [ʀɔtɛ̃] *nm* giunco *m*

rôtir [ʀotiʀ] *vt* & *vi* arrostire

rôtissoire [ʀotiswaʀ] *nf* girarrosto *m*

rotule [ʀɔtyl] *nf* rotula *f*

roucouler [ʀukule] *vi* tubare

roue [ʀu] *nf* ruota *f* ● **roue de secours** ruota di scorta ● **grande roue** ruota panoramica

rouge [ʀuʒ] *adj* 1. rosso(a) 2. *(fer, braise)* rovente ◇ *nm* rosso *m* ● **le feu est passé au rouge** il semaforo è diventato rosso ● **passer au rouge** *(voiture)* passare con il rosso ● **rouge à lèvres** rossetto *m*

rouge-gorge [ʀuʒɡɔʀʒ] *(pl* **rouges-gorges**) *nm* pettirosso *m*

rougeole [ʀuʒɔl] *nf* morbillo *m*

rougeurs [ʀuʒœʀ] *nfpl* macchie *fpl* rosse

rougir [ʀuʒiʀ] *vi* arrossire

rouille [ʀuj] *nf* 1. ruggine *f* 2. *(sauce)* salsa all'aglio e al peperoncino rosso

rouillé, e [ʀuje] *adj* arrugginito(a)

rouiller [ʀuje] *vi* arrugginirsi

roulant [ʀulɑ̃] *adj m* ➤ **fauteuil, tapis**

rouleau, x [ʀulo] *nm* 1. *(de papier, de tissu)* rotolo *m* 2. *(pinceau)* rullo *m* 3. *(vague)* onda *f* crespa 4. *CULIN* ● **rouleau de printemps** involtino *m* primavera ● **rouleau à pâtisserie** mattarello *m*

roulement [ʀulmɑ̃] *nm* *(tour de rôle)* rotazione *f* ● **roulement à billes** cuscinetto *m* a sfera ● **roulement de tambour** rullo *m* di tamburo

rouler [ʀule] *vt* 1. *(nappe, tapis)* arrotolare 2. *(fam) (voler)* imbrogliare ◇ *vi* 1. *(balle, caillou)* rotolare 2. *(véhicule, cycliste)* andare ● **rouler les r** arrotolare le r ▼ **roulez au pas** procedere a passo d'uomo ● **rouler vite** andare veloce ● **se rouler** *vp (par terre, dans l'herbe)* rotolarsi

roulette [ʀulɛt] *nf* *(roue)* rotella *f* ● **la roulette** *(jeu)* la roulette

roulotte [ʀulɔt] *nf* roulotte *f inv*

roumain, e [ʀumɛ̃, ɛn] *adj* rumeno(a) ♦ **roumain** *nm (langue)* rumeno *m* ♦ **Roumain, e** *nm, f* rumeno *m, -a f*

Roumanie [ʀumani] *nf* ● **la Roumanie** la Romania

rousse ➤ **roux**

rousseur [ʀusœʀ] *nf* ➤ **tache**

roussi [ʀusi] *nm* ● **ça sent le roussi** c'è odore di bruciato ; *(fig) (mal tourner)* qui si mette male

route [ʀut] *nf* strada *f* ● **mettre qqch en route** avviare qc ● **se mettre en route** *(voyageur)* partire ▼ **route barrée** strada interrotta

routier, ère [ʀutje, ɛʀ] *adj* stradale ♦ **routier** *nm* 1. *(camionneur)* camionista *m* 2. *(restaurant)* ristorante *m* per camionisti

routine [ʀutin] *nf (péj)* routine *f inv*

roux, rousse [ʀu, ʀus] *adj & nm, f* rosso(a)

royal, e, aux [ʀwajal, o] *adj* 1. *(famille)* reale 2. *(pouvoir)* regio(a) 3. *(cadeau, pourboire)* principesco(a)

royaume [ʀwajom] *nm* regno *m*

Royaume-Uni [ʀwajomyni] *nm* ● **le Royaume-Uni** il Regno Unito

RTT *(abr de réduction du temps de travail) nf* riduzione *f* dell'orario di lavoro *(a 35 ore settimanali)* ◇ *nm ou nf* ● **prendre un** ou **une RTT** prendere un giorno libero

ruade [ʀɥad] *nf* scalciata *f*

ruban [ʀybɑ̃] *nm* nastro *m* ● **ruban adhésif** nastro adesivo

rubéole [ʀybeɔl] *nf* rosolia *f*

rubis [ʀybi] *nm* rubino *m*

rubrique [ʀybʀik] *nf* 1. *(catégorie)* voce *f* 2. *(de journal)* rubrica *f*

ruche [Ry∫] *nf* alveare *m*

rude [Ryd] *adj* **1.** *(climat, voix)* aspro(a) **2.** *(travail)* duro(a)

rudimentaire [RydimãtɛR] *adj* rudimentale

rue [Ry] *nf* via *f* ● **rue piétonne** ou **piétonnière** strada *f* pedonale

ruelle [Rɥɛl] *nf* viuzza *f*

ruer [Rɥe] *vi* scalciare ● **se ruer** *vp* ● **se ruer dans/sur** precipitarsi in/su

rugby [Rygbi] *nm* rugby *m inv*

rugir [RyʒiR] *vi* ruggire

rugueux, euse [Rygø, øz] *adj* **1.** *(tissu, peau)* ruvido(a) **2.** *(écorce)* rugoso(a)

ruine [Rɥin] *nf* **1.** *(financière)* rovina *f* **2.** *(habitation)* rudere *m* ● **en ruine** *(bâtisse)* in rovina ● **tomber en ruine** cadere in rovina ● **ruines** *nfpl* rovine *fpl*

ruiné, e [Rɥine] *adj* rovinato(a)

ruisseau, x [Rɥiso] *nm* ruscello *m*

ruisseler [Rɥisle] *vi* grondare ● **ruisseler de** *(sueur, larmes)* grondare di

rumeur [RymœR] *nf* **1.** *(nouvelle)* voce *f* **2.** *(bruit)* rumore *m*

ruminer [Rymine] *vi* ruminare

rupture [RyptyR] *nf* rottura *f*

rural, e, aux [RyRal, o] *adj* rurale

ruse [Ryz] *nf* astuzia *f* ● **attention, c'est une ruse !** attenzione, è una trappola!

rusé, e [Ryze] *adj* astuto(a)

russe [Rys] *adj* russo(a) ◇ *nm (langue)* russo *m* ● **Russe** *nmf* russo *m*, -a *f*

Russie [Rysi] *nf* ● **la Russie** la Russia

Rustine ® [Rystin] *nf* toppa *f* di gomma

rustique [Rystik] *adj* rustico(a)

rythme [Ritm] *nm* ritmo *m*

SS

S *(abr de Sud)* S. *(sud)*

s' ➤ **se**

sa ➤ **son**

SA *nf (abr de société anonyme)* SA *f (società anonima)*

sable [sabl] *nm* sabbia *f* ● **sables mouvants** sabbie mobili

sablé, e [sable] *adj (biscuit)* di pasta frolla ● **sablé** *nm* frollino *m*

sablier [sablije] *nm* clessidra *f*

sablonneux, euse [sablɔnø, øz] *adj* sabbioso(a)

sabot [sabo] *nm* zoccolo *m* ● **sabot de Denver** ganasce *fpl*

sabre [sabR] *nm* sciabola *f*

sac [sak] *nm* **1.** borsa *f* **2.** *(de pommes de terre)* sacco *m* ● **sac de couchage** sacco a pelo ● **sac à dos** zaino *m* ● **sac à main** borsetta *f* ● **sac (en) plastique** sacchetto *m* di plastica ● **sac poubelle** sacchetto dell'immondizia

saccadé, e [sakade] *adj* **1.** *(gestes)* a scatti **2.** *(respiration)* irregolare

saccager [sakaʒe] *vt* **1.** *(ville, cultures)* devastare **2.** *(appartement)* mettere a soqquadro

sachant [sa∫ɑ̃] *p prés* ➤ **savoir**

sache etc ➤ **savoir**

sachet [sa∫ɛ] *nm* bustina *f* ● **sachet de thé** bustina di tè

sacoche [sakɔ∫] *nf* sacca *f*

sac-poubelle [sakpubɛl] *(pl* **sacs-poubelle**) *nm* sacco *m* per la spazzatura

sacré, e [sakre] *adj* sacro(a)

sacrifice [sakrifis] *nm* sacrificio *m*

sacrifier [sakrifje] *vt* sacrificare ◆ **se sacrifier** *vp* sacrificarsi

sadique [sadik] *adj* sadico(a)

safari [safari] *nm* safari *m inv*

safran [safrɑ̃] *nm* zafferano *m*

sage [saʒ] *adj* **1.** *(avisé)* saggio(a) **2.** *(obéissant)* buono(a)

sage-femme [saʒfam] *(pl* sages-femmes*)* *nf* levatrice *f*

sagesse [saʒɛs] *nf* saggezza *f*

Sagittaire [saʒitɛr] *nm* Sagittario *m*

saignant, e [sɛɲɑ̃, ɑ̃t] *adj (viande)* al sangue

saigner [seɲe] *vi* sanguinare ● **il saigne du nez** gli esce il sangue dal naso

saillant, e [sajɑ̃, ɑ̃t] *adj* sporgente

sain, e [sɛ̃, sɛn] *adj* sano(a) ● **sain et sauf** sano e salvo

saint, e [sɛ̃, sɛ̃t] *adj & nm, f* santo(a)

Saint Gothard [sɛ̃gɔtar] *n* ● **le col du Saint Gothard** il passo del San Gottardo

saint-honoré [sɛ̃tɔnɔre] *nm inv* torta di pasta brisée o sfoglia sormontata da una corona di bignè alla crema e panna montata

Saint-Jacques [sɛ̃ʒak] *n* ➤ **coquille**

Saint-Michel [sɛ̃miʃɛl] *n* ➤ **mont**

Saint-Sylvestre [sɛ̃silvɛstr] *nf* ● **la Saint-Sylvestre** il giorno di San Silvestro

sais etc ➤ **savoir**

saisir [sezir] *vt* **1.** *(prendre, comprendre)* afferrare **2.** *(occasion)* cogliere **3.** *DR (biens)* sequestrare **4.** *INFORM* immettere

saison [sɛzɔ̃] *nf* stagione *f* ● **basse saison** bassa stagione ● **haute saison** alta stagione

salade [salad] *nf* insalata *f* ● **en salade** in insalata ● **salade de fruits** macedonia *f* di frutta ● **salade mixte** insalata mista ● **salade niçoise** *insalata mista contenente pomodori, uova sode, acciughe e tonno*

saladier [saladje] *nm* insalatiera *f*

salaire [salɛr] *nm* stipendio *m*

salami [salami] *nm* salame *m*

salarié, e [salarje] *nm, f* stipendiato *m*, -a *f*

sale [sal] *adj* **1.** sporco(a) **2.** *(fam) (histoire)* brutto(a) **3.** *(temps)* schifoso(a)

salé, e [sale] *adj* salato(a) ◆ **salé** *nm* ● **petit salé aux lentilles** *carne di maiale salmistrata, cucinata e servita con lenticchie*

saler [sale] *vt* **1.** salare **2.** *(chaussée)* cospargere di sale

saleté [salte] *nf* **1.** sporcizia *f* **2.** *(chose sale)* porcheria *f*

salière [saljɛr] *nf* saliera *f*

salir [salir] *vt* sporcare ◆ **se salir** *vp* sporcarsi

salissant, e [salisɑ̃, ɑ̃t] *adj* che si sporca (facilmente)

salive [saliv] *nf* saliva *f*

salle [sal] *nf* sala *f* ● **salle d'attente** sala d'aspetto ● **salle de bains** stanza *f* da bagno ● **salle de classe** aula *f* ● **salle d'embarquement** sala imbarco ● **salle à manger** sala da pranzo ● **salle d'opération** sala operatoria

salon [salɔ̃] *nm* **1.** *(séjour)* salotto *m* **2.** *(exposition)* salone *m* ● **salon de coiffure** parrucchiere *m* ● **salon de beauté** salone di bellezza ● **salon de thé** sala *f* da tè ● **le salon de l'auto** salone dell'auto

salopette [salɔpɛt] *nf* **1.** *(en jean, etc)* salopette *f* en jean **2.** *(d'ouvrier)* tuta *f*

salsifis [salsifi] *nmpl* scorzonera *f*

saluer [salɥe] *vt* salutare ● **saluer de la tête** salutare con un cenno del capo

salut [saly] *nm* **1.** saluto *m* **2.** *(de la tête)* cenno *m* di saluto ◇ *interj (fam)* ciao!

salutations [salytasjɔ̃] *nfpl* saluti *mpl* ● **meilleures salutations** con i migliori saluti

Salvador [salvadɔʁ] *nm* ● **le Salvador** il Salvador

salvadorien, enne [salvadɔʁjɛ̃, ɛn] *adj* salvadoregno(a) ◆ **Salvadorien, enne** *nm, f* salvadoregno *m*, -a *f*

samara [samaʁa] *nf (Afrique)* sandalo *m* con l'infradito

samaritain [samaʁitɛ̃] *nm (Helv)* soccorritore *m*, -trice *f*

samedi [samdi] *nm* sabato *m* ● **nous sommes samedi** è sabato ● **samedi 13 septembre** sabato 13 settembre ● **nous sommes partis samedi** siamo partiti sabato ● **samedi dernier** sabato scorso ● **samedi prochain** sabato prossimo ● **samedi matin** sabato mattina ● **le samedi** di sabato ● **à samedi !** a sabato!

SAMU [samy] *nm* servizio di autoambulanze e di pronto intervento ≃ 118 *m inv*

sanction [sɑ̃ksjɔ̃] *nf* sanzione *f*

sanctionner [sɑ̃ksjɔne] *vt* sanzionare

sandale [sɑ̃dal] *nf* sandalo *m*

sandwich [sɑ̃dwitʃ] *nm* panino *m* ● **sandwich club** tramezzino *m*

sandwicherie [sɑ̃dwitʃ(ə)ʁi] *nf* paninoteca *f*

sang [sɑ̃] *nm* sangue *m* ● **en sang** sanguinante ● **prise de sang** prelievo di sangue

sang-froid [sɑ̃fʁwa] *nm inv* sangue *m* freddo

sanglant, e [sɑ̃glɑ̃, ɑ̃t] *adj* **1.** *(couvert de sang)* insanguinato(a) **2.** *(meurtrier)* sanguinario(a)

sangle [sɑ̃gl] *nf* cinghia *f*

sanglier [sɑ̃glije] *nm* cinghiale *m*

sanglot [sɑ̃glo] *nm* singhiozzo *m*

sangloter [sɑ̃glɔte] *vi* singhiozzare

sangria [sɑ̃gʁija] *nf* sangria *f inv*

sanguin [sɑ̃gɛ̃] *adj m* ➤ **groupe**

sanguine [sɑ̃gin] *nf (orange)* (arancia) sanguinella *f*

Sanisette® [sanizɛt] *nf gabinetto pubblico con accesso e pulizia automatizzati*

sanitaire [sanitɛʁ] *adj* sanitario(a) ◆ **sanitaires** *nmpl (d'un camping)* servizi *mpl* igienici

sans [sɑ̃] *prép* senza ● **sans faire qqch** senza fare qc ● **il est parti sans que personne ne s'en rende compte** se ne è andato senza che nessuno se ne rendesse conto ● **il va falloir faire sans** dovremmo farne a meno *ou* fare senza

sans-abri [sɑ̃zabʁi] *nmf inv* senzatetto *mf inv*

sans-gêne [sɑ̃ʒɛn] *adj inv* & *nm inv* sfrontato(a)

sans-papiers [sɑ̃papje] *nmf inv* immigrato *m* clandestino, immigrata *f* clandestina

sans-plomb [sɑ̃plɔ̃] *nm inv* benzina *f* verde *ou* senza piombo

santé [sɑ̃te] *nf* salute *f* ● **en bonne/mauvaise santé** in buona/cattiva salute ● **(à la) santé !** (alla tua) salute!

saoul, e [su, sul] = **soûl**

saouler [sule] = **soûler**

saphir [safiʀ] *nm* zaffiro *m*

sapin [sapɛ̃] *nm* abete *m* ● **sapin de Noël** albero *m* di Natale

Sardaigne [saʀdɛɲ] *nf* Sardegna *f*

sardine [saʀdin] *nf* sardina *f*

SARL *nf (abr de société à responsabilité limitée)* SRL *f (società a responsabilità limitata)*

sarrasin [saʀazɛ̃] *nm (graine)* grano *m* saraceno

satellite [satelit] *nm* satellite *m* ● **satellite artificiel** satellite artificiale ● **satellite météorologique** satellite meteorologico ● **satellite de télécommunications** satellite per telecomunicazioni

satin [satɛ̃] *nm* raso *m*

satiné, e [satine] *adj* **1.** *(tissu, peinture)* satinato(a) **2.** *(peau)* vellutato(a)

satirique [satiʀik] *adj* satirico(a)

satisfaction [satisfaksjɔ̃] *nf* soddisfazione *f*

satisfaire [satisfɛʀ] *vt* soddisfare ◆ **se satisfaire de** *vp + prep* accontentarsi di

satisfaisant, e [satisfəzɑ̃, ɑ̃t] *adj* soddisfacente

satisfait, e [satisfɛ, ɛt] *pp* ➤ **satisfaire** ◇ *adj* soddisfatto(a) ● **être satisfait de** essere soddisfatto di

saturé, e [satyʀe] *adj* **1.** *(autoroute)* intasato(a) **2.** *(mémoire d'ordinateur)* pieno(a)

sauce [sos] *nf* salsa *f* ● **en sauce** in umido ● **sauce blanche** *salsa a base di brodo di vitello o pollo* ● **sauce chasseur** *salsa di pomodoro ai funghi, allo scalogno e al vino bianco* ● **sauce madère** *salsa a base di verdure, funghi e aromi con aggiunta di madera* ● **sauce tartare** salsa tartara ● **sauce tomate** salsa di pomodoro

saucer [sose] *vt* ● **saucer son assiette** fare la scarpetta

saucisse [sosis] *nf* salsiccia *f* ● **saucisse sèche** salamino *m* stagionato

saucisson [sosisɔ̃] *nm* salame *m*

sauf, sauve [sof, sov] *adj* ➤ **sain** ◆ **sauf** *prép (excepté)* eccetto, salvo ● **sauf erreur** salvo errore ● **tout le monde sauf lui** tutti tranne lui ● **je pourrais, sauf que je ne veux pas** potrei, ma non voglio

sauge [soʒ] *nf* salvia *f*

saule [sol] *nm* salice *m* ● **saule pleureur** salice piangente

saumon [somɔ̃] *nm* salmone *m* ◇ *adj inv* ● **(rose) saumon** (rosa) salmone *(inv)* ● **saumon fumé** salmone affumicato

sauna [sona] *nm* sauna *f*

saupoudrer [supudʀe] *vt* ● **saupoudrer qqch de** cospargere qc di

saur [sɔʀ] *adj m* ➤ **hareng**

saura etc ➤ **savoir**

saut [so] *nm* salto *m* ● **faire un saut chez qqn** fare un salto da qn ● **saut à l'élastique** *SPORT* jumping *m inv* ● **saut en hauteur** salto in alto ● **saut en longueur** salto in lungo ● **saut à la perche** salto con l'asta ● **saut périlleux** salto mortale ● **saut de page** *INFORM* interruzione *f* di pagina

saute [sot] *nf* ● **saute d'humeur** sbalzo *m* d'umore

sauté, e [sote] *adj* CUIN rosolato(a) ● **sauté** *nm* sauté *m inv*

saute-mouton [sotmutɔ̃] *nm inv* ● **jouer à saute-mouton** giocare alla cavallina

sauter [sote] *vi* **1.** saltare **2.** *(exploser)* saltare in aria ◇ *vt* saltare ● **sauter son tour** saltare il turno ● **faire sauter qqch** *(faire* *exploser)* far saltare in aria qc ; CULIN rosolare qc

sauterelle [sotʀɛl] *nf* cavalletta *f*

sautiller [sotije] *vi* saltellare

sauvage [sovaʒ] *adj* **1.** *(animal, plante, caractère)* selvatico(a) **2.** *(tribu, cri)* selvaggio(a) ◇ *nmf* selvaggio *m*, -a *f*

sauvegarde [sovgaʀd] *nf* INFORM copia *f* • **sauvegarde automatique** salvataggio *m* automatico • **fichier de sauvegarde** file di backup

sauvegarder [sovgaʀde] *vt* **1.** *(protéger)* salvaguardare **2.** INFORM salvare

sauver [sove] *vt* salvare • **sauver qqn/ qqch de qqch** salvare qn/qc da qc • **se sauver** *(s'échapper)* scappare

sauvetage [sovtaʒ] *nm* salvataggio *m*

sauveteur [sovtœʀ] *nm* soccorritore *m*, -trice *f*

SAV = service après-vente

savant, e [savɑ̃, ɑ̃t] *adj (cultivé)* dotto(a) • **savant** *nm* scienziato *m*, -a *f*

savarin [savaʀɛ̃] *nm* babà a ciambella imbevuto di sciroppo al liquore

saveur [savœʀ] *nf* sapore *m*

Savoie [savwa] *nf* Savoia *f*

savoir [savwaʀ] *vt* sapere • **savoir faire qqch** saper fare qc • **je n'en sais rien** non ne ho idea

savoir-faire [savwaʀfɛʀ] *nm inv* savoir faire *m inv*

savoir-vivre [savwaʀvivʀ] *nm inv* buona educazione *f*

savon [savɔ̃] *nm* sapone *m* • **savon de Marseille** sapone di Marsiglia

savonner [savɔne] *vt* insaponare

savonnette [savɔnɛt] *nf* saponetta *f*

savourer [savuʀe] *vt* assaporare

savoureux, euse [savuʀø, øz] *adj (aliment)* saporito(a)

savoyarde [savwajaʀd] *adj f* ➤ **fondue**

saxophone [saksɔfɔn] *nm* sassofono *m*

sbrinz [ʃbʀints] *nm* (Helv) formaggio svizzero a pasta dura

scandale [skɑ̃dal] *nm* scandalo *m* • **faire du** *ou* **un scandale** fare una scenata in pubblico • **faire scandale** fare scandalo

scandaleux, euse [skɑ̃dalø, øz] *adj* scandaloso(a)

scandinave [skɑ̃dinav] *adj* scandinavo(a)

Scandinavie [skɑ̃dinavi] *nf* • **la Scandinavie** la Scandinavia

¹**scanner** [skanɛʀ] *nm* **1.** *(appareil)* scanner *m inv* **2.** *(test)* TAC *f inv*

²**scanner** [skane] *vt* scansionare, scannerizzare

scaphandre [skafɑ̃dʀ] *nm* scafandro *m*

scarole [skaʀɔl] *nf* scarola *f*

sceller [sele] *vt (cimenter)* murare

scénario [senaʀjo] *nm (de film)* sceneggiatura *f*

scène [sɛn] *nf* **1.** *(estrade)* palcoscenico *m* **2.** *(événement, partie d'une pièce)* scena *f* • **faire une scène (à qqn)** fare una scenata (a qn) • **mettre qqch en scène** *(film, pièce de théâtre)* mettere in scena qc

sceptique [sɛptik] *adj* scettico(a)

schéma [ʃema] *nm* schema *m*

schématique [ʃematik] *adj* schematico(a)

schublig [ʃublig] *nm* (Helv) tipo di salsiccia

sciatique [sjatik] *nf* sciatica *f*

scie [si] *nf* sega *f*

science [sjɑ̃s] *nf* scienza *f* • **sciences naturelles** scienze naturali • **sciences humaines** scienze umane

science-fiction [sjɑ̃sfiksjɔ̃] (*pl* sciences-fictions) *nf* fantascienza *f*

scientifique [sjɑ̃tifik] *adj* scientifico(a) ◇ *nmf* scienziato *m*, -a *f*

scier [sje] *vt* segare

scintiller [sɛ̃tije] *vi* scintillare

sciure [sjyʀ] *nf* segatura *f*

scolaire [skɔlɛʀ] *adj* scolastico(a)

scoop [skup] *nm* scoop *m inv*

scooter [skutœʀ] *nm* scooter *m inv* • **scooter des mers** acqua-scooter *m inv*

score [skɔʀ] *nm* punteggio *m*

scorpion [skɔʀpjɔ̃] *nm* scorpione *m* • **Scorpion** *nm* Scorpione *m*

Scotch® [skɔtʃ] *nm* (*adhésif*) scotch® *m inv*

scotch [skɔtʃ] *nm* (*whisky*) scotch *m inv*

scotché, e [skɔtʃe] (*fam & fig*) *adj* • **être scotché devant la télévision** essere incollato davanti alla televisione

scout, e [skut] *nm*, *f* scout *mf inv*

scrupule [skʀypyl] *nm* scrupolo *m*

scrutin [skʀytɛ̃] *nm* scrutinio *m*

sculpter [skylte] *vt* scolpire

sculpteur [skyltœʀ] *nm* scultore *m*, -trice *f*

sculpture [skyltyʀ] *nf* scultura *f*

SDF (*abr de sans domicile fixe*) *nmf inv* senzatetto *mf inv*

se [sə] *pron*

1. (*réfléchi : complément d'objet direct*) si • **elle se regarde dans le miroir** si guarda allo specchio

2. (*réfléchi : complément d'object indirect*) si • **se faire mal** farsi male • **il se l'est acheté** se lo è comprato

3. (*réciproque : complément d'object direct*) si • **se battre** picchiarsi

4. (*réciproque : complément d'object indirect*) si • **ils s'écrivent toutes les semaines** si scrivono tutte le settimane

5. (*avec certains verbes*) • **se décider** decidersi • **se mettre à faire qqch** mettersi a fare qc

6. (*passif*) si • **ce produit se vend bien/partout** questo prodotto si vende bene/dappertutto • **il s'est fait surprendre** si è fatto sorprendere

7. (*à valeur de possessif*) si • **se laver les mains** lavarsi le mani • **se couper le doigt** tagliarsi un dito

séance [seɑ̃s] *nf* **1.** seduta *f* **2.** (*de gymnastique*) lezione *f* **3.** (*de cinéma*) spettacolo *m*

seau, x [so] *nm* secchio *m* • **seau à champagne** secchiello *m* da champagne

sec, sèche [sɛk, sɛʃ] *adj* **1.** asciutto(a) **2.** (*remarque, vin*) secco(a) **3.** (*whisky*) liscio(a) **4.** (*fruit, légume*) essicato(a) • **à sec** (*cours d'eau*) in secca • **au sec** all'asciutto • **d'un coup sec** con un colpo secco • **vol sec** volo *m* senza altre prestazioni

sécateur [sekatœʀ] *nm* cesoie *fpl* da giardinaggio

séchage [seʃaʒ] *nm* asciugatura *f*

sèche ➤ **sec**

sèche-cheveux [sɛʃʃəvø] *nm inv* asciugacapelli *m inv*, fon *m inv*

sèche-linge [sɛʃlɛ̃ʒ] *nm inv* asciugabiancheria *m inv*

sèchement [sɛʃmɑ̃] *adv* seccamente

sécher [seʃe] vt 1. asciugare 2. (fam) (cours) marinare ◇ vi asciugare

sécheresse [seʃʀɛs] nf (manque de pluie) siccità f inv

séchoir [seʃwaʀ] nm ● **séchoir (à cheveux)** asciugacapelli m inv, fon m inv ● **séchoir (à linge)** stendibiancheria m inv

second, e [səɡɔ̃, ɔ̃d] adj secondo(a)

secondaire [səɡɔ̃dɛʀ] adj secondario(a)

seconde [səɡɔ̃d] nf 1. (unité de temps) secondo m 2. SCOL ≃ prima f superiore 3. (vitesse) seconda f ● **voyager en seconde (classe)** viaggiare in seconda classe

secouer [səkwe] vt scuotere

secourir [səkuʀiʀ] vt soccorrere

secouriste [səkuʀist] nmf soccorritore m, -trice f

secours [səkuʀ] nm soccorso m ● **appeler au secours** chiamare aiuto ● **au secours !** aiuto! ● **premiers secours** primi soccorsi ● **secours d'urgence** pronto intervento m

secouru, e [səkuʀy] pp → secourir

secousse [səkus] nf scossa f

secret, ète [səkʀɛ, ɛt] adj segreto(a) ◆ **secret** nm segreto m ● **en secret** in segreto

secrétaire [səkʀetɛʀ] nmf segretario m, -a f ◇ nm (meuble) secrétaire m inv

secrétariat [səkʀetaʀja] nm 1. (bureau) segreteria f 2. (métier) segretariato m

secte [sɛkt] nf setta f

secteur [sɛktœʀ] nm 1. settore m 2. (électrique) rete f elettrica ● **fonctionner sur secteur** funzionare a corrente

section [sɛksjɔ̃] nf 1. sezione f 2. (de ligne d'autobus) ≃ tratta f

Sécu [seky] nf (fam) ● **la Sécu** ≃ la mutua

sécurité [sekyʀite] nf sicurezza f ● **en sécurité** al sicuro ● **la sécurité routière** ≃ la Consulta nazionale della sicurezza stradale ● **la Sécurité sociale** (organisme) ≃ INPS m inv

séduire [sedɥiʀ] vt 1. (suj : personne) sedurre 2. (suj : projet, idée) allettare

séduisant, e [sedɥizɑ̃, ɑ̃t] adj 1. (personne) seducente 2. (projet, idée) allettante

séduit, e [sedɥi, it] pp → séduire

segment [sɛɡmɑ̃] nm segmento m

ségrégation [seɡʀeɡasjɔ̃] nf segregazione f

seigle [sɛɡl] nm segale f

seigneur [sɛɲœʀ] nm (d'un château) signore m ● **le Seigneur** il Signore

sein [sɛ̃] nm seno m ● **au sein de** in seno a ● **donner le sein (à un enfant)** allattare (un bambino)

Seine [sɛn] nf ● **la Seine** la Senna

séisme [seism] nm sisma m

seize [sɛz] adj num & pron num sedici ◇ nm sedici m ● **il a seize ans** ha sedici anni ● **il est seize heures** sono le sedici ● **le seize janvier** il sedici gennaio ● **page seize** pagina sedici ● **ils étaient seize** erano (in) sedici ● **(au) seize rue Lepic** rue Lepic numero sedici

seizième [sɛzjɛm] adj num & pron num sedicesimo(a) ◇ nm 1. (fraction) sedicesimo m 2. (étage) sedicesimo piano m 3. (arrondissement) sedicesimo "arrondissement"

séjour [seʒuʀ] nm soggiorno m ● **(salle de) séjour** soggiorno

séjourner [seʒuʀne] vi soggiornare

sel [sɛl] nm sale m ● **sels de bain** sali da bagno

sélection [seleksjɔ̃] *nf* selezione *f*

sélectionner [seleksjɔne] *vt* selezionare

self-service, s [selfservis] *nm* self-service *m inv*

selle [sel] *nf* sella *f*

seller [sele] *vt* sellare

selon [salɔ̃] *prép* **1.** secondo **2.** *(en fonction de)* a seconda di ● **selon que** a seconda che *(+ subjonctif)*

semaine [samen] *nf* settimana *f* ● **en semaine** durante la settimana

semblable [sɑ̃blabl] *adj* simile ● **semblable à** simile a

semblant [sɑ̃blɑ̃] *nm* ● **faire semblant (de faire qqch)** fare finta (di fare qc)

sembler [sɑ̃ble] *vi* sembrare ● **il semble que...** sembra che... ● **il me semble que** mi sembra che *(+ subjonctif)*

semelle [samel] *nf* suola *f*

semer [same] *vt* seminare

semestre [samestr] *nm* semestre *m*

semi-remorque, s [samiramɔrk] *nm* semirimorchio *m*

semoule [samul] *nf* semola *f*

sénat [sena] *nm* senato *m*

sénateur, trice [senatœr, tris] *nm, f* senatore *m*, -trice *f*

senior [senjɔr] *adj* **1.** *(tourisme)* della terza età **2.** *(clientèle, menu)* senior *(inv)* ◊ *nmf* **1.** *(personne âgée)* ultracinquantenne *mf* **2.** *(professionnellement, dans le sport)* senior *mf inv*

sens [sɑ̃s] *nm* senso *m* ● **dans le sens/le sens inverse des aiguilles d'une montre** in senso orario/antiorario ● **en sens inverse** in senso inverso ● **avoir du bon sens** avere buonsenso ● **sens giratoire** senso rotatorio ● **sens interdit** senso vie-

tato ● **sens unique** senso unico ● **sens dessus dessous** sottosopra

sensation [sɑ̃sasjɔ̃] *nf* sensazione *f* ● **faire sensation** fare sensazione

sensationnel, elle [sɑ̃sasjɔnel] *adj* sensazionale

sensible [sɑ̃sibl] *adj* sensibile ● **sensible à** sensibile a

sensiblement [sɑ̃sibləmɑ̃] *adv* **1.** *(à peu près)* pressoché **2.** *(de façon perceptible)* sensibilmente

sensuel, elle [sɑ̃suel] *adj* sensuale

sentence [sɑ̃tɑ̃s] *nf* sentenza *f*

sentier [sɑ̃tje] *nm* sentiero *m*

sentiment [sɑ̃timɑ̃] *nm* **1.** *(impression)* impressione *f* **2.** *(émotion)* sentimento *m* ● **sentiments dévoués/respectueux** *(dans une lettre)* distinti saluti

sentimental, e, aux [sɑ̃timɑ̃tal, o] *adj & nmf* sentimentale

sentir [sɑ̃tir] *vt* **1.** sentire **2.** *(avoir une odeur de)* sapere di ● **sentir bon** profumare ● **sentir mauvais** puzzare ◆ **se sentir** *vp* ● **se sentir mal** sentirsi male ● **se sentir bizarre** sentirsi strano/a

séparation [separasjɔ̃] *nf* **1.** *(rupture)* separazione *f* **2.** *(éloignement)* distacco *m*

séparément [separemɑ̃] *adv* separatamente

séparer [separe] *vt* **1.** separare **2.** *(diviser)* dividere ● **séparer qqn/qqch de** separare qn/qc da ◆ **se séparer** *vp* separarsi ● **se séparer de qqn** *(conjoint)* separarsi da qn ; *(employé)* licenziare qn

sept [set] *adj num & pron num* sette ◊ *nm* sette *m inv* ● **il a sept ans** ha sette anni ● **il est sept heures** sono le sette ● **le sept janvier** il sette gennaio ● **page sept** pagina sette ● **ils étaient sept** erano in sette ● **le sept de pique** il sette di picche ● **(au) sept rue Lepic** rue Lepic numero sette

septante [sɛptɑ̃t] *num* (Belg & Helv) settanta

septembre [sɛptɑ̃bʀ] *nm* settembre *m* ● **en septembre** ou **au mois de septembre** a ou in settembre ● **début septembre** all'inizio di settembre ● **fin septembre** alla fine di settembre ● **le deux septembre** il due settembre

septième [sɛtjɛm] *adj num & pron num* settimo(a) ◇ *nm* **1.** (fraction) settimo *m* **2.** (étage) settimo piano *m* **3.** (arrondissement) settimo "arrondissement"

séquelles [sekɛl] *nfpl* MÉD postumi *mpl*

séquence [sekɑ̃s] *nf* sequenza *f*

sera etc ➤ être

serbe [sɛʀb] *adj* serbo(a) ◇ *nm* (langue) serbo *m* ◆ **Serbe** *nmf* serbo *m*, -a *f*

Serbie [sɛʀbi] *nf* ● **la Serbie** la Serbia

séré [seʀe] *nm* (Helv) formaggio fresco cremoso con aggiunta di panna

serein, e [səʀɛ̃, ɛn] *adj* sereno(a)

sérénité [seʀenite] *nf* serenità *f inv*

sergent [sɛʀʒɑ̃] *nm* sergente *m*

série [seʀi] *nf* serie *f* ● **série (télévisée)** fiction *f inv*

sérieusement [seʀjøzmɑ̃] *adv* seriamente

sérieux, euse [seʀjø, øz] *adj* serio(a) ● **vraiment, tu es sérieux ?** dici sul serio? ◆ **sérieux** *nm* ● **avec sérieux** (travailler) con serietà ● **garder son sérieux** rimanere serio ● **prendre qqch au sérieux** prendere qc sul serio

seringue [səʀɛ̃g] *nf* siringa *f*

sermon [sɛʀmɔ̃] *nm* predica *f*

séropositif, ive [seʀopozitif, iv] *adj* sieropositivo(a)

serpent [sɛʀpɑ̃] *nm* serpente *m*

serpentin [sɛʀpɑ̃tɛ̃] *nm* (de fête) stella *f* filante

serpillière [sɛʀpijɛʀ] *nf* straccio *m* per lavare per terra

serre [sɛʀ] *nf* (à plantes) serra *f* ● **effet de serre** effetto serra

serré, e [seʀe] *adj* stretto(a)

serrer [seʀe] *vt* stringere ● **serrer la main à qqn** stringere la mano a qn ▼ **serrez à droite** *segnale che invita gli automobilisti a spostarsi sulla corsia di destra* ◆ **se serrer** *vp* stringersi ● **se serrer contre qqn** stringersi contro qn

serre-tête [sɛʀtɛt] *nm inv* cerchietto *m*

serrure [seʀyʀ] *nf* serratura *f*

serrurier [seʀyʀje] *nm* fabbro *m*

sers etc ➤ servir

sérum [seʀɔm] *nm* ● **sérum physiologique** soluzione *f* fisiologica

serveur, euse [sɛʀvœʀ, øz] *nm, f* (de café, de restaurant) cameriere *m*, -a *f*

serviable [sɛʀvjabl] *adj* servizievole

service [sɛʀvis] *nm* **1.** servizio *m* **2.** (faveur) favore *m* ● **faire le service** servire in tavola ● **rendre service à qqn** (suj : personne) fare un favore a qn ; (suj : objet) essere utile a qn ● **être de service** essere di turno ▼ **service compris/non compris** servizio incluso/escluso ● **service après-vente** assistenza *f* clientela ● **service militaire** servizio militare

serviette [sɛʀvjɛt] *nf* (cartable) ventiquattrore *f inv* ● **serviette hygiénique** assorbente *m* igienico ● **serviette (de table)**

tovagliolo m ● **serviette (de toilette)** asciugamano m

servir [sɛʀviʀ] vt

1. *(invité, client)* servire

2. *(plat, boisson)* ● servir qqch à qqn servire qc a qn ● **qu'est-ce que je vous sers ?** cosa le servo? ▼ servir frais servire fresco ◇ vi

1. *(être utile)* servire ● servir à (faire) qqch servire a (fare) qc ● **ça ne sert à rien d'insister** non serve a niente insistere

2. *(avec "de")* ● servir (à qqn) de qqch *(objet)* servire (a qn) da qc

3. *(au tennis)* effettuare il servizio, battere ● **c'est à toi de servir !** devi battere tu !

4. *(aux cartes)* dare la carte

◆ **se servir** vp *(de la nourriture, de la boisson)* servirsi

◆ **se servir de** vp + prep *(objet)* servirsi di

ses ➤ son

sésame [sezam] nm *(graines)* sesamo m

set [sɛt] nm SPORT set m inv ● set (de table) servizio m all'americana

seuil [sœj] nm soglia f

seul, e [sœl] adj & nm, f solo(a) ● (tout) seul da solo ● **le seul/la seule/les seuls/les seules** l'unico/l'unica/gli unici/le uniche

seulement [sœlmɑ̃] adv **1.** *(uniquement)* solo, solamente **2.** *(mais)* solo ● **non seulement... mais encore** ou **en plus** non solo... ma anche ● **si seulement...** se solo...

sève [sɛv] nf linfa f

sévère [sevɛʀ] adj **1.** severo(a) **2.** *(échec, pertes)* grave

sévérité [severite] nf severità f inv

sévir [seviʀ] vi **1.** *(punir)* infierire **2.** *(épidémie, crise)* imperversare

sexe [sɛks] nm sesso m

sexiste [sɛksist] adj sessista

sexuel, elle [sɛksɥɛl] adj sessuale

Seychelles [seʃɛl] nfpl ● **les Seychelles** le Seychelles

shampo(o)ing [ʃɑ̃pwɛ̃] nm shampo m inv

shit [ʃit] *(fam)* nm fumo m

short [ʃɔʀt] nm calzoncini mpl (corti)

show [ʃo] nm spettacolo m

si [si] conj

1. *(exprime l'hypothèse)* se ● **si tu veux, on y va** se vuoi, ci andiamo ● **ce serait bien si vous pouviez...** sarebbe una buona cosa se potesse... ● **si j'avais su...** se l'avessi saputo...

2. *(dans une question)* ● **(et) si on allait à la piscine ?** (e) se andassimo in piscina?

3. *(exprime un souhait)* se ● **si seulement tu m'en avais parlé avant !** se solo tu me ne avessi parlato prima!

4. *(dans une question indirecte)* se ● **dites-moi si vous venez** ditemi se venite

5. *(puisque)* ● **si je le fais, c'est que ça ne me dérange pas** se lo faccio, è perché mi fa piacere

◇ adv

1. *(tellement)* così ● **une si jolie ville** una città così bella ● **si... que...** così... che... ● **ce n'est pas si facile que ça** non è poi così facile ● **si bien que** cosicché

2. *(oui)* sì

Sicile [sisil] nf Sicilia f

SIDA [sida] nm AIDS m o f inv

siècle [sjɛkl] nm secolo m ● **au vingtième siècle** nel ventesimo secolo

siège [sjɛʒ] *nm* **1.** posto *m* a sedere **2.** *(de véhicule)* sedile *m* **3.** *(aux élections)* seggio *m* **4.** *(d'une banque, d'une association)* sede *f*

sien ◆ le sien, la sienne [ləsjɛ̃, lasjɛn] *(mpl* **les siens** [lesjɛ̃], *fpl* **les siennes** [lesjɛn]) *pron* il suo (la sua, i suoi *mpl*, le sue *fpl*)

Sienne [sjɛn] *n* Siena *f*

sieste [sjɛst] *nf* pisolino *m* ● **faire la sieste** schiacciare un pisolino

sifflement [sifləmɑ̃] *nm* fischio *m*

siffler [sifle] *vi* fischiare ◇ *vt* **1.** fischiare **2.** *(chien)* fischiare a

sifflet [siflɛ] *nm* **1.** *(instrument)* fischietto *m* **2.** *(sifflement)* fischio *m*

sigle [sigl] *nm* sigla *f*

signal, aux [siɲal, o] *nm* segnale *m* ● **signal d'alarme** segnale d'allarme

signalement [siɲalmɑ̃] *nm* connotati *mpl*

signaler [siɲale] *vt* segnalare

signalisation [siɲalizasjɔ̃] *nf* segnaletica *f*

signature [siɲatyʀ] *nf* firma *f*

signe [siɲ] *nm* segno *m* ● **faire signe à qqn (de faire qqch)** fare segno a qn (di fare qc) ● **c'est bon/mauvais signe** è un buon/cattivo segno ● **faire le signe de croix** fare il segno della croce ● **signe du zodiaque** segno zodiacale

signer [siɲe] *vt & vi* firmare ◆ **se signer** *vp* farsi il segno della croce

significatif, ive [siɲifikatif, iv] *adj* significativo(a)

signification [siɲifikasjɔ̃] *nf* significato *m*

signifier [siɲifje] *vt* significare

silence [silɑ̃s] *nm* silenzio *m* ● **en silence** in silenzio

silencieux, euse [silɑ̃sjø, øz] *adj* silenzioso(a)

silhouette [silwɛt] *nf* **1.** *(forme)* sagoma *f* **2.** *(corps)* silhouette *f inv*

sillonner [sijɔne] *vt* *(parcourir)* percorrere in lungo e in largo

similaire [similɛʀ] *adj* simile

simple [sɛ̃pl] *adj* semplice

simplement [sɛ̃pləmɑ̃] *adv* **1.** *(sans complication)* con semplicità **2.** *(seulement)* semplicemente

simplicité [sɛ̃plisite] *nf* semplicità *f inv*

simplifier [sɛ̃plifje] *vt* semplificare

simuler [simyle] *vt* simulare

simultané, e [simyltane] *adj* simultaneo(a)

simultanément [simyltanemɑ̃] *adv* simultaneamente

sincère [sɛ̃sɛʀ] *adj* sincero(a)

sincérité [sɛ̃seʀite] *nf* sincerità *f inv*

singe [sɛ̃ʒ] *nm* scimmia *f*

singulier [sɛ̃gylje] *nm* singolare *m*

sinistre [sinistʀ] *adj* sinistro(a) ◇ *nm (catastrophe)* sinistro *m*

sinistré, e [sinistʀe] *adj & nm, f* sinistrato(a)

sinon [sinɔ̃] *conj* **1.** *(autrement)* se no **2.** *(si ce n'est)* se non ● **personne, sinon lui** nessuno, tranne lui

sinueux, euse [sinɥø, øz] *adj* **1.** *(rivière)* sinuoso(a) **2.** *(route)* tortuoso(a)

sinusite [sinyzit] *nf* sinusite *f*

sirène [siʀɛn] *nf* sirena *f*

sirop [siʀo] *nm* sciroppo *m* ● **sirop de menthe** sciroppo di menta

siroter [siʀɔte] *vt* sorseggiare

site [sit] *nm* **1.** *(paysage)* paesaggio *m* **2.** *(emplacement)* sito *m* ● **site touristique** località *f inv* turistica ● **site Web** *INFORM* sito Internet ● **site personnel** sito personale

situation [situasjɔ̃] *nf* **1.** *(circonstances)* situazione *f* **2.** *(emplacement, emploi)* posizione *f*

situé, e [sitɥe] *adj* situato(a) ● **bien/mal situé** bene/mal ubicato

situer [sitɥe] ● **se situer** *vp* situarsi

six [sis] *adj num & pron num* sei ◇ *nm inv* sei ● **il a six ans** ha sei anni ● **il est six heures** sono le sei ● **le six janvier** il sei gennaio ● **page six** pagina sei ● **ils étaient six** erano in sei ● **le six de pique** il sei di picche ● **(au) six rue Lepic** rue Lepic numero sei

sixième [sizjɛm] *adj num & pron num* sesto(a) ◇ *nf SCOL* ≃ prima *f* media ◇ *nm* **1.** *(fraction)* sesto *m* **2.** *(étage)* sesto piano *m* **3.** *(arrondissement)* sesto "arrondissement"

Skaï® [skaj] *nm* skai® *m inv*

skateboard [sketbɔrd] *nm* skateboard *m inv*

sketch [sketʃ] *nm* sketch *m inv*

ski [ski] *nm* sci *m inv* ● **faire du ski** sciare ● **ski alpin** sci alpino ● **ski de fond** sci di fondo ● **ski nautique** sci nautico

skier [skje] *vi* sciare

skieur, euse [skjœr, øz] *nm, f* sciatore *m*, -trice *f*

slalom [slalɔm] *nm* slalom *m inv*

slip [slip] *nm* slip *m inv* ● **slip de bain** *(d'homme)* costume *m* da bagno

slogan [slɔgã] *nm* slogan *m inv*

slovaque [slɔvak] *adj* slovacco(a) ◇ *nm (langue)* slovacco *m* ◆ **Slovaque** *nmf* slovacco *m*, -a *f*

Slovaquie [slɔvaki] *nf* ● **la Slovaquie** la Slovacchia

slovène [slɔvɛn] *adj* sloveno(a) ◇ *nm (langue)* sloveno *m* ◆ **Slovène** *nmf* sloveno *m*, -a *f*

Slovénie [slɔveni] *nf* ● **la Slovénie** la Slovenia

SMIC [smik] *(abr de salaire minimum interprofessionnel de croissance)* *nm* minimo salariale garantito

smoking [smɔkiŋ] *nm* smoking *m inv*

snack(-bar), s [snak(bar)] *nm* tavola *f* calda

SNCF *(abr de Société nationale des chemins de fer français)* *nf* ≃ FS *fpl (Ferrovie dello Stato)*

snob [snɔb] *adj & nmf* snob *(inv)*

soap opera [sopɔpera] *(pl* soap operas*)*, **soap** [sop] *(pl* soaps*)* *nm* telenovela *f*, soap opera *f*

sobre [sɔbr] *adj* sobrio(a)

sociable [sɔsjabl] *adj* socievole

social, e, aux [sɔsjal, o] *adj* sociale

socialisme [sɔsjalism] *nm* socialismo *m*

socialiste [sɔsjalist] *adj & nmf* socialista

société [sɔsjete] *nf* società *f inv*

socle [sɔkl] *nm* basamento *m*

socquette [sɔkɛt] *nf* calzino *m*

soda [sɔda] *nm* bibita *f* (gasata)

sœur [sœr] *nf* sorella *f*

sofa [sɔfa] *nm* sofà *m inv*

soi [swa] *pron sé* ● **en soi** *(par lui-même)* in sé ● **cela va de soi** questo è ovvio

soi-disant [swadizã] *adj inv* **1.** *(supposé)* presunto(a) **2.** *(prétendu)* cosiddetto(a)

◇ *adv* ● il avait soi-disant arrêté de fumer aveva smesso di fumare, così diceva

soie [swa] *nf* seta *f*

soif [swaf] *nf* sete *f* ● **avoir soif** avere sete ● **ça (me) donne soif** (mi) fa venire sete

soigner [swaɲe] *vt* curare

soigneusement [swaɲøzmã] *adv* accuratamente

soigneux, euse [swaɲø, øz] *adj* accurato(a)

soin [swɛ̃] *nm* cura *f* ● **prendre soin de (faire)** qqch avere cura di (fare) qc ● **soins** *nmpl (médicaux, de beauté)* cure *fpl* ● **premiers soins** primi soccorsi *mpl*

soir [swar] *nm* sera *f* ● **le soir** *(tous les jours)* di sera

soirée [sware] *nf* serata *f*

sois, soit [swa] ➤ **être**

soit [swa] *conj* ● on peut y aller soit aujourd'hui soit demain possiamo andarci sia oggi sia domani ● **soit tu lui en parles, soit tu attends** o gli parli, o aspetti

soixante [swasɑ̃t] *adj num & pron num* sessanta ◇ *nm* sessanta *m inv* ● il a soixante ans ha sessant'anni ● **page soixante** pagina sessanta ● **ils étaient soixante** erano (in) sessanta ● **(au) soixante rue Lepic** rue Lepic numero sessanta

soixante-dix [swasɑ̃tdis] *adj num & pron num* settanta ◇ *nm* settanta *m inv* ● il a soixante-dix ans ha settant'anni ● **page soixante-dix** pagina settanta ● **ils étaient soixante-dix** erano (in) settanta ● **(au) soixante-dix rue Lepic** rue Lepic numero settanta

soixante-dixième [swasɑ̃tdizjɛm] *adj num & pron num* settantesimo(a) ◇ *nm (fraction)* settantesimo *m*

soixantième [swasɑ̃tjɛm] *adj num & pron num* sessantesimo(a) ◇ *nm (fraction)* sessantesimo *m*

soja [sɔʒa] *nm* soia *f*

sol [sɔl] *nm* **1.** *(d'une maison)* pavimento *m* **2.** *(dehors)* terra *f* **3.** *(terrain)* suolo *m*

solaire [sɔlɛr] *adj* solare

soldat [sɔlda] *nm* soldato *m*

solde [sɔld] *nm* saldo *m* ● **en solde** in saldo ● **soldes** *nmpl* saldi *mpl*

soldé, e [sɔlde] *adj (article)* in saldo

sole [sɔl] *nf* sogliola *f* ● **sole meunière** *sogliola impanata e fritta, condita con succo di limone e prezzemolo*

soleil [sɔlɛj] *nm* sole *m* ● **au soleil** al sole ● **soleil couchant** tramonto *m*

solennel, elle [sɔlanɛl] *adj* solenne

solfège [sɔlfɛʒ] *nm* solfeggio *m*

solidaire [sɔlidɛr] *adj* ● **être solidaire de qqn** essere solidale con qn

solidarité [sɔlidarite] *nf* solidarietà *f inv*

solide [sɔlid] *adj* **1.** *(matériau, construction)* solido(a) **2.** *(personne, santé)* robusto(a)

solidité [sɔlidite] *nf* solidità *f inv*

soliste [sɔlist] *nmf* solista *mf*

solitaire [sɔlitɛr] *adj & nmf* solitario(a)

solitude [sɔlityd] *nf* solitudine *f*

solliciter [sɔlisite] *vt (entrevue, faveur)* sollecitare

soluble [sɔlybl] *adj (café, médicament)* solubile

solution [sɔlysjɔ̃] *nf* soluzione *f*

sombre [sɔ̃br] *adj* **1.** *(ciel, pièce, avenir)* buio(a) **2.** *(couleur, visage)* scuro(a) **3.** *(humeur)* cupo(a)

sommaire [sɔmɛr] *adj* **1.** *(explication, résumé)* sommario(a) **2.** *(repas)* frugale ◇ *nm* sommario *m*

somme [sɔm] *nf* somma *f* ◇ *nm* ● faire un somme fare un sonnellino ● faire la somme de fare la somma di ● en somme insomma ● somme toute tutto sommato

sommeil [sɔmɛj] *nm* sonno *m* ● avoir sommeil avere sonno

sommelier, ère [sɔməlje, ɛʀ] *nm, f* sommelier *mf inv*

sommes ➤ être

sommet [sɔmɛ] *nm* 1. (*point le plus haut*) cima *f* 2. (*pic*) vetta *f* 3. (*de la hiérarchie, du pouvoir*) vertice *m*

sommier [sɔmje] *nm* rete *f*

somnambule [sɔmnãbyl] *adj & nmf* sonnambulo(a)

somnifère [sɔmnifɛʀ] *nm* sonnifero *m*

somnoler [sɔmnɔle] *vi* sonnecchiare

somptueux, euse [sɔptɥø, øz] *adj* sontuoso(a)

¹son, sa [sɔ̃, sa] (*pl* ses) *adj* il suo (la sua, i suoi *mpl*, le sue *fpl*)

²son [sɔ̃] *nm* 1. (*bruit*) suono *m* 2. (*de blé*) crusca *f* ● son et lumière *rappresentazione storica notturna che ha luogo all'aperto in uno scenario illuminato*

sondage [sɔ̃daʒ] *nm* sondaggio *m*

sonde [sɔ̃d] *nf* sonda *f*

songer [sɔ̃ʒe] ● songer à *v + prep* (*envisager de*) pensare di

songeur, euse [sɔ̃ʒœʀ, øz] *adj* pensieroso(a)

sonner [sɔne] *vt & vi* suonare

sonnerie [sɔnʀi] *nf* suoneria *f*

sonnette [sɔnɛt] *nf* campanello *m* ● sonnette d'alarme campanello d'allarme

sono [sɔno] *nf* (*fam*) audio *m*

sonore [sɔnɔʀ] *adj* sonoro(a)

sonorité [sɔnɔʀite] *nf* sonorità *f inv*

sont ➤ être

sophistiqué, e [sɔfistike] *adj* sofisticato(a)

sorbet [sɔʀbɛ] *nm* sorbetto *m*

sorcier, ère [sɔʀsje, ɛʀ] *nm, f* stregone *m*, strega *f*

sordide [sɔʀdid] *adj* squallido(a)

sort [sɔʀ] *nm* sorte *f* ● tirer au sort tirare a sorte

sorte [sɔʀt] *nf* specie *f inv* ● une sorte de una specie di ● de (telle) sorte que (*afin que*) in modo che ● en quelque sorte praticamente

sortie [sɔʀti] *nf* 1. uscita *f* 2. (*excursion*) gita *f* ● sortie de secours uscita di sicurezza ▼ sortie de véhicules uscita veicoli

sortir [sɔʀtiʀ] *vi* (aux : être) 1. uscire 2. (*venir dehors*) venire fuori ◇ *vt* (aux : avoir) 1. (*chien*) portare a passeggio 2. (*livre, film*) pubblicare ● sortir de uscire da ; (*école, université*) avere studiato a ◆ s'en sortir *vp* cavarsela

SOS [ɛsoɛs] *nm inv* SOS *m inv* ● SOS Médecins ≃ Guardia *f* medica ● SOS-Racisme SOS Razzismo

sosie [sɔzi] *nm* sosia *mf inv*

sou [su] *nm* ● ne plus avoir un sou non avere più un soldo ◆ sous *nmpl* (*fam*) (*argent*) quattrini *mpl*

souche [suʃ] *nf* 1. (*d'arbre*) ceppo *m* 2. (*de carnet*) matrice *f*

souci [susi] *nm* preoccupazione *f* ● se faire du souci (pour) stare in pensiero (per)

soucier [susje] ◆ se soucier de *vp + prep* preoccuparsi di

soucieux, euse [susjø, øz] *adj* preoccupato(a)

soucoupe [sukup] *nf* piattino *m* ● **soucoupe volante** disco *m* volante

soudain, e [sudɛ̃, ɛn] *adj* improvviso(a) ✦ **soudain** *adv* improvvisamente

souder [sude] *vt* saldare

soudure [sudyʀ] *nf* saldatura *f*

souffert [sufɛʀ] *pp* ➤ **souffrir**

souffle [sufl] *nm* **1.** *(respiration)* fiato *m* **2.** *(d'une explosion)* spostamento *m* d'aria ● **un souffle d'air** *ou* **de vent** un soffio d'aria, un alito di vento ● **être à bout de souffle** essere senza fiato

soufflé [sufle] *nm* soufflé *m inv*

souffler [sufle] *vt* **1.** *(fumée)* soffiare **2.** *(bougie)* soffiare su ◇ *vi* soffiare ● **souffler qqch à qqn** *(à un examen)* suggerire qc a qn

soufflet [sufle] *nm* *(pour le feu)* mantice *m*

souffrance [sufʀɑ̃s] *nf* sofferenza *f*

souffrant, e [sufʀɑ̃, ɑ̃t] *adj* *(sout)* sofferente

souffrir [sufʀiʀ] *vi* soffrire ● **souffrir de** *(maladie)* soffrire di ● **souffrir de la chaleur** soffrire il caldo

soufre [sufʀ] *nm* zolfo *m*

souhait [swe] *nm* desiderio *m* ● **à tes souhaits !** *(lorsqu'on éternue)* salute!

souhaitable [swetabl] *adj* augurabile

souhaiter [swete] *vt* ● **souhaiter que** augurarsi che ● **souhaiter faire qqch** desiderare fare qc ● **souhaiter bonne chance/ bon anniversaire à qqn** augurare buona fortuna/buon compleanno a qn

soûl, e [su, sul] *adj* ubriaco(a)

soulagement [sulaʒmɑ̃] *nm* sollievo *m*

soulager [sulaʒe] *vt* **1.** *(d'une responsabilité)* sollevare **2.** *(douleur, maux de tête)* alleviare ● **soulager qqn** *(physiquement)* alleviare il dolore a qn ● **être soulagé** *(moralement)* sentirsi sollevato

soûler [sule] ✦ **se soûler** *vp* ubriacarsi

soulever [sulve] *vt* **1.** sollevare **2.** *(jupe)* alzare ✦ **se soulever** *vp* sollevarsi

soulier [sulje] *nm* scarpa *f*

souligner [suliɲe] *vt* sottolineare

soumettre [sumɛtʀ] *vt* ● **soumettre qqn à qqch** sottomettere qn a qc ● **soumettre qqch à qqn** *(idée, projet)* sottoporre qc a qn ✦ **se soumettre à** *vp + prep* sottomettersi a

soumis, e [sumi, iz] *pp* ➤ **soumettre** ◇ *adj* sottomesso(a)

soupape [supap] *nf* valvola *f*

soupçon [supsɔ̃] *nm* sospetto *m*

soupçonner [supsɔne] *vt* sospettare

soupçonneux, euse [supsɔnø, øz] *adj* sospettoso(a)

soupe [sup] *nf* minestra *f* ● **soupe à l'oignon** minestra di cipolle servita con crostini e formaggio grattugiato ● **soupe de légumes** minestra di verdura

souper [supe] *nm* cena *f* ◇ *vi* cenare

soupeser [supəze] *vt* soppesare

soupière [supjɛʀ] *nf* zuppiera *f*

soupir [supiʀ] *nm* sospiro *m* ● **pousser un soupir (de soulagement)** tirare un sospiro (di sollievo)

soupirer [supiʀe] *vi* sospirare

souple [supl] *adj* **1.** *(tissu, chaussures)* morbido(a) **2.** *(tige)* flessibile **3.** *(sportif)* agile **4.** *(caractère, horaires)* flessibile

souplesse [suples] *nf* *(d'un sportif)* agilità *f inv*

source [suʀs] *nf* fonte *f*

sourcil [suʀsi] *nm* sopracciglio *m*

sourd, e [suʀ, suʀd] *adj & nm, f* sordo(a)

sourd-muet, sourde-muette [suʀmɥe, suʀdmɥɛt] *(mpl* **sourds-muets,** *fpl* **sourdes-muettes)** *nm, f* sordomuto *m,* -a *f*

souriant, e [suʀjã, ãt] *adj* sorridente

sourire [suʀiʀ] *nm* sorriso *m ◇ vi* sorridere

souris [suʀi] *nf* **1.** topo *m* **2.** INFORM mouse *m inv*

sournois, e [suʀnwa, az] *adj* sornione(a)

sous [su] *prép* sotto ● **sous enveloppe** in busta ● **sous peu** tra poco

sous-bois [subwa] *nm* sottobosco *m*

sous-développé, e, s [sudevlɔpe] *adj* sottosviluppato(a)

sous-entendre [suzãtãdʀ] *vt* sottintendere

sous-entendu, s [suzãtãdy] *nm* sottinteso *m*

sous-estimer [suzɛstime] *vt* sottovalutare

sous-louer [sulwe] *vt* subaffittare

sous-marin, e, s [sumaʀɛ̃, in] *adj* (flore) sottomarino(a) ◆ **sous-marin** *nm* **1.** sottomarino *m* **2.** (Québec) (sandwich) panino lungo, imbottito e accompagnato da patate fritte

sous-préfecture, s [supʀefɛktyʀ] *nf* circoscrizione *f* amministrativa

sous-pull, s [supyl] *nm* dolcevita *m o f inv*

sous-sol, s [susɔl] *nm* (d'une maison) scantinato *m*

sous-titre, s [sutitʀ] *nm* sottotitolo *m*

sous-titré, e, s [sutitʀe] *adj* sottotitolato(a)

soustraction [sustʀaksjɔ̃] *nf* sottrazione *f*

soustraire [sustʀeʀ] *vt* sottrarre

sous-verre [suveʀ] *nm inv* cornice *f* a vista

sous-vêtements [suvetmã] *nmpl* biancheria *f* intima

soute [sut] *nf* (d'un bateau) stiva *f* ● **soute à bagages** (d'un car, d'un avion) bagagliaio *m*

soutenir [sutniʀ] *vt* sostenere ● **soutenir que** sostenere que

souterrain, e [suteʀɛ̃, ɛn] *adj* sotterraneo(a) ◆ **souterrain** *nm* sotterraneo *m*

soutien [sutjɛ̃] *nm* sostegno *m*

soutien-gorge [sutjɛ̃gɔʀʒ] *(pl* **soutiens-gorge)** *nm* reggiseno *m*

souvenir [suvniʀ] *nm* **1.** ricordo *m* **2.** (objet touristique) souvenir *m inv* ● **se souvenir de** *vp + prep* ricordarsi di

souvent [suvã] *adv* spesso

souvenu, e [suvny] *pp* ➤ **souvenir**

souverain, e [suvʀɛ̃, ɛn] *nm, f* sovrano *m,* -a *f*

soviétique [sɔvjetik] *adj* sovietico(a)

soyeux, euse [swajø, øz] *adj* serico(a)

soyons ➤ **être**

SPA *nf* ≃ ENPA *m inv (Ente Nazionale Protezione Animali)*

spacieux, euse [spasjø, øz] *adj* spazioso(a)

spaghettis [spageti] *nmpl* spaghetti *mpl*

sparadrap [spaʀadʀa] *nm* cerotto *m*

spatial, e, aux [spasjal, o] *adj* spaziale

spatule [spatyl] *nf* (de cuisine) spatola *f*

spätzli [ʃpetsli] *nmpl (Helv) pezzetti irregolari di pasta cotti nell'acqua bollente e serviti come contorno*

spécial, e, aux [spesjal, o] *adj* speciale

spécialisé, e [spesjalize] *adj* specializzato(a)

spécialiste [spesjalist] *nmf* specialista *mf*

spécialité [spesjalite] *nf* specialità *f inv*

spécifique [spesifik] *adj* specifico(a)

spécimen [spesimɛn] *nm (échantillon)* esemplare *m*

spectacle [spɛktakl] *nm* spettacolo *m*

spectaculaire [spɛktakylɛʀ] *adj* spettacolare

spectateur, trice [spɛktatœʀ, tʀis] *nm, f* spettatore *m*, -trice *f*

speculo(o)s [spekylos] *nm (Belg)* biscotto a base di zucchero grezzo e cannella

speed [spid] *adj •* il est très speed è proprio schizzato

spéléologie [speleɔlɔʒi] *nf* speleologia *f*

sphère [sfɛʀ] *nf* sfera *f*

spirale [spiʀal] *nf* spirale *f •* en spirale *(escalier)* a chiocciola ; *(coquillage)* a spirale

spirituel, elle [spiʀitɥɛl] *adj* **1.** spirituale **2.** *(personne, remarque)* spiritoso(a)

spiritueux [spiʀitɥø] *nm* alcolico *m*

splendide [splɑ̃did] *adj* splendido(a)

sponsor [spɔ̃sɔʀ] *nm* sponsor *m inv*

sponsoriser [spɔ̃sɔʀize] *vt* sponsorizzare

spontané, e [spɔ̃tane] *adj* spontaneo(a)

spontanéité [spɔ̃taneite] *nf* spontaneità *f inv*

sport [spɔʀ] *nm* sport *m inv •* faire du sport fare sport *•* aller aux sports d'hiver fare la settimana bianca

sportif, ive [spɔʀtif, iv] *adj* & *nm, f* sportivo(a)

spot [spɔt] *nm* spot *m inv •* spot publicitaire spot pubblicitario

sprint [spʀint] *nm* sprint *m inv*

square [skwaʀ] *nm* giardinetto *m* pubblico

squelette [skəlɛt] *nm* scheletro *m*

St *(abr de saint)* S. *(santo)*

stable [stabl] *adj* stabile

stade [stad] *nm* stadio *m •* stade d'athlétisme stadio di atletica *•* à ce stade, je ne peux plus rien faire a questo stadio non posso fare più niente

Stade de France *nm* grande stadio costruito vicino a Parigi *(a Saint Denis)*

stage [staʒ] *nm* stage *m inv •* être en stage ou faire un stage svolgere uno stage

stagiaire [staʒjɛʀ] *nmf* stagista *mf*

stagner [stagne] *vi* ristagnare

stalactite [stalaktit] *nf* stalattite *f*

stalagmite [stalagmit] *nf* stalagmite *f*

stand [stɑ̃d] *nm* stand *m inv*

standard [stɑ̃daʀ] *adj inv* standard *(inv)* ◇ *nm (téléphonique)* centralino *m*

standardiste [stɑ̃daʀdist] *nmf* centralinista *mf*

star [staʀ] *nf* star *f inv*

starter [staʀtɛʀ] *nm (d'une voiture)* starter *m inv*

start-up [staʀtɔp] *nf inv (nouvelle entreprise)* start up *f inv*

station [stasjɔ̃] *nf* stazione *f •* station balnéaire stazione balneare *•* station de taxis posteggio *m* dei taxi *•* station ther-

male stazione termale ● **station de sports d'hiver** ou **de ski** stazione sciistica

stationnement [stasjɔnmɑ̃] *nm* parcheggio m ▼ **stationnement payant** parcheggio a pagamento ▼ **stationnement interdit** divieto di sosta

stationner [stasjɔne] *vi* sostare

station-service [stasjɔ̃sεrvis] (*pl* **stations-service**) *nf* area f di servizio

statique [statik] *adj* ➤ **électricité**

statistiques [statistik] *nfpl* statistiche *fpl*

statue [staty] *nf* statua f

statuette [statɥɛt] *nf* statuetta f

statut [staty] *nm* **1.** (*situation*) condizione f **2.** (*d'une société ou association*) statuto m

Ste (*abr de sainte*) S. (*santa*)

Sté (*abr de société*) Soc. (*società*)

steak [stɛk] *nm* bistecca f ● **steak frites** bistecca con patatine fritte ● **steak haché** hamburger m inv, svizzera f ● **steak tartare** bistecca alla tartara

stéréo [stereo] *adj inv* stereo (*inv*) ◇ *nf* ● **en stéréo** in stereofonia

stérile [steril] *adj* sterile

stériliser [sterilize] *vt* sterilizzare

sterling [stɛrliŋ] *adj* ➤ **livre²**

steward [stiwart] *nm* steward m inv

stimuler [stimyle] *vt* stimolare

stock [stɔk] *nm* scorta f ● **en stock** di scorta

stocker [stɔke] *vt* immagazzinare

stop [stɔp] *nm* (*panneau, phare*) stop m inv ◇ *interj* stop! ● **faire du stop** fare l'autostop

stopper [stɔpe] *vt* fermare ◇ *vi* fermarsi

store [stɔr] *nm* **1.** tapparella f **2.** (*de magasin*) tenda f

strapontin [strapɔ̃tɛ̃] *nm* strapuntino m

Strasbourg [strazbur] *n* Strasburgo f

stratégie [strateʒi] *nf* strategia f

stress [strɛs] *nm* stress m inv

stressé, e [strɛse] *adj* stressato(a)

strict, e [strikt] *adj* (*parents, règle*) severo(a)

strictement [striktəmɑ̃] *adv* (*absolument*) strettamente

strident, e [stridɑ̃, ɑ̃t] *adj* stridente

strié, e [strije] *adj* striato(a)

strophe [strɔf] *nf* strofa f

structure [stryktyr] *nf* struttura f

studieux, euse [stydjø, øz] *adj* studioso(a)

studio [stydjo] *nm* **1.** (*logement*) monolocale m **2.** (*de cinéma, de photo*) studio m

stupéfait, e [stypefɛ, ɛt] *adj* stupefatto(a)

stupéfiant, e [stypefjɑ̃, ɑ̃t] *adj* stupefacente ● **stupéfiant** *nm* stupefacente m

stupide [stypid] *adj* stupido(a)

stupidité [stypidite] *nf* stupidità f inv

style [stil] *nm* stile m ● **meuble de style** mobile in stile

stylo [stilo] *nm* penna f ● **stylo (à) bille** penna a sfera ● **stylo (à) plume** (penna) stilografica f

stylo-feutre [stiloføtr] (*pl* **stylos-feutres**) *nm* pennarello m (a punta fine)

su, e [sy] *pp* ➤ **savoir**

subir [sybir] *vt* subire

subit, e [sybi, it] *adj* (*sout*) repentino(a)

subjectif, ive [sybʒɛktif, iv] *adj* soggettivo(a)

subjonctif [sybʒɔ̃ktif] *nm* congiuntivo *m*

sublime [syblim] *adj* sublime

submerger [sybmɛrʒe] *vt* sommergere

subsister [sybziste] *vi* sussistere

substance [sypstɑ̃s] *nf* sostanza *f*

substituer [sypstitɥe] *vt* ♦ **on lui a substitué quelqu'un de plus jeune** lo hanno sostituito con qualcuno più giovane ♦ **se substituer à** *vp + prep* sostituirsi a

subtil, e [syptil] *adj* sottile

subtilité [syptilite] *nf* sottigliezza *f*

subvention [sybvɑ̃sjɔ̃] *nf* sovvenzione *f* ♦ **droits de succession** diritti di successione

succéder [syksede] ♦ **succéder à** *v + prep* subentrare a ♦ **il a succédé à ses parents à la tête de l'entreprise** è subentrato ai suoi genitori nella gestione dell'azienda ♦ **se succéder** *vp* susseguirsi

succès [syksɛ] *nm* successo *m* ♦ **avoir du succès** avere successo

successeur [syksesœr] *nm* successore *m*

successif, ive [syksesif, iv] *adj* successivo(a)

succession [syksesjɔ̃] *nf* successione *f* ♦ **droits de succession** diritti di successione

succulent, e [sykylɑ̃, ɑ̃t] *adj* succulento(a)

succursale [sykyrsal] *nf* succursale *f*

sucer [syse] *vt* succhiare ♦ **sucer son pouce** succhiarsi il pollice

sucette [sysɛt] *nf* **1.** *(bonbon)* lecca-lecca *m inv* **2.** *(de bébé)* succhiotto *m*, ciuccio *m*

sucre [sykr] *nm* **1.** zucchero *m* **2.** *(morceau)* zolletta *f* ♦ **sucre glace** zucchero a velo ♦ **sucre en morceaux** zollette ♦ **sucre d'orge** zucchero d'orzo ♦ **sucre en poudre** zucchero in polvere

sucré, e [sykre] *adj* **1.** dolce **2.** *(café)* zuccherato(a)

sucrer [sykre] *vt* zuccherare

sucreries [sykrəri] *nfpl* dolciumi *mpl*

sucrette® [sykrɛt] *nf* dolcificante *m*

sucrier [sykrije] *nm* zuccheriera *f*

sud [syd] *adj inv* meridionale ◇ *nm* sud *m inv* ♦ **au sud (de)** a sud (di)

sud-africain, e, s [sydafrikɛ̃, ɛn] *adj* sudafricano(a) ♦ **Sud-Africain, e, s** *nm, f* sudafricano *m*, -a *f*

sud-américain, e [sydamerikɛ̃, ɛn] *adj* sudamericano(a) ♦ **Sud-Américain, e,** *nm, f* sudamericano *m*, -a *f*

sud-est [sydɛst] *adj inv* sudorientale ◇ *nm* sud-est *m inv* ♦ **au sud-est (de)** a sud-est (di)

sud-ouest [sydwɛst] *adj inv* sudoccidentale ◇ *nm* sud-ovest *m inv* ♦ **au sud-ouest (de)** a sud-ovest (di)

Suède [sɥɛd] *nf* ♦ **la Suède** la Svezia

suédois, e [sɥedwa, az] *adj* svedese ♦ **suédois** *nm (langue)* svedese *m* ♦ **Suédois, e** *nmf sing* svedese *mf*

suer [sɥe] *vi* sudare

sueur [sɥœr] *nf* sudore *m* ♦ **être en sueur** essere in un bagno di sudore ♦ **avoir des sueurs froides** sudare freddo

suffire [syfir] *vi* bastare ♦ **ça suffit !** basta! ♦ **suffire à qqn** *(être assez)* bastare a qn ♦ **il suffit de demander** basta chiedere ♦ **il te suffit de demander** basta che tu chieda

suffisamment [syfizamɑ̃] *adv* a sufficienza ♦ **j'ai suffisamment d'argent** ho soldi a sufficienza

suffisant, e [syfizɑ̃, ɑ̃t] *adj* sufficiente

suffocant, e [syfokɑ̃, ɑ̃t] *adj* soffocante

suffoquer [syfɔke] *vi* soffocare

suggérer [syɡʒere] *vt* proporre ● **je sug-
gère que nous partions** propongo di partire ● **suggérer à qqn de faire qqch** suggerire a qn di fare qc

suggestion [syɡʒɛstjɔ̃] *nf* suggerimento
m

suicide [sɥisid] *nm* suicidio *m*

suicider [sɥiside] ◆ **se suicider** *vp* suicidarsi

suie [sɥi] *nf* fuliggine *f*

suinter [sɥɛ̃te] *vi* **1.** (*murs*) trasudare
2. (*liquide*) gocciolare

suis ➤ être, suivre

suisse [sɥis] *adj* svizzero(a) ◆ **Suisse** *nmf*
svizzero *m*, -a *f* ◇ *nf* **la Suisse** la Svizzera

suite [sɥit] *nf* **1.** (*série, succession*) serie *f
inv* **2.** (*d'une histoire, d'un film*) seguito *m*
● **à la suite** (*en suivant*) di seguito ● **à la
suite de** (*à cause de*) in seguito a ● **de suite** (*d'affilée*) di seguito ● **par suite de** a
causa di ◆ **suites** *nfpl* (*conséquences*) se-
quele *fpl*

suivant, e [sɥivɑ̃, ɑ̃t] *adj & nm, f* seguente ◇ *prép* (*selon*) secondo ● **(au) suivant !**
(*avanti*) il prossimo!

suivi, e [sɥivi] *pp* ➤ suivre

suivre [sɥivr] *vt* seguire ● **suivi de** seguito
da ● **faire suivre** (*courrier*) inoltrare ▼ **à
suivre** continua

sujet, ette [syʒɛ, ɛt] *adj* ● **être sujet à**
(*maladie*) essere soggetto a ◇ *nm, f* (*d'un
roi*) suddito *m* ◆ **sujet** *nm* **1.** (*thème*) argomento *m* **2.** *GRAMM* soggetto *m* ● **au sujet
de** a proposito di ● **c'est à quel sujet ?** di
cosa si tratta?

super [sypɛr] *adj inv* (*fam*) (*formidable*)
fantastico(a) ◇ *nm* (*carburant*) super *f inv*

superbe [sypɛrb] *adj* superbo(a)

supérette [sypeʀɛt] *nf* minimarket *m
inv*

superficie [sypɛrfisi] *nf* superficie *f*

superficiel, elle [sypɛrfisjɛl] *adj* superficiale

superflu, e [sypɛrfly] *adj* superfluo(a)

supérieur, e [sypeʀjœr] *adj* superiore
◇ *nm, f* (*hiérarchique*) superiore *m* ● **supérieur à** superiore a

supériorité [sypeʀjɔʀite] *nf* superiorità
f inv ● **en supériorité numérique** in superiorità numerica

supermarché [sypɛrmarʃe] *nm* supermercato *m*

superposer [sypɛrpoze] *vt* sovrapporre

superstitieux, euse [sypɛrstisjø, øz]
adj superstizioso(a)

superstition [sypɛrstisjɔ̃] *nf* superstizio-
ne *f*

superviser [sypɛrvize] *vt* sopraintende-
re

supplément [syplemɑ̃] *nm* supplemento *m* ● **en supplément** in più

supplémentaire [syplemɑ̃tɛr] *adj* supplementare

supplice [syplis] *nm* supplizio *m*

supplier [syplije] *vt* ● **supplier qqn (de
faire qqch)** supplicare qn (di fare qc)

support [sypɔr] *nm* supporto *m*

supportable [sypɔrtabl] *adj* sopportabi-
le

¹ **supporter** [sypɔrte] *vt* sopportare

² **supporter** [sypɔrtɛr] *nm* (*d'une équipe*)
tifoso *m*, -a *f*

supposer [sypoze] *vt* supporre ● **à supposer que...** ammesso che...

supposition [sypozisjɔ̃] *nf* supposizione *f*

suppositoire [sypozitwar] *nm* supposta *f*

suppression [sypresjɔ̃] *nf* soppressione *f*

supprimer [syprime] *vt* 1. sopprimere 2. *INFORM* eliminare

suprême [syprɛm] *adj* supremo(a) ◇ *nm* • **suprême de volaille** suprême *m o f inv*

sur [syr] *prép*
1. *(dessus)* su • **sur la table** sul tavolo
2. *(au-dessus de)* su • **il y aura des nuages demain sur la région** domani sarà nuvoloso sulla regione
3. *(indique la direction)* a • **tournez sur la droite** girate a destra • **le camion se dirigeait sur nous** il camion si dirigeva verso di noi
4. *(indique la distance)* per ▾ **travaux sur 10 kilomètres** lavori per 10 chilometri
5. *(au sujet de)* su • **un dépliant sur l'Auvergne** un dépliant sull'Alvernia
6. *(dans une mesure)* per • **un mètre sur deux** un metro per due
7. *(dans une proportion)* su • **9 sur 10** 9 su 10 • **un jour sur deux** un giorno su due

sûr, e [syr] *adj* sicuro(a) • **être sûr de/que** essere sicuro di/che • **être sûr de soi** essere sicuro di sé

surbooking [syrbukiŋ] *nm* overbooking *m inv*

surcharger [syrʃarʒe] *vt* sovraccaricare

surchauffé, e [syrʃofe] *adj* surriscaldato(a)

surdimensionné, e [syrdimãsjone] *adj* esagerato(a), gonfiato(a)

surélever [syrelve] *vt* soprelevare

sûrement [syrmã] *adv* sicuramente • **sûrement pas !** certo che no!

surestimer [syrɛstime] *vt* sopravvalutare

sûreté [syrte] *nf* • **mettre qqch en sûreté** mettere qc al sicuro

surexcité, e [syrɛksite] *adj* sovreccitato(a)

surf [sœrf] *nm* surf *m inv* • **surf des neiges** snowboard *m inv*

surface [syrfas] *nf* superficie *f*

surfer [sœrfe] *vi INFORM* navigare

surgelé, e [syrʒəle] *adj* surgelato(a) ◆ **surgelés** *nmpl* surgelati *mpl*

surgir [syrʒir] *vi* 1. *(personne, voiture)* spuntare 2. *(difficultés)* sorgere

surimi [syrimi] *nm* surimi *m inv*

sur-le-champ [syrləʃã] *adv* immediatamente

surlendemain [syrlãdmɛ̃] *nm* • **le surlendemain** due giorni dopo

surligneur [syrliɲœr] *nm* evidenziatore *m*

surmené, e [syrməne] *adj* sovraffaticato(a)

surmonter [syrmɔ̃te] *vt (difficulté, obstacle)* superare

surnaturel, elle [syrnatyrɛl] *adj* soprannaturale

surnom [syrnɔ̃] *nm* soprannome *m*

surnommer [syrnome] *vt* soprannominare

surpasser [syrpase] *vt* superare ◆ **se surpasser** *vp* superare se stesso

surplomber [syrplɔ̃be] *vt* essere a strapiombo su

surplus [syrply] *nm* eccedenza *f*

surprenant, e [syrprənã, ãt] *adj* sorprendente

surprendre [syrprãdr] *vt* sorprendere

surpris, e [syrpri, iz] *pp* ➤ **surprendre** ◇ *adj* sorpreso(a) • **être surpris de/que** essere sorpreso di/che

surprise [syʀpʀiz] *nf* sorpresa *f* ● **faire une surprise à qqn** fare una sorpresa a qn ● **par surprise** di sorpresa

surréservation [syʀʀezɛʀvasjɔ̃] *nf* = surbooking

sursaut [syʀso] *nm* ● **se réveiller en sursaut** svegliarsi di soprassalto

sursauter [syʀsote] *vi* sobbalzare

surtaxe [syʀtaks] *nf* sovrattassa *f*

surtout [syʀtu] *adv* soprattutto ● **surtout, fais bien attention !** soprattutto fai molta attenzione! ● **surtout que** tanto più che

survécu [syʀveky] *pp* ➤ survivre

surveillance [syʀvejɑ̃s] *nf* sorveglianza *f* ● **être sous surveillance** essere sotto controllo

surveillant, e [syʀvejɑ̃, ɑ̃t] *nm, f* 1. SCOL bidello *m*, -a *f* 2. *(de prison)* guardia *f*

surveiller [syʀveje] *vt* 1. *(observer)* sorvegliare 2. *(prendre soin de)* controllare ◆ **se surveiller** *vp (faire attention à soi)* controllarsi

survêtement [syʀvɛtmɑ̃] *nm* tuta *f* (da ginnastica)

survivant, e [syʀvivɑ̃, ɑ̃t] *nm, f* superstite *mf*

survivre [syʀvivʀ] *vi* sopravvivere ● **survivre à** sopravvivere a

survoler [syʀvole] *vt (lieu)* sorvolare

sus [sy(s)] ◆ **en sus** *adv* in più

susceptible [syseptibl] *adj (sensible)* suscettibile ● **le temps est susceptible de s'améliorer** è possibile che il tempo migliori

susciter [sysite] *vt* suscitare

sushi [suʃi] *nm* sushi *m inv*

suspect, e [syspɛ, ɛkt] *adj* sospetto(a) ◇ *nm, f* indiziato *m*, -a *f*

suspecter [syspɛkte] *vt* sospettare (di)

suspendre [syspɑ̃dʀ] *vt* 1. *(accrocher)* appendere 2. *(arrêter)* sospendere

suspense [syspɛns] *nm* suspense *f inv*

suspension [syspɑ̃sjɔ̃] *nf* 1. *(d'une voiture)* sospensione *f* 2. *(lampe)* lampadario *m*

suture [sytyʀ] *nf* ➤ point

SVP *(abr de s'il vous plaît)* ➤ plaire

sweat-shirt, s [switʃœʀt] *nm* felpa *f*

syllabe [silab] *nf* sillaba *f*

symbole [sɛ̃bɔl] *nm* simbolo *m*

symbolique [sɛ̃bɔlik] *adj* simbolico(a)

symboliser [sɛ̃bɔlize] *vt* simboleggiare

symétrie [simetʀi] *nf* simmetria *f*

symétrique [simetʀik] *adj* simmetrico(a)

sympa [sɛ̃pa] *adj (fam)* simpatico(a)

sympathie [sɛ̃pati] *nf* ● **éprouver** ou **avoir de la sympathie pour qqn** provare ou avere simpatia per qn

sympathique [sɛ̃patik] *adj* simpatico(a)

sympathiser [sɛ̃patize] *vi* simpatizzare

symphonie [sɛ̃fɔni] *nf* sinfonia *f*

symptôme [sɛ̃ptom] *nm* sintomo *m*

synagogue [sinagɔg] *nf* sinagoga *f*

synchronisé, e [sɛ̃kʀɔnize] *adj* sincronizzato(a)

syncope [sɛ̃kɔp] *nf* sincope *f*

syndical, e, aux [sɛ̃dikal, o] *adj* sindacale

syndicaliste [sɛ̃dikalist] *nmf* sindacalista *mf*

syndicat [sɛ̃dika] *nm* sindacato *m* ● **syndicat d'initiative** ≃ Azienda *f* Autonoma di Soggiorno

syndiqué, e [sɛ̃dike] *adj* iscritto(a) a un sindacato

syndrome [sɛ̃dʀom] nm ● **syndrome immunodéficitaire acquis** sindrome f da immunodeficienza acquisita

synonyme [sinɔnim] nm sinonimo m

synthèse [sɛ̃tɛz] nf sintesi f inv

synthétique [sɛ̃tetik] adj sintetico(a) ◇ nm (tissu) tessuto m sintetico

synthétiseur [sɛ̃tetizœʀ] nm sintetizzatore m

Syrie [siʀi] nf ● **la Syrie** la Siria

syrien, enne [siʀjɛ̃, ɛn] adj siriano(a) ◆ **syrien** nm (langue) siriano m ◆ **Syrien, enne** nm, f siriano m, -a f

systématique [sistematik] adj sistematico(a)

système [sistɛm] nm sistema m ● **système d'exploitation** INFORM sistema operativo

t' ➤ te

ta ➤ ton[1]

tabac [taba] nm **1.** tabacco m **2.** (magasin) tabaccheria f

Les tabacs

Nelle tabaccherie francesi, oltre a sigarette, sigari e tabacco, si possono acquistare francobolli e si possono giocare le schedine del lotto. La maggior parte dei tabaccai vende anche giornali e riviste.

tabagie [tabaʒi] nf (Québec) (bureau de tabac) tabaccheria f

table [tabl] nf **1.** tavolo m **2.** (tableau) tavola f ● **mettre la table** apparecchiare (la tavola) ● **être/se mettre à table** essere/mettersi a tavola ● **à table!** a tavola! ● **table de chevet** ou **de nuit** comodino m ● **table de cuisson** piano m di cottura ● **table à langer** fasciatoio m ● **table des matières** indice m ● **table d'opération** tavolo operatorio ● **table à repasser** asse f da stiro

tableau, x [tablo] nm **1.** (peinture) quadro m **2.** (panneau) tabellone m **3.** (de synthèse) tabella m **4.** (grille) tavola f ● **tableau d'affichage** bacheca f ● **tableau de bord** cruscotto m ● **tableau (noir)** lavagna f

tablette [tablɛt] nf (étagère) ripiano m ● **tablette de chocolat** tavoletta f di cioccolato

tablier [tablije] nm grembiule m

taboulé [tabule] nm tabulé m inv

tabouret [tabuʀɛ] nm sgabello m

tache [taʃ] nf macchia f ● **se faire une tache de qqch** macchiarsi di qc ● **taches de rousseur** lentiggini fpl

tâche [taʃ] nf compito m

tacher [taʃe] vt macchiare ◆ **se tacher** vp macchiarsi

tâcher [taʃe] ◆ **tâcher de** v + prep cercare di

tacheté, e [taʃte] adj maculato(a)

tact [takt] nm tatto m

tactique [taktik] nf tattica f

taffe [taf] nf (fam) tiro m (di sigaretta)

tag [tag] nm graffito m

tagine [taʒin] nm tajine m inv

taie [tɛ] *nf* • taie d'oreiller federa *f*

taille [taj] *nf* 1. *(hauteur d'une personne)* statura *f* 2. *(dimension)* grandezza *f* 3. *(mensuration)* dimensioni *fpl*, misure *fpl* 4. *(partie du corps)* vita *f* • vous faites quelle taille ? *(hauteur)* quanto è alta? ; *(de chaussure)* che numero porta? ; *(de vêtement)* che taglia porta?

taille-crayon, s [tajkrɛjɔ̃] *nm* temperamatite *m inv*

tailler [taje] *vt* 1. *(tissu)* tagliare 2. *(arbre)* potare 3. *(crayon)* temperare

tailleur [tajœr] *nm* 1. *(couturier)* sarto *m* 2. *(vêtement)* tailleur *m inv* • s'asseoir en tailleur sedersi alla turca

taire [tɛr] • se taire *vp* tacere • tais-toi ! taci!

talc [talk] *nm* borotalco® *m*

talent [talɑ̃] *nm* talento *m*

talkie-walkie [tokiwoki] *(pl talkies-walkies)* *nm* walkie-talkie *m inv*

talon [talɔ̃] *nm* 1. *(du pied)* tallone *m*, calcagno *m* 2. *(d'une chaussure, d'une chaussette)* tacco *m* 3. *(d'un chèque)* matrice *f* • talons hauts/plats tacchi alti/bassi • talons aiguille tacchi a spillo

talus [taly] *nm* pendio *m*

tambour [tɑ̃bur] *nm* tamburo *m*

tambourin [tɑ̃burɛ̃] *nm* tamburello *m*

tamis [tami] *nm* setaccio *m*

tamisé, e [tamize] *adj* *(lumière)* soffuso(a)

tamiser [tamize] *vt* *(farine, sable)* setacciare

tampon [tɑ̃pɔ̃] *nm* 1. *(cachet)* timbro *m* 2. *(de tissu, de coton)* tampone *m* • tampon (hygiénique) assorbente *m* interno

tamponneuse [tɑ̃ponøz] *adj f* ➤ auto

tandem [tɑ̃dɛm] *nm* *(vélo)* tandem *m inv*

tandis [tɑ̃di] • tandis que *conj* mentre

tango [tɑ̃go] *nm* tango *m*

tanguer [tɑ̃ge] *vi* beccheggiare

tank [tɑ̃k] *nm* carro *m* armato

tant [tɑ̃] *adv* 1. *(tellement)* a tal punto • il l'aime tant (que) l'ama a tal punto (che) • j'ai tant de travail/problèmes que... ho (così) tanto lavoro/tanti problemi che...

2. *(autant)* • j'en profite tant que je peux ne approfitto quanto posso

3. *(temporel)* • tant que nous resterons ici finché restiamo qui

4. *(dans des expressions)* • en tant que in qualità di • tant bien que mal alla bell'e meglio • tant mieux bene • tant pis ! pazienza! • tant mieux/pis pour lui buon/peggio per lui • prends-moi une baguette tant que tu y es dato che ci sei, prendimi una baguette

tante [tɑ̃t] *nf* zia *f*

tantôt [tɑ̃to] *adv* • tantôt... tantôt ora... ora

taon [tɑ̃] *nm* tafano *m*

tapage [tapaʒ] *nm* baccano *m*

tape [tap] *nf* pacca *f*

tapenade [tapnad] *nf preparato a base di capperi, olive nere, acciughe schiacciate e olio d'oliva*

taper [tape] *vt* 1. *(frapper)* picchiare 2. *(code)* battere • taper des pieds pestare i piedi • taper sur *(porte)* picchiare ; *(personne)* picchiare su

tapioca [tapjɔka] *nm* tapioca *f*

tapis [tapi] *nm* tappeto *m* • tapis roulant *(d'usine)* nastro *m* trasportatore ; SPORT tapis roulant *m inv* • tapis de sol materassino *m* • **tapis de souris** tappetino *m* del mouse

tapisser [tapise] *vt* tappezzare

tapisserie [tapisʀi] *nf* **1.** *(de laine)* arazzo *m* **2.** *(papier peint)* tappezzeria *f*

tapoter [tapɔte] *vt* tamburellare

taquiner [takine] *vt* stuzzicare

tarama [taʀama] *nm* antipasto di origine greca consistente in una crema di uova di pesce, mollica, olio e limone

tard [taʀ] *adv* tardi • **plus tard** *(après)* più tardi ; *(dans l'avenir)* in futuro • **à plus tard !** a più tardi! • **au plus tard** al più tardi

tarder [taʀde] *vi* • **elle ne va pas tarder (à arriver)** non tarderà (ad arrivare) • **tarder à faire qqch** tardare a fare qc

tarif [taʀif] *nm* *(liste des prix)* listino *m* • **tarif plein** ou **plein tarif** tariffa *f* intera • **tarif réduit** tariffa ridotta

tarir [taʀiʀ] *vi* prosciugarsi

tarots [taʀo] *nmpl* *(jeu)* tarocchi *mpl*

tartare [taʀtaʀ] *adj* ➤ **sauce, steak**

tarte [taʀt] *nf* crostata *f* • **tarte aux fraises** crostata alle fragole • **tarte au maton** *(Belg)* torta a base di latte cagliato e mandorle • **tarte Tatin** torta di mele cotta con la pasta sopra e le mele sotto, rovesciata prima di essere servita

tartelette [taʀtəlɛt] *nf* crostatina *f*

tartine [taʀtin] *nf* **1.** tartina *f* **2.** *(de pain grillé)* fetta *f* di pane tostato

tartiner [taʀtine] *vt* spalmare • **fromage à tartiner** formaggio da spalmare • **pâte à tartiner** pasta da spalmare

tartre [taʀtʀ] *nm* **1.** *(sur les dents)* tartaro *m* **2.** *(calcaire)* incrostazione *f* di calcare

tas [ta] *nm* mucchio *m* • **mettre qqch en tas** ammucchiare qc • **un** ou **des tas de** *(fam)* *(beaucoup de)* un mucchio ou sacco di

tasse [tas] *nf* tazza *f* • **boire la tasse** bere *(nuotando)* • **tasse à café** tazza da caffè • **tasse à thé** tazza da tè

tasser [tase] *vt* *(serrer)* stipare ♦ **se tasser** *vp* *(dans une voiture)* stringersi • **ça se tasse** *(fam)* *(ça s'arrange)* si aggiusta tutto

tâter [tate] *vt* tastare ♦ **se tâter** *vp* *(fam)* *(hésiter)* esitare

tâtonner [tatɔne] *vi* andare a tentoni

tâtons [tatɔ̃] • **à tâtons** *adv* a tentoni

tatouage [tatwaʒ] *nm* tatuaggio *m*

taupe [top] *nf* talpa *f*

taureau, x [tɔʀo] *nm* toro *m* • **Taureau** *nm* Toro *m*

taux [to] *nm* tasso *m* • **taux de change** tasso di cambio • **taux d'intérêt** tasso di interesse

taverne [tavɛʀn] *nf* *(Québec)* *(café)* caffè *m inv*

taxe [taks] *nf* tassa *f* • **hors taxe** tasse escluse • **toutes taxes comprises** tasse incluse

taxer [takse] *vt* *(produit)* tassare

taxi [taksi] *nm* taxi *m inv*

taxi-brousse [taksibʀys] *(pl* **taxis-brousse)** *nm* *(Afrique)* taxi che può trasportare fino a dieci persone

tchatche [tʃatʃ] *nf* *(fam)* • **avoir la tchatche** avere una bella parlantina

tchatcher [tʃatʃe] *vi* *(fam)* ciarlare

tchèque [tʃɛk] *adj* ceco(a) ◇ *nm* *(langue)* ceco *m* ♦ **République tchèque** *n* • **la République tchèque** la Repubblica Ceca ♦ **Tchèque** *nmf* ceco *m*, -a *f*

tchétchène [tʃeʃɛn] *adj* ceceno(a) ◆ **Tchétchène** *nmf* ceceno *m*, -a *f*

Tchétchénie [tʃeʃeni] *nf* ◆ **la Tchétchénie** la Cecenia

te [tə] *pron* ti ● **je te l'avais dit** te lo avevo detto

technicien, enne [tɛknisjɛ̃, ɛn] *nm, f* tecnico *m*, -a *f*

technique [tɛknik] *adj* tecnico(a) ◇ *nf* tecnica *f*

techno [tɛkno] *adj & nf* tec(h)no

technologie [tɛknɔlɔʒi] *nf* tecnologia *f*

tee-shirt, s [tiʃœrt] *nm* T-shirt *f inv*, maglietta *f* a maniche corte

teindre [tɛ̃dR] *vt* tingere ● **se faire teindre (les cheveux)** tingersi (i capelli)

teint, e [tɛ̃, tɛ̃t] *pp* ➤ **teindre** ◆ **teint** *nm* carnagione *f*

teinte [tɛ̃t] *nf* tinta *f*

teinter [tɛ̃te] *vt* tingere

teinture [tɛ̃tyR] *nf* tintura *f* ● **teinture d'iode** tintura di iodio

teinturerie [tɛ̃tyRRi] *nf* tintoria *f*

tel, telle [tɛl] *adj* tale ● **tel que** come ● **tel quel** tale (e) quale ● **tel ou tel** questo o quello

tél. *(abr de* **téléphone***)* tel. *(telefono)*

télé [tele] *nf (fam)* tv *f inv*, tivù *f inv*

télécabine [telekabin] *nf* cabinovia *f*

Télécarte ® [telekart] *nf* carta *f* telefonica

télécharger [teleʃaRʒe] *vt INFORM* scaricare

télécommande [telekɔmɑ̃d] *nf* telecomando *m*

télécommunications [telekɔmynikasjɔ̃] *nfpl* telecomunicazioni *fpl*

télécopie [telekɔpi] *nf* (tele)fax *m inv*

télécopieur [telekɔpjœr] *nm* (tele)fax *m inv*

téléfilm [telefilm] *nm* film *m inv* per la televisione

télégramme [telegRam] *nm* telegramma *m* ● **télégramme téléphoné** telegramma telefonico

téléguidé, e [telegide] *adj* telecomandato(a)

téléobjectif [teleɔbʒɛktif] *nm* teleobiettivo *m*

téléphérique [teleferik] *nm* teleferica *f*

téléphone [telefɔn] *nm* telefono *m* ● **au téléphone** al telefono ● **téléphone à carte** telefono a carta ● **téléphone mobile** ou **portable** (telefono) cellulare *m* ● **téléphone sans fil** cordless *m inv* ● **téléphone de voiture** radiotelefono *m*

Le téléphone

In Francia non c'è differenza tra chiamate urbane e interurbane. Tutti i numeri di telefono cominciano per 0 e la seconda cifra indica una regione o un tipo di linea telefonica. La Francia è divisa in cinque zone:

01 indica Parigi e l'Ile-de-France.
02 indica il nord-ovest della Francia.
03 indica il nord-est della Francia.
04 indica il sud-est della Francia.
05 indica il sud-ovest della Francia.
06 indica un numero di cellulare.
08 indica i numeri verdi o a pagamento.

téléphoner [telefɔne] *vi* telefonare ● **téléphoner à qqn** telefonare a qn ◆ **se téléphoner** *vp* telefonarsi

téléphonique [telefɔnik] *adj* ➤ **cabine, carte**

télescope [teleskɔp] *nm* telescopio *m*

télescopique [teleskɔpik] *adj* telescopico(a)

télésiège [telesjɛʒ] *nm* seggiovia *f*

téléski [teleski] *nm* sciovia *f*, ski-lift *m inv*

téléspectateur, trice [telespɛktatœr, tris] *nm, f* telespettatore *m*, -trice *f*

télétravail, aux [teletravaj, o] *nm* telelavoro *m*

télétravailleur, euse [teletravajœr, øz] *nm, f* telelavoratore *m*, -trice *f*

télévente [televɑ̃t] *nf* televendita *f*

télévisé, e [televize] *adj* televisivo(a)

téléviseur [televizœr] *nm* televisore *m*

télévision [televizjɔ̃] *nf* televisione *f* ● **télévision numérique** televisione digitale ● **regarder un film à la télévision** guardare un film alla televisione ● **travailler à la télévision** lavorare in televisione

télex [teleks] *nm inv* telex *m inv*

telle ➤ **tel**

tellement [telmɑ̃] *adv* 1. (*tant*) talmente 2. (*si*) così ● **j'ai tellement de travail/problèmes que...** ho (così) tanto lavoro/tanti problemi che... ● **pas tellement** non molto

témoignage [temwaɲaʒ] *nm* testimonianza *f*

témoigner [temwaɲe] *vi* (*en justice*) testimoniare

témoin [temwɛ̃] *nm* testimone *mf* ● **être témoin de** essere testimone di ● **être le témoin de mariage de qqn** fare da testimone al matrimonio di qn

tempe [tɑ̃p] *nf* tempia *f*

tempérament [tɑ̃peramɑ̃] *nm* temperamento *m*

température [tɑ̃peratyr] *nf* 1. temperatura *f* 2. (*fièvre*) febbre *f*

tempête [tɑ̃pɛt] *nf* tempesta *f*

temple [tɑ̃pl] *nm* tempio *m*

temporaire [tɑ̃pɔrɛr] *adj* temporaneo(a)

temporairement [tɑ̃pɔrɛrmɑ̃] *adv* temporaneamente

temps [tɑ̃] *nm* tempo *m* ● **avoir le temps de faire qqch** avere il tempo di fare qc ● **il est temps de partir** ou **que nous partions** è ora di partire ● **à temps** in ou per tempo ● **de temps en temps** di tanto in tanto ● **en même temps** nello stesso tempo ● **à temps complet** a tempo pieno ● **a temps partiel** part time ● **le beau temps** il bel tempo ● **le mauvais temps** il cattivo tempo

tenailles [tənaj] *nfpl* tenaglie *fpl*

tenant, e [tənɑ̃, ɑ̃t] *nm, f* ● **tenant(e) du titre** campione *m*, -essa *f* in carica

tendance [tɑ̃dɑ̃s] *nf* tendenza *f* ● **avoir tendance à faire qqch** avere tendenza a fare qc

tendeur [tɑ̃dœr] *nm* (*à bagages*) cinghia *f* elastica

tendinite [tɑ̃dinit] *nf* tendinite *f*

tendon [tɑ̃dɔ̃] *nm* tendine *m*

tendre [tɑ̃dr] *adj* tenero(a) ◇ *vt* tendere ● **tendre qqch à qqn** tendere qc a qn

● **tendre la main à qqn** tendere la mano a qn ● **tendre l'oreille** tendere l'orecchio ● **tendre un piège à qqn** tendere una trappola a qn

tendresse [tɑ̃dʀɛs] *nf* tenerezza *f*

tendu, e [tɑ̃dy] *adj* teso(a)

tenir [tǝniʀ] *vt*

1. *(à la main, dans ses bras)* tenere ● **tenir la main de qqn** tenere la mano di qn

2. *(garder)* tenere ● **tenir un plat au chaud** tenere un piatto in caldo

3. *(promesse, engagement)* mantenere

4. *(magasin, bar)* gestire

5. *(dans des expressions)* ● **tiens !/tenez !** *(en donnant)* tieni!/tenga! ● **tiens !** *(exprime la surprise)* to'!

◇ *vi*

1. *(construction)* tenere ● **ça tient avec du ciment** tiene grazie al cemento

2. *(beau temps, relation)* durare

3. *(résister)* ● **tenir bon** tenere duro

4. *(rester)* stare ● **tenir debout** *(objet, personne)* stare in piedi

5. *(être contenu)* starci

◆ **tenir à** *v + prep (être attaché à)* tenere a ● **tenir à faire qqch** tenerci a fare qc

◆ **tenir de** *v + prep (ressembler à)* aver preso da ● **elle tient de sa mère** ha preso da sua madre

◆ **se tenir** *vp*

1. *(avoir lieu)* svolgersi ● **le festival se tient dans le château** il festival si svolge nel castello

2. *(s'accrocher)* tenersi ● **se tenir à** *(personne, objet)* tenersi a

3. *(être, rester)* stare ● **se tenir droit** stare dritto ● **se tenir tranquille** stare tranquillo(a)

4. *(se comporter)* ● **bien/mal se tenir** comportarsi bene/male

tennis [tenis] *nm* tennis *m inv* ◇ *nmpl (chaussures)* scarpe *fpl* da tennis ● **tennis de table** tennis da tavolo

tension [tɑ̃sjɔ̃] *nf* **1.** tensione *f* **2.** *MÉD* pressione *f* ● **avoir de la tension** avere la pressione alta

tentacule [tɑ̃takyl] *nm* tentacolo *m*

tentant, e [tɑ̃tɑ̃, ɑ̃t] *adj* allettante

tentation [tɑ̃tasjɔ̃] *nf* tentazione *f*

tentative [tɑ̃tativ] *nf* tentativo *m*

tente [tɑ̃t] *nf* tenda *f*

tenter [tɑ̃te] *vt* tentare ● **tenter de faire qqch** tentare di fare qc

tenu, e [tǝny] *pp* ➤ **tenir**

tenue [tǝny] *nf (vêtements)* tenuta *f* ● **tenue de soirée** abito *m* da sera

ter [tɛʀ] *adv (dans une adresse)* ● **11 ter** 11/c

TER *(abr de Train Express Régional) nm* treno espresso regionale

Tergal® [tɛʀgal] *nm (terital*® *m inv*

terminaison [tɛʀminɛzɔ̃] *nf GRAMM* desinenza *f*

terminal, aux [tɛʀminal, o] *nm* **1.** *(d'aéroport)* terminal *m inv* **2.** *INFORM* terminale *m*

terminale [tɛʀminal] *nf SCOL* ultimo anno di scuola superiore

terminer [tɛʀmine] *vt* terminare ◆ **se terminer** *vp* terminare, concludersi

terminus [tɛʀminys] *nm* capolinea *m inv (ultima stazione)*

terne [tɛʀn] *adj (couleur, regard)* spento(a)

terrain [teʀɛ̃] *nm* terreno *m* ● **terrain de camping** campeggio *m* ● **terrain de foot** campo *m* di calcio ● **terrain de jeux** terreno da gioco ● **terrain vague** terreno in abbandono

terrasse [teʀas] *nf* **1.** *(d'une maison, d'un appartement)* terrazza *f* **2.** *(de café)* tavolini *mpl* all'aperto ● **on mange en terrasse ?** mangiamo all'aperto?

terre [tɛʀ] *nf* **1.** terra *f* **2.** *(argile)* terracotta *f* ● **la Terre** la Terra ● **par terre** per terra

terre-plein, s [teʀplɛ̃] *nm* terrapieno *m* ● **terre-plein central** spartitraffico *m inv*

terrestre [teʀɛstʀ] *adj* terrestre

terreur [teʀœʀ] *nf* terrore *m*

terrible [teʀibl] *adj* terribile ● **c'était pas terrible** *(fam)* non è stato il massimo

terrier [teʀje] *nm (de lapin, de renard)* tana *f*

terrifier [teʀifje] *vt* terrificare

terrine [teʀin] *nf* **1.** *(récipient)* terrina *f* **2.** CULIN pasticcio *m* di carne, pesce o verdure cotto in uno stampo e consumato freddo

territoire [teʀitwaʀ] *nm* territorio *m*

terroriser [teʀɔʀize] *vt* terrorizzare

terroriste [teʀɔʀist] *nmf* terrorista *mf*

tes ➤ **ton** [1]

Tessin [tesɛ̃] *nm* ● **le Tessin** il Canton Ticino

test [tɛst] *nm* test *m inv* ● **test de dépistage** test diagnostico

testament [tɛstamɑ̃] *nm* testamento *m*

tester [tɛste] *vt* **1.** *(produit)* testare **2.** *(candidat)* sottoporre a un test

tétanos [tetanos] *nm* tetano *m*

tête [tɛt] *nf* **1.** testa *f* **2.** *(visage)* faccia *f* ● **de tête** *(wagon)* di testa ● **être en tête** essere in testa ● **faire la tête** fare il broncio ● **en tête à tête** a quattr'occhi ● **tête de veau** *(plat)* testina *f* di vitello ● **tête de liste** POL capolista *mf* ● **tête de série** SPORT testa di serie

tête-à-queue [tɛtakø] *nm inv* testacoda *m inv*

téter [tete] *vi* poppare

tétine [tetin] *nf* **1.** *(de biberon)* tettarella *f* **2.** *(sucette)* ciuccio *m*, succhiotto *m*

Tétrabrick® [tetʀabʀik] *nm* tetrapack® *m inv*

têtu, e [tety] *adj* testardo(a)

teuf [tœf] *(fam) nf* festa *f*

tex mex [tɛksmɛks] *adj inv* tex mex *(inv)*

texte [tɛkst] *nm* testo *m*

textile [tɛkstil] *nm* **1.** *(tissu)* tessuto *m* **2.** *(industrie)* tessile *m*

texto [tɛksto] *adv (fam)* testualmente ● **Texto®** *nm* ● **envoyer/recevoir un Texto®** inviare/ricevere un SMS

Les textos

Si vous désirez communiquer par SMS, voici quelques abréviations italiennes fréquemment utilisées : *bn = bene*, bien ; *c = ci*, on/nous ; *cmq = comunque*, de toute façon ; *cpt = capito*, compris ; *d= di*, de ; *doma = domani*, demain ; *dv = dove*, où ; *ke = che*, que/quoi ; *ki = chi*, qui ; *pome = pomeriggio*, après-midi ; *qd = quando*, quand ; *t = ti*, te ;

x = per, pour ; xké = perché, pourquoi/parce que ; xò = però, mais ; xxx = baci, bises/bisous ; +o- = più o meno, plus ou moins ; 3no = treno, train ; 6 = sei, tu es.

TF1 n canale televisivo francese privato

TGV [teʒeve] nm inv treno ad alta velocità

thaïlandais, e [tajlɑ̃dɛ, ɛz] adj tailandese ♦ **Thaïlandais, e** nm, f tailandese mf

Thaïlande [tajlɑ̃d] nf ♦ **la Thaïlande** la Thailandia

thalassothérapie [talasoterapi] nf talassoterapia f

thé [te] nm tè nm inv ♦ **thé au citron** tè al limone ♦ **thé au lait** tè al latte ♦ **thé nature** tè semplice

théâtral, e, aux [teɑtʀal, o] adj teatrale

théâtre [teɑtʀ] nm teatro m

théière [tejɛʀ] nf teiera f

thème [tɛm] nm 1. (sujet) tema m 2. (traduction) traduzione f (in una lingua straniera)

théorie [teɔʀi] nf teoria f ♦ **en théorie** in teoria

théoriquement [teɔʀikmɑ̃] adv teoricamente

thermal, e, aux [tɛʀmal, o] adj termale

thermomètre [tɛʀmɔmɛtʀ] nm termometro m

Thermos® [tɛʀmos] nf ♦ (bouteille) Thermos thermos® m inv

thermostat [tɛʀmɔsta] nm termostato m

thèse [tɛz] nf tesi f inv

thon [tɔ̃] nm tonno m

thym [tɛ̃] nm timo m

tibia [tibja] nm tibia f

Tibre [tibʀ] nm ♦ **le Tibre** il Tevere

tic [tik] nm tic m inv

ticket [tikɛ] nm biglietto m ♦ **ticket de caisse** scontrino m (fiscale) ♦ **ticket de métro** biglietto della metropolitana ♦ **ticket-restaurant** buono m pasto

tiède [tjɛd] adj tiepido(a)

tien ♦ **le tien, la tienne** [latjɛ̃, latjɛn] (mpl **les tiens** [letjɛ̃], fpl **les tiennes** [letjɛn]) pron il tuo (la tua, i tuoi mpl, le tue fpl) ♦ **à la tienne !** alla tua!

tiendra etc ➤ tenir

tienne etc ➤ tenir, tien

tiens etc ➤ tenir

tiercé [tjɛʀse] nm corsa f tris

tiers [tjɛʀ] nm terzo m ♦ **être assuré au tiers** essere assicurato verso terzi

tiers-monde, s [tjɛʀmɔ̃d] nm terzo mondo m

tige [tiʒ] nf 1. (de plante) stelo m 2. (de métal, de bois) asta f

tigre [tigʀ] nm tigre f

tilleul [tijœl] nm 1. (arbre) tiglio m 2. (tisane) infuso m di tiglio

tilsit [tilsit] nm formaggio svizzero a pasta morbida con piccoli buchi regolari

timbale [tɛ̃bal] nf 1. (gobelet) bicchiere m di metallo 2. CULIN timballo m (pasticcio di carne, crostacei, ecc., cotto in forno in uno stampo)

timbre [tɛ̃bʀ] nm francobollo m

timbrer [tɛ̃bʀe] vt affrancare

timide [timid] adj timido(a)

timidité [timidite] nf timidezza f

tir [tiʀ] nm tiro m ♦ **tir à l'arc** tiro con l'arco ♦ **tir au but** calcio m di rigore

tirage [tiʀaʒ] nm (d'une loterie) estrazione f ♦ **tirage au sort** sorteggio m

tire-bouchon, s [tiʁbuʃɔ̃] nm cavatappi m inv

tirelire [tiʁliʁ] nf salvadanaio m

tirer [tiʁe] vt
1. *(vers soi, vers le bas, etc.)* tirare ; *(caravane)* trainare
2. *(trait)* fare
3. *(avec une arme)* sparare • **tirer un coup de feu** sparare un colpo
4. *(sortir)* emettere • **tirer qqn/qqch de** tirare qn/qc fuori da • **tirer une conclusion de qqch** trarre una conclusione da qc • **tirer la langue à qqn** fare la linguaccia a qn
5. *(numéro, carte)* estrarre
◇ vi
1. *(avec une arme)* sparare • **tirer sur** sparare a
2. *(vers soi, vers le bas, etc.)* • **tirer sur qqch** tirare qc
3. SPORT tirare
◆ **se tirer** vp *(fam)* *(s'en aller)* smammare
◆ **s'en tirer** vp • **il s'en est tiré** se l'è cavata

tiret [tiʁe] nm trattino m

tirette [tiʁɛt] nf *(Belg)* *(fermeture)* cerniera f lampo

tiroir [tiʁwaʁ] nm cassetto m

tisane [tizan] nf tisana f

tisonnier [tizɔnje] nm attizzatoio m

tisser [tise] vt tessere

tissu [tisy] nm tessuto m

titre [titʁ] nm titolo m • **titre de transport** titolo di viaggio

toast [tost] nm *(pain)* fetta f di pane tostato • **porter un toast à qqn** fare un brindisi a qn

toboggan [tɔbɔgɑ̃] nm scivolo m

toc [tɔk] nm *(imitation)* paccottiglia f • **en toc** falso(a)

TOC [tɔk] *(abr de troubles obsessionnels compulsifs)* nmpl DOC m inv *(disturbo ossessivo compulsivo)*

toi [twa] pron 1. *(complément)* te 2. *(pour insister)* tu • **lève-toi** alzati • **toi-même** tu stesso • **pour toi-même** per te stesso

toile [twal] nf tela f • **toile d'araignée** ragnatela f

toilette [twalɛt] nf *(vêtements)* toilette f inv • **faire sa toilette** lavarsi • **toilettes** nfpl toilette f inv

toit [twa] nm tetto m

tôle [tol] nf latta f • **tôle ondulée** lamiera f ondulata

tolérant, **e** [tɔleʁɑ̃, ɑ̃t] adj tollerante

tolérer [tɔleʁe] vt tollerare

tomate [tɔmat] nf pomodoro m • **tomates farcies** pomodori ripieni *(di carne)*

tombe [tɔ̃b] nf tomba f

tombée [tɔ̃be] nf • **à la tombée de la nuit** sul calare della sera

tomber [tɔ̃be] vi 1. cadere 2. *(nuit)* calare • **ça tombe bien !** capita a proposito! • **laisser tomber** *(études, projet)* lasciare perdere ; *(aml)* voltare le spalle a • **tomber amoureux** innamorarsi • **tomber malade** ammalarsi • **tomber en panne** guastarsi

tombola [tɔ̃bɔla] nf lotteria f

tome [tom] nm tomo m

tomme [tɔm] nf toma f • **tomme vaudoise** formaggio svizzero, a pasta morbida, talvolta aromatizzato al cumino

¹ton, **ta** [tɔ̃, ta] *(pl tes* [te]*)* adj (il) tuo (la tua, i tuoi mpl, le tue fpl) • **ton frère**

tuo fratello ● **ton ordinateur** il tuo computer

² **ton** [tɔ̃] *nm* **1.** *(de voix)* tono *m* **2.** *(couleur)* tonalità *f inv*

tonalité [tɔnalite] *nf* *(au téléphone)* segnale *m*

tondeuse [tɔ̃døz] *nf* ● **tondeuse (à gazon)** falciatrice *f*

tondre [tɔ̃dʀ] *vt* tosare

tongs [tɔ̃g] *nfpl* infradito *mpl*

tonne [tɔn] *nf* tonnellata *f*

tonneau, x [tɔno] *nm* *(de vin)* botte *f* ● **faire des tonneaux** *(voiture)* ribaltarsi

tonnerre [tɔnɛʀ] *nm* tuoni *mpl* ● **coup de tonnerre** tuono

tonus [tɔnys] *nm* tono *m*

torche [tɔʀʃ] *nf* torcia *f* ● **torche électrique** torcia elettrica

torchon [tɔʀʃɔ̃] *nm* strofinaccio *m*

tordre [tɔʀdʀ] *vt* **1.** *(linge)* strizzare **2.** *(bras, cou)* torcere **3.** *(plier)* piegare ● **se tordre** *vp* ● **se tordre la cheville** storcersi la caviglia ● **se tordre de douleur** contorcersi dal dolore ● **se tordre de rire** piegarsi dal ridere ou dalle risate

tornade [tɔʀnad] *nf* tornado *m inv*

torrent [tɔʀɑ̃] *nm* torrente *m* ● **il pleut à torrents** piove a catinelle

torsade [tɔʀsad] *nf* ● **pull à torsades** maglione a trecce

torse [tɔʀs] *nm* torso *m* ● **torse nu** a torso nudo

tort [tɔʀ] *nm* ● **avoir tort (de faire qqch)** avere torto (a fare qc) ● **causer** ou **faire du tort à qqn** fare un torto a qn ● **donner tort à qqn** dare torto a qn ● **être dans son tort** ou **être en tort** *(automobiliste)* essere

dalla parte del torto ● **à tort** *(accuser)* a torto

torticolis [tɔʀtikɔli] *nm* torcicollo *m*

tortiller [tɔʀtije] *vt* attorcigliare ● **se tortiller** *vp* contorcersi

tortue [tɔʀty] *nf* tartaruga *f*

torture [tɔʀtyʀ] *nf* tortura *f*

torturer [tɔʀtyʀe] *vt* torturare

Toscane [tɔskan] *nf* Toscana *f*

tôt [to] *adv* presto ● **au plus tôt** al più presto ● **tôt ou tard** prima o poi

total, e, aux [tɔtal, o] *adj* totale ● **total** *nm* totale *m*

totalement [tɔtalmɑ̃] *adv* totalmente

totalité [tɔtalite] *nf* ● **la totalité de** la totalità di ● **en totalité** *(rembourser)* totalmente

touchant, e [tuʃɑ̃, ɑ̃t] *adj* commovente

touche [tuʃ] *nf* **1.** *(de piano, d'ordinateur, de téléphone)* tasto *m* **2.** SPORT *(ligne)* linea *f* laterale

toucher [tuʃe] *vt* **1.** toccare **2.** *(argent, chèque)* riscuotere **3.** *(cible)* colpire ● **toucher à qqch** toccare qc ● **se toucher** *vp* toccarsi

touffe [tuf] *nf* ciuffo *m*

toujours [tuʒuʀ] *adv* **1.** sempre **2.** *(encore)* ancora ● **il n'est toujours pas rentré** non è ancora rientrato ● **pour toujours** per sempre

toupie [tupi] *nf* trottola *f*

¹ **tour** [tuʀ] *nm* *(mouvement sur soi-même)* giro *m* ● **faire un tour** fare un giro ● **faire le tour de qqch** fare il giro di qc ● **c'est ton tour (de faire qqch)** tocca a te (fare qc) ● **à tour de rôle** a turno ● **le Tour de France** il giro di Francia ● **tour de magie** numero *m* di magia

Le Tour de France

Questa corsa ciclistica, celebre in tutto il mondo, è stata istituita nel 1903. Si tratta di una gara a tappe di diverse migliaia di chilometri, il cui percorso varia ogni anno e che termina a Parigi, intorno al 14 luglio, sugli Champs-Élysées. Al vincitore spetta il privilegio di indossare *le maillot jaune* (la maglia gialla). Dal 1984 esiste anche un *Tour de France* femminile.

²**tour** [tuʁ] *nf* **1.** *(d'un château)* torre *f* **2.** *(immeuble)* grattacielo *m* ● **tour de contrôle** torre di controllo ● **la tour Eiffel** la torre Eiffel

La Tour Eiffel

La torre Eiffel, costruita da Gustave Eiffel per l'esposizione universale del 1889 e alta 321 metri, è diventata nel tempo il simbolo di Parigi. Inizialmente era stato previsto di demolirla alla fine dell'esposizione, ma venne lasciata al suo posto, soprattutto perché smontarla sarebbe costato troppo. La cosa suscitò un po' di polemiche, dato che molti pensavano che "sfigurasse" la città.

tourbillon [tuʁbijɔ̃] *nm* vortice *m*

tourisme [tuʁism] *nm* turismo *m* ● **faire du tourisme** fare turismo

touriste [tuʁist] *nmf* turista *mf*

touristique [tuʁistik] *adj* turistico(a)

tourmenter [tuʁmɑ̃te] *vt* tormentare ◆ **se tourmenter** *vp* tormentarsi

tournage [tuʁnaʒ] *nm (d'un film)* riprese *fpl*

tournant [tuʁnɑ̃] *nm* curva *f*

tournante [tuʁnɑ̃t] *nf* stupro *m* collettivo

tournedos [tuʁnədo] *nm* medaglione *m* di filetto ● **tournedos Rossini** filetto di manzo servito su pane abbrustolito spalmato di foie gras

tournée [tuʁne] *nf* **1.** *(d'un chanteur)* tournée *f inv* **2.** *(du facteur, au bar)* giro *m* ● **c'est ma tournée !** offro io!

tourner [tuʁne] *vt* **1.** girare **2.** *(sauce, soupe, salade)* mescolare ◇ *vi* **1.** girare **2.** *(lait)* andare a male ● **tournez à gauche/droite** giri a sinistra/destra ● **tourner autour de** girare intorno a ● **j'ai la tête qui tourne** mi gira la testa ● **mal tourner** *(affaire)* finire male ◆ **se tourner** *vp* girarsi ● **se tourner vers** girarsi verso

tournesol [tuʁnəsɔl] *nm* girasole *m*

tournevis [tuʁnəvis] *nm* cacciavite *m inv*

tourniquet [tuʁnike] *nm (du métro)* porta *f* girevole

tournoi [tuʁnwa] *nm* torneo *m*

tournure [tuʁnyʁ] *nf (expression)* espressione *f*

tourte [tuʁt] *nf* pasticcio *m*

tourtière [tuʁtjɛʁ] *nf (Québec)* torta a base di carne di manzo macinata e cipolle

tous [tus] → tout

Toussaint [tusɛ̃] *nf* ● **la Toussaint** la (festa di) Ognissanti

La Toussaint

Questa festa viene celebrata il primo novembre e, per l'occasione, si adornano di fiori le tombe dei propri cari. Il fiore tipico della *Toussaint* è il crisantemo.

tousser [tuse] *vi* tossire

tout, e [tu, tut] (*mpl* tous [tus], *fpl* toutes [tut]) *adj*
1. (*avec un substantif singulier*) tutto(a) ● **tout le vin** tutto il vino ● **tout un gâteau** una torta intera ● **toute la journée** tutta la giornata ● **tout le monde** tutti ● **tout le temps** continuamente
2. (*avec un pronom démonstratif*) tutto ● **tout ça** ou **cela** tutto questo
3. (*avec un substantif pluriel*) tutti(e) ● **tous les gâteaux** tutte le torte ● **tous les jours** tutti i giorni ● **toutes les deux/trois** tutte e due/tre ● **tous les deux ans** ogni due anni
4. (*n'importe quel*) qualsiasi ● **à toute heure** a qualsiasi ora
◇ *pron*
1. (*la totalité*) tutto ● **je t'ai tout dit** ti ho detto tutto ● **c'est tout** è tutto ● **ce sera tout ?** (*dans un magasin*) (desidera) altro? ● **en tout** in tutto
2. (*au pluriel : tout le monde*) ● **ils voulaient tous la voir** volevano vederla tutti
◇ *adv*
1. (*très, complètement*) molto ● **tout jeune** giovanissimo, molto giovane ● **tout près** vicinissimo, molto vicino ● **ils étaient tout seuls** erano tutti soli ● **tout en haut** in cima

2. (*avec un gérondif*) ● **il mangeait tout en marchant** mangiava mentre camminava
3. (*dans des expressions*) ● **tout à coup** di colpo ● **je comprends tout à fait** capisco perfettamente ● **tout à fait possible** del tutto possibile ● **tout à fait !** assolutamente sì! ● **tout à l'heure** (*avant*) poco fa ; (*après*) fra poco ● **à tout à l'heure !** a più tardi! ● **je le ferai tout de même** (*malgré tout*) lo farò lo stesso ● **tout de même, tu exagères !** certo che esageri! ● **j'arrive tout de suite** arrivo subito
◇ *nm* ● **le tout** (*la totalité*) l'insieme *m* ● **le tout est de...** l'importante è di... ● **pas du tout** per niente

toutefois [tutfwa] *adv* tuttavia
tout-terrain, s [tuterɛ̃] *adj* fuoristrada *inv*
toux [tu] *nf* tosse *f*
toxique [tɔksik] *adj* tossico(a)
TP = travaux pratiques
trac [tʀak] *nm* ● **avoir le trac** avere fifa
traçabilité [tʀasabilite] *nf* tracciabilità *f inv*
tracasser [tʀakase] *vt* preoccupare ◆ **se tracasser** *vp* preoccuparsi
trace [tʀas] *nf* traccia *f* ● **trace de pas** orma *f*, pedata *f* ● **trace de doigt** ditata *f*
tracer [tʀase] *vt* (*dessiner*) tracciare
tract [tʀakt] *nm* volantino *m*
tracteur [tʀaktœʀ] *nm* trattore *m*
tradition [tʀadisjɔ̃] *nf* tradizione *f*
traditionnel, elle [tʀadisjɔnɛl] *adj* tradizionale
traducteur, trice [tʀadyktœʀ, tʀis] *nm, f* traduttore *m*, -trice *f*
traduction [tʀadyksjɔ̃] *nf* traduzione *f*
traduire [tʀadɥiʀ] *vt* tradurre

trafic [trafik] *nm* traffico *m* ● **trafic de drogue** traffico di droga

tragédie [tragedi] *nf* tragedia *f*

tragique [tragik] *adj* tragico(a)

trahir [trair] *vt* tradire ◆ **se trahir** *vp* tradirsi

train [trɛ̃] *nm* treno *m* ● **il est en train de mettre la table** sta apparecchiando ● **train d'atterrissage** carrello *m* ● **train de banlieue** treno suburbano ● **train-couchettes** treno a cuccette ● **train rapide** treno rapido

traîne [trɛn] *nf* (*d'une robe*) strascico *m* ● **être à la traîne** (*en retard*) essere indietro

traîneau, x [trɛno] *nm* slitta *f*

traînée [trɛne] *nf* (*trace*) scia *f*

traîner [trɛne] *vt* trascinare ◇ *vi* **1.** (*par terre*) strisciare **2.** (*prendre du temps*) andare per le lunghe **3.** (*s'attarder*) perdere tempo **4.** (*être en désordre*) essere sparso(a) qua e là **5.** (*péj*) (*dans la rue, dans les bars*) gironzolare ◆ **se traîner** *vp* **1.** (*par terre*) trascinarsi **2.** (*avancer lentement*) andare piano

train-train [trɛ̃trɛ̃] *nm inv* tran tran *m inv*

traire [trɛr] *vt* mungere

trait [trɛ] *nm* tratto *m* ● **d'un trait** (*boire*) d'un fiato ● **trait d'union** trattino *m* (*tra due parole*) ● **traits** *nmpl* (*du visage*) lineamenti *mpl*

traite [trɛt] *nf* ● **d'une (seule) traite** in una tirata

traitement [trɛtmã] *nm* MÉD terapia *f* ● **traitement de texte** (*programme*) word processing *m inv*

traiter [trɛte] *vt* **1.** trattare **2.** (*soigner*) curare ● **il l'a traité d'idiot** gli ha dato dell'idiota ◆ **traiter de** *v* + *prep* (*suj : livre, exposé*) trattare di

traiteur [trɛtœr] *nm* **1.** (*boutique*) rosticceria *f* **2.** (*pour réceptions*) impresa *f* di catering

traître, esse [trɛtr, ɛs] *nm, f* traditore *m*, -trice *f*

trajectoire [traʒɛktwar] *nf* (*d'une balle*) traiettoria *f*

trajet [traʒɛ] *nm* (*voyage*) tragitto *m*

trampoline [trãpolin] *nm* trampolino *m*

tramway [tramwɛ] *nm* tram *m inv*

tranchant, e [trãʃã, ãt] *adj* tagliente ◆ **tranchant** *nm* filo *m* della lama

tranche [trãʃ] *nf* **1.** (*morceau*) fetta *f* **2.** (*d'un livre*) taglio *m* **3.** (*temporelle*) parte *f* ● **tranche d'âge** fascia *f* di età ● **tranche horaire** fascia oraria

tranchée [trãʃe] *nf* trincea *f*

trancher [trãʃe] *vt* troncare ◇ *vi* (*décider*) decidere ● **trancher une question** risolvere la questione

tranquille [trãkil] *adj* tranquillo(a) ● **laisser qqn/qqch tranquille** lasciare stare qn/qc ● **rester tranquille** stare buono(a) ● **soyez tranquille** (*ne vous inquiétez pas*) stia tranquillo(a)

tranquillisant [trãkilizã] *nm* tranquillante *m*

tranquillité [trãkilite] *nf* tranquillità *f inv* ● **en toute tranquillité** in tutta tranquillità

transaction [trãzaksjõ] *nf* transazione *f*

transférer [trãsfere] *vt* trasferire

transformateur [trãsfɔrmatœr] *nm* trasformatore *m*

transformation [tʀɑ̃sfɔʀmasjɔ̃] *nf* transformation *f*

transformer [tʀɑ̃sfɔʀme] *vt* transformer ● **transformer une chambre en bureau** trasformare una camera in (un) ufficio ◆ **se transformer** *vp* transformarsi ● **se transformer en qqch** trasformarsi in qc

transfusion [tʀɑ̃sfyzjɔ̃] *nf* ● **transfusion (sanguine)** trasfusione *f* (di sangue)

transgénique [tʀɑ̃sʒenik] *adj* transgenico(a)

transistor [tʀɑ̃zistɔʀ] *nm* transistor *m inv*

transit [tʀɑ̃zit] *nm* ● **passagers en transit** passeggeri in transito ● **transit intestinal** transito *m* intestinale

transmettre [tʀɑ̃smɛtʀ] ● **transmettre qqch à qqn** trasmettere qc a qn ● **transmettre un message** riferire un messaggio ◆ **se transmettre** *vp* (*maladie*) trasmettersi

transmis, e [tʀɑ̃smi, iz] *pp* ➤➤ **transmettre**

transmission [tʀɑ̃smisjɔ̃] *nf* trasmissione *f*

transparent, e [tʀɑ̃spaʀɑ̃, ɑ̃t] *adj* trasparente

transpercer [tʀɑ̃spɛʀse] *vt* trafiggere

transpiration [tʀɑ̃spiʀasjɔ̃] *nf* sudore *m*

transpirer [tʀɑ̃spiʀe] *vi* sudare

transplanter [tʀɑ̃splɑ̃te] *vt* trapiantare

transport [tʀɑ̃spɔʀ] *nm* trasporto *m* ● **les transports (en commun)** i mezzi pubblici

transporter [tʀɑ̃spɔʀte] *vt* trasportare

transversal, e, aux [tʀɑ̃svɛʀsal, o] *adj* trasversale

trapèze [tʀapɛz] *nm* trapezio *m*

trapéziste [tʀapezist] *nmf* trapezista *mf*

trappe [tʀap] *nf* botola *f*

travail, aux [tʀavaj, o] *nm* lavoro *m* ◆ **travaux** *nmpl* lavori *mpl* ▼ **travaux (sur la route)** lavori in corso ● **travail au noir** lavoro nero ● **travaux pratiques** esercitazioni *fpl* pratiche

travailler [tʀavaje] *vi* lavorare ◇ *vt* **1.** (*matière scolaire, passage musical*) studiare **2.** (*bois, pierre*) lavorare ● **travailler à temps partiel** lavorare part-time

traveller's check, s [tʀavlœʀ(s)ʃɛk] *nm* traveller's cheque *m inv*

traveller's cheque, s [tʀavlœʀ(s)ʃɛk] = **traveller's check**

travers [tʀavɛʀ] *nm* ● **à travers** attraverso ● **de travers** di traverso ; (*fig*) (*mal*) male ● **en travers du lit** di traverso sul letto ● **travers de porc** costatina *f* di maiale

traversée [tʀavɛʀse] *nf* (*en bateau*) traversata *f*

traverser [tʀavɛʀse] *vt* **1.** (*rue, rivière*) attraversare **2.** (*transpercer*) passare attraverso ◇ *vi* (*piéton*) attraversare

traversin [tʀavɛʀsɛ̃] *nm* traversino *m*

travesti [tʀavɛsti] *nm* travestito *m*

trébucher [tʀebyʃe] *vi* inciampare

trèfle [tʀɛfl] *nm* **1.** (*plante*) trifoglio *m* **2.** (*aux cartes*) fiori *mpl* ● **trèfle à quatre feuilles** quadrifoglio *m*

treize [tʀɛz] *adj num & pron num* tredici ◇ *nm* tredici *m inv* ● **il a treize ans** ha tredici anni ● **il est treize heures** sono le tredici ● **le treize janvier** il tredici gennaio ● **page treize** pagina tredici ● **ils étaient**

treize erano (in) tredici ● (au) **treize rue Lepic** rue Lepic numero tredici

treizième [tʀɛzjɛm] *adj num & pron num* tredicesimo(a) ◇ *nm* **1.** *(fraction)* tredicesimo *m* **2.** *(étage)* tredicesimo piano *m* **3.** *(arrondissement)* tredicesimo "arrondissement"

tremblement [tʀɑ̃bləmɑ̃] *nm* ● **tremblement de terre** terremoto *m* ● **tremblements** *(frissons)* tremiti *mpl*

trembler [tʀɑ̃ble] *vi* tremare ● **trembler de peur/froid** tremare di paura/freddo

trémousser [tʀemuse] ◆ **se trémousser** *vp* dimenarsi

trempé, e [tʀɑ̃pe] *adj (mouillé)* zuppo(a)

tremper [tʀɑ̃pe] *vt* inzuppare ◇ *vi* **faire tremper qqch** mettere a bagno qc

tremplin [tʀɑ̃plɛ̃] *nm* **1.** *(de piscine)* trampolino *m* **2.** *(de gym)* pedana *f*

trente [tʀɑ̃t] *adj num & pron num* trenta ◇ *nm* trenta *m inv* ● **il a trente ans** ha trent'anni ● **le trente janvier** il trenta gennaio ● **page trente** pagina trenta ● **ils étaient trente** erano (in) trenta ● (au) **trente rue Lepic** rue Lepic numero trenta

trentième [tʀɑ̃tjɛm] *adj num & pron num* trentesimo(a) ◇ *nm* **1.** *(fraction)* trentesimo *m* **2.** *(étage)* trentesimo (piano) *m*

très [tʀɛ] *adv* molto

trésor [tʀezɔʀ] *nm* tesoro *m*

tresse [tʀɛs] *nf* **1.** treccia *f* **2.** *CULIN* pane tipico di Berna (Svizzera) a forma di treccia

tresser [tʀese] *vt* intrecciare

tréteau, x [tʀeto] *nm* cavalletto *m*

treuil [tʀœj] *nm* argano *m*

tri [tʀi] *nm* ● **faire un tri parmi** fare una selezione fra ● **le tri sélectif (des ordures ménagères)** la raccolta differenziata

triangle [tʀijɑ̃gl] *nm* triangolo *m*

triangulaire [tʀijɑ̃gylɛʀ] *adj* triangolare

tribord [tʀibɔʀ] *nm* tribordo *m* ● **à tribord** a dritta

tribu [tʀiby] *nf* tribù *f inv*

tribunal, aux [tʀibynal, o] *nm* tribunale *m*

tricher [tʀiʃe] *vi* **1.** *(au jeu)* barare **2.** *(à un examen)* copiare

tricheur, euse [tʀiʃœʀ, øz] *nm, f* truffatore *m*, -trice *f*

tricot [tʀiko] *nm (ouvrage)* lavoro *m* a maglia

tricoter [tʀikɔte] *vt* ● **tricoter un vêtement** fare a maglia un indumento ◇ *vi* lavorare a maglia

tricycle [tʀisikl] *nm* triciclo *m*

trier [tʀije] *vt* **1.** *(sélectionner)* selezionare **2.** *(classer)* smistare

trimestre [tʀimɛstʀ] *nm* trimestre *m*

trimestriel, elle [tʀimɛstʀijel] *adj* trimestrale

trinquer [tʀɛ̃ke] *vi (boire)* brindare

triomphe [tʀijɔ̃f] *nm* trionfo *m*

triompher [tʀijɔ̃fe] *vi* trionfare ● **triompher de** trionfare su

tripes [tʀip] *nfpl CULIN* trippa *f*

triple [tʀipl] *adj* triplice ◇ *nm* ● **le triple (de)** *(valoir)* il triplo (di)

tripler [tʀiple] *vt* triplicare ◇ *vi* triplicarsi

tripoter [tʀipɔte] *vt (objet)* giocare ou trastullarsi con

triste [tʀist] *adj* triste

tristesse [tʀistɛs] *nf* tristezza *f*

troc [tʁɔk] *nm* baratto *m* ● **faire un troc** fare uno scambio

trognon [tʁɔɲɔ̃] *nm (de pomme, de poire)* torsolo *m*

trois [tʁwa] *adj num & pron num* tre ◇ *nm* tre *m inv* ● **il a trois ans** ha tre anni ● **il est trois heures** sono le tre ● **le trois janvier** il tre gennaio ● **page trois** pagina tre ● **ils étaient trois** erano in tre ● **le trois de pique** il tre di picche ● **(au) trois rue Lepic** rue Lepic numero tre

troisième [tʁwazjɛm] *adj num & pron num* terzo(a) ◇ *nf* **1.** SCOL ≃ prima *f* superiore **2.** *(vitesse)* terza *f* ◇ *nm* **1.** *(fraction)* terzo *m* **2.** *(étage)* terzo piano *m* **3.** *(arrondissement)* terzo "arrondissement"

trois-quarts [tʁwakaʁ] *nm (manteau)* trequarti *m inv*

trombe [tʁɔ̃b] *nf* ● **il tombe des trombes d'eau** piove a catinelle ● **en trombe** come un lampo

trombone [tʁɔ̃bɔn] *nm* **1.** *(agrafe)* graffetta *f* **2.** MUS trombone *m*

trompe [tʁɔ̃p] *nf (d'éléphant)* proboscide *f*

tromper [tʁɔ̃pe] *vt* **1.** *(conjoint)* tradire **2.** *(client)* imbrogliare ◆ **se tromper** *vp* sbagliarsi ● **je me suis trompé d'adresse** ho sbagliato indirizzo

trompette [tʁɔ̃pɛt] *nf* tromba *f*

trompeur, euse [tʁɔ̃pœʁ, øz] *adj* ingannevole

tronc [tʁɔ̃] *nm* ● **tronc (d'arbre)** tronco *m (d'albero)*

tronçonneuse [tʁɔ̃sɔnøz] *nf* motosega *f*

trône [tʁon] *nm* trono *m*

trop [tʁo] *adv* troppo ● **trop de travail** troppo lavoro ● **trop de valises** troppe valige ● **de** ou **en trop** di troppo ● **cette voiture consomme trop** questa macchina consuma troppo

trophée [tʁofe] *nm* trofeo *m*

tropical, e, aux [tʁɔpikal, o] *adj* tropicale

trot [tʁo] *nm* trotto *m* ● **au trot** al trotto

trotter [tʁɔte] *vi* trottare

trotteuse [tʁɔtøz] *nf* lancetta *f* dei secondi

trottinette [tʁɔtinɛt] *nf* monopattino *m*

trottoir [tʁɔtwaʁ] *nm* marciapiede *m*

trou [tʁu] *nm* buco *m* ● **avoir un trou de mémoire** avere un vuoto di memoria

trouble [tʁubl] *adj* **1.** *(eau)* torbido(a) **2.** *(image)* sfuocato(a) ◇ *adv* ● **voir trouble** vedere confuso ◇ *nm* ● **troubles du langage** disturbi *mpl* del linguaggio ● **une période de troubles** un periodo di disordini

trouer [tʁue] *vt* bucare

trouille [tʁuj] *nf (fam)* ● **avoir la trouille** avere fifa

troupe [tʁup] *nf* **1.** *(militaire)* truppa *f* **2.** *(de théâtre)* compagnia *f* (teatrale)

troupeau, x [tʁupo] *nm* gregge *m*

trousse [tʁus] *nf (d'écolier)* astuccio *m* ● **trousse de secours** valigetta *f* pronto soccorso ● **trousse de toilette** beauty case *m inv*

trousseau, x [tʁuso] *nm (de clefs)* mazzo *m*

trouver [tʁuve] *vt* trovare ● **je trouve qu'il a raison** trovo che abbia ragione ● **je ne trouve pas ça beau** non lo trovo carino ◆ **se trouver** *vp* trovarsi ● **se trouver mal** sentirsi male

truc [tʀyk] *nm* 1. *(fam) (objet)* aggeggio *m*, coso *m* 2. *(astuce)* trucco *m*

trucage *nm* trucco *m*

truffe [tʀyf] *nf* 1. *(d'un animal)* naso *m* 2. *(champignon)* tartufo *m* ● **truffe (en chocolat)** cioccolatino ricoperto di cacao in polvere

truite [tʀɥit] *nf* trota *f* ● **truite aux amandes** trota alle mandorle

truquage [tʀykaʒ] = **trucage**

T-shirt [tiʃœʀt] = **tee-shirt**

TSVP *(abr de tournez s'il vous plaît)* vedi retro

TTC *(abr de toutes taxes comprises)* ➤ **taxe**

¹tu [ty] *pron* tu

²tu, e [ty] *pp* ➤ **taire**

tuba [tyba] *nm (de plongeur)* respiratore *m*

tube [tyb] *nm* 1. *(tuyau)* tubo *m* 2. *(de dentifrice, de colle)* tubetto *m* 3. *(fam) (musique)* successo *m*

tuberculose [tybɛʀkyloz] *nf* tubercolosi *f inv*

tuer [tɥe] *vt* uccidere ● **se tuer** *vp* 1. *(se suicider)* uccidersi 2. *(accidentellement)* morire

tue-tête [tytɛt] ● **à tue-tête** *adv* a squarciagola

tueur, euse [tɥœʀ, øz] *nm, f* ● **tueur en série** serial killer *m inv*

tuile [tɥil] *nf* tegola *f* ● **tuile aux amandes** biscotto sottile e leggermente concavo con scaglie di mandorle

tulipe [tylip] *nf* tulipano *m*

tumeur [tymœʀ] *nf* tumore *m*

tuner [tynɛʀ] *nm* sintonizzatore *m*

tunique [tynik] *nf* tunica *f*

Tunisie [tynizi] *nf* ● **la Tunisie** la Tunisia

tunisien, enne [tynizjɛ̃, ɛn] *adj* tunisino(a) ● **Tunisien, enne** *nm, f* tunisino *m*, -a *f*

tunnel [tynɛl] *nm* galleria *f* ● **le tunnel sous la Manche** il tunnel della Manica

turbo [tyʀbo] *adj inv* turbo *(inv)* ◇ *nm* TECH turbo *m inv*

turbot [tyʀbo] *nm* rombo *m*

turbulences [tyʀbylɑ̃s] *nfpl (dans un avion)* turbolenze *fpl*

turbulent, e [tyʀbylɑ̃, ɑ̃t] *adj* turbolento(a)

turc, turque [tyʀk] *adj* turco(a) ● **turc** *nm (langue)* turco *m* ● **Turc, Turque** *nm, f* turco *m*, -a *f*

Turin [tyʀɛ̃] *n* Torino *f*

Turquie [tyʀki] *nf* ● **la Turquie** la Turchia

turquoise [tyʀkwaz] *adj inv* turchese ◇ *nf* turchese *f*

tutoyer [tytwaje] *vt* dare del tu a ● **se tutoyer** *vp* darsi del tu

tutu [tyty] *nm* tutù *m inv*

tuyau, x [tɥijo] *nm* tubo *m* ● **tuyau d'arrosage** canna *f* per annaffiare ● **tuyau d'échappement** tubo di scappamento

TV *(abr de télévision)* tv *(televisione)*

TVA *nf (abr de taxe sur la valeur ajoutée)* ≃ IVA *f (imposta sul valore aggiunto)*

tweed [twid] *nm* tweed *m inv*

tympan [tɛ̃pɑ̃] *nm* timpano *m*

type [tip] *nm* 1. *(sorte)* tipo *m* 2. *(fam) (individu)* ● **je n'aime pas ce type !** non mi piace quel tipo!

typique [tipik] *adj* tipico(a)

u U

UDF *nf partito francese di centro-destra*

UE *nf* = Union Européenne

Ukraine [ykʀɛn] *nf* ● l'Ukraine l'Ucraina *f*

ulcère [ylsɛʀ] *nm* ulcera *f*

ULM *(abr de ultra-léger motorisé) nm* ultraleggero *m*

ultérieur, e [ylteʀjœʀ] *adj* ulteriore

ultra- [yltʀa] *préf* ● **ultra-moderne** ultra-moderno(a)

un, une [œ̃, yn] *(pl des* [de]*) art* uno(a, dei/degli *mpl*, delle *fpl*) ● **un homme** un uomo ● **une femme** una donna ● **une amie** un'amica ● **des animaux** degli animali ● **des livres** dei libri ● **des valises** delle valigie
◇ *pron* uno(a) ● **(l')un de mes amis/des plus intéressants** uno dei miei amici/dei più interessanti ● **l'un l'autre** l'un l'altro ● **l'un..., l'autre...**, l'altro ● **l'un et l'autre** l'uno e l'altro ● **l'un ou l'autre** l'uno o l'altro ● **ni l'un ni l'autre** né l'uno né l'altro
◇ *num* uno ● **il a un an** ha un anno ● **il est une heure** è l'una ● **lire les pages un à quatre** leggere da pagina uno a pagina quattro ● **(au) un rue Lepic** rue Lepic numero uno

unanime [ynanim] *adj* unanime

unanimité [ynanimite] *nf* unanimità *f inv* ● **à l'unanimité** all'unanimità

Unetelle ➤ **Untel**

uni, e [yni] *adj* unito(a)

uniforme [ynifɔʀm] *adj* uniforme ◇ *nm* uniforme *f*

union [ynjɔ̃] *nf* unione *f* ● **l'Union Européenne** l'Unione europea

unique [ynik] *adj* unico(a)

uniquement [ynikmɑ̃] *adv* unicamente

unir [yniʀ] *vt* **1.** *(mots, idées)* unire **2.** *(pays)* unificare ● **s'unir** *vp (s'associer)* unirsi

unisson [ynisɔ̃] *nm* ● **à l'unisson** all'unisono

unitaire [yniteʀ] *adj* unitario(a)

unité [ynite] *nf* **1.** unità *f inv* **2.** *(harmonie, ensemble)* uniformità *f inv* ● **à l'unité** al pezzo ● **unité centrale** *INFORM* CPU *f inv (Central Processing Unit)*

univers [ynivɛʀ] *nm* universo *m*

universel, elle [ynivɛʀsɛl] *adj* universale

universitaire [ynivɛʀsiteʀ] *adj* universitario(a)

université [ynivɛʀsite] *nf* università *f inv*

Untel, Unetelle [œ̃tɛl, yntɛl] *nm, f* il signore/la signora tal dei tali

urbain, e [yʀbɛ̃, ɛn] *adj* urbano(a)

urbanisme [yʀbanism] *nm* urbanistica *f*

urgence [yʀʒɑ̃s] *nf* **1.** urgenza *f* **2.** *MÉD* caso *m* urgente ● **d'urgence** *(vite)* d'urgenza ● **(service des) urgences** pronto soccorso *m*

urgent, e [yʀʒɑ̃, ɑ̃t] *adj* urgente

urgentiste [yʀʒɑ̃tist] *nmf MÉD* medico *m* del pronto soccorso

urine [yʀin] *nf* urina *f*

uriner [yʀine] *vi* urinare

urinoir [yʀinwaʀ] *nm* orinatoio *m*

urticaire [yʀtikɛʀ] *nf* orticaria *f*

Uruguay [yʀygwɛ] *nm* ● l'Uruguay l'Uruguay *m*

uruguayen, enne [yʀygwejɛ̃, ɛn] *adj* uruguaien(a) ◆ **Uruguayen, enne** *nm, f* uruguaiano *m*, -a *f*

USA *nmpl* ● les USA gli USA

usage [yzaʒ] *nm* uso *m* ▼ usage externe uso esterno ▼ usage interne uso interno

usagé, e [yzaʒe] *adj* usato(a)

usager [yzaʒe] *nm* utente *mf*

usé, e [yze] *adj* consumato(a)

user [yze] *vt* consumare ◆ **s'user** *vp* logorarsi

usine [yzin] *nf* fabbrica *f*

ustensile [ystɑ̃sil] *nm* utensile *m* ● **ustensile de cuisine** utensile da cucina

utile [ytil] *adj* utile

utilisateur, trice [ytilizatœʀ, tʀis] *nm, f* utente *mf*

utilisation [ytilizasjɔ̃] *nf* utilizzazione *f*

utiliser [ytilize] *vt* utilizzare

utilité [ytilite] *nf* ● être d'une grande utilité essere di grande utilità

UV (*abr de ultraviolets*) *nmpl* UV *mpl* (ultravioletti)

VV

va [va] ➤ aller

vacances [vakɑ̃s] *nfpl* **1.** vacanze *fpl* **2.** (*congés*) ferie *fpl* ● être/partir en vacances essere/andare in vacanza ● prendre des vacances prendere delle ferie ● vacances scolaires vacanze scolastiche

vacancier, ère [vakɑ̃sje, ɛʀ] *nm, f* villeggiante *mf*

vacarme [vakaʀm] *nm* baccano *m*

vaccin [vaksɛ̃] *nm* vaccino *m*

vacciner [vaksine] *vt* ● vacciner qqn contre qqch vaccinare qn contro qc ● se faire vacciner vaccinarsi, fare il vaccino

vache [vaʃ] *nf* mucca *f*, vacca *f* ◇ *adj* (*fam*) (*méchant*) cattivo(a)

vachement [vaʃmɑ̃] *adv* (*fam*) ● il est vachement sympa è simpatico da matti

vacherin [vaʃʀɛ̃] *nm* **1.** (*gâteau*) torta a forma di corona composta da strati di meringhe, gelato e panna montata **2.** (*fromage*) formaggio a pasta morbida della regione di Friburgo (Svizzera), utilizzato nella fonduta

vague [vag] *adj* vago(a) ◇ *nf* onda *f* ● vague de chaleur ondata *f* di caldo

vaguement [vagmɑ̃] *adv* vagamente

vaille etc ➤ valoir

vain [vɛ̃] ● en vain *adv* invano

vaincre [vɛ̃kʀ] *vt* vincere

vaincu, e [vɛ̃ky] *nm, f* vinto *m*, -a *f*

vainqueur [vɛ̃kœʀ] *nm* vincitore *m*

vais ➤ aller

vaisseau, x [vɛso] *nm* **1.** (*veine*) vaso *m* **2.** (*navire*) vascello *m* ● vaisseau spatial navicella *f* spaziale

vaisselle [vɛsɛl] *nf* (*assiettes*) stoviglie *fpl* ● faire la vaisselle lavare i piatti

valable [valabl] *adj* valido(a)

valait ➤ valoir

valent ➤ valoir

valet [valɛ] *nm* (*aux cartes*) fante *m*

valeur [valœʀ] *nf* valore *m* ● mettre en valeur valorizzare

valider [valide] *vt* (*ticket*) convalidare

validité [validite] *nf* validità *f inv* ● **date limite de validité** scadenza *f*

valise [valiz] *nf* valigia *f* ● **faire ses valises** fare le valigie

vallée [vale] *nf* vallata *f*

vallonné, e [valɔne] *adj* collinoso(a)

valoir [valwar] *vi* **1.** valere **2.** *(dans un magasin)* costare ◇ *vimpers* ● **il vaut mieux partir** è meglio ou conviene partire ● **il vaut mieux que tu restes** è meglio che tu resti ● **ça vaut combien ?** quanto costa ? ● **ça vaut la peine** ou **le coup (de faire qqch)** vale la pena (di fare qc)

valse [vals] *nf* valzer *m inv*

valu [valy] *pp* ➤ **valoir**

vandale [vɑdal] *nm* vandalo *m*

vandalisme [vɑdalism] *nm* vandalismo *m*

vanille [vanij] *nf* vaniglia *f*

vaniteux, euse [vanitø, øz] *adj* vanitoso(a)

vanter [vɑte] ● **se vanter** *vp* vantarsi

vapeur [vapœr] *nf* vapore *m* ● **à vapeur** a vapore ● **(à la) vapeur** CULIN a vapore

vaporisateur [vapɔrizatœr] *nm* vaporizzatore *m*

varappe [varap] *nf* arrampicata *f* ● **faire de la varappe** fare arrampicata

variable [varjabl] *adj* variabile

varicelle [varisɛl] *nf* varicella *f*

varices [varis] *nfpl* varici *fpl*

varié, e [varje] *adj* vario(a) ● **hors-d'œuvre variés** antipasti misti

variété [varjete] *nf* **1.** *(espèce)* varietà *f inv* **2.** *(musique)* musica *f* leggera

variole [varjɔl] *nf* vaiolo *m*

vas ➤ **aller**

vase [vaz] *nf* melma *f* ◇ *nm* vaso *m*

vaste [vast] *adj* vasto(a)

Vatican [vatikɑ] *nm* ● **le Vatican** il Vaticano

vaudra etc ➤ **valoir**

vaut ➤ **valoir**

vautour [votur] *nm* avvoltoio *m*

veau, x [vo] *nm* vitello *m*

vécu, e [veky] *pp* ➤ **vivre** ◇ *adj (histoire)* vissuto(a)

vedette [vədɛt] *nf* **1.** *(acteur, sportif)* vedette *f inv* **2.** *(bateau)* motovedetta *f*

végétal, e, aux [veʒetal, o] *adj* vegetale ● **végétal** *nm* vegetale *m*

végétarien, enne [veʒetarjɛ̃, ɛn] *adj* & *nm, f* vegetariano(a)

végétation [veʒetasjɔ̃] *nf* vegetazione *f* ● **végétations** *nfpl* MÉD adenoidi *fpl*

véhicule [veikyl] *nm* veicolo *m*

veille [vɛj] *nf (jour précédent)* vigilia *f*

veillée [veje] *nf (en colonie de vacances)* serata di giochi e canti

veiller [veje] *vi (rester éveillé)* vegliare ● **veiller à faire qqch** badare di fare qc ● **veiller à ce que la porte soit bien fermée** controllate che la porta sia chiusa bene ● **veiller sur qqn** occuparsi di qn

veilleur [vejœr] *nm* ● **veilleur de nuit** guardiano *m* notturno

veilleuse [vejøz] *nf* **1.** *(lampe)* lume *m* da notte **2.** *(flamme)* fiammella *f* di sicurezza

veine [vɛn] *nf* ANAT vena *f* ● **avoir de la veine** *(fam)* essere fortunato(a)

Velcro® [vɛlkro] *nm* velcro® *m*

vélo [velo] *nm* bici(cletta) *f* ● **faire du vélo** andare in bicicletta ● **vélo de course** bicicletta da corsa ● **vélo tout terrain** mountain bike *f inv*

vélomoteur [velɔmɔtœʀ] *nm* ciclomotore *m*

velours [vəluʀ] *nm* velluto *m* • **velours côtelé** velluto a coste

velouté [vəlute] *nm* • **velouté d'asperge** crema *f* d'asparagi

vendanges [vɑ̃dɑ̃ʒ] *nfpl* vendemmia *f*

vendeur, euse [vɑ̃dœʀ, øz] *nm, f* 1. *(de grand magasin)* commesso *m*, -a *f* 2. *(sur un marché, ambulant)* venditore *m*, -trice *f*

vendre [vɑ̃dʀ] *vt* vendere • **vendre un tableau à qqn** vendere un quadro a qn ▼ **à vendre** vendesi

vendredi [vɑ̃dʀədi] *nm* venerdì *m inv* • **Vendredi Saint** venerdì santo • **nous sommes vendredi** è venerdì • **vendredi dernier** venerdì scorso • **vendredi prochain** venerdì prossimo • **vendredi matin** venerdì mattina • **le vendredi** di venerdì • **à vendredi !** a venerdì!

vénéneux, euse [venenø, øz] *adj* velenoso(a)

Venezuela [venezɥela] *nm* • **le Venezuela** il Venezuela

vénézuélien, enne [venezɥeljɛ̃, ɛn] *adj* venezuelano(a) ◆ **Vénézuélien, enne** *nm, f* venezuelano *m*, -a *f*

vengeance [vɑ̃ʒɑ̃s] *nf* vendetta *f*

venger [vɑ̃ʒe] ◆ **se venger** *vp* vendicarsi

venimeux, euse [vənimø, øz] *adj* velenoso(a)

venin [vənɛ̃] *nm* veleno *m*

venir [vəniʀ] *vi* venire • **venir de** venire da ; *(provenir de)* derivare da • **venir de faire qqch : nous venons d'arriver** siamo appena arrivati • **faire venir qqn** *(docteur, réparateur)* chiamare qn

Venise [vəniz] *n* Venezia *f*

vent [vɑ̃] *nm* vento *m* • **vent d'ouest** vento d'ovest

vente [vɑ̃t] *nf* vendita *f* • **être/mettre qqch en vente** essere/mettere qc in vendita • **vente par téléphone** vendita telefonica • **vente en ligne** vendita on-line • **vente par correspondance** vendita per corrispondenza • **vente aux enchères** (vendita all')asta *f*

ventilateur [vɑ̃tilatœʀ] *nm* 1. *(pour rafraîchir)* ventilatore *m* 2. *(de moteur)* ventola *f*

ventouse [vɑ̃tuz] *nf* ventosa *f*

ventre [vɑ̃tʀ] *nm* pancia *f*

venu, e [vəny] *pp* > **venir**

ver [vɛʀ] *nm (de fruit)* verme *m* • **ver luisant** lucciola *f* • **ver (de terre)** lombrico *m*

véranda [veʀɑ̃da] *nf* veranda *f*

verbe [vɛʀb] *nm* verbo *m*

verdict [vɛʀdikt] *nm* verdetto *m*

verdure [vɛʀdyʀ] *nf* vegetazione *f*

véreux, euse [veʀø, øz] *adj (fruit)* bacato(a)

verger [vɛʀʒe] *nm* frutteto *m*

verglacé, e [vɛʀglase] *adj* ghiacciato(a)

verglas [vɛʀgla] *nm* ghiaccio *m*

vérification [veʀifikasjɔ̃] *nf* verifica *f*

vérifier [veʀifje] *vt* verificare

véritable [veʀitabl] *adj* vero(a)

vérité [veʀite] *nf* verità *f inv* • **dire la vérité** dire la verità

verlan [vɛʀlɑ̃] *nm gergo che consiste nell'invertire le sillabe di alcune parole e locuzioni*

vermicelle [vɛʀmisɛl] *nm* capelli *mpl* d'angelo

verni, e [vɛʀni] *adj* verniciato(a)

vernis [vɛrni] *nm* vernice *f* ● **vernis à on-gles** smalto *m* (per le unghie)

verra etc ➤ **voir**

verre [vɛr] *nm* 1. *(gobelet, contenu)* bicchiere *m* 2. *(matière)* vetro *m* ● **boire** ou **prendre un verre** bere qualcosa ● **verre à pied** bicchiere a calice ● **verre à vin** bicchiere da vino a calice ● **verres progressifs** lenti *fpl* bifocali

verrière [vɛrjɛr] *nf* vetrata *f*

verrou [vɛru] *nm* chiavistello *m*

verrouiller [vɛruje] *vt (porte)* chiudere con il chiavistello

verrue [vɛry] *nf* verruca *f*

vers [vɛr] *nm* verso *m* ◇ *prép* verso

Versailles [vɛrsaj] *n* Versailles

Versailles

A pochi chilometri da Parigi, in origine semplice padiglione di caccia di Luigi XIII, *Versailles* divenne sotto Luigi XIV (a partire dal 1661) un imponente palazzo reale in stile neoclassico. La Galleria degli Specchi, dove venne firmato il Trattato di Versailles, e i giardini alla francese, abbelliti da laghetti e fontane, sono particolarmente rinomati.

versant [vɛrsɑ̃] *nm* versante *m*

verse [vɛrs] ● **à verse** *adv* a dirotto

Verseau [vɛrso] *nm* Acquario *m*

versement [vɛrsəmɑ̃] *nm* versamento *m*

verser [vɛrse] *vt* versare

version [vɛrsjɔ̃] *nf* 1. versione *f* 2. *(traduction)* traduzione *f* (da una lingua stra-

niera) ● **(en) version française** (in) lingua francese ● **(en) version originale** (in) versione originale

verso [vɛrso] *nm* tergo *m* ● **voir au verso** vedi a tergo

vert, e [vɛr, vɛrt] *adj* 1. verde 2. *(fruit)* acerbo(a) 3. *(vin)* giovane ◆ **vert** *nm* verde *m*

vertébrale [vɛrtebral] *adj f* ➤ **colonne**

vertèbre [vɛrtebr] *nf* vertebra *f*

vertical, e, aux [vɛrtikal, o] *adj* verticale

vertige [vɛrtiʒ] *nm* ● **avoir le vertige** avere le vertigini

vessie [vesi] *nf* vescica *f*

veste [vɛst] *nf* giacca *f*

vestiaire [vɛstjɛr] *nm* guardaroba *m inv*

vestibule [vɛstibyl] *nm* anticamera *f*

vestiges [vɛstiʒ] *nmpl* rovine *fpl*

veston [vɛstɔ̃] *nm* giacca *f* (da uomo)

vêtements [vɛtmɑ̃] *nmpl* abiti *mpl*

vétérinaire [veteriner] *nmf* veterinario *m*, -a *f*

vététiste [vetetist] *nmf persona che fa escursioni o partecipa a gare di mountain bike*

veuf, veuve [vœf, vœv] *adj & nm, f* vedovo(a)

veuille etc ➤ **vouloir**

veuve ➤ **veuf**

veux ➤ **vouloir**

vexant, e [vɛksɑ̃, ɑ̃t] *adj* offensivo(a)

vexer [vɛkse] *vt* offendere ◆ **se vexer** *vp* offendersi

VF ➤ **version française**

viaduc [vjadyk] *nm* viadotto *m*

viande [vjɑ̃d] *nf* carne *f* • **viande des Grisons** (*Helv*) *carne di manzo salata, essiccata e poi pressata* ≃ bresaola *f*

vibration [vibʀasjɔ̃] *nf* vibrazione *f*

vibrer [vibʀe] *vi* vibrare

vibreur [vibʀœʀ] *nm* vibrazione *f*

vice [vis] *nm* vizio *m*

vice versa [visvɛʀsa] *adv* viceversa

vicieux, euse [visjø, øz] *adj* vizioso(a)

victime [viktim] *nf* vittima *f* • **être victime de** essere vittima di

victoire [viktwaʀ] *nf* vittoria *f*

vidange [vidɑ̃ʒ] *nf* (*d'une auto*) cambio *m* dell'olio

vide [vid] *adj* vuoto(a) ◇ *nm* vuoto *m* • **vide juridique** vuoto legislativo • **sous vide** (*aliment*) sottovuoto

vidéo [video] *adj inv* video (*inv*) ◇ *nf* video *m inv*

vidéoconférence [videokɔ̃feʀɑ̃s] = **visioconférence**

vidéoprojecteur [videopʀɔʒektœʀ] *nm* videoproiettore *m*

vide-ordures [vidɔʀdyʀ] *nm inv* scarico *m* delle immondizie

vide-poches [vidpɔʃ] *nm inv* portaoggetti *m inv*

vider [vide] *vt* 1. (*bouteille, tiroir*) svuotare 2. (*liquide*) versare 3. (*poulet, poisson*) pulire • **se vider** *vp* (*salle, baignoire*) svuotarsi

videur [vidœʀ] *nm* (*de boîte de nuit*) buttafuori *m inv*

vie [vi] *nf* vita *f* • **en vie** in vita • **vie privée** vita privata

vieil ➤ **vieux**

vieillard [vjejaʀ] *nm* anziano *m*

vieille ➤ **vieux**

vieillesse [vjejɛs] *nf* vecchiaia *f*

vieillir [vjejiʀ] *vi* invecchiare ◇ *vt* • **ça le vieillit** lo invecchia

viendra etc ➤ **venir**

viens etc ➤ **venir**

vierge [vjɛʀʒ] *adj* vergine • **Vierge** *nf* Vergine *f*

Vietnam [vjetnam] *nm* • **le Vietnam** il Vietnam

vieux, vieille [vjø, vjɛj] (*mpl* **vieux** [vjø]) (*vieil* [vjɛj] *devant voyelle ou h muet*) *adj* vecchio(a) ◇ *nm, f* vecchio *m, -a f* • **vieux jeu** retrogrado(a)

vif, vive [vif, viv] *adj* 1. vivace 2. (*couleur*) acceso(a) 3. (*geste, pas*) rapido(a)

vigile [viʒil] *nm* guardiano *m*

vigne [viɲ] *nf* 1. (*plante*) vite *f* 2. (*terrain*) vigna *f*

vignette [viɲɛt] *nf* 1. (*automobile*) bollo *m* di circolazione 2. (*de médicament*) fustella *f*

vignoble [viɲɔbl] *nm* vigneto *m*

vigoureux, euse [viguʀø, øz] *adj* vigoroso(a)

vigueur [vigœʀ] *nf* • **les prix en vigueur** i prezzi in vigore • **entrer en vigueur** entrare in vigore

VIH, V.I.H. (*abr de Virus d'Immunodéficience Humaine*) *nm* HIV *m* (*Human Immunodeficiency Virus*)

vilain, e [vilɛ̃, ɛn] *adj* 1. (*méchant*) cattivo(a) 2. (*laid*) brutto(a)

villa [vila] *nf* villa *f*

village [vilaʒ] *nm* paese *m*

ville [vil] *nf* città *f inv* • **aller en ville** andare in centro

Villette [vilεt] *nf* ● (le parc de) la Villette *centro culturale a nord di Parigi che comprende un museo di scienza e tecnica*

vin [vε̃] *nm* vino *m* ● **vin blanc** vino bianco ● **vin doux** vino dolce ● **vin rosé** vino rosé ● **vin rouge** vino rosso ● **vin sec** vino secco ● **vin de table** vino da tavola

Le vin

Le principali regioni francesi produttrici di vino sono la Borgogna, la regione di Bordeaux, quella della Loira, il Beaujolais, l'Alsazia e la Provenza. I migliori vini sono considerati quelli d'*Appellation d'Origine Contrôlée* (AOC), vini a denominazione di origine controllata. Subito dopo vengono quelli d'*Appellation d'Origine Vin De Qualité Supérieure* (AOVDQS), la cui produzione è limitata a una regione determinata. Seguono infine i *vins de pays*, vini da tavola con indicazione di provenienza, e i *vins de table*, vini da tavola senza indicazione di provenienza.

vinaigre [vinεgʀ] *nm* aceto *m*

vinaigrette [vinegʀεt] *nf condimento per insalata a base di olio, aceto, sale e pepe*

vingt [vε̃] *adj num & pron num* venti ◊ *nm* venti *m inv* ● **il a vingt ans** ha venti anni ● **le vingt janvier** il venti gennaio ● **page vingt** pagina venti ● **ils étaient vingt** erano in venti ● **(au) vingt rue Lepic** rue Lepic numero venti

vingtaine [vε̃tεn] *nf* ● **une vingtaine (de)** una ventina (di)

vingtième [vε̃tjεm] *adj num & pron num* ventesimo(a) ◊ *nm* **1.** *(fraction)* ventesimo *m* **2.** *(étage)* ventesimo piano *m* **3.** *(arrondissement)* ventesimo "arrondissement"

viol [vjɔl] *nm* stupro *m*

violemment [vjɔlamɑ̃] *adv* violentemente

violence [vjɔlɑ̃s] *nf* violenza *f* ● **violence routière** violenza stradale

violent, e [vjɔlɑ̃, ɑ̃t] *adj* violento(a)

violer [vjɔle] *vt (personne)* stuprare

violet, ette [vjɔlε, εt] *adj* viola *(inv)* ● **violet** *nm* viola *m*

violette [vjɔlεt] *nf* viola *f*

violon [vjɔlɔ̃] *nm* violino *m*

violoncelle [vjɔlɔ̃sεl] *nm* violoncello *m*

violoniste [vjɔlɔnist] *nmf* violinista *mf*

vipère [vipεʀ] *nf* vipera *f*

virage [viʀaʒ] *nm* curva *f*

virement [viʀmɑ̃] *nm (sur un compte)* bonifico *m*

virer [viʀe] *vt (argent)* trasferire

virgule [viʀgyl] *nf* virgola *f*

viril, e [viʀil] *adj* virile

virtuel, elle [viʀtɥεl] *adj* virtuale

virtuose [viʀtɥoz] *nmf* virtuoso *m*, -a *f*

virus [viʀys] *nm* virus *m inv*

vis [vis] *nf* vite *f*

visa [viza] *nm* visto *m*

visage [vizaʒ] *nm* viso *m*

vis-à-vis [vizavi] ● **vis-à-vis de** *prép (envers)* nei confronti di

viser [vize] *vt* **1.** *(cible)* mirare **2.** *(concerner)* prendere di mira

viseur [vizœʀ] *nm* mirino *m*

visibilité [vizibilite] *nf* visibilità *f inv*

visible [vizibl] *adj* visibile

visière [vizjɛʀ] *nf* visiera *f*

visioconférence [vizjokɔ̃feʀɑ̃s], **vidéoconférence** [videokɔ̃feʀɑ̃s] *nf* videoconferenza *f*

vision [vizjɔ̃] *nf (vue)* vista *f*

visionneuse [vizjɔnøz] *nf (de diapositives)* proiettore *m* per diapositive

visite [vizit] *nf* visita *f* ● **rendre visite à qqn** far visita a qn ● **visite guidée** visita guidata ● **visite médicale** visita medica

visiter [vizite] *vt* visitare

visiteur, euse [vizitœʀ, øz] *nm, f (touriste)* visitatore *m*, -trice *f*

visqueux, euse [viskø, øz] *adj* vischioso(a)

visser [vise] *vt* avvitare

visuel, elle [vizɥɛl] *adj* visivo(a)

vital, e, aux [vital, o] *adj* vitale

vitalité [vitalite] *nf* vitalità *f inv*

vitamine [vitamin] *nf* vitamina *f*

vite [vit] *adv* velocemente, in fretta

vitesse [vites] *nf* **1.** velocità *f inv* **2.** *(d'une voiture, d'un vélo)* marcia *f* ● **à toute vitesse** a tutta velocità

vitrail, aux [vitʀaj, o] *nm* vetrata *f*

vitre [vitʀ] *nf* **1.** vetro *m* **2.** *(de voiture)* finestrino *m*

vitré, e [vitʀe] *adj* a vetri

vitrine [vitʀin] *nf* vetrina *f* ● **en vitrine** in vetrina ● **faire les vitrines** andare a vedere i negozi

vivacité [vivasite] *nf* vivacità *f inv*

vivant, e [vivɑ̃, ɑ̃t] *adj* **1.** *(en vie)* vivente **2.** *(quartier)* animato(a)

vive [viv] ➤ **vif** ◇ *interj* viva!

vivement [vivmɑ̃] *adv* rapidamente ◇ *interj* ● **vivement demain !** non vedo l'ora che sia domani!

vivre [vivʀ] *vt & vi* vivere

VO ➤ **version originale**

vocabulaire [vɔkabylɛʀ] *nm* vocabolario *m*

vocales [vɔkal] *adj f pl* ➤ **cordes**

vodka [vɔdka] *nf* vodka *f inv*

vœu, x [vø] *nm (souhait)* augurio *m* ● **faire un vœu** esprimere un desiderio ● **meilleurs vœux !** tanti auguri!

voici [vwasi] *prép* ecco

voie [vwa] *nf* **1.** *(chemin)* via *f* **2.** *(sur une route)* corsia *f* ● **en voie de** in via di ▼ **par voie orale** per via orale ● **voie ferrée** ferrovia *f* ▼ **voie sans issue** strada senza uscita ● **être sur la bonne voie** essere sulla buona strada

voilà [vwala] *prép* ecco

voile [vwal] *nm (tissu)* velo *m* ◇ *nf* vela *f* ● **faire de la voile** fare vela

voilé, e [vwale] *adj (roue)* deformato(a)

voilier [vwalje] *nm* veliero *m*

voir [vwaʀ] *vt* **1.** vedere **2.** *(comprendre)* capire ● **aller voir qqn** andare a trovare qn ● **ça n'a rien à voir (avec)** non ha niente a che vedere (con) ● **voyons !** *(pour reprocher)* su, andiamo! ● **faire voir qqch à qqn** far vedere qc a qn ◆ **se voir** *vp* vedersi

voisin, e [vwazɛ̃, in] *adj & nm, f* vicino(a)

voiture [vwatyʀ] *nf* **1.** macchina *f*, auto(mobile) *f* **2.** *(wagon)* carrozza *f* ● **voiture de sport** macchina sportiva

voix [vwa] *nf* **1.** voce *f* **2.** *(vote)* voto *m* ● à voix basse a bassa voce ● à voix haute ad alta voce

vol [vɔl] *nm* **1.** *(délit)* furto *m* **2.** *(trajet en avion)* volo *m* **3.** *(groupe d'oiseaux)* stormo *m* ● attraper qqch au vol prendere qc al volo ● à vol d'oiseau in linea d'aria ● en vol in volo ● vol charter volo charter ● vol régulier volo di linea

volaille [vɔlaj] *nf* pollame *m*

volant [vɔlɑ̃] *nm* **1.** *(de voiture)* volante *m* **2.** *(de nappe, de jupe)* volant *m inv* **3.** *(de badminton)* volano *m*

volante [vɔlɑ̃t] *adj f* ➤ **soucoupe**

volcan [vɔlkɑ̃] *nm* vulcano *m*

voler [vɔle] *vt* **1.** *(argent, objet)* rubare **2.** *(personne)* derubare* ◇ *vi* *(oiseau, avion)* volare

volet [vɔle] *nm* **1.** *(de fenêtre)* persiana *f* **2.** *(d'imprimé)* parte *f*

voleur, euse [vɔlœr, øz] *nm, f* ladro *m*, -a *f* ● au voleur ! al ladro!

volière [vɔljɛr] *nf* voliera *f*

volley(-ball) [vɔle(bol)] *nm* pallavolo *f*

volontaire [vɔlɔ̃tɛr] *adj* volitivo(a) ◇ *nmf* volontario *m*, -a *f*

volontairement [vɔlɔ̃tɛrmɑ̃] *adv* volontariamente

volonté [vɔlɔ̃te] *nf* volontà *f inv* ● bonne volonté buona volontà ● mauvaise volonté cattiva volontà

volontiers [vɔlɔ̃tje] *adv* volentieri

volt [vɔlt] *nm* volt *m inv*

volume [vɔlym] *nm* volume *m*

volumineux, euse [vɔluminø, øz] *adj* voluminoso(a)

vomir [vɔmir] *vt & vi* vomitare

vont ➤ **aller**

vos ➤ **votre**

vote [vɔt] *nm* voto *m*

voter [vɔte] *vi* votare

votre [vɔtr] *(pl* **vos** [vo]*) adj* **1.** *(en s'adressant à plusieurs personnes)* il vostro (la vostra, i vostri *mpl*, le vostre *fpl*) **2.** *(en vouvoyant une personne)* il suo (la sua, i suoi, le sue) ● votre cousin vostro/suo cugino ● votre livre il vostro/il suo libro

vôtre [vɔtr] ◆ **le vôtre, la vôtre** *(pl* **les vôtres***) pron* il vostro (la vostra, i vostri *mpl*, le vostre *fpl*) ● à la vôtre ! alla vostra!

voudra etc ➤ **vouloir**

vouloir [vulwar] *vt*

1. *(désirer)* volere ● voulez-vous boire quelque chose ? vuole bere qualcosa? ● vouloir que volere che ● si tu veux se vuoi ● sans le vouloir senza volerlo ● je voudrais... vorrei...

2. *(accepter)* ● je veux bien d'accordo ● veuillez vous asseoir si accomodi

3. *(dans des expressions)* ● en vouloir à qqn avercela con qqn ● vouloir dire voler dire ● s'en vouloir *vp* ● je m'en veux (de lui avoir dit ça) mi pento (amaramente) (di avergli detto questo)

voulu, e [vuly] *pp* ➤ **vouloir**

vous [vu] *pron*

1. *(sujet)* ● vous avez fini, les enfants ? avete finito, bambini? ● merci, vous êtes très aimable grazie, è molto gentile

2. *(objet direct)* vi ; *(pour vouvoyer une personne)* la

3. *(objet indirect)* vi ; *(pour vouvoyer une personne)* le

4. *(après préposition, comparatif)* voi ; *(pour vouvoyer une personne)* lei

5. *(réfléchi)* vi ; *(pour vouvoyer une personne)* si

6. *(réciproque)* vi ● **vous-même** lei, lei stesso(a) ● **vous-mêmes** voi, voi stessi(e)

Vous

Che sia usato come segno di rispetto o semplicemente per mantenere le distanze, l'uso del lei è praticamente obbligatorio quando ci si rivolge a qualcuno per la prima volta. Dare del tu *(tutoyer)* a uno sconosciuto è infatti percepito come una mancanza di rispetto, anche tra persone appartenenti alla stessa generazione. All'università, come negli ambienti di lavoro, il *tutoiement* presuppone un livello d'intimità frutto di relazioni amichevoli o professionali regolari. In ogni caso, l'iniziativa del passaggio dal lei *(vous)* al tu spetta alla persona più anziana o più importante.

voûte [vut] *nf* volta *f*

voûté, e [vute] *adj (personne, dos)* curvo(a)

vouvoyer [vuvwaje] *vt* dare del lei a ● **se vouvoyer** darsi del lei

voyage [vwajaʒ] *nm* viaggio *m* ● **bon voyage !** buon viaggio! ● **partir en voyage** partire per un viaggio ● **voyage de noces** viaggio di nozze ● **voyage organisé** viaggio organizzato

voyager [vwajaʒe] *vi* viaggiare

voyageur, euse [vwajaʒœr, øz] *nm, f* viaggiatore *m*, -trice *f*

voyant, e [vwajã, ãt] *adj (couleur, vêtement)* vistoso(a) ◇ *nm, f (devin)* veggente *mf* ● **voyant** *nm* ● **voyant lumineux** spia *f* luminosa

voyelle [vwajɛl] *nf* vocale *f*

voyons ➤ voir

voyou [vwaju] *nm* delinquente *mf*

vrac [vʀak] *nm* ● **en vrac** *(en désordre)* alla rinfusa ; *(thé, vin)* sfuso(a)

vrai, e [vʀɛ] *adj* vero(a) ● **à vrai dire** a dire il vero

vraiment [vʀɛmã] *adv* **1.** *(réellement)* veramente **2.** *(très)* proprio

vraisemblable [vʀɛsãblabl] *adj* verosimile

VTC [vetese] *(abr de vélo tout chemin)* *nf* SPORT city bike *f inv*

VTT [vetete] *(abr de vélo tout terrain)* *nm* mountain bike *f inv*

vu, e [vy] *pp* ➤ voir
◇ *prép* ● **vu son caractère** dato il suo carattere ● **vu son âge** data la sua età ● **vu que** visto che
◇ *adj* ● **être bien vu/mal vu (de qqn)** essere benvisto/malvisto (da qn)

vue [vy] *nf* **1.** vista *f* **2.** *(vision, spectacle)* visione *f* ● **avec vue sur...** con vista su... ● **connaître qqn de vue** conoscere qn di vista ● **en vue de faire qqch** con lo scopo di fare qc ● **à vue d'œil** a vista d'occhio ● **avoir une bonne/mauvaise vue** vedere bene/male

vulgaire [vylgɛr] *adj* volgare

Ww Xx

wagon [vagɔ̃] *nm* vagone *m*

wagon-lit [vagɔ̃li] (*pl* **wagons-lits**) *nm* vagone *m* letto

wagon-restaurant [vagɔ̃rɛstorɑ̃] (*pl* **wagons-restaurants**) *nm* vagone *m* ristorante

Walkman ® [wɔkman] *nm* walkman *m inv*

wallon, onne [walɔ̃, ɔn] *adj* vallone ◆ **Wallon, onne** *nm, f* vallone *mf*

waterproof [watɛrpruːf] *adj inv* resistente all'acqua, waterproof *(inv)*

waters [watɛr] *nmpl* gabinetti *mpl*

waterzo(o)i [watɛrzoj] *nm* (Belg) piatto a base di pollo o pesce, verdura e una salsa fatta con il brodo di cottura e panna

watt [wat] *nm* watt *m inv*

W-C [vese] *nmpl* W.C. *m inv*

Web [wɛb] *nm* ◆ **le Web** il Web *m*

webcam [wɛbkam] *nf* webcam *f inv*

webmestre [wɛbmɛstr], **webmaster** [wɛbmastœr] *nm* webmaster *m inv*

week-end, s [wikɛnd] *nm* fine settimana *m inv*, week-end *m inv* ◆ **bon week-end !** buon week-end!

western [wɛstɛrn] *nm* western *m inv*

whisky [wiski] *nm* whisky *m inv*

WWW (*abr de World Wide Web*) *nf* WWW *m*

xérès [gzeʀɛs] *nm* sherry *m inv*

xylophone [ksilɔfɔn] *nm* xilofono *m*

Yy

y [i] *adv*

1. (*indique le lieu où l'on est*) ci ◆ **nous y resterons une semaine** ci resteremo una settimana

2. (*indique le lieu où l'on va*) ci ◆ **j'y vais demain** ci vado domani

3. (*dedans*) ci ◆ **mets-y du sel** mettici un po' di sale

◇ *pron* ci ◆ **penses-y** pensaci ◆ **n'y comptez pas** non ci conti ➤ **aller, avoir**

yacht [jɔt] *nm* yacht *m inv*

yaourt [jaurt] *nm* yogurt *m inv*

yeux ➤ **œil**

yoga [jɔga] *nm* yoga *m inv*

yoghourt [jɔgurt] = **yaourt**

yougoslave [jugɔslav] *adj* jugoslavo(a), iugoslavo(a) ◆ **Yougoslave** *nmf* jugoslavo *m*, -a *f*, iugoslavo *m*, -a *f*

Yougoslavie [jugɔslavi] *nf* ◆ **la Yougoslavie** la Iugoslavia

Yo-Yo ® [jojo] *nm inv* yo-yo ® *m inv*

zZ

zapper [zape] *vi* fare zapping
zèbre [zɛbʀ] *nm* zebra *f*
zen [zɛn] *adj inv* ● **être zen** essere tranquillo(a)
zéro [zeʀo] *nm* zero *m*
zeste [zɛst] *nm* scorza *f*

zigzag [zigzag] *nm* zigzag *m inv* ● **en zigzag** a zigzag
zigzaguer [zigzage] *vi* zigzagare
zipper [zipe] *vt INFORM* zippare
zodiaque [zɔdjak] *nm* ➤ **signe**
zone [zon] *nf* zona *f* ● **zone industrielle** zona industriale ● **zone piétonne** ou **piétonnière** area *f* pedonale
zoo [z(o)o] *nm* zoo *m inv*
zoologique [zɔɔlɔʒik] *adj* ➤ **parc**
zut [zyt] *interj* accidenti!

GRAMMAIRE

GRAMMATICA

1 Le genre et le nombre

1.1. Les mots masculins

• La plupart des adjectifs et des noms masculins se terminent en -o au singulier et en -i au pluriel.

albero	arbre	→ alberi	arbres
contento	content	→ contenti	contents

• Les mots terminés en -co et -go ont un pluriel en :

– -chi et -ghi, si l'accent tonique tombe sur l'avant-dernière syllabe ;

gioco	jeu	→ giochi	jeux
albergo	hôtel	→ alberghi	hôtels
carico	chargé	→ carichi	chargés
lungo	long	→ lunghi	longs

– -ci et -gi, si l'accent tonique tombe sur l'antépénultième syllabe.

magnifico	magnifique	→ magnifici	magnifiques
asparago	asperge	→ asparagi	asperges

Il y a quelques exceptions.

amico	ami	→ amici	amis
nemico	ennemi	→ nemici	ennemis
porco	cochon	→ porci	cochons
greco	grec	→ greci	grecs
obbligo	obligation	→ obblighi	obligation
profugo	réfugié	→ profughi	réfugiés

• Les noms finissant par -io suivent deux règles :

– si le -i de la terminaison porte l'accent tonique, le pluriel est -ii ;

zio	oncle	→ zii	oncles
pendio	pente	→ pendii	pentes

– si le -i de la terminaison ne porte pas l'accent tonique, le pluriel est -i.

occhio	œil	→ occhi	yeux
cerchio	cercle	→ cerchi	cercles

1.2. Les mots féminins

• La plupart des adjectifs et des noms féminins se terminent en -a au singulier et en -e au pluriel.

casa	maison →	case	maisons
contenta	contente → **contente**	contentes

Il y a quelques exceptions.

| mano | main → | **mani** | mains |
| radio | radio → | **radio** | radios |

• Les mots qui se terminent au singulier en -*ca* et -*ga* font leur pluriel en -*che* et -*ghe*.

| tasca | poche → | **tasche** | poches |
| lunga | longue → | **lunghe** | longues |

• Les mots qui se terminent en -*cia* et -*gia* font leur pluriel en :
— -*ce* et -*ge*
(si le -*i*- de la terminaison n'est pas accentué et la terminaison est précédée d'une consonne) ;

| torcia | torche → | **torce** | torches |
| frangia | frange → | **frange** | franges |

— -*cie* et -*gie* (sans accent)
(si le -*i*- de la terminaison n'est pas accentué et la terminaison est précédée d'une voyelle) ;

| camicia | chemise → | cami**cie** | chemises |
| grigia | grise → | gri**gie** | grises |

— -*cie* et -*gie* (avec accent)
(si le -*i*- de la terminaison porte l'accent tonique).

| farmacia | pharmacie → | farma**cie** | pharmacies |
| nostalgia | nostalgie → | nostal**gie** | nostalgies |

1.3. Les mots de genre ambigu

• Les adjectifs et les noms qui se terminent en -*e* au singulier sont soit féminins soit masculins.
Ils font toujours leur pluriel en -*i*.

| insegnante | enseignant(e) → | **insegnanti** | enseignant(e)s |
| verde | vert(e)   → | **verdi** | vert(e)s |

• Les adjectifs et les noms qui se terminent en -*a* au singulier sont soit féminins soit masculins.
Mais le masculin a un pluriel en -*i* et le féminin un pluriel en -*e*.

masculin singulier	féminin singulier	masculin pluriel	féminin pluriel
problema problème		problemi problèmes	
artista artiste	artista artiste	artisti artistes	artiste artistes
farmacista pharmacien	farmacista pharmacienne	farmacisti pharmaciens	farmaciste pharmaciennes
omicida meurtrier	omicida meurtrière	omicidi meurtriers	omicide meurtrières

1.4. L'accord
Comme en français, l'adjectif s'accorde en genre et en nombre avec le nom auquel il se rapporte.

un ragazzo carino	→ una ragazza carina
un garçon mignon	→ une fille mignonne
dei ragazzi carini	→ delle ragazze carine
des garçons mignons	→ des filles mignonnes
l'infermiere francese	→ gli infermieri francesi
l'infirmier français	→ les infirmiers français
l'infermiera francese	→ le infermiere francesi
l'infirmière française	→ les infirmières françaises
un uomo egoista	→ una donna egoista
un homme égoïste	→ une femme égoïste
degli uomini egoisti	→ delle donne egoiste
des hommes égoïstes	→ des femmes égoïstes

1.5. Particularités

masculin singulier		masculin pluriel	
bue	bœuf	buoi	bœufs
uomo	homme	uomini	hommes

masculin singulier		féminin pluriel	
dito	doigt, orteil	dita	doigts, orteils
labbro	lèvre	labbra	lèvres
migliaio	millier	migliaia	milliers
paio	paire	paia	paires
uovo	œuf	uova	œufs

2. Les articles
2.1. L'article défini
L'article défini varie en fonction du genre, du nombre, ainsi que de la *première lettre* du mot qu'il précède.

masculin	singulier		pluriel	
+ consonne	il libro	le livre	i libri	les livres
+ s + consonne	lo studente	l'étudiant	gli studenti	les étudiants
+ x, z, gn, ps	lo xilofono	le xylophone	gli xilofoni	les xylophones
+ le son /I/	lo zio	l'oncle	gli zii	les oncles
(i, y, j)	lo gnomo	le gnome	gli gnomi	les gnomes
+ voyelle	lo psicologo		gli psicologi	
	le psychologue		les psychologues	
	lo iato	le hiatus	gli iati	les hiatus
	lo yogurt	le yaourt	gli yogurt	les yaourts
	lo jode	la vocalise	gli jodel	les vocalises
+ voyelle	l'animale	l'animal	gli animali	les animaux

féminin	singulier	pluriel
+ consonne	la sciarpa	le sciarpe
	l'écharpe	les écharpes
+ voyelle	l'amica	le amiche
	l'amie	les amies

2.2. L'article indéfini et l'article partitif

masculin	singulier		pluriel	
+ consonne	un libro	un livre	dei libri	des livres
+ s + consonne	uno studente un étudiant uno xilofono un xylophone		degli studenti des étudiants degli xilofoni des xylophones	
+ x, z, gn, ps	uno zio uno gnomo	un oncle un gnome	degli zii degli gnomi	des oncles des gnomes
+ le son /i/ (i, y, j)	uno psicologo un psychologue uno iato uno yogurt uno jodelcune vocalise	un hiatus un yaourt	degli psicologi des psychologues degli iati degli yogurt degli jodel	des hiatus des yaourts des vocalises
+ voyelle	un animal	un animale	degli animali	des animaux

féminin	singulier		pluriel	
+ consonne	una sciarpa	une écharpe	delle sciarpe	des écharpes
+ voyelle	un'amica	une amie	delle amiche	des amies

• L'article partitif est la contraction de la préposition *di* et de l'article défini.

	singulier	pluriel
masculin	di + il = del	di + i = dei
	di + lo = dello	di + gli = degli
	di + l' = dell'	
féminin	di + la = della	di + le = delle
	di + l' = dell'	

L'article partitif est souvent omis. On l'emploie uniquement dans les phrases affirmatives et interrogatives.

Bevo (del) vino.   Non bevo mai vino.
Je bois du vin.   Je ne bois jamais de vin.

2.3. L'article défini avec les prépositions

• Les prépositions dites simples sont : *di, a, da, in, con, su, per, fra, tra*.
• Lorsqu'elles sont suivies de l'article défini, les prépositions *a, da, di, in, su* se combinent avec lui pour former un seul mot.

	il	lo	l'	i	gli	la	l'	le
a	al	allo	all'	ai	agli	alla	all'	alle
da	dal	dallo	dall'	dai	dagli	dalla	dall'	dalle
di	del	dello	dell'	dei	degli	della	dell'	delle
in	nel	nello	nell'	nei	negli	nella	nell'	nelle
su	sul	sullo	sull'	sui	sugli	sulla	sull'	sulle

Les formes contractées des prépositions *per* et *con* sont rares et sont remplacées par les formes : *con lo, per la* etc.

3. Deux adjectifs particuliers

3.1. *bello* (*beau*)

• Placé devant un nom, l'adjectif *bello* se forme exactement comme l'article défini.

il bel ragazzo   → i bei ragazzi
le beau garçon   → les beaux garçons
il bello studente   → i begli studenti
le bel étudiant   → les beaux étudiants
il bell'altare   → i begli altari
le bel aute   → les beaux autels
la bella ragazza   → le belle ragazze
la belle fille   → les belles filles

• S'il ne précède pas le nom auquel il se rapporte, cet adjectif n'a que les formes *bello, -a, -i, -e*.

questo studente è proprio bello → questi studenti sono
                                   proprio belli
cet étudiant est vraiment beau → ces étudiants sont
                                   vraiment beaux

3.2. *buono* (*bon*)

• Placé devant un nom, l'adjectif *buono* se forme exactement comme l'article indéfini.

un buon libro	→ dei buoni libri
un bon livre	→ de bons livres
un buon allievo	→ dei buoni allievi
un bon élève	→ de bons élèves
un buono zaino	→ dei buoni zaini
un bon sac à dos	→ de bons sac à dos
una buona idea	→ delle buone idee
une bonne idée	→ de bonnes idées

• S'il ne précède pas le nom auquel il se rapporte, cet adjectif n'a que les formes *buono*, -*a*, -*i*, -*e*.

questo yogurt non è buono	→ questi yogurt non sono buoni
ce yaourt n'est pas bon	→ ces yaourts ne sont pas bons
un'idea davvero buona	→ delle idee davvero buone
une idée vraiment bonne	→ des idées vraiment bonnes

• Attention, selon qu'ils précèdent ou suivent un nom, certains adjectifs qualificatifs peuvent avoir un sens différent.

un buon amico ≠ un amico buono
un bon ami ≠ un ami gentil

4. Les démonstratifs

Les deux démonstratifs les plus employés en italien sont :
questo, -*a*, -*i*, -*e* (qui indique la proximité dans le temps ou dans l'espace), et :
quello, -*a*, -*i*, -*e* (qui indique l'éloignement).

Il sont employés comme adjectifs ou comme pronoms.

• En tant qu'adjectifs singuliers, *questo* et *questa* s'élident devant une voyelle.

quest'ospedale   cet hôpital   quest'amica   cette amie

• Lorsqu'il est employé comme adjectif, *quello* se décline comme l'article défini :

	singulier		pluriel	
masc.	quel ragazzo	ce garçon	quei ragazzi	ces garçons
	quello spettacolo ce spectacle		quegli spettacoli ces spectacles	
	quell'amico	cet ami	quegli amici	ces amis
fém.	quella ragazza	cette fille	quelle ragazze	ces filles
	quell'amica	cette amie	quelle amiche	ces amies

5. *molto, troppo* et *poco*

Ces mots correspondent, en français, à *beaucoup (de)*, *trop (de)*, *peu (de)*.

- En tant qu'adjectifs, ils s'accordent avec le nom qui les suit.

> C'è molta gente.
> Il y a beaucoup de monde.
> Ci sono troppi errori.
> Il y a trop de fautes.
> Ho poco lavoro.
> J'ai peu de travail.

- En tant qu'adverbes, ils sont invariables.

> Sono molto contenta.
> Je suis très contente.
> Questa gonna mi piace molto.

J'aime beaucoup cette jupe.
Ho mangiato troppo.
J'ai trop mangé.
Abbiamo dormito poco.
Nous n'avons pas assez dormi.

6. Les adverbes

- La plupart des adverbes de manière sont formés à partir du féminin singulier de l'adjectif auquel on ajoute le suffixe *-mente*.

lenta	→ lentamente	felice	→ felicemente
lente	→ lentement	heureuse	→ heureusement

• Lorsque l'adjectif se termine par -*le* ou -*re* précédé d'une voyelle, le *e* final disparaît avant -*mente*.

facile	→ facilmente	regolare	→ regolarmente
facile	→ facilement	régulier	→ régulièrement

Il y a toutefois des exceptions.

violento	→ violentemente	leggero	→ leggermente
violent	→ violemment	léger	→ légèrement

7. Les pronoms

sujet		COD/COI formes fortes		COD/COI formes faibles		réfléchis	
io	je	me/a me	moi/à moi	mi	me	mi	me
tu	tu	te/a te	toi/à toi	ti	te	ti	tu
lui	lui	lui/a lui	lui/à lui	lo/gli	le/lui	si	se
lei	elle	lei/a lei	elle/à elle	la/le	la/lui	si	se
noi	nous	noi/a noi	nous/à nous	ci	nous	ci	nous
voi	vous	voi/a voi	vous/à vous	vi	vous	vi	vous
loro	ils	loro/a loro	eux/à eux	li/gli, loro	les/leur	si	se
loro	elles	loro/a loro	elles/à elles	le/gli, loro	les/leur	si	se

7.1. Les pronoms personnels sujets

• Ces pronoms sont généralement omis, car en italien la terminaison du verbe suffit à indiquer quel est le sujet.

> Mi chiamo Marco.
> Je m'appelle Marco.

• Ils sont cependant utilisés lorsque le contexte ne permet pas de déterminer de qui l'on parle, ou pour insister.

> Lei parla inglese, lui parla italiano.
> Elle parle anglais, lui parle italien.
> Non penso che tu abbia ragione.
> Je ne pense pas que tu aies raison.
> Me lo ha detto lui.
> C'est lui qui me l'a dit.

7.2. Les pronoms personnels COD et COI

• **Forme faible** : le pronom se place devant le verbe conjugué, à l'exception de *loro* qui est toujours placé après le verbe.

>Lo preferisco così.
>
>Je le préfère ainsi.
>
>Li vedo raramente, ma gli scrivo spesso.
>
>ou : Li vedo raramente, ma scrivo spesso loro.
>
>Je les vois rarement, mais je leur écris souvent.

• **Forme forte** : le pronom est employé après le verbe ou une préposition, soit pour éviter des ambiguïtés, soit pour insister.

>Ho visto lei, ma non te.
>
>Elle, je l'ai vue, mais pas toi.
>
>Parlavo di lui.
>
>Je parlais de lui.
>
>Parlo a voi!
>
>C'est à vous que je parle !

7.3. Tutoiement et vouvoiement

• Le tutoiement est employé plus souvent qu'en français (entre collègues, entre personnes du même âge, dans les messages publicitaires, etc.). Comme en français, on utilise le *tu*.

• Le *vous* de politesse français correspond au pronom personnel de la 3ᵉ personne du féminin *lei*, suivi du verbe à la 3ᵉ personne du singulier.

>Lei è molto coraggioso. (à un homme)
>
>Vous êtes très courageux.
>
>Lei è molto coraggiosa. (à une femme)
>
>Vous êtes très courageuse.

On peut omettre le pronom s'il n'y a pas d'ambiguïté possible.

>Ha freddo?
>
>Avez-vous froid ?

• Pour les pronoms compléments, il faut également employer la 3ᵉ personne du singulier.

>Le posso chiedere un favore?
>
>Puis-je vous demander un service ?
>
>La ringrazio.
>
>Je vous remercie.

• Au pluriel, le vouvoiement peut être exprimé :
– par le pronom de la 3e personne du pluriel *loro* ;
– de plus en plus, par le pronom de la 2e personne du pluriel *voi*.

> (Voi) avete fame?
> ou : (Loro) hanno fame?
> Avez-vous faim ?

• Dans certaines régions d'Italie, et dans la correspondance commerciale, on emploie également le pronom *voi* pour exprimer le vouvoiement au singulier.

7.4. Les pronoms groupés

• Employé avec un COI ou un pronom réfléchi, le COD est placé en dernière position, tandis que le COI et le pronom réfléchi changent de forme :
– *mi, ti, ci, vi, si* deviennent *me, te, ce, ve, se*

> Te lo porterò domani.
> Je te l'apporterai demain.

– *gli* et *le* se transforment en *glie* et se regroupent avec le pronom complément direct, ce qui donne : *glielo, gliela, glieli* et *gliele*

> Glielo dicono spesso.
> On le lui/leur dit souvent.

• À l'infinitif, au participe présent et passé, au gérondif et à l'impératif (sauf pour la 3e personne de politesse), le pronom se place après le verbe et ne forme qu'un seul mot avec lui.
Le e final de l'infinitif tombe.

> Sono andate a vederlo.
> Elles sont allées le voir.
> Ascoltami, per favore!
> Écoute-moi, s'il te plaît !
> Osservandola...
> En l'observant...

• La voyelle du pronom complément d'objet direct peut s'élider à la 3e personne du singulier, avant une voyelle ou un h muet.

> L'ho visto.   Non l'abbiamo visto.
> Je l'ai vu.   Nous ne l'avons pas vu.

8. Les adjectifs et les pronoms possessifs

singulier		pluriel	
il mio/la mia	mon/ma le mien/ la mienne	i miei/ le mie	mes les miens/ les miennes
il tuo/la tua	ton/ta le tien/ la tienne	i tuoi/le tue	tes les tiens/ les tiennes
il suo/la sua	son/sa le sien/ la sienne	i suoi/ le sue	ses les siens/ les siennes
il nostro/la nostra	notre le nôtre/la nôtre	i nostri/ le nostre	nos les nôtres
il vostro/la vostra	votre le vôtre/la vôtre	i vostri/ le vostre	vos les vôtres
il loro/la loro	leur le leur/la leur	i loro/le loro	leurs les leurs

L'article précédant l'adjectif possessif est omis devant les noms de parenté, au singulier uniquement.

mio figlio	→ i miei figli
mon fils	→ mes fils, mes enfants
mia figlia	→ le mie figlie
ma fille	→ mes filles

9. La négation
9.1 Règle générale
- Pour exprimer la négation en italien, on utilise *non*.

> Non ho capito!
> Je n'ai pas compris!

- On peut également utiliser *nessuno* (personne), *niente* (rien) et *mai* (jamais).

> Non ho incontrato nessuno.
> Je n'ai rencontré personne.

> Non ho capito niente.
> Je n'ai rien compris.
> Non sono mai andato in Italia.
> Je ne suis jamais allé en Italie.

Attention, on n'emploie pas la négation *non* lorsque ces mots précèdent le verbe.

> Nessuno è venuto.
> Personne n'est venu.
> Niente mi farà cambiare idea.
> Rien ne me fera changer d'avis.
> Mai avrebbe avuto quest'idea.
> Il/Elle n'aurait jamais eu cette idée.

9.2. Avec l'impératif

• Pour donner un ordre négatif, on place *non* devant la forme impérative du verbe.

> Non partite!
> Ne partez pas !

• À la 2e personne du singulier, on place *non* devant l'infinitif.

> Non partire!
> Ne pars pas !

10. La concordance des temps

10.1. Le subjonctif

• Le subjonctif exprime généralement l'incertitude et est utilisé plus souvent qu'en français. On l'emploie notamment :

– après les verbes exprimant la volonté, la négation, la nécessité, l'impossibilité, l'ignorance ;

> Non avevo capito che fosse partito.
> Je n'avais pas compris qu'il était parti.

– après ceux exprimant l'opinion, l'espoir, la crainte, le doute ;

> Ho paura che sia troppo tardi.
> J'ai peur qu'il ne soit trop tard.

– dans le deuxième terme d'une comparaison ;

> È più facile di quanto tu pensi.
> C'est plus facile que tu ne le crois.

– après certaines conjonctions.

>Andrò, a condizione che non piova.
>
>J'irai, à condition qu'il ne pleuve pas.

• Lorsque le verbe de la principale est au présent ou au futur de l'indicatif, le verbe de la subordonnée doit être :

– au *subjonctif présent* si l'action est simultanée ou postérieure à celle exprimée dans la principale ;

>Penso che parta oggi.
>
>Je pense qu'il/elle part aujourd'hui.

– au *subjonctif passé* si l'action est antérieure à celle exprimée dans la principale.

>Non penso che sia partito.
>
>Je ne pense pas qu'il soit parti.

• Lorsque le verbe de la principale est à l'Imparfait, au passé simple, au passé composé ou au plus-que-parfait de l'indicatif, le verbe de la subordonnée doit être :

– à *l'imparfait du subjonctif* si l'action est simultanée :

>Pensavo che partissi oggi.
>
>Je pensais que tu partais aujourd'hui.

– au *plus-que-parfait du subjonctif* si l'action est antérieure à celle exprimée dans la principale.

>Pensavo che fosse partito ieri.
>
>Je pensais qu'il était parti hier.

10.2. Le conditionnel

• Lorsque le verbe de la principale est au présent ou au futur de l'indicatif, le verbe de la subordonnée doit être :

– au *conditionnel présent* si l'action est simultanée ou postérieure à celle exprimée dans la principale ;

>Penso che dovresti andarci.
>
>Je pense que tu devrais y aller.

– au *conditionnel passé* si l'action est antérieure à celle exprimée dans la principale.

>Penso che saresti dovuto andarci.
>
>Je pense que tu aurais dû y aller.

• Lorsque le verbe de la principale est à l'imparfait, au passé simple, au passé composé ou au plus-que-parfait de l'indicatif, le verbe de la subordonnée doit être au *conditionnel passé* si l'action est postérieure à celle exprimée dans la principale :

> Pensavo che sarebbe partito domani.
> Je pensais qu'il partirait demain.

10.3. Pour exprimer la condition

• Lorsque le verbe de la principale est au présent de l'indicatif, le verbe de la subordonnée est également au *présent* (de l'indicatif ou de l'impératif) :

> Se parti, vengo a salutarti.
> Si tu pars, je viens te dire au revoir.
> Se parti, chiamami.
> Si tu pars, appelle-moi.

• Lorsque le verbe de la principale est au futur, le verbe de la subordonnée est également au *futur*.

> Se pioverà, non ci andremo.
> S'il pleut, on n'ira pas.

• Lorsque le verbe de la principale est au conditionnel présent et exprime un fait présent ou futur, le verbe de la subordonnée est :
– à l'*imparfait du subjonctif* (au lieu de l'imparfait de l'indicatif français) si les actions exprimées sont simultanées ;

> Se lo sapessi, te lo direi.
> Si je le savais, je te le dirais.

– au *plus-que-parfait du subjonctif* (au lieu du plus-que-parfait de l'indicatif français) si l'action est antérieure à celle exprimée dans la principale.

> Se lo avessi chiesto, ora lo sapresti.
> Si tu avais demandé, tu le saurais maintenant.

• Lorsque le verbe de la principale est au conditionnel passé (au lieu du conditionnel présent français) et exprime un fait passé, le verbe de la subordonnée doit être au *plus-que-parfait du subjonctif* (au lieu du plus-que-parfait de l'indicatif français) :

> Se lo avessi saputo, te lo avrei detto.
> Si je l'avais su, je te l'aurais dit.

amare :

pr ind : amo, ami, ama, amiamo, amate, amano • *imperf :* amavo, amavi, amava, amavamo, amavate, amavano • *fut :* amerò, amerai, amerà, ameremo, amerete, ameranno • *pr cond :* amerei, ameresti, amerebbe, ameremmo, amereste, amerebbero • *pr cong :* ami, ami, ami, amiamo, amiate, amino • *pr imperat :* ama, ami, amate • *ger :* amando • *pp :* amato

andare :

pr ind : vado, vai, va, andiamo, andate, vanno • *imperf :* andavo, andavi, andava, andavamo, andavate, andavano • *fut :* andrò • *pr cond :* andrei • *pr cong :* vada, vada, vada, andiamo, andiate, vadano • *pr imperat :* va', vada, andate • *ger :* andando • *pp :* andato

aprire :

pr ind : apro • *pr cong :* apra • *pp :* aperto

avere :

pr ind : ho, hai, ha, abbiamo, avete, hanno • *imperf :* avevo • *fut :* avrò • *pr cond :* avrei • *pr cong :* abbia • *pr imperat :* abbi, abbia, abbiate • *ger :* avendo • *pp :* avuto

bere :

pr ind : bevo • *imperf :* bevevo • *fut :* berrò • *pr cond :* berrei • *pr cong :* beva • *pr imperat :* bevi, beva, bevete • *ger :* bevendo • *pp :* bevuto

cadere :

fut : cadrò

correre :

pp : corso

cuocere :

pr ind : cuocio, cuoci, cuoce, cuociamo, cuocete, cuociono • *pp :* cotto

dare :

pr ind : do, dai, dà, diamo, date, danno • *fut :* darò • *pr cong :* dia • *pr imperat :* da', dia, date

dire :

pr ind : dico, dici, dice, diciamo, dite, dicono • *imperf :* dicevo • *fut :* dirò • *pr cong :* dica, dica, dica, diciamo, diciate, dicano • *pr imperat :* di', dica, dite • *ger :* dicendo • *pp :* detto

dovere :

pr ind : devo, devi, deve, dobbiamo, dovete, devono • *fut :* dovrò • *pr cond :* dovrei • *pr cong :* deva, deva, deva, dobbiamo, dobbiate, devano

essere :

pr ind : sono, sei, è, siamo, siete, sono

• *imperf*: ero, eri, era, eravamo, eravate, erano • *fut*: sarò • *pr cond*: sarei • *pr cong*: sia • *pr imperat*: sii, sia, siate • *ger*: essendo • *pp*: stato

fare:
pr ind: faccio, fai, fa, facciamo, fate, fanno • *imperf*: facevo • *pr cong*: faccia • *pr imperat*: fai, faccia, fate • *ger*: facendo • *pp*: fatto

finire:
pr ind: finisco, finisci, finisce, finiamo, finite, finiscono • *imperf*: finivo, finivi, finiva, finivamo, finivate, finivano • *fut*: finirò, finirai, finirà, finiremo, finirete, finiranno • *pr cond*: finirei, finiresti, finirebbe, finiremmo, finireste, finirebbero • *pr cong*: finisca, finisca, finisca, finiamo, finiate, finiscano • *pr imperat*:

finisci, finisca, finite • *ger*: finendo • *pp*: finito

gungere:
pp: giunto

leggere:
pp: letto

mettere:
pp: messo

morire:
pr ind: muoio, muori, muore, muoriamo, muorite, muoiono • *fut*: morirò • *pr cong*: muoia • *pr imperat*: muori, muoia, morite • *pp*: morto

muovere:
pp: mosso

nascere:
pp: nato

piacere:
pr ind: piaccio, piaci, piace, piacciamo, piacete, piacciono • *pr cong*: piaccia • *pp*: piaciuto

porre:
pr ind: pongo, poni,

pone, poniamo, ponete, pongono • *imperf*: ponevo • *fut*: porrò • *pr cond*: porrei • *pr cong*: ponga • *pr imperat*: poni, ponga, ponete • *ger*: ponendo • *pp*: posto

potere:
pr ind: posso, puoi, può, possiamo, potete, possono • *fut*: potrò • *pr cong*: possa

prendere:
pp: preso

ridurre:
pr ind: riduco • *imperf*: riducevo • *fut*: ridurrò • *pr cong*: riduca • *ger*: riducendo • *pp*: ridotto

riempire:
pr ind: riempio, riempi, riempie, riempiamo, riempite, riempiono • *ger*: riempiendo

rimanere:
pr ind: rimango, rimani, rimane, ri-

maniamo, rimanete, rimangono ● *fut :* rimarrò ● *pr cong :* rimanga ● *pp :* rimasto

rispondere :
pp : risposto

salire :
pr ind : salgo, sali, sale, saliamo, salite, salgono ● *pr cong :* salga

sapere :
pr ind : so, sai, sa, sappiamo, sapete, sanno ● *fut :* saprò ● *pr cong :* sappia ● *pr imperat :* sappi, sappia, sappiate

scegliere :
pr ind : scelgo, scegli, sceglie, scegliamo, scegliete, scelgono ● *pr cong :* scelga ● *pr imperat :* scegli, scelga, scegliete ● *pp :* scelto

sciogliere :
pr ind : sciolgo, sciogli, scioglie, sciogliamo, sciogliete, sciolgono ● *pr*

cong : sciolga ● *pr imperat :* sciogli, sciolga, sciogliete ● *pp :* sciolto

scrivere :
pp : scritto

sedere :
pr ind : siedo, siedi, siede, siediamo, siedete, siedono ● *pr cong :* sieda

servire :
pr ind : servo, servi, serve, serviamo, servite, servono ● *imperf :* servivo, servivi, serviva, servivamo, servivate, servivano ● *fut :* servirò, servirai, servirà, serviremo, servirete, seriranno ● *pr cond :* servirei, serviresti, servirebbe, serviremmo, servireste, servirebbero ● *pr cong :* serva, serva, serva, serviamo, serviate, servano ● *pr imperat :* servi, serva, servite ● *ger :* servendo ● *pp :* servito

spegnere :
pr ind : spengo, spegni, spegne, spegnamo, spegnete, spengono ● *pr cong :* spenga ● *pp :* spento

stare :
pr ind : sto, stai, sta, stiamo, state, stanno ● *fut :* starò ● *pr cong :* stia ● *pr imperat :* sta, stia, state ● *pp :* stato

tacere :
pr ind : taccio, taci, tace, tacciamo, tacete, tacciono ● *pr cong :* taccia ● *pp :* taciuto

temere :
pr ind : temo, temi, teme, temiamo, temete, temono ● *imperf :* temevo, temevi, temeva, temevamo, temevate, temevano ● *fut :* temerò, temerai, temerà, temeremo, temerete, temeranno ● *pr cond :* temerei, temeresti,

temerebbe, temeremmo, temereste, temerebbero ● *pr cong*: tema, tema, tema, temiamo, temiate, temano ● *pr imperat*: temi, tema, temete ● *ger*: temendo ● *pp*: temuto

tenere:
pr ind: tengo, tieni, tiene, teniamo, tenete, tengono ● *fut*: terrò ● *pr cong*: tenga

togliere:
pr ind: tolgo, togli, toglie, togliamo,

togliete, tolgono ● *pr cong*: tolga ● *pr imperat*: togli, tolga, togliete ● *pp*: tolto

trarre:
pr ind: traggo, trai, trae, traiamo, traete, traggono ● *fut*: trarrò ● *pr cong*: tragga ● *pr imperat*: trai, tragga, traete ● *ger*: traendo ● *pp*: tratto

uscire:
pr ind: esco, esci, esce, usciamo, uscite, escono ● *pr cong*: esca

vedere:
fut: vedrò ● *pp*: visto

venire:
pr ind: vengo, vieni, viene, veniamo, venite, vengono ● *fut*: verrò ● *pr cong*: venga ● *pp*: venuto

vivere:
pp: vissuto

volere:
pr ind: voglio, vuoi, vuole, vogliamo, volete, vogliono ● *fut*: vorrò ● *pr cond*: vorrei ● *pr cong*: voglia

GUIDE
DE CONVERSATION

---

les chiffres et l'heure

GUIDA
ALLA CONVERSAZIONE

---

i numerali e l'ora

Sommaire

Sommario

saluer quelqu'un	salutare qualcuno
bonjour	buongiorno [jusqu'à 16h] buonasera [après 16h]
bonsoir	buonasera
salut !	ciao!
comment vas-tu ?/comment allez-vous ?	come stai?/come sta?
(très) bien, merci	(molto) bene, grazie
et toi ?/et vous ?	e tu?/e lei?
ça va ? [sans attendre de réponse]	come va?/tutto bene?
bien, et vous ? [idem]	(va) bene, e lei?
bienvenue	benvenuto(a)

se présenter	presentarsi
je m'appelle Pierre	mi chiamo Pierre
je suis français	sono francese
je viens de Paris	vengo da Parigi
salut, moi c'est Marc	ciao, io sono Marc
je me présente, je m'appelle Lola	mi presento: Lola
je ne crois pas que nous nous connaissions	noi non ci conosciamo, vero?

présenter quelqu'un	fare le presentazioni
je vais faire les présentations...	faccio le presentazioni...
voici M. Durand	questo è il Signor Durand
je vous présente M. Durand	le presento il Signor Durand
enchanté(e)	piacere (di conoscerla)
ravi(e) de vous connaître/de faire votre connaissance	molto lieto(a)

prendre congé	congedarsi
au revoir	arrivederci
à tout à l'heure	a dopo
à bientôt	a presto
à plus	alla prossima
à plus tard	a più tardi
à un de ces jours	a uno di questi giorni
bonsoir	buonasera
bonne nuit	buonanotte
je vous souhaite un bon voyage	buon viaggio
heureux d'avoir fait votre connaissance	mi ha fatto piacere conoscerla
je vais devoir vous laisser	temo di doverla lasciare
salut la compagnie	ciao a tutti
mes amitiés à ...	tanti saluti a ...

remercier	ringraziare
merci (beaucoup)	grazie (mille)
merci, vous de même	grazie, altrettanto
merci de votre aide	grazie dell'aiuto
un grand merci pour tout	grazie di tutto
je ne sais comment vous remercier	non so davvero come ringraziarla
je vous suis très reconnaissant(e) de ...	le sono davvero riconoscente per ...

répondre à des remerciements	rispondere ai ringraziamenti
il n'y a pas de quoi	non c'è di che
de rien	di niente

je vous en prie/je t'en prie	prego
ce n'est rien	si figuri/figurati
c'est la moindre des choses	è il minimo che posso/potevo fare

présenter ses excuses — scusarsi

excusez-moi/pardon	mi scusi
(je suis) désolé(e)	mi (di)spiace
je suis vraiment désolé	sono mortificato
je suis désolé(e) d'être en retard/ de vous déranger	mi perdoni per il ritardo/se la disturbo
j'ai bien peur de devoir annuler le rendez-vous	temo proprio di dover annullare l'appuntamento
toutes mes excuses	chiedo umilmente scusa

accepter des excuses — accettare delle scuse

ce n'est pas grave	non importa
ça ne fait rien	non fa niente
il n'y a pas de mal	non si preoccupi/non ti preoccupare
c'est oublié	ormai è passato
n'en parlons plus	non ne parliamo più
ne vous excusez pas	non deve scusarsi

exprimer des vœux — fare gli auguri

bonne chance !	buona fortuna!/in bocca al lupo!
amuse-toi bien !	divertiti!/buon divertimento!
bon appétit !	buon appetito!
bon anniversaire !	buon compleanno!
joyeuses Pâques !	buona Pasqua!

joyeux Noël !	buon Natale!
bonne année !	buon anno!
bon week-end !	buon fine settimana!
bonnes vacances !	buone vacanze!
meilleurs vœux !	(tanti) auguri!
passe une bonne journée !	buona giornata!
santé !	cincin!/salute!
à votre santé !	alla sua salute!
bonne continuation !	buon proseguimento!
félicitations !	complimenti!/congratulazioni!

le temps	il tempo
il fait très beau aujourd'hui	oggi il tempo è splendido
il ne fait pas beau	c'è brutto tempo
il y a du soleil	c'è il sole
il pleut	piove
le ciel est couvert	il cielo è coperto OU nuvoloso
on annonce de la pluie pour demain	per domani si prevede pioggia
quel temps épouvantable !	che tempaccio!
il fait (très) chaud/froid !	fa (molto) caldo/freddo!
quel temps fait-il ?	com'è il tempo?
il y a une éclaircie	si sta schiarendo
le temps est humide	c'è umidità
le temps est très lourd	c'è afa
pensez-vous que les températures vont remonter ?	pensa che le temperature risaliranno?
j'espère que le temps va changer !	spero che il tempo cambi!

exprimer une opinion	esprimere un parere
ça me plaît	mi piace
ça ne me plaît pas	non mi piace
oui, volontiers	sì, volentieri
non merci	no, grazie
oui, avec grand plaisir	sì, con molto piacere
je ne suis pas d'accord	non sono d'accordo
je suis totalement de votre avis	sono perfettamente d'accordo con lei
ce n'est pas ma tasse de thé	non è il mio genere
je préférerais quelque chose d'autre	preferirei qualcosa di diverso
à mon avis, ...	secondo me, ...
en ce qui me concerne, ...	per quanto mi riguarda, ...

au téléphone	al telefono
allô !	pronto?
qui est à l'appareil ?	chi parla?
Anne Martin à l'appareil	sono Anne Martin
j'appelle de la part de Mme Bianchi	chiamo a nome della Signora Bianchi
je voudrais parler à M. Ferretti	vorrei parlare con il Signor Ferretti
ne quittez pas, je vous le passe	attenda in linea, glielo passo
pouvez-vous rappeler dans une heure ?	può richiamare fra un'ora?
je préfère patienter	preferisco attendere in linea
puis-je lui laisser un message ?	posso lasciargli(-le) un messaggio?
je pense que vous faites erreur	mi sa che ha sbagliato numero
excusez-moi, j'ai dû faire un mauvais numéro	mi scusi, devo aver sbagliato numero

relations professionnelles	sul lavoro
bonjour, je fais partie de Biotech Ltd	salve, faccio parte della Biotech Ltd
j'ai rendez-vous avec M. Martin à 14 h 30	avrei un appuntamento alle 14:30 con il Signor Martin
voici ma carte de visite	ecco il mio biglietto da visita
je voudrais voir le directeur	vorrei parlare con il direttore
mon adresse e-mail est paul@easyconnect.com	il mio indirizzo e-mail è paul@easyconnect.com
j'appelle pour prendre rendez-vous	ho telefonato per prendere appuntamento
seriez-vous libre pour déjeuner ?	è libero(a) a pranzo?
ma secrétaire vous rappellera pour fixer une date	la mi segretaria la richiamerà per fissare una data

louer une voiture	noleggiare un'auto
je voudrais louer une voiture climatisée pour une semaine	vorrei noleggiare una macchina con climatizzatore per una settimana
quel est le tarif pour une journée ?	qual è la tariffa per una giornata?
le kilométrage est-il illimité ?	il chilometraggio è illimitato?
combien coûte l'assurance tous risques ?	quanto costa la polizza casco?
pourrai-je rendre la voiture à l'aéroport ?	posso consegnare la macchina all'aeroporto?
voici mon permis de conduire	ecco la mia patente

circuler en voiture	in auto
comment rejoint-on le centre-ville/l'autoroute ?	come si arriva in centro/in autostrada?
y a-t-il un parking près d'ici ?	c'è un parcheggio qui vicino?

est-ce que je peux stationner ici ?	posso parcheggiare qui?
je cherche une station-service	sto cercando un benzinaio
où se trouve le garage le plus proche ?	dov'è il meccanico più vicino?
est-ce bien la direction de la gare ?	vado bene per la stazione?
est-ce que c'est loin en voiture ?	ci vuole molto in auto?

à la station-service — dal benzinaio

le plein, s'il vous plaît	il pieno, grazie
je suis en panne d'essence	sono rimasto(a) a secco
je voudrais vérifier la pression des pneus	mi può controllare la pressione delle gomme?
vous ne vendez pas de GPL ?	non avete il GPL?
je voudrais une paire d'essuie-glaces	vorrei due tergicristalli

chez le garagiste — dal meccanico

je suis en panne	ho un guasto alla macchina
l'air conditionné ne marche pas	l'aria condizionata non funziona
j'ai perdu le pot d'échappement	ho perso la marmitta
ma voiture perd de l'huile	la macchina perde olio
le moteur chauffe	il motore si surriscalda
le moteur fait un drôle de bruit	il motore fa un rumore strano
pourriez-vous vérifier les freins ?	potrebbe controllare i freni?
pourriez-vous vérifier le niveau d'eau ?	può controllare il livello dell'acqua?
la batterie est à plat	la batteria è scarica
j'ai crevé	ho bucato
il faut réparer le pneu	bisogna riparare la gomma
combien vont coûter les réparations ?	quanto costa la riparazione?

prendre un taxi	prendere un taxi
pourriez-vous m'appeler un taxi ?	potrebbe chiamarmi un taxi?
où est la station de taxis ?	dov'è la stazione dei taxi?
je voudrais réserver un taxi pour 8 h	vorrei prenotare un taxi per le 8
combien coûte un taxi d'ici au centre-ville ?	quanto costa andare in centro in taxi?
combien de temps met-on pour aller à l'aéroport ?	quanto tempo ci vuole per raggiungere l'aeroporto?
puis-je monter devant ?	posso salire davanti?
à la gare routière/à la gare/à l'aéroport, s'il vous plaît	alla stazione degli autobus/alla stazione ferroviaria/all'aeroporto, per favore
veuillez vous arrêter ici/au feu/au coin de la rue	si fermi qui/al semaforo/all'angolo, per favore
pourriez-vous m'attendre ?	potrebbe aspettarmi?
je vous dois combien ?	quant'è?
pourrais-je avoir une fiche ?	mi potrebbe fare una ricevuta?
gardez la monnaie	tenga pure il resto
prendre le car	prendere il pullman
quand part le prochain car pour Nice ?	a che ora parte il prossimo pullman per Nizza?
de quel quai part-il ?	da dove parte?
combien de temps met le car pour Paris ?	quanto tempo ci vuole per arrivare a Parigi in pullman?
combien coûte un aller-retour pour Cannes ?	quanto costa un biglietto di andata e ritorno per Cannes?
vous avez des tarifs réduits ?	ci sono delle tariffe ridotte?
y a-t-il des toilettes dans le car ?	nel pullman ci sono i servizi?

le car est-il climatisé ?	nel pullman c'è il climatizzatore?
excusez-moi, cette place est-elle occupée ?	mi scusi, questo posto è occupato?
cela vous ennuie si je baisse le store ?	la disturba se abbasso la tendina?
arrêt demandé	fermata richiesta

prendre le train — prendere il treno

où se trouvent les guichets ?	dov'è la biglietteria?
à quelle heure part le prochain train pour Paris ?	quando parte il prossimo treno per Parigi?
de quel quai part-il ?	da quale binario parte?
combien coûte un aller-retour pour Nice ?	quanto costa un biglietto di andata e ritorno per Nizza?
y a-t-il un tarif jeune ?	esiste una tariffa giovani?
y a-t-il une consigne ?	c'è un deposito bagagli?
une place côté fenêtre dans le sens de la marche, s'il vous plaît	potrei avere un posto accanto al finestrino nel senso di marcia?
je voudrais réserver une couchette dans le train de 21 h pour Paris	vorrei prenotare una cuccetta nel treno delle 21 per Parigi
où puis-je composter mon billet ?	dove posso obliterare il biglietto?
excusez-moi, cette place est-elle libre ?	mi scusi, è libero questo posto?
où est la voiture restaurant ?	dove si trova il vagone ristorante?

à l'aéroport — in aeroporto

où se trouve le terminal 1/ la porte 2 ?	dov'è il terminal 1/il gate 2?
où est le comptoir d'Air France ?	dove si trova lo sportello Air France?
où dois-je enregistrer mes bagages ?	dove si fa il check-in?

j'aimerais une place côté couloir/ hublot	vorrei un posto dal lato del corri- doio/del finestrino
à quelle heure est l'embarquement ?	a che ora è l'imbarco?
j'ai raté ma correspondance	ho perso la coincidenza
j'ai perdu ma carte d'embarquement	ho perso la carta d'imbarco
quand part le prochain vol pour Rome ?	quando parte il prossimo aereo per Roma?
où récupère-t-on les bagages ?	dove si ritirano i bagagli?
où se trouve la navette pour se rendre au centre-ville ?	dove si prende la navetta per recarsi in centro?

se déplacer en ville — spostarsi in città

pourriez-vous m'indiquer où nous sommes sur le plan ?	mi può indicare dove ci troviamo sulla piantina?
où se trouve la gare routière/ la poste ?	dov'è la stazione degli autobus/ l'ufficio postale?
excusez-moi, comment faire pour aller à place d'Italie ?	mi scusi, come si arriva a place d'Italie?
pardon, je cherche la gare maritime	mi scusi, sto cercando la stazione marittima
est-ce que je dois continuer tout droit pour le musée d'art moderne ?	per il museo d'arte moderna devo continuare dritto?
est-ce loin ?	è lontano?
est-ce bien la direction du métro ?	la metropolitana è da questa parte (, vero)?
peut-on y aller à pied ?	ci si arriva a piedi?
faut-il prendre le bus/le métro ?	bisogna prendere l'autobus/la metro?
où est la station de métro la plus proche ?	dov'è la stazione della metro più vicina?

y a-t-il un arrêt de bus à proximité ?	c'è una fermata dell'autobus nelle vicinanze?
pourriez-vous m'aider ? je crois que je me suis perdu	mi potrebbe aiutare? temo di essermi perso
quel est le bus qui mène à l'aéroport ?	qual è l'autobus che va all'aeroporto?
où puis-je prendre le bus pour la gare ?	dove posso prendere l'autobus per andare alla stazione?
j'aimerais un aller simple/un aller-retour pour Nice	vorrei un biglietto di sola andata/di andata e ritorno per Nizza
pourrez-vous me prévenir quand je devrai descendre ?	mi può dire dove devo scendere?
est-ce que ce bus va à la gare ?	questo autobus va alla stazione?
où faut-il prendre la ligne 91 vers la gare de Lyon ?	dove si prende la linea 91 per gare de Lyon?
à quelle heure est le dernier métro/tramway ?	a che ora passa l'ultimo treno/tram?
au café	al bar
cette table/chaise est-elle libre ?	è libero questo tavolo/è libera questa sedia?
s'il vous plaît !	senta, scusi!
pourriez-vous nous apporter la carte ?	ci potrebbe portare la carta, per favore?
deux cafés, s'il vous plaît	due caffè, grazie
je voudrais un café au lait	vorrei un caffellatte
qu'est-ce que vous avez comme boissons chaudes/fraîches ?	cosa avete di caldo/di fresco da bere?
pourrais-je avoir des glaçons ?	potrei avere del ghiaccio?

un jus d'orange/un verre d'eau minérale	un succo d'arancia/un bicchiere di acqua minerale
puis-je avoir une autre bière ?	mi darebbe un'altra birra, per favore?
où sont les toilettes ?	dov'è il bagno?
y a-t-il une zone fumeur ?	c'è un'area fumatori?

au restaurant — al ristorante

j'aimerais réserver une table pour 20 heures	vorrei riservare un tavolo per le 20
une table pour deux personnes	un tavolo per due persone
peut-on avoir une table dans la zone non-fumeurs ?	è possibile avere un tavolo nell'area non fumatori?
voulez-vous quelque chose à boire/à manger ?	desidera qualcosa da bere/da mangiare?
avez-vous un menu enfant/végétarien ?	avete un menu per bambini/vegetariano?
nous aimerions prendre un apéritif	vorremmo un aperitivo
une bouteille/un verre de vin blanc/rouge, s'il vous plaît	una bottiglia/un bicchiere di vino bianco/rosso, grazie
quelle est votre spécialité ?	qual è la specialità della casa?
saignant/à point/bien cuit	al sangue/ben cotta/ben cotta
qu'est-ce que vous avez comme desserts ?	cosa avete come dolce?
l'addition, s'il vous plaît	può portare il conto, per favore?

à l'hôtel — in albergo

nous voudrions une chambre double/deux chambres simples	vorremmo una doppia/due singole
j'aimerais une chambre pour deux nuits	vorrei una camera per due notti

j'ai réservé une chambre au nom de Berger	ho prenotato una camera a nome (di) Berger
j'ai réservé une chambre avec douche/avec salle de bains	ho prenotato una camera con doccia/con bagno
y a-t-il un parking réservé aux clients de l'hôtel ?	c'è un parcheggio riservato ai clienti dell'albergo?
la clé de la chambre 121, s'il vous plaît	vorrei la chiave della camera 121, per favore
pourrais-je avoir un oreiller/ une couverture supplémentaire ?	potrei avere un cuscino/una coperta in più?
est-ce qu'il y a des messages pour moi ?	ci sono messaggi per me?
à quelle heure est le petit déjeuner ?	a che ora è servita la colazione?
j'aimerais prendre le petit déjeuner dans ma chambre	vorrei ricevere la colazione in camera
pourriez-vous me réveiller à 7 heures ?	potrei essere svegliato(a) alle 7?
je voudrais régler	potrei avere il conto?
les achats	**gli acquisti**
combien ça coûte ?/c'est combien ?	quanto costa?/quant'è?
je cherche des lunettes de soleil/ un maillot de bain	avrei bisogno di un paio di occhiali da sole/di un costume da bagno
je fais du 38	ho la 38
je chausse du 40	porto il 40
est-ce que je peux l'essayer ?	posso provarlo(-la)?
est-ce que je peux l'échanger/ me faire rembourser ?	posso cambiarlo/farmi rimborsare?

où se trouvent les cabines d'essayage ?	dove sono i camerini?
avez-vous la taille au-dessus/ en dessous ?	avete una taglia in più/in meno?
l'avez-vous en bleu ?	l'avete anche blu?
vendez-vous des enveloppes/ des plans de la ville ?	vendete buste/piantine della città?
une pellicule photo, s'il vous plaît	vorrei un rullino
à quelle heure fermez-vous ?	a che ora chiudete?

à l'office de tourisme	**all'ufficio del turismo**
à quelle heure le musée ferme-t-il ?	a che ora chiude il museo?
où se trouve la piscine la plus proche ?	dove si trova la piscina più vicina?
pourriez-vous m'indiquer une église à proximité ?	sa indicarmi una chiesa nelle vicinanze?
savez-vous quand a lieu la messe/ le prochain office religieux ?	sa dirmi quando c'è la messa/ la prossima funzione liturgica?
y a-t-il un cinéma près d'ici ?	c'è un cinema qui vicino?
à quelle distance se trouve la plage ?	quanto dista la spiaggia?
avez-vous un plan de la ville ?	avete una piantina della città?
je cherche un hôtel pas trop cher	cerco un albergo non troppo costoso
pouvez-vous me recommander un hôtel près du centre ?	saprebbe consigliarmi un albergo in centro?
avez-vous un guide des restaurants de la ville ?	avete una guida dei ristoranti della città?

le sport	**lo sport**
où se trouve le stade ?	dov'è lo stadio?
où peut-on louer des vélos ?	dove si possono noleggiare bici?

369

je voudrais réserver un court (de tennis) pour 19 heures	vorrei prenotare un campo da tennis per le 19
c'est combien pour une heure de cours ?	quanto costa un'ora di corso?
la piscine est-elle ouverte tous les jours ?	la piscina è aperta tutti i giorni?
où peut-on se changer ?	dov'è lo spogliatoio?
peut-on louer du matériel ?	è possibile noleggiare degli attrezzi?
est-ce que vous louez des bateaux ?	noleggiate barche?
où peut-on faire un bowling par ici ?	c'è un bowling da queste parti?

à la banque / in banca

je voudrais changer 100 euros en dollars/livres sterling	vorrei cambiare 100 euro in dollari/sterline
en petites coupures, s'il vous plaît	preferisco delle banconote di piccola taglia
quel est le taux de change pour le dollar ?	qual è il tasso di cambio del dollaro?
quel est le montant de la commission ?	di quanto è la commissione?
en euros, cela fait combien ?	a quanto equivale in euro?
je voudrais encaisser des chèques de voyage	vorrei incassare dei traveller's cheques
je voudrais faire un transfert d'argent	vorrei fare un bonifico
où se trouve le distributeur de billets ?	dov'è lo sportello Bancomat?
le distributeur a avalé ma carte de crédit	il Bancomat mi ha mangiato la carta
ma carte de crédit ne fonctionne pas	la mia carta di credito non funziona

au bureau de poste	all'ufficio postale
combien ça coûte pour envoyer une lettre/une carte postale à Paris ?	quanto costa spedire una lettera/una cartolina a Parigi?
je voudrais dix timbres pour la France	vorrei 10 francobolli per la Francia
je voudrais envoyer ce paquet en recommandé	vorrei spedire questo pacco per raccomandata
quel est le tarif pour un courrier urgent ?	qual è il costo di una spedizione veloce?
combien de temps mettra-t-il pour arriver ?	in quanto tempo arriverà?
puis-je envoyer un fax ?	è possibile inviare un fax?

chez le médecin	dal dottore
j'ai vomi	ho rimesso
j'ai la diarrhée	ho la diarrea
j'ai mal là	mi fa male qui
j'ai mal à la tête	ho mal di testa
j'ai mal à la gorge	ho mal di gola
j'ai mal au ventre	ho mal di pancia
je ne peux plus marcher	non riesco più a camminare
mon fils tousse	mio figlio ha la tosse
il a de la fièvre	ha la febbre
je suis allergique à la pénicilline	sono allergico(a) alla penicillina
je ne supporte pas bien les antibiotiques	non tollero molto gli antibiotici
je crois que j'ai une otite	credo di avere un'otite
je souffre d'hypertension	soffro di ipertensione

je suis diabétique	sono diabetico(a)
je crois que je me suis cassé le poignet	temo di essermi rotto il polso
jusqu'à quand dois-je suivre le traitement ?	fino a quando devo seguire la cura?

chez le dentiste	**dal dentista**
j'ai une rage de dents	ho un fortissimo mal di denti
c'est une molaire qui me fait mal	mi fa male un molare
j'ai perdu un plombage	ho perso un'otturazione
j'ai certainement une carie	sono sicuro(a) di avere una carie
une de mes incisives s'est cassée	mi sono rotto(a) un incisivo
mes dents de sagesse me font souffrir	mi danno fastidio i denti del giudizio
il faudrait refaire le bridge	bisognerebbe rifare il ponte
j'ai perdu mon appareil dentaire	ho perso l'apparecchio
pourriez-vous me faire une anesthésie locale ?	potrebbe farmi un'anestesia locale?

à la pharmacie	**in farmacia**
je voudrais un médicament contre les maux de tête/le mal de gorge/la diarrhée	vorrei qualcosa contro il mal di testa/il mal di gola/la diarrea
il me faudrait de l'aspirine/des pansements	ho bisogno di un'aspirina/di cerotti
je voudrais une crème solaire haute protection	mi servirebbe una crema solare ad alta protezione
auriez-vous une lotion contre les piqûres d'insectes ?	avrebbe una lozione contro le punture di insetti?

j'ai une ordonnance de mon médecin français	ho una prescrizione del mio medico francese
vendez-vous ce médicament sans ordonnance ?	questo farmaco può essere venduto senza ricetta medica?
pourriez-vous me recommander un médecin ?	saprebbe consigliarmi un dottore?
quel est le médecin de garde ?	chi è il medico di guardia?
urgences	emergenze
appelez un médecin/les pompiers/la police !	chiami un medico/i pompieri/la polizia!
appelez une ambulance !	chiamate un'ambulanza!
pouvez-vous nous emmener aux urgences ?	potrebbe portarmi al pronto soccorso?
où est l'hôpital le plus proche ?	dov'è l'ospedale più vicino?
le groupe sanguin de mon fils est O+	il gruppo sanguigno di mio figlio è lo O+
je dois voir un médecin /un dentiste de toute urgence	ho urgentemente bisogno di un medico/un dentista
j'ai été victime d'un vol	sono stato(a) derubato(a)
il y a eu un accident	c'è stato un incidente
on m'a volé ma voiture	mi hanno rubato la macchina
nous avons été agressés	siamo stati aggrediti

Nombres cardinaux / Cardinali		
zéro	0	zero
un	1	uno
deux	2	due
trois	3	tre
quatre	4	quattro
cinq	5	cinque
six	6	sei
sept	7	sette
huit	8	otto
neuf	9	nove
dix	10	dieci
onze	11	undici
douze	12	dodici
treize	13	tredici
quatorze	14	quattordici
quinze	15	quindici
seize	16	sedici
dix-sept	17	diciassette
dix-huit	18	diciotto
dix-neuf	19	diciannove
vingt	20	venti
vingt et un	21	ventuno
vingt-deux	22	ventidue
vingt-trois	23	ventitré
vingt-quatre	24	ventiquattro
vingt-cinq	25	venticinque
vingt-six	26	ventisei
vingt-sept	27	ventisette

Nombres cardinaux / Cardinali		
vingt-huit	28	ventotto
vingt-neuf	29	ventinove
trente	30	trenta
trente et un	31	trentuno
trente-deux	32	trentadue
quarante	40	quaranta
quarante et un	41	quarantuno
quarante-deux	42	quarantadue
cinquante	50	cinquanta
cinquante et un	51	cinquantuno
soixante	60	sessanta
soixante et un	61	sessantuno
soixante-dix	70	settanta
soixante et onze	71	settantuno
quatre-vingts	80	ottanta
quatre-vingt-un	81	ottantuno
quatre-vingt-dix	90	novanta
quatre-vingt-onze	91	novantuno
cent	100	cento
cent un	101	centouno
cent dix	110	centodieci
deux cents	200	duecento
mille	1 000	mille
mille vingt	1 020	milleventi
mille cinq cent six	1 506	millecinquecentosei
deux mille	2 000	duemila
un million	1 000 000	un milione
un milliard	1 000 000 000	un miliardo

	Nombres Ordinaux / Ordinali	
premier	$1^{er}/1°$	primo
deuxième	$2^e/2°$	secondo
troisième	$3^e/3°$	terzo
quatrième	$4^e/4°$	quarto
cinquième	$5^e/5°$	quinto
sixième	$6^e/6°$	sesto
septième	$7^e/7°$	settimo
huitième	$8^e/8°$	ottavo
neuvième	$9^e/9°$	nono
dixième	$10^e/10°$	decimo
onzième	$11^e/11°$	undicesimo
douzième	$12^e/12°$	dodicesimo
treizième	$13^e/13°$	tredicesimo
quatorzième	$14^e/14°$	quattordicesimo
quinzième	$15^e/15°$	quindicesimo
seizième	$16^e/16°$	sedicesimo
dix-septième	$17^e/17°$	diciassettesimo
dix-huitième	$18^e/18°$	diciottesimo
dix-neuvième	$19^e/19°$	diciannovesimo
vingtième	$20^e/20°$	ventesimo
vingt et unième	$21^e/21°$	ventunesimo
vingt-deuxième	$22^e/22°$	ventiduesimo
vingt-troisième	$23^e/23°$	ventitreesimo
vingt-quatrième	$24^e/24°$	ventiquattresimo
vingt-cinquième	$25^e/25°$	venticinquesimo

Nombres Ordinaux / Ordinali		
vingt-sixième	26ᵉ/26°	ventiseiesimo
vingt-septième	27ᵉ/27°	ventisettesimo
vingt-huitième	28ᵉ/28°	ventottesimo
vingt-neuvième	29ᵉ/29°	ventinovesimo
trentième	30ᵉ/30°	trentesimo
trente et unième	31ᵉ/31°	trentunesimo
trente-deuxième	32ᵉ/32°	trentaduesimo
quarantième	40ᵉ/40°	quarantesimo
quarante et unième	41ᵉ/41°	quarantunesimo
quarante-deuxième	42ᵉ/42°	quarantaduesimo
cinquantième	50ᵉ/50°	cinquantesimo
cinquante et unième	51ᵉ/51°	cinquantunesimo
soixantième	60ᵉ/60°	sessantesimo
soixante et unième	61ᵉ/61°	sessantunesimo
soixante-dixième	70ᵉ/70°	settantesimo
soixante et onzième	71ᵉ/71°	settantunesimo
quatre-vingtième	80ᵉ/80°	ottantesimo
quatre-vingt unième	81ᵉ/81°	ottantunesimo
quatre-vingt dixième	90ᵉ/90°	novantesimo
quatre-vingt onzième	91ᵉ/91°	novantunesimo
centième	100ᵉ/100°	centesimo
cent unième	101ᵉ/101°	centunesimo
millième	1 000ᵉ/1 000°	millesimo

Valeurs mathématiques / Valori matematici		
un demi	1/2	un mezzo
deux tiers	2/3	due terzi
trois quarts	3/4	tre quarti
un dixième	1/10	un decimo
un centième	1/100	un centesimo
zéro virgule un	0,1	zero virgola uno
deux virgule cinq	2,5	due virgola cinque
six virgule zéro trois	6,03	sei virgola zero tre
moins un	-1	meno uno
moins douze	-12	meno dodici

Calcul / Le operazioni		
huit plus deux font o égalent dix	8+2=10	otto più due uguale *ou* fa dieci
neuf moins trois égalent six	9-3=6	nove meno tre uguale *ou* fa sei
sept fois trois égalent vingt et un	7x3=21	sette per tre uguale *ou* fa ventuno
vingt divisé par quatre égalent cinq	20:4=5	venti diviso quattro uguale *ou* fa cinque

L'heure / L'ora		
cinq heures		le cinque
sept heures cinq		le sette e cinque
huit heures dix		le otto e dieci
neuf heures et quart/ neuf heures quinze		le nove e un quarto ou e quindici
dix heures vingt		le dieci e venti
onze heures et demie		le undici e mezza ou e trenta
midi		mezzogiorno
midi et demie		mezzogiorno e mezzo/la mezza
une heure		l'una
deux heures/quatorze heures		le due/le quattordici
quatre heures moins le quart/ quinze heures quarante-cinq		le tre e tre quarti/le quattro meno un quarto/le quindici e quarantacinque

cinq o dix-sept heures vingt-trois		le cinque *ou* diciassette e ventitré
huit heures trente-cinq		le otto e trentacinque
minuit		mezzanotte
une heure (du matin)		l'una (di notte)

matin	mattino
après-midi	pomeriggio
soir/soirée	sera
nuit	notte
Il est quelle heure ?/ Est-ce que vous avez l'heure ?	Che ore sono?/ Sa dirmi che ore sono?
Il est une heure/ Il est cinq heures moins dix.	È l'una/Mancano dieci minuti alle cinque.
À quelle heure ?	A che ora?
À/vers/aux environs de trois/ dix heures.	Alle/Verso le/ Intorno alle tre/alle dieci.
Quand ?	Quando?
Il y a une demi-heure.	Mezzora fa.
Dans trois quarts d'heure.	Fra tre quarti d'ora.

a A

a [a] *(spesso ad davanti vocale; diventa al, allo, alla, all', ai, agli, alle davanti art det) prep*
1. *(complemento di termine)* à ● dare qc a qn donner qqch à qqn ● chiedere qc a qn demander qqch à qqn ● pensare a qc/qn penser à qqch/qqn
2. *(stato in luogo)* à ● abito a Torino j'habite à Turin ● noi restiamo a casa nous restons à la maison
3. *(moto a luogo)* à ● torno a Roma je rentre à Rome ● mi porti allo stadio? tu m'emmènes au stade ? ● andiamo a letto nous allons nous coucher
4. *(temporale)* à ● c'è un volo alle 8:30 il y a un vol à 8 h 30 ● domani! à demain ! ● al mattino le matin ● alla sera le soir
5. *(per modo e mezzo)* à ● un pasto all'italiana un repas à l'italienne ● alla perfezione à la perfection ● riscaldamento a gas chauffage au gaz ● a piedi à pied
6. *(per prezzo e misura)* à ● comprare qc a metà prezzo acheter qqch (à) moitié prix ● a 3.000 m di altitudine à 3 000 m d'altitude ● a due chilometri dalla stazione à deux kilomètres de la gare
7. *(per caratteristica)* à ● camicia a maniche corte chemise à manches courtes ● finestra a doppi vetri fenêtre à double vitrage
8. *(per rapporto)* ● 50 chilometri all'ora 50 kilomètres (à l')heure ● una volta al mese une fois par mois

A *(abbr di autostrada)* A *(autoroute)* ● imboccate la A 14 prenez la A 14
abbacchio [ab'bakkjo] *sm* agneau *m* de lait
abbaglianti [abbaʎ'ʎanti] *smpl* feux *mpl* de route
abbagliare [abbaʎ'ʎare] *vt* éblouir
abbaiare [abba'jare] *vi* aboyer
abbandonare [abbando'nare] *vt* abandonner
abbandono [abban'dono] *sm* abandon *m* ● lasciare qc all'abbandono laisser qqch à l'abandon
abbassare [abbas'sare] *vt* baisser ◆ **abbassarsi** *vr* 1. *(chinarsi)* se baisser 2. *(ridursi)* baisser
abbasso [ab'basso] *esclam* ● abbasso la guerra! à bas la guerre !
abbastanza [abbas'tantsa] *avv* assez ● averne abbastanza di en avoir assez de
abbattere [ab'battere] *vt* 1. *(albero, animale)* abattre 2. *(regime)* renverser ◆ **abbattersi** *vr* se laisser abattre
abbattuto, a [abbat'tuto, a] *agg* abattu(e)
abbazia [abbats'tsia] *sf* abbaye *f*
abbia ['abbja] ▷ avere
abbiente [ab'bjente] *agg* aisé(e) ◇ *smf* ● i meno abbienti les démunis *mpl*
abbigliamento [abbiʎʎa'mento] *sm* habillement *m* ● abbigliamento sportivo vêtements *mpl* de sport ▼ abbigliamento uomo/donna mode homme/femme
abbinare [abbi'nare] *vt (vestiti, colori)* assortir
abboccare [abbok'kare] *vi (pesce)* mordre (à l'hameçon)

abbonamento [abbona'mento] *sm* abonnement *m* • **abbonamento flat** forfait *m* • **fare l'abbonamento a qc** s'abonner à qqch, prendre un abonnement à qqch

abbonarsi [abbo'narsi] *vr* s'abonner • **abbonarsi a una rivista** s'abonner à une revue

abbonato, a [abbo'nato, a] *agg & sm, f* abonné(e)

abbondante [abbon'dante] *agg* abondant(e) • **un chilo abbondante** un bon kilo

abbondanza [abbon'dantsa] *sf* abondance *f*

abbordabile [abbor'dabile] *agg* abordable

abbottonare [abbotto'nare] *vt* boutonner • **abbottonarsi** *vr* se boutonner • **abbottonati!** boutonne-toi ! • **non riesco ad abbottonarmi la camicia** je ne réussis pas à boutonner ma chemise

abbozzare [abbots'tsare] *vt* 1. ébaucher 2. (sorriso, saluto) esquisser

abbozzo [ab'bɔtstso] *sm* ébauche *f*

abbracciare [abbratʃ'tʃare] *vt* 1. (persona) serrer dans ses bras 2. (fede, professione) embrasser ◆ **abbracciarsi** *vr* s'étreindre

abbraccio [ab'bratʃtʃo] *sm* étreinte *f*

abbreviare [abbre'vjare] *vt* abréger

abbreviazione [abbrevjats'tsjone] *sf* abréviation *f*

abbronzante [abbron'dzante] *agg* solaire ◇ *sm* crème *f* solaire

abbronzare [abbron'dzare] *vt* bronzer ◆ **abbronzarsi** *vr* bronzer

abbronzato, a [abbron'dzato, a] *agg* bronzé(e)

abbronzatura [abbrondza'tura] *sf* bronzage *m*

abbrustolire [abbrusto'lire] *vt* griller

abdicare [abdi'kare] *vi* abdiquer

abete [a'bete] *sm* sapin *m*

abile ['abile] *agg* 1. (bravo) habile 2. (idoneo) apte • **abile al lavoro** apte au travail • **abile a fare qc** doué(e) pour faire qqch • **abile in qc** doué(e) pour qqch

abilità [abili'ta] *sf inv* habileté *f*

abilitato, a [abili'tato, a] *agg* agréé(e)

abilmente [abil'mente] *avv* habilement

abisso [a'bisso] *sm* abîme *m*

abitabile [abi'tabile] *agg* habitable • **cucina abitabile** grande cuisine *f*

abitacolo [abi'takolo] *sm* habitacle *m*

abitante [abi'tante] *smf* habitant *m*, -e *f*

abitare [abi'tare] *vt & vi* habiter • **dove abita?** où habitez-vous ? • **abito a Roma/in Italia** j'habite à Rome/en Italie

abitato, a [abi'tato, a] *agg* habité(e)

abitazione [abitats'tsjone] *sf* habitation *f*

abito ['abito] *sm* 1. (da donna) robe *f* 2. (da uomo) costume *m* • **abito da sera** tenue *f* de soirée ◆ **abiti** *smpl* vêtements *mpl*

abituale [abitu'ale] *agg* habituel(elle)

abitualmente [abitual'mente] *avv* habituellement

abituare [abitu'are] *vt* habituer ◆ **abituarsi (a)** *vr+prep* s'habituer (à)

abitudine [abi'tudine] *sf* habitude *f* • **aver l'abitudine di fare qc** avoir l'habitude de faire qqch • **per abitudine** par habitude

abolire [abo'lire] *vt* **1.** *(legge, schiavitù)* abolir **2.** *(zuccheri, grassi)* éliminer

aborigeno, a [abo'ridʒeno, a] *agg & sm, f* aborigène

abortire [abor'tire] *vi* **1.** *(accidentalmente)* faire une fausse couche **2.** *(volontariamente)* avorter

aborto [a'bɔrto] *sm* **1.** *(spontaneo)* fausse couche *f* **2.** *(volontario)* avortement *m*

abrasione [abra'zjone] *sf* écorchure *f*

abrogare [abro'gare] *vt (legge)* abroger

abruzzese [abruts'tseze] *agg* des Abruzzes ◇ *smf* natif(ive) ou habitant(e) des Abruzzes

Abruzzo [a'brutstso] *sm* ● **l'Abruzzo** les Abruzzes *fpl*

abusare [abu'zare] ◆ **abusare di** *v+prep* abuser de

abusivo, a [abu'zivo, a] *agg* illégal(e) ◇ *sm, f* travailleur *m*, -euse *f* au noir

abuso [ab'uzo] *sm* abus *m*

a.C. *(abbr scritta di avanti Cristo)* av. J.-C. *(avant Jésus-Christ)*

a.c. *(abbr scritta di anno corrente)* année courante

acaro ['akaro] *sm* acarien *m*

accademia [akka'dɛmja] *sf* académie *f* ● **accademia di belle arti** École *f* ou académie des beaux-arts

accadere [akka'dere] *vi* arriver ● **che cosa le è accaduto?** quel vous est-il arrivé ?

accaduto [akka'duto] *sm* ● **raccontare l'accaduto** raconter ce qui s'est passé

accalappiacani [akkalappja'kani] *smf inv* employé *m*, -e *f* de la fourrière

accalcarsi [akkal'karsi] *vr* se presser

accampamento [akkampa'mento] *sm* campement *m*

accamparsi [akkam'parsi] *vr* **1.** *(in tende)* camper **2.** *(in alloggio)* s'installer

accanimento [akkani'mento] *sm* acharnement *m*

accanito, a [akka'nito, a] *agg* acharné(e)

accanto [ak'kanto] *avv* à côté ● **abito accanto** j'habite à côté ◇ *agg inv* d'à côté ● **la porta accanto** la porte d'à côté ◆ **accanto a** *prep* à côté de

accaparrare [akkapar'rare] *vt (beni, merci)* stocker ◆ **accaparrarsi** *vr* ● **ci siamo accaparrati i posti migliori** nous nous sommes emparés des meilleures places ● **si è accaparrata la simpatia di tutti** elle s'est attirée la sympathie de tous

accappatoio [akkappa'tojo] *sm* peignoir *m*

accarezzare [akkarets'tsare] *vt* caresser

accattone, a [akkat'tone, a] *sm, f* mendiant *m*, -e *f*

accavallare [akkaval'lare] *vt (gambe)* croiser

accecare [atʃʃe'kare] *vt* aveugler

accedere [atʃ'tʃɛdere] ◆ **accedere a** *v+prep* accéder à

accelerare [atʃtʃele'rare] *vt & vi* accélérer

accelerato, a [atʃtʃele'rato, a] *agg* accéléré(e)

acceleratore [atʃtʃelera'tore] *sm* accélérateur *m*

accendere [atʃ'tʃɛndere] *vt* **1.** allumer **2.** *(motore)* mettre en marche, démarrer ● **scusi, ha da accendere?** excusez-moi, vous avez du feu ? ◆ **accendersi** *vr* s'allumer

accendigas [atʃtʃendi'gas] *sm inv* allume-gaz *m inv*

accendino [atʃʃen'dino] *sm* briquet *m*

accendisigari [atʃʃendi'sigari] *sm inv* allume-cigare *m*

accennare [atʃʃen'nare] *vt* (saluto, sorriso) esquisser ◆ **accennare a** *v+prep* **1.** (alludere a) faire allusion a **2.** (cominciare a) ● **la pioggia non accenna a smettere** la pluie n'a pas l'air de vouloir s'arrêter ◆ **accennare di** *v+prep* **●** **accennare di sì** faire signe que oui ● **mi ha accennato di tacere** il m'a fait signe de me taire

accensione [atʃʃen'sjone] *sf* allumage *m*

accento [atʃʃento] *sm* accent *m* ● **mettere l'accento su qc** mettre l'accent sur qqch

accerchiare [atʃʃer'kjare] *vt* encercler

accertamento [atʃʃerta'mento] *sm* vérification *f*

accertare [atʃʃer'tare] *vt* (verificare) vérifier ◆ **accertarsi di** *vr+prep* s'assurer de

acceso, a [a'tʃeso, a] *pp* → **accendere** ◇ *agg* **1.** allumé(e) **2.** (motore) en marche **3.** (colore) vif (vive)

accessibile [atʃʃes'sibile] *agg* **1.** (luogo, testo) accessible **2.** (prezzo) abordable **3.** (persona) d'un abord facile

accesso [a'tʃesso] *sm* accès *m*

accessori [atʃʃes'sɔri] *sm* accessoire *m*

accettare [atʃʃet'tare] *vt* accepter ▼ **si accettano carte di credito** cartes de crédit acceptées

accettazione [atʃʃettats'tsjone] *sf* **1.** (luogo) réception *f* **2.** (di domanda, proposta) acceptation *f*

acchiappare [akkjap'pare] *vt* attraper

acciacco, chi [a'tʃakko, ki] *sm* douleur *f*

acciaio [a'tʃajo] *sm* acier *m* ● **acciaio inossidabile** acier inoxydable

accidentale [atʃʃiden'tale] *agg* accidentel(elle)

accidentalmente [atʃʃidental'mente] *avv* accidentellement

accidentato, a [atʃʃiden'tato, a] *agg* accidenté(e)

accidenti [atʃʃi'denti] *esclam* **1.** (con rabbia) zut !, mince ! **2.** (con stupore) ça alors !

acciuffare [atʃʃuf'fare] *vt* attraper

acciuga, ghe [a'tʃuga, ge] *sf* anchois *m*

acclamare [akkla'mare] *vt* **1.** (applaudire) acclamer **2.** (eleggere) proclamer

acclimatarsi [akklima'tarsi] *vr* s'acclimater

accludere [ak'kludere] *vt* joindre

accluso, a [ak'kluzo, a] *agg* ci-joint(e)

accogliente [akkoʎ'ʎente] *agg* accueillant(e)

accoglienza [akkoʎ'ʎentsa] *sf* accueil *m*

accogliere [ak'koʎʎere] *vt* **1.** (persona, notizia) accueillir **2.** (domanda, idea) accepter

accoltellare [akkoltel'lare] *vt* poignarder

accomodare [akkomo'dare] *vt* (cosa rotta) réparer ◆ **accomodarsi** *vr* s'asseoir ● **si accomodi!** (si sieda) asseyez-vous ! ; (venga avanti) entrez !

accompagnamento [akkompaɲɲa'mento] *sm* accompagnement *m*

accompagnare [akkompaɲ'ɲare] *vt* accompagner

accompagnatore, trice [akkompaɲɲa'tore, 'tritʃe] *sm, f* accompagnateur *m*,

-trice *f* ● **accompagnatore turistico** guide *mf* touristique

acconciatura [akkontʃa'tura] *sf* coiffure *f*

acconsentire [akkonsen'tire] *vi* consentir ● **acconsentire alle richieste di qn** accéder aux requêtes de qqn

accontentare [akkonten'tare] *vt* contenter ● **accontentarsi di** *vr+prep* se contenter de

acconto [ak'kɔnto] *sm* acompte *m* ● **dare 250 euro in acconto** verser 250 euros d'acompte

accorciare [akkor'tʃare] *vt* raccourcir

accordare [akkor'dare] *vt* (strumento, permesso) accorder ● **accordarsi** *vr* (mettersi d'accordo) se mettre d'accord

accordo [ak'kɔrdo] *sm* (patto) accord *m* ● **d'accordo** d'accord ! ● **andare d'accordo (con qn)** bien s'entendre (avec qqn) ● **mettersi d'accordo (con qn)** se mettre d'accord (avec qqn)

accorgersi [ak'kɔrdʒersi] ● **accorgersi di** *vr+prep* s'apercevoir de

accorrere [ak'korrere] *vi* accourir ● **accorrere in aiuto (di qn)** accourir au secours (de qqn)

accorto, a [ak'korto, a] *pp* ➤ **accorgersi** ◇ *agg* avisé(e)

accostare [akkos'tare] *vt* 1. (mettere vicino) rapprocher 2. (porta, finestra) entrouvrir ◇ *vi* 1. (in auto) se ranger 2. *NAUT* accoster

accreditare [akkredi'tare] *vt* 1. (fatto, notizia) accréditer 2. (denaro) ● **accreditare 150 euro su un conto** créditer un compte de 150 euros

accrescere [ak'kreʃʃere] *vt* accroître

accucciarsi [akkutʃ'tʃarsi] *vr* (cane) se coucher

accudire [akku'dire] *vt* (malato, bambino) s'occuper de ● **accudire a** *v+prep* (casa) s'occuper de

accumulare [akkumu'lare] *vt* accumuler

accurato, a [akku'rato, a] *agg* 1. (persona) consciencieux(euse) 2. (lavoro) soigné(e)

accusa [ak'kuza] *sf* accusation *f*

accusare [akku'zare] *vt* ● **accusare qn** accuser qqn ● **è stato accusato di furto** il a été accusé de vol

acerbo, a [a'tʃɛrbo, a] *agg* vert(e), pas mûr(e)

acero ['atʃero] *sm* érable *m*

aceto [a'tʃeto] *sm* vinaigre *m*

acetone [atʃe'tone] *sm* dissolvant *m*

ACI ['atʃi] *(abbr di Automobil Club d'Italia) sm* ≈ ACF *m* (Automobile Club Français)*

acidità [atʃidi'ta] *sf inv* acidité ● **acidità di stomaco** aigreurs *fpl* d'estomac

¹acido ['atʃido] *sm* acide *m*

²acido, a ['atʃido, a] *agg* aigre

acino ['atʃino] *sm* (d'uva) grain *m* (de raisin)

acne ['akne] *sf* acné *f*

acqua ['akkwa] *sf eau f* ● **sott'acqua** sous l'eau ● **acqua dolce** eau douce ● **acqua minerale (gassata/naturale)** eau minérale (gazeuse/plate) ▼ **acqua non potabile** eau non potable ● **acqua ossigenata** eau oxygénée ● **acqua del rubinetto** eau du robinet ● **acqua salata** eau salée ● **acqua tonica** ≈ Schweppes® *m* ● **acque terma-**

li eaux thermales ● **acqua in bocca!** (motus et) bouche cousue !

L'acqua alta

À Venise, quand le niveau de la mer augmente de plus de 80 cm, les parties les plus basses de la ville, comme la place Saint-Marc, sont envahies par les eaux. L'on parle alors *d'acqua alta*, de hautes eaux. Ce phénomène se produit essentiellement durant les mois d'octobre, novembre et décembre : le centre de la ville se couvre alors de passerelles qui permettent aux habitants de marcher à pied sec.

acquaforte [akkwa'fɔrte] (pl **acqueforti** [akkwe'fɔrti]) *sf* eau-forte *f*

acquamarina [akkwama'rina] (pl **acquemarine** [akkwema'rine]) *sf* aigue-marine *f*

acquaragia [akkwa'radʒa] *sf* essence *f* de térébenthine

acquario [ak'kwarjo] *sm* aquarium *m* ◆ **Acquario** *sm* Verseau *m*

acquasanta [akkwa'santa] *sf* eau *f* bénite

acquatico, a, ci, che [ak'kwatiko, a, tʃi, ke] *agg* **1.** (*pianta, animale*) aquatique **2.** (*sport*) nautique

acquavite [akkwa'vite] *sf* eau-de-vie *f*

acquazzone [akkwat'tsone] *sm* averse *f*

acquedotto [akkwe'dotto] *sm* aqueduc *m*

acqueo ['akkweo] *agg m* ➤ **vapore**

acquerello [akkwe'rɛllo] *sm* aquarelle *f*

acquirente [akkwi'rɛnte] *smf* acheteur *m*, -euse *f*, acquéreur *m*

acquisire [akkwi'zire] *vt* acquérir

acquistare [akkwis'tare] *vt* **1.** (*comprare*) acheter **2.** (*ottenere*) obtenir

acquisto [ak'kwisto] *sm* achat *m* ● **fare acquisti** faire des achats

acquolina [akkwo'lina] *sf* ● **avere l'acquolina in bocca** avoir l'eau à la bouche ● **questo dolce (mi) fa venire l'acquolina in bocca** ce gâteau (me) met l'eau à la bouche

acquoso, a [ak'kwoso, a] *agg* aqueux(euse)

¹acrilico [a'kriliko] *sm* acrylique *m*

²acrilico, a, ci, che [a'kriliko, a, tʃi, ke] *agg* acrylique

acrobata, i, e [a'krɔbata, i, e] *smf* acrobate *mf*

acrobazia [akrobats'tsia] *sf* acrobatie *f*

acropoli [a'krɔpoli] *sf inv* acropole *f*

aculeo [a'kuleo] *sm* **1.** (*di vespa, scorpione*) dard *m* **2.** (*di riccio*) piquant *m*

acume [a'kume] *sm* perspicacité *f*

acustica [a'kustika] *sf* acoustique *f*

acustico, a, ci, che [a'kustiko, a, tʃi, ke] *agg* (*sonoro, uditivo, chitarra*) acoustique

acuto, a [a'kuto, a] *agg* **1.** (*angolo, suono*) aigu(uë) **2.** (*intelligente*) perspicace

ad [ad] ➤ **a**

adagio [a'dadʒo] *avv* lentement

adattamento [adatta'mento] *sm* adaptation *f*

adattare [adat'tare] *vt* **1.** (*opera*) adapter **2.** (*locale*) aménager **3.** (*vestito*) ajuster ◆ **adattarsi** *vr* **1.** (*cosa*) convenir à **2.** (*persona, pianta*) s'adapter ● **è un tipo che si adatta a tutto** il n'est pas compliqué

adatto, a [a'datto, a] *agg* ● un film adatto ai bambini un film qui convient aux enfants

addebitare [addebi'tare] *vt* ● addebitare 150 euro su un conto débiter un compte de 150 euros

addebito [ad'debito] *sm (di somma)* débit *m*

addestramento [addestra'mento] *sm* 1. *(di animali)* dressage *m* 2. *(professionale)* formation *f*

addestrare [addes'trare] *vt* 1. *(animali)* dresser 2. *(professionalmente)* former

addetto, a [ad'detto, a] *sm, f* préposé *m*, -e *f* ◇ *agg* ● rivolgersi al personale addetto s'adresser au personnel compétent ● addetto a *(persona)* préposé à ; *(cosa)* destiné à

addio [ad'dio] *esclam* adieu ! ◇ *sm* adieu *m*

addirittura [addirit'tura] *avv (perfino)* carrément ◇ *esclam* à ce point !

addirsi [ad'dirsi] ◆ **addirsi a** *vr+prep* convenir à

additivo [addi'tivo] *sm* additif *m*

addizionale [addittsjo'nale] *agg* additionnel(elle)

addizione [addits'tsjone] *sf* addition *f*

addobbo [ad'dobbo] *sm* décoration *f* ● addobbi natalizi décorations de Noël

addolcire [addol'tʃire] *vt (bevanda)* sucrer

addolorare [addolo'rare] *vt* peiner, faire de la peine

addome [ad'dome] *sm* abdomen *m*

addomesticare [addomesti'kare] *vt* apprivoiser

addormentare [addormen'tare] *vt* endormir ◆ **addormentarsi** *vr* s'endormir

addossare [addos'sare] *vt* 1. *(appoggiare)* ● addossa il divano alla parete colle le canapé contre le mur 2. *(attribuire)* attribuer ◆ **addossarsi** *vr* 1. *(responsabilità)* endosser 2. *(spese)* prendre à sa charge

addosso [ad'dɔsso] *avv* ● avevo addosso una divisa blu je portais un uniforme bleu ● mettiti addosso un golfino mets un pull ◆ **addosso a** *prep* ● mi è caduta addosso una tegola j'ai reçu une tuile sur la tête ● mi è venuto addosso in bici m'a percuté en vélo ● mi è venuta addosso una macchina une voiture m'a foncé dessus

adeguarsi [ade'gwarsi] *vr* s'adapter, se conformer ● mi adeguerò alle vostre decisioni je m'adapterai o me conformerai à vos décisions

adeguato, a [ade'gwato, a] *agg* approprié(e)

adempiere [a'dempjere] *vt (dovere)* accomplir ● adempiere (a) una promessa tenir une promesse

adempimento [adempi'mento] *sm* accomplissement *m*

adenoidi [ade'nɔidi] *sfpl* végétations *fpl* (adénoïdes)

aderente [ade'rɛnte] *agg (attillato)* moulant(e)

aderire [ade'rire] *vi* ● aderire a *(superficie, iniziativa)* adhérer à ; *(richiesta)* accéder à

¹**adesivo** [ade'zivo] *sm* 1. *(etichetta)* autocollant *m* 2. *(colla)* colle *f*

²**adesivo, a** [ade'zivo, a] *agg* adhésif(ive)

adesso [a'dɛsso] *avv* **1.** *(ora)* maintenant **2.** *(tra poco)* tout de suite **3.** *(poco fa)* • **gli ho parlato proprio adesso** je viens de lui parler

adiacente [adja'tʃɛnte] *agg* adjacent(e)

adibire [adi'bire] *vt* • **adibire una chiesa a ospedale** transformer une église en hôpital

Adige ['adidʒe] *sm* • **l'Adige** l'Adige *m*

adirarsi [adi'rarsi] *vr* se mettre en colère

adocchiare [adok'kjare] *vt* *(scorgere)* repérer

adolescente [adoleʃ'ʃɛnte] *agg & smf* adolescent(e)

adolescenza [adoleʃ'ʃɛntsa] *sf* adolescence *f*

adoperare [adope'rare] *vt* utiliser

adorabile [ado'rabile] *agg* adorable

adorare [ado'rare] *vt* adorer

adottare [adot'tare] *vt* adopter

adottivo, a [adot'tivo, a] *agg* adoptif(ive)

adozione [adots'tsjone] *sf* adoption *f*

adriatico, a, ci, che [adri'atiko, a, tʃi, ke] *agg* adriatique

Adriatico [adri'atiko] *sm* • **l'Adriatico** o **il mare Adriatico** l'Adriatique *f*, la mer Adriatique

ADSL [adiesse'elle] *(abbr di Asymmetric Digital Subscriber Line)* *sf inv* • **l'ADSL** l'ADSL *m inv* ◇ *agg inv* • **linea ADSL** ligne ADSL

adulterio [adul'tɛrjo] *sm* adultère *m*

adulto, a [a'dulto, a] *agg & sm, f* adulte

aerare [ae'rare] *vt* aérer

¹**aereo** [a'ɛreo] *sm* avion *m* • **aereo da turismo** avion de tourisme

²**aereo, a** [a'ɛreo, a] *agg* aérien(enne)

aerobica [ae'rɔbika] *sf* aérobic *m*

aeronautica [aero'nawtika] *sf* aéronautique *f*

aeroplano [aero'plano] *sm* avion *m*, aéroplane *m*

aeroporto [aero'pɔrto] *sm* aéroport *m*

aerosol [aero'sɔl] *sm inv* aérosol *m* • **fare l'aerosol** faire des séances d'aérosol

afa ['afa] *sf* chaleur *f* étouffante

affabile [af'fabile] *agg* aimable

affacciarsi [affat'tʃarsi] *vr* • **affacciarsi alla finestra** se mettre o se montrer à la fenêtre ◆ **affacciarsi su** *vr+prep* donner sur

affamato, a [affa'mato, a] *agg* affamé(e)

affannare [affan'nare] *vt* essouffler ◆ **affannarsi** *vr* • **mi sono affannata nel salire le scale** j'ai eu du mal à monter les escalier

affanno [af'fanno] *sm* **1.** *(di respiro)* essoufflement *m* **2.** *(ansia)* angoisse *f*

affare [af'fare] *sm* **1.** affaire *f* **2.** *(fam)* *(cosa)* truc *m* • **mettersi in affari con qn** entrer en affaires avec qqn • **non sono affari che ti riguardano** ça ne te regarde pas

affascinante [affaʃʃi'nante] *agg* fascinant(e)

affascinare [affaʃʃi'nare] *vt* fasciner

affaticarsi [affati'karsi] *vr* *(stancarsi)* se fatiguer

affatto [af'fatto] *avv* • **non mi disturbi affatto** tu ne me déranges pas du tout • **niente affatto** pas du tout

affermare [affer'mare] *vt* *(dire)* affirmer ◆ **affermarsi** *vr* s'imposer

affermativo, a [afferma'tivo, a] *agg* affirmatif(ive)

affermazione [affermats'tsjone] *sf* **1.** affirmation *f* **2.** *(successo)* succès *m*

afferrare [affer'rare] *vt* **1.** *(prendere)* saisir, attraper **2.** *(capire)* saisir

affettare [affet'tare] *vt* couper en tranches

¹**affettato** [affet'tato] *sm* charcuterie *f (coupée en tranches)*

²**affettato, a** [affet'tato, a] *agg* **1.** coupé(e) en tranches **2.** *(persona, modi)* affecté(e)

¹**affetto** [af'fetto] *sm* affection *f*

²**affetto, a** [af'fetto, a] *agg* ● *(essere)* affetto(a) da (être) atteint(e) de

affettuoso, a [affet'twozo, a] *agg* affectueux(euse)

affezionarsi [affetstsjo'narsi] *vr* ● affezionarsi a s'attacher à

affezionato, a [affetstsjo'nato, a] *agg* ● *(essere)* affezionato(a) a (être) attaché(e) à

affidare [affi'dare] *vt* ● mi è stato affidato un incarico importante on m'a confié une tâche importante ● posso affidarti mio figlio per qualche ora? je peux te laisser o confier mon fils pour quelques heures ?

affiggere [af'fidʒdʒere] *vt (manifesto)* afficher

affilare [affi'lare] *vt* aiguiser

affilato, a [affi'lato, a] *agg* aiguisé(e)

affinché [affin'ke] *cong* afin que

affinità [affini'ta] *sf inv* affinité *f*

affissione [affis'sjone] *sf* affichage *m* ▼ divieto di affissione affichage interdit

affisso, a [af'fisso, a] *pp* ➤ affiggere ◇ *agg* affiché(e)

affittare [affit'tare] *vt* louer ▼ affittasi à louer

affitto [af'fitto] *sm* **1.** *(prezzo)* loyer *m* **2.** *(cessione)* location *f* ● dare in affitto qc donner qqch en location, louer qqch ● prendere in affitto qc prendre qqch en location, louer qqch

affliggere [af'flidʒdʒere] *vt* accabler, affliger ◆ affliggersi *vr* se tourmenter

afflitto, a [af'flitto, a] *pp* ➤ affliggere ◇ *agg* affligé(e)

affluire [afflu'ire] *vi (fiume)* affluer

affogare [affo'gare] *vi* se noyer ◇ *vt* noyer

affogato [affo'gato] *sm* glace arrosée de café ou d'alcool

affollare [affol'lare] *vt* envahir

affollato, a [affol'lato, a] *agg* bondé(e)

affondare [affon'dare] *vi* sombrer, couler ◇ *vt* **1.** *(imbarcazione)* couler **2.** *(nel suolo)* enfoncer

affrancare [affran'kare] *vt* affranchir

affrancatura [affranka'tura] *sf* affranchissement *m*

affresco, schi [af'fresko, ski] *sm* fresque *f*

affrettare [affret'tare] *vt* hâter ◆ affrettarsi *vr* se dépêcher ● affrettiamoci a iscriverci dépêchons-nous de nous inscrire

affrontare [affron'tare] *vt* **1.** *(nemico)* affronter **2.** *(spesa)* faire face à **3.** *(argomento)* traiter

affronto [af'fronto] *sm* affront *m*

affumicato, a [affumi'kato, a] *agg* **1.** fumé(e) **2.** *(vetro, lente)* fumé(e), teinté(e)

afoso, a [a'fozo, a] *agg* **1.** *(caldo)* étouffant(e) **2.** *(aria, tempo)* lourd(e)

Africa ['afrika] *sf* ● l'Africa l'Afrique *f*

africano, a [afri'kano, a] *agg* africain(e)
◇ *sm, f* Africain *m*, -e *f*

afta ['afta] *sf* aphte *m*

agenda [a'dʒɛnda] *sf* agenda *m* ● mi segno l'appuntamento sull'agenda je note
ce rendez-vous dans mon agenda

agente [a'dʒɛnte] *sm* agent *m* ● agente di
borsa courtier *m*, -ère *f* ● agente immobiliare agent immobilier ● agente di polizia agent de police

agenzia [adʒen'tsia] *sf* agence *f* ● agenzia
immobiliare agence immobilière ● agenzia di viaggi agence de voyages

agevolare [adʒevo'lare] *vt* faciliter

agevolazione [adʒevolats'tsjone] *sf* facilité *f*

aggeggio [ad'dʒeddʒo] *sm* (*fam*) truc *m*

aggettivo [addʒet'tivo] *sm* adjectif *m*

agghiacciante [aggjatʃ'tʃante] *agg* ter-
rifiant(e)

aggiornamento [addʒorna'mento] *sm*
1. (*professionale*) mise *f* à niveau **2.** (*di testo, software*) mise *f* à jour

aggiornato, a [addʒor'nato, a] *agg*
1. (*persona*) au courant **2.** (*enciclopedia*)
mis(e) à jour

aggirare [addʒi'rare] *vt* contourner
◆ **aggirarsi** *vr* errer ◆ **aggirarsi su**
vr+prep ● la cifra si aggira sui 200 euro la
somme tourne autour de 200 euros

aggiudicare [addʒudi'kare] *vt* adjuger
● aggiudicato! (*nelle aste*) adjugé ! vendu ! ◆ **aggiudicarsi** *vr* (*vittoria, premio*)
s'adjuger, remporter

aggiungere [ad'dʒundʒere] *vt* ajouter
◆ **aggiungersi a** *vr+prep* (venir) s'ajouter à

aggiunta [ad'dʒunta] *sf* ajout *m* ● senza aggiunta di conservanti sans adjonc-
tion de conservateur ◆ **in aggiunta** *avv*
● il master prevede, in aggiunta, uno stage le master prévoit, en outre o en plus,
un stage

aggiunto, a [ad'dʒunto, a] *pp* ➤ aggiungere

aggiustare [addʒus'tare] *vt* réparer
◆ **aggiustarsi** *vr* **1.** (*capelli, vestito, trucco*)
arranger **2.** (*risolversi*) ● le cose si aggiu-
steranno col tempo les choses s'arrange-
ront avec le temps **3.** (*fam*) (*accordarsi*)
● non ti preoccupare, per la spesa ci ag-
giustiamo dopo ne t'inquiète pas pour
l'argent, on s'arrangera plus tard

agglomerato [agglome'rato] *sm* ● agglomerato urbano agglomération *f* (urbaine)

aggrapparsi [aggrap'parsi] *vr* ● aggrapparsi a s'agripper à

aggravare [aggra'vare] *vt* aggraver
◆ **aggravarsi** *vr* s'aggraver

aggredire [aggre'dire] *vt* agresser

aggressione [aggres'sjone] *sf* agression
f

aggressivo, a [aggres'sivo, a] *agg* agres-
sif(ive)

agguato [ag'gwato] *sm* guet-apens *m*

agiato, a [a'dʒato, a] *agg* (*persona, vita*)
aisé(e)

agile ['adʒile] *agg* agile

agio ['adʒo] *sm* ● mettersi a proprio agio
se mettre à l'aise

agire [a'dʒire] *vi* agir

agitare [adʒi'tare] *vt* **1.** (*scuotere*) agiter
2. (*turbare*) troubler ▼ **agitare prima
dell'uso** agiter avant emploi ◆ **agitarsi** *vr*

1. *(muoversi)* s'agiter **2.** *(turbarsi)* s'inquiéter

agitato, a [adʒi'tato, a] *agg* agité(e)

agitazione [adʒitats'tsjone] *sf* agitation *f*

agli ['aʎʎi] = **a + gli ➤ a**

aglio ['aʎʎo] *sm* ail *m*

agnello [aɲ'ɲello] *sm* agneau *m*

agnolotti [aɲɲo'lɔtti] *smpl* type de pâtes fraîches, de forme ronde ou rectangulaire, avec une farce à la viande, aux légumes ou au fromage

ago ['ago] *(pl* **aghi** ['agi]*) sm* aiguille *f*

agonia [ago'nia] *sf* **1.** agonie *f* **2.** *(fig) (tormento)* calvaire *m*

agonistico, a, ci, che [ago'nistiko, a, tʃi, ke] *agg* de compétition

agopuntura [agopun'tura] *sf* acuponcture *f*, acupuncture *f*

agosto [a'gosto] *sm* août *m* ● **ad o in agosto** en août ● **lo scorso agosto** en août dernier ● **il prossimo agosto** en août prochain ● **all'inizio di agosto** début août ● **alla fine di agosto** fin août ● **il due agosto** le deux août

agricolo, a [a'grikolo, a] *agg* agricole

agricoltore, trice [agrikol'tore, 'tritʃe] *sm, f* agriculteur *m*, -trice *f*

agricoltura [agrikol'tura] *sf* agriculture *f*

agriturismo [agritu'rizmo] *sm* **1.** *(luogo)* gîte *m* rural **2.** *(vacanza)* agritourisme *m*

agrodolce [agro'doltʃe] *sm* aigre-doux (aigre-douce) ● **in agrodolce** à l'aigre-douce

agrume [a'grume] *sm* agrume *m*

aguzzare [aguts'tsare] *vt (appetito, ingegno)* aiguiser ● **aguzzare la vista** regarder attentivement

aguzzo, a [a'gutstso, a] *agg* pointu(e)

ahi ['ai] *esclam* aïe !

ai ['ai] = **a + i ➤ a**

Aia ['aja] *sf* **l'Aia** La Haye

AIDS [aidi'esse o 'aids] *(abbr di Acquired Immune Deficiency Syndrome) (anche* sindrome da immunodeficienza acquisita*) sm o sf* SIDA *m (syndrome immuno-déficitaire acquis)*

A.I.G. [aidʒi'dʒi] *(abbr di Associazione Italiana Alberghi per la Gioventù)* ≃ FUAJ *f (Fédération unie des auberges de jeunesse)*

air terminal [ear'terminal] *sm inv* aérogaré *f*, terminal *m*

aiuola [a'jwɔla] *sf* parterre *m*

aiutante [aju'tante] *smf* assistant *m*, -e *f*

aiutare [aju'tare] *vt* aider ● **può aiutarmi a tirare giù la valigia?** pouvez-vous m'aider à descendre ma valise ?

aiuto [a'juto] *sm* aide *f* ● **aiuto !** à l'aide ! ● **chiedere aiuto** demander de l'aide ● **posso esserle di aiuto?** je peux vous aider o vous être utile ?

al [al] = **a + il ➤ a**

ala ['ala] *(pl* **ali** ['ali]*) sf* **1.** aile *f* **2.** *(calciatore)* ailier *m*

alano [a'lano] *sm* danois *m (chien)*

alba ['alba] *sf* aube *f* ● **all'alba** à l'aube

albanese [alba'nese] *agg* albanais(e) ◇ *smf* Albanais *m*, -e *f* ◇ *sm (lingua)* albanais *m*

Albania [alba'nia] *sf* **l'Albania** l'Albanie *f*

albergatore, trice [alberga'tore, 'tritʃe] *sm, f* hôtelier *m*, -ère *f*

alberghiero, a [alber'gjero, a] *agg* hôtelier(ère)

albergo, ghi [al'bɛrgo, gi] *sm* hôtel *m* ● **albergo diurno** bains-douches *mpl* ● **albergo a tre stelle** hôtel trois étoiles

albero ['albero] *sm* **1.** arbre *m* **2.** *(di nave)* mât *m* ● **albero genealogico** arbre généalogique ● **albero di Natale** sapin *m* de Noël ● **albero di trasmissione** arbre de transmission

albicocca, che [albi'kɔkka, ke] *sf* abricot *m*

albino, a [al'bino, a] *agg & sm, f* albinos

album ['album] *sm inv* album *m* ● **album da disegno** bloc *m* à dessin

albume [al'bume] *sm* blanc *m* d'œuf

alcol [al'kɔl] *sm* alcool *m*

¹alcolico [al'kɔliko] *sm* alcool *m*

²alcolico, a, ci, che [al'kɔliko, a, tʃi, ke] *agg (bevanda)* alcoolisé(e)

alcolizzato, a [alkolidz'dzato, a] *sm, f* alcoolique *mf*

alcuno, a [al'kuno, a] ◇ *agg sing* aucun(e) ● **non ne ho alcuna voglia** je n'en ai aucune envie ◆ **alcuni, e** *agg pl* quelques ● **ho da sbrigare alcune cose** j'ai quelques trucs à régler ◇ *pron pl* quelques-uns (quelques-unes) ● **ne ho letti alcuni** j'en ai lu quelques-uns ● **alcuni di noi** certains d'entre nous

aldilà [aldi'la] *sm inv* ● **l'aldilà** l'au-delà *m inv*

alfabeto [alfa'bɛto] *sm* alphabet *m*

alfiere [al'fjɛre] *sm (negli scacchi)* fou *m*

alga, ghe ['alga, ge] *sf* algue *f*

algebra ['aldʒebra] *sf* algèbre *f*

Algeria [aldʒe'ria] *sf* ● **l'Algeria** l'Algérie *f*

aliante [ali'ante] *sm* planeur *m*

alibi ['alibi] *sm inv* alibi *m*

alice [a'litʃe] *sf* anchois *m*

alieno, a ['aljeno, a] *sm, f* extraterrestre *mf*

¹alimentare [alimen'tare] *agg* alimentaire ◆ **alimentari** *smpl* ● **negozio alimentari** magasin d'alimentation ● **reparto alimentari** rayon alimentation

²alimentare [alimen'tare] *vt* alimenter

alimentatore [alimenta'tore] *sm* alimentation *f*

alimentazione [alimentats'tsjone] *sf* alimentation *f*

alimento [ali'mento] *sm* aliment *m* ◆ **alimenti** *smpl* DIR pension *f* alimentaire

aliscafo [alis'kafo] *sm* hydroptère *m*

alito ['alito] *sm* haleine *f*

all' [al] = a + l' ➤ **a**

alla ['alla] = a + la ➤ **a**

allacciare [allat'tʃare] *vt* **1.** *(scarpe)* lacer **2.** *(cintura, vestito)* attacher **3.** *(gas, luce, acqua, telefono)* raccorder ◆ **allacciarsi** *vr* ● **allacciati la cintura di sicurezza** attache ta ceinture de sécurité ● **non ti sei allacciato le scarpe** tu n'as pas lacé tes chaussures

allagare [alla'gare] *vt* inonder ◆ **allagarsi** *vr* être inondé(e)

allargare [allar'gare] *vt* **1.** *(ampliare)* élargir **2.** *(gambe)* écarter ◆ **allargarsi** *vr (buco, vestito)* s'élargir

allarmare [allar'mare] *vt* alarmer

allarme [al'larme] *sm* alarme *f* ● **allarme antincendio** alarme incendie ● **dare l'allarme** donner l'alarme

allattare [allat'tare] *vt* allaiter

alle ['alle] = a + le ➤ **a**

alleanza [alle'antsa] *sf* alliance *f*

allearsi [alle'arsi] *vr* ● **allearsi (con/contro qn)** s'allier (avec/contre qqn)

allegare [alle'gare] *vt* joindre ● **allego... vous trouverez ci-joint ...**

¹allegato [alle'gato] *sm* pièce *f* jointe ● **le mando in allegato una copia del documento** vous trouverez en pièce jointe une copie du document

²allegato, a [alle'gato] *agg* ci-joint(e)

alleggerire [alledʤe'rire] *vt* alléger

allegria [alle'gria] *sf* gaieté *f*

allegro, a [al'legro, a] *agg* gai(e)

allenamento [allena'mento] *sm* entraînement *m* ● **tenersi in allenamento** *(fisicamente)* rester en forme ; *(mentalmente)* se maintenir au niveau

allenare [alle'nare] *vt* entraîner ◆ **allenarsi** *vr* s'entraîner

allenatore, trice [allena'tore, 'tritʃe] *sm, f* entraîneur *m*, -euse *f*

allentare [allen'tare] *vt* 1. *(vite, nodo)* desserrer 2. *(sorveglianza, disciplina)* relâcher ◆ **allentarsi** *vr* 1. *(vite, nodo)* se desserrer 2. *(sorveglianza)* se relâcher

allergia [aller'dʒia] *sf* allergie *f*

allergico, a, ci, che [al'lerdʒiko, a, tʃi, ke] *agg* ● **(essere) allergico a qc** (être) allergique à qqch

allestire [alles'tire] *vt (mostra, spettacolo)* organiser, préparer

allevamento [alleva'mento] *sm* élevage *m*

allevare [alle'vare] *vt* élever

allibratore [allibra'tore] *sm* bookmaker *m*

allievo, a [al'ljevo, a] *sm, f* élève *mf*

alligatore [alliga'tore] *sm* alligator *m*

allineare [alline'are] *vt* aligner ◆ **allinearsi** *vr* s'aligner

allo [al'lo] = **a + lo** ⊳ **a**

allodola [al'lɔdola] *sf* alouette *f*

alloggiare [allodʤ'dʒare] *vi* loger

alloggio [al'lɔdʤo] *sm* logement *m*

allontanare [allonta'nare] *vt* 1. *(mandare via)* renvoyer 2. *(pericolo)* éloigner ◆ **allontanarsi** *vr* s'éloigner

allora [al'lora] *cong* alors ◇ *avv* à l'époque ● **da allora** depuis (ce temps-là)

alloro [al'lɔro] *sm* laurier *m*

alluce ['allutʃe] *sm* gros orteil *m*

allucinante [allutʃi'nante] *agg (incredibile)* hallucinant(e)

allucinazione [allutʃinats'tsjone] *sf* hallucination *f*

¹allucinogeno [allutʃi'nɔdʒeno] *sm* hallucinogène *m*

²allucinogeno, a [allutʃi'nɔdʒeno, a] *agg* hallucinogène

alludere [al'ludere] ◆ **alludere a** *v+prep* faire allusion à

alluminio [allu'minjo] *sm* aluminium *m*

allungare [allun'gare] *vt* 1. allonger 2. *(collo)* tendre ◆ **allungarsi** *vr* s'allonger

allusione [allu'zjone] *sf* allusion *f*

alluso [al'luzo] *pp* ⊳ **alludere**

alluvione [allu'vjone] *sf* inondation *f*

almeno [al'meno] *avv* au moins

alogeno, a [a'lɔdʒeno, a] *agg* halogène ● **Alpi** ['alpi] *sfpl* ● **le Alpi** les Alpes *fpl*

alpinismo [alpi'nizmo] *sm* alpinisme *m*

alpinista, i, e [alpi'nista, i, e] *smf* alpiniste *mf*

alpino, a [al'pino, a] *agg* alpin(e)

alquanto [al'kwanto] *avv* plutôt

alt [alt] *esclam* halte ! ◇ *sm inv* ● **intimare l'alt a qn** (faire) arrêter qqn

altalena [alta'lena] *sf* balançoire *f*

altare [al'tare] *sm* autel *m*

alterare [alte'rare] *vt* (*modificare*) altérer ◆ **alterarsi** *vr* (*persona*) s'irriter

alternare [alter'nare] *vt* alterner ● **alternarsi** *vr* 1. (*periodi, stili*) se succeder 2. (*persone*) se relayer

alternativa [alterna'tiva] *sf* alternative *f*

alternato, a [alter'nato, a] *agg* ➤ **corrente**

alterno, a [al'terno, a] *agg* ● **a giorni alterni** un jour sur deux

altezza [al'tettsa] *sf* 1. (*statura*) taille *f* 2. (*di cosa, aereo*) hauteur *f* 3. (*dell'acqua*) profondeur *f*

altezzoso, a [altets'tsoso, a] *agg* hautain(e)

altitudine [alti'tudine] *sf* altitude *f*

alto, a ['alto, a] *agg* 1. haut(e) 2. (*persona, animale*) grand(e) 3. (*ingente*) élevé(e) 4. (*profondo*) profond(e) ● **alto** *avv* ● **in alto** en haut ◇ *sm* ● **alti e bassi** des hauts et des bas

Alto Adige [alto'adidʒe] *sm* ● **l'Alto Adige** le Haut-Adige

altoatesino, a [altoate'zino, a] *agg* du Haut-Adige ◇ *sm, f* natif(ive) ou habitant(e) du Haut-Adige

altoparlante [altopar'lante] *sm* haut-parleur *m*

altopiano [alto'pjano] (*pl* altipiani [alti'pjani]) *sm* haut plateau *m*

altrettanto, a [altret'tanto, a] *agg* autant de ● **ci sono sei uomini e altrettante donne** il y a six hommes et autant de femmes ◆ **altrettanto** *pron* autant ● **non**

posso dire altrettanto di te je ne peux pas en dire autant de toi ◇ *avv* ● **non ne sono altrettanto sicura** je n'en suis pas aussi sûre ● – **auguri! – grazie, altrettanto!** – meilleurs vœux ! – merci, toi/vous de même

altrimenti [altri'menti] *avv* 1. (*diversamente*) autrement 2. (*in caso contrario*) sinon

altro, a ['altro, a] *agg* 1. (*diverso*) autre ● **ha un altro modello ?** vous avez un autre modèle ? ● **avevo capito un'altra cosa** j'avais compris autre chose 2. (*supplementare*) autre ● **un altro caffè ?** un autre café ? 3. (*rimanente*) autre ● **gli altri passeggeri sono pregati di restare ai loro posti** les autres passagers sont priés de rester à leur place 4. (*nel tempo*) autre ● **l'altr'anno** l'année dernière ● **l'altro giorno** l'autre jour ◇ *pron* autre ● **l'uno o l'altro** l'un ou l'autre ● **gli altri** (*il prossimo*) les autres ◇ *sm* ● **desidera altro?** désirez-vous autre chose ?

altroché [altro'ke] *esclam* et comment !

altronde [al'tronde] ● **d'altronde** *avv* d'ailleurs

altrove [al'trove] *avv* ailleurs

altrui [al'trui] *agg inv* d'autrui

altruista, i, e [altru'ista, i, e] *agg & smf* altruiste

altura [al'tura] *sf* (*luogo*) hauteur *f*

alunno, a [a'lunno, a] *sm, f* élève *mf*

alveare [alve'are] *sm* ruche *f*

alzare [al'tsare] *vt* 1. (*sollevare*) lever 2. (*prezzi, volume*) augmenter 3. (*voce*) élever ◆ **alzarsi** vr **1.** *(persona, vento)* se lever **2.** *(aumentare)* augmenter

amaca, che [a'maka o amaka, ke] *sf* hamac *m*

amalgamare [amalga'mare] *vt* amalgamer

amante [a'mante] *smf* **1.** *(innamorato)* amant *m*, maîtresse *f* **2.** *(appassionato)* amateur *m*, -trice *f*

amaramente [amara'mente] *avv* amèrement

amare [a'mare] *vt* aimer

amareggiato, a [amaredʒ'dʒato, a] *agg* plein(e) d'amertume

amarena [ama'rena] *sf* griotte *f*

amaretto [ama'retto] *sm* **1.** *(biscotto)* ≃ macaron *m* **2.** *(liquore)* liqueur au goût d'amande amère

amarezza [ama'rettsa] *sf* amertume *f*

¹amaro [a'maro] *sm* digestif *m*

²amaro, a [a'maro, a] *agg* amer(ère)

ambasciata [ambaʃ'ʃata] *sf* ambassade *f*

ambasciatore, trice [ambaʃʃa'tore, 'tritʃe] *sm, f (diplomatico)* ambassadeur *m*, -drice *f*

ambedue [ambe'due] *agg inv* les deux ◇ *pron* tous/toutes les deux

ambientalista, i, e [ambjenta'lista, i, e] *agg & smf* écologiste

ambientare [ambjen'tare] *vt* situer ◆ **ambientarsi** vr s'adapter

ambiente [am'bjente] *sm* **1.** *(natura)* environnement *m* **2.** *(luogo)* endroit *m* **3.** *(cerchia)* milieu *m*

ambiguo, a [am'bigwo, a] *agg* ambigu(uë)

ambizione [ambits'tsjone] *sf* ambition *f*

ambizioso, a [ambits'tsjozo, a] *agg* ambitieux(euse)

ambra [ambra] *sf* ambre *m*

ambulante [ambu'lante] *agg* ambulant(e) ◇ *smf* marchand *m* ambulant, marchande *f* ambulante

ambulanza [ambu'lantsa] *sf* ambulance *f*

ambulatorio [ambula'tɔrjo] *sm* dispensaire *m*

America [a'merika] *sf* ● **l'America** l'Amérique *f* ● **l'America centrale** l'Amérique centrale ● **l'America del Nord** l'Amérique du Nord ● **l'America del Sud** l'Amérique du Sud ● **l'America latina** l'Amérique latine

americano, a [ameri'kano, a] *agg* américain(e) ◇ *sm, f* Américain *m*, -e *f* ◆ **americano** *sm (lingua)* (anglais *m*) américain *m*

amianto [a'mjanto] *sm* amiante *m*

amichevole [ami'kevole] *agg* amical(e) ● **in via amichevole** à l'amiable

amicizia [ami'tʃittsja] *sf* amitié *f* ● **fare amicizia (con qn)** sympathiser (avec qqn)

amico, a, ci, che [a'miko, a, tʃi, ke] *sm, f* ami *m*, -e *f*

amido [a'mido] *sm* amidon *m*

ammaccare [ammak'kare] *vt (metallo)* cabosser

ammaccatura [ammakka'tura] *sf (su metallo)* bosse *f*

ammaestrare [ammaes'trare] *vt (animale)* dresser

ammainare [ammaj'nare] *vt* amener

ammalarsi [amma'larsi] *vr* tomber malade

ammalato, a [amma'lato, a] *agg & sm, f* malade

ammassare [ammas'sare] *vt* amasser

ammazzare [ammats'tsare] *vt* tuer ◆ **ammazzarsi** *vr* se tuer

ammenda [am'menda] *sf* amende *f*

ammesso, a [am'messo, a] *pp* ➤ ammettere

ammettere [am'mettere] *vt* admettre

amministrare [amminis'trare] *vt* administrer

amministratore, trice [amministra'tore, 'tritʃe] *sm* **1.** administrateur *m*, -trice *f* **2.** *(di condominio)* syndic *m* de copropriété

amministrazione [amministrats'tsjone] *sf* **1.** administration *f* **2.** *(di beni)* gestion *f*

ammirare [ammi'rare] *vt* admirer

ammiratore, trice [ammira'tore, 'tritʃe] *sm, f* admirateur *m*, -trice *f*

ammirazione [ammirats'tsjone] *sf* admiration *f*

ammobiliato, a [ammobi'ljato, a] *agg* meublé(e) ◆ **non ammobiliato** vide

ammollo [am'mollo] *sm* ◆ **mettere qc in ammollo** mettre qqch à tremper

ammoniaca [ammo'niaka] *sf* *(soluzione)* ammoniaque *f*

ammonire [ammo'nire] *vt* donner un avertissement à

ammonizione [ammonits'tsjone] *sf* avertissement *m*

ammontare [ammon'tare] ◆ **ammontare a** *v+prep* s'élever à

ammorbidente [ammorbi'dente] *sm* assouplissant *m*

ammorbidire [ammorbi'dire] *vt* **1.** *(burro, cera)* ramollir **2.** *(tessuto, cuoio)* assouplir

ammortizzatore [ammortidzdza'tore] *sm* amortisseur *m*

ammucchiare [ammuk'kjare] *vt* entasser

ammuffito, a [ammuf'fito, a] *agg* moisi(e)

amnistia [amnis'tia] *sf* amnistie *f*

amo ['amo] *sm* hameçon *m*

amore [a'more] *sm* amour *m* ◆ **fare l'amore (con qn)** faire l'amour (avec qqn)

ampio, a ['ampjo, a] *agg* *(vasto)* vaste ◆ **essere di ampie vedute** avoir l'esprit large

ampliare [am'pljare] *vt* agrandir

amplificatore [amplifika'tore] *sm* amplificateur *m*

amputare [ampu'tare] *vt* amputer

amuleto [amu'leto] *sm* amulette *f*

anabbaglianti [anabbaʎ'ʎanti] *smpl* feux *mpl* de croisement, codes *mpl*

anagrafe [a'nagrafe] *sf* **1.** *(registro)* registre *m* d'état civil **2.** *(ufficio)* (bureau *m* d')état *m* civil

¹analcolico, ci [anal'koliko, tʃi] *sm* boisson *f* sans alcool

²analcolico, a, ci, che [anal'koliko, a, tʃi, ke] *agg* sans alcool

analfabeta, i, e [analfa'beta, i, e] *agg & smf* analphabète

analisi [a'nalizi] *sf inv* analyse *f* ◆ **analisi del sangue/delle urine** analyse de sang/d'urine

analista, i, e [ana'lista, i, e] *smf* analyste *mf*

analizzare [analidz'dzare] *vt* analyser

analogico, a, ci, che [ana'lɔdʒiko, a, tʃi, ke] *agg* analogique

analogo, a, ghi, ghe [a'nalogo, a, gi, ge] *agg* analogue

ananas ['ananas] *sm inv* ananas *m*

anarchia [anar'kia] *sf* anarchie *f*

anarchico, a, ci, che [a'narkiko, a, tʃi, ke] *agg* 1. anarchiste 2. *(Stato)* anarchique ◇ *sm, f* anarchiste *mf*

ANAS ['anas] *(abbr di Azienda Naziona-le Autonoma delle Strade) sf* organisme national chargé de l'entretien et de la via-bilité du réseau routier italien

anatomia [anato'mia] *sf* anatomie *f*

anatomico, a, ci, che [ana'tɔ miko, a, tʃi, ke] *agg* anatomique

anatra ['anatra] *sf* canard *m*

anca, che ['anka, ke] *sf* hanche *f*

anche ['anke] *cong* aussi ● anch'io moi aussi ● anche se même si ● anche troppo même trop

¹ **ancora** ['ankora] *sf* ancre *f*

² **ancora** [an'kora] *cong & avv* encore ● ancora più bello encore plus beau ● ancora un po' encore un peu ● ancora una volta encore une fois ● non è ancora arrivato il n'est pas encore arrivé

¹ **andare** [an'dare] *vi*

1. *(muoversi)* aller ● scusi, per andare alla stazione? pardon, pour aller à la gare, s'il vous plaît ? ● andare a Napoli aller à Na-ples ● andare avanti avancer ● andare in-dietro reculer ● andare in vacanza aller en vacances

2. *(condurre)* mener ● dove va questa strada? où mène cette rue ?

3. *(procedere)* aller ● come va? comment ça va ? ● va bene ça va

4. *(avere voglia)* ● non mi va di mangiare je n'ai pas envie de manger ● ti va di andare al cinema? ça te dit d'aller au ci-néma ?

5. *(con participio passato)* ● dove va mes-sa la chiave? où doit-on ranger la clé ? ● andare perso être perdu

6. *(scarpe, vestiti)* ● ti vanno bene i jeans? le jean te va ?

◆ andare a male

1. se gâter

2. *(latte)* tourner

◆ andare via *vi* partir

◆ andarsene *vr* s'en aller

² **andare** [an'dare] *sm* ● a lungo andare à la longue

andata [an'data] *sf* aller *m* ● all'andata à l'aller ● un'andata e ritorno un aller-retour

andatura [anda'tura] *sf* allure *f*

Ande ['ande] *sfpl* ● le Ande les Andes *fpl* ● la cordigliera delle Ande la cordillère des Andes

andirivieni [andiri'vjeni] *sm inv* va-et-vient *m inv*

Andorra [an'dɔrra] *sf* ● (Principato di) Andorra (Principauté d')Andorre

anello [a'nello] *sm* 1. bague *f* 2. *(di catena)* maillon *m* ● anello di fidanzamento ba-gue de fiançailles

anemia [ane'mia] *sf* anémie *f*

anemico, a, ci, che [a'nemiko, a, tʃi, ke] *agg* anémique

anestesia [aneste'zia] *sf* anesthésie *f*

anestetico, ci [anes'tetiko, tʃi] *sm* anes-thésique *m*

anfiteatro [anfite'atro] *sm* amphithéâtre *m*

anfora ['anfora] *sf* amphore *f*

angelo ['andʒelo] *sm* ange *m*

angolo ['angolo] *sm* **1.** angle *m* **2.** *(di stanza, oggetto)* coin *m* ● **all'angolo** au coin ● **angolo cottura** coin-cuisine *m*

angora ['angora] *sf* ● **d'angora** en angora

angoscia [an'goʃʃa] *sf* angoisse *f*

anguilla [an'gwilla] *sf* anguille *f*

anguria [an'gurja] *sf* pastèque *f*

anice ['anitʃe] *sm* anis *m*

anidride [ani'dride] *sf* ● **anidride carbonica** gaz *m inv* carbonique

anima ['anima] *sf* âme *f*

animale [ani'male] *agg* animal(e) ◇ *sm* animal *m* ● **animale domestico** animal domestique

animatore, trice [anima'tore, 'tritʃe] *sm, f* animateur *m*, -trice *f* ● **animatore turistico** animateur de village-vacances

animo ['animo] *sm* **1.** *(carattere)* âme *f* **2.** *(coraggio)* courage *m* ● **perdersi d'animo** se décourager

annaffiare [annaf'fjare] *vt* arroser

annaffiatoio [annaffja'tojo] *sm* arrosoir *m*

annata [an'nata] *sf* année *f*

annegare [anne'gare] *vi* se noyer ◇ *vt* noyer ◆ **annegarsi** *vr* se noyer

anniversario [anniver'sarjo] *sm (di evento)* anniversaire *m*

anno ['anno] *sm* an *m*, année *f* ● **buon anno!** bonne année ! ● **quanti anni hai?** quel âge as-tu ? ● **ho 21 anni** j'ai 21 ans ● **un bambino di tre anni** un enfant de trois ans ● **anno accademico** année uni-

versitaire ● **anno bisestile** année bissextile ● **anno scolastico** année scolaire

annodare [anno'dare] *vt* nouer

annoiare [anno'jare] *vt* ennuyer ◆ **annoiarsi** *vr* s'ennuyer

annotare [anno'tare] *vt* noter

annuale [annu'ale] *agg* **1.** *(per un anno)* d'un an **2.** *(di ogni anno)* annuel(elle)

annuario [annu'arjo] *sm* annuaire *m*

annuire [annu'ire] *vi* acquiescer

annullare [annul'lare] *vt* annuler

annunciare [annun'tʃare] *vt* annoncer

annunciatore, trice [annuntʃa'tore, 'tritʃe] *smf* speaker *m*, speakerine *f*

annuncio [an'nuntʃo] *sm* annonce *f* ● **annuncio pubblicitario** annonce publicitaire ● **annunci economici** petites annonces

annuo, a ['annwo, a] *agg* **1.** *(per un anno)* d'un an **2.** *(di ogni anno)* annuel(elle)

annusare [annu'zare] *vt* flairer

annuvolarsi [annuvo'larsi] *vr* se couvrir (de nuages), s'assombrir

ano ['ano] *sm* anus *m*

anomalo, a [a'nomalo, a] *agg* anormal(e)

anonimo, a [a'nonimo, a] *agg & sm, f* anonyme

anoressia [anores'sia] *sf* anorexie *f*

anormale [anor'male] *agg & smf* anormal(e)

ANSA ['ansa] *(abbr di Agenzia Nazionale Stampa Associata) sf* ≃ AFP *f (Agence France-Presse)*

ansia ['ansja] *sf* anxiété *f*

ansimare [ansi'mare] *vi* haleter

ansioso, a [an'sjozo, a] *agg* **1.** *(inquieto)* anxieux(euse) **2.** *(impaziente)* impatient(e)

anta ['anta] *sf* **1.** *(di finestra)* volet *m* **2.** *(di armadio)* porte *f*

antagonista, i, e [antago'nista, i, e] *agg & smf* rival(e)

antartico, a, ci, che [an'tartiko, a, tʃi, ke] *agg* antarctique

Antartide [an'tartide] *sf* ● **l'Antartide** l'Antarctique *m*

antenato, a [ante'nato, a] *sm, f* ancêtre *mf*

antenna [an'tenna] *sf* antenne *f* ● **antenna parabolica/satellitare** antenne parabolique/satellite

anteprima [ante'prima] *sf* avant-première *f* ● **anteprima di stampa** aperçu *m* avant impression

anteriore [ante'rjore] *agg* **1.** *(ruota, sedile)* avant **2.** *(zampa, periodo)* antérieur(e)

antibagno [anti'baɲɲo] *sm* dégagement *m* *(à l'entrée d'une salle de bains)*

antibiotico, ci [anti'bjɔtiko, tʃi] *sm* antibiotique *m*

anticamera [anti'kamera] *sf* antichambre *f*

antichità [antiki'ta] *sf inv* *(passato, oggetto)* antiquité *f*

anticipare [antitʃi'pare] *vt* avancer ● **la riunione è stata anticipata** la réunion a été avancée

anticipo [an'titʃipo] *sm* avance *f* ● **in anticipo** en avance

antico, a, chi, che [an'tiko, a, ki, ke] *agg* ancien(enne)

anticoncezionale [antikontʃettsjo'nale] *agg* contraceptif(ive) ◇ *sm* contraceptif *m*

anticonformista, i, e [antikonfor'mista, i, e] *agg & smf* anticonformiste

anticorpo [anti'kɔrpo] *sm* anticorps *m*

antidoto [an'tidoto] *sm* antidote *m*

antifascista, i, e [antifaʃ'ʃista, i, e] *agg & smf* antifasciste

antifurto [anti'furto] *agg inv* antivol *(inv)* ◇ *sm inv* antivol *m*

antigelo [anti'dʒelo] *agg inv* antigel *(inv)* ◇ *sm inv* antigel *m*

Antille [an'tille] *sfpl* ● **le Antille** les Antilles *fpl*

antimafia [anti'mafja] *agg inv* antimafia *(inv)*

antincendio [antin'tʃendjo] *agg inv* anti-incendie *(inv)*

antinebbia [anti'nebbja] *agg inv* antibrouillard *(inv)* ◇ *sm inv* antibrouillard *m*

antiorario [antio'rarjo] *agg m* ➤ **senso**

antipasto [anti'pasto] *sm* hors-d'œuvre *m inv*, entrée *f*

antipatia [antipa'tia] *sf* antipathie *f*

antipatico, a, ci, che [anti'patiko, a, tʃi, ke] *agg* antipathique

antiquariato [antikwa'rjato] *sm* **1.** *(commercio)* commerce *m* d'antiquités **2.** *(raccolta)* antiquités *fpl*

antiquario, a [anti'kwarjo, a] *sm, f* antiquaire *mf*

antiquato, a [anti'kwato, a] *agg* désuet(ète)

antiruggine [anti'ruddʒine] *agg inv* antirouille *(inv)* ◇ *m inv* antirouille *m*

antirughe [anti'ruge] *agg inv* antirides *(inv)*

¹**antisettico, ci** [anti'settiko, tʃi] *sm* antiseptique *m*

²**antisettico, a, ci, che** [anti'settiko, a, tʃi, ke] *agg* antiseptique

antitetanica [antite'tanika] *sf* vaccin *m* antitétanique

antivipera [anti'vipera] *agg* ➤ **siero**

antivirus [anti'virus] *sm inv INFORM* antivirus *m*

antologia [antolo'dʒia] *sf* anthologie *f*

antropologo, a, gi, ghe [antro'pɔlogo, a, dʒi, ge] *sm, f* anthropologue *mf*

anulare [anu'lare] *agg* ➤ **raccordo** ◇ *sm* annulaire *m*

anzi ['antsi] *cong* **1.** *(al contrario)* (bien) au contraire **2.** *(o meglio)* mieux **3.** *(addirittura)* même

anziano, a [an'tsjano, a] *agg* âgé(e) ◇ *sm, f* personne *f* âgée

anziché [antsi'ke] *cong* au lieu de

apatia [apa'tia] *sf* apathie *f*

apatico, a, ci, che [a'patiko, a, tʃi, ke] *agg* apathique

ape ['ape] *sf* abeille *f*

aperitivo [aperi'tivo] *sm* apéritif *m*

aperto, a [a'pɛrto, a] *pp* ➤ **aprire** ◇ *agg* **1.** ouvert(e) **2.** *(braccia, gambe)* écarté(e) ◆ **aperto** *sm* ● **all'aperto** en plein air

apertura [aper'tura] *sf* ouverture *f*

apice ['apitʃe] *sm* sommet *m*

apicoltura [apikol'tura] *sf* apiculture *f*

apnea [ap'nɛa] *sf* ● **in apnea** en apnée

apostolo [a'pɔstolo] *sm* apôtre *m*

apostrofo [a'pɔstrofo] *sm* apostrophe *f*

appagare [appa'gare] *vt* satisfaire

Appalachi [appa'laki] *smpl* ● **gli Appalachi** les Appalaches *mpl*

appannare [appan'nare] *vt* **1.** embuer **2.** *(vista, mente)* brouiller ◆ **appannarsi** *vr* **1.** s'embuer **2.** *(vista, mente)* se brouiller

apparato [appa'rato] *sm* **1.** *ANAT* appareil *m* **2.** *(impianto)* installation *f*

apparecchiare [appare'kkjare] *vt* ● **apparecchiare la tavola** mettre la table o le couvert

apparecchio [appa'rekkjo] *sm* appareil *m* ● **apparecchio acustico** appareil acoustique

apparente [appa'rɛnte] *agg* apparent(e)

apparentemente [apparente'mente] *avv* apparemment

apparenza [appa'rɛntsa] *sf* ● **in** o **all'apparenza** en apparence

apparire [appa'rire] *vi* **1.** *(mostrarsi)* paraître **2.** *(sembrare)* paraître

appariscente [appariʃ'ʃɛnte] *agg* voyant(e)

apparso, a [ap'parso, a] *pp* ➤ **apparire**

appartamento [apparta'mento] *sm* appartement *m*

appartenere [apparte'nere] ◆ **appartenere a** *v+prep* appartenir à

appassionato, a [appassjo'nato, a] *agg & sm, f* passionné(e) ● **essere (un) appassionato di qc** être passionné de qqch

appello [ap'pɛllo] *sm* appel *m* ● **fare appello a** faire appel à ● **fare l'appello** faire l'appel

appena [ap'pena] *avv (da poco)* à peine ● **sono appena arrivato** je viens (à peine) d'arriver ◆ **(non) appena** *cong* dès que

appendere [ap'pendere] *vt* accrocher

appendice [appen'ditʃe] *sf* appendice *m*

appendicite [appendi'tʃite] *sf* appendicite *f*

Appennini [appen'nini] *smpl* ● gli Appennini les Apennins *mpl*

appeso, a [ap'pezo, a] *pp* ➤ appendere

appetito [appe'tito] *sm* appétit *m* ● buon appetito! bon appétit !

appetitoso, a [appeti'tozo, a] *agg* appétissant(e)

appezzamento [appetstsa'mento] *sm* parcelle *f* (de terrain)

appiattire [appjat'tire] *vt* aplatir ◆ **appiattirsi** *vr* s'aplatir

appiccare [appik'kare] *vt* ● appiccare il fuoco a qc mettre le feu à qqch

appiccicare [appittʃi'kare] *vt* coller ◆ **appiccicarsi (a)** *vr+prep* coller (à)

appiccicoso, a [appittʃi'kozo, a] *agg* 1. gluant(e) 2. *(fig) (persona)* collant(e)

appieno [ap'pjeno] *avv* pleinement

appisolarsi [appizo'larsi] *vr* s'assoupir

applaudire [applaw'dire] *vt* & *vi* applaudir

applauso [ap'plauzo] *sm* applaudissement *m* ● fare un applauso a qn applaudir qqn

applicare [appli'kare] *vt* appliquer ◆ **applicarsi** *vr* s'appliquer

applicazione [applikats'tsjone] *sf* application *f*

appoggiare [appodʒ'dʒare] *vt* 1. *(mettere)* poser 2. *(fig) (sostenere)* appuyer ● appoggiare la scala alla parete appuyer l'échelle contre le mur ◆ **appoggiarsi a** *vr+prep* s'appuyer contre

appoggiatesta [appodʒdʒa'testa] *sm inv* appuie-tête *m inv*

apporre [ap'porre] *vt* apposer

appositamente [apposita'mente] *avv* expressément

apposito, a [ap'pozito, a] *agg* approprié(e)

apposta [ap'posta] *avv* exprès ● non l'ho fatto apposta je ne l'ai pas fait exprès

apposto, a [ap'posto, a] *pp* ➤ apporre

apprendere [ap'prendere] *vt* apprendre

apprendista, i, e [appren'dista, i, e] *smf* apprenti *m*, -e *f*

apprendistato [apprendis'tato] *sm* apprentissage *m*

apprensivo, a [appren'sivo, a] *agg* anxieux(euse)

appreso, a [ap'prezo, a] *pp* ➤ apprendere

apprezzamento [appretstsa'mento] *sm* (commento) jugement *m*

apprezzare [apprets'tsare] *vt* apprécier

approccio [ap'prɔttʃo] *sm* approche *f*

approdare [appro'dare] *vi* accoster

approdo [ap'prɔdo] *sm* 1. *(atto)* accostage *m* 2. *(luogo)* lieu *m* d'accostage

approfittare [approfit'tare] ◆ **approfittare di** *v+prep* profiter de

approfondire [approfon'dire] *vt* approfondir

appropriarsi [appro'prjarsi] *vr* ● appropriarsi di qc s'approprier qqch

approssimativo, a [approssima'tivo, a] *agg* approximatif(ive)

approvare [appro'vare] *vt* approuver

approvazione [approvats'tsjone] *sf* approbation *f*

appuntamento [appunta'mento] *sm* rendez-vous *m inv* ● avere un appuntamento avoir un rendez-vous ● dare (un) appuntamento a qn donner rendez-vous à qqn ● fissare un appuntamento noter rendez-vous ● prendere un appuntamento da qn prendre (un) rendez-vous chez qqn

appuntare [appun'tare] vt 1. (fissare) épingler 2. (annotare) noter

appunto [ap'punto] sm 1. (annotazione) note f 2. (rimprovero) remarque f ◇ avv justement

apribottiglie [apribot'tiʎʎe] sm inv ouvre-bouteilles m inv

aprile [a'prile] sm avril m ● ad o in aprile en avril ● lo scorso aprile en avril dernier ● il prossimo aprile en avril prochain ● all'inizio di aprile début avril ● alla fine di aprile fin avril ● il due aprile le deux avril

aprire [a'prire] vt ouvrir ◆ **aprirsi** vr 1. (schiudersi) s'ouvrir 2. (cominciare) débuter ● aprirsi con qn s'ouvrir à qqn

apriscatole [apris'katole] sm inv ouvre-boîtes m inv

aquila ['akwila] sf aigle m

aquilone [akwi'lone] sm cerf-volant m

A.R. (abbr scritta di Avviso di Ricevimento) A.R. (accusé de réception)

A/R (abbr scritta di Andata e Ritorno) A/R (aller-retour)

Arabia Saudita [arabjasau'dita] sf ● l'Arabia Saudita l'Arabie f Saoudite

arabo, a ['arabo, a] agg arabe ◇ sm, f Arabe mf ◆ **arabo** sm (lingua) arabe m

arachide [a'rakide] sf cacah(o)uète f

aragosta [ara'gosta] sf langouste f

arancia, ce [a'rantʃa, tʃe] sf orange f

aranciata [aran'tʃata] sf orangeade f

arancino [aran'tʃino] sm croquette de riz frite, farcie au fromage ou à la viande, spécialité du sud de l'Italie

arancio [a'rantʃo] agg inv orange (inv) ◇ sm (pianta) oranger m

arancione [aran'tʃone] agg orange (inv) ◇ sm orange m

arare [a'rare] vt labourer

aratro [a'ratro] sm charrue f

arazzo [a'ratstso] sm tapisserie f

arbitrario, a [arbi'trarjo, a] agg arbitraire

arbitro ['arbitro] sm arbitre m

arbusto [ar'busto] sm arbuste m

archeologia [arkeolo'dʒia] sf archéologie f

archeologico, a, ci, che [arkeo'lɔdʒiko, a, tʃi, ke] agg archéologique

archeologo, a, gi, ghe [arke'ɔlogo, a, dʒi, ge] sm, f archéologue mf

architetto [arki'tetto] sm architecte mf

architettura [arkitet'tura] sf architecture f

archivio [ar'kivjo] sm archives fpl

arcipelago, ghi [artʃi'pelago, gi] sm archipel m

arcivescovo [artʃi'veskovo] sm archevêque m

arco, chi ['arko, ki] sm 1. arc m 2. (durata) ● nell'arco di tre anni en l'espace de trois ans

arcobaleno [arkoba'leno] sm arc-en-ciel m

ardente [ar'dente] agg ardent(e)

ardere ['ardere] vt & vi brûler

ardesia [ar'dezja] sf ardoise f

ardito, a [ar'dito, a] agg 1. audacieux(euse) 2. (persona) hardi(e)

ardore [ar'dore] sm ardeur f

area ['area] sf zone f ● area di servizio aire f de service

arena [a'rena] *sf* arènes *fpl*

arenarsi [are'narsi] *vr* s'ensabler

argenteria [ardʒente'ria] *sf* argenterie *f*

Argentina [ardʒen'tina] *sf* ● **l'Argentina** l'Argentine *f*

argentino, a [ardʒen'tino, a] *agg* argentin(e) ◇ *sm, f* Argentin *m*, -e *f*

argento [ar'dʒento] *sm* argent *m* ● **d'argento** en argent

argilla [ar'dʒilla] *sf* argile *f*

argine ['ardʒine] *sm* digue *f*

argomento [argo'mento] *sm* **1.** (*tema*) sujet *m* **2.** (*ragionamento*) argument *m*

arguto, a [ar'guto, a] *agg* subtil(e)

arguzia [ar'gutstsja] *sf* (*furbizia*) finesse *f*

aria ['arja] *sf* air *m* ● **all'aria aperta** en plein air ● **aria condizionata** air conditionné ● **avere l'aria simpatica** avoir l'air sympathique ● **cambiare aria** (*cambiare ambiente*) changer d'air ● **mandare all'aria qc** faire tomber qqch à l'eau

arido, a ['arido, a] *agg* aride

arieggiare [arjed'dʒare] *vt* aérer

ariete [a'rjete] *sm* bélier *m* ● **Ariete** *m* Bélier *m*

aringa, ghe [a'ringa, ge] *sf* hareng *m*

arista ['arista] *sf* carré *m* de porc

aristocratico, a, ci, che [aristo'kratiko, a, tʃi, ke] *agg* aristocratique ◇ *sm, f* aristocrate *mf*

aritmetica [arit'metika] *sf* arithmétique *f*

Arlecchino [arlek'kino] *sm* Arlequin *m*

arma, i ['arma, i] *sf* arme *f* ● **arma da fuoco** arme à feu

armadio [ar'madjo] *sm* armoire *f* ● **armadio a muro** placard *m*

armarsi [ar'marsi] *vr* ● **armarsi di coraggio** s'armer de courage

armato, a [ar'mato, a] *agg* armé(e)

armatura [arma'tura] *sf* armure *f*

Armenia [ar'mɛnja] *sf* ● **l'Armenia** l'Arménie *f*

armeno, a [ar'mɛno, a] *agg* arménien(enne) ◇ *sm, f* Arménien *m*, -enne *f*

armonia [armo'nia] *sf* harmonie *f*

arnese [ar'neze] *sm* **1.** (*attrezzo*) outil *m* **2.** (*fam*) (*oggetto*) machin *m*, truc *m*

arnia ['arnja] *sf* ruche *f*

Arno ['arno] *sm* ● **l'Arno** l'Arno *m*

aroma, i [a'roma, i] *sm* arôme *m* ● **aromi** *smpl* (*da cucina*) aromates *mpl*

arpa ['arpa] *sf* harpe *f*

arpione [ar'pjone] *sm* harpon *m*

arrabbiare [arrab'bjare] *vi* ● **fare arrabbiare qn** mettre qqn en colère ● **arrabbiarsi** *vr* se mettre en colère

arrabbiato, a [arrab'bjato, a] *agg* fâché(e), en colère

arrampicarsi [arrampi'karsi] *vr* ● **arrampicarsi (su)** grimper (sur)

arrangiarsi [arran'dʒarsi] *vr* se débrouiller

arredamento [arreda'mento] *sm* (*mobili*) mobilier *m*

arredare [arre'dare] *vt* meubler

arredatore, trice [arreda'tore, 'tritʃe] *sm, f* décorateur *m*, -trice *f*

arrendersi [ar'rendersi] *vr* se rendre

arrestare [arres'tare] *vt* arrêter

arresto [ar'resto] *sm* arrêt *m* ● **arresto cardiaco** arrêt cardiaque

arretrato, a [arre'trato, a] *agg* **1.** (*lavoro, pagamento*) en retard **2.** (*giornale*) ancien(enne) **3.** (*paese*) sous-développé(e)

4. *(mentalità)* rétrograde ◆ **arretrati** *smpl (denaro)* arriérés *mpl*

arricchire [arrik'kire] *vt* enrichir ◆ **arricchirsi** *vr* s'enrichir

arricciacapelli [arritʃtʃaka'pelli] *sm inv* fer m à friser

arricciare [arritʃ'tʃare] *vt* friser ● **arricciare il naso** froncer le nez

arrivare [arri'vare] *vi* arriver ● **arrivare a fare qc** *(riuscire)* arriver à faire qqch ; *(giungere al punto di)* en arriver à faire qqch ● **far arrivare qc a qn** faire parvenir qqch à qqn

arrivederci [arrive'dertʃi] *esclam* au revoir !

arrivederla [arrive'derla] *esclam* au revoir !

arrivista, i, e [arri'vista, i, e] *smf* arriviste *mf*

arrivo [ar'rivo] *sm* arrivée *f* ● **all'arrivo del pacco** à réception du colis ▼ **arrivi (nazionali/internazionali)** arrivées (nationales/internationales)

arrogante [arro'gante] *agg* arrogant(e)

arrossire [arros'sire] *vi* rougir

arrostire [arros'tire] *vt* rôtir

arrosto [ar'rosto] *sm* rôti m

arrotolare [arroto'lare] *vt* rouler

arrotondare [arroton'dare] *vt* arrondir

arrugginito, a [arruddʒi'nito, a] *agg* rouillé(e)

arruolarsi [arrwo'larsi] *vr* s'engager, s'enrôler

arsenale [arse'nale] *sm* arsenal m

arte ['arte] *sf* art m

arteria [ar'terja] *sf* artère f

artico, a, ci, che ['artiko, a, tʃi, ke] *agg* arctique

articolazione [artikolats'tsjone] *sf* articulation f

articolo [ar'tikolo] *sm* article m ▼ **articoli da regalo** cadeaux

Artide ['artide] *sf* ● **l'Artide** l'Arctique m

artificiale [artifi'tʃale] *agg* artificiel(elle)

artigianato [artidʒa'nato] *sm* artisanat m

artigiano, a [arti'dʒano, a] *agg* artisanal(e) ◇ *sm, f* artisan m, -e f

artiglio [ar'tiʎʎo] *sm* **1.** griffe f **2.** *(di uccello)* serre f

artista, i, e [ar'tista, i, e] *smf* artiste *mf*

artistico, a, ci, che [ar'tistiko, a, tʃi, ke] *agg* artistique

arto ['arto] *sm* membre m ● **arti inferiori/superiori** membres inférieurs/supérieurs

artrite [ar'trite] *sf* arthrite f

artrosi [ar'trozi] *sf* arthrose f

ascella [aʃ'ʃella] *sf* aisselle f

ascendente [aʃʃen'dente] *sm* ascendant m

Ascensione [aʃʃen'sjone] *sf* ● **l'Ascensione** l'Ascension f

ascensore [aʃʃen'sore] *sm* ascenseur m

ascesso [aʃ'ʃesso] *sm* abcès m

ascia ['aʃʃa] *(pl* asce ['aʃʃe]*) sf* hache f

asciugacapelli [aʃʃuga'kapelli] *sm inv* sèche-cheveux m inv

asciugamano [aʃʃuga'mano] *sm* serviette f (de toilette)

asciugare [aʃʃu'gare] *vt* sécher ◆ **asciugarsi** *vr* se sécher ● **asciugati le scarpe prima di entrare!** essuie tes pieds avant d'entrer !

asciutto, a [aʃ'ʃutto, a] *agg* sec (sèche)

ascoltare [askol'tare] *vt* écouter

ascoltatore, trice [askolta'tore, 'tritʃe] *sm, f* auditeur *m*, -trice *f*

ascolto [as'kolto] *sm* écoute *f* ● **dare** o **prestare ascolto a** (*attenzione*) prêter attention à ● **essere/mettersi in ascolto** être/se mettre à l'écoute

asfaltato, a [asfal'tato] *agg* goudronné(e)

asfalto [as'falto] *sm* goudron *m*

asfissia [asfis'sia] *sf* asphyxie *f*

asfissiare [asfis'sjare] *vt* asphyxier ◇ *vi* mourir par asphyxie

Asia ['azja] *sf* ● **l'Asia** l'Asie *f*

asiatico, a, ci, che [a'zjatiko, a, tʃi, ke] *agg* asiatique ◇ *sm, f* Asiatique *mf*

asilo [a'zilo] *sm* **1.** (*scuola*) (école) maternelle *f* **2.** (*rifugio*) asile *m* ● **asilo nido** crèche *f* ● **asilo politico** asile politique

asino ['asino] *sm* âne *m*

asma ['azma] *sf* asthme *m*

asola ['azola] *sf* boutonnière *f*

asparago [as'parago] *sm* asperge *f*

aspettare [aspet'tare] *vt* attendre

aspettativa [aspetta'tiva] *sf* **1.** (*previsione*) attente *f* **2.** (*congedo*) congé *m* (sans solde)

aspetto [as'petto] *sm* aspect *m*

aspirapolvere [aspira'polvere] *sm inv* aspirateur *m*

aspirare [aspi'rare] *vt* aspirer ● **aspirare a** *v+prep* aspirer à

aspiratore [aspira'tore] *sm* aspirateur *m*

aspirina® [aspi'rina] *sf* aspirine® *f*

aspro, a ['aspro, a] *agg* (*sapore*) aigre

assaggiare [assadʒ'dʒare] *vt* goûter

assai [as'sai] *avv* **1.** (*con verbo*) beaucoup **2.** (*con aggettivo, avverbio*) très

assalire [assa'lire] *vt* assaillir

assassinare [assassi'nare] *vt* assassiner

assassinio [assas'sinjo] *sm* assassinat *m*

assassino, a [assas'sino, a] *sm, f* assassin *m*

asse ['asse] *sm* **1.** axe *m* **2.** (*di auto*) essieu *m* ◇ *sf* planche *f* ● **asse da stiro** planche à repasser

assedio [as'sedjo] *sm* siège *m*

assegnare [asseɲ'ɲare] *vt* **1.** (*premio*) décerner **2.** (*rendita*) allouer **3.** (*incarico*) assigner

assegno [as'seɲɲo] *sm* **1.** chèque *m* **2.** (*sussidio*) allocation *f* ● **assegno scoperto** o a vuoto chèque sans provision ● **assegno di studio** bourse *f* d'études

assemblea [assem'blea] *sf* assemblée *f*

assente [as'sente] *agg & smf* absent(e)

assenza [as'sentsa] *sf* absence *f*

assessore [asses'sore] *sm* ● **assessore comunale** conseiller *m* municipal, conseillère *f* municipale

assetato, a [asse'tato, a] *agg* assoiffé(e)

assicurare [assiku'rare] *vt* assurer ● **assicurarsi** *vr* s'assurer ● **assicurati di aver chiuso la porta** assure-toi d'avoir fermé la porte ● **mi sono assicurato che non ci fosse nessuno** je me suis assuré qu'il n'y avait personne

assicurato, a [assiku'rato, a] *agg* assuré(e)

assicurazione [assikurats'tsjone] *sf* assurance *f* ● **assicurazione sulla vita** assurance-vie *f*

assillare [assil'lare] *vt* **1.** (*sog: pensiero*) obséder **2.** (*assediare, molestare*) harceler

Assisi [as'sizi] *sf* Assise

assistente [assis'tente] *smf* assistant *m*, -e *f* ● **assistente sociale** assistant(e) social(e) • **assistente di volo** steward *m*, hôtesse de l'air *f*

assistenza [assis'tɛntsa] *sf* assistance *f*

assistere [as'sistere] *vt* • **assistere qn** assister qqn ◇ *vi* • **assistere a qc** assister à qqch

assistito, a [assis'tito, a] *pp* ➤ **assistere**

asso ['asso] *sm (carta)* as *m*

associare [asso't∫are] *vt* associer • **associo il blu al mare** j'associe le bleu à la mer • **associarsi (con)** *vr+prep* s'associer (avec) • **associarsi a** *vr+prep (club)* s'inscrire à

associazione [assot∫ats'tsjone] *sf* association *f*

assolto, a [as'sɔlto, a] *pp* ➤ **assolvere**

assolutamente [assoluta'mente] *avv* absolument

assoluto, a [asso'luto, a] *agg* absolu(e)

assoluzione [assoluts'tsjone] *sf* **1.** *DIR* acquittement *m* **2.** *RELIG* absolution *f*

assolvere [as'sɔlvere] *vt* **1.** *(accusato)* acquitter **2.** *RELIG* absoudre **3.** *(compito)* accomplir

assomigliare [assomiʎ'ʎare] • **assomigliare a** *v+prep* ressembler à • **assomigliarsi** *vr* se ressembler

assonnato, a [asson'nato, a] *agg* ensommeillé(e)

assorbente [assor'bente] *agg* absorbant(e) ◇ *sm* • **assorbente (igienico)** serviette *f* hygiénique • **assorbente interno** tampon *m (périodique)*

assorbire [assor'bire] *vt* absorber

assordante [assor'dante] *agg* assourdissant(e)

assortimento [assorti'mento] *sm* assortiment *m*

assortito, a [assor'tito, a] *agg* assorti(e)

assumere [as'sumere] *vt* **1.** *(personale)* engager **2.** *(impegno)* assumer **3.** *(atteggiamento)* prendre

assunto, a [as'sunto, a] *pp* ➤ **assumere**

assurdità [assurdi'ta] *sf inv* absurdité *f*

assurdo, a [as'surdo, a] *agg* absurde

asta ['asta] *sf* **1.** *(bastone)* bâton *m* **2.** *(vendita)* vente *f* aux enchères • **all'asta** aux enchères

astemio, a [as'tɛmjo, a] *agg* • **è astemio** il ne boit pas d'alcool

astenersi [aste'nersi] • **astenersi da** *vr+prep* s'abstenir de

asterisco, schi [aste'risko, ski] *sm* **1.** astérisque *m* **2.** *INFORM* étoile *f*

astice ['astit∫e] *sm* homard *m*

astigmatico, a, ci, che [astig'matiko, a, t∫i, ke] *agg* astigmate

astratto, a [as'tratto, a] *agg* abstrait(e)

astrologia [astrolo'dʒia] *sf* astrologie *f*

astrologo, gi, ghe [as'trɔlogo, a, dʒi, ge] *sm, f* astrologue *mf*

astronauta, i, e [astro'nawta, i, e] *smf* astronaute *mf*

astronomia [astrono'mia] *sf* astronomie *f*

astronomo, a [as'tronomo, a] *sm, f* astronome *mf*

astuccio [as'tut∫t∫o] *sm* **1.** *(per penne)* trousse *f* **2.** *(per occhiali, orologio)* étui *m* **3.** *(per gioielli)* écrin *m*

astuto, a [as'tuto, a] *agg* **1.** *(persona)* malin(igne) **2.** *(idea, azione)* astucieux(euse)

astuzia [as'tutstsja] *sf* ruse *f*

A.T. *(abbr scritta di Alta Tensione)* HT *(haute tension)*

ateneo [ate'nɛo] *sm* université *f*

ateo, a ['ateo, a] *agg & sm, f* athée

atlante [a'tlante] *sm* atlas *m*

¹Atlantico [a'tlantiko] *sm* ● l'(oceano) Atlantico l'(océan) Atlantique *m*

²atlantico, a, ci, che [a'tlantiko, a, tʃi, ke] *agg* atlantique

atleta, i, e [a'tleta, i, e] *smf* athlète *mf*

atletica [a'tlɛtika] *sf* athlétisme *m*

atletico, a, ci, che [a'tlɛtiko, a, tʃi, ke] *agg* athlétique

A.T.M. [atti'emme] (*abbr di Azienda Tranviaria Municipale*) compagnie municipale de transports publics

atmosfera [atmos'fera] *sf* atmosphère *f*

atmosferico, a, ci, che [atmos'feriko, a, tʃi, ke] *agg* atmosphérique

atomico, a, ci, che [a'tɔmiko, a, tʃi, ke] *agg* atomique

atomo ['atomo] *sm* atome *m*

atroce [a'trotʃe] *agg* atroce

attaccante [attak'kante] *smf SPORT* attaquant *m*, -e *f*

attaccapanni [attakka'panni] *sm inv* portemanteau *m*

attaccare [attak'kare] *vt* 1. (*unire*) coller 2. (*appendere*) accrocher 3. (*assalire*) attaquer 4. (*trasmettere*) refiler, passer ◆ **attaccarsi** *vr* 1. se coller 2. (*frittata*) attacher

attacco, chi [at'takko, ki] *sm* 1. (*assalto*) attaque *f* 2. (*accesso*) crise *f* 3. (*di sci*) fixation *f*

atteggiamento [attedʒdʒa'mento] *sm* attitude *f*

attendere [at'tendere] *vt* attendre

attentato [atten'tato] *sm* attentat *m*

attento, a [at'tento, a] *agg* attentif(ive) ● **stare attento (a)** faire attention (à) ▼ **attenti al cane** (attention) chien méchant ▼ **attenti al gradino** attention à la marche

attenzione [atten'tsjone] *sf* attention *f* ● **attenzione!** attention ! ● **fare attenzione (a)** faire attention (à)

atterraggio [atter'radʒdʒo] *sm* atterrissage *m*

atterrare [atter'rare] *vi* atterrir

attesa [at'teza] *sf* attente *f* ● **essere in dolce attesa** être enceinte

atteso, a [at'tezo, a] *pp* ➤ **attendere**

attestato [attes'tato] *sm* attestation *f*

attico, ci [at'tiko, tʃi] *sm* appartement situé au dernier étage d'un immeuble

attillato, a [attil'lato, a] *agg* moulant(e)

attimo ['attimo] *sm* instant *m*

attirare [atti'rare] *vt* attirer

attitudine [atti'tudine] *sf* aptitude *f*

attivare [atti'vare] *vt* activer

attività [attivi'ta] *sf inv* activité *f*

¹attivo [at'tivo] *sm* actif *m*

²attivo, a [at'tivo, a] *agg* actif(ive)

atto [at'to] *sm* acte *m* ● **mettere in atto qc** mettre qqch à exécution

attonito, a [at'tonito, a] *agg* stupéfait(e)

attorcigliare [attortʃiʎ'ʎare] *vt* entortiller

attore, trice [at'tore, 'tritʃe] *sm, f* acteur *m*, -trice *f*

attorno [at'torno] *avv* autour ◆ **attorno a** *prep* autour de

attracco, chi [at'trakko, ki] *sm* 1. (*manovra*) accostage *m* 2. (*luogo*) quai *m*

attraente [attra'ente] *agg* attirant(e)

attrarre [at'trarre] *vt* attirer

attrattiva [attrat'tiva] *sf* attrait *m*

attratto, a [at'tratto, a] *pp* ➤ **attrarre**

attraversamento [attraversa'mento] *sm* traversée *f* • **attraversamento pedonale** passage *m* (pour) piétons

attraversare [attraver'sare] *vt* traverser

attraverso [attra'verso] *prep* **1.** *(da parte a parte)* à travers **2.** *(per mezzo di)* par

attrazione [attrats'tsjone] *sf* **1.** *(fisica)* attirance *f* **2.** *(interesse)* attrait *m* **3.** *(di spettacolo)* attraction *f*

attrezzatura [attretstsa'tura] *sf* équipement *m*

attrezzo [at'tretstso] *sm* outil *m*

attribuire [attribu'ire] *vt* • **attribuire un'opera a un pittore** attribuer une œuvre à un peintre

attrito [at'trito] *sm* friction *f*

attuale [attu'ale] *agg* actuel(elle)

attualità [attwali'ta] *sf inv* actualité *f* • **d'attualità** d'actualité

attualmente [attwal'mente] *avv* actuellement

attuare [attu'are] *vt* mettre en œuvre

attutire [attu'tire] *vt* amortir

audace [au'datʃe] *agg* audacieux(euse)

audacia [au'datʃa] *sf* audace *f*

audiovisivo, a [awdiovi'zivo, a] *agg* audiovisuel(elle)

auditorio [audi'torjo] *sm* auditorium *m*

audizione [awdits'tsjone] *sf* audition *f*

augurare [awgu'rare] *vt* souhaiter • *vi* **auguro tanta felicità** je vous souhaite beaucoup de bonheur ✦ **augurarsi** *vr* souhaiter • **mi auguro che tutto vada bene** je souhaite que tout se passe bien

augurio [aw'gurjo] *sm* • **con l'augurio di rivedervi presto** en espérant vous revoir bientôt ✦ **auguri** *smpl* vœux *mpl* • **(tanti) auguri!** tous mes vœux ! • **i più sinceri auguri!** meilleurs vœux ! • **fare gli auguri a qn** *(di buon anno)* présenter ses vœux à qqn ; *(di compleanno)* souhaiter un bon anniversaire à qqn

aula ['awla] *sf* salle *f* (de classe)

aumentare [awmen'tare] *vt & vi* augmenter

aumento [aw'mento] *sm* augmentation *f*

aureola [au'reola] *sf* auréole *f*

auricolare [awrico'lare] *sm* **1.** écouteur *m* **2.** *(di cellulare)* oreillette *f*

aurora [au'rora] *sf* aurore *f*

ausiliare [awzi'ljare] *agg* auxiliaire ◇ *sm* auxiliaire *m*

austero, a [aw'stero, a] *agg* austère

Australia [aws'tralja] *sf* • **l'Australia** l'Australie *f*

australiano, a [awstra'ljano, a] *agg* australien(enne) ◇ *sm, f* Australien *m*, -enne *f*

Austria ['awstrja] *sf* • **l'Austria** l'Autriche *f*

austriaco, a, ci, che [aws'triako, a, tʃi, ke] *agg* autrichien(enne) ◇ *sm, f* Autrichien *m*, -enne *f*

autenticare [awtenti'kare] *vt* authentifier

autentico, a, ci, che [aw'tɛntiko, a, tʃi, ke] *agg* authentique

autista, i, e [aw'tista, i, e] *smf* **1.** conducteur *m*, -trice *f* **2.** *(di mezzo pubblico)* chauffeur *m*

auto ['awto] *sf inv* voiture *f*

autoabbronzante [awtoabbron'dzante] *agg* autobronzant(e) ◇ *sm* autobronzant *m*

¹ **autoadesivo** [awtoade'zivo] *sm* auto-collant *m*

² **autoadesivo, a** [awtoade'zivo, a] *agg* autocollant(e)

autoambulanza [awtoambu'lantsa] *sf* ambulance *f*

autobiografia [awtobjogra'fia] *sf* autobiographie *f*

autobus ['awtobus] *sm inv* autobus *m*

autocarro [awto'karro] *sm* camion *m*, poids *m* lourd

autocisterna [awtotʃis'tɛrna] *sf* camion-citerne *m*

autocontrollo [awtokon'trɔllo] *sm* self-control *m*

autodidatta, i, e [awtodi'datta, i, e] *smf* autodidacte *mf*

autodromo [aw'tɔdromo] *sm* circuit *m* (automobile)

autogol [awto'gɔl] *sm inv* but marqué contre son camp

autografo [aw'tɔgrafo] *sm* autographe *m*

autogrill® [awto'gril] *sm inv* ≃ resto-route® *m*

autolinea [awto'linea] *sf* ligne *f* d'autobus

automa, i [aw'tɔma, i] *sm* automate *m*

automatico, a, ci, che [awto'matiko, a, tʃi, ke] *agg* **1.** *(meccanismo)* automatique **2.** *(gesto)* machinal(e)

automezzo [awto'mɛddzo] *sm* véhicule *m*

automobile [awto'mɔbile] *sf* automobile *f*, voiture *f*

automobilismo [awtomobi'lizmo] *sm* SPORT sports *mpl* automobiles

automobilista, i, e [awtomobi'lista, i, e] *smf* automobiliste *mf*

autonoleggio [awtono'leddʒo] *sm* **1.** *(attività)* location *f* de voitures **2.** *(ditta)* agence *f* de location de voitures

autonomia [awtono'mia] *sf* autonomie *f*

autonomo, a [aw'tɔnomo, a] *agg* autonome

autopsia [awto'psia] *sf* autopsie *f*

autoradio [awto'radjo] *sf inv* autoradio *m*

autore, trice [aw'tore, 'tritʃe] *sm, f* auteur *m*

autorevole [awto'revole] *agg (persona)* autorisé(e), qui fait autorité

autorimessa [awtori'messa] *sf* garage *m*

autorità [awtori'ta] *sf inv* autorité *f*

autoritario, a [awtori'tarjo, a] *agg* autoritaire

autorizzare [awtoridz'dzare] *vt* autoriser

autorizzazione [awtoridzdzats'tsjone] *sf* autorisation *f*

autoscatto [awtos'katto] *sm* retardateur *m*

autoscontro [awtos'kontro] *sm* autos *fpl* tamponneuses

autoscuola [awtos'kwɔla] *sf* auto-école *f*

autoservizi [awtoser'vitsi] *smpl* transports *mpl* publics

autostop [awtos'tɔp] *sm inv* (auto-)stop *m* ● **fare l'autostop** faire du stop

autostoppista, i, e [awtostop'pista, i, e] *smf* auto-stoppeur *m*, -euse *f*

autostrada [awtos'trada] *sf* autoroute *f*

autostradale [awtostra'dale] *agg* autoroutier(ère)

autoveicolo [autove'ikolo] *sm* véhicule *m*

autovettura [autovet'tura] *sf* voiture *f*

autunno [aw'tunno] *sm* automne *m*

avambraccio [avam'brattʃo] *sm* avant-bras *m inv*

avanguardia [avan'gwardja] *sf* avant-garde *f* ● **d'avanguardia** d'avant-garde ● **essere all'avanguardia** être à l'avant-garde

avanti [a'vanti] *avv* (*stato in luogo*) devant ● **avanti!** (*invito a entrare*) entrez ! ; (*esortazione*) allez ! ● **andare avanti** (*avanzare*) avancer ; (*precedere*) s'avancer ; (*continuare*) continuer ● **essere avanti** (*nel lavoro, nello studio*) être en avance ● **mettersi avanti** se mettre en avant ● **passare avanti a qn** passer devant qqn

avanzare [avan'tsare] *vi* (*procedere*) avancer ● **è avanzato un po' di pane** il reste un peu de pain

avanzo [a'vantso] *sm* 1. (*di cibo*) reste *m* 2. (*di stoffa*) chute *f*

avaria [ava'ria] *sf* panne *f*

avariato, a [ava'rjato, a] *agg* avarié(e)

avaro, a [a'varo, a] *agg & sm, f* avare

avena [a'vena] *sf* avoine *f*

avere [a'vere] *vt*

1. (*possedere*) avoir ● **ha due fratelli** il/elle a deux frères ● **non ho più soldi** je n'ai plus d'argent

2. (*come caratteristica*) avoir ● **avere i capelli scuri** avoir les cheveux bruns ● **avere molta immaginazione** avoir beaucoup d'imagination

3. (*età*) ● **quanti anni hai?** quel âge as-tu ? ● **ho 18 anni** j'ai 18 ans

4. (*portare addosso*) avoir ● **hai da accendere?** tu as du feu ?

5. (*sentire*) avoir ● **avere caldo/freddo** avoir chaud/froid ● **avere fame** avoir faim ● **avere sonno** avoir sommeil ● **ho mal di testa** j'ai mal à la tête

6. (*ottenere, ricevere*) avoir ● **spero di avere una conferma** j'espère avoir une confirmation

7. (*in espressioni*) ● **non ha niente a che fare o vedere con** cela n'a rien à voir avec ● **non ne ho per molto** je n'en ai pas pour longtemps ● **avere da fare** avoir du travail ● **avercela con qn** en vouloir à qqn ● **quanti ne abbiamo oggi?** on est quel jour aujourd'hui ?

◇ *v aus* avoir ● **non ho capito** je n'ai pas compris ● **abbiamo prenotato un tavolo** nous avons réservé une table

◆ **averi** *smpl* (*beni*) biens *mpl*

avi ['avi] *smpl* ancêtres *mpl*

aviazione [avjat'tsjone] *sf* aviation *f*

avido, a ['avido, a] *agg* avide

AVIS ['avis] (*abbr di Associazione Volontari Italiani del Sangue*) *sf* ≃ FFDSB *f* (*Fédération Française de Donneurs de Sang Bénévoles*)

avocado [avo'kado] *sm inv* (*frutto*) avocat *m*

avorio [a'vorjo] *sm* ivoire *m*

avvallamento [avvalla'mento] *sm* affaissement *m*

avvantaggiare [avvantadʒ'dʒare] *vt* avantager ◆ **avvantaggiarsi** *vr* (*avanzare*) prendre de l'avance ◆ **avvantaggiarsi di** *vr+prep* tirer profit de

avvelenamento [avvelena'mento] *sm* empoisonnement *m*

avvelenare [avvele'nare] *vt* empoisonner

avvenente [avve'nɛnte] *agg* séduisant(e)

avvenimento [avveni'mento] *sm* événement *m*

¹**avvenire** [avve'nire] *sm* avenir *m*

²**avvenire** [avve'nire] *vi* arriver

avventarsi [avven'tarsi] *vr* ● avventarsi su o contro qn se jeter sur qqn

avventato, a [avven'tato, a] *agg* irréfléchi(e)

avventura [avven'tura] *sf* aventure *f*

avventurarsi [avventu'rarsi] *vr* ● avventurarsi in qc s'aventurer dans qqch

avventuroso, a [avventu'rozo, a] *agg* 1. *(persona)* aventureux(euse) 2. *(viaggio)* plein(e) d'aventures

avvenuto, a [avve'nuto, a] *pp* ➤ avvenire

avverarsi [avve'rarsi] *vr* se réaliser

avverbio [av'vɛrbjo] *sm* adverbe *m*

avversario, a [avver'sarjo, a] *agg* adverse ◇ *sm, f* adversaire *mf*

avvertenza [avver'tɛntsa] *sf* (avviso) avertissement *m* ◆ **avvertenze** *sfpl* notice *f*

avvertimento [avverti'mento] *sm* avertissement *m*

avvertire [avver'tire] *vt* 1. ● avvertire qn (di qc) avertir o prévenir qqn (de qqch) 2. *(sentire)* ressentir

avviamento [avvja'mento] *sm (di motore)* démarrage *m*

avviare [avvi'are] *vt* 1. *(discorso, trattative)* entamer 2. *(attività)* entreprendre 3. *(locale, pratica)* ouvrir 4. *INFORM* dé-

marrer ◆ **avviarsi** *vr* ● io mi avvio moi, je commence à y aller

avvicinare [avvitʃi'nare] *vt* rapprocher ◆ **avvicinarsi (a)** *vr+prep* s'approcher (de)

avvilirsi [avvi'lirsi] *vr* se décourager

avvincente [avvin'tʃɛnte] *agg* captivant(e)

avvisare [avvi'zare] *vt* 1. *(informare)* informer 2. *(ammonire)* avertir, prévenir

avviso [av'vizo] *sm* avis *m* ● a mio avviso à mon avis

avvistare [avvis'tare] *vt* repérer

avvitare [avvi'tare] *vt* visser

avvizzire [avvits'tsire] *vi* se faner

avvocato [avvo'kato] *sm* avocat *m*, -e *f*

avvolgere [av'voldʒere] *vt* 1. *(arrotolare)* enrouler 2. *(avviluppare)* envelopper ◆ **avvolgersi** *vr* 1. *(aggrovigliarsi)* s'enchevêtrer 2. *(avilupparsi)* s'envelopper

avvolgibile [avvol'dʒibile] *sm* store *m*

avvolto, a [av'volto, a] *pp* ➤ avvolgere

avvoltolo [avvol'tojo] *sm* vautour *m*

azalea [adzd'lea] *sf* azalée *f*

azienda [adz'dzjɛnda] *sf* entreprise *f* ● azienda agricola exploitation *f* agricole

azionare [atstsjo'nare] *vt* actionner

azione [ats'tsjone] *sf* action *f*

azionista, i, e [atstsjo'nista, i, e] *smf* actionnaire *mf*

azoto [adz'dzɔto] *sm* azote *m*

azzannare [adzdzan'nare] *vt (sog: animale)* mordre

azzardare [adzdzar'dare] *vt (domanda, proposta)* hasarder ◆ **azzardarsi a** *vr + prep* ● non mi azzardo a sorpassare je ne me hasarde pas à doubler ● non ti

azzardare a ricominciare! ne t'avise pas de recommencer !

azzardo [adz'dzardo] *sm* hasard *m* ● **giochi d'azzardo** jeux de hasard

azzeccare [addzek'kare] *vt* deviner

azzuffarsi [addzuf'farsi] *vr* se bagarrer

¹**azzurro** [adz'dzurro] *sm* bleu *m* ◆ **Azzurri** *smpl (SPORT)* ● **gli Azzurri** nom donné à l'équipe nationale italienne dans toutes les disciplines sportives

²**azzurro, a** [adz'dzurro, a] *agg* bleu(e) ● **ha gli occhi azzurri** il a les yeux bleus

*b*B

babà [ba'ba] *sm inv* baba *m* au rhum

babbo ['babbo] *sm (fam)* papa *m* ● **Babbo Natale** le Père Noël

baby-sitter [bebi'sitter] *smf inv* baby-sitter *mf*

bacca, che ['bakka, ke] *sf* baie *f*

baccalà [bakka'la] *sm inv* morue *f* salée ● **baccalà alla vicentina** "baccalà" cuit dans du lait avec des oignons, des anchois et du persil

bacheca, che [ba'kɛka, ke] *sf (per avvisi)* panneau *m* d'affichage

baciare [ba'tʃare] *vt* embrasser ◆ **baciarsi** *vr* s'embrasser

bacinella [batʃi'nɛlla] *sf* cuvette *f*

bacino [ba'tʃino] *sm* ANAT GEOG bassin *m*

bacio ['batʃo] *sm* baiser *m* ● **dare un bacio sulla bocca a qn** embrasser qqn sur la bouche ● **baci di dama** *biscuits aux amandes fourrés au chocolat*

backup ['bɛkap] *sm inv (copia)* copie *f* de sauvegarde

baco, chi ['bako, ki] *sm* ● **baco da seta** ver *m* à soie

badante [ba'dante] *smf* aide-soignant *m*, -e *f*

badare [ba'dare] *vi* ● **badare ai bambini** s'occuper des enfants ● **bada a dove metti i piedi** regarde où tu mets les pieds ● **non badare a quello che dice** ne fais pas attention à ce qu'il/elle dit ● **non badare a spese** ne pas regarder à la dépense

badia [ba'dia] *sf* abbaye *f*

baffo ['baffo] *sm* moustache *f*

bagagliaio [bagaʎ'ʎajo] *sm* coffre *m*

bagaglio [ba'gaʎʎo] *sm* bagage *m* ● **bagaglio a mano** bagage à main

bagliore [baʎ'ʎore] *sm* lueur *f*

bagna cauda [baɲɲa'kawda] *sf* sauce à base d'huile d'olive, d'ail et d'anchois, chauffée sur un réchaud, dans laquelle on trempe des légumes (spécialité piémontaise)

bagnare [baɲ'ɲare] *vt* 1. mouiller 2. *(piante, città)* arroser ◆ **bagnarsi** *vr* 1. *(in mare)* se baigner 2. *(di pioggia, spruzzi)* se mouiller

bagnato, a [baɲ'ɲato, a] *agg* mouillé(e) ● **bagnato fradicio** trempé (jusqu'aux os)

bagnino, a [baɲ'ɲino, a] *sm, f* maître nageur *m*, maître(sse) nageuse *f*

bagno ['baɲɲo] *sm* 1. bain *m* 2. *(stanza)* salle *f* de bains ● **dov'è il bagno?** où sont les toilettes ? ● **fare il bagno** *(in mare)* se baigner ; *(nella vasca)* prendre un bain

● **bagno pubblico** bains *mpl* publics ◆ **bagni** *smpl (stabilimento)* bains *mpl*

bagnomaria [baɲɲoma'ria] ◆ **a bagnomaria** *avv* au bain-marie

bagnoschiuma [baɲɲos'kjuma] *sm inv* bain *m* moussant

baia ['baja] *sf* baie *f*

baita ['bajta] *sf* chalet *m*

balaustra [bala'ustra] *sf* balustrade *f*

balbettare [balbet'tare] *vi* bégayer

Balcani [bal'kani] *smpl* ● **i Balcani** les Balkans *mpl*

balcone [bal'kone] *sm* balcon *m*

balena [ba'lena] *sf* baleine *f*

balla ['balla] *sf* 1. *(fam) (frottola)* bobard *m* 2. *(di merci)* balle *f*

ballare [bal'lare] *vt & vi* danser

ballerina [balle'rina] *sf (scarpa)* ballerine *f*

ballerino, a [balle'rino, a] *sm, f* danseur *m*, -euse *f*

balletto [bal'letto] *sm (rappresentazione)* ballet *m*

ballo ['ballo] *sm* 1. danse *f* 2. *(festa)* bal *m* ● **tirare in ballo qc** *(argomento, faccenda)* mettre qqch sur le tapis

balneare [balne'are] *agg* balnéaire

balneazione [balneats'tsjone] *sf* ▼ **divieto di balneazione** baignade interdite

balsamo ['balsamo] *sm* 1. *(per capelli)* après-shampooing *m inv* 2. *(pomata)* baume *m*

¹**Baltico** ['baltiko] *sm* ● **il (Mar) Baltico** la mer Baltique

²**baltico, a, ci, che** ['baltiko, a, tʃi, ke] *agg* balte

balzare [bal'tsare] *vi* bondir

balzo ['baltso] *sm* bond *m*

bambino, a [bam'bino, a] *sm, f* petit garçon *m*, petite fille *f* ◆ **bambini** *smpl* enfants *mpl*

bambola ['bambola] *sf* poupée *f*

banale [ba'nale] *agg* banal(e)

banana [ba'nana] *sf* banane *f*

banca, che ['banka, ke] *sf* banque *f* ● **banca dati** base *f* de données

bancarella [banka'rella] *sf* étalage *m*

bancario, a [ban'karjo, a] *agg* bancaire ◇ *sm, f* employé *m*, -e *f* de banque

bancarotta [banka'rotta] *sf* faillite *f*

banchina [ban'kina] *sf* 1. *(di porto, stazione)* quai *m* 2. *(di strada)* accotement *m*

banco, chi ['banko, ki] *sm* 1. *(di scuola)* banc *m* 2. *(di negozio, bar)* comptoir *m* 3. *(di mercato)* étal *m* ● **banco di corallo** banc de corail ● **banco di nebbia** nappe *f* de brouillard ● **banco di pesci** banc de poissons

bancomat® ['bankomat] *sm inv* 1. *(sportello)* distributeur *m* automatique de billets 2. *(tessera)* ≃ carte *f* bancaire

bancone [ban'kone] *sm* comptoir *m*

banconota [banko'nɔta] *sf* billet *m* (de banque)

banda ['banda] *sf* 1. bande *f* 2. *(musicale)* fanfare *f*

bandiera [ban'djera] *sf* drapeau *m*

que Cispadane de Bonaparte. Il présentait alors trois bandes horizontales verte, blanche et rouge. Ce n'est qu'en 1946, avec la naissance de la République italienne, que le drapeau prit sa forme définitive, avec trois bandes verticales verte, blanche et rouge.

bandito [ban'dito] *sm* bandit *m*

bando ['bando] *sm* avis *m* ● **bando alle chiacchiere!** trêve de bavardages !

bar ['bar] *sm inv* bar *m*, café *m* ● **bar-tabacchi** bar-tabac *m*

bara ['bara] *sf* cercueil *m*

baracca, che [ba'rakka, ke] *sf* baraque *f* ● **mandare avanti la baracca** (*fam*) faire bouillir la marmite

baraccone [barak'kone] *sm* baraque *f* (de fête foraine)

baratro ['baratro] *sm* gouffre *m*

barattolo [ba'rattolo] *sm* **1.** boîte *f* **2.** (di marmellata, senape) pot *m*

barba ['barba] *sf* barbe *f* ● **farsi la barba** se raser ● **che barba!** quelle barbe !

barbaro, a ['barbaro, a] *agg* barbare ⬦ *sm, f* ● **i Barbari** les Barbares *mpl*

barbecue [barbe'kju] *sm inv* barbecue *m*

barbiere [bar'bjɛre] *sm* coiffeur *m* (pour hommes)

barbone, a [bar'bone, a] *sm, f* clochard *m*, -e *f*

barca, che ['barka, ke] *sf* bateau *m* ● **barca a remi** barque *f* à rames ● **barca a vela** voilier *m*, bateau à voile

barcollare [barkol'lare] *vi* chanceler

barella [ba'rɛlla] *sf* civière *f*

barista, i, e [ba'rista, i, e] *smf* barman *m*, barmaid *f*

Barocco [ba'rɔkko] *sm* ● **il Barocco** le Baroque

Barolo [ba'rɔlo] *sm* vin rouge du Piémont

barra ['barra] *sf* barre *f* ● **barra di scorrimento** barre de défilement ● **barra spaziatrice** barre d'espace ● **barra degli strumenti** barre d'outils

barricare [barri'kare] *vt* barricader ● **barricarsi** *vr* se barricader

barriera [bar'rjɛra] *sf* barrière *f*

basare [ba'zare] *vt* fonder, baser ● **basare l'accusa su una prova** fonder o baser l'accusation sur une preuve ● **basarsi su** *vr+prep* **1.** (sog: persona) se fonder sur **2.** (sog: teoria) être fondé(e) sur

base ['baze] *sf* base *f* ● **a base di qc** à base de qqch ● **in base a qc** sur la base de qqch

baseball ['bejzbol] *sm inv* base-ball *m*

basette [ba'zette] *sfpl* pattes *fpl*

basilica, che [ba'zilika, ke] *sf* basilique *f*

basilico [ba'ziliko] *sm* basilic *m*

¹**basso** ['basso] *sm* MUS basse *f* ● **guardare in basso** regarder en bas

²**basso, a** ['basso, a] *agg* **1.** bas (basse) **2.** (persona, albero, numero) petit(e) **3.** (acqua) peu profond(e)

basta ['basta] *esclam* assez !, ça suffit ! ● **basta con le chiacchiere!** trêve de bavardages !

bastare [bas'tare] *vi & v impers* suffire ● **basta così** ça suffit (comme ça) ● **per prenotare, basta che telefoniate** pour réserver, il (vous) suffit de téléphoner ● **basta riflettere** il suffit de réfléchir

bastone [bas'tone] *sm* bâton *m* ● **bastone da passeggio** canne *f*

battaglia [bat'taʎʎa] *sf* bataille *f*
battello [bat'tɛllo] *sm* bateau *m*
battere ['battere] *vt & vi* battre ● **ho battuto il ginocchio** je me suis cogné le genou ● **la pioggia batte sui vetri** la pluie frappe les vitres ● **il sole batteva forte** le soleil frappait fort ● **battere qc al computer** taper qqch à l'ordinateur ● **battere i denti** claquer des dents ● **battere le mani** applaudir ● **in un batter d'occhio** en un clin d'œil ◆ **battersi** *vr* se battre
batteria [batte'ria] *sf* batterie *f*
battesimo [bat'tezimo] *sm* baptême *m*
battezzare [batted'dzare] *vt* baptiser
battistrada [battis'trada] *sm inv* bande *f* de roulement
battito ['battito] *sm* **1.** *(di orologio)* tic-tac *m inv* **2.** *(cardiaco)* battement *m*
battuta [bat'tuta] *sf* **1.** *(spiritosaggine)* boutade *f* **2.** *(teatrale)* réplique *f* **3.** *SPORT* service *m*
baule [ba'ule] *sm* **1.** *(cassa)* malle *f* **2.** *(di auto)* coffre *m*
bavaglino [bavaʎ'ʎino] *sm* bavoir *m*
bavaglio [ba'vaʎʎo] *sm* bâillon *m*
bavarese [bava'reze] *sf* bavarois *m*
bavero ['bavero] *sm* col *m*
beato, a [be'ato, a] *agg* *(fortunato)* heureux(euse) ● **beato te!** tu en as de la chance !, veinard ! *(fam)*
beauty-case [bjuti'kejs] *sm inv* vanity-case *m*
beccare [bek'kare] *vt* **1.** picorer **2.** *(fam) (sorprendere)* pincer ● **beccarsi qc** *(fam) (ceffone)* se prendre qqch ; *(raffreddore)* choper qqch
becco, chi ['bekko, ki] *sm* bec *m*

befana [be'fana] *sf personnage légendaire*

La befana

La *befana*, vieille femme à l'aspect débonnaire souvent assimilée à une gentille sorcière, est une sorte de père Noël au féminin. Le soir du 5 janvier, comme le veut la tradition, les enfants déposent près de la cheminée une chaussette que la befana viendra remplir durant la nuit. Le lendemain matin, jour de l'Épiphanie, les plus sages d'entre eux découvrent des cadeaux et des friandises tandis que les garnements reçoivent du charbon (aujourd'hui du sucre noir).

Befana [be'fana] *sf (festa)* Épiphanie *f*
beffa ['beffa] *sf* farce *f*
beffarsi ◆ **beffarsi di** *vt+prep* se moquer de
begli ['beʎʎi] ➤ bello
bei ['bɛi] ➤ bello
beige [bɛʒ] *agg inv* belge ◇ *sm inv* beige *m*
bel [bɛl] ➤ bello
belga, gi, ghe ['bɛlga, dʒi, ge] *agg* belge ◇ *smf* Belge *mf*
Belgio ['bɛldʒo] *sm* ● **il Belgio** la Belgique
bella ['bɛlla] *sf (di gioco)* belle *f*
bellezza [bel'letstsa] *sf* beauté *f* ● **che bellezza!** super !
bello ['bɛllo] *(diventa bel, mpl bei, davanti a consonante; bello, mpl begli, davanti a s + consonante, gn, ps, x, y, z;*

bell', *mpl* begli, *davanti a vocale o h* *agg*

1. *(d'aspetto)* beau (belle) ● **farsi bello** se faire beau

2. *(tempo)* beau (belle) ● **la bella stagione** la belle saison ● **fa bello** il fait beau

3. *(piacevole)* bon (bonne) ● **ho passato una bella serata** j'ai passé une bonne soirée

4. *(buono)* bon (bonne) ● **una bella idea** une bonne idée

5. *(lodevole)* beau (belle) ● **un bel gesto** un beau geste

6. *(grande)* beau (belle) ● **c'è una bella differenza** il y a une belle différence !

7. *(rafforzativo)* **hai una bella fortuna!** tu as une sacrée chance ! ● **è una bugia bell'e buona** c'est bel et bien un mensonge ● **alla bell'e meglio** tant bien que mal ● **un bel niente** rien du tout

● **bello** *sm (bellezza)* beau *m* ● **sul più bello** au meilleur moment ● **il bello è che…** le plus beau, c'est que…

belva ['belva] *sf* fauve *m*

belvedere [belve'dere] *sm inv* belvédère *m*

bemolle [be'molle] *agg inv* bémol ◇ *sm inv* bémol *m*

benché [ben'ke] *cong* bien que

benda ['benda] *sf* **1.** bande *f* **2.** *(per occhi)* bandeau *m*

bendare [ben'dare] *vt* bander

bene ['bɛne] *(meglio è il comparativo e* benissimo *è il superlativo di* bene*)* *avv*

1. *(in modo soddisfacente)* bien ● **avete mangiato bene?** vous avez bien mangé ?

2. *(nel modo giusto)* bien ● **hai fatto bene a dirglielo** tu as bien fait de le lui dire

3. *(in buona salute)* ● **stare bene** aller bien ● **sentirsi bene** se sentir bien

4. *(a proprio agio)* ● **stare bene** être bien

5. *(esteticamente)* ● **questa camicia sta bene con questa gonna** cette chemise va bien avec cette jupe ● **stai bene pettinata così** tu es bien coiffée comme ça

6. *(rafforzativo)* bien ● **lo credo bene** je veux bien le croire ● **lo spero bene** je l'espère !

7. *(in espressioni)* ● **è bene che lo sappiate** il est bon que vous le sachiez ● **è bene discuterne prima** il vaut mieux en discuter d'abord ● **ti sta bene** c'est bien fait (pour toi) ● **va bene** d'accord

◇ *esclam* bon !

◇ *sm* bien *m* ● **è per il tuo bene** c'est pour ton bien ● **è un bene per tutti** c'est mieux pour tout le monde

benedire [bene'dire] *vt* bénir

benedizione [benedits'tsjone] *sf* bénédiction *f*

beneducato, a [benedu'kato, a] *agg* bien élevé(e)

beneficenza [benefi'tʃɛntsa] *sf* bienfaisance *f* ● **dare qc in beneficenza** donner qqch à des œuvres de bienfaisance

benessere [be'nessere] *sm* **1.** *(salute)* bien-être *m inv* **2.** *(ricchezza)* aisance *f*

benestante [bene'stante] *agg* aisé(e)

benevolo, a [be'nɛvolo, a] *agg* bienveillant(e)

beninteso [benin'tezo] *avv* bien entendu

¹**benvenuto** [benve'nuto] *sm* ● **dare il benvenuto a qn** souhaiter la bienvenue à qqn

²**benvenuto, a** [benve'nuto, a] *agg* bienvenu(e) ● **benvenuti a Roma!** bienvenue à Rome !

benzina [ben'dzina] *sf* essence *f* ● **fare benzina** mettre o prendre de l'essence

benzinaio, a [bendzi'najo, a] *sm, f* pompiste *mf*

bere ['bere] *vt* boire ● **bevi qualcosa?** tu bois quelque chose ? ● **qualcosa da bere** quelque chose à boire

bermuda [ber'muda] *smpl* bermuda *m*

bernoccolo [ber'nɔkkolo] *sm* bosse *f*

bersaglio [ber'saʎʎo] *sm* cible *f*

besciamella [beʃʃa'mella] *sf* (sauce) béchamel *f*

bestemmiare [bestem'mjare] *vi* jurer, blasphémer

bestia ['bestja] *sf* bête *f* ● **andare in bestia** se mettre en colère

bestiame [bes'tjame] *sm* bétail *m*

bevanda [be'vanda] *sf* boisson *f*

bevuto, a [be'vuto, a] *pp* ➤ bere

biancheria [bianke'ria] *sf* linge *m* ● **biancheria intima** (*da donna*) lingerie *f* ; (*da uomo*) sous-vêtements *mpl*

bianchetto [bian'ketto] *sm* 1. (*per inchiostro*) correcteur *m* liquide, blanc *m* 2. (*per scarpe*) blanc *m*

¹**bianco** ['bjanko] *sm* (*colore*) blanc *m* ● **mangiare in bianco** manger léger ● **in bianco e nero** en noir et blanc

²**bianco, a, chi, che** ['bjanko, a, ki, ke] *agg* blanc (blanche) ◇ *sm, f* (*persona*) Blanc *m*, Blanche *f*

biasimare [bjazi'mare] *vt* blâmer

Bibbia ['bibbja] *sf* Bible *f*

biberon [bibe'rɔn] *sm inv* biberon *m*

bibita ['bibita] *sf* boisson *f*

biblioteca, che [bibljo'tɛka, ke] *sf* bibliothèque *f*

bicarbonato [bikarbo'nato] *sm* ● **bicarbonato (di sodio)** bicarbonate *m* de soude

bicchiere [bik'kjɛre] *sm* verre *m*

bici ['bitʃi] *sf inv* (*fam*) vélo *m* ● **andare in bici** aller à vélo

bicicletta [bitʃi'kletta] *sf* bicyclette *f* ● **andare in bicicletta** aller à bicyclette ; (*come sport*) faire de la bicyclette

bidè [bi'dɛ] *sm inv* bidet *m*

bidone [bi'done] *sm* 1. (*recipiente*) bidon *m* 2. (*imbroglio*) arnaque *f* ● **bidone della spazzatura** poubelle *f* ● **fare un bidone a qn** (*fam*) (*imbrogliare*) arnaquer qqn ; (*mancare a un appuntamento*) poser un lapin à qqn

biennale [bien'nale] *agg* 1. (*ogni due anni*) biennal(e) 2. (*per due anni*) de deux ans ● **Biennale** *f* ● **la Biennale** la Biennale de Venise

La Biennale

La première Biennale Internationale d'Art fut organisée en 1895 dans les pavillons des Jardins Publics de Venise. Aujourd'hui constituée en festival, la Biennale de Venise est composée de différentes sections (arts plastiques, cinéma, théâtre, danse, musique et architecture). À noter que seule la section consacrée au cinéma, la *Mostra* de Venise, a lieu tous les ans.

biforcarsi [bifor'karsi] *vr* bifurquer

BIGE ['bidʒe] *sm* billet *m* Bige

bigiotteria [bidʒotte'ria] *sf* **1.** *(ornamenti)* bijoux *mpl* fantaisie **2.** *(negozio)* magasin *m* de bijoux fantaisie

biglia ['biʎʎa] = **bilia**

bigliardo [biʎ'ʎardo] = **biliardo**

bigliettaio, a [biʎʎet'tajo, a] *sm, f* guichetier *m*, -ère *f*

biglietteria [biʎʎette'ria] *sf* guichet *m* ● **biglietteria automatica** billetterie *f* automatique

biglietto [biʎ'ʎetto] *sm* **1.** billet *m* **2.** *(di metropolitana, pullman)* ticket *m* ● **biglietto** prendre son ticket/billet ● **biglietto d'andata e ritorno** billet aller-retour ● **biglietto d'auguri** carte *f* de vœux ● **biglietto collettivo** billet de groupe ● **biglietto cumulativo** billet groupé ● **biglietto intero** billet plein tarif ● **biglietto omaggio** o **gratuito** entrée *f* gratuite ● **biglietto ridotto** (billet à) tarif *m* réduit ● **biglietto di (sola) andata** aller *m* simple ● **biglietto da visita** carte (de visite)

bignè [biɲ'ɲɛ] *sm inv* (dolce) chou *m*

bigodino [bigo'dino] *sm* bigoudi *m*

bigoli ['bigoli] *smpl* gros spaghettis, spécialité vénitienne

bikini ® [bi'kini] *sm inv* Bikini ® *m*

bilancia, ce [bi'lantʃa, tʃe] *sf* balance *f* ◆ **Bilancia** *sf* Balance *f*

bilancio [bi'lantʃo] *sm* bilan *m* ● **bilancio preventivo** budget *m*

bilia ['bilja] *sf* **1.** *(di vetro)* bille *f* **2.** *(da biliardo)* boule *f*

biliardo [bi'ljardo] *sm* billard *m*

bilico ['biliko] ◆ **in bilico** *avv* en équilibre instable

bilingue [bi'lingwe] *agg* bilingue

bimbo, a ['bimbo, a] *sm, f* petit garçon *m*, petite fille *f*

bilingue [bi'lingwe] *agg* bilingue

¹binario [bi'narjo] *sm* **1.** *(rotaie)* voie *f* **2.** *(marciapiede)* quai *m* ▼ **ai binari** accès aux trains ▼ **vietato attraversare i binari** interdiction de traverser les voies

²binario [bi'narjo, a] *agg* binaire

binocolo [bi'nɔkolo] *sm* jumelles *fpl*

biologia [biolo'dʒia] *sf* biologie *f*

biondo, a ['bjondo, a] *agg* blond(e)

bioterrorismo [bioterro'rizmo] *sm* bioterrorisme *m*

birichino, a [biri'kino, a] *agg & sm, f* coquin(e)

birillo [bi'rillo] *sm* quille *f*

biro ® ['biro] *sf inv* stylo *m* (à) bille

birra ['birra] *sf* bière *f* ● **birra chiara** bière blonde ● **birra scura** bière brune ● **birra alla spina** (bière) pression *f*

birreria [birre'ria] *sf* (locale) bar *m* à bières

bis [bis] *esclam* bis !

bisbigliare [bizbiʎ'ʎare] *vt & vi* chuchoter

biscotto [bis'kɔtto] *sm* biscuit *m*

bisessuale [bisessu'ale] *agg* bisexuel(le)

bisestile [bises'tile] *agg* ➤ **anno**

bisnonno, a [biz'nɔnno, a] *sm, f* arrière-grand-père *m*, arrière-grand-mère *f*

bisognare [bizoɲ'ɲare] *v impers* ● **bisogna confermare** il faut confirmer

bisogno [bi'zoɲɲo] *sm* besoin *m* ● **ho bisogno di te** j'ai besoin de toi ● **ho bisogno di un litro di latte** il me faut un litre de lait

bistecca, che [bis'tekka, ke] *sf* steak *m*, bifteck *m* ● **bistecca alla fiorentina** *tranche de bœuf épaisse cuite sur le gril*

bisticciare [bistit'tʃare] *vi* se disputer

bit [bit] *sm inv* bit *m*

bitter ['bitter] *sm inv* bitter *m*

bivio ['bivjo] *sm* bifurcation *f*

bizza ['biddza] *sf* caprice *m*

bizzarro, a [bidz'dzarro, a] *agg* excentrique, bizarre

bloccare [blok'kare] *vt* **1.** bloquer **2.** *(strada)* barrer **3.** *INFORM* verrouiller ◆ **bloccarsi** *vr* se bloquer

blocchetto [blok'ketto] *sm (per appunti)* bloc-notes *m* ● **blocchetto degli assegni** chéquier *m*

blocco, chi ['blɔkko, ki] *sm* **1.** bloc *m* **2.** *(quaderno)* bloc-notes *m* **3.** *(di meccanismo, prezzi)* blocage *m* **4.** *MED* ● **blocco intestinale** occlusion *f* intestinale ● **blocco renale** anurie *f* ● **In blocco** en bloc

blu [blu] *agg inv* bleu(e) ◇ *sm inv* bleu *m*

blue-jeans [blu'dʒins] *smpl* (blue-)jean *m*

boa ['bɔa] *sf* bouée *f* ◇ *sm inv* boa *m*

bobina [bo'bina] *sf* bobine *f*

bocca, che ['bokka, ke] *sf* **1.** bouche *f* **2.** *(di cane, leone)* gueule *f* ● **in bocca al lupo!** bonne chance !

boccaccia, ce [bok'kattʃa, tʃe] *sf* ● **fare le boccacce** faire des grimaces

boccale [bok'kale] *sm* **1.** *(per acqua, vino)* cruche *f* **2.** *(per birra)* chope *f*

boccia, ce ['bɔttʃa, tʃe] *sf* boule *f* ● **giocare a bocce** jouer aux boules o à la pétanque

bocciare [bot'tʃare] *vt* **1.** *(studente)* recaler **2.** *(proposta, progetto)* rejeter

boccone [bok'kone] *sm* bouchée *f* ● **mangiare un boccone** manger un morceau

bocconi [bok'koni] *avv* à plat ventre

boicottare [bojkot'tare] *vt* boycotter

bolla ['bolla] *sf* **1.** *(vescica)* ampoule *f* **2.** *(di sapone)* bulle *f*

bollente [bol'lɛnte] *agg* bouillant(e)

bolletta [bol'letta] *sf* facture *f*

bollettino [bollet'tino] *sm (modulo, notiziario)* bulletin *m* ● **bollettino meteorologico** bulletin météorologique

bollire [bol'lire] *vt* faire bouillir ◇ *vi* bouillir

¹bollito [bol'lito] *sm* bouilli *m*

²bollito, a [bol'lito, a] *agg* bouilli(e)

bollitore [bolli'tore] *sm* bouilloire *f*

bollo ['bollo] *sm (di circolazione)* vignette *f*

Bologna [bo'loɲɲa] *sf* Bologne *f*

bolognese [boloɲ'neze] *agg* bolonais(e)

bomba ['bomba] *sf* bombe *f*

bombardare [bombar'dare] *vt* bombarder

bombola ['bombola] *sf* bouteille *f*

bombolone [bombo'lone] *sm* beignet rond fourré à la crème pâtissière ou à la confiture et saupoudré de sucre

bonaccia [bo'nattʃa] *sf* calme *m* plat

bonario, a [bo'narjo, a] *agg* débonnaire

bontà [bon'ta] *sf* bonté *f* • **è una bontà!** *(cibo)* c'est un délice !

bora ['bɔra] *sf* bora *f*

La bora

La bora est un vent froid et violent qui souffle sur les côtes au nord de l'Adriatique, généralement en hiver. On parle de *bora chiara* lorsque le ciel est dégagé, de *bora scura* en présence de nuages ou par temps de pluie. À Trieste, la bora peut parfois atteindre la vitesse de 150 km/h.

borbottare [borbot'tare] *vt & vi* marmonner

bordeaux [bor'do] *agg inv* bordeaux ◇ *sm inv (colore, vino)* bordeaux *m*

bordo ['bordo] *sm* bord *m* • **a bordo di qc** à bord de qqch

borghese [bor'geze] *agg & smf* bourgeois(e) • **in borghese** en civil

borghesia [borge'zia] *sf* bourgeoisie *f*

borgo, ghi ['bɔrgo, gi] *sm* **1.** *(paesino)* village *m* **2.** *(quartiere)* quartier *m*

borotalco® [boro'talko] *sm inv* talc *m*

borraccia, ce [bor'rattʃa, tʃe] *sf* gourde *f*

borsa ['bɔrsa] *sf* sac *m* • **borsa dell'acqua calda** bouillotte *f* • **borsa del ghiaccio** vessie *f* à glace • **borsa della spesa** sac à provisions • **borsa di studio** bourse *f* d'études • **Borsa** *sf* Bourse *f*

borsellino [borsel'lino] *sm* porte-monnaie *m inv*

borsetta [bor'setta] *sf* sac *m* à main

bosco, schi ['bɔsko, ski] *sm* bois *m (forêt)*

Bosnia-Erzegovina [bɔznjaerdze'gɔvina] *sf* • **la Bosnia-Erzegovina** la Bosnie-Herzégovine

botanico, a, ci, che [bo'taniko, a, tʃi, ke] *agg* botanique

botta ['bɔtta] *sf* coup *m* • **fare a botte** se bagarrer

botte ['botte] *sf* tonneau *m*

bottega, ghe [bot'tega, ge] *sf* **1.** boutique *f* **2.** *(laboratorio)* atelier *m*

bottiglia [bot'tiʎʎa] *sf* bouteille *f*

botto ['bɔtto] *sm (rumore)* coup *m*

bottone [bot'tone] *sm* bouton *m* • **attaccare bottone con qn** tenir la jambe à qqn

boutique [bu'tik] *sf inv* boutique *f* (de prêt-à-porter)

box [bɔks] *sm inv* **1.** *(garage, per cavalli)* box *m* **2.** *(per bambini)* parc *m*

boxe [bɔks] *sf* boxe *f*

boy-scout [bɔjs'kawt] *sm inv* scout *m*

braccetto [bratʃ'tʃetto] • **a braccetto** *avv* bras dessus bras dessous

bracciale [bratʃ'tʃale] *sm* bracelet *m*

braccialetto [bratʃtʃa'letto] *sm* bracelet *m*

braccio ['bratʃtʃo] *sm* **1.** *(fpl braccia) (arto)* bras *m* **2.** *(mpl bracci) (di edificio)* aile *f* • **braccio di ferro** *(gioco)* bras de fer *m* • **sotto braccio** sous le bras

bracciolo [bratʃ'tʃɔlo] *sm* accoudoir *m*

brace ['bratʃe] *sf* braise *f* • **alla brace** au gril

braciola [bra'tʃɔla] *sf* **1.** *(con osso)* côtelette *f* **2.** *(sena osso)* escalope *f* *bu*

braille ['brajl] *sm inv* braille *m*

branco, chi ['branko, ki] *sm* **1.** troupeau *m* **2.** *(spreg) (di persone)* bande *f*

branda ['branda] *sf* lit *m* de camp

brasato [bra'zato] *sm* bœuf *m* braisé

Brasile [bra'zile] *sm* ● **il Brasile** le Brésil

brasiliano, a [brazi'ljano, a] *agg* brésilien(enne) ◇ *sm, f* Brésilien *m*, -enne *f* ◆ **brasiliano** *sm* brésilien *m*

bravo, a ['bravo, a] *agg* **1.** *(abile)* bon (bonne) **2.** *(bambino)* sage ● **bravi!** bravo ! ● **ero bravo in disegno** j'étais bon o doué en dessin

bresaola [bre'zaola] *sf* spécialité charcutière de la Valteline comparable à la viande des Grisons

bretelle [bre'tɛlle] *sfpl* bretelles *fpl*

breve ['brɛve] *agg* **1.** *(visita)* bref (brève) **2.** *(percorso, testo)* court(e) ● **in breve** en bref ● **tra breve** sous peu, d'ici peu

brevetto [bre'vetto] *sm* brevet *m*

brezza ['breddza] *sf* brise *f*

bricco, chi ['brikko, ki] *sm* **1.** *(del caffè)* cafetière *f* **2.** *(del latte)* pot *m* à lait

briciola ['britʃola] *sf* miette *f*

briciolo ['britʃolo] *sm* ● **non hai un briciolo di buon senso** tu n'as pas une once de bon sens

brillante [bril'lante] *agg* brillant(e) ◇ *sm (diamante)* brillant *m*

brillare [bril'lare] *vi* briller

brillo, a ['brillo, a] *agg (fam)* gai(e)

brindisi ['brindizi] *sm inv* toast *m* ● **fare un brindisi (a)** porter un toast (à)

brioche [bri'ɔʃ] *sf inv* ≈ croissant *m*

britannico, a, ci, che [bri'tanniko, a, tʃi, ke] *agg* britannique

brivido ['brivido] *sm* frisson *m*

brocca, che ['brɔkka, ke] *sf* broc *m*

brodo ['brɔdo] *sm* bouillon *m*

bronchite [bron'kite] *sf* bronchite *f*

brontolare [bronto'lare] *vi* **1.** rouspéter **2.** *(stomaco)* gargouiller

bronzo ['brondzo] *sm* bronze *m*

browser ['brawzer] *sm inv* navigateur *m*, browser *m*

bruciapelo [brutʃa'pelo] ◆ **a bruciapelo** *avv* **1.** *(sparare)* à bout portant **2.** *(chiedere)* à brûle-pourpoint

bruciare [bru'tʃare] *vt* brûler ◇ *vi* **1.** brûler **2.** *(scottare)* être brûlant(e) ◆ **bruciarsi** *vr (scottarsi)* se brûler

bruciato, a [bru'tʃato, a] *agg* brûlé(e) ◆ **bruciato** *sm* ● **c'è odore di bruciato** ça sent le brûlé

bruciatura [brutʃa'tura] *sf* brûlure *f*

bruco, chi ['bruko, ki] *sm* chenille *f*

bruno, a ['bruno, a] *agg* brun(e)

bruschetta [brus'ketta] *sf* tranche de pain grillée frottée d'ail et assaisonnée d'huile d'olive et de sel

brusio [bru'zio] *sm* bourdonnement *m*

brutale [bru'tale] *agg* brutal(e)

brutto, a ['brutto, a] *agg* **1.** *(di aspetto)* laid(e) **2.** *(tempo, notizia)* mauvais(e) **3.** *(rafforzativo)* ● **brutto bugiardo!** sale menteur !

Bruxelles [bruk'sɛl] *sf* Bruxelles *f*

buca, che ['buka, ke] *sf* trou *m* ● **buca delle lettere** boîte *f* aux lettres

bucare [bu'kare] *vt* trouer ● **bucare una gomma** crever (un pneu) ◆ **bucarsi** *vr* **1.** *(forarsi)* se trouer **2.** *(pungersi, drogarsi)* se piquer

bucatini [buka'tini] *smpl* spaghettis épais et creux ● **bucatini all'amatriciana** spécialité romaine à base de bucatinis accompagnés d'une sauce tomate, de poitrine fumée, d'oignons, de piment et de pecorino

bucato [bu'kato] *sm* **1.** *(panni)* linge *m* **2.** *(lavaggio)* ● **fare il bucato** faire la lessive

buccia, ce ['butʃʃa, tʃe] *sf* **1.** peau *f* **2.** *(d'arancia, limone)* écorce *f*

buco, chi ['buko, ki] *sm* trou *m*

budino [bu'dino] *sm* flan *m* ● **budino di riso** gâteau *m* de riz

bue ['bue] *(pl* **buoi** ['bwoi]) *sm* bœuf *m*

bufera [bu'fera] *sf* tempête *f*

buffet [buf'fe] *sm inv* buffet *m*

buffo, a ['buffo, a] *agg* drôle

bug [bag] *sm inv* bogue *m*, bug *m*

bugia [bu'dʒia] *sf* mensonge *m*

bugiardo, a [bu'dʒardo, a] *agg & sm, f* menteur(euse)

¹buio ['bujo] *sm* obscurité *f* ● **fa buio** il fait nuit ● **ho paura del buio** j'ai peur du noir

²buio, a ['bujo, a] *agg* sombre

Bulgaria [bulga'ria] *sf* ● **la Bulgaria** la Bulgarie

bulgaro, a [bulgaro, a] *agg* bulgare ◇ *sm, f* Bulgare ● **bulgaro** *sm (lingua)* bulgare *m*

bullone [bul'lone] *sm* boulon *m*

buonanotte [bwona'nɔtte] *esclam* bonne nuit !

buonasera [bwona'sera] *esclam* bonsoir !

buongiorno [bwon'dʒorno] *esclam* bonjour !

buongustaio, a [bwongus'tajo, a] *sm, f* gourmet *m*

¹buono ['bwono] *sm (tagliando)* bon *m* ● **buono pasto** ticket *m* restaurant ● **buono sconto** bon de réduction ● **buono del Tesoro** bon du Trésor

²buono, a ['bwono, a] *(con sm diventa:* **buon** *davanti vocale o consonante + vocale, l, r; buono davanti s + consonante, gn, ps, z) agg*

1. *(gen)* bon (bonne) ● **buon appetito!** bon appétit ! ● **buon compleanno!** bon anniversaire ! ● **buona fortuna!** bonne chance ! ● **fate buon viaggio!** bon voyage ! ● **essere di buon umore** être de bonne humeur ● **è buono solo a criticare** il ne sait rien faire d'autre que critiquer **2.** *(bambino)* sage

3. *(in espressioni)* ● **buono a sapersi** c'est bon à savoir ● **buon per te!** tant mieux pour toi ! ● **a buon mercato** bon marché ● **di buon'ora** de bonne heure ● **alla buona** *(cena)* sans façon, tout(e) simple ● **con le buone o con le cattive** de gré ou de force

buonsenso [bwon'senso] *sm* bon sens *m*

buonumore [bwonu'more] *sm* bonne humeur *f*

burattino [burat'tino] *sm* marionnette *f*

burla ['burla] *sf* plaisanterie *f*

burocrazia [burokrats'tsia] *sf* bureaucratie *f*

burrasca, sche [bur'raska, ske] *sf* tempête *f*

burro ['burro] *sm* beurre *m* ● **burro (di) cacao** beurre de cacao

burrone [bur'rone] *sm* ravin *m*

bus [bus] *sm inv* bus *m*

bussare [bus'sare] *vi* frapper

bussola ['bussola] *sf* boussole *f*

busta ['busta] *sf* 1. enveloppe *f* 2. *(per documenti)* chemise *f* ● **busta paga** feuille *f* o fiche *f* de paye

La busta di una lettera

Nella corrispondenza privata, sulla busta è sufficiente mettere nome e cognome del destinatario. Sulle busta di una lettera formale, il destinatario è solitamente introdotto da *Monsieur* (signor) o *Madame* (signora), ed eventualmente seguito dal nome dell'azienda in cui questi lavora. In genere, la città va scritta in maiuscolo, senza accenti. A volte *Boulevard, Avenue* e *Place* vengono abbreviati in minuscolo (es. *bd, av* e *pl.*).

bustarella [busta'rella] *sf* pot-de-vin *m*

busto ['busto] *sm* 1. buste *m* 2. MED corset *m*

buttafuori [butta'fwori] *smf inv* videur *m*, -euse *f*

buttare [but'tare] *vt* jeter ● **buttare giù** *(muro, edificio)* abattre ; *(pillola, boccone)* avaler ; *(appunti)* écrire ● **buttare (via)**

jeter ; *(denaro)* gaspiller ; *(tempo)* perdre ● **buttarsi** *vr* 1. *(gettarsi)* se jeter 2. *(fig) (tentare)* se lancer

by-pass [baj'pas] *sm inv* MED pontage *m*

byte ['bajt] *sm inv* octet *m*

Cc

cabina [ka'bina] *sf* cabine *f* ● **cabina telefonica** cabine téléphonique

cabrio ['kabrjo] *agg inv* cabriolet *(inv)* ◇ *sm o sf inv* cabriolet *m*

cacao [ka'kao] *sm* cacao *m*

cacca ['kakka] *sf* caca *m* ● **fare la cacca** faire caca

caccia ['kattʃa] *sf* chasse *f* ● **caccia al tesoro** chasse au trésor

cacciare [kat'tʃare] *vt* chasser ● **cacciare qn di casa** chasser qqn de la maison ● **cacciarsi** *vr (fam)* ● **cacciarsi nei guai** se fourrer dans le pétrin ● **dove ti eri cacciato?** où étais-tu passé ?

cacciatora [kattʃa'tora] *sf* ● **pollo alla cacciatora** poulet chasseur

cacciavite [kattʃa'vite] *sm inv* tournevis *m*

cacciucco, chi [kat'tʃukko, ki] *sm* soupe *de poisson typique de la région de Livourne*

cachemire ['kaʃmir] *sm inv* cachemire *m*

caciocavallo [katʃoka'vallo] *sm fromage de lait de vache à pâte ferme typique du sud de l'Italie*

cadavere [ka'davere] *sm* cadavre *m*

cadere [ka'dere] *vi* tomber
caduta [ka'duta] *sf* chute *f*
caffè [kaf'fɛ] *sm inv* café *m*

Il caffè

Boisson autrefois réservée aux
élites, le café fut rapporté du
Moyen-Orient par les navires
vénitiens. Aussitôt adopté par
les Italiens, il est aujourd'hui
consommé à toute heure. *Ristretto* (serré par définition, il vous
faudra demander un *caffè lungo*
(café allongé) pour obtenir une
dose "normale", mais vous pouvez également l'apprécier *macchiato* (avec un nuage de lait) ou
corretto (avec un soupçon d'alcool). Parmi les boissons à base de
café, les Italiens ont un faible pour
le *cappuccino*, ou pour le *caffè sha-
kerato*, une boisson rafraîchissante
parfois légèrement alcoolisée.

caffeina [kaffe'ina] *sf* caféine *f*
caffellatte [kaffel'latte] *sm inv* **1.** café *m*
au lait **2.** *(al bar)* (café) crème *m*
caffettiera [kaffet'tjɛra] *sf* cafetière *f*
cagna [ˈkaɲɲa] *sf* chienne *f*
C.A.I. [ˈkaj] *(abbr di Club Alpino Italiano) sm* ≃ CAF *m* (*Club Alpin Français*)
cala [ˈkala] *sf* anse *f*
calabrone [kala'brone] *sm* bourdon *m*
calamaretto [kalamaˈretto] *sm* petit calamar *m*
calamaro [kalaˈmaro] *sm* calamar *m*
calamita [kalaˈmita] *sf* aimant *m*

calare [kaˈlare] *vt* baisser ◇ *vi* **1.** *(prezzo,
temperatura)* baisser **2.** *(vento)* tomber
3. *(sole)* se coucher ● **calare di peso** perdre du poids
calca [ˈkalka] *sf* foule *f*
calcagno [kalˈkaɲɲo] *sm* talon *m*
calce [ˈkaltʃe] *sf* chaux *f*
calciatore, trice [kaltʃaˈtore, ˈtritʃe]
sm, f footballeur *m*, -euse *f*
calcio [ˈkaltʃo] *sm* **1.** *(pedata)* coup *m* de
pied **2.** *(gioco)* foot(ball) *m* **3.** *(elemento
chimico)* calcium *m* **4.** *(di arma)* crosse *f*
● **prendere a calci** *(persona)* donner des
coups de pied à ; *(cosa)* donner des coups
de pied dans
calcolare [kalkoˈlare] *vt* calculer
calcolatrice [kalkolaˈtritʃe] *sf* calculatrice *f*
calcolo [ˈkalkolo] *sm* calcul *m* ● **fare il
calcolo di** calculer
caldaia [kalˈdaja] *sf* chaudière *f*
caldo, a [ˈkaldo, a] *agg* chaud(e) ◆ **caldo**
sm chaud *m*, chaleur *f* ● **avere caldo** avoir
chaud ● **fa caldo** il fait chaud
calendario [kalenˈdarjo] *sm* calendrier
m
call center [kolˈsɛntar] *sm inv* centre *m*
d'appel
calma [ˈkalma] *sf* calme *m* ◇ *esclam* du
calme !
calmante [kalˈmante] *sm* calmant *m*
calmare [kalˈmare] *vt* calmer ◆ **calmarsi**
vr se calmer
calmo, a [ˈkalmo, a] *agg* calme
calore [kaˈlore] *sm* chaleur *f*
caloria [kaloˈria] *sf* calorie *f*
calorifero [kaloˈrifero] *sm* radiateur *m*

caloroso, a [kalo'rozo, a] *agg* chaleureux(euse)

calpestare [kalpes'tare] *vt* piétiner ▼ **è vietato calpestare le aiuole** pelouse interdite

calunnia [ka'lunnja] *sf* calomnie *f*

calvizie [kal'vittsje] *sf inv* calvitie *f*

calvo, a ['kalvo, a] *agg* chauve

calza ['kaltsa] *sf* **1.** *(da donna)* bas *m* **2.** *(da uomo)* chaussette *f* ● **fare la calza** tricoter

calzamaglia [kaltsa'maʎʎa] *sf* collant *m* épais

calzante [kal'tsante] *sm* chausse-pied *m*

calzare [kal'tsare] *vt* ◇ **che numero calza?** quelle pointure faites-vous ?, vous chaussez du combien ? ● **calzo il 41** je chausse du 41 ◇ *vi (scarpe)* ● **questo modello di calza bene?** est-ce que ce modèle vous va ?

calzature [kaltsa'ture] *sfpl* chaussures *fpl*

calzettone [kaltset'tone] *sm* chaussette haute et épaisse

calzino [kal'tsino] *sm* chaussette *f*

calzolaio [kaltso'lajo] *sm* **1.** *(fabbricante)* chausseur *m* **2.** *(riparatore)* cordonnier *m*

calzoleria [kaltsole'ria] *sf (per riparazioni)* cordonnerie *f*

calzoncini [kaltson'tʃini] *smpl* short *m*

calzone [kal'tsone] *sm chausson en pâte à pizza fourré au fromage, à la tomate, etc* ● **calzoni** *smpl* pantalon *m*

camaleonte [kamale'onte] *sm* caméléon *m*

cambiale [kam'bjale] *sf* lettre *f* de change

cambiamento [kambja'mento] *sm* changement *m*

cambiare [kam'bjare] *vt* **1.** changer **2.** *(treno, autobus)* changer de ◇ *vi* changer ● **cambiare dei dollari in euro** changer des dollars en euros ● **cambiare un biglietto da cento euro** faire de la monnaie de cent euros ● **cambiarsi** *vr* se changer

cambio ['kambjo] *sm* **1.** échange *m* **2.** *(di denaro)* change *m* **3.** *(ufficio)* bureau *m* de change **4.** *(di automobile)* boîte *f* de vitesses ● **cambio automatico** boîte (de vitesses) automatique ● **dare il cambio a qn** relayer qqn, prendre la relève de qqn ● **fare a cambio (con qn)** faire l'échange (avec qqn) ● **in cambio di qc** en échange de qqch

camera ['kamera] *sf* chambre *f* ● **camera (da letto)** chambre (à coucher) ● **camera con bagno** chambre avec salle de bains ● **camera singola** chambre simple ● **camera doppia** chambre double ● **camera matrimoniale** chambre avec un grand lit ● **camera degli ospiti** chambre d'amis ● **camera d'aria** chambre à air ● **Camera di Commercio** Chambre de Commerce ● **Camera dei Deputati** Chambre *f* des Députés ≃ Assemblée *f* nationale

cameriere, a [kame'rjere, a] *sm, f* serveur *m*, -euse *f* ● **cameriere!** garçon !

camice ['kamitʃe] *sm* blouse *f*

camicetta [kami'tʃetta] *sf* chemisier *m*

camicia [ka'mitʃa] *sf* **1.** *(da uomo)* chemise *f* **2.** *(da donna)* chemisier *m* ● **camicia da notte** chemise de nuit

caminetto [kami'netto] *sm* cheminée *f*

camino [ka'mino] *sm* cheminée *f*

camion ['kamjon] *sm inv* camion *m*

camioncino [kamjon't∫ino] sm camionnette f

cammello [kam'mɛllo] sm **1.** chameau m **2.** *(tessuto)* poil m de chameau

cammeo [kam'mɛo] sm camée m

camminare [kammi'nare] vi marcher

camminata [kammi'nata] sf *(passeggiata)* marche f

cammino [kam'mino] sm chemin m ● **mettersi in cammino** se mettre en route

camomilla [kamo'milla] sf camomille f

camorra [ka'mɔrra] sf nom donné à la mafia napolitaine

camoscio [ka'mɔ∫∫o] sm chamois m

campagna [kam'paɲɲa] sf campagne f ● **in campagna** à la campagne

campana [kam'pana] sf cloche f

campanello [kampa'nello] sm sonnette f ● **suonare il campanello** sonner (à la porte)

campanile [kampa'nile] sm clocher m

campare [kam'pare] vi *(fam)* vivre ● **si tira a campare** on se laisse vivre

campato, a [kam'pato, a] agg ● **campato in aria** *(progetto)* en l'air ; *(speranza)* sans fondement

campeggiare [kamped'dʒare] vi camper

campeggiatore, trice [kampeddʒa'tore, 'tri∫e] sm, f campeur m, -euse f

campeggio [kam'peddʒo] sm camping m ● **andare in campeggio** faire du camping

camper ['kamper] sm inv camping-car m

Campidoglio [kampi'dɔʎʎo] sm ● **il Campidoglio** le Capitole

camping ['kemping] sm inv camping m

campionario [kampjo'narjo] sm échantillon m

campionato [kampjo'nato] sm championnat m

¹campione [kam'pjone] sm *(esemplare)* échantillon m

²campione, essa [kam'pjone, kampjo'nessa] sm, f champion m, -onne f

campo ['kampo] sm **1.** *(podere)* champ m **2.** *(sportivo)* terrain m **3.** *(settore)* domaine m **4.** *(accampamento)* camp m ● **campo da golf** terrain de golf ● **campo da tennis** court m de tennis ● **campo profughi** camp de réfugiés

camposanto [kampo'santo] sm cimetière m

Canada ['kanada] sm ● **il Canada** le Canada

canadese [kana'dese] agg canadien(enne) ◇ smf Canadien m, -enne f ◇ sf *(tenda)* canadienne f

canaglia [ka'naʎʎa] sf canaille f

canale [ka'nale] sm **1.** canal m **2.** *(di tv)* chaîne f

canapa ['kanapa] sf chanvre m

canarino [kana'rino] sm canari m

cancellare [kant∫el'lare] vt **1.** effacer **2.** *(con penna)* biffer, rayer **3.** *(annullare)* annuler **4.** *INFORM* supprimer

cancelleria [kant∫elle'ria] sf *(materiale)* fournitures fpl de bureau

cancello [kan't∫ello] sm **1.** *(di legno)* portail m **2.** *(di ferro)* grille f

cancerogeno, a [kant∫e'rɔdʒeno, a] agg cancérigène

cancrena [kan'krena] sf gangrène f

cancro ['kankro] sm cancer m ● **Cancro** sm Cancer m

candeggina [kanded₃'d₃ina] *sf* eau *f* de Javel

candela [kan'dela] *sf* bougie *f* ● **candela (di accensione)** bougie (d'allumage)

candelabro [kande'labro] *sm* candélabre *m*

candeliere [kande'ljere] *sm* chandelier *m*

candidato, a [kandi'dato, a] *sm, f* candidat *m*, -e *f*

candido, a ['kandido, a] *agg* 1. blanc (blanche) 2. *(ingenuo)* candide

¹**candito** [kan'dito] *sm* fruit *m* confit

²**candito, a** [kan'dito, a] *agg* confit(e)

cane ['kane] *sm* chien *m* ● **cane guida** chien d'aveugle ● **cane da guardia** chien de garde ● **cane lupo** berger *m* allemand ● **cane poliziotto** chien policier ● **non c'era un cane** il n'y avait pas un chat ● **solo come un cane** seul comme un chien

canestro [ka'nɛstro] *sm* panier *m* ● **fare canestro** marquer un panier

cangiante [kan'd₃ante] *agg* changeant(e)

canguro [kan'guro] *sm* kangourou *m*

canicola [ka'nikola] *sf* canicule *f*

canile [ka'nile] *sm* 1. *(cuccia)* niche *f* 2. *(municipale)* fourrière *f* 3. *(allevamento)* chenil *m*

canino [ka'nino] *sm* canine *f*

canna ['kanna] *sf* 1. *(pianta)* roseau *m* 2. *(di bicicletta)* cadre *m* 3. *(di fucile)* canon *m* 4. *(droga)* joint *m* ● **canna fumaria** tuyau *m* de cheminée ● **canna da pesca** canne *f* à pêche ● **canna da zucchero** canne à sucre

cannella [kan'nɛlla] *sf* cannelle *f*

cannelloni [kannel'loni] *smpl* cannelloni(s) *mpl*

cannibale [kan'nibale] *smf* cannibale *mf*

cannocchiale [kannok'kjale] *sm* lunette *f*

cannolo [kan'nɔlo] *sm (alla crema)* petite pâtisserie cylindrique ou conique fourrée de crème pâtissière ● **cannolo siciliano** cannolo fourré d'un mélange de ricotta, sucre, fruits confits et pépites de chocolat

cannone [kan'none] *sm* canon *m*

cannuccia, ce [kan'nutʃʃa, tʃe] *sf* paille *f*

canoa [ka'nɔa] *sf* canoë *m*

canone ['kanone] *sm* 1. *(quota)* redevance *f* 2. *(regola)* canon *m*

canottaggio [kanot'tad₃d₃o] *sm* aviron *m*

canottiera [kanot'tjera] *sf* 1. *(biancheria)* maillot *m* de corps 2. *(per esterno)* débardeur *m*

canotto [ka'notto] *sm* canot *m* ● **canotto di salvataggio** canot de sauvetage

cantante [kan'tante] *smf* chanteur *m*, -euse *f*

cantare [kan'tare] *vt & vi* chanter

cantautore, trice [kantaw'tore, 'tritʃe] *sm, f* auteur-compositeur-interprète *m*

cantiere [kan'tjere] *sm* chantier *m*

cantina [kan'tina] *sf* cave *f*

canto [kan'to] *sm* chant *m* ● **d'altro canto** d'un autre côté

cantonata [kanto'nata] *sf* ● **prendere una cantonata** faire une bourde

Canton Ticino [kantonti'tʃino] *sm* (canton du) Tessin *m*

cantuccio [kan'tutʃtʃo] *sm* 1. *(angolo)* coin *m* 2. *(biscotto)* biscuit toscan aux amandes, parfumé à l'anis, que l'on trempe dans un vin blanc appelé "vin santo"

canzone [kan'tsone] *sf* chanson *f*

caos ['kaos] *sm inv* chaos *m*

cap. (*abbr scritta di capítolo*) chap. (*chapitre*)

C.A.P. *abbr scritta di* codice di avviamento postale

capace [ka'patʃe] *agg* **1.** capable **2.** (*ampio*) grand(e) • **sei capace di fischiare?** est-ce que tu sais siffler ?

capacità [kapatʃi'ta] *sf inv* (*abilità, capienza*) capacité *f*

capanna [ka'panna] *sf* cabane *f*

capannone [kapan'none] *sm* hangar *m*

caparbio, a [ka'parbjo, a] *agg* obstiné(e)

caparra [ka'parra] *sf* arrhes *fpl*

capello [ka'pello] *sm* cheveu *m* • **averne fin sopra i capelli** en avoir par-dessus la tête

capezzolo [ka'petstsolo] *sm* mamelon *m*

capillare [kapil'lare] *sm* (*vaisseau*) capillaire *m* ◇ *agg* (*distribuzione, rete*) maillé(e)

capire [ka'pire] *vt & vi* comprendre • **non capisco** je ne comprends pas • **si capisce** bien entendu ◆ **capirsi** *vr* se comprendre

capitale [kapi'tale] *sf* capitale *f* ◇ *sm* capital *m* ◇ *agg* capital(e)

capitalismo [kapita'lizmo] *sm* capitalisme *m*

capitaneria [kapitane'ria] *sf* • **capitaneria di porto** capitainerie *f*

capitano [kapi'tano] *sm* capitaine *m*

capitare [kapi'tare] *vi & v impers* arriver • **cosa ti è capitato?** qu'est-ce qui t'est arrivé ? • **capitare a proposito** tomber à point

capitello [kapi'tello] *sm* chapiteau *m*

capitolino, a [kapito'lino, a] *agg* (*del Campidoglio*) du Capitole (*à Rome*)

capitolo [ka'pitolo] *sm* chapitre *m*

capitombolo [kapi'tombolo] *sm* chute *f*, culbute *f*

capitone [kapi'tone] *sm* anguille *m*

capo ['kapo] *sm* **1.** (*persona*) chef *m* **2.** (*testa*) tête *f* **3.** (*estremità*) bout *m* • **capo di vestiario** vêtement *m* • **andare a capo** aller à la ligne • **venire a capo di qc** venir à bout de qqch • **da capo** depuis le début • **da un capo all'altro (di qc)** d'un bout à l'autre (de qqch)

capocuoco, a, chi, che [kapo'kwɔko, a, ki, ke] *sm, f* chef *m* cuisinier

Capodanno [kapo'danno] *sm* jour *m* de l'An

capofitto [kapo'fitto] ◆ **a capofitto** *avv* **1.** (*tuffarsi*) la tête la première **2.** (*nel lavoro*) • **gettarsi a capofitto in qc** se lancer à corps perdu dans qqch

capolavoro [kapola'voro] *sm* chef-d'œuvre *m*

capolinea [kapo'linea] *sm inv* **1.** (*stazione iniziale*) tête *f* de ligne **2.** (*stazione terminale*) terminus *m*

capoluogo, ghi [kapo'lwɔgo, gi] *sm* • **capoluogo di provincia** ≃ chef-lieu *m* de département • **capoluogo di regione** en Italie, chef-lieu de région

capostazione [kapostats'tsjone] (*mpl* capistazione, *fpl* capostazione) *smf* chef *m* de gare

capotavola [kapo'tavola] (*mpl* capitavola, *fpl* capotavola) *smf* personne assise *en bout de table* ● sedere a capotavola s'asseoir en bout de table

capoufficio [kapouf'fitʃo] (*mpl* capiufficio, *fpl* capoufficio) *smf* chef *m* de bureau

capoverso [capo'verso] *sm* alinéa *m*

capovolgere [kapo'voldʒere] *vt* 1. *(oggetto)* retourner 2. *(barca)* faire chavirer 3. *(situazione)* renverser ◆ **capovolgersi** *vr* 1. *(oggetto, auto)* se retourner 2. *(barca)* chavirer

capovolto, a [kapo'volto, a] *pp* ➤ capovolgere

cappa ['kappa] *sf* 1. *(di fumo, nebbia)* chape *f* 2. *(di camino, cucina)* hotte *f*

cappella [kap'pella] *sf* chapelle *f*

cappello [kap'pello] *sm* chapeau *m*

cappero ['kappero] *sm* câpre *f*

cappone [kap'pone] *sm* chapon *m*

cappotto [kap'potto] *sm* manteau *m*

cappuccino [kapput'tʃino] *sm* 1. *(bevanda)* cappuccino *m* 2. *(frate)* capucin *m*

cappuccio [kap'puttʃo] *sm* 1. capuche *f* 2. *(di penna)* capuchon *m*

capra ['kapra] *sf* chèvre *f*

capretto [ka'pretto] *sm* chevreau *m*

Capri ['kapri] *sf* Capri

capriccio [ka'prittʃo] *sm* caprice *m* ● fare i capricci faire des caprices

capriccioso, a [kaprit'tʃozo, a] *agg* capricieux(euse)

Capricorno [kapri'korno] *sm* Capricorne *m*

capriola [kapri'ola] *sf* culbute *f*, cabriole *f*

capriolo [kapri'olo] *sm* chevreuil *m*

capro ['kapro] *sm* ● capro espiatorio bouc *m* émissaire

capsula ['kapsula] *sf* gélule *f*

carabiniere [karabi'njere] *sm* ≃ gendarme *m* ● i Carabinieri ≃ la gendarmerie ≃ les gendarmes

caraffa [ka'raffa] *sf* carafe *f*

caramella [kara'mella] *sf* bonbon *m*

carato [ka'rato] *sm* carat *m*

carattere [ka'rattere] *sm* 1. caractère *m* 2. *(tipografico)* police *f*

caratteristica, che [karatte'ristika, ke] *sf* caractéristique *f*

caratteristico, a, ci, che [karatte'ristiko, a, tʃi, ke] *agg* caractéristique

caratterizzare [karatteridz'dzare] *vt* caractériser

carboidrato [karboi'drato] *sm* glucide *m*

carbone [kar'bone] *sm* charbon *m*

carburante [karbu'rante] *sm* carburant *m*

carburatore [karbura'tore] *sm* carburateur *m*

carcassa [kar'kassa] *sf* carcasse *f*

carcerato, a [kartʃe'rato, a] *sm, f* détenu *m*, -e *f*

carcere [kartʃere] (*fpl* carceri) *sm* prison *f*

carciofo [kar'tʃofo] *sm* artichaut *m*

cardiaco, a, ci, che [kar'diako, a, tʃi, ke] *agg* cardiaque

cardigan ['kardigan] *sm inv* cardigan *m*

cardinale [kardi'nale] *agg* ➤ numero, punto ◇ *sm* cardinal *m*

cardine ['kardine] *sm* gond *m*

cardiologo, a, gi, ghe [kar'djologo, a, dʒi, ge] *sm, f* cardiologue *mf*

cardo ['kardo] *sm* chardon *m*

carenza [ka'rɛntsa] *sf* **1.** pénurie *f* **2.** *(di vitamine)* carence *f*

carestia [kares'tia] *sf* disette *f*

carezza [ka'retstsa] *sf* caresse *f*

carica, che ['karika, ke] *sf* charge *f* • **in carica** en fonction

caricabatteria [karikabatte'ria] *sm inv* chargeur *m* (de batterie)

caricare [kari'kare] *vt* **1.** charger **2.** *(orologio)* remonter • **l'insegnante ci ha caricato di compiti** le professeur nous a surchargés de devoirs ◆ **caricarsi** *vr* • **caricarsi un sacco in spalla** mettre un sac sur son dos

¹**carico** ['kariko] *sm (merce)* chargement *m* • **avere un figlio a carico** avoir un enfant à charge • **essere a carico di qn** *(spesa)* être à la charge de qqn

²**carico, a, chi, che** ['kariko, a, ki, ke] *agg* **1.** chargé(e) **2.** *(orologio)* remonté(e) **3.** *(colore)* soutenu(e) • **sono carica di borse** je suis chargée de sacs • **sono carico di lavoro** je suis débordé de travail

carie ['karje] *sf inv* carie *f*

carino, a [ka'rino, a] *agg* **1.** mignon(onne) **2.** *(gentile)* gentil(ille)

carità [kari'ta] *sf inv* RELIG charité *f* • **chiedere la carità** demander la charité • **fare la carità** faire la charité

carnagione [karna'dʒone] *sf* teint *m*

carne ['karne] *sf* **1.** viande *f* **2.** ANAT chair *f* • **carne macinata** o **tritata** viande hachée

carneficina [karnefi'tʃina] *sf* carnage *m*

carnevale [karne'vale] *sm* carnaval *m*

Il carnevale

Le carnaval (un terme issu du latin *carnem levare*, "supprimer la viande", en référence au jeûne pascal) est une période de fêtes profanes qui débute le jour de l'Épiphanie et se termine le mercredi des Cendres. Les temps forts du carnaval ont lieu la dernière semaine avec, notamment, le *giovedì grasso* (le "jeudi gras"). Les carnavals italiens les plus renommés sont ceux de Viareggio (avec ses célèbres défilés de chars), de Venise (où les habitants revêtent les *maschere*, somptueux masques vénitiens), d'Ivrea et de Putignano.

caro, a ['karo, a] *agg* cher (chère) • **l'hai pagata cara?** tu l'as payée cher ? • **cari saluti** amitiés, meilleur souvenir

carogna [ka'roɲɲa] *sf* **1.** *(di animale)* charogne *f* **2.** *(persona)* ordure *f*

carota [ka'rɔta] *sf* carotte *f*

carovita [karo'vita] *sm* **1.** *(rincaro)* augmentation *f* du coût de la vie **2.** *(costo elevato)* cherté *f* de la vie

carpaccio [kar'patʃtʃo] *sm* carpaccio *m*

Carpazi [kar'patsi] *smpl* • **i Carpazi** les Carpates *fpl*

carponi [kar'poni] *avv* à quatre pattes

carrabile [kar'rabile] *agg* ➤ **passo**

carraio [kar'rajo] *agg m* ➤ **passo**

carreggiata [karred'dʒata] *sf* chaussée *f*

carrello [kar'rɛllo] *sm* **1.** *(della spesa)* chariot *m*, Caddie ® *m* **2.** *(per bagagli)* chariot *m* **3.** *(portavivande)* chariot *m (à desserts, hors d'œuvres)*

carriera [kar'rjera] *sf* carrière *f*

carro ['karro] *sm (da traino)* char *m*, charrette *f* ● **carro armato** char d'assaut ● **carro attrezzi** dépanneuse *f*

carrozza [kar'rɔtstsa] *sf* **1.** *(vagone)* voiture *f* **2.** *(cocchio)* voiture *f* à chevaux

carrozzeria [karrotstse'ria] *sf* carrosserie *f*

carrozziere [karrots'tsjere] *sm* carrossier *m*

carrozzina [karrots'tsina] *sf* landau *m*

carta ['karta] *sf* **1.** papier *m* **2.** *(tessera)* carte *f* ● **carta assorbente** (papier) buvard *m* ● **carta bollata** o **da bollo** papier timbré ● **carta carbone** papier carbone ● **carta di credito** carte de crédit ● **carta geografica** carte *(géographique)* ● **carta d'identità** carte d'identité ● **carta igienica** papier hygiénique o toilette ● **carta d'imbarco** carte d'embarquement ● **carta da lettere** papier à lettres ● **carta da pacchi** papier cadeau ● **carta da parati** papier peint ● **carta Sim** carte Sim ● **carta stagnola** papier alu(minium) ● **carta verde** *carte à tarif réduit destinée aux jeunes de moins de 26 ans, valable uniquement sur le réseau ferroviaire italien* ● **carta dei vini** carte des vins ● **carte da gioco** cartes (à jouer)

cartaccia, ce [kar'tattʃa, tʃe] *sf* **1.** vieux papiers *mpl* **2.** *(di cibo)* papiers *mpl* gras

cartapesta [karta'pesta] *sf* carton-pâte *m*

cartella [kar'tella] *sf* **1.** *(per scolari)* cartable *m* **2.** *(di professionista)* serviette *f* **3.** *(per fogli)* chemise *f* **4.** *(scheda)* fiche *f*

5. *INFORM* dossier *m* ● **cartella clinica** dossier médical

cartello [kar'tello] *sm* **1.** *(avviso)* pancarte *f* **2.** *(insegna)* enseigne *f* ● **cartello stradale** panneau *m* de signalisation

cartellone [kartel'lone] *sm* affiche *f* ● **cartellone pubblicitario** panneau *m* publicitaire

cartina [kar'tina] *sf* **1.** ● **cartina (geografica)** carte *f* (géographique) ● **cartina stradale** carte routière **2.** *(per sigarette)* papier *m* à cigarettes, papier à rouler

cartoccio [kar'tɔttʃo] *sm* cornet *m* ● **al cartoccio** en papillote

cartoleria [kartole'ria] *sf* papeterie *f*

cartolibreria [kartolibre'ria] *sf* librairie-papeterie *f*

cartolina [karto'lina] *sf* ● **cartolina (postale)** carte *f* (postale)

cartone [kar'tone] *sm* carton *m* ● **cartone animato** dessin *m* animé

casa ['kaza o 'kasa] *sf* maison *f* ● **andare a casa** aller à la maison o chez soi ● **a casa di** chez ● **essere** o **in casa** être à la maison o chez soi ● **fatto in casa** (fait) maison *(inv)* ● **casa di cura** maison de repos

casalinga, ghe [kasa'linga, ge] *sf* femme *f* au foyer

casalingo, a, ghi, ghe [kasa'lingo, a, gi, ge] *agg* **1.** *(fatto in casa)* (fait) maison *(inv)* **2.** *(amante della casa)* casanier(ère) ◆ **casalinghi** *smpl* articles *mpl* ménagers

cascare [kas'kare] *vi* tomber

cascata [kas'kata] *sf* cascade *f*

cascina [kaʃ'ʃina] *sf* ferme *f*

casco, schi ['kasko, ski] *sm* **1.** casque *m* **2.** *(di banane)* régime *m*

casella [ka'sɛlla] *sf* case *f* ● **casella postale** boîte *f* postale ● **casella di posta elettronica** boîte e-mail ● **casella vocale** boîte vocale

casello [ka'sɛllo] *sm* péage *m*

caserma [ka'sɛrma] *sf* caserne *f*

casino [ka'sino] *sm* (*fam*) bordel *m*

casinò [kazi'nɔ] *sm inv* casino *m*

caso ['kazo] *sm* **1.** hasard *m* **2.** (*vicenda, fatto, in medicina*) cas *m* **3.** (*giudiziario*) affaire *f* ● **a caso** au hasard ● **fare caso a** faire attention à ● **non è il caso di preoccuparsi** ce n'est pas la peine de s'en faire ● **in caso contrario** dans le cas contraire ▼ **in caso d'emergenza rompere il vetro** en cas d'urgence briser la glace ● **in ogni caso** o **in tutti i casi** en tout cas ● **in questo caso** dans ce cas ● **nel caso venisse** au cas où il/elle viendrait ● **per caso** par hasard

casomai [kazo'mai] *cong* ● **casomai (+ congiuntivo)** au cas où (+ *condizionale*) ◇ *avv* éventuellement

cassa ['kassa] *sf* **1.** caisse *f* **2.** (*amplificatore*) enceinte *f* **3.** (*di orologio*) boîtier *m* ● **cassa continua** guichet *m* multifonction o automatique ● **cassa toracica** cage *f* thoracique

cassaforte [kassa'fɔrte] (*pl* **casseforti** [kasse'fɔrti]) *sf* coffre-fort *m*

cassata [kas'sata] *sf* (*gelato*) cassate *f* ● **cassata siciliana** pâtisserie sicilienne composée d'une génoise fourrée à la ricotta et aux fruits confits

casseruola [kasse'rwɔla] *sf* casserole *f*

cassetta [kas'setta] *sf* **1.** caisse *f* **2.** (*di frutta, verdura*) cageot *m* **3.** (*di musica, film*)

cassette *f* ● **cassetta delle lettere** boîte *f* aux lettres

cassetto [kas'setto] *sm* tiroir *m*

cassettone [kasset'tone] *sm* commode *f*

cassiere, a [kas'sjɛre, a] *sm, f* caissier *m*, -ère *f*

cassonetto [kasso'netto] *sm* conteneur *m* à ordures

castagna [kas'taɲɲa] *sf* châtaigne *f*

castagnaccio [kastaɲ'natʃo] *sm* gâteau d'origine toscane à base de farine de châtaigne, de pignons de pin et, parfois, de raisins secs et de romarin

castagno [kas'taɲɲo] *sm* châtaignier *m*

castano, a [kas'tano, a] *agg* **1.** (*capelli*) châtain (*inv*) **2.** (*occhi*) noisette (*inv*)

castello [kas'tɛllo] *sm* château *m*

castigo [kas'tigo] *sm* punition *f* ● **essere in castigo** être puni(e) ● **mettere qn in castigo** punir qqn

castoro [kas'tɔro] *sm* castor *m*

castrare [kas'trare] *vt* castrer

casual ['kɛzwal] *agg inv* décontracté(e)

casuale [ka'zwale] *agg* fortuit(e)

catacomba [kata'komba] *sf* catacombe *f*

catalogare [katalo'gare] *vt* cataloguer

catalogo, ghi [ka'talogo, gi] *sm* catalogue *m*

catamarano [katama'rano] *sm* catamaran *m*

catarifrangente [katarifran'dʒente] *agg* réfléchissant(e) ◇ *sm* catadioptre *m*

catarro [ka'tarro] *sm* glaire *f*

catasta [ka'tasta] *sf* **1.** pile *f* **2.** (*di legna*) tas *m*

catastrofe [ka'tastrofe] *sf* catastrophe *f*

categoria [katego'ria] *sf* catégorie *f*

catena [ka'tena] *sf* chaîne *f* • **catena di montaggio** chaîne de montage • **reazione a catena** réaction en chaîne

catinella [kati'nɛlla] *sf* bassine *f*, cuvette *f* • **piove a catinelle** il pleut à verse

catino [ka'tino] *sm* bassine *f*

catrame [ka'trame] *sm* goudron *m*

cattedra ['kattedra] *sf* 1. bureau *m* 2. *(insegnamento)* chaire *f*

cattedrale [katte'drale] *sf* cathédrale *f*

cattiveria [katti'verja] *sf* méchanceté *f*

cattività [kattivi'ta] *sf inv* captivité *f*

cattivo, a [kat'tivo, a] *agg* 1. mauvais(e) 2. *(malvagio, disobbediente)* méchant(e)

cattolico, a, ci, che [kat'tɔliko, a, tʃi, ke] *agg & sm, f* catholique

cattura [kat'tura] *sf* capture *f*

catturare [kattu'rare] *vt* capturer

Caucaso ['kawkazo] *sm* • **il Caucaso** le Caucase

cauccíù [kautʃ'tʃu] *sm inv* caoutchouc *m*

causa ['kawza] *sf* 1. cause *f* 2. *DIR* procès *m* • **a causa di** à cause de

causare [kaw'zare] *vt* causer

cautela [kaw'tɛla] *sf* prudence *f*

cautelare [kawte'lare] *vt* protéger ◆ **cautelarsi da** *vr+prep* se protéger de

cauto, a ['kawto, a] *agg* prudent(e)

cauzione [kawts'tsjone] *sf* caution *f*

cava ['kava] *sf* carrière *f*

cavalcare [kaval'kare] *vt (cavallo)* monter

cavalcavia [kavalka'via] *sm inv (per veicoli)* pont *m*

cavalcioni [kaval'tʃoni] ◆ **a cavalcioni** *avv* à califourchon

cavaliere [kava'ljere] *sm* 1. *(chi cavalca, in balli)* cavalier *m* 2. *(medioevale, titolo)* chevalier *m*

cavalleria [kavalle'ria] *sf* 1. *MIL* cavalerie *f* 2. *(cortesia)* galanterie *f*

cavallerizzo, a [kavalle'ritstso, a] *sm, f* 1. cavalier *m*, -ère *f* 2. *(di circo)* écuyer *m*, -ère *f*

cavalletta [kaval'letta] *sf* sauterelle *f*

cavalletto [kaval'letto] *sm* 1. *(di pittore)* chevalet *m* 2. *(per macchina fotografica)* trépied *m*

cavallo, a [ka'vallo] *sm, f* cheval *m*, jument *f* • **andare a cavallo** monter à cheval ◆ **cavallo** *sm* 1. *(dei pantaloni)* entrejambe *m* 2. *(negli scacchi)* cavalier *m* • **cavallo (vapore)** cheval(-vapeur) *m*

cavallone [kaval'lone] *sm* grosse vague *f*

cavare [ka'vare] *vt* extraire ◆ **cavarsela** *vr* s'en sortir

cavatappi [kava'tappi] *sm inv* tire-bouchon *m*

caverna [ka'verna] *sf* caverne *f*

cavia ['kavja] *sf* cobaye *m* • **fare da cavia** servir de cobaye

caviale [ka'vjale] *sm* caviar *m*

caviglia [ka'viʎʎa] *sf* cheville *f*

cavità [kavi'ta] *sf inv* cavité *f*

¹**cavo** ['kavo] *sm* câble *m* • **cavo di alimentazione** cordon d'alimentation secteur

²**cavo, a** ['kavo, a] *agg* creux(euse)

cavolfiore [kavol'fjore] *sm* chou-fleur *m*

cavolo ['kavolo] *sm* chou *m* • **che cavolo vuoi?** *(fam)* mais qu'est-ce que tu veux à la fin ? • **sono cavoli miei!** c'est mes oignons !

cazzotto [kats'tsɔtto] *sm (fam)* pain *m*, beigne *f*

cc [tʃit∫i'tʃi] *(abbr di centimetro cubo)* cm³ *(centimètre cube)*

c/c *abbr* = **conto corrente**

CD [tʃid'di] *sm inv* CD *m inv* ● **CD riscrivibile** CD réinscriptible

CD-ROM [tʃidi'rɔm] *sm inv* CD-Rom *m inv*

ce [tʃe] ➤ **ci**

cece ['tʃetʃe] *sm* pois *m* chiche

ceco, a, chi, che ['tʃɛko, a, ki, ke] *agg* ◇ *sm, f* Tchèque *mf* ● **ceco** *sm* tchèque *m*

Cecoslovacchia [tʃekozlo'vakkja] *sf* ● **la Cecoslovacchia** la Tchécoslovaquie

cedere ['tʃedere] *vt & vi* ● **cedere (a qc)** céder (à qqch)

cedola ['tʃedola] *sf* coupon *m*

cedro ['tʃedro] *sm* cédrat *m*

ceffone [tʃef'fone] *sm* gifle *f*, baffe *f*

celare [tʃe'lare] *vt* cacher

celebrare [tʃele'brare] *vt* célébrer

celebrazione [tʃelebrats'tsjone] *sf* célébration *f*

celebre ['tʃelebre] *agg* célèbre

celebrità [tʃelebri'ta] *sf inv* célébrité *f*

celeste [tʃe'leste] *agg* bleu ciel *(inv)* ◇ *sm* bleu *m* ciel

celibe ['tʃelibe] *agg* célibataire *(pour un homme)* ◇ *sm* célibataire *m*

cella ['tʃella] *sf (di prigione)* cellule *f*

cellophane® ['tʃellofan] *sm inv* cellophane® *f*

cellula ['tʃellula] *sf* cellule *f* ● **cellula fotoelettrica** cellule photoélectrique

cellulare [tʃellu'lare] *(telefono)* (téléphone *m*) portable *m*

cemento [tʃe'mento] *sm* ciment *m*

cena ['tʃena] *sf* dîner *m* ● **l'ultima cena** la Cène

cenare [tʃe'nare] *vi* dîner

cenere ['tʃenere] *sf* cendre *f*

cenno ['tʃenno] *sm* **1.** signe *m* **2.** *(allusione)* allusion *f* ● **gli ho fatto cenno di sì/no** je lui ai fait signe que oui/non

cenone [tʃe'none] *sm* réveillon *m*

censimento [tʃensi'mento] *sm* recensement *m*

censura [tʃen'sura] *sf* censure *f*

¹**centenario** [tʃente'narjo] *sm* centenaire *m*

²**centenario, a** [tʃente'narjo, a] *agg* centenaire

centerbe [tʃen'terbe] *sm inv* liqueur des Abruzzes à base d'herbes aromatiques

¹**centesimo** [tʃen'tezimo] *sm (di euro)* centime *m*

²**centesimo, a** [tʃen'tezimo, a] *num* centième ➤ **sesto**

centigrado [tʃen'tigrado] *agg m* ➤ **grado**

centimetro [tʃen'timetro] *sm* centimètre *m*

centinaio [tʃenti'najo] *(fpl* **centinaia)** *sm* ● **un centinaio (di)** une centaine (de)

cento ['tʃento] *num* cent ● **cento per cento** cent pour cent ➤ **sei**

centomila [tʃento'mila] *num* cent mille, ➤ **sei**

centotredici [tʃento'treditʃi] *sm* numéro d'appel de police-secours ≃ dix-sept *m*

centrale [tʃen'trale] *agg* central(e) ◇ *sf* centrale *f* ● **centrale elettrica** centrale électrique

centralinista, i, e [tʃentrali'nista, i, e] *smf* standardiste *mf*

centralino [tʃentra'lino] *sm* standard *m*

centrare [tʃen'trare] *vt* toucher (en plein centre)

centrifuga, ghe [tʃen'trifuga, ge] *sf* (*in lavatrice*) essorage *m*

centro ['tʃentro] *sm* centre *m* ● **fare centro** faire mouche ● **centro abitato** agglomération *f* ● **centro commerciale** centre commercial ● **centro storico** vieille ville *f*, centre historique

ceppo ['tʃeppo] *sm* 1. (*di albero*) souche *f* 2. (*pezzo di legno*) bûche *f*

cera ['tʃera] *sf* cire *f*

ceramica, che [tʃe'ramika, ke] *sf* céramique *f*

cerbiatto, a [tʃer'bjatto, a] *sm, f* faon *m*

cerca ['tʃerka] *sf* ● **essere in cerca di qc** être à la recherche de qqch

cercare [tʃer'kare] *vt* 1. chercher 2. INFORM rechercher ● **cercare di fare qc** essayer de faire qqch

cerchio ['tʃerkjo] *sm* cercle *m* ● **mettersi in cerchio (intorno a)** se mettre en rond (autour de)

cereale [tʃere'ale] *sm* céréale *f*

cerimonia [tʃeri'mɔnja] *sf* cérémonie *f*

cerino [tʃe'rino] *sm* allumette *f* (en cire)

cernia ['tʃɛrnja] *sf* mérou *m*

cerniera [tʃer'njera] *sf* (*di porta, finestra*) charnière *f* ● **cerniera lampo** fermeture *f* Éclair®

cerotto [tʃe'rɔtto] *sm* pansement *m*

certamente [tʃerta'mente] *avv* certainement

certezza [tʃer'tettsa] *sf* certitude *f* ● **sapere qc con certezza** savoir qqch avec certitude

certificato [tʃertifi'kato] *sm* certificat *m* ● **certificato medico** certificat médical ● **certificato di nascita** acte *m* de naissance

certo, a ['tʃerto, a] *agg* 1. (*convinto*) certain(e), sûr(e) ● **sono certo di aver prenotato** je suis certain o sûr d'avoir réservé 2. (*assicurato, evidente*) certain(e), sûr(e) ● **tener qc per certo** être sûr(e) de qqch 3. (*non specificato*) certain(e) ● **un certo signor Rossi** un certain monsieur Rossi ● **ho certe cose da fare** j'ai des choses à faire 4. (*limitativo*) certain(e) ● **ho un certo intuito** j'ai une certaine intuition 5. (*spregiativo*) certain(e) ● **certa gente non ha scrupoli** certaines personnes o certains n'ont aucun scrupule ● **ha certe idee!** il a de ces idées ! 6. (*accrescitivo*) ● **ha certi occhi azzurri!** il a de ces yeux bleus !
● *certo avv* ● (**di**) **certo** certainement ● **no di certo** bien sûr que non, certainement pas
◇ *esclam* bien sûr ! ● **- vieni anche tu? - certo!** toi aussi, tu viens ? - bien sûr !
● *certi pron* (*alcune persone*) certains ● **certi dicono che...** certains disent que...

certosa [tʃer'tɔza] *sf* chartreuse *f*

cervello [tʃer'vello] *sm* 1. cerveau *m* 2. (*intelletto*) cervelle *f*, cerveau *m*

Cervino [tʃer'vino] *sm* ● **Il Cervino** le mont Cervin

cervo, a ['tʃervo, a] *sm, f* cerf *m*, biche *f* ● **cervo volante** cerf-volant *m*

cesoie [tʃe'zoje] *sfpl* cisailles *fpl*

cespuglio [tʃes'puʎʎo] *sm* buisson *m*

cessare [tʃes'sare] *vt & vi* cesser ● **cessare di fare qc** cesser de faire qqch

cesso ['tʃesso] *sm (fam)* chiottes *fpl*

cesta ['tʃesta] *sf* corbeille *f*

cestino [tʃes'tino] *sm* **1.** corbeille *f* **2.** *(per cartacce)* corbeille *f* à papier

cesto ['tʃesto] *sm* panier *m*

ceto ['tʃeto] *sm* classe *f* (sociale)

cetriolo [tʃetri'ɔlo] *sm* concombre *m*

champagne [ʃam'paɲ] *sm inv* champagne *m*

charter ['tʃarter] *sm inv* charter *m*

chat [tʃat] *sf inv* chat *m*

chattare [tʃat'tare] *vi* chatter

che [ke] *pron relativo*

1. *(soggetto)* qui ● **il dottore che mi ha visitato** le docteur qui m'a examiné ● **il che** ce qui

2. *(complemento oggetto)* que ● **il treno che abbiamo perso** le train que nous avons raté

◇ *pron interr* que, qu'est-ce que ● **che ne pensi?** qu'en penses-tu ?, qu'est-ce que tu en penses? ● **che ti succede?** que t'arrive-t-il ?, qu'est-ce qu'il t'arrive ? ● **- grazie! - non c'è di che!** merci ! - il n'y a pas de quoi !

◇ *agg interr* quel (quelle) ● **che ore sono?** quelle heure est-il ? ● **che film hai visto?** quel film as-tu vu ? ● **che strana idea!** quelle drôle d'idée !

◇ *cong*

1. *(dichiarativa)* que ● **è difficile che venga** il est peu probable qu'il/elle vienne ● **sai che non è vero** tu sais bien que ce n'est pas vrai

2. *(consecutiva)* que ● **sono così stanca che non mi reggo in piedi** je suis tellement fatiguée que je ne tiens plus debout

3. *(temporale)* ● **sono uscito che erano le sette** il était sept heures quand je suis sorti ● **è già un anno che è partito** cela fait déjà un an qu'il est parti

4. *(comparativa)* que ● **è più furbo che intelligente** il est plus rusé qu'intelligent ● **è più in forma che mai** il est plus en forme que jamais

5. *(introduce alternativa)* que ● **che tu venga o no, io ci vado** que tu viennes ou pas, moi j'y vais

check-in [tʃek'kin] *sm inv* enregistrement *m* (des bagages)

checkpoint [tʃek'pɔint] *sm inv* poste *m* de contrôle, checkpoint *m*

chewing-gum ['tʃuingam] *sm inv* chewing-gum *m*

chi [ki] *pron relativo*

1. *(colui che)* celui qui (celle qui) ● **chi finisce prima vince** celui qui finira le premier aura gagné ● **chi si impegna riesce** si on s'applique, on réussit ● **dillo a chi vuoi** dis-le à qui tu voudras

2. *(qualcuno che)* quelqu'un qui ● **bisogna trovare chi se ne occupi** il faut trouver quelqu'un qui s'en occupe

3. *(chiunque)* qui ● **esco con chi mi pare** je sors avec qui je veux ● **entra chi vuole** n'importe qui peut entrer

◇ *pron interr* qui ● **chi è?** qui est-ce ? ● **chi è stato?** qui a fait ça ? ● **con chi parti?** avec qui pars-tu ?

◇ *pron esclam* ● **chi si vede!** tiens, qui voilà ! ● **a chi lo dici!** à qui le dis-tu !

chiacchiera ['kjakkjera] *sf (pettegolezzo)* ragot *m*, cancan *m* ● **fare due** *o* **quattro chiacchiere** faire un brin de causette

chiacchierare [kjakkje'rare] *vi* **1.** bavarder **2.** *(spettegolare)* jaser

chiacchierone, a [kjakkje'rone, a] *sm, f* bavard *m*, -e *f*

chiamare [kja'mare] *vt* appeler ● **chiamare un taxi** appeler un taxi ● **chiamarsi** *vr* s'appeler ● **come ti chiami?** comment t'appelles-tu ? ● **mi chiamo Luca** je m'appelle Luca

chiamata [kja'mata] *sf* appel *m*

chianti ['kjanti] *sm* chianti *m*

chiarezza [kja'rettsa] *sf* clarté *f*

chiarire [kja'rire] *vt* éclaircir, clarifier ● **chiarirsi** *vr* **1.** s'éclaircir **2.** *(spiegarsi)* s'expliquer

chiaro, a ['kjaro, a] *agg* clair(e)

chiasso ['kjasso] *sm* vacarme *m*

chiassoso, a [kjas'sozo, a] *agg* bruyant(e)

chiave ['kjave] *sf* clé *f* ● **chiudere a chiave** fermer à clé ● **chiave d'accensione** clé de contact ● **chiave inglese** clé anglaise ● **chiave di violino** *o* **di sol** clé de sol

chic [ʃik] *agg inv* chic

chicco, chi ['kikko, ki] *sm (di uva, caffè, grano)* grain *m*

chiedere [kjedere] *vt* ● **chiedere qc (a qn)** demander qqch (à qqn)

chiesa ['kjeza] *sf* église *f*

chiesto, a ['kjesto, a] *pp* ➤ chiedere

chiglia ['kiʎʎa] *sf* quille *f*

chilo ['kilo] *sm* kilo *m*

chilogrammo [kilo'grammo] *sm* kilogramme *m*

chilometro [ki'lometro] *sm* kilomètre *m*

chimica ['kimika] *sf* chimie *f*

chimico, a, ci, che ['kimiko, a, tʃi, ke] *agg* chimique ◇ *sm, f* chimiste *mf*

chinare [ki'nare] *vt* ● **chinare la testa** baisser la tête ● **chinarsi** *vr* se baisser

chinotto [ki'notto] *sm* boisson gazeuse à base de bigarade

chiocciola [ˈkjɔttʃola] *sf* **1.** escargot *m* **2.** INFORM arobase *m* ou *f*

chiodo ['kjɔdo] *sm* clou *m* ● **chiodo fisso** idée *f* fixe ● **chiodi di garofano** clous de girofle

chioma ['kjɔma] *sf* **1.** chevelure *f* **2.** *(di albero)* feuillage *m*

chiosco, schi ['kjɔsko, ski] *sm* kiosque *m*

chiostro ['kjɔstro] *sm* cloître *m*

chip [tʃip] *sm inv* puce *f*

chiromante [kiro'mante] *smf* chiromancien *m*, -enne *f*

chirurgia [kirur'dʒia] *sf* chirurgie *f*

chissà [kis'sa] *avv* qui sait

chitarra [ki'tarra] *sf* guitare *f*

chiudere [ˈkjudere] *vt* **1.** fermer **2.** *(bloccare)* barrer ◇ *vi* fermer ● **chiudersi** *vr* **1.** *(apertura)* (se) fermer **2.** *(ritirarsi)* s'enfermer

chiunque [ki'unkwe] *pron* **1.** *(indefinito)* n'importe qui ● **chiunque avrebbe agito così** n'importe qui aurait agi ainsi **2.** *(relativo)* ● **chiunque desideri maggiori informazioni, può rivolgersi a me** toute personne désirant plus de renseignements peut s'adresser à moi ● **chiunque sia** qui que ce soit

chiuso, a ['kjuzo, a] *pp* ➤ chiudere ◇ *agg* **1.** fermé(e) **2.** *(persona)* renfermé(e) ▾ **chiuso per ferie** fermeture pour congés ▼ **chiuso per lutto** fermé pour cause de deuil

chiusura ['kjuzura] *sf* **1.** fermeture f **2.** *(termine)* clôture f

ci [tʃi] *(diventa ce se precede lo, la, li, le, ne) pron pers*
1. *(complemento oggetto)* nous ● **ci stanno guardando** ils nous regardent
2. *(a noi)* nous ● **ci può fare un favore?** vous pouvez nous rendre un service ?
3. *(riflessivo, reciproco)* nous ● **ci stiamo lavando** nous nous lavons ● **non facciamoci illusioni!** ne nous faisons pas d'illusions ! ● **ci vediamo stasera** on se voit ce soir
◇ *pron dim* ● **ci penso io** je m'en occupe ● **io ci sto** je suis pour ● **ci vuole un po'** *(di tempo)* il faut du temps ● **non ci sento** je n'entends pas ● **non ci vedo** je ne vois pas
mets-y
◇ *avv*
1. *(stat...*
y a ●
n'y res
è vuota
te chai
sac ?
2. *(mot...*
piedi o
3. *(mot...*
nessun
passa l
là
ciabat...
2. *(pane...*
cialda
2. *(di ca),*

ciambella [tʃam'bɛlla] *sf* **1.** *gâteau en forme de couronne* **2.** *(salvagente)* bouée f de sauvetage

ciao ['tʃao] *esclam* salut !, tchao !

ciascuno, a [tʃas'kuno, a] *agg* chaque ◇ *pron* chacun(e) ● **ciascuno di noi** chacun d'entre nous

cibo ['tʃibo] *sm* nourriture f

cicala [tʃi'kala] *sf* cigale f ●

cicatrice [tʃika'tritʃe] *sf* cicatrice f

cicca, ch [tʃikka] *sf* mégot m

ciccione [tʃitʃ'tʃone] *a*]*sm, f (fam &* ... grosse dondon f

... guide m

... ▶ **pista**

ciclamino [tʃikla'mino] *sm* cyclamen m

ciclismo [tʃi'klizmo] *sm* cyclisme m

ciclista [tʃi'klista, i, e] *smf* cycliste mf

... cyclo-

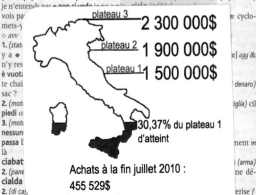

plateau 3 — 2 300 000$

plateau 2 — 1 900 000$

plateau 1 — 1 500 000$

30,37% du plateau 1 d'atteint

Achats à la fin juillet 2010 :
455 529$

◇ *avv*
...] *agg &*
...] *denaro)*
...*iglia)* cil
...
...ment m
...*(arma)*
...ne dé-
...erise f

cilindro [tʃi'lindro] *sm* **1.** cylindre *m* **2.** *(cappello)* haut-de-forme *m*

cima ['tʃima] *sf* sommet *m* • in cima a qc au sommet o en haut de qqch • da cima a fondo de fond en comble ♦ **cime di rapa** *sfpl* pousses *fpl* de navet

cimice ['tʃimitʃe] *sf* **1.** punaise *f* **2.** *(microspia)* micro *m* espion

ciminiera [tʃimi'njɛra] *sf* cheminée *f* *(d'usine, de locomotive)*

cimitero [tʃimi'tɛro] *sm* cimetière *m*

Cina ['tʃina] *sf* • la Cina la Chine

cin cin [tʃin'tʃin] *esclam* tchin-tchin !

Cinecittà [tʃinetʃit'ta] *sf* Cinecittà

Cinecittà

Les studios de Cinecittà virent le jour en 1937. Véritable ville dans la ville, ils s'étendent sur plus de 400 km² au sud-est de Rome. Très actifs dans les années 50, les studios de Cinecittà ont accueilli les plus grands noms du cinéma italien, de Rossellini à Bertolucci, de Sergio Leone à Nanni Moretti, sans oublier Visconti, De Sica, Pasolini, Bellocchio, Scola, Tornatore, Benigni et, bien entendu, Fellini.

cinema ['tʃinema] *sm inv* cinéma *m*

cinepresa [tʃine'preza] *sf* caméra *f*

cinese [tʃi'nese] *agg* chinois(e) ◇ *smf* Chinois *m*, -e *f* ◇ *sm (lingua)* chinois *m*

cingere ['tʃindʒere] *vt* **1.** ceindre **2.** *(città)* entourer

cinghia ['tʃiŋgja] *sf* **1.** *(cintura)* ceinture *f* **2.** *(di borsa)* sangle *f*, bandoulière *f* **3.** TECNOL courroie *f*

cinghiale [tʃiŋ'gjale] *sm* sanglier *m*

cinguettare [tʃiŋgwet'tare] *vi* gazouiller

cinico, a, ci, che ['tʃiniko, a, tʃi, ke] *agg* cynique

ciniglia [tʃi'niʎʎa] *sf* chenille *f*

cinquanta [tʃiŋ'kwanta] *num* cinquante, ➤ **sei**

cinquantesimo, a [tʃiŋkwan'tezimo, a] *num* cinquantième, ➤ **sesto**

cinquantina [tʃiŋkwan'tina] *sf* • **essere sulla cinquantina** avoir la cinquantaine • **una cinquantina (di)** une cinquantaine (de)

cinque ['tʃiŋkwe] *num* cinq • **ha cinque anni** il/elle a cinq ans • **sono le cinque** il est cinq heures • **il cinque gennaio** le cinq janvier • **pagina cinque** page cinq • **il cinque di picche** le cinq de pique • **erano in cinque** ils/elles étaient cinq

cinquecento [tʃiŋkwe'tʃɛnto] *num* cinq cents, ➤ **sei** • **Cinquecento** *sm* • **il Cinquecento** le XVIᵉ siècle

cinta ['tʃinta] *sf* enceinte *f*

cinto, a ['tʃinto, a] *pp* ➤ **cingere**

cintura [tʃin'tura] *sf* ceinture *f* • **cintura di sicurezza** ceinture de sécurité • **allacciare le cinture di sicurezza** attachez vos ceintures

ciò [tʃɔ] *pron* **1.** *(questa cosa)* ceci **2.** *(quella cosa)* cela, ça • **ciò che** *(soggetto)* ce qui ; *(oggetto)* ce que • **ciò nonostante** néanmoins

cioccolata [tʃokko'lata] *sf* **1.** chocolat *m* **2.** *(bevanda)* chocolat chaud

cioccolatino [tʃokkola'tino] *sm* chocolat *m* ● **una scatola di cioccolatini assortiti** une boîte de chocolats

cioccolato [tʃokko'lato] *sm* chocolat *m*

cioè [tʃo'ɛ] *cong* 1. c'est-à-dire 2. *(anzi)* ou plutôt

ciondolo ['tʃondolo] *sm* pendentif *m*

ciotola ['tʃɔtola] *sf* bol *m*

ciottolo ['tʃɔttolo] *sm* galet *m*

cipolla [tʃi'polla] *sf* oignon *m*

cipresso [tʃi'presso] *sm* cyprès *m*

cipria ['tʃiprja] *sf* poudre *f (cosmétique)*

circa ['tʃirka] *avv* environ, à peu près ◇ *prep* en ce qui concerne

circo, chi ['tʃirko, ki] *sm* cirque *m*

¹**circolare** [tʃirko'lare] *agg* circulaire ◇ *sf (avviso)* circulaire *f*

²**circolare** [tʃirko'lare] *vi* circuler

circolazione [tʃirkolats'tsjone] *sf* circulation *f* ● **circolazione sanguigna** circulation sanguine ● **circolazione stradale** circulation routière

circolo ['tʃirkolo] *sm* cercle *m*

circondare [tʃirkon'dare] *vt* entourer

circonferenza [tʃirkonfe'rentsa] *sf* circonférence *f*

circonvallazione [tʃirkonvallats'tsjone] *sf (boulevard m)* périphérique *m*

circoscrizione [tʃiskoskrits'tsjone] *sf* circonscription *f*

circostante [tʃirkos'tante] *agg* environnant(e)

circostanza [tʃikos'tantsa] *sf* circonstance *f*

circuito [tʃir'kujto] *sm* circuit *m*

ciste ['tʃiste] *sf* = **cisti**

cisterna [tʃis'ternal] *sf* citerne *f*

cisti ['tʃisti] *sf inv* kyste *m*

citare [tʃi'tare] *vt* 1. citer 2. *DIR* citer à comparaître

citofono [tʃi'tɔfono] *sm* interphone *m*

città [tʃit'ta] *sf inv* ville *f*

cittadinanza [tʃittadi'nantsa] *sf* 1. *DIR* nationalité *f* 2. *(abitanti)* population *f*

cittadino, a [tʃitta'dino, a] *sm, f* 1. *(di una città)* habitant *m*, -e *f* 2. *(di stato)* citoyen *m*, -enne *f* ◇ *agg* de la ville

ciuffo ['tʃuffo] *sm* 1. *(ciocca)* mèche *f* 2. *(d'erba)* touffe *f*

civetta [tʃi'vetta] *sf* 1. chouette *f* 2. *(donna)* coquette *f*

civico, a, ci, che ['tʃiviko, a, tʃi, ke] *agg* 1. *(della città)* municipal(e) 2. *(di stato)* civique

civile [tʃi'vile] *agg* 1. civil(e) 2. *(civilizzato)* civilisé(e) ◇ *sm* civil *m*

civiltà [tʃivil'ta] *sf inv* civilisation *f*

clacson ['klakson] *sm inv* klaxon *m*

clamoroso, a [klamo'roso, a] *agg* retentissant(e)

clandestino, a [klandes'tino, a] *agg et sm, f* clandestin(e)

classe ['klasse] *sf* classe *f*

classico, a, ci, che ['klassiko, a, tʃi, ke] *agg* classique

classifica, che [klas'sifika, ke] *sf* 1. classement *m* 2. *(musicale)* hit-parade *m*

classificare [klassifi'kare] *vt* 1. *(ordinare)* classer 2. *(valutare)* noter ◆ **classificarsi** *vr* se classer

claudicante [klaudi'kante] *agg* boiteux(euse)

clausola ['klawzola] *sf* clause *f*

clavicola [kla'vikola] *sf* clavicule *f*

claxon ['klakson] = **clacson**

clero ['klɛro] *sm* clergé *m*

clic [klik] *sm inv* • **fare doppio clic su qc** double-cliquer sur qqch

cliccare [klik'kare] *vi* INFORM • **cliccare (su qc)** cliquer (sur qqch)

cliente [kli'ente] *smf* client *m*, -e *f*

clientela [klien'tela] *sf* clientèle *f*

clima, i ['klima, i] *sm* climat *m*

clinica, che ['klinika, ke] *sf* clinique *f*

cloro ['klɔro] *sm* chlore *m*

club [kleb] *sm inv* club *m*

cm (*abbr scritta di centimetro*) cm (*centimètre*)

coagularsi [koagu'larsi] *vr* (se) coaguler

¹coca ['kɔka] *sf* (*fam*) (*droga*) coke *f*

²coca, che ['kɔka, ke] *sf* (*bevanda*) coca *m*

coca-cola® [kɔka'kɔla] *sf* Coca-Cola® *m*

cocaina [koka'ina] *sf* cocaïne *f*

coccinella [kotʃtʃi'nella] *sf* coccinelle *f*

coccio ['kɔtʃtʃo] *sm* **1.** (*frammento*) débris *m* **2.** (*terracotta*) terre *f* cuite

cocciuto, a [kotʃ'tʃuto, a] *agg* têtu(e)

cocco, chi ['kɔkko, ki] *sm* **1.** (*albero*) cocotier *m* **2.** (*frutto*) noix *f* de coco

coccodrillo [kokko'drillo] *sm* crocodile *m*

coccolare [kokko'lare] *vt* câliner, cajoler

cocomero [ko'komero] *sm* pastèque *f*

coda ['koda] *sf* queue *f* • **fare la coda** faire la queue • **mettersi in coda** (commencer à) faire la queue

codardo, a [ko'dardo, a] *agg* lâche

codice ['kɔditʃe] *sm* code *m* • **codice (di avviamento) postale** code postal • **codice fiscale** ≃ numéro *m* de Sécurité sociale • **codice PIN** code PIN • **codice della strada** code de la route

coerente [koe'rente] *agg* cohérent(e)

coetaneo, a [koe'taneo, a] *agg* du même âge » *sm, f* • **i miei coetanei** les personnes de mon âge

cofanetto [kofa'netto] *sm* coffret *m*

cofano ['kɔfano] *sm* capot *m*

cogliere ['kɔʎʎere] *vt* **1.** cueillir **2.** (*fig*) (*afferrare*) saisir • **cogliere qn sul fatto** prendre qqn sur le fait

cognac [koɲ'nak] *sm inv* cognac *m*

cognato, a [koɲ'nato, a] *sm, f* beau-frère *m*, belle-sœur *f*

cognome [koɲ'nome] *sm* nom *m* (de famille)

coi ['koi] = con + i ➤ con

coincidenza [kointʃi'dentsa] *sf* **1.** coïncidence *f* **2.** (*di aerei, treni, autobus*) correspondance *f*

coincidere [koin'tʃidere] *vi* coïncider

coinciso, a [koin'tʃizo, a] *pp* ➤ coincidere

coinvolgere [koin'vɔldʒere] *vt* • **coinvolgere qn in qc** (*iniziativa*) associer qqn à qqch ; *(scandalo)* impliquer qqn dans qqch

coinvolto, a [koin'vɔlto, a] *pp* ➤ **coinvolgere**

col [kɔl] = **con + il** ➤ **con**

colapasta [kola'pasta] *sm inv* = **scolapasta**

colare [ko'lare] *vt* 1. *(brodo)* passer 2. *(pasta)* égoutter ◇ *vi* couler

colazione [kolats'tsjone] *sf* ● *(prima)* colazione petit déjeuner *m* ● **fare colazione** prendre son petit déjeuner ● **colazione di lavoro** déjeuner de travail

colera [ko'lɛra] *sm* choléra *m*

colica, che ['kɔlika, ke] *sf* colique *f*

colino [ko'lino] *sm* (petite) passoire *f*

colla ['kɔlla] *sf* colle *f*

collaborare [kollabo'rare] *vi* collaborer

collaboratore, trice [kollabora'tore, 'tritʃe] *sm, f* collaborateur *m*, -trice *f*

collana [kol'lana] *sf* 1. collier *m* 2. *(di libri)* collection *f*

collant [kol'lan] *sm inv* collant *m*

collare [kol'lare] *sm* collier *m*

collasso [kol'lasso] *sm* collapsus *m*, malaise *m*

collaudo [kol'lawdo] *sm* (di veicolo, impianto, metodo) essai *m*

colle ['kɔlle] *sm* colline *f*

collega, ghi, ghe [kol'lega, gi, ge] *smf* collègue *mf*

collegamento [kollega'mento] *sm* 1. liaison *f* 2. *INFORM (icona)* raccourci *m* ● **non vedo il collegamento tra i due fatti** je ne vois pas le rapport entre les deux choses ● **collegamento a Internet** connexion *f* Internet ● **collegamento ipertestuale** lien *m* hypertexte

collegare [kolle'gare] *vt* 1. relier, connecter 2. *(stanze, idee, fatti)* relier ◆ **collegarsi** *vr* ● **collegarsi a Internet** se connecter à Internet

collegio [kol'lɛdʒo] *sm (istituzione)* pensionnat *m*

collera ['kɔllera] *sf* colère *f* ● **essere in collera (con qn)** être en colère (contre qqn)

colletta [kol'letta] *sf* collecte *f*

collettivo, a [kollet'tivo, a] *agg* collectif(ive)

colletto [kol'letto] *sm* col *m*

collezionare [kolletstsjo'nare] *vt* collectionner

collezione [kollets'tsjone] *sf* collection *f* ● **fare collezione di qc** collectionner qqch, faire la collection de qqch

collina [kol'lina] *sf* colline *f*

collirio [kol'lirjo] *sm* collyre *m*

collisione [kolli'zjone] *sf* collision *f*

collo ['kɔllo] *sm* 1. *ANAT* cou *m* 2. *(colletto)* col *m* 3. *(pacco)* colis *m*

collocare [kollo'kare] *vt* placer

colloquio [kol'lɔkwjo] *sm* entretien *m* ● **colloquio di lavoro** entretien d'embauche

¹colmo ['kolmo] *sm* comble *m* ● **è il colmo!** c'est un o le comble !

²colmo, a ['kolmo, a] *agg* plein(e)

colomba [ko'lomba] *sf* 1. colombe *f* 2. *(dolce)* gâteau de Pâques en forme de colombe

Colombia [ko'lombja] *sf* ● **la Colombia** la Colombie

colonia [ko'lɔnja] *sf* 1. colonie *f* 2. *(per bambini)* colonie *f* de vacances ◆ **Colonia** *sf* Cologne ● **acqua di Colonia** eau *f* de Cologne

colonna [ko'lɔnna] *sf* colonne *f* • **colonna sonora** bande *f* son • **colonna vertebrale** colonne vertébrale

colorante [kolo'rante] *sm* colorant *m*

colorare [kolo'rare] *vt* colorer

colore [ko'lore] *sm* couleur *f* • **a colori** en couleur

coloro [ko'loro] *pron* • **coloro che** ceux qui (celles qui)

Colosseo [kolos'sɛo] *sm* • **il Colosseo** le Colisée

colpa [ˈkolpa] *sf* faute *f* • **non è colpa mia** ce n'est pas (de) ma faute • **mi sento in colpa** je me sens coupable • **per colpa di** à cause de

colpire [kol'pire] *vt* 1. frapper 2. (*sog: pallottola*) toucher, atteindre

colpo [ˈkolpo] *sm* 1. coup *m* 2. (*fam*) (*infarto*) attaque *f* 3. (*fam*) (*rapina*) hold-up *m inv* • **di colpo** tout à coup • **colpo di scena** coup de théâtre • **colpo di sole** coup de soleil • **colpo di stato** coup d'État • **colpo di telefono** coup de téléphone • **colpo di testa** coup de tête

coltello [kol'tɛllo] *sm* couteau *m*

coltivare [kolti'vare] *vt* cultiver

¹colto, a [ˈkolto, a] *pp* ➤ **cogliere**

²colto, a [ˈkolto, a] *agg* cultivé(e)

coltura [kol'tura] *sf* culture *f*

colui [ko'lui] *pron* • **colui che** celui qui

coma [ˈkɔma] *sm* coma *m*

comandante [koman'dante] *smf* commandant *m*, -e *f*

comandare [koman'dare] *vi* commander

comando [ko'mando] *sm* 1. (*ordine*) ordre *m* 2. (*potere*) commandement *m* 3. (*congegno*) commande *f*

combaciare [komba't∫are] *vi* coïncider

combattere [kom'battere] *vt & vi* combattre

combinare [kombi'nare] *vt* 1. (*accordare*) assortir 2. (*organizzare*) arranger • **cosa combini?** (*fam*) qu'est-ce que tu fabriques?

combinazione [kombinats'tsjone] *sf* 1. combinaison *f* 2. (*caso*) • **che combinazione!** quelle coïncidence! • **per combinazione** par hasard

combustibile [kombus'tibile] *agg* combustible ◇ *sm* combustible *m*

come [ˈkome] *avv*
1. (*comparativo*) comme • **ho dormito come un ghiro** j'ai dormi comme un loir • **come me** comme moi • **come sempre** comme toujours
2. (*interrogativo*) comment • **non so come fare** je ne sais pas comment faire • **come stai?** comment vas-tu ? • **come sarebbe?** qu'est-ce que tu veux dire ?
3. (*in qualità di*) comme, en tant que • **è stato scelto come rappresentante** il a été choisi comme représentant • **viaggiare come turista** voyager en touriste
4. (*in esclamazioni*) comme, que • **come sei bella!** comme tu es belle ! • **come mi dispiace!** je suis vraiment désolé(e) !
5. (*per esempio*) comme • **mi piacciono i colori accesi come il rosso** j'aime les couleurs vives comme le rouge
◇ *cong*
1. (*nel modo in cui*) comment • **tutto è andato come avevo previsto** tout s'est passé comme prévu

2. *(comparativa)* que ● **è meglio di come lo immaginavo** c'est mieux que je ne le pensais ● **non è caldo come pensavo** il ne fait pas aussi chaud que je (ne) le pensais

cometa [ko'meta] *sf* comète *f*

comfort ['kɔmfort] *sm inv* confort *m* ● **con tutti i comfort** tout confort

comico, a, ci, che ['kɔ miko, a, tʃi, ke] *agg* comique

cominciare [komin'tʃare] *vt & vi* commencer ● **cominciare a fare qc** commencer à faire qqch ● **cominciare col fare qc** commencer par faire qqch

comitiva [komi'tiva] *sf* groupe *m*

comizio [ko'mitstsjo] *sm* meeting *m*

commedia [kom'mɛdja] *sf* comédie *f*

commemorare [kommemo'rare] *vt* commémorer

commentare [kommen'tare] *vt* commenter

commento [kom'mɛnto] *sm* commentaire *m*

commerciale [kommer'tʃale] *agg* commercial(e)

commerciante [kommer'tʃante] *smf* commerçant *m*, -e *f*

commerciare [kommer'tʃare] *vi* ● **commercio in tessuti** je vends des tissus, je suis dans le commerce de tissus ● **commerciamo con l'estero** nous faisons du commerce avec l'étranger

commercio [kom'mɛrtʃo] *sm* commerce *m* ● **essere fuori commercio** ne plus être en vente ● **essere in commercio** être en vente, se trouver dans le commerce

commesso, a [kom'messo, a] *pp* ➤ **commettere** ◇ *sm, f* vendeur *m*, -euse *f*

commestibile [kommes'tibile] *agg* comestible ● **commestibili** *smpl* nourriture *f*

commettere [kom'mettere] *vt* commettre

commissario [kommis'sarjo] *sm* **1.** commissaire *m* (de police) **2.** *(d'esami)* membre *m* du jury. **3.** *(sportivo)* commissaire *m*

commissione [kommis'sjone] *sf* commission *f* ● **esco perché devo fare delle commissioni** je sors parce que j'ai des choses à faire

commosso, a [kom'mɔsso, a] *pp* ➤ **commuovere** ◇ *agg* ému(e)

commovente [kommo'vɛnte] *agg* émouvant(e)

commozione [kommots'tsjone] *sf* émotion *f* ● **commozione cerebrale** commotion *f* cérébrale

commuovere [kom'mwɔvere] *vt* émouvoir ◆ **commuoversi** *vr* s'émouvoir

comò [ko'mɔ] *sm inv* commode *f*

comodino [komo'dino] *sm* table *f* de nuit ou de chevet

comodità [komodi'ta] *sf inv* confort *m* ● **un appartamento con tutte le comodità** un appartement tout confort

comodo, a ['kɔmodo, a] *agg* **1.** pratique, commode **2.** *(confortevole)* confortable ● **stai comodo?** tu es confortablement installé ? ● **fare comodo a qn** arranger qqn ● **faccia con comodo** prenez votre temps ◆ **comodi** *smpl* ● **fa sempre i suoi comodi** il/elle ne fait que ce qui l'arrange

compact disc [kɔmpad'disk] *sm inv* disque *m* compact, Compact Disc® *m*

compagnia [kompaɲ'ɲia] *sf* **1.** compagnie *f* **2.** *(di amici)* groupe *m* ● **fare compagnia a qn** tenir compagnie à qqn ● **compagnia aerea** compagnie aérienne ● **compagnia d'assicurazione** compagnie d'assurance

compagno, a [kom'paɲɲo, a] *sm, f* **1.** compagnon *m*, compagne *f* **2.** *(di studio, giochi)* camarade *mf* ● **compagno di scuola** camarade d'école ● **compagno di squadra** coéquipier *m*

comparire [kompa'rire] *vi* **1.** apparaître *f* **2.** *DIR* comparaître

compartimento [komparti'mento] *sm* compartiment *m*

compasso [kom'passo] *sm* compas *m*

compatibile [kompa'tibile] *agg* compatible

compatire [kompa'tire] *vt* **1.** plaindre **2.** *(scusare)* excuser

compatto, a [kom'patto, a] *agg* compact(e)

compensare [kompen'sare] *vt* **1.** *(bilanciare)* compenser **2.** *(ripagare)* dédommager

compenso [kom'penso] *sm* **1.** *(paga)* rémunération *f* **2.** *(risarcimento)* dédommagement *m* **3.** *(ricompensa)* récompense *f* ● **in compenso** en revanche

comperare [kompe'rare] = **comprare**

compere ['kompere] *sfpl* ● **fare compere** faire des achats

competente [kompe'tente] *agg* compétent(e)

competere [kom'petere] *vi* rivaliser ◆ **competere a** *v+prep* être de la compétence de

competizione [kompetits'tsjone] *sf* compétition *f*

compiacere [kompja'tʃere] *vt* faire plaisir à ◆ **compiacersi** *vr* ● **compiacersi con qn** féliciter qqn ● **compiacersi di o per qc** se féliciter de qqch

compiaciuto, a [kompja'tʃuto, a] *pp* ➤ **compiacere**

compiere ['kompjere] *vt* accomplir ● **compio 15 anni a maggio** j'aurai 15 ans en mai

compilare [kompi'lare] *vt* remplir

compilation [kompi'leʃʃon] *sf inv MUS* compilation *f*

compito ['kompito] *sm* **1.** tâche *f* **2.** *(in classe)* devoir *m* ◆ **compiti** *smpl* devoirs *mpl* ● **fare i compiti** faire ses devoirs

compleanno [komple'anno] *sm* anniversaire *m* ● **buon compleanno!** bon anniversaire !

complessivo, a [komples'sivo, a] *agg* global(e)

¹complesso [komp'lesso] *sm* **1.** complexe *m* **2.** *(musicale)* groupe *m* ● **in o nel complesso** dans l'ensemble

²complesso, a [komp'lesso, a] *agg* complexe

completamente [kompleta'mente] *avv* complètement

completare [komple'tare] *vt* **1.** compléter **2.** *(lavoro, progetto, studi)* achever

¹completo [kom'pleto] *sm* **1.** *(da uomo)* costume *m* **2.** *(da donna)* ensemble *m* **3.** *(da sci, tennis)* tenue *f* ● **al completo** *(hotel, aereo)* complet ; *(tutti presenti)* au complet

²**completo, a** [kom'plɛto, a] *agg* **1.** *(resoconto, albergo)* complet(ète) **2.** *(cinema, pullman)* plein(e) **3.** *(assoluto)* total(e)

complicare [kompli'kare] *vt* compliquer ◆ **complicarsi** *vr* se compliquer

complicato, a [kompli'kato, a] *agg* compliqué(e)

complicazione [komplikats'tsjone] *sf* complication *f*

complice ['komplitʃe] *smf* complice *mf*

complimentarsi [komplimen'tarsi] *vr* ● **complimentarsi con qn** féliciter qqn

complimento [kompli'mento] *sm* compliment *m* ● **complimenti!** félicitations ! ● **fare complimenti** faire des manières

componente [kompo'nɛnte] *smf* membre *m* ◇ *sf* composante *f*

componibile [kompo'nibile] *agg* modulable

comporre [kom'porre] *vt* composer

comportamento [komporta'mento] *sm* comportement *m*

comportare [kompor'tare] *vt* comporter ◆ **comportarsi** *vr* se comporter

compositore, trice [kompozi'tore, 'tritʃe] *sm, f* compositeur *m*, -trice *f*

composizione [kompozits'tsjone] *sf* composition *f*

¹**composto** [kom'posto] *sm* composé *m*

²**composto, a** [kom'posto, a] *pp* ➤ **comporre** ◇ *agg* **1.** *(costituito)* ● **composto da** composé de **2.** *(con contegno)* retenu(e) ● **stai composto!** tiens-toi bien !

comprare [kom'prare] *vt* acheter

comprendere [kom'prendere] *vt* comprendre

comprensione [kompren'sjone] *sf* compréhension *f*

comprensivo, a [kompren'sivo, a] *agg* compréhensif(ive) ● **il prezzo è comprensivo di I.V.A.** le prix inclut o comprend la TVA

compreso, a [kom'preso, a] *pp* ➤ **comprendere** ◇ *agg* inclus(e) ● **compreso nel prezzo** compris (dans le prix)

compressa [kom'pressa] *sf* comprimé *m*

comprimere [kom'primere] *vt* compresser

compromesso [kompro'messo] *sm* compromis *m*

compromettere [kompro'mettere] *vt* compromettre ◆ **compromettersi** *vr* se compromettre

computer [kom'pjuter] *sm inv* ordinateur *m* ● **computer portatile** (ordinateur) portable *m*

comunale [komu'nale] *agg* **1.** municipal(e) **2.** *(strada, tassa)* communal(e)

comune [ko'mune] *agg* **1.** commun(e) **2.** *(ordinario)* ordinaire ◇ *sm* **1.** *(municipio)* mairie *f* **2.** *(area)* municipalité *f* ● **avere qc in comune (con qn)** avoir qqch en commun (avec qqn) ● **mettere qc in comune** mettre qqch en commun ● **fuori del comune** hors du commun

comunicare [komuni'kare] *vt & vi* communiquer

comunicazione [komunikats'tsjone] *sf* communication *f*

comunione [komu'njone] *sf* **1.** *(di interessi)* communauté *f* **2.** *(eucaristia)* communion *f* ● **comunione dei beni** *DIR* communauté de biens

comunismo [komu'nizmo] *sm* communisme *m*

comunista, i, e [komu'nista, i, e] *agg & smf* communiste

comunità [komuni'ta] *sf inv* communauté *f* ● **la Comunità (Economica) Europea** la Communauté (économique) européenne

comunque [ko'munkwe] *avv* de toute façon ◇ *cong (tuttavia)* mais ● **comunque vadano le cose** quoi qu'il en soit

con [kon] *(può diventare col, collo, colla, coll', coi, cogli, colle davanti un art det) prep* avec ● **con piacere!** avec plaisir ! ● **l'uomo con i baffi** l'homme à la moustache ● **andare a Roma col treno** aller à Rome en train

concavo, a ['kɔnkavo, a] *agg* concave

concedere [kon'tʃedere] *vt* **1.** accorder **2.** *(ammettere)* admettre ◆ **concedersi** *vr* ● **concedersi qc** s'accorder qqch

concentrare [kontʃen'trare] *vt* concentrer ◆ **concentrarsi** *vr* se concentrer

¹**concentrato** [kontʃen'trato] *sm* concentré *m*

²**concentrato, a** [kontʃen'trato, a] *agg* concentré(e)

concentrazione [contʃentrats'tsjone] *sf* concentration *f*

concepimento [kontʃepi'mento] *sm* conception *f*

concepire [kontʃe'pire] *vt* concevoir

concerto [kon'tʃerto] *sm* concert *m*

concessionaria [kontʃessjo'narja] *sf* concessionnaire *m*

concessionario [kontʃessjo'narjo] *sm* concessionnaire *m*

concesso, a [kon'tʃesso, a] *pp* ➤ **concedere**

concetto [kon'tʃetto] *sm* **1.** concept *m* **2.** *(opinione)* idée *f*, opinion *f*

conchiglia [kon'kiʎʎa] *sf* coquillage *m*, coquille *f*

conciliare [kontʃi'ljare] *vt* **1.** concilier **2.** *(sonno)* favoriser

concime [kon'tʃime] *sm* engrais *m*

concludere [kon'kludere] *vt* conclure ◆ **concludersi** *vr* se conclure

conclusione [konklu'zjone] *sf* conclusion *f* ● **in conclusione** en conclusion

concluso, a [kon'kluzo, a] *pp* ➤ **concludere**

concordare [konkor'dare] *vt* **1.** établir, convenir de **2.** *GRAMM* accorder ◇ *vi* être d'accord

concorde [kon'kɔrde] *agg* concordant(e)

concorrente [konkor'rente] *smf* concurrent *m*, -e *f*

concorrenza [konkor'rentsa] *sf* concurrence *f*

concorso [kon'korso] *sm* concours *m*

concreto, a [konkreto, a] *agg* concret(ète)

condanna [kon'danna] *sf* **1.** condamnation *f* **2.** *(pena)* peine *f*

condannare [kondan'nare] *vt* condamner

condimento [kondi'mento] *sm* assaisonnement *m*

condire [kon'dire] *vt* assaisonner

condividere [kondi'videre] *vt* partager

condizionale [konditsjo'nale] *agg GRAMM* conditionnel(elle) ◇ *sm* conditionnel *m* ◇ *sf DIR* sursis *m*

condizionatore [kondіtstsjona'tore] *sm* climatiseur *m*

condizione [kondits'tsjone] *sf* condition *f* • **a condizione che** à condition que • **in buone condizioni** en bon état

condoglianze [kondoʎ'ʎantse] *sfpl* condoléances *fpl*

condominio [kondo'minjo] *sm* 1. *(edificio)* immeuble *m (en copropriété)* 2. *(persone)* copropriétaires *mpl*

condotta [kon'dotta] *sf* conduite *f*

¹ **condotto** [kon'dotto] *sm* conduit *m*

² **condotto, a** [kon'dotto, a] *pp* ➤ **condurre**

conducente [kondu'tʃente] *sm (di mezzo pubblico)* chauffeur *m* ▼ **non parlare al conducente** il est interdit de parler au chauffeur

condurre [kon'durre] *vt* 1. conduire 2. *(affare, azienda)* diriger 3. *(vita)* mener

¹ **conduttore** [kondut'tore] *sm* conducteur *m*

² **conduttore, trice** [ondut'tore, 'tritʃe] *sm, f (di spettacolo)* présentateur *m*, -trice *f*

confarsi [kon'farsi] • **confarsi a** *vr+prep* convenir à

confederazione [konfederats'tsjone] *sf* confédération *f*

conferenza [konfe'rɛntsa] *sf* conférence *f* • **conferenza stampa** conférence de presse

conferire [konfe'rire] *vt* • **conferire un incarico a qn** confier une tâche à qqn

conferma [kon'ferma] *sf* confirmation *f*

confermare [konfer'mare] *vt* confirmer

confessare [konfes'sare] *vt* 1. *(colpa)* avouer 2. *(peccato)* confesser • **confessarsi** *vr* se confesser

confessione [konfes'sjone] *sf* 1. aveu *m* 2. *(sacramento)* confession *f*

confetto [kon'fetto] *sm* 1. *(dolciume)* dragée *f* 2. *(pastiglia)* comprimé *m* (enrobé)

confezionare [konfetstsjo'nare] *vt* 1. *(pacco, merce)* emballer 2. *(vestiario)* confectionner

confezione [konfets'tsjone] *sf* 1. *(involucro)* emballage *m* 2. *(di vestiario)* confection *f* • **confezione regalo** paquet *m* cadeau

confidare [konfi'dare] *vt* • **confidare qc a qn** confier qqch à qqn • **confidare in** *v+prep* avoir confiance en • **confidarsi** *vr* • **confidarsi con qn** se confier à qqn

confidenziale [konfiden'tsjale] *agg* 1. *(riservato)* confidentiel(elle) 2. *(amichevole)* amical(e)

configurazione [konfigurats'tsjone] *sf* configuration *f*

confinare [konfi'nare] *vi* avoir une frontière commune • **confinarsi in** *vr+prep* se cloîtrer dans

confine [kon'fine] *sm* frontière *f*

confiscare [konfis'kare] *vt* confisquer

conflitto [kon'flitto] *sm* conflit *m*

confondere [kon'fondere] *vt* confondre • **confondere le idee a qn** brouiller les idées de qqn • **confondersi** *vr* 1. *(mescolarsi)* se mélanger 2. *(sbagliarsi)* s'embrouiller

conformità [konformi'ta] *sf inv* conformité *f* • **in conformità con** en conformité avec

confortare [konfor'tare] *vt* réconforter

confortevole [konfor'tevole] *agg* confortable

confrontare [konfron'tare] *vt* confronter

confronto [kon'fronto] *sm* comparaison *f* ● **in confronto a** par rapport à ● **nel miei confronti** à mon égard

confusione [konfu'zjone] *sf* 1. *(caos)* désordre *m* 2. *(chiasso)* vacarme *m* ● **far confusione** *(fare rumore)* faire du bruit ; *(confondersi)* se tromper

confuso, a [kon'fuzo, a] *pp* ➤ **confondere** ◇ *agg* 1. *(vago)* confus(e) 2. *(disorientato)* perdu(e)

congedare [kondʒe'dare] *vt* 1. congédier 2. MIL libérer ◆ **congedarsi** *vr* 1. prendre congé 2. MIL être libéré(e)

congedo [kon'dʒedo] *sm* 1. *(permesso)* congé *m* 2. MIL permission *f*

congegno [kon'dʒeɲɲo] *sm* dispositif *m*

congelare [kondʒe'lare] *vt* 1. congeler 2. *(mani)* geler ◆ **congelarsi** *vr* 1. se congeler 2. *(persona, mani)* geler

congelato, a [kondʒe'lato, a] *agg* 1. congelé(e) 2. *(persona, mani)* gelé(e)

congelatore [kondʒela'tore] *sm* congélateur *m*

congeniale [kondʒe'njale] *agg* ● **essere congeniale a qn** convenir à qqn

congenito, a [kon'dʒenito, a] *agg* congénital(e)

congestione [kondʒes'tjone] *sf* congestion *f*

congettura [kondʒet'tura] *sf* conjecture *f*

congiungere [kon'dʒundʒere] *vt* joindre ◆ **congiungersi** *vr* se (re)joindre

congiuntivo [kondʒun'tivo] *sm* subjonctif *m*

congiunto, a [kon'dʒunto, a] *pp* ➤ **congiungere** ◇ *sm, f* proche *mf*

congiunzione [kondʒun'tsjone] *sf* conjonction *f*

congiura [kon'dʒura] *sf* conjuration *f*

congratularsi [kongratu'larsi] *vr* ● **mi congratulo con lei per il lavoro svolto** je vous félicite pour votre travail

congratulazioni [kongratulats'tsjoni] *sfpl* félicitations *fpl*

congresso [kon'gresso] *sm* congrès *m*

coniglio [ko'niʎʎo] *sm* lapin *m* ● **coniglio in salmì** civet de lapin

coniugato, a [konju'gato, a] *agg* marié(e)

coniuge ['kɔnjudʒe] *smf* conjoint *m*, -e *f*

connazionale [konnatstsjo'nale] *smf* compatriote *mf*

connessione [konnes'sjone] *sf* INFORM connexion *f*

connettere [kon'nettere] *vt* brancher, relier ◆ **connettersi** *vr* INFORM se connecter

connotati [konno'tati] *smpl* signalement *m*

cono ['kɔno] *sm* cône *m* ● **cono gelato** cornet *m* de glace

conoscente [konoʃ'ʃente] *smf* connaissance *f*

conoscenza [konoʃ'ʃentsa] *sf* connaissance *f* ● **perdere conoscenza** perdre connaissance

conoscere [ko'noʃʃere] *vt* 1. connaître 2. *(incontrare)* rencontrer

conosciuto, a [konoʃ'ʃuto, a] *pp* ➤ **conoscere** ◇ *agg* connu(e)

conquista [kon'kwista] *sf* conquête *f*

conquistare [konkwis'tare] *vt* conquérir

consanguineo, a [konsan'gwineo, a] *sm, f* consanguin *m*, -e *f*

consapevole [konsa'pevole] *agg* ● consapevole di qc conscient(e) de qqch

conscio, a, sci, sce ['konʃo, a, ʃi, ʃe] *agg* ● conscio(a) di qc conscient(e) de qqch

consegna [kon'seɲɲa] *sf* 1. *(recapito)* livraison *f* 2. *(custodia)* ● lasciare qc in consegna a qn confier (la garde de) qqch à qqn

consegnare [konseɲ'ɲare] *vt* 1. *(recapitare)* livrer 2. *(lettera, premio, lavoro)* remettre 3. *(affidare)* confier

conseguenza [konse'gwentsa] *sf* conséquence *f* ● di conseguenza par conséquent

conseguire [konse'gwire] *vt* obtenir ◇ *vi* ● ne consegue che... il s'ensuit que...

consenso [kon'senso] *sm* 1. *(permesso)* consentement *m* 2. *(accordo)* ● consenso generale consensus *m* général

consentire [konsen'tire] *vt* permettre ◇ *vi* ● consentire a qc consentir à qqch

conserva [kon'serva] *sf* conserve *f* ● conserva di frutta fruits *mpl* en conserve

conservante [konser'vante] *sm* conservateur *m*

conservare [konser'vare] *vt* conserver ▼ conservare in frigo conserver au frais ◆ conservarsi *vr* se conserver

conservatore, trice [konserva'tore, 'tritʃe] *sm, f* conservateur *m*, -trice *f*

considerare [konside'rare] *vt* considérer ◆ considerarsi *vr* se considérer

considerazione [konsiderats'tsjone] *sf* ● prendere in considerazione prendre en considération

considerevole [konside'revole] *agg* considérable

consigliare [konsiʎ'ʎare] *vt* conseiller ● consigliare a qn di fare qc conseiller à qqn de faire qqch ◆ consigliarsi con *vr+prep* consulter ● prima di decidere mi sono consigliata con i miei genitori avant de décider, j'ai consulté mes parents

consigliere, a [konsiʎ'ʎere, a] *sm, f* conseiller *m*, -ère *f*

consiglio [kon'siʎʎo] *sm* conseil *m* ● dare un consiglio a qn donner un conseil à qqn ● consiglio d'amministrazione conseil d'administration ● il Consiglio dei Ministri le Conseil des ministres

consistente [konsis'tɛnte] *agg* 1. *(solido)* consistant(e) 2. *(valido)* solide

consistere [kon'sistere] *vi* 1. *(comporsi)* ● l'enciclopedia consiste di venti volumi l'encyclopédie est constituée de vingt volumes ● la prova consiste in una traduzione l'épreuve consiste en une traduction 2. *(fondarsi)* ● la felicità consiste nel sapersi accontentare le bonheur consiste à savoir se contenter de ce que l'on a

consistito, a [konsis'tito, a] *pp* ➤ consistere

consolare [konso'lare] *vt* consoler ◆ consolarsi *vr* se consoler

consolato [konso'lato] *sm* consulat *m*

console ['konsole] *sm* consul *m*

consonante [konso'nante] *sf* consonne *f*

constatare [konsta'tare] *vt* constater

consueto, a [konsu'eto, a] *agg* habituel(elle)

consulente [konsu'lɛnte] *smf* conseiller *m*, -ère *f*, consultant *m*, -e *f*

consultare [konsul'tare] *vt* consulter ◆ **consultarsi** *vr* se consulter ◆ **consultarsi con** *vr+prep* consulter

consultorio [konsul'tɔrjo] *sm* (centre *m* de) planning *m* familial

consumare [konsu'mare] *vt* **1.** consommer **2.** (*logorare*) user ◆ **consumarsi** *vr* s'user

consumatore, trice [konsuma'tore, 'tritʃe] *sm* consommateur *m*, -trice *f*

consumazione [konsumats'tsjone] *sf* consommation *f* ◆ **consumazione al tavolo** consommation en salle ▼ **consumazione obbligatoria** consommation obligatoire

consumismo [konsu'mizmo] *sm* société *f* de consommation

consumo [kon'sumo] *sm* consommation *f*

contabile [kon'tabile] *smf* comptable *mf*

contabilità [kontabili'ta] *sf inv* comptabilité *f*

contachilometri [kontaki'lɔmetri] *sm inv* compteur *m* (kilométrique)

contadino, a [konta'dino, a] *sm, f* paysan *m*, -anne *f*

contagiare [konta'dʒare] *vt* (*sog: malattia*) contaminer ● **con il morbillo ho contagiato mio fratello** j'ai transmis la rougeole à mon frère

contagio [kon'tadʒo] *sm* contagion *f*

contagocce [konta'gottʃe] *sm inv* compte-gouttes *m inv*

contante [kon'tante] *agg* ➤ **denaro** ◆ **contanti** *smpl* espèces *fpl* ● **pagare in contanti** payer en espèces

contare [kon'tare] *vt & vi* compter ◆ **contare di** *v+prep* ◆ **conto di venire da te domani** je compte venir chez toi demain ◆ **contare su** *v+prep* compter sur

contatore [konta'tore] *sm* compteur *m*

contattare [kontat'tare] *vt* contacter

contatto [kon'tatto] *sm* contact *m* ● **avere dei contatti all'estero** avoir des contacts à l'étranger ● **essere/tenersi in contatto con qn** être/rester en contact avec qqn ● **mettersi in contatto con qn** prendre contact avec qqn

conte, contessa ['konte, kon'tessa] *sm, f* comte *m*, -esse *f*

contegno [kon'teɲɲo] *sm* **1.** attitude *f* **2.** (*dignità*) contenance *f*

contemplare [kontem'plare] *vt* **1.** contempler **2.** (*sog:legge*) prévoir

contemporaneamente [kontempora-nea'mente] *avv* en même temps

contemporaneo, a [kontempo'raneo, a] *agg & sm, f* contemporain(e)

contendere [kon'tɛndere] *vt* ◆ **contendere qc a qn** disputer qqch à qqn ◆ **contendersi** *vr* ◆ **contendersi qc** se disputer qqch

contenere [konte'nere] *vt* contenir ◆ **contenersi** *vr* se contenir

contenitore [konteni'tore] *sm* récipient *m*

contento, a [kon'tento, a] *agg* content(e)

contenuto [konte'nuto] *sm* contenu *m*

contestare [kontes'tare] *vt* contester

contestazione [kontestats'tsjone] *sf* contestation *f*

contesto [kon'testo] *sm* contexte *m*

contiguo, a [kon'tigwo, a] *agg* • **contiguo (a qc)** contigu(ë) (à qqch)

continentale [kontinen'tale] *agg* continental(e)

continente [konti'nɛnte] *sm* continent *m*

contingente [kontin'dʒɛnte] *sm* contingent *m*

continuamente [kontinwa'mente] *avv* continuellement

continuare [konti'nware] *vt & vi* continuer • **continuare a fare qc** continuer à faire qqch ▼ **continua** à suivre

continuazione [kontinwats'tsjone] *sf* suite *f*

continuo, a [kon'tinwo, a] *agg* continu(e) • **di continuo** continuellement

conto ['konto] *sm* **1.** compte *m* **2.** *(di ristorante)* addition *f* **3.** *(d'albergo)* note *f* • **mi porta il conto, per favore?** pouvez-vous m'apporter l'addition, s'il vous plaît ? • **rendersi conto di qc** se rendre compte de qqch • **tenere conto di qc** tenir compte de qqch • **conto corrente** compte courant • **conto alla rovescia** compte à rebours • **per conto di qn** pour le compte de qqn • **fare i conti con qn** régler ses comptes avec qqn • **in fin dei conti** en fin de compte

contorno [kon'torno] *sm* **1.** *(di pietanza)* garniture *f* **2.** *(linea)* contour *m*

contrabbando [kontrab'bando] *sm* contrebande *f*

contrabbasso [kontrab'basso] *sm* contrebasse *f*

contraccambiare [kontrakkam'bjare] *vt* *(favore)* rendre • **(le) contraccambio gli auguri** je vous adresse, à mon tour, mes meilleurs vœux

¹contraccettivo [kontratʃʃet'tivo] *sm* contraceptif *m*

²contraccettivo, a [kontratʃʃet'tivo, a] *agg* contraceptif(ive)

contraccolpo [kontrak'kolpo] *sm* contrecoup *m*

contraddire [kontrad'dire] *vt* contredire • **contraddirsi** *vr* se contredire

contraddizione [kontraddits'tsjone] *sf* contradiction *f*

contraffare [kontraf'fare] *vt* contrefaire

contrapporre [kontrap'porre] *vt* opposer

contrariamente [kontrarja'mente] *avv* • **contrariamente a** contrairement à

¹contrario [kon'trarjo] *sm* contraire *m* • **ha qualcosa in contrario?** avez-vous quelque chose à (re)dire ? • **al contrario** au contraire

²contrario, a [kon'trarjo, a] *agg* contraire • **essere contrario a qc** être contraire à qqch

contrarre [kon'trarre] *vt* contracter • **contrarsi** *vr* *(muscolo)* se contracter

contrassegno [kontras'seɲɲo] *avv* • **spedire qc (in) contrassegno** envoyer qqch contre remboursement

contrastare [kontras'tare] *vt* contrarier, s'opposer à ◇ *vi* • **contrastare (con)** contraster (avec)

contrasto [kon'trasto] *sm* contraste *m* • **essere in contrasto con qc** être en désaccord avec qqch • **essere in contrasto con qn** être en conflit avec qqn

contrattare [kontrat'tare] *vt* négocier

contrattempo [kontrat'tempo] *sm* contretemps *m*

¹ **contratto** [kon'tratto] *sm* contrat *m*

² **contratto, a** [kon'tratto, a] *pp* ➤ contrarre

contravvenzione [kontravven'tsjone] *sf* contravention *f*

contribuire [kontribu'ire] ◆ **contribuire a** *v+prep* contribuer à

contributo [kontri'buto] *sm* **1.** contribution *f* **2.** (*tassa*) taxe *f*

contro ['kontro] *prep* contre ● **contro di me** contre moi

controfigura [kontrofi'gura] *sf* doublure *f* (*acteur*)

controllare [kontrol'lare] *vt* contrôler ◆ **controllarsi** *vr* se contrôler

controllo [kon'trollo] *sm* contrôle ● **perdere il controllo** (*di veicolo*) perdre le contrôle ; (*di impulsi*) perdre son sang-froid ▼ **controllo elettronico della velocità** contrôle radar

controllore [kontrol'lore] *sm* contrôleur *m* ● **controllore di volo** aguilleur *m* du ciel

contromano [kontro'mano] *avv* à contresens

controproducente [kontroprodu'tʃente] *agg* contre-productif(ive)

controsenso [kontro'senso] *sm* contresens *m*

controvoglia [kontro'vɔʎʎa] *avv* à contrecœur

contusione [kontu'zjone] *sf* contusion *f*

convalescenza [konvaleʃ'ʃentsa] *sf* convalescence *f*

convalidare [konvali'dare] *vt* **1.** (*biglietto*) composter **2.** (*dubbio, sospetto*) confirmer

convegno [kon'veɲno] *sm* congrès *m*

convenevoli [konve'nevoli] *smpl* politesses *fpl*

conveniente [konve'njɛnte] *agg* intéressant(e), avantageux(euse)

convenire [konve'nire] *v impers* ● **conviene avvertirli** il vaut mieux les prévenir ● **ti conviene partire** il vaut mieux que tu partes

convento [kon'vento] *sm* couvent *m*

convenuto [konve'nuto] *pp* ➤ convenire

convenzionale [konventsjo'nale] *agg* conventionnel(elle)

convenzione [konven'tsjone] *sf* convention *f*

conversazione [konversats'tsjone] *sf* conversation *f*

convertire [konver'tire] *vt* **1.** (*cambiare*) transformer **2.** (*a una fede, un'idea*) convertir ◆ **convertirsi (a)** *vr+prep* se convertir (à)

convincere [kon'vintʃere] *vt* convaincre ● **l'ho convinto a uscire** je l'ai convaincu de sortir ● **mi hai convinto della tua buona fede** tu m'as convaincu de ta bonne foi

convinto, a [kon'vinto, a] *pp* ➤ convincere ◇ *agg* convaincu(e)

convivenza [konvi'ventsa] *sf* **1.** cohabitation *f* **2.** (*di coppia*) concubinage *m*

convivere [kon'vivere] *vi* (*di coppia*) vivre ensemble ● **convivo con lui da tre anni** je vis avec lui depuis trois ans

convocare [konvo'kare] *vt* convoquer

convoglio [kon'vɔʎʎo] *sm* convoi *m*

convulsione [konvul'sjone] *sf* convulsion *f*

cookie ['kuki] *sm inv* cookie *m*

cooperativa [koopera'tiva] *sf* coopérative *f*

coordinare [koordi'nare] *vt* coordonner

coordinata [koordi'nata] *sf* ● **coordinate bancarie** coordonnées *fpl* bancaires

coperchio [ko'perkjo] *sm* couvercle *m*

coperta [ko'perta] *sf* 1. couverture *f* 2. *(di nave)* pont *m*

copertina [koper'tina] *sf* couverture *f*

¹**coperto** [ko'perto] *sm* (al ristorante) couvert *m* ● **al coperto** à l'abri

²**coperto, a** [ko'perto, a] *pp* ► **coprire** ◇ *agg* couvert(e) ● **un tavolo coperto di polvere** une table couverte de poussière

copia ['kɔpja] *sf* 1. copie *f* 2. *(di giornale)* exemplaire *m* ● **bella copia** copie au propre ● **brutta copia** brouillon *m* ● **fare una copia di qc** faire une copie de qqch ● **fare (un) copia-incolla** faire un copier-coller

copiare [ko'pjare] *vt* copier

copione [ko'pjone] *sm* 1. *(tv)* script *m* 2. *(cinema)* scénario *m* 3. *(teatro)* texte *m*

coppa ['kɔppa] *sf* 1. *(trofeo)* coupe *f* 2. *(ciotola)* bol *m* 3. *(di reggiseno)* bonnet *m* ● **coppa dell'olio** carter *m*

coppia ['kɔppja] *sf* couple *m* ● **a coppie** deux par deux

copricostume [koprikos'tume] *sm inv* robe *f* de plage

coprifuoco [kopri'fwɔko] *sm* couvre-feu *m*

copriletto [kopri'letto] *sm inv* couvre-lit *m*

coprire [ko'prire] *vt* couvrir ● **coprire un bambino di baci** couvrir un enfant de baisers ◆ **coprirsi** *vr* se couvrir ● **il cielo si è coperto di nuvole** le ciel s'est couvert de nuages

coraggio [ko'radʒdʒo] *sm* courage *m* ◇ *esclam* courage ! ● **avere il coraggio di fare qc** avoir le courage de faire qqch ; *(faccia tosta)* avoir le culot de faire qqch

coraggioso, a [koradʒ'dʒozo, a] *agg* courageux(euse)

corallo [ko'rallo] *sm* corail *m*

corano [ko'rano] *sm* ● **il corano** le Coran

corazza [ko'rattsa] *sf* 1. *(armatura)* cuirasse *f* 2. *(di animale)* carapace *f*

corazziere [korats'tsjere] *sm* *(carabiniere)* = garde *m* républicain

corda ['kɔrda] *sf* corde *f* ● **tagliare la corda** s'enfuir, mettre les voiles ● **corde vocali** cordes vocales

cordiale [kor'djale] *agg* cordial(e) ▼ **cordiali saluti** salutations cordiales

cordialmente [kordjal'mente] *avv* cordialement

cordone [kor'done] *sm* cordon *m* ● **cordone ombelicale** cordon ombilical

coreografia [koreogra'fia] *sf* chorégraphie *f*

coriandolo [ko'rjandolo] *sm* *(pianta)* coriandre *f* ◆ **coriandoli** *smpl* confettis *mpl*

coricarsi [kori'karsi] *vr* *(andare a letto)* se coucher

cornetta [kor'netta] *sf* *(telefonica)* combiné *m*

cornetto [kor'netto] *sm* 1. *(pasta)* croissant *m* 2. *(gelato)* cornet *m*

cornice [kor'nitʃe] *sf* cadre *m*

cornicione [korni'tʃone] *sm* corniche *f*

corno ['kɔrno] *sm* **1.** (*fpl* corna) corne *f* **2.** (*amuleto: mpl* corni) amulette *en forme de corne* **3.** (*strumento: mpl* corni) cor *m* ● facciamo le corna! touchons du bois ! ● fare o mettere le corna a qn (*fam*) tromper qqn

coro ['kɔro] *sm* chœur *m*

corona [ko'rona] *sf* couronne *f*

corpo ['kɔrpo] *sm* corps *m* ● corpo insegnante corps enseignant ● (a) corpo a corpo corps à corps

corporatura [korpora'tura] *sf* taille *f*

corporeo, a [kor'pɔreo, a] *agg* corporel(elle)

corredare [korre'dare] *vt* ● corredare un testo di immagini enrichir un texte avec des images ● abbiamo corredato il laboratorio di apparecchi avanzatissimi nous avons équipé le laboratoire d'appareils de pointe

corredino [korre'dino] *sm* layette *f*

corredo [kor'redo] *sm* **1.** (*da sposa*) trousseau *m* **2.** (*attrezzatura*) équipement *m*

correggere [kor'redʒdʒere] *vt* corriger

corrente [kor'rɛnte] *agg* courant(e) ● il 15 del corrente mese le 15 courant ◇ *sm* ● essere al corrente (di qc) être au courant (de qqch) ● mettere qn al corrente (di qc) mettre qqn au courant (de qqch) ● tenere qn al corrente tenir qqn au courant ◇ *sf* courant *m* ● corrente alternata courant alternatif ● corrente continua courant continu

correntemente [korrente'mente] *avv* couramment

correre ['korrere] *vt* & *vi* courir ● correre dietro a qn courir après qqn

corretto, a [kor'rɛtto, a] *pp* ➤ **correggere** ◇ *agg* **1.** correct(e) **2.** (*bevanda*) arrosé(e)

correzione [korrets'tsjone] *sf* correction *f*

corridoio [korri'dojo] *sm* couloir *m*

corridore [korri'dore] *sm* coureur *m*

corriera [kor'rjɛra] *sf* autocar *m*

corriere [cor'rjɛre] *sm* coursier *m*

corrimano [korri'mano] *sm* rampe *f*, main *f* courante

corrispondente [korrispon'dɛnte] *agg* & *smf* correspondant(e)

corrispondenza [korrispon'dɛntsa] *sf* correspondance *f*

corrispondere [korris'pondere] *vt* **1.** (*sentimento*) partager **2.** (*pagare*) verser ◇ *vi* ● corrispondere (a) correspondre (à)

corrisposto, a [korris'posto, a] *pp* ➤ **corrispondere**

corrodere [kor'rodere] *vt* (*sog: acido*) corroder

corrompere [korr'ompere] *vt* corrompre

corroso, a [kor'rozo, a] *pp* ➤ **corrodere**

corrotto, a [kor'rotto, a] *pp* ➤ **corrompere** ◇ *agg* corrompu(e)

corruzione [korruts'tsjone] *sf* corruption *f*

corsa ['korsa] *sf* **1.** course *f* **2.** (*di mezzo pubblico*) trajet *m* ● faccio una corsa in farmacia je fais un saut à la pharmacie ● di corsa en vitesse ● corse dei cavalli courses (de chevaux)

corsia [kor'sia] *sf* **1.** (*di strada*) voie *f* **2.** (*di ospedale*) salle *f* (commune) ● corsia preferenziale couloir *m* de bus ● corsia di sorpasso voie de dépassement

Corsica ['kɔrsika] *sf* ● **la Corsica** la Corse

corsivo [kor'sivo] *sm* italique *m* ● **scrivere in corsivo** écrire en italique

corso, a ['korso, a] *pp* ➤ **correre** ● **corso** *sm* **1.** cours *m* **2.** *(strada)* avenue *f* ● **corso accelerato** cours intensif ● **corso d'acqua** cours d'eau ● **corsi serali** cours du soir ● **fare un corso (di qc)** suivre un cours (de qqch) ● **in corso** *(moneta)* en circulation ; *(attività, mese)* en cours ● **fuori corso** *(moneta)* hors cours

corte ['korte] *sf* cour *f* ● **fare la corte a qn** faire la cour à qqn

corteccia, ce [kor'tettʃa, tʃe] *sf* écorce *f*

corteggiare [korteʤ'ʤare] *vt* courtiser

corteo [kor'tɛo] *sm* cortège *m*

cortese [kor'teze] *agg* courtois(e), aimable

cortesia [korte'zia] *sf* **1.** *(qualità)* courtoisie *f* **2.** *(atto)* service *m* ● **per cortesia** s'il te/vous plaît

cortile [kor'tile] *sm* cour *f*

corto, a ['korto, a] *agg* court(e) ● **essere a corto di qc** être à court de qqch

cortocircuito [kortotʃir'kujto] *sm* court-circuit *m*

corvo ['kɔrvo] *sm* corbeau *m*

cosa ['kɔza o 'kɔsa] *sf* chose *f* ● **è una cosa da niente** *(ferita)* ce n'est rien ; *(regalo)* c'est une bricole ● **cosa?** quoi ? ● **cosa c'è?** qu'est-ce qu'il y a ? ● **per prima cosa** avant tout

coscia, sce ['kɔʃʃa, ʃʃe] *sf* cuisse *f*

cosciente [koʃ'ʃɛnte] *agg* ● **cosciente (di qc)** conscient(e) (de qqch)

coscienza [koʃ'ʃɛntsa] *sf* conscience *f* ● **avere qc sulla coscienza** avoir qqch sur la conscience

cosciotto [koʃ'ʃɔtto] *sm* gigot *m*

così [ko'si] *avv* **1.** *(in questo modo)* comme ça, ainsi ● **così facendo, finirai per rimetterci** en agissant ainsi, tu finiras par y être perdant(e) ● **così così** comme ci comme ça ● **per così dire** pour ainsi dire ● **meglio così** tant mieux ● **proprio così!** exactement ! ● **e così via** et ainsi de suite **2.** *(per descrivere misure)* comme ça ● **una scatola larga così e lunga così** une boîte large comme ça et longue comme ça **3.** *(talmente)* si ● **è ancora così presto!** il est encore si tôt ! ● **così poco** si peu ● **non ne voglio così tanto** je n'en veux pas autant ● **non costa così tanto** ce n'est pas si cher que ça **4.** *(conclusivo)* donc ● **così, non hai ancora deciso** donc, tu n'as pas encore décidé ◇ *cong* **1.** *(perciò)* alors, c'est pourquoi ● **nessuno ha risposto, così ce ne siamo andati** personne n'a répondu, alors o c'est pourquoi nous sommes partis **2.** *(a tal punto)* ● **così... che** si o tellement... que ● **il divano è così grande che non ci sta** le canapé est si o tellement grand qu'il n'y rentre pas ● **ho così fame che mangerei qualsiasi cosa** j'ai tellement faim que je mangerais n'importe quoi ● **così... da** assez... pour ● **è così sciocco da dire di no** il est assez bête pour dire non **3.** *(nelle comparazioni)* ● **così... come** aussi... que ● **non era così difficile come mi**

avevi detto ce n'était pas aussi difficile que tu me l'avais dit

◇ *agg inv* pareil(eille) ● **è meglio non frequentare gente così** il vaut mieux ne pas fréquenter des gens pareils

cosicché [kosik'ke] *cong* de sorte que

cosiddetto, a [kosid'detto, a] *agg* soi-disant *(inv)*

cosmetico, ci [koz'metiko, tʃi] *sm* cosmétique *m*

coso ['kɔzo o 'kɔso] *sm (fam)* machin *m*, truc *m*

cospargere [kos'pardʒere] *vt* ● **cospargere qc di qc** *(di rosmarino, fiori)* parsemer qqch de qqch ; *(di zucchero)* saupoudrer qqch de qqch

cosparso, a [kos'parso, a] *pp* ➤ cospargere

cospicuo, a [kos'pikwo, a] *agg* considérable

cospirare [kospi'rare] *vi* conspirer

costa ['kɔsta] *sf* côte *f* ● **la Costa Amalfitana** la Côte Amalfitaine

costante [kos'tante] *agg* constant(e)

costare [kos'tare] *vi* coûter ● **quanto costa?** combien ça coûte ? ● **costare caro** coûter cher

costata [kos'tata] *sf* 1. côte *f* 2. *(senza osso)* steak *m*

costatare = constatare

costeggiare [kosted ͡ʒ'dʒare] *vt* longer

costellazione [kostellats'tsjone] *sf* constellation *f*

costernato, a [koster'nato, a] *agg* consterné(e)

costiero, a [kos'tjero, a] *agg* côtier(ère)

costituire [kostitu'ire] *vt* constituer ● **costituirsi** *vr* DIR se rendre à la police

costituzione [kostituts'tsjone] *sf* constitution *f*

costo ['kɔsto] *sm* coût *m* ● **a tutti i costi** o **a qualunque costo** à tout prix, à n'importe quel prix

costola ['kɔstola] *sf* côte *f*

costoletta [kosto'letta] *sf* côtelette *f*

costoso, a [kos'toso, a] *agg* coûteux(euse)

costretto, a [kos'tretto, a] *pp* ➤ costringere

costringere [kos'trindʒere] *vt* ● **costringere qn a fare qc** obliger qqn à faire qqch

costruire [kostru'ire] *vt* construire

costruzione [kostruts'tsjone] *sf* construction *f*

costume [kos'tume] *sm* 1. *(uso)* habitude *f* 2. *(abito)* costume *m* ● **costume da bagno** maillot *m* de bain

cotechino [kote'kino] *sm grosse saucisse de porc que l'on fait bouillir*

cotoletta [koto'letta] *sf* côtelette *f* ● **cotoletta alla milanese** côtelette panée

cotone [ko'tone] *sm* coton *m* ● **cotone idrofilo** coton hydrophile

cotta ['kɔtta] *sf* ● **prendersi una cotta per qn** *(fam)* avoir le coup de foudre pour qqn

cotto, a ['kɔtto, a] *pp* ➤ cuocere ◇ *agg* 1. cuit(e) 2. *(fam) (innamorato)* amoureux fou (folle amoureuse) ● **ben cotto** bien cuit

cottura [kot'tura] *sf* cuisson *f*

coupon [ku'pɔn] *sm inv* coupon *m*

cozza ['kɔtstsa] *sf* moule *f*

c.p. *(abbr scritta di casella postale)* B.P. *(boîte postale)*

cracker ['kreker] *sm inv* cracker *m*

crampo ['krampo] *sm* crampe *f*

cranio ['kranjo] *sm* crâne *m*

cratere [kra'tere] *sm* cratère *m*

crauti ['krawti] *sm* choucroute *f (non garnie)*

cravatta [kra'vatta] *sf* cravate *f*

creare [kre'are] *vt* créer

creativo, a [krea'tivo, a] *agg* créatif(ive)

creatore, trice [krea'tore, 'tritʃe] *sm, f* créateur *m*, -trice *f*

creatura [krea'tura] *sf* créature *f*

credente [kre'dente] *smf* croyant *m*, -e *f*

credenza [kre'dentsa] *sf* 1. croyance *f* 2. *(mobile)* buffet *m*

credere [kredere] *vt* croire ● **credo (che) sia vero** je crois que c'est vrai ● **credo di sì/di no** je crois que oui/que non ● **crede di avere ragione** il/elle croit avoir raison ● **credere a** *v+prep* ● **non credo alle sue parole** je ne crois pas un mot de ce qu'il/elle dit ● **non ci credo!** je n'y crois pas ! ● **credere in** *v+prep* ● **credo in Dio e nel progresso** je crois en Dieu et au progrès ● **credersi** *vr* se croire

credito [kredito] *sm* crédit *m*

crema ['krema] *sf* crème *f* ● **crema depilatoria** crème dépilatoire ● **crema pasticciera** crème pâtissière ● **crema solare** crème solaire

crematorio [krema'tɔrjo] *agg* ➤ **forno**

cremazione [kremats'tsjone] *sf* crémation *f*

cremisi ['kremizi] *agg inv* cramoisi(e)

cremoso, a [kre'moso, a] *agg* crémeux(euse)

crepaccio [kre'pat'tʃo] *sm* crevasse *f*

crepapelle [krepa'pelle] ◆ **a crepapelle** *avv* ● **ridere a crepapelle** rire aux éclats, se tordre de rire

crepare [kre'pare] *vi (fam)* crever ● **crepare dal ridere** mourir de rire

crêpe [krep] *sf inv* crêpe *f*

crepuscolo [kre'puskolo] *sm* crépuscule *m*

crescere [kreʃʃere] *vi* 1. *(persona, animale)* grandir 2. *(pianta, barba, unghie)* pousser 3. *(aumentare)* augmenter, croître ◇ *vt (allevare)* élever

crescita ['kreʃʃita] *sf* 1. croissance *f* 2. *(di capelli, unghie)* pousse *f*

cresima ['krezima o 'kresima] *sf* confirmation *f*

crespo, a ['krespo, a] *agg (capelli)* crépu(e)

cresta ['kresta] *sf* crête *f*

creta ['kreta] *sf* argile *f*

cretino, a [kre'tino, a] *agg* crétin(e)

C.R.I. [tʃierre'i] *(abbr di* Croce Rossa Italiana*)* *sf* ≃ CRF *f inv (Croix Rouge Française)*

cric [krik] *sm inv* cric *m*

criminale [krimi'nale] *agg & smf* criminel(elle)

crimine ['krimine] *sm* crime *m*

criniera [kri'njera] *sf* crinière *f*

cripta ['kripta] *sf* crypte *f*

crisi ['krizi] *sf inv* crise *f* ● **in crisi** en crise

cristallo [kris'tallo] *sm* cristal *m*

cristianesimo [kristja'nezimo] *sm* christianisme *m*

cristiano, a [kris'tjano, a] *agg & sm, f* chrétien(enne)

Cristo ['kristo] *sm* Christ *m* ● **avanti Cristo** avant Jésus-Christ ● **dopo Cristo** après Jésus-Christ

criterio [kri'tɛrjo] *sm* 1. *(regola)* critère *m* 2. *(buon senso)* discernement *m*

critica, che ['kritika, ke] *sf* critique *f*

criticare [kriti'kare] *vt (disapprovare)* critiquer

critico, a, ci, che ['kritiko, a, tʃi, ke] *agg & sm, f* critique

croato, a [kro'ato, a] *agg* croate ◇ *sm, f* Croate *mf* ● **croato** *sm* serbo-croate *m*

Croazia [kro'atstsja] *sf* ● **la Croazia** la Croatie

croccante [krok'kante] *agg* croquant(e) ◇ *sm* croquant *m*

crocchetta [krok'ketta] *sf* croquette *f*

croce ['krotʃe] *sf* croix *f*

crocevia [krotʃe'via] *sm inv* carrefour *m*

crociera [kro'tʃɛra] *sf* croisière *f*

crocifisso [krotʃi'fisso] *sm* crucifix *m*

crollare [krol'lare] *vi* s'écrouler

crollo ['krɔllo] *sm* effondrement *m*

cronaca, che ['krɔnaka, ke] *sf* 1. *(di avvenimento)* compte-rendu *m* 2. *(di giornale)* chronique *f* ● **cronaca nera** faits *mpl* divers ● **cronaca rosa** rubrique mondaine

cronico, a, ci, che ['krɔniko, a, tʃi, ke] *agg* chronique

cronista, i, e [kro'nista, i, e] *smf* chroniqueur *m*, -euse *f*

cronologico, a, ci, che [krono'lɔdʒiko, a, tʃi, ke] *agg* chronologique

cronometro [kro'nɔmetro] *sm* chronomètre *m*

crosta ['krɔsta] *sf* croûte *f*

crostaceo [kros'tatʃeo] *sm* crustacé *m*

crostata [kro'stata] *sf* tarte *f*

crostino [kros'tino] *sm* 1. *(per minestra)* croûton *m* 2. *(tartina)* canapé *m*

croupier [kru'pje] *sm inv* croupier *m*

cruciale [kru'tʃale] *agg* crucial(e)

cruciverba [krutʃi'verba] *sm inv* mots *mpl* croisés

crudele [kru'dɛle] *agg* cruel(elle)

crudo, a ['krudo, a] *agg (non cotto)* cru(e)

crusca ['kruska] *sf* son *m (du blé)*

cruscotto [krus'kɔtto] *sm* tableau *m* de bord

cubo ['kubo] *sm* cube *m*

cuccetta [kutʃ'tʃetta] *sf* couchette *f*

cucchiaiata [kukkja'jata] *sf* cuillerée *f*

cucchiaino [kukkja'ino] *sm* petite cuillère *f*

cucchiaio [kuk'kjaio] *sm* cuillère *f*, cuiller *f*

cuccia, ce ['kutʃtʃa, tʃe] *sf* niche *f*

cucciolo [kutʃ'tʃolo] *sm* 1. *(di cane)* chiot *m* 2. *(di altri animali)* petit *m*

cucina [ku'tʃina] *sf* 1. cuisine *f* 2. *(mobile)* cuisinière *f* ● **cucina casalinga** cuisine familiale ● **cucina a gas** cuisinière à gaz

cucinare [kutʃi'nare] *vt* cuisiner

cucire [ku'tʃire] *vt* coudre

cucitura [kutʃi'tura] *sf* couture *f*

cuculo ['kukulo o ku'kulo] *sm* coucou *m*

cuffia ['kuffja] *sf* 1. *(copricapo)* bonnet *m* 2. *(da bagno)* bonnet *m* de bain 3. *(per l'ascolto)* casque *m* ▼ **è obbligatorio l'uso della cuffia** bonnet de bain obligatoire

cugino, a [ku'dʒino, a] *sm, f* cousin *m*, -e *f*

cui ['kui] *pron relativo*
1. *(in complementi indiretti: persona)* qui, lequel (laquelle) ● **la ragazza con cui esco** la fille avec qui o laquelle je sors ● **il dottore da cui vado** le docteur chez qui je

vais ● **l'amico di cui ti ho parlato** l'ami dont je t'ai parlé

2. *(in complementi indiretti: cosa)* lequel *(laquelle)* ● **i film a cui mi riferisco** les films auxquels je fais allusion ● **l'appartamento in cui vivo** l'appartement dans lequel je vis ● **il motivo per cui ti chiamo** la raison pour laquelle je t'appelle

3. *(tra articolo e nome)* ● **la città il cui nome mi sfugge** la ville dont le nom m'échappe ● **la persona alla cui domanda rispondo** la personne à la question de laquelle je réponds

◆ **per cui** *cong* donc, c'est pourquoi ● **sono stanco, per cui vado a letto** je suis fatigué, donc je vais me coucher

culla ['kulla] *sf* berceau *m*

culmine ['kulmine] *sm* sommet *m*

culo ['kulo] *sm (volg)* cul *m*

culto ['kulto] *sm* culte *m*

cultura [kul'tura] *sf* culture *f*

culturismo [kultu'rizmo] *sm* culturisme *m*

cumulativo [kumula'tivo] *agg m* ➤ **biglietto**

cumulo ['kumulo] *sm* tas *m*

cunetta [ku'netta] *sf* **1.** *(avvallamento)* nid-de-poule *m* **2.** *(canaletto)* caniveau *m*

cuocere ['kwɔtʃere] *vt* & *vi* cuire

cuoco, a, chi, che ['kwɔko, a, ki, ke] *sm, f* cuisinier *m*, -ère *f*

cuoio ['kwɔjo] *sm* cuir *m* ● **cuoio capelluto** cuir chevelu

cuore ['kwɔre] *sm* cœur *m* ● **avere a cuore qc** avoir qqch à cœur

cupo, a ['kupo, a] *agg* **1.** *(scuro)* sombre **2.** *(voce)* sourd(e)

cupola ['kupola] *sf* coupole *f*

cura ['kura] *sf* **1.** *(trattamento)* traitement *m* **2.** *(del sonno, termale)* cure *f* **3.** *(accuratezza)* soin *m* ● **abbi cura di te** prends soin de toi ● **prendersi cura di** prendre soin de, s'occuper de ● **cura dimagrante** cure *f* d'amaigrissement

curare [ku'rare] *vt* **1.** soigner **2.** *(progetto, pubblicazione)* diriger

curcuma ['kurkuma] *sf* curcuma *m*

curiosare [kurjo'zare] *vi* fouiner

curiosità [kurjozi'ta] *sf inv* curiosité *f*

curioso, a [ku'rjozo, a] *agg* curieux(euse)

cursore [kur'sore] *sm* curseur *m*, pointeur *m*

curva ['kurva] *sf* virage *m*

curvare [kur'vare] *vi* tourner ◇ *vt* plier, courber

curvo, a ['kurvo, a] *agg* **1.** courbe **2.** *(persona, spalle)* courbé(e)

cuscinetto [kuʃʃi'netto] *sm* **1.** TECNOL roulement *m* **2.** *(per timbri)* tampon *m* encreur

cuscino [kuʃ'ʃino] *sm* **1.** *(da divano)* coussin *m* **2.** *(guanciale)* oreiller *m*

custode [kus'tɔde] *smf* gardien *m*, -enne *f*

custodia [kus'tɔdja] *sf* **1.** *(cura, controllo)* garde *f* **2.** *(astuccio)* étui *m*

custodire [kusto'dire] *vt* garder

cute ['kute] *sf* peau *f*

CV [tʃiv'vi] *(abbr di Curriculum Vitae)* *sm inv* CV *m* ● **mandare un CV** envoyer un CV

cyberspazio [tʃibers'patstsjo] *sm* cyberespace *m*

d **D**

da [da] *prep*
1. *(con verbo passivo)* par ● **il viaggio è pagato dalla ditta** le voyage est payé par l'entreprise
2. *(stato in luogo)* chez ● **abito da una zia** j'habite chez une tante
3. *(moto a luogo)* chez ● **andare dal medico** aller chez le médecin
4. *(moto per luogo)* par ● **sono entrato dall'ingresso principale** je suis entré par la porte principale
5. *(indica l'origine, la provenienza)* de ● **vengo da Roma** je viens de Rome ● **ho ricevuto una lettera da mio fratello** j'ai reçu une lettre de mon frère
6. *(indica una durata)* ● **aspetto da ore** j'attends depuis des heures, cela fait des heures que j'attends ● **lavoro dalle 9 alle 5** je travaille de 9 heures à 5 heures
7. *(indica un'epoca)* ● **da giovane era un grande atleta** quand il était jeune, c'était un grand sportif ● **da grande voglio fare il pompiere** quand je serai grand, je serai pompier
8. *(indica la causa)* de ● **tremare dal freddo** trembler de froid
9. *(indica una caratteristica)* à ● **la ragazza dagli occhi verdi** la jeune fille aux yeux verts
10. *(indica il fine)* de ● **occhiali da sole** lunettes de soleil ● **preparare qualcosa da mangiare** préparer quelque chose à manger
11. *(indica separazione)* de ● **vedere da lontano/vicino** voir de loin/près ● **essere lontano da casa** être loin de chez soi ● **la piscina è a tre chilometri da qui** la piscine est à 3 kilomètres (d'ici) ● **mettere qc da parte** mettre qqch de côté
12. *(indica misura, prezzo)* de ● **bottiglia da un litro** bouteille d'un litre ● **stanza da 40 euro a notte** chambre à 40 euros la nuit
13. *(indica modo)* ● **trattare qn da amico** traiter qqn en ami ● **non è cosa da tel** cela ne te ressemble pas !
14. *(indica la conseguenza)* ● **ho riso da non poterne più** j'ai ri à n'en plus pouvoir ● **essere stanco da morire** être mort de fatigue

daccapo [dak'kapo] *avv* depuis le début
dado ['dado] *sm* **1.** dé *m* **2.** *(per vite)* écrou *m* **3.** *(da cucina)* bouillon cube *m*
dagli ['daʎʎi] = **da** + **gli** ➤ **da**
¹**dai** ['dai] = **da** + **i** ➤ **da**
²**dai** ['dai] *esclam* allez !
daino ['dajno] *sm* daim *m*
dal ['dal] = **da** + **il** ➤ **da**
dall' ['dall] = **da** + **l'** ➤ **da**
dalla ['dalla] = **da** + **la** ➤ **da**
dalle ['dalle] = **da** + **le** ➤ **da**
dallo ['dallo] = **da** + **lo** ➤ **da**
daltonico, a, ci, che [dal'tɔniko, a, tʃi, ke] *agg* daltonien(enne)
dama ['dama] *sf* **1.** *(gioco)* dames *fpl* **2.** *(nel ballo)* cavalière *f*
damigiana [dami'dʒana] *sf* dame-jeanne *f*
dancing ['densing] *sm inv* dancing *m*

danese [da'nese] *agg* danois(e) ◇ *smf* Danois *m*, -e *f* ◇ *sm* (lingua) danois *m*

Danimarca [dani'marka] *sf* • la Danimarca le Danemark

danneggiare [danned͡ʒ'd͡ʒare] *vt* 1. endommager 2. (nuocere a) nuire à

danno ['danno] *sm* dommage *m* • **danno morale** préjudice *m* moral • **pagare i danni** DIR verser des dommages-intérêts

dannoso, a [dan'noso, a] *agg* nuisible

danza ['dantsa] *sf* danse *f*

dappertutto [dapper'tutto] *avv* partout

dappoco [dap'pɔko] *agg inv* 1. (persona) incapable 2. (questione) sans importance

dapprima [dap'prima] *avv* au début

dare ['dare] *vt* 1. (consegnare) • **dare qc a qn** donner qqch à qqn 2. (film) passer 3. (festa, ricevimento) organiser • **dare da bere a qqn** donner à boire à qqn • **dare la buonanotte a qn** dire bonne nuit à qqn • **dare fastidio a qn** embêter qqn • **lo davano per morto** on le croyait mort • **dare qc per scontato** considérer qqch comme un fait acquis • **il vino mi ha dato alla testa** le vin m'est monté à la tête • **dare su** *v+prep* (sog: finestra) donner sur • **darsi** *vr* • **darsi appuntamento** se donner rendez-vous • **darsi il cambio** se relayer • **darsi a** *vr+prep* (dedicarsi a) s'adonner à

data ['data] *sf* date *f* • **data di nascita** date de naissance

database [data'beiz] *sm inv* base *f* de données

¹**dato** ['dato] *sm* donnée *f* • **è un dato di fatto** c'est un fait

²**dato, a** ['dato, a] *pp* ➤ **dare** ◇ *agg* donné(e) • **a un dato momento** à un moment donné • **dato che** étant donné que

datore, trice [da'tore, 'tritʃe] *sm, f* • **datore di lavoro** employeur *m*, -euse *f*

dattero ['dattero] *sm* datte *f*

davanti [da'vanti] *avv* devant ◇ *agg inv* (anteriore) de devant ◇ *sm* devant *m* • **davanti a** *prep* devant

davanzale [davan'tsale] *sm* rebord *m*

davvero [dav'vero] *avv* 1. (molto) vraiment 2. (sul serio) sérieusement • **davvero?** vraiment ? • **dico per davvero** je dis ça pour de vrai

d.C. (abbr scritta di dopo Cristo) ap. J.-C. (après Jésus-Christ)

dea ['dɛa] *sf* déesse *f*

debito ['debito] *sm* dette *f*

debole ['debole] *agg* faible ◇ *sm* • **avere un debole per** avoir un faible pour

debolezza [debo'letstsa] *sf* faiblesse *f*

debuttare [debut'tare] *vi* faire ses débuts

decaffeinato, a [dekaffej'nato, a] *agg* décaféiné(e)

decapitare [dekapi'tare] *vt* décapiter

decappottabile [dekappot'tabile] *agg* décapotable ◇ *sf* décapotable *f*

deceduto, a [detʃe'duto, a] *agg* décédé(e)

decennio [de'tʃɛnnjo] *sm* décennie *f*

decente [de'tʃɛnte] *agg* 1. (conforme al pudore) décent(e), convenable 2. (accettabile) acceptable

decesso [de'tʃɛsso] *sm* (form) décès *m*

decidere [de'tʃidere] *vt & vi* décider • **decidere una data** décider d'une date • **decidere di fare qc** décider de faire qqch ◆ **decidersi** vr ● decidere (a fare qc) se décider (à faire qqch)

decimale [detʃi'male] *agg* décimal(e)

decimo, a ['dɛtʃimo, a] *agg num* dixième ◆ **decimo** *sm* **1.** *(frazione)* dixième *m* **2.** *(piano)* dixième étage *m*

decina [de'tʃina] *sf* una decina (di) une dizaine (de)

decisione [detʃi'zjone] *sf* décision *f* ● prendere una decisione prendre une décision

deciso, a [de'tʃizo, a] *pp* ➤ decidere ◊ *agg* décidé(e) ● deciso a tutto prêt à tout

decollare [dekol'lare] *vi* décoller

decollo [de'kɔllo] *sm* décollage *m*

decomprimere [dekom'primere] *vt* décompresser

decorare [deko'rare] *vt* décorer

decotto [de'kɔtto] *sm* décoction *f*

decreto [de'kreto] *sm* décret *m*

dedica, che ['dedika, ke] *sf* dédicace *f*

dedicare [dedi'kare] *vt* **1.** *(poesia, canzone)* ● dedicare qc a qn dédier qqch à qqn **2.** *(consacrare)* consacrer ● dedico tutto il mio tempo al lavoro je consacre tout mon temps à mon travail ◆ **dedicarsi a** *vr+prep* se consacrer à

dedito, a ['dedito, a] *agg* ● essere dedito a qc se consacrer entièrement à qqch ; *(droga, alcool)* s'adonner à qqch

dedotto, a [de'dotto, a] *pp* ➤ dedurre

dedurre [de'durre] *vt* déduire

deduzione [deduts'tsjone] *sf* déduction *f*

deficiente [defi'tʃɛnte] *agg* *(spreg)* débile

deficit ['defitʃit] *sm inv* déficit *m*

definire [defi'nire] *vt* définir

definitivo, a [defini'tivo, a] *agg* définitif(ive)

definizione [definits'tsjone] *sf* définition *f*

deformare [defor'mare] *vt* déformer ◆ **deformarsi** *vr* se déformer

defunto, a [de'funto, a] *sm, f* défunt *m*, -e *f*

degenerare [dedʒene'rare] *vi* dégénérer

degli ['deʎʎi] = di + gli ➤ di

degnare [deɲ'ɲare] *vt* ● non mi hai degnato di uno sguardo tu n'as pas daigné me regarder ◆ **degnarsi** vr ● degnarsi di fare qc daigner faire qqch

degno, a ['deɲɲo, a] *agg* ● degno di digne de

degradare [degra'dare] *vt* dégrader

degustazione [degustats'tsjone] *sf* dégustation *f*

dei ['dei] = di + i ➤ di

del [del] = di + il ➤ di

delegare [dele'gare] *vt* ● mi hanno delegato a rappresentare la ditta on m'a autorisé à représenter l'entreprise ● il parlamento ha delegato le indagini a una commisione le parlement a délégué l'enquête à une commission

delegazione [delegats'tsjone] *sf* délégation *f*

delfino [del'fino] *sm* dauphin *m*

delicatezza [delika'tetstsa] *sf* délicatesse *f*

delicato, a [deli'kato, a] *agg* délicat(e)

delineare [deline'are] *vt* **1.** *(disegnare)* dessiner **2.** *(descrivere)* tracer ◆ **delinearsi** *vr* se profiler

delinquente [delin'kwɛnte] *smf* délinquant *m*, -e *f*

delirio [de'lirjo] *sm* délire *m*

delitto [de'litto] *sm* crime *m*

delizioso, a [delits'tsjoso, a] *agg* délicieux(euse)

dell' [dell] = di + l' ➤ di

della [della] = di + la ➤ di

delle ['delle] = di + le ➤ di

dello ['dello] = di + lo ➤ di

delta ['dɛlta] *sm inv* delta *m*

deltaplano [dɛlta'plano] *sm* deltaplane *m*

deludere [de'ludere] *vt* décevoir

delusione [delu'zjone] *sf* déception *f*

deluso, a [de'luzo, a] *pp* ➤ deludere ◊ *agg* déçu(e)

democratico, a, ci, che [demo'kratiko, a, tʃi, ke] *agg* démocratique

democrazia [demokrats'tsia] *sf* démocratie *f*

demolire [demo'lire] *vt* démolir

demonio [de'mɔnjo] *sm* démon *m*

demoralizzare [demoralidz'dzare] *vt* démoraliser • **demoralizzarsi** *vr* se démoraliser

denaro [de'naro] *sm* argent *m* • **denaro contante** (argent) liquide *m*

denigrare [deni'grare] *vt* dénigrer

denominare [denomi'nare] *vt* appeler

denominazione [denominats'tsjone] *sf* dénomination *f* • **denominazione d'origine controllata** appellation *f* d'origine contrôlée

densità [densi'ta] *sf inv* densité *f*

denso, a ['denso, a] *agg* 1. (*liquido*) épais(aisse) 2. (*fumo, nebbia*) dense, épais(aisse)

dente ['dɛnte] *sm* dent *f* • **dente da latte** dent de lait • **dente del giudizio** dent de sagesse • **al dente** (*pasta*) al dente • **mettere qc sotto i denti** se mettre qqch sous la dent

dentiera [den'tjera] *sf* dentier *m*

dentifricio [denti'fritʃo] *sm* dentifrice *m*

dentista, i, e [den'tista, i, e] *smf* dentiste *mf*

dentro ['dentro] *prep* dans ◊ *avv* 1. (*all'interno*) dedans, à l'intérieur 2. (*nell'intimo*) en dedans • **dentro di sé** au fond de soi, dans son for intérieur • **là dentro** làdedans • **qui dentro** à l'intérieur • **dal di dentro** de l'intérieur • **darci dentro** (*fam*) (*impegnarsi*) en mettre un coup • **mettere dentro qc** rentrer qqch

denuncia, ce [de'nuntʃa, tʃe] *sf* dénonciation *f* • **denuncia dei redditi** déclaration *f* d'impôts

denunciare [denun'tʃare] *vt* 1. dénoncer 2. (*dichiarare*) déclarer

deodorante [deodo'rante] *sm* 1. (*per il corpo*) déodorant *m* 2. (*per ambiente*) désodorisant *m*

deperibile [depe'ribile] *agg* périssable

depilazione [depilats'tsjone] *sf* épilation *f*

depliant [depli'an] *sm inv* dépliant *m*

deplorevole [deplo'revole] *agg* déplorable

depositare [depozi'tare] *vt* déposer

deposito [de'pozito] *sm* 1. dépôt *m* 2. (*cauzione*) caution *f* • **deposito bagagli** consigne *f*

depravato, a [depra'vato, a] *sm, f* dépravé *m*, -e *f*

depressione [depres'sjone] *sf* dépression *f*

depresso, a [de'presso, a] *pp* ➤ **deprimere** ◇ *agg* déprimé(e)

deprimente [depri'mɛnte] *agg* déprimant(e)

deprimere [de'primere] *vt* déprimer ◆ **deprimersi** *vr* se démoraliser

deputato, a [depu'tato, a] *sm, f* député *m*

derattizzazione [derattidz'dzare] *sf* dératisation *f*

deriva [de'riva] *sf* ◆ **andare alla deriva** aller à la dérive

derivare [deri'vare] ◆ **derivare da** *vt+prep* 1. résulter de 2. *(lingua, termine)* dériver de 3. *(prodotto)* provenir de

dermatologo, a, gi, ghe [derma'tɔlogo, a, dʒi, ge] *sm, f* dermatologue *mf*

derubare [deru'bare] *vt* voler

descritto, a [des'kritto, a] *pp* ➤ **descrivere**

descrivere [des'krivere] *vt* décrire

descrizione [deskrits'tsjone] *sf* description *f*

¹deserto [de'zɛrto] *sm* désert *m*

²deserto, a [de'zɛrto, a] *agg* 1. désert(e) 2. *(senza vegetazione)* désertique

desiderare [deside'rare] *vt* désirer ◆ **desidera?** vous désirez ? ◆ **desidero parlarti in privato** je souhaite te parler en privé ◆ **lasciare a desiderare** laisser à désirer

desiderio [desi'dɛrjo] *sm* désir *m*

desideroso, a [deside'roso, a] *agg* ◆ **desideroso(a) di fare qc** désireux(euse) de faire qqch

designare [desiɲ'ɲare] *vt* désigner

desistere [de'zistere] ◆ **desistere da** *v+prep (form)* renoncer à

desistito [dezis'tito] *pp* ➤ **desistere**

desktop ['dɛstɔp] *sm inv INFORM* bureau *m*

destinare [desti'nare] *vt* 1. destiner 2. *(indirizzare)* adresser

destinatario, a [destina'tarjo, a] *sm, f* destinataire *mf*

destinazione [destinats'tsjone] *sf* destination *f*

destino [des'tino] *sm* destin *m*

destra [des'tra] *sf* 1. *(mano)* main *f* droite 2. *(lato)* droite *f* ◆ **la destra** POL la droite ◆ **tenere la destra** tenir sa droite ◆ **a destra** à droite ◆ **di destra** de droite

destreggiarsi [destredʒ'dʒarsi] *vr* 1. *(nel traffico)* se frayer un chemin, se faufiler 2. *(tra difficoltà)* se débrouiller

destro, a [des'tro, a] *agg (lato, mano)* droit(e)

detenuto, a [dete'nuto, a] *sm, f* détenu *m*, -e *f*

detenzione [deten'tsjone] *sf* détention *f*

detergente [deter'dʒɛnte] *agg (cosmetico)* de toilette ◇ *sm* 1. *(cosmetico)* produit *m* de toilette 2. *(detersivo)* détergent *m*

deteriorare [deterjo'rare] *vt* détériorer ◆ **deteriorarsi** *vr* se détériorer

determinante [determi'nante] *agg* déterminant(e)

determinare [determi'nare] *vt* 1. *(stabilire)* déterminer 2. *(provocare)* provoquer

determinazione [determinats'tsjone] *sf* détermination *f*

detersivo [deter'sivo] *sm* 1. *(per piatti)* produit *m* vaisselle 2. *(per panni)* lessive *f* 3. *(per pavimenti)* produit *m* ménager

detestare [detes'tare] *vt* détester

detrarre [de'trarre] *vt* déduire

detratto, a [de'tratto, a] *pp* ➤ detrarre

dettagliato, a [detta λ'λato, a] *agg* détaillé(e)

dettaglio [det'ta $\lambda\lambda$o] *sm* détail *m* ● al dettaglio *COMM* au détail

dettare [det'tare] *vt* dicter ● dettare legge faire la loi

dettato [det'tato] *sm* dictée *f*

¹detto ['detto] *sm* dicton *m*

²detto, a [a 'detto, a] *pp* ➤ dire ◇ *agg* (soprannominato) dit(e)

devastare [devas'tare] *vt* dévaster

deviare [devi'are] *vi* 1. (per evitare un ostacolo) faire un écart 2. (svoltare) tourner

deviazione [devjats'tsjone] *sf* 1. (del traffico) déviation *f* 2. (percorso) détour *m* 3. (di fiume) dérivation *f*

devoto, a [de'vɔto, a] *agg* dévoué(e)

di [di] *prep*

1. (indica appartenenza) de ● la casa dei miei genitori la maison de mes parents ● questo libro è di Marco ce livre est à Marco

2. (indica l'autore) de ● un quadro di Giotto un tableau de Giotto

3. (partitivo) de ● alcuni di noi certains d'entre nous ● bevi dell'acqua bois de l'eau ● ho incontrato degli amici j'ai rencontré des amis

4. (indica paragone) que ● sono più alto di te je suis plus grand que toi

5. (indica argomento) de ● un libro di storia un livre d'histoire ● parlare di parler de

6. (temporale) ● d'estate l'été, en été ● di mattina le matin ● di notte la nuit

7. (indica provenienza) de ● sono di Messina je suis de Messine

8. (con nomi propri) de ● la città di Palermo la ville de Palerme

9. (indica l'età) de ● un bambino di tre anni un enfant de trois ans

10. (indica la materia) de, en ● una statua di marmo une statue de o en marbre

11. (indica misura) de ● una torre di 40 m une tour de 40 m

12. (indica la causa) de ● soffrire di mal di testa souffrir de maux de tête

13. (con frase dichiarativa) ● pensavo di uscire j'avais l'intention de sortir ● capita di sbagliare il arrive qu'on se trompe ● mi sembra di sognare je crois rêver

14. (in espressioni) ● dare del bugiardo a qn traiter qqn de menteur ● darsi del tu/lei se tutoyer/vouvoyer

diabete [dja'bete] *sm* diabète *m*

diabetico, a, ci, che [dja'betiko, a, tʃi, ke] *agg* diabétique

diaframma, i [dja'framma, i] *sm* diaphragme *m*

diagnosi [di'aɲɲosi] *sf inv* diagnostic *m*

diagonale [djago'nale] *agg* diagonal(e) ◇ *sf* diagonale *f*

diagramma, i [dja'gramma, i] *sm* diagramme *m*

dialetto [dja'letto] *sm* dialecte *m*

I dialetti

Il existe en Italie une multitude de dialectes qui, parallèlement à la langue italienne (elle-même issue du dialecte toscan), continuent d'être parlés par une grande partie de la population. Ils sont issus en majorité du latin, mais on note également la présence de dialectes allemands, albanais, grecs, slovènes et serbo-croates, sans oublier le ladin et le sarde.

dialisi [di'alizi] *sf inv* dialyse *f*

dialogo, ghi [di'alogo, gi] *sm* dialogue *m*

diamante [dja'mante] *sm* diamant *m*

diametro [di'ametro] *sm* diamètre *m*

diamine ['djamine] *esclam* diable ! ◇ **che diamine stai facendo?** mais qu'est-ce que tu fabriques ?

diapositiva [djapozi'tiva] *sf* diapositive *f*

diario [di'arjo] *sm* **1.** journal *m* (intime) **2.** *(a scuola)* cahier *m* de textes

diarrea [diar'rea] *sf* diarrhée *f*

diavolo [di'djavolo] *sm* diable ◇ *esclam* bon sang ! ● **che diavolo vuole?** mais qu'est-ce qu'il veut, enfin ? ● **va al diavolo!** va au diable !

dibattito [di'battito] *sm* débat *m*

dica ['dika] ➤ **dire**

dicembre [di'tʃembre] *sm* décembre *m* ● **a o in dicembre** en décembre ● **lo scorso dicembre** en décembre dernier ● **il prossimo dicembre** en décembre prochain ● **all'inizio di dicembre** début décembre ● **alla fine di dicembre** fin décembre ● **il due dicembre** le deux décembre

diceria [ditʃe'ria] *sf* racontar *m*

dichiarare [dikja'rare] *vt* déclarer

dichiarazione [dikjarats'tsjone] *sf* déclaration *f*

diciannove [ditʃan'nɔve] *num* dix-neuf ➤ **sei**

diciannovesimo, a [ditʃanno'vezimo, a] *num* dix-neuvième, ➤ **sesto**

diciassette [ditʃas'sette] *num* dix-sept, ➤ **sei**

diciassettesimo, a [ditʃasset'tezimo, a] *num* dix-septième, ➤ **sesto**

diciottesimo, a [ditʃot'tezimo, a] *num* dix-huitième, ➤ **sesto**

diciotto [di'tʃotto] *num* dix-huit, ➤ **sei**

dieci ['djɛtʃi] *num* dix ● **ha dieci anni** il/elle a dix ans ● **sono le dieci** il est dix heures ● **il dieci gennaio** le dix janvier ● **pagina dieci** page dix ● **il dieci di picche** le dix de pique ● **erano in dieci** ils étaient dix

diecina [dje'tʃina] *sf* = **decina**

diesel [di'zɛl] *agg inv* diesel ◇ *sm* diesel *m*

dieta ['djɛta] *sf* régime *m* ● **essere a dieta** être au régime

dietetico, a, ci, che [dje'tɛtiko, a, tʃi, ke] *agg* diététique

dietro [di'djetro] *avv* derrière ● **qui/lì dietro** ici/là derrière ● **in macchina mi siedo sempre dietro** en voiture, je m'assieds toujours à l'arrière ◇ *prep* **1.** *(di là da)* derrière **(a)** derrière ● **dietro di me** derrière moi **2.** *(dopo)* après ● **uno dietro l'altro** l'un après l'autre ● **dietro pagamento** contre paiement ◇ *sm* **1.** *(di palazzo)* derrière *m* **2.** *(di giacca)* dos *m* ● **da o di dietro** *avv* **da o di dietro** par derrière ; *(persona)* de dos ● **di dietro** *agg inv* ● **passo dalla porta di dietro** je passe par la porte de derrière ● **le ruote di dietro** les roues arrière

difatti [di'fatti] *cong* en effet

difendere [di'fɛndere] *vt* défendre ♦ **difendersi** *vr* se défendre

difensore [difen'sore] *sm* défenseur *m*

difesa [di'feza] *sf* défense *f*

difeso, a [di'fezo, a] *pp* ➤ **difendere**

difetto [di'fetto] *sm* défaut *m* ♦ **difetto di fabbricazione** défaut de fabrication

difettoso, a [difet'tozo, a] *agg* **1.** *(meccanismo)* défectueux(euse) **2.** *(vista)* mauvais(e) **3.** *(abito)* qui a un défaut

diffamare [diffa'mare] *vt* diffamer

differente [diffe'rɛnte] *agg* différent(e)

differenza [diffe'rɛntsa] *sf* différence *f* ♦ **non fa differenza** ça ne fait aucune différence ♦ **a differenza di** contrairement à

difficile [dif'fitʃile] *agg* difficile ♦ **è difficile che venga anche lui** il est peu probable qu'il vienne aussi

difficoltà [diffikol'ta] *sf inv* difficulté *f*

diffidare [diffi'dare] ♦ **diffidare di** *v+prep* se méfier de

diffidente [diffi'dɛnte] *agg* méfiant(e)

diffondere [dif'fondere] *vt* **1.** *(luce, calore)* diffuser **2.** *(notizia)* répandre ♦ **diffondersi** *vr* se répandre

diffusione [diffu'zjone] *sf* diffusion *f*

diffuso, a [dif'fuzo, a] *pp* ➤ **diffondere** ◇ *agg* répandu(e)

diga, ghe ['diga, ge] *sf* digue *f*, barrage *m*

digeribile [didʒe'ribile] *agg* digeste

digerire [didʒe'rire] *vt* digérer

digestione [didʒes'tjone] *sf* digestion *f*

¹digestivo [didʒes'tivo] *sm* digestif *m*

²digestivo, a [didʒes'tivo, a] *agg (bevanda)* digestif(ive)

digitale [didʒi'tale] *agg* numérique

digitare [didʒi'tare] *vt* **1.** *(codice)* taper **2.** *(numero telefonico)* composer

digiunare [didʒu'nare] *vi* jeûner

¹digiuno [di'dʒuno] *sm* jeûne *m* ♦ **a digiuno** à jeun

²digiuno [di'dʒuno, a] *agg* à jeun

dignità [diɲɲi'ta] *sf inv* dignité *f*

dignitoso, a [diɲɲi'toso, a] *agg* **1.** *(atteggiamento)* digne **2.** *(abito)* décent(e)

dilagante [dila'gante] *agg* grandissant(e)

dilagare [dila'gare] *vi* **1.** *(acqua)* déborder **2.** *(fenomeno, corruzione)* se propager

dilaniare [dila'njare] *vt* déchiqueter

dilapidare [dilapi'dare] *vt* dilapider

dilatare [dila'tare] *vt* dilater ♦ **dilatarsi** *vr* se dilater

dilazionare [dilatstsjo'nare] *vt* différer

dilemma, i [di'lɛmma, i] *sm* dilemme *m*

dilettante [dilet'tante] *smf* amateur *m*, -trice *f*

diligente [dili'dʒɛnte] *agg* **1.** zélé(e) **2.** *(scolaro)* appliqué(e)

diluire [dilu'ire] *vt* diluer

dilungarsi [dilun'garsi] *vr* ♦ **dilungarsi in/su** s'étendre sur

diluvio [di'luvjo] *sm* déluge *m*

dimagrire [dima'grire] *vi* maigrir

dimenare [dime'nare] *vt* **1.** agiter **2.** *(coda)* remuer ♦ **dimenarsi** *vr* s'agiter

dimensione [dimen'sjone] *sf* dimension *f*

dimenticanza [dimenti'kantsa] *sf* oubli *m*

dimenticare [dimenti'kare] *vt* oublier ♦ **dimenticarsi** *vr* oublier ♦ **ti sei dimenticato le chiavi** tu as oublié tes clefs ♦ **mi sono dimenticato dell'appuntamento** j'ai *di*

oublié mon rendez-vous • **mi sono di-menticata di telefonarti** j'ai oublié de te téléphoner

dimesso, a [di'messo, a] *pp* ➤ **dimettere** ◇ *agg (modesto)* humble

dimestichezza [dimesti'kettsa] *sf* • **avere dimestichezza con qc** s'y connaî-tre en qqch

dimettere [di'mettere] *vt (da ospedale)* laisser sortir • **dimettersi** *vr* démission-ner

dimezzare [dimedz'dzare] *vt* 1. couper en deux 2. *(spese)* réduire de moitié

diminuire [diminu'ire] *vt* 1. *(quantità)* di-minuer 2. *(prezzo)* baisser, diminuer ◇ *vi* 1. *(caldo, rumore)* diminuer 2. *(prezzo)* baisser, diminuer

diminuzione [diminuts'tsjone] *sf* baisse *f*, diminution *f*

dimissioni [dimis'sjoni] *sfpl* démission *f* • **dare le dimissioni** donner sa démission

dimostrare [dimos'trare] *vt* 1. *(manife-stare)* montrer 2. *(provare)* démontrer, prouver • **dimostra meno della sua età** il/elle fait moins que son âge • **dimo-strarsi** *vr* se révéler

dimostrazione [dimostrats'tsjone] *sf* 1. démonstration *f* 2. *(protesta)* manifes-tation *f*

dinamico, a, ci, che [di'namiko, a, tʃi, ke] *agg* dynamique

dinamite [dina'mite] *sf* dynamite *f*

dinamo [di'namo] *sf inv* dynamo *f*

dinanzi [di'nantsi] • **dinanzi a** *prep* de-vant

dinosauro [dino'sawro] *sm* dinosaure *m*

dintorni [din'torni] *smpl* environs *mpl*, alentours *mpl* • **nei dintorni di** aux envi-rons o alentours de

dio ['dio] *(pl* **dei** ['dɛi]) *sm* dieu *m* • **Dio** *sm* Dieu *m* • **mio Dio!** mon Dieu !

diocesi [di'ɔtʃezi] *sf inv* diocèse *m*

dipartimento [diparti'mento] *sm* dépar-tement *m*

dipendente [dipen'dente] *agg* dépen-dant(e) ◇ *smf* salarié *m*, -e *f* • **dipendente statale** fonctionnaire *mf*

dipendenza [dipen'dentsa] *sf* dépen-dance *f* • **essere alle dipendenze di qn** être sous les ordres de qqn

dipendere [di'pendere] *vi* • **dipendere da** dépendre de ; *(derivare)* être dû(e) à • **dipende** ça dépend

dipeso, a [di'peso, a] *pp* ➤ **dipendere**

dipingere [di'pindʒere] *sf vt* peindre

¹**dipinto** [di'pinto] *sm* tableau *m*

²**dipinto, a** [di'pinto, a] *pp* ➤ **dipingere**

diploma, i [di'plɔma, i] *sm* diplôme *m* • **diploma di maturità** ≃ baccalauréat *m*

diplomarsi [diplo'marsi] *vr* obtenir un diplôme

¹**diplomatico, ci** [diplo'matiko, tʃi] *sm (pasta)* diplomate *m*

²**diplomatico, a, ci, che** [diplo'matiko, a, tʃi, ke] *agg* 1. *(diplomazia)* diplomatique 2. *(pieno di tatto)* diplomate ◇ *sm, f* diplomate *mf*

diplomazia [diplomats'tsia] *sf* diploma-tie *f*

diradare [dira'dare] *vt* espacer • **dira-darsi** *vr* 1. *(nebbia, nubi)* se dissiper 2. *(ca-pelli, vegetazione)* s'éclaircir

dire ['dire] *vt* 1. *(pronunciare)* dire • **non hai detto una parola** tu n'as pas dit un mot

2. *(esprimere)* dire ● **dire la verità** dire la vérité ● **dica pure** je vous écoute ● **dimmi tutto** dis-moi tout

3. *(ordinare)* ● **gli avevo detto di aspettarmi qui** je lui avais dit de m'attendre ici

4. *(sostenere)* ● **dice che non è vero** il/elle dit que ce n'est pas vrai

5. *(pensare)* dire ● **che ne dite di andare al cinema?** ça vous dit d'aller au cinéma ? ● **e dire che...!** dire que...!

6. *(obiettare)* dire ● **non c'è che dire** il n'y a pas à dire

7. *(in espressioni)* ● **diciamo che...** disons que... ● **a dire il vero...** à vrai dire... ● **vuol dire che...** ça veut dire que...

◇ *v impers*

1. *(sembrare)* ● **si dice che sia scappato con la sua amante** on dit qu'il est parti avec sa maîtresse ● **si direbbe che vi siate divertiti** on dirait que vous vous êtes amusés

2. *(tradurre)* ● **come si dice "scusi" in francese?** comment dit-on "scusi" en français ?

◇ *vi* ● **dico davvero** o **sul serio** je suis sérieux(euse) ● **a dir poco** au bas mot ● **a dir tanto** tout au plus ● **volevo ben dire!** j'en étais sûr !

directory [diˈrɛktori] *sf inv* repertoire *m*

direttamente [diretaˈmente] *avv* directement

¹**diretto** [diˈrɛtto] *sm (treno)* direct *m*

²**diretto, a** [diˈrɛtto, a] *pp* ➤ **dirigere**
◇ *agg* direct(e) ● **essere diretto a** *(treno)* être à destination de ; *(persona)* aller à ; *(indirizzato)* être adressé à

direttore, trice [diretˈtore, ˈtritʃe] *sm, f* directeur *m*, -trice *f* ● **direttore generale**

P-DG *m (Président-Directeur Général)* ● **direttore d'orchestra** chef *m* d'orchestre

direzione [diretsˈtsjone] *sf* direction *f* ● **rivolgersi alla direzione** s'adresser à la direction

dirigente [diriˈdʒɛnte] *sm* chef *mf*

dirigere [diˈridʒere] *vt* diriger ◆ **dirigersi** *vr* se diriger

dirimpetto [dirimˈpɛtto] *avv* en face

¹**diritto** [diˈritto] *sm* **1.** droit *m* **2.** SPORT coup *m* droit **3.** *(di maglia, vestito)* endroit *m* ● **avere diritto a** qqch avoir droit à qqch

²**diritto, a** [diˈritto, a] *agg* droit(e) ◇ *avv* tout droit ● **tirare diritto** continuer son chemin ● **sempre diritto** (toujours) tout droit

dirittura [dirifˈtura] *sf* ● **dirittura d'arrivo** dernière ligne *f* droite

diroccato, a [dirokˈkato, a] *agg* en ruine

dirottare [dirotˈtare] *vt* détourner

dirotto [diˈrotto] ◆ **a dirotto** *avv* **1.** *(piovere)* à verse **2.** *(piangere)* à chaudes larmes

dirupo [diˈrupo] *sm* précipice *m*

disabitato, a [dizabiˈtato, a] *agg* inhabité(e)

disaccordo [dizakˈkordo] *sm* désaccord *m*

disadattato, a [dizadatˈtato, a] *agg* inadapté(e)

disagio [diˈzadʒo] *sm* **1.** *(scomodità)* désagrément *m* **2.** *(imbarazzo)* malaise *m*, gêne *f* ● **essere a disagio** être mal à l'aise

disapprovare [dizappro'vare] *vt* désapprouver

disarmare [dizarˈmare] *vt* désarmer

disarmo [diˈzarmo] *sm* désarmement *m*

disastro [di'zastro] *sm* désastre *m*

disastroso, a [dizas'trozo, a] *agg* 1. *(evento)* catastrophique 2. *(anno)* désastreux(euse)

disattento, a [dizat'tento] *agg* inattentif(ive)

disavanzo [diza'vantso] *sm* déficit *m*

disavventura [dizavven'tura] *sf* mésaventure *f*

discapito [dis'kapito] ♦ **a discapito di** *prep* au détriment de

discarica, che [dis'karika, ke] *sf* décharge *f* ♦ **divieto di discarica** défense de déposer des ordures

discendente [diʃʃen'dente] *smf* descendant *m*, -e *f*

discendere [diʃ'ʃendere] *vi (avere origine)* ● **discendere da** descendre de

discepolo, a [diʃ'ʃepolo, a] *sm*, *f* disciple *mf*

discesa [diʃ'ʃesa] *sf* descente *f* ● **in discesa** en pente ● **discesa libera** SPORT descente *f*

dischetto [dis'ketto] *sm* INFORM disquette *f*

disciplina [diʃʃi'plina] *sf* discipline *f*

disciplinato, a [diʃʃipli'nato, a] *agg* discipliné(e)

disc-jockey [disk'dʒɔkei] *smf inv* disc-jockey *m*

disco, schi ['disko, ski] *sm* disque *m* ● **disco orario** disque de stationnement ● **disco volante** soucoupe *f* volante

discolpare [diskol'pare] *vt* disculper ♦ **discolparsi** *vr* se disculper

disconnettere [diskon'nettere] *vt* déconnecter ♦ **disconnettersi** *vr* se déconnecter

discorde [dis'kɔrde] *agg (parere)* opposé(e), contraire

discorrere [dis'korrere] ♦ **discorrere di** *v+prep* parler de

discorso [dis'korso] *pp* ➤ **discorrere** ◇ *sm* 1. *(conversazione)* conversation *f* 2. *(conferenza)* discours *m*

discoteca, che [disko'teka, ke] *sf* 1. discothèque *f* 2. *(raccolta)* collection *f* de disques

discount [dis'kawnt] *sm inv* discount *m*

discretamente [diskreta'mente] *avv* 1. *(abbastanza)* assez 2. *(abbastanza bene)* assez bien 3. *(con tatto)* discrètement

discreto, a [dis'kreto, a] *agg* 1. *(persona)* discret(ète) 2. *(abbastanza buono)* assez bon (bonne)

discrezione [diskrets'tsjone] *sf* 1. *(tatto)* discrétion *f* 2. *(moderazione)* modération *f*

discriminare [diskrimi'nare] *vt* discriminer

discussione [diskus'sjone] *sf* 1. discussion *f* 2. *(litigio)* dispute *f* 3. *(di tesi universitaria)* soutenance *f*

discusso, a [dis'kusso, a] *pp* ➤ **discutere**

discutere [dis'kutere] *vt* & *vi* ● **discutere (di o su)** discuter (de)

disdetto, a [diz'detto, a] ➤ **disdire**

disdire [diz'dire] *vt* 1. *(impegno)* annuler 2. *(contratto)* résilier

disegnare [disep'ɲare] *vt* & *vi* dessiner

disegno [di'sep̃ɲo] *sm* 1. dessin *m* 2. *(progetto)* projet *m*

diseredare [dizere'dare] *vt* déshériter

disertare [dizer'tare] *vi* déserter

disertore [dizer'tore] *sm* déserteur *m*

diserzione [dizer'tsjone] *sf* désertion *f*

disfare [dis'fare] *vt* défaire

disfatto, a [dis'fatto, a] ➤ disfare

disgelo [diz'dʒɛlo] *sm* dégel *m*

disgrazia [diz'gratstsja] *sf* malheur *m*

disgraziato, a [dizgrats'tsjato, a] *agg* 1. *(persona)* malheureux(euse) 2. *(viaggio, anno)* mauvais(e) ◇ *sm, f* 1. *(sfortunato)* malheureux *m*, -euse *f* 2. *(malvagio)* vaurien *m*, -enne *f*

disguido [diz'gwido] *sm* 1. erreur *f* 2. *(malinteso)* malentendu *m*

disgustare [dizgus'tare] *vt* 1. *(nauseare)* écœurer 2. *(infastidire)* dégoûter

disgusto [diz'gusto] *sm* dégoût *m*

disgustoso, a [dizgus'toso, a] *agg* dégoûtant(e)

disidratare [dizidra'tare] *vt* déshydrater

disinfestare [dizinfes'tare] *vt* 1. *(da insetti)* désinsectiser 2. *(da topi)* dératiser

disinfettante [dizinfet'tante] *agg* désinfectant(e) ◇ *sm* désinfectant *m*

disinfettare [dizinfet'tare] *vt* désinfecter

disinibito, a [dizini'bito, a] *agg* *(persona)* sans complexe

disinstallare [dizinstal'lare] *vt* désinstaller

disintegrare [dizinte'grare] *vt* désintégrer

disinteressarsi [dizinteres'sarsi] ◆ **disinteressarsi di** *vr+prep* se désintéresser de

disinteresse [dizinte'resse] *sm* 1. *(indifferenza)* indifférence *f* 2. *(generosità)* désintéressement *m*

disintossicare [dizintossi'kare] *vt* désintoxiquer ● **disintossicare l'organismo** purifier son organisme ◆ **disintossicarsi** *vr* se désintoxiquer

disintossicazione [dizintossikats'tsjone] *sf* désintoxication *f*

disinvolto, a [dizin'vɔlto, a] *agg* décontracté(e)

disinvoltura [dizinvol'tura] *sf* aisance *f*

dislivello [dizli'vɛllo] *sm* 1. dénivelé *m* 2. *(fig)* *(differenza)* écart *m*

disoccupato, a [dizokku'pato, a] *agg* au chômage ◇ *sm, f* chômeur *m*, -euse *f*

disoccupazione [dizokkupats'tsjone] *sf* chômage *m*

disonesto, a [dizo'nesto, a] *agg* malhonnête

disopra [di'sopra] *avv* en haut, au-dessus ◇ *agg inv* du dessus ● **al di sopra di** au-dessus de

disordinato, a [dizordi'nato, a] *agg* 1. désordonné(e) 2. *(vita)* déréglé(e) 3. *(racconto)* confus(e)

disordine [di'zordine] *sm* désordre *m*

disorganizzazione [dizorganidzdzats'tsjone] *sf* désorganisation *f*

disorientato, a [dizorjen'tato, a] *agg* désorienté(e)

disossare [dizos'sare] *vt* désosser

disotto [di'sotto] *avv* en bas, au-dessous ◇ *agg inv* du dessous ● **al di sotto di** sous ; *(inferiore a)* au-dessous de, en dessous de

dispari [dis'pari] *agg (numero)* impair(e)

disparte [dis'parte] *avv* ● **tenersi** o **starsene in disparte** se tenir à l'écart

dispendioso, a [dispen'djoso, a] *agg* onéreux(euse)

dispensa [dis'pensa] *sf* 1. *(stanza)* réserve *f* 2. *(mobile)* garde-manger *m inv* 3. *(fascicolo)* polycopié *m*

disperare [dispe'rare] *vi* désespérer ● **far disperare qn** désespérer qqn ◆ **disperarsi** *vr* se désespérer

disperatamente [disperata'mente] *avv* désespérément

disperato, a [dispe'rato, a] *agg* désespéré(e)

disperazione [disperats'tsjone] *sf* désespoir *m*

disperdere [dis'perdere] *vt* 1. *(folla)* disperser 2. *(odore, fumo, nebbia)* dissiper

disperso, a [dis'perso, a] *pp* ➤ **disperdere** ◇ *sm, f* disparu *m*, -e *f*

dispetto [dis'petto] *sm* ● **fare un dispetto a qn** embêter o taquiner qqn ● **fare qc per dispetto** faire qqch par dépit ● **a dispetto di** en dépit de

¹**dispiacere** [dispja'tʃere] *sm* 1. *(dolore)* chagrin *m* 2. *(rammarico)* regret *m*

²**dispiacere** [dispja'tʃere] *v impers* ● **le dispiace se aspetto qui?** cela vous ennuie o dérange si j'attends ici ? ● **mi dispiace che sia andata così** je regrette que cela se soit passé ainsi ● **mi dispiace di non potermi trattenere** je regrette de ne pas pouvoir rester

dispiaciuto, a [dispja'tʃuto, a] *pp* ➤ **dispiacere** ◇ *agg* désolé(e)

display [dis'plei] *sm inv* afficheur *m*

disponibile [dispo'nibile] *agg* disponible

disponibilità [disponibili'ta] *sf inv* disponibilité *f*

disporre [dis'porre] *vt* disposer ◆ **disporre di** *v+prep* disposer de

dispositivo [dispozi'tivo] *sm* dispositif *m*

disposizione [dispozits'tsjone] *sf* 1. disposition *f* 2. *(comando)* instruction *f* ● **essere a disposizione di qn** être à la disposition de qqn

disposto, a [dis'posto, a] *pp* ➤ **disporre** ◇ *agg* ● **essere disposto(a) a fare qc** être disposé(e) à faire qqch

disprezzare [dispret'tsare] *vt* mépriser

disprezzo [dis'prettso] *sm* mépris *m*

disputa ['disputa] *sf* 1. discussion *f*, dispute *f* 2. *(dibattito)* débat *m*

dissanguare [dissan'gware] *vt* *(economicamente)* saigner (à blanc) ◆ **dissanguarsi** *vr* perdre son sang

disseminare [dissemi'nare] *vt* 1. disséminer 2. *(panico, malcontento)* semer

dissenso [dis'senso] *sm* 1. *(disapprovazione)* désapprobation *f* 2. *(contrasto)* désaccord *m*

dissenteria [dissente'ria] *sf* dysenterie *f*

disservizio [disser'vitstsjo] *sm* mauvais fonctionnement *m*

dissestato, a [disses'tato, a] *agg* défoncé(e)

dissidente [dissi'dente] *smf* dissident *m*, -e *f*

dissidio [dis'sidjo] *sm* désaccord *m*

dissimulare [dissimu'lare] *vt* dissimuler

dissoluto, a [disso'luto, a] *pp* ➤ **dissolvere** ◇ *agg* dissolu(e)

dissolvere [dis'solvere] *vt* 1. *(sciogliere)* dissoudre 2. *(nebbia, fumo)* dissiper

dissuadere [disswa'dere] *vt* dissuader ● **dobbiamo dissuaderlo dal partire** nous devons le dissuader de partir

dissuaso, a [dis'swazo, a] *pp* ➤ **dissuadere**

distaccare [distak'kare] *vt* 1. *(oggetto)* ● **distaccare qc da** détacher qqch de 2. *(dipendente)* muter 3. *SPORT* distancer

• distaccarsi da vr+prep (allontanarsi) se détacher de

distacco, chi [dis'takko, ki] sm 1. éloignement m 2. (indifferenza) détachement m

distante [dis'tante] avv loin ◇ agg éloigné(e), loin (inv) **• distante da** éloigné(e) o loin de

distanza [dis'tantsa] sf distance f **• a distanza di due mesi** au bout de deux mois **• tenere le distanze** garder ses distances

distanziare [distan'tsjare] vt 1. écarter 2. SPORT distancer

distare [dis'tare] vi **• il paese dista due chilometri dal mare** le village est à deux kilomètres de la mer

distendere [dis'tendere] vt 1. (gamba, mano) étendre 2. (telo, coperta) déplier 3. (rilassare) détendre **• distendersi** vr 1. (sdraiarsi) s'étendre 2. (rilassarsi) se détendre

distesa [dis'tesa] sf étendue f

disteso, a [dis'teso, a] pp ➤ distendere

distillare [distil'lare] vt distiller

distillato, a [distil'lato, a] agg distillé(e)

distilleria [distille'ria] sf distillerie f

distinguere [dis'tingwere] vt distinguer

distinta [dis'tinta] sf 1. liste f 2. (di versamento) bordereau m

¹ distintivo [distin'tivo] sm badge m

² distintivo, a [distin'tivo, a] agg distinctif(ive)

distinto, a [dis'tinto, a] pp ➤ distinguere ◇ agg 1. distinct(e) 2. (persona) distingué(e) ▼ **distinti saluti** veuillez agréer mes salutations distinguées

distinzione [distin'tsjone] sf distinction f

distogliere [dis'tɔʎʎere] vt **• non riuscivo a distogliere lo sguardo da lei** je n'ar-

rivais pas à détourner mon regard d'elle **• l'ho distolto dal lavoro** je l'ai détourné de son travail **• l'ho distolto dall'idea di partire** je l'ai dissuadé de partir

distolto, a [dis'tɔlto, a] pp ➤ distogliere

distorsione [distor'sjone] sf 1. MED entorse f 2. (di suono, immagine) distorsion f

distrarre [dis'trarre] vt distraire **• distrarsi** vr se distraire

distratto, a [dis'tratto, a] pp ➤ distrarre ◇ agg distrait(e)

distrazione [distrats'tsjone] sf distraction f **• errore di distrazione** faute d'étourderie

distretto [dis'tretto] sm district m, circonscription f

distribuire [distribu'ire] vt 1. distribuer 2. (compiti, incarichi) répartir

distributore [distribu'tore] sm **• distributore automatico** distributeur m automatique **• distributore (di benzina)** pompe f à essence

distribuzione [distributs'tsjone] sf 1. distribution f 2. (di compiti, incarichi) répartition f

distruggere [dis'truddʒere] vt détruire

distrutto, a [dis'trutto, a] pp ➤ distruggere ◇ agg (stanco) exténué(e)

distruzione [distruts'tsjone] sf destruction f

disturbare [distur'bare] vt 1. déranger 2. (lezione, lettura) troubler ▼ **non disturbare il conducente** défense de parler au conducteur **• disturbarsi** vr se déranger **• non si disturbi!** ne vous dérangez pas !

disturbo [dis'turbo] sm 1. dérangement m 2. (malessere) trouble m **• nessun disturbo!** ça ne me dérange pas du tout !

disubbidiente [dizubbi'djente] *agg* désobéissant(e)

disubbidire [dizubbi'dire] *vi* ● **disubbidire (a qn)** désobéir (à qqn)

disumano, a [dizu'mano, a] *agg* inhumain(e)

disuso [di'zuzo] *sm* ● **(caduto) in disuso** tombé(e) en désuétude

ditale [di'tale] *sm* dé *m* à coudre

dito ['dito] (*fpl* **dita** ['dita]) *sm* doigt *m* ● **dito del piede** orteil *m*

ditta ['ditta] *sf* entreprise *f*

dittatura [ditta'tura] *sf* dictature *f*

dittongo, ghi [dit'tongo, gi] *sm* diphtongue *f*

diurno, a [di'urno, a] *agg* de jour

divampare [divam'pare] *vi* éclater

divano [di'vano] *sm* divan *m*, canapé *m* ● **divano letto** canapé-lit *m*

divaricare [divari'kare] *vt* écarter

divenire [dive'nire] *vi* devenir

diventare [diven'tare] *vi* devenir ● **diventare rosso** *(persona)* rougir

diversificare [diversifi'kare] *vt* diversifier

diversità [diversi'ta] *sf inv* **1.** diversité *f* **2.** *(condizione)* différence *f*

diversivo [diver'sivo] *sm* distraction *f*

diverso, a [di'verso, a] *agg* ● **diverso/a (da)** différent(e) (de) ◆ **diversi, e** *agg pll & pron pl* plusieurs

divertente [diver'tente] *agg* amusant(e)

divertimento [diverti'mento] *sm* divertissement *m*

divertire [diver'tire] *vt* amuser ◆ **divertirsi** *vr* s'amuser

dividere [di'videre] *vt* **1.** diviser **2.** *(spartire, condividere)* partager **3.** *(separare)* sé-

parer ◆ **dividersi** *vr* **1.** *(ripartirsi)* se diviser **2.** *(coppia)* se séparer

divieto [di'vjeto] *sm* interdiction *f*, défense *f*

divinità [divini'ta] *sf inv* divinité *f*

divino, a [di'vino, a] *agg* divin(e)

divisa [di'viza] *sf (uniforme)* uniforme *m*

divisione [divi'zjone] *sf* division *f*

diviso, a [di'vizo, a] *pp* ➤ **dividere**

divisorio, a [divi'zɔrjo, a] *agg* ➤ **parete**

divo, a ['divo, a] *sm, f* vedette *f*

divorare [divo'rare] *vt* dévorer

divorziare [divor'tsjare] *vi* divorcer

divorziato, a [divor'tsjato, a] *agg & sm, f* divorcé(e)

divorzio [di'vɔrtsjo] *sm* divorce *m*

divulgare [divul'gare] *vt* **1.** *(notizia)* divulguer **2.** *(scienza, dottrina)* vulgariser ◆ **divulgarsi** *vr* se répandre

DivX [divu'iks] *sm inv* DivX *m*

dizionario [ditstsjo'narjo] *sm* dictionnaire *m*

D.J. [di'dʒei] *(abbr di disk jockey)* *smf* DJ *m*

DNA [dienne'a] *(abbr di DeoxyriboNucleic Acid)* *(anche "acido desossiribonucleico")* *sm* ADN *m* *(acide désoxyribonucléique)*

do [dɔ] *sm inv (nota)* do *m*

DOC [dɔk] *(abbr di Denominazione di Origine Controllata)* *sf inv* AOC *f* *(Appellation d'Origine Contrôlée)*

doccia, ce ['dottʃa, tʃe] *sf* douche *f* ● **fare la doccia** prendre une douche

docente [do'tʃente] *agg* enseignant(e) ◇ *smf* professeur *m*

docile ['dɔtʃile] *agg* docile

documentare [dokumen'tare] *vt (dimostrare)* prouver ◆ **documentarsi** *vr* se documenter

documentario [dokumen'tarjo] *sm* documentaire *m*

documentazione [dokumentats'tsjone] *sf* documentation *f*

documento [doku'mento] *sm* document *m* ◆ **documenti** *smpl (d'identità)* papiers *mpl*

dodicesimo, a [dodi'tʃezimo, a] *agg num* douzième ◆ **dodicesimo** *sm* **1.** *(frazione)* douzième *m* **2.** *(piano)* douzième étage *m*

dodici ['doditʃi] *num* douze ● **ha dodici anni** il/elle a douze ans ● **il dodici gennaio** le douze janvier ● **pagina dodici** page douze ● **erano in dodici** ils étaient douze

dogana [do'gana] *sf* douane *f* ● **passare la dogana** passer la douane

doganale [doga'nale] *agg* douanier(ère)

doganiere [doga'njere] *sm* douanier *m*

dolce ['doltʃe] *agg* **1.** doux (douce) **2.** *(zuccherato)* sucré(é) ◆ *sm* **1.** *(torta)* gâteau *m* **2.** *(portata)* dessert *m*

dolcezza [dol'tʃettsa] *sf* douceur *f*

dolcificante [doltʃifi'kante] *sm* édulcorant *m*

dolciumi [dol'tʃumi] *smpl* sucreries *fpl*, friandises *fpl*

dolere [do'lere] *vi* ● **mi duole la gamba** j'ai mal à la jambe

dollaro ['dollaro] *sm* dollar *m*

Dolomiti [dolo'miti] *sfpl* ● **le Dolomiti** les Dolomites *fpl*

dolore [do'lore] *sm* douleur *f*

doloroso, a [dolo'roso, a] *agg* douloureux(euse)

domanda [do'manda] *sf* **1.** *(interrogativo)* question *f* **2.** *(richiesta scritta)* demande *f* ● **fare una domanda** a qn poser une question à qqn ● **fare domanda** *(di rimborso)* faire une demande ; *(di lavoro)* poser sa candidature

domandare [doman'dare] *vt* ● **domandare qc (a qn)** demander qqch (à qqn) ◆ **domandarsi** *vr* se demander

domani [do'mani] *avv* demain ◇ *sm* ● **il domani** l'avenir *m* ● **a domani!** à demain ! ● **domani l'altro** après-demain ● **domani mattina** demain matin ● **domani notte** demain dans la nuit ● **domani pomeriggio** demain après-midi ● **domani sera** demain soir

domare [do'mare] *vt* **1.** *(animale)* dompter **2.** *(incendio, rivolta)* maîtriser

domattina [domat'tina] *avv* demain matin

domenica, che [do'menika, ke] *sf* dimanche *m* ● **torniamo domenica** nous rentrons dimanche ● **oggi è domenica** nous sommes dimanche ● **domenica 6 maggio** dimanche 6 mai ● **domenica pomeriggio** dimanche après-midi ● **domenica prossima** dimanche prochain ● **domenica scorsa** dimanche dernier ● **di domenica** le dimanche ● **a domenica!** à dimanche !

domestico, a, ci, che [do'mestiko, a, tʃi, ke] *agg* & *sm, f* domestique

domicilio [domi'tʃiljo] *sm* domicile *m* ● **a domicilio** à domicile

dominante [domi'nante] *agg* dominant(e)

dominare [domi'nare] *vt* dominer ◆ **dominarsi** *vr* se dominer

dominio [do'minjo] *sm* **1.** (potere) domination *f* **2.** (controllo) maîtrise *f* **3.** (territorio) domaine *m* ● **essere di dominio pubblico** être de notoriété publique

domino ['domino] *sm* dominos *mpl*

donare [do'nare] *vi* ● **questo colore ti dona** cette couleur te va bien ◇ *vt* faire don de ● **donare il sangue** donner son sang

donatore, trice [dona'tore, 'tritʃe] *sm, f* **1.** donateur *m*, -trice *f* **2.** (di sangue, organi) donneur *m*, -euse *f*

dondolare [dondo'lare] *vt* balancer ◇ *vi* se balancer ◆ **dondolarsi** *vr* se balancer

dondolo ['dondolo] *sm* balancelle *f* ● **cavallo/sedia a dondolo** cheval/fauteuil à bascule

donna ['donna] *sf* **1.** (persona) femme *f* **2.** (nelle carte) dame *f* ● **donna di servizio** femme de ménage

La festa della donna

En Italie, la journée de la femme est célébrée depuis le 8 mars 1946. Elle offre aujourd'hui l'occasion d'organiser de nombreux débats sur la question féminine. L'objectif est de sensibiliser l'opinion sur les problèmes rencontrés par les femmes, tant en Italie que dans le reste du monde. Ce jour-là, les femmes se voient traditionnellement offrir des rameaux de mimosa, symbole de force et de féminité.

dono ['dono] *sm* **1.** don *m* **2.** (oggetto) cadeau *m*

doping ['dopiŋ] *sm* dopage *m*

dopo ['dopo] *avv* après ● **a dopo!** à plus tard ! ◇ *prep* après ● **dopo di me** après moi ◇ *agg inv* d'après ◇ *cong* ● **dopo aver fatto qc** après avoir fait qqch

dopobarba [dopo'barba] *sm inv* après-rasage *m*

dopodiché [dopodi'ke] *avv* après quoi

dopodomani [dopodo'mani] *avv* après-demain

dopoguerra [dopo'gwɛrra] *sm inv* après-guerre *m*

dopopranzo [dopo'prandzo] *avv* après le déjeuner, en début d'après-midi

doposci [dopoʃ'ʃi] *sm inv* après-ski *m*

doposcuola [dopos'kwɔla] *sm inv* structure chargée d'organiser l'ensemble des activités scolaires et périscolaires offertes aux élèves en dehors des heures de cours

dopotutto [dopo'tutto] *avv* après tout

doppiaggio [dop'pjadʒdʒo] *sm* doublage *m*

doppiare [dop'pjare] *vt* doubler

doppiato, a [dop'pjato, a] *agg* doublé(e)

¹doppio ['doppjo] *sm* double *m* ◇ *avv* SPORT double *m* ● **il doppio (di qc)** le double (de qqch)

²doppio, a ['doppjo, a] *agg* double

doppione [dop'pjone] *sm* double *m*

doppiopetto [doppjo'petto] *sm inv* costume *m* croisé

dorato, a [do'rato, a] *agg* doré(e)

dormiglione, a [dormiʎ'ʎone, a] *sm, f* grand dormeur *m*, grande dormeuse *f*

dormire [dor'mire] *vi* dormir

dormitorio [dormi'tɔrjo] *sm* dortoir *m*

dorso ['dorso] sm **1.** dos m **2.** (di piede) dessus m **3.** (di montagna) sommet m ● **a dorso di mulo** à dos de mulet

dosaggio [do'zadʒo] sm dosage m

dosare [do'zare] vt doser

dose ['dɔze] sf dose f

dosso ['dɔsso] sm (di strada) dos d'âne m ● **togliersi i vestiti di dosso** enlever ses vêtements

dotare [do'tare] vt ● **dotare un'auto di cerchi in lega** équiper une voiture de jantes en alliage

dotato, a [do'tato, a] agg ● **dotato(a) di qc** (persona) doué(e) de qqch ; (cosa) équipé(e) de qqch

dote ['dɔte] sf **1.** don m **2.** (di sposa) dot f

dott. abbr scritta di dottore

dottorato [dotto'rato] sm doctorat m

dottore, dottoressa [dot'tore, dot-to'ressa] sm, f **1.** docteur m **2.** (laureato) diplômé m, -e f de troisième cycle

dottrina [dot'trina] sf doctrine f

dott.ssa abbr scritta di dottoressa

dove ['dove] avv où ● **da dove vieni?** d'où viens-tu ? ● **di dove sei?** d'où es-tu ? ● **dove vai?** où vas-tu ? ● **siediti dove vuoi** assieds-toi où tu veux

[superscript]1[/superscript] **dovere** [do'vere] sm devoir m ● **avere dei doveri verso qn** avoir des devoirs envers qqn

[superscript]2[/superscript] **dovere** [do'vere] vt

1. (aver l'obbligo di) devoir ● **devo rispettare l'orario di lavoro** je dois respecter l'horaire de travail ● **comportati come si deve!** comporte-toi comme il faut !
2. (aver bisogno di) ● **devo prendere un'aspirina** je dois prendre une aspirine

● **dovete sapere che...** vous devez savoir que...

3. (esprime un rimprovero) ● **avreste dovuto pensarci prima** vous auriez dû y penser avant

4. (esprime intenzione) ● **dovevo venire, ma...** je devais venir, mais...

5. (per suggerire) ● **dovrebbe prendersi delle vacanze** vous devriez prendre des vacances

6. (essere debitore di) ● **ti devo 50 euro** je te dois 50 euros

7. (esprime supposizione) ● **devono essere già le sette** il doit être déjà 7 heures

dovunque [do'vunkwe] avv partout ● **dovunque tu sia** où que tu sois

dovuto, a [do'vuto, a] agg ● **dovuto(a) a** dû (due) à

download [dawn'lod] sm inv téléchargement m

dozzina [dodz'dzina] sf ● **una dozzina (di)** une douzaine (de)

drago, ghi ['drago, gi] sm dragon m

dramma, i ['dramma, i] sm drame m

drammatico, a, ci, che [dram'matiko, a, tʃi, ke] agg dramatique

drastico, a, ci, che ['drastiko, a, tʃi, ke] agg drastique, radical(e)

drenaggio [dre'nadʒdʒo] sm (di terreno) MED drainage f

drenare [dre'nare] vt drainer

dritto, a ['dritto, a] agg & avv = **diritto**

driver ['drajver] sm inv INFORM driver m, pilote m

drizzare [drits'tsare] vt redresser ● **drizzare le orecchie** tendre l'oreille ◆ **drizzarsi** vr ● **drizzarsi (in piedi)** se mettre debout

droga, ghe ['drɔga, ge] *sf* drogue *f*

drogare [dro'gare] *vt* droguer ◆ **drogarsi** *vr* se droguer

drogato, a [dro'gato, a] *sm, f* drogué *m*, -e *f*

drogheria [droge'ria] *sf* épicerie *f*

dromedario [drome'darjo] *sm* dromadaire *m*

DTP [dittip'pi] *(abbr di Desktop Publishing)* *sm inv* PAO *f inv (publication assistée par ordinateur)*

dual band [dual'bɛnd] *agg inv* bibande

¹**dubbio** ['dubbjo] *sm* doute *m* ● ho il dubbio che menta je le/la soupçonne de mentir ● essere in dubbio être incertain(e), hésiter ● mettere in dubbio qc mettre qqch en doute ● senza dubbio sans aucun doute

²**dubbio, a** ['dubbjo, a] *agg* douteux(euse)

dubbioso, a [dub'bjoso, a] *agg* **1.** *(persona)* indécis(e) **2.** *(questione, risultato)* douteux(euse)

dubitare [dubi'tare] ◆ **dubitare di** *v+prep* douter de ● dubito che venga je doute qu'il/elle vienne

duca, chi ['duka, ki] *sm* duc *m*

duchessa [du'kessa] *sf* duchesse *f*

due ['due] *num* deux ● ha due anni il/elle a deux ans ● sono le due il est deux heures ● il due gennaio le deux janvier ● pagina due page deux ● il due di quadri le deux de carreau ● erano in due ils étaient deux

duecento [due'tʃɛnto] *num* deux cents ➤ sei ◆ **Duecento** *sm* ● il Duecento le XIIIᵉ siècle

duemila [due'mila] *num* deux mille, ➤ sei ◆ **Duemila** *sm* ● il Duemila le XXIᵉ siècle

duepezzi [due'pɛtstsi] *sm inv* (maillot *m*) deux-pièces *m*

duna ['duna] *sf* dune *f*

dunque ['dunkwe] *cong* donc ◇ *sm* ● venire al dunque en venir au fait

duo ['duo] *sm inv* duo *m*

duomo ['dwɔmo] *sm* cathédrale *f*

duplicato [dupli'kato] *sm* double *m*

duplice ['duplitʃe] *agg* double ● in duplice copia en deux exemplaires

durante [du'rante] *prep* pendant

durare [du'rare] *vi* durer ◇ *vt* ● chi la dura la vince tout vient à point à qui sait attendre

durata [du'rata] *sf* **1.** durée *f* **2.** *(resistenza)* durée *f* de vie

durezza [du'retstsa] *sf* dureté *f*

duro, a ['duro, a] *agg* **1.** dur(e) **2.** *(ostinato)* têtu(e) ◇ *sm, f* dur *m*, -e *f* ● tenere duro tenir bon

durone [du'rone] *sm* durillon *m*

DVD [divu'di] *sm inv* DVD *m inv*

*e*E

e [e] *(dav vocale spesso ed)* *cong* et ● e io? et moi ?

E [e] *(abbr scritta di est)* E

è [ɛ] ➤ **essere**

ebano ['ɛbano] *sm* ébène *f*

ebbene [eb'bɛne] *cong* eh bien

ebbrezza [eb'brettsa] *sf* ● in stato di ebbrezza en état d'ivresse

ebete ['ɛbete] *agg & smf* idiot(e)

ebollizione [ebollits'tsjone] *sf* ébullition *f*

ebraico, a, ci, che [e'brajko, a, tʃi, ke] *agg* hébraïque, juif(ive) ● **ebraico** *sm* hébreu *m*

ebreo, a [e'brɛo, a] *agg* juif(ive) ◇ *sm, f* Juif *m*, -ive *f*

ecc. (*abbr scritta di eccetera*) etc. (*et cætera*)

eccedenza [etʃtʃe'dɛntsa] *sf* excédent *m*, surplus *m*

eccedere [etʃ'tʃedere] *vt* dépasser ◇ *vi* ● eccedere nel mangiare manger trop

eccellente [etʃtʃel'lɛnte] *agg* excellent(e)

eccellenza [etʃtʃel'lɛntsa] *sf* excellence *f*

eccellere [etʃ'tʃellere] *vi* ● eccellere in qc exceller dans qqch

eccelso [etʃ'tʃelso] *pp* ➤ **eccellere**

eccentrico, a, ci, che [etʃ'tʃɛntriko, a, tʃi, ke] *agg* excentrique

eccessivo, a [etʃtʃes'sivo, a] *agg* excessif(ive)

eccesso [etʃ'tʃɛsso] *sm* excès *m* ● eccesso di velocità excès de vitesse ● all'eccesso à l'excès ● in eccesso de trop

eccetera [etʃ'tʃetera] *avv* et cetera, et cætera

eccetto [etʃ'tʃetto] *prep* sauf ◇ *cong* ● si può fare tutto eccetto che fumare on peut tout faire sauf fumer

eccettuare [etʃtʃettu'are] *vt* excepter

eccezionale [etʃtʃetstsjo'nale] *agg* exceptionnel(elle)

eccezione [etʃtʃets'tsjone] *sf* exception *f* ● a eccezione di à l'exception de ● d'eccezione d'exception ● senza eccezione sans exception ● salvo eccezioni sauf exception

eccidio [etʃ'tʃidjo] *sm* massacre *m*

eccitante [etʃtʃi'tante] *agg* excitant(e)

eccitare [etʃtʃi'tare] *vt* exciter ● eccitarsi *vr* s'exciter

eccitazione [etʃtʃitats'tsjone] *sf* excitation *f*

ecclesiastico, a, ci, che [ekkle'zjastiko, a, tʃi, ke] *agg* ecclésiastique ● ecclesiastico *sm* ecclésiastique *m*, homme *m* d'Église

ecco ['ɛkko] *avv* voilà ● ecco a lei voilà ● ecco fatto! ça y est, c'est fait ! ● eccolo! le voilà ! ● eccone uno! en voilà un !

eccome [ek'kome] *avv* et comment

ECG [etʃidʒ'dʒi] *sm inv abbr di* Elettro-CardioGramma

eclissi [e'klissi] *sf inv* éclipse *f*

eco ['ɛko] (*mpl* echi, *fpl* eco) *sm/f* écho *m*

ecologia [ekolo'dʒia] *sf* écologie *f*

ecologico, a, ci, che [eko'lɔdʒiko, a, tʃi, ke] *agg* écologique

e-commerce [i'kɔmmers] *sm inv* commerce *m* électronique

economia [ekono'mia] *sf* économie *f* ● fare economia faire des économies

economico, a, ci, che [eko'nɔmiko, a, tʃi, ke] *agg* économique

economista, i, e [ekono'mista, i, e] *smf* économiste *mf*

ecosistema, i [ekosi'stɛma, i] *sm* écosystème *m*

ecstasy ['ɛkstazi] *sf inv* ecstasy *m*

eczema [ek'dzɛma] *sm* eczéma *m*

ed [ed] ➤ e

edera ['edera] *sf* lierre *m*

edicola [e'dikola] *sf* kiosque *m* (à journaux)

edificare [edifi'kare] *vt* bâtir, édifier

edificio [edi'fitʃo] *sm* édifice *m*, bâtiment *m*

edile [e'dile] *agg (impresario)* du bâtiment

editor ['editɔr] *sm inv* INFORM éditeur *m*

editore, trice [edi'tore, 'tritʃe] *agg (casa)* d'édition ◇ *sm, f* **1.** *(imprenditore)* éditeur *m*, -trice *f* **2.** *(società)* maison *f* d'édition

editoria [edito'ria] *sf* (secteur *m* de l')édition *f*

editoriale [editoˈrjale] *agg* éditorial(e) ◇ *sm* éditorial *m*

edizione [edits'tsjone] *sf* édition *f* ● **edizione speciale** édition spéciale

educare [edu'kare] *vt* élever, éduquer

educato, a [edu'kato, a] *agg* poli(e)

educazione [edukats'tsjone] *sf* **1.** *(formazione)* éducation *f* **2.** *(buone maniere)* politesse *f* ● **educazione fisica** éducation physique

effeminato, a [effemi'nato, a] *agg* efféminé(e)

effervescente [efferveʃ'ʃente] *agg* effervescent(e)

effettivamente [effettiva'mente] *avv* effectivement

effettivo, a [effet'tivo, a] *agg* effectif(ive)

effetto [efˈfetto] *sm* effet *m* ● **in effetti** effectivement

effettuare [effettu'are] *vt* effectuer

efficace [effi'katʃe] *agg* efficace

efficacia [effi'katʃa] *sf* efficacité *f*

efficiente [effi'tʃente] *agg* efficace

efficienza [effi'tʃentsa] *sf* efficacité *f*

effimero, a [ef'fimero, a] *agg* éphémère

egemonia [edʒemo'nia] *sf* hégémonie *f*

Egitto [e'dʒitto] *sm* ● **l'Egitto** l'Égypte *f*

egiziano, a [edʒits'tsjano, a] *agg* égyptien(enne) ◇ *sm, f (abitante)* Égyptien *m*, -enne *f*

egli [ˈeʎʎi] *pron (form)* il ● **egli stesso** lui-même

egocentrico, a, ci, che [ego'tʃentriko, a, tʃi, ke] *agg & sm, f* égocentrique

egoismo [ego'izmo] *sm* égoïsme *m*

egoista, i, e [ego'ista, i, e] *agg & smf* égoïste

egr. *(abbr scritta di egregio)* M. *(Monsieur)*

egregio, a, gi, gie [e'gredʒo, a, dʒi, dʒe] *agg (nelle lettere)* ● **Egregio signore** Monsieur

eguagliare [egwaʎ'ʎare] = **uguagliare**

ehi ['ei] *esclam* hé !

E.I. *(abbr scritta di Esercito Italiano)* Armée italienne

elaborare [elabo'rare] *vt* **1.** élaborer **2.** *(al computer)* traiter

elaborato, a [elabo'rato, a] *agg* élaboré(e)

elaborazione [elaborats'tsjone] *sf* ● **elaborazione dei dati** traitement *m* des données

elasticità [elastitʃi'ta] *sf inv* **1.** *(flessibilità)* élasticité *f* **2.** *(di mente, corpo)* souplesse *f*

elasticizzato, a [elastitʃidz'dzato, a] *agg* élastique

¹elastico, ci [e'lastiko, tʃi] *sm* élastique *m*

²elastico, a, ci, che [e'lastiko, a, tʃi, ke] *agg* **1.** *(flessibile)* élastique **2.** *(mente, corpo)* souple

Elba ['elba] *sf* ● **l'(isola d')Elba** l'île *f* d'Elbe

elefante [ele'fante] *sm* éléphant *m*

elegante [ele'gante] *agg* élégant(e)

eleganza [ele'gantsa] *sf* élégance *f*

eleggere [e'ledʒere] *vt* élire

elementare ♦ **elementari** *sfpl* ● **le elementari** l'école *f* primaire

elemento [ele'mento] *sm* élément *m*

elemosina [ele'mɔzina] *sf* aumône *f* ● **chiedere/fare l'elemosina** demander/faire l'aumône

elencare [elen'kare] *vt* énumérer

elenco, chi [e'lenko, ki] *sm* liste *f* ● **elenco telefonico** annuaire *m* (téléphonique)

eletto, a [e'letto, a] *pp* ► **eleggere**

elettorale [eletto'rale] *agg* électoral(e)

elettore, trice [elet'tore, 'tritʃe] *sm, f* électeur *m*, -trice *f*

elettrauto [elet'trawto] *sm inv* électricien *m* auto

elettricista, i, e [elettri'tʃista, i, e] *smf* électricien *m*, -enne *f*

elettricità [elettritʃi'ta] *sf inv* électricité *f*

elettrico, a, ci, che [e'lettriko, a, tʃi, ke] *agg* électrique

elettrocardiogramma, i [elettrokardjo'gramma, i] *sm* MED électrocardiogramme *m*

elettrodomestico, ci [elettrodo'mestiko, tʃi] *sm* appareil *m* électroménager

elettroencefalogramma, i [elettroentʃefalo'gramma, i] *sm* MED électro-encéphalogramme *m*

elettronico, a, ci, che [elet'trɔniko, a, tʃi, ke] *agg* électronique

elettrosmog [elettroz'mɔg] *sf inv* pollution *f* électromagnétique

elezione [elets'tsjone] *sf* élection *f*

elica, che ['elika, ke] *sf* hélice *f*

elicottero [eli'kɔttero] *sm* hélicoptère *m*

eliminare [elimi'nare] *vt* éliminer

eliminatoria [elimina'tɔrja] *sf* éliminatoire *f*

ella ['ella] *pron* (*form*) elle

elmetto [el'metto] *sm* casque *m*

elogio [e'lɔdʒo] *sm* éloge *m*

eloquente [elo'kwɛnte] *agg* éloquent(e)

eludere [e'ludere] *vt* éluder

elusivo, a [elu'zivo, a] *agg* élusif(ive)

elvetico, a, ci, che [el'vɛtiko, a, tʃi, ke] *agg* helvétique

emaciato, a [ema'tʃato, a] *agg* émacié(e)

e-mail [i'meil] *sf inv* **1.** *(messaggio)* e-mail *m* **2.** *(indirizzo)* adresse *f* e-mail, mail *m*

L'inizio di un'e-mail

In un contesto formale, la mail può avere le stesse caratteristiche di una lettera cartacea. In genere, rivolgendosi a uno sconosciuto, si inizia con *Bonjour* (buongiorno/salve). Tra amici o colleghi, basta mettere *Cher* (caro), *Chère* (cara) o *Bonjour*, più il nome della persona a cui si scrive, seguito da una virgola. Il tono è naturalmente più confidenziale se si inizia con *Salut* (ciao). Nelle mail formali di cui si conosce il destinatario, si mette *Cher* o *Chère*, seguito dal nome e cognome del destinatario, e da una virgola. Rispondendo a una mail, è possibile omettere la formula iniziale, soprattutto tra amici.

La fine di un'e-mail

Anche se possono essere adottate le stesse formule suggerite per la lettera cartacea, l'espressione più comune per chiudere una mail è *Cordialement* (cordiali saluti), oppure *À bientôt* (a presto), in tono meno formale, e *A+* (alla prossima), in tono decisamente informale. Tra amici, è possibile scrivere *Bises*/*Bisous* (baci) o *Grosses bises* (un bacione).

emanare [ema'nare] *vt* **1.** *(luce)* émettre **2.** *(calore)* dégager **3.** *(legge)* promulguer

emancipato, a [emantʃi'pato, a] *agg* émancipé(e)

emarginare [emardʒi'nare] *vt* marginaliser

emarginato, a [emardʒi'nato, a] *sm, f* marginal *m*, -e *f*

emarginazione [emardʒinats'tsjone] *sf (esclusione)* marginalisation *f*

ematoma, i [ema'tɔma, i] *sm* hématome *m*

embolia [embo'lia] *sf* MED embolie *f*

embrione [embri'one] *sm* embryon *m*

emergenza [emer'dʒɛntsa] *sf* urgence *f*

emergere [e'mɛrdʒere] *vi* émerger

emicrania [emi'krania] *sf* migraine *f*

emigrante [emi'grante] *smf* émigrant *m*, -e *f*

emigrare [emi'grare] *vi* émigrer

emiliano, a [emi'ljano, a] *agg* émilien(enne) ◇ *sm, f* Émilien *m*, -enne *f*

Emilia Romagna [e'milja ro'maɲɲa] *sf* ● l'Emilia Romagna l'Émilie-Romagne *f*

emisfero [emis'fɛro] *sm* hémisphère *m*

emissione [emis'sjone] *sf* émission *f*

emittente [emit'tɛnte] *sf* émetteur *m*

emorragia [emorra'dʒia] *sf* hémorragie *f*

emoticon [e'mɔtikon] *sm inv* smiley *m*

emozionante [emotstsjo'nante] *agg (eccitante)* palpitant(e)

emozione [emots'tsjone] *sf* émotion *f*

emulsione [emul'sjone] *sf* émulsion *f*

enciclopedia [entʃiklope'dia] *sf* encyclopédie *f*

ENEL ['enel] *(abbr di Ente Nazionale per l'energia Elettrica) sf* ≃ EDF *f (Électricité de France)*

energia [ener'dʒia] *sf* énergie *f* ● energia elettrica énergie électrique

energico, a, ci, che [e'nɛrdʒiko, a, tʃi, ke] *agg* énergique

enfasi ['ɛnfazi] *sf inv* ● dare enfasi a qc accorder une importance particulière à qqch

enigma, i [e'nigma, i] *sm* énigme *f*

ennesimo, a [en'nezimo, a] *agg* énième *f*

enorme [e'nɔrme] *agg* énorme

enoteca, che [eno'tɛka, ke] *sf* **1.** *(negozio)* œnothèque *f* **2.** *(bar)* bar *m* à vins

ente ['ɛnte] *sm* organisme *m*

entrambi, e [en'trambi, e] *pron pl* tous (toutes) les deux ◇ *agg pl* ● **entrambe le città** les deux villes

entrare [en'trare] *vi* entrer ● **posso entrare?** je peux entrer ? ● **entra!** entre ! ● **il tavolo non entra in cucina** la table ne rentre pas dans la cuisine ● **questo non c'entra niente** cela n'a rien à voir ● **entrare in guerra** entrer en guerre ● **io non c'entro!** je n'y suis pour rien !

entrata [en'trata] *sf* entrée *f* ▼ **entrata libera** entrée libre ◆ **entrate** *sfpl (incasso)* recette *f*

entro ['entro] *prep* d'ici ● **entro e non oltre...** impérativement avant...

entusiasmare [entuzjaz'mare] *vt* enthousiasmer ● **entusiasmarsi (per)** *vr+prep* s'enthousiasmer (pour)

entusiasmo [entu'zjazmo] *sm* enthousiasme *m*

entusiasta, i, e [entu'zjasta, i, e] *agg* enthousiaste

enunciare [enun'tʃare] *vt* énoncer

Eolie [e'ɔlje] *sfpl* ● **le (isole) Eolie** les (îles) Éoliennes *fpl*

epatite [epa'tite] *sf* hépatite *f*

epidemia [epide'mia] *sf* épidémie *f*

epidermide [epi'dermide] *sf* épiderme *m*

Epifania [epifa'nia] *sf* ● **l'Epifania** l'Épiphanie *f*

epilessia [epiles'sia] *sf* épilepsie *f*

episodio [epi'zɔdjo] *sm* épisode *m*

epoca, che ['epoka, ke] *sf* époque *f* ● **d'epoca** d'époque

eppure [ep'pure] *cong* pourtant

equatore [ekwa'tore] *sm* équateur *m*

equazione [ekwats'tsjone] *sf* équation *f*

equestre [e'kwestre] *agg* **1.** *(statua)* équestre **2.** *(battaglia)* à cheval

equilibrare [ekwili'brare] *vt* équilibrer

equilibrato, a [ekwili'brato, a] *agg* équilibré(e)

equilibrio [ekwi'librjo] *sm* équilibre *m* ● **perdere l'equilibrio** perdre l'équilibre

equino, a [e'kwino, a] *agg* de cheval

equipaggiamento [ekwipadʒdʒa'mento] *sm* équipement *m*

equipaggio [ekwi'padʒdʒo] *sm* équipage *m*

equitazione [ekwitats'tsjone] *sf* équitation *f*

equivalente [ekwiva'lente] *agg* équivalent(e) ◇ *sm* équivalent *m*

equivalere [ekwiva'lere] ◆ **equivalere a** *v+prep* équivaloir à

¹equivoco, ci [e'kwivoko, tʃi] *sm* équivoque *f*

²equivoco, a, ci, che [e'kwivoko, a, tʃi, ke] *agg* **1.** *(atteggiamento, risposta)* équivoque **2.** *(persona, locale)* ambigu(ë)

era ['era] *sf* ère *f*

erba ['erba] *sf* herbe *f* ● **erbe aromatiche** fines herbes

erboristeria [erboriste'ria] *sf* herboristerie *f*

erede [e'rede] *smf* héritier *m*, -ère *f*

eredità [eredi'ta] *sf inv* **1.** héritage *m* **2.** *(biologica)* hérédité *f* ● **i nonni gli hanno lasciato in eredità un castello** ses grands-parents lui ont laissé un château en héritage

ereditare [eredi'tare] *vt* hériter

ereditario, a [eredi'tarjo, a] *agg* héréditaire

eremita, i, e [ere'mita, i, e] *smf* ermite *mf*

eremo ['ɛremo] *sm (luogo isolato)* ermitage *m*

eresia [ere'zia] *sf* hérésie *f*

eretico, a, ci, che [e'rɛtiko, a, tʃi, ke] *sm, f* hérétique *mf*

eretto, a [e'rɛtto, a] *pp* ➤ **erigere** ◇ *agg* droit(e)

ergastolo [er'gastolo] *sm* réclusion *f* à perpétuité

erigere [e'ridʒere] *vt* ériger

ernia ['ɛrnja] *sf* hernie *f*

ero ['ɛro] ➤ **essere**

eroe, eroina [e'rɔe, ero'ina] *sm, f* héros *m*, héroïne *f*

erogare [ero'gare] *vt* 1. *(acqua, gas)* distribuer 2. *(denaro)* allouer, attribuer

eroico, a, ci, che [e'rɔiko, a, tʃi, ke] *agg* héroïque

eroina [ero'ina] *sf* 1. *(droga)* héroïne *f* 2. *(donna)* ➤ **eroe**

erosione [ero'zjone] *sf* érosion *f*

erotico, a, ci, che [e'rɔtiko, a, tʃi, ke] *agg* érotique

errare [er'rare] *vi* 1. *(vagare)* errer 2. *(sbagliare)* se tromper ● **se non erro** si je ne m'abuse

errore [er'rore] *sm* 1. erreur *f* 2. *(di ortografia)* faute *f* ● **per errore** par erreur

erta ['ɛrta] *sf* **stare all'erta** se tenir sur ses gardes

eruzione [eruts'tsjone] *sf* éruption *f*

esagerare [ezadʒe'rare] *vt & vi* exagérer ● **ho esagerato nel mangiare** j'ai trop mangé

esagerato, a [ezadʒe'rato, a] *agg* exagéré(e) ● **(come sei) esagerato!** tu exagères !

esalazione [ezalats'tsjone] *sf* émanation *f*

esaltare [ezal'tare] *vt* 1. *(lodare)* exalter, louer 2. *(entusiasmare)* exalter

esame [e'zame] *sm* examen *m* ● **fare** o **dare un esame** passer un examen ● **esame del sangue** analyse *f* de sang

esaminare [ezami'nare] *vt* 1. *(analizzare)* examiner 2. *(candidato)* interroger

esattamente [ezatta'mente] *avv & esclam* exactement

esattezza [ezat'tetstsa] *sf* exactitude *f*

esatto, a [e'zatto, a] *agg* exact(e)

esattore, trice [ezat'tore, 'tritʃe] *sm, f* percepteur *m*

esauriente [ezaw'rjente] *agg (completo)* exhaustif(ive)

esaurimento [ezawri'mento] *sm* épuisement *m* ● **esaurimento (nervoso)** dépression *f* nerveuse

esaurire [ezaw'rire] *vt* épuiser ● **esaurirsi** *vr* s'épuiser

esaurito, a [ezaw'rito, a] *agg* 1. épuisé(e) 2. *(pozzo)* tari(e) ▼ **tutto esaurito** complet

esausto, a [e'zawsto, a] *agg* épuisé(e)

esca ['ɛska] *(pl* **esche** ['eske]*) sf* appât *m*

escandescenza [eskandeʃ'ʃentsa] *sf* ● **dare in escandescenze** sortir de ses gonds

eschimese [eski'mese] *smf* Esquimau *m*, -aude *f*

esclamare [eskla'mare] *vi* s'exclamer

esclamazione [esklamats'tsjone] *sf* exclamation *f*

escludere [es'kludere] *vt* exclure

esclusiva [esklu'ziva] *sf* exclusivité *f*

esclusivo, a [esklu'zivo, a] *agg* **1.** *(locale, circolo)* sélect(e) **2.** *(modello, uso)* exclusif(ive)

escluso, a [es'kluzo, a] *pp* ➤ **escludere**

esco ['esko] ➤ **uscire**

escogitare [eskodʒi'tare] *vt* inventer, imaginer

escursione [eskur'sjone] *sf* excursion *f* ● **escursione termica** amplitude *f* thermique

¹esecutivo [ezeku'tivo] *sm* exécutif *m*

²esecutivo, a [ezeku'tivo, a] *agg* **1.** exécutif(ive) **2.** *(fase)* d'exécution

esecuzione [ezekuts'tsjone] *sf* exécution *f*

eseguire [eze'gwire] *vt* exécuter

esempio [e'zempjo] *sm* exemple *m* ● **ad o per esempio** par exemple ● **fare un esempio** donner un exemple

esentare [ezen'tare] *vt* ● **sono stato esentato dalle tasse** j'ai été exonéré d'impôts

esente [e'zente] *agg* ● **esente da tasse** exonéré(e) d'impôts ● **un farmaco esente da ricetta medica** un médicament délivré sans ordonnance

esequie [e'zekwje] *sfpl* obsèques *fpl*

esercitare [ezertʃi'tare] *vt* exercer ◆ **esercitarsi** *vr* s'exercer

esercito [e'zertʃito] *sm* armée *f*

esercizio [ezer'tʃitstsjo] *sm* **1.** exercice *m* **2.** *(negozio)* commerce *m* ● **essere fuori esercizio** manquer d'entraînement

esibire [ezi'bire] *vt* exhiber ◆ **esibirsi** *vr* **1.** s'exhiber **2.** *(artista)* se produire

esigente [ezi'dʒente] *agg* exigeant(e)

esigenza [ezi'dʒentsa] *sf* **1.** *(bisogno)* besoin *m* **2.** *(pretesa)* exigence *f*

esigere [e'zidʒere] *vt* **1.** exiger **2.** *(riscuotere)* percevoir

esile ['ezile] *agg* **1.** *(persona)* mince **2.** *(braccia, voce)* fluet(ette) **3.** *(speranza)* faible

esilio [e'ziljo] *sm* exil *m*

esistente [ezis'tente] *agg* existant(e)

esistenza [ezis'tentsa] *sf* existence *f*

esistere [e'zistere] *vi* exister

esitare [ezi'tare] *vi* hésiter ● **ho esitato a raccontargli la verità** j'ai hésité avant de lui dire la vérité

esitazione [ezitats'tsjone] *sf* hésitation *f*

esito ['ezito] *sm* **1.** issue *f* **2.** *(di test)* résultat *m*

esorbitante [ezorbi'tante] *agg* exorbitant(e)

esorcismo [ezor'tʃizmo] *sm* exorcisme *m*

esordio [e'zordjo] *sm* ● **(essere) agli esordi** (être) à ses débuts ● **fare il proprio esordio** faire ses débuts

esortare [ezor'tare] *vt* ● **l'insegnante ci ha esortati a studiare di più** le professeur nous a exhortés à travailler davantage

esotico, a, ci, che [e'zɔtiko, a, tʃi, ke] *agg* exotique

espandere [es'pandere] *vt* étendre ◆ **espandersi** *vr* **1.** *(ingrandirsi)* s'étendre **2.** *(gas, fluido)* se répandre

espansione [espan'sjone] *sf* expansion *f*

espansivo, a [espan'sivo, a] *agg* expansif(ive)

espanso, a [es'panso, a] *pp* ➤ **espandere**

espediente [espe'djente] *sm* expédient *m*

espellere [es'pellere] *vt* expulser

esperienza [espe'rjentsa] *sf* expérience *f*

esperimento [esperi'mento] *sm* **1.** *(prova)* essai *m* **2.** *(scientifico)* expérience *f*

esperto, a [es'perto, a] *agg* **1.** expérimenté(e) **2.** *(bravo)* expert(e) ◊ *sm, f* expert *m*, -e *f*

espiare [espi'are] *vt* expier

esplicito, a [es'plitʃito, a] *agg* explicite

esplodere [es'plɔdere] *vi (ordigno)* exploser ◊ *vt* • **esplodere un colpo** tirer un coup de feu

esplorare [esplo'rare] *vt* explorer

esploratore, trice [esplora'tore, 'tritʃe] *sm, f* explorateur *m*, -trice *f*

esplosione [esplo'zjone] *sf* explosion *f*

¹**esplosivo** [esplo'zivo] *sm* explosif *m*

²**esplosivo, a** [esplo'zivo, a] *agg* explosif(ive)

esploso, a [es'plɔzo, a] *pp* ➤ **esplodere**

esporre [es'porre] *vt* exposer

esportare [espor'tare] *vt* exporter

esportazione [esportats'tsjone] *sf* exportation *f*

esposizione [espozits'tsjone] *sf* exposition *f*

¹**esposto** [es'posto] *sm* rapport *m*

²**esposto, a** [es'posto, a] *pp* ➤ **esporre** ◊ *agg* • **esposto(a) a sud** exposé(e) au sud

espressione [espres'sjone] *sf* expression *f*

espressivo, a [espres'sivo, a] *agg* expressif(ive)

¹**espresso** [es'presso] *sm* **1.** *(treno)* express *m* **2.** *(caffè)* express(o) *m* **3.** *(lettera, pacco)* exprès *m*

²**espresso, a** [es'presso, a] *pp* ➤ **esprimere**

esprimere [es'primere] *vt* exprimer • **esprimersi** *vr* s'exprimer

espulso, a [es'pulso, a] *pp* ➤ **espellere**

esse ['esse] ➤ **esso**

essenziale [essen'tsjale] *agg* essentiel(elle)

¹**essere** ['essere] *sm (creatura)* être *m* • **essere umano** être humain • **gli esseri viventi** les êtres vivants

²**essere** ['essere] *vi*
1. *(per descrivere)* être • **sono italiano** je suis Italien • **siamo di Parma** nous sommes de Parme • **qualcuno di voi è medico?** l'un d'entre vous est-il médecin ?
2. *(trovarsi)* être • **il museo è in centro** le musée est dans le centre-ville • **dove siete stati?** où êtes-vous allés ?
3. *(esistere)* • **c'è** il y a e **c'è un'altra possibilità** il y a une autre possibilité • **ci sono** il y a e **ci sono vari alberghi** il y a plusieurs hôtels • **c'era una volta...** il était une fois...
4. *(con data, ora)* être • **oggi è martedì** aujourd'hui, on est mardi • **che ora è** o **che ore sono?** quelle heure est-il ? • **è l'una** il est une heure • **sono le due** il est deux heures
5. *(con prezzo, peso)* • **- quant'è? - (sono) 30 euro** - c'est combien o ça fait combien ? - (ça fait) 30 euros • **sono due chili e mezzo** il y a deux kilos et demi
6. *(indica appartenenza)* • **questa macchina è di Paolo** cette voiture est à Paolo
7. *(indica obbligo)* • **la camera è da prenotare** il faut réserver la chambre
◊ *v impers* être • **è così** c'est comme ça • **oggi è freddo** il fait froid aujourd'hui

● **è meglio telefonare** il vaut mieux téléphoner ● **è vero che...** il est vrai que...

◇ *v aus* 1. *(in tempi passati)* être ● **sono tornato ieri** je suis rentré hier ● **erano già usciti** ils étaient déjà sortis 2. *(in passivi)* être ● **questo oggetto è fatto a mano** cet objet est fait (à la) main

essi ['essi] ➤ **esso**

esso, a [ˈesso, ˈessa] *pron* 1. *(soggetto)* il (elle) 2. *(con preposizione)* lui (elle) ◆ **essi, e** *pron pl* 1. *(soggetto)* ils (elles) 2. *(con preposizione)* eux (elles)

est [ɛst] *sm* est m ● **a est di Milano** à l'est de Milan

estate [esˈtate] *sf* été m ● **d'estate** en été

estendere [esˈtɛndere] *vt* étendre

esteriore [esteˈrjore] *agg* extérieur(e)

¹**esterno** [esˈtɛrno] *sm (lato di fuori)* extérieur m ● **all'esterno** à l'extérieur

²**esterno, a** [esˈtɛrno, a] *agg* extérieur(e)

¹**estero** [ˈɛstero] *sm* ● **l'estero** l'étranger m ● **all'estero** à l'étranger

²**estero, a** [ˈɛstero, a] *agg* étranger(ère)

esteso, a [esˈteso, a] *pp* ➤ **estendere** ◇ *agg* étendu(e)

estetista, i, e [esteˈtista, i, e] *smf* esthéticien m, -enne f

estinguere [esˈtiŋgwere] *vt* éteindre ◆ **estinguersi** *vr* 1. *(fuoco)* s'éteindre 2. *(specie)* disparaître

estinto, a [esˈtinto, a] *pp* ➤ **estinguere**

estintore [estinˈtore] *sm* extincteur m

estivo, a [esˈtivo, a] *agg* 1. d'été 2. *(clima)* estival(e)

estone [ˈɛstone] *agg* estonien(enne) ◇ *smf* Estonien m, -enne f ◇ *sm (lingua)* estonien m

Estonia [esˈtɔnja] *sf* ● **l'Estonia** l'Estonie f

estorcere [esˈtɔrtʃere] *vt* extorquer

estraneo, a [esˈtraneo, a] *agg & sm, f* étranger(ère)

estrarre [esˈtrarre] *vt* 1. extraire 2. *(sorteggiare)* tirer (au sort)

¹**estratto** [esˈtratto] *sm* extrait m ● **estratto conto** relevé m de compte

²**estratto, a** [esˈtratto, a] *pp* ➤ **estrarre**

estrazione [estratˈtsjone] *sf* extraction f ● **estrazione a sorte** tirage m au sort ● **estrazione sociale** extraction sociale

estremità [estremiˈta] *sf inv* extrémité f

estremo, a [esˈtrɛmo, a] *agg* extrême ◆ **estremo** *sm* limite f ● **estremi** *smpl (di documento)* informations fpl

estroverso, a [estroˈvɛrso, a] *agg* extraverti(e)

estuario [estuˈarjo] *sm* estuaire m

esuberante [ezubeˈrante] *agg* exubérant(e)

età [eˈta] *sf inv* âge m ● **abbiamo la stessa età** nous avons le même âge ● **la maggiore età** la majorité ● **di mezza età** d'âge mûr ● **la terza età** le troisième âge

etere [ˈɛtere] *sm* éther m

eternità [eterniˈta] *sf inv* éternité f

eterno, a [eˈtɛrno, a] *agg* éternel(elle)

eterogeneo, a [eteroˈdʒɛneo, a] *agg* hétérogène

eterosessuale [eterosessu'ale] *agg & smf* hétérosexuel(elle)

etica, che ['etika, ke] *sf* éthique *f*

etichetta [eti'ketta] *sf* étiquette *f*

Etna ['etna] *sm* ● **l'Etna** l'Etna *m*

etrusco, a, schi, sche [e'trusko, a, ski, ske] *agg* étrusque ◆ **Etruschi** *smpl* ● **gli Etruschi** les Étrusques *mpl*

ettaro ['ettaro] *sm* hectare *m*

etto ['etto] *sm* cent grammes *mpl*

ettogrammo [etto'grammo] *sm* hectogramme *m*

eucaristia [ewkaris'tia] *sf* eucharistie *f*

euforia [ewfo'ria] *sf* euphorie *f*

EUR ['eur] (*abbr di Esposizione Universale Roma*) *sm* quartier de Rome construit pour l'Exposition universelle de 1942

euro ['ɛwro] *sm inv* euro *m*

Europa [ew'rɔpa] *sf* ● **l'Europa** l'Europe *f*

europeo, a [ewro'pɛo, a] *agg* européen(enne) ◇ *sm, f* Européen *m*, -enne *f*

eurovisione [ewrovi'zjone] *sf* ● **in eurovisione** en Eurovision

eutanasia [ewtana'zia] *sf* euthanasie *f*

evacuare [eva'kware] *vt* évacuer

evacuazione [evakwats'tsjone] *sf* évacuation *f*

evadere [e'vadere] *vt* **1.** (*corrispondenza*) s'occuper de **2.** (*fisco*) frauder ◇ *vi* ● **evadere da qc** s'évader de qqch ; (*fig*) (*lavoro, preoccupazione*) échapper à qqch

evaporare [evapo'rare] *vi* s'évaporer

evasione [eva'zjone] *sf* évasion *f* ● **evasione fiscale** fraude *f* fiscale ● **d'evasione** (*film, lettura*) d'évasion

evasivo, a [eva'zivo, a] *agg* évasif(ive)

evaso, a [e'vazo, a] *pp* ➻ **evadere** ◇ *sm, f* évadé *m*, -e *f*

evenienza [eve'njentsa] *sf* ● **per ogni evenienza** pour (parer à) toute éventualité

evento [e'vento] *sm* événement *m*

eventuale [eventu'ale] *agg* éventuel(elle)

eventualità [eventwali'ta] *sf inv* éventualité *f*

eventualmente [eventwal'mente] *avv* éventuellement

evidente [evi'dente] *agg* évident(e)

evidenza [evi'dentsa] *sf* évidence *f* ● **mettere qc in evidenza** mettre qqch en évidence

evitare [evi'tare] *vt* éviter ● **puoi evitare di chiamarmi in ufficio?** tu peux éviter de m'appeler au bureau ? ● **vorrei evitarti questa fatica** je voudrais t'éviter cette fatigue

evocare [evo'kare] *vt* évoquer

evoluto, a [evo'luto, a] *agg* évolué(e)

evoluzione [evoluts'tsjone] *sf* évolution *f*

evviva [ev'viva] *esclam* hourra !

ex [ɛks] *prep* ● **l'ex presidente** l'ex-président ● **la sua ex moglie** son ex-femme ◇ *smf inv ex m inv*

extra ['ɛkstra] *agg inv* **1.** (*supplementare*) supplémentaire **2.** (*eccellente*) extra (*inv*) ◇ *sm* extra *m*

extracomunitario, a [ɛkstrakomuni'tarjo, a] *agg & sm, f* extracommunautaire

extraconiugale [ɛkstrakonju'gale] *agg* extraconjugal(e)

extraterrestre [ɛkstrater'rɛstre] *smf* extraterrestre *mf*

fa [fa] ➤ **fare** ◇ *avv* il y a • **un mese fa** il y a un mois • **tempo fa** il y a longtemps

fabbisogno [fabbi'zoɲɲo] *sm* besoins *mpl*

fabbrica, che ['fabbrika, ke] *sf* usine *f*

fabbricare [fabbri'kare] *vt* **1.** *(costruire)* construire **2.** *(produrre)* fabriquer

faccenda [fatʃ'tʃɛnda] *sf* affaire *f* • **faccende** (domestiche) tâches *fpl* ménagères

facchino [fak'kino] *sm* porteur *m*

faccia, ce ['fattʃa, tʃe] *sf* **1.** visage *m*, figure *f* **2.** *(espressione)* mine *f*, tête *f* • **faccia a faccia** face à face • **che faccia tosta!** quel culot !

facciata [fatʃ'tʃata] *sf* **1.** *(di edificio)* façade *f* **2.** *(di pagina)* page *f*

faccio ['fattʃo] ➤ **fare**

facile ['fatʃile] *agg* facile • **è facile che sia in ritardo** il est probable qu'il/elle soit en retard

facilità [fatʃili'ta] *sf inv* facilité *f*

facilitare [fatʃili'tare] *vt* faciliter

facoltà [fakol'ta] *sf inv* faculté *f*

facoltativo, a [fakolta'tivo, a] *agg* facultatif(ive)

facsimile [fak'simile] *sm inv* fac-similé *m*

fagiano [fa'dʒano] *sm* faisan *m*

fagiolino [fadʒo'lino] *sm* haricot *m* vert

fagiolo [fa'dʒɔlo] *sm* haricot *m*

fagotto [fa'gɔtto] *sm* **1.** paquet *m*, ballot *m* **2.** *(strumento)* basson *m* • **far fagotto** plier bagage

fai da te [fajda'te] *sm inv* bricolage *m*

falange [fa'landʒe] *sf* phalange *f*

falciare [fal'tʃare] *vt* faucher

falda ['falda] *sf* **1.** *(di cappello)* bord *m* **2.** *(d'acqua)* nappe *f* **3.** *(di monte)* • **alle falde di** au pied de

falegname [faleɲ'ɲame] *sm* menuisier *m*

falla ['falla] *sf* **1.** *(buco)* brèche *f* **2.** *(di nave)* voie *f* d'eau

fallimento [falli'mento] *sm* faillite *f*

fallire [fal'lire] *vt (colpo, bersaglio)* manquer, rater ◇ *vi* **1.** DIR faire faillite **2.** *(non riuscire)* échouer • **ho fallito nel mio tentativo** j'ai échoué dans ma tentative

fallo ['fallo] *sm* faute *f*

falò [fa'lɔ] *sm inv* **1.** *(per segnalazioni)* feu *m* **2.** *(in campeggio)* feu *m* de camp

falsificare [falsifi'kare] *vt* falsifier

falso, a ['falso, a] *agg* faux (fausse) ◆ **falso** *sm (copia)* faux *m*

fama ['fama] *sf* **1.** *(notorietà)* célébrité *f* **2.** *(reputazione)* réputation *f*

fame ['fame] *sf* faim *f* • **aver fame** avoir faim

famiglia [fa'miʎʎa] *sf* famille *f*

familiare [fami'ljare] *agg* **1.** familier(ère) **2.** *(della famiglia)* familial(e) **3.** *(atmosfera)* intime ◆ **familiari** *smpl* famille *f*

famoso, a [fa'moso, a] *agg* célèbre

fanale [fa'nale] *sm (di veicolo)* feu *m*

fanatico, a, ci, che [fa'natiko, a, tʃi, ke] *agg & sm, f* fanatique

fango, ghi ['fango, gi] *sm* boue *f*

fanno ['fanno] ➤ fare

fannullone, a [fannul'lone, a] *sm, f* paresseux *m*, -euse *f*

fantascienza [fanta∫'∫entsa] *sf* science-fiction *f*

fantasia [fanta'zia] *sf* imagination *f* ◇ *agg inv* fantaisie *(inv)*

fantasma, i [fan'tazma, i] *sm* 1. fantôme *m* 2. *(pensiero erotico)* fantasme *m*

fantastico, a, ci, che [fan'tastiko, a, t∫i, ke] *agg* fantastique

fantino [fan'tino] *sm* jockey *m*

fantoccio [fan'tɔt∫∫o] *sm* pantin *m*

FAQ [fak] *(abbr di Frequently Asked Questions)* *sfpl* foire *f* aux questions

farabutto [fara'butto] *sm* canaille *f*

faraglione [faraʎ'ʎone] *sm* récif *m*

faraona [fara'ona] *sf* pintade *f*

farcito, a [far't∫ito, a] *agg* 1. *(carne)* farci(e) 2. *(torta)* fourré(e)

fard [fard] *sm inv* fard *m* à joues

fare [fare] *vt*
1. *(creare, costruire)* fabriquer, faire • un'azienda che fa computer une entreprise qui fabrique o fait des ordinateurs 2. *(compiere)* faire • fare un viaggio faire un voyage • cosa fai stasera? qu'est-ce que tu fais ce soir ? • farsi i fatti propri s'occuper de ses affaires 3. *(di mestiere)* être • fa il meccanico il est mécanicien 4. *(percorrere)* faire • abbiamo già fatto 100 km nous avons déjà fait 100 km • che percorso facciamo per rientrare? on prend quel chemin pour rentrer ? 5. *(suscitare)* • poverino, mi fa pena le pauvre, il me fait pitié • fare paura faire peur

6. *(atteggiarsi a)* faire • fare lo scemo faire l'imbécile 7. *(in calcoli)* • due più due fa quattro deux et deux font o égalent quatre • quanto fa? ça fait combien ? 8. *(credere)* croire • ti facevo più furbo je te croyais plus malin 9. *(con infinito)* faire • mi hai fatto credere che fosse malato tu m'as fait croire qu'il était malade • ti ho già fatto vedere la mia moto? je t'ai déjà fait voir o montré ma moto ? 10. *(dire)* dire • mi guarda e mi fa: – e se ce ne andassimo a casa? il/elle me regarde et me dit : – et si on rentrait ? 11. *(in espressioni)* • fare il bagno *(nella vasca)* prendre un bain ; *(al mare)* se baigner • non fare caso a ne pas faire attention à • fare coraggio a qn donner du courage à qqn • non fa niente ça ne fait rien • fare le ore piccole se coucher tard • fare un sogno faire un rêve • non farcela ne pas y arriver • far bene a qn faire du bien à qqn • far male a qn faire mal à qqn

◇ *vi (agire)* faire • come si fa a uscire? comment on fait pour sortir ? • fai come ti pare fais comme tu veux • non fa che ripetere le stesse cose il/elle ne fait que répéter la même chose • darsi da fare se donner du mal

◇ *v impers* faire • fa bello/brutto il fait beau/mauvais • fa caldo/freddo il fait chaud/froid

◆ **farsi** *vr*
1. • farsi grande grandir • fatti furbo! *(fam)* ne sois pas si bête ! • farsi male se faire mal

2. *(acquisire)* ● **farsi degli amici** se faire des amis ● **farsi la macchina nuova** *(fam)* se payer une voiture neuve

farfalla [far'falla] *sf* papillon *m*

farfallino [frfal'lino] *sm* nœud *m* papillon

farina [fa'rina] *sf* farine *f* ● **farina gialla** farine de maïs

farinata [fari'nata] *sf sorte de galette à base de farine de pois chiches*

faringite [farin'dʒite] *sf* pharyngite *f*

farmacia [farma'tʃia] *sf* pharmacie *f* ● **farmacia di turno** pharmacie de garde

farmacista, i, e [farma'tʃista, i, e] *smf* pharmacien *m*, -enne *f*

farmaco, ci ['farmako, tʃi] *sm* médicament *m*

faro ['faro] *sm* phare *m*

farsa ['farsa] *sf* farce *f*

fascia, sce ['faʃʃa, ʃʃe] *sf* **1.** bande *f* **2.** *(di popolazione)* groupe *m* ● **fascia elastica** bande élastique ● **fascia oraria** tranche *f* horaire

fasciare [faʃ'ʃare] *vt* bander

fasciatura [faʃʃa'tura] *sf* bandage *m*

fascicolo [fa'ʃikolo] *sm* **1.** fascicule *m* **2.** *(di documenti)* dossier *m*

fascino ['faʃʃino] *sm* charme *m*

fascio ['faʃʃo] *sm* **1.** *(d'erba, di fiori)* botte *f* **2.** *(di luce)* faisceau *m*

fascismo [faʃ'ʃizmo] *sm* fascisme *m*

fascista, i, e [faʃ'ʃista, i, e] *agg & smf* fasciste

fase ['faze] *sf* phase *f*

fast food [fas'fud] *sm inv* fast-food *m*

fastidio [fas'tidjo] *sm* **1.** gêne *f* **2.** *(seccatura)* ennui *m* ● **le dà fastidio se fumo?** ça vous gêne o dérange si je fume ?

fastidioso, a [fasti'djoso, a] *agg* pénible

fastoso, a [fas'toso, a] *agg* fastueux(euse)

fasullo, a [fa'zullo, a] *agg* faux (fausse)

fata ['fata] *sf* fée *f*

fatale [fa'tale] *agg* fatal(e)

fatalità [fatali'ta] *sf inv* fatalité *f*

fatica, che [fa'tika, ke] *sf* **1.** fatigue *f* **2.** *(sforzo)* effort *m* ● **a fatica** à grand-peine ● **ho fatto fatica a sollevare il pacco** j'ai eu du mal à soulever ce paquet

faticoso, a [fati'koso, a] *agg* fatigant(e)

fatidico, a, ci, che [fa'tidiko, a, tʃi, ke] *agg* fatidique

fato ['fato] *sm* sort *m*

¹ **fatto** ['fatto] *sm* fait *m* ● **il fatto è che...** le fait est que... ● **cogliere qn sul fatto** prendre qqn sur le fait ● **in fatto di vini** en matière de vin ● **sono fatti miei** ce sont mes affaires

² **fatto, a** ['fatto, a] *pp* ➤ **fare** ◇ *agg* ● **fatto(a) a mano** fait(e) main ● **fatto(a) in casa** fait(e) maison

fattoria [fatto'ria] *sf* ferme *f*

fattorino [fatto'rino] *sm* **1.** *(d'albergo)* groom *m* **2.** *(per consegne)* coursier *m* ● **mandare un fattorino** envoyer un coursier

fattura [fat'tura] *sf* facture *f*

fauna ['fawna] *sf* faune *f*

favola ['favola] *sf* **1.** histoire *f* **2.** *(con morale)* fable *f* **3.** *(cosa bella)* merveille *f*

favoloso, a [favo'loso, a] *agg (incredibile)* fabuleux(euse)

favore [fa'vore] *sm* **1.** *(piacere)* service *m* **2.** *(benevolenza)* faveur *f* ● **fare un favore a qn** rendre un(e) service à qqn ● **per favore** s'il te/vous plaît

favorevole [favo'revole] *agg* favorable

favorire [favo'rire] *vt* favoriser • **vuol favorire?** *(mangiando, bevendo)* je vous en prie(, servez-vous)

favorito, a [favo'rito, a] *agg* favori(ite)

fax [faks] *sm inv* fax *m inv* • **inviare un fax** envoyer un fax

faxare [fa'ksare] *vt* faxer

fazzoletto [fatstso'letto] *sm* **1.** mouchoir *m* **2.** *(per la testa)* foulard *m*

febbraio [feb'brajo] *sm* février *m* • **a o in febbraio** en février • **lo scorso febbraio** en février dernier • **il prossimo febbraio** en février prochain • **all'inizio di febbraio** début février • **alla fine di febbraio** fin février • **il due febbraio** le deux février

febbre ['febbre] *sf* fièvre *f* • **avere la febbre** avoir de la fièvre

feci ['fetʃi] *sfpl* selles *fpl*

fecondazione [fekondats'tsjone] *sf* fécondation *f*

fede ['fede] *sf* **1.** foi *f* **2.** *(anello)* alliance *f* • **aver fede** in avoir foi en • **essere in buona/cattiva fede** être de bonne/mauvaise foi

fedele [fe'dele] *agg & smf* fidèle

fedeltà [fedel'ta] *sf inv* fidélité *f*

federa ['fɛdera] *sf* taie *f* (d'oreiller)

federazione [federats'tsjone] *sf* fédération *f*

fegato ['fegato] *sm* **1.** foie *m* **2.** *(coraggio)* • **ci vuole un bel fegato!** il faut un sacré courage ! • **avere fegato** avoir du cran

felice [fe'litʃe] *agg* heureux(euse)

felicità [felitʃi'ta] *sf inv* bonheur *m*

felicitarsi [felitʃi'tarsi] *vr* • **mi felicito con voi per il meritato successo** je vous félicite de votre succès mérité

¹**felino** [fe'lino] *sm* félin *m*

²**felino, a** [fe'lino, a] *agg* félin(e)

felpa ['felpa] *sf* **1.** *(maglia)* sweat-shirt *m* **2.** *(tessuto)* molleton *m*

femmina ['femmina] *sf* **1.** femelle *f* **2.** *(figlia)* fille *f*

femminile [femmi'nile] *agg* féminin(e) ◇ *sm* féminin *m*

femminismo [femmi'nizmo] *sm* féminisme *m*

fenomenale [fenome'nale] *agg* phénoménal(e)

fenomeno [fe'nomeno] *sm* phénomène *m*

feriale [fe'rjale] *agg* ouvrable

ferie ['fɛrje] *sfpl* vacances *fpl* • **vado in ferie in agosto** je prends mes vacances en août • **essere in ferie** être en vacances

ferire [fe'rire] *vt* blesser • **ferirsi** *vr* se blesser

ferita [fe'rita] *sf* blessure *f*

ferito, a [fe'rito, a] *agg & sm, f* blessé(e)

fermaglio [fer'maʎʎo] *sm* **1.** *(di gioiello)* fermoir *m* **2.** *(per capelli)* barrette *f* **3.** *(per documenti)* trombone *m*

fermare [fer'mare] *vt* arrêter ◇ *vi* s'arrêter ◆ **fermarsi** *vr* s'arrêter • **fermati a mangiare da me** reste manger chez moi • **mi fermo a o per comprare il pane** je m'arrête pour acheter du pain

fermata [fer'mata] *sf* arrêt *m* • **fermata dell'autobus** arrêt d'autobus ▾ **fermata prenotata** arrêt demandé ▾ **fermata a richiesta** arrêt facultatif

fermento [fer'mento] *sm* *(agitazione)* effervescence *f*

fermo, a ['fermo, a] *agg* **1.** *(immobile)* immobile **2.** *(mano, voce, carattere)* ferme ● **state fermi!** ne bougez pas !

fermoposta [fermo'posta] *avv* (en) poste restante ◇ *sm inv* poste *f* restante

feroce [fe'rotʃe] *agg* féroce

ferragosto [ferra'gosto] *sm* le 15 août

Ferragosto

En Italie, le 15 août, fête de l'Assomption, est appelé *Ferragosto*, du latin *feriae augustae*, vacances d'août. Fête à la fois religieuse et profane, *Ferragosto* est un jour férié qui rythme le calendrier de la vie sociale italienne : c'est en effet l'occasion d'organiser des sorties en famille ou entre amis, les *scampagnate*, parfois étalées sur plusieurs jours.

ferramenta [ferra'menta] *sf* quincaillerie *f*

ferro ['ferro] *sm* fer *m* ● **ferro battuto** fer forgé ● **ferro da calza** aiguille *f* à tricoter ● **ferro da stiro** fer à repasser ● **bistecca ai ferri** steack au gril ● **toccare ferro** toucher du bois

ferrovia [ferro'via] *sf* **1.** *(strada)* voie *f* ferrée **2.** *(servizio)* chemins *mpl* de fer ● **Ferrovie dello Stato** *chemins de fer italiens* ≃ Société *f* nationale des chemins de fer

ferroviario, a [ferro'vjarjo, a] *agg* ferroviaire

fertile ['fertile] *agg* fertile

fervido, a ['fervido, a] *agg (immaginazione)* fertile

fesso, a ['fesso, a] *agg (fam)* idiot(e)

fessura [fes'sura] *sf* **1.** *(apertura)* fente *f* **2.** *(spaccatura)* fissure *f*

festa ['festa] *sf* fête *f* ● **la festa della mamma** la fête des Mères ● **far festa** s'amuser ▼ **Buone feste** Bonnes fêtes

festeggiare [fested̠'dʒare] *vt* fêter

festival ['festival] *sm inv* festival *m*

Il festival di Sanremo

Organisé à San Remo, la *città dei fiori*, depuis 1951, le festival de Sanremo est le plus célèbre des festivals de variétés, la *musica leggera*, italiens. Diffusé en direct par les grandes chaînes et les principales radios, il dure une semaine entière. Plus de 5500 jurés sélectionnés parmi les téléspectateurs, ainsi qu'un jury composé de 10 professionnels de la chanson, participent à l'élection des favoris, qui sont généralement les vedettes de demain.

Il festival di Spoleto

Depuis 1958, date de sa création, le Festival de Spoleto (également connu sous le nom de Festival des Deux Mondes) a lieu durant les mois de juin et juillet. Le public, cosmopolite, se presse pour assister aux nombreuses représentations d'opéras, de pièces de théâtre, de spectacles musicaux et de ballets.

festivo, a [fes'tivo, a] *agg* ● giorno festivo jour férié ● orario festivo horaire des dimanches et jours fériés ● il riposo festivo settimanale le repos hebdomadaire

festone [fes'tone] *sm* feston *m*

festoso, a [fes'toso, a] *agg* joyeux(euse)

feto ['feto] *sm* fœtus *m*

fetta ['fetta] *sf* tranche *f*

fettuccine [fettutʃ'tʃine] *sfpl* type de pâtes aux œufs en forme de longs rubans

fiaba ['fjaba] *sf* histoire *f*

fiaccola ['fjakkola] *sf* flambeau *m*

fiamma ['fjamma] *sf* flamme *f* ● dare alle fiamme qc mettre le feu à qqch

fiammifero [fjam'mifero] *sm* allumette *f*

fiancheggiare [fjankedʒ'dʒare] *vt* 1. border 2. (muovendosi) longer

fianco, chi ['fjanko, ki] *sm* 1. côté *m* 2. (di collina) flanc *m* ● di fianco (a) à côté (de)

fiasco, schi ['fjasko, ski] *sm* (bottiglia) fiasque *f* ● fare fiasco faire un fiasco ; (a un esame) échouer

fiato ['fjato] *sm* souffle *m* ● avere il fiato grosso avoir le souffle court

fibbia ['fibbja] *sf* boucle *f*

fibra ['fibra] *sf* fibre *f* ● fibra ottica fibra ottica

ficcanaso [fikka'naso] *smf inv* fouineur *m*, -euse *f*

ficcare [fik'kare] *vt* 1. enfoncer 2. (fam) (mettere) fourrer ◆ **ficcarsi** *vr* 1. s'enfoncer 2. (fam) (mettersi) se fourrer

fico, chi ['fiko, ki] *sm* 1. (frutto) figue *f* 2. (albero) figuier *m* ● fico d'India figue de Barbarie

fidanzamento [fidantsa'mento] *sm* fiançailles *fpl*

fidanzarsi [fidan'tsarsi] *vr* se fiancer

fidanzato, a [fidan'tsato, a] *agg & sm, f* fiancé(e)

fidarsi [fi'darsi] *vr* ● fidarsi di faire confiance à

fidato, a [fi'dato, a] *agg* sûr(e)

fiducia [fi'dutʃa] *sf* confiance *f*

fiducioso, a [fidu'tʃoso, a] *agg* confiant(e)

fieno ['fjɛno] *sm* foin *m*

fiera ['fjɛra] *sf* foire *f*

fiero, a ['fjɛro, a] *agg* fier (fière)

fifa ['fifa] *sf* (fam) trouille *f*

fifone, a [fi'fone, a] *sm, f* (fam) trouillard *m*, -e *f*

figlio, a ['fiʎʎo, a] *sm, f* fils *m*, fille *f* ● hanno tre figli ils ont trois enfants ● figlio unico fils unique

figura [fi'gura] *sf* 1. MAT figure *f* 2. (aspetto) silhouette *f* 3. (illustrazione) illustration *f* ● fare bella/brutta figura faire bonne/mauvaise impression

figurare [figu'rare] *vi* figurer ◆ **figurarsi** *vr* ● - disturbo? - figurati! - je (te) dérange ? - bien sûr que non ! ● - grazie di tutto! - si figuri! - merci pour tout ! - il n'y a pas de quoi ! ● te la figuri la sua faccia? tu imagines sa tête ? ● figurati che mi ha detto... figure-toi qu'il/elle m'a dit...

figurina [figu'rina] *sf* (adesiva) vignette *f* autocollante

fila ['fila] *sf* 1. (di macchine) file *f* 2. (di posti) rang *m* 3. (coda) queue *f* ● di fila d'affilée ● fare la fila faire la queue ● mettersi in fila se mettre en rang(s)

filare [fi'lare] *vt* filer ◇ *vi* **1.** *(formaggio)* former des fils **2.** *(discorso)* tenir debout **3.** *(fam)* *(andarsene)* filer ● filare diritto filer droit

filastrocca, che [filas'trɔkka, ke] *sf* comptine *f*

filatelia [filate'lia] *sf* philatélie *f*

file ['fail] *sm inv* INFORM fichier *m* ● file temporaneo fichier temporaire

filetto [fi'letto] *sm* **1.** *(di manzo)* filet de bœuf **2.** *(di pesce)* filet *m* ● filetto al pepe verde filet de bœuf au poivre vert

film ['film] *sm inv* film *m*

filo ['filo] *sm* fil *m* ● filo d'erba brin *m* d'herbe ● fil di ferro fil de fer ● filo spinato (fil de fer) barbelé *m* ● per filo e per segno dans les moindres détails

filobus ['filobus] *sm inv* trolleybus *m inv*

filone [fi'lone] *sm* **1.** *(di minerale)* filon *m* **2.** *(di pane)* bâtard *m*

filosofia [filozo'fia] *sf* philosophie *f*

filtrare [fil'trare] *vt & vi* filtrer

filtro ['filtro] *sm* filtre *m*

fin [fin] ➤ fino

finale [fi'nale] *agg* final(e) ◇ *sm* *(conclusione)* fin ◇ *sf* SPORT finale *f*

finalmente [final'mente] *avv* enfin

finanza [fi'nantsa] *sf* finance *f* ◆ (Guardia di) Finanza *sf* police financière italienne

finanziere [finan'tsjere] *sm* **1.** *(banchiere)* financier *m* **2.** *(guardia)* militaire appartenant au corps de la Guardia di Finanza, police financière italienne

finché [fin'ke] *cong* **1.** *(fino a quando)* ● finché non fa buio jusqu'à ce qu'il fasse nuit **2.** *(per tutto il tempo che)* ● finché du-

ra il bel tempo tant que dure le beau temps

fine ['fine] *agg* **1.** fin(e) **2.** *(elegante)* distingué(e) **3.** *(vista)* perçant(e) ◇ *sm (scopo)* but *m* ◇ *sf (termine)* fin *f* ● lieto fine heureux dénouement *m* ● fine settimana week-end *m*, fin de semaine ● alla fine finalement

finestra [fi'nestra] *sf* fenêtre *f*

finestrino [fines'trino] *sm* vitre *f*

fingere ['findʒere] *vt* ● ho finto un malore j'ai simulé un malaise ● abbiamo finto di andarcene nous avons fait semblant de nous en aller ◆ fingersi *vr* ● fingersi malato faire semblant d'être malade

finimondo [fini'mondo] *sm* ● al suo arrivo è successo il finimondo son arrivée a déclenché une vraie tempête

finire [fi'nire] *vt & vi* finir ● dov'è finito il mio cappello? où est passé mon chapeau ? ● ho finito con l'accettare j'ai fini par accepter ● devo finire di vestirmi je dois finir de m'habiller

finlandese [finlan'dese] *agg* finlandais(e) ◇ *smf* Finlandais *m*, -e *f* ◇ *sm (lingua)* finnois *m*

Finlandia [fin'landja] *sf* ● la Finlandia la Finlande

¹**fino** ['fino] *prep* jusque ● fin lì jusque-là ● fin qui jusqu'ici ● fino a *prep* **1.** jusqu'à **2.** *(tanto da)* ● ho strofinato il parquet fino a renderlo lucido j'ai frotté le parquet jusqu'à ce qu'il soit brillant ● ho urlato fino a restare senza voce j'ai tant hurlé que je n'ai plus de voix ◆ fin da *prep* ● sono venuti visitatori fin dal Giappone des visiteurs sont même venus du

Japon ● **fin da adesso** dès maintenant ● **fin da allora** depuis (lors)

²**fino, a** ['fino, a] *agg* 1. fin(e) 2. *(vista)* perçant(e)

finocchio [fi'nɔkkjo] *sm (verdura)* fenouil *m*

finora [fi'nora] *avv* jusqu'à présent

finta ['finta] *sf* 1. simulation *f* 2. SPORT feinte *f* ● **ho fatto finta di cadere** j'ai fait semblant de tomber

finto, a ['finto, a] *pp* ➤ **fingere** ◇ *agg* 1. faux (fausse) 2. *(fiore)* artificiel(elle)

fiocco, chi ['fjɔkko, ki] *sm* 1. *(di nastro)* nœud *m* 2. *(di neve)* flocon *m* ● **una cena coi fiocchi** un excellent dîner

fiocina ['fjɔtʃina] *sf* harpon *m*

fioco, chi, che ['fjɔko, ki, ke] *agg* faible

fioraio, a [fjo'rajo, a] *sm, f* fleuriste *mf*

fiore ['fjore] *sm* fleur *f* ● **a fiori** à fleurs ● **in fiore** en fleur(s) ● **fiori di zucca ripieni** fleurs de courgette farcies ◆ **fiori** *smpl (nelle carte)* trèfle *m*

fiorentino, a [fjoren'tino, a] *agg* florentin(e) ◇ *sm, f* Florentin *m*, -e *f*

fiorire [fjo'rire] *vi* fleurir

fiorista, i, e [fjo'rista, i, e] *smf* fleuriste *mf*

Firenze [fi'rɛntse] *sf* Florence *f*

firewall ['fajarwol] *sm inv* pare-feu *m*

firma ['firma] *sf* 1. signature *f* 2. *(marca)* marque *f*, griffe *f*

firmare [fir'mare] *vt* signer

fiscale [fis'kale] *agg* 1. fiscal(e) 2. *(persona)* tatillon(onne)

fischiare [fis'kjare] *vt & vi* siffler

fischio ['fiskjo] *sm* sifflement *m*

fisco ['fisko] *sm* fisc *m*

fisica ['fizika] *sf (scienza)* physique *f*

fisico, a, ci, che ['fiziko, a, tʃi, ke] *agg* physique ◇ *sm, f* physicien *m*, -enne *f* ◆ **fisico** *sm (corpo)* physique *m*

fisionomia [fizjono'mia] *sf (di persona)* physionomie *f*

fissare [fis'sare] *vt* fixer ◆ **fissarsi** *vr* 1. *(con lo sguardo)* regarder dans le vide 2. *(ostinarsi)* ● **si è fissato con la puntualità** il est obsédé par la ponctualité ● **si è fissato di voler andare in Australia** il s'est mis en tête de partir en Australie

¹**fisso** ['fisso] *avv* ● **guardare fisso qn/qc** regarder qqn/qqch fixement ◇ *sm (telefono)* fixe *m* ● **ti richiamo dal/sul fisso** je te rappelle de mon/sur ton fixe

²**fisso, a** ['fisso, a] *agg* fixe

fitta ['fitta] *sf* douleur *f*, élancement *m*

fitto, a ['fitto, a] *agg* 1. *(bosco, nebbia)* épais(aisse) 2. *(pioggia)* dru(e)

fiume ['fjume] *sm* fleuve *m*

fiutare [fju'tare] *vt* 1. flairer 2. *(tabacco)* priser

flacone [fla'kone] *sm* flacon *m*

flagrante [fla'grante] *agg* ● **cogliere qn in flagrante** prendre qqn en flagrant délit

flash [flɛʃ] *sm inv* flash *m*

flessibile [fles'sibile] *agg* 1. flexible 2. *(persona, mentalità)* souple

flessione [fles'sjone] *sf* 1. *(piegamento)* flexion *f* 2. *(calo)* fléchissement *m*

flesso, a ['flesso, a] *pp* ➤ **flettere**

flettere ['flɛttere] *vt* fléchir

flipper ['flipper] *sm inv* flipper *m*

f.lli *abbr scritta di* fratelli

flop [flɔp] *sm inv* flop *m*

floppy (disk) [flɔppi'disk] *sm inv* disquette *f*

flora ['flɔra] *sf* flore *f*

flotta ['flɔtta] *sf* flotte *f*

¹fluido ['flujdo] *sm* fluide *m*

²fluido, a ['flujdo, a] *agg* fluide

fluire [flu'ire] *vi* couler

flusso ['flusso] *sm* flux *m*

fluttuare [fluttu'are] *vi (ondeggiare)* flotter

F.M. [ɛf'fɛm] *(abbr di Frequency Modulation)* *(anche "Modulazione di frequenza")* FM

foca, che ['fɔka, ke] *sf* phoque *m*

focaccia, ce [fo'kattʃa, tʃe] *sf* sorte de fougasse assaisonnée de divers ingrédients

foce ['fotʃe] *sf* embouchure *f*

focolare [foko'lare] *sm* foyer *m*

fodera ['fɔdera] *sf* **1.** doublure *f* **2.** *(di libro)* jaquette *f*

foglia ['fɔʎʎa] *sf* feuille *f* ◆ **foglia secca** feuille morte

foglio ['fɔʎʎo] *sm* feuille *f* ◆ **un foglio di carta** une feuille de papier ● **foglio rosa** *permis de conduire provisoire*

fogna ['fɔɲɲa] *sf* égout *m*

fognature [foɲɲa'ture] *sfpl* égouts *mpl*

folclore [fol'klore] *sm* folklore *m*

folcloristico, a, ci, che [folklo'ristiko, a, tʃi, ke] *agg* folklorique

folder ['folder] *sm inv INFORM* dossier *m*

folgorare [folgo'rare] *vt* **1.** *(sog: fulmine)* foudroyer **2.** *(sog: corrente elettrica)* électrocuter

folla ['folla] *sf* foule *f*

folle ['fɔlle] *agg* fou (folle) ● **in folle** *AUTO* au point mort

folletto [fol'letto] *sm (spirito)* lutin *m*

follia [fol'lia] *sf* folie *f*

folto, a ['folto, a] *agg* épais(aisse)

fon [fɔn] *sm inv (asciugapelli)* sèche-cheveux *m inv*

fondale [fon'dale] *sm (di mare, oceano)* fond *m*

fondamentale [fondamen'tale] *agg* fondamental(e)

fondamento [fonda'mento] *sm* fondement *m* ◆ **fondamenta** *sfpl (di edificio)* fondations *fpl*

fondare [fon'dare] *vt* ◆ **fondare qc (su)** fonder qqch (sur) ◆ **fondarsi su** *vr+prep* se fonder sur

fondazione [dondats'tsjone] *sf* fondation *f*

fondere ['fondere] *vt* **1.** *(materiale)* fondre **2.** *(motore)* griller **3.** *(società, partiti)* fusionner ◆ **fondersi** *vr* **1.** *(materiale)* fondre **2.** *(società, partiti)* fusionner

fondo, a ['fondo, a] *agg (profondo)* profond(e) ◆ **fondo** *sm* **1.** fond *m* **2.** *(di pagina)* bas *m* ● **fondo di caffè** marc *m* de café ● **andare a fondo** *(in acqua)* couler ● **conoscere a fondo qc** connaître qqch à fond ● **in fondo** *(dopo tutto)* au fond ● **in fondo (a qc) o sul fondo (di qc)** au fond (de qqch) ● **andare fino in fondo (a qc)** aller jusqu'au bout (de qqch) ◆ **fondi** *smpl* fonds *mpl*

fonduta [fon'duta] *sf* fondue *f*

fonetica [fo'netika] *sf* phonétique *f*

font [fɔnt] *sm inv* police *f*

fontana [fon'tana] *sf* fontaine *f*

fonte ['fonte] *sf* source *f* ◇ *sm* ◆ **fonte battesimale** fonts *mpl* baptismaux

500

fontina [fon'tina] *sf* fromage de lait de vache à pâte ferme originaire du Val d'Aoste

foraggio [fo'raddʒo] *sm* fourrage *m*

forare [fo'rare] *vt* **1.** (praticare un foro in) percer **2.** (gomma, pallone) crever **3.** (biglietto) poinçonner

forbici ['forbitʃi] *sfpl* ciseaux *mpl*

forca, che ['forka, ke] *sf* fourche *f*

forchetta [for'ketta] *sf* fourchette *f*

forcina [for'tʃina] *sf* épingle *f* à cheveux

foresta [fo'resta] *sf* forêt *f*

forestiero, a [fores'tjero, a] *agg & sm, f* étranger(ère)

forfait [for'fɛ] *sm inv* forfait *m*

forfora ['forfora] *sf* pellicules *fpl*

forma ['forma] *sf* **1.** (aspetto) forme *f* **2.** (stampo) moule *m* ● **a forma di** en forme de ● **essere in forma** être en forme ● **rispettare la forma** respecter le ou les formes

formaggino [formad'dʒino] *sm* fromage à tartiner en portion individuelle

formaggio [for'maddʒo] *sm* fromage *m*

formale [for'male] *agg* formel(elle)

formalità [formali'ta] *sf inv* formalité *f*

formare [for'mare] *vt* former ◆ **formarsi** *vr* se former

formato [for'mato] *sm* format *m*

formattare [format'tare] *vt* INFORM formater

formazione [formats'tsjone] *sf* **1.** formation *f* **2.** SPORT composition *f* ● **formazione professionale** formation professionnelle

¹formica, che [for'mika, ke] *sf* (insetto) fourmi *f*

²formica® ['formika] *sf* (rivestimento) Formica® *m*

formicolio [formiko'lio, ii] *sm* fourmillement *m*

formidabile [formi'dabile] *agg* formidable

formula ['formula] *sf* formule *f* ● **formula uno** formule 1

fornaio, a [for'najo, a] *sm, f* boulanger *m*, -ère *f*

fornello [for'nello] *sm* feu *m* ● **fornello a gas** réchaud *m* à gaz ● **fornello elettrico** réchaud électrique

fornire [for'nire] *vt* ● **fornire un alibi a un indiziato** fournir un alibi à un suspect ● **fornire la popolazione di provviste** approvisionner la population en vivres

fornitore, trice [forni'tore, 'tritʃe] *sm, f* fournisseur *m*, -euse *f*

forno ['forno] *sm* four *m* ● **forno crematorio** four crématoire ● **forno a legna** four à bois ● **in forno** au four

foro ['foro o 'fɔro] *sm* trou *m* ● **i fori romani** les forums romains

forse ['forse] *avv* **1.** (può darsi) peut-être ● **forse vengono** ils/elles viendront peut-être **2.** (per caso) ● **hai forse paura?** tu n'aurais pas peur, par hasard ? **3.** (circa) ● **avrà forse quarant'anni** il/elle doit avoir une quarantaine d'années

forte ['forte] *agg* fort(e) ◆ *avv* **1.** fort **2.** (velocemente) ◆ *sm* fort *m*

fortezza [for'tetstsa] *sf* forteresse *f*

fortuito, a [for'tujto, a] *agg* fortuit(e)

fortuna [for'tuna] *sf* **1.** chance *f* **2.** (patrimonio) fortune *f* ● **buona fortuna!** bonne chance ! ● **portare fortuna** porter chance ou bonheur ● **per fortuna** heureusement

fortunatamente [fortuna'mente] *avv* heureusement

fortunato, a [fortu'nato, a] *agg* 1. *(persona)* chanceux(euse) 2. *(evento)* heureux(euse)

forum ['fɔrum] *sm inv* forum (di discussione) forum *m* (de discussion)

forza ['fɔrtsa] *sf* force *f* ● le forze armate les forces armées ● a forza di fare qc à force de faire qqch ● per forza forcément

forzare [for'tsare] *vt* forcer ● non lo forzare a mangiare ne le force pas à manger

foschia [fos'kia] *sf* brume *f*

fossa ['fɔssa] *sf* fosse *f*

fossato [fos'sato] *sm* fossé *m*

fossile ['fɔssile] *sm* fossile *m*

fosso ['fɔsso] *sm* fossé *m*

foto ['fɔto] *sf inv* photo *f*

fotocopia [foto'kɔpja] *sf* photocopie *f*

fotocopiare [fotoko'pjare] *vt* photocopier

fotogenico, a, ci, che [foto'dʒeniko, a, tʃi, ke] *agg* photogénique

fotografare [fotogra'fare] *vt* photographier

fotografia [fotogra'fia] *sf* photographie *f* ● fotografia a colori photographie en couleurs ● fotografia in bianco e nero photographie en noir et blanc

fotografo, a [fo'tɔgrafo, a] *sm, f* photographe *mf*

fototessera [foto'tessera] *sf* photo *f* d'identité

fra [fra] = tra

fracassare [frakas'sare] *vt* fracasser

fracasso [fra'kasso] *sm* fracas *m*

fradicio, a, ci, ce ['fraditʃo, a, tʃi, tʃe] *agg* trempé(e)

fragile ['fradʒile] *agg* fragile

fragola ['fragola] *sf* fraise *f*

fragore [fra'gore] *sm* fracas *m*

fraintendere [frain'tendere] *vt* mal comprendre

frammento [fram'mento] *sm* fragment *m*

frana ['frana] *sf* 1. *(di terreno)* éboulement *m* 2. *(persona)* catastrophe *f*

francese [fran'tʃeze] *agg* français(e) ◇ *smf* Français *m*, -e *f* ◇ *sm (lingua)* français *m*

Francia ['frantʃa] *sf* ● la Francia la France

¹**franco, chi** ['franko, ki] *sm (unità monetaria)* franc *m*

²**franco, a, chi, che** ['franko, a, ki, ke] *agg* franc (franche) ● farla franca se tirer d'affaire

francobollo [franko'bollo] *sm* timbre *m*

frangia, ge ['frandʒa, dʒe] *sf* frange *f*

frantumare [frantu'mare] *vt* briser ● frantumarsi *vr* se briser

frantumi [fran'tumi] *smpl* ● andare in frantumi voler en éclats

frappè [frap'pɛ] *sm inv* milk-shake *m*

frase ['fraze] *sf* phrase *f*

frastuono [fras'twɔno] *sm* vacarme *m*

frate ['frate] *sm* frère *m (d'un ordre religieux)*

fratellastro [fratel'lastro] *sm* demi-frère *m*

fratello [fra'tello] *sm* frère *m*

frattempo [frat'tempo] ◆ nel frattempo *avv* pendant ce temps, entre-temps

frattura [frat'tura] *sf (di osso)* fracture *f*

frazione [frats'tsjone] *sf* 1. fraction *f* 2. *(di comune)* hameau *m*

freccia, ce ['frettʃa, tʃe] *sf* flèche *f* ● **mettere la freccia** mettre son clignotant

¹freddo ['freddo] *sm* froid *m* ● **avere freddo** avoir froid ● **fa freddo** il fait froid

²freddo, a ['freddo, a] *agg* froid(e)

freddoloso, a [freddo'lozo, a] *agg* frileux(euse)

freezer ['fridzer] *sm inv* freezer *m*

fregare [fre'gare] *vt* (*fam*) ● **ti hanno fregato!** tu t'es fait avoir ! ● **fregare qc a qn** (*rubare*) faucher qqch à qqn ● **fregarsene** s'en foutre ● **fregarsene di qc** se o s'en foutre de qqch

frenare [fre'nare] *vt & vi* freiner

frenata [fre'nata] *sf* coup *m* de frein

frenetico, a, ci, che [fre'netiko, a, tʃi, ke] *agg* frénétique

freno ['freno] *sm* frein *m* ● **freno a mano** frein à main

frequentare [frekwen'tare] *vt* **1.** fréquenter **2.** (*corso*) suivre ● **frequenta la prima elementare** ≃ il est en CP o cours préparatoire

frequente [fre'kwente] *agg* fréquent(e)

¹fresco ['fresko] *sm* (*temperatura*) frais *m*, fraîcheur *f* ● **fa fresco** il fait frais ● **mettere qc in fresco** mettre qqch au frais

²fresco, a, schi, sche ['fresko, a, ski, ske] *agg* frais (fraîche)

fretta ['fretta] *sf* hâte *f* ● **avere fretta** être pressé(e) ● **in fretta e furia** à toute vitesse

fricassea [frikas'sea] *sf* fricassée *f*

friggere ['fridʤere] *vt* frire ◇ *vi* (*olio*) frémir

frigo ['frigo] *sm inv* frigo *m*

frigobar [frigo'bar] *sm inv* minibar *m*

frigorifero [frigo'rifero] *sm* réfrigérateur *m*

frittata [frit'tata] *sf* omelette *f*

frittella [frit'tella] *sf* beignet *m*

¹fritto ['fritto] *sm* ● **fritto misto** friture *f* mixte

²fritto, a ['fritto, a] *pp* ➤ **friggere** ◇ *agg* frit(e)

frittura [frit'tura] *sf* ● **frittura di pesce** friture *f* de poissons

frivolo, a ['frivolo, a] *agg* frivole

frizione [frit'tsjone] *sf* **1.** embrayage *m* **2.** (*massaggio*) friction *f*

frizzante [fridz'dzante] *agg* gazeux(euse)

frode ['frode] *sf* fraude *f*

frontale [fron'tale] *agg* frontal(e)

fronte ['fronte] *sf & sm* front *m* ● **di fronte** en face ● **di fronte a** (*posizione*) en face de ; (*in confronto*) par rapport à

frontiera [fron'tjera] *sf* frontière *f*

frottola ['frottola] *sf* mensonge *m*

frugare [fru'gare] *vt & vi* fouiller

frullare [frul'lare] *vt* battre, fouetter

frullato [frul'lato] *sm* milk-shake *m* aux fruits

frullatore [frulla'tore] *sm* mixeur *m*

frullino [frul'lino] *sm* fouet *m* (*de cuisine*)

frusta ['frusta] *sf* fouet *m*

frustino [frus'tino] *sm* cravache *f*

frutta ['frutta] *sfpl* fruits *mpl* ● **frutta secca** fruits secs

fruttivendolo [frutti'vendolo] *sm* (*negozio*) magasin *m* de fruits et légumes

frutto ['frutto] *sm* fruit *m* ● **frutti di mare** fruits de mer

F.S. [ɛffe'ɛsse] (*abbr di Ferrovie dello Stato*) *sfpl* ≃ S.N.C.F. *f* (*Société nationale des chemins de fer français*)

fu [fu] ➤ **essere**

fucile [fu'tʃile] *sm* fusil *m*

fuga, ghe [fuga, ge] *sf* fuite *f* ● **fuga di gas** fuite de gaz

fuggire [fudʒ'dʒire] *vi* fuir

full immersion [fulim'merʃon] *sf inv* immersion *f* (totale)

fulmine ['fulmine] *sm* **1.** éclair *m* **2.** (*scarica elettrica*) foudre *f*

fumare [fu'mare] *vt* & *vi* fumer

fumatore, trice [fuma'tore, 'tritʃe] *sm, f* fumeur *m*, -euse *f*

fumetti [fu'metti] *smpl* bande *f* dessinée ● **giornalino a fumetti** journal *m* de bande dessinée

fumo ['fumo] *sm* fumée *f*

Il fumo

Depuis le mois de janvier 2005, il est interdit de fumer dans la totalité des établissements publics italiens, qu'il s'agisse d'aéroports, de restaurants ou... de boîtes de nuit. Néanmoins, certains lieux publics disposent de zones fumeurs.

fune ['fune] *sf* corde *f*

funebre ['funebre] *agg* funèbre

funerale [fune'rale] *sm* enterrement *m*

fungere ['fundʒere] ◆ **fungere da** *v+prep* **1.** (*persona*) faire fonction de **2.** (*cosa*) faire office de

fungo, ghi ['fungo, gi] *sm* **1.** champignon *m* **2.** MED mycose *f*

funicolare [funiko'lare] *sf* funiculaire *m*

funivia [funi'via] *sf* téléphérique *m*

funzionamento [funtsjona'mento] *sm* fonctionnement *m*

funzionare [funtsjo'nare] *vi* fonctionner ● **funzionare da** faire office de

funzione [fun'tsjone] *sf* **1.** fonction *f* **2.** (*religiosa*) office *m* ● **essere in funzione** être en marche ● **in funzione di** en fonction de

fuoco, chi ['fwɔko, ki] *sm* feu *m* ● **al fuoco!** au feu ! ● **dar fuoco a qc** mettre le feu à qqch ● **fare fuoco (contro qn)** faire feu (sur qqn) ● **mettere a fuoco** faire la mise au point ● **prender fuoco** prendre feu ● **fuochi d'artificio** feux d'artifice

forché [fwor'ke] *cong* sauf

fuori ['fwɔri] *avv* dehors ◇ *prep* ● **fuori luogo** hors de propos ● **fuori mano** loin ▼ **fuori servizio** hors service ● **andare fuori strada** quitter la route ● **essere fuori di sé** être hors de soi ● **far fuori qn** (*fam*) (*ammazzare*) descendre qqn ● **tirare fuori qc** sortir qqch

fuoribordo [fwɔri'bordo] *sm inv* hors-bord *m inv*

fuorilegge [fwɔri'ledʒdʒe] *smf inv* hors-la-loi *m inv*

fuoristrada [fwɔris'trada] *agg inv* tout-terrain (*inv*) ◇ *sm inv* (*véhicule m*) tout-terrain *m inv*

fuorviare [fwor'vjare] *vt* (*indurre in errore*) tromper

furbo, a ['furbo, a] *agg* malin(igne)

furgone [fur'gone] *sm* fourgon *m*

furia ['furja] *sf* fureur *f* ● **a furia di** à force de ● **andare su tutte le furie** sortir de ses gonds

furioso, a [fu'rjozo, a] *agg* furieux(euse)

furore [fu'rore] *sm* fureur *f* ● **far furore** faire fureur

furto ['furto] *sm* vol *m* ● **furto con scasso** vol avec effraction

fusa ['fusa] *sfpl* ● **fare le fusa** ronronner

fusibile [fu'zibile] *sm* fusible *m*

fusione [fu'zjone] *sf* fusion *f*

fuso, a ['fuso, a] *pp* ➤ **fondere** ◆ **fuso orario** sm fuseau *m* horaire

fustino [fus'tino] *sm (di detersivo)* baril *m*

fusto [fusto] *sm* **1.** *(di albero, birra, nafta)* fût *m* **2.** *(ragazzo)* beau garçon *m*

futile ['futile] *agg* futile

¹**futuro** [fu'turo] *sm* avenir *m*, futur *m*

²**futuro, a** [fu'turo, a] *agg* futur(e)

g G

gabbia ['gabbja] *sf* cage *f*

gabbiano [gab'bjano] *sm* mouette *f*

gabinetto [gabi'netto] *sm* **1.** *(bagno)* toilettes *fpl* **2.** *(studio, ministero)* cabinet *m*

gaffe [gaf] *sf inv* gaffe *f*

gala ['gala] *sf* ● **di gala** de gala ● **essere/mettersi in gala** être/se mettre en tenue de gala

galà [ga'la] *sf* gala *m*

galassia [ga'lassja] *sf* galaxie *f*

galateo [gala'teo] *sm* savoir-vivre *m*

galera [ga'lera] *sf (prigione)* prison *f*

galla ['galla] *sf* ● **stare a galla** flotter ● **venire a galla** *(fig)* se faire jour

galleggiante [galled'dʒante] *agg* flottant(e) ◇ *sm* flotteur *m*

galleria [galle'ria] *sf* **1.** galerie *f* **2.** *(traforo)* tunnel *m*

galletta [gal'letta] *sf* biscuit *m*

gallina [gal'lina] *sf* poule *f*

gallo ['gallo] *sm* coq *m*

gamba ['gamba] *sf* jambe *f* ● **un ragazzo in gamba** un garçon doué ● **in gamba!** courage !

gamberetto [gambe'retto] *sm* crevette *f*

gambero ['gambero] *sm* écrevisse *f*

gamberone [gambe'rone] *sm* gamba *f*

gambo ['gambo] *sm* **1.** *(di pianta)* tige *f* **2.** *(di fungo, bicchiere)* pied *m*

gancio ['gantʃo] *sm* crochet *m*

gara ['gara] *sf* **1.** compétition *f* **2.** *(concorso)* concours *m* ● **fare a gara con qn** se mesurer avec qqn ● **facciamo a gara a chi arriva primo in cima alla salita?** on fait la course pour savoir qui arrive le premier en haut de la montée ?

garage [ga'raʒ] *sm inv* garage *m* ● **mettere la macchina in garage** mettre la voiture au garage

garantire [garan'tire] *vt* garantir

garanzia [garan'tzia] *sf* garantie *f*

Garda ['garda] *sm* ● **il lago di Garda** le lac de Garde

gareggiare [gared'dʒare] *vi* rivaliser

gargarismo [garga'rizmo] *sm* ● **fare i gargarismi** faire des gargarismes

garza ['gardza] *sf* gaze *f*

gas [gas] *sm inv* gaz *m* ● **gas lacrimogeno** gaz lacrymogène

gasato, a [ga'zato, a] *pp* = **gassato**

gasolio [ga'zoljo] *sm* gazole *m*, gas-oil *m*

gassato, a [gas'sato, a] *agg* gazeux(euse)

gassosa [gas'sosa] *sf* limonade *f*

gastronomia [gastrono'mia] *sf* gastronomie *f*

gastronomico, a, ci, che [gastro'nɔmiko, a, tʃi, ke] *agg* gastronomique

gattino, a [gat'tino, a] *sm, f* chaton *m*, -onne *f*

gatto, a ['gatto, a] *sm, f* chat *m*, chatte *f* ● gatto delle nevi dameuse *f*; (per trasporto) autoneige *f* ● erano in quattro gatti il y avait trois pelés et un tondu

gazzetta [gadz'dzetta] *sf* journal *m*

gel [dʒɛl] *sm inv* gel *m*

gelare [dʒe'lare] *vt & vi* geler ◇ *v impers* ● gela il gèle

gelateria [dʒelate'ria] *sf* glacier *m*, marchand *m* de glace

gelatina [dʒela'tina] *sf* gelée *f* ● gelatina di frutta gelée de fruits

¹**gelato** [dʒe'lato] *sm* glace *f*

²**gelato, a** [dʒe'lato, a] *agg* gelé(e)

gelido, a ['dʒɛlido, a] *agg* glacial(e)

gelo ['dʒɛlo] *sm* gel *m*

gelosia [dʒelo'zia] *sf* jalousie *f*

geloso, a [dʒe'lozo, a] *agg* jaloux(ouse)

gemello, a [dʒe'mɛllo, a] *agg* jumeau(elle) ● gemelli *smpl* (di camicia) boutons *mpl* de manchette ◆ Gemelli *smpl* Gémeaux *mpl*

gemere ['dʒemere] *vi* gémir

gemma ['dʒemma] *sf* 1. (pietra) pierre *f* précieuse 2. (di pianta) bourgeon *m*

generale [dʒene'rale] *agg* général(e) ◇ *sm* général *m* ● in generale en général

generalità [dʒenerali'ta] *sfpl* renseignements *mpl* personnels

generalmente [dʒeneral'mente] *avv* généralement

generare [dʒene'rare] *vt* (produrre) générer, produire

generatore [dʒenera'tore] *sm* générateur *m*

generazione [dʒenerats'tsjone] *sf* 1. génération *f* 2. (produzione) génération *f*, production *f*

genere ['dʒenere] *sm* genre *m* ● in genere en général ● generi alimentari *smpl* produits *mpl* alimentaires

generico, a, ci, che [dʒe'nɛriko, a, tʃi, ke] *agg* général(e)

genero ['dʒɛnero] *sm* gendre *m*

generoso, a [dʒene'roso, a] *agg* généreux(euse)

gengiva [dʒen'dʒiva] *sf* gencive *f*

geniale [dʒe'njale] *agg* génial(e)

genio ['dʒɛnjo] *sm* génie *m* ● andare a genio a qn plaire à qqn

genitali [dʒeni'tali] *smpl* parties *fpl* génitales

genitore [dʒeni'tore] *sm* parent *m*

gennaio [dʒen'najo] *sm* janvier *m* ● a o in gennaio en janvier ● lo scorso gennaio en janvier dernier ● il prossimo gennaio en janvier prochain ● all'inizio di gennaio début janvier ● alla fine di gennaio fin janvier ● il due gennaio le deux janvier

Genova ['dʒɛnova] *sf* Gênes *f*

gente ['dʒɛnte] *sf gens mpl* ● c'è troppa gente il y a trop de monde

gentile [dʒen'tile] *agg* gentil(ille) ● Gentile Signore Monsieur ● Gentile Signora G. Paoli Madame G. Paoli

gentilezza [dʒenti'letstsa] *sf* gentillesse *f* ● per gentilezza s'il te/vous plaît

gentiluomo [dʒenti'lwɔmo] (*pl* gentiluomini) *sm* gentleman *m*

genuino, a [dʒenu'ino, a] *agg* **1.** (*naturale*) naturel(elle) **2.** (*schietto*) sincère

geografia [dʒeogra'fia] *sf* géographie *f*

geologia [geolo'dʒia] *sf* géologie *f*

geometria [dʒeome'tria] *sf* géométrie *f*

Georgia [dʒe'ɔrdʒa] *sf* ● **la Georgia** la Géorgie

geranio [dʒe'ranjo] *sm* géranium *m*

gerarchia [dʒerar'kia] *sf* hiérarchie *f*

gergo, ghi ['dʒergo, gi] *sm* **1.** (*di giovani*) argot *m* **2.** (*specialistico*) jargon *m*

Germania [dʒer'manja] *sf* ● **la Germania** l'Allemagne *f*

germe ['dʒerme] *sm* germe *m*

gerundio [dʒe'rundjo] *sm* gérondif *m*

gesso ['dʒɛsso] *sm* **1.** (*per lavagna*) craie *f* **2.** (*per frattura*) plâtre *m*

gestione [dʒes'tjone] *sf* gestion *f*

gestire [dʒes'tire] *vt* gérer

gesto ['dʒesto] *sm* geste *m*

gestore, trice [dʒes'tore, 'tritʃe] *sm, f* gérant *m*, -e *f*

Gesù [dʒe'zu] *sm* Jésus

gettare [dʒet'tare] *vt* **1.** jeter **2.** (*grido*) pousser **3.** (*scultura*) couler ▼ **non gettare alcun oggetto dal finestrino** ne rien jeter par les fenêtres ◆ **gettarsi** *vr* se jeter

getto ['dʒɛtto] *sm* jet *m* ● **scrivere di getto** écrire d'un (seul) jet

ghiacciaio [gjatʃ'tʃajo] *sm* glacier *m*

ghiacciato, a [gjatʃ'tʃato, a] *agg* **1.** (*coperto di ghiaccio*) gelé(e) **2.** (*freddo*) glacé(e)

ghiaccio ['gjatʃtʃo] *sm* **1.** glace *f* **2.** (*su strada*) verglas *m*

ghiacciolo [gjatʃ'tʃɔlo] *sm* **1.** (*gelato*) glace *f* à l'eau **2.** (*di fontana*) glaçon *m*

ghiaia ['gjaja] *sf* gravier *m*

ghiandola ['gjandola] *sf* glande *f*

ghiotto, a ['gjɔtto, a] *agg* **1.** (*persona*) gourmand(e) **2.** (*cibo*) appétissant(e)

già [dʒa] *avv* déjà ◇ *esclam* eh oui ! ● **di già?** déjà ?

giacca, che ['dʒakka, ke] *sf* veste *f* ● **giacca a vento** anorak *m*

giacché [dʒak'ke] *cong* puisque

giaccone [dʒak'kone] *sm* parka *f*

giacere [dʒa'tʃere] *vi* être étendu(e) ▼ **qui giace...** ci-gît...

¹ giallo ['dʒallo] *sm* **1.** jaune *m* **2.** (*romanzo, film*) policier *m*

² giallo, a ['dʒallo, a] *agg* **1.** jaune **2.** (*semaforo*) orange

Giamaica [dʒa'majka] *sf* ● **la Giamaica** la Jamaïque

giamaicano, a [dʒamaj'kano, a] *agg* jamaïcain(e) ◇ *sm, f* Jamaïcain *m*, -e *f*

gianduiotto [dʒandu'jotto] *sm* chocolat aux noisettes très crémeux, spécialité de Turin

Giappone [dʒap'pone] *sm* ● **il Giappone** le Japon

giapponese [dʒappo'nese] *agg* japonais(e) ◇ *smf* Japonais *m*, -e *f* ◇ *sm* (*lingua*) japonais *m*

giardinaggio [dʒardi'nadʒdʒo] *sm* jardinage *m*

giardiniera [dʒardi'njera] *sf* ● **giardiniera di verdure** jardinière *f* de légumes ; (*sott'aceto*) pickles *mpl* ; (*sott'olio*) légumes *mpl* à l'huile

giardiniere, a [dʒardi'njere, a] *sm, f* jardinier *m*, -ère *f*

giardino [dʒar'dino] *sm* jardin *m* ● **giardino botanico** jardin botanique ● **giardino d'infanzia** (école *f*) maternelle *f* ● **giardini pubblici** jardins publics ● **giardino zoologico** jardin zoologique

gigabyte ['dʒigabajt] *sm inv* gigaoctet *m*

gigante [dʒi'gante] *agg* géant(e) ◇ *sm* géant *m*

gigantesco, a, schi, sche [dʒigan'tesko, a, ski, ske] *agg* gigantesque

gilè [dʒi'lɛ] *sm inv* gilet *m*

gin [dʒin] *sm inv* gin *m inv*

ginecologo, a, gi, ghe [dʒine'kɔlogo, a, gi, ge] *sm, f* gynécologue *mf*

ginestra [dʒi'nestra] *sf* genêt *m*

Ginevra [dʒi'nevra] *sf* Genève *f*

ginnastica, i, e [dʒin'nastika, i, e] *sf* gymnastique *f* ● **fare ginnastica** faire de la gymnastique

ginocchio [dʒi'nɔkkjo] (*fpl* ginocchia, *mpl* ginocchi) *sm* genou *m*

giocare [dʒo'kare] *vt & vi* jouer ● **sai giocare a tennis?** tu sais jouer au tennis ? ● **si sta giocando la reputazione** il joue sa réputation

giocatore, trice [dʒoka'tore, 'tritʃe] *sm, f* joueur *m*, -euse *f*

giocattolo [dʒo'kattolo] *sm* jouet *m*

gioco, chi [dʒɔko, ki] *sm* jeu *m* ● **mettere in gioco qc** mettre qqch en jeu ● **gioco d'azzardo** jeu de hasard ● **gioco di parole** jeu de mots ● **per gioco** pour plaisanter

giocoliere, a [dʒoko'ljere, a] *sm, f* jongleur *m*, -euse *f*

gioia ['dʒɔja] *sf* **1.** joie *f* **2.** (*gioiello*) bijou *m* ● **darsi alla pazza gioia** s'en donner à cœur joie

gioielleria [dʒojelle'ria] *sf* bijouterie *f*

gioiello [dʒo'jello] *sm* bijou *m*

giornalaio, a [dʒorna'lajo, a] *sm, f* marchand *m*, -e *f* de journaux

giornale [dʒor'nale] *sm* journal *m* ● **giornale radio** journal radio

giornaliero, a [dʒorna'ljero, a] *agg* quotidien(enne), journalier(ère)

giornalista, i, e [dʒorna'lista, i, e] *smf* journaliste *mf*

giornata [dʒor'nata] *sf* journée *f* ● **giornata lavorativa** journée de travail ● **oggi è una bella giornata** il fait beau aujourd'hui ● **vivere alla giornata** vivre au jour le jour

giorno ['dʒorno] *sm* jour *m* ● **giorno feriale** jour ouvrable ● **giorni festivi** dimanches *mpl* et jours fériés ● **giorno libero** jour libre ● **al giorno** par jour ● **a giorni alterni** un jour sur deux ● **l'altro giorno** l'autre jour ● **di giorno** de jour

giostra ['dʒɔstra] *sf* manège *m*

giovane ['dʒovane] *agg* jeune ◇ *sm* ● **i giovani** les jeunes *mpl*

giovanile [dʒova'nile] *agg* **1.** (*persona, aspetto*) juvénile **2.** (*abito, moda*) jeune

giovanotto [dʒova'nɔtto] *sm* jeune homme *m*

giovare [dʒo'vare] ● **giovare a** *v+prep* être utile à ● **giovarsi di** *vr+prep* tirer profit de

giovedì [dʒove'di] *sm inv* jeudi *m* ● **giovedì grasso** dernier jeudi du carnaval ● **torniamo giovedì** nous rentrons jeudi ● **oggi è giovedì** nous sommes jeudi ● **giovedì 6 maggio** jeudi 6 mai ● **giovedì pomeriggio** jeudi après-midi ● **giovedì prossimo** jeudi prochain ● **giovedì scorso**

jeudi dernier • **di giovedì** le jeudi • **a giovedì!** à jeudi !

gioventù [dʒoven'tu] *sf inv* 1. jeunesse *f* 2. *(giovani)* jeunesse *f*, jeunes *mpl*

giovinezza [dʒovi'netstsa] *sf* jeunesse *f*

giraffa [dʒi'raffa] *sf* girafe *f*

giramento [dʒira'mento] *sm* • **giramento di testa** vertige *m*

girare [dʒi'rare] *vi* 1. tourner 2. *(andare in giro)* se promener ◇ *vt* 1. tourner 2. *(assegno)* endosser • **ho girato tutti i negozi** j'ai fait tous les magasins • **girarsi** *vr* se tourner

girarrosto [dʒirar'rɔsto] *sm* tournebroche *m*

girasole [dʒira'sole] *sm* tournesol *m*

girata [dʒi'rata] *sf (escursione)* tour *m*

girello [dʒi'rɛllo] *sm* 1. *(di carne)* gîte *m* 2. *(per bambini)* trotteur *m*

girevole [dʒi'revole] *agg* tournant(e)

giro ['dʒiro] *sm* 1. tour *m* 2. *(compagnia)* milieu *m* • **giro d'affari** chiffre *m* d'affaires • **giro di parole** périphrase *f* • **giro di prova** tour d'essai • **andare in giro** se promener • **fare un giro** faire un tour • **fare il giro di qc** faire le tour de qqch • **nel giro di un anno/di qualche giorno** en l'espace d'un an/de quelques jours • **prendere in giro qn** se moquer de qqn • **essere su di giri** être en forme

Il Giro d'Italia

Le Tour d'Italie, plus connu sous le nom de *Giro*, constitue, après le Tour de France, l'événement le plus attendu des amateurs de cyclisme. Créé en 1909 par le quotidien sportif *La Gazzetta dello Sport*, il comptait alors 8 étapes pour un total de 2.448 kilomètres, contre 20 étapes et 3.500 kilomètres près d'un siècle plus tard. Le vainqueur du *Giro* endosse le traditionnel maillot rose, la *maglia rosa*.

girotondo [dʒiro'tondo] *sm* ronde *f*

gita ['dʒita] *sf* excursion *f* • **andare in gita a Roma** faire une excursion à Rome

giù [dʒu] *avv* en bas • **in giù** en bas • **i bambini dai dieci anni in giù** les enfants de dix ans et au-dessous • **essere giù** *(essere depresso)* avoir le moral à zéro

giubbotto [dʒub'bɔtto] *sm (giacca)* blouson *m*

giudicare [dʒudi'kare] *vt & vi* juger

giudice ['dʒuditʃe] *sm* juge *m*

giudizio [dʒu'ditstsjo] *sm* 1. jugement *m* 2. *(a scuola)* appréciation *f* 3. *(saggezza)* bon sens *m* • **a mio giudizio** à mon avis

giugno ['dʒuɲɲo] *sm* juin *m* • **a o in giugno** en juin • **lo scorso giugno** en juin dernier • **il prossimo giugno** en juin prochain • **all'inizio di giugno** début juin • **alla fine di giugno** fin juin • **il dieci giugno** le dix juin

giungere ['dʒundʒere] *vi* arriver

giungla ['dʒungla] *sf* jungle *f*

giunta ['dʒunta] *sf* conseil *m* • **per giunta** en plus, par-dessus le marché

giunto, a ['dʒunto, a] *pp* ➤ **giungere**

giuramento [dʒura'mento] *sm* serment *m*

giurare [dʒu'rare] *vt & vi* jurer

giuria [dʒu'ria] *sf* jury *m*

giustificare [dʒustifi'kare] *vt* justifier

giustificazione [dʒustifikats'tsjone] *sf* **1.** *(scusa)* justification *f* **2.** *SCOL* mot *m* d'excuse

giustizia [dʒus'titstsja] *sf* justice *f*

¹**giusto** ['dʒusto] *avv* **1.** *(esattamente)* juste **2.** *(proprio)* justement ● giusto in tempo juste à temps

²**giusto, a** ['dʒusto, a] *agg* juste ● al momento giusto au bon moment

gli [ʎi] *art* ➤ il ◇ *pron* **1.** *(a lui, esso)* lui **2.** *(a loro)* leur ● gli parlerò je lui/leur parlerai

gliela ['ʎela] *pron* **1.** *(a lui, esso)* la lui **2.** *(a loro)* la leur

gliele ['ʎele] *pron* **1.** *(a lui, esso)* les lui **2.** *(a loro)* les leur

glieli ['ʎeli] *pron* **1.** *(a lui, esso)* les lui **2.** *(a loro)* les leur

glielo ['ʎelo] *pron* **1.** *(a lui, esso)* le lui **2.** *(a loro)* le leur ● glielo hai detto? tu le lui/leur as dit ?

gliene ['ʎene] *pron* **1.** *(a lui, esso)* lui en **2.** *(a loro)* leur en ● gliene devo due je lui/leur en dois deux

globale [glo'bale] *agg* global(e)

globalizzazione [globalidzdzats'tsjone] *sf* globalisation *f*, mondialisation *f*

globo ['glɔbo] *sm* globe *m*

globulo ['glɔbulo] *sm* ● globulo bianco globule *m* blanc ● globulo rosso globule rouge

gloria ['glɔrja] *sf* gloire *f*

gnocchi ['ɲɔkki] *smpl* gnocchi(s) *mpl*

goal [gɔl] *sm inv* but *m*

gobba ['gobba] *sf* bosse *f*

gobbo, a ['gobbo, a] *agg* bossu(e)

goccia, ce ['gotʃtʃa, tʃe] *sf* *(di liquido)* goutte *f*

gocciolare [gotʃtʃo'lare] *vi* goutter ◇ *vt* ● il soffitto gocciola il y a de l'eau qui goutte du plafond

godere [go'dere] *vi* prendre plaisir ◆ godere di *v+prep* **1.** jouir de **2.** *(riduzione)* bénéficier de ◆ godersi *vr* ● godersi qc profiter de qqch

goffo, a ['gɔffo, a] *agg* gauche

gola ['gola] *sf* **1.** gorge *f* **2.** *(golosità)* gourmandise *f*

golf [gɔlf] *sm* **1.** *(maglia)* pull(-over) *m* **2.** *(abbottonato)* gilet *m* **3.** *(sport)* golf *m*

golfo ['golfo] *sm* golfe *m*

goloso, a [go'lozo, a] *agg* gourmand(e)

gomito ['gomito] *sm* coude *m*

gomma ['gomma] *sf* **1.** *(materiale)* caoutchouc *m* **2.** *(per cancellare)* gomme *f* **3.** *(da masticare)* chewing-gum *m* **4.** *(pneumatico)* pneu *m* ● bucare o forare una gomma crever ● gomma a terra pneu à plat

gommapiuma® [gomma'pjuma] *sf* caoutchouc Mousse® *m*

gommista, i [gom'mista, i] *sm* **1.** *(negoziante)* marchand *m* de pneus **2.** *(meccanico)* monteur *m* de pneus

gommone [gom'mone] *sm* canot *m* pneumatique, Zodiac® *m*

gondola ['gondola] *sf* gondole *f*

gondoliere [gondo'ljere] *sm* gondolier *m*

gonfiare [gon'fjare] *vt* **1.** gonfler **2.** *(notizia, impresa)* grossir ◆ gonfiarsi *vr* **1.** *(piede, dito)* enfler **2.** *(fiume)* grossir

gonfio, a ['gonfjo, a] *agg* **1.** *(piede, occhi)* enflé(e) **2.** *(stomaco)* ballonné(e)

gonna ['gonna] *sf* jupe *f* ● gonna a pieghe jupe plissée ● gonna pantalone jupe-culotte *f*

gorgogliare [gorgoʎ'ʎare] *vi* gargouiller

gorilla [go'rilla] *sm inv* gorille *m*

governante [gover'nante] *sf* gouvernante *f*

governare [gover'nare] *vt* gouverner

governatore, trice [governa'tore, 'tritʃe] *sm, f* gouverneur *m*

governo [go'vɛrno] *sm* gouvernement *m*

gracile ['gratʃile] *agg* frêle

gradazione [gradats'tsjone] *sf* (di colori) dégradé *m* ● **gradazione alcolica** degré *m* d'alcool

gradevole [gra'devole] *agg* agréable

gradinata [gradi'nata] *sf* 1. escalier *m* 2. (in stadi, teatri) gradins *mpl*

gradino [gra'dino] *sm* marche *f*

gradire [gra'dire] *vt* 1. (regalo) apprécier 2. (desiderare) désirer ● **gradisce un caffè?** désirez-vous un café ?

grado ['grado] *sm* 1. degré *m* 2. (sociale) rang *m* 3. MIL grade *m* ● **essere in grado di fare qc** être en mesure de faire qqch ● **grado centigrado** degré centigrade

graduale [gradu'ale] *agg* graduel(elle)

graduatoria [gradwa'tɔrja] *sf* classement *m*

graffetta [graf'fetta] *sf* trombone *m*

graffiare [graf'fjare] *vt* 1. (pelle) égratigner 2. (muro, mobile) érafler 3. (auto, cd) rayer

graffio ['graffjo] *sm* 1. (su pelle) égratignure *f* 2. (su muro, mobile) éraflure *f* 3. (su auto, cd) rayure *f*

grafica ['grafika] *sf* arts *mpl* graphiques

¹**grafico, ci** ['grafiko, tʃi] *sm* graphique *m*

²**grafico, a, ci, che** ['grafiko, a, tʃi, ke] *agg* graphique ◇ *sm, f* graphiste *mf*

grammatica, che [gram'matika, ke] *sf* grammaire *f*

grammo ['grammo] *sm* gramme *m*

grana ['grana] *sf* 1. (di carta) grain *m* 2. (fam) (seccatura) pépin *m* 3. (fam) (soldi) fric *m*, pognon *m* ◇ *sm inv* fromage de vache à pâte dure originaire d'Émilie, qui tire son nom de sa consistance granuleuse

granaio [gra'najo] *sm* grenier *m*

Gran Bretagna [grambre'tanna] *sf* ● la **Gran Bretagna** la Grande-Bretagne

granché [gran'ke] *pron* ● **non ho fatto un granché** je n'ai pas fait grand-chose ◇ *avv* ● **non mi è piaciuto granché** ça ne m'a pas beaucoup plu

granchio ['grankjo] *sm* crabe *m* ● **prendere un granchio** faire une boulette

grande ['grande] (a volte gran) *agg* grand(e) ● **grande magazzino** grand magasin ● **fare le cose in grande** faire les choses en grand ● **un gran bugiardo** un sacré menteur ● **fa un gran caldo** il fait très chaud ◇ *sm* grande personne *f* ● **cosa farai da grande?** qu'est-ce que tu feras quand tu seras grand(e) ?

grandezza [gran'detstsa] *sf* grandeur *f*

grandinare [grandi'nare] *v impers* ● **grandina** il grêle

grandine ['grandine] *sf* grêle *f*

granello [gra'nɛllo] *sm* grain *m*

granita [gra'nita] *sf* granité *m*

grano ['grano] *sm* blé *m*

granoturco, chi [grano'turko, ki] *sm* maïs *m*

grappa ['grappa] *sf* grappa *f*, eau-de-vie *f*

grappolo ['grappolo] *sm* grappe *f*

grassetto [gras'setto] *sm* gras *m* ● **scrivere in grassetto** écrire en gras

¹grasso ['grasso] *sm* **1.** graisse *f* **2.** *(di cibo)* gras *m*

²grasso, a ['grasso, a] *agg* **1.** *(persona)* gros (grosse) **2.** *(cibo, pelle, capelli)* gras (grasse)

grassoccio, a, ci, ce [gras'sɔtʃtʃo, a, tʃi, tʃe] *agg* grassouillet(ette)

grata ['grata] *sf* grille *f*

gratis ['gratis] *avv* gratis

gratitudine [grati'tudine] *sf* gratitude *f*

grato, a ['grato, a] *agg* reconnaissant(e) ● Le sarei grato se... je vous saurai gré de...

grattacielo [gratta'tʃelo] *sm* gratte-ciel *m inv*

grattare [grat'tare] *vt* **1.** *(raschiare)* gratter **2.** *(formaggio, pane)* râper ◆ **grattarsi** *vr* se gratter ● grattarsi il naso se gratter le nez

grattugia, ge [grat'tudʒa, dʒe] *sf* râpe *f*

grattugiare [grattu'dʒare] *vt* râper

gratuito, a [gra'tujto, a] *agg* gratuit(e)

grave ['grave] *agg* **1.** grave **2.** *(responsabilità, sacrificio)* lourd(e)

gravemente [grave'mente] *avv* gravement

gravidanza [gravi'dantsa] *sf* grossesse *f*

gravità [gravi'ta] *sf inv* gravité *f*

grazia ['gratstsja] *sf* grâce *f*

grazie ['gratstsje] *esclam* merci ! ● **grazie tante** o **mille!** merci beaucoup ! ● **grazie dei** o **per i fiori** merci pour les fleurs ● **grazie a** grâce à

grazioso, a [grats'tsjoso, a] *agg* *(dolce, carino)* joli(e)

Grecia [tʃa] *sf* ● **la Grecia** la Grèce

greco, a, ci, che ['grɛko, a, tʃi, ke] *agg* grec (grecque) ◇ *sm, sf* Grec *m*, Grecque *f* ◆ **greco** *sm* *(lingua)* grec *m*

gregge ['greddʒe] *(fpl* greggi) *sm* troupeau *m*

¹greggio ['greddʒo] *sm* pétrole *m* brut

²greggio, a, gi, ge ['greddʒo, a, dʒi, dʒe] *agg* brut(e)

grembiule [grem'bjule] *sm* **1.** *(da cucina)* tablier *m* **2.** *(per bambini)* blouse *f*

grezzo, a ['greddzo, a] *agg* = greggio

gridare [gri'dare] *vt* & *vi* crier

grido ['grido] *sm* **1.** *(di persona: fpl* grida) cri *m* **2.** *(di animale: mpl* gridi) cri *m* ● **di grido** en vogue, à la mode

¹grigio ['gridʒo] *sm* gris *m*

²grigio, a, gi, ge ['gridʒo, a, dʒi, dʒe] *agg* gris(e)

griglia ['griʎʎa] *sf* **1.** *(per cucinare)* gril *m* **2.** *(inferriata)* grille *f* ● **alla griglia** grillé(e)

grigliata [griʎ'ʎata] *sf* grillade *f*

grill [gril] *sm* gril *m*

grilletto [gril'letto] *sm* détente *f*

grillo ['grillo] *sm* grillon *m*

grinta ['grinta] *sf* mordant *m*

grinzoso, a [grin'tsoso, a] *agg* **1.** *(tessuto)* fripé(e) **2.** *(pelle)* ridé(e)

grissino [gris'sino] *sm* gressin *m*

grolla ['grɔlla] *sf* récipient en bois typique du Val d'Aoste dans lequel on boit du café arrosé d'alcool

grondare [gron'dare] *vi* couler ◆ **grondare di** *v+prep* ruisseler de

groppa ['grɔppa] *sf* croupe *f*

groppo ['grɔppo] *sm* ● **avere un groppo in gola** avoir la gorge serrée

grossista, i, e [gros'sista, i, e] *smf* grossiste *mf*

grosso, a ['grɔsso, a] *agg* gros (grosse) ● **dirla grossa** dire une énormité ● **sta-**

volta l'hai fatta grossa cette fois tu es allé(e) trop loin ● **grosso** *sm* ● **il grosso di la plupart de** ● **sbagliarsi di grosso** se tromper lourdement

grossolano, a [grosso'lano, a] *agg* grossier(ère)

grossomodo [grɔsso'mɔdo] *avv* grosso modo

grotta ['grɔtta] *sf* grotte *f*

grottesco, a, schi, sche [grot'tesko, a, ski, ske] *agg* grotesque

groviera [gro'vjɛra] *sm inv* o *sf* gruyère *m*

groviglio [gro'viʎʎo] *sm* enchevêtrement *m*

gru [gru] *sf inv (apparecchio, uccello)* grue *f*

gruccia, ce ['gruttʃa, tʃe] *sf* **1.** *(stampella)* béquille *f* **2.** *(per abiti)* cintre *m*

grugnire [grun'nire] *vi* grogner

grumo ['grumo] *sm* **1.** *(di sangue)* caillot *m* **2.** *(di farina)* grumeau *m*

gruppo ['gruppo] *sm* groupe *m* ● **gruppo sanguigno** groupe sanguin

gruviera [gru'vjɛra] *sm inv* o *sf* = **groviera**

guadagnare [gwadan'nare] *vt* gagner ● **guadagnarsi da vivere** gagner sa vie

guadagno [gwa'danno] *sm* bénéfice *m*, gain *m*

guado ['gwado] *sm* gué *m*

guai ['gwai] *esclam* ● **guai a te!** gare à toi !

guaio ['gwajo] *sm* **1.** ennui *m* **2.** *(pasticcio)* bêtise *f* ● **essere nei guai** être dans le pétrin

guancia, ce ['gwantʃa, tʃe] *sf* joue *f*

guanciale [gwan'tʃale] *sm* oreiller *m*

guanto ['gwanto] *sm* gant *m*

guardacoste [gwarda'kɔste] *sm inv (imbarcazione)* garde-côte *m*

guardalinee [gwarda'linee] *smf inv* **1.** juge *mf* de ligne **2.** *(nel calcio)* arbitre *mf* assistant, -e *f*

guardare [gwar'dare] *vt* **1.** regarder **2.** *(fare caso a)* faire attention à **3.** *(bambini, borsa)* garder ◇ *vi (edificio)* être orienté(e) ● **non guardare a spese** ne pas regarder à la dépense ● **guardarsi** *vr* se regarder ● **guardarsi da** *vr+prep* se méfier de ● **guardarsi dal fare qc** se garder de faire qqch

guardaroba [gwarda'rɔba] *sm inv* **1.** *(armadio)* penderie *f* **2.** *(di locale)* vestiaire *m* **3.** *(abiti)* garde-robe *f*

guardia ['gwardja] *sf* **1.** *(soldato)* garde *m* **2.** *(corpo armato)* garde *f* ● **fare la guardia a** garder ● **mettere qn in guardia contro qc** mettre qqn en garde contre qqch ● **guardia del corpo** garde du corps ● **guardia forestale** garde forestier(ère) ● **guardia medica** ≈ SOS médecins ● **di guardia** de garde

guardiano, a [gwar'djano, a] *sm, f* gardien *m*, -enne *f*

guardrail [gard'rejl o gward'rajl] *sm inv* glissière *f* de sécurité

guarire [gwa'rire] *vt* & *vi* guérir

guarnizione [gwarnits'tsjone] *sf* **1.** garniture *f* **2.** *(per recipienti)* joint *m*

guastafeste [gwasta'feste] *smf inv* rabat-joie *m inv*

guastare [gwas'tare] *vt* **1.** abîmer **2.** *(festa, allegria)* gâcher ● **guastarsi** *vr* **1.** *(meccanismo)* se détraquer **2.** *(cibo, tempo)* se gâter

¹guasto ['gwasto] *sm* panne *f* ● **un guasto al motore** une panne de moteur

²**guasto, a** ['gwasto, a] *agg* **1.** en panne **2.** *(carne)* avarié(e) **3.** *(telefono)* en dérangement **4.** *(dente, frutta)* gâté(e)

guerra ['gwerra] *sf* guerre *f* ● essere in guerra être en guerre ● guerra mondiale guerre mondiale

guerriglia [gwer'riʎʎa] *sf* guérilla *f*

gufo ['gufo] *sm* hibou *m*

guglia ['guʎʎa] *sf (di torre)* flèche *f*

guida ['gwida] *sf* **1.** guide *m* **2.** *(di veicolo)* conduite *f* ● guida a sinistra conduite à gauche

guidare [gwi'dare] *vt* **1.** conduire **2.** *(accompagnare)* guider ◇ *vi* conduire

guidatore, trice [gwida'tore, 'tritʃe] *sm, f* conducteur *m*, -trice *f*

guinzaglio [gwin'tsaʎʎo] *sm* laisse *f*

guscio ['guʃʃo] *sm* coquille *f*

gustare [gus'tare] *vt* savourer

gusto ['gusto] *sm* goût *m* ● al gusto di banana à la banane ● mangiare/ridere di gusto manger/rire de bon cœur ● prendere gusto a prendre goût à

gustoso, a [gus'tozo, a] *agg* savoureux(euse)

hamburger [am'burger] *sm inv* **1.** *(panino)* hamburger *m* **2.** *(carne)* steack *m* haché

handicap ['andikap] *sm inv* handicap *m*

handicappato, a [andikap'pato, a] *agg & sm, f* handicapé(e)

hanno ['anno] ➤ avere

hard disk [ar'disk] *sm inv* disque *m* dur

hardware ['ardwer] *sm* INFORM matériel *m*, hardware *m*

henné [en'ne] *sm inv* henné *m*

hg *(abbr scritta di ettogrammo)* hg *(hectogramme)*

hi-fi [ai'fai] *(abbr di high fidelity)* *sm inv* hi-fi *f inv*

hippy ['ippi] *smf inv* hippie *mf*

hi-tech [ai'tek] *sm inv* hi-tech *m inv* ◇

ho [ɔ] ➤ avere

hobby ['ɔbbi] *sm inv* hobby *m*

hockey ['ɔkei] *sm* hockey *m* ● hockey su ghiaccio hockey sur glace

hostess ['ɔstes] *sf inv* **1.** ● hostess di terra/di volo hôtesse *f* au sol/de l'air **2.** *(in fiere, congressi)* hôtesse *f* d'accueil

hotel [o'tɛl] *sm inv* hôtel *m*

*h*H

ha [a] ➤ avere

habitat ['abitat] *sm inv* habitat *m*

hacker ['akker] *smf inv* hacker *m*, hackeuse *f*

hai ['ai] ➤ avere

hall [ɔl] *sf inv* hall *m*

*i*I

i [i] ➤ il

iceberg ['ajsberg] *sm inv* iceberg *m*

icona [i'kɔna] *sf* icône *f*

idea [i'dɛa] *sf* **1.** idée *f* **2.** *(opinione, impressione)* opinion *f* ● neanche per idea! ja-

il

mais de la vie ! ● **non avere la più pallida idea di qc** n'en pas avoir la moindre idée de qqch ● **non ne ho idea** je n'en ai aucune idée ● **cambiare idea** changer d'avis

ideale [ide'ale] *agg* idéal(e) ◇ *sm* idéal *m*

ideare [ide'are] *vt* concevoir

idem ['idem] *avv* (*fam*) idem

identico, a, ci, che [i'dɛntiko, a, tʃi, ke] *agg* identique

identificativo [identifika'tivo] *sm* INFORM identifiant *m*

identità [identi'ta] *sf inv* identité *f*

ideologia [ideolo'dʒia] *sf* idéologie *f*

idiota, i, e [i'djɔta, i, e] *agg & smf* idiot(e)

idolo ['idolo] *sm* idole *f*

idoneo, a [i'dɔneo, a] *agg* approprié(e) ● **idoneo a** apte à

idrante [i'drante] *sm* bouche *f* d'incendie

idratante [idra'tante] *agg* hydratant(e)

idratare [idra'tare] *vt* hydrater

¹**idraulico, ci** [i'drawliko, tʃi] *sm* plombier *m*

²**idraulico, a, ci, che** [i'drawliko, a, tʃi, ke] *agg* hydraulique

idrofilo [i'drɔfilo] *agg m* ➤ **cotone**

idrogeno [i'drɔdʒeno] *sm* hydrogène *m*

idrosolubile [idroso'lubile] *agg* hydrosoluble, soluble dans l'eau

iella ['jɛlla] *sf* (*fam*) poisse *f* ● **portare iella** porter la poisse

iena ['jɛna] *sf* **1.** (*animale*) hyène *f* **2.** (*persona*) chacal *m*

ieri ['jɛri] *avv* hier ● **ieri mattina** hier matin ● **ieri notte** la nuit dernière ● **l'altro ieri** o **ieri l'altro** avant-hier ● **la posta di ieri** le courrier d'hier

igiene [i'dʒene] *sf* hygiène *f*

igienico, a, ci, che [i'dʒeniko, a, tʃi, ke] *agg* hygiénique

ignorante [iɲɲo'rante] *agg & smf* ignorant(e)

ignorare [iɲɲo'rare] *vt* ignorer

ignoto, a [iɲ'ɲɔto, a] *agg* inconnu(e)

il, la, i, le [il, la, i, le] (*dav sm* lo, *pl* gli, + s + *consonante*, gn, ps, z; *dav sm o sf* l', *mpl* gli, + *vocale*) *art*
1. (*gen*) le (la, les) ● **il lago** le lac ● **la finestra** la fenêtre ● **il tempo** le temps ● **la vita** la vie
2. (*con titolo*) ● **il signor Pollini** monsieur Pollini ● **il Presidente della Repubblica** le Président de la République
3. (*con nomi geografici*) ● **il Po** le Pô ● **le Dolomiti** les Dolomites
4. (*indica possesso*) ● **si è rotto il naso** il s'est cassé le nez ● **ha i capelli biondi** il/elle a les cheveux blonds ● **si è tolto i pantaloni** il a enlevé son pantalon
5. (*indica il tempo*) ● **il sabato** le samedi ● **la sera** le soir ● **è il 29 dicembre** c'est le 29 décembre ● **dopo le tre** après 3 h
6. (*ciascuno*) ● **due euro l'uno** deux euros l'un o chaque

illazione [illats'tsjone] *sf* supposition *f*

illecito, a [il'letʃito, a] *agg* illicite

illegale [ille'gale] *agg* illégal(e)

illegittimo, a [ille'dʒittimo, a] *agg* illégitime

illeso, a [il'lezo, a] *agg* indemne, sain et sauf (saine et sauve)

illimitato, a [illimi'tato, a] *agg* illimité(e)

illudere [il'ludere] *vt* leurrer ● **illudersi** *vr* se faire des illusions

illuminare [illumi'nare] *vt* **1.** *(stanza)* éclairer **2.** *(monumento)* illuminer

illuminazione [illuminats'tsjone] *sf* **1.** éclairage *m* **2.** *(di monumento, intuizione)* illumination *f*

illusione [illu'zjone] *sf* illusion *f*

illusionista, i, e [illuzjo'nista, i, e] *smf* illusionniste *mf*

illuso, a [il'luzo, a] *pp* ➤ **illudere** ◇ *sm, f* naïf *m*, naïve *f*

illustrare [illus'trare] *vt* illustrer

illustrazione [illustrats'tsjone] *sf* illustration *f*

imballaggio [imbal'ladʤo] *sm* emballage *m*

imballare [imbal'lare] *vt* emballer

imbalsamare [imbalsa'mare] *vt* **1.** empailler **2.** *(persona)* embaumer

imbarazzante [imbarats'tsante] *agg* embarrassant(e), gênant(e)

imbarazzare [imbarats'tsare] *vt* embarrasser, gêner

imbarazzato, a [imbarats'tsato, a] *agg* embarrassé(e), gêné(e)

imbarcadero [imbarka'dɛro] *sm* embarcadère *m*

imbarcare [imbar'kare] *vt* embarquer ♦ **imbarcarsi** *vr* (s')embarquer

imbarcazione [imbarkats'tsjone] *sf* embarcation *f* ● **imbarcazioni da diporto** bateaux *mpl* de plaisance

imbarco, chi [im'barko, ki] *sm* **1.** embarquement *m* **2.** *(molo)* quai *m* d'embarquement

imbattersi [im'battersi] *vr* ● **imbattersi in** qn tomber sur qqn

imbecille [imbe'tʃille] *smf* imbécile *mf*

imbellire [imbel'lire] *vt & vi* embellir

imbiancare [imbjan'kare] *vt* peindre *(en blanc)* ◇ *vi* **1.** *(impallidire)* pâlir **2.** *(diventare canuto)* ● **comincio a imbiancare** je commence à avoir des cheveux blancs

imbianchino, a [imbjan'kino, a] *sm, f* peintre *m (en bâtiment)*

imboccare [imbok'kare] *vt* **1.** *(bambino)* donner à manger à **2.** *(strada)* prendre, s'engager dans

imboccatura [imbokka'tura] *sf* **1.** *(di condotto)* ouverture *f* **2.** *(di strada)* entrée *f*

imbocco, chi [im'bokko, ki] *sm* entrée *f*

imbottigliare [imbottiʎ'ʎare] *vt (liquido)* mettre en bouteille(s)

imbottire [imbot'tire] *vt (cuscino)* rembourrer

imbottito, a [imbot'tito, a] *agg (cuscino)* rembourré(e)

imbranato, a [imbra'nato, a] *agg & sm, f* empoté(e)

imbrattare [imbrat'tare] *vt* salir, tacher

imbrogliare [imbroʎ'ʎare] *vt* **1.** *(ingannare)* escroquer **2.** *(ingarbugliare)* embrouiller

imbroglio [im'brɔʎʎo] *sm (truffa)* escroquerie *f*

imbroglione, a [imbroʎ'ʎone] *sm, f* escroc *m*

imbronciato, a [imbron'tʃato, a] *agg* grognon(onne)

imbucare [imbu'kare] *vt* poster

imburrare [imbur'rare] *vt* beurrer

imbuto [im'buto] *sm* entonnoir *m*

imitare [imi'tare] *vt* imiter

imitazione [imitats'tsjone] *sf* imitation *f*

immacolato, a [immako'lato, a] *agg* immaculé(e)

immagazzinare [immagadzdzi'nare] *vt* (*merce, dati*) stocker

immaginare [immadʒi'nare] *vt* imaginer • **si immagini!** pensez-vous ! • **immagino che tu abbia già saputo la notizia** j'imagine que tu es déjà au courant de la nouvelle • **immagina di aver vinto al lotto** imagine que tu as gagné au loto

immaginazione [immadʒinats'tsjone] *sf* imagination *f*

immagine [im'madʒine] *sf* image *f*

immatricolare [immatriko'lare] *vt* **1.** (*auto*) immatriculer **2.** (*studente*) inscrire (*en première année d'université*)

immaturo, a [imma'turo, a] *agg* immature

immedesimarsi [immedezi'marsi] • **immedesimarsi in** *vr+prep* s'identifier à

immediatamente [immedjata'mente] *avv* immédiatement, tout de suite

immediato, a [imme'djato, a] *agg* immédiat(e)

immenso, a [im'menso, a] *agg* immense

Immergere [im'merdʒere] *vt* plonger • **immergersi** *vr* **1.** se plonger **2.** (*sottomarino*) plonger • **immergersi in** *vr+prep* (*dedicarsi a*) se plonger dans

immersione [immer'sjone] *sf* plongée *f*

immerso, a [im'merso, a] *pp* ➤ **immergere**

immesso, a [im'messo, a] *pp* ➤ **immettere**

immettere [im'mettere] *vt* introduire

immigrante [immi'grante] *smf* immigrant *m*, -e *f*

immigrato, a [immi'grato, a] *sm, f* immigré *m*, -e *f*

imminente [immi'nente] *agg* imminent(e)

immobile [im'mobile] *agg* immobile ◇ *sm* immeuble *m*

immobiliare [immobi'ljare] *agg* immobilier(ère)

immodesto, a [immo'desto, a] *agg* prétentieux(euse)

immondizia [immon'ditstsja] *sf* ordures *fpl*

immorale [immo'rale] *agg* immoral(e)

immortale [immor'tale] *agg* immortel(elle)

immunità [immuni'ta] *sf inv* immunité *f*

immunizzare [immunidz'dzare] *vt* immuniser

impacchettare [impakket'tare] *vt* emballer

impacciato, a [impatʃ'tʃato, a] *agg* **1.** (*goffo*) gauche **2.** (*imbarazzato*) embarrassé(e), gêné(e)

impacco, chi [im'pakko, ki] *sm* compresse *f* • **fare un impacco** appliquer une compresse

impadronirsi [impadro'nirsi] • **impadronirsi di** *vr+prep* s'emparer de

impaginazione [impadʒinats'tsjone] *sf* mise *f* en page

impalcatura [impalka'tura] *sf* échafaudage *m*

impallidire [impalli'dire] *vi* pâlir

impalpabile [impal'pabile] *agg* impalpable

impappinarsi [impappi'narsi] *vr* s'embrouiller

imparare [impa'rare] *vt* apprendre • **ho imparato a guidare la moto** j'ai appris à faire de la moto

imparziale [impar'tsjale] *agg* impartial(e)

impassibile [impas'sibile] *agg* impassible

impastare [impas'tare] *vt* **1.** *(pane, pasta)* pétrir **2.** *(mescolare)* mélanger

impasto [im'pasto] *sm* **1.** *(di farina)* pâte *f* **2.** *(amalgama)* mélange *m*

impatto [im'patto] *sm* impact *m*

impaurire [impaw'rire] *vt* faire peur à ◆ **impaurirsi** *vr* avoir o prendre peur

impaziente [impats'tsjente] *agg* impatient(e) ● **sono impaziente di conoscerlo** je suis impatient(e) de le rencontrer

impazzire [impats'tsire] *vi* devenir fou (folle)

impedimento [impedi'mento] *sm* obstacle *m*

impedire [impe'dire] *vt* **1.** entraver **2.** *(passaggio, accesso)* empêcher ● **impedire a qn di fare qc** empêcher qqn de faire qqch

impegnare [impeɲ'nare] *vt* occuper ◆ **impegnarsi** *vr* **1.** *(applicarsi)* s'appliquer ● **impegnarsi in qc** faire qqch avec application **2.** *(promettere)* ● **impegnarsi (a fare qc)** s'engager (à faire qqch)

impegnativo, a [impeɲɲa'tivo, a] *agg* **1.** *(lavoro)* prenant(e) **2.** *(promessa)* qui engage

impegnato, a [impeɲ'nato, a] *agg* **1.** *(occupato)* pris(e), occupé(e) **2.** *(militante)* engagé(e)

impegno [im'peɲɲo] *sm* **1.** *(dedizione)* application *f* **2.** *(dovere)* engagement *m* ● **devo scappare, ho un impegno** je dois filer, j'ai (quelque chose) à faire

impellente [impel'lente] *agg* impérieux(euse)

impenetrabile [impene'trabile] *agg* impénétrable

impennarsi [impen'narsi] *vr* se cabrer

impennata [impen'nata] *sf* **1.** *(di cavallo)* cabrement *m* **2.** *(di aereo)* cabrage *m*

impensabile [impen'sabile] *agg* impensable

impepata [impe'pata] *sf* ● **impepata di cozze** moules poêlées avec de l'eau, du sel et une bonne dose de poivre et de piment

imperativo [impera'tivo] *sm* impératif *m*

imperatore, trice [impera'tore, 'tritʃe] *sm, f* empereur *m*, impératrice *f*

imperfezione [imperfets'tsjone] *sf* imperfection *f*

impermeabile [imperme'abile] *agg* imperméable ◇ *sm* imperméable *m*

impero [im'pero] *sm* empire *m*

impersonale [imperso'nale] *agg* impersonnel(elle)

impersonare [imperso'nare] *vt* incarner

impertinente [imperti'nɛnte] *agg & smf* impertinent(e)

imperturbabile [impertur'babile] *agg* imperturbable

imperversare [imperver'sare] *vi* sévir

impervio, a [im'pervjo, a] *agg* impraticable

impeto ['impeto] *sm* **1.** *(forza)* violence *f* **2.** *(slancio)* élan *m*

impianto [im'pjanto] *sm* installation *f* ● **impianto di riscaldamento** (installation de) chauffage *m* ● **impianto sportivo** installations sportives ● **impianti di risalita** remontées *fpl* mécaniques

impiccare [impik'kare] *vt* pendre ◆ **impiccarsi** *vr* se pendre

impiccione, a [impit'tʃone, a] *sm, f* fouineur *m*, -euse *f*

impiegare [impje'gare] *vt* **1.** utiliser **2.** *(tempo)* mettre **3.** *(assumere)* embaucher

impiegato, a [impje'gato, a] *sm, f* employé *m*, -e *f*

impiego, ghi [im'pjego, gi] *sm* **1.** *(lavoro)* emploi *m* **2.** *(uso)* utilisation *f*

impigliare [impiʎ'ʎare] *vt* accrocher ◆ **impigliarsi in** *v+prep* s'accrocher à

impigrire [impi'grire] *vt* rendre paresseux(euse) ◆ **impigrirsi** *vr* devenir paresseux(euse)

implacabile [impla'kabile] *agg* implacable

implicare [impli'kare] *vt* impliquer

implicato, a [impli'kato, a] *agg* • **essere implicato(a) in qc** être impliqué(e) dans qqch

implicazione [implikats'tsjone] *sf* implication *f*

implicito, a [im'plitʃito, a] *agg* implicite

implorare [implo'rare] *vt* implorer

impolverare [impolve'rare] *vt* couvrir de poussière ◆ **impolverarsi** *vr* se couvrir de poussière

imponente [impo'nente] *agg* imposant(e)

impopolare [impopo'lare] *agg* impopulaire

imporre [im'porre] *vt* imposer • **le autorità gli hanno imposto di lasciare il paese** les autorités lui ont imposé de quitter le pays ◆ **imporsi** *vr* s'imposer

importante [impor'tante] *agg* important(e)

importanza [impor'tantsa] *sf* importance *f* • **avere importanza** avoir de l'importance • **dare importanza a qc** donner de l'importance à qqch

importare [impor'tare] *vt & vi* importer ◇ *v impers* • **non importa che sia vero** peu importe que ce soit vrai • **non importa!** ça ne fait rien ! • **non mi importa** ça m'est égal

importato, a [impor'tato, a] *agg* importé(e)

importazione [importats'tsjone] *sf* importation *f*

importo [im'porto] *sm* somme *f*

importunare [importu'nare] *vt* importuner

impossessarsi [imposses'sarsi] ◆ **impossessarsi di** *vr+prep* s'emparer de

impossibile [impos'sibile] *agg* impossible ◇ *sm* • **fare l'impossibile** faire l'impossible

imposta [im'posta] *sf* **1.** *(tassa)* impôt *m* **2.** *(di finestra)* volet *m*

impostare [impos'tare] *vt* **1.** *(lettera)* poster **2.** *(questione)* poser **3.** *(lavoro, progetto)* organiser

imposto, a [im'posto, a] *pp* ➤ **imporre**

impostore, a [impos'tore, a] *sm, f* imposteur *m*

impotente [impo'tente] *agg* impuissant(e)

impraticabile [imprati'kabile] *agg* impraticable

imprecare [impre'kare] *vi* pester

imprecazione [impreka'ts'tsjone] *sf* juron *m* ● **lanciare imprecazioni contro qn** lancer des imprécations contre qqn

impregnare [impreɲ'nare] *vt* imprégner ● **impregnare una spugna d'acqua** imprégner d'eau une éponge

imprenditore, trice [imprendi'tore, 'tritʃe] *sm, f* entrepreneur *m*, -euse *f*

impreparato, a [imprepa'rato, a] *agg* ● **essere impreparato(a)** ne pas être préparé(e)

impresa [im'presa] *sf* entreprise *f*

impresario, a [impre'sarjo, a] *sm, f* (*teatrale*) impresario *m* ● **impresario edile** entrepreneur *m* (en bâtiment)

impressionante [impressjo'nante] *agg* impressionnant(e)

impressionare [impressjo'nare] *vt* impressionner ● **impressionarsi** *vr* (*turbarsi*) se laisser impressionner

impressione [impres'sjone] *sf* 1. impression *f* 2. (*turbamento*) choc *m* ● **ho l'impressione di conoscerlo** j'ai l'impression de le connaître ● **fare impressione a qn** impressionner qqn ● **fare una buona/cattiva impressione** faire bonne/mauvaise impression

impresso, a [im'presso, a] *pp* ➤ **imprimere**

[1]**imprevisto** [impre'visto] *sm* imprévu *m* ● **salvo imprevisti** sauf imprévu

[2]**imprevisto, a** [impre'visto, a] *agg* imprévu(e)

imprigionare [impridʒo'nare] *vt* emprisonner

imprimere [im'primere] *vt* 1. imprimer 2. (*ricordo*) graver

improbabile [impro'babile] *agg* improbable

impronta [im'pronta] *sf* empreinte *f* ● **impronta digitale** empreinte digitale

improvvisamente [improvviza'mente] *avv* tout à coup, soudainement

improvvisare [improvvi'zare] *vt* improviser ● **improvvisarsi** *vr* s'improviser

improvvisata [improvvi'zata] *sf* surprise *f*

improvviso, a [improv'vizo, a] *agg* subit(e), soudain(e) ● **all'improvviso** *avv* ● **è arrivato all'improvviso** il est arrivé à l'improviste ● **all'improvviso si è messa a piangere** tout à coup, elle s'est mise à pleurer

imprudente [impru'dente] *agg* imprudent(e)

imprudenza [impru'dentsa] *sf* imprudence *f*

impudente [impu'dente] *agg* impudent(e)

impugnare [impuɲ'nare] *vt* saisir

impugnatura [impuɲɲa'tura] *sf* poignée *f*

impulsivo, a [impul'sivo, a] *agg* impulsif(ive)

impulso [im'pulso] *sm* impulsion *f* ● **d'impulso** impulsivement

impuntarsi [impun'tarsi] *vr* (*ostinarsi*) s'obstiner

imputare [impu'tare] *vt* ● **mi hanno imputato tutta la colpa** ils m'ont imputé toute la faute ● **lo hanno imputato di omicidio** il a été accusé d'homicide

imputato, a [impu'tato, a] *sm, f* accusé *m*, -e *f*

in [in] *prep*

1. *(stato in luogo)* ● abitare in campagna habiter à la campagne ● essere in casa être à la maison ● in città en ville ● avere qc in mente avoir qqch en tête

2. *(moto a luogo)* ● andare in Italia aller en Italie ● andare in montagna aller à la montagne ● mettersi qc in testa se mettre qqch dans la tête

3. *(all'interno di)* dans ● nella borsa dans le sac ● in cucina dans la cuisine

4. *(indica un'epoca)* ● in inverno en hiver ● in primavera au printemps ● nel 1997 en 1997 ● nel XVIII secolo au XVIIIᵉ (siècle)

5. *(indica durata)* ● in cinque minuti en cinq minutes ● in giornata dans la journée ● in quattro e quattr'otto en deux temps trois mouvements

6. *(indica modo)* en ● in abito da sera en tenue de soirée ● parlare in italiano parler en italien ● in punta di piedi sur la pointe des pieds ● in silenzio en silence

7. *(indica mezzo)* en ● pagare in contanti payer en espèces ● viaggiare in macchina voyager en voiture

8. *(indica materia)* en ● statua in bronzo statue en bronze

9. *(indica fine)* en ● accorrere in aiuto di qn voler au secours de qqn ● in onore di en l'honneur de

10. *(con valore distributivo)* ● siamo partiti in tre nous sommes partis à trois

Inable [i'nabile] *agg* ● inabile (a qc) inapte (à qqch)

inaccessibile [inatʃtʃes'sibile] *agg* inaccessible

inaccettabile [inatʃtʃet'tabile] *agg* inacceptable

inadatto, a [ina'datto, a] *agg* **1.** *(cosa)* inadapté(e) **2.** *(persona)* inapte

inadeguato, a [inade'gwato, a] *agg* **1.** *(cosa)* inadéquat(e), inadapté(e) **2.** *(persona)* inapte

inagibile [ina'dʒibile] *agg* **1.** *(edificio)* fermé(e) au public **2.** *(strada)* impraticable

inalare [ina'lare] *vt* inhaler

inalberarsi [inalbe'rarsi] *vr* se fâcher

inalterato, a [inalte'rato, a] *agg* inchangé(e)

inamidare [inami'dare] *vt* amidonner

inammissibile [inammis'sibile] *agg* inadmissible

inappetenza [inappe'tentsa] *sf* manque *m* d'appétit, inappétence *f*

inappuntabile [inappun'tabile] *agg* **1.** *(persona)* irréprochable **2.** *(cosa)* impeccable

inarcare [inar'kare] *vt* **1.** *(schiena)* courber **2.** *(sopracciglia)* hausser ◆ **inarcarsi** *vr* **1.** se courber **2.** *(persona)* se cambrer

inaridire [inari'dire] *vt* dessécher ◆ **inaridirsi** *vr* se dessécher

inaspettato, a [inaspet'tato, a] *agg* inattendu(e)

inasprire [inas'prire] *vt* *(conflitto)* envenimer ◆ **inasprirsi** *vr* **1.** *(persona)* s'aigrir **2.** *(conflitto)* s'envenimer

inattendibile [inatten'dibile] *agg* qui n'est pas digne de foi, peu fiable

inatteso, a [inat'teso, a] *agg* inattendu(e)

inattività [inattivi'ta] *sf inv* inactivité *f*

inattuabile [inattu'abile] *agg* irréalisable

inaudito, a [inaw'dito, a] *agg* inouï(e)

inaugurare [inawgu'rare] *vt* inaugurer

inavvertenza [inavver'tɛntsa] *sf* inattention *f* • **per inavvertenza** par inadvertance

inavvertitamente [inavvertita'mente] *avv* par inadvertance

incagliarsi [inkaʎ'ʎarsi] *vr* **1.** *(imbarcazione)* s'échouer **2.** *(trattative)* échouer

incalcolabile [inkalko'labile] *agg* incalculable

incallito, a [inkal'lito, a] *agg* **1.** *(mani)* calleux(euse) **2.** *(fumatore, giocatore)* invétéré(e)

incalzare [inkal'tsare] *vt (inseguire)* harceler ◇ *vi (tempo)* presser

incamminarsi [inkammi'narsi] *vr* se mettre en route

incantevole [inkan'tevole] *agg* ravissant(e)

incanto [in'kanto] *sm* enchantement *m*

incapace [inka'patʃe] *agg* incapable • **è una persona incapace di fare del male** c'est une personne incapable de faire du mal à qui que ce soit

incapacità [inkapatʃi'ta] *sf inv* incapacité *f*

incappare [inkap'pare] *vi* • **incappare in un brutto tipo** tomber sur un sale type • **incappare in un tranello** tomber dans un piège

incaricare [inkari'kare] *vt* • **incaricare qn di qc** charger qqn de qqch • **sono stato incaricato di sorvegliare la casa** j'ai été chargé de surveiller la maison ◆ **incaricarsi di** *vr+prep* se charger de

incaricato, a [inkari'kato, a] *agg* chargé(e) ◇ *sm, f* chargé *m*, -e *f*, responsable *mf*

incarico, chi [in'kariko, ki] *sm* tâche *f*

incarnare [inkar'nare] *vt* incarner

incarnirsi [inkar'nirsi] *vr* s'incarner

incartare [inkar'tare] *vt* emballer, envelopper • **me lo può incartare?** vous pouvez me l'envelopper ?

incassare [inkas'sare] *vt* **1.** *(assegno)* encaisser **2.** *(inserire)* encastrer

incasso [in'kasso] *sm* **1.** encaissement *m* **2.** *(somma)* recette *f*

incastrare [inkas'trare] *vt* **1.** *(componenti)* encastrer **2.** *(intrappolare)* coincer ◆ **incastrarsi** *vr* **1.** *(combaciare)* s'encastrer, s'emboîter **2.** *(rimanere bloccato)* se coincer

incastro [in'kastro] *sm* encastrement *m* • **a incastro** à emboîtement

incatenare [inkate'nare] *vt* enchaîner

incauto, a [in'kawto, a] *agg* imprudent(e)

incavato, a [inka'vato, a] *agg* **1.** creux (creuse) **2.** *(occhi)* enfoncé(e)

incavo ['inkavo o in'kavo] *sm* creux *m*

incavolarsi [inkavo'larsi] *vr (fam)* se mettre en rogne

incendiare [intʃen'djare] *vt* incendier ◆ **incendiarsi** *vr* prendre feu

incendio [in'tʃendjo] *sm* incendie *m*

incenerire [intʃene'rire] *vt* réduire en cendres

incenso [in'tʃɛnso] *sm* encens *m*

incensurato, a [intʃensu'rato, a] *agg* • **essere incensurato** avoir un casier judiciaire vierge

incentivo [intʃen'tivo] *sm* incitation *f*

inceppare [intʃep'pare] *vt* entraver ◆ **incepparsi** *vr* se coincer

incerata [intʃe'rata] *sf* **1.** *(tela)* toile *f* cirée **2.** *(giaccone)* ciré *m*

incertezza [intʃer'tettsa] *sf* incertitude *f* ● Marco ha mostrato qualche incertezza Marco semblait indécis

incerto, a [in'tʃerto, a] *agg* incertain(e)

incetta [in'tʃetta] *sf* ● fare incetta di qc *(prodotti)* faire une razzia sur qqch

inchiesta [in'kjesta] *sf* enquête *f*

inchinarsi [inki'narsi] *vr* s'incliner

inchino [in'kino] *sm* révérence *f*

inchiodare [inkjo'dare] *vt (con chiodi)* clouer ◇ *vi (fam)* piler

inchiostro [in'kjɔstro] *sm* encre *f*

inciampare [intʃam'pare] *vi* ● inciampare (in qc) trébucher (sur qqch)

incidente [intʃi'dɛnte] *sm* accident *m* ● incidente stradale accident de la route

incidere [in'tʃidere] *vt* **1.** inciser **2.** *(scolpire)* graver **3.** *(canzone)* enregistrer ◇ *vi* ● incidere su qc avoir une incidence sur qqch

incinta [in'tʃinta] *agg f* enceinte

incirca [in'tʃirka] ● all'incirca *avv* environ, à peu près

incisione [intʃi'zjone] *sf* **1.** incision *f* **2.** *(in arte)* gravure *f* **3.** *(di disco, canzone)* enregistrement *m*

¹incisivo [intʃi'zivo] *sm* incisive *f*

²incisivo, a [intʃi'zivo, a] *agg* incisif(ive)

inciso [in'tʃizo] *pp* ➤ incidere ◇ *sm* ● per inciso incidemment

incitare [intʃi'tare] *vt* inciter

incivile [intʃi'vile] *agg* **1.** *(non civilizzato)* barbare **2.** *(maleducato)* impoli(e)

inclinazione [inklinats'tsjone] *sf* **1.** *(tendenza)* inclination *f* **2.** *(di superficie)* inclinaison *f*

includere [in'kludere] *vt* inclure

incluso, a [in'kluzo, a] *pp* ➤ includere ◇ *agg* inclus(e) ● incluso nel prezzo inclus dans le prix

incognito [in'kɔɲɲito] *sm* ● in incognito incognito

incollare [inkol'lare] *vt* coller ◆ **incollarsi** *vr* se coller ● mi si è incollato per tutta la sera il ne m'a pas lâché(e) de toute la soirée

incolpare [inkol'pare] *vt* ● incolpare qn di qc accuser qqn de qqch

incolume [in'kɔlume] *agg* indemne, sain et sauf (saine et sauve)

incominciare [inkomin'tʃare] *vt & vi* commencer ● incomincia a nevicare il commence à neiger

incompatibile [inkompa'tibile] *agg* incompatible

incompetente [inkompe'tɛnte] *agg* incompétent(e)

incompiuto, a [inkom'pjuto, a] *agg* inachevé(e)

incompleto, a [inkom'pleto, a] *agg* incomplet(ète)

incomprensibile [inkompren'sibile] *agg* incompréhensible

inconcepibile [inkontʃe'pibile] *agg* inconcevable

inconcludente [inkonklu'dɛnte] *agg* **1.** *(persona)* incapable **2.** *(discorso)* stérile

incondizionato, a [inkondittsjo'nato, a] *agg* inconditionnel(elle)

inconfondibile [inkonfon'dibile] *agg* inimitable

inconsapevole [inkonsa'pevole] *agg* inconscient(e)

¹inconscio [in'kɔnʃo] *sm* inconscient *m*

²inconscio, a, sci, sce [in'kɔnʃo, a, ʃi, ʃe] *agg* inconscient(e)

incontaminato, a [inkontami'nato, a] *agg (ambiente)* non pollué(e)

incontentabile [inkonten'tabile] *agg* jamais content(e)

incontinenza [inkonti'nɛntsa] *sf* incontinence *f*

incontrare [inkon'trare] *vt* rencontrer ◆ **incontrarsi** *vr* se rencontrer

incontrario [inkon'trarjo] ◆ **all'incontrario** *avv (fam)* à l'envers

incontro [in'kontro] *sm* **1.** rencontre *f* **2.** *(riunione)* rendez-vous *m* ◇ *avv* ▸ **andare/venire incontro a qn** *(avanzare verso)* aller/venir à la rencontre de qqn ▸ **andare incontro a qc** *(spese, difficoltà)* aller audevant de qqch

inconveniente [inkonve'njɛnte] *sm* inconvénient *m*

incoraggiare [inkorad'dʒare] *vt* encourager

incosciente [inkoʃ'ʃɛnte] *agg & smf* inconscient(e)

incredibile [inkre'dibile] *agg* incroyable

incrementare [inkremen'tare] *vt* augmenter

incremento [inkre'mento] *sm* augmentation *f*

incrociare [inkro'tʃare] *vt* croiser ● **incrociare le gambe/braccia** croiser les jambes/bras ● **incrociare le dita** croiser les doigts ◆ **incrociarsi** *vr* se croiser

incrocio [in'krotʃo] *sm* carrefour *m*, croisement *m*

incubatrice [inkuba'tritʃe] *sf* couveuse *f*

incubo ['inkubo] *sm* cauchemar *m*

incurabile [inku'rabile] *agg* incurable

incurante [inku'rante] *agg* ● **incurante di** insouciant(e) de

incuriosire [inkurjo'zire] *vt* intriguer ◆ **incuriosirsi (di)** *vr+prep* être intrigué(e) (par)

incustodito, a [inkusto'dito, a] *agg* sans surveillance

indaco ['indako] *sm* indigo *m*

indaffarato, a [indaffa'rato, a] *agg (très)* occupé(e), affairé(e)

indagine [in'dadʒine] *sf* **1.** *(di polizia)* enquête *f* **2.** *(studio)* étude *f*

indebolire [indebo'lire] *vt* affaiblir ◆ **indebolirsi** *vr* s'affaiblir

indecente [inde'tʃɛnte] *agg* indécent(e)

indecifrabile [indeci'frabile] *agg* indéchiffrable

indeciso, a [inde'tʃizo, a] *agg* indécis(e)

indefinito, a [indefi'nito, a] *agg* indéfini(e)

indegno, a [in'deɲɲo, a] *agg* indigne

indelebile [inde'lebile] *agg* indélébile

indenne [in'dɛnne] *agg* indemne

indennità [indenni'ta] *sf inv* indemnité *f*

indescrivibile [indeskri'vibile] *agg* indescriptible

indeterminativo, a [indetermina'tivo, a] *agg* GRAMM indéfini(e)

indeterminato, a [indetermi'nato, a] *agg* indéterminé(e)

India ['indja] *sf* ● **l'India** l'Inde *f*

indiano, a [in'djano, a] *agg* indien(enne) ◇ *sm, f* Indien *m*, -enne *f*

indicare [indi'kare] *vt* indiquer

indicatore [indika'tore] *sm* indicateur *m* ● **indicatore della benzina** indicateur de niveau d'essence ● **indicatore di direzio-**

ne clignotant *m* ● **indicatore di velocità** compteur *m* de vitesse

indicazione [indikats'tsjone] *sf* indication *f*

indice ['indit∫e] *sm* **1.** index *m* **2.** *(lancetta)* aiguille *f* **3.** *(indizio)* indice *m*

indietro [in'djetro] *avv (stato in luogo)* en arrière ● **all'indietro** à reculons ● **andare indietro** reculer ● **essere indietro** *(col lavoro)* être en retard ; *(di orologio)* retarder ● **rimandare qc indietro** renvoyer qqch ● **rimanere indietro** rester en arrière ; *(col lavoro)* être en retard ● **tornare indietro** revenir sur ses pas

indifeso, a [indi'fezo, a] *agg* sans défense

indifferente [indiffe'rente] *agg* **1.** *(insensibile)* indifférent(e) **2.** *(irrilevante)* sans importance ● **mi è indifferente** cela m'est égal

indigeno, a [in'didʒeno, a] *sm, f* indigène *mf*

indigente [indi'dʒente] *agg* démuni(e)

indigestione [indidʒes'tjone] *sf* indigestion *f*

indigesto, a [indi'dʒesto, a] *agg* indigeste

indlmenticabile [indimenti'kabile] *agg* inoubliable

indipendente [indipen'dente] *agg* indépendant(e)

indipendenza [indipen'dentsa] *sf* indépendance *f*

indire [in'dire] *vt* **1.** *(concorso)* ouvrir **2.** *(elezioni)* fixer

indiretto, a [indi'retto, a] *agg* indirect(e)

indirizzare [indirits'tsare] *vt* **1.** adresser **2.** *(occhiata)* jeter

indirizzo [indi'ritstso] *sm* **1.** adresse *f* **2.** *(di studi)* orientation *f* ● **indirizzo e-mail** o **di posta elettronica** mail *m*, adresse électronique ● **indirizzo privato** adresse personnelle o perso ● **indirizzo professionale** adresse professionnelle o au bureau

Fornire un indirizzo

Nel fornire un indirizzo, in Francia occorre prima indicare il numero civico, poi la via, il codice postale e infine la città. Per accedere a un edificio, spesso occorre digitare un codice ed è possibile che, nel darvi il loro indirizzo, i francesi specifichino tale codice, oltre al nome sul citofono a cui suonare e al piano fino al quale salire.

indisciplinato, a [indiʃʃipli'nato, a] *agg* indiscipliné(e)

indiscreto, a [indis'kreto, a] *agg* indiscret(ète)

indiscrezione [indiskrets'tsjone] *sf* indiscrétion *f*

indiscusso, a [indis'kusso, a] *agg* indiscuté(e)

indiscutibile [indisku'tibile] *agg* indiscutable

indispensabile [indispen'sabile] *agg* indispensable

indispettire [indispet'tire] *vt* irriter, agacer ◆ **indispettirsi** *vr* se fâcher

indisponente [indispo'nente] *agg* agaçant(e)

indistruttibile [indistrut'tibile] *agg* indestructible

individuale [individu'ale] *agg* individuel(elle)

individuare [individu'are] *vt* 1. *(stabilire)* déterminer 2. *(persona)* identifier

individuo [indi'vidwo] *sm* individu *m*

indiziato, a [indits'tsjato, a] *agg & sm, f* suspect(e)

indizio [in'ditstsjo] *sm* indice *m*

indole ['indole] *sf* tempérament *m*

indolenzito, a [indolen'tsito, a] *agg* endolori(e)

indolore [indo'lore] *agg* indolore

indomani [indo'mani] *sm* ● **l'indomani** le lendemain

indossare [indos'sare] *vt* 1. *(mettere addosso)* mettre, enfiler 2. *(avere addosso)* porter

indossatore, trice [indossa'tore, 'tritʃe] *sm, f* mannequin *m*

indotto, a [in'dotto, a] *pp* ➤ **indurre**

indovinare [indovi'nare] *vt* 1. deviner 2. *(azzeccare)* trouver

indovinello [indovi'nello] *sm* devinette *f*

indovino, a [indo'vino, a] *sm, f* voyant *m*, -e *f*

indubbiamente [indubbja'mente] *avv* sans aucun doute

indugiare [indu'dʒare] *vi (temporeggiare)* tarder

indugio [in'dudʒo] *sm* retard *m* ● **senza indugio** sans délai, sur-le-champ

indulgente [indul'dʒente] *agg* indulgent(e)

indumento [indu'mento] *sm* vêtement *m*

indurire [indu'rire] *vt* durcir ● **indurirsi** *vr* durcir

indurre [in'durre] *vt* ● **indurre qn a fare qc** pousser qqn à faire qqch

industria [in'dustrja] *sf* industrie *f*

industriale [indus'trjale] *agg* industriel(elle) ◇ *sm* industriel *m*

inebetito, a [inebe'tito, a] *agg* hébété(e)

inebriante [inebri'ante] *agg* enivrant(e)

ineccepibile [inetʃtʃe'pibile] *agg* irréprochable

inedito, a [i'nedito, a] *agg* inédit(e)

inefficiente [ineffi'tʃente] *agg* inefficace

ineluttabile [inelut'tabile] *agg* inéluctable

inerente [ine'rɛnte] *agg* ● **inerente a** relatif(ive) à

inerme [i'nerme] *agg (indifeso)* désarmé(e)

inerzia [i'nertsja] *sf* inertie *f*

inesatto, a [ine'zatto, a] *agg* inexact(e)

inesauribile [inezau'ribile] *agg* inépuisable

inesistente [inesis'tente] *agg* inexistant(e)

inesperienza [inespe'rjentsa] *sf* inexpérience *f*

inesperto, a [ines'perto, a] *agg* inexpérimenté(e)

inestimabile [inesti'mabile] *agg* inestimable

inevaso, a [ine'vazo, a] *agg (pratica, corrispondenza)* en attente

inevitabile [inevi'tabile] *agg* inévitable

inevitabilmente [inevitabil'mente] *avv* inévitablement

in extremis [ineks'tremis] *avv* **1.** in extremis **2.** *(in fin di vita)* à l'article de la mort

infallibile [infal'libile] *agg* infaillible

infantile [infan'tile] *agg* **1.** *(di, per bambini)* enfantin(e) **2.** *(immaturo)* infantile

infanzia [in'fantsja] *sf* enfance *f* ◆ **prima infanzia** petite enfance

infarinare [infari'nare] *vt* fariner

infarto [in'farto] *sm* infarctus *m*

infastidire [infasti'dire] *vt* agacer ◆ **infastidirsi** *vr* s'énerver

infatti [in'fatti] *cong* en effet

infatuarsi [infatu'arsi] ◆ **infatuarsi di** *vr+prep (persona)* s'enticher de

infatuazione [infatuats'tsjone] *sf* tocade *f*

infedele [infe'dele] *agg* infidèle

infedeltà [infedel'ta] *sf inv* infidélité *f*

infelice [infe'litʃe] *agg* **1.** malheureux(euse) **2.** *(momento)* mal choisi(e)

infelicità [infelitʃi'ta] *sf inv* malheur *m*

inferiore [infe'rjore] *agg & smf* inférieur(e) ◆ **inferiore a** inférieur(e) à

infermeria [inferme'ria] *sf* infirmerie *f*

infermiere, a [infer'mjere, a] *sm, f* infirmier *m*, -ère *f*

infermo, a [in'fermo, a] *agg* infirme

infernale [Infer'nale] *agg* infernal(e)

inferno [in'ferno] *sm* enfer *m*

inferriata [infer'rjata] *sf* grille *f*

infestare [infes'tare] *vt* infester

infettare [infet'tare] *vt* infecter ◆ **infettarsi** *vr* s'infecter

infettivo, a [infet'tivo, a] *agg* infectieux(euse)

infezione [infets'tsjone] *sf* infection *f*

infiammabile [infjam'mabile] *agg* inflammable

infiammare [infjam'mare] *vt* enflammer ◆ **infiammarsi** *vr* s'enflammer

infiammazione [infjammats'tsjone] *sf* inflammation *f*

infilare [infi'lare] *vt* **1.** enfiler **2.** *(chiave)* introduire ◆ **infilarsi** *vr (nel letto, tra la folla)* se glisser ◆ **infilarsi una giacca** enfiler une veste

infine [in'fine] *avv* enfin

infinità [infini'ta] *sf inv* infinité *f* ◆ **un'infinità di** une multitude de

¹infinito [Infi'nito] *sm* **1.** infini *m* **2.** *GRAMM* infinitif *m*

²infinito, a [infi'nito, a] *agg* infini(e)

infischiarsi [infis'kjarsi] ◆ **infischiarsene di** *vr+prep* se ficher de

inflazione [inflats'tsjone] *sf* inflation *f*

inflessibile [infles'sibile] *agg* **1.** rigide **2.** *(persona, carattere)* inflexible

infliggere [in'fliddʒere] *vt* infliger

inflitto, a [in'flitto, a] *pp* > **infliggere**

influente [influ'ente] *agg* influent(e)

influenza [influ'entsa] *sf* **1.** influence *f* **2.** *(malattia)* grippe *f* ◆ **avere influenza su** avoir de l'influence sur

influenzare [influen'tsare] *vt* influencer

influire [influ'ire] ◆ **influire su** *v+prep* influer sur

influsso [in'flusso] *sm* influence *f*

infondato, a [infon'dato, a] *agg* infondé(e), sans fondement

infondere [in'fondere] *vt (coraggio, gioia)* donner

inforcare [infor'kare] *vt* **1.** *(bicicletta, moto)* enfourcher **2.** *(occhiali)* mettre

informale [infor'male] *agg* informel(elle)

informare [infor'mare] *vt* ● informare qn (di qc) informer qqn (de qqch) ◆ **informarsi** *vr* ● informarsi (su) se renseigner (sur)

informatica [infor'matika] *sf* informatique *f*

informatico, a, ci, che [infor'matiko, a, tʃi, ke] *agg* informatique ◇ *sm, f* informaticien *m*, -enne *f*

informativo, a [informa'tivo, a] *agg* d'information

informatore, trice [informa'tore, 'tritʃe] *sm, f* informateur *m*, -trice *f*

informazione [informats'tsjone] *sf* renseignement *m*, information *f* ▼ informazioni renseignements ● chiedere informazioni (a qn) demander des renseignements (à qqn)

informicolirsi [informiko'lirsi] *vr* ● mi si è informicolita una gamba j'ai des fourmis dans une jambe

infortunio [infor'tunjo] *sm* accident *m* ● infortunio sul lavoro accident du travail

infossarsi [infos'sarsi] *vr* (terreno) s'affaisser

infradito [infra'dito] *sm inv* o *sf inv* tong *f*

infrangere [in'frandʒere] *vt* 1. briser 2. (divieto, accordo) enfreindre ◆ **infrangersi** *vr* (onde) se briser

infrangibile [infran'dʒibile] *agg* incassable

infranto, a [in'franto, a] *pp* ➤ infrangere ◇ *agg* brisé(e)

infrarosso [infra'rosso] *sm* infrarouge *m*

infrazione [infrats'tsjone] *sf* infraction *f*

infreddolito, a [infreddo'lito, a] *agg* transi(e) de froid

infuori [in'fwori] *agg inv* ● denti infuori dents en avant ● occhi infuori yeux globuleux ● all'infuori en avant ● all'infuori di sauf, excepté

infusione [infu'zjone] *sf* infusion *f*

¹ infuso [in'fuzo] *sm* infusion *f*

² infuso, a [in'fuzo, a] *pp* ➤ infondere

ingannare [ingan'nare] *vt* tromper, duper ● ingannare il tempo tuer le temps ◆ **ingannarsi** *vr* (sbagliarsi) se tromper

inganno [in'ganno] *sm* tromperie *f* ● ottenere qc con l'inganno obtenir qqch par la ruse

ingarbugliare [ingarbuʎ'ʎare] *vt* 1. emmêler 2. (situazione, conti) embrouiller ◆ **ingarbugliarsi** *vr* 1. s'emmêler 2. (situazione) s'embrouiller

ingegnere [indʒeɲ'ɲere] *sm* ingénieur *m*

ingegneria [indʒeɲɲe'ria] *sf* génie *m* ● studiare ingegneria faire des études d'ingénieur

ingegno [in'dʒeɲɲo] *sm* intelligence *f*

ingegnoso, a [indʒeɲ'ɲoso, a] *agg* ingénieux(euse)

ingente [in'dʒente] *agg* considérable

ingenuo, a [in'dʒɛnuo, a] *agg* naïf (naïve)

ingerire [indʒe'rire] *vt* ingérer

ingessare [indʒes'sare] *vt* plâtrer

Inghilterra [ingil'tɛrra] *sf* ● l'Inghilterra l'Angleterre *f*

inghiottire [ingjot'tire] *vt* avaler

ingiallire [indʒal'lire] *vi* jaunir

ingigantire [indʒigan'tire] *vt* **1.** *(foto)* agrandir **2.** *(problema)* grossir

inginocchiarsi [indʒinok'kjarsi] *vr* s'agenouiller

ingiù [in'dʒu] *avv* ● (all') ingiù en bas

ingiustizia [indʒus'tittsja] *sf* injustice *f*

ingiusto, a [in'dʒusto, a] *agg* injuste

inglese [in'glese] *agg* anglais(e) ◇ *smf* Anglais *m*, -e *f* ◇ *sm (lingua)* anglais *m*

ingoiare [ingo'jare] *vt* avaler

ingolfare [ingol'fare] *vt* noyer ◆ **ingolfarsi** *vr* se noyer

ingombrante [ingom'brante] *agg* encombrant

ingombrare [ingom'brare] *vt* encombrer

¹ingombro [in'gombro] *sm* ● essere d'ingombro être encombrant(e) ; *(persona)* gêner

²ingombro, a [in'gombro, a] *agg* encombré(e)

ingordo, a [in'gordo, a] *agg (ghiotto)* goulu(e)

ingorgo, ghi [in'gorgo, gi] *sm* bouchon *m*, embouteillage *m*

ingranaggio [ingra'nadʒdʒo] *sm* engrenage *m*

ingranare [ingra'nare] *vt (marcia)* passer ◇ *vi* **1.** *(ingranaggio)* être en prise **2.** *(fam) (prendere avvio)* démarrer

ingrandimento [ingrandi'mento] *sm* **1.** agrandissement *m* **2.** *(ottico)* grossissement *m*

ingrandire [ingran'dire] *vt* **1.** agrandir **2.** *(con microscopio, lente)* grossir ◆ **ingrandirsi** *vr* s'agrandir

ingrassare [ingras'sare] *vi* grossir ◇ *vt* **1.** *(animali)* engraisser **2.** *(motore)* graisser

ingrediente [ingre'djente] *sm* ingrédient *m*

ingresso [in'gresso] *sm* entrée *f* ▾ ingresso gratuito entrée gratuite ▾ ingresso libero entrée libre

ingrossare [ingros'sare] *vt* grossir ◆ **ingrossarsi** *vr* grossir

ingrosso [in'grosso] ◆ all'ingrosso *avv* & *agg inv* **1.** *(vendita)* en gros **2.** *(prezzo)* de gros

inguine ['ingwine] *sm* aine *f*

inibire [ini'bire] *vt* inhiber

iniettare [injet'tare] *vt* injecter

iniezione [injets'tsjone] *sf* piqûre *f* ● iniezione intramuscolare injection *f* intramusculaire

inimicarsi [inimi'karsi] *vr* ● inimicarsi qn se faire un (e) ennemi(e) de qqn

inimitabile [inimi'tabile] *agg* inimitable

ininterrottamente [ininterrotta'mente] *avv* sans interruption

ininterrotto, a [ininter'rotto, a] *agg* ininterrompu(e)

iniziale [inits'tsjale] *agg* initial(e) ◇ *sf* initiale *f*

inizialmente [initstsjal'mente] *avv* au début

iniziare [inits'tsjare] *vt* & *vi* commencer ● ho iniziato a lavorare un mese fa j'ai commencé à travailler il y a un mois ● ho iniziato mio figlio alla vita politica j'ai initié mon fils à la vie politique

iniziativa [initstsja'tiva] *sf* initiative *f* ● prendere l'iniziativa prendre l'initiative

inizio [i'nitstsjo] *sm (fase)* début *m* ● all'inizio au début ● avere inizio commencer ● **dare inizio a qc** commencer qqch

innaffiare [innaf'fjare] = **annaffiare**

innalzare [innal'tsare] *vt* **1.** *(occhi)* lever **2.** *(monumento)* élever

innamorarsi [innamo'rarsi] *vr* ● **innamorarsi (di qn)** tomber amoureux(euse) (de qqn)

innamorato, a [innamo'rato, a] *agg* ● **innamorato (di qn)** amoureux(euse) (de qqn)

innanzi [in'nantsi] *avv* ● **d'ora innanzi** dorénavant ● **innanzi a** *prep* devant

innanzitutto [innantsi'tutto] *avv* avant tout

innato, a [in'nato, a] *agg* inné(e)

innervosire [innervo'sire] *vt* énerver ◆ **innervosirsi** *vr* s'énerver

innescare [innes'kare] *vt* amorcer

innestare [innes'tare] *vt* **1.** *(pianta)* greffer **2.** *(spina)* brancher ● **innestare la marcia** passer la vitesse

inno ['inno] *sm* hymne *m* ● **inno nazionale** hymne national

innocente [inno'tʃɛnte] *agg & smf* innocent(e)

innocuo, a [in'nɔkwo, a] *agg* inoffensif(ive)

innovazione [innovats'tsjone] *sf* innovation *f*

innumerevole [innume'revole] *agg* innombrable

inodore [ino'dore] *agg* inodore

inoffensivo, a [inoffen'sivo, a] *agg* inoffensif(ive)

inoltrare [inol'trare] *vt* **1.** *(reclamo)* adresser **2.** *(posta)* envoyer, expédier

3. *INFORM* faire suivre ◆ **inoltrarsi** *vr* s'enfoncer

inoltrato, a [inol'trato, a] *agg* ● **a notte inoltrata** en pleine nuit

inoltre [i'noltre] *avv* en outre, de plus

inondazione [inondats'tsjone] *sf* inondation *f*

inopportuno, a [inoppor'tuno, a] *agg* inopportun(e)

inorridire [inorri'dire] *vt* horrifier ◇ *vi* être horrifié(e)

inosservato, a [inosser'vato, a] *agg* ● **passare inosservato** passer inaperçu

inquadrare [inkwa'drare] *vt* **1.** cadrer **2.** *(personaggio, avvenimento)* situer

inquadratura [inkwadra'tura] *sf* cadrage *m*

inqualificabile [inkwalifi'kabile] *agg* inqualifiable

inquietante [inkwje'tante] *agg* inquiétant(e)

inquilino, a [inkwi'lino, a] *sm, f* locataire *mf*

inquinamento [inkwina'mento] *sm* pollution *f*

inquinare [inkwi'nare] *vt* **1.** polluer **2.** *(prove)* falsifier

inquinato, a [inkwi'nato, a] *agg* pollué(e)

insabbiare [insab'bjare] *vt* *(inchiesta, pratica)* enterrer ◆ **insabbiarsi** *vr* **1.** *(nave)* s'ensabler **2.** *(pratica, inchiesta)* s'enliser

insaccati [insak'kati] *smpl* saucisses et saucissons

insalata [insa'lata] *sf* salade *f* ● **insalata di mare** salade de fruits de mer ● **insalata mista** salade mixte ● **insalata di riso** salade de riz ● **insalata russa** macédoine f (de légumes)

insalatiera [insalat'tjera] *sf* saladier *m*

insaponare [insapo'nare] *vt* savonner ◆ **insaponarsi** *vr* se savonner

insapore [insa'pore] *agg* fade

insaporire [insapo'rire] *vt* donner du goût à

insaputa [insa'puta] *sf* ● **all'insaputa di qn** à l'insu de qqn

inscenare [inʃe'nare] *vt* simuler, mettre en scène

insegna [in'seɲɲa] *sf* **1.** *(di negozio, ditta)* enseigne f **2.** *(stradale)* panneau *m*

insegnamento [inseɲɲa'mento] *sm* enseignement *m*

insegnante [inseɲ'ɲante] *smf* enseignant *m*, -e f

insegnare [inseɲ'ɲare] *vt* **1.** apprendre **2.** *(materia)* enseigner ● **chi ti ha insegnato le buone maniere?** qui t'a appris les bonnes manières ? ● **ho insegnato a mio fratello a suonare la chitarra** j'ai appris à mon frère à jouer de la guitare

inseguire [inse'gwire] *vt* poursuivre

insenatura [insena'tura] *sf* **1.** crique f **2.** *(di fiume)* anse f

insensato, a [insen'sato, a] *agg* **1.** *(persona)* dépourvu(e) de bon sens **2.** *(discorso, idea)* insensé(e)

insensibile [insen'sibile] *agg* insensible

inseparabile [insepa'rabile] *agg* inséparable

inserire [inse'rire] *vt* **1.** *(introdurre)* introduire **2.** *(includere)* insérer **3.** *INFORM* saisir ◆ **inserirsi (in)** *vr+prep (entrare a far parte di)* s'intégrer (dans)

inserto [in'serto] *sm* supplément *m*

inserviente [inser'vjente] *smf* aide-soignant *m*, -e f

inserzione [inser'tsjone] *sf* **1.** *(pubblicitaria)* annonce f **2.** *(economica)* petite annonce f

insetticida, i [insetti'tʃida, i] *sm* insecticide *m*

insetto [in'setto] *sm* insecte *m*

insicurezza [insiku'rettsa] *sf (di carattere)* manque m d'assurance

insicuro, a [insi'kuro, a] *agg (persona)* ● **essere insicuro** manquer d'assurance, ne pas être sûr de soi

insidia [in'sidja] *sf (pericolo)* danger *m*

insieme [in'sjeme] *avv* ensemble ◇ *sm* ensemble *m* ◇ *prep* ● **insieme a** o **con** avec ● **mettere insieme** réunir ● **nell'insieme** dans l'ensemble ● **tutti insieme** tous ensemble

insignificante [insiɲɲifi'kante] *agg* insignifiant(e)

insinuare [insi'nware] *vt* insinuer

insinuazione [insinwats'tsjone] *sf* insinuation f

insipido, a [in'sipido, a] *agg* insipide

insistente [insis'tente] *agg* **1.** insistant(e) **2.** *(pioggia, dolore)* persistant(e)

insistere [in'sistere] *vi* insister ● **insistere a** o **col** o **nel fare qc** persister à faire qqch

insoddisfacente [insoddisfa'tʃente] *agg* insatisfaisant(e)

insoddisfatto, a [insoddis'fatto, a] *agg* ● **insoddisfatto(a) di** mécontent(e) de

insolazione [insolats'tsjone] *sf* insolation f

insolente [inso'lente] *agg* insolent(e)

insolito, a [in'sɔlito, a] *agg* inhabituel(elle)

insoluto, a [inso'luto, a] *agg* **1.** *(non risolto)* non résolu(e) **2.** *(non pagato)* impayé(e)

insomma [in'somma] *avv* bref ◇ *esclam* ● insomma, la vuoi smettere? tu vas arrêter à la fin !

insonne [in'sɔnne] *agg* **1.** *(persona)* insomniaque **2.** *(notte)* blanc (blanche)

insonnia [in'sɔnnja] *sf* insomnie *f*

insonnolito, a [insonno'lito, a] *agg* ensommeillé(e)

insopportabile [insoppor'tabile] *agg* insupportable

insorgere [in'sɔrdʒere] *vi* **1.** *(popolo)* s'insurger **2.** *(difficoltà)* surgir

insospettire [insospet'tire] *vt* éveiller les soupçons de ● insospettirsi *vr* avoir des soupçons

insozzare [insots'tsare] *vt* salir

insperato, a [inspe'rato, a] *agg* inespéré(e)

inspiegabile [inspje'gabile] *agg* inexplicable

inspirare [inspi'rare] *vt* inspirer

installare [instal'lare] *vt* installer

installazione [installats'tsjone] *sf* installation *f*

instaurare [instaw'rare] *vt* instaurer

insù [in'su] *avv* ● (all')insù en haut, vers le haut

insuccesso [insut'ʃtʃesso] *sm* insuccès *m*

insudiciare [insudi'tʃare] *vt* salir ● insudiciarsi *vr* se salir

insufficiente [insuffi'tʃente] *agg* insuffisant(e)

insulina [insu'lina] *sf* insuline *f*

insultare [insul'tare] *vt* insulter

insulto [in'sulto] *sm* insulte *f*

intaccare [intak'kare] *vt* **1.** *(legno)* entailler **2.** *(risparmi, provviste)* entamer

intanto [in'tanto] *avv* **1.** *(nel frattempo)* entre-temps, pendant ce temps **2.** *(avversativo)* en attendant, et pourtant

intarsio [in'tarsjo] *sm* marqueterie *f*

intasare [inta'sare] *vt* **1.** boucher **2.** *(strada)* embouteiller ● intasarsi *vr* se boucher

intatto, a [in'tatto, a] *agg* intact(e)

integrale [inte'grale] *agg* **1.** intégral(e) **2.** *(pane, farina)* complet(ète)

integrare [inte'grare] *vt* **1.** *(completare)* compléter **2.** *(persona)* intégrer ● integrarsi *vr* *(in gruppo)* s'intégrer

integrità [integri'ta] *sf inv* intégrité *f*

integro, a ['integro, a] *agg* **1.** intact(e) **2.** *(onesto)* intègre

intelaiatura [intelaja'tura] *sf* châssis *m*

intelletto [intel'letto] *sm* intellect *m*

intellettuale [intellettu'ale] *agg & smf* intellectuel(elle)

intelligente [intelli'dʒente] *agg* intelligent(e)

intelligenza [intelli'dʒentsa] *sf* intelligence *f*

intemperie [intem'perje] *sfpl* intempéries *fpl*

intendere [in'tendere] *vt* **1.** *(capire)* comprendre **2.** *(voler dire)* vouloir dire ● non intende ragioni il/elle ne veut pas entendre raison ● non intendevo offenderti je n'avais pas l'intention de te vexer ● intendersi *vr* s'y connaître en ● intendersela con qn *(fam)* *(avere una relazione con)* avoir une liaison avec qqn

intenditore, trice [intendi'tore, 'tritʃe] *sm, f* connaisseur *m*, -euse *f*

intensificare [intensifi'kare] *vt* intensifier ◆ **intensificarsi** *vr* s'intensifier

intensità [intensi'ta] *sf inv* intensité *f*

intensivo, a [inten'sivo, a] *agg* intensif(ive)

intenso, a [in'tenso, a] *agg* intense

¹**intento** [in'tento] *sm* but *m*

²**intento, a** [in'tento, a] *agg* ● intento(a) a fare qc occupé(e) à faire qqch

intenzione [inten'tsjone] *sf* intention *f* ● avere intenzione di fare qc avoir l'intention de faire qqch

interamente [intera'mente] *avv* entièrement

interattivo, a [interat'tivo, a] *agg* interactif(ive)

¹**intercalare** [interka'lare] *sm* tic *m* de langage

²**intercalare** [interka'lare] *vt* intercaler

intercettare [intertʃet'tare] *vt* intercepter

intercity [inter'sity] *agg inv & sm inv* ● (treno) intercity train rapide reliant les villes principales

interdetto, a [inter'detto, a] *agg* interdit(e)

interessamento [interessa'mento] *sm* 1. intérêt *m* 2. (*intervento*) intervention *f*

interessante [interes'sante] *agg* intéressant(e) ● in stato interessante enceinte

interessare [interes'sare] *vt* 1. (*riguardare*) concerner 2. (*destare l'interesse di*) intéresser ◆ *vi* ● interessare a qn intéresser qqn ◆ **interessarsi** a *vr+prep* s'intéresser à ◆ **interessarsi di** *vr+prep* (*occuparsi di*) s'occuper de

interessato, a [interes'sato, a] *agg* intéressé(e)

interesse [inte'resse] *sm* intérêt *m*

interfaccia, ce [inter'fattʃa, tʃe] *sf* interface *f*

interferire [interfe'rire] *vi* ● non voglio interferire je ne veux pas me mêler de ça

interiora [inte'rjora] *sfpl* 1. entrailles *fpl* 2. (*in macelleria*) abats *mpl*

interiore [inte'rjore] *agg* intérieur(e)

interlocutore, trice [nterloku'ore, 'tritʃe] *sm, f* interlocuteur *m*, -trice *f*

intermezzo [inter'meddzdzo] *sm* entracte *m*

interminabile [intermi'nabile] *agg* interminable

intermittente [intermit'tente] *agg* intermittent(e)

internazionale [internatstsjo'nale] *agg* international(e)

Internet ['internet] *sm inv* Internet *m* ● Internet café café *m* Internet, cybercafé *m*

¹**interno** [in'terno] *sm* 1. (*di edificio, paese*) intérieur *m* 2. (*telefono*) poste *m* 3. (*in indirizzo*) bâtiment *m* ● all'interno à l'intérieur ◆ **interni** *smpl* (*di film*) scènes *fpl* d'intérieur ● Ministero degli Interni Ministère de l'Intérieur

²**interno, a** [in'terno, a] *agg* intérieur(e)

intero, a [in'tero, a] *agg* entier(ère) ● prezzo intero tarif *m* plein ● per intero en entier

interpretare [interpre'tare] *vt* interpréter

interprete [in'terprete] *smf* interprète *mf*

interrogare [interro'gare] *vt* interroger

¹interrogativo [interroga'tivo] *sm* **1.** *(domanda)* question *f* **2.** *(dubbio)* doute *m*

²interrogativo, a [interroga'tivo, a] *agg* *(sguardo, aria)* interrogateur(trice)

interrogazione [interrogats'tsjone] *sf* interrogation *f*

interrompere [inter'rompere] *vt* **1.** interrompre **2.** *(linea telefonica, strada)* couper ◆ **interrompersi** *vr (fermarsi)* s'interrompre

interrotto, a [inter'rotto, a] *pp* ➤ **interrompere** ◇ *agg (linea telefonica, strada)* coupé(e)

interruttore [interrut'tore] *sm* interrupteur *m*

intersecare [interse'kare] *vt* couper

interurbana [interur'bana] *sf* appel *m* interurbain

interurbano, a [interur'bano, a] *agg* interurbain(e)

intervallo [inter'vallo] *sm* **1.** *(pausa)* pause *f* **2.** *(distanza)* intervalle *m* **3.** *(di film, dramma)* entracte *m* **4.** *(di partita)* mi-temps *f*

intervenire [interve'nire] *vi* **1.** *(parlare, intromettersi)* intervenir **2.** *(partecipare)* prendre part, participer **3.** *MED* intervenir, opérer

intervento [inter'vento] *sm* intervention *f*

intervenuto, a [interve'nuto, a] *pp* ➤ **intervenire**

intervista [inter'vista] *sf* interview *f*

intesa [in'tesa] *sf* entente *f*

inteso, a [in'teso, a] *pp* ➤ **intendere** ◇ *agg* ● **resta inteso che** il est entendu que ● **siamo intesi?** entendu ?, nous sommes (bien) d'accord ?

intestare [intes'tare] *vt (lettera)* mettre un en-tête à ● **intestare qc a qn** *(casa, auto)* mettre qqch au nom de qqn ; *(assegno)* établir qqch au nom de qqn

intestino [intes'tino] *sm* intestin *m*

intimare [inti'mare] *vt* sommer, intimer l'ordre de

intimidire [intimi'dire] *vt* intimider

intimità [intimi'ta] *sf inv* intimité *f*

¹intimo ['intimo] *sm* **1.** *(biancheria da donna)* lingerie *f* **2.** *(biancheria da uomo)* sous-vêtements *mpl* ● **nel mio intimo** en mon for intérieur

²intimo, a ['intimo, a] *agg* intime

intimorire [intimo'rire] *vt* effrayer

intingolo [in'tingolo] *sm* sauce *f*

intitolare [intito'lare] *vt* **1.** intituler **2.** *(via, piazza)* ● **intitolare qc a** baptiser qqch du nom de ◆ **intitolarsi** *vr* s'intituler

intollerabile [intolle'rabile] *agg* intolérable

intollerante [intolle'llante] *agg* intolérant(e)

intolleranza [intolle'rantsa] *sf* intolérance *f*

intonaco, ci o **chi** [in'tɔnako, tʃi o ki] *sm* enduit *m*

intonare [into'nare] *vt* **1.** *(canzone)* entonner **2.** *(vestiti)* ● **intonare qc a qc** assortir qqch à qqch ◆ **intonarsi** *vr* ● **le scarpe non si intonano bene con la borsa** les chaussures ne vont pas avec le sac

intontire [inton'tire] *vt* abrutir

intorno [in'torno] *avv* autour ♦ **intorno a** *prep* 1. *(attorno a)* autour de 2. *(verso)* vers

intossicare [intossi'kare] *vt* intoxiquer

intossicato, a [intossi'kato, a] *agg* intoxiqué(e)

intossicazione [intossikats'tsjone] *sf* intoxication *f*

intraducibile [intradu'tʃibile] *agg* intraduisible

intralciare [intral'tʃare] *vt* entraver

intramontabile [intramon'tabile] *agg* 1. *(moda)* durable 2. *(artista)* indémodable

intramuscolare [intramusko'lare] *agg* ➤ **iniezione**

intransigente [intransi'dʒente] *agg* intransigeant(e)

intraprendente [intrapren'dente] *agg* entreprenant(e)

intraprendere [intra'prendere] *vt* entreprendre

intrapreso, a [intra'preso, a] *pp* ➤ **intraprendere**

intrattabile [intrat'tabile] *agg* 1. intraitable 2. *(argomento)* impossible à traiter 3. *(prezzo)* non négociable

intrattenere [intratte'nere] *vt* entretenir ♦ **intrattenersi** *vr* 1. *(divertirsi)* passer le temps 2. *(soffermarsi)* ● **intrattenersi con qn** s'entretenir avec qqn ● **intrattenersi su qc** s'attarder sur qqch

intrecciare [intret∫'tʃare] *vt* 1. tresser 2. *(mani)* croiser ♦ **intrecciarsi** *vr (fili)* s'entrecroiser

intrigante [intri'gante] *agg & smf* intrigant(e)

intrigo, ghi [in'trigo, gi] *sm* intrigue *f*

introdurre [intro'durre] *vt* introduire ♦ **introdursi** *vr* 1. *(uso, tecnica)* s'affirmer 2. *(persona)* s'introduire

introduzione [introduts'tsjone] *sf* introduction *f*

introito [in'trɔjto] *sm (incasso)* recette *f*

intromettersi [intro'mettersi] *vr (interporsi)* s'interposer ● **non intrometterti!** ne te mêle pas de ça !

introvabile [intro'vabile] *agg* introuvable

introverso, a [intro'verso, a] *agg* introverti(e)

intruso, a [in'truzo, a] *sm, f* intrus *m*, -e *f*

intuire [intu'ire] *vt* pressentir

intuito [in'tujto] *sm* intuition *f*

intuizione [intujts'tsjone] *sf* intuition *f*

inumidire [inumi'dire] *vt* humecter ♦ **inumidirsi** *vr* prendre l'humidité ● **inumidirsi le labbra** s'humecter les lèvres

inutile [i'nutile] *agg* inutile ● **è inutile dire che...** inutile de dire que...

inutilmente [inutil'mente] *avv* inutilement

invadente [inva'dente] *agg* envahissant(e)

invadere [in'vadere] *vt* envahir

invaghirsi [inva'girsi] ♦ **invaghirsi di** *vr+prep* s'éprendre de

invalido, a [in'valido, a] *agg & sm, f* invalide

invano [in'vano] *avv* en vain

invasione [inva'zjone] *sf* invasion *f*

invasore [inva'zore] *sm* envahisseur *m*

invecchiare [invek'kjare] *vi* vieillir ◇ *vt* 1. *(vino)* laisser vieillir 2. *(far apparire più vecchio)* vieillir

invece [in'vetʃe] *avv* mais ● lei lavora, lui, invece, sta a casa elle travaille mais lui, par contre, reste à la maison ◆ **invece di** *prep* au lieu de

inveire [inve'ire] *vi* ● inveire (contro) invectiver (contre)

inventare [inven'tare] *vt* inventer ◆ **inventarsi** *vr* ● si è inventato tutto il a tout inventé

inventario [inven'tarjo] *sm* inventaire *m*

inventore, trice [inven'tore, 'tritʃe] *sm, f* inventeur *m*, -trice *f*

invenzione [inven'tsjone] *sf* invention *f*

invernale [inver'nale] *agg* 1. *(stagione, periodo)* hivernal(e) 2. *(cappotto, sport)* d'hiver

inverno [in'verno] *sm* hiver *m* ● d'inverno en hiver

inverosimile [invero'simile] *agg* invraisemblable

inversione [inver'sjone] *sf* 1. inversion *f* 2. *(di marcia)* demi-tour *m*

¹**inverso** [in'verso] *sm* inverse *m* ● all'inverso à l'envers

²**inverso, a** [in'verso, a] *agg* inverse

invertire [inver'tire] *vt* (*scambiare*) inverser ● invertire la direzione o marcia faire demi-tour

invertito, a [inver'tito, a] *agg* (*rovesciato*) renversé(e)

investimento [investi'mento] *sm* 1. FIN investissement *m* 2. (*con auto*) accident *m* corporel

investire [inves'tire] *vt* 1. (*denaro*) investir 2. (*persona, animale*) renverser

inviare [invi'are] *vt* envoyer ● inviare un SMS/una lettera/una mail/un fax en-

voyer un texto/un courrier/un mail/un fax

inviato, a [invi'ato, a] *sm, f* envoyé *m*, -e *f*

invidia [in'vidja] *sf* envie *f*, jalousie *f*

invidiare [invi'djare] *vt* envier ● lo invidiano tutti per la sua ricchezza tout le monde lui envie sa richesse ● non hai niente da invidiarle tu n'as rien à lui envier

invidioso, a [invi'djozo, a] *agg* envieux(euse)

invincibile [invin'tʃibile] *agg* invincible

invio [in'vio] *sm* envoi *m*

inviperito, a [invipe'rito, a] *agg* furieux(euse)

invischiarsi [invis'kjarsi] ◆ **invischiarsi in** *vr+prep* se laisser entraîner dans

invisibile [invi'zibile] *agg* invisible

invitare [invi'tare] *vt* inviter ● invitare qn a fare qc inviter qqn à faire qqch

invitato, a [invi'tato, a] *sm, f* invité *m*, -e *f*

invito [in'vito] *sm* invitation *f*

invocare [invo'kare] *vt* invoquer

invogliare [invoʎ'ʎare] *vt* ● questo tempo mi invoglia a dormire ce temps me donne envie de dormir

involontario, a [involon'tarjo, a] *agg* involontaire

involtino [invol'tino] *sm* paupiette *f* ● involtino primavera rouleau *m* de printemps

involucro [in'volukro] *sm* enveloppe *f*

inzaccherare [intsakke'rare] *vt* tacher de boue ◆ **inzaccherarsi** *vr* se tacher de boue

inzuppare [indzup'pare] *vt* tremper

io ['io] *pron* ● **vacci tu, io resto qui** vas-y, moi je reste ● **sono io** c'est moi ● **io stesso** moi-même

iodio ['jɔdjo] *sm* iode *m*

Ionio ['jɔnjo] *sm* ● **lo Ionio** o **il Mar Ionio** la mer Ionienne

ipertensione [iperten'sjone] *sf* hypertension *f*

ipertesto [iper'tɛsto] *sm* hypertexte *m*

ipnotizzare [ipnotidz'dzare] *vt* hypnotiser

ipocrisia [ipokri'zia] *sf* hypocrisie *f*

ipocrita, i, e [i'pɔkrita, i, e] *agg & smf* hypocrite

ipoteca, che [ipo'tɛka, ke] *sf* hypothèque *f*

ipotesi [i'pɔtezi] *sf inv* hypothèse *f*

ippica [ippika] *sf* **1.** hippisme *m* **2.** (*negli ippodromi*) courses *fpl* de chevaux

ippico, a, ci, che ['ippiko, a, tʃi, ke] *agg* hippique

ippodromo [ip'pɔdromo] *sm* hippodrome *m*

ippopotamo [ippo'pɔtamo] *sm* hippopotame *m*

iracheno, a [ira'keno, a] *agg* irakien(enne) ◇ *sm, f* Irakien *m*, -enne *f*

Iran ['iran] *sm* ● **l'Iran** l'Iran *m*

iraniano, a [ira'njano, a] *agg* iranien(enne) ◇ *sm, f* Iranien *m*, -enne *f*

Iraq [i'rak o 'irak] *sm* ● **l'Iraq** l'Irak *m*

iride ['iride] *sf* **1.** (*di occhio*) iris *m* **2.** (*arcobaleno*) arc-en-ciel *m*

iris ['iris] *sf inv* iris *m*

Irlanda [ir'landa] *sf* ● **l'Irlanda** l'Irlande *f* ● **l'Irlanda del Nord** l'Irlande du Nord

irlandese [irlan'dese] *agg* irlandais(e) ◇ *smf* Irlandais *m*, -e *f*

ironia [iro'nia] *sf* ironie *f*

ironico, a, ci, che [i'rɔniko, a, tʃi, ke] *agg* ironique

irradiare [irra'djare] *vt* (*luce, calore*) diffuser ● **il sole irradia la terra** le soleil éclaire la terre

irraggiungibile [irradʒdʒun'dʒibile] *agg* (*al telefono*) injoignable

irragionevole [irradʒo'nevole] *agg* (*persona*) déraisonnable

irrazionale [irrattsjo'nale] *agg* irrationnel(elle)

irreale [irre'ale] *agg* irréel(elle)

irrecuperabile [irrekupe'rabile] *agg* irrécupérable

irregolare [irrego'lare] *agg* irrégulier(ère)

irregolarità [irregolari'ta] *sf inv* irrégularité *f*

irremovibile [irremo'vibile] *agg* inébranlable

irreparabile [irrepa'rabile] *agg* irréparable

irrequieto, a [irre'kwjeto, a] *agg* agité(e)

irresponsabile [irrespon'sabile] *agg* irresponsable

irreversibile [irrever'sibile] *agg* irréversible

irriducibile [irridu'tʃibile] *agg* irréductible

irrigare [irri'gare] *vt* **1.** (*terreno*) irriguer **2.** (*sog: fiume*) arroser

irrigidirsi [irridʒi'dirsi] *vr* **1.** (*diventare rigido*) se raidir **2.** (*membra*) s'engourdir **3.** (*immobilizzarsi*) se figer

irrilevante [irrile'vante] *agg* insignifiant(e), sans importance

irrisorio, a [irri'zɔrjo, a] *agg (prezzo)* dérisoire

irritabile [irri'tabile] *agg* irritable

irritante [irri'tante] *agg* irritant(e)

irritare [irri'tare] *vt* irriter ◆ **irritarsi** *vr* s'irriter

irrompere [ir'rompere] ◆ **irrompere in** *v+prep* faire irruption dans

irrotto [ir'rotto] *pp* ➤ **irrompere**

irruente [irru'ente] *agg* impétueux(euse)

irruzione [irruts'tsjone] *sf* irruption *f*

iscritto, a [is'kritto, a] *pp* ➤ **iscrivere** ◇ *agg* • **essere iscritto(a) (a qc)** être inscrit(e) (à qqch) • **per iscritto** par écrit

iscrivere [is'krivere] *vt* • **iscrivere qn (a qc)** inscrire qqn (à qqch) ◆ **iscriversi (a)** *vr+prep* s'inscrire (à)

iscrizione [iskrits'tsjone] *sf* inscription *f*

Islanda [iz'landa] *sf* • **l'Islanda** l'Islande *f*

islandese [izlan'dese] *agg* islandais(e) ◇ *smf* Islandais *m*, -e *f* ◇ *sm (lingua)* islandais *m*

isola ['izola] *sf* île *f* • **isola pedonale** zone *f* piétonne

isolamento [izola'mento] *sm* **1.** isolement *m* **2.** *(elettrico, termico, acustico)* isolation *f*

isolante [izo'lante] *agg* isolant(e) ◇ *sm* isolant *m*

isolare [izo'lare] *vt* isoler ◆ **isolarsi** *vr* s'isoler

¹isolato [izo'lato] *sm* pâté *m* de maisons

²isolato, a [izo'lato, a] *agg* isolé(e)

ispettore, trice [ispet'tore, 'tritʃe] *sm, f* inspecteur *m*, -trice *f*

ispezionare [ispetstsjo'nare] *vt* inspecter

ispezione [ispets'tsjone] *sf* inspection *f*

ispirare [ispi'rare] *vt* inspirer ◆ **ispirarsi a** *vr+prep* s'inspirer de

Israele [izra'ele] *sm* Israël *m*

issare [is'sare] *vt (vele)* hisser

istantanea [istan'tanea] *sf* instantané *m*

istantaneo, a [istan'taneo, a] *agg* instantané(e)

istante [is'tante] *sm* instant *m* • **all'istante** immédiatement

isterico, a, ci, che [i'steriko, a, tʃi, ke] *agg* hystérique

istigare [isti'gare] *vt* • **istigare qn a fare qc** inciter qqn à faire qqch

istinto [is'tinto] *sm* instinct *m*

istituire [istitu'ire] *vt* instituer

istituto [isti'tuto] *sm* **1.** institut *m* **2.** *(scolastico)* établissement *m* • **istituto di bellezza** institut de beauté

istituzione [istituts'tsjone] *sf* **1.** *(creazione)* création *f* **2.** *(ente)* institution *f* • **le istituzioni** les institutions *fpl*

istmo ['istmo] *sm* isthme *m*

istrice [i'stritʃe] *sm* porc-épic *m*

istruire [istru'ire] *vt* **1.** instruire **2.** *(informare)* informer

istruito, a [istru'ito, a] *agg* instruit(e)

istruttore, trice [istrut'tore, 'tritʃe] *sm, f (di guida, sci)* moniteur *m*, -trice *f* • **istruttore di nuoto** maître *m* nageur

istruzione [istruts'tsjone] *sf* instruction *f* ◆ **istruzioni** *sfpl* instructions *fpl* • **istruzioni (per l'uso)** mode *m* d'emploi

Italia [i'talja] *sf* • **l'Italia** l'Italie *f*

italiano, a [ita'ljano, a] *agg* italien(enne) ◇ *sm, f* Italien *m*, -enne *f* ◆ **italiano** *sm (lingua)* italien *m*

itinerario [itine'rarjo] *sm* itinéraire *m* • **itinerario turistico** itinéraire touristique

IVA ['iva] (*abbr di* Imposta sul Valore Aggiunto) *sf* TVA *f (taxe sur la valeur ajoutée)*

jazz [dʒets] *sm* jazz *m*
jeans [dʒins] *smpl (pantaloni)* jean *m*, jeans *mpl* ◇ *sm (tessuto)* jean *m*
jeep ® [dʒip] *sf inv* Jeep ® *f*
jolly ['dʒɔlli] *sm inv* joker *m*
joystick ['dʒɔjstik] *sm inv* INFORM joystick *m*, manette *f* (de jeu)
Jugoslavia [jugoz'lavja] *sf* • **la Jugoslavia** la Yougoslavie • **l'ex Jugoslavia** l'ex-Yougoslavie
juke-box [dʒu'bɔks] *sm inv* juke-box *m inv*

karaoke [kara'ɔke] *sm inv* karaoké *m*
karate [ka'rate] *sm inv* karaté *m*
Kenia ['kɛnja] *sm* • **il Kenia** le Kenya
kg (*abbr scritta di* chilogrammo) kg *(kilogramme)*
killer ['killer] *smf inv* tueur *m* à gages

kit [kit] *sm inv* kit *m*
kitsch [kitʃ] *agg inv* kitsch *(inv)*
kiwi ['kiwi] *sm inv* kiwi *m*
km (*abbr scritta di* chilometro) km *(kilomètre)*
k.o. [kappa'ɔ] *avv* K-O
koala [ko'ala] *sm inv* koala *m*
Kossovo [kos'sɔvo] *sm* • **il Kossovo** le Kosovo
K-way ® [ki'wei] *sm inv* K-way ® *m inv*

l' [l] ➤ **la**, **lo**
la [la] *art* la, ➤ **il** ◇ *pron* **1.** (terza persona) la • **la conosco bene** je la connais bien **2.** (forma di cortesia) vous • **la disturbo?** est-ce que je vous dérange ?
là [la] *avv* **1.** là **2.** (moto a luogo) là-bas • **di là** (nella stanza accanto) à côté ; (moto da luogo) de là ; (moto per luogo) par là • **al di là di** là au-delà de
labbro ['labbro] (*fpl* labbra) *sm* lèvre *f*
labirinto [labi'rinto] *sm* labyrinthe *m*
laboratorio [labora'tɔrjo] *sm* **1.** laboratoire *m* **2.** (artigianale) atelier *m* • **laboratorio linguistico** laboratoire de langues
lacca, che ['lakka, ke] *sf* laque *f*
laccio ['latʃtʃo] *sm* lacet *m*
lacerare [latʃe'rare] *vt* déchirer • **lacerarsi** *vr* se déchirer
lacero, a ['latʃero, a] *agg* déchiré(e)

lacrima ['lakrima] *sf* larme *f* ● **in lacrime** en larmes

lacrimogeno [lakri'mɔdʒeno] *agg m* ➤ **gas**

lacuna [la'kuna] *sf* lacune *f*

ladro, a ['ladro, a] *sm, f* voleur *m*, -euse *f*

laggiù [ladʒ'dʒu] *avv* là-bas

lagnarsi [laɲ'narsi] *vr* ● **lagnarsi (di)** se plaindre (de)

lago, ghi ['lago, gi] *sm* lac *m*

laguna [la'guna] *sf* lagune *f*

laico, a, ci, che ['lajko, a, tʃi, ke] *agg* laïque

lama ['lama] *sf* lame *f*

lamentarsi [lamen'tarsi] *vr* ● **lamentarsi (di)** se plaindre (de)

lamentela [lamen'tela] *sf* plainte *f*

lametta [la'metta] *sf* lame *f* de rasoir

lamiera [la'mjera] *sf* tôle *f*

lampada ['lampada] *sf* lampe *f* ● **fare la lampada** faire des UV ● **lampada da tavolo** lampe de bureau

lampadario [lampa'darjo] *sm* lustre *m*

lampadina [lampa'dina] *sf* ampoule *f* ● **lampadina tascabile** lampe *f* de poche

lampeggiante [lampedʒ'dʒante] *sm* gyrophare *m*

lampeggiare [lampedʒ'dʒare] *vi* 1. clignoter 2. *AUTO* faire un appel de phares

lampione [lam'pjone] *sm* réverbère *m*

lampo ['lampo] *sm* éclair *m* ◇ *sf inv* fermeture *f* Éclair®

lampone [lam'pone] *sm* framboise *f*

lana ['lana] *sf* laine *f* ● **pura lana vergine** pure laine vierge

lancetta [lan'tʃetta] *sf* aiguille *f*

lancia, ce ['lantʃa, tʃe] *sf* 1. lance *f* 2. *(imbarcazione)* canot *m*

lanciare [lan'tʃare] *vt* lancer ◆ **lanciarsi** *vr* se jeter ● **lanciarsi in** *(impresa)* se lancer dans

lancinante [lantʃi'nante] *agg* lancinant(e)

lancio ['lantʃo] *sm (di missile, satellite)* lancement *m* ● **lancio del disco** lancer *m* du disque ● **lancio del giavellotto** lancer du javelot ● **lancio del peso** lancer du poids

languido, a ['langwido, a] *agg* langoureux(euse)

languore [lan'gwore] *sm (di stomaco)* creux *m* (à l'estomac)

lapide ['lapide] *sf* 1. *(funeraria)* pierre *f* tombale 2. *(commemorativa)* plaque *f*

lapsus ['lapsus] *sm inv* lapsus *m*

lardo ['lardo] *sm* lard *m*

larghezza [lar'getstsa] *sf* 1. largeur *f* 2. *(abbondanza)* profusion *f*

largo, a, ghi, ghe ['largo, a, gi, ge] *agg* large ● **la carreggiata è larga 10 metri** la chaussée fait 10 mètres de large ● **stare o tenersi alla larga** se tenir à l'écart ● **largo** *sm* 1. *(piazza)* place *f* 2. *(alto mare)* ● **andare al largo** gagner le large ● **farsi largo** se frayer un chemin

larva ['larva] *sf* larve *f*

lasagne [la'zaɲɲe] *sfpl* lasagne(s) *fpl* ● **lasagne verdi** lasagne(s) vertes *(aux épinards)*

lasciare [laʃ'ʃare] *vt* 1. *(cessare di tenere)* lâcher ● **lasciare la presa** lâcher prise 2. *(far rimanere)* laisser ● **posso lasciare i bagagli in camera?** je peux laisser mes bagages dans la chambre ? ● **lasciar detto a qn che...** dire à qqn que...

3. *(abbandonare)* quitter ● **lasciare il lavo-ro** quitter son emploi ● **ha lasciato moglie e figli** il a quitté sa femme et ses enfants ● **il direttore ha lasciato l'ufficio un'ora fa** le directeur a quitté le bureau il y a une heure ● **prendere o lasciare** c'est à prendre ou à laisser
4. *(in uno stato)* laisser ● **lasciare la porta aperta** laisser la porte ouverte ● **lasciare qn in pace** laisser qqn tranquille ● **lasciare a desiderare** laisser à désirer
5. *(in eredità)* laisser (en héritage)
6. *(permettere)* **lasciami vedere** laisse-moi voir ● **lascia che faccia come vuole** laisse-le faire comme il veut ● **lasciar correre o perdere** laisser tomber ● **lasciar credere qc a qn** laisser croire qqch à qqn
♦ **lasciarsi** *vr (separarsi)* se quitter ● **lasciarsi andare** *(non controllarsi)* se laisser aller

laser ['lazer] *sm inv* laser m ◇ *agg inv* laser (inv)

lassativo [lassa'tivo] *sm* laxatif m

lassù [las'su] *avv (in alto)* là-haut

lastra ['lastra] *sf* **1.** *(di ghiaccio, vetro)* plaque f **2.** *(di pietra)* dalle f **3.** *(radiografia)* radio f

laterale [late'rale] *agg* latéral(e)

latino, a [la'tino, a] *agg* latin(e) ● **latino** *sm (lingua)* latin m

latino-americano, a [latinoameri'kano, a] *agg* latino-américain(e)

latitante [lati'tante] *smf* fugitif m, -ive f

latitudine [lati'tudine] *sf* latitude f

lato ['lato] *sm* **1.** côté m **2.** *(facciata)* côté m, face f ● **a lato (di qc)** à côté (de qqch) ● **da un lato... dall'altro...** d'un côté... de l'autre...

latta ['latta] *sf* fer-blanc m

lattaio, a [lat'tajo, a] *sm, f* crémier m, -ère f

lattante [lat'tante] *smf* nourrisson m

latte ['latte] *sm* lait m ● **latte detergente** lait démaquillant ● **latte intero** lait entier ● **latte magro o scremato** lait écrémé ● **latte parzialmente scremato** lait demi-écrémé ● **latte in polvere** lait en poudre ● **latte di soia** lait de soja

latteria [latte'ria] *sf* **1.** *(negozio)* crémerie f **2.** *(stabilimento)* laiterie f

latticini [latti'tʃini] *smpl* produits mpl laitiers

lattina [lat'tina] *sf* canette f

lattuga [lat'tuga] *sf* laitue f

laurea ['laurea] *sf* diplôme de fin d'études universitaires

laurearsi [laure'arsi] *vr* obtenir son diplôme de fin d'études universitaires

laureato, a [laure'ato, a] *agg & sm, f (all'università)* titulaire d'une "laurea", diplôme de fin d'études universitaires

lava ['lava] *sf* lave f

lavaggio [la'vadʒdʒo] *sm (di panni, auto)* lavage m

lavagna [la'vaɲɲa] *sf* tableau m (noir) ● **lavagna luminosa** rétroprojecteur m

lavanda [la'vanda] *sf (pianta)* lavande f ● **lavanda gastrica** lavage m d'estomac

lavanderia [lavande'ria] *sf (negozio)* pressing m ● **lavanderia automatica** laverie f automatique

lavandino [lavan'dino] *sm* lavabo m

lavapiatti [lava'pjatti] *smf inv* plongeur m, -euse f

lavare [la'vare] *vt* laver ● **lavare qc a secco** nettoyer qqch à sec ♦ **lavarsi** *vr* se laver ● **lavarsi le mani** se laver les mains ● **lavarsi i denti** se laver o se brosser les dents

lavasecco [lava'sekko] *sm inv* o *sf inv* pressing *m*

lavastoviglie [lavasto'viλλe] *sf inv* lave-vaisselle *m inv*

lavatrice [lava'tritʃe] *sf* machine *f* à laver, lave-linge *m inv*

lavorare [lavo'rare] *vt* & *vi* travailler ● **lavorare a maglia** tricoter

lavorativo, a [lavora'tivo, a] *agg* **1.** *(giorno)* ouvrable **2.** *(settimana)* de travail

lavorato, a [lavo'rato, a] *agg* travaillé(e)

lavoratore, trice [lavora'tore, 'tritʃe] *sm, f* travailleur *m*, -euse *f*

lavorazione [lavorats'tsjone] *sf* travail *m*, façon *f*

lavoro [la'voro] *sm* travail *m* ▼ **lavori in corso** travaux ● **lavori stradali** travaux (d'entretien des routes)

le [le] *art les*, ➤ **il** ◇ *pron* **1.** *(complemento oggetto)* les **2.** *(a lei)* lui **3.** *(forma di cortesia)* vous

leader ['lider] *smf inv (di partito)* leader *m*

leale [le'ale] *agg* loyal(e)

lecca lecca [lekka'lekka] *sm inv* sucette *f*

leccare [lek'kare] *vt* lécher

lecito, a ['letʃito, a] *agg* **1.** permis(e) **2.** *(legale)* licite, légal(e)

lega, ghe ['lega, ge] *sf* **1.** *(associazione)* association *f* **2.** *(alleanza politica)* ligue *f* **3.** *(di metalli)* alliage *m*

legale [le'gale] *agg* légal(e) ◇ *smf* avocat *m*, -e *f*

legalizzare [legalidz'dzare] *vt* légaliser

legame [le'game] *sm* lien *m*

legare [le'gare] *vt* **1.** attacher **2.** *(sog: sentimento, interesse)* lier

legge ['ledʒdʒe] *sf* loi *f*

leggenda [ledʒ'dʒenda] *sf* légende *f*

leggendario, a [ledʒdʒen'darjo, a] *agg* légendaire

leggere ['ledʒdʒere] *vt* & *vi* lire

leggerezza [ledʒdʒe'retstsa] *sf* légèreté *f*

leggero, a [ledʒ'dʒero, a] *agg* **1.** léger(ère) **2.** *(lavoro)* facile

legittimo, a [le'dʒittimo, a] *agg* légitime ● **legittima difesa** légitime défense

legna ['leɲɲa] *sf* bois *m*

legname [leɲ'ɲame] *sm* bois *m*

legno ['leɲɲo] *sm* **1.** bois *m* **2.** *(pezzo)* bout *m* de bois

legumi [le'gumi] *smpl* légumes *mpl (haricots, lentilles, etc.)*

lei ['lɛi] *pron* **1.** *(terza persona)* elle **2.** *(forma di cortesia)* vous ● **ho 18 anni e lei ne ha 20** j'ai 18 ans tandis qu'elle en a 20 ● **dare del lei a qn** vouvoyer qqn ● **lei stessa** *(terza persona)* elle-même ; *(formula di cortesia)* vous-même

lentamente [lenta'mente] *avv* lentement

lente ['lente] *sf* lentille *f* ● **lente di ingrandimento** loupe *f* ● **lenti a contatto** lentilles (de contact)

lentezza [len'tetstsa] *sf* lenteur *f*

lenticchie [len'tikkje] *sfpl* lentilles *fpl*

¹**lento** ['lɛnto] *sm (ballo)* slow *m*

²**lento, a** ['lɛnto, a] *agg* **1.** lent(e) **2.** *(allentato)* lâche

lenza ['lentsa] *sf* ligne *f* (de pêche)

lenzuolo [len'tswɔlo] *(fpl* lenzuola*) sm* drap *m*

leone [le'one] *sm* lion *m* ◆ **Leone** *sm* Lion *m*

leopardo [leo'pardo] *sm* léopard *m*

lepre ['lepre] *sf* lièvre *m* ● **lepre in salmì** civet *m* de lièvre

lesbica, che ['lezbika, ke] *sf* lesbienne *f*

lesione [le'zjone] *sf* MED lésion *f*

¹**lesso** ['lesso] *sm* bouilli *m*

²**lesso, a** ['lesso, a] *agg* **1.** *(carne)* bouilli(e) **2.** *(verdura, pesce)* cuit(e) à l'eau

letale [le'tale] *agg* mortel(elle)

letame [le'tame] *sm* fumier *m*

lettera ['lettera] *sf* lettre *f* ● **alla lettera** à la lettre ● **lettera di motivazione** lettre de motivation ● **lettera di raccomandazione** lettre de recommandation ● **spedire una lettera** envoyer un courrier ◆ **lettere** *sfpl (facoltà)* lettres *fpl*

L'inizio di una lettera

Quando ci si rivolge a uno sconosciuto, si inizia la lettera soltanto con *Monsieur* (signore) o *Madame* (signora), oppure con entrambi, se non si conosce il sesso del destinatario. Scrivendo a una ditta, si usa il plurale *Mesdames, Messieurs*. Se il destinatario occupa una posizione di spicco, si inserisce la sua funzione con l'iniziale maiuscola: es. *Madame la Présidente* (egregia signora presidentessa). Quando si conosce il destinatario, si mette *Cher* (caro) o *Chère* (cara), seguito dal nome della persona. *Mon cher* (mio caro/carissimo) o *Ma chère* (mia cara/carissima), sempre

seguiti dal nome, si usano solo per rivolgersi agli amici. Queste formule sono sempre seguite da una virgola.

La fine di una lettera

La maniera più diffusa di chiudere una lettera formale è con *Veuillez agréer* (e poi si riprende l'appellativo iniziale *Madame, Messieurs*, etc.) *mes salutations distinguées* o *l'expression de mes salutations distinguées* (distinti saluti), frase seguita da un punto. La maniera più diffusa di chiudere una lettera informale è con *Cordialement* (cordiali saluti), seguito da una virgola. Di registro leggermente più elevato è, invece, *Salutations distinguées*, seguito da un punto. Rivolgendosi a una persona cara, si usano le formule *Amitiés* e *Amicalement* (con affetto). Oppure, in tono ancora più amichevole, si scrive *Je t'embrasse* (un abbraccio) e *À bientôt* (a presto). Decisamente informale è l'espressione *Grosses bises* (un bacione). Alla fine della lettera, si mette la propria firma, sempre a destra.

letteratura [lettera'tura] *sf* littérature *f*

lettino [let'tino] *sm* **1.** *(del medico)* lit *m* **2.** *(per bambini)* lit *m* d'enfant

¹**letto** ['letto] *sm* lit *m* ● **andare a letto** aller se coucher ● **letti a castello** lits superposés ● **letto matrimoniale** o **a due**

piazze grand lit ● **letto a una piazza** lit à une place

²**letto, a** ['lɛtto, a] *pp* ➤ leggere

Lettonia [let'tɔnja] *sf* ● **la Lettonia** la Lettonie

lettore, trice [let'tore, 'tritʃe] *sm, f* lecteur *m*, -trice *f* ● **lettore** *sm* ● **lettore CD/ DVD/MP3** lecteur *m* (de) CD/DVD/MP3

lettura [let'tura] *sf* lecture *f*

leva ['leva] *sf* **1.** levier *m* **2.** *(militare)* service *m* militaire, conscription *f* ● **leva del cambio** levier (de changement) de vitesse ● **ho fatto leva sulla sua generosità** j'ai joué sur sa générosité

levante [le'vante] *sm* est *m*

levare [le'vare] *vt* **1.** *(togliere)* enlever **2.** *(tassa)* supprimer **3.** *(alzare)* lever ◆ **levarsi** *vr (vento)* se lever ● **levati da lì!** pousse-toi de là !

levatoio [leva'tojo] *agg m* ➤ ponte

levigare [levi'gare] *vt* polir

lezione [lets'tsjone] *sf* leçon *f*

lezioso, a [lets'tsjoso, a] *agg* affecté(e)

lezzo ['lɛttso] *sm* puanteur *f*

li [li] *pron* les

lì [li] *avv* là ● **da lì in poi** à partir de là ● **essere lì (lì) per fare qc** être sur le point de faire qqch

Libano ['libano] *sm* ● **il Libano** le Liban

libeccio [li'bettʃo] *sm* libeccio *m*

libellula [li'bellula] *sf* libellule *f*

liberale [libe'rale] *agg* libéral(e)

liberamente [libera'mente] *avv* librement

liberare [libe'rare] *vt* libérer ◆ **liberarsi** *vr* se libérer ● **liberarsi di** *(persona, oggetto)* se débarrasser de ; *(impegno)* se libérer de

libero, a ['libero, a] *agg* libre ● **sei libero di scegliere** tu es libre de choisir ● **libero professionista** profession *f* libérale

libertà [liber'ta] *sf inv* liberté *f*

Libia ['libja] *sf* ● **la Libia** la Libye

libreria [libre'ria] *sf* **1.** *(negozio)* librairie *f* **2.** *(mobile)* bibliothèque *f*

libretto [li'bretto] *sm* livret *m* ● **libretto degli assegni** carnet *m* de chèques ● **libretto di circolazione** ≃ carte *f* grise ● **libretto di risparmio** livret de caisse d'épargne ● **libretto universitario** *livret de l'étudiant mentionnant les notes obtenues aux examens*

libro ['libro] *sm* livre *m* ● **libro giallo** roman *m* policier

licenza [li'tʃɛntsa] *sf* **1.** *(autorizzazione)* autorisation *f*, permis *m* **2.** *(militare)* permission *f* ● **licenza media** ≃ brevet *m* des collèges

licenziamento [litʃentsja'mento] *sm* licenciement *m*

licenziare [litʃen'tsjare] *vt* licencier ◆ **licenziarsi** *vr* démissionner

liceo [li'tʃɛo] *sm* lycée *m*

lido ['lido] *sm* plage *f* ● **il lido di Venezia** le lido de Venise

lieto, a ['ljɛto, a] *agg* ● **lieto di conoscerla!** ravi *o* enchanté de faire votre connaissance ● **molto lieto!** enchanté !

lievitare [ljevi'tare] *vi* **1.** lever **2.** *(prezzi)* augmenter

lievito ['ljɛvito] *sm* levure *f* ● **lievito di birra** levure de bière

Liguria [li'gurja] *sf* ● **la Liguria** la Ligurie

ligure ['ligure] *agg* ligure

lilla ['lilla] *agg inv* lilas *(inv)*

lillà [lil'la] *sm inv (pianta)* lilas *m*

lima ['lima] *sf* lime *f*

limetta [li'metta] *sf* ● limetta per unghie lime *f* à ongles

limitare [limi'tare] *vt* limiter ◆ **limitarsi** *vr* ● mi sono limitato a eseguire i suoi ordini je me suis limité à exécuter ses ordres ● stasera si è limitato nel bere ce soir, il a bu avec modération

limitato, a [limi'tato, a] *agg* limité(e)

limite ['limite] *sm* limite *f* ● limite di velocità limitation *f* de vitesse ● entro certi limiti dans une certaine limite ● al limite à la limite

limitrofo, a [li'mitrofo, a] *agg* limitrophe

limonata [limo'nata] *sf* citronnade *f*

limone [li'mone] *sm* citron *m*

limpido, a ['limpido, a] *agg* limpide

linea ['linea] *sf* ligne *f* ● a grandi linee dans les grandes lignes ● in linea d'aria à vol d'oiseau ● in linea di massima en principe ● avere qualche linea di febbre avoir un peu de fièvre ● mantenere la linea garder la ligne ● resti in linea ne quittez pas ▼ linee urbane réseau urbain (d'autobus)

lineare [line'are] *agg* linéaire

lineetta [line'etta] *sf* **1.** tiret *m* **2.** (in parola composta) trait *m* d'union

lingua ['lingwa] *sf* langue *f* ● lingua madre langue maternelle ● lingua straniera langue étrangère

linguaggio [lin'gwaddʒo] *sm* langage *m* ● linguaggio dei segni langage des signes

linguetta [lin'gwetta] *sf* languette *f*

linguistico, a, ci, che [lin'gwistiko, a, tʃi, ke] *agg* linguistique

link [link] *sm inv INFORM* lien *m*

lino ['lino] *sm* lin *m*

linoleum [li'nɔleum] *sm* linoléum *m*

liofilizzato, a [ljofilidz'dzato, a] *agg* lyophilisé(e)

liquefare [likwe'fare] *vt* faire fondre, liquéfier ◆ **liquefarsi** *vr* fondre

liquefatto, a [likwe'fatto, a] *pp* ➤ liquefare

liquidare [likwi'dare] *vt* **1.** liquider **2.** (sbarazzarsi di) se débarrasser de

liquidazione [likwidats'tsjone] *sf* **1.** liquidation *f* **2.** (indennità) solde *m* de tout compte

¹**liquido** ['likwido] *sm* liquide *m*

²**liquido, a** ['likwido, a] *agg* liquide

liquirizia [likwi'rittsja] *sf* réglisse *m*

liquore [li'kwore] *sm* liqueur *f*

lira ['lira] *sf* lire *f* ● non avere una lira ne pas avoir un centime o rond

lirica ['lirika] *sf* art *m* lyrique

lirico, a, ci, che ['liriko, a, tʃi, ke] *agg* lyrique

lisca, sche ['liska, ske] *sf* (di pesce) arête *f*

liscio, a, sci, sce ['liʃʃo, a, ʃʃi, ʃʃe] *agg* **1.** lisse **2.** (capelli) raide **3.** (senza ghiaccio) sec (sèche) ● è andata liscia ça s'est bien passé ◆ **liscio** *sm* ensemble de danses de salon (valse, mazurka, etc.) que l'on danse à pas glissés

lista ['lista] *sf* liste *f* ● essere in lista d'attesa être sur liste d'attente ● lista dei vini carte *f* des vins

listino [lis'tino] *sm* ● listino (dei) prezzi tarif *m* ● listino dei cambi cours *m* des changes

lite ['lite] *sf* dispute *f*

litigare [liti'gare] *vi* se disputer

litigio [li'tidʒo] *sm* dispute *f*

litorale [lito'rale] *sm* littoral *m*

litoraneo, a [lito'raneo, a] *agg* côtier(ère)

litro ['litro] *sm* litre *m*

livello [li'vɛllo] *sm* niveau *m* ● **al livello del mare** au niveau de la mer

¹**livido** ['livido] *sm* bleu *m*

²**livido, a** ['livido, a] *agg* 1. *(per contusione)* meurtri(e) 2. *(per il freddo)* bleu(e)

Livorno [li'vorno] *sm* Livourne *f*

lo [lo] *art & pron* le ➤ **il**

locale [lo'kale] *agg* local(e) ◇ *sm* 1. *(stanza)* pièce *f* 2. *(luogo pubblico)* établissement *m* ● **locale notturno** boîte *f* (de nuit)

località [lokali'ta] *sf inv* localité *f*

locanda [lo'kanda] *sf* auberge *f*

locandina [lokan'dina] *sf* affiche *f*

locomotiva [lokomo'tiva] *sf* locomotive *f*

lodare [lo'dare] *vt* louer, faire l'éloge de

lode ['lɔde] *sf* 1. louange *f* 2. *(laurea)* félicitations *fpl* du jury

loggia, ge ['lɔddʒa, dʒe] *sf* loggia *f*

loggione [lɔd'dʒone] *sm* paradis *m*, poulailler *m*

logica ['lɔdʒika] *sf* logique *f*

logico, a, ci, che ['lɔdʒiko, a, tʃi, ke] *agg* logique

logorare [logo'rare] *vt* user ◆ **logorarsi** *vr* s'user

logorio [logo'rio] *sm* usure *f*

Lombardia [lombar'dia] *sf* ● **la Lombardia** la Lombardie

lombardo, a [lom'bardo, a] *agg* lombard(e)

lombata [lom'bata] *sf* longe *f*

lombrico, chi [lom'briko, ki] *sm* lombric *m*

longitudine [londʒi'tudine] *sf* longitude *f*

lontananza [lonta'nantsa] *sf* 1. *(di oggetto)* distance *f* 2. *(di persone)* éloignement *m* ● **in lontananza** au loin

lontano, a [lon'tano, a] *agg* 1. loin *(inv)* 2. *(parente)* éloigné(e) 3. *(distaccato)* absent(e) ● **è lontano?** c'est loin ? ● **è lontano tre chilometri** c'est à trois kilomètres (d'ici) ● **lontano** *avv* loin ● **lontano da** loin de ● **da lontano** de loin

loquace [lo'kwatʃe] *agg* loquace, bavard(e)

lordo, a ['lordo, a] *agg* brut(e)

loro ['loro] *pron* 1. *(soggetto)* ils (elles) 2. *(complemento)* eux (elles) 3. *(form)* *(complemento di termine)* leur ● **io penso di sì, ma loro di no** je pense que oui, mais eux, ils pensent que non ● **loro stessi** eux-mêmes ● **loro stesse** elles-mêmes ● **dillo loro** dis-le-leur ● **il loro, la loro** *(mpl* **i loro,** *fpl* **le loro)** *agg* leur ◇ *pron* le leur (la leur, les leurs)

losco, a, schi, sche ['losko, a, ski, ske] *agg* louche

lotta ['lɔtta] *sf* lutte *f*

lottare [lot'tare] *vi* lutter

lotteria [lotte'ria] *sf* loterie *f*

lotto ['lɔtto] *sm* 1. *(gioco)* loto *m* 2. *(di terreno, merce)* lot *m*

lozione [lots'tsjone] *sf* lotion *f*

lubrificante [lubrifi'kante] *sm* lubrifiant *m*

lucchetto [luk'ketto] *sm* cadenas *m*

luccicare [luttʃi'kare] *vi* briller

lucciola [lut'tʃola] *sf* luciole *f*, ver *m* luisant

luce ['lutʃe] *sf* lumière *f* ● **dare alla luce un bambino** donner le jour à un enfant ● **mettere qc in luce** mettre qqch en évidence ● **luci d'arresto** feux *mpl* stop ● **luci di posizione** feux de position ● **a luci rosse** porno

lucernario [lutʃer'narjo] *sm* lucarne *f*

lucertola [lu'tʃɛrtola] *sf* lézard *m*

lucidare [lutʃi'dare] *vt* 1. (*scarpe*) cirer 2. (*argenteria*) faire briller

lucidatrice [lutʃida'tritʃe] *sf* cireuse *f*

¹**lucido** ['lutʃido] *sm* (*da proiettore*) transparent ● **lucido da scarpe** cirage *m*

²**lucido, a** ['lutʃido, a] *agg* 1. (*pavimento, tessuto, rossetto*) brillant(e) 2. (*mente, persona*) lucide

lucro [lukro] *sm* gain *m* ● **a scopo di lucro** à but lucratif ● **senza fini di lucro** à but non lucratif

luglio ['luʎʎo] *sm* juillet *m* ● **a o in luglio** en juillet ● **lo scorso luglio** en juillet dernier ● **il prossimo luglio** en juillet prochain ● **all'inizio di luglio** début juillet ● **alla fine di luglio** fin juillet ● **il due luglio** le deux juillet

lugubre ['lugubre] *agg* lugubre

lui ['lui] *pron* 1. (*soggetto*) il 2. (*con preposizione*) lui ● **ho visto lui, ma lei non c'era** lui je l'ai vu, mais elle, elle n'était pas là ● **è lui** c'est lui ● **lui stesso** lui-même

lumaca, che [lu'maka, ke] *sf* 1. (*mollusco*) limace *f* 2. (*chiocciola*) escargot *m*

lume ['lume] *sm* lampe *f* ● **a lume di candela** aux chandelles

luminaria [lumi'narja] *sf* illumination *f*

luminoso, a [lumi'nozo, a] *agg* lumineux(euse)

luna ['luna] *sf* lune *f* ● **luna di miele** lune de miel ● **luna park** parc *m* d'attractions ● **luna piena** pleine lune

lunario [lu'narjo] *sm* ● **sbarcare il lunario** joindre les deux bouts

lunedì [lune'di] *sm inv* lundi *m* ● **torniamo lunedì** nous rentrons lundi ● **oggi è lunedì** nous sommes lundi ● **lunedì 6 maggio** lundi 6 mai ● **lunedì pomeriggio** lundi après-midi ● **lunedì prossimo** lundi prochain ● **lunedì scorso** lundi dernier ● **di lunedì** le lundi ● **a lunedì!** à lundi !

lungarno [lun'garno] *sm* (*a Firenze*) berges *fpl* de l'Arno

lunghezza [lun'getstsa] *sf* longueur *f* ● **lunghezza d'onda** longueur d'onde

lungo, a, ghi, ghe ['lungo, a, gi, ge] *agg* long (longue) ● **a lungo** longtemps ● **di gran lunga de loin** ● **in lungo e in largo** en long et en large ● **andare per le lunghe** (*riunione, discussione*) traîner en longueur ● **saperla lunga** en savoir long

lungofiume [lungo'fjume] *sm* quai *m* (*d'un fleuve*)

lungolago, ghi [lungo'lago, gi] *sm* berge *f* (*en bordure d'un lac*)

lungomare [lungo'mare] *sm* front *m* de mer

lungotevere [lungo'tevere] *sm* (*a Roma*) berges *fpl* du Tibre

lunotto [lu'nɔtto] *sm* lunette *f* arrière

luogo, ghi ['lwɔgo, gi] *sm* lieu *m* ● **aver luogo** avoir lieu ● **dar luogo a qc** donner lieu à qqch ● **luogo comune** lieu commun ● **luogo di culto** lieu de culte ● **luogo di nascita** lieu de naissance ● **del luogo** (*abitanti*) du coin ; (*usi*) local(e) ● **in primo luogo** en premier lieu

lupino [lu'pino] *sm* (graine *f* de) lupin *m*

lupo ['lupo] *sm* loup *m*

lurido, a ['lurido, a] *agg* dégoûtant(e)

lusinga, ghe [lu'zinga, ge] *sf* flatterie *f*

lusingare [luzin'gare] *vt* flatter

lussare [lus'sare] *vt* luxer

lussemburghese [lussembur'gese] *agg* luxembourgeois(e) ◇ *smf* Luxembourgeois *m*, -e *f*

Lussemburgo [lussem'burgo] *sm* ● il Lussemburgo le Luxembourg

lusso ['lusso] *sm* luxe *m* ● di lusso de luxe

lussuoso, a [lus'swozo, a] *agg* luxueux(euse)

lussureggiante [lussuredʒ'dʒante] *agg* luxuriant(e)

lussuria [lus'surja] *sf* luxure *f*

lustrare [lus'trare] *vt* faire briller

lustrino [lus'trino] *sm* paillette *f*

lustro ['lustro] *sm* (prestigio) ● dare lustro a donner du lustre à

lutto ['lutto] *sm* deuil *m* ● essere in lutto être en deuil

*m*M

ma [ma] *cong* mais

macabro, a ['makabro, a] *agg* macabre

macché [mak'ke] *esclam* mais non !

maccheroni [makke'roni] *smpl* macaronis *mpl* ● maccheroni alla chitarra pâtes en forme de filaments carrés

macchia ['makkja] *sf* 1. tache *f* 2. (bosco) maquis *m*

macchiare [mak'kjare] *vt* tacher ◆ **macchiarsi** *vr* se tacher

macchiato, a [mak'kjato, a] *agg* taché(e), ➤ caffè

macchina ['makkina] *sf* 1. (automobile) voiture *f* 2. (apparecchio) machine *f* ● ci andiamo in macchina? on y va en voiture ? ● macchina fotografica appareil *m* photo ● macchina da scrivere machine à écrire

macchinario [makki'narjo] *sm* équipement *m*, machines *fpl*

macchinetta [makki'netta] *sf* (caffettiera) cafetière *f* (italienne)

macchinista, i [makki'nista, i] *sm* (di treno, nave) machiniste *m*

macedonia [matʃe'dɔnja] *sf* salade *f* de fruits

Macedonia [matʃe'dɔnja] *sf* (stato balcanico) ● la Macedonia la Macédoine

macellaio, a [matʃel'lajo, a] *sm, f* boucher *m*, -ère *f*

macelleria [matʃelle'ria] *sf* boucherie *f*

macerie [ma'tʃɛrje] *sfpl* décombres *mpl*

macigno [ma'tʃiɲɲo] *sm* rocher *m*

macinacaffè [matʃinakaf'fe] *sm inv* moulin *m* à café

macinapepe [matʃina'pepe] *sm inv* moulin *m* à poivre

macinare [matʃi'nare] *vt* 1. (caffè) moudre 2. (carne) hacher

macinato, a [matʃi'nato, a] *agg* 1. (caffè) moulu(e) 2. (carne) haché(e) ◆ **macinato** *sm* (carne) viande *f* hachée

macrobiotico, a, ci, che [makrobi'ɔtiko, a, tʃi, ke] *agg* **1.** *(negozio)* de produits diététiques **2.** *(cibo)* macrobiotique

Madonna [ma'dɔnna] *sf* Vierge *f*

madre ['madre] *sf* mère *f*

madrelingua [madre'lingwa] *agg inv & sf* ● *(di)* madrelingua francese de langue maternelle française

madreperla [madre'perla] *sf* nacre *f*

madrina [ma'drina] *sf* marraine *f*

maestrale [maes'trale] *sm* mistral *m*

maestro, a [ma'estro, a] *sm, f* **1.** *(di elementari)* professeur *m* des écoles, maître *m*, -esse *f* **2.** *SPORT* moniteur *m*, -trice *f* **3.** *MUS* maestro *m* ● maestro d'arte maître *m* d'art ● maestro d'orchestra chef *m* d'orchestre

mafia ['mafja] *sf* mafia *f*

mafioso, a [ma'fjozo, a] *agg* mafieux(euse) ◇ *sm, f* mafieux *m*, -euse *f*, mafioso *m*

magari [ma'gari] *avv* peut-être ◇ *esclam* ● – vai in vacanza? – magari! – tu pars en vacances? – je voudrais bien! ● magari potessi venire! si seulement je pouvais venir!

magazzino [magadz'dzino] *sm* dépôt *m*

maggio ['madʒdʒo] *sm* mai *m* ● a o in maggio en mai ● lo scorso maggio en mai dernier ● il prossimo maggio en mai prochain ● all'inizio di maggio début mai ● alla fine di maggio fin mai ● il due maggio le deux mai

maggiorana [madʒdʒo'rana] *sf* marjolaine *f*

maggioranza [madʒdʒo'rantsa] *sf* majorité *f* ● nella maggioranza dei casi dans la plupart des cas

maggiore [madʒ'dʒore] *agg* **1.** *(di età)* plus âgé(e) **2.** *(di grandezza)* plus grand(e) **3.** *(di importanza)* plus important(e) **4.** *(prezzo, temperatura)* plus élevé(e) ◇ *sm* MIL major *m* ◇ *pron* ● il/la maggiore *(di età)* l'aîné(e) ; *(di grandezza)* le plus grand/la plus grande ; *(prezzo, temperatura)* le plus élevé/la plus élevée ● mio fratello maggiore mon frère aîné ● andare per la maggiore être à la mode ● la maggiore età la majorité ● la maggior parte (di) la majeure o plus grande partie (de)

maggiorenne [madʒdʒo'renne] *agg* majeur(e) ◇ *smf* personne *f* majeure

maggiormente [madʒdʒor'mente] *avv* davantage

magia [ma'dʒia] *sf* magie *f*

magico, a, ci, che ['madʒiko, a, tʃi, ke] *agg* magique

magistratura [madʒistra'tura] *sf* magistrature *f*

maglia ['maʎʎa] *sf* **1.** pull *m* **2.** *(tessuto)* tricot *m* **3.** *(di catena)* maillon *m*

maglieria [maʎʎe'ria] *sf* bonneterie *f*

maglietta [maʎ'ʎetta] *sf* **1.** *(a maniche corte)* tee-shirt *m* **2.** *(canottiera)* maillot *m* de corps

maglione [maʎ'ʎone] *sm* pull *m*

magnate [maɲ'ɲate] *sm* magnat *m*

magnetico, a, ci, che [maɲ'ɲetiko, a, tʃi, ke] *agg* magnétique

magnifico, a, ci, che [maɲ'ɲifiko, a, tʃi, ke] *agg* magnifique

mago, a, ghi, ghe ['mago, a, gi, ge] *sm, f* magicien *m*, -enne *f*

magro, a ['magro, a] *agg* **1.** maigre **2.** *(slanciato)* mince

mai ['mai] *avv* jamais ● **ciò non accadrà mai** cela n'arrivera jamais ● **mai più** jamais plus, plus jamais

maiale [ma'jale] *sm* porc *m*

mail [mejl] *sf inv* = e-mail

maiolica, che [ma'jɔlika, ke] *sf* faïence *f*

maionese [majo'nese] *sf* mayonnaise *f*

mais ['mais] *sm* maïs *m*

maiuscola [ma'juskola] *sf* majuscule *f*

maiuscolo, a [ma'juskolo, a] *agg* majuscule

mal [mal] = **male**

malafede [mala'fede] *sf* mauvaise foi *f*

malaga ['malaga] *sm* malaga *m*, glace *f* rhum raisins

malandato, a [malan'dato, a] *agg* **1.** *(oggetto)* en mauvais état **2.** *(persona)* mal en point

malanno [ma'lanno] *sm (malattia)* maladie *f*

malapena [mala'pena] ● **a malapena** *avv* à peine

malato, a [ma'lato, a] *agg & sm, f* malade ● **stare male** aller mal ● **malato di cuore** malade du cœur

malattia [malat'tia] *sf* maladie *f* ● **essere in malattia** être en congé maladie

malavita [mala'vita] *sf* pègre *f*

malconcio, a, ci, ce [mal'kontʃo, a, tʃi, tʃe] *agg* **1.** *(cosa)* en mauvais état **2.** *(persona)* mal en point

maldestro, a [mal'destro, a] *agg* maladroit(e)

maldicenza [maldi'tʃɛntsa] *sf* médisance *f*

male ['male] *sm* mal *m* ◇ *avv* mal ● **ti fa male?** ça te fait mal ? ● **mi fanno male i piedi** j'ai mal aux pieds ● **fare del male a qn** faire du mal à qqn ● **non c'è male!** pas

mal ! ● **mal d'aria** mal de l'air ● **mal d'auto** mal de la route ● **mal di gola** mal de gorge ● **mal di mare** mal de mer ● **mal di stomaco** maux *mpl* d'estomac ● **mal di testa** maux de tête ● **sentirsi male** se sentir mal ● **stare male** aller mal ● **andare a male** se gâter ; *(latte)* tourner ● **di male in peggio** de mal en pis ● **restarci** o **rimanerci male** mal le prendre, mal prendre la chose

maledetto, a [male'detto, a] *pp* ➤ **maledire** ◇ *agg* maudit(e)

maledire [male'dire] *vt* maudire

maledizione [maledits'tsjone] *sf* malédiction *f*

maleducato, a [maledu'kato, a] *agg* mal élevé(e)

maleducazione [maledukats'tsjone] *sf* impolitesse *f*

maleodorante [maleodo'rante] *agg* malodorant(e)

malessere [ma'lessere] *sm (fisico)* malaise *m* ● **malessere sociale** mal-être *m inv* social

malfamato, a [malfa'mato, a] *agg* mal famé(e)

malfattore, trice [malfat'tore, 'tritʃe] *sm, f* malfaiteur *m*

malfermo, a [mal'fermo, a] *agg (sedia, passo, salute)* chancelant(e)

malformazione [malformats'tsjone] *sf* malformation *f*

malgrado [mal'grado] *prep* malgré ◇ *cong* bien que ● **mio malgrado** malgré moi

malignità [malinɲi'ta] *sf inv* malignité *f*, méchanceté *f*

maligno, a [maˈliɲɲo, a] *agg* **1.** méchant(e) **2.** *MED* malin(igne)

malinconia [malinkoˈnia] *sf* mélancolie *f*

malinconico, a, ci, che [malinˈkoniko, a, tʃi, ke] *agg* mélancolique

malincuore [malinˈkwɔre] ◆ **a malincuore** *avv* à contrecœur

malintenzionato, a [malintentsjoˈnato, a] *agg* malintentionné(e)

malinteso [malinˈtezo] *sm* malentendu *m*

malizia [maˈlitstsja] *sf* malice *f*

malizioso, a [malitsˈtsjozo, a] *agg* (sguardo, ragazza, commento) malicieux(euse)

malleabile [malleˈabile] *agg* malléable

malmenare [malmeˈnare] *vt* frapper

malnutrizione [malnutritsˈtsjone] *sf* malnutrition *f*

malore [maˈlore] *sm* malaise *m*

malridotto, a [malriˈdotto, a] *agg* **1.** (oggetto) en mauvais état **2.** (persona) mal en point

malsano, a [malˈsano, a] *agg* malsain(e)

Malta [ˈmalta] *sf* Malte

maltagliati [maltaʎˈʎati] *smpl* pâtes à potage grossièrement découpées en losanges

maltempo [malˈtempo] *sm* mauvais temps *m*

malto [ˈmalto] *sm* malt *m*

maltrattare [maltratˈtare] *vt* maltraiter

malumore [maluˈmore] *sm* mauvaise humeur *f* ● **essere di malumore** être de mauvaise humeur

malvagio, a [malˈvadʒo, a] *agg* **1.** (azione) mauvais(e) **2.** (persona) méchant(e)

malvolentieri [malvolenˈtjeri] *avv* à contrecœur

mamma [ˈmamma] *sf* maman *f* ● **mamma mia!** mon Dieu !

mammella [mamˈmella] *sf* **1.** sein *m* **2.** (di animale) mamelle *f*

mammifero [mamˈmifero] *sm* mammifère *m*

manager [ˈmenadʒer] *smf inv* manager *m*, manageur *m*, -euse *f*

manata [maˈnata] *sf* (colpo) tape *f*

mancanza [manˈkantsa] *sf* **1.** manque *m* **2.** (colpa) faute *f* ● **sento la sua mancanza** il/elle me manque ● **in mancanza di** faute de

mancare [manˈkare] *vt* rater ◇ *vi* **1.** manquer **2.** (form) (morire) décéder ● **mi manchi molto** tu me manques énormément ● **mi manca il tempo** le temps me manque ● **ci è mancato poco che cadesse** il/elle a failli tomber ● **mancano ancora due euro** il manque encore deux euros ● **manca un quarto alle quattro** il est quatre heures moins le quart ● **mancare a una promessa** ne pas tenir o respecter une promesse ● **mancare di rispetto a qn** manquer de respect à qqn

mancia, ce [ˈmantʃa, tʃe] *sf* pourboire *m* ● **dare la mancia (a qn)** donner un pourboire (à qqn)

manciata [manˈtʃata] *sf* poignée *f*

mancino, a [manˈtʃino, a] *agg* gaucher(ère)

manco [ˈmanko] *avv* (fam) même pas ● **manco per sogno** o **per idea!** jamais de la vie !

mandarancio [mandaˈrantʃo] *sm* clémentine *f*

mandare [man'dare] *vt* envoyer ● **mandare a chiamare qn** faire appeler qqn ● **mandare avanti** *(farsi precedere)* envoyer en reconnaissance ; *(famiglia)* faire vivre ; *(azienda)* diriger ● **mandare giù** *(cibo)* avaler ; *(offesa)* digérer ● **mandare via qn** chasser qqn

mandarino [manda'rino] *sm* mandarine *f*

mandata [man'data] *sf (di chiave)* tour *m* ● **chiudere a doppia mandata** fermer à double tour

mandato [man'dato] *sm* mandat *m* ● **mandato d'arresto** mandat d'arrêt

mandibola [man'dibola] *sf* mandibule *f*

mandolino [mando'lino] *sm* mandoline *f*

mandorla ['mandorla] *sf* amande *f*

maneggiare [maned͡ʒ'dʒare] *vt* manier

maneggio [ma'ned͡ʒdʒo] *sm (equestre)* manège *m*

manetta [ma'netta] *sf (manopola)* manette *f* ◆ **manette** *sfpl (di polizia)* menottes *fpl*

mangereccio [mand͡ʒe'rettʃo] *agg m* ➤ **fungo**

mangiare [man'dʒare] *vt* **1.** manger **2.** *(negli scacchi)* souffler ◇ *vi* manger ● **far da mangiare** faire à manger ◆ **mangiarsi** *vr* ● **mangiarsi le parole** manger ses mots

mangiasoldi [mand͡ʒa'soldi] *agg inv* ● **una macchinetta mangiasoldi** une machine à sous

mangime [man'dʒime] *sm* aliment *m* pour animaux

mangione, a [man'dʒone, a] *sm, f* glouton *m*, -onne *f*

mania [ma'nia] *sf* manie *f* ● **avere la mania di fare qc** avoir la manie de faire qqch

maniaco, a, ci, che [ma'niako, a, tʃi, ke] *agg sm, f* maniaque

manica, che ['manika, ke] *sf* manche *f* ● **a maniche corte** o **a mezze maniche** à manches courtes

Manica ['manika] *sf* ● **(il canale del)la Manica** la Manche

manicaretto [manika'retto] *sm* bon petit plat *m*

manichino [mani'kino] *sm* mannequin *m*

manico, ci ['maniko, tʃi] *sm* **1.** manche *m* **2.** *(di tazza)* anse *f* **3.** *(di borsa, valigia)* poignée *f*

manicomio [mani'kɔmjo] *sm* hôpital *m* psychiatrique

manicure [mani'kur] *sf inv (trattamento)* manucure *f* ◇ *smf inv (persona)* manucure *mf*

maniera [ma'njera] *sf (modo)* manière *f*, façon *f* ● **le buone maniere** les bonnes manières ● **in maniera che** de sorte que ● **in maniera di fare qc** de manière à faire qqch

manifestare [manifes'tare] *vt & vi* manifester ◆ **manifestarsi** *vr* se manifester

manifestazione [manifestats'tsjone] *sf* manifestation *f*

manifesto [mani'festo] *sm (cartellone)* affiche *f*

maniglia [ma'niʎʎa] *sf* poignée *f*

manipolare [manipo'lare] *vt* manipuler

mano, i ['mano, i] *sf* **1.** main *f* **2.** *(nelle carte)* main *f* **3.** *(di vernice)* couche *f* ● **dare una mano a qn** donner un coup de main à qqn ● **darsi la mano** se donner la main ● **fatto a mano** fait main ● **man mano che** au fur et à mesure que ● **di seconda mano** d'occasion ● **essere alla mano** ne pas faire de façons ● **fare man bassa di qc** faire main basse sur qqch ● **fuori mano** loin, éloigné(e) ● **stare con le mani in mano** rester les bras croisés

manodopera [mano'dɔpera] *sf* main-d'œuvre *f*

manomesso, a [mano'messo, a] *pp* ➤ manomettere

manomettere [mano'mettere] *vt* **1.** *(meccanismo)* trafiquer **2.** *(serratura)* forcer **3.** *(prove)* falsifier

manopola [ma'nɔpola] *sf* (*di televisione, radio, termosifone*) bouton *m*

manovale [mano'vale] *sm* manœuvre *m*

manovella [mano'vɛlla] *sf* manivelle *f*

manovra [ma'nɔvra] *sf* manœuvre *f*

manovrare [mano'vrare] *vt & vi* manœuvrer

manrovescio [manro'veʃʃo] *sm* gifle *f*

mansarda [man'sarda] *sf* mansarde *f*

mansione [man'sjone] *sf* fonction *f*

mantella [man'tɛlla] *sf* cape *f*

mantello [man'tɛllo] *sm* **1.** *(di animale)* pelage *m* **2.** *(di cavallo)* robe *f* **3.** *(indumento)* cape *f*

mantenere [mante'nere] *vt* **1.** garder **2.** *(sostentare)* subvenir aux besoins de **3.** *(tener fede a)* tenir ◆ **mantenersi** *vr* **1.** *(pagarsi da vivere)* subvenir à ses (propres) besoins **2.** *(conservarsi)* rester

mantenimento [manteni'mento] *sm* **1.** *(conservazione)* maintien *m* **2.** *(sostentamento)* subsistance *f*

manuale [manu'ale] *agg* manuel(elle) ◇ *sm* manuel *m*

manubrio [ma'nubrjo] *sm* (*di bicicletta*) guidon *m*

manutenzione [manuten'tsjone] *sf* entretien *m*

manzo [mandzo] *sm* bœuf *m*

mappa ['mappa] *sf* carte *f*

mappamondo [mappa'mondo] *sm* **1.** *(globo)* globe *m* **2.** *(su carta)* mappemonde *f*

maraschino [maras'kino] *sm* marasquin *m*

maratona [mara'tona] *sf* marathon *m*

marca, che ['marka, ke] *sf* marque *f* ● **marca da bollo** timbre *m* fiscal ● **prodotto di marca** produit de marque

marcare [mar'kare] *vt* marquer

marchio ['markjo] *sm* marque *f* ● **marchio di fabbrica** marque de fabrique ● **marchio registrato** marque déposée

marcia, ce ['martʃa, tʃe] *sf* **1.** marche *f* **2.** *(di auto)* vitesse *f* ● **fare marcia indietro** faire marche arrière ● **mettersi in marcia** se mettre en marche

marciapiede [martʃa'pjede] *sm* **1.** *(di strada)* trottoir *m* **2.** *(di stazione)* quai *m*

marciare [mar'tʃare] *vi* (*camminare*) marcher (au pas)

marcio, a, ci, ce ['martʃo, a, tʃi, tʃe] *agg* pourri(e)

marcire [mar'tʃire] *vi* pourrir

marco, chi ['marko, ki] *sm* mark *m*

mare ['mare] *sm* mer *f* ● **andare al mare** aller à la mer

marea [ma'rɛa] *sf* marée *f* ● **alta marea** marée haute ● **bassa marea** marée basse

mareggiata [mareddʒ'dʒata] *sf* tempête *f* (de mer)

maresciallo [mareʃ'ʃallo] *sm* ≃ major *m*

margarina [marga'rina] *sf* margarine *f*

margherita [marge'rita] *sf* (*fiore*) marguerite *f*

margine ['mardʒine] *sm* **1.** marge *f* **2.** (*di strada*) bord *m* **3.** (*di bosco*) lisière *f*

marina [ma'rina] *sf* marine *f*

marinaio [mari'najo] *sm* marin *m*

marinare [mari'nare] *vt* CULIN mariner ● **marinare la scuola** sécher les cours

marinaro, a [mari'naro, a] *agg* (*città*) maritime ● **alla marinara** CULIN au poisson et aux fruits de mer

marinata [mari'nata] *sf* marinade *f*

marino, a [ma'rino, a] *agg* marin(e)

marionetta [marjo'netta] *sf* marionnette *f*

marito [ma'rito] *sm* mari *m*

maritozzo [mari'tɔtstso] *sm* gâteau originaire du centre de l'Italie, cuit au four, généralement avec des raisins secs

marittimo, a [ma'rittimo, a] *agg* maritime

marmellata [marmel'lata] *sf* confiture *f*

marmitta [mar'mitta] *sf* (*di auto, moto*) pot *m* d'échappement

marmo ['marmo] *sm* marbre *m*

marocchino, a [marok'kino, a] *agg* marocain(e) ◇ *sm, f* Marocain *m*, -e *f*

Marocco [ma'rɔkko] *sm* ● **il Marocco** le Maroc

marrone [mar'rone] *agg inv* marron (*inv*) ◇ *sm* marron *m*

marsala [mar'sala] *sm inv* marsala *m*

marsupio [mar'supjo] *sm* **1.** (*borsello*) banane *f* **2.** (*di animale*) poche *f* ventrale

martedì [marte'di] *sm inv* mardi *m* ● **torniamo martedì** nous rentrons mardi ● **oggi è martedì** nous sommes mardi ● **martedì 6 maggio** mardi 6 mai ● **martedì pomeriggio** ardi après-midi ● **martedì prossimo** mardi prochain ● **martedì scorso** mardi dernier ● **di martedì** le mardi ● **a martedì!** à mardi !

martellare [martel'lare] *vt* marteler

martello [mar'tello] *sm* marteau *m*

martini® [mar'tini] *sm inv* Martini® *m*

martire [mar'tire] *smf* martyr *m*, -e *f*

marzapane [mardza'pane] *sm* pâte *f* d'amandes

marziale [mar'tsjale] *agg* martial(e)

marziano, a [mar'tsjano, a] *sm, f* martien *m*, -enne *f*

marzo ['martso] *sm* mars *m* ● **a o in marzo** en mars ● **lo scorso marzo** en mars dernier ● **il prossimo marzo** en mars prochain ● **all'inizio di marzo** début mars ● **alla fine di marzo** fin mars ● **il due marzo** le deux mars

mascalzone [maskal'tsone] *sm* fripouille *f*

mascara [mas'kara] *sm inv* mascara *m*

mascarpone [maskar'pone] *sm* mascarpone *m*

mascella [maʃ'ʃella] *sf* mâchoire *f*

maschera ['maskera] *sf* **1.** masque *m* **2.** (*costume*) déguisement *m* **3.** (*di cinema, teatro*) ouvreur *m*, -euse *f*

mascherare [maske'rare] *vt* (*sentimento*) masquer ◆ **mascherarsi (da)** *vr+prep* se déguiser (en)

maschile [mas'kile] *agg* **1.** masculin(e) **2.** (*vestito*) pour homme(s) **3.** (*scuola*) de garçons ● **spogliatoio maschile** vestiaire hommes

¹maschio ['maskjo] *sm* **1.** (*figlio, neonato*) garçon *m* **2.** (*animale*) mâle *m*

²maschio ['maskjo] *agg* mâle

mascolino, a [masko'lino, a] *agg* masculin(e)

mascotte ['maskɔt] *sf inv* mascotte *f*

masochista, i, e [mazo'kista, i, e] *smf* masochiste *mf*

massa ['massa] *sf* masse *f* ● **una massa di** (*errori*) une masse o un tas de ; (*gente*) une foule de ● **di massa** (*protesta, cultura*) de masse ● **in massa** (*tutti insieme*) en masse

massacro [mas'sakro] *sm* massacre *m*

massaggiare [massadʒ'dʒare] *vt* masser

massaggiatore, trice [massadʒdʒa'tore, 'tritʃe] *sm, f* masseur *m*, -euse *f*

massaggio [mas'saddʒo] *sm* massage *m*

massaia [mas'saja] *sf* ménagère *f*

¹massiccio [mas'sitʃʃo] *sm* massif *m*

²massiccio, a, ci, ce [mas'sitʃʃo, a, tʃi, tʃe] *agg* massif(ive)

massima ['massima] *sf* **1.** (*detto*) maxime *f* **2.** (*regola*) principe *m* **3.** (*temperatura*) (température *f*) maximale *f* ● **in linea di massima** en principe

massimo, a ['massimo, a] *agg* (*il più grande*) maximum ◆ **massimo** *sm* maximum *m* ◆ **al massimo** *avv* ● **al massimo, ti passo a prendere io** au pire, c'est moi qui viendrai te chercher ● **avrai al massimo 35 anni** tu as 35 ans tout au plus

mass media [mass'media] *smpl* médias *mpl*

masso ['masso] *sm* rocher *m*

masterizzare [masteridz'dzare] *vt* graver

masticare [masti'kare] *vt* mâcher

mastino [mas'tino] *sm* mâtin *m*, dogue *m*

matassa [ma'tassa] *sf* écheveau *m*

matematica [mate'matika] *sf* mathématiques *fpl*

matematico, a, ci, che [mate'matiko, a, tʃi, ke] *agg* mathématique ◇ *sm, f* mathématicien *m*, -enne *f*

materassino [materas'sino] *sm* **1.** matelas *m* gonflable **2.** (*da ginnastica*) tapis *m*

materasso [mate'rasso] *sm* matelas *m*

materia [ma'terja] *sf* **1.** matière *f* **2.** (*argomento*) sujet *m* ● **materie prime** matières premières

materiale [mate'rjale] *agg* matériel(elle) ◇ *sm* **1.** (*sostanza*) matériau *m* **2.** (*attrezzatura*) matériel *m*

maternità [materni'ta] *sf inv* maternité *f* ● **essere in maternità** être en congé (de) maternité

materno, a [ma'terno, a] *agg* maternel(elle)

matita [ma'tita] *sf* crayon *m*

matrigna [ma'trinɲa] *sf* belle-mère *f*

matrimoniale [matrimo'njale] *agg* matrimonial(e) ● **vita matrimoniale** vie conjugale

matrimonio [matri'mɔnjo] *sm* mariage *m*

mattatoio [matta'tojo] *sm* abattoir *m*

mattina [mat'tina] *sf* **1.** matin *m* **2.** (*periodo*) matinée *f* ● **di mattina** le matin

mattinata [matti'nata] *sf* matinée *f*

mattiniero, a [matti'njero, a] *agg* matinal(e)

mattino [mat'tino] *sm* **1.** matin *m* **2.** (*periodo*) matinée *f*

matto, a ['matto, a] *agg & sm, f* fou (folle) ● **andare matto per qc** raffoler de qqch

mattone [mat'tone] *sm* brique *f*

mattonella [matto'nɛlla] *sf* carreau *m*
● **mattonelle** carrelage *m*

maturare [matu'rare] *vt & vi* mûrir

maturità [maturi'ta] *sf inv* 1. maturité *f*
2. *(diploma, esame)* ≃ baccalauréat *m*

maturo, a [ma'turo, a] *agg* mûr(e)

mazza ['matstsa] *sf (bastone)* gourdin *m*
● **mazza da golf** club *m* de golf

mazzo ['matstso] *sm* 1. *(di fiori)* bouquet *m* 2. *(di chiavi)* trousseau *m* 3. *(di carte)* jeu *m*

me [me] *pron (complemento oggetto)* ● **ha salutato me, non te** c'est moi qu'il/elle a salué, pas toi ➤ **mi**

M.E.C. [mɛk] *abbr* = Mercato Comune Europeo

meccanica [mek'kanika] *sf* mécanique *f*

meccanico, a, ci, che [mek'kaniko, a, tʃi, ke] *agg* 1. mécanique 2. *(istintivo)* machinal(e) ◇ *sm* mécanicien *m*, -enne *f*

meccanismo [makka'nizmo] *sm* mécanisme *m*

mèche [mɛʃ] *sfpl* mèches *fpl*

medaglia [me'daʎʎa] *sf* médaille *f*

medaglione [medaʎ'ʎone] *sm* médaillon *m*

medesimo, a [me'dɛzimo, a] *agg* même

media ['mɛdja] *sf (media)* ● **in media** en moyenne ● **le (scuole) medie** ≃ le collège

mediante [me'djante] *prep* 1. *(cosa)* par, au moyen de 2. *(persona)* par

mediatore, trice [medja'tore, 'tritʃe] *sm, f* médiateur *m*, -trice *f*

medicare [medi'kare] *vt* soigner

medicina [medi'tʃina] *sf* 1. *(scienza)* médecine *f* 2. *(farmaco)* médicament *m*

medicinale [meditʃi'nale] *sm* médicament *m*

¹medico, ci ['mɛdiko, tʃi] *sm* médecin *m*
● **medico di guardia** médecin de garde

²medico, a, ci, che ['mɛdiko, a, tʃi, ke] *agg (di medico, medicina)* médical(e)

medievale [medje'vale] *agg* médiéval(e)

medio, a ['mɛdjo, a] *agg* moyen(enne)
● **medio** *sm* ● **(dito) medio** majeur *m*

mediocre [me'djɔkre] *agg* médiocre

medioevale [medjoe'vale] = **medievale**

medioevo [medjo'ɛvo] *sm* Moyen Âge *m*

meditare [medi'tare] *vt (progettare)* projeter ◇ *vi* méditer

meditazione [meditats'tsjone] *sf (riflessione)* méditation *f*

mediterraneo, a [mediter'raneo, a] *agg* méditerranéen(enne) ● **Mediterraneo** *sm* ● **il (mar) Mediterraneo** la (mer) Méditerranée

medusa [me'duza] *sf* méduse *f*

megabyte ['mɛgabajt] *sm inv* mégaoctet *m*

megafono [me'gafono] *sm* porte-voix *m inv*, mégaphone *m*

meglio ['mɛʎʎo] *avv*
1. *(comparativo)* mieux ● **mi sento meglio di ieri** je me sens mieux qu'hier ● **andare meglio** aller mieux ● **per meglio dire** plutôt
2. *(superlativo)* le mieux ● **è il dolce che mi riesce meglio** c'est le gâteau que je réussis le mieux ● **le persone organizzate meglio** les personnes les mieux organisées

◇ *agg inv*
1. (*migliore*) meilleur(e) ● **la tua macchina è meglio della mia** ta voiture est meilleure que la mienne

2. (*impersonale*) ● **è meglio rimanere qui** il vaut mieux rester ici ● **è meglio che te lo dica** il vaut mieux que je te le dise

◇ *sm* ● **fare del proprio meglio** faire de son mieux ● **agire per il meglio** faire pour le mieux

◇ *sf* ● **avere la meglio su qn** avoir le dessus sur qqn ● **alla bell'e meglio** tant bien que mal

mela ['mela] *sf* pomme *f*

melagrana [mela'grana] *sf* grenade *f*

melanzana [melan'tsana] *sf* aubergine *f*
● **melanzane alla parmigiana** plat à base d'aubergines cuites au four avec des tomates, du parmesan et de la mozzarella

melenso, a [me'lenso, a] *agg* **1.** (*sciocco*) bête **2.** (*insulso*) niais(e) **3.** (*sdolcinato*) mièvre

melma ['melma] *sf* vase *f*

melo ['melo] *sm* pommier *m*

melodia [melo'dia] *sf* mélodie *f*

melodramma, i [melo'dramma, i] *sm* mélodrame *m*

melone [me'lone] *sm* melon *m*

membro ['mɛmbro] *sm* **1.** (*di club, associazione: mpl* membri) membre *m* **2.** (*arto: fpl* membra) membre *m*

memorabile [memo'rabile] *agg* mémorable

memoria [me'mɔrja] *sf* mémoire *f* ● **sapere qc a memoria** savoir qqch par cœur

mendicante [mendi'kante] *smf* mendiant *m*, -e *f*

meno ['meno] *avv*

1. (*in comparativi*) ● **meno (di)** moins (que) ● **camminate meno in fretta** marchez moins vite ● **sempre meno** spesso de moins en moins souvent ● **un po' di meno** un peu moins ● **più o meno** plus ou moins ● **né più né meno** ni plus ni moins

2. (*in superlativi*) ● **la camera meno cara** la chambre la moins chère ● **il meno interessante** le moins intéressant ● **quello che costa di meno** celui qui coûte le moins (cher)

3. (*no*) ● **non so se restare o meno** je ne sais pas si je dois rester ou pas

4. (*nelle ore*) ● **le nove meno un quarto** neuf heures moins le quart

5. (*nelle temperature*) ● **stanotte siamo scesi a meno sei** cette nuit la température est descendue à moins six

6. (*in espressioni*) ● **a meno che tu (non) abbia un'altra idea** à moins que tu (n')aies une autre idée ● **non essere da meno (di qn)** ne pas valoir moins (que qqn) ● **fare a meno di** se passer de ● **meno male (che)** heureusement (que) ● **tanto meno** moi encore moins ● **venire meno a qc** manquer à qqch

◇ *prep*

1. (*tranne*) sauf ● **c'erano tutti meno lei** tout le monde était là sauf elle ● **pensa a tutto meno che a divertirsi** il/elle pense à tout, sauf à s'amuser

2. MAT ● **dieci meno cinque fa cinque** dix moins cinq égalent cinq

◇ *agg inv* moins de ● **oggi c'è meno gente** aujourd'hui il y a moins de monde ● **fare il meno possibile** en faire le moins possible

menopausa [meno'pawza] *sf* ménopause *f*

mensa ['mensa] *sf* cantine *f*

mensile [men'sile] *agg* mensuel(elle) ◇ *sm* mensuel *m*

mensola ['mɛnsola] *sf* étagère *f*

menta ['menta] *sf* 1. menthe *f* 2. *(bibita)* menthe *f* à l'eau

mentale [men'tale] *agg* mental(e)

mentalmente [mental'mente] *avv* mentalement

mente ['mente] *sf* esprit *m* ● avere in mente di fare qc envisager de faire qqch ● mi è passato di mente cela m'est sorti de la tête ● imparare qc a mente apprendre qqch par cœur ● tenere a mente qc se rappeler qqch

mentina [men'tina] *sf* bonbon *m* à la menthe

mentire [men'tire] *vi* mentir

mento ['mento] *sm* menton *m*

mentre ['mentre] *cong* 1. *(indica contemporaneità)* pendant que 2. *(indica opposizione)* alors que

menù [me'nu] *sm inv* menu *m*

menzionare [mentsjo'nare] *vt* mentionner

menzogna [men'dzoɲɲa] *sf* mensonge *m*

meraviglia [mera'viʎʎa] *sf* 1. *(stupore)* étonnement *m* 2. *(cosa, persona)* merveille *f* ● a meraviglia à merveille

meravigliare [meraviʎ'ʎare] *vt* étonner ◆ **meravigliarsi di** *vr+prep* s'étonner de

meraviglioso, a [meraviʎ'ʎoso, a] *agg* merveilleux(euse)

mercante [mer'kante] *sm* marchand *m*

mercantile [merkan'tile] *agg (nave, marina)* marchand(e) ◇ *sm (nave)* navire *m* marchand

mercanzia [merkan'tsia] *sf* marchandise *f*

mercatino [merka'tino] *sm (luogo)* marché *m* ● mercatino delle pulci marché aux puces

mercato [mer'kato] *sm* marché *m* ● Mercato Comune Europeo Marché Commun (Européen) ● mercato nero marché noir ● a buon mercato bon marché

merce ['mertʃe] *sf* marchandise *f*

merceria [mertʃe'ria] *sf* mercerie *f*

mercoledì [merkole'di] *sm inv* mercredi *m* ● torniamo mercoledì nous rentrons mercredi ● oggi è mercoledì nous sommes mercredi ● mercoledì 6 maggio mercredi 6 mai ● mercoledì pomeriggio mercredi après-midi ● mercoledì prossimo mercredi prochain ● mercoledì scorso mercredi dernier ● di mercoledì le mercredi ● a mercoledì! à mercredi !

mercurio [mer'kurjo] *sm* mercure *m*

merda ['mɛrda] *(volg)* *sf* merde *f* ◇ *esclam* merde !

merenda [me'rɛnda] *sf* goûter *m*

meridionale [meridjo'nale] *agg* méridional(e), du sud ◇ *smf* Italien *m*, -enne *f* du sud

Meridione [meri'djone] *sm* ● il Meridione le sud de l'Italie

meringa, ghe [me'ringa, ge] *sf* meringue *f*

meritare [meri'tare] *vt* mériter ◇ *vi (valere)* valoir la peine ◆ **meritarsi** *vr* ● meritarsi qc mériter qqch

merito ['merito] *sm* mérite *m* • **per merito di qn** grâce à qqn • **a pari merito** ex æquo

merletto [mer'letto] *sm (pizzo)* dentelle *f*

merlo ['merlo] *sm* **1.** merle *m* **2.** *(di mura)* créneau *m*

merluzzo [mer'lutstso] *sm* cabillaud *m*

meschino, a [mes'kino, a] *agg* mesquin(e)

mescolare [mesko'lare] *vt* **1.** mélanger **2.** *(insalata)* remuer **3.** *(caffè)* tourner ◆ **mescolarsi** *vr (confondersi)* se mêler

mese ['meze] *sm* mois *m*

messa ['messa] *sf* messe *f*

messaggio [mes'saddʒo] *sm* message *m* • **lasciare un messaggio** laisser un message ; *(scritto)* laisser un mot

messicano, a [messi'kano, a] *agg* mexicain(e) ◇ *sm, f* **1.** Mexicain m, -e *f* **2.** *(involtino)* **messicano di vitello** *rouleau de viande farci et sauté au beurre*

Messico ['messiko] *sm* • **il Messico** le Mexique

messinscena [messin'ʃena] *sf* mise *f* en scène

messo, a ['messo, a] *pp* ➤ **mettere**

mestiere [mes'tjere] *sm* métier *m*

mestolo ['mestolo] *sm* louche *f*

mestruazioni [mestrwats'tsjoni] *sfpl* règles *fpl*

meta ['mɛta] *sf* **1.** destination *f* **2.** *(scopo)* but *m*

metà [me'ta] *sf inv* moitié *f* • **metà fetta** une demi-tranche • **a metà strada** à mi-chemin • **dividere qc a metà** partager qqch en deux • **fare a metà (con qn)** partager en deux (avec qqn)

metabolismo [metabo'lizmo] *sm* métabolisme *m*

metafora [me'tafora] *sf* métaphore *f*

metallico, a, ci, che [me'talliko, a, tʃi, ke] *agg* métallique

metallo [me'tallo] *sm* métal *m*

metallurgico, a, ci, che [metal'lurdʒiko, a, tʃi, ke] *agg* métallurgique

metano [me'tano] *sm* méthane *m*

meteo ['mɛteo] *sm* météo *f*

meteorologico, a, ci, che [meteoro'lɔdʒiko, a, tʃi, ke] *agg* météorologique

meticoloso, a [metiko'lozo, a] *agg* méticuleux(euse)

metodico, a, ci, che [me'tɔdiko, a, tʃi, ke] *agg* méthodique

metodo ['metɔdo] *sm* méthode *f*

metrico, a, ci, che ['mɛtriko, a, tʃi, ke] *agg* métrique

metro ['mɛtro] *sm* mètre *m* • **metro cubo** mètre cube • **metro quadrato** mètre carré ◇ *sf* métro *m*

metronotte [metro'nɔtte] *sm inv* veilleur *m*, -euse *f* de nuit

metropoli [me'trɔpoli] *sf inv* métropole *f*

metropolitana [metropoli'tana] *sf* métro *m*

mettere ['mettere] *vt*

1. *(collocare, passare)* mettre • **mettere i piatti in tavola** mettre les assiettes sur la table • **mettere le cose in chiaro** mettre les choses au point o au clair • **mettere qc in dubbio** mettre qqch en doute • **mettere qn alla prova** mettre qqn à l'épreuve

2. *(impiegare)* mettre • **mette buona volontà in tutto ciò che fa** il/elle met de la bonne volonté dans tout ce qu'il/elle fait

3. *(supporre)* ● **mettiamo che abbia ragione lei** supposons que ce soit elle qui ait raison

4. *(in uno stato diverso)* ● **non mettere la casa in disordine** ne mets pas la maison sens dessus dessous ● **mettere l'antenna dritta** mettre l'antenne droite

5. *(attivare)* mettre ● **mettere gli abbaglianti** mettre ses feux de route

◆ **metterci** *vi (tempo)* ● **ci abbiamo messo due giorni** nous avons mis deux jours ● **ci si mette un'ora per andare** il faut une heure pour y aller

◆ **mettersi** *vr*

1. *(porsi)* se mettre ● **mettersi a tavola** se mettre à table ● **mettersi nei guai** se fourrer dans le pétrin

2. *(indumento)* ● **mettersi qc** *(addosso)* mettre qqch ● **mettersi in pigiama** se mettre en pyjama

3. *(cominciare)* ● **tornata a casa, mi sono messa a studiare** une fois rentrée, je me suis mise à étudier ● **mettersi in viaggio** se mettre en route

4. *(in espressioni)* ● **mettersi d'accordo** se mettre d'accord ● **mettersi bene/male** prendre (une) bonne/mauvaise tournure ● **mettersi con qn** *(in società)* s'associer avec qqn ● **si è messo con Chiara** *(fam)* il sort avec Chiara ● **mettersi in testa di fare qc** se mettre en tête de faire qqch

mezza ['mɛddza] *sf* ● **la mezza** *(mezzogiorno e mezzo)* midi et demi

mezzaluna [mɛddza'luna] *(pl* **mezzalune** [mɛddze'lune]) *sf* **1.** *(luna)* croissant *m* **2.** *(coltello)* hachoir *m*

mezzanino [mɛddza'nino] *sm* mezzanine *f*

mezzanotte [mɛddza'nɔtte] *sf* minuit *m*

¹**mezzo** ['mɛddzo] *sm* **1.** *(metà)* demi *m* **2.** *(parte centrale)* milieu *m* **3.** *(strumento, procedimento)* moyen *m* **4.** *(veicolo)* moyen *m* de transport ● **andarci di mezzo** en faire les frais ● **levati** o **togliti di mezzo** pousse-toi ● **in mezzo a** au milieu de ● **per mezzo di** au moyen de ● **mezzi di comunicazione** (di massa) moyens de communication ● **mezzi pubblici** transports *mpl* en commun ● **mezzi di trasporto** moyens de transport ● **mezzi** *smpl (economici)* moyens *mpl*

²**mezzo, a** ['mɛddzo, a] *agg* **1.** *(metà)* demi(e) **2.** *(medio)* moyen(enne) ● **ho mangiato mezzo panino** j'ai mangé la moitié d'un sandwich ● **le cinque e mezza** o **mezzo** cinq heures et demie ● **mezzo chilo** un demi-kilo, une livre ● **mezzo litro** un demi-litre

mezzogiorno [mɛddzo'dʒorno] *sm* midi *m* ● **Mezzogiorno** *sm* ● **il Mezzogiorno** le Mezzogiorno

Il Mezzogiorno

Le terme *Mezzogiorno*, globalement synonyme d'Italie du Sud, désigne une aire géographique qui va du Latium à la Sicile en incluant la Sardaigne. Riche d'un patrimoine artistique et culturel inestimable et de merveilleux paysages naturels, le *Mezzogiorno* se caractérise également, dans son ensemble, par un taux d'industrialisation moins élevé et un chômage plus important que la moyenne nationale, problèmes qui sont au cœur de la *questione meridionale*, la « question du Mezzogiorno ».

mezzora [medz'dzora] *sf* demi-heure *f*

mi [mi] *(diventa me se precede lo, la, li, le, ne) pron* me • **me ne vado** je m'en vais

miagolare [mjago'lare] *vi* miauler

mica ['mika] *avv* • **non ci avrai mica creduto?** tu n'y as quand même pas cru ? • **non sono mica scemo** je ne suis quand même pas si bête • **mica male** pas mal

miccia, ce ['mittʃa, tʃe] *sf* mèche *f*

michetta [mi'ketta] *sf (region) (pane) petit miche de pain*

micidiale [mitʃi'djale] *agg* **1.** *(mortale)* mortel(elle) **2.** *(dannoso)* nuisible **3.** *(insopportabile)* terrible, insupportable

micosi [mi'kɔzi] *sf inv* mycose *f*

microfono [mi'krɔfono] *sm* micro(phone) *m*

microprocessore [mikroprotʃes'sore] *sm* microprocesseur *m*

microscopio [mikros'kɔpjo] *sm* microscope *m*

midollo [mi'dɔllo] *sm* moelle *f*

miei ['mjɛi] ➤ **mio**

miele ['mjɛle] *sm* miel *m*

migliaio [miʎ'ʎajo] *sm (fpl migliaia) sm* millier *m* • **un migliaio (di)** un millier (de) • **a migliaia** par milliers

miglio ['miʎʎo] *sm* **1.** *(unità di misura: fpl miglia)* mille *m* **2.** *(pianta)* millet *m*

miglioramento [miʎʎora'mento] *sm* amélioration *f*

migliorare [miʎʎo'rare] *vt* améliorer ◇ *vi* **1.** s'améliorer **2.** *(malato)* aller mieux

migliore [miʎ'ʎore] *agg* meilleur(e) • **il/la migliore** le meilleur/la meilleure

mignolo ['miɲɲolo] *sm* **1.** *(della mano)* auriculaire *m*, petit doigt *m* **2.** *(del piede)* petit orteil *m*

mila ['mila] ➤ **mille**

milanese [mila'nese] *agg* milanais(e) ◇ *smf* Milanais *m*, -e *f*

Milano [mi'lano] *sf* Milan *m*

miliardo [mi'ljardo] *sm* milliard *m*

milione [mi'ljone] *sm* million *m*

militare [mili'tare] *agg* militaire ◇ *smf* militaire *mf* • **fare il militare** faire son service militaire

mille ['mille] *(pl mila ['mila]) num* mille ➤ **sei**

millefoglie [mille'fɔʎʎe] *sm inv* mille-feuille *m*

millennio [mil'lɛnnjo] *sm* millénaire *m*

millepiedi [mille'pjedi] *sm inv* mille-pattes *m inv*

millesimo, a [mil'lezimo, a] *num* millième, ➤ **sesto**

millimetro [mil'limetro] *sm* millimètre *m*

milza ['miltsa] *sf* rate *f*

mimare [mi'mare] *vt* mimer

mimetizzare [mimetidz'dzare] *vt* camoufler • **mimetizzarsi con** *vr+prep* se camoufler dans

mimo ['mimo] *sm* mime *m*

mimosa [mi'mɔza] *sf* mimosa *m*

min. *(abbr scritta di minimo, minuto)* min. *(minimum)*, min *(minute)*

mina ['mina] *sf* mine *f*

minaccia, ce [mi'nattʃa, tʃe] *sf* menace *f*

minacciare [minatʃ'tʃare] *vt* menacer ● **ha minacciato di uccidersi** il/elle a menacé de se tuer

minaccioso, a [minatʃ'tʃozo, a] *agg* menaçant(e)

minatore [mina'tore] *sm* mineur *m*

minerale [mine'rale] *agg* minéral(e) ◇ *sm* **1.** minéral *m* **2.** *(materia prima)* minerai *m*

minerva [mi'nɛrva] *smpl (fiammiferi)* allumette *f*

minestra [mi'nɛstra] *sf* soupe *f*, potage *m* ● **minestra in brodo** potage ● **minestra di verdure** soupe de légumes

minestrone [mines'trone] *sm* minestrone *m*

miniatura [minja'tura] *sf* miniature *f*

miniera [mi'njɛra] *sf* mine *f*

minigolf [mini'golf] *sm* golf *m* miniature

minigonna [mini'gɔnna] *sf* minijupe *f*

minima ['minima] *sf (temperatura)* (température *f*) minimale *f*

minimizzare [minimidz'dzare] *vt* minimiser

minimo, a ['minimo, a] *agg* **1.** *(il più piccolo)* minimum **2.** *(molto piccolo)* infime ● **non ne ho la minima idea** je n'en ai pas la moindre idée ◆ **minimo** *sm* **1.** minimum *m* **2.** *(di motore)* ralenti *m* ● **un minimo di** un minimum de ● **come minimo** au minimum

ministero [minis'tɛro] *sm* ministère *m*

ministro [mi'nistro] *sm* ministre *m* ● **ministro degli Esteri** ministre des Affaires étrangères

minoranza [mino'rantsa] *sf* minorité *f* ● **essere in minoranza** être en minorité

minorato, a [mino'rato, a] *agg & sm, f* handicapé(e)

minore [mi'nore] *agg* **1.** *(di età)* plus jeune **2.** *(di grandezza)* plus petit(e) **3.** *(di importanza)* moins important(e) **4.** *(prezzo, temperatura)* moins élevé(e) ◇ *smf (minorenne)* mineur *m*, -e *f* ◇ *pron* ● **il/la minore** *(di età)* le/la plus jeune ; *(di grandezza)* le plus petit/la plus petite ; *(cifra, temperatura)* le moins élevé/la moins élevée

minorenne [mino'rɛnne] *smf* mineur *m*, -e *f*

minuscola [mi'nuskola] *sf* minuscule *f*

minuscolo, a [mi'nuskolo, a] *agg* minuscule

¹minuto [mi'nuto] *sm* minute *f*

²minuto, a [mi'nuto, a] *agg* **1.** *(persona, corpo)* menu(e) **2.** *(piccolo)* petit(e) **3.** *(fine)* fin(e)

mio, mia ['mio, 'mia] *(mpl* miei, *fpl* mie ['mjɛi, 'mie]) *agg* mon (ma, mes) ● **mio padre** mon père ● **il mio libro** mon livre ● **questa bici è mia** ce vélo est à moi ● **un mio amico** un de mes amis ● **il mio, la mia** *(mpl* i miei, *fpl* le mie) *pron* le mien (la mienne, les miens, les miennes)

miope ['miope] *agg* MED myope

mira ['mira] *sf* ● **hai una buona mira** tu vises bien ● **prendere la mira** viser ● **prendere di mira qc** *(fig)* prendre qqch pour cible

miracolo [mi'rakolo] *sm* miracle *m*

miraggio [mi'radʒdʒo] *sm* mirage *m*

mirare [mi'rare] *vi* ● **mirare (a)** *(con arma)* viser ; *(aspirare a)* viser (à)

miriade [mi'riade] *sf* myriade *f* ● **una miriade di** une myriade de

mirtillo [mir'tillo] *sm* myrtille *f*

miscela [miʃ'ʃela] *sf* mélange *m*

mischia ['miskja] *sf* 1. bagarre *f* 2. *(nel rugby)* mêlée *f*

mischiare [mis'kjare] *vt* mélanger ◆ **mischiarsi** *vr* se mélanger

miseria [mi'zerja] *sf* misère *f* ● **porca miseria!** *(fam)* nom d'un chien !

misericordia [mizeri'kɔrdja] *sf* miséricorde *f*

misero, a ['mizero, a] *agg* 1. *(povero)* misérable 2. *(infelice)* malheureux(euse) 3. *(stipendio)* de misère

missile ['missile] *sm* missile *m*

missionario, a [missjo'narjo, a] *sm, f* missionnaire *mf*

missione [mis'sjone] *sf* mission *f*

misterioso, a [miste'rjozo, a] *agg* mystérieux(euse)

mistero [mis'tero] *sm* mystère *m*

misto, a ['misto, a] *agg* 1. *(mescolato)* mélangé(e) 2. *(scuola, matrimonio)* mixte ◆ **misto** *sm* mélange *m* ● **misto lana** laine mélangée

misura [mi'zura] *sf* 1. mesure *f* 2. *(taglia)* taille *f* ● **prendere le misure di** *(di persona)* prendre les mesures de ; *(di stanza, mobile)* mesurer ● **su misura** sur mesure

misurare [mizu'rare] *vt* 1. mesurer 2. *(abito)* essayer ◇ *vi* mesurer ◆ **misurarsi con** *vr+prep* se mesurer à

misurino [mizu'rino] *sm* 1. *(recipiente)* doseur *m* 2. *(contenuto)* dose *f*

mite ['mite] *agg* *(clima, persona)* doux (douce)

mito ['mito] *sm* mythe *m*

mitra ['mitra] *sm inv* mitraillette *f*

mitragliatrice [mitraʎʎa'tritʃe] *sf* mitrailleuse *f*

mittente [mit'tente] *smf* expéditeur *m*, -trice *f*

mobile ['mɔbile] *agg* mobile ◇ *sm* meuble *m*

mobilia [mo'bilja] *sf* mobilier *m*

mobilitare [mobili'tare] *vt* mobiliser

moca, che ['mɔka, ke] *sf* cafetière *f (italienne)*

mocassino [mokas'sino] *sm* mocassin *m*

moda ['mɔda] *sf* mode *f* ● **alla moda** à la mode ● **l'alta moda** la haute couture ● **essere** o **andare di moda** être à la mode ● **passare di moda** se démoder

modellare [model'lare] *vt* modeler

modellino [model'lino] *sm* maquette *f*, modèle *m* réduit

¹modello [mo'dɛllo] *sm* 1. modèle *m* 2. *(per sarta)* patron *m* 3. *(modulo)* formulaire *m*

²modello, a [mo'dɛllo, a] *sm, f* 1. *(indossatore)* mannequin *m* 2. *(di artista)* modèle *m*

modem ['mɔdem] *sm inv INFORM* modem *m*

moderare [mode'rare] *vt* modérer

moderato, a [mode'rato, a] *agg* modéré(e)

moderno, a [mo'dɛrno, a] *agg* moderne

modestia [mo'dɛstja] *sf* modestie *f*

modesto, a [mo'dɛsto, a] *agg* modeste

modico, a, ci, che ['mɔdiko, a, tʃi, ke] *agg* modique

modifica, che [mo'difika, ke] *sf* modification *f*

mo

562

modo ['mɔdo] *sm* **1.** *(maniera)* façon *f*
2. *(mezzo)* moyen *m* **3.** GRAMM *(verbale)*
mode ● **modo di dire** expression *f* ● **a
modo mio** à ma façon ● **di modo che** de
sorte que ● **in modo da** de façon à ● **in
nessun modo** en aucune façon ● **in ogni
modo** en tout cas ● **in qualche modo**
d'une façon ou d'une autre ● **in tutti i
modi** de toute façon

modulazione [modulats'tsjone] *sf* modulazione di frequenza modulation *f* de
fréquence

modulo ['mɔdulo] *sm* formulaire *m*
● **compilare un modulo** remplir un formulaire

moglie ['moʎʎe] *sf* femme *f*, épouse *f*

mole ['mɔle] *sf* masse *f*

molestare [moles'tare] *vt* importuner,
harceler

molesto, a [mo'lɛsto, a] *agg* impor-
tun(e)

molla ['mɔlla] *sf* ressort *m* ● **molle** *sfpl*
(per camino, ghiaccio) pincettes *fpl*

mollare [mol'lare] *vi (desistere)* abandonner ◇ *vt* **1.** lâcher **2.** *(fam) (fidanzato)*
plaquer ● **mollare un ceffone a qn** *(fam)*
flanquer une gifle à qqn

molle ['mɔlle] *agg* mou (molle)

molletta [mol'letta] *sf* **1.** *(per capelli)*
épingle *f* **2.** *(per panni)* pince *f* à linge

mollica, che [mol'lika, ke] *sf (di pane)*
mie *f*

molo ['mɔlo] *sm (di porto)* môle *m*

molteplice [mol'teplitʃe] *agg* multiple

moltiplicare [moltipli'kare] *vt* multiplier

moltiplicazione [moltiplikats'tsjone] *sf*
multiplication *f*

moltitudine [molti'tudine] *sf* multitude
f

molto, a ['molto, a] *agg*
1. *(in grande quantità)* beaucoup de ● **non
ho molto tempo** je n'ai pas beaucoup de
temps ● **ci sono molti turisti** il y a beaucoup de touristes
2. *(grande, intenso)* beaucoup de ● **non c'è
molta luce** il n'y a pas beaucoup de lumière ● **hai molta fame?** tu as très faim ?
◇ *pron*
1. *(quantità)* beaucoup ● **ti manca molto
per pagare il conto?** il te manque beaucoup pour payer l'addition ? ● **l'ho pagato molto** je l'ai payé cher ● **molti** *(molta gente)* beaucoup ● **molti di noi**
beaucoup d'entre nous
2. *(tempo)* longtemps ● **hai aspettato
molto?** tu as attendu longtemps ?
3. *(distanza)* ● **c'è ancora molto?** c'est encore loin ?
◆ **molto** *avv*
1. *(con verbi)* beaucoup ● **lui mi piace
molto** il me plaît beaucoup
2. *(con avverbi, aggettivi)* très ; *(con comparativi)* beaucoup, bien ● **molto volentieri!**
très volontiers ! ● **è molto presto/tardi** il
est très tôt/tard ● **è molto semplice** c'est
très simple ● **è molto meglio così** c'est
beaucoup o bien mieux ainsi

momentaneamente [momentanea-
'mente] *avv* momentanément

momentaneo, a [momen'taneo, a] *agg*
momentané(e)

momento [mo'mento] *sm* **1.** *(attimo)* instant *m* **2.** *(circostanza)* moment *m* ● **all'ultimo momento** au dernier moment ● **da
un momento all'altro** o **a momenti** *(tra*

poco) d'un moment à l'autre • **a momenti cadevo** j'ai failli tomber • **dal momento che** vu que, étant donné que • **per il momento** pour le moment

monaca, che ['mɔnaka, ke] *sf* religieuse f

monaco, ci ['mɔnako, ci] *sm* moine m

monarchia [monar'kia] *sf* monarchie f

monastero [monas'tɛro] *sm* monastère m

mondano, a [mon'dano, a] *agg* mondain(e)

mondiale [mon'djale] *agg* mondial(e)

mondo ['mondo] *sm* monde m

moneta [mo'neta] *sf* **1.** *(di metallo)* pièce f **2.** *(valuta)* monnaie f • **moneta spicciola** petite monnaie

monetario, a [mone'tarjo, a] *agg* monétaire

monitor ['mɔnitor] *sm inv* moniteur m

monolocale [monolo'kale] *sm* studio m

monopattino [mono'pattino] *sm* patinette f, trottinette f

monopolio [mono'pɔljo] *sm* monopole m

monosci [monoʃ'ʃi] *sm inv* monoski m

monotono, a [mo'nɔtono, a] *agg* monotone

montacarichi [monta'kariki] *sm inv* monte-charge m inv

montagna [mon'taɲɲa] *sf* montagne f • **andare in montagna** aller à la montagne • **montagne russe** montagnes russes

montanaro, a [monta'naro, a] *sm, f* montagnard m, -e f

montano, a [mon'tano, a] *agg* de montagne

montare [mon'tare] *vt & vi* monter • **montarsi** *vr* • **montarsi la testa** se monter la tête

montatura [monta'tura] *sf* monture f

monte ['monte] *sm* mont m • **andare a monte** tomber à l'eau, échouer • **mandare a monte qc** faire échouer qqch • **il monte Bianco** le mont Blanc

Montenegro [monte'negro] *sm (stato balcanico)* • **il Montenegro** le Montenegro

montone [mon'tone] *sm* **1.** *(animale)* bélier m, mouton m **2.** *(carne)* mouton m **3.** *(giaccone)* trois-quarts m en mouton

montuoso, a [montwo'zo, a] *agg* montagneux(euse)

monumento [monu'mento] *sm* monument m

mora ['mɔra] *sf (frutto)* mûre f

morale [mo'rale] *agg* moral(e) ◇ *sf* morale f ◇ *sm* moral m • **essere giù di morale** ne pas avoir le moral

morbido, a ['mɔrbido, a] *agg* **1.** moelleux(euse) **2.** *(pelle, colore, linea)* doux (douce)

morbillo [mor'billo] *sm* rougeole f

morbo ['mɔrbo] *sm* maladie f

morboso, a [mor'bozo, a] *agg* morbide

mordere ['mɔrdere] *vt* mordre

morfina [mor'fina] *sf* morphine f

moribondo, a [mori'bondo, a] *agg* moribond(e)

morire [mo'rire] *vi* **1.** mourir **2.** *(estinguersi)* disparaître • **morire di fame/di noia** mourir de faim/d'ennui • **morire dal ridere** mourir de rire • **stanco da morire** mort de fatigue

mormorare [mormoˈrare] *vi* **1.** murmurer **2.** *(sparlare)* médire ◇ *vt* murmurer

moro, a [ˈmɔro, a] *agg* **1.** brun(e) **2.** *(di carnagione)* • **essere moro** avoir le teint mat

¹morso [ˈmɔrso] *sm* **1.** morsure *f* **2.** *(pezzetto)* bouchée *f* **3.** *(di briglia)* mors *m*

²morso, a [ˈmɔrso, a] *pp* ➤ **mordere**

mortadella [mortaˈdella] *sf* mortadelle *f*

mortaio [morˈtajo] *sm* mortier *m*

mortale [morˈtale] *agg* mortel(elle)

mortalità [mortaliˈta] *sf inv* mortalité *f*

morte [ˈmɔrte] *sf* mort *f* • **avercela a morte con qn** en vouloir à mort à qqn

mortificare [mortifiˈkare] *vt* mortifier

morto, a [ˈmɔrto, a] *pp* ➤ **morire** ◇ *agg & sm, f* mort(e) • **fare il morto** *(in acqua)* faire la planche

mosaico, ci [moˈzajko, tʃi] *sm* mosaïque *f*

mosca, sche [ˈmoska, ske] *sf* mouche *f* • **mosca cieca** colin-maillard *m*

Mosca [ˈmoska] *sf* Moscou

moscato [mosˈkato] *sm* muscat *m*

moscerino [moʃʃeˈrino] *sm* moucheron *m*

moschettone [mosketˈtone] *sm* mousqueton *m*

moscone [mosˈkone] *sm* **1.** *(insetto)* mouche *f* bleue **2.** *(imbarcazione)* barque *f* à rames

mossa [ˈmɔssa] *sf* **1.** mouvement *m* **2.** *(negli scacchi)* coup *m*

mosso, a [ˈmɔsso, a] *pp* ➤ **muovere** ◇ *agg* **1.** *(mare)* agité(e) **2.** *(capelli)* ondulé(e) **3.** *(fotografia)* flou(e)

mostarda [mosˈtarda] *sf* moutarde *f* violette • **mostarda di Cremona** fruits confits au sirop ou au moût, avec de la moutarde

mostra [ˈmɔstra] *sf* exposition *f* • **mettersi in mostra** se faire remarquer

---

La Mostra del cinema

La Mostra de Venise fut inaugurée le 6 août 1932. Aujourd'hui organisée par la section cinéma de la Biennale de Venise, elle se tient chaque année au *Palazzo del Cinema* du Lido, entre la fin du mois d'août et la première semaine de septembre. Le festival s'achève par la remise de nombreux prix, parmi les lesquels le prestigieux Lion d'Or.

---

mostrare [mosˈtrare] *vt* montrer • **mostrarsi** *vr* se montrer

mostro [ˈmostro] *sm* monstre *m*

mostruoso, a [mostruˈoso, a] *agg* monstrueux(euse)

motel [moˈtɛl] *sm inv* motel *m*

motivo [moˈtivo] *sm* **1.** motif *m*, raison *f* **2.** *(di stoffa)* motif *m* **3.** *(musicale)* air *m* • **per quale motivo?** pour quel motif o quelle raison ? • **senza motivo** sans raison

moto [ˈmɔto] *sf inv* moto *f* ◇ *sm* **1.** mouvement *m* **2.** *(esercizio fisico)* exercice *m* • **mettere qc in moto** *(auto)* mettre qqch en marche

motocicletta [mototʃiˈkletta] *sf* moto(cyclette) *f*

motocross [motoˈkrɔss] *sm* motocross *m*

motore [mo'tore] *sm* moteur *m* ● **a motore** à moteur ● **motore di ricerca** moteur de recherche

motorino [moto'rino] *sm (ciclomotore)* Mobylette® *f* ● **motorino d'avviamento** démarreur *m*

motoscafo [motos'kafo] *sm* hors-bord *m inv*

motto ['mɔtto] *sm* devise *f*

mouse ['maus] *sm inv* INFORM souris *f*

mousse [mus] *sf inv* mousse *f (salée ou sucrée)*

movimentare [movimen'tare] *vt* animer

movimento [movi'mento] *sm* 1. mouvement *m* 2. *(animazione)* animation *f*

mozzafiato [motstsa'fjato] *agg inv* époustouflant(e)

mozzare [mots'tsare] *vt* 1. *(recidere)* couper, trancher 2. *(fiato)* couper

mozzarella [motstsa'rella] *sf* mozzarella *f* ● **mozzarella in carrozza** toast à la mozzarella, trempé dans de l'œuf et frit

mozzicone [motstsi'kone] *sm (di sigaretta)* mégot *m*

¹mozzo ['motstso] *sm* 1. *(marinaio)* mousse *m* 2. *(di ruota, elica)* moyeu *m*

²mozzo, a ['motstso, a] *agg* coupé(e)

mucca, che ['mukka, ke] *sf* vache *f*

mucchio ['mukkjo] *sm* tas *m* ● **un mucchio di** *(grande quantità)* (tout) un tas de

muffa ['muffa] *sf* moisissure *f*

muffole ['muffole] *sfpl* moufles *fpl*

muflone [mu'flone] *sm (animale)* mouflon *m*

mughetto [mu'getto] *sm (fiore)* muguet *m*

mugolare [mugo'lare] *vi* gémir

mulattiera [mulat'tjera] *sf* chemin *m* muletier

mulatto, a [mu'latto, a] *agg & sm, f* mulâtre

mulinello [muli'nello] *sm* 1. *(vortice)* tourbillon *m* 2. *(da pesca)* moulinet *m*

mulino [mu'lino] *sm* moulin *m* ● **mulino a vento** moulin à vent

mulo ['mulo] *sm* mulet *m*

multa ['multa] *sf* amende *f*

multare [mul'tare] *vt* verbaliser

multietnico, a, ci, che [multi'etniko, a, tʃi, ke] *agg* multiethnique

multiplo, a ['multiplo, a] *agg* multiple ◆ **multiplo** *sm* multiple *m*

multiproprietà [multiproprje'ta] *sf inv* multipropriété *f*

mungere ['mundʒere] *vt* traire

municipale [munitʃi'pale] *agg* municipal(e)

municipio [muni'tʃipjo] *sm* mairie *f*

munire [mu'nire] *vt* ● **munire una porta di serratura** munir une porte d'une serrure ◆ **munirsi di** *vr+prep* se munir de

muovere ['mwɔvere] *vt* 1. *(tavolo, pedina)* déplacer 2. *(gambe, braccia)* bouger 3. *(obiezione, critica)* formuler 4. *(accusa)* lancer ◆ **muoversi** *vr* 1. *(mettersi in movimento)* bouger 2. *(sbrigarsi)* se dépêcher

mura ['mura] *sfpl* murs *mpl*, remparts *mpl*

murale [mu'rale] *agg* mural(e) ◇ *sm (affresco)* peinture *f* murale

murare [mu'rare] *vt* murer

muratore [mura'tore] *sm* maçon *m*

murena [mu'rɛna] *sf* murène *f*

muro ['muro] *sm* mur *m*

muscolare [musko'lare] *agg* musculaire

muscolo ['muskolo] *sm* muscle *m*

muscoloso, a [musko'lozo, a] *agg* musclé(e)

museo [mu'zɛo] *sm* musée *m*

museruola [muze'rwola] *sf* muselière *f*

musica, che ['muzika, ke] *sf* musique *f*
● **musica classica** musique classique
● **musica leggera** variété *f*

musicale [muzi'kale] *agg* musical(e)

musicista, i, e [muzi'tʃista, i, e] *smf* musicien *m*, -enne *f*

muso ['muzo] *sm* **1.** *(di animale)* museau *m* **2.** *(di auto, aereo)* nez *m* **3.** *(spreg) (di persona)* tête *f* ● **tenere il muso a qn** faire la tête à qqn

muta ['muta] *sf* **1.** *(da sub)* combinaison *f* **2.** *(di cani)* meute *f*

mutamento [muta'mento] *sm* changement *m*

mutande [mu'tande] *sfpl* **1.** *(da donna)* culotte *f* **2.** *(da uomo)* slip *m*

mutandine [mutan'dine] *sfpl* culotte *f*

mutare [mu'tare] *vt & vi* changer

mutazione [mutats'tsjone] *sf* mutation *m*

mutilato, a [muti'lato, a] *sm, f* mutilé *m*, -e *f* ● **mutilato di guerra** mutilé de guerre

muto, a ['muto, a] *agg* muet(ette)

mutua ['mutwa] *sf* mutuelle *f*

¹mutuo ['mutwo] *sm* **1.** *(dato)* prêt *m* **2.** *(ottenuto)* emprunt *m*

²mutuo, a ['mutwo, a] *agg* mutuel(elle)

*n*N

N ['ɛnne] *(abbr scritta di nord)* N

nafta ['nafta] *sf* **1.** *(olio combustibile)* mazout *m* **2.** *(gasolio)* gazole *m*, gas-oil *m*

naftalina [nafta'lina] *sf* naphtaline *f*

nanna ['nanna] *sf (fam)* dodo *m*

nano, a ['nano, a] *agg & sm, f* nain(e)

napoletana [napole'tana] *sf* cafetière *f* napolitaine

napoletano, a [napole'tano, a] *agg* napolitain(e) ◇ *sm, f* Napolitain *m*, -e *f*

Napoli ['napoli] *sf* Naples

narice [na'ritʃe] *sf* narine *f*

narrare [nar'rare] *vt* raconter

narrativa [narra'tiva] *sf (genere)* roman *m*

nasale [na'zale] *agg* nasal(e)

nascere ['naʃʃere] *vi* **1.** *(bambino, animale, impresa)* naître **2.** *(pianta)* pousser **3.** *(fiume)* prendre sa source **4.** *(dente)* percer **5.** *(sole)* se lever ● **sono nata il 31 luglio del 1965** je suis née le 31 juillet 1965 ● **l'idea del libro è nata da un viaggio** l'idée du livre est née d'un voyage

nascita ['naʃʃita] *sf* naissance *f* ● **data di nascita** date de naissance ● **luogo di nascita** lieu de naissance

nascondere [nas'kondere] *vt* cacher ◆ **nascondersi** *vr* se cacher

nascondino [naskon'dino] *sm* cache-cache *m*

nascosto, a [naskosto, a] *pp* ➤ **nascondere** ◇ *agg* caché(e) ● **di nascosto** en cachette

naso ['nazo] *sm* nez *m* ● ficcare il naso in qc fourrer son nez dans qqch

nastro ['nastro] *sm* ruban *m* ● nastro adesivo ruban adhésif ● nastro trasportatore tapis *m* roulant

natale [na'tale] *agg (casa, città)* natal(e) ● **Natale** *sm* Noël *m*

natalità [natali'ta] *sf inv* natalité *f*

natante [na'tante] *sm* embarcation *f*

nato, a ['nato, a] *pp* ➤ **nascere** ◇ *agg (fig) (per natura)* né(e) ● nata Mattei *(da nubile)* née Mattei

N.A.T.O. ['nato] *(abbr di North Atlantic Treaty Organization) sf* OTAN *f (Organisation du Traité de l'Atlantique Nord)*

natura [na'tura] *sf* 1. nature *f* 2. *(temperamento)* naturel *m* ● **natura morta** nature morte

naturale [natu'rale] *agg* naturel(elle)

naturalmente [natural'mente] *avv* naturellement

naufragare [naufra'gare] *vi* faire naufrage

naufragio [naw'fradʒo] *sm* naufrage *m*

naufrago, a, ghi, ghe ['nawfrago, a, gi, ge] *sm, f* naufragé *m*, -e *f*

nausea ['nawzea] *sf* nausée *f*

nauseante [nawze'ante] *agg* écœurant(e)

nauseare [nawze'are] *vt* donner la nausée à

nautico, a, ci, che ['nawtiko, a, tʃi, ke] *agg* nautique

navale [na'vale] *agg* naval(e)

navata [na'vata] *sf* nef *f*

nave ['nave] *sf* bateau *m* ● nave passeggeri paquebot *m* ● nave traghetto ferry *m*

navetta [na'vetta] *sf* navette *f* ● navetta spaziale navette spatiale

navigabile [navi'gabile] *agg* navigable

navigare [navi'gare] *vi* naviguer

navigazione [navigats'tsjone] *sf* navigation *f*

naviglio [na'viʎʎo] *sm* 1. *(nave)* embarcation *f* 2. *(canale)* canal *m* navigable

nazionale [natstsjo'nale] *agg* national(e) ◇ *sf (squadra)* équipe *f* nationale

nazionalità [natstsjonali'ta] *sf inv* nationalité *f*

nazione [nats'tsjone] *sf* nation *f*

ne [ne] *pron*

1. *(di lui, lei, loro)* ● è bravo e ne apprezzo le capacità il est doué et j'apprécie ses capacités

2. *(di un insieme)* en ● ha dei panini? ne vorrei due vous avez des sandwichs ? j'en voudrais deux

3. *(di ciò)* en ● non parliamone più n'en parlons plus ● non ne ho idea je n'en ai aucune idée

4. *(da ciò)* en ● ne deriva che... il en résulte que...

◇ *avv (di là)* en ● ne veniamo proprio ora nous en venons à l'instant

né [ne] *cong* ● né... né... ni... ni ● né l'uno né l'altro sono italiani ni l'un ni l'autre ne sont italiens ● non si è fatto né sentire né vedere il n'a pas téléphoné et n'est pas venu ● non voglio né il primo né il secondo je ne veux ni entrée ni plat principal

neanche [ne'anke] *avv* ● non andiamo neanche noi nous n'y allons pas non plus ● non l'ho neanche visto je ne l'ai même pas vu ● neanche per sogno o per idea!

jamais de la vie ! ◇ *cong* ● **non potrei neanche volendo** je ne pourrais pas même si je (le) voulais ● **non ci crederei neanche se lo vedessi** même si je le voyais, je n'y croirais pas

nebbia ['nebbja] *sf* brouillard *m*

nebulizzatore [nebulidzdza'tore] *sm* spray *m*

nebulosa [nebu'loza] *sf (costellazione)* nébuleuse *f*

nebuloso, a [nebu'lozo, a] *agg (poco chiaro)* nébuleux(se)

necessariamente [netʃessarja'mente] *avv* nécessairement

necessario, a [netʃes'sarjo, a] *agg* nécessaire ● **è necessario farlo** il faut le faire ● **necessario** *sm* nécessaire *m*

necessità [netʃessi'ta] *sf inv* nécessité *f*

necessitare [netʃessi'tare] ● **necessitare di** *v+prep* nécessiter

necrologio [nekro'lɔdʒo] *sm* nécrologie *f*

negare [ne'gare] *vt* **1.** nier ● **nega di averlo detto** il/elle nie l'avoir dit **2.** *(non concedere)* ● **negare qc a qn** refuser qqch à qqn

¹negativo [nega'tivo] *sm* négatif *m*

²negativo, a [nega'tivo, a] *agg* négatif(ive)

negato, a [ne'gato, a] *agg* ● **essere negato(a) per qc** être nul (nulle) en qqch

negli [ne'ʎʎi] = **in** + **gli** ➤ **in**

negligente [negliˈdʒente] *agg* négligent(e)

negoziante [negots'tsjante] *smf* commerçant *m*, -e *f*

negozio [ne'gɔtstsjo] *sm (bottega)* magasin *m*

negro, a ['negro, a] *agg* noir(e) ◇ *sm, f* Noir *m*, -e *f*

nei ['nei] = **in** + **i** ➤ **in**

nel [nel] = **in** + **il** ➤ **in**

nell' [nell] = **in** + **il** ➤ **in**

nella ['nella] = **in** + **la** ➤ **in**

nelle ['nelle] = **in** + **le** ➤ **in**

nello ['nello] = **in** + **lo** ➤ **in**

nemico, a, ci, che [ne'miko, a, tʃi, ke] *agg* **1.** *(in guerra)* ennemi(e) **2.** *(ostile)* hostile ◇ *sm, f* ennemi *m*, -e *f*

nemmeno [nem'meno] = **neanche**

neo ['nɛo] *sm* grain *m* de beauté

neon ['nɛon] *sm inv* néon *m*

neonato, a [neo'nato, a] *sm, f* nouveau-né *m*

neppure [nep'pure] = **neanche**

¹nero ['nero] *sm (colore)* noir *m*

²nero, a ['nero, a] *agg* noir(e)

nervo ['nɛrvo] *sm* nerf *m* ● **mi dai ai o sui nervi** tu me tapes sur les nerfs

nervosismo [nervo'zizmo] *sm* nervosité *f*

nervoso, a [nervo'zo, a] *agg* nerveux(euse) ● **nervoso** *sm* ● **avere il nervoso** *(fam)* être énervé(e)

nespola ['nespola] *sf* nèfle *f*

nessuno, a [nes'suno, a] *agg* aucun(e) ● **nessun uomo** aucun homme ● **nessuna città** aucune ville ● **da nessuna parte** nulle part ◇ *pron* **1.** aucun(e) ● **nessuno di noi** aucun d'entre nous **2.** *(indefinito)* personne ● **nessuno lo sa** personne n'en sait rien **3.** *(qualcuno)* ● **c'è nessuno?** il y a quelqu'un ?

net [net] *sm inv* INFORM Net *m*, Internet *m*

nettezza [net'tetstsa] *sf* ● **nettezza urbana** (service de)propreté *f* urbaine

netto, a ['netto, a] *agg (preciso)* net (nette)

netturbino, a [nettur'bino, a] *sm, f* balayeur *m*, -euse *f*, éboueur *m*, -euse *f*

neutrale [new'trale] *agg* neutre

neutralizzare [newtralidz'dzare] *vt* neutraliser

neutro, a ['newtro, a] *agg* neutre

neve ['neve] *sf* neige *f* ● **delle vacanze sulla neve** des vacances à la neige

nevicare [nevi'kare] *v impers* ● **nevica** il neige

nevicata [nevi'kata] *sf* chute *f* de neige

nevischio [ne'viskjo] *sm* neige *f* fondue

nevralgia [nevral'dʒia] *sf* névralgie *f*

nevrotico, a, ci, che [ne'vrɔtiko, a, tʃi, ke] *agg* **1.** *(persona)* névrosé(e) **2.** *(comportamento)* névrotique

nicchia ['nikkja] *sf* niche *f*

nicotina [niko'tina] *sf* nicotine *f*

nido ['nido] *sm* nid *m*

niente ['njɛnte] *pron*

1. *(nessuna cosa)* rien ● **come se niente fosse** comme si de rien n'était ● **non ho bisogno di niente** je n'ai besoin de rien ● **non gli va bene niente** rien ne lui convient

2. *(qualcosa)* quelque chose ● **le serve niente?** vous avez besoin de quelque chose ? ● **non per niente, ma...** ce n'est pas pour dire, mais...

3. *(poco)* ● **è una cosa da niente** *(regalo)* c'est juste une bricole ; *(incidente)* ce n'est rien (du tout)

◇ *agg inv (fam)* aucun(e) ● **niente paura!** n'aie/n'ayez pas peur !

◇ *avv* ● **non me ne importa niente** je n'en ai rien à faire ● **non c'entra niente** cela

n'a rien à voir ● **nient'affatto** pas du tout ● **per niente** pas du tout

◇ *sm* ● **basta un niente per...** un rien suffit pour... ● **un bel niente** rien du tout ● **partire dal niente** partir de rien

nientemeno [njɛnte'meno] *avv* rien de moins ◇ *esclam* pas mal !

night(-club) [najt('klɛb)] *sm inv* boîte *f* (de nuit)

Nilo ['nilo] *sm* ● **il Nilo** le Nil

ninnananna [ninna'nanna] *sf* berceuse *f*

ninnolo ['ninnolo] *sm* bibelot *m*

nipote [ni'pote] *smf* **1.** *(di zii)* neveu *m*, nièce *f* **2.** *(di nonni)* petit-fils *m*, petite-fille *f*

nitido, a ['nitido, a] *agg* net (nette)

nitrire [ni'trire] *vi* hennir

no [nɔ] *avv* non ● **sei d'accordo, no?** tu es d'accord, non o n'est-ce pas ? ● **lo vuoi o no?** tu le veux ou pas ? ● **lo sai, no, com'è fatto** tu sais bien comment il est ● **no davvero** non, pas du tout ● **no di certo** certainement pas

nobile ['nɔbile] *agg & smf* noble

nobiltà [nobil'ta] *sf inv* noblesse *f*

nocciola [notʃ'tʃɔla] *sf* noisette *f* ◇ *agg inv* noisette *(inv)*

nocciolina [notʃtʃo'lina] *sf* ● **nocciolina (americana)** cacah(o)uète *f*

¹**nocciolo** ['nɔtʃtʃolo] *sm (di frutto)* noyau *m*

²**nocciolo** [notʃ'tʃɔlo] *sm (albero)* noisetier *m*

noce [ˈnotʃe] *sf* noix *f* ● **noce di cocco** noix de coco ● **noce moscata** noix (de) muscade ◇ *sm (albero, legno)* noyer *m*

nocivo, a [no'tʃivo, a] *agg* nocif(ive)

nodo ['nɔdo] *sm* nœud *m* ● **avere un nodo alla gola** avoir la gorge serrée

no global [no'glɔbal] *agg inv & smf inv* alter-mondialiste

noi ['noi] *pron* nous ● **entrate voi, noi aspettiamo** entrez, nous, nous attendons ● **– abbiamo fame – noi no** – nous avons faim – pas nous ● **da noi** *(nel nostro paese)* chez nous ● **noi stessi/noi stesse** nous-mêmes

noia ['nɔja] *sf* ennui *m* ● **avere delle noie con** avoir des ennuis avec ● **dare noia a qn** déranger qqn ● **venire a noia a qn** ennuyer qqn

noioso, a [no'jozo, a] *agg* 1. *(monotono)* ennuyeux(euse) 2. *(fastidioso)* agaçant(e)

noleggiare [noled'dʒare] *vt* louer

noleggio [no'leddʒo] *sm* location *f* ● **prendere qc a noleggio** louer qqch

nolo ['nɔlo] *sm* = **noleggio**

nome ['nome] *sm* nom *m* ● **conoscere qn di nome** connaître qqn de nom ● **a nome di qn** au nom de qqn ● **nome di battesimo** nom de baptême ● **nome da ragazza** nom de jeune fille

nominare [nomi'nare] *vt* 1. *(menzionare)* mentionner 2. *(eleggere)* nommer

non [non] *avv* ● **stasera non vengo** ce soir je ne viens pas ● **non è venuto** il n'est pas venu ● **sono a casa, non in ufficio** je suis chez moi, et non au bureau ➤ **affatto, ancora**

nonché [non'ke] *cong (e anche)* ● **inviterò lui, nonché sua moglie** je vais l'inviter, ainsi que sa femme

noncurante [nonku'rante] *agg* ● **noncurante (di)** insouciant(e) (de)

nondimeno [nondi'meno] *cong* néanmoins

nonno, a ['nɔnno, a] *sm, f* grand-père *m*, grand-mère *f*

nonnulla [non'nulla] *sm inv* ● **per un nonnulla** pour un rien

nono, a ['nɔno, a, 'nɔna] *agg num* neuvième ● **nono** *sm* 1. *(frazione)* neuvième *m* 2. *(piano)* neuvième étage *m*

nonostante [nonos'tante] *prep* malgré ◇ *cong* bien que ● **nonostante tutto** malgré tout ● **mi ha pagato, nonostante non abbia finito il lavoro** il/elle m'a payé bien que je n'aie pas terminé le travail

non vedente [nonve'dente] *smf* non-voyant *m*, -e *f*

nord [nɔrd] *sm* nord *m* ● **a nord (di qc)** au nord (de qqch)

nordest [nɔr'dɛst] *sm* nord-est *m* ● **a nordest (di qc)** au nord-est (de qqch)

nordico, a, ci, che ['nɔrdiko, a, tʃi, ke] *agg* nordique

nordovest [nɔr'dovest] *sm* nord-ouest *m* ● **a nordovest (di qc)** au nord-ouest (de qqch)

norma ['nɔrma] *sf* norme *f* ● **di norma** normalement ● **a norma di legge** aux termes de la loi

normale [nor'male] *agg* normal(e)

normalità [normali'ta] *sf inv* normalité *f*

normanno, a [nor'manno, a] *agg* normand(e)

norvegese [norve'dʒeze] *agg* norvégien(enne) ◇ *smf* Norvégien *m*, -enne *f* ◇ *sm (lingua)* norvégien *m*

Norvegia [nor'vɛdʒa] *sf* • **la Norvegia** la Norvège

nostalgia [nostal'dʒia] *sf* nostalgie *f* • **avere nostalgia di** avoir la nostalgie de

nostro, a ['nɔstro, a] *agg* notre • **nostro padre** notre père • **un nostro amico** un de nos amis • **questa casa è nostra** cette maison est à nous ♦ **il nostro, la nostra** (*mpl* **i nostri**, *fpl* **le nostre**) *pron* le nôtre (la nôtre), les nôtres *pl*

nota ['nɔta] *sf* note *f* • **prendere nota (di qc)** prendre note (de qqch)

notaio [no'tajo] *sm* notaire *m*

notare [no'tare] *vt* 1. remarquer 2. (*annotare*) noter • **farsi notare** se faire remarquer

notevole [no'tevole] *agg* 1. (*differenza, prezzo*) considérable 2. (*persona*) remarquable

notificare [notifi'kare] *vt* (*form*) 1. déclarer 2. *DIR* notifier

notizia [no'titsja] *sf* nouvelle *f* • **avere notizie di qn** avoir des nouvelles de qqn

notiziario [notits'tsjarjo] *sm* informations *fpl* (*télévisées ou radiophoniques*)

noto, a ['nɔto, a] *agg* connu(e)

nottambulo, a [not'tambulo, a] *sm, f* noctambule *mf*

notte ['nɔtte] *sf* nuit *f* • **di notte** la nuit, de nuit • **lavorare di notte** travailler de nuit • **alle tre di notte** à trois heures du matin • **notte in bianco** nuit blanche

notturno, a [not'turno, a] *agg* nocturne

novanta [no'vanta] *num* quatre-vingt-dix, ➤ **sei**

novantesimo, a [novan'tezimo, a] *num* quatre-vingt-dixième, ➤ **sesto**

nove ['nɔve] *num* neuf • **ha nove anni** il/ elle a neuf ans • **sono le nove** il est neuf heures • **il nove gennaio** le neuf janvier • **pagina nove** page neuf • **il nove di picche** le neuf de pique • **erano in nove** ils étaient neuf

novecento [nove'tʃɛnto] *num* neuf cents, ➤ **sei** • **Novecento** *sm* • **il Novecento** le XXᵉ siècle

novella [no'vella] *sf* (*racconto*) nouvelle *f*

novellino, a [novel'lino, a] *sm, f* novice *mf*

novembre [no'vembre] *sm* novembre *m* • **a o in novembre** en novembre • **lo scorso novembre** en novembre dernier • **Il prossimo novembre** en novembre prochain • **all'inizio di novembre** début novembre • **alla fine di novembre** fin novembre • **il due novembre** le deux novembre

novità [novi'ta] *sf inv* 1. (*cosa nuova*) nouveauté *f* 2. (*notizia recente*) nouvelle *f*

novizio, a [no'vitstsjo, a] *sm, f RELIG* novice *mf*

nozione [nots'tsjone] *sf* notion *f*

nozze ['nɔtstse] *sfpl* mariage *m*, noces *fpl* • **nozze d'oro** noces d'or

nube ['nube] *sf* nuage *m*

nubifragio [nubi'fradʒo] *sm* orage *m* (violent)

nubile ['nubile] *agg* célibataire (*pour une femme*)

nuca, che ['nuka, ke] *sf* nuque *f*

nucleare [nukle'are] *agg* nucléaire

nucleo ['nukleo] *sm* noyau *m* • **nucleo familiare** cellule *f* familiale

nudismo [nu'dizmo] *sm* nudisme *m*

nudista, i, e [nu'dista, i, e] *smf* nudiste *mf*

nudo, a ['nudo, a] *agg* nu(e) ● **mettere a nudo qc** mettre qqch à nu ◆ **nudo** *sm (nell'arte)* nu *m*

nugolo ['nugolo] *sm* ● **un nugolo di** une nuée de

nulla ['nulla] = niente

nullità [nulli'ta] *sf inv* nullité *f*

nullo, a ['nullo, a] *agg* nul (nulle)

numerale [nume'rale] *agg* numéral(e) ◇ *sm* numéral *m*

numerare [nume'rare] *vt* numéroter

numerico, a, ci, che [nu'meriko, a, tʃi, ke] *agg* numérique

numero ['numero] *sm* **1.** nombre *m* **2.** *(segno, cifra)* chiffre *m* **3.** *(di scarpe)* pointure *f* **4.** *(di rivista)* numéro *m* ● **numero cardinale** nombre cardinal ● **numero di cellulare** numéro de portable ● **numero chiuso** numerus clausus *m* ● **numero civico** *numéro de la rue, dans une adresse* ● **numero di conto** numéro de compte ● **numero di fax** numéro de fax ● **numero di targa** numéro d'immatriculation ● **numero di telefono** numéro de téléphone ● **numero verde** numéro vert ● **dare i numeri** *(fig)* travailler du chapeau, dérailler

Dare il proprio numero

I numeri di telefono vanno dettati a gruppi di due cifre, eccetto per gli zero iniziali (es. 01 44 39 70 51: *zéro un; quarante-quatre; trente-neuf; soixante-dix; cinquante et un*).

numeroso, a [nume'rozo, a] *agg* nombreux(euse)

numismatica [numiz'matika] *sf* numismatique *f*

nuocere ['nwɔtʃere] ◆ **nuocere a** *v+prep* nuire à

nuora ['nwɔra] *sf* belle-fille *f*

nuotare [nwo'tare] *vi* nager

nuoto ['nwɔto] *sm* natation *f* ● **a nuoto** à la nage

nuovamente [nwova'mente] *avv* de nouveau, à nouveau

nuovo, a ['nwɔvo, a] *agg* **1.** nouveau(elle) **2.** *(appena fatto)* neuf(e) ● **di nuovo** de o à nouveau ● **nuovo di zecca** flambant neuf

nuraghe, ghi [nu'rage, gi] *sm* nuraghe *m*

Il nuraghe

Construction typiquement sarde, le *nuraghe* est une structure de pierre sombre en forme de cône tronqué. Probablement antérieurs au sixième millénaire avant J.-C., on suppose que les *nuraghi* ont successivement servi de forteresses, de tours de guet, de parlements ou de résidences pour les chefs de village.

nutriente [nutri'ente] *agg* nourrissant(e)

nutrimento [nutri'mento] *sm* nourriture *f*

nutrire [nu'trire] *vt* nourrir ◆ **nutrirsi di** *vr+prep* se nourrir de

nuvola ['nuvola] *sf* nuage *m* ● **cascare dalle nuvole** tomber des nues

nuvoloso, a [nuvo'lozo, a] *agg* nuageux(euse)

*O*O

o [ɔ] *cong* ou ● **o... o...** ou (bien)... ou (bien)...

O [ɔ] *(abbr scritta di ovest)* O *(ouest)*

oasi ['ɔazi] *sf inv* oasis *f*

obbediente [obbe'djɛnte] = ubbidiente

obbedire [obbe'dire] = ubbidire

obbligare [obbli'gare] *vt* ● **obbligare qn a fare qc** obliger qqn à faire qqch

obbligato, a [obbli'gato, a] *agg* **1.** *(percorso)* obligatoire **2.** *(passaggio)* obligé(e) ● **non sei obbligato ad accettare** tu n'es pas obligé d'accepter

obbligatorio, a [obbliga'tɔrjo, a] *agg* obligatoire

obbligo, ghi ['ɔbbligo, gi] *sm* obligation *f* ● **avere l'obbligo di fare qc** être dans l'obligation de faire qqch

obelisco, schi [obe'lisko, ski] *sm* obélisque *m*

obeso, a [o'bezo, a] *agg* obèse

obiettare [objet'tare] *vt* objecter

¹**obiettivo** [objet'tivo] *sm* objectif *m*

²**obiettivo, a** [objet'tivo, a] *agg* objectif(ive)

obiettore [objet'tore] *sm* contradicteur *m* ● **obiettore di coscienza** objecteur *m* de conscience

obiezione [objets'tsjone] *sf* objection *f*

obitorio [obi'tɔrjo] *sm* morgue *f*

obliquo, a [o'blikwo, a] *agg* oblique

obliterare [oblite'rare] *vt* oblitérer

oblò [o'blɔ] *sm inv* hublot *m*

obsoleto, a [obso'leto, a] *agg* obsolète

oca ['ɔka] *(pl* **oche** ['ɔke]) *sf (animale)* oie *f*

occasione [okka'zjone] *sf* occasion *f* ● **avere l'occasione di fare qc** avoir l'occasion de faire qqch ● **cogliere l'occasione per fare qc** saisir l'occasion pour o de faire qqch ● **d'occasione** d'occasion

occhiaia [ok'kjaja] *sf* ● **avere le occhiaie** avoir des cernes

occhiali [ok'kjali] *smpl* ● **occhiali (da vista)** lunettes *fpl* (de vue) ● **occhiali da sole** lunettes de soleil

occhiata [ok'kjata] *sf* ● **dare un'occhiata a** jeter un coup d'œil à

occhiello [ok'kjɛllo] *sm (per bottone)* boutonnière *f*

occhio ['ɔkkjo] *sm* œil *m* ● **a occhio e croce** à vue de nez ● **a occhio nudo** à l'œil nu ● **a quattr'occhi** entre quatre yeux ● **costare un occhio della testa** coûter les yeux de la tête ● **non perdere d'occhio** ne pas quitter des yeux ● **saltare** o **balzare all'occhio** sauter aux yeux ● **sognare a occhi aperti** rêver tout éveillé(e) ● **tenere d'occhio** surveiller

occhiolino [okkjo'lino] *sm* ● **fare l'occhiolino (a qn)** faire un clin d'œil (à qqn)

occidentale [otʃtʃiden'tale] *agg* occidental(e)

occidente [otʃtʃi'dɛnte] *sm (ovest)* occident *m* ◆ **Occidente** *sm* ● **l'Occidente** l'Occident *m*

occorrente [okkor'rɛnte] *sm* nécessaire *m*

occorrenza [okkor'rɛntsa] *sf* ● **all'occorrenza** le cas échéant

occorrere [okˈkorrere] *vi* falloir • **occorrere aspettare** il faut attendre • **mi occorre tempo** il me faut du temps

occorso, a [okˈkorso, a] *pp* ➤ occorrere

occulto, a [okˈkulto, a] *agg* (forze, scienze) occulte

occupare [okkuˈpare] *vt* occuper ◆ **occuparsi di** *vr+prep* s'occuper de

occupato, a [okkuˈpato, a] *agg* occupé(e)

occupazione [okkupatsˈtsjone] *sf* (impiego) emploi *m*

Oceania [otʃeˈanja] *sf* • **l'Oceania** l'Océanie *f*

oceano [oˈtʃeano] *sm* océan *m*

oculista, i, e [okuˈlista, i, e] *smf* oculiste *mf*

odiare [oˈdjare] *vt* détester

odio [ˈodjo] *sm* haine *f*

odioso, a [oˈdjozo, a] *agg* odieux(euse)

odorare [odoˈrare] *vt* humer, sentir ◆ **odorare di** *v+prep* sentir • **odora di mimosa** ça sent le mimosa

odorato [odoˈrato] *sm* odorat *m*

odore [oˈdore] *sm* odeur *f* ◆ **odori** *smpl* aromates *mpl*

offendere [ofˈfendere] *vt* offenser, vexer ◆ **offendersi** *vr* se vexer

offensivo, a [offenˈsivo, a] *agg* (comportamento, frase) offensant(e)

offerta [ofˈferta] *sf* 1. (distributivo) offre *f* 2. (donazione) don *m* • **offerta speciale** offre spéciale

offerto, a [ofˈferto, a] *pp* ➤ offrire

offesa [ofˈfeza] *sf* offense *f*

offeso, a [ofˈfezo, a] *pp* ➤ offendere ◇ *agg* (oltraggiato) offensé(e), vexé(e)

officina [offiˈtʃina] *sf* 1. (di fabbrica) atelier *m* 2. (per auto) garage *m*

offrire [ofˈfrire] *vt* offrir • **offrire da bere a qn** offrir un verre à qqn ◆ **offrirsi di** *vr+prep* • **si è offerto di aiutarci** il s'est proposé de nous aider

offuscare [offusˈkare] *vt* 1. (cielo) obscurcir 2. (vista) brouiller 3. (mente, memoria) troubler ◆ **offuscarsi** *vr* 1. (cielo) s'obscurcir 2. (vista) se brouiller 3. (mente, memoria) se troubler

oggettivo, a [odʒdʒetˈtivo, a] *agg* objectif(ive)

oggetto [odʒˈdʒetto] *sm* objet *m* • (ufficio) **oggetti smarriti** (bureau *m* des) objets trouvés

oggi [ˈɔdʒdʒi] *avv* aujourd'hui • **il giornale di oggi** le journal d'aujourd'hui • **oggi pomeriggio** cet après-midi • **dall'oggi al domani** du jour au lendemain

oggigiorno [odʒdʒiˈdʒorno] *avv* de nos jours

OGM [odʒiˈemme] (*abbr di Organismo Geneticamente Modificato*) *sf* OGM *m* (*Organisme Génétiquement Modifié*)

ogni [ˈoɲɲi] *agg* 1. (distributivo) • **ogni tre giorni** tous les trois jours 2. (tutti) chaque • **ogni giorno/mese/anno** chaque jour/mois/année • **in ogni caso** en tout cas • **ad ogni modo** de toute façon • **ogni tanto** de temps en temps • **ogni volta che** chaque fois que

Ognissanti [oɲɲisˈsanti] *sm* la Toussaint

ognuno, a [oɲˈɲuno, a] *pron* chacun(e) • **ognuno di voi** chacun d'entre vous

Olanda [o'landa] *sf* • l'Olanda la Hollande

olandese [olan'dese] *agg* hollandais(e) ◇ *smf* Hollandais *m*, -e *f* ◇ *sm* (lingua) hollandais *m*

oleoso, a [ole'ozo, a] *agg* 1. (come l'olio) huileux(euse) 2. (con olio) oléagineux(euse)

olfatto [ol'fatto] *sm* odorat *m*

oliare [o'ljare] *vt* huiler

oliera [o'ljera] *sf* huilier *m*

olimpiadi [olim'pjadi] *sfpl* • le olimpiadi les Jeux *mpl* Olympiques

olio ['ɔljo] *sm* huile *f* • ollo (extra-vergine) d'oliva huile d'olive (vierge extra) • olio di semi huile végétale

oliva [o'liva] *sf* olive *f* • ollve all'ascolana *grosses olives vertes généralement farcies de viande, panées et frites*

olivastro, a [oli'vastro, a] *agg* (carnagione) olivâtre

olivo [o'livo] *sm* olivier *m*

olmo ['olmo] *sm* orme *m*

ologramma [olo'gramma] *sm* hologramme *m*

oltraggio [ol'traddʒo] *sm* DIR outrage *m*

oltralpe [ol'tralpe] *avv* au-delà des Alpes • d'oltralpe [da] transalpin(e)

oltranza [ol'trantsa] • a oltranza *avv* à outrance

oltre [oltre] *avv* 1. (nello spazio) • è passato oltre senza salutarci il est passé (devant nous) sans nous saluer 2. (nel tempo) • non ho intenzione di aspettare oltre je n'ai pas l'intention d'attendre plus longtemps ◇ *prep* 1. (di là da) au-delà de 2. (più di) plus de 3. (in aggiunta a) en plus

de • oltre a (all'infuori di) à part ; (in aggiunta a) en plus de

oltrepassare [oltrepas'sare] *vt* dépasser

omaggio [o'maddʒo] *sm* 1. (tributo) hommage *m* 2. (regalo) cadeau *m* • in omaggio (con prodotto) en cadeau

ombelico, chi [ombe'liko, ki] *sm* nombril *m*

ombra ['ombra] *sf* ombre *f* • all'ombra à l'ombre

ombrello [om'brello] *sm* parapluie *m*

ombrellone [ombrel'lone] *sm* parasol *m*

ombretto [om'bretto] *sm* fard *m* à paupières

omeopatia [omeopa'tia] *sf* homéopathie *f*

omeopatico, ci, che [omeo'patiko, a, tʃi, ke] *agg* (medico) homéopathique

omesso, a [o'messo, a] *pp* ➤ omettere

omettere [o'mettere] *vt* omettre • abbiamo omesso di parlare di una cosa importante nous avons omis de parler d'une chose importante

omicidio [omi'tʃidjo] *sm* homicide *m*

omissione [omis'sjone] *sf* omission *f*

omogeneizzato [omodʒeneidz'dzato] *sm* petit pot *m* (pour bébé)

omogeneo, a [omo'dʒeneo, a] *agg* homogène

omonimo, a [o'mɔnimo, a] *sm, f* homonyme *m*

omosessuale [omosessu'ale] *smf* homosexuel *m*, -elle *f*

OMS [ɔemme'esse] (*abbr di Organizzazione Mondiale della Sanità*) *sf* OMS *f* (*Organisation Mondiale de la Santé*)

On. *abbr scritta di* **onorevole**

onda ['onda] *sf* **1.** *(di mare, fiume, lago)* vague *f* **2.** *(di capelli)* ondulation *f* **3.** *(sonora, magnetica, sismica)* onde *f* ● **andare in onda** passer à la télévision/radio ● **mandare in onda** qc diffuser qqch ● **onde lunghe/medie/corte** ondes longues/moyennes/courtes ▼ **onde pericolose** baignade dangereuse

ondata [on'data] *sf* **1.** grosse vague *f* **2.** *(fig) (afflusso)* vague *f* ● **a ondate** par vagues

ondulato, a [ondu'lato, a] *agg* ondulé(e)

onere ['ɔnere] *sm* charge *f* ● **oneri fiscali** *DIR* charges fiscales

onestà [ones'ta] *sf inv* honnêteté *f*

onesto, a [o'nesto, a] *agg* honnête

on line [ɔn'lajn] *agg inv* en ligne, on line

onnipotente [onnipo'tɛnte] *agg* omnipotent(e)

onomastico, ci [ono'mastiko, tʃi] *sm* fête *f*

onorare [ono'rare] *vt* honorer

[1] **onorario** [ono'rarjo] *sm* honoraires *mpl*

[2] **onorario, a** [ono'rarjo, a] *agg (cittadanza, console)* honoraire

onore [o'nore] *sm* honneur *m* ● **accettando il mio invito, mi fai onore** en acceptant mon invitation, tu me fais un grand honneur ● **l'atleta ha fatto onore alla sua patria** l'athlète a fait honneur à son pays ● **fare gli onori di casa** faire les honneurs de la maison ● **farsi onore** se distinguer ● **in onore di** en l'honneur de

onorevole [ono'revole] *agg & smf* parlementaire ● **l'On. o l'onorevole Rossi** *(deputato)* M./Mme le député Rossi ; *(senatore)* M./Mme le sénateur Rossi

ONU ['ɔnu] *(abbr di Organizzazione delle Nazioni Unite)* *sf* ONU *f (Organisation des Nations Unies)*

opaco, a, chi, che [o'pako, a, ki, ke] *agg* **1.** *(vetro)* opaque **2.** *(colore, metallo)* mat(e)

opera ['ɔpera] *sf* **1.** œuvre *f* **2.** *(lavoro)* ouvrage *m* **3.** *(in musica)* opéra *m* ● **mettersi all'opera** se mettre à l'œuvre ● **opera d'arte** œuvre d'art ● **opere pubbliche** travaux *mpl* publics

L'Opera

La tradition de l'art lyrique italien plonge ses racines dans l'Antiquité. Aujourd'hui, qui ne connaît pas « l'opéra sérieux » de Rossini, Bellini et Donizetti, les drames de Verdi ou « l'opéra bouffe » de la tradition napolitaine ? Sans oublier l'opéra bourgeois de Puccini, qui adapte ses œuvres aux goûts et aux exigences de la petite bourgeoisie transalpine.

operaio, a [ope'rajo, a] *agg & sm, f* ouvrier(ère)

operare [ope'rare] *vt* opérer ◊ *vi (agire)* agir ● **operarsi** *vr* **1.** *(compiersi)* s'opérer **2.** *(subire un'operazione)* se faire opérer

operatore, trice [opera'tore, 'tritʃe] *sm, f* opérateur *m*, -trice *f* ● **operatore turistico** voyagiste *m*, tour-opérateur *m*

operazione [operats'tsjone] *sf* opération *f*

opinione [opi'njone] *sf* opinion *f* ● **opinione pubblica** opinion publique

opporre [op'porre] *vt* opposer ♦ **opporsi (a)** *vr+prep (esser contro)* s'opposer (à)

opportunità [opportuni'ta] *sf inv* occasion *f*

opportuno, a [oppor'tuno, a] *agg* opportun(e)

opposizione [oppozits'tsjone] *sf* opposition *f*

opposto, a [op'posto, a] *pp* ➤ **opporre** ◇ *agg* opposé(e) ♦ **opposto** *sm* opposé *m*

oppressione [oppres'sjone] *sf* oppression *f*

opprimente [oppri'mente] *agg* insupportable

opprimere [op'primere] *vt* 1. *(popolo)* opprimer 2. *(angosciare)* oppresser

oppure [op'pure] *cong* 1. *(o invece)* ou (bien) 2. *(se no)* sinon

optare [op'tare] ♦ **optare per** *v+prep* opter pour

opuscolo [o'puskolo] *sm* brochure *f*

opzione [op'tsjone] *sf (scelta)* option *f*

ora ['ora] *avv* maintenant ◇ *sf* heure *f* ♦ **a che ora parte il treno?** à quelle heure le train part-il? ♦ **che ora è** o **che ore sono?** quelle heure est-il? ♦ **è ora di partire** il est temps de partir ♦ **ora come ora** pour l'instant ♦ **ora legale** heure d'été ♦ **ora locale** heure locale ♦ **ora di punta** heure de pointe ♦ **all'ora di pranzo/di cena** à l'heure du déjeuner/du dîner ♦ **di buon'ora** de bonne heure ♦ **d'ora in poi** o **in avanti** dorénavant ♦ **fare le ore piccole** se coucher tard

orale [o'rale] *agg* oral(e) ◇ *sm* oral *m*

oramai [ora'mai] = **ormai**

¹**orario** [o'rarjo] *sm* horaire *m* ♦ **fuori orario** en dehors des heures de service ♦ **in orario** à l'heure ▼ **orario d'apertura** heures d'ouverture ♦ **orario di arrivo** heure *f* d'arrivée ♦ **orario di partenza** heure de départ ▼ **orario d'ufficio** heures d'ouverture

²**orario, a** [o'rarjo, a] *agg* horaire

orata [o'rata] *sf* daurade *f*

orbita ['ɔrbita] *sf* orbite *f*

orchestra [or'kɛstra] *sf* orchestre *m*

ordigno [or'diɲɲo] *sm (bomba)* engin *m* explosif

ordinare [ordi'nare] *vt* 1. *(al ristorante, bar)* commander 2. *(disporre in ordine)* ranger 3. INFORM trier ♦ **ordinare a qn di fare qc** ordonner à qqn de faire qqch

ordinario, a [ordi'narjo, a] *agg* ordinaire

ordinato, a [ordi'nato, a] *agg* ordonné(e)

ordinazione [ordinats'tsjone] *sf* commande *f*

ordine ['ordine] *sm* ordre *m* ♦ **essere in ordine** *(documenti, stanza)* être en ordre ♦ **mettere in ordine qc** ranger qqch ♦ **ordine pubblico** ordre public

orecchiabile [orek'kjabile] *agg* facile à retenir

orecchiette [orek'kjette] *sfpl* pâtes en forme de petites oreilles, spécialité des Pouilles

orecchino [orek'kino] *sm* boucle *f* d'oreille

orecchio [o'rekkjo] *(fpl* **orecchie**) *sm* oreille *f* ♦ **avere orecchio** avoir de l'oreille

orecchioni [orek'kjoni] *smpl* oreillons *mpl*

oreficeria [orefitʃe'ria] *sf (negozio)* bijouterie *f*

orfano, a ['ɔrfano, a] *agg & sm, f* orphelin(e)

¹organico, ci [or'ganiko, tʃi] *sm (personale)* personnel *m*

²organico, a, ci, che [or'ganiko, a, tʃi, ke] *agg* **1.** *(omogeneo)* homogène **2.** *(composto, rifiuto)* organique

organismo [orga'nizmo] *sm* organisme *m*

organizzare [organidz'dzare] *vt* organiser ◆ **organizzarsi** *vr* s'organiser

organizzato, a [organidz'dzato, a] *agg (metodico)* organisé(e)

organizzatore, trice [organidzdza'tore, 'tritʃe] *sm, f* organisateur *m*, -trice *f*

organizzazione [organidzdzats'tsjone] *sf* organisation *f*

organo ['ɔrgano] *sm* **1.** organe *m* **2.** MUS orgue *m*

orgasmo [or'gazmo] *sm* orgasme *m*

orgoglio [or'goʎʎo] *sm* orgueil *m*

orgoglioso, a [orgoʎ'ʎozo, a] *agg* **1.** *(fiero)* fier (fière) **2.** *(superbo)* orgueilleux(euse)

orientale [orjen'tale] *agg* oriental(e) ◇ *smf* Oriental *m*, -e *f*

orientamento [orjenta'mento] *sm* orientation *f* • **ma dove siamo? ho perso l'orientamento** mais où est-on ? je me suis perdu(e) • **orientamento professionale** orientation professionnelle

orientare [orjen'tare] *vt* orienter ◆ **orientarsi** *vr* s'orienter

oriente [o'rjɛnte] *sm (est)* est *m* ◆ **Oriente** *sm* • **l'Oriente** l'Orient *m*

origano [o'rigano] *sm* origan *m*

originale [oridʒi'nale] *agg* original(e) ◇ *sm* original *m*

originario, a [oridʒi'narjo, a] *agg* d'origine ◆ **originario di** originaire de

origine [o'ridʒine] *sf* origine *f* • **avere origine da qc** tirer son origine de qqch • **dare origine a qc** donner lieu à qqch • **di origine italiana** d'origine italienne

origliare [oriʎ'ʎare] *vi* écouter aux portes

oriundo, a [o'rjundo, a] *agg* • **una famiglia oriunda italiana** une famille d'origine italienne

orizzontale [oridzdzon'tale] *agg* horizontal(e)

orizzonte [oridz'dzonte] *sm* horizon *m*

orlo ['orlo] *sm* **1.** *(di fosso, bicchiere)* bord *m* **2.** *(di gonna, pantaloni)* ourlet *m*

orma ['orma] *sf* empreinte *f*

ormai [or'mai] *avv* **1.** *(a questo punto)* désormais **2.** *(adesso)* maintenant **3.** *(quasi)* presque

ormeggiare [ormedʒ'dʒare] *vt* amarrer ◇ *vi* mouiller

ormeggio [or'medʒdʒo] *sm* **1.** *(manovra)* amarrage *m* **2.** *(luogo)* mouillage *m*

ormone [or'mone] *sm* hormone *f*

ornamento [orna'mento] *sm* ornement *m*

ornare [or'nare] *vt* orner

oro ['ɔro] *sm* or *m* • **d'oro** en or

orologio [oro'lɔdʒo] *sm* **1.** horloge *f* **2.** *(da polso)* montre *f*

oroscopo [o'rɔskopo] *sm* horoscope *m*

orrendo, a [or'rendo, a] *agg* horrible

orribile [or'ribile] *agg* horrible

orrore [or'rore] *sm* horreur *f*

orsacchiotto [orsak'kjɔtto] *sm* ours *m* en peluche

orso ['orso] *sm* ours *m*

ortaggio [or'tadʒdʒo] *sm* légume *m*

ortica, che [or'tika, ke] *sf* ortie *f*

orticaria [orti'karja] *sf* urticaire *f*

orto ['orto] *sm* (jardin) potager *m*

ortodosso, a [orto'dɔsso, a] *agg* orthodoxe

ortografia [ortogra'fia] *sf* orthographe *f*

orzaiolo [ordza'jɔlo] *sm* orgelet *m*

orzo ['ɔrdzo] *sm* orge *f*

osare [o'zare] *vt* ♦ **osare (fare qc)** oser (faire qqch)

osceno, a [oʃ'feno, a] *agg* obscène

oscillare [oʃʃil'lare] *vi* osciller

oscillazione [oʃʃillats'tsjone] *sf* oscillation *f*

oscurità [oskuri'ta] *sf inv* obscurité *f*

oscuro, a [os'kuro, a] *agg* (buio) sombre ♦ **oscuro** *sm* ♦ **essere all'oscuro di qc** ignorer qqch, ne pas être au courant de qqch

ospedale [ospe'dale] *sm* hôpital *m*

ospitale [ospi'tale] *agg* hospitalier(ère)

ospitalità [ospitali'ta] *sf inv* hospitalité *f*

ospitare [ospi'tare] *vt* héberger

ospite [ɔs'pite] *smf* **1.** (chi ospita) hôte *m*, hôtesse *f* **2.** (ospitato) invité *m*, -e *f*, hôte *m*

ospizio [os'pıtstsjo] *sm* hospice *m*

ossa ['ɔssa] ➤ **osso**

osseo, a ['ɔsseo, a] *agg* osseux(euse)

osservare [osser'vare] *vt* observer ♦ **ti faccio osservare che stai sbagliando** je te fais remarquer que tu te trompes

osservatorio [osserva'tɔrjo] *sm* observatoire *m*

osservazione [osservats'tsjone] *sf* observation *f*

ossessionare [ossessjo'nare] *vt* obséder

ossessione [osses'sjone] *sf* obsession *f*

ossia [os'sia] *cong* c'est-à-dire

ossidare [ossi'dare] *vt* oxyder ♦ **ossidarsi** *vr* s'oxyder

ossido ['ɔssido] *sm* oxyde *m* ♦ **ossido di carbonio** oxyde de carbone

ossigenare [ossidʒe'nare] *vt* oxygéner

ossigeno [os'sidʒeno] *sm* oxygène *m*

osso ['ɔsso] *sm* **1.** (umano, animale: fpl ossa) os *m* **2.** (di carne: mpl ossi) os *m*

ossobuco [ɔsso'buko] (pl **ossibuchi**) *sm* osso-buco *m inv*

ostacolare [ostako'lare] *vt* entraver, gêner

ostacolo [os'takolo] *sm* obstacle *m*

ostaggio [os'taddʒo] *sm* otage *m*

ostello [os'tello] *sm* ♦ **ostello (della gioventù)** auberge *f* de jeunesse

ostentare [osten'tare] *vt* **1.** (atteggiamento) afficher (avec ostentation) **2.** (ricchezze) étaler

osteria [oste'ria] *sf* bistrot *m*

ostetrico, a, ci, che [os'tɛtriko, a, tʃi, ke] *sm, f* obstétricien *m*, -enne *f*

ostia ['ɔstja] *sf RELIG* hostie *f*

ostile [os'tile] *agg* hostile

ostilità [ostili'ta] *sf inv* hostilité *f*

ostinarsi [osti'narsi] *vr* ♦ **ostinarsi a fare qc** s'obstiner à faire qqch

ostinato, a [osti'nato, a] *agg* obstiné(e)

ostinazione [ostinats'tsjone] *sf* obstination *f*

ostrica, che ['ɔstrika, ke] *sf* huître *f*

ostruire [ostru'ire] *vt* obstruer

ottanta [ot'tanta] *num* quatre-vingts ➤ **sei**

ottantesimo, a [ottan'tezimo, a] *num* quatre-vingtième, ➤ **sesto**

ottantina [ottan'tina] *sf* • **un'ottantina (di persone)** environ quatre-vingts (personnes) • **essere sull'ottantina** avoir dans les quatre-vingts ans

ottavo, a [ot'tavo, a] *agg num* huitième ♦ **ottavo** *sm* 1. *(frazione)* huitième *m* 2. *(piano)* huitième étage *m*

ottenere [otte'nere] *vt* obtenir

ottico, a, ci, che ['ɔttiko, a, tʃi, ke] *agg* optique ◇ *sm, f* opticien *m*, -enne *f*

ottimale [otti'male] *agg* optimal(e)

ottimismo [otti'mizmo] *sm* optimisme *m*

ottimista, i, e [otti'mista, i, e] *smf* optimiste *mf*

ottimo, a ['ɔttimo, a] *agg* excellent(e) ♦ **ottimo** *(voto)* ≈ très bien *m*

otto ['ɔtto] *num* huit • **ha otto anni** il/elle a huit ans • **sono le otto** il est huit heures • **l'otto gennaio** le huit janvier • **pagina otto** page huit • **l'otto di picche** le huit de pique • **erano in otto** ils étaient huit ♦ **otto volante** *sm* grand huit *m*

ottobre [ot'tobre] *sm* octobre *m* • **a o in ottobre** en octobre • **lo scorso ottobre** en octobre dernier • **il prossimo ottobre** en octobre prochain • **all'inizio di ottobre** début octobre • **alla fine di ottobre** fin octobre • **il due ottobre** le deux octobre

ottocento [otto'tʃɛnto] *num* huit cents, ➤ **sei** ♦ **Ottocento** *sm* • **l'Ottocento** le XIXᵉ siècle

ottone [ot'tone] *sm* laiton *m*

otturare [ottu'rare] *vt* 1. boucher 2. *(dente)* obturer

otturazione [otturats'tsjone] *sf* *(di dente)* obturation *f*, plombage *m*

ottuso, a [ot'tuzo, a] *agg* obtus(e)

ovale [o'vale] *agg* ovale

ovatta [o'vatta] *sf* ouate *f*

overdose [ɔver'dɔze] *sf inv* overdose *f*

ovest ['ɔvest] *sm* ouest *m* • **a ovest (di qc)** à l'ouest (de qqch)

ovile [o'vile] *sm* bergerie *f*

ovino, a [o'vino, a] *agg* ovin(e)

ovovia [ovo'via] *sf* télécabine *f*

ovunque [o'vunkwe] = **dovunque**

ovvero [ov'vero] *cong* c'est-à-dire

ovviare [ov'vjare] *vi* • **ovviare a qc** remédier à qqch

ovvio, a ['ɔvvjo, a] *agg* évident(e)

ozio ['ɔtstsjo] *sm* oisiveté *f*

ozono [odz'dzɔno] *sm* ozone *m*

*p*P

pacato, a [pa'kato, a] *agg* calme

pacca, che ['pakka, ke] *sf* tape *f*

pacchetto [pak'ketto] *sm* paquet *m*

pacchiano, a [pak'kjano, a] *agg* grossier(ère)

pacco, chi ['pakko, ki] *sm* paquet *m*

pace ['patʃe] *sf* paix *f* • **in pace** en paix • **fare (la) pace** faire la paix

pacemaker [pejs'mɛker] *sm inv* pacemaker *m*

pacifico, a, ci, che [pa'tʃifiko, a, tʃi, ke] *agg* pacifique ♦ **Pacifico** *sm* • **il Pacifico** o **l'oceano Pacifico** le Pacifique, l'océan Pacifique

pacifista, i, e [patʃiˈfista, i, e] *smf* pacifiste *mf*

padella [paˈdella] *sf* **1.** poêle *f* **2.** *(per malati)* bassin *m*

padiglione [padiʎˈʎone] *sm* pavillon *m*

Padova [ˈpadova] *sf* Padoue

padre [ˈpadre] *sm* père *m*

padrino [paˈdrino] *sm* parrain *m*

padrone, a [paˈdrone, a] *sm, f* **1.** *(di cane)* maître *m*, -esse *f* **2.** *(di locale, terre)* propriétaire *mf* **3.** *(di ditta)* patron *m*, -onne *f* ● **padrone di casa** propriétaire *m* ● **essere padrone di fare** qc être libre de faire qqch

paesaggio [paeˈzaddʒo] *sm* paysage *m*

paese [paˈeze] *sm* **1.** *(nazione)* pays *m* **2.** *(villaggio)* village *m* ● **paese di provenienza** pays d'origine ● **mandare** qn **a quel paese** *(fam)* envoyer promener qqn ◆ **Paesi Bassi** *smpl* ● **i Paesi Bassi** les Pays-Bas *mpl*

paffuto, a [pafˈfuto, a] *agg* potelé(e)

paga, ghe [ˈpaga, ge] *sf* paye *f*

pagamento [pagaˈmento] *sm* paiement *m*

pagano, a [paˈgano, a] *agg* *(non cristiano)* païen(enne)

pagare [paˈgare] *vt* payer ● **pagare con assegno** payer par chèque ● **pagare in contanti** payer en espèces ● **pagare con carta di credito** payer par carte de crédit

pagella [paˈdʒella] *sf* bulletin *m* (scolaire)

pagina [ˈpadʒina] *sf* page *f*

paglia [ˈpaʎʎa] *sf* paille *f*

pagliaccio [paʎˈʎattʃo] *sm* clown *m*

pagnotta [panˈnɔtta] *sf* miche *f*

paio [ˈpajo] *sm* (*fpl* **paia** [ˈpaja]) paire *f* ● **un paio di** *loc* **1.** *(coppia)* ● **un paio di scarpe** une paire de chaussures **2.** *(pezzo*

unico) ● **un paio di occhiali** une paire de lunettes **3.** *(alcuni)* ● **ho invitato un paio di amici** j'ai invité quelques amis

pala [ˈpala] *sf* **1.** *(vanga)* pelle *f* **2.** *(di mulino)* aile *f* **3.** *(di elica, ventilatore)* pale *f*

palato [paˈlato] *sm* palais *m*

palazzetto [palatsˈtsetto] *sm* ● **palazzetto dello sport** palais *m* des sports

palazzo [paˈlatstso] *sm* **1.** *(signorile)* palais *m* **2.** *(condominio)* immeuble *m* ● **palazzo di giustizia** Palais de Justice

palco, chi [ˈpalko, ki] *sm* **1.** *(palcoscenico)* scène *f* **2.** *(a teatro, presidenziale)* loge *f*

palcoscenico, ci [palkoʃˈʃeniko, tʃi] *sm* *(palco)* scène *f*

Palermo [paˈlermo] *sf* Palerme

Palestina [palesˈtina] *sf* ● **la Palestina** la Palestine

palestra [paˈlestra] *sf* salle *f* de sport

paletta [paˈletta] *sf* pelle *f*

paletto [paˈletto] *sm* piquet *m*

palio [ˈpaljo] *sm* ● **mettere** qc **in palio** mettre qqch en jeu ◆ **Palio** *sm* ● **il Palio (di Siena)** le Palio (de Sienne)

Il Palio di Siena

Deux fois par an, en juin/juillet et en août, la *Piazza del Campo* de Sienne accueille le *Palio*. Après un défilé en fastueux costumes d'époque, les 17 *contrade* (quartiers) de la ville s'affrontent au cours d'une dangereuse course à cheval afin de remporter le *palio*, un drap à l'effigie de la Vierge Marie.

palla ['palla] *sf* 1. balle *f* 2. *(di neve, da biliardo)* boule *f* ● **che palle!** *(volg)* (ça) fait chier !

pallacanestro [pallaka'nestro] *sf* basket(-ball) *m*

pallanuoto [palla'nwɔto] *sf* water-polo *m*

pallavolo [palla'vɔlo] *sf* volley(-ball) *m*

pallido, a ['pallido, a] *agg* pâle

palloncino [pallon'tʃino] *sm* ballon *m* (de baudruche)

pallone [pal'lone] *sm* ballon *m*

pallottola [pal'lɔttola] *sf (proiettile)* balle *f*

palma ['palma] *sf (albero)* palmier *m*

palmare [pal'mare] *sm* PDA *m inv*, organiseur *m*

palmo ['palmo] *sm (di mano)* paume *f*

palo ['palo] *sm* 1. *(di legno)* pieu *m* 2. *(di luce, telefono)* poteau *m*

palombaro [palom'baro] *sm* scaphandrier *m*

palpebra ['palpebra] *sf* paupière *f*

palude [pa'lude] *sf* marécage *m*, marais *m*

pan ➤ **pane**

panca, che ['panka, ke] *sf* banc *m*

pancarrè [pankar'rɛ] *sm inv* pain *m* de mie

pancetta [pan'tʃetta] *sf* lard *m* maigre, pancetta *f*

panchina [pan'kina] *sf* banc *m*

pancia, ce ['pantʃa, tʃe] *sf* ventre *m*

panciotto [pan'tʃɔtto] *sm* gilet *m*

panda ['panda] *sm inv* panda *m*

pandoro [pan'dɔro] *sm* pâtisserie à pâte briochée originaire de Vérone, en forme de cône tronqué

pane ['pane] *sm* pain *m* ● **pane in cassetta** pain de mie ● **pane integrale** pain complet ● **pane tostato** pain grillé ● **pan dolce** pâtisserie de Noël typique de Gênes, peu sucrée, agrémentée de fruits confits ● **pan di Spagna** génoise *f*

panetteria [panette'ria] *sf* boulangerie *f*

panettone [panet'tone] *sm* gros gâteau brioché d'origine milanaise contenant des raisins secs et des fruits confits, traditionnellement consommé à Noël

panforte [pan'fɔrte] *sm* pâtisserie originaire de Sienne, de forme plate, avec des fruits confits, des fruits secs et des épices

pangrattato [pangrat'tato] *sm* chapelure *f*

panico ['paniko] *sm* panique *f*

panificio [pani'fitʃo] *sm (negozio)* boulangerie *f*

panino [pa'nino] *sm* petit pain *m* ● **panino imbottito** o **ripieno** sandwich *m*

paninoteca, che [panino'tɛka, ke] *sf* sandwicherie *f*

panna ['panna] *sf* crème *f* ● **panna cotta** sorte de flan à base de crème fraîche et de sucre, nappé de caramel ou de coulis de fruits rouges ● **panna da cucina** crème fraîche ● **panna montata** crème fouettée

panne ['panne] *agg* en panne ● **in panne** *agg* en panne

pannello [pan'nello] *sm* 1. *(lastra)* panneau *m* 2. *(elettrico)* tableau *m*

panno ['panno] *sm* 1. *(straccio)* chiffon *m* 2. *(tessuto)* tissu *m* ● **mettersi nei panni di qn** se mettre à la place de qqn

pannocchia [pan'nɔkkja] *sf* épi *m* de maïs

pannolino [panno'lino] *sm (per bambini)* couche *f*

panorama, i [pano'rama, i] *sm* panorama *m*

panoramico, a, ci, che [pano'ramiko, a, tʃi, ke] *agg* panoramique

panpepato [panpe'pato] *sm* pain *m* d'épices

pantaloni [panta'loni] *smpl* pantalon *m*

pantera [pan'tera] *sf* panthère *f*

pantofola [pan'tɔfola] *sf* pantoufle *f*

panzanella [pantsa'nella] *sf plat toscan consommé froid, composé de pain rassis mouillé, de tomate et de condiments*

panzerotto [pantse'rotto] *sm chausson de pâte à pizza, frit ou cuit au four, farci de divers ingrédients (fromage, tomates, aubergines, jambon, olives)*

paonazzo, a [pao'natstso, a] *agg* ● **un viso paonazzo** un visage rougeaud

papa, i ['papa, i] *sm* pape *m*

papà [pa'pa] *sm inv (fam)* papa *m*

papavero [pa'pavero] *sm* coquelicot *m*

papera ['papera] *sf (errore)* ● **fare una papera** faire un lapsus

papero, a ['papero, a] *sm, f* oison *m*

papillon [papiʎ'ʎon] *sm inv* nœud *m* papillon

pappa ['pappa] *sf* bouillie *f*

pappagallo [pappa'gallo] *sm* **1.** perroquet *m* **2.** *(per malati)* urinal *m*

pappardelle [pappar'delle] *sfpl pâtes en forme de longs rubans, plus larges que les tagliatelles*

paprica ['paprika] *sf* paprika *m*

para ['para] *sf* crêpe *f (caoutchouc)*

parabola [pa'rabola] *sf* parabole *f*

parabrezza [para'bredzdza] *sm inv* pare-brise *m inv*

paracadute [paraka'dute] *sm inv* parachute *m*

paracarro [para'karro] *sm* borne *f*

paradiso [para'dizo] *sm* paradis *m*

paradossale [parados'sale] *agg* paradoxal(e)

paradosso [para'dɔsso] *sm* paradoxe *m*

parafango, ghi [para'fango, gi] *sm* garde-boue *m inv*

parafulmine [para'fulmine] *sm* paratonnerre *m*

paraggi [pa'radʒdʒi] *smpl* ● **nei paraggi** dans les parages

paragonare [parago'nare] *vt* comparer ● **non puoi paragonare Totti a o con Pelé** tu ne peux pas comparer Totti à o avec Pelé

paragone [para'gone] *sm* comparaison *f*

paragrafo [pa'ragrafo] *sm* paragraphe *m*

paralisi [pa'ralizi] *sf inv* paralysie *f*

paralizzare [paralidz'dzare] *vt* paralyser

parallela [paral'lɛla] *sf (retta)* parallèle *f* ● **parallele** *sfpl (attrezzo)* barres *fpl* parallèles

¹ **parallelo** [paral'lɛlo] *sm* parallèle *m*

² **parallelo, a** [paral'lɛlo, a] *agg* parallèle

paralume [para'lume] *sm* abat-jour *m inv*

parapetto [para'pɛtto] *sm* parapet *m*

parare [pa'rare] *vt* **1.** *(colpi)* parer **2.** *(da luce, sole)* protéger **3.** *(nel calcio)* arrêter

parassita, i [paras'sita, i] *sm* parasite *m*

parata [pa'rata] *sf* **1.** parade *f* **2.** *(nel calcio)* arrêt *m*

paraurti [para'urti] *sm inv* pare-chocs *m inv*

paravento [para'vɛnto] *sm* paravent *m*

parcella [par'tʃella] *sf (onorario)* (note *f* d')honoraires *mpl*

parcheggiare [parkedʒ'dʒare] *vt* garer ◇ *vi* se garer

parcheggio [par'kedʒdʒo] *sm* **1.** parking *m* **2.** *(manovra)* manœuvre *f* (de stationnement) ● **parcheggio a pagamento** parking payant ▾ **parcheggio privato** parking privé ▾ **parcheggio riservato ai clienti** parking réservé à la clientèle

parchimetro [par'kimetro] *sm* parcmètre *m*

parco, chi [ˈparko, ki] *sm* parc *m* ● **parco giochi** terrain *m* de jeux ● **parco dei divertimenti** parc d'attractions

parecchio, a [paˈrekkjo, a] *agg* beaucoup de ◇ *pron* beaucoup ◇ *avv* **1.** *(con aggettivo)* très **2.** *(con verbo)* beaucoup ● **ci vuole parecchio tempo** il faut beaucoup de temps ● **non mi piace il burro e in questo dolce ce n'è parecchio** je n'aime pas le beurre et dans ce gâteau il y en a beaucoup ● **sono parecchio stanco** je suis très fatigué ● **esco parecchio** je sors beaucoup

pareggiare [paredʒ'dʒare] *vt* **1.** *(capelli, orlo, terreno)* égaliser **2.** *(bilancio, conti)* équilibrer ◇ *vi* égaliser

pareggio [paˈredʒdʒo] *sm* **1.** *(in partite)* égalité *f* **2.** *(del bilancio)* équilibre *m*

parente [paˈrente] *smf* parent *m*, -e *f*

parentela [parenˈtela] *sf* parenté *f*

parentesi [paˈrentezi] *sf inv* parenthèse *f* ● **tra parentesi** entre parenthèses

pareo [paˈrɛo] *sm* paréo *m*

¹parere [paˈrere] *sm* avis *m*

²parere [paˈrere] *vi (apparire)* sembler, paraître ◇ *v impers* ● **pare che** il semble que ● **che te ne pare?** qu'en penses-tu ? ● **fate come vi pare** faites comme vous voulez ● **mi pare di no/sì** il me semble que non/oui ● **mi pare (che)** vada bene je crois que ça va

parete [paˈrete] *sf* **1.** mur *m* **2.** *(di montagna)* paroi *f*

pari [ˈpari] *agg inv* **1.** égal(e) **2.** *(superficie)* plan(e) **3.** *(in partite, giochi)* à égalité **4.** *(numero)* pair(e) ◇ *smf* égal *m*, -e *f* ● **alla pari** au pair ● **essere pari** être quittes ● **mettersi in pari con il lavoro** se mettre à jour dans son travail ● **pari pari** mot à mot

Parigi [paˈridʒi] *sf* Paris

parlamentare [parlamenˈtare] *agg & smf* parlementaire

parlamento [parlaˈmento] *sm* parlement *m*

parlantina [parlanˈtina] *sf (fam)* bagout *m*

parlare [parˈlare] *vt & vi* parler ● **parla italiano?** vous parlez italien ? ● **parlare (a qn) di** parler (à qqn) de

Parma [ˈparma] *sf* Parme

¹parmigiano [parmiˈdʒano] *sm* parmesan *m*

²parmigiano, a [parmiˈdʒano, a] *agg* de Parme ● **alla parmigiana** se dit de légumes tranchés et frits puis disposés en couches et passés au four avec de la sauce tomate et du parmesan

parola [paˈrɔla] *sf* **1.** *(vocabolo)* mot *m* **2.** *(promessa)* parole *f* ● **è una parola!** c'est facile à dire ! ● **ti do la mia parola** je te donne ma parole ● **prendere la parola** prendre la parole ● **rivolgere la parola a qn** adresser la parole à qqn ● **rimangiarsi**

la parola revenir sur sa parole ● **parola chiave** mot-clé *m* ● **parole crociate** mots croisés ● **parola d'onore** parole d'honneur

parolaccia, ce [paro'lattʃa, tʃe] *sf* gros mot *m*

parrocchia [par'rɔkkja] *sf* **1.** *(chiesa)* église *f* paroissiale **2.** *(zona)* paroisse *f*

parroco, ci [par'roko, tʃi] *sm* curé *m*

parrucca, che [par'rukka, ke] *sf* perruque *f*

parrucchiere, a [parruk'kjɛre, a] *sm, f* coiffeur *m*, -euse *f*

parso, a ['parso, a] *pp* ➤ **parere**

parte ['parte] *sf* **1.** partie *f* **2.** *(direzione)* côté *m* **3.** *(quota)* part *f* **4.** *(ruolo)* rôle *m* ● **fare parte di qc** faire partie de qqch ● **mettere da parte qc** *(risparmiare)* mettre qqch de côté ● **pagare qc a parte** payer qqch à part ● **prendere parte a qc** prendre part à qqch ● **stare dalla parte di** être du côté de ● **la maggior parte (di)** la plupart (de) ● **a parte questo** à part ça ● **da parte di qn** de la part de qqn ● **d'altra parte** d'autre part ● **dall'altra parte** de l'autre côté ● **da nessuna parte** nulle part ● **da ogni parte** de partout ● **da qualche parte** quelque part ● **da questa parte** par ici ● **da queste parti** par ici ● **in parte** en partie

partecipare [partetʃi'pare] ◆ **partecipare a** *v+prep* **1.** participer à **2.** *(gioia, dolore)* prendre part à

partecipazione [partetʃipats'tsjone] *sf* **1.** participation *f* **2.** *(di nozze)* faire-part *m*

partenza [par'tentsa] *sf* départ *m* ● **essere in partenza (per Roma)** être sur le point de partir (pour Rome) ▼ **partenze**

(nazionali/internazionali) départs (nationaux/internationaux)

participio [parti'tʃipjo] *sm* participe *m*

particolare [partiko'lare] *agg* particulier(ère) ◇ *sm* détail *m* ● **in particolare** en particulier

particolareggiato, a [partikolaredʒ-'dʒato, a] *agg* détaillé(e)

partigiano, a [parti'dʒano, a] *sm, f (antifascista)* résistant *m*, -e *f*, partisan *m*, -e *f*

partire [par'tire] *vi* partir ● **a partire da** à partir de

partita [par'tita] *sf* **1.** match *m* **2.** *(a carte, a tennis)* partie *f* **3.** *(di merce)* lot *m*

partito [par'tito] *sm* parti *m*

parto ['parto] *sm* accouchement *m*

partorire [parto'rire] *vt* accoucher *m*

parziale [par'tsjale] *agg* partiel(elle)

pascolo ['paskolo] *sm* pâturage *m*

Pasqua ['paskwa] *sf* Pâques *m*

pasquale [pas'kwale] *agg* pascal(e)

Pasquetta [pas'kwetta] *sf* lundi *m* de Pâques

La Pasquetta

En Italie, il est de tradition de fêter le lundi de Pâques, la *Pasquetta*, en faisant une excursion ou un pique-nique à la campagne, à la montagne ou à la mer.

passabile [pas'sabile] *agg* passable

passaggio [pas'saddʒo] *sm* passage *m* ● **dare un passaggio a qn** déposer qqn *(en voiture)* ● **essere di passaggio** être de passage ● **passaggio a livello** passage à niveau ● **passaggio pedonale** passage (pour) piétons

passamontagna [passamon'taɲɲa] *sm inv* passe-montagne *m*

passante [pas'sante] *smf (persona)* passant *m*, -e *f* ◇ *sm (per cintura)* passant *m*

passaporto [passa'pɔrto] *sm* passeport *m*

passare [pas'sare] *vi* passer ◇ *vt* **1.** passer **2.** *(esame)* réussir **3.** *(età)* dépasser ● **mi passi il sale?** tu me passes le sel ? ● **mi è passato di mente!** ça m'est complète- ment sorti de la tête ! ● **passare davanti a qn** passer devant qqn ● **passare da** *(luo- go)* passer par ● **passare da** o **per scemo** passer pour un idiot ● **passare sopra qc** *(tollerare)* passer sur qqch ● **come te la passi?** comment ça va ? ● **ti passo Mat- teo** je te passe Matteo ● **te la passi bene!** tu te la coules douce !

passatempo [passa'tɛmpo] *sm* passe- temps *m inv*

¹**passato** [pas'sato] *sm* passé *m* ● **passa- to di verdura** soupe *f* de légumes mouli- née

²**passato, a** [pas'sato, a] *agg* passé(e)

passaverdura [passaver'dura] *sm inv* moulin *m* à légumes

passeggero, a [passed'dʒɛro, a] *agg & sm, f* passager(ère)

passeggiare [passed'dʒare] *vi* se pro- mener

passeggiata [passed'dʒata] *sf* prome- nade *f* ● **fare una passeggiata** faire une promenade

passeggino [passed'dʒino] *sm* poussette *f*

passeggio [pas'sedʒɔ] *sm* ● **andare a passeggio** aller se promener

passerella [passe'rella] *sf* passerelle *f*

passerotto [passe'rɔtto] *sm* moineau *m*

passione [pas'sjone] *sf* passion *f*

¹**passivo** [pas'sivo] *sm* passif *m*

²**passivo, a** [pas'sivo, a] *agg* passif(ive)

passo ['passo] *sm* **1.** pas *m* **2.** *(valico)* col *m* ● **a passo d'uomo** au pas ● **a due pas- si** à deux pas ● **allungare il passo** allon- ger le pas ● **di questo passo** à ce rythme ● **fare il primo passo** faire le premier pas ● **fare due** o **quattro passi** faire un petit tour ▾ **passo carrabile** o **carraio** sortie de véhicules

password ['password] *sf inv* INFORM mot *m* de passe

pasta ['pasta] *sf* **1.** *(pastasciutta)* pâtes *fpl* **2.** *(impasto)* pâte *f* **3.** *(pasticcino)* (petit) gâ- teau *m* ● **pasta in brodo** pâtes au bouil- lon ● **pasta frolla** pâte sablée ● **pasta sfo- glia** pâte feuilletée

La pasta

Il existe en Italie une infinité de variétés de pâtes : *i bucatini* (sor- tes de longues « pailles »), *le bavet- te* (longues et plates), *le penne* (macaronis à rainures coupés en biseau), *i rigatoni* (gros macaronis cannelés), *i fusilli* (pâtes en forme de tire-bouchon), *le orecchiette* (pe- tits disques concaves), sans ou- blier les célèbres *gnocchi* à base de purée de pommes de terre et les pâtes fourrées, *i tortellini*, *gli agno- lotti* et, bien sûr, *i ravioli*.

pastasciutta [pastaʃ'ʃutta] *sf* pâtes *fpl*

pastella [pas'tella] *sf* pâte *f* à beignets

pasticca, che [pas'tikka, ke] = **pastiglia**

pasticceria [pastitʃeˈria] *sf* pâtisserie *f*

pasticcino [pastitʃˈtʃino] *sm* petit four *m* (*sucré*)

pasticcio [pasˈtittʃo] *sm* **1.** (*vivanda*) tourte *f* **2.** (*disordine*) imbroglio *m* **3.** (*guaio*) bêtise *f* ● **essere nei pasticci** être dans le pétrin

pasticcione, a [pastitʃˈtʃone, a] *sm, f* cochon *m*, -onne *f*

pastiera [pasˈtjera] *sf* gâteau de Pâques originaire de Naples, à base de pâte brisée garnie de ricotta et de fruits confits

pastiglia [pasˈtiʎʎa] *sf* (*farmaco*) pastille *f*, cachet *m*

pasto [ˈpasto] *sm* repas *m*

pastore [pasˈtore] *sm* **1.** (*di greggi*) berger *m* **2.** (*sacerdote*) pasteur *m* ● **pastore tedesco** berger allemand

pastorizzato, a [pastoridzˈdzato, a] *agg* pasteurisé(e)

patata [paˈtata] *sf* pomme *f* de terre ● **patate fritte** (pommes) frites *fpl*

patatine [pataˈtine] *sfpl* (*confezionate*) chips *fpl*

pâté [paˈte] *sm inv* pâté *m*

patente [paˈtente] *sf* (*licenza*) licence *f* ● **patente (di guida)** permis *m* (de conduire)

paternità [paterniˈta] *sf inv* paternité *f*

paterno, a [paˈterno, a] *agg* paternel(elle)

patetico, a, ci, che [paˈtetiko, a, tʃi, ke] *agg* pathétique

patire [paˈtire] *vt* souffrir de ◇ *vi* souffrir

patria [ˈpatrja] *sf* patrie *f*

patrigno [paˈtriɲɲo] *sm* beau-père *m*

patrimonio [patriˈmɔnjo] *sm* patrimoine *m*

patrono [paˈtrono] *sm* (*santo*) patron *m*

Il patrono

Dans la tradition catholique italienne, chaque ville est protégée par un saint patron. Bari, par exemple, est sous la protection de Saint Nicolas, Naples de Saint Gennaro. Pour les fêter, les municipalités organisent soit des festivités religieuses, comme les processions, soit des manifestations profanes, comme les foires.

pattinaggio [pattiˈnadʒdʒo] *sm* ● **pattinaggio (su ghiaccio)** patinage *m* (sur glace)

pattinare [pattiˈnare] *vi* patiner ● **pattinare su ghiaccio** faire du patin à glace

¹**pattino** [ˈpattino] *sm* ● **pattini da ghiaccio** patins *mpl* à glace ● **pattini a rotelle** patins à roulettes

²**pattino** [patˈtino] *sm* barque *f* à rames

patto [ˈpatto] *sm* pacte *m* ● **a patto che** à condition que

pattuglia [patˈtuʎʎa] *sf* patrouille *f*

pattumiera [pattuˈmjera] *sf* poubelle *f*

paura [paˈura] *sf* peur *f* ● **avere paura (di)** avoir peur (de) ● **fare paura a qn** faire peur à qqn ● **per paura di fare qc** de peur de faire qqch ● **per paura che** (+ *congiuntivo*) de peur que (+ *congiuntivo*)

pauroso, a [pauˈroso, a] *agg* **1.** (*timoroso*) peureux(euse) **2.** (*spaventoso*) épouvantable

pausa [ˈpawza] *sf* pause *f* ● **fare una pausa** faire une pause

pavesini® [pave'zini] *smpl* biscuits semblables aux *"langues de chat"*

pavimento [pavi'mento] *sm* sol *m*

pavone [pa'vone] *sm* paon *m*

paziente [pats'tsjente] *agg & sm* patient(e)

pazienza [pats'tsjentsa] *sf* patience *f* • **perdere la pazienza** perdre patience • **pazienza!** tant pis !

pazzamente [pazza'mente] *avv* follement

pazzesco, a, schi, sche [pats'tsesko, a, ski, ske] *agg (incredibile)* fou (folle)

pazzia [pats'tsia] *sf* folie *f*

pazzo, a [a 'patstso, a] *agg & sm, f* fou (folle) • **andare pazzo per qc** raffoler de qqch • **darsi alla pazza gioia** s'en donner à cœur joie • **essere pazzo di qn** être fou de qqn

PC [pit∫'t∫i] *(abbr di Personal Computer) sm* PC *m*, ordinateur *m* (individuel)

peccare [pek'kare] *vi* • **peccare (di qc)** pécher (par qqch)

peccato [pek'kato] *sm* péché *m* • **è un peccato che...** (c'est) dommage que..., • **(che) peccato!** (quel) dommage !

peccatore, trice [pekka'tore, 'trit∫e] *sm, f* pêcheur *m*, -eresse *f*

pecora ['pekora] *sf* brebis *f*

pecorino [peko'rino] *sm* fromage de brebis affiné

pedaggio [pe'dadʒdʒo] *sm* péage *m*

pedalare [peda'lare] *vi* pédaler

pedale [pe'dale] *sm* pédale *f* • **a pedali** à pédales

pedana [pe'dana] *sf* 1. *(poggiapiedi)* repose-pieds *m inv* 2. *(in atletica)* sautoir *m* 3. *(nella scherma)* piste *f*

pedata [pe'data] *sf* 1. *(impronta)* trace *f* de pas 2. *(calcio)* coup *m* de pied

pediatra, i, e [pe'djatra, i, e] *smf* pédiatre *mf*

pedicure [pedi'kur] *smf inv* pédicure *mf* ◇ *sf inv* soins *mpl* des pieds

pedina [pe'dina] *sf* pion *m*

pedonale [pedo'nale] *agg* ➤ **isola, passaggio**

pedone [pe'done] *sm* 1. piéton *m* 2. *(negli scacchi)* pion *m*

peggio ['pedʒdʒo] *avv (in modo peggiore)* moins bien, plus mal ◇ *agg inv (peggiore)* • **peggio di** moins bon (bonne) que, plus mauvais(e) que • **il/la peggio** le/la pire • **peggio per te!** tant pis pour toi ! • **alla peggio** au pire • **avere la peggio** avoir le dessous • **temere il peggio** craindre le pire

peggioramento [pedʒdʒora'mento] *sm* aggravation *f*

peggiorare [pedʒdʒo'rare] *vt* aggraver ◇ *vi* 1. *(malato)* empirer 2. *(situazione, tempo)* se dégrader 3. *(allievo)* travailler moins bien

peggiore [pedʒ'dʒore] *agg* 1. *(comparativo)* • **peggiore (di)** moins bon (bonne) (que), plus mauvais(e) (que) 2. *(superlativo)* pire, plus mauvais(e) ◇ *smf* • **il/la peggiore** le/la pire

pelare [pe'lare] *vt* éplucher

pelato, a [pe'lato, a] *agg (fam) (calvo)* chauve ◆ **pelati** *smpl* tomates *fpl* pelées

pelle ['pelle] *sf* 1. peau *f* 2. *(conciata)* cuir *m* • **avere la pelle d'oca** avoir la chair de poule

pellegrinaggio [pellegri'nadʒdʒo] *sm* pèlerinage *m*

pelletteria [pellette'ria] *sf* maroquine-rie *f*

pelliccia, ce [pel'littʃa, tʃe] *sf* fourrure *f*

pellicola [pel'likola] *sf* **1.** *(fotografica)* pellicule *f* **2.** *(film, rivestimento)* film *m* ● **pellicola a colori** pellicule couleur

pelo ['pelo] *sm* poil *m* ● **per un pelo** *(riuscire)* de justesse ; *(mancare)* d'un poil ● **c'è mancato un pelo che lo investissero** il a failli se faire renverser

peloso, a [pe'lozo, a] *agg* poilu(e)

peltro ['peltro] *sm* étain *m*

peluche [pe'luʃ] *sm inv* peluche *f*

pena ['pena] *sf* peine *f* ● **mi fa pena** il/elle me fait pitié o de la peine ● **non vale la pena di andarci** cela ne vaut pas la peine d'y aller ● **pena di morte** peine de mort

penalità [penali'ta] *sf inv* pénalité *f*

pendente [pen'dente] *agg* pendant(e) ◇ *sm* **1.** *(ciondolo)* pendentif *m* **2.** *(orecchino)* pendant *m* d'oreille

pendenza [pen'dentsa] *sf (inclinazione)* pente *f*

pendere ['pendere] *vi* **1.** *(essere appeso)* pendre, être suspendu(e) **2.** *(essere inclinato)* pencher

pendice [pen'ditʃe] *sf* flanc *m (de montagne)*

pendio, ii [pen'dio, ii] *sm* pente *f*

pendola ['pendola] *sf* pendule *f*

pendolare [pendo'lare] *smf personne faisant la navette entre son domicile et son lieu de travail*

pene ['pene] *sm* pénis *m*

penetrare [pene'trare] *vi* ● **penetrare in qc** pénétrer dans qqch

penicillina [penitʃil'lina] *sf* pénicilline *f*

penisola [pe'nizola] *sf* péninsule *f*

penitenza [peni'tentsa] *sf (nei giochi)* gage *m*

penitenziario [peniten'tsjarjo] *sm* pénitencier *m*

penna ['penna] *sf* **1.** stylo *m* **2.** *(di uccello)* plume *f* ● **penna a sfera** stylo (à) bille ● **penna stilografica** stylo (à) plume ● **penne** *sfpl type de pâtes tubulaires coupées en biseau* ● **penne all'arrabbiata** *pâtes à la sauce tomate et au piment*

pennarello [penna'rello] *sm* feutre *m*

pennello [pen'nello] *sm* pinceau *m* ● **pennello da barba** blaireau *m* ● **andare** o **stare a pennello a qn** aller comme un gant à qqn

penombra [pe'nombra] *sf* pénombre *f*

penoso, a [pe'nozo, a] *agg* lamentable

pensare [pen'sare] *vi (riflettere)* réfléchir ◇ *vt* **1.** *(immaginare)* penser **2.** *(escogitare)* inventer ● **ci penso io!** je m'en charge o occupe ! ● **cosa ne pensi?** qu'en penses-tu ? ● **pensare a** *(riflettere su, ricordare)* penser à ● **pensare di fare qc** penser faire qqch ● **penso di no/sì** je pense que non/ oui ● **pensarci su** y réfléchir

pensiero [pen'sjero] *sm* **1.** pensée *f* **2.** *(preoccupazione)* souci *m* ● **stare in pensiero per qn** se faire du souci pour qqn

pensile ['pensile] *agg* mural(e) ◇ *sm* élément *m* mural

pensilina [pensi'lina] *sf (di pullman)* Abri-bus ® *m*

pensionante [pensjo'nante] *smf* pensionnaire *mf*

¹**pensionato** [pensjo'nato] *sm (per studenti)* pensionnat *m*

²pensionato, a [pensjo'nato, a] *sm, f* retraité *m*, -e *f*

pensione [pen'sjone] *sf* ● andare in pensione prendre sa retraite ● essere in pensione être à la retraite ● pensione completa pension *f* complète ● mezza pensione demi-pension *f*

Pentecoste [pente'kɔste] *sf* Pentecôte *f*

pentirsi [pen'tirsi] *vr* ● pentirsi di qc regretter qqch ● pentirsi di aver fatto qc regretter d'avoir fait qqch

pentito, a [pen'tito, a] *sm, f* (criminale) repenti *m*, -e *f*

pentola ['pentola] *sf* casserole *f* ● pentola a pressione Cocotte-Minute® *f*

penultimo, a [pe'nultimo, a] *agg* avant-dernier(ère)

pepare [pe'pare] *vt* poivrer

pepato, a [pe'pato, a] *agg* (cibo) poivré(e)

pepe ['pepe] *sm* poivre *m*

peperonata [pepero'nata] *sf* sauté de poivrons avec tomates, ail et oignons

peperoncino [peperon'tʃino] *sm* piment *m*

peperone [pepe'rone] *sm* poivron *m*

per [per] *prep*

1. (destinato a) pour ● è per te c'est pour toi

2. (moto a luogo) ● il treno per Genova le train à destination de Gênes ● partire per (andare a) partir pour

3. (moto per luogo) ● passeremo per Roma nous passerons par Rome ● ti ho cercato per tutta la città je t'ai cherché dans toute la ville

4. (indica una durata) pendant ● per tutta la vita, ho lavorato j'ai travaillé (pen-

dant) toute ma vie ● per sempre pour toujours

5. (indica una scadenza) pour ● sarò di ritorno per le cinque je serai de retour pour cinq heures ● fare qc per tempo faire qqch à temps

6. (indica il mezzo, modo) par ● per telefono par téléphone ● viaggiare per mare voyager par mer ● per caso par hasard

7. (indica la causa) pour ● viaggiare per lavoro voyager pour son travail ● piangere per la rabbia pleurer de colère ● per aver fatto qc pour avoir fait qqch

8. (indica lo scopo) pour ● equipaggiarsi per la montagna s'équiper pour la montagne ● fare qc per scherzo faire qqch pour plaisanter ● per fare qc pour faire qqch

9. (con valore distributivo) par ● c'è un bagno per camera il y a une salle de bains par chambre ● entrate uno per volta entrez chacun votre tour

10. (come) pour ● tenere qc per certo tenir qqch pour certain

11. (indica il prezzo) ● lo ha venduto per un milione il l'a vendu un million

12. *MAT* ● due per tre fa sei deux fois trois égalent six

13. (indica la conseguenza) ● è troppo bello per essere vero c'est trop beau pour être vrai

14. (indica limitazione) pour ● per me, è la sola soluzione pour moi, c'est la seule solution

pera ['pera] *sf* poire *f*

peraltro [pe'raltro] *avv* d'ailleurs, du reste

perbene [per'bene] *agg inv* bien (inv), comme il faut ◇ *avv* bien

percentuale [pertʃentu'ale] *sf* pourcentage *m*

percepire [pertʃe'pire] *vt* percevoir

perché [per'ke] *avv (per quale ragione)* pourquoi ● perché corri? pourquoi cours-tu ? ● **e perché non ci andiamo?** pourquoi n'y allons-nous pas ? ● **perché no?** pourquoi pas ? ● spiegami perché lo hai fatto explique-moi pourquoi tu as fait cela ● **chissà perché** qui sait pourquoi

◇ *cong*

1. *(per il fatto che)* parce que ● **vado perché ho fretta** j'y vais parce que je suis pressé(e) ● – perché te ne vai? – perché sì – pourquoi tu t'en vas ? – parce que
2. *(affinché)* pour que ● telefona perché non stiano in pensiero téléphone pour qu'ils ne se fassent pas de souci
3. *(valore consecutivo)* ● è troppo difficile perché ci riesca c'est trop difficile pour que j'y arrive

◇ *sm inv (ragioni)* raison *f*, pourquoi *m* ● **nessuno sa il perché del suo comportamento** personne ne connaît les raisons de son comportement ● senza un perché sans (aucune) raison

perciò [per'tʃɔ] *cong* donc, par conséquent

percorrere [per'korrere] *vt* parcourir

¹percorso [per'korso] *sm* parcours *m*

²percorso, a [per'korso, a] *pp* ➤ percorrere

percosse [per'kɔsse] *sfpl* coups *mpl*

percosso, a [per'kɔsso, a] *pp* ➤ percuotere

percuotere [per'kwɔtere] *vt (form)* frapper

perdere ['pɛrdere] *vt* 1. perdre 2. *(treno, occasione, evento)* rater ◇ *vi (rubinetto)* fuir ● lascia perdere! laisse tomber ! ● non avere nulla da perdere n'avoir rien à perdre ● perdere la testa perdre la tête ◆ perdersi *vr* se perdre

perdita ['pɛrdita] *sf* 1. perte *f* 2. *(di acqua, gas)* fuite *f* ● **una perdita di tempo** une perte de temps ● **a perdita d'occhio** à perte de vue

perdonare [perdo'nare] *vt* 1. *(persona)* pardonner à 2. *(offesa)* pardonner

perdono [per'dono] *sm* pardon *m*

perdutamente [perduta'mente] *avv* éperdument

perfettamente [perfetta'mente] *avv* parfaitement

perfetto, a [per'fetto, a] *agg* parfait(e)

perfezionare [perfetsjo'nare] *vt* perfectionner

perfezione [perfet'tsjone] *sf* perfection *f* ● **alla perfezione** à la perfection

perfido, a ['pɛrfido, a] *agg* perfide

perfino [per'fino] *avv* même

perforare [perfo'rare] *vt* perforer

pergola ['pɛrgola] *sf* tonnelle *f*

pericolante [periko'lante] *agg* croulant(e)

pericolo [pe'rikolo] *sm* danger *m* ● essere fuori pericolo être hors de danger ● essere in pericolo être en danger ▼ pericolo (di morte) danger (de mort)

pericoloso, a [periko'lozo, a] *agg* dangereux(euse)

periferia [perife'ria] *sf (di città)* banlieue *f*

periferica, che [peri'fɛrika, ke] *sf* périphérique *m*

perimetro [pe'rimetro] *sm* périmètre *m*

¹**periodico, ci** [pe'rjɔdiko, tʃi] *sm* périodique *m*

²**periodico, a, ci, che** [pe'rjɔdiko, a, tʃi, ke] *agg* périodique

periodo [pe'riodo] *sm* période *f*

perito [pe'rito] *sm* **1.** expert *m* **2.** *(diplomato) titulaire de l'équivalent d'un BTS technique ou scientifique*

perla ['perla] *sf* perle *f*

perlustrare [perlus'trare] *vt* inspecter

permaloso, a [perma'lozo, a] *agg* susceptible

permanente [perma'nɛnte] *agg* permanent(e) ◇ *sf* permanente *f*

permanenza [perma'nɛntsa] *sf* **1.** séjour *m* **2.** *(di crisi, problema)* persistance *f* • **in permanenza** en permanence

¹**permesso** [per'messo] *sm* **1.** permission *f* **2.** *(documento)* permis *m* **3.** *(dal lavoro)* congé *m* • **permesso!** *(per entrare)* on peut entrer ? ; *(per passare)* pardon ! • **permesso di soggiorno** permis de séjour

²**permesso, a** [per'messo, a] *pp* ➤ **permettere**

permettere [per'mettere] *vt* permettre • **non ti permetto di parlarmi in questo modo!** je ne te permets pas de me parler sur ce ton ! • **non mi posso permettere certe spese** je ne peux pas me permettre certaines dépenses • **permettersi** *vr* • **permettersi qc** se permettre qqch • **mi sono permessa di estendere l'invito anche a Lucia** je me suis permise d'inviter Lucia

perno ['perno] *sm* pivot *m*

pernottamento [pernotta'mento] *sm* • **spese di pernottamento** frais *mpl* d'hébergement

però [pe'rɔ] *cong* **1.** *(ma)* mais **2.** *(tuttavia)* pourtant

perpendicolare [perpendiko'lare] *agg* perpendiculaire

perplesso, a [per'plesso, a] *agg* perplexe

perquisire [perkwi'zire] *vt* **1.** *(luogo)* perquisitionner **2.** *(persona)* fouiller

perquisizione [perkwizits'tsjone] *sf* perquisition *f*

perseguitare [persegwi'tare] *vt* persécuter

perseverare [perseve'rare] *vi* persévérer

persiana [per'sjana] *sf* volet *m*, persienne *f*

persiano, a [per'sjano, a] *agg* persan(e) • **persiano** *sm (gatto)* persan *m*

persino [per'sino] = **perfino**

persistente [persis'tɛnte] *agg* persistant(e)

perso, a ['perso, a] *pp* ➤ **perdere**

persona [per'sona] *sf* personne *f* • **conoscere qn di persona** connaître qqn personnellement • **in persona** en personne

personaggio [perso'naddʒo] *sm* personnage *m*

personale [perso'nale] *agg* personnel(elle) ◇ *sm* **1.** *(dipendenti)* personnel *m* **2.** *(fisico)* physique *m*

personalità [personali'ta] *sf inv* personnalité *f*

personalizzare [personalidz'dzare] *vt* personnaliser

personalmente [personal'mente] *avv* personnellement

persuadere [persua'dere] vt ● **persuade-re qn (di qc)** persuader qqn (de qqch) ● **persuadere qn a fare qc** persuader qqn de faire qqch

persuaso, a [persu'azo, a] *pp* ➤ **persuadere**

pertanto [per'tanto] *cong* c'est pourquoi

perturbare [pertur'bare] vt perturber

perturbazione [perturbats'tsjone] *sf* 1. *(sociale, politica)* trouble m 2. *(atmosferica)* perturbation f

Perugia [pe'ruʤa] *sf* Pérouse

pesante [pe'zante] *agg* 1. lourd(e) 2. *(abbigliamento)* chaud(e) 3. *(fig) (persona)* pénible 4. *(film)* ennuyeux(euse)

pesare [pe'zare] vt peser ◇ vi 1. peser 2. *(essere pesante)* peser lourd ● **pesarsi** vr se peser

¹**pesca, sche** ['peska, ske] *sf (frutto)* pêche f

²**pesca, sche** ['peska, ske] *sf (attività)* pêche f ● **andare a pesca** aller à la pêche ● **pesca di beneficenza** tombola f ● **pesca subacquea** pêche sous-marine

pescare [pes'kare] vt 1. pêcher 2. *(carte da gioco)* piocher

pescatore, trice [peska'tore, 'tritʃe] *sm* pêcheur m, -euse f

pesce [ˈpeʃʃe] *sm* poisson m ◆ **Pesci** *smpl* Poissons *mpl*

pescheria [peske'ria] *sf* poissonnerie f

pescivendolo, a [peʃʃi'vendolo, a] *sm, f* poissonnier m, -ère f

peso ['pezo] *sm* poids m ● **peso lordo** poids brut ● **peso netto** poids net ● **essere di peso a qn** être un poids pour qqn

pessimismo [pessi'mizmo] *sm* pessimisme m

pessimista, i, e [pessi'mista, i, e] *smf* pessimiste *mf*

pessimo, a ['pessimo, a] *agg* très mauvais(e)

pestare [pes'tare] vt 1. *(calpestare)* marcher sur 2. *(uva, aglio)* écraser 3. *(picchiare)* passer à tabac

peste ['peste] *sf (malattia, persona)* peste f

pesto, a ['pesto, a] *agg* ● **è buio pesto** il fait noir comme dans un four ◆ **occhio pesto** œil au beurre noir ◆ **pesto** *sm (salsa)* sauce typique de la cuisine génoise à base de basilic, de pignons et d'ail écrasés avec de l'huile d'olive et du fromage

petalo ['petalo] *sm* pétale m

petardo [pe'tardo] *sm* pétard m

petroliera [petro'ljera] *sf* pétrolier m

petrolio [pe'trɔljo] *sm* pétrole m

pettegolezzo [pettego'letstso] *sm* commérage m, ragot m

pettinare [petti'nare] vt coiffer ◆ **pettinarsi** vr se coiffer

pettine ['pettine] *sm* peigne m

petto ['petto] *sm* poitrine f ● **petto di pollo** blanc m de poulet ● **a doppio petto** *(giacca, cappotto)* croisé(e)

pezzo ['petstso] *sm* 1. morceau m, bout m 2. *(componente)* pièce f 3. *(di spazio)* bout m de chemin 4. *(di tempo)* article m ● **è un bel pezzo che ti cerco** je te cherche depuis un bon moment ● **andare in (mille) pezzi** se briser en mille morceaux ● **cadere a pezzi** tomber en morceaux ● **pezzo di ricambio** pièce détachée ● **due pezzi** *(costume, abito)* deux-pièces m *inv* ● **pezzo grosso** *(persona importante)* gros bonnet m

phon [fɔn] *sm inv* sèche-cheveu m

¹piacere [pja'tʃere] *sm (soddisfazione)* plaisir *m* ● mi ha fatto molto piacere vederla ça m'a fait très plaisir de vous voir ● fare un piacere a qn rendre un service à qqn ● piacere (di conoscerla)! enchanté(e) (de faire votre connaissance) ! ● piacere mio! enchanté(e) ! ● a piacere *(a scelta)* à volonté ● per piacere s'il te/vous plaît

²piacere [pja'tʃere] *vi* ● mi piace molto il tuo amico ton ami me plaît beaucoup ● mi piacciono i tulipani j'aime les tulipes

piacevole [pja'tʃevole] *agg* agréable

piaga, ghe ['pjaga, ge] *sf* 1. plaie *f* 2. *(fig) (flagello)* fléau *m*

pianerottolo [pjane'rɔttolo] *sm* palier *m*

pianeta, i [pja'neta, i] *sm* planète *f*

piangere [ˈpjandʒere] *vi* pleurer

pianista, i, e [pja'nista, i, e] *smf* pianiste *mf*

¹piano ['pjano] *avv* doucement ● andarci piano y aller doucement ● piano piano tout doucement ◇ *sm* 1. *(di edificio)* étage *m* 2. *(programma)* projet *m* 3. *(pianoforte)* piano *m* 4. MAT *(disegno)* plan *m* 5. GEOG plaine *f* ● abitano al primo piano ils habitent au premier étage ● in primo piano *(fotografia)* en gros plan ● Il piano di sopra l'étage du dessus ● il piano di sotto l'étage du dessous

²piano, a ['pjano, a] *agg* 1. plat(e) 2. MAT plan(e)

piano-bar [pjano'bar] *sm inv* piano-bar *m*

pianoforte [pjano'fɔrte] *sm* piano *m*

pianoterra [pjano'tɛrra] *sm inv* = pianterreno

pianta ['pjanta] *sf* 1. plante *f* 2. *(di città, casa)* plan *m* ● pianta grassa plante grasse

piantare [pjan'tare] *vt* 1. planter 2. *(fam) (abbandonare)* plaquer ● piantala! *(fam)* arrête !

pianterreno [pjanter'reno] *sm* rez-de-chaussée *m inv*

piantina [pjan'tina] *sf* plan *m* ● piantina della città plan de ville

pianto ['pjanto] *pp* ➤ piangere ◇ *sm* pleurs *mpl*

pianura [pja'nura] *sf* plaine *f* ● la pianura padana la plaine du Pô

piastrella [pjas'trɛlla] *sf* carreau *m*

piattaforma [pjatta'fɔrma] *sf (superficie piana)* plate-forme *f*

piattino [pjat'tino] *sm* soucoupe *f*

¹piatto ['pjatto] *sm* 1. *(per servire)* plat *m* 2. *(per mangiare)* assiette *f* ● piatto del giorno plat du jour ● piatto basso assiette plate ● piatto fondo assiette creuse ● primo piatto entrée *f* ● piatto pronto plat cuisiné ● secondo piatto plat de résistance ● lavare i piatti faire la vaisselle

²piatto, a ['pjatto, a] *agg (piano, monotono)* plat(e)

piazza ['pjattsa] *sf* place *f* ● fare piazza pulita di faire place nette de

piazzale [pjats'tsale] *sm* place *f*

piazzare [pjats'tsare] *vt* placer ● piazzarsi *vr (in gara)* se classer

piccante [pik'kante] *agg (sapore)* piquant(e)

picchetto [pik'ketto] *sm* 1. piquet *m* 2. *(di scioperanti)* piquet *m* de grève

picchiare [pik'kjare] *vi* 1. frapper 2. *(sole)* taper ◇ *vt* 1. *(persona)* frapper 2. *(testa)*

cogner ● **picchiare i pugni sul tavolo** frapper du poing sur la table ◆ **picchiarsi** *vr* se battre

piccino, a [pit∫'t∫ino, a] *agg* petit(e)

piccione [pit∫'t∫one] *sm* pigeon *m*

picco, chi ['pikko, ki] *sm* pic *m* ● **a picco** à pic

piccolo, a ['pikkolo, a] *agg* petit(e)

piccozza [pik'kɔtstsa] *sf* piolet *m*

picnic [pik'nik] *sm inv* pique-nique *m*

pidocchio [pi'dɔkkjo] *sm* pou *m*

piede ['pjɛde] *sm* pied *m* ● **a piedi** à pied ● **in piedi** debout ● **prendere piede** *(estendersi)* prendre pied

piedistallo [pjedis'tallo] *sm* piédestal *m*

piega, ghe ['pjega, ge] *sf* pli *m* ● **prendere una brutta piega** prendre une mauvaise tournure

piegare [pje'gare] *vt* plier ◆ **piegarsi** *vr* se plier ● **non ci piegheremo alla loro prepotenza** nous ne nous plierons pas à leur bon vouloir

pieghevole [pje'gevole] *agg* **1.** flexible **2.** *(sedia, tavolo)* pliant(e)

Piemonte [pje'monte] *sm* ● **il Piemonte** le Piémont

piena ['pjɛna] *sf (di fiume)* crue *f*

pieno, a ['pjɛno, a] *agg* **1.** plein(e) **2.** *(guarigione, approvazione)* total(e) ● **sono pieno** *(fam) (sazio)* je suis plein ● **essere pieno di** *(debiti)* être criblé(e) de ; *(problemi)* avoir des tas de ● **essere pieno di soldi** être plein d'argent ● **pieno di sé** imbu(e) de sa personne ● **a stomaco pieno** (avec) l'estomac plein ● **nel pieno dell'estate** en plein été ◆ **pieno** *sm (di carburante)* plein *m* ● **fare il pieno (di benzina)** faire le plein (d'essence)

pietà [pje'ta] *sf inv* pitié *f* ● **come attore fa pietà** c'est un acteur pitoyable ● **avere pietà di qn** avoir pitié de qqn

pietanza [pje'tantsa] *sf* plat *m*

pietoso, a [pje'tozo, a] *agg* **1.** *(che sente pietà)* compatissant(e) **2.** *(che ispira pietà)* pitoyable

pietra ['pjɛtra] *sf* pierre *f* ● **pietra dura** pierre dure ● **pietra preziosa** pierre précieuse

pigiama, i [pi'dʒama, i] *sm* pyjama *m*

pigiare [pi'dʒare] *vt* **1.** *(uva)* fouler **2.** *(bottone)* appuyer sur

pigliare [piʎ'ʎare] *vt (fam) (prendere)* prendre

pigna ['piɲɲa] *sf* pomme *f* de pin

pignolo, a [piɲ'ɲɔlo, a] *agg* tatillon(onne)

pignorare [piɲɲo'rare] *vt* DIR ● **pignorare una casa** saisir une maison

pigrizia [pi'gritstsja] *sf* paresse *f*

pigro, a ['pigro, a] *agg* paresseux(euse)

pila ['pila] *sf* pile *f*

pilastro [pi'lastro] *sm* pilier *m*

pile ['pail] *sm inv* **1.** *(fibra tessile)* laine *f* polaire **2.** *(indumento)* polaire *m*

pillola ['pillola] *sf* pilule *f*

pilone [pi'lone] *sm* **1.** *(di ponte)* pile *f* **2.** *(di teleferica)* pylône *m*

pilota, i, e [pi'lɔta, i, e] *smf* pilote *mf*

pinacoteca, che [pinako'tɛka, ke] *sf* pinacothèque *f*

pineta [pi'neta] *sf* pinède *f*

ping-pong [pim'pong] *sm* ping-pong *m*

pinguino [pin'gwino] *sm* **1.** pingouin *m* **2.** *(gelato)* Esquimau ®

pinna ['pinna] *sf* **1.** *(di pesce)* nageoire *f* **2.** *(per nuotare)* palme *f*

pino ['pino] *sm* pin *m*

pinolo [pi'nɔlo] *sm* pignon *m*

pinza ['pintsa] *sf* pince *f*

pinzare [pin'tsare] *vt* 1. agrafer 2. *(sog: granchio)* pincer

pinzette [pin'tsette] *sfpl (per cosmesi)* pince *f* à épiler

pinzimonio [pintsi'mɔnjo] *sm* mélange d'huile d'olive, de sel et de poivre dans lequel on trempe des légumes crus

pioggia, ge ['pjɔdʒdʒa, dʒe] *sf* pluie *f*

piolo [pi'ɔlo] *sm* 1. pieu *m* 2. *(di scala)* barreau *m*

piombare [pjom'bare] *vt* plomber ◇ *vi* 1. *(cadere)* tomber 2. *(giungere)* arriver (à l'improviste) 3. *(fig) (sprofondare)* sombrer ● **piombare su** fondre sur

piombino [pjom'bino] *sm* 1. *(per pacchi)* scellé *m* 2. *(da pesca)* plomb *m*

piombo ['pjombo] *sm* plomb *m* ▼ **senza piombo** sans plomb

piovere ['pjɔvere] *vi* pleuvoir ◇ *v impers* ● **piove** il pleut

piovigginare [pjovidʒdʒi'nare] *v impers* ● **pioviggina** il bruine

piovoso, a [pjo'vozo, a] *agg (stagione, regione)* pluvieux(euse) ● **il tempo è piovoso** *(minaccia pioggia)* le temps est à la pluie

pipa ['pipa] *sf (per fumare)* pipe *f*

pipì [pi'pi] *sf (fam)* ● **fare (la) pipì** faire pipi

pipistrello [pipis'trello] *sm* chauve-souris *f*

pirata, i [pi'rata, i] *sm* pirate *m* ● **pirata della strada** chauffard *m*, -e *f* ● **pirata** *agg inv* pirate

Pirenei [pire'nei] *smpl* ● **i Pirenei** les Pyrénées *fpl*

pirofila [pi'rɔfila] *sf* plat *m* en Pyrex®

piromane [pi'romane] *smf* pyromane *mf*

piroscafo [pi'rɔskafo] *sm* bateau *m* à vapeur

Pisa ['piza] *sf* Pise

pisciare [piʃ'ʃare] *vi (volg)* pisser

piscina [piʃ'ʃina] *sf* piscine *f*

pisello [pi'zello] *sm* petit pois *m*

pisolino [pizo'lino] *sm* ● **fare un pisolino** faire un petit somme

pista ['pista] *sf* piste *f* ● **pista da ballo** piste de danse ● **pista ciclabile** piste cyclable

pistacchio [pis'takkjo] *sm* pistache *f*

pistola [pis'tɔla] *sf* pistolet *m*

pittore, trice [pit'tore, 'tritʃe] *sm, f* peintre *mf*

pittoresco, a, schi, sche [pitto'resko, a, ski, ske] *agg* pittoresque

pittura [pit'tura] *sf* peinture *f* ▼ **pittura fresca** peinture fraîche

pitturare [pittu'rare] *vt* peindre

più [pju] *avv*
1. *(in comparativi)* ● **più (di)** plus (que) ● **ho fatto più tardi del solito** je suis arrivé(e) plus tard que d'habitude ● **poco più di un po** peu plus de ● **di più** plus ● **dovresti studiare di più** tu devrais étudier plus
2. *(in superlativi)* ● **la collina più alta** la colline la plus haute ● **il più grande** le plus grand ● **lui è quello che lavora di più** c'est lui qui travaille le plus
3. *(oltre)* plus ● **non parlo più** je ne dis plus rien ● **mai più** plus jamais ● **per di più** de plus

◇ *agg inv*
1. (*in quantità, numero maggiore*) plus de ● **ho più lavoro del solito** j'ai plus de travail que d'habitude ● **ho fatto più punti di te** j'ai plus de points que toi
2. (*diversi*) plusieurs ● **l'ho ripetuto più volte** je l'ai répété plusieurs fois
◇ *prep*
1. (*con l'aggiunta di*) plus ● **siamo in sei più gli ospiti** nous sommes six, plus les invités
2. MAT ● **tre più tre fa sei** trois plus trois égalent six
◇ *sm inv* ● **il più è fatto** le plus gros est fait ● **il più è incominciare** tout c'est de commencer ● **il più delle volte** la plupart du temps ● **parlare del più e del meno** parler de la pluie et du beau temps ● **i più** la plupart

piuma ['pjuma] *sf* plume *f*
piumino [pju'mino] *sm* **1.** (*trapunta*) couette *f* ● **l'ho ripetuto** piùma à la la plupart **3.** (*per cipria*) houppette *f*
piumone® [pju'mone] *sm* (*trapunta*) couette *f*
piuttosto [pjut'tɔsto] *avv* **1.** plutôt **2.** (*abbastanza*) assez ● **piuttosto che** plutôt tôt que
pizza ['pittsa] *sf* pizza *f* ● **pizza capricciosa** pizza à la tomate et au fromage, avec des fonds d'artichaut et des câpres ● **pizza margherita** pizza à la tomate, à la mozzarella et à l'origan ● **pizza quattro stagioni** pizza quatre saisons
pizzaiola [pittsa'jɔla] *sf* ● **alla pizzaiola** se dit des viandes accompagnées de sauce tomate à l'ail et à l'origan
pizzeria [pittse'ria] *sf* pizzeria *f*

pizzetta [pits'tsetta] *sf* petite pizza *f*
pizzicare [pittsi'kare] *vt* **1.** (*con le dita*) pincer ● (*pungere*) piquer ◇ *vi* **1.** (*prudere*) démanger **2.** (*cibo*) piquer
pizzico, chi ['pittsiko, ki] *sm* (*di sale, pepe*) pincée *f* ● **non ha un pizzico di buonsenso** il n'a pas un brin de bon sens
pizzicotto [pittsi'kɔtto] *sm* ● **dare un pizzicotto a qn** pincer qqn
pizzo ['pittso] *sm* **1.** (*merletto*) dentelle *f* **2.** (*barba*) bouc *m*
placare [pla'kare] *vt* apaiser ● **placarsi** *vr* se calmer
placca, che ['plakka, ke] *sf* plaque *f*
placcare [plak'kare] *vt* (*rivestire*) plaquer ● **placcato d'oro** plaqué or
plagiare [pla'dʒare] *vt* **1.** (*libro, canzone*) plagier **2.** (*persona*) manipuler
plagio ['pladʒo] *sm* (*imitazione*) plagiat *m*
plancia, ce ['plantʃa, tʃe] *sf* passerelle *f*
¹planetario [plane'tarjo] *sm* planétarium *m*
²planetario, a [plane'tarjo, a] *agg* planétaire
plasmare [plaz'mare] *vt* modeler
plastica, che ['plastika, ke] *sf* **1.** plastique *f* **2.** MED chirurgie *f* esthétique
¹plastico, ci ['plastiko, tʃi] *sm* **1.** (*modello*) maquette *f* **2.** (*esplosivo*) plastic *m*
²plastico, a, ci, che ['plastiko, a, tʃi, ke] *agg* (*di plastica*) en plastique
plastilina® [plasti'lina] *sf* pâte *f* à modeler
platano ['platano] *sm* platane *m*
platea [pla'tɛa] *sf* **1.** (*settore*) parterre *m* **2.** (*pubblico*) public *m*
plausibile [plau'zibile] *agg* plausible

plico, chi ['pliko, ki] *sm* pli *m*, courrier *m*

plurale [plu'rale] *agg* pluriel(elle) ◇ *sm* pluriel *m*

pneumatico, ci [pneu'matiko, tʃi] *sm* pneu *m*

Po [pɔ] *sm* ● il Po le Pô

po' [pɔ] = **poco**

poco, a, chi, che ['pɔko, a, ki, ke] *agg* peu de ● ho poco tempo/pochi amici j'ai peu de temps/peu d'amis ● a poco prezzo à bas prix ● in poche parole bref, en un mot
◇ *pron*
1. *(una piccola quantità)* peu ● bisogna comprare lo zucchero, ne è rimasto poco il faut acheter du sucre, il en reste peu ● pochi *(non molta gente)* peu de gens
2. *(in espressioni)* ● aver poco da fare ne pas avoir grand-chose à faire ● ci vuole poco a capire che... ce n'est pourtant pas difficile de comprendre que... ● siamo tornati da poco nous sommes rentrés depuis peu ● è una cosa da poco ce n'est pas grand-chose ● per poco non cadevo j'ai failli tomber ● tra poco bientôt
◇ *avv*
1. *(scarsamente)* peu ● mangi poco tu manges peu ● abito poco lontano je n'habite pas très loin ● è poco simpatico il n'est pas très sympathique
2. *(per breve tempo)* ne... pas longtemps ● durare poco ne pas durer longtemps
● un po' *pron indef* un peu ● restiamo ancora un po' restons encore un peu
◇ *avv* un peu ● la gonna è un po' corta la jupe est un peu courte
● un po' di *agg indef* un peu de ● compra un po' di pane achète un peu de pain

podere [po'dere] *sm* domaine *m* (agricole)

poderoso, a [pode'roso, a] *agg* puissant(e)

podio ['pɔdjo] *sm* 1. *(palco)* podium *m* 2. *(di direttore d'orchestra)* estrade *f*

poesia [poe'zia] *sf* 1. *(arte)* poésie *f* 2. *(componimento)* poème *m*

poeta, essa [po'eta, 'essa] *sm, f* poète *m*

poetico, a, ci, che [po'etiko, a, tʃi, ke] *agg* poétique

poggiare [podʒ'dʒare] *vt* poser ◇ *vi* ● poggiare su qc reposer sur qqch

poggiatesta [pɔdʒdʒa'testa] *sm inv* appui(e)-tête *m*

poi ['pɔi] *avv* 1. *(dopo)* après, plus tard 2. *(nello spazio)* après 3. *(infine)* finalement

poiché [poj'ke] *cong* puisque

polacco, a, chi, che [po'lakko, a, ki, ke] *agg* polonais(e) ◇ *sm, f* Polonais *m*, -e *f* ◆ **polacco** *(lingua)* polonais *m*

polare [po'lare] *agg* polaire

polaroid ® [pola'rɔjd] *sf inv* Polaroid ® *m*

polemica, che [po'lemika, ke] *sf* polémique *f*

polemico, a, ci, che [po'lemiko, a, tʃi, ke] *agg* polémique

polenta [po'lenta] *sf* polenta *f*

poliambulatorio [pɔliambula'tɔrjo] *sm* centre *m* médical

poliestere [pɔli'estere] *sm* polyester *m*

polipo ['pɔlipo] *sm* 1. *(mollusco)* poulpe *m* 2. MED polype *m*

polistirolo [polisti'rɔlo] *sm* polystyrène *m*

politica, che [po'litika, ke] *sf (scienza, strategia)* politique *f*

politico, a, ci, che [po'litiko, a, tʃi, ke] *agg* politique ◇ *sm, f* homme *m* politique, femme *f* politique

polizia [polits'tsia] *sf* police *f* ● **polizia stradale** police de la route

poliziesco, a, schi, sche [polits'tsjesko, a, ski, ske] *agg* policier(ère)

poliziotto, a [polits'tsjɔtto, a] *sm, f* agent *m* de police

polizza ['pɔlitstsa] *sf* ● **polizza di assicurazione** police *f* d'assurance

pollaio [pol'lajo] *sm* poulailler *m*

pollame [pol'lame] *sm* volaille *f*

pollice ['pollitʃe] *sm* pouce *m*

polline ['polline] *sm* pollen *m*

pollo ['pollo] *sm* poulet *m* ● **pollo arrosto** poulet rôti ● **pollo alla diavola** poulet grillé souvent relevé et parfois assaisonné de citron

polmone [pol'mone] *sm* poumon *m*

polmonite [polmo'nite] *sf* pneumonie *f*

polo ['pɔlo] *sm* 1. pôle *m* ● **il polo Nord/Sud** le pôle Nord/Sud 2. *(gioco)* polo ◇ *sf inv (maglia)* polo *m*

Polonia [po'lɔnja] *sf* ● **la Polonia** la Pologne

polpaccio [pol'pattʃo] *sm* mollet *m*

polpastrello [polpas'trello] *sm* pulpe *m* d'un doigt *(de la phalangette)*

polpetta [pol'petta] *sf* boulette *f* de viande

polpettone [polpet'tone] *sm* hachis de viande, œufs, parmesan, etc., servi en tranches

polpo ['polpo] *sm* poulpe *m*

polsino [pol'sino] *sm* poignet *m (de chemise)*

polso ['polso] *sm* 1. ANAT poignet *m* 2. MED pouls *m*

poltiglia [pol'tiʎʎa] *sf* bouillie *f*

poltrona [pol'trona] *sf* 1. fauteuil *m* 2. *(di teatro)* fauteuil *m* d'orchestre

poltrone, a [pol'trone, a] *sm, f* paresseux *m*, -euse *f*

polvere ['polvere] *sf* 1. *(terra)* poussière *f* 2. *(di vetro, oro)* poudre *f* ● **in polvere** en poudre

polveroso, a [polve'rozo, a] *agg* poussiéreux(euse)

pomata [po'mata] *sf* pommade *f*

pomeridiano, a [pomeri'djano, a] *agg* de l'après-midi

pomeriggio [pome'riddʒo] *sm* après-midi *m inv* o *f inv* ● **di pomeriggio** l'après-midi

pomice ['pomitʃe] *sf* pierre *f* ponce ◇

pomo ['pomo] *sm* pommeau *m* ● **pomo d'Adamo** pomme *f* d'Adam

pomodoro [pomo'dɔro] *sm* tomate *f* ● **pomodori ripieni** tomates farcies

pompa ['pompa] *sf* pompe *f* ● **pompe funebri** pompes funèbres

pompare [pom'pare] *vt* pomper

Pompei [pom'pei] *sf* Pompéi

pompelmo [pom'pelmo] *sm* pamplemousse *m*

pompiere [pom'pjere] *sm* pompier *m*

pomposo, a [pom'pozo, a] *agg* pompeux(euse)

ponderare [ponde'rare] *vt* peser ◇ *vi (riflettere)* réfléchir

ponente [po'nɛnte] *sm* ouest *m*

ponte ['ponte] *sm* **1.** pont *m* **2.** *(protesi dentaria)* bridge *m* **3.** *(impalcatura)* échafaudage *m* ● **ponte levatoio** pont-levis *m* ● **fare il ponte** faire le pont

pontefice [pon'tefitʃe] *sm* pape *m*, souverain pontife *m*

pony ['pɔni] *sm inv* poney *m* ● **pony express** *(servizio)* service de coursiers

popcorn [pɔp'kɔrn] *sm* pop-corn *m*

¹ **popolare** [popo'lare] *agg* populaire

² **popolare** [popo'lare] *vt* peupler

popolarità [popolari'ta] *sf inv* popularité *f*

popolazione [popolats'tsjone] *sf* population *f*

popolo ['popolo] *sm* peuple *m*

poppa ['poppa] *sf* poupe *f*

poppare [pop'pare] *vt* téter

porcellana [portʃel'lana] *sf* porcelaine *f*

porcellino [portʃel'lino] *sm* petit cochon *m* ● **porcellino d'India** cochon d'Inde

porcino [por'tʃino] *sm* cèpe *m*

porco, ci ['pɔrko, tʃi] *sm* porc *m*

porcospino [pɔrkos'pino] *sm* porc-épic *m*

porgere ['pɔrdʒere] *vt* **1.** *(dare)* offrir **2.** *(tendere)* tendre

pornografico, a, ci, che [porno'grafiko, a, tʃi, ke] *agg* pornographique

poro ['pɔro] *sm* pore *m*

porpora ['pɔrpora] *sf* pourpre *f*

porre ['porre] *vt* mettre ● **poniamo che ci sia stato un incidente** supposons qu'il y ait eu un accident ● **porre una domanda a qn** poser une question à qqn ● **porsi** *vr* se mettre ● **porsi una domanda** se poser une question

porro ['pɔrro] *sm* **1.** *(verdura)* poireau *m* **2.** *(verruca)* verrue *f*

porta ['pɔrta] *sf* **1.** porte *f* **2.** *(nel calcio)* but *m*, buts *mpl* **3.** INFORM port *m*

portabagagli [pɔrtaba'gaʎʎi] *sm inv* **1.** coffre *m* **2.** *(sul tetto)* galerie *f*

portacenere [pɔrta'tʃenere] *sm inv* cendrier *m*

portachiavi [pɔrta'kjavi] *sm inv* porteclefs *m inv*, porte-clés *m inv*

portacipria [pɔrta'tʃiprja] *sm inv* poudrier *m*

portaerei [pɔrta'erei] *sf inv* porte-avions *m inv*

portafinestra [pɔrtafi'nɛstra] *(pl* **portefinestre)** *sf* porte-fenêtre *f*

portafoglio [pɔrta'fɔʎʎo] *sm* portefeuille *m*

portafortuna [pɔrtafor'tuna] *sm inv* porte-bonheur *m inv*

portagioie [pɔrta'dʒoja] *sm inv* coffret *m* à bijoux

portale [por'tale] *sm* INFORM portail *m*

portamento [pɔrta'mento] *sm* allure *f*

portamonete [pɔrtamo'nete] *sm inv* porte-monnaie *m inv*

portapacchi [pɔrta'pakki] *sm inv* porte-bagages *m*

portare [pɔr'tare] *vt* **1.** porter **2.** *(condurre)* emmener **3.** *(prendere con sé)* emporter **4.** *(indurre)* amener **5.** *(barba, capelli lunghi)* avoir ● **portare qc a qn** apporter qqch à qqn ● **portare avanti qc** poursuivre qqch ● **portar via qc** *(rubare)* voler qqch ● **portare fortuna** porter chance

portasapone [pɔrtasa'pone] *sm inv* porte-savon *m*

portasigarette [portasiga'rette] *sm inv* porte-cigarettes *m inv*

portata [por'tata] *sf* 1. *(piatto)* plat *m* 2. *(di fiume)* débit *m* 3. *(importanza)* portée *f* ● essere a portata di mano être à portée de main ● alla portata di tutti à la portée de tout le monde

portatile [por'tatile] *agg* portable ◇ *sm* portable *m*

portatore, trice [porta'tore, 'tritʃe] *sm, f* *(di assegno)* porteur *m*, -euse *f* ● portatore di handicap handicapé *m*, -e *f*

portatovagliolo [portatovaʎ'ʎɔlo] *sm* rond *m* de serviette

portauovo [porta'wɔvo] *sm inv* coquetier *m*

portico, ci ['pɔrtiko, tʃi] *sm (colonnato)* arcades *fpl*

portiera [por'tjera] *sf* portière *f*

portiere, a [por'tjere, a] *sm, f* 1. *(portinaio)* concierge *mf* 2. *(di albergo)* portier *m*, -ère *f* 3. *(nel calcio)* gardien *m*, -enne *f* (de but)

portineria [portine'ria] *sf (di palazzo)* loge *f* du/de la concierge

¹ porto ['pɔrto] *sm* 1. port *m* 2. *(vino)* porto *m* ● porto d'armi port d'armes

² porto, a ['pɔrto, a] *pp* ➤ **porgere**

Portogallo [porto'gallo] *sm* ● il Portogallo le Portugal

portoghese [porto'gese] *agg* portugais(e) ◇ *smf* Portugais *m*, -e *f* ◇ *sm (lingua)* portugais *m*

portone [por'tone] *sm* porte *f* (d'un immeuble)

porzione [por'tsjone] *sf* 1. *(parte)* part *f* 2. *(di cibo)* portion *f*

posa ['pɔza] *sf (fotografica)* pose *f* ● mettersi in posa prendre la pose

posacenere [pɔza'tʃenere] *sm inv* cendrier *m*

posare [po'zare] *vt* poser ◇ *vi (per ritratto)* poser ● posarsi *vr* se poser

posate [po'zate] *sfpl* couverts *mpl*

positivo, a [pozi'tivo, a] *agg* positif(ive)

posizione [pozits'tsjone] *sf* position *f* ● avere una bella posizione *(casa)* être bien situé(e)

posologia [pozolo'dʒia] *sf* posologie *f*

possedere [posse'dere] *vt* posséder

possessivo, a [posses'sivo, a] *agg* possessif(ive)

possesso [pos'sesso] *sm* possession *f* ● essere in possesso di qc *(oggetti, facoltà)* être en possession de qqch

possibile [pos'sibile] *agg* possible ● ma non è possibile! ce n'est pas possible ! ● il più possibile le plus possible ● il più presto possibile le plus tôt possible ● se possibile si possible ◇ *sm* ● fare tutto il possibile (per fare qc) faire tout son possible (pour faire qqch)

possibilità [possibili'ta] *sf inv* possibilité *f* ● avere la possibilità di fare qc avoir la possibilità de faire qqch

posta ['pɔsta] *sf* 1. poste *f* 2. *(lettere)* courrier *m* ● per posta par la poste ● posta aerea poste aérienne ● posta elettronica courrier électronique

postale [pos'tale] *agg* postal(e)

posteggiare [posted'dʒare] *vt* garer

posteggiatore, trice [posteddʒa'tore, 'tritʃe] *sm, f* gardien *m*, -enne *f* de parking

posteggio [pos'tedʒdʒo] *sm* parking *m* • **posteggio a pagamento** parking payant

poster ['poster] *sm inv* poster *m*

posteriore [poste'rjore] *agg* postérieur(e)

posticipare [postitʃi'pare] *vt* repousser • **posticipare una riunione** repousser une réunion

postino, a [pos'tino, a] *sm, f* facteur *m*, -trice *f*

¹posto ['posto] *sm* **1.** place *f* **2.** *(località, locale)* endroit *m* **3.** *(impiego)* poste *m*, place *f* • **al posto di** à la place de • **mettere qc a posto** ranger qqch • **posto di blocco** barrage *m* • **posto letto** place *(pour dormir)* • **posto di polizia** poste de police

²posto, a [posto, a] *pp* ➤ **porre**

potabile [po'tabile] *agg* ➤ **acqua**

potare [po'tare] *vt* tailler

potente [po'tente] *agg* puissant(e)

potenza [po'tentsa] *sf* puissance *f*

¹potere [po'tere] *vi*

1. *(essere in grado di)* pouvoir • **puoi farmi un favore?** tu peux me rendre un service ? • **non posso farci niente** je n'y peux rien

2. *(avere il diritto di)* pouvoir • **non potete parcheggiare qui** vous ne pouvez pas vous garer ici

3. *(esprime eventualità)* pouvoir • **potrei sbagliarmi** je peux me tromper • **può darsi** c'est possible, ça se peut • **può darsi che...** il se peut que...

4. *(in espressioni)* • **non ce la può fare** il/elle n'y arrivera pas • **non ne posso più** *(di camminare)* je n'en peux plus *(de* marcher) • **a più non posso** comme un fou/une folle

²potere [po'tere] *sm* pouvoir *m* • **essere al potere** être au pouvoir • **hai il potere di farmi arrabbiare** tu as le don de m'énerver

I luoghi del potere

En Italie comme en France, tous les grands lieux du pouvoir politique sont concentrés dans la capitale. Le Quirinal est la résidence du Président de la République ; le palais Chigi est le siège du Conseil des Ministres, la Farnesina celui du ministère des Affaires Étrangères ; la Chambre des Députés siège au palais de Montecitorio, le Sénat au palais Madame ; enfin, le Capitole abrite la mairie de Rome.

povero, a [ˈpovero, a] *agg & sm, f* pauvre • **povero di qc** pauvre en qqch

pozza ['pottsa] *sf* **1.** *(fossa)* trou *m* **2.** *(liquido)* flaque *f*

pozzanghera [pots'tsangera] *sf* flaque *f* (de boue)

pozzo ['pottso] *sm* puits *m* • **pozzo petrolifero** puits de pétrole

pranzare [pran'dzare] *vi* déjeuner

pranzo ['prandzo] *sm* **1.** déjeuner *m* **2.** *(banchetto)* dîner *m* • **pranzo d'affari/di lavoro** déjeuner d'affaires/de travail • **invitare qn a pranzo** inviter qqn à déjeuner

prassi ['prassi] *sf inv* DIR procédure *f*

pratica, che ['pratika, ke] *sf* **1.** pratique *f* **2.** *(esercizio)* expérience *f* **3.** *(documenti)* dossier *m* ● **mettere in pratica qc** mettre qqch en pratique ● **in pratica** *(in realtà)* dans la o en pratique ; *(quasi)* pratiquement

praticamente [pratika'mente] *avv* pratiquement

pratico, a, ci, che ['pratiko, a, tʃi, ke] *agg* pratique ● **essere pratico di qc** *(esperto)* avoir l'expérience de qqch

prato ['prato] *sm* **1.** *(naturale)* pré *m* **2.** *(artificiale)* pelouse *f*

preavviso [preav'vizo] *sm* préavis *m*

precario, a [pre'karjo, a] *agg* précaire

precauzione [prekawts'tsjone] *sf* précaution *f*

precedente [pretʃe'dɛnte] *agg* précédent(e) ◇ *sm* précédent *m* ● **senza precedenti** sans précédent ● **precedenti penali** antécédents *mpl* (judiciaires)

precedenza [pretʃe'dɛntsa] *sf* priorité *f* ● **dare la precedenza (a)** *(in auto)* laisser la priorité (à)

precedere [pre'dʒedere] *vt* précéder

precipitare [pretʃipi'tare] *vi* **1.** tomber **2.** *(fig) (situazione)* dégénérer ● **precipitarsi** *vr* **1.** *(affrettarsi)* se précipiter **2.** *(buttarsi)* se jeter

precipitazione [pretʃipitats'tsjone] *sf* précipitation *f*

precipizio [pretʃi'pitstsjo] *sm* précipice *m*

precisare [pretʃi'zare] *vt* préciser

precisione [pretʃi'zjone] *sf* précision *f*

preciso, a [pre'tʃizo, a] *agg* précis(e)

precoce [pre'kɔtʃe] *agg* précoce

preda ['prɛda] *sf* proie *f* ● **essere in preda a qc** *(rimorsi, disperazione)* être en proie à qqch

predetto, a [pre'detto, a] *pp* ➤ predire

predica, che ['prɛdika, ke] *sf* sermon *m*

predire [pre'dire] *vt* prédire

predisporre [predis'porre] *vt* *(piano, misure)* prévoir ● **un'alimentazione scorretta predispone a molte malattie** une mauvaise alimentation prédispose à de nombreuses maladies

predisposizione [predispozits'tsjone] *sf* prédisposition *f*

predominare [predomi'nare] *vi* (pré)dominer

prefabbricato, a [prefabbri'kato, a] *agg* préfabriqué(e)

preferenza [prefe'rɛntsa] *sf* préférence *f*

preferire [prefe'rire] *vt* préférer ● **preferisco il pesce alla carne** je préfère le poisson à la viande ● **preferirei morire piuttosto che dirglielo** je préférerais mourir plutôt que de le lui dire

preferito, a [prefe'rito, a] *agg* préféré(e)

prefiggersi [pre'fidʒdʒersi] *vr* ● **prefiggersi uno scopo** se fixer un but

prefisso [pre'fisso] *sm* *(telefonico)* indicatif *m*

pregare [pre'gare] *vt & vi* prier ● **i passeggeri sono gentilmente pregati di non fumare** les passagers sont priés de ne pas fumer

preghiera [pre'gjera] *sf* prière *f*

pregiato, a [pre'dʒato, a] *agg* **1.** *(oggetto)* de valeur **2.** *(vino)* de grande qualité **3.** *(metallo)* précieux(euse)

pregio ['prɛdʒo] *sm* **1.** *(qualità)* qualité *f* **2.** *(valore)* valeur *f*

pregiudicare [predʒudi'kare] *vt* compromettre

pregiudicato, a [predʒudi'kato, a] *sm, f* repris *m* de justice

pregiudizio [predʒu'ditstsjo] *sm* préjugé *m*

prego ['prego] *esclam* **1.** *(risposta a ringraziamento)* de rien ! **2.** *(invito ad accomodarsi)* je t'en prie !, je vous en prie !

preistorico, a, ci, che [preis'tɔriko, a, tʃi, ke] *agg* préhistorique

prelavaggio [prela'vadʒdʒo] *sm* prélavage *m*

prelevare [prele'vare] *vt* **1.** prélever **2.** *(denaro)* retirer ● aspettami, devo prelevare attends-moi, je dois retirer de l'argent

prelievo [pre'ljevo] *sm* **1.** prélèvement *m* **2.** *(di denaro)* retrait *m*

preliminare [prelimi'nare] *agg* préliminaire ♦ **preliminari** *smpl* préliminaires *mpl*

premaman [prema'man] *agg inv* de grossesse

prematuro, a [prema'turo, a] *agg* prématuré(e)

premere ['premere] *vt* appuyer sur ◇ *vi* ● **premere su qc** appuyer sur qqch ● **premere su qn** faire pression sur qqn ● **questa faccenda mi preme molto** cette affaire me tient à cœur

premiare [pre'mjare] *vt* **1.** *(merito, onestà)* récompenser **2.** *(dare un premio a)* attribuer un prix à

premiazione [premjats'tsjone] *sf* remise *f* des prix

premio ['prɛmjo] *sm* prix *m* ● **premio (di assicurazione)** prime *f* (d'assurance)

premunirsi [premu'nirsi] *vr* ● premunirsi contro qc se prémunir contre qqch

premuroso, a [premu'rozo, a] *agg* attentionné(e), prévenant(e)

prendere ['prendere] *vt*
1. *(afferrare, sorprendere)* prendre ● **quanti pesci hai preso?** combien de poissons as-tu pris ? ● **prendere qn con le mani nel sacco** prendre qqn la main dans le sac ● **andare a prendere** aller chercher
2. *(da bere, da mangiare)* prendre ● **andiamo a prendere un caffè** allons prendre un café
3. *(mezzo di trasporto, strada)* prendre ● **prendere il treno** prendre le train ● **prenda la prima a destra** prenez la première à droite
4. *(ricevere)* prendre ; *(stipendio)* toucher
5. *(considerare)* prendre ● **prenderla bene/male** le prendre bien/mal ● **ma per chi mi hai preso, per un bugiardo?** mais pour qui me prends-tu, pour un menteur ? ● **mi scusi, l'avevo presa per un mio amico** excusez-moi, je vous avais pris pour un ami
6. *(malattia)* attraper ● **prendere freddo** attraper o prendre froid
7. *(in espressioni)* ● **prendere qc in affitto** louer qqch, prendre qqch en location ● **prendere una decisione** prendre une décision ● **prendere fuoco** prendre feu ● **prendere un impegno** prendre un engagement ● **prendere il sole** prendre le soleil o un bain de soleil
◇ *vi*
1. *(colla, cemento, fuoco)* prendre
2. *(cominciare)* ● **prendere a fare qc** se mettre à faire qqch

• **prendersi** *vr* • **prendersela** *(offendersi)* se vexer • **prendersela con qn** *(arrabbiarsi)* s'en prendre à qqn • **prendersi uno spavento** prendre peur • **prendersi un raffreddore** attraper un rhume • **prendersi cura di** faire attention à

prendisole [prendi'sole] *sm inv (abito)* robe *f* de plage

prenotare [preno'tare] *vt* réserver • **prenotare un taxi** commander un taxi

prenotazione [prenotats'tsjone] *sf* réservation *f*

preoccupare [preokku'pare] *vt* inquiéter • **preoccuparsi (per)** *vr+prep* se faire du souci (pour) • **preoccuparsi di** *vr+prep* s'occuper de

preoccupato, a [preokku'pato, a] *agg* inquiet(ète)

preoccupazione [preokkupats'tsjone] *sf* **1.** souci *m* **2.** *(ansietà)* inquiétude *f*

preparare [prepa'rare] *vt* préparer • **preparare da mangiare** préparer à manger • **prepararsi** *vr* se préparer • **mi sto preparando per uscire** je me prépare pour sortir • **preparati a ricevere una bella ramanzina** prépare-toi à recevoir un bon savon

preparativi [prepara'tivi] *smpl* préparatifs *mpl*

preposizione [prepozits'tsjone] *sf* préposition *f*

prepotente [prepo'tente] *agg* despotique, tyrannique ◇ *smf* despote *m*, tyran *m*

presa ['presa] *sf* **1.** *(stretta)* prise *f* **2.** *(di sale, pepe)* pincée *f* • **presa (di corrente)** prise (de courant) • **essere alle prese con** être aux prises avec

presbite ['prezbite] *agg* presbyte

prescindere [pres'ʃindere] • **prescindere da** *v+prep* faire abstraction de • **a prescindere da** indépendamment de

prescritto, a [pres'kritto, a] *pp* ➤ **prescrivere**

prescrivere [pres'krivere] *vt* prescrire

presentare [prezen'tare] *vt* présenter • **ho presentato Laura ai miei genitori** j'ai présenté Laura à mes parents • **presentarsi** *vr* **1.** se présenter **2.** *(giornata, lavoro)* s'annoncer

presentatore, trice [prezenta'tore, 'tritʃe] *sm, f* présentateur *m*, -trice *f*

presentazione [prezentats'tsjone] *sf* présentation *f* • **fare le presentazioni** faire les présentations

presente [pre'zente] *smf* • **i presenti** les personnes *fpl* présentes ◇ *agg* présent(e) • **aver presente qc** se rappeler qqch • **tener presente che** ne pas oublier que

presentimento [prezenti'mento] *sm* pressentiment *m*

presenza [pre'zentsa] *sf* présence *f* • **in presenza di tutti** en présence de tout le monde

presepe [pre'zepe] *sm* = **presepio**

presepio [pre'zepjo] *sm* crèche *f*

preservativo [prezerva'tivo] *sm* préservatif *m*

preside [pre'side] *smf* **1.** *(di scuola media)* ≃ directeur *m*, -trice *f* **2.** *(di scuola superiore)* ≃ proviseur *m*

presidente [presi'dente] *smf* président *m*, -e *f* • **presidente del Consiglio** ≃ Premier ministre *m* • **presidente della Repubblica** Président de la République

preso, a ['prezo, a] *pp* ➤ **prendere**

pressappoco [pressa'ppoko] *avv* à peu près, environ

pressare [pres'sare] *vt* presser

pressione [pres'sjone] *sf* pression *f* • **essere sotto pressione** être sous pression • **far pressione su qn** faire pression sur qqn • **misurare la pressione a qn** prendre la tension à qqn

presso ['presso] *prep* 1. chez 2. *(vicino a)* près de 3. *(alle dipendenze di)* pour • **pressi** *smpl* • **nei pressi di Siena** dans les environs de Sienne

prestare [pres'tare] *vt* • prestare qc (a qn) prêter qqch (à qqn) • **prestarsi** *vr+prep* • **mi presto volentieri ad aiutarlo** je me propose volontiers de l'aider • **un tessuto che si presta a essere ricamato** un tissu qui se prête à la broderie

prestazione [prestats'tsjone] *sf* prestation *f* • **prestazioni** *sfpl (servizi)* services *mpl*

prestigiatore, trice [prestidʒa'tore, 'tritʃe] *sm, f* prestidigitateur *m*, -trice *f*

prestito ['prestito] *sm* prêt *m* • **dare in prestito qc (a qn)** prêter qqch (à qqn) • **prendere qc in prestito (da qn)** emprunter qqch (à qqn)

presto ['presto] *avv* 1. tôt 2. *(fra poco)* bientôt 3. *(in fretta)* vite • **a presto!** à bientôt ! • **al più presto** au plus vite • **fai presto!** dépêche-toi !, fais vite !

presumere [pre'zumere] *vt* présumer

presunto, a [pre'zunto, a] *pp* ➤ **presumere**

presuntuoso, a [prezun'twozo, a] *agg* présomptueux(euse)

prete ['prete] *sm* prêtre *m*

pretendere [pre'tendere] *vt* 1. *(esigere)* exiger 2. *(affermare, volere con ostinazione)* prétendre • **pretende che tutti lo ascoltino** il exige que tout le monde l'écoute • **pretendeva che andassi da lui** il exigeait que j'aille chez lui • **pretende di averlo visto entrare nell'edificio** il/elle prétend l'avoir vu entrer dans le bâtiment

preteso, a [pre'tezo, a] *pp* ➤ **pretendere**

pretesto [pre'testo] *sm* prétexte *m*

prevalente [preva'lente] *agg* dominant(e)

prevalere [preva'lere] *vi* (pré)dominer

prevedere [preve'dere] *vt* prévoir • **prevedere di** *v+prep* envisager de

prevenire [preve'nire] *vt* prévenir

1 preventivo [preven'tivo] *sm* devis *m*

2 preventivo, a [preven'tivo, a] *agg* préventif(ive)

prevenzione [preven'tsjone] *sf* prévention *f*

previdenza [previ'dentsa] *sf* prévoyance *f* • **previdenza sociale** sécurité *f* sociale

previo, a ['prevjo, a] *agg* • **previo pagamento** contre paiement

previsione [previ'zjone] *sf* prévision *f* • **in previsione di** en prévision de • **previsioni del tempo o meteorologiche** prévisions météo(rologiques)

previsto, a [pre'visto, a] *pp* ➤ **prevedere** ◇ *agg* prévu(e) • **previsto** *sm* • **più/meno del previsto** plus/moins que prévu

prezioso, a [prets'tsjozo, a] *agg* précieux(euse)

prezzemolo [prets'tsemolo] *sm* persil *m*

prezzo ['pretstso] *sm* prix *m* • **il prezzo è comprensivo del servizio** le service est compris dans le prix ● **a buon prezzo** à bon marché

prigione [pri'dʒone] *sf* prison *f*

prigioniero, a [pridʒo'njero, a] *agg & sm, f* prisonnier(ère)

prima ['prima] *sf* **1.** première *f* **2.** *(in treno)* première *f* (classe) **3.** *(in aereo)* classe *f* affaires ◇ *avv* **1.** avant **2.** *(più presto)* avant, plus tôt **3.** *(per prima cosa, nello spazio)* avant, d'abord ● **prima che lui arrivi** avant qu'il (n') arrive ● **fai prima di qua** tu iras plus vite par là ● **prima di cena** avant le dîner ● **prima di partire** avant de partir ● **prima d'ora** avant ● **prima di tutto** avant tout ● **prima o poi** tôt ou tard ● **l'anno prima** l'année précédente

¹**primario** [pri'marjo] *sm* MED médecin-chef *m*

²**primario, a** [pri'marjo, a] *agg* primordial(e)

primato [pri'mato] *sm* **1.** *(supremazia)* suprématie *f* **2.** SPORT record *m*

primavera [prima'vera] *sf* printemps *m*

primitivo, a [primi'tivo, a] *agg* primitif(ive)

primo, a ['primo, a] *agg num* premier(ère) ● **di prima qualità** de premier choix ◆ **primo** *sm* **1.** *(portata)* entrée *f* **2.** *(piano)* premier étage *m* **3.** *(giorno)* premier jour *m* ● **il primo (di) marzo** le premier mars ● **ai primi d'ottobre** au début du mois d'octobre, début octobre

primogenito, a [primo'dʒenito, a] *agg & sm, f* aîné(e)

primula ['primula] *sf* primevère *f*

principale [printʃi'pale] *agg* principal(e) ◇ *smf* chef *mf*

principe ['printʃipe] *sm* prince *m*

principessa [printʃi'pessa] *sf* princesse *f*

principiante [printʃi'pjante] *smf* débutant *m*, -e *f*

principio [prin'tʃipjo] *sm* **1.** *(inizio)* début *m* **2.** *(norma)* principe *m* ● **in o al principio** au début ● **per principio** par principe

priorità [priori'ta] *sf inv* priorité *f*

privare [pri'vare] *vt* ● **privare qn di qc** priver qqn de qqch ◆ **privarsi di** *vr+prep* se priver de

¹**privato** [pri'vato] *sm* *(cittadino)* particulier *m* ● **in privato** en privé

²**privato, a** [pri'vato, a] *agg* privé(e)

privilegiare [privile'dʒare] *vt* privilégier

privo, a ['privo, a] *agg* ● **privo(a) di qc** dépourvu(e) de qqch

pro [prɔ] *sm inv* ● **a che pro?** à quoi bon ? ● **i pro e i contro** le pour et le contre

probabile [pro'babile] *agg* probable ● **è probabile che piova** il est probable qu'il pleuve

probabilità [probabili'ta] *sf inv* **1.** probabilité *f* **2.** *(di riuscita)* chance *f* **3.** *(rischio)* risque *m* ● **con ogni o tutta probabilità** très probablement

probabilmente [probabil'mente] *avv* probablement

problema, i [pro'blɛma, i] *sm* problème *m*

proboscide [pro'bɔʃʃide] *sf* trompe *f*

procedere [pro'tʃedere] *vi* **1.** avancer **2.** *(agire)* procéder

procedimento [protʃedi'mento] *sm* procédé *m*

procedura [protʃe'dura] *sf* procédure *f*

processare [protʃes'sare] *vt* poursuivre (en justice)

processione [protʃes'sjone] *sf* procession *f*

processo [pro'tʃɛsso] *sm* 1. DIR procès *m* 2. *(operazione, metodo)* processus *m*

processore [protʃes'sore] *sm* INFORM processeur *m*

procinto [pro'tʃinto] *sm* ● essere in procinto di fare qc être sur le point de faire qqch

proclamare [prokla'mare] *vt* proclamer

procurare [proku'rare] *vt* ● procurare qc a qn *(far ottenere)* procurer qqch à qqn ◆ **procurarsi** *vr* ● procurarsi qc se procurer qqch

¹**prodotto** [pro'dotto] *sm* produit *m*

²**prodotto, a** [pro'dotto, a] *pp* > **produrre**

produrre [pro'durre] *vt* produire

produttore, trice [produt'tore, 'tritʃe] *sm, f* producteur *m*, -trice *f*

produzione [produts'tsjone] *sf* production *f*

prof. *(abbr scritta di professore)* Pr. *(Professeur)*

profano, a [pro'fano, a] *agg* profane

professionale [professjo'nale] *agg* professionnel(elle)

professione [profes'sjone] *sf* profession *f*

professionista, i, e [professjo'nista, i, e] *smf* professionnel *m*, -elle *f*

professore, essa [profes'sore, 'essa] *sm, f* professeur *m*

profilo [pro'filo] *sm* profil *m* ● di profilo de profil

profiterole [profite'rɔl] *sm inv* profiteroles *fpl*

profitto [pro'fitto] *sm* profit *m* ● trarre profitto da qc tirer profit de qqch

profondità [profondi'ta] *sf inv* profondeur *f*

profondo, a [pro'fondo, a] *agg* profond(e) ● profondo 20 metri de 20 mètres de profondeur

prof.ssa *(abbr scritta di professoressa)* (Madame) Pr. *(Professeur)*

profugo, a, ghi, ghe ['prɔfugo, a, gi, ge] *sm, f* réfugié *m*, -e *f*

profumare [profu'mare] *vt* parfumer ◇ *vi* sentir bon ● questo sapone profuma di violetta ce savon sent bon la violette

profumato, a [profu'mato, a] *agg* parfumé(e)

profumeria [profume'ria] *sf* parfumerie *f*

profumo [pro'fumo] *sm* parfum *m*

progettare [prodʒet'tare] *vt* 1. *(meditare)* projeter 2. *(disegnare)* concevoir

progetto [pro'dʒetto] *sm* projet *m*

programma, i [pro'gramma, i] *sm* 1. programme *m* 2. *(progetto)* projet *m* 3. *(trasmissione)* émission *f*

programmare [program'mare] *vt* programmer

progredire [progre'dire] *vi* progresser

progressivo, a [progres'sivo, a] *agg* progressif(ive)

progresso [pro'gresso] *sm* progrès *m* ● fare progressi faire des progrès

proibire [proi'bire] *vt* interdire, défendre ● proibire a qn di fare qc interdire o défendre à qqn de faire qqch ● è proibito fumare il est interdit de fumer

proiettare [projet'tare] *vt* projeter

proiettile [pro'jettile] *sm* projectile *m*

proiezione [projets'tsjone] *sf* projection f

proletario, a [prole'tarjo, a] *agg & sm, f* prolétaire

prolunga, ghe [pro'lunga, ge] *sf* rallonge f

prolungare [prolun'gare] *vt* prolonger ◆ **prolungarsi** *vr* se prolonger

promessa [pro'messa] *sf* promesse f ● **mantenere una promessa** tenir une promesse

promesso, a [pro'messo, a] *pp* ➤ **promettere**

promettere [pro'mettere] *vt* promettre ● **promettere (a qn) di fare qc** promettre (à qqn) de faire qqch ● **promette bene!** ça promet !

promontorio [promon'tɔrjo] *sm* promontoire m

promosso, a [pro'mɔsso, a] *pp* ➤ **promuovere**

promotore, trice [promo'tore, 'tritʃe] *sm, f* promoteur m, -trice f

promozione [promots'tsjone] *sf* 1. promotion f 2. *SCOL* passage m dans la classe supérieure

promulgare [promul'gare] *vt* promulguer

promuovere [pro'mwɔvere] *vt* 1. promouvoir 2. *SCOL* faire passer (dans la classe supérieure)

pronome [pro'nome] *sm* pronom m

pronto, a ['pronto, a] *agg* prêt(e) ● **essere pronto a fare qc** être prêt à faire qqch ● **pronto soccorso** urgences *fpl* ◆ **pronto** *esclam* allô ! ● **pronto, chi parla?** allô, qui est à l'appareil ?

pronuncia, ce [pro'nuntʃa, tʃe] *sf* prononciation f

pronunciare [pronun'tʃare] *vt* prononcer ◆ **pronunciarsi** *vr* se prononcer

pronunzia [pro'nuntsja] *sf* = **pronuncia**

propenso, a [pro'penso, a] *agg* ● **essere propenso(a) a fare qc** être enclin(e) à faire qqch

proporre [pro'porre] *vt* ● **proporre qc (a qn)** proposer qqch (à qqn) ● **proporre (a qn) di fare qc** proposer (à qqn) de faire qqch ◆ **proporsi** *vr* ● **proporsi un obiettivo** se fixer un objectif ● **mi sono proposto di finire questo lavoro entro domani** je me suis proposé de finir ce travail d'ici demain

proporzionato, a [proportjo'nato, a] *agg* proportionné(e)

proporzione [propor'tsjone] *sf* proportion f ● **in proporzione a** par rapport à, en proportion de

proposito [pro'pɔzito] *sm* résolution f ● **fare qc di proposito** faire qqch exprès ● **a proposito, ti devo restituire i soldi** à propos, je dois te rendre tes sous ● **capitare a proposito** arriver au bon moment

proposta [pro'posta] *sf* proposition f

proposto, a [pro'posto, a] *pp* ➤ **proporre**

proprietà [proprje'ta] *sf inv* propriété f ▼ **proprietà privata** propriété privée

proprietario, a [proprje'tarjo, a] *sm, f* propriétaire mf

¹proprio ['prɔprjo] *avv* 1. *(veramente)* vraiment 2. *(precisamente)* exactement ● **non proprio** pas vraiment ● **non ne ho proprio idea** je n'en ai pas la moindre

idée ● **proprio così** parfaitement ● **mettersi in proprio** se mettre à son compte
²proprio, a ['prɔprjo, a] *agg (senso)* propre ● **ognuno prenda la propria macchina** que chacun prenne sa (propre) voiture

prora ['prɔra] *sf* **1.** *(di nave)* proue *f* **2.** *(di aereo)* avant *m*

prosa ['prɔza] *sf* prose *f*

prosciutto [proʃ'ʃutto] *sm* jambon *m* ● **prosciutto cotto** jambon blanc ● **prosciutto crudo** jambon cru

proseguire [prose'gwire] *vt* poursuivre ◇ *vi* **1.** *(progredire)* avancer **2.** *(continuare)* continuer

prospettiva [prospet'tiva] *sf* perspective *f*

prossimità [prossimi'ta] *sf inv* ● **in prossimità di qc** à proximité de qqch

prossimo, a ['prɔssimo, a] *agg* prochain(e) ● **la settimana prossima** la semaine prochaine ● **il prossimo maggio/ settembre** courant mai/septembre ◆ **prossimo** *sm* prochain *m* ● **avanti il prossimo!** au suivant !

prostituta [prosti'tuta] *sf* prostituée *f*

protagonista, i, e [protago'nista, i, e] *smf* **1.** *(di libro, film)* personnage *m* principal **2.** *(di situazione)* protagoniste *mf*

proteggere [pro'tɛddʒere] *vt* ● **proteggere qn/qc (da)** protéger qqn/qqch (de)

protesta [pro'tɛsta] *sf* protestation *f*

protestante [protes'tante] *agg & smf* protestant(e)

protestare [protes'tare] *vi* protester

protetto, a [pro'tetto, a] *pp* ➤ **proteggere**

protezione [protets'tsjone] *sf* protection *f*

protocollo [proto'kɔllo] *sm* protocole *m*

prototipo [pro'tɔtipo] *sm* prototype *m*

prova ['prɔva] *sf* **1.** preuve *f* **2.** *(esperimento)* essai *m* **3.** *(di spettacolo)* répétition *f* **4.** *(esame)* épreuve *f* ● **dar prova di qc** faire preuve de qqch ● **mettere qn alla prova** mettre qqn à l'épreuve ● **fino a prova contraria** jusqu'à preuve du contraire ● **in prova** à l'essai ● **fare le prove** répéter

provare [pro'vare] *vt* **1.** *(vestito)* essayer **2.** *(cibo)* goûter **3.** *(sentire)* éprouver **4.** *(dimostrare)* prouver **5.** *(tentare)* ● **provare a fare qc** essayer de faire qqch ◆ **provarci** *vi (fam)* tenter le coup ● **provarci con qn** draguer qqn ◆ **provarsi** *vr* ● **provarsi qc** essayer qqch

proveniente [prove'njɛnte] *agg* ● **proveniente da** en provenance de

provenienza [prove'njɛntsa] *sf (origine)* origine *f* ● **in provenienza da** en provenance de

provenire [prove'nire] ◆ **provenire da** *v+prep* provenir de

provenuto, a [prove'nuto, a] *pp* ➤ **provenire**

proverbio [pro'vɛrbjo] *sm* proverbe *m*

provetta [pro'vetta] *sf* éprouvette *f*

provider [pro'vajder] *sm inv* fournisseur *m* d'accès

provincia, ce [pro'vintʃa, tʃe] *sf* **1.** *(ente)* province *f (unité administrative organisée autour d'un chef-lieu)* **2.** *(opposta a grandi città)* province *f*

provinciale [provin'tʃale] *agg* provincial(e) ◇ *sf* ≃ (route *f*) départementale *f*

provino [pro'vino] *sm* **1.** *(audizione)* audition *f*, casting *m* **2.** *(fotografico)* épreuve *f* *pu*

provocante [provo'kante] *agg* provocant(e)

provocare [provo'kare] *vt* provoquer

provocazione [provokats'tsjone] *sf* provocation *f*

provolone [provo'lone] *sm fromage de lait de vache à pâte dure*

provvedere [provve'dere] *vi* ● **provvedere a** s'occuper de

provvedimento [provvedi'mento] *sm* mesure *f*

provvisorio, a [provvi'zɔrjo, a] *agg* provisoire

provviste [prov'viste] *sfpl* provisions *fpl*

prua ['prua] *sf* proue *f*

prudente [pru'dɛnte] *agg* prudent(e)

prudenza [pru'dɛntsa] *sf* prudence *f* ▼ **prudenza** (*su strada*) soyez prudents

prudere ['prudere] *vi* démanger ● **mi prude una gamba** j'ai une jambe qui me démange

prugna ['prunɲa] *sf* prune *f* ● **prugna secca** pruneau *m*

pruno ['pruno] *sm* ronce *f*

prurito [pru'rito] *sm* démangeaison *f*

P.S. [pi'ɛsse] *sm* **1.** (*abbr di postscriptum*) P.S. **2.** *abbr scritta di* Pubblica Sicurezza

pseudonimo [psew'dɔnimo] *sm* pseudonyme *m*

psicanalisi [psika'nalizi] *sf inv* psychanalyse *f*

psicanalista, i, e [psikana'lista, i, e] *smf* psychanalyste *mf*

psiche ['psike] *sf* psyché *f*

psichiatra, i, e [psi'kjatra, i, e] *smf* psychiatre *mf*

psicologia [psikolo'dʒia] *sf* psychologie *f*

psicologico, a, ci, che [psiko'lɔdʒiko, a, tʃi, ke] *agg* psychologique

psicologo, a, gi, ghe [psi'kɔlogo, a, dʒi, ge] *sm, f* psychologue *mf*

pubblicare [pubbli'kare] *vt* publier

pubblicazione [pubblikats'tsjone] *sf* publication *f* ● **pubblicazioni matrimoniali** bans *mpl*

pubblicità [pubblitʃi'ta] *sf inv* publicité *f*

¹pubblico, ci ['pubbliko, tʃi] *sm* public *m* ● **in pubblico** en public

²pubblico, a, ci, che ['pubbliko, a, tʃi, ke] *agg* public(lque) ● **la Pubblica Sicurezza** la Sécurité Publique

pube ['pube] *sm* pubis *m*

pubertà [puber'ta] *sf inv* puberté *f*

pudore [pu'dore] *sm* pudeur *f*

puerile [pwe'rile] *agg* (*immaturo*) puéril(e)

pugilato [pudʒi'lato] *sm* boxe *f*

pugile ['pudʒile] *smf* boxeur *m*, -euse *f*

Puglia ['puʎʎa] *sf* ● **la Puglia** les Pouilles *fpl*

pugnalare [puɲɲa'lare] *vt* poignarder

pugno ['puɲɲo] *sm* **1.** poing *m* **2.** (*colpo*) coup *m* de poing **3.** (*quantità*) poignée *f*

pulce ['pultʃe] *sf* puce *f*

Pulcinella [pultʃi'nella] *sm* Polichinelle *m*

pulcino [pul'tʃino] *sm* poussin *m*

puledro, a [pu'ledro, a] *sm, f* poulain *m*, pouliche *f*

pulire [pu'lire] *vt* nettoyer ◆ **pulirsi** *vr* ● **pulirsi il viso** se nettoyer le visage ● **pulirsi le scarpe** cirer ses chaussures

pulita [pu'lita] *sf* ● **dare una pulita a qc** nettoyer qqch

pulito, a [pu'lito, a] *agg* propre ● **avere la coscienza pulita** avoir la conscience tranquille

pulizia [pulits'tsia] *sf* 1. *(stato)* propreté *f* 2. *(atto)* nettoyage *m* ● **fare le pulizie** faire le ménage

pullman ['pullman] *sm inv* 1. *(in città)* (auto)bus *m* 2. *(da turismo)* (auto)car *m* (de tourisme)

pullover [pul'lover] *sm inv* pull-(over) *m*

pulmino [pul'mino] *sm* minibus *m*

pulsante [pul'sante] *sm* bouton *m*

pulsare [pul'sare] *vi* battre

pungere ['pundʒere] *vt* piquer

pungiglione [pundʒiʎ'ʎone] *sm* dard *m*

punire [pu'nire] *vt* punir

punizione [punits'tsjone] *sf* 1. punition *f* 2. *(nel calcio)* coup *m* franc

punta ['punta] *sf* 1. pointe *f* 2. *(di dita, scarpe)* bout *m* ● **in punta di piedi** sur la pointe des pieds

puntare [pun'tare] *vt* 1. *(gomiti)* appuyer 2. *(arma)* braquer 3. *(scommettere)* miser ● **puntare i piedi** refuser d'avancer ; *(fig)* se buter

puntata [pun'tata] *sf* 1. *(episodio)* épisode *m* 2. *(scommessa)* mise *f* ● **a puntate** à épisodes

punteggiatura [punted̠ʒd̠ʒa'tura] *sf* ponctuation *f*

punteggio [pun'ted̠ʒd̠ʒo] *sm* score *m*

puntina [pun'tina] *sf* ● **puntina da disegno** punaise *f*

puntino [pun'tino] *sm* point *m* ● **fare qc a puntino** faire qqch à la perfection ● **puntini di sospensione** points de suspension

¹punto ['punto] *sm* 1. point *m* 2. *(luogo)* endroit *m* 3. *(momento)* moment *m* ● **questo è il punto** là est la question ● **punto esclamativo** point d'exclamation ● **punto interrogativo** point d'interrogation ● **punto di riferimento** point de repère ● **punto di ritrovo** lieu *m* de rendez-vous ● **punto vendita** point de vente ● **punto e virgola** point-virgule *m* ● **punto di vista** point de vue ● **punti cardinali** points cardinaux ● **essere sul punto di fare qc** être sur le point de faire qqch ● **essere a buon punto** avoir (bien) avancé(e) ● **fare il punto della situazione** faire le point de la situation ● **mettere a punto qc** mettre qqch au point ● **a tal punto che** à tel point que ● **di punto in bianco** de but en blanc ● **le tre in punto** trois heures précises

²punto, a ['punto, a] *pp* ➤ pungere

puntuale [puntu'ale] *agg* ● **essere puntuale** *(qualità)* être ponctuel(elle) ; *(a un appuntamento)* être à l'heure

puntualità [puntwali'ta] *sf inv* ponctualité *f*

puntura [pun'tura] *sf* piqûre *f*

punzecchiare [puntsek'kjare] *vt* 1. piquer 2. *(fig)* *(infastidire)* taquiner

pupazzo [pu'patstso] *sm* pantin *m*

pupilla [pu'pilla] *sf* ANAT pupille *f*

pur [pur] ➤ pure

purché [pur'ke] *cong* pourvu que

pure ['pure] *avv* *(anche)* aussi ◇ *cong* ● **pur volendo, non potrei** même si je le voulais, je ne pourrais pas ● **farebbe di tutto, pur di vincere** il ferait tout pour gagner ● **faccia pure!** allez-y !

purè [pu're] *sm inv* purée *f* ● **purè di patate** purée (de pommes de terre)

purezza [pu'retstsa] *sf* pureté *f*

purga, ghe ['purga, ge] *sf* purge *f*

purgare [pur'gare] *vt* purger

purgatorio [purga'tɔrjo] *sm* purgatoire *m*

puro, a ['puro, a] *agg* pur(e)

purosangue [puro'sangwe] *agg inv* pur-sang (*inv*)

purtroppo [pur'trɔppo] *avv* malheureusement

pustola ['pustola] *sf* pustule *f*

putiferio [puti'fɛrjo] *sm* ● **scatenare un putiferio** déclencher une tempête

putrefarsi [putre'farsi] *vr* pourrir, se putréfier

putrefatto, a [putre'fatto, a] *agg* **1.** (*alimento*) pourri(e) **2.** (*corpo*) putréfié(e)

putrido, a ['putrido] *agg* putride

puttana [put'tana] *sf* (*volg*) (*prostituta*) putain *f*

puzza ['putstsa] *sf* puanteur *f* ● **c'è puzza di bruciato** ça sent le brûlé

puzzare [puts'tsare] *vi* puer

puzzo ['putstso] *sm* = puzza

puzzola ['putstsola] *sf* putois *m*

puzzolente [putstso'lente] *agg* puant(e)

q Q

QI [ku'i] (*abbr di Quoziente d'Intelligenza*) *sm inv* QI *m inv* (*Quotient Intellectuel*)

qua [kwa] *avv* ici ● **al di qua di** de ce côté de ● **di qua e di là** de-ci de-là ● **ecco qua**

voilà ● **questo qua** celui-ci ● **per di qua** par ici

quaderno [kwa'dɛrno] *sm* cahier *m*

quadrante [kwa'drante] *sm* cadran *m*

quadrare [kwa'drare] *vi* **1.** (*bilancio*) être o tomber juste **2.** (*coincidere*) correspondre ● **non mi quadra** (*fam*) il y a quelque chose qui cloche

¹**quadrato** [kwa'drato] *sm* carré *m* ● **al quadrato** au carré

²**quadrato, a** [kwa'drato, a] *agg* carré(e)

quadretto [kwa'dretto] *sm* ● **a quadretti** (*tessuto*) à carreaux ; (*foglio*) quadrillé(e)

quadrifoglio [kwadri'fɔʎʎo] *sm* trèfle *m* à quatre feuilles

quadrimestre [kwadri'mɛstre] *sm* période *f* de quatre mois

quadro ['kwadro] *sm* **1.** tableau *m* **2.** (*politico, culturale*) contexte *m* **3.** (*in azienda*) cadre *m* ◆ **quadri** *smpl* (*nelle carte*) càrreau *m*

quadruplo, a ['kwadruplo, a] *agg* quadruple ◆ **quadruplo** *sm* quadruple *m*

quaggiù [kwadʒ'dʒu] *avv* ici

quaglia ['kwaʎʎa] *sf* caille *f*

qual [kwal] ➤ **quale**

qualche ['kwalke] *agg*

1. (*alcuni*) quelques ● **restiamo solo qualche giorno** nous ne restons que quelques jours ● **c'è qualche novità?** il y a du nouveau ? ● **qualche volta** quelquefois

2. (*uno*) un (une) ● **l'ho letto in qualche articolo** je l'ai lu dans un article ● **in qualche modo** d'une façon ou d'une autre ● **da qualche parte** quelque part

3. (*un certo*) un certain (une certaine), quelque ● **un dettaglio di qualche importanza** un détail d'une certaine importance ● ci siamo frequentati per qualche tempo nous nous sommes fréquentés pendant quelque temps ● qualche cosa = qualcosa

qualcheduno, a [kwalke'duno, a] = qualcuno

qualcosa [kwal'kɔza] *pron (una o più cose)* quelque chose ● qualcosa da bere quelque chose à boire ● qualcosa di nuovo quelque chose de nouveau ● qualcos'altro quelque chose d'autre

qualcuno, a [kwal'kuno, a] *pron* **1.** *(uno)* quelqu'un **2.** *(alcuni)* quelques-uns (quelques-unes) ● qualcun altro quelqu'un d'autre ● qualcuno di voi l'un d'entre vous

quale ['kwale] *agg interr* quel (quelle) ● qual è il tuo scrittore preferito ? quel est ton écrivain préféré ? ● non so quale libro scegliere je ne sais pas quel livre choisir ● in quale albergo hai prenotato ? dans quel hôtel as-tu réservé ?
◇ *agg rel (come)* comme, tel (telle) que ● alcuni animali quali il cane certains animaux comme o tels que le chien ● è tale (e) quale il tuo c'est la copie conforme du tien
◇ *pron interr* lequel (laquelle, lesquels, lesquelles) ● quale vuole di questi cappelli? lequel de ces chapeaux voulez-vous ? ● non so quale scegliere je ne sais pas lequel choisir
◇ *pron relativo (in qualità di)* en tant que ● vengo quale accompagnatore je viens en tant qu'accompagnateur
● il quale, la quale *(mpl* i quali, *fpl* le quali) *pron relativo (soggetto)* qui, lequel (laquelle, lesquels, lesquelles) ; *(con pre-*

posizione) lequel (laquelle, lesquels, lesquelles) ● suo fratello, il quale è un mio amico son frère, qui o lequel est mon ami ● l'albergo nel quale alloggio l'hôtel où o dans lequel je loge ● la persona con la quale discuto la personne avec laquelle o avec qui je discutais

qualifica, che [kwa'lifika, ke] *sf* qualification *f*

qualificare [kwalifi'kare] *vt* qualifier ● qualificarsi *vr* se qualifier

qualificativo, a [kwalifika'tivo, a] *agg* qualificatif(ive)

qualità [kwali'ta] *sf inv* **1.** qualité *f* **2.** *(varietà)* variété *f* ● in qualità di en qualité de

qualsiasi [kwal'siasi] = qualunque

qualunque [kwa'lunkwe] *agg* n'importe quel (quelle) ● dammi un giornale qualunque donne-moi n'importe quel journal ● per qualunque motivo tu l'abbia fatto, non hai giustificazioni quelle que soit la raison de ton geste, tu n'as aucune excuse ● qualunque abuso sarà punito tout abus sera puni ● qualunque cosa n'importe quoi ● qualunque cosa succeda quoiqu'il arrive ● uno qualunque n'importe lequel

quando ['kwando] *avv* quand ◇ *cong* quand ● quando (invece) alors que ● da quando sono qui depuis que je suis ici ● da quando sei qui? tu es ici depuis quand ? ● da quando in qua...? depuis quand... ? ● da quando...? de quand... ?

quantità [kwanti'ta] *sf inv* quantité *f* ● una quantità di *(abbondanza)* une (grande) quantité de

quanto, a ['kwanto, a] *agg interr*
1. (*in frasi interrogative*) combien de
● **quanto tempo ci vuole?** combien de
temps faut-il ? ● **quanti anni hai?** quel
âge as-tu ?
2. (*in frasi esclamative*) que de ● **quanta fatica sprecata!** que d'efforts inutiles !
◇ *agg rel* autant de... que ● **puoi restare
quanto tempo vuoi** tu peux rester autant
de temps que tu voudras
◇ *pron interr* combien ● **prima di comprare il pane, guarda quanto ce n'è** avant
d'acheter du pain, regarde combien il y
en a ● **quanti ne vuoi?** combien en veux-
tu ? ● **quanti di voi ci vanno?** combien
d'entre vous y vont ?
◇ *pron relativo* (*quello che*) ● **dammene
quanto ti pare** donne-m'en autant que
tu veux ● **per quanto ne so** pour autant
que je sache
◆ **quanto** *avv*
1. (*interrogativo, esclamativo*) ● **quanto ti
fermi?** tu restes combien de temps ?
● **quanto costa?** combien ça coûte ?
● **quanto è alta questa montagna?** quelle est la hauteur de cette montagne ?
● **quanto mi dispiace!** je suis vraiment
désolé(e) ! ● **sai quanto ci tenga** tu sais à
quel point j'y tiens
2. (*relativo*) ● **mangia quanto vuoi**
autant que tu veux ● **mi sforzo quanto
posso** je fais tout mon possible ● **quanto
prima** dès que possible
3. (*in espressioni*) ● **non so cosa dirti, in
quanto non c'ero** je ne sais pas quoi te
dire, dans la mesure où je n'étais pas là
● **per quanto si sforzi, non ci riesce** il a
beau faire des efforts, il n'y arrive pas

quantomeno [kwanto'meno] *avv* au
moins

quaranta [kwa'ranta] *num* quarante
➤ **sei**

quarantena [kwaran'tena] *sf* quarantaine *f* (*isolement*)

quarantesimo, a [kwaran'tɛzimo, a]
num quarantième, ➤ **sesto**

quarantina [kwaran'tina] *sf* ● **una quarantina (di)** une quarantaine (de) ● **essere sulla quarantina** avoir dans les 40
ans

quaresima [kwa'rezima] *sf* carême *m*

quarta ['kwarta] *sf* (*marcia*) quatrième *f*

quartetto [kwar'tetto] *sm* **1.** MUS qua-
tuor *m* **2.** (*di jazz*) quartette *m*

quartiere [kwar'tjere] *sm* quartier *m*
● **quartier generale** quartier général

quarto, a ['kwarto, a] *agg num* quatrième ◆ **quarto** *sm* **1.** (*frazione*) quart *m*
2. (*piano*) quatrième étage *m* ● **un quarto
d'ora** un quart d'heure ● **le tre e un quarto** trois heures et quart ● **le tre meno un
quarto** trois heures moins le quart ● **un
quarto di vino** un quart (de litre) de vin

quarzo ['kwartso] *sm* quartz *m*

quasi ['kwazi] *avv* presque ● **quasi cadevo** j'ai failli tomber ● **quasi quasi vengo
anch'io** je viendrais bien moi aussi

quassù [kwas'su] *avv* ici

quattordicesimo, a [kwattordi'tʃezimo,
a] *num* quatorzième ➤ **sesto**

quattordici [kwat'torditʃi] *num* quatorze, ➤ **sei**

quattrini [kwat'trini] *smpl* sous *mpl*

quattro ['kwattro] *num* quatre ● **ha quattro anni** il/elle a quatre ans ● **sono le quattro** il est quatre heures ● **il quattro gennaio** le quatre janvier ● **pagina quattro** page quatre ● **il quattro di picche** le quatre de pique ● **erano in quattro** ils étaient quatre ● **farsi in quattro (per fare qc)** se mettre en quatre (pour faire qqch) ● **in quattro e quatt'otto** en deux temps trois mouvements

quattrocento [kwattro'tʃento] *num* quatre cents, ➤ **sei** ◆ **Quattrocento** *sm* ● **il Quattrocento** le XVᵉ siècle

quegli ['kweʎʎi] ➤ **quello**

quei ['kwei] ➤ **quello**

quelle ['kwelle] ➤ **quello**

quelli ['kwelli] ➤ **quello**

quello, a ['kwello, a] (*dav sm* quel, *pl* quei, + *consonante*; quello, *pl* quegli, + *s* + *consonante*, gn, ps, z; quell', *mpl* quegli, + *vocale*) *agg*
1. (*indica lontananza nel tempo, nello spazio*) ce...-là (cette...-là, là, ces...-là), cet...-là (*dav sm che comincia per vocale o h muta*) ● **abito in quella casa** j'habite dans cette maison-là
2. (*per sottolineare*) ce (cette, ces), cet (*dav sm che comincia per vocale o h muta*) ● **spegni quella tv!** éteins cette télé !
◇ *pron*
1. (*indica lontananza*) celui-là (celle-là, ceux-là, celles-là) ● **la mia macchina è quella** ma voiture c'est celle-là ● **prendo quello in offerta** je prends celui (qui est) en promotion ● **prendo quello rosso** je prends le rouge

2. (*con pronome relativo*) celui (celle, ceux, celles) ; (*indefinito*) ce ● **quelli che potevano si sono fermati** ceux qui le pouvaient se sont arrêtés ● **faccio quello che posso** je fais ce que je peux

quercia, ce [kwertʃa, tʃe] *sf* chêne *m*

querelare [kwere'lare] *vt* porter plainte contre

quesito [kwe'zito] *sm* question *f*

questionario [kwestjo'narjo] *sm* questionnaire *m*

questione [kwes'tjone] *sf* 1. (*problema*) question *f*, problème *m* 2. (*punto*) question *f* ● **è questione di giorni** c'est une question de jours ● **in questione** en question

questo, a ['kwesto, a] *agg*
1. (*indica prossimità*) ce (cette, ces), cet (*dav sm + vocale o h muta*) ● **questa finestra è aperta** cette fenêtre est ouverte ● **partiamo questo giovedì** nous partons (ce) jeudi
2. (*simile*) ce (cette, ces), cet (*dav sm + vocale o h muta*) ● **non uscire con questa pioggia** ne sors pas avec cette pluie
3. (*riferito a ciò che precede/segue*) ce (cette, ces), cet (*dav sm + vocale o h muta*) ● **queste regole valgono solo per l'italiano** ces règles ne valent que pour l'italien
◇ *pron*
1. (*indica prossimità*) celui-ci (celle-ci, ceux-ci, celles-ci) ● **anzi, prendi questo** prends plutôt celui-ci ● **questo è Franco** voici Franco
2. (*per riassumere*) ● **questo è tutto** c'est tout ● **questa è bella!** elle est bien bonne, celle-là !

questura [kwes'tura] *sf* administration de police au niveau provincial ≃ préfecture *f* de police

qui [kwi] *avv* **1.** (di luogo) ici **2.** (di tempo) là ● c'è un bar qui davanti il y a un bar juste en face ● qui stiamo esagerando là, on exagère ● da qui in avanti à partir d'ici ● di o da qui d'ici ● di qui a un anno d'ici un an ● di qui a poco d'ici peu

quiete ['kwjete] *sf* calme *m*

quindi ['kwindi] *cong* donc

quindicesimo, a [kwindi'tʃezimo, a] *num* quinzième ➤ **sesto**

quindici ['kwinditʃi] *num* quinze, ➤ **sei**

quindicina [kwindi'tʃina] *sf* ● una quindicina (di) une quinzaine (de)

quinta ['kwinta] *sf* (marcia) cinquième *f* ◆ **quinte** *sfpl* (di teatro) coulisses *fpl*

quintale [kwin'tale] *sm* quintal *m*

quinto, a ['kwinto, a] *agg num* cinquième ◆ **quinto** *sm* **1.** (frazione) cinquième *m* **2.** (piano) cinquième étage *m*

quintuplo ['kwintuplo] *sm* quintuple *m*

Quirinale [kwiri'nale] *sm* ● il Quirinale le palais du Quirinal

quota ['kwɔta] *sf* **1.** (altitudine) altitude *f* **2.** (in colletta) (quote-)part *f* ● perdere quota perdre de l'altitude ● prendere quota prendre de l'altitude ● quota d'iscrizione droits *mpl* o frais *mpl* d'inscription

quotato, a [kwo'tato, a] *agg* coté(e)

quotidianamente [kwotidjana'mente] *avv* quotidiennement

quotidiano, a [kwoti'djano, a] *agg* quotidien(enne) ◆ **quotidiano** *sm* quotidien *m*

I quotidiani

Parmi les grands quotidiens nationaux italiens, citons le *Corriere della Sera*, fondé à Milan en 1876, *La Repubblica* de Rome (1976) et *La Stampa* de Turin (1895). Deux quotidiens sont consacrés au sport : *La Gazetta dello Sport* et le *Corriere dello Sport*. Quant à *Il Sole 24 Ore*, c'est un quotidien économique et financier de tout premier plan.

quoziente [kwots'tsjente] *sm* quotient *m* ● quoziente d'intelligenza quotient intellectuel

*r*R

rabarbaro [ra'barbaro] *sm* **1.** rhubarbe *f* **2.** (liquore) liqueur à base de racines de rhubarbe

rabbia ['rabbja] *sf* **1.** (collera) colère *f* **2.** (malattia) rage *f* ● mi fa rabbia vederlo con lei j'enrage de le voir avec elle

rabbino [rab'bino] *sm* rabbin *m*

rabbioso, a [rab'bjozo, a] *agg* **1.** furieux(euse) **2.** MED enragé(e)

rabbonire [rabbo'nire] *vt* calmer, amadouer ◆ **rabbonirsi** *vr* se calmer

rabbrividire [rabbrivi'dire] *vi* frissonner

rabbuiarsi [rabbu'jarsi] *vr* **1.** (oscurarsi) s'obscurcir **2.** (fig) (incupirsi) s'assombrir

raccapezzarsi [rakkapets'tsarsi] *vr* ● **non mi ci raccapezzo** je ne sais plus où j'en suis

raccapricciante [rakkapritʃ'tʃante] *agg* horrible, affreux(euse)

raccattapalle [rakkatta'palle] *smf inv* ramasseur *m*, -euse *f* de balles

raccattare [rakkat'tare] *vt* ramasser

racchetta [rak'ketta] *sf* 1. *(da tennis, ping-pong)* raquette *f* 2. *(da sci)* bâton *m*

raccogliere [rak'koʎʎere] *vt* 1. *(da terra)* ramasser 2. *(frutti, fiori)* cueillir 3. *(mettere insieme)* recueillir ◆ **raccogliersi** *vr* 1. *(radunarsi)* se rassembler 2. *(in meditazione, preghiera)* se recueillir

raccolta [rak'kolta] *sf* 1. *(collezione)* collection *f* 2. *(da sci)* récolte *f* 3. *(di rifiuti)* collecte *f*

¹**raccolto** [rak'kɔlto] *sm* récolte *f*

²**raccolto, a** [rak'kɔlto, a] *sm* récolte *f*

raccomandare [rakkoman'dare] *vt* 1. recommander 2. *(affidare)* confier ● **vi raccomando di fare attenzione** je vous recommande de faire attention ◆ **raccomandarsi** *vr* ● **mi raccomando, state attenti!** surtout, faites attention ! ● **mi raccomando al tuo buon senso** je fais confiance à ton bon sens

raccomandata [rakkoman'data] *sf* recommandé *m* ● **spedire qc per raccomandata** envoyer qqch en recommandé

raccomandato, a [rakkoman'dato, a] *agg* 1. *(pacco, lettera)* recommandé(e) 2. *(candidato, impiegato)* pistonné(e)

raccomandazione [rakkomandats'tsjone] *sf* 1. *(consiglio)* recommandation *f* 2. *(segnalazione)* piston *m*

raccontare [rakkon'tare] *vt* raconter

racconto [rak'konto] *sm* 1. nouvelle *f* 2. *(esposizione)* récit *m*

raccordo [rak'kɔrdo] *sm* 1. TECNOL raccordement *m* 2. *(di autostrada)* bretelle *f* ● **raccordo anulare** (boulevard *m*) périphérique *m*

racimolare [ratʃimo'lare] *vt* rassembler

racket ['raket] *sm* racket *m*

rada ['rada] *sf* rade *f*

radar ['radar] *sm inv* radar *m*

raddoppiare [raddop'pjare] *vt* 1. *(rendere doppio)* doubler 2. *(aumentare)* redoubler de ◇ *vi* doubler

radente [ra'dɛnte] *agg* 1. *(volo)* en rasemottes 2. *(tiro)* rasant(e)

radere ['radere] *vt* raser ● **radere qc al suolo** raser qqch ◆ **radersi** *vr* se raser

radiare [ra'djare] *vt* radier

radiatore [radja'tore] *sm* radiateur *m*

radiazione [radjats'tsjone] *sf* 1. *(atomica)* radiation *f* 2. *(solare)* rayonnement *m*

radicale [radi'kale] *agg* radical(e)

radicalmente [radikal'mente] *avv* radicalement

radicchio [ra'dikkjo] *sm* chicorée *f*

radice [ra'ditʃe] *sf* racine *f* ● **radice quadrata** racine carrée

radio ['radjo] *sf inv* radio *f* ● **alla radio** à la radio

radioamatore, trice [radjoama'tore, 'tritʃe] *sm, f* radioamateur *m*

radioascoltatore, trice [radjoaskolta'tore, 'tritʃe] *sm, f* auditeur *m*, -trice *f* *(d'une émission de radio)*

radioattivo, a [radjoat'tivo, a] *agg* radioactif(ive)

radiocomandato, a [radjokoman'dato, a] *agg* radiocommandé(e), radioguidé(e)

radiografia [radjogra'fia] *sf* radio(graphie) *f*

radioso, a [ra'djozo, a] *agg* radieux(euse)

radiotaxi [radjo'taksi] *sm inv* radio-taxi *m*

rado, a ['rado, a] *agg* 1. *(capelli)* clairsemé(e) 2. *(denti)* écarté(e), espacé(e) 3. *(pettine)* édenté(e) ♦ **di rado** rarement

radunare [radu'nare] *vt* rassembler ♦ **radunarsi** *vr* se rassembler

raduno [ra'duno] *sm* rassemblement *m*

rafano ['rafano] *sm* raifort *m*

raffermo, a [raf'fermo, a] *agg* rassis(e)

raffica, che ['raffika, ke] *sf* rafale *f*

raffigurare [raffigu'rare] *vt* représenter

raffinato, a [raffi'nato, a] *agg* raffiné(e)

raffineria [raffine'ria] *sf* raffinerie *f*

rafforzare [raffor'tsare] *vt* renforcer

raffreddare [raffred'dare] *vt* refroidir ♦ **raffreddarsi** *vr* 1. *(bevanda, cibo)* refroidir 2. *(fig)* (persona, amicizia) se refroidir 3. *(ammalarsi)* s'enrhumer

raffreddato, a [raffred'dato, a] *agg* (ammalato) enrhumé(e)

raffreddore [raffred'dore] *sm* rhume *m*

rafia ['rafja] *sf* raphia *m*

ragazza [ra'gattsa] *sf* 1. *(giovane donna)* (jeune) fille *f* 2. *(fidanzata)* petite amie *f*, copine *f* ♦ **ragazza madre** mère *f* célibataire, fille mère

ragazzata [ragats'tsata] *sf* gaminerie *f*, enfantillage *m*

ragazzo [ra'gattso] *sm* 1. *(giovane)* garçon *m*, jeune homme *m* 2. *(fidanzato)* petit ami *m*, copain *m*

raggiante [radʒ'dʒante] *agg* rayonnant(e)

raggio ['radʒʒo] *sm* rayon *m*

raggirare [radʒdʒi'rare] *vt* embobiner

raggiungere [radʒ'dʒundʒere] *vt* 1. (persona, autostrada) rejoindre 2. (cima, luogo) atteindre

raggiunto, a [radʒ'dʒunto, a] *pp* ➤ **raggiungere**

raggomitolarsi [raggomito'larsi] *vr* se pelotonner

raggranellare [raggranel'lare] *vt* amasser (petit à petit)

raggrinzire [raggrin'tsire] *vi* rider ◇ *vi* se rider ♦ **raggrinzirsi** *vr* se rider

raggruppare [raggrup'pare] *vt* regrouper ♦ **raggrupparsi** *vr* se regrouper

ragguagli [rag'gwaʎʎi] *smpl* ♦ **dare ragguagli** donner des renseignements o informations

ragionamento [radʒona'mento] *sm* raisonnement *m*

ragionare [radʒo'nare] *vi* réfléchir

ragione [ra'dʒone] *sf* raison *f* ♦ **avere ragione** avoir raison ● **dare ragione a qn** donner raison à qqn ● **a maggior ragione** à plus forte raison

ragioneria [radʒone'ria] *sf* 1. comptabilité *f* 2. *(scuola)* établissement du secondaire délivrant un diplôme professionnel en comptabilité

ragionevole [radʒo'nevole] *agg* raisonnable

ragioniere, a [radʒo'njere, a] *sm, f* comptable *mf*

ragliare [raʎ'ʎare] *vi* braire

ragnatela [raɲɲa'tela] *sf* toile *f* d'araignée

ragno ['raɲɲo] *sm* araignée *f*

ragù [ra'gu] *sm inv* sauce *f* tomate à la viande

RAI ['rai] (*abbr di Radio Audizioni Italiane*) *sf* réseau public italien de radio-télévision

rallegramenti [rallegra'menti] *smpl* félicitations *fpl*

rallentare [rallen'tare] *vt* ralentir

rally ['rɛlli] *sm inv* rallye *m*

ramaiolo [rama'jɔlo] *sm* louche *f*

ramanzina [raman'dzina] *sf* sermon *m*, savon *m*

rame ['rame] *sm* cuivre *m*

ramino [ra'mino] *sm* rami *m*

rammaricarsi [rammari'karsi] ♦ **rammaricarsi di** *vr+prep* regretter

rammendare [rammen'dare] *vt* repriser

rammentare [rammen'tare] *vt* ♦ **rammentare qc (a qn)** rappeler qqch (à qqn) ♦ **rammentarsi di** *vr+prep* se souvenir de

rammollito, a [rammol'lito, a] *agg* ramolli(e)

ramo ['ramo] *sm* **1.** branche *f* **2.** (*di fiume*) bras *m*

ramoscello [ramoʃ'ʃɛllo] *sm* rameau *m*

rampa ['rampa] *sf* rampe *f* ● **rampa di lancio** rampe de lancement

rampicante [rampi'kante] *agg* grimpant(e)

rampone [ram'pone] *sm* **1.** (*fiocina*) harpon *m* **2.** (*in alpinismo*) crampon *m*

rana ['rana] *sf* grenouille *f*

rancido, a ['rantʃido, a] *agg* rance

rancore [ran'kore] *sm* rancune *f*, rancœur *f*

randagio, a, gi, g(i)e [ran'dadʒo, a, dʒi, dʒe] *agg* errant(e)

randello [ran'dɛllo] *sm* matraque *f*

rango, ghi ['rango, gi] *sm* rang *m*

rannicchiarsi [rannik'kjarsi] *vr* se pelotonner

rannuvolarsi [rannuvo'larsi] *vr* (*cielo*) se couvrir

ranocchio [ra'nɔkkjo] *sm* grenouille *f*

rantolo ['rantolo] *sm* râle *m*

rapa ['rapa] *sf* navet *m*

rapace [ra'patʃe] *agg* rapace ◇ *sm* rapace *m*

rapanello [rapa'nɛllo] *sm* = **ravanello**

rapare [ra'pare] *vt* raser

rapida ['rapida] *sf* (*corrente*) rapide *m*

rapidamente [rapida'mente] *avv* rapidement

rapidità [rapidi'ta] *sf inv* rapidité *f*

rapido, a ['rapido, a] *agg* rapide

rapimento [rapi'mento] *sm* enlèvement *m*

rapina [ra'pina] *sf* vol *m* ● **rapina a mano armata** vol à main armée, hold-up *m inv*

rapinare [rapi'nare] *vt* voler

rapinatore, trice [rapina'tore, 'tritʃe] *sm, f* voleur *m*, -euse *f*

rapire [ra'pire] *vt* enlever

rapitore, trice [rapi'tore, 'tritʃe] *sm, f* ravisseur *m*, -euse *f*

rapporto [rap'pɔrto] *sm* rapport *m*

rapprendersi [rap'prɛndersi] *vr* **1.** (*latte*) (se) cailler **2.** (*sangue*) (se) coaguler **3.** (*maionese*) prendre

rappresentante [rapprezen'tante] *smf* représentant *m*, -e *f*

rappresentare [rapprezen'tare] *vt* **1.** représenter **2.** (*mettere in scena*) jouer

rappresentazione [rapprezentats'tsjone] *sf* représentation *f*

rappreso, a [rap'prezo, a] *pp* ➤ **rapprendersi**

raramente [rara'mente] *avv* rarement

rarità [rari'ta] *sf inv* rareté *f*

raro, a ['raro, a] *agg* rare

rasare [ra'zare] *vt* raser ◆ **rasarsi** *vr* se raser ● **rasarsi le gambe** se raser les jambes

rasato, a [ra'zato, a] *agg* (gambe, faccia, testa) rasé(e)

raschiamento [raskja'mento] *sm* MED curetage *m*

raschiare [ras'kjare] *vt* racler, gratter

rasentare [razen'tare] *vt* 1. (muro) raser 2. (fig) (avvicinarsi a) friser

rasente [ra'zεnte] *prep* à ras de

raso, a ['razo, a] *pp* ➤ **radere** ◇ *agg* (cucchiaio) ras(e)

rasoio [ra'zojo] *sm* rasoir *m* ● **rasolo elettrico** rasoir électrique

rasoterra [razo'tεrra] *avv* au ras du sol

rassegna [ras'seɲɲa] *sf* 1. (resoconto) compte-rendu *m* 2. (cinematografica, teatrale) festival *m* ● **passare in rassegna** passer en revue

rassegnare [rasseɲ'ɲare] *vt* ● **rassegnare le dimissioni** présenter sa démission ◆ **rassegnarsi** *vr* se résigner

rasserenarsi [rassere'narsi] *vr* (tempo) s'éclaircir

rassettare [rasset'tare] *vt* 1. arranger 2. (stanza) ranger

rassicurare [rassiku'rare] *vt* rassurer

rassodare [rasso'dare] *vt* raffermir

rassomigliare [rassomiʎ'ʎare] ◆ **rassomigliare a** *v+prep* ressembler à

rastrellare [rastrel'lare] *vt* ratisser

rastrello [ras'trɛllo] *sm* râteau *m*

rata ['rata] *sf* traite *f* ● **pagare qc a rate** payer qqch à tempérament o en plusieurs fois

rateale [rate'ale] *agg* à tempérament ● **pagamento rateale** paiement échelonné o en plusieurs fois

ratificare [ratifi'kare] *vt* ratifier

ratto ['ratto] *sm* rat *m*

rattoppare [rattop'pare] *vt* rapiécer

rattrappire [rattrap'pire] *vt* recroqueviller ◆ **rattrappirsi** *vr* se recroqueviller

rattristare [rattris'tare] *vt* attrister ◆ **rattristarsi** *vr* s'attrister

rauco, a, chi, che ['rawko, a, ki, ke] *agg* 1. (voce) rauque 2. (persona) enroué(e)

ravanello [rava'nεllo] *sm* radis *m*

raviolo [ra'vjolo] *sm* ravioli *m*

ravvedersi [ravve'dersi] *vr* se repentir

ravvicinare [ravvitʃi'nare] *vt* 1. rapprocher 2. (rappacificare) réconcilier ◆ **ravvicinarsi** *vr* (amici, coppia) se réconcilier

ravvivare [ravvi'vare] *vt* raviver

razionale [ratstsjo'nale] *agg* rationnel(elle)

razionalità [ratstsjonali'ta] *sf inv* rationnalité *f*

razionare [ratstsjo'nare] *vt* rationner

razione [rats'tsjone] *sf* ration *f*

¹**razza** ['ratstsa] *sf* (di persone, animali) race *f* ● **che razza di domanda è questa?** (fam) en voilà une question !

²**razza** ['raddza] *sf* (pesce) raie *f*

razzia [rats'tsia] *sf* razzia *f* ● **abbiamo fatto razzia di dolci** nous avons fait une razzia sur les gâteaux

razziale [rats'tsjale] *agg* racial(e)

razzismo [rats'tsizmo] *sm* racisme *m*

razzista, i, e [rats'tsista, i, e] *agg & smf* raciste

razzo ['raddzo] *sm* fusée *f*

razzolare [ratstso'lare] *vi* **1.** *(galline)* gratter (le sol) **2.** *(uomo)* fouiller

re [re] *sm inv* roi *m*

reagire [rea'dʒire] *vi* ● **reagire (a qc)** réagir (à qqch)

reale [re'ale] *agg* **1.** *(vero)* réel(elle) **2.** *(di re)* royal(e)

realista, i, e [rea'lista, i, e] *agg & smf* *(pragmatico)* réaliste

realizzare [realidz'dzare] *vt* réaliser ◆ **realizzarsi** *vr* se réaliser

realizzazione [realidzdzats'tsjone] *sf* réalisation *f*

realmente [real'mente] *avv* réellement

realtà [real'ta] *sf inv* réalité *f* ● **in realtà** en réalité

reato [re'ato] *sm* délit *m*

reattore [reat'tore] *sm (motore, in fisica)* réacteur *m*

reazionario, a [reatstsjo'narjo, a] *agg* réactionnaire

reazione [reats'tsjone] *sf* réaction *f*

rebus ['rebus] *sm inv* rébus *m*

recapitare [rekapi'tare] *vt* **1.** remettre **2.** *(pacco)* livrer

recapito [re'kapito] *sm* **1.** *(indirizzo)* adresse *f* **2.** *(consegna)* livraison *f* ● **recapito telefonico** numéro *m* de téléphone ● **lasciare il proprio recapito a qn** donner o laisser ses coordonnées à qqn

Scrivere un recapito

Allo scritto, i dati personali vanno indicati in questo ordine: il nome; la professione; il settore aziendale in cui si lavora; l'indirizzo (numero civico, via; a capo: il codice pos-

tale preceduto dalla lettera F e seguito dalla città, es. F-75000 PARIS); l'indirizzo e-mail e il numero di telefono preceduto da #.

recare [re'kare] *vt (presentare)* (ap)porter ● **recare danno a qn** porter préjudice à qqn ● **recare disturbo a qn** déranger qqn ◆ **recarsi** *vr* aller

recensione [retʃen'sjone] *sf* critique *f*

recente [re'tʃente] *agg* récent(e) ● **di recente** récemment

recentemente [retʃente'mente] *avv* récemment

reception [re'sepʃon] *sf inv* accueil *m*, réception *f* ● **lasciare qc alla reception** laisser qqch à l'accueil o à la réception ● **rivolgersi alla reception** s'adresser à l'accueil o à la réception

Alla reception

Alla reception di un'azienda, basta dire il proprio cognome preceduto da *Monsieur* (signor) o *Madame* (signora). Se si ha un appuntamento, bisogna chiedere della persona desiderata: *Je suis de la société Ballard, j'ai rendez-vous avec Monsieur/Madame Martin* (sono della Ballard e ho un appuntamento con il signor/la signora Martin) oppure *Pourriez-vous, s'il vous plaît, avertir Monsieur/Madame Martin que je suis arrivé ?* (Per cortesia, potrebbe dire al signor/alla signora Martin che sono arrivato?). In un albergo basta indicare il proprio cognome: *J'ai réservé une chambre au nom de Monsieur Le pic* (ho prenotato una camera a nome di Le pic).

recessione [retʃes'sjone] *sf* récession *f*

recidere [re'tʃidere] *vt* couper

recintare [retʃin'tare] *vt* clôturer

recinto [re'tʃinto] *sm* **1.** *(spazio)* enclos *m* **2.** *(recinzione)* clôture *f*

recipiente [retʃi'pjɛnte] *sm* récipient *m*

reciproco, a, ci, che [re'tʃiproko, a, tʃi, ke] *agg* réciproque

reciso, a [re'tʃizo, a] *pp* ➤ recidere

recita [ˈrɛtʃita] *sf* représentation *f*

recitare [retʃi'tare] *vt* **1.** *(poesia)* réciter **2.** *(ruolo)* jouer ◇ *vi* jouer

reclamare [rekla'mare] *vi* se plaindre ◇ *vt* réclamer

réclame [re'klam] *sf inv* publicité *f*

reclamo [re'klamo] *sm* réclamation *f*

reclinabile [rekli'nabile] *agg* inclinable

reclusione [reklu'zjone] *sf* réclusion *f*

reclutare [reklu'tare] *vt* recruter

record [ˈrɛkord] *sm inv* record *m*

recuperare [rekupe'rare] *vt* **1.** récupérer **2.** *(svantaggio, tempo)* rattraper

redatto, a [re'datto, a] *pp* ➤ redigere

redattore, trice [redat'tore, 'tritʃe] *sm, f* *(di giornale)* rédacteur *m*, -trice *f*

redazione [redats'tsjone] *sf* rédaction *f*

redditizio, a [reddi'titstsjo, a] *agg* rentable

reddito [ˈrɛddito] *sm* revenu *m*

redigere [re'didʒere] *vt* rédiger

redini [ˈrɛdini] *sfpl* rênes *fpl*

referendum [refe'rɛndum] *sm inv* référendum *m*

referenze [refe'rɛntse] *sfpl* références *fpl*

referto [re'fɛrto] *sm* compte rendu *m* (médical)

refettorio [refet'tɔrjo] *sm* réfectoire *m*

refrigerare [refridʒe'rare] *vt* *(carne, pesce)* réfrigérer

refurtiva [refur'tiva] *sf* butin *m*

regalare [rega'lare] *vt* ● **regalare qc (a qn)** offrir qqch (à qqn)

regale [re'gale] *agg* *(da re)* royal(e)

regalo [re'galo] *sm* cadeau *m*

regata [re'gata] *sf* régate *f*

reggere [ˈrɛddʒere] *vt* **1.** *(tenere)* tenir **2.** *(peso, fatica)* supporter **3.** *(governare)* diriger **4.** *GRAMM* se construire avec ◇ *vi* **1.** *(essere logico)* tenir debout **2.** *(resistere)* ● **reggere (a qc)** résister (à qqch) **3.** *(durare)* ● **speriamo che il tempo regga** espérons que le temps ne se gâte pas ● **reggersi** *vr* ● **non mi reggo in piedi** je ne tiens pas debout

reggia, ge [ˈrɛddʒa, dʒe] *sf* **1.** palais *m* royal **2.** *(casa lussuosa)* palais *m*

reggicalze [reddʒi'kaltse] *sm inv* portejarretelles *m inv*

reggimento [reddʒi'mento] *sm* régiment *m*

reggipetto [reddʒi'petto] *sm* = reggiseno

reggiseno [reddʒi'seno] *sm* soutiengorge *m*

regia [re'dʒia] *sf* **1.** mise *f* en scène **2.** *(di programma)* réalisation *f*

regime [re'dʒime] *sm* régime *m*

regina [re'dʒina] *sf* reine *f*

regionale [redʒo'nale] *agg* régional(e)

regione [re'dʒone] *sf* région *f*

Regioni a statuto speciale

En Italie, cinq des vingt régions jouissent d'un statut spécial et, à ce titre, d'une autonomie plus grande : la Sicile, la Sardaigne, le Trentin-Haut Adige, le Frioul-Vénétie Julienne et le Val d'Aoste. Ce statut, approuvé par une loi constitutionnelle, leur confère un pouvoir législatif primaire (indépendant des lois nationales mais conforme à la Constitution) applicable dans de nombreux domaines, tout en restant limité au territoire de la région.

regista, i, e [re'dʒista, i, e] *smf* 1. réalisateur *m*, -trice *f* 2. *(teatro)* metteur *m*, -euse *f* en scène

registrare [redʒis'trare] *vt* 1. enregistrer 2. *(veicolo, nave)* immatriculer

registratore [redʒistra'tore] *sm* magnétophone *m* ● **registratore di cassa** caisse *f* enregistreuse

registrazione [redʒistrats'tsjone] *sf* enregistrement *m*

registro [re'dʒistro] *sm* registre *m* ● **registro di classe** cahier *m* d'appel

regnare [reɲ'nare] *vi* régner

regno ['reɲɲo] *sm* 1. *(stato monarchico)* royaume *m* 2. *(animale, vegetale)* règne *m* ◆ **Regno Unito** *sm* ● **il Regno Unito** le Royaume-Uni

regola ['regola] *sf* règle *f* ● **essere in regola** être en règle ● **fare qc a regola d'arte** faire qqch dans les règles de l'art

regolabile [rego'labile] *agg* réglable

regolamento [regola'mento] *sm* *(norme)* règlement *m*

¹regolare [rego'lare] *agg* régulier *m*, -ère *f*

²regolare [rego'lare] *vt* 1. régler 2. *(sog: legge, autorità)* régir ◆ **regolarsi** *vr* 1. *(comportarsi)* se comporter 2. *(moderarsi)* ● **regolarsi nel fare qc** faire qqch avec modération

regolarmente [regolar'mente] *avv* régulièrement

regolo ['regolo] *sm* règle *f* *(instrument)*

regredire [regre'dire] *vi* reculer

reintegrare [rejnte'grare] *vt* 1. *(ristabilire)* retrouver 2. *(persona)* réintégrer

relativamente [relativa'mente] *avv* relativement ● **relativamente a** en ce qui concerne

relativo, a [rela'tivo, a] *agg* relatif(ive) ● **relativo a** relatif à

relax [re'laks] *sm inv* détente *f*

relazione [relats'tsjone] *sf* 1. relation *f* 2. *(resoconto)* rapport *m*

relegare [rele'gare] *vt* reléguer

religione [reli'dʒone] *sf* religion *f*

religioso, a [reli'dʒozo, a] *agg & sm, f* religieux(euse)

reliquia [re'likwja] *sf* relique *f*

relitto [re'litto] *sm* *(di nave)* épave *f*

remare [re'mare] *vi* ramer

remo ['remo] *sm* rame *f*

rendere ['rendere] *vt* 1. rendre 2. *(produrre)* rapporter ● **rendere possibile qc** rendre qqch possible ● **rendere l'idea**

(persona) (bien) se faire comprendre ♦ **rendersi** *vr* se rendre ● **rendersi conto di qc** se rendre compte de qqch ● **rendersi utile** se rendre utile

rendiconto [rendi'konto] *sm* **1.** compte-rendu *m* **2.** *COMM* bilan *m*

rendimento [rendi'mento] *sm* rendement *m*

rendita ['rendita] *sf* rente *f* ● **vivere di rendita** *(studente)* vivre sur ses acquis

rene ['rɛne] *sm* rein *m*

renitente [reni'tɛnte] *agg* ● **renitente (a qc)** réfractaire (à qqch) ● **renitente alla leva** insoumis *m* (au service militaire)

renna ['rɛnna] *sf* renne *m*

Reno ['rɛno] *sm* ● **il Reno** le Rhin

reparto [re'parto] *sm* **1.** *(di negozio)* rayon *m* **2.** *(d'ospedale)* service *m* **3.** *MIL* section *f*

repentaglio [repen'taʎʎo] *sm* ● **mettere a repentaglio qc** mettre qqch en danger

reperibile [repe'ribile] *agg* joignable

reperto [re'pɛrto] *sm* **1.** *(resto)* pièce *f* **2.** *(resoconto)* rapport *m* d'examen (médical)

repertorio [reper'tɔrjo] *sm* répertoire *m*

replica, che ['replika, ke] *sf* **1.** *(di spettacolo)* représentation *f* **2.** *(di programma)* rediffusion *f* **3.** *(obiezione)* réplique *f*

replicare [repli'kare] *vt* répliquer

repressione [repres'sjone] *sf* répression *f*

represso, a [re'prɛsso, a] *pp* ➤ **reprimere**

reprimere [re'primere] *vt* *(lacrime)* réprimer ♦ **reprimersi** *vr* se retenir

republica, che [re'pubblika, ke] *sf* république *f*

L'emblema della Repubblica

L'emblème de la République italienne, créé par l'artiste Paolo Paschetto (1885-1963), représente une étoile à cinq pointes sur une roue dentée, le tout entouré par deux branches, l'une d'olivier et l'autre de chêne. En bas se trouve un cartouche avec l'inscription *Repubblica Italiana*. L'étoile, au centre, représente l'Italie. La roue dentée en acier illustre le premier article de la Constitution : *L'Italia è una Repubblica democratica fondata sul lavoro*, L'Italie est une république démocratique fondée sur le travail. Le rameau d'olivier, à gauche, symbolise la volonté de paix de la nation. Le chêne, à droite, incarne la force et la dignité du peuple italien.

Repubblica Ceca [re'pubblika 'tʃɛka] *sf* République *f* Tchèque

repubblicano, a [reppubbli'kano, a] *agg & sm, f* républicain(e)

repulsione [repul'sjone] *sf* répulsion *f*

reputare [repu'tare] *vt* considérer comme

reputazione [reputats'tsjone] *sf* réputation *f*

requisire [rekwi'zire] *vt* réquisitionner

requisito [rekwi'zito] *sm* qualité *f* requise

resa ['resa] *sf* **1.** *(al nemico)* reddition *f* **2.** *(restituzione)* restitution *f* **3.** *(rendimento)*

rendement *m* ● **è giunta l'ora della resa dei conti!** l'heure des comptes a sonné !

resettare [reset'tare] *vt* réinitialiser

residence ['rezidens] *sm inv* résidence *f* hôtelière

residente [resi'dɛnte] *agg & smf* résident(e)

residenza [resi'dɛntsa] *sf* résidence *f*

residenziale [residen'tsjale] *agg* résidentiel(elle)

¹residuo [re'sidwo] *sm* résidu *m*

²residuo, a [re'sidwo, a] *agg* restant(e)

resina ['rezina] *sf* résine *f*

resistente [resis'tɛnte] *agg* ● **resistente (a qc)** résistant(e) (à qqch)

resistenza [resis'tɛntsa] *sf* résistance *f* ● **resistenza (elettrica)** résistance (électrique)

resistere [re'sistere] *vi* ● **resistere (a)** résister (à)

resistito [resis'tito] *pp* ➤ **resistere**

reso, a ['reso, a] *pp* ➤ **rendere**

resoconto [reso'konto] *sm* compte rendu *m*

respingere [res'pindʒere] *vt* 1. repousser 2. *(regalo, proposta)* refuser 3. *(accusa)* rejeter 4. SCOL faire redoubler 5. *(a esame)* recaler

respinto, a [res'pinto, a] *pp* ➤ **respingere**

respirare [respi'rare] *vt & vi* respirer

respiratore [respira'tore] *sm* 1. *(per immersione)* tuba *m* 2. MED masque *m* à oxygène

respirazione [respirats'tsjone] *sf* respiration *f* ● **respirazione artificiale** respiration artificielle

respiro [res'piro] *sm* 1. *(respirazione)* respiration *f* 2. *(fiato)* souffle *m* ● **tirare un respiro di sollievo** pousser un soupir de soulagement

responsabile [respon'sabile] *agg & smf* responsable ● **essere responsabile di qc** être responsable de qqch

responsabilità [responsabili'ta] *sf inv* responsabilité *f*

ressa ['ressa] *sf* cohue *f*

restare [res'tare] *vi* rester ● **mi restano pochi giorni** il ne me reste que quelques jours

restaurare [restau'rare] *vt* restaurer

restauro [res'tauro] *sm* restauration *f*

restituire [restitu'ire] *vt* rendre

resto ['rɛsto] *sm* 1. reste *m* 2. *(di denaro)* monnaie *f* ● **del resto** d'autre part

restringere [res'trindʒere] *vt* 1. réduire 2. *(vestito)* rétrécir ◆ **restringersi** *vr* 1. *(strada)* se rétrécir 2. *(vestito)* rétrécir

resurrezione [resurrets'tsjone] *sf* résurrection *f*

resuscitare [resuʃʃi'tare] = **risuscitare**

rete ['rete] *sf* 1. filet *m* 2. *(recinzione)* clôture *f* 3. *(di strade, canali)* réseau *m* 4. *(radiotelevisiva)* chaîne *f* 5. *(del letto)* sommier *m* 6. SPORT *(porta)* cage *f* 7. SPORT *(goal)* but *m* 8. INFORM réseau *m*, net *m*

reticente [reti'tʃɛnte] *agg* réticent(e)

reticolato [retiko'lato] *sm* 1. *(intreccio di linee)* quadrillage *m* 2. *(recinzione)* grillage *m*

retina ['retina] *sf* ANAT rétine *f*

retino [re'tino] *sm* filet *m*

retorico, a, ci, che [re'tɔriko, a, tʃi, ke] *agg* (spreg) théâtral(e), emphatique

retribuire [retribu'ire] *vt* rétribuer

retribuzione [retributs'tsjone] *sf* rétribution *f*

retro ['retro] *sm inv* arrière *m* ● **sul retro** à l'arrière ● **vedi retro** voir au verso

retrocedere [retro't∫edere] *vi* **1.** reculer **2.** *SPORT* rétrograder

retrocesso, a [retro't∫esso, a] *pp* ➤ **retrocedere**

retrogrado, a [re'trɔgrado, a] *agg* rétrograde

retromarcia [retro'mart∫a] *sf* marche *f* arrière

retroscena [retro∫'∫ena] *smpl* **1.** *(di vicenda)* dessous *mpl* **2.** *(di spettacolo)* coulisses *fpl*

retrospettivo, a [retrospet'tivo, a] *agg* rétrospectif(ive)

retrovisore [retrovi'zore] *sm* rétroviseur *m*

retta ['retta] *sf* **1.** droite *f* **2.** *(di pensionato)* pension *f* ● **dar retta a** écouter

rettangolare [rettangò'lare] *agg* rectangulaire

rettangolo [ret'tangolo] *sm* rectangle *m*

rettificare [rettifi'kare] *vt (correggere)* rectifier

rettile ['rettile] *sm* reptile *m*

¹**rettilineo** [retti'lineo] *sm* ligne *f* droite

²**rettilineo, a** [retti'lineo, a] *agg* rectiligne

retto, a ['retto, a] *pp* ➤ **reggere** ◇ *agg* droit(e)

rettore [ret'tore] *sm* recteur *m*

reumatismi [reuma'tizmi] *smpl* rhumatismes *mpl*

reversibile [rever'sibile] *agg* réversible

revisionare [revizjo'nare] *vt* **1.** *(apparecchio, macchina)* réviser **2.** *(testo)* revoir

revisione [revi'zjone] *sf* révision *f*

revocare [revo'kare] *vt* révoquer

revolver [re'vɔlver] *sm inv* revolver *m*

riabilitare [rjabili'tare] *vt* **1.** réhabiliter **2.** *(invalido)* rééduquer

riacquistare [rjakkwis'tare] *vt* retrouver

riaggiustare [riadʒdʒus'tare] *vt (aggiustare di nuovo)* réparer (de nouveau)

rialzare [rial'tsare] *vt* **1.** *(testa, occhi)* relever **2.** *(aumentare l'altezza di)* surélever **3.** *(prezzi)* augmenter ● **rialzarsi** *vr (da terra)* se relever

rialzo [ri'altso] *sm* **1.** *(di prezzi, azioni)* hausse *f* **2.** *(del terreno)* élévation *f*

rianimazione [rianimats'tsjone] *sf (reparto)* réanimation *f*

riaperto, a [ria'perto, a] *pp* ➤ **riaprire**

riapertura [riaper'tura] *sf* réouverture *f* ● **riapertura delle scuole** rentrée *f* des classes

riaprire [ria'prire] *vt & vi* rouvrir ● **riaprirsi** *vr* rouvrir

riarmo [ri'armo] *sm* réarmement *m*

riassetto [rias'setto] *sm* réorganisation *f*

riassumere [rias'sumere] *vt* **1.** *(ricapitolare)* résumer **2.** *(carica, impiegato)* reprendre

¹**riassunto** [rias'sunto] *sm* résumé *m*

²**riassunto, a** [rias'sunto, a] *pp* ➤ **riassumere**

riattaccare [rjattak'kare] *vt* **1.** *(attaccare di nuovo)* rattacher **2.** *(ricominciare)* reprendre **3.** *(al telefono)* raccrocher

riavere [ria'vere] *vt* **1.** *(avere di nuovo)* avoir de nouveau **2.** *(avere indietro)* récupérer ● **riaversi da** *vr+prep* se remettre de

ribadire [riba'dire] vt répéter, confirmer

ribaltabile [ribal'tabile] agg rabattable

ribaltare [ribal'tare] vt **1.** *(capovolgere)* retourner **2.** *(piegare)* rabattre

ribassare [ribas'sare] vt & vi baisser

ribasso [ri'basso] sm baisse f

ribattere [ri'battere] vt **1.** *(palla)* renvoyer **2.** *(replicare)* répliquer

ribellarsi [ribel'larsi] vr • **ribellarsi (a qn)** se rebeller (contre qqn)

ribelle [ri'belle] agg & smf rebelle

ribellione [ribel'ljone] sf rébellion f

ribes ['ribes] sm inv groseille f

ribollire [ribol'lire] vi *(di rabbia)* bouillir

ribrezzo [ri'bretstso] sm horreur f

ricadere [rika'dere] vi retomber • **la responsabilità ricadrà su di voi** la responsabilité retombera sur vous

ricalcare [rikal'kare] vt *(disegno)* décalquer

ricamare [rika'mare] vt broder

ricambiare [rikam'bjare] vt **1.** *(sentimento, favore)* rendre **2.** *(cambiare di nuovo)* rechanger

ricambio [ri'kambjo] sm *(sostituzione)* échange m • **di ricambio** de rechange • **ricambi** smpl pièces fpl de rechange

ricamo [ri'kamo] sm broderie f

ricapitolare [rikapito'lare] vt récapituler

ricarica, che [ri'karika, ke] sf recharge f

ricaricabile [rikari'kabile] agg rechargeable

ricaricare [rikari'kare] vt **1.** recharger **2.** *(orologio)* remonter

ricattare [rikat'tare] vt faire chanter

ricatto [ri'katto] sm chantage m

ricavare [rika'vare] vt tirer

ricavato [rika'vato] sm *(guadagno)* profit m

ricchezza [rik'ketstsa] sf richesse f

ricciarelli [ritt∫a'relli] smpl gâteaux à la pâte d'amande en forme de losanges ≃ calissons mpl

¹riccio ['rittʃo] sm **1.** *(di capelli)* boucle f **2.** *(animale)* hérisson m • **riccio di mare** oursin m

²riccio, a, ci, ce ['rittʃo, a, tʃi, tʃe] agg frisé(e)

ricciolo ['rittʃolo] sm boucle f

ricciuto, a [rit'tʃuto, a] agg frisé(e)

ricco, a, chi, che ['rikko, a, ki, ke] agg riche • **ricco di qc** riche en qqch

ricerca, che [ri'tʃerka, ke] sf **1.** recherche f **2.** *(di mercato)* étude f • **essere alla ricerca di** être à la recherche de

ricercare [ritʃer'kare] vt rechercher

ricercatezza [ritʃerka'tetstsa] sf recherche f • **con ricercatezza** avec une certaine recherche

ricercato, a [ritʃer'kato, a] agg recherché(e)

ricercatore, trice [ritʃerka'tore, 'tritʃe] sm, f chercheur m, -euse f

ricetta [ri'tʃetta] sf recette f • **ricetta medica** ordonnance f

ricettazione [ritʃettats'tsjone] sf recel m

ricevere [ri'tʃevere] vt **1.** recevoir **2.** *(offesa)* subir

ricevimento [ritʃevi'mento] sm réception f

ricevitore [ritʃevi'tore] sm récepteur m

ricevitoria [ritʃevito'ria] sf *(del lotto)* point m de vente Loto

ricevuta [ritʃe'vuta] sf reçu m

ricezione [ritʃets'tsjone] *sf* réception *f*

richiamare [rikja'mare] *vt* **1.** rappeler **2.** *(attirare)* attirer ● **richiamare qn all'ordine** rappeler qqn à l'ordre

richiamo [ri'kjamo] *sm* **1.** rappel *m* **2.** *(attrazione)* attrait *m*

richiedere [ri'kjedere] *vt* **1.** *(ridomandare)* redemander **2.** *(oggetto prestato, spiegazioni)* réclamer **3.** *(necessitare di)* demander

richiesta [ri'kjesta] *sf* demande *f* ● **a richiesta** sur demande ▼ **fermata a richiesta** arrêt sur demande

richiesto, a [ri'kjesto, a] *pp* ➤ **richiedere** ◇ *agg* demandé(e)

richiudere [ri'kjudere] *vt* refermer

riciclare [ritʃi'klare] *vt* recycler

ricollegare [rikolle'gare] *vt* *(discorsi, fatti)* relier ◆ **ricollegarsi a** *vr+prep* **1.** *(riferirsi a)* se référer à, revenir sur **2.** *(sog: fatto)* être lié(e) à

ricominciare [rikomin'tʃare] *vt & vi* recommencer ● **ho ricominciato a lavorare** j'ai recommencé à travailler

ricompensa [rikom'pensa] *sf* récompense *f*

ricompensare [rikompen'sare] *vt* récompenser

ricomporre [rikom'porre] *vt* recomposer *f* ◆ **ricomporsi** *vr* **1.** *(sistemarsi i capelli)* s'arranger **2.** *(riordinarsi i vestiti)* se rajuster

ricomposto, a [rikom'posto, a] *pp* ➤ **ricomporre**

riconciliare [rikontʃi'ljare] *vt* réconcilier ◆ **riconciliarsi** *vr* se réconcilier

ricondotto, a [rikon'dotto, a] *pp* ➤ **ricondurre**

ricondurre [rikon'durre] *vt* reconduire

riconferma [rikon'ferma] *sf* confirmation *f*

riconfermare [rikonfer'mare] *vt* confirmer

riconoscente [rikonoʃ'ʃɛnte] *agg* reconnaissant(e)

riconoscenza [rikonoʃ'ʃɛntsa] *sf* *(gratitudine)* reconnaissance *f*

riconoscere [riko'noʃʃere] *vt* reconnaître ● **riconosco di avere torto** je reconnais que j'ai tort

riconquistare [rikonkwis'tare] *vt* reconquérir

riconsegnare [rikonseɲ'ɲare] *vt* rendre

ricontattare [rikontat'tare] *vt* recontacter ● **la ricontatteremo** nous vous recontacterons

ricoperto, a [riko'pɛrto, a] *pp* ➤ **ricoprire**

ricopiare [riko'pjare] *vt* **1.** *(in bella copia)* mettre au propre **2.** *(a mano, macchina)* recopier

ricoprire [riko'prire] *vt* **1.** recouvrir **2.** *(con salsa, crema)* napper **3.** *(carica)* occuper ● **la madre lo ricopre di attenzioni** sa mère le couvre d'attentions

ricordare [rikor'dare] *vt* se souvenir de, se rappeler ● **ricordare qc a qn** rappeler qqch à qqn ◆ **ricordarsi di** *vr+prep* se souvenir de, se rappeler ● **ricordarti di svegliarmi alle sette** souviens-toi de me réveiller à sept heures

ricordo [ri'kɔrdo] *sm* souvenir *m*

ricorrente [rikor'rɛnte] *agg* récurrent(e)

ricorrenza [rikor'rɛntsa] *sf* *(celebrazione)* fête *f*

ricorrere [ri'korrere] *vi* se répéter ◆ **ricorrere a** *v+prep* **1.** *(rivolgersi a)* faire appel à **2.** *(utilizzare)* recourir à, avoir recours à

¹ricorso [ri'korso] *sm DIR* recours *m* ● **fare ricorso a qc** avoir recours à qqch

²ricorso, a [ri'korso, a] *pp* ➤ ricorrere

ricostruire [rikostru'ire] *vt* reconstruire

ricotta [ri'kɔtta] *sf* ricotta *f*

ricoverare [rikove'rare] *vt* hospitaliser

ricreare [rikre'are] *vt* recréer

ricreazione [rikreats'tsjone] *sf (a scuola)* récréation *f*

ricredersi [ri'kredersi] *vr* changer d'avis

ricucire [riku'tʃire] *vt* recoudre

ridacchiare [ridak'kjare] *vi* ricaner

ridare [ri'dare] *vt* redonner

ridere ['ridere] *vi* rire ● **morire dal ridere** mourir de rire ◆ **ridere di** *v+prep* se moquer de

ridetto, a [ri'detto, a] *pp* ➤ ridire

ridicolo, a [ri'dikolo, a] *agg* ridicule

ridimensionare [ridimensjo'nare] *vt (fatto, problema)* relativiser

ridire [ri'dire] *vt* redire ● **avere qualcosa da ridire (su qc)** avoir qqch à redire (au sujet de qqch)

ridondante [ridon'dante] *agg* redondant(e)

ridosso [ri'dɔsso] *sm* ● **a ridosso di (qc)** *(al riparo)* à l'abri de (qqch) ; *(vicino)* (tout) près de (qqch)

ridotto, a [ri'dotto, a] *pp* ➤ ridurre ◇ *agg* réduit(e) ● **ridotto male** mal en point

ridurre [ri'durre] *vt* réduire ◆ **ridursi di** *(carne)* réduire ● **ridursi a chiedere la carità** en être réduit(e) à demander la charité ● **ridursi in miseria** être réduit(e) à la misère

riduzione [riduts'tsjone] *sf* réduction *f*

rielaborare [rjelabo'rare] *vt* retravailler

riempire [riem'pire] *vt* remplir ● **riempire qc (di)** remplir qqch (de) ● **riempire qn di baci** couvrir qqn de baisers ● **riempire qn di botte** rouer qqn de coups ◆ **riempirsi di** *vr+prep* **1.** *(stadio, cinema)* se remplir de **2.** *(fam) (mangiare)* se bourrer de

rientrare [rien'trare] *vi* rentrer

riepilogo, ghi [rie'pilogo, gi] *sm* résumé *m*

rievocare [rievo'kare] *vt* évoquer

rifare [ri'fare] *vt* refaire ◆ **rifarsi di** *vr+prep* **1.** *(perdita)* se remettre de **2.** *(offesa)* se venger de

rifatto, a [ri'fatto, a] *pp* ➤ rifare

riferimento [riferi'mento] *sm* **1.** *(connessione)* référence *f* **2.** *(accenno)* allusion *f* ● **fare riferimento a** faire allusion à

riferire [rife'rire] *vt* ● **riferire qc a qn** rapporter qqch à qqn ● **riferire un messaggio** transmettre un message ◆ **riferirsi a** *vr+prep* faire allusion à

rifilare [rifi'lare] *vt* ● **rifilare qc a qn** *(fam)* refiler qqch à qqn

rifiniture [rifini'ture] *sfpl* finitions *fpl*

rifiorire [rifjo'rire] *vi* refleurir

rifiutare [rifju'tare] *vt* refuser ● **ho rifiutato di partire con lui** j'ai refusé de partir avec lui

rifiuto [ri'fjuto] *sm* refus *m* ● **rifiuti** *smpl (immondizia)* ordures *fpl*

riflessione [rifles'sjone] *sf* réflexion *f*

riflessivo, a [rifles'sivo, a] *agg* réfléchi(e)

¹riflesso [ri'flesso] *sm* **1.** *(luce)* reflet *m* **2.** *(conseguenza)* conséquence *f* **3.** *MED* réflexe *m*

²riflesso, a [ri'flesso, a] *pp* ➤ riflettere

riflettere [ri'flɛttere] *vt* **1.** *(luce, raggi)* réfléchir **2.** *(immagine)* refléter, réfléchir ◇ *vi* ◆ **riflettere (su qc)** réfléchir (à qqch) ◆ **riflettersi** *vr* **1.** *(luce, raggi)* se réfléchir **2.** *(immagine)* se refléter, se réfléchir ◆ **riflettersi su** *vr+prep (influire)* se réfléter sur

riflettore [riflet'tore] *sm (di teatro, stadio)* projecteur *m*

riflusso [ri'flusso] *sm* reflux *m*

riforma [ri'fɔrma] *sf* réforme *f*

riformare [rifor'mare] *vt* réformer

rifornimento [riforni'mento] *sm* ◆ **fare rifornimento di qc** se ravitailler en qqch ◆ **rifornimenti** *smpl* provisions *fpl*

rifornire [rifor'nire] *vt* ◆ **rifornire qn/qc di qc** ravitailler qqn/qqch en qqch ◆ **rifornirsi di** *vr+prep* se ravitailler en

rifugiarsi [rifu'dʒarsi] *vr* se réfugier

rifugiato, a [rifu'dʒato, a] *sm, f* réfugié *m*, -e *f*

rifugio [ri'fudʒo] *sm* refuge *m*

riga, ghe ['riga, ge] *sf* **1.** *(linea)* trait *m* **2.** *(di testo)* ligne *f* **3.** *(di capelli)* raie *f* **4.** *(righello)* règle *f* ◆ **mettersi in riga** se mettre en rang ◆ **a righe** *(tessuto)* à rayures ; *(foglio, quaderno)* ligné(e)

rigare [ri'gare] *vt* rayer ◇ *vi* ◆ **rigare diritto** filer doux

rigattiere, a [rigat'tjere, a] *sm, f* brocanteur *m*, -euse *f*

rigettare [ridʒet'tare] *vt* **1.** rejeter **2.** *(fam) (vomitare)* vomir

rigetto [ri'dʒetto] *sm* rejet *m*

righello [ri'gello] *sm* règle *f (graduée)*

rigidità [ridʒidi'ta] *sf inv* **1.** rigidité *f* **2.** *(di clima)* rigueur *f*

rigido, a ['ridʒido, a] *agg* **1.** rigide **2.** *(membra)* raide **3.** *(clima)* rigou-reux(euse)

rigirare [ridʒi'rare] *vt (voltare)* retourner ◆ **rigirare il discorso** tourner le discours à son avantage ◆ **rigirarsi** *vr* se retourner

rigo, ghi ['rigo, gi] *sm* **1.** *(linea)* trait *m* **2.** *MUS* portée *f*

rigoglioso, a [rigoʎ'ʎozo, a] *agg (pianta)* luxuriant(e)

rigore [ri'gore] *sm* **1.** rigueur *f* **2.** *SPORT* penalty *m* ◆ **essere di rigore** être de ri-gueur

rigoroso, a [rigo'rozo, a] *agg* **1.** *(severo)* strict(e) **2.** *(preciso)* rigoureux(euse)

rigovernare [rigover'nare] *vt* **1.** *(stanza)* ranger **2.** *(stoviglie)* laver

riguardare [rigwar'dare] *vt* **1.** *(guardare di nuovo)* regarder à nouveau **2.** *(controllare)* revoir **3.** *(concernere)* regarder ◆ **riguar-darsi** *vr* faire attention (à soi)

riguardo [ri'gwardo] *sm* **1.** *(attenzione)* soin *m* **2.** *(stima)* égard *m* ◆ **riguardo a** en ce qui concerne

rilanciare [rilan'tʃare] *vt* **1.** relancer **2.** *(offerta, puntata)* surenchérir sur

rilancio [ri'lantʃo] *sm* **1.** relance *f* **2.** *(di offerta)* surenchère *f*

rilasciare [rilaʃ'ʃare] *vt* **1.** *(intervista)* ac-corder **2.** *(prigioniero)* relâcher **3.** *(docu-mento)* délivrer

rilassare [rilas'sare] *vt* détendre ◆ **rilas-sarsi** *vr* se détendre

rilegare [rile'gare] *vt* relier

rilento [ri'lento] ◆ **a rilento** *avv* au ra-lenti

rilevante [rile'vante] *agg* important(e)

rilevare [rile'vare] *vt* **1.** relever **2.** *COMM* reprendre, racheter

rilevato, a [rile'vato, a] *agg (rialzato)* relevé(e)

rilievo [ri'ljevo] *sm* relief *m* ● **mettere in rilievo qc** mettre qqch en relief

riluttante [rilut'tante] *agg* réticent(e)

rima ['rima] *sf* rime *f*

rimandare [riman'dare] *vt* renvoyer ● **rimandiamo l'appuntamento a domani** renvoyons o remettons le rendez-vous à demain

rimando [ri'mando] *sm* renvoi *m*

rimanente [rima'nɛnte] *agg* restant(e) ◇ *sm* reste *m*

rimanenza [rima'nɛntsa] *sf* reste *m*

rimanere [rima'nere] *vi* rester ● **rimanere orfano** devenir orphelin ● **rimanere vedova** devenir veuve ● **mi sono rimasti cinque euro** il me reste cinq euros ● **siamo rimasti in due** nous ne sommes plus que deux ● **rimanere indietro** *(di luogo)* rester en arrière ; *(nel lavoro)* être en retard

rimarginare [rimardʒi'nare] *vt* cicatriser ◆ **rimarginarsi** *vr* cicatriser

rimasto, a [ri'masto, a] *pp* ➤ rimanere

rimasuglio [rima'zuʎʎo] *sm* reste *m*

rimbalzare [rimbal'tsare] *vi* **1.** *(palla)* rebondir **2.** *(proiettile)* ricocher

rimbalzo [rim'baltso] *sm* **1.** *(di palla)* rebond *m* **2.** *(di proiettile)* ricochet *m*

rimbambito, a [rimbam'bito, a] *agg* gâteux(euse)

rimboccare [rimbok'kare] *vt* **1.** *(lenzuola, coperta)* border **2.** *(maniche, pantaloni)* retrousser ◆ **rimboccarsi** *vr* ● **rimboccarsi le maniche** retrousser ses manches

rimbombare [rimbom'bare] *vi* retentir

rimborsare [rimbor'sare] *vt* rembourser

rimborso [rim'borso] *sm* remboursement *m* ● **rimborso spese** défraiement *m*, remboursement des frais

rimediare [rime'djare] *vt (fam) (procurarsi)* trouver ◆ **rimediare a** *v+prep* remédier à

rimedio [ri'mɛdjo] *sm* remède *m* ● **porre rimedio a qc** remédier à qqch

rimescolare [rimesko'lare] *vt (liquido)* remuer

rimessa [ri'messa] *sf* **1.** *(per pullman)* dépôt *m* **2.** *(per aerei)* hangar *m* **3.** *SPORT* remise *f* en jeu

rimesso, a [ri'messo, a] *pp* ➤ rimettere

rimettere [ri'mettere] *vt* **1.** remettre **2.** *(vomitare)* rendre ● **rimettere qc a posto** remettre qqch à sa place ● **rimetterci qc** perdre qqch ● **rimetterci la salute** laisser sa santé ◆ **rimettersi** *vr* **1.** *(guarire)* se remettre **2.** *(tempo)* s'améliorer ● **rimettersi a fare qc** se remettre à faire qqch

rimmel® ['rimmel] *sm inv* Rimmel® *m*, mascara *m*

rimodernare [rimoder'nare] *vt* moderniser

rimontare [rimon'tare] *vt & vi* remonter

rimorchiare [rimor'kjare] *vt* **1.** remorquer **2.** *(fam) (persona)* draguer

rimorchiatore [rimorkja'tore] *sm* remorqueur *m*

rimorchio [ri'mɔrkjo] *sm* **1.** remorque *f* **2.** *(operazione)* remorquage *m*

rimorso [ri'mɔrso] *sm* remords *m*

rimosso, a [ri'mɔsso, a] *pp* ➤ rimuovere

rimozione [rimots'tsjone] *sf* **1.** *(spostamento)* enlèvement *m* **2.** *(da carica, impiego)* destitution *f* ● **rimozione forzata** o **coatta** enlèvement immédiat *(d'un véhicule en stationnement interdit)*

rimpatriare [rimpatri'are] *vi* revenir dans son pays ◇ *vt* rapatrier

rimpiangere [rim'pjandʒere] *vt* regretter ● **rimpiangere di aver fatto qc** regretter d'avoir fait qqch

¹**rimpianto** [rim'pjanto] *sm* regret *m*

²**rimpianto, a** [rim'pjanto, a] *pp* ➤ **rimpiangere**

rimpiattino [rimpjat'tino] *sm* cache-cache *m*

rimpiazzare [rimpjats'tsare] *vt* remplacer

rimpicciolire [rimpittʃo'lire] *vi* rapetisser ◇ *vt* réduire

rimpinzarsi [rimpin'tsarsi] ● **rimpinzarsi di** *vr+prep* se bourrer de

rimproverare [rimprove'rare] *vt* **1.** réprimander **2.** *(rinfacciare)* reprocher

rimprovero [rim'prɔvero] *sm* reproche *m*

rimuginare [rimudʒi'nare] *vt* *(meditare)* ruminer ◇ *vi* ● **rimuginare (su qc)** ruminer (qqch)

rimuovere [ri'mwɔvere] *vt* **1.** *(spostare)* déplacer **2.** *(da carica)* démettre

Rinascimento [rinaʃʃi'mento] *sm* ● **il Rinascimento** la Renaissance

rinascita [ri'naʃʃita] *sf* **1.** *(di foglie, capelli)* repousse *f* **2.** *(economica)* reprise *f*

rincalzare [rinkal'tsare] *vt* *(lenzuola)* border

rincarare [rinka'rare] *vi* augmenter

rincasare [rinka'zare] *vi* rentrer (à la maison)

rinchiudere [rin'kjudere] *vt* enfermer ● **rinchiudersi in** *vr+prep* s'enfermer dans

rinchiuso, a [rin'kjuzo, a] *pp* ➤ **rinchiudere**

rincorrere [rin'korrere] *vt* poursuivre

rincorsa [rin'korsa] *sf* élan *m* ● **prendere la rincorsa** prendre son élan

rincorso, a [rin'korso, a] *pp* ➤ **rincorrere**

rincrescere [rin'kreʃʃere] *vi* ● **mi rincresce che tu parta** je regrette que tu partes ● **mi rincresce di non poterti aiutare** je regrette de ne pas pouvoir t'aider

rinculo [rin'kulo] *sm* *(di arma)* recul *m*

rinfacciare [rinfatʃ'tʃare] *vt* ● **rinfacciare qc a qn** *(colpa)* reprocher qqch à qqn ; *(favore)* jeter qqch à la figure de qqn

rinforzare [rinfor'tsare] *vt* renforcer

rinforzo [rin'fortso] *sm* **1.** *(di muro, argini)* renforcement *m* **2.** *(di calze, collant)* renfort *m* ● **rinforzi** *smpl* MIL renforts *mpl*

rinfrescante [rinfres'kante] *agg* rafraîchissant(e)

rinfrescare [rinfres'kare] *v impers* ● **stasera ha rinfrescato parecchio** il fait beaucoup plus frais, ce soir ◇ *vt* rafraîchir ● **rinfrescare la memoria a qn** rafraîchir la mémoire à qqn ● **rinfrescarsi** *vr* se rafraîchir

rinfresco, schi [rin'fresko, ski] *sm* cocktail *m*

rinfusa [rin'fuza] ● **alla rinfusa** *avv* pêle-mêle

ringhiare [rin'gjare] *vi* grogner

ringhiera [rin'gjera] *sf* balustrade *f*

ringiovanire [rindʒova'nire] *vt* & *vi* ra-jeunir

ringraziamento [ringratstsja'mento] *sm* remerciement *m*

ringraziare [ringrats'tsjare] *vt* remercier ◆ **ringraziare qn di qc** remercier qqn de o pour qqch

rinnegare [rinne'gare] *vt* renier

rinnovamento [rinnova'mento] *sm* renouvellement *m*

rinnovare [rinno'vare] *vt* **1.** renouveler **2.** *(rimodernare)* rénover

rinnovo [rin'nɔvo] *sm* **1.** renouvellement *m* **2.** *(di casa)* rénovation *f*

rinoceronte [rinotʃe'ronte] *sm* rhinocéros *m*

rinomato, a [rino'mato, a] *agg* renommé(e)

rinominare [rinomi'nare] *vt* renommer

rinsaldare [rinsal'dare] *vt* renforcer

rintocco, chi [rin'tɔkko, ki] *sm* coup *m* *(de cloche, pendule)*

rintracciare [rintratʃ'tʃare] *vt* retrouver

rintronare [rintro'nare] *vt* assourdir ◇ *vi* retentir

rinuncia, ce [ri'nuntʃa, tʃe] *sf* **1.** *(rifiuto)* renonciation *f* **2.** *(privazione)* renoncement *m*

rinunciare [rinun'tʃare] ◆ **rinunciare a** *v+prep* renoncer à ● **non ci riuscirò mai, ci rinuncio!** je n'y parviendrai jamais, j'abandonne !

rinunzia [ri'nuntsja] = **rinuncia**

rinunziare [rinun'tsjare] = **rinunciare**

rinvenire [rinve'nire] *vt* **1.** *(ritrovare)* trouver **2.** *(scoprire)* trouver ◇ *vi* reprendre connaissance

rinviare [rinvi'are] *vt* remettre, repousser ● **abbiamo rinviato l'appuntamento (a domani)** nous avons remis o repoussé le rendez-vous (à demain)

rinvio [rin'vio] *sm* renvoi *m*

rione [ri'one] *sm* quartier *m*

riordinare [riordi'nare] *vt* **1.** *(mettere in ordine)* ranger **2.** *(cambiare ordine)* réorganiser

riorganizzare [riorganidz'dzare] *vt* réorganiser

riparare [ripa'rare] *vt* **1.** réparer **2.** *(proteggere)* protéger ◆ **ripararsi (da)** *vr+prep* se protéger (de)

riparazione [riparats'tsjone] *sf* réparation *f*

riparo [ri'paro] *sm* abri *m*

ripartire [ripar'tire] *vt* **1.** partager **2.** *(distribuire)* répartir ◇ *vi* repartir

ripassare [ripas'sare] *vt* & *vi* repasser

ripensare [ripen'sare] ◆ **ripensare a** *v+prep* repenser à

ripercuotersi [riper'kwɔtersi] ◆ **ripercuotersi su** *vr+prep* se répercuter sur

ripercussione [riperkus'sjone] *sf* répercussion *f*

ripescare [ripes'kare] *vt* **1.** repêcher **2.** *(ritrovare)* retrouver

ripetere [ri'pɛtere] *vt* répéter ◆ **ripetersi** *vr* se répéter

ripetitivo, a [ripeti'tivo, a] *agg* répétitif(ive)

ripetitore [ripeti'tore] *sm* antenne-relais *f*

ripetizione [ripetits'tsjone] *sf* répétition *f* ◆ **ripetizioni** *sfpl* *(lezioni private)* cours *mpl* particuliers

ripiano [ri'pjano] *sm* étagère *f*

ripicca, che [ri'pikka, ke] *sf* ● **per ripicca** par dépit

ripido, a ['ripido, a] *agg* raide

ripiegare [ripje'gare] *vt* replier ◆ **ripiegare su** *v+prep* se rabattre sur

ripiego, ghi [ri'pjɛgo, gi] *sm* pis-aller *m inv* ● **per ripiego** faute de mieux

¹ripieno [ri'pjɛno] *sm* farce *f*

²ripieno, a [ri'pjɛno, a] *agg* ● **ripieno(a) (di qc)** *(casa, cassetto)* rempli(e) (de qqch) ; *(panino)* garni(e) (à qqch) ; *(tacchino)* farci(e) (de qqch)

riporre [ri'porre] *vt* 1. *(mettere al suo posto)* remettre 2. *(mettere via)* ranger ◆ **riporre fiducia/speranza in qn** placer sa confiance/ses espoirs en qqn

riportare [ripor'tare] *vt* 1. rapporter 2. *(ricondurre)* reconduire 3. *(conseguire)* remporter 4. *(sconfitta)* essuyer

riposare [ripo'zare] *vi* se reposer ◇ *vt* reposer ◆ **riposarsi** *vr* se reposer

riposo [ri'pɔzo] *sm* repos *m*

ripostiglio [ripos'tiʎʎo] *sm* débarras *m*

riposto, a [ri'posto, a] *pp* ➤ **riporre**

riprendere [ri'prɛndere] *vt* 1. reprendre 2. *(filmare)* filmer ◇ *vi* ● **riprendere (a fare qc)** recommencer (à faire qqch) ◆ **riprendersi da** *vr+prep* se remettre de

ripresa [ri'presa] *sf* 1. reprise *f* 2. *(da malattia)* rétablissement *m* 3. *(cinematografica)* prise *f* de vue 4. *(nel calcio)* deuxième mi-temps *f* ● **a più riprese** à plusieurs reprises

ripreso, a [ri'preso, a] *pp* ➤ **riprendere**

riprodotto, a [ripro'dotto, a] *pp* ➤ **riprodurre**

riprodurre [ripro'durre] *vt* reproduire ◆ **riprodursi** *vr* se reproduire

riproduzione [riprodus'tsjone] *sf* reproduction *f*

ripromettersi [ripro'mettersi] *vr* ● **ripromettersi di fare qc** se promettre de faire qqch

riprova [ri'prɔva] *sf* preuve *f*

riprovevole [ripro'vevole] *agg* répréhensible

ripudiare [ripu'djare] *vt* *(moglie, figli)* répudier

ripugnante [ripuɲ'ɲante] *agg* répugnant(e)

ripugnare [ripuɲ'ɲare] *vi* ● **ripugnare a qn** répugner à qqn

ripulire [ripu'lire] *vt* nettoyer

riquadro [ri'kwadro] *sm* carré *m*

risalire [risa'lire] *vt* remonter ◆ **risalire a** *v+prep* remonter à

risaltare [rizal'tare] *vi* ressortir

risalto [ri'zalto] *sm* relief *m* ● **mettere in risalto qc** mettre qqch en relief

risaputo, a [risa'puto, a] *agg* ● **è risaputo che...** tout le monde sait que...

risarcimento [rizartʃi'mento] *sm* dédommagement *m*

risarcire [rizar'tʃire] *vt* dédommager

risata [ri'zata] *sf* rire *m* ● **ci siamo fatti una bella risata** nous avons bien ri

riscaldamento [riskalda'mento] *sm* chauffage *m* ● **riscaldamento autonomo/centralizzato** chauffage individuel/central

riscaldare [riskal'dare] *vt* réchauffer ◆ **riscaldarsi** *vr* se réchauffer

riscatto [ris'katto] *sm* *(prezzo)* rançon *f*

rischiarare [riskja'rare] *vt* éclairer ◆ **rischiararsi** *vr* 1. *(cielo)* se dégager 2. *(tempo)* se lever

rischiare [ris'kjare] *vt* risquer ◇ *vi* ● **rischiare di fare qc** risquer de faire qqch

rischio ['riskjo] *sm* risque *m* ● **correre il rischio di fare qc** courir le risque de faire qqch ● **a rischio** à risque

rischioso, a [ris'kjozo, a] *agg* risqué(e)

risciacquare [riʃʃak'kware] *vt* rincer

risciacquo [riʃ'ʃakkwo] *sm* rinçage *m*

riscontrare [riskon'trare] *vt (rilevare)* relever

riscontro [ris'kontro] *sm (confronto)* confrontation *f*

riscosso, a [ris'kɔsso, a] *pp* ➤ **riscuotere**

riscuotere [ris'kwɔtere] *vt* **1.** encaisser **2.** *(successo)* avoir

risentimento [risenti'mento] *sm* ressentiment *m*

risentire [risen'tire] *vi* ● **risentire di se** ressentir de ● **risentirsi** *vr* **1.** *(richiamarsi)* se rappeler **2.** *(offendersi)* ● **risentirsi (di o per qc)** se vexer (de qqch)

risentito, a [risen'tito, a] *agg* fâché(e)

riserva [ri'sɛrva] *sf* **1.** réserve *f* **2.** *(giocatore)* remplaçant *m*, -*e f* ● **di riserva** de secours ● **essere in riserva** être en o sur la réserve

riservare [riser'vare] *vt* réserver

riservato, a [riser'vato, a] *agg* **1.** réservé(e) **2.** *(informazione, lettera)* confidentiel(elle)

risiedere [ri'sjedere] *vi* résider

riso ['rizo] *pp* ➤ **ridere** ◇ *sm* **1.** *(alimento)* riz *m* **2.** *(il ridere: fpl risa)* rire *m*

risolto, a [ri'sɔlto, a] *pp* ➤ **risolvere**

risoluto, a [riso'luto, a] *agg* résolu(e)

risoluzione [risoluts'tsjone] *sf* résolution *f*

risolvere [ri'sɔlvere] *vt* résoudre ◆ **risolversi** *vr* se résoudre ◆ **risolversi a** *vr+prep* se résoudre à ◆ **risolversi in** *vr+prep* finir en

risonanza [riso'nantsa] *sf* **1.** *(di suono, voce)* résonance *f* **2.** *(di fatti, notizie)* retentissement *m*

risorgere [ri'sɔrdʒere] *vi (problema, difficoltà)* resurgir

Risorgimento [risordʒi'mento] *sm* ● **il Risorgimento** mouvement pour l'unité italienne du milieu du XIXᵉ siècle

risorsa [ri'sorsa] *sf* ressource *f*

risorto, a [ri'sorto, a] *pp* ➤ **risorgere**

risotto [ri'zɔtto] *sm* risotto *m* ● **risotto di mare** risotto aux fruits de mer ● **risotto alla milanese** risotto parfumé au safran et abondamment garni de parmesan

risparmiare [rispar'mjare] *vt* faire des économies ◇ *vt* économiser ● **volevo risparmiarti la fatica** je voulais t'épargner o t'éviter cette peine

risparmio [ris'parmjo] *sm* économie *f*

rispecchiare [rispek'kjare] *vt* refléter

rispettare [rispet'tare] *vt* respecter

rispettivamente [rispettiva'mente] *avv* respectivement

rispettivo, a [rispet'tivo, a] *agg* respectif(ive)

rispetto [ris'petto] *sm* respect *m* ● **mancare di rispetto a qn** manquer de respect à qqn ● **rispetto a** par rapport à

rispettoso, a [rispet'tozo, a] *agg (atteggiamento, persona)* respectueux(euse)

risplendere [ris'plɛndere] *vi* briller

rispondere [ris'pondere] *vi* répondre ● **le ho risposto di sì/di no** je lui ai répondu oui/non

risposta [ris'posta] *sf* réponse *f* ● **in risposta a qc** en réponse à qqch

risposto [ris'posto] *pp* ➤ **rispondere**

rissa ['rissa] *sf* bagarre *f*

ristabilire [ristabi'lire] *vt* rétablir ◆ **ristabilirsi** *vr* se rétablir

ristagnare [ristaɲ'nare] *vi* stagner

ristampa [ris'tampa] *sf (libro)* réimpression *f*

ristorante [risto'rante] *sm* restaurant *m*

ristretto, a [ris'tretto, a] *pp* ➤ **restringere** ◇ *agg* 1. restreint(e) 2. *(caffè)* serré(e) 3. *(brodo)* concentré(e)

ristrutturare [ristruttu'rare] *vt* 1. réaménager 2. *(azienda)* restructurer

risucchiare [risuk'kjare] *vt* aspirer

risultare [rizul'tare] *vi* 1. résulter 2. *(rivelarsi, dimostrarsi)* se révéler ● **non mi risulta che ci sia un treno** (pour autant) que je sache, il n'y a pas de train

risultato [rizul'tato] *sm* résultat *m*

risuolare [riswo'lare] *vt* ressemeler

risuonare [riswo'nare] *vi* résonner

risuscitare [risuʃʃi'tare] *vi* ressusciter

risvegliare [rizveʎ'ʎare] *vt (dal sonno)* réveiller

risveglio [riz'veʎʎo] *sm* réveil *m*

risvolto [riz'vɔlto] *sm* 1. revers *m* 2. *(conseguenza)* conséquence *f*

ritagliare [ritaʎ'ʎare] *vt* découper

ritaglio [ri'taʎʎo] *sm* 1. *(di giornale)* coupure *f* 2. *(di stoffa)* chute *f* ● **nei ritagli di tempo** à mes/tes/ses/etc moments perdus

ritardare [ritar'dare] *vi* être en retard ◇ *vt* retarder

ritardatario, a [ritarda'tarjo, a] *sm, f* retardataire *mf*

ritardo [ri'tardo] *sm* retard *m* ● **in ritardo** en retard

ritenere [rite'nere] *vt* penser, croire ● **ritengo che tu abbia torto** je pense o je crois que tu as tort ◆ **ritenersi** *vr* se considérer

ritentare [riten'tare] *vt* retenter

ritenuta [rite'nuta] *sf* retenue *f*

ritirare [riti'rare] *vt* retirer ◆ **ritirarsi** *vr* 1. *(da attività)* se retirer 2. *(restringersi)* rétrécir

ritirata [riti'rata] *sf* MIL retraite *f*

ritiro [ri'tiro] *sm* 1. retrait *m* 2. *(da attività)* retraite *f*

ritmo ['ritmo] *sm* rythme *m*

rito ['rito] *sm* rite *m*

ritornare [ritor'nare] *vi* 1. *(andare)* retourner 2. *(venire, ricomparire)* revenir 3. *(ridiventare)* redevenir

ritornello [ritor'nello] *sm* refrain *m*

ritorno [ri'torno] *sm* retour *m* ● **essere di ritorno** être de retour

ritrarre [ri'trarre] *vt* 1. *(mano)* retirer 2. *(sguardo)* détourner 3. *(disegnare)* faire le portrait de

¹ritratto [ri'tratto] *sm* portrait *m*

²ritratto, a [ri'tratto, a] *pp* ➤ **ritrarre**

ritrovare [ritro'vare] *vt* retrouver ◆ **ritrovarsi** *vr* se retrouver

ritrovo [ri'trɔvo] *sm (luogo)* (lieu de) rendez-vous *m*

ritto, a ['ritto, a] *agg* droit(e)

rituale [ritu'ale] *agg* rituel(le) ◇ *sm* rituel *m*

riunione [riu'njone] *sf* réunion *f*

riunire [riu'nire] *vt* réunir ◆ **riunirsi** *vr* se réunir

riuscire [riuʃˈʃire] *vi* • riuscire a fare qc réussir à faire qqch • non ci riesco je n'y arrive pas

riva [ˈriva] *sf* rive f

rivale [riˈvale] *agg & smf* rival(e)

rivalutare [rivaluˈtare] *vt* 1. *FIN* réévaluer 2. *(opera)* réhabiliter 3. *(persona)* • dopo averla sentita parlare, l'ho rivalutata après l'avoir entendue parler, elle est remontée dans mon estime

rivedere [riveˈdere] *vt* revoir • rivedersi *vr* se revoir

rivelare [riveˈlare] *vt* • rivelare qc (a qn) révéler qqch (à qqn) • rivelarsi *vr* se révéler

rivelazione [rivelatsˈtsjone] *sf* révélation f

rivendicare [rivendiˈkare] *vt* revendiquer

rivendita [riˈvendita] *sf* revente f

rivenditore, trice [rivendiˈtore, ˈtritʃe] *sm, f* détaillant m, -e f • rivenditore autorizzato revendeur m agréé

riversare [riverˈsare] *vt* 1. *(affetto)* reporter 2. *(colpa)* rejeter • riversarsi *vr* se répandre

rivestimento [rivestiˈmento] *sm* revêtement m

rivestire [rivesˈtire] *vt* 1. *(foderare)* recouvrir 2. *(carica, ruolo)* assumer • rivestirsi *vr* se rhabiller

riviera [riˈvjera] *sf* côte f

rivincita [riˈvintʃita] *sf* revanche f

rivista [riˈvista] *sf* revue f

rivisto, a [riˈvisto, a] *pp* ➤ rivedere

rivolgere [riˈvɔldʒere] *vt* 1. *(parola)* adresser 2. *(attenzione)* porter 3. *(occhiata)* jeter • rivolgersi a *vr+prep* s'adresser à

rivolta [riˈvɔlta] *sf* révolte f

rivoltante [rivolˈtante] *agg* révoltant(e)

rivoltare [rivolˈtare] *vt* 1. *(rigirare)* retourner 2. *(disgustare)* révolter • rivoltarsi *vr* se révolter

rivoltella [rivolˈtella] *sf* revolver m

rivolto, a [riˈvɔlto, a] *pp* ➤ rivolgere

rivoluzionario, a [rivolutstsjoˈnarjo, a] *agg & sm, f* révolutionnaire

rivoluzione [rivolutsˈtsjone] *sf* révolution f

rizoma, i [ridzˈdzɔma, i] *sm* rhizome m

rizzare [ritsˈtsare] *vt* dresser • rizzarsi *vr* se dresser

roastbeef [ˈrɔzbif] *sm inv* rosbif m

roba [ˈrɔba] *sf* affaires *fpl* • roba di lana vêtements *mpl* d'hiver • roba da mangiare nourriture f • roba da matti! quelle histoire de fous ! • roba di valore objets *mpl* de valeur

robiola [roˈbjola] *sf* fromage frais au lait de vache, spécialité de Lombardie

robot [roˈbo] *sm inv* robot m

robotica [roˈbɔtika] *sf TECNOL* robotique f

robusto, a [roˈbusto, a] *agg* robuste

rocca, che [ˈrɔkka, ke] *sf* château m fort

roccaforte [rɔkkaˈfɔrte] *sf* forteresse f

rocchetto [rokˈketto] *sm* bobine f

roccia, ce [ˈrɔttʃa, tʃe] *sf* 1. rocher m 2. *(sedimentaria)* roche f

rocciatore, trice [rɔttʃaˈtore, ˈtritʃe] *sm, f* alpiniste mf

roccioso, a [rotˈtʃozo, a] *agg* rocheux(euse)

roco, a, chi, che [ˈrɔko, a, ki, ke] *agg* 1. *(voce)* rauque 2. *(persona)* enroué(e)

rodaggio [roˈdaddʒo] *sm* rodage m

rodere ['rodere] *vt* ronger ♦ **rodersi di** *vr+prep* être rongé(e) par

rogna ['roɲɲa] *sf* **1.** gale *f* **2.** *(fam)* *(guaio)* ennui *m*

rognone [roɲˈɲone] *sm* rognon *m*

rogo, ghi ['rogo, gi] *sm* **1.** *(supplizio)* bûcher *m* **2.** *(incendio)* incendie *m*, brasier *m*

Roma ['roma] *sf* Rome *f*

romanesco [romaˈnesko] *sm* dialecte de la région de Rome

Romania [romaˈnia] *sf* ● **la Romania** la Roumanie

romanico, a, ci, che [roˈmaniko, a, tʃi, ke] *agg* roman(e)

romano, a [roˈmano, a] *agg* romain(e) ◇ *sm, f* Romain *m*, -e *f*

romanticismo [romantiˈtʃizmo] *sm* romantisme *m*

romantico, a, ci, che [roˈmantiko, a, tʃi, ke] *agg* romantique

romanza [roˈmandza] *sf* MUS romance *f*

romanzo [roˈmandzo] *sm* roman *m*

rompere ['rompere] *vt* **1.** *(spezzare, guastare)* casser **2.** *(strappare)* déchirer **3.** *(interrompere, annullare)* rompre ◇ *vi* *(litigare)* rompre ♦ **rompersi** *vr* se détraquer ● **rompersi una gamba** se casser une jambe

rompicapo [rompiˈkapo] *sm* casse-tête *m inv*

rompiscatole [rompisˈkatole] *smf inv* *(fam)* casse-pieds *mf inv*

rondine ['rondine] *sf* hirondelle *f*

ronzare [ronˈdzare] *vi* bourdonner

ronzio, ii [ronˈdzio, ii] *sm* bourdonnement *m*

rosa ['rɔza] *agg inv* **1.** rose **2.** *(sentimentale)* à l'eau de rose ◇ *sf (fiore)* rose *f* ◇ *sm (colore)* rose *m*

rosé [roˈze] *sm inv* rosé *m*

rosicchiare [rozikˈkjare] *vt* ronger

rosmarino [rozmaˈrino] *sm* romarin *m*

roso, a ['rozo, a] *pp* ➤ **rodere**

rosolare [rozoˈlare] *vt* rissoler

rosolia [rozoˈlia] *sf* rubéole *f*

rosone [roˈzone] *sm* rosace *f*

rospo ['rɔspo] *sm* crapaud *m*

rossetto [rosˈsetto] *sm* rouge à lèvres *m*

rosso, a ['rosso, a] *agg* rouge ♦ **rosso** *sm* rouge *m* ● **rosso d'uovo** jaune *m* d'œuf

rosticceria [rostitʃtʃeˈria] *sf* rôtisserie *f*

rotaie [roˈtaje] *sfpl* rails *mpl*

rotazione [rotatsˈtsjone] *sf* **1.** rotation *f* **2.** *(successione)* roulement *m*

rotella [roˈtella] *sf* roue *f*

rotolare [rotoˈlare] *vi* rouler ♦ **rotolare (giù) dalle scale** tomber o dégringoler dans les escaliers ♦ **rotolarsi** *vr* se rouler

rotolo ['rɔtolo] *sm* rouleau *m* ● **andare a rotoli** aller à vau-l'eau

rotonda [roˈtonda] *sf* **1.** *(terrazza)* terrasse *f* **2.** *(rotatoria)* rond-point *m*

rotondo, a [roˈtondo, a] *agg* rond(e)

rotta ['rotta] *sf* route *f*

rottame [rotˈtame] *sm* **1.** épave *f* **2.** *(di metallo)* ferraille *f*

rotto, a ['rotto, a] *pp* ➤ **rompere** ◇ *agg* **1.** *(spezzato, infranto)* cassé(e) **2.** *(strappato)* déchiré(e) **3.** *(guasto)* détraqué(e)

rottura [rotˈtura] *sf* **1.** rupture *f* **2.** bris *m* **3.** *(guasto)* panne *f* ● **che rottura!** *(fam)* quelle barbe !

roulette [ruˈlet] *sf inv* roulette *f*

roulotte [ruˈlɔt] *sf inv* caravane *f*

router ['ruter] *sm inv* routeur *m*

routine [ru'tin] *sf inv* routine *f*

rovente [ro'vente] *agg* brûlant(e)

rovescia [ro'veʃʃa] *sf* • **alla rovescia** à l'envers

rovesciare [roveʃ'ʃare] *vt* renverser ◆ **rovesciarsi** *vr* se renverser

rovescio [ro'veʃʃo] *sm* **1.** revers *m* **2.** *(di vestito, stoffa)* envers *m* • **al rovescio** à l'envers

rovina [ro'vina] *sf* ruine *f* • **andare in rovina** tomber en ruine ◆ **rovine** *sfpl* ruines *fpl*

rovinare [rovi'nare] *vt* **1.** abîmer **2.** *(mandare in miseria)* ruiner ◆ **rovinarsi** *vr* **1.** s'abîmer **2.** *(finanziariamente)* se ruiner

rovo ['rovo] *sm* ronce *f*

rozzo, a ['roddzo, a] *agg* grossier(ère)

ruba ['ruba] *sf* • **andare a ruba** se vendre comme des petits pains

rubare [ru'bare] *vt & vi* voler

rubinetto [rubi'netto] *sm* robinet *m*

rubino [ru'bino] *sm* rubis *m*

rubrica, che [ru'brika, ke] *sf* **1.** *(di giornale, trasmissione)* rubrique *f* **2.** *(di indirizzi, telefono)* répertoire *m*

rudimentale [rudimen'tale] *agg* rudimentaire

ruffiano, a [ruf'fjano, a] *sm, f* lèchebottes *mf inv*

ruga, ghe ['ruga, ge] *sf* ride *f*

rugby ['regbi] *sm* rugby *m*

ruggine ['ruddʒine] *sf* rouille *f*

ruggire [rudʒ'dʒire] *vi* rugir

rugiada [ru'dʒada] *sf* rosée *f*

rullino [rul'lino] *sm* pellicule *f* • **un rullino da 24** une pellicule 24 poses

rullo ['rullo] *sm* **1.** rouleau *m* **2.** *(di tamburo)* roulement *m*

rum [rum] *sm* rhum *m*

rumeno, a [ru'meno, a] *agg (della Romania)* roumain(e) ◇ *sm, f (persona)* Roumain *m*, -e *f* ◆ **rumeno** *sm (lingua)* roumain *m*

rumore [ru'more] *sm* bruit *m*

rumoroso, a [rumo'rozo, a] *agg* bruyant(e)

ruolo ['rwɔlo] *sm* rôle *m*

ruota ['rwɔta] *sf* roue *f* • **ruota di scorta** roue de secours

ruotare [rwo'tare] *vt* tourner

rupe ['rupe] *sf* rocher *m*

ruscello [ruʃ'ʃello] *sm* ruisseau *m*

ruspa ['ruspa] *sf* pelle *f* mécanique

Russia ['russja] *sf* • **la Russia** la Russie

russo, a ['russo, a] *agg* russe ◇ *sm, f* Russe *mf* ◆ **russo** *sm (lingua)* russe *m*

rustico, a, ci, che ['rustiko, a, tʃi, ke] *agg* rustique

ruttare [rut'tare] *vi* roter

rutto ['rutto] *sm* rot *m*

ruvido, a ['ruvido, a] *agg* rugueux(euse)

ruzzolare [rutstso'lare] *vi* dégringoler

ruzzolone [rutstso'lone] *sm* dégringolade *f*

SS

sabato ['sabato] *sm* samedi *m* • **torniamo sabato** nous rentrons samedi • **oggi è sabato** nous sommes samedi • **sabato 6 maggio** samedi 6 mai • **sabato pomeriggio** samedi après-midi • **sabato pros-**

simo samedi prochain ● **sabato scorso** samedi dernier ● **di sabato** le samedi ● **a sabato!** à samedi !

sabbia ['sabbja] *sf* sable *m*

sabotare [sabo'tare] *vt* saboter

sacca, che ['sakka, ke] *sf* **1.** sac *m* **2.** *(di fiume)* anse *f*

saccarina [sakka'rina] *sf* saccharine *f*

saccente [sat∫'t∫ente] *agg* pédant(e)

saccheggiare [sakked∫'d∫are] *vt* **1.** saccager **2.** *(con acquisti)* dévaliser

sacchetto [sak'ketto] *sm* sachet *m*

sacco, chi ['sakko, ki] *sm* sac *m* ● **un sacco di un tas de** ● **sacco a pelo** sac de couchage ● **pranzo al sacco** panier-repas *m*

sacerdote [sat∫er'dote] *sm* prêtre *m*

sacrificare [sakrifi'kare] *vt* sacrifier ◆ **sacrificarsi** *vr* se sacrifier

sacrificio [sakri'fit∫o] *sm* sacrifice *m*

sacro, a ['sakro, a] *agg* sacré(e)

sadico, a, ci, che ['sadiko, a, t∫i, ke] *agg & sm, f* sadique

safari [sa'fari] *sm inv* safari *m*

saggezza [sadʒ'dʒettsa] *sf* sagesse *f*

¹ **saggio** ['sadʒdʒo] *sm* **1.** *(campione)* échantillon *m* **2.** *(libro, ricerca)* essai *m*

² **saggio, a, gi, ge** ['sadʒdʒo, a, dʒi, dʒe] *agg & sm, f* sage

Sagittario [sadʒit'tarjo] *sm* Sagittaire *m*

sagoma ['sagoma] *sf* **1.** silhouette *f* **2.** *(fam) (persona)* (drôle de) numéro *m*

sagra ['sagra] *sf* foire *f*

Le sagre

La *sagra* est une fête populaire qui célèbre le saint protecteur d'un village ou commémore la fonda-tion d'une église. À cette occasion, on organise des cérémonies religieuses, telles que les processions, mais également des spectacles (jeux, musique, danse) auxquels viennent parfois s'ajouter des foires, des marchés, des fêtes foraines. Les *sagre* du vin, de la truffe, des marrons, entre autres, sont en revanche des manifestations laïques en l'honneur d'un produit local.

sagrestano [sagres'tano] *sm* sacristain *m*

sala ['sala] *sf* salle *f* ● **sala d'aspetto** o **d'attesa** salle d'attente ● **sala da gioco** salle de jeux ● **sala operatoria** salle d'opération ● **sala da pranzo** salle à manger ● **sala riunioni** salle de réunion

salame [sa'lame] *sm* saucisson *m*

salare [sa'lare] *vt* saler

salario [sa'larjo] *sm* salaire *m*

salatini [sala'tini] *smpl* biscuits *mpl* salés

salato, a [sa'lato, a] *agg* salé(e)

saldare [sal'dare] *vt* **1.** souder **2.** *(debito)* solder, régler

¹ **saldo** ['saldo] *sm* solde *m* ● **in saldo** en solde ● **saldi** *smpl* soldes *mpl*

² **saldo, a** ['saldo, a] *agg* solide

sale ['sale] *sm* sel *m* ● **sale grosso** gros sel

salice [sa'lit∫e] *sm* saule *m* ● **salice piangente** saule pleureur

saliente [sa'ljente] *agg* *(fondamentale)* marquant(e)

saliera [sa'ljera] *sf* salière *f*

salire [sa'lire] *vt & vi* monter ● **salire a bordo** monter à bord ● **salire sul pullman** monter dans le bus

salita [sa'lita] *sf* montée *f* ● **in salita** *(strada)* en pente

saliva [sa'liva] *sf* salive *f*

salma ['salma] *sf (form)* dépouille *f* mortelle

salmi [sal'mi] *sm* ➤ **coniglio, lepre**

salmone [sal'mone] *sm* saumon *m*

salone [sa'lone] *sm* salon *m*

salotto [sa'lotto] *sm* salon *m*

salpare [sal'pare] *vi* appareiller, lever l'ancre ◇ *vt* ● **salpare l'ancora** lever l'ancre

salsa ['salsa] *sf* sauce *f* ● **salsa di pomodoro** sauce tomate

salsiccia, ce [sal'sittʃa, tʃe] *sf* saucisse *f*

saltare [sal'tare] *vt & vi* sauter ● **far saltare qc** faire sauter qqch ● **saltare fuori da qc** sortir de qqch ● **saltare giù da qc** sauter (en bas) de qqch ● **saltare su qc** *(pullman, treno)* sauter dans qqch

saltimbocca [saltim'bokka] *sm inv* spécialité du Latium composée d'escalopes de veau avec du jambon et de la sauge

salto ['salto] *sm* saut *m* ● **fare un salto in città** faire un saut en ville ● **salto in alto/lungo** saut en hauteur/longueur ● **salto con l'asta** saut à la perche

salumeria [salume'ria] *sf* charcuterie *f*

salumi [sa'lumi] *smpl* charcuterie *f*

salutare [salu'tare] *vt* saluer ● **salutamelo** passe-lui le bonjour de ma part ◆ **salutarsi** *vr* se saluer

salute [sa'lute] *sf* santé *f* ● **bere alla salute di qn** boire à la santé de qqn

saluto [sa'luto] *sm* salut *m* ● **con i migliori saluti** meilleures salutations

salvadanaio [salvada'najo] *sm* tirelire *f*

salvagente [salva'dʒente] *sm* **1.** *(giubbotto)* gilet *m* de sauvetage **2.** *(ciambella)* bouée *f* de sauvetage **3.** *(spartitraffico)* refuge *m*

salvaguardare [salvagwar'dare] *vt* sauvegarder

salvare [sal'vare] *vt* **1.** sauver **2.** INFORM sauvegarder ● **salvare in** enregistrer sous ◆ **salvarsi** *vr* ● **salvarsi da qc** échapper à qqch

salvataggio [salva'taddʒo] *sm* **1.** sauvetage *m* **2.** INFORM sauvegarde *f*

salvavita® [salva'vita] *sm inv* disjoncteur *m*

salve ['salve] *esclam (fam)* bonjour !

salvezza [sal'vettsa] *sf* salut *m*

salvia ['salvja] *sf* sauge *f*

salvietta [sal'vjetta] *sf* serviette *f*

¹**salvo** ['salvo] *prep* sauf ● **in salvo** à l'abri ● **salvo imprevisti** sauf imprévu

²**salvo, a** ['salvo, a] *agg* sauf (sauve)

san [san] ➤ **santo**

sandali ['sandali] *smpl* sandales *fpl*

sangue ['sangwe] *sm* sang *m* ● **a sangue freddo** de sang froid

sanguinare [sangwi'nare] *vi* saigner

sanità [sani'ta] *sf inv* santé *f* (publique)

sanitario, a [sani'tarjo, a] *agg* sanitaire ◆ **sanitari** *smpl* sanitaires *mpl*

San Marino [samma'rino] *sf* Saint-Marin

San Marino

Située près de la côte adriatique, au centre de l'Italie, la république de Saint-Marin est l'un des plus petits États du monde (61 km²). Avec le Vatican, elle forme l'un des deux États enclavés dans le territoire italien. Bien qu'elle ne fasse pas partie de l'Union Européenne, la république de Saint-Marin a elle aussi adopté l'euro comme monnaie.

sano, a ['sano, a] *agg* **1.** *(in salute)* en bonne santé **2.** *(salutare)* sain **• sano e salvo** sain et sauf **• sano come un pesce** en pleine forme

santità [santi'ta] *sf inv (condizione)* sainteté *f* **• Sua Santità** *(papa)* Sa Sainteté

santo, a ['santo, a] *(san davanti sm con consonante; santo davanti sm con s + consonante, gn, ps, x, y, z ; sant' davanti sm con vocale) agg* saint(e) **• San Francesco** Saint-François **• Santo Stefano** *(jour)* la Saint-Étienne

santuario [santu'arjo] *sm* sanctuaire *f*

sanzione [san'tsjone] *sf* sanction *f*

sapere [sa'pere] *vt* savoir **• sai nuotare?** tu sais nager ? **• mi sa che non viene** j'ai l'impression qu'il/elle ne viendra pas **• fammi sapere qualcosa** tiens-moi au courant **• sapere di** *v+prep* **1.** *(sapore)* avoir un goût de **2.** *(odore)* **• questo cappotto sa di naftalina** ce manteau sent la naphtaline

sapone [sa'pone] *sm* savon *m* **• sapone da bucato** lessive *f*

saponetta [sapo'netta] *sf* savonnette *f*

sapore [sa'pore] *sm* goût *m*

saporito, a [sapo'rito, a] *agg* savoureux(euse)

saracinesca, sche [saratʃi'neska, ske] *sf* rideau *m* (de fer)

sarcastico, a, ci, che [sar'kastiko, a, tʃi, ke] *agg* sarcastique

sarda ['sarda] *sf* sardine *f*

Sardegna [sar'deɲɲa] *sf* **• la Sardegna** la Sardaigne

sardina [sar'dina] *sf* sardine *f*

sardo, a ['sardo, a] *agg* sarde ◇ *sm, f* Sarde *mf*

sarto, a ['sarto, a] *sm, f* **1.** tailleur *m*, couturière *f* **2.** *(per azienda)* couturier *m*, -ère *f*

sartù [sar'tu] *sm inv* **• sartù di riso** *gâteau de riz garni de champignons, de boulettes de viande, de mozzarella, etc., spécialité napolitaine*

sasso ['sasso] *sm* caillou *m*, pierre *f*

sassofono [sas'sofono] *sm* saxophone *m*

satellite [sa'tellite] *sm* satellite *m*

satira ['satira] *sf* satire *f*

saturo, a ['saturo, a] *agg (soluzione)* saturé(e)

sauna ['sawna] *sf* sauna *m*

savoiardi [savo'jardi] *smpl* biscuits *mpl* à la cuiller

saziare [sats'tsjare] *vt* rassasier

sazietà [satstsje'ta] *sf inv* satiété *f* **• mangiare a sazietà** manger à satiété

sazio, a ['satstsjo, a] *agg* rassasié(e)

sbadato, a [zba'dato, a] *agg* distrait(e)

sbadigliare [zbadiʎ'ʎare] *vi* bâiller

sbadiglio [zba'diʎʎo] *sm* bâillement *m*

sbafo [z'bafo] **• a sbafo** *avv* à l'œil

sbagliare [zbaʎˈʎare] *vi* se tromper ◇ *vt* se tromper de ● **sbagliare numero** faire un faux numero ● **sbagliare strada** se tromper de route ● **sbagliare a contare** se tromper dans ses comptes ◆ **sbagliarsi** *vr* se tromper ● **sbagliarsi di grosso** se tromper lourdement

sbagliato, a [zbaʎˈʎato, a] *agg* **1.** *(erroneo)* faux (fausse) **2.** *(scorretto)* mauvais(e)

sbaglio [zˈbaʎʎo] *sm* erreur *f* ● **fare uno sbaglio** faire une erreur ● **fare qc per sbaglio** faire qqch par erreur

sballottare [zballotˈtare] *vt* ballotter

sbalzare [zbalˈtsare] *vt* éjecter

sbalzo [zˈbaltso] *sm* **1.** *(oscillazione)* bond *m* **2.** *(di temperatura)* écart *m* **3.** *(di umore)* saute *f*

sbandare [zbanˈdare] *vi* faire une embardée

sbandata [zbanˈdata] *sf* embardée *f* ● **prendersi una sbandata per qn** perdre la tête pour qqun

sbandato, a [zbanˈdato, a] *sm, f* marginal *m*, -e *f*

sbandierare [zbandjeˈrare] *vt* *(ostentare)* faire étalage de

sbando [zˈbando] *sm* ● **allo sbando** à la dérive

sbaraglio [zbaˈraʎʎo] *sm* ● **andare allo sbaraglio** partir à l'aventure

sbarazzare [zbaratsˈtsare] *vt* débarrasser ● **grazie per avermi sbarazzato da questa incombenza** merci de m'avoir débarrassé de cette tâche ◆ **sbarazzarsi di** *vr+prep* se débarrasser de

sbarazzino, a [zbaratsˈtsino, a] *agg* espiègle

sbarcare [zbarˈkare] *vt* **1.** débarquer **2.** *(fam) (da auto, pullman)* déposer, débarquer ◇ *vi* débarquer

sbarco, chi [zˈbarko, ki] *sm* débarquement *m*

sbarra [zˈbarra] *sf* **1.** barre *f* **2.** *(di passaggio a livello)* barrière *f*

sbarrare [zbarˈrare] *vt* barrer ● **sbarrare gli occhi** écarquiller les yeux

sbarrato, a [zbarˈrato] *agg* **1.** barré(e) **2.** *(occhi)* écarquillé(e)

sbattere [zˈbattere] *vt* **1.** *(porta)* claquer **2.** *(tappeti, uova)* battre **3.** *(tovaglia)* secouer **4.** *(panna)* fouetter ◇ *vi* *(porta, finestra)* battre ● **sbattere contro qc** se cogner contre qqch ● **sbattere fuori qn** jeter qqn dehors ◆ **sbattersene** *vr (fam)* s'en foutre

sbattuto, a [zbatˈtuto, a] *agg* abattu(e)

sbavare [zbaˈvare] *vi* baver

sbellicarsi [zbelliˈkarsi] *vr* ● **sbellicarsi dal ridere** se tordre de rire

sbiadire [zbjaˈdire] *vt* ternir ◆ **sbiadirsi** *vr* se décolorer

sbiadito, a [zbjaˈdito, a] *agg* décoloré(e)

sbiancare [zbjanˈkare] *vt* blanchir ◇ *vi* pâlir

sbieco, a, chi, che [zˈbjɛko, a, ki, ke] *agg* ● **di sbieco** en o de biais

sbigottire [zbigotˈtire] *vt* bouleverser ◆ **sbigottirsi** *vr* être bouleversé(e)

sbigottito, a [zbigotˈtito, a] *agg* bouleversé(e)

sbilanciare [zbilanˈtʃare] *vt* déséquilibrer ◆ **sbilanciarsi** *vr* **1.** perdre l'équilibre **2.** *(compromettersi)* s'avancer

sbirciare [zbirˈtʃare] *vt* regarder

sbizzarrirsi [zbidzdzar'rirsi] *vr* donner libre cours à sa fantaisie

sbloccare [zblok'kare] *vt* **1.** débloquer **2.** *INFORM* déverrouiller ◆ **sbloccarsi** *vr* se débloquer

sboccare [zbok'kare] ◆ **sboccare in** *v+prep* **1.** déboucher sur **2.** *(fiume)* se jeter dans

sboccato, a [zbok'kato, a] *agg* grossier(ère)

sbocciare [zbotʃ'tʃare] *vi* éclore

sbocco, chi [z'bokko] *sm* sortie *f* ● **sbocco professionale** débouché *m* professionnel

sbornia [z'bɔrnja] *sf (fam)* cuite *f*

sborsare [zbor'sare] *vt* débourser

sbottare [zbot'tare] *vi* exploser

sbottonare [zbotto'nare] *vt* déboutonner ◆ **sbottonarsi** *vr* **1.** *(indumento)* ● **sbottonarsi la giacca** déboutonner sa veste **2.** *(fam) (confidarsi)* s'ouvrir, se déboutonner

sbracciarsi [zbratʃ'tʃarsi] *vr* gesticuler

sbracciato, a [zbratʃ'tʃato, a] *agg* **1.** *(vestito)* sans manches **2.** *(persona)* bras nus

sbraitare [zbraj'tare] *vi* brailler

sbranare [zbra'nare] *vt* dévorer

sbriciolare [zbritʃo'lare] *vt* émietter ◆ **sbriciolarsi** *vr* **1.** *(muro)* s'effriter **2.** *(pane)* s'émietter

sbrigare [zbri'gare] *vt* expédier ◆ **sbrigarsi** *vr* ● **sbrigarsi (a fare qc)** se dépêcher (de faire qqch)

sbrodolare [zbrodo'lare] *vt* salir, tacher ◆ **sbrodolarsi** *vr* se salir ● **mi sono sbrodolata il vestito** j'ai sali ma robe

sbronza [z'brondza] *sf (fam)* cuite *f*

sbronzo, a [z'brondzo, a] *agg (fam)* bourré(e)

sbucare [zbu'kare] *vi* **1.** *(uscire)* déboucher **2.** *(saltar fuori)* sortir

sbucciare [zbutʃ'tʃare] *vt* **1.** éplucher **2.** *(piselli, fagioli)* écosser **3.** *(castagne, mandorle)* décortiquer ◆ **sbucciarsi** *vr* ● **sbucciarsi un ginocchio** s'écorcher le genou

sbuffare [zbuf'fare] *vi* soupirer

scabroso, a [ska'brozo, a] *agg* scabreux(euse)

scacciare [skatʃ'tʃare] *vt* chasser

scacco, chi [s'kakko, ki] *sm* échec *m* ● **scacco matto** échec et mat ◆ **scacchi** *smpl* échecs *mpl* ● **a scacchi** à carreaux

scadente [ska'dɛnte] *agg* de mauvaise qualité

scadenza [ska'dɛntsa] *sf* échéance *f*

scadere [ska'dere] *vi* **1.** être périmé(e) **2.** *(termine)* expirer **3.** *(peggiorare)* baisser

scaffale [skaf'fale] *sm* étagère *f*

scafo [s'kafo] *sm (di nave)* coque *f*

scagionare [skadʒo'nare] *vt* disculper

scaglia [s'kaʎʎa] *sf* **1.** éclat *m* **2.** *(di pesce)* écaille *f*

scagliare [skaʎ'ʎare] *vt* lancer ◆ **scagliarsi contro** *vr+prep* **1.** *(assalire)* se jeter sur **2.** *(insultare)* se déchaîner contre

scaglionare [skaʎʎo'nare] *vt (pagamento)* échelonner, étaler

scaglione [skaʎ'ʎone] *sm* groupe *m* ● **a scaglioni** en o par groupes

scala [s'kala] *sf* **1.** échelle *f* **2.** *(gradini)* escalier *m* ◆ **scale** *sfpl* escaliers *m* ● **su larga scala** à grande échelle ● **scala mobile** Escalator ® *m* ◆ **La Scala** *sf* La Scala

Il Teatro alla Scala

Le nouveau Théâtre de la Scala fut inauguré le 3 août 1778 en présence de l'archiduc Ferdinand d'Autriche. Bombardée en 1943, la Scala rouvrit ses portes en 1946 avec un concert d'Arturo Toscanini. Elle n'a, depuis, cessé d'accueillir les plus grands ballets, les opéras les plus célèbres, les étoiles mondiales de la danse, les plus grands virtuoses et les chefs d'orchestre les plus renommés.

scalare [ska'lare] *vt* **1.** escalader **2.** *(somma)* défalquer **3.** *(capelli)* dégrader

scalata [ska'lata] *sf (in alpinismo)* escalade *f*

scalatore, trice [skala'tore, 'tritʃe] *sm, f (in alpinismo)* alpiniste *mf*

scalcinato, a [skaltʃi'nato, a] *agg* **1.** *(muro)* décrépi(e) **2.** *(casa)* délabré(e)

scaldabagno [skalda'baɲɲo] *sm* chauffe-eau *m inv*

scaldare [skal'dare] *vt* **1.** chauffer **2.** *(cena)* réchauffer ◆ **scaldarsi** *vr* **1.** se réchauffer **2.** *(accalorarsi)* s'échauffer

scaleo [ska'lɛo] *sm* escabeau *m*

scalfire [skal'fire] *vt* rayer

scalinata [skali'nata] *sf* escalier *m*

scalino [ska'lino] *sm* marche *f (d'escalier)*

scalmanarsi [skalma'narsi] *vr* s'agiter

scalo [s'kalo] *sm* escale *f* ● **fare scalo (a)** faire escale (à)

scaloppina [skalop'pina] *sf* escalope *f*

scalpore [skal'pore] *sm* ● **la notizia ha fatto** o **destato scalpore** la nouvelle a fait du bruit

scaltro, a [s'kaltro, a] *agg* rusé(e)

scalzo, a [s'kaltso, a] *agg* pieds nus

scambiare [skam'bjare] *vt* échanger ● **scusa, ti ho scambiato per un altro** excuse-moi, je t'ai pris pour quelqu'un d'autre ◆ **scambiarsi** *vr* ● **scambiarsi qc** échanger qqch

scambio [s'kambjo] *sm* **1.** échange *m* **2.** *(confusione)* confusion *f*

scampagnata [skampaɲ'nata] *sf* sortie *f* à la campagne

scampare [skam'pare] *vt* éviter ● **scamparla (bella)** l'échapper belle ◆ **scampare a** *v+prep* échapper à

scampo [s'kampo] *sm (crostaceo)* langoustine *f* ● **non c'è (via di) scampo** il n'y a plus rien à faire

scampolo [s'kampolo] *sm* chute *f* de tissu

scandagliare [skandaʎ'ʎare] *vt (mare)* sonder

scandalizzare [skandalidz'dzare] *vt* scandaliser ◆ **scandalizzarsi** *vr* se scandaliser

scandalo [s'kandalo] *sm* scandale *m* ● **dare scandalo** faire (du) scandale ● **fare scandalo** faire scandale

scandaloso, a [skanda'lozo, a] *agg* scandaleux(euse)

scandire [skan'dire] *vt (parole)* articuler

scannare [skan'nare] *vt* égorger

scanner [s'kanner] *sm* INFORM scanner *m*

scannerizzare [skanneridz'dzare] *vt* scanner

scansafatiche [skansafa'tike] *smf inv* fainéant *m*, -e *f*

scansare [skan'sare] *vt* 1. éviter 2. *(dal muro)* écarter ◆ **scansarsi** *vr* s'écarter

scanso [s'kanso] *sm* ● **a scanso di equivoci** pour éviter tout malentendu

scantinato [skanti'nato] *sm* sous-sol *m*

scanzonato, a [skantso'nato, a] *agg* désinvolte

scapaccione [skapat∫'t∫one] *sm* taloche *f*

scapestrato, a [skapes'trato, a] *agg & sm, f* débauché(e)

scapito [s'kapito] *sm* ● **a scapito di** au détriment de

scapolo [s'kapolo] *sm* célibataire *m (pour un homme)*

scappamento [skappa'mento] *sm* ➤ tubo

scappare [skap'pare] *vi* s'enfuir, s'échapper ● **scappo!** *(vado)* je me sauve ! ● **mi è scappato** *(detto)* ça m'a échappé ● **scappare di mano** échapper des mains ● **mi è scappato di mente** ça m'est sorti de la tête ● **mi scappava da ridere** je ne pouvais pas m'empêcher de rire ● **lasciarsi scappare l'occasione** laisser filer l'occasion

scappatella [skappa'tella] *sf* escapade *f*

scappatoia [skappa'toja] *sf* échappatoire *f*

scarabocchiare [skarabok'kjare] *vt & vi* gribouiller

scarafaggio [skara'fadʒdʒo] *sm* cafard *m*

scaramanzia [skaraman'tsia] *sf* ● **per scaramanzia** par superstition

scaraventare [skaraven'tare] *vt* jeter ◆ **scaraventarsi** *vr* se jeter

scarcerare [skart∫e'rare] *vt* remettre en liberté

scarica, che [s'karika, ke] *sf* 1. *(di pugni)* volée *f* 2. *(di pistola, mitra)* décharge *f* ● **scarica elettrica** décharge électrique

scaricare [skari'kare] *vt* 1. décharger 2. *(passeggeri)* débarquer 3. *(colpa, responsabilità)* rejeter 4. *INFORM* télécharger ◆ **scaricarsi** *vr* 1. se décharger 2. *(sfogarsi)* s'épancher

¹**scarico, chi** [s'kariko, ki] *sm* 1. *(dispositivo)* tuyau *m* d'évacuation 2. *(attività)* déchargement *m*

²**scarico, a, chi, che** [s'kariko, a, ki, ke] *agg* déchargé(e)

scarlatto, a [skar'latto, a] *agg* écarlate

scarpa [s'karpa] *sf* chaussure *f* ● **che numero di scarpe porta?** quelle est votre pointure ? ● **scarpe da ginnastica** o **da tennis** baskets *fpl*

scarpata [skar'pata] *sf* escarpement *m*

scarponi [skar'poni] *smpl* chaussures *fpl* de marche ● **scarponi da sci** chaussures de ski

scarseggiare [skarsedʒ'dʒare] *vi* manquer ◆ **scarseggiare di** *v+prep* manquer de

scarsità [skarsi'ta] *sf inv* pénurie *f*

scarso, a [s'karso, a] *agg* insuffisant(e) ● **un chilo scarso** un kilo à peine

scartare [skar'tare] *vt* 1. défaire 2. *(eliminare)* écarter 3. *(nelle carte)* se défausser

scarto [s'karto] *sm* 1. *(cosa scartata)* rebut *m* 2. *(distacco, differenza)* écart *m*

scassare [skas'sare] *vt (fam) (rompere, rovinare)* esquinter ● **mi hai scassato** *(volg)* tu m'emmerdes !

scassato, a [skas'sato, a] *agg (fam) (rovinato, rotto)* déglingué(e)

scassinare [skassi'nare] *vt* crocheter

scasso [s'kasso] *sm* effraction *f*

scatenare [skate'nare] *vt* déchaîner • **scatenarsi** *vr* se déchaîner

scatenato, a [skate'nato, a] *agg* déchaîné(e)

scatola [s'katola] *sf* boîte *f* • **in scatola** en boîte • **rompere le scatole a qn** *(fam)* casser les pieds à qqn

scattante [skat'tante] *agg (auto, motore)* nerveux(euse)

scattare [skat'tare] *vt* • **scattare una foto** prendre une photo ◇ *vi* **1.** *(balzare)* bondir **2.** *(molla, congegno)* se déclencher **3.** *(arrabbiarsi)* s'emporter

scatto [s'katto] *sm* **1.** déclic *m* **2.** *(movimento brusco)* mouvement *m* brusque **3.** SPORT sprint *m* • **di scatto** brusquement • **avere uno scatto d'ira** avoir un accès de colère

scaturire [skatu'rire] • **scaturire da** *v+prep* **1.** *(derivare)* naître de **2.** *(sgorgare)* jaillir de

scavalcare [skaval'kare] *vt* **1.** sauter **2.** *(concorrenti)* dépasser

scavare [ska'vare] *vt* creuser

scavo [s'kavo] *sm* excavation *f* • **scavi** *smpl (archeologici)* fouilles *fpl*

scegliere [ʃeʎʎere] *vt* choisir

scelta [ʃelta] *sf* choix *m* • **a scelta** au choix

scelto, a [ʃelto, a] *pp* ➤ **scegliere** ◇ *agg* choisi(e)

scemo, a [ʃemo, a] *agg & sm, f (fam)* idiot(e)

scena [ʃena] *sf* scène *f* • **andare in scena** *(spettacolo)* être joué(e)

scenata [ʃe'nata] *sf* • **fare una scenata (a qn)** faire une scène (à qqn)

scendere [ʃendere] *vi* **1.** descendre **2.** *(diminuire)* baisser ◇ *vt* descendre

sceneggiata [ʃenedʒ'dʒata] *sf (messinscena)* comédie *f* • **sceneggiata napoletana** mélodrame théâtral *(ou cinématographique)* typique de la tradition napolitaine

sceneggiato [ʃenedʒ'dʒato] *sm* feuilleton *m*

sceneggiatura [ʃenedʒdʒa'tura] *sf* scénario *m*

scenetta [ʃe'netta] *sf* sketch *m*

scervellarsi [ʃervel'larsi] *vr* se creuser la cervelle

sceso, a [ʃezo, a] *pp* ➤ **scendere**

scettico, a, ci, che [ʃettiko, a, tʃi, ke] *agg* sceptique

scheda [s'kɛda] *sf* **1.** *(di schedario)* fiche *f* **2.** *(modulo)* bulletin *m* • **scheda audio** carte *f* son • **scheda madre** carte mère • **scheda telefonica** carte téléphonique • **scheda tecnica** fiche technique • **scheda video** carte vidéo

schedare [ske'dare] *vt* **1.** classer sur fiche **2.** *(sog: polizia)* ficher

schedario [ske'darjo] *sm* fichier *m*

schedina [ske'dina] *sf* bulletin *m*

La schedina

C'est le nom du bulletin qui doit être rempli par les joueurs de *totocalcio*, le jeu associé au championnat italien de football. Il consiste à pronostiquer le résultat de treize matchs en attribuant un 1 à l'équipe victorieuse qui joue chez elle, un 2 à l'équipe victorieuse en déplacement, et un X aux matchs nuls. On peut jouer sa *schedina* du lundi au samedi dans de nombreux bureaux de tabac et certains bars habilités. Douze ou treize pronostics exacts peuvent rapporter jusqu'à plusieurs millions d'euros.

scheggia, ge [sˈkeddʒa, dʒe] *sf* **1.** *(di vetro)* éclat m **2.** *(di legno)* écharde f

scheletro [sˈkɛletro] *sm* squelette m

schema, i [sˈkɛma, i] *sm* schéma m

scherma [sˈkɛrma] *sf* escrime f

schermare [skerˈmare] *vt* **1.** *(nascondere)* masquer **2.** *(da raggi, radiazioni)* protéger

schermo [sˈkɛrmo] *sm* écran m ● **schermo piatto** écran plat ● **schermo al plasma** écran (à) plasma

scherno [sˈkɛrno] *sm* sarcasme m

scherzare [skerˈtsare] *vi* plaisanter

scherzo [sˈkɛrtso] *sm* plaisanterie f ● **fare qc per scherzo** faire qqch pour rire ● **fare o giocare un brutto scherzo a qn** jouer un mauvais tour à qqn

scherzoso, a [skerˈtsoso, a] *agg* **1.** *(persona)* farceur(euse) **2.** *(tono)* moqueur(euse)

schiaccianoci [skjatʃtʃaˈnotʃi] *sm inv* casse-noix m inv

schiacciare [skjatˈtʃare] *vt* **1.** écraser **2.** *(pulsante)* appuyer sur **3.** SPORT smasher ● **schiacciarsi** *vr* ● **il panino si è schiacciato in fondo allo zaino** le sandwich s'est écrasé au fond du sac à dos

● **schiacciarsi il dito nella porta** se coincer un doigt dans la porte

schiacciata [skjatˈtʃata] *sf* **1.** *sorte de pain plat au sel et à l'huile d'olive* **2.** SPORT smash m

schiacciato, a [skjatˈtʃato, a] *agg* **1.** *(appiattito)* aplati(e) **2.** *(deformato)* écrasé(e)

schiaffo [sˈkjaffo] *sm* gifle f

schiamazzi [skjaˈmattsi] *smpl* tapage m

schiantare [skjanˈtare] *vt* abattre ● **schiantarsi** *vr* se fracasser

schianto [sˈkjantò] *sm* **1.** *(incidente stradale)* accident m **2.** *(rumore)* fracas m ● **è uno schianto!** c'est une merveille !

schiarire [skjaˈrire] *vt* éclaircir ● **schiarirsi** *vr* s'éclaircir ● **schiarirsi la voce** s'éclaircir la voix

schiavitù [skjaviˈtu] *sf inv* esclavage m

schiavo, a [sˈkjavo, a] *sm, f* esclave mf ◇ *agg* ● **essere schiavo di qc** être l'esclave de qqch

schiena [sˈkjɛna] *sf* dos m ● **di schiena** de dos

schienale [skjeˈnale] *sm* dossier m

schiera [sˈkjɛra] *sf* MIL rang m

schierare [skjeˈrare] *vt* aligner ● **schierarsi** *vr* prendre position

schietto, a [sˈkjɛtto, a] *agg* **1.** sincère **2.** *(vino)* naturel(elle)

schifezza [skiˈfettsa] *sf* **1.** *(cibo disgustoso)* saleté f **2.** *(cosa orrenda)* horreur f

schifo [sˈkifo] *sm* dégoût m ● **fare schifo** *(essere disgustoso)* être dégoûtant(e) ; *(essere pessimo)* être nul (nulle) ● **che schifo!** quelle horreur !

schifoso, a [ski'fozo, a] *agg* **1.** *(disgustoso)* dégoûtant(e) **2.** *(pessimo, brutto)* nul (nulle)

schioccare [skjok'kare] *vt* faire claquer

schioppo [s'kjoppo] *sm (fucile)* fusil *m* de chasse

schiuma [s'kjuma] *sf* **1.** *(marina)* écume *f* **2.** *(di sapone)* mousse *f* ● **schiuma da barba** mousse à raser

schivare [ski'vare] *vt* éviter

schivo, a [s'kivo, a] *agg* réservé(e)

schizzare [skits'tsare] *vt* éclabousser ◇ *vi* jaillir

schizzo [s'kitstso] *sm* **1.** jet *m* **2.** *(disegno)* esquisse *f*

sci [ʃi] *sm inv* ski *m* ● **sci d'acqua** ski nautique ● **sci di fondo** ski de fond

scia [ʃia] *sf* sillage *m*

sciabola [ʃabola] *sf* sabre *m*

sciacquare [ʃak'kware] *vt* rincer

sciacquone [ʃak'kwone] *sm* chasse *f* d'eau ● **tirare lo sciacquone** tirer la chasse (d'eau)

sciagura [ʃa'gura] *sf* malheur *m*

sciagurato, a [ʃagu'rato, a] *agg* **1.** *(sventurato)* malheureux(euse) **2.** *(scellerato)* misérable

scialacquare [ʃalak'kware] *vt* dilapider

scialbo, a [ʃalbo, a] *agg* **1.** *(colore, sapore)* fade **2.** *(persona)* insignifiant(e)

scialle [ʃalle] *sm* châle *m*

scialuppa [ʃa'luppa] *sf* chaloupe *f* ● **scialuppa di salvataggio** canot *m* de sauvetage

sciame [ʃame] *sm* essaim *m*

sciangai [ʃan'gai] *sm (gioco)* mikado *m*

sciare [ʃi'are] *vi* skier

sciarpa [ʃarpa] *sf* écharpe *f*

sciatica [ʃatika] *sf* sciatique *f*

sciatore, trice [ʃia'tore, 'tritʃe] *sm, f* skieur *m*, -euse *f*

sciatto, a [ʃatto, a] *agg* négligé(e)

scientifico, a, ci, che [ʃen'tifiko, a, tʃi, ke] *agg* **1.** scientifique **2.** *(facoltà)* des sciences

scienza [ʃentsa] *sf* **1.** science *f* **2.** *(sapere)* savoir *m*

scienziato, a [ʃen'tsjato, a] *sm, f* scientifique *mf*

scimmia [ʃimmja] *sf* singe *m*

scimmiottare [ʃimmjot'tare] *vt* singer

scindere [ʃindere] *vt (distinguere)* distinguer

scintilla [ʃin'tilla] *sf* étincelle *f*

scintillare [ʃintil'lare] *vi* étinceler

scioccare [ʃok'kare] *vt* choquer

sciocchezza [ʃok'ketstsa] *sf* bêtise *f*

sciocco, a, chi, che [ʃokko, a, ki, ke] *agg* bête ◇ *sm, f* sot *m*, sotte *f*

sciogliere [ʃɔʎʎere] *vt* **1.** dissoudre **2.** *(slegare)* détacher **3.** *(ghiaccio)* faire fondre **4.** *(mistero)* résoudre ● **sciogliersi** *vr* **1.** *(neve, burro)* fondre **2.** *(nodo)* se défaire **3.** *(assemblea, società)* se dissoudre

scioglilingua [ʃɔʎʎi'lingwa] *sm inv* exercice *m* de diction

sciolina [ʃio'lina] *sf* fart *m (pour ski)*

sciolto, a [ʃɔlto, a] *pp* ➤ **sciogliere** ◇ *agg* **1.** *(disinvolto)* à l'aise **2.** *(agile)* souple

sciopero [ʃɔpero] *sm* grève *f* ● **essere in sciopero** être en grève

sciovia [ʃio'via] *sf* remonte-pente *m*

scippare [ʃip'pare] *vt* voler (à la tire)

scippo [ʃippo] *sm* vol *m* à la tire

sciroppo [ʃi'roppo] *sm* sirop *m*

scissione [ʃis'sjone] *sf* scission *f*

scisso, a [ˈʃisso, a] *pp* ➤ **scindere**

sciupare [ʃuˈpare] *vt* abîmer ◆ **sciuparsi** *vr* **1.** s'abîmer **2.** *(deperire)* s'émacier

scivolare [ʃivoˈlare] *vi* glisser

scivolo [ˈʃivolo] *sm* toboggan *m*

scivoloso, a [ʃivoˈlozo, a] *agg* glissant(e)

scoccare [skokˈkare] *vt (freccia)* décocher ◇ *vi (ore)* sonner

scocciare [skotˈtʃare] *vt (fam)* casser les pieds à ◆ **scocciarsi** *vr (fam)* s'ennuyer

scodella [skoˈdella] *sf* **1.** *(piatto)* assiette *f* creuse **2.** *(tazza)* bol *m*

scodinzolare [skodintsoˈlare] *vi* remuer la queue

scogliera [skoʎˈʎera] *sf* falaise *f*

scoglio [ˈskɔʎʎo] *sm* écueil *m*

scoiattolo [skoˈjattolo] *sm* écureuil *m*

scolapasta [skolaˈpasta] *sm inv* égouttoir *m (pour les aliments)*

scolapiatti [skolaˈpjatti] *sm inv* égouttoir *m (pour la vaisselle)*

scolare [skoˈlare] *vt* égoutter ◆ **scolarsi** *vr* ● **scolarsi una bottiglia** *(fam)* siffler une bouteille

scolaro, a [skoˈlaro, a] *sm, f* écolier *m*, -ère *f*

scolastico, a, ci, che [skoˈlastiko, a, tʃi, ke] *agg* scolaire

scollare [skolˈlare] *vt* décoller ◆ **scollarsi** *vr* se décoller

scollato, a [skolˈlato, a] *agg* **1.** *(abito)* décolleté(e) **2.** *(scarpa)* ouvert(e)

scollatura [skollaˈtura] *sf (di vestito)* décolleté *m*

scollegare [skolleˈgare] *vt* déconnecter ◆ **scollegarsi** *vr* se déconnecter

scolorire [skoloˈrire] *vt* décolorer ◆ **scolorirsi** *vr* se décolorer

scolpire [skolˈpire] *vt* **1.** sculpter **2.** *(iscrizione, nome)* graver

scombussolare [skombussoˈlare] *vt* bouleverser

scommessa [skomˈmessa] *sf* **1.** pari *m* **2.** *(somma)* enjeu *m*

scommesso, a [skomˈmesso, a] *pp* ➤ **scommettere**

scommettere [skomˈmettere] *vt* parier

scomodare [skomoˈdare] *vt* déranger ◆ **scomodarsi** *vr* se déranger ● **non dovevi scomodarti a comprarmi un regalo** il ne fallait pas que tu te donnes la peine de m'acheter un cadeau

scomodo, a [sˈkɔmodo, a] *agg* **1.** *(poltrona)* inconfortable **2.** *(orario)* peu pratique

scompagnato, a [skompaɲˈnato, a] *agg* dépareillé(e)

scomparire [skompaˈrire] *vi* disparaître

scomparso, a [skomˈparso, a] *pp* ➤ **scomparire**

scompartimento [skompartiˈmento] *sm* compartiment *m*

scomparto [skomˈparto] *sm* compartiment *m*

scompigliare [skompiʎˈʎare] *vt* ébouriffer

scompiglio [skomˈpiʎʎo] *sm* pagaille *f*

scomporre [skomˈporre] *vt (mobile, armadio)* démonter ◆ **scomporsi** *vr (perdere il controllo)* perdre son calme

scomposto, a [skomˈposto, a] *pp* ➤ **scomporre**

sconcertare [skontʃerˈtare] *vt* déconcerter

sconcio, a, ci, ce [s'kontʃo, a, tʃi, tʃe] *agg* obscène

sconfiggere [skon'fidʤere] *vt* **1.** *(nemico)* vaincre **2.** *(in sport, politica)* battre

sconfinare [skonfi'nare] *vi* ● **sconfinare da** *(da tema, argomento)* s'écarter de

sconfinato, a [skonfi'nato, a] *agg* infini(e)

sconfitta [skon'fitta] *sf* défaite *f*

sconfitto, a [skon'fitto, a] *pp* ➤ **sconfiggere**

sconforto [skon'fɔrto] *sm* abattement *m*

scongelare [skondʒe'lare] *vt* décongeler

scongiurare [skondʒu'rare] *vt* *(pericolo)* écarter ● **ti scongiuro, non andartene!** je t'en supplie, ne t'en va pas !

sconnesso, a [skon'nesso, a] *agg* **1.** *(ponte, tavolato)* disjoint(e) **2.** *(ragionamento)* décousu(e)

sconosciuto, a [skonoʃ'ʃuto, a] *agg & sm, f* inconnu(e)

sconsiderato, a [skonside'rato, a] *agg* irréfléchi(e)

sconsigliare [skonsiʎ'ʎare] *vt* ● **sconsigliare qc a qn** déconseiller qqch à qqn ● **sconsigliare a qn di fare qc** déconseiller à qqn de faire qqch

scontare [skon'tare] *vt* **1.** *(detrarre)* déduire **2.** *(prezzo)* baisser **3.** *(prodotto)* solder **4.** *(pena)* purger **5.** *(colpa, errore)* payer

scontato, a [skon'tato, a] *agg* **1.** *(prezzo)* réduit(e) **2.** *(prodotto)* soldé(e) ● **dare qc per scontato** considérer qqch comme acquis

scontento, a [skon'tento, a] *agg* mécontent(e) ● **essere scontento di** être mécontent de

sconto [s'konto] *sm* remise *f*

scontrarsi [skon'trarsi] *vr* **1.** *(urtarsi)* se télescoper **2.** *(battersi)* s'affronter **3.** *(discordare)* s'opposer ● **scontrarsi con** *(macchina)* entrer en collision avec ; *(persona)* heurter

scontrino [skon'trino] *sm* ticket *m* de caisse

scontro [s'kontro] *sm* **1.** *(urto)* collision *f* **2.** *(combattimento)* combat *m* **3.** *(di opinioni, interessi)* conflit *m*

scontroso, a [skon'trozo, a] *agg* revêche

sconveniente [skonve'njente] *agg* **1.** *(indecente)* inconvenant(e) **2.** *(svantaggioso)* désavantageux(euse)

sconvolgente [skonvol'dʒente] *agg* bouleversant(e)

sconvolgere [skon'vɔldʒere] *vt* bouleverser

sconvolto, a [skon'vɔlto, a] *pp* ➤ **sconvolgere**

scopa [s'kopa] *sf* balai *m*

scoperta [sko'perta] *sf* découverte *f*

scoperto, a [sko'perto, a] *pp* ➤ **scoprire** ◇ *agg* **1.** découvert(e) **2.** *(tegame, contenitore)* sans couvercle **3.** *(capo, braccia)* nu(e)

scopo [s'kɔpo] *sm* but *m* ● **allo scopo di fare qc** dans le but de faire qqch ● **a che scopo?** dans quel but ?

scoppiare [skop'pjare] *vi* **1.** éclater **2.** *(bomba, caldaia)* exploser ● **scoppiare dal caldo** *(fam)* crever de chaud ● **scoppiare a piangere** fondre en larmes ● **scoppiare a ridere** éclater de rire

scoppiato, a [skop'pjato, a] *agg* *(spaiato)* dépareillé(e)

scoppio [s'kɔppjo] *sm* **1.** explosion *f* **2.** *(di pneumatico, palloncino)* éclatement *m* **3.** *(di risa)* éclat *m* **4.** *(di guerra)* déclenchement *m* • **a scoppio ritardato** à retardement

scoprire [sko'prire] *vt* découvrir ◆ **scoprirsi** *vr* **1.** *(svestirsi)* se découvrir **2.** *(rivelarsi)* se trahir

scoraggiare [skoradʒ'dʒare] *vt* décourager ◆ **scoraggiarsi** *vr* se décourager

scorbutico, a, ci, che [skor'butiko, a, tʃi, ke] *agg* revêche

scorciatoia [skortʃa'toja] *sf* raccourci *m* • **prendere una scorciatoia** prendre un raccourci

scordare [skor'dare] *vt* oublier ◆ **scordarsi** *vr* MUS se désaccorder ◆ **scordarsi di** *vt+prep* oublier • **scordarsi di fare qc** oublier de faire qqch

scorgere [s'kɔrdʒere] *vt* apercevoir

scoria [s'kɔrja] *sf (residuo)* scorie *f*

scorpacciata [skorpatʃ'tʃata] *sf* • **fare una scorpacciata di qc** faire une orgie de qqch

scorpione [skor'pjone] *sm* scorpion *m* ◆ **Scorpione** *sm* Scorpion *m*

scorrazzare [skorats'tsare] *vi* gambader

scorrere [s'korrere] *vi* **1.** couler **2.** *(fune)* glisser **3.** *(traffico)* être fluide **4.** *(tempo)* s'écouler ◇ *vt* parcourir

scorretto, a [skor'retto, a] *agg* incorrect(e)

scorrevole [skor'revole] *agg* **1.** fluide **2.** *(porta)* coulissant(e)

scorsa [s'korsa] *sf* • **dare una scorsa a qc** parcourir qqch, jeter un coup d'œil à qqch

scorso, a [s'korso, a] *pp* ➤ **scorrere** ◇ *agg* dernier(ère)

scorta [s'korta] *sf* • **fare scorta di qc** faire provision de qqch • **di scorta** de secours

scortare [skor'tare] *vt* escorter

scortese [skor'teze] *agg* impoli(e)

scorticare [skorti'kare] *vt* écorcher

scorto, a [s'korto, a] *pp* ➤ **scorgere**

scorza [s'kortsa] *sf* écorce *f*

scosceso, a [skoʃ'ʃezo, a] *agg* escarpé(e)

scossa [s'kɔssa] *sf* **1.** *(movimento)* secousse *f* **2.** *(elettrica)* décharge *f*

scosso, a [s'kɔsso, a] *pp* ➤ **scuotere** ◇ *agg* secoué(e)

scossone [skos'sone] *sm* forte secousse *f*

scostare [skos'tare] *vt* écarter ◆ **scostarsi** *vr* s'écarter

scotch [skɔtʃ] *sm inv* **1.** *(nastro adesivo)* Scotch® *m* **2.** *(whisky)* scotch *m*

scottadito [skotta'dito] • **a scottadito** *avv* cuit(e) au gril et servi(e) très chaud(e)

scottare [skot'tare] *vt* **1.** *(ustionare)* brûler **2.** *(cuocere)* ébouillanter ◇ *vi* brûler ◆ **scottarsi** *vr* se brûler

scottatura [skotta'tura] *sf* brûlure *f*

scotto, a [s'kɔtto, a] *agg* trop cuit(e)

scout [skawt] *smf inv* scout *m*, -e *f*

scovare [sko'vare] *vt* dénicher

Scozia [s'kɔtstsja] *sf* l'Écosse *f*

scozzese [skots'tseze] *agg* écossais(e) ◇ *smf (persona)* Écossais *m*, -e *f*

screditare [skredi'tare] *vt* discréditer

screpolare [skrepo'lare] *vt* gercer ◆ **screpolarsi** *vr* se gercer

screziato, a [skrets'tsjato, a] *agg* tacheté(e)

screzio [s'krettsjo] *sm* désaccord *m*

scricchiolare [skrikkjo'lare] *vi* craquer, grincer

scricchiolio, ii [skrikkjo'lio, ii] *sm* craquement *m*

scriminatura [skrimina'tura] *sf* raie *f*

scritta [s'kritta] *sf* inscription *f*

¹scritto [s'kritto] *sm* écrit *m*

²scritto, a [s'kritto, a] *pp* ➤ **scrivere** ◇ *agg* écrit(e)

scrittore, trice [skrit'tore, 'tritʃe] *sm, f* écrivain *m*, -e *f*

scrittura [skrit'tura] *sf* écriture *f*

scrivania [skriva'nia] *sf* bureau *m* (meuble)

scrivere [s'krivere] *vt & vi* écrire ◆ **scriversi** *vr* s'écrire ● **come si scrive "cuore"?** comment s'écrit "cuore" ?

scroccare [skrok'kare] *vt* (*fam*) (*sigaretta*) taxer ● **scroccare un pranzo** se faire inviter à manger

scrollare [skrol'lare] *vt* **1.** secouer **2.** (*spalle*) hausser

scrosciare [skroʃ'ʃare] *vi* (*pioggia*) tomber à verse

scroscio [s'kroʃʃo] *sm* **1.** (*d'acqua*) averse *f* **2.** (*d'applausi*) tonnerre *m*

scrostare [skros'tare] *vt* gratter ◆ **scrostarsi** *vr* (*muro*) se décrépir

scrupolo [s'krupolo] *sm* **1.** (*timore*) scrupule *m* **2.** (*diligenza*) soin *m* ● **senza scrupoli** sans scrupules

scrupoloso, a [skrupo'lozo, a] *agg* méticuleux(euse)

scrutare [skru'tare] *vt* observer

scucire [sku'tʃire] *vt* découdre ◆ **scucirsi** *vr* se découdre

scuderia [skude'ria] *sf* écurie *f*

scudetto [sku'detto] *sm* écusson attribué à l'équipe qui gagne le championnat italien de football

scudo [s'kudo] *sm* bouclier *m*

sculacciare [skulatʃ'tʃare] *vt* donner une fessée à

scultore, trice [skul'tore, 'tritʃe] *sm, f* sculpteur *m*, -trice *f*

scultura [skul'tura] *sf* sculpture *f*

scuola [s'kwɔla] *sf* école *f* ● **scuola elementare** école primaire ● **scuola guida** auto-école *f* ● **scuola materna** école maternelle ● **scuola media** ≃ collège *m* ● **scuole serali** cours *mpl* du soir

scuotere [s'kwɔtere] *vt* **1.** secouer **2.** (*spalle*) hausser ◆ **scuotersi** *vr* se secouer

scurire [sku'rire] *vt* foncer ◇ *vi* s'obscurcir ◆ **scurirsi** *vr* s'obscurcir

scuro, a [s'kuro, a] *agg* **1.** foncé(e) **2.** (*carnagione*) mat(e) **3.** (*notte*) noir(e) **4.** (*cielo, stanza*) sombre

scusa [s'kuza] *sf* **1.** excuse *f* **2.** (*perdono*) pardon *m* ● **chiedere scusa (a qn)** demander pardon (à qqn)

scusare [sku'zare] *vt* excuser ● **scusi!** pardon ! ◆ **scusarsi** *vr* s'excuser ● **(mi) scusi, dov'è la stazione?** excusez-moi, où est la gare ?

sdebitarsi [zdebi'tarsi] *vr* ● **sdebitarsi con qn di qc** s'acquitter de qqch envers qqn

sdentato, a [zden'tato, a] *agg* édenté(e)

sdolcinato, a [zdoltʃi'nato, a] *agg* mièvre

sdraiarsi [zdra'jarsi] *vr* s'étendre

sdraio [z'drajo] *sm* ● **(sedia a) sdraio** chaise *f* longue

sdrammatizzare [zdrammatidz'dzare] *vt* dédramatiser

sdrucciolare [zdrutʃʃo'lare] *vi* glisser

se [se] *cong*
1. *(nel caso in cui)* si ● rimani se vuoi reste si tu veux ● **se è possibile** si c'est possible
2. *(dato che)* si ● **se lo dici, sarà vero** si tu le dis, c'est que c'est vrai
3. *(con frase dubitativa, interrogativa)* si ● **vedrò se posso fare qualcosa** je vais voir si je peux faire quelque chose
4. *(in formule di cortesia)* ● **se ho ben capito...** si j'ai bien compris... ● **se ben ricordo...** si j'ai bonne mémoire..., si je me souviens bien... ● **se non sbaglio...** si je ne me trompe pas...
5. *(in espressioni)* ● **anche se fosse vero** même si c'était vrai ● **non te lo direi neanche se lo sapessi** même si je le savais, je ne te le dirais pas ● **fai come se non ci fossi** fais comme si je n'étais pas là ● **come se niente fosse** comme si de rien n'était ● **se non altro** ne serait-ce que
◇ *pron* = **si**
◇ *sm* ● **con i se e con i ma non si conclude nulla** avec des si, on mettrait Paris en bouteille

sé [se] *pron* 1. *(lui)* lui 2. *(lei)* elle 3. *(loro)* eux (elles) 4. *(impersonale)* soi ● **pensa solo a sé** il ne pense qu'à lui

sebbene [seb'bene] *cong* bien que

sec. *(abbr scritta di secolo)* S. *(siècle)*

secca, che [sekka, ke] *sf (fondale)* basse *f* ● **in secca** *(fiume)* à sec

seccare [sek'kare] *vt* 1. *(fare)* sécher 2. *(prosciugare)* assécher 3. *(infastidire)* embêter ● **seccarsi** *vr* 1. sécher 2. *(prosciugarsi)* se tarir 3. *(infastidirsi)* s'énerver

seccato, a [sek'kato, a] *agg* irrité(e)

seccatore, trice [sekka'tore, 'tritʃe] *sm, f* casse-pieds *mf inv*

seccatura [sekka'tura] *sf* embêtement *m*

secchiello [sek'kjello] *sm* seau *m*

secchio ['sekkjo] *sm* seau *m*

secchione, a [sek'kjone, a] *sm, f (fam)* bûcheur *m*, -euse *f*

secco, a, chi, che ['sekko, a, ki, ke] *agg* 1. sec (sèche) 2. *(sorgente)* tari(e) ● **essere a secco** être à sec

secolare [seko'lare] *agg* centenaire

secolo ['sekolo] *sm* siècle *m*

seconda [se'konda] *sf (marcia)* seconde *f* ● **viaggiare in seconda** voyager en seconde (de classe) ● **a seconda di** en fonction de

secondario, a [sekon'darjo, a] *agg* secondaire

secondo, a [se'kondo, a] *agg num* deuxième, second(e) ● **di seconda mano** d'occasion ● *sm* 1. *(tempo)* seconde *f* 2. *(portata)* plat *m* de résistance 3. *(piano)* deuxième étage *m* ◇ *prep* selon ● **secondo me** selon moi

sedano ['sedano] *sm* céleri *m*

sedativo [seda'tivo] *sm* sédatif *m*

sede ['sede] *sf* siège *m*

sedentario, a [seden'tarjo, a] *agg* sédentaire

¹**sedere** [se'dere] *sm* derrière *m*

²**sedere** [se'dere] *vi* ● **mettersi a sedere** s'asseoir ● **sedersi** *vr* s'asseoir

sedia ['sedja] *sf* chaise *f*

sedicesimo, a [sedi'tʃezimo, a] *num* seizième ➤ **sesto**

sedici ['seditʃi] *num* seize, ➤ **sei**

sedile [se'dile] *sm* siège *m*

sedotto, a [se'dotto, a] *pp* ➤ **sedurre**

seducente [sedu'tʃɛnte] *agg* séduisant(e)

sedurre [se'durre] *vt* séduire

seduta [se'duta] *sf* séance *f*

seduttore, trice [sedut'tore, 'tritʃe] *sm, f* séducteur *m*, -trice *f*

sega, ghe ['sega, ge] *sf* scie *f*

segale ['segale] *sf* seigle *m*

segare [se'gare] *vt* scier

seggio ['sɛdʒdʒo] *sm* siège *m* ● **seggio elettorale** bureau *m* de vote

seggiola ['sɛdʒdʒola] *sf* chaise *f*

seggiolino [sedʒdʒo'lino] *sm* 1. chaise *f* pliante 2. (in treno) strapontin *m* 3. (in auto) siège *m* enfant

seggiolone [sedʒdʒo'lone] *sm* chaise *f* haute

seggiovia [sedʒdʒo'via] *sf* télésiège *m*

segnalare [seɲɲa'lare] *vt* signaler

segnalazione [seɲɲalats'tsjone] *sf* 1. signalisation *f* 2. (raccomandazione) recommandation *f*

segnale [seɲ'ɲale] *sm* 1. signal *m* 2. (stradale) panneau *m* ● **segnale acustico** signal sonore ● **segnale d'allarme** signal d'alarme

segnaletica, che [seɲɲa'letika, ke] *sf* signalisation *f*

segnalibro [seɲɲa'libro] *sm* marque-page *m*

segnaposto [seɲɲa'posto] *sm* carton *m* nominatif

segnare [seɲ'ɲare] *vt* marquer ◆ **segnarsi** *vr* noter

segno ['seɲɲo] *sm* 1. signe *m* 2. (contrassegno, traccia) marque *f* ● **gli ho fatto se-**gno di avvicinarsi je lui ai fait signe de se rapprocher ● **fare segno di sì/di no** faire signe que oui/que non ● **perdere il segno** perdre sa page ● **cogliere o colpire nel segno** mettre dans le mille

segretario, a [segre'tarjo, a] *sm, f* secrétaire *mf*

segreteria [segrete'ria] *sf* secrétariat *m* ● **segreteria telefonica** répondeur *m* (téléphonique)

¹ segreto [se'greto] *sm* secret *m*

² segreto, a [se'greto, a] *agg* secret(ète)

seguente [se'gwɛnte] *agg* suivant(e)

seguire [se'gwire] *vt* suivre ◇ *vi* suivre ● **segue a pag. 70** suite p. 70 ● **(ne) seguì una discussione interminabile** il s'ensuivit une discussion interminable

seguito ['segwito] *sm* 1. suite *f* 2. (favore) succès *m* ● **di seguito** de suite ● **in seguito** ensuite ● **in seguito a qc** à la suite de qqch

¹ sei ['sɛi] ➤ **essere**

² sei ['sɛi] *agg num* six ● **ha sei anni** il/elle a six ans ● **sono le sei** il est six heures ● **il sei gennaio** le six janvier ● **pagina sei** page six ● **il sei di picche** le six de pique ● **erano in sei** ils étaient six

seicento [sei'tʃɛnto] *num* six cents ➤ **sei** ● **Seicento** *sm* ● **il Seicento** le XVIIᵉ siècle

selciato [sel'tʃato] *sm* pavé *m*

selettivo, a [selet'tivo, a] *agg* 1. sélectif(ive) 2. (esclusivo) sélect(e)

selezionare [seletstsjo'nare] *vt* sélectionner

selezione [selets'tsjone] *sf* sélection *f*

self-service [self'sɛrvis] *agg inv* self-service ◇ *sm inv* self-service *m*

sella ['sella] *sf* selle *f*

selvaggina [selvad͡ʒ'd͡ʒina] *sf* gibier *m*

selvaggio, a, gi, ge [sel'vad͡ʒd͡ʒo, a, d͡ʒi, d͡ʒe] *agg & sm, f* sauvage

selvatico, a, ci, che [sel'vatiko, a, tʃi, ke] *agg* sauvage

semaforo [se'maforo] *sm* feu *m* (tricolore)

sembrare [sem'brare] *vi* sembler, avoir l'air ◇ *v impers* sembler ● **mi sembra di conoscerlo** j'ai l'impression de le connaître ● **sembra che faccia sul serio** il semble que ce soit sérieux

seme ['seme] *sm* **1.** *(di pianta)* graine *f* **2.** *(nocciolo)* noyau *m* **3.** *(di carte da gioco)* couleur *f*

semestre [se'mestre] *sm* semestre *m*

semifinale [semifi'nale] *sf* demi-finale *f*

semifreddo [semi'freddo] *sm* parfait *m*

seminare [semi'nare] *vt* **1.** semer **2.** *(terreno)* ensemencer

seminario [semi'narjo] *sm* séminaire *m*

seminterrato [seminter'rato] *sm* sous-sol *m* (à demi-enterré)

semmai [sem'mai] *cong* au cas où ◇ *avv* à la limite

semolino [semo'lino] *sm* **1.** *(farina)* semoule *f* **2.** *(minestra)* potage *m* de semoule

semplice ['semplitʃe] *agg* **1.** simple **2.** *(ingenuo)* bête ● **è una semplice proposta** c'est une simple suggestion

semplicemente [semplitʃe'mente] *avv* simplement

semplicità [semplitʃi'ta] *sf inv* simplicité *f*

semplificare [semplifi'kare] *vt* simplifier

sempre ['sempre] *avv* toujours ● **sempre che io ci riesca** pourvu o à condition que j'y arrive ● **va sempre meglio/peggio** ça va de mieux en mieux/de mal en pis ● **da sempre** depuis toujours ● **di sempre** habituel(elle) ● **per sempre** pour toujours

senape ['senape] *sf* moutarde *f*

senato [se'nato] *sm* sénat *m*

senatore, trice [sena'tore, 'tritʃe] *sm, f* sénateur *m*, -trice *f*

sennò [sen'nɔ] *avv* sinon

seno ['seno] *sm* sein *m*

sensazionale [sensatstsjo'nale] *agg* sensationnel(elle)

sensazione [sensats'tsjone] *sf* sensation *f*

sensibile [sen'sibile] *agg* sensible ● **essere sensibile a** être sensible à

sensibilità [sensibili'ta] *sf inv* sensibilité *f*

senso ['senso] *sm* **1.** sens *m* **2.** *(sentimento)* sentiment *m* ● **senso antiorario** dans le sens inverse des aiguilles d'une montre ● **senso unico** sens unique ● **senso vietato** sens interdit ● **in senso orario** dans le sens des aiguilles d'une montre ● **perdere i sensi** perdre connaissance ● **fare senso (a qn)** répugner o dégoûter (qqn)

sensuale [sensu'ale] *agg* sensuel(elle)

sentenza [sen'tentsa] *sf* **1.** sentence *f* **2.** *(massima)* maxime *f*

sentiero [sen'tjero] *sm* sentier *m*

sentimentale [sentimen'tale] *agg* sentimental(e)

sentimento [senti'mento] *sm* sentiment *m*

sentire [sen'tire] *vt* **1.** sentir **2.** *(udire)* entendre **3.** *(sensazione fisica, sentimento)* ressentir **4.** *(venire a sapere)* ● **ho sentito una notizia allarmante** j'ai entendu une nouvelle alarmante ◆ **sentirsi** *vr* **1.** se sentir **2.** *(telefonarsi)* s'appeler ● **sentirsi bene/male** se sentir bien/mal ● **sentirsela di fare qc** avoir le courage de faire qqch

senza [ˈsɛntsa] *prep & cong* sans ● **senz'altro** certainement ● **senza dubbio** sans aucun doute ● **senza di me** sans moi

separare [sepaˈrare] *vt* séparer ● **separarsi (da)** *vr+prep* se séparer (de)

separato, a [sepaˈrato, a] *agg* séparé(e)

separazione [separatsˈtsjone] *sf* séparation *f*

sepolto, a [seˈpolto, a] *pp* ➤ **seppellire**

seppellire [seppelˈlire] *vt* enterrer

seppia [ˈseppja] *sf* seiche *f*

sequenza [seˈkwentsa] *sf* suite *f*

sequestrare [sekwesˈtrare] *vt* **1.** *DIR* saisir **2.** *(persona)* enlever, séquestrer

sequestro [seˈkwestro] *sm* **1.** *DIR* saisie *f* **2.** *(rapimento)* enlèvement *m*, séquestration *f*

sera [ˈsera] *sf* soir *m* ● **una sera tra amici** une soirée entre amis ● **di sera** le soir

serale [seˈrale] *agg* du soir

serata [seˈrata] *sf* soirée *f*

serbare [serˈbare] *vt* garder, mettre de côté ● **serbare rancore verso qn** garder rancune à qqn

serbatoio [serbaˈtojo] *sm* réservoir *m*

Serbia [ˈserbja] *sf* ● **la Serbia** la Serbie

¹**serbo** [ˈserbo] *sm* ● **avere/tenere qc in serbo** avoir/garder qqch en réserve

²**serbo, a** [ˈserbo, a] *agg* serbe ◇ *sm, f* Serbe *mf* ● **serbo** *sm (lingua)* serbe *m*

serenata [sereˈnata] *sf (canto)* sérénade *f*

sereno, a [seˈreno, a] *agg* **1.** *(tempo, cielo)* clair(e) **2.** *(tranquillo)* tranquille ◆ **sereno** *sm* beau temps *m*

serie [ˈserje] *sf inv* **1.** série *f* **2.** *SPORT* division *f* ● **in serie** en série

serietà [serjeˈta] *sf inv* sérieux *m*

serio, a [ˈserjo, a] *agg* sérieux(euse) ● **serio** *sm* ● **sul serio** sérieusement ● **prendere qn/qc sul serio** prendre qqn/qqch au sérieux

serpente [serˈpente] *sm* serpent *m*

serra [ˈserra] *sf* serre *f*

serranda [serˈranda] *sf* **1.** store *m* **2.** *(di ferro)* rideau *m* de fer

serrare [serˈrare] *vt* **1.** *(chiudere)* fermer **2.** *(stringere)* serrer

serratura [serraˈtura] *sf* serrure *f*

server [ˈserver] *sm inv* *INFORM* serveur *m*

servire [serˈvire] *vt & vi* servir ● **mi servono un paio di forbici** j'ai besoin de ciseaux ● **quel corso mi è servito molto** ce cours m'a beaucoup servi ● **non serve (a niente)** ça ne sert à rien ● **servire a fare qc** servir à faire qqch ● **servire da qc** servir de qqch ◆ **servirsi** *vr* se servir ● **servirsi da qn** se servir chez qqn ◆ **servirsi di** *vr+prep* se servir de

servito, a [serˈvito, a] *agg* servi(e)

servitù [serviˈtu] *sf inv* **1.** *(condizione)* servitude *f* **2.** *(personale)* domestiques *mpl*

servizio [serˈvitstsjo] *sm* **1.** service *m* **2.** *(giornalistico)* reportage *m* ● **essere di servizio** être en service ● **servizio compreso** service compris ● **servizio militare** service militaire ◆ **servizi** *smpl (pubblici)* toilettes *fpl* ● **appartamento con doppi**

servizi appartement avec deux salles de bains

sesamo ['sɛzamo] *sm* sésame *m*

sessanta [ses'santa] *num* soixante ➤ **sei**

sessantesimo, a [sessan'tɛzimo, a] *num* soixantième, ➤ **sesto**

sessantina [sessan'tina] *sf* • **una sessantina (di persone)** une soixantaine (de personnes) • **essere sulla sessantina** avoir dans les soixante ans

sesso ['sɛsso] *sm* sexe *m*

sessuale [sessu'ale] *agg* sexuel(elle)

sesto, a ['sɛsto, a] *agg num* sixième ♦ **sesto** *sm* **1.** *(frazione)* sixième *m* **2.** *(piano)* sixième étage *m* • **rimettersi in sesto** se refaire une santé

seta ['seta] *sf* soie *f*

setacciare [setat'tʃare] *vt* tamiser

sete ['sete] *sf* soif *f* • **avere sete** avoir soif

settanta [set'tanta] *num* soixante-dix, ➤ **sei**

settantesimo, a [settan'tɛzimo, a] *num* soixante-dixième, ➤ **sesto**

settantina [settan'tina] *sf* • **una settantina (di persone)** environ soixante-dix (personnes) • **essere sulla settantina** avoir dans les soixante-dix ans

sette ['sɛtte] *num* sept • **ha sette anni** il/elle a sept ans • **sono le sette** il est sept heures • **il sette gennaio** le sept janvier • **pagina sette** page sept • **il sette di picche** le sept de pique • **erano in sette** ils étaient sept

settecento [sɛtte'tʃɛnto] *num* sept cents, ➤ **sei** ♦ **Settecento** *sm* • **il Settecento** le XVIIIe siècle

settembre [set'tɛmbre] *sm* septembre *m* • **a o in settembre** en septembre • **lo** scorso settembre en septembre dernier • **il prossimo settembre** en septembre prochain • **all'inizio di settembre** début septembre • **alla fine di settembre** fin septembre • **il due settembre** le deux septembre

settentrionale [settentrjo'nale] *agg* **1.** *(a settentrione)* septentrional(e) **2.** *(del settentrione)* du nord

settentrione [setten'trjone] *sm* nord *m*

setter ['sɛtter] *sm inv* setter *m*

settimana [setti'mana] *sf* semaine *f*

settimanale [settima'nale] *agg* hebdomadaire ◇ *sm* hebdomadaire *m*

settimo, a ['sɛttimo, a] *agg num* septième ♦ **settimo** *sm* **1.** *(frazione)* septième *m* **2.** *(piano)* septième étage *m*

settore [set'tore] *sm* secteur *m*

severamente [severa'mente] *avv* sévèrement ▼ **è severamente vietato attraversare i binari** interdiction de traverser les voies

severo, a [se'vero, a] *agg* sévère

sevizie [se'vittsje] *sfpl* sévices *mpl*

sexy ['sɛksi] *agg inv* sexy *(inv)*

sezione [sets'tsjone] *sf* section *f*

sfaccendato, a [sfattʃen'dato, a] *agg & sm, f* fainéant(e)

sfacchinata [sfakki'nata] *sf* • **che sfacchinata portare i mobili fino al sesto piano! quelle fatigue de monter les meubles jusqu'au sixième (étage) !**

sfacciato, a [sfat't∫ato, a] *agg & sm, f* effronté(e)

sfacelo [sfa'tʃɛlo] *sm* ruine *f*

sfamare [sfa'mare] *vt* rassasier ♦ **sfamarsi** *vr* se rassasier

sfare [s'fare] *vt* défaire

sfarzo [s'fartso] *sm* faste *m*

sfasciare [sfaʃ'ʃare] *vt* **1.** *(sbendare)* enlever le(s) bandage(s) de **2.** *(rompere)* esquinter ◆ **sfasciarsi** *vr (rompersi)* se casser

sfaticato, a [sfati'kato, a] *agg & sm, f* fainéant(e)

sfatto, a [s'fatto, a] *pp* ➤ **sfare**

sfavorevole [sfavo'revole] *agg* défavorable

sfera [s'fɛra] *sf* sphère *f*

sferrare [sfer'rare] *vt* **1.** *(colpo)* donner **2.** *(attacco)* déclencher

sfibrare [sfi'brare] *vt (persona)* épuiser

sfida [s'fida] *sf* défi *m*

sfidare [sfi'dare] *vt* défier ◆ **sfidare qn a fare qc** défier qqun de faire qqch

sfiducia [sfi'dutʃa] *sf* défiance *f*

sfigurare [sfigu'rare] *vt* défigurer ◊ *vi (stonare)* jurer

sfilare [sfi'lare] *vt (togliere)* enlever ◊ *vi (carri, modelle)* défiler ◆ **sfilarsi** *vr (calze)* filer ◆ **sfilarsi i pantaloni** enlever son pantalon

sfilata [sfi'lata] *sf* défilé *m*

sfinire [sfi'nire] *vt* épuiser

sfiorare [sfjo'rare] *vt* effleurer

sfiorire [sfjo'rire] *vi* se faner

sfitto, a [s'fitto, a] *agg* libre, non occupé(e)

sfizio [s'fitstsjo] *sm* caprice *m*

sfocato, a [sfo'kato, a] = **sfuocato**

sfociare [sfo'tʃare] ◆ **sfociare in** *v+prep (fiume)* se jeter dans

sfoderare [sfode'rare] *vt* **1.** *(spada)* dégainer **2.** *(fig) (mostrare)* étaler

sfoderato, a [sfode'rato, a] *agg* non doublé(e)

sfogare [sfo'gare] *vt* donner libre cours à ◆ **sfogarsi** *vr* ● **sfogarsi (con qn)** se confier (à qqn) ● **sfogarsi su qn** se défouler sur qqn

sfoggiare [sfodʒ'dʒare] *vt* **1.** *(vestito)* arborer **2.** *(cultura)* étaler

sfogliare [sfoʎ'ʎare] *vt* feuilleter

sfogliatella [sfoʎʎa'tella] *sf* petit feuilleté garni de ricotta, de fruits confits et d'épices

sfogo, ghi [s'fɔgo, gi] *sm* **1.** *(passaggio)* ouverture *f* **2.** *(di sentimenti)* défoulement *m* **3.** *(eruzione cutanea)* éruption *f* ● **dare sfogo a qc** donner libre cours à qqch

sfoltire [sfol'tire] *vt (capelli)* désépaissir

sfondare [sfon'dare] *vt* défoncer

sfondo [s'fondo] *sm* fond *m*

sformato [sfor'mato] *sm* tian *m*

sfornare [sfor'nare] *vt* sortir du four

sfortuna [sfor'tuna] *sf* malchance *f* ● **portare sfortuna** porter malheur

sfortunatamente [sfortunata'mente] *avv* malheureusement

sfortunato, a [sfortu'nato, a] *agg* **1.** *(persona)* malchanceux(euse) **2.** *(anno, esito)* malheureux(euse)

sforzare [sfor'tsare] *vt* forcer ◆ **sforzarsi (di)** *vr+prep* s'efforcer (de)

sforzo [s'fɔrtso] *sm* effort *m* ● **fare uno sforzo** faire un effort

sfottere [s'fottere] *vt (fam)* se ficher de

sfratto [s'fratto] *sm* expulsion *f*

sfrecciare [sfret'tʃare] *vi* passer à toute vitesse

sfregare [sfre'gare] *vt* frotter

sfregio [s'fredʒo] *sm* balafre *f*

sfrenato, a [sfre'nato, a] *agg* effréné(e)

sh

sfrontato, a [sfron'tato, a] *agg & sm, f* effronté(e)

sfruttamento [sfrutta'mento] *sm* exploitation *f*

sfruttare [sfrut'tare] *vt* **1.** exploiter **2.** *(occasione, opportunità)* profiter de

sfuggire [sfudʒ'dʒire] *vi* ◆ **sfuggire a** échapper à

sfuggita [sfudʒ'dʒita] ◆ **di sfuggita** *avv* en passant

sfumare [sfu'mare] *vt* *(capelli)* dégrader ◇ *vi* *(svanire)* s'évanouir

sfumato, a [sfu'mato, a] *agg (colore)* estompé(e)

sfumatura [sfuma'tura] *sf* **1.** dégradé *m* **2.** *(piccola differenza)* nuance *f*

sfuocato, a [sfwo'kato, a] *agg* flou(e)

sfuriata [sfu'rjata] *sf* **1.** *(sfogo violento)* crise *f* de colère **2.** *(rimprovero)* savon *m*

sgabello [zga'bello] *sm* tabouret *m*

sgabuzzino [zgabudz'dzino] *sm* débarras *m*

sgambetto [zgam'betto] *sm* ◆ **fare lo sgambetto a qn** faire un croche-pied à qqn

sganciare [zgan'tʃare] *vt* **1.** *(vestito, allacciatura)* défaire **2.** *(rimorchio, vagone)* décrocher **3.** *(bombe)* lâcher **4.** *(fam) (soldi)* débourser ◆ **sganciarsi** *vr (staccarsi)* se décrocher

sgarbato, a [zgar'bato, a] *agg* impoli(e)

sghignazzare [zgiɲɲats'tsare] *vi* ricaner

sgobbare [zgob'bare] *vi (fam)* bûcher

sgocciolare [zgottʃo'lare] *vi* goutter

sgolarsi [zgo'larsi] *vr* s'égosiller

sgomberare [zgombe'rare] *vt* **1.** *(strada, piazza)* dégager **2.** *(stanza, soffitta)* vider

sgombero, a [z'gombero, a] *agg* = sgombro, a

sgombrare [zgom'brare] = sgomberare

¹**sgombro** [z'gombro] *sm* **1.** évacuation *f* **2.** *(pesce)* maquereau *m*

²**sgombro, a** [z'gombro, a] *agg* dégagé(e)

sgomentare [zgomen'tare] *vt* effrayer ◆ **sgomentarsi** *vr* s'effrayer

sgonfiare [zgon'fjare] *vt* dégonfler ◆ **sgonfiarsi** *vr* **1.** se dégonfler **2.** *(caviglia)* désenfler

sgorbio [z'gorbjo] *sm* **1.** gribouillage *m* **2.** *(persona)* avorton *m*

sgradevole [zgra'devole] *agg* désagréable

sgradito, a [zgra'dito, a] *agg* non désiré(e)

sgranare [zgra'nare] *vt (fagioli)* écosser

sgranchirsi [zgran'kirsi] *vr* ◆ **sgranchirsi le gambe** se dégourdir les jambes

sgranocchiare [zgranok'kjare] *vt* grignoter

sgraziato, a [zgrats'tsjato, a] *agg* disgracieux(euse)

sgretolare [zgreto'lare] *vt* effriter ◆ **sgretolarsi** *vr* s'effriter

sgridare [zgri'dare] *vt* gronder

sguaiato, a [zgwa'jato, a] *agg* vulgaire

sgualcire [zgwal'tʃire] *vt* froisser ◆ **sgualcirsi** *vr* se froisser

sguardo [z'gwardo] *sm* regard *m*

sguinzagliare [zgwintsaʎ'ʎare] *vt (cane)* lâcher

sgusciare [zguʃ'ʃare] *vt (fagioli)* écosser ◇ *vi (sfuggire)* filer

shampo ['ʃampo] *sm inv* shampo(o)ing *m*

shock [ʃɔk] *sm inv* choc *m*

si [si] *(diventa se davanti* lo, la, li, le, ne*)* *pron*
1. *(riflessivo)* se ● **si sta preparando** il/elle est en train de se préparer ● **se ne è sbarazzato** il s'en est débarrassé
2. *(con verbo transitivo)* se ● **si è tolto la giacca** il a retiré sa veste ● **se lo è comprato** il/elle se l'est acheté
3. *(reciproco)* se ● **si sono conosciuti a Roma** ils se sont connus à Rome
4. *(impersonale)* on ● **si dice che...** on dit que... ▼ **si prega di non fumare** prière de ne pas fumer
5. *(passivo)* ● **è un prodotto che si vende bene** c'est un produit qui se vend bien ● **sono cose che si dicono** c'est une façon de dire

sì [si] *sm (voto favorevole)* oui *m* ◇ *avv* oui ● **questa sì che è bella!** elle est bien bonne, celle-là ! ● **dire di sì** dire oui ● **uno sì e uno no** un sur deux

¹ sia [ˈsja] ➤ **essere**

² sia [ˈsja] *cong* ● **sia l'uno che o sia l'altro** l'un comme l'autre, aussi bien l'un que l'autre ● **sia che tu venga, sia che tu non venga** que tu viennes ou (que tu ne viennes) pas

siamo [ˈsjamo] ➤ **essere**

sicché [sikˈke] *cong* si bien que, alors

siccome [sikˈkome] *cong* comme

Sicilia [siˈtʃilja] *sf* ● **la Sicilia** la Sicile

siciliano, a [sitʃiˈljano, a] *agg* sicilien(enne) ◇ *sm, f* Sicilien *m,* -enne *f*

sicura [siˈkura] *sf* sécurité *f*

sicurezza [sikuˈretstsa] *sf* 1. sécurité *f* 2. *(certezza)* certitude *f*

sicuro, a [siˈkuro, a] *agg* 1. sûr(e) 2. *(protetto)* en sécurité 3. *(certo)* certain(e) ● **essere sicuro di sé** être sûr de soi ● *avv* bien sûr ● **al sicuro** à l'abri ● **di sicuro** sûrement ● **andare sul sicuro** ne pas prendre de risques

Siena [ˈsjɛna] *sf* Sienne

siepe [ˈsjɛpe] *sf* haie *f*

siero [ˈsjɛro] *sm* ● **siero antivipera** sérum *m* antivenimeux

sieropositivo, a [sjeropoziˈtivo, a] *agg* séropositif(ive)

siete [ˈsjɛte] ➤ **essere**

sig. *(abbr scritta di signor)* M. *(Monsieur)*

sig.a *(abbr scritta di signora)* Mme *(Madame)*

sigaretta [sigaˈretta] *sf* cigarette *f*

sigaro [ˈsigaro] *sm* cigare *m*

sigg. *(abbr scritta di signori)* MM. *(Messieurs)*

sigla [ˈsigla] *sf* 1. sigle *m* 2. *(musicale)* indicatif *m* ● **sigla automobilistica** *sur la plaque d'immatriculation, lettres désignant la province d'origine du véhicule*

sig.na *(abbr scritta di signorina)* Mlle *(Mademoiselle)*

significare [siɲɲifiˈkare] *vt* signifier

significativo, a [siɲɲifikaˈtivo, a] *agg* significatif(ive)

significato [siɲɲifiˈkato] *sm* signification *f*

signor [siɲˈɲor] ➤ **signore**

signora [siɲˈɲora] *sf* 1. *(titolo)* madame *f* 2. *(donna)* dame *f* 3. *(moglie)* épouse *f* ● **la signora Poli** madame Poli ● **signore e signori** mesdames et messieurs

signore [sin'nore] *sm* monsieur *m* • **il signor Martini** monsieur Martini • **i signori Rossi** monsieur et madame Rossi

signorina [sinno'rina] *sf* 1. *(titolo)* mademoiselle *f* 2. *(ragazza)* demoiselle *f* • **la signorina Cellini** mademoiselle Cellini

sig.ra *(abbr scritta di signora)* Mme *(Madame)*

silenzio [si'lentsjo] *sm* silence *m* • **fare silenzio** se taire

silenzioso, a [silen'tsjozo, a] *agg* silencieux(euse)

sillaba ['sillaba] *sf* syllabe *f*

simbolico, a, ci, che [sim'bɔliko, a, tʃi, ke] *agg* symbolique

simbolo ['simbolo] *sm* symbole *m*

simile ['simile] *agg* semblable

simmetrico, a, ci, che [sim'mɛtriko, a, tʃi, ke] *agg* symétrique

simpatia [simpa'tla] *sf (inclinazione)* sympathie *f*

simpatico, a, ci, che [sim'patiko, a, tʃi, ke] *agg* sympathique

simulare [simu'lare] *vt* simuler

simultaneo, a [simul'taneo, a] *agg* simultané(e)

sin [sin] = **sino**

sinagoga, ghe [sina'gɔga, ge] *sf* synagogue *f*

sincero, a [sin'tʃero, a] *agg* sincère

sindacalista, i, e [sindaka'lista, i, e] *smf* syndicaliste *mf*

sindacato [sinda'kato] *sm* syndicat *m*

sindaco, ci ['sindako, tʃi] *sm* maire *m*

sinfonia [sinfo'nia] *sf* symphonie *f*

singhiozzo [sin'gjotstso] *sm* hoquet *m* • **singhiozzi** *smpl* sanglots *mpl* • **a singhiozzi** *(fig)* par à-coups

single ['singol] *smf inv* célibataire *mf*

singolare [singo'lare] *agg* singulier(ère) ◇ *sm* singulier *m*

singolo, a ['singolo, a] *agg* 1. *(caso)* particulier(ère) 2. *(confezione)* individuel(elle)

sinistra [si'nistra] *sf* 1. gauche *f* 2. *(mano)* main *f* gauche • **a sinistra (di)** à gauche (de)

¹**sinistro** [si'nistro] *sm* accident *m*

²**sinistro, a** [si'nistro, a] *agg* 1. gauche 2. *(minaccioso)* sinistre

sino ['sino] = **fino**

sinonimo [si'nɔnimo] *sm* synonyme *m*

sintesi ['sintezi] *sf inv* synthèse *f*

sintetico, a, ci, che [sin'tetiko, a, tʃi, ke] *agg* synthétique

sintetizzare [sintetidz'dzare] *vt* résumer

sintomo ['sintomo] *sm* symptôme *m*

sintonizzare [sintonidz'dzare] *vt* régler • **sintonizzarsi su** *vr+prep* se mettre à l'écoute de

sipario [si'parjo] *sm* rideau *m* (de scène)

sirena [si'rɛna] *sf* sirène *f*

Siria ['sirja] *sf* • **la Siria** la Syrie

siringa, ghe [si'ringa, ge] *sf* seringue *f*

sistema, i [sis'tɛma, i] *sm* système *m* • **sistema operativo** système d'exploitation

sistemare [siste'mare] *vt* 1. *(ordinare)* ranger 2. *(risolvere)* régler 3. *(alloggiare)* installer 4. *(con lavoro)* trouver un emploi a 5. *(con matrimonio)* marier • **sistemarsi** *vr* 1. *(risolversi)* s'arranger 2. *(trovare alloggio)* s'installer 3. *(trovare lavoro)* trouver un emploi 4. *(trovare marito/moglie)* se marier

sistematico, a, ci, che [siste'matiko, a, tʃi, ke] *agg* systématique

sistemazione [sistemats'tsjone] *sf* 1. *(disposizione)* rangement *m* 2. *(alloggio)* logement *m* 3. *(lavoro)* emploi *m*

sito ['sito] *sm* INFORM ● **sito (internet)** site *m* (Internet) ● **sito personale/professionale** site personnel/professionnel

situare [situ'are] *vt* situer

situazione [sitwats'tsjone] *sf* situation *f*

skate-board ['skeitbord] *sm inv* skateboard *m*

ski-lift [ski'lift] *sm inv* remonte-pente *m*

skinhead [skin'ɛd] *sm inv (spreg)* skinhead *mf*

ski-pass [ski'pas] *sm inv* forfait *m* de ski

slacciare [zlatʃ'tʃare] *vt* défaire ● **slacciarsi** *vr* ● **slacciarsi le scarpe** délacer ses chaussures

slanciato, a [zlan'tʃato, a] *agg* élancé(e)

slancio [z'lantʃo] *sm* élan *m*

slavina [zla'vina] *sf* avalanche *f*

slavo, a [z'lavo, a] *agg* slave ◇ *sm, f* Slave *mf*

sleale [zle'ale] *agg* déloyal(e)

slegare [zle'gare] *vt* défaire

slip [z'lip] *sm inv* slip *m*

slitta [z'litta] *sf* luge *f*

slittare [zlit'tare] *vi* glisser

slogan [z'lɔgan] *sm inv* slogan *m*

slogarsi [zlo'garsi] *vr* ● **slogarsi una caviglia** se fouler la cheville

slogatura [zloga'tura] *sf* foulure *f*

Slovacchia [zlo'vakkja] *sf* ● **la Slovacchia** la Slovaquie

slovacco, a, chi, che [zlo'vakko, a, ki, ke] *agg* slovaque ◇ *sm, f* Slovaque *mf* ● **slovacco** *sm (lingua)* slovaque *m*

Slovenia [zlo'venja] *sf* ● **la Slovenia** la Slovénie

sloveno, a [zlo'veno, a] *agg* slovène ◇ *sm, f* Slovène *mf* ● **sloveno** *sm (lingua)* slovène *m*

smacchiatore [zmakkja'tore] *sm* détachant *m*

smagliante [zmaʎ'ʎante] *agg* éclatant(e)

smagliare [zmaʎ'ʎare] *vt* filer

smagliatura [zmaʎʎa'tura] *sf (della pelle)* vergeture *f* ● **ho una smagliatura nei collant** mon collant est filé

smaltire [zmal'tire] *vt* 1. *(merce)* écouler 2. *(rifiuti)* évacuer 3. *(cibo)* digérer ● **smaltire la sbornia** cuver son vin

smalto [z'malto] *sm* 1. émail *m* 2. *(per unghie)* vernis *m* à ongles

smania [z'manja] *sf* 1. *(agitazione)* énervement *m* 2. *(desiderio)* désir *m* (violent)

smarrire [zmar'rire] *vt* perdre ● **smarrirsi** *vr* se perdre

smarrito, a [zmar'rito, a] *agg* perdu(e)

smascherare [zmaske'rare] *vt* démasquer

smemorato, a [zmemo'rato, a] *agg* étourdi(e)

smentire [zmen'tire] *vt* démentir

smentita [zmen'tita] *sf* démenti *m*

smeraldo [zme'raldo] *sm* émeraude *f*

smesso, a [z'messo, a] *pp* ➤ **smettere**

smettere [z'mettere] *vt (abito)* ne plus mettre ● **smettere (di fare qc)** arrêter o cesser (de faire qqch) ● **smettila!** arrête !

smidollato, a [zmidol'lato, a] *agg* mou (molle)

sminuire [zminu'ire] *vt* minimiser

sminuzzare [zminuts'tsare] *vt* émietter

smistamento [zmista'mento] *sm* tri m

smistare [zmis'tare] *vt* trier

smisurato, a [zmizu'rato, a] *agg* immense

smodato, a [zmo'dato, a] *agg* démesuré(e)

smog [zmɔg] *sm inv* smog m

smoking [z'mɔking] *sm inv* smoking m

smontabile [zmon'tabile] *agg* démontable

smontare [zmon'tare] *vt* démonter ◇ *vi* **1.** (*da cavallo*) descendre **2.** (*da turno di lavoro*) finir, terminer

smorfia [z'mɔrfja] *sf* grimace f

smorfioso, a [zmor'fjozo, a] *agg* chichiteux(euse)

smorzare [zmor'tsare] *vt* **1.** atténuer **2.** (*entusiasmo*) calmer

smottamento [zmotta'mento] *sm* éboulement m

SMS [esseemme'ɛsse] (*abbr di Short Message System*) *sm inv* SMS m inv

smunto, a [z'munto, a] *agg* décharné(e)

smuovere [z'mwɔvere] *vt* **1.** déplacer **2.** (*da proposito*) dissuader

smussare [zmus'sare] *vt* émousser

snack-bar [znɛk'bar] *sm inv* snack bar m

snaturato, a [znatuta'rato, a] *agg* dénaturé(e)

snello, a [z'nɛllo, a] *agg* svelte

snervante [z'nervante] *agg* énervant(e)

snidare [zni'dare] *vt* débusquer

snob [znɔb] *agg inv & smf inv* snob

snobismo [zno'bizmo] *sm* snobisme m

snodare [zno'dare] *vt* **1.** dénouer **2.** (*arti*) délier ◆ **snodarsi** *vr* se dénouer

sobbalzare [sobbal'tsare] *vi* **1.** (*balzare*) cahoter **2.** (*trasalire*) sursauter

sobborgo, ghi [sob'borgo, gi] *sm* faubourg m

sobrio, a [''sɔbrjo, a] *agg* sobre

socchiudere [sok'kjudere] *vt* entrouvrir

socchiuso, a [sok'kjuzo, a] *pp* ➤ **socchiudere**

soccombere [sok'kombere] *vi* succomber

soccorrere [sok'korrere] *vt* secourir

¹ soccorso [sok'korso] *sm* secours m
● **soccorso stradale** secours routier

² soccorso, a [sok'korso, a] *pp* ➤ **soccorrere**

sociale [so'tʃale] *agg* social(e)

socialista, i, e [sotʃa'lista, i, e] *agg & smf* socialiste

socializzare [sotʃalidz'dzare] *vi* se lier

società [sotʃe'ta] *sf inv* **1.** société f **2.** (*associazione*) association f ● **società per azioni** société par actions

socievole [so'tʃevole] *agg* sociable

socio, a [''sɔtʃo, a] *sm, f* **1.** membre m **2.** COMM associé m, -e f

soda [''sɔda] *sf* **1.** (*bevanda*) soda m **2.** (*in chimica*) soude f

soddisfacente [soddisfa'tʃɛnte] *agg* satisfaisant(e)

soddisfare [soddis'fare] *vt* satisfaire

soddisfatto, a [soddis'fatto, a] *pp* ➤ **soddisfare** ◇ *agg* satisfait(e) ● **essere soddisfatto di** être satisfait de

soddisfazione [soddisfats'tsjone] *sf* satisfaction f

sodo, a [''sɔdo, a] *agg* **1.** ferme **2.** (*uovo*) dur(e)

sofà [so'fa] *sf inv* canapé m

sofferente [soffe'rɛnte] *agg* souffrant(e)

sofferto, a [sof'fɛrto, a] *pp* ➤ **soffrire**

soffiare [sof'fjare] *vt & vi* souffler ● **soffiare qn/qc a qn** (*fam*) piquer qqn/qqch à qqn ◆ **soffiarsi** *vr* ● **soffiarsi il naso** se moucher

soffiata [sof'fjata] *sf* (*fam*) (*spiata*) tuyau *m*

soffice ['sɔffitʃe] *agg* moelleux(euse)

soffio ['sɔffjo] *sm* souffle *m* ● **soffio al cuore** souffle au cœur

soffitta [sof'fitta] *sf* grenier *m*

soffitto [sof'fitto] *sm* plafond *m*

soffocante [soffo'kante] *agg* étouffant(e)

soffocare [soffo'kare] *vt & vi* étouffer

soffriggere [sof'fridʒere] *vt* faire revenir ◇ *vi* rissoler

soffrire [sof'frire] *vt* 1. souffrir de 2. (*sopportare*) supporter ◇ *vi* souffrir ● **soffrire di** *v+prep* souffrir de

[1] soffritto [sof'fritto] *sm* oignons et fines herbes hachés que l'on fait revenir

[2] soffritto, a [sof'fritto, a] *pp* ➤ **soffriggere**

soffuso, a [sof'fuzo, a] *agg* (*luce*) tamisé(e)

sofisticato, a [sofisti'kato, a] *agg* sophistiqué(e)

software [sof'twɛr] *sm inv* logiciel *m*

[1] soggetto [sodʒ'dʒetto] *sm* sujet *m*

[2] soggetto, a [sodʒ'dʒetto, a] *agg* ● **essere soggetto(a) a qc** (*esposto*) être sujet(ette) à qqch ; (*sottomesso*) être soumis(e) à qqch

soggezione [sodʒdʒets'tsjone] *sf* (*sottomissione*) soumission *f* ● **avere soggezione di qn** être intimidé(e) par qqn ● **mettere in soggezione qn** intimider qqn

soggiorno [sodʒ'dʒorno] *sm* séjour *m*

soglia ['sɔʎʎa] *sf* seuil *m*

sogliola [sɔʎ'ʎola] *sf* sole *f*

sognare [son'nare] *vt* (*nel sonno*) rêver de ◇ *vi* rêver ● **sognare a occhi aperti** rêver tout éveillé(e)

sogno ['sonno] *sm* rêve *m*

soia ['sɔja] *sf* soja *m*

solaio [so'lajo] *sm* grenier *m*

solamente [sola'mente] *avv* seulement

solare [so'lare] *agg* solaire

solarium [so'larjum] *sm inv* solarium *m*

solco, chi ['solko, ki] *sm* 1. sillon *m* 2. (*scia*) sillage *m*

soldato [sol'dato] *sm* soldat *m* ● **soldato semplice** simple soldat

soldo ['soldo] *sm* ● **non avere un soldo** ne pas avoir un sou (en poche) ◆ **soldi** *smpl* argent *m*

sole ['sole] *sm* soleil *m* ● **prendere il sole** prendre le soleil o un bain de soleil

soleggiato, a [soledʒ'dʒato, a] *agg* ensoleillé(e)

solenne [so'lɛnne] *agg* solennel(elle)

solere [so'lere] *vi* avoir l'habitude de ◇ *v impers* ● **come si suol dire** comme on dit

soletta [so'letta] *sf* semelle *f*

solidale [soli'dale] *agg* ● **essere solidale (con qn)** être solidaire (avec o de qqn)

solidarietà [solidarje'ta] *sf inv* solidarité *f*

[1] solido ['sɔlido] *sm* solide *m*

[2] solido, a ['sɔlido, a] *agg* solide

solista, i, e [so'lista, i, e] *smf* soliste *mf*

[1] solitario [soli'tarjo] *sm* 1. (*di carte*) réussite *f* 2. (*brillante*) solitaire *m*

[2] solitario, a [soli'tarjo, a] *agg* solitaire

solito, a ['sɔlito, a] *agg* **1.** habituel(elle) **2.** *(stesso)* même ● **essere solito fare qc** avoir l'habitude de faire qqch ● **come al solito** comme d'habitude ● **di solito** d'habitude

solitudine [soli'tudine] *sf* solitude *f*

sollecitare [solletʃi'tare] *vt* **1.** *(risposta)* solliciter **2.** *(persona)* relancer

solleone [solle'one] *sm* canicule *f*

solletico [sol'letiko] *sm* chatouillement *m* ● **soffrire il solletico** être chatouilleux(euse)

sollevamento [solleva'mento] *sm* levage *m* ● **sollevamento pesi** *SPORT* haltérophilie *f*

sollevare [solle'vare] *vt* soulever ◆ **sollevarsi** *vr* se soulever

sollevato, a [solle'vato, a] *agg (confortato)* soulagé(e)

sollievo [sol'ljevo] *sm* soulagement *m*

solo, a ['solo, a] *agg* seul(e) ● **da solo** tout seul ◆ **solo** *avv* seulement ● **ho solo due euro** je n'ai que deux euros ● **non solo... ma anche** non seulement... mais en plus

soltanto [sol'tanto] *avv* seulement

solubile [so'lubile] *agg* soluble

soluzione [soluts'tsjone] *sf* solution *f*

somaro, a [so'maro, a] *sm, f* **1.** âne *m*, ânesse *f* **2.** *(a scuola)* cancre *m*

somiglianza [somiʎ'ʎantsa] *sf* ressemblance *f*

somigliare [somiʎ'ʎare] ◆ **somigliare a** *v+prep* ressembler à ◆ **somigliarsi** *vr* se ressembler

somma ['somma] *sf* somme *f*

sommare [som'mare] *vt* additionner

¹sommario [som'marjo] *sm* sommaire *m*

²sommario, a [som'marjo, a] *agg* sommaire

sommergere [som'merdʒere] *vt* submerger

sommergibile [sommer'dʒibile] *agg* submersible

sommerso, a [som'merso, a] *pp* ➤ **sommergere** ◇ *agg* immergé(e)

somministrare [somminis'trare] *vt* administrer

sommità [sommi'ta] *sf inv* sommet *m*

sommo, a ['sommo, a] *agg* éminent(e) ● **per sommi capi** dans les grandes lignes

sommossa [som'mossa] *sf* émeute *f*

sommozzatore, trice [sommotstsa'tore, 'tritʃe] *sm, f* plongeur *m*, -euse *f*

sonda ['sonda] *sf* sonde *f*

sondaggio [son'dadʒdʒo] *sm* sondage *m*

sondare [son'dare] *vt* sonder

sonnambulo, a [son'nambulo, a] *sm, f* somnambule *mf*

sonnellino [sonnel'lino] *sm* petit somme *m*

sonnifero [son'nifero] *sm* somnifère *m*

sonno ['sonno] *sm* sommeil *m* ● **avere sonno** avoir sommeil ● **prendere sonno** s'endormir

sono ['sono] ➤ **essere**

¹sonoro [so'nɔro] *sm* son *m*

²sonoro, a [so'nɔro, a] *agg* sonore

sontuoso, a [son'twozo, a] *agg* somptueux(euse)

soppalco, chi [sop'palko, ki] *sm* mezzanine *f*

soppiatto [sop'pjatto] ◆ **di soppiatto** *avv* en cachette

sopportare [soppor'tare] *vt* supporter

soppresso, a [sop'presso, a] *pp* ➤ **sopprimere**

sopprimere [sop'primere] *vt* supprimer

sopra ['sopra] *prep* 1. sur 2. *(al di là di)* au-dessus de … *avv* 1. au-dessus 2. *(a contatto)* … 3. *(in lettera, scritto)* ci-dessus ● … ra di au-dessus de ● **di sopra** e…

s… ito [so'prabito] *sm* manteau *m* de d… aison

so… ciglio [soprat'tʃiʎʎo] *(fpl* so…) *sm* sourcil *m*

s… e [sopraf'fare] *vt* dominer

s… gere [soprad'dʒundʒere] *vi* 1. … *(accadere)* survenir

s… o, ghi [sopral'lwɔgo, gi] *sm* 1. … inspection *f* 2. *(visita)* reconn…

s… bile [sopram'mɔbile] *sm* bi…

s… aturale [soprannatu'rale] *agg* su… urel…le)

s… nn e [sopran'nome] *sm* surnom *m*

soprano [so'prano] *smf inv* soprano *mf*

soprassalto [sopras'salto] ● **di soprassalto** *avv* en sursaut

soprattutto [soprat'tutto] *avv* surtout

sopravvalutare [sopravvalu'tare] *vt* surestimer

sopravvento [soprav'vento] *sm* ● **avere il sopravvento su** avoir le dessus sur

sopravvissuto, a [sopravvis'suto, a] *pp* ➤ **sopravvivere** ◇ *agg & sm, f* survivant(e)

sopravvivere [soprav'vivere] *vi* survivre ◆ **sopravvivere a** *v+prep* survivre à

soprelevata [soprele'vata] *sf* voie *f* surélevée

soprintendente [soprinten'dɛnte] *smf* responsable *mf*, directeur *m*, -trice *f*

soprintendenza [soprinten'dɛntsa] *sf* direction *f*

sopruso [so'pruzo] *sm* abus *m*

soqquadro [sok'kwadro] *sm* ● **mettere qc a soqquadro** mettre qqch sens dessus dessous

sorbetto [sor'betto] *sm* sorbet *m*

sorbire [sor'bire] *vt* siroter ◆ **sorbirsi** *vr* ● **sorbirsi qn/qc** *(fam)* se taper o coltiner qqn/qqch

sorcio ['sortʃo] *sm* rat *m*

sordido, a ['sordido, a] *agg* sordide

sordina [sor'dina] *sf* ● **in sordina** en sourdine

sordo, a ['sordo, a] *agg & sm, f* sourd(e)

sordomuto, a [sordo'muto, a] *agg & sm, f* sourd-muet (sourde-muette)

sorella [so'rella] *sf* sœur *f*

sorellastra [sorel'lastra] *sf* demi-sœur *f*

sorgente [sor'dʒɛnte] *sf* source *f*

sorgere [sor'dʒere] *vi* 1. se lever 2. *(sospetto, dubbio)* naître

sorpassare [sorpas'sare] *vt* 1. dépasser 2. *(auto)* doubler, dépasser

sorpassato, a [sorpas'sato, a] *agg* dépassé(e)

sorpasso [sor'passo] *sm* dépassement *m*

sorprendere [sor'prɛndere] *vt* surprendre ◆ **sorprendersi di** *vr+prep* s'étonner de

sorpresa [sor'presa] *sf* surprise *f* ● **fare una sorpresa a qn** faire une surprise à qqch ● **di sorpresa** par surprise

sorpreso, a [sor'preso, a] *pp* ➤ **sorprendere**

sorreggere [sor'reddʒere] *vt* soutenir

sorretto, a [sor'retto, a] *pp* ➤ **sorreggere**

sorridente [sorri'dɛnte] *agg* souriant(e)

sorridere [sor'ridere] *vi* sourire

sorriso [sor'rizo] *pp* ➤ **sorridere** ◇ *sm* sourire *m*

sorsata [sor'sata] *sf* gorgée *f*

sorso ['sorso] *sm* **1.** gorgée *f* **2.** *(piccola quantità)* goutte *f*

sorta ['sorta] *sf* sorte *f*

sorte ['sorte] *sf* sort *m* ● **tirare a sorte** tirer au sort

sorteggio [sor'teddʒo] *sm* tirage *m* au sort

sortilegio [sorti'lɛdʒo] *sm* sortilège *m*

sorveglianza [sorveʎ'ʎantsa] *sf* surveillance *f*

sorvegliare [sorveʎ'ʎare] *vt* surveiller

sorvolare [sorvo'lare] *vt* survoler ◇ *vi* ● **sorvolare su qc** survoler qqch ; *(sul particolari)* passer sur qqch

S.O.S. [esseo'esse] *sm* SOS *m* ● **lanciare un S.O.S.** lancer un SOS

sosia ['sɔzja] *sm f inv* sosie *m*

sospendere [sos'pɛndere] *vt* suspendre

sospensione [sospen'sjone] *sf* suspension *f*

sospeso, a [sos'pezo, a] *pp* ➤ **sospendere** ◇ *agg* suspendu(e) ● **sospeso** *sm* ● **lasciare qc in sospeso** laisser qqch en suspens ● **tenere qn in sospeso** laisser qqn dans l'incertitude

sospettare [sospet'tare] *vt* soupçonner ◇ *vi* ● **sospettare di qn** soupçonner qqn

¹sospetto [sos'pɛtto] *sm (dubbio)* soupçon *m*

²sospetto, a [sos'pɛtto, a] *agg & sm, f* suspect(e)

sospirare [sospi'rare] *vi* soupirer ● **farsi sospirare** se faire désirer

sospiro [sos'piro] *sm* soupir *m* ● **tirare un sospiro di sollievo** pousser un soupir de soulagement

sosta ['sɔsta] *sf* **1.** *(in percorso)* halte *f* **2.** *(in attività)* pause *f* ● **fare sosta a** faire étape à ● **senza sosta** sans répit ▼ **divieto di sosta** stationnement interdit ▼ **sosta consentita solo per carico e scarico** arrêt minute

sostantivo [sostan'tivo] *sm* substantif *m*

sostanza [sos'tantsa] *sf* substance *f*

sostanzioso, a [sostan'tsjozo, a] *agg* **1.** *(cibo)* nourrissant(e) **2.** *(notevole)* substantiel(elle)

sostare [sos'tare] *vi* faire une halte

sostegno [sos'teɲɲo] *sm* soutien *m*

sostenere [soste'nere] *vt* soutenir ● **sostenere un esame** passer un examen ● **sostenersi** *vr (tenersi dritto)* se tenir debout

sostenitore, trice [sosteni'tore, 'tritʃe] *sm, f* partisan *m*, -e *f*

sostentamento [sostenta'mento] *sm* subsistance *f*

sostenuto, a [soste'nuto, a] *agg* soutenu(e)

sostituire [sostitu'ire] *vt* remplacer ● **sostituire qn/qc con** remplacer qqn/qqch par ● **sostituire qn/qc a** substituer qqn/qqch à

sostituto, a [sosti'tuto, a] *sm, f* remplaçant *m*, -e *f*

sostituzione [sostituts'tsjone] *sf* remplacement *m*

sottaceti [sotta'tʃeti] *smpl* pickles *mpl*

sottana [sot'tana] *sf* **1.** jupe *f* **2.** *(di prete)* soutane *f*

sotterfugio [sotter'fudʒo] *sm* subterfuge *m*

¹**sotterraneo** [sotter'raneo] *sm* souterrain *m*

²**sotterraneo, a** [sotter'raneo, a] *agg* souterrain(e)

sottigliezza [sottiʎ'ʎetstsa] *sf* **1.** finesse *f* **2.** *(dettaglio)* détail *m*

sottile [sot'tile] *agg* fin(e) ● **non andare per il sottile** ne pas s'embarrasser de détails

sottintendere [sottin'tendere] *vt* sousentendre

sottinteso, a [sottin'teso, a] *pp* ➤ **sottintendere**

sotto ['sotto] *prep* **1.** sous **2.** *(più in basso di, inferiore a)* au-dessous de **3.** *(durante)* sous ◇ *avv* **1.** en bas **2.** *(in lettera, scritto)* ci-dessous ● **c'è sotto qualcosa** cela cache quelque chose ● **al di sotto di** au-dessous de ● **sott'olio** à l'huile

sottobanco [sotto'banko] *avv* en cachette

sottobicchiere [sottobik'kjere] *sm* dessous de verre *m inv*

sottobosco, schi [sotto'bɔsko, ski] *sm* sous-bois *m*

sottobraccio [sotto'brattʃo] *avv* bras dessus, bras dessous

sottodirectory [sottodi'rektori] *sf inv* sous-répertoire *m*

sottofondo [sotto'fondo] *sm* ● **musica di sottofondo** musique de fond

sottolineare [sottoline'are] *vt* souligner

sottolio [sot'tɔljo] = **sott'olio** ➤ **sotto**

¹**sottomarino** [sottoma'rino] *sm* sous-marin *m*

²**sottomarino, a** [sottoma'rino, a] *agg* sous-marin(e)

sottomesso, a [sotto'messo, a] *pp* ➤ **sottomettere** ◇ *agg* soumis(e)

sottomettere [sotto'mettere] *vt* soumettre ● **sottomettersi** *vr+prep* se soumettre à

sottopassaggio [sottopas'saddʒo] *sm* passage *m* souterrain ▼ **servirsi del sottopassaggio** emprunter le passage souterrain

sottoporre [sotto'porre] *vt* ● **sottoporre qn a qc** soumettre qqn à qqch ● **sottoporre qc a qn** soumettre qqch à qqn ● **sottoporsi a** *vr+prep* se soumettre à

sottoposto, a [sotto'posto, a] *pp* ➤ **sottoporre**

sottoscala [sottos'kala] *sm inv* soupente *f* d'escalier

sottoscritto, a [sottos'kritto, a] *pp* ➤ **sottoscrivere** ◇ *sm, f* soussigné *m*, -e *f*

sottoscrivere [sottos'krivere] *vt* signer ● **sottoscrivere a** *v+prep* souscrire à

sottosopra [sotto'sopra] *agg inv* **1.** *(in disordine)* sens dessus dessous **2.** *(alla rovescia)* à l'envers **3.** *(in agitazione)* bouleversé(e)

sottostante [sottos'tante] *agg* du dessous

sottosuolo [sotto'swɔlo] *sm* sous-sol *m*

sottosviluppato, a [sottozvilup'pato, a] *agg* sous-développé(e)

sottoterra [sotto'terra] *avv* sous terre

sottotitolato, a [sottotito'lato, a] *agg* sous-titré(e)

sottotitolo [sotto'titolo] *sm (di TV, cinema)* sous-titre *m*

sottovalutare [sottovalu'tare] *vt* sous-estimer

sottoveste [sotto'veste] *sf* combinaison *f (sous une robe)*

sottovoce [sotto'votʃe] *avv* à voix basse

sottovuoto [sotto'vwɔto] *avv* sous vide

sottrarre [sot'trarre] *vt* 1. soustraire 2. *(fondi)* détourner ● **sottrarre qc a qn** subtiliser qqch à qqn ◆ **sottrarsi a** *vr+prep* se soustraire à

sottratto, a [sot'tratto, a] *pp* ➤ **sottrarre**

sottrazione [sottrats'tsjone] *sf* 1. soustraction *f* 2. *(furto)* vol *m*

souvenir [suve'nir] *sm inv* souvenir *m*

sovietico, a, ci, che [so'vjetiko, a tʃi, ke] *agg* soviétique

sovraccaricare [sovrakkari'kare] *vt* surcharger

sovrano, a [so'vrano, a] *agg & sm, f* souverain(e)

sovrapporre [sovrap'porre] *vt* superposer

sovrapposto, a [sovrap'posto, a] *pp* ➤ **sovrapporre**

sovrastare [sovras'tare] *vt* dominer

sovrumano, a [sovru'mano, a] *agg* surhumain(e)

sovvenzionare [sovventsjo'nare] *vt* subventionner

sovversivo, a [sovver'sivo, a] *agg* subversif(ive)

sozzo, a ['sotstso, a] *agg* sale

spaccare [spak'kare] *vt* casser ◆ **spaccarsi** *vr* se casser

spaccatura [spakka'tura] *sf* cassure *f*

spacciare [spatʃ't'ʃare] *vt* (re)vendre ◆ **spacciarsi per** *vr+prep* se faire passer pour

spacciatore, trice [spatʃtʃa'tore, 'tritʃe] *sm, f* dealer *m*, -euse *f*

spaccio [s'patʃtʃo] *sm* 1. *(bottega)* boutique *f*, débit *m* 2. *(di droga)* trafic *m*

spacco, chi [s'pakko, ki] *sm (di gonna)* fente *f*

spaccone, a [spak'kone, a] *sm, f* vantard *m*, -e *f*

spada [s'pada] *sf* épée *f*

spaesato, a [spae'zato, a] *agg* dépaysé(e)

spaghetteria [spagette'ria] *sf* restaurant spécialisé dans les pâtes

spaghetti [spa'getti] *smpl* spaghetti(s) *mpl* ● **spaghetti aglio, olio e peperoncino** *spaghettis à l'ail et au piment revenus dans l'huile d'olive* ● **spaghetti alla carbonara** *spaghettis à la carbonara (avec œufs, poitrine de porc et parmesan)*

Spagna [s'paɲɲa] *sf* ● **la Spagna** l'Espagne *f*

spagnolo, a [spaɲ'nɔlo, a] *agg* espagnol(e) ◇ *sm, f* Espagnol *m*, -e *f* ◆ **spagnolo** *sm (lingua)* espagnol *m*

spago, ghi [s'pago, gi] *sm* ficelle *f*

spaiato, a [spa'jato, a] *agg* dépareillé(e)

spalancare [spalan'kare] *vt* 1. ouvrir grand 2. *(occhi)* écarquiller

spalla [s'palla] *sf* épaule *f* ● **voltare le spalle a qn** tourner le dos à qqn ● **di spalle** de dos

spalliera [spal'ljera] *sf* 1. *(di letto)* tête *f* de lit 2. *SPORT* espalier *m*

spallina [spal'lina] *sf* 1. (*di reggiseno, sottoveste*) bretelle *f* 2. (*imbottitura*) épaulette *f*

spalmare [spal'mare] *vt* étaler

spalti [s'palti] *smpl* gradins *mpl*

spandere [s'pandere] *vt* 1. (*versare*) verser 2. (*spargere*) répandre ♦ **spandersi** *vr* se répandre

spappolare [spappo'lare] *vt* réduire en bouillie ♦ **spappolarsi** *vr* être réduit(e) en bouillie

sparare [spa'rare] *vt* & *vi* tirer

sparecchiare [sparek'kjare] *vi* & *vt* ● **sparecchiare (la tavola)** débarrasser (la table)

spareggio [spa'reddʒo] *sm* belle *f* (*partie*)

spargere ['spardʒere] *vt* 1. répandre 2. (*sparpagliare*) éparpiller ♦ **spargersi** *vr* 1. se répandre 2. (*sparpagliarsi*) s'éparpiller

sparire [spa'rire] *vi* disparaître

sparlare [spar'lare] ♦ **sparlare di** *v+prep* dire du mal de

sparo [s'paro] *sm* coup *m* de feu

sparpagliare [sparpaʎ'ʎare] *vt* éparpiller ♦ **sparpagliarsi** *vr* s'éparpiller

sparso, a [s'parso, a] *pp* ➤ **spargere** ◊ *agg* éparpillé(e)

spartire [spar'tire] *vt* partager

spartitraffico [sparti'traffiko] *sm inv* terre-plein *m* (central)

spasmo [s'pazmo] *sm* spasme *m*

spassarsela [spas'sarsela] *vr* s'amuser

spasso [s'passo] *sm* amusement *m* ● **questo film è uno spasso** ce film est vraiment drôle ● **andare a spasso** aller se promener ● **essere a spasso** (*fig*) être au chômage

spauracchio [spau'rakkjo] *sm* 1. épouvantail *m* 2. (*timore*) cauchemar *m*

spaventapasseri [spaventa'passeri] *sm inv* épouvantail *m*

spaventare [spaven'tare] *vt* faire peur à, effrayer ♦ **spaventarsi** *vr* avoir o prendre peur

spavento [spa'vento] *sm* frayeur *f*, peur *f* ● **far spavento a qn** faire peur à qqn

spaventoso, a [spaven'tozo, a] *agg* effrayant(e)

spazientirsi [spatstsjen'tirsi] *vr* s'impatienter

spazio [s'patstsjo] *sm* espace *m*

spazioso, a [spats'tsjozo, a] *agg* spacieux(euse)

spazzaneve [spatstsa'neve] *sm inv* chasse-neige *m inv*

spazzare [spats'tsare] *vt* balayer

spazzatura [spatstsa'tura] *sf* poubelle *f*, ordures *fpl*

spazzino, a [spats'tsino, a] *sm, f* balayeur *m*, -euse *f*

spazzola, a [s'patstsola] *sf* brosse *f* ● **spazzola da scarpe** brosse à chaussures

spazzolare [spatstso'lare] *vt* brosser

spazzolino [spatstso'lino] *sm* ● **spazzolino (da denti)** brosse *f* à dents

spazzolone [spatstso'lone] *sm* balai-brosse *m*

specchiarsi [spek'kjarsi] *vr* se regarder dans le miroir

specchietto [spek'kjetto] *sm* 1. (*da borsetta*) miroir *m* 2. (*prospetto*) tableau *m* ● **specchietto (retrovisore)** rétroviseur *m*

specchio [spek'kjo] *sm* **1.** glace *f*, miroir *m* **2.** *(superficie)* miroir *m*

speciale [spe'tʃale] *agg* spécial(e)

specialista, i, e [spetʃa'lista, i, e] *smf* spécialiste *mf*

specialità [spetʃali'ta] *sf inv* spécialité *f* ● **specialità della casa** spécialité de la maison

specializzazione [spetʃaliddzats'tsjone] *sf* spécialisation *f*

specialmente [spetʃal'mente] *avv* spécialement

specie [s'petʃe] *avv* surtout ◇ *sf inv* **1.** *(di piante, animali)* espèce *f*, genre *f* **2.** *(sorta)* sorte *f* ● **una specie di** une espèce de

specificare [spetʃifi'kare] *vt* spécifier

specifico, a, ci, che [spe'tʃifiko, a, tʃi, ke] *agg* spécifique

speculare [speku'lare] *vi* spéculer

speculazione [spekulats'tsjone] *sf* spéculation *f*

spedire [spe'dire] *vt* **1.** envoyer, expédier **2.** *(persona)* envoyer

spedizione [spedits'tsjone] *sf* expédition *f*

spegnere [s'peɲere] *vt* éteindre

spellare [spel'lare] *vt* dépouiller ◆ **spellarsi** *vr* s'écorcher

spelling [s'pelling] *sm inv* ● **fare lo spelling di** épeler

spendere [s'pendere] *vt* **1.** dépenser **2.** *(tempo)* passer ◇ *vi* dépenser

spensierato, a [spensje'rato, a] *agg* insouciant(e)

spento, a [s'pento, a] *pp* ➤ **spegnere** ◇ *agg* éteint(e)

speranza [spe'rantsa] *sf* espoir *m*

sperare [spe'rare] *vt* espérer ● **spero che venga** j'espère qu'il/elle viendra ● **spero di sì** j'espère (que oui) ● **spero di superare gli esami** j'espère réussir mes examens ◆ **sperare in** *v+prep* compter sur

sperduto, a [sper'duto, a] *agg* perdu(e)

spericolato, a [speriko'lato, a] *agg* imprudent(e)

sperimentale [sperimen'tale] *agg* expérimental(e)

sperimentare [sperimen'tare] *vt* **1.** expérimenter **2.** *(mettere alla prova)* tester **3.** *(fare esperienza di)* faire l'expérience de

sperma [s'perma] *sm* sperme *m*

sperperare [sperpe'rare] *vt* dilapider

spesa [s'peza] *sf* **1.** *(somma)* dépense *f* **2.** *(acquisti)* courses *fpl* ● **fare la spesa** faire les courses ● **fare spese** faire des achats ◆ **spese** *sfpl (di alloggio, trasferta)* frais *mpl* ● **spese postali** frais postaux ● **spese di viaggio** frais de déplacement ● **a spese di** aux frais de

¹spesso [s'pesso] *avv* souvent

²spesso, a [s'pesso, a] *agg* épais(aisse)

spessore [spes'sore] *sm* épaisseur *f*

spett. *abbr scritta di* **spettabile**

spettabile [spet'tabile] *agg* ● **spettabile ditta** ≃ Messieurs

spettacolo [spet'takolo] *sm* spectacle *m*

spettare [spet'tare] ◆ **spettare a** *v+prep* ● **spetta a te dirglielo** c'est à toi de le lui dire

spettatore, trice [spetta'tore, 'tritʃe] *sm, f* **1.** spectateur *m*, -trice *f* **2.** *(di avvenimento)* témoin *m*

spettinare [spetti'nare] *vt* décoiffer ◆ **spettinarsi** *vr* se décoiffer

spettro [s'pettro] *sm* spectre *m*

spezia [s'pɛttsja] *sf* épice *f*

spezzare [spets'tsare] *vt* **1.** casser **2.** *(viaggio, giornata)* couper ◆ **spezzarsi** *vr* se casser

spezzatino [spetstsa'tino] *sm* ragoût *m*

¹spezzato [spets'tsato] *sm* costume *m* dépareillé

²spezzato, a [spets'tsato, a] *agg* cassé(e)

spezzettare [spetstset'tare] *vt* couper en petits morceaux

spia [s'pia] *sf* **1.** *(di polizia)* indicateur *m* **2.** *(agente)* espion *m* **3.** *(luminosa)* voyant *m* **4.** *(indizio)* indice *m* ● **fare la spia** rapporter

spiacente [spja'tʃɛnte] *agg* ● **essere spiacente** *(di fare qc)* être désolé(e) (de faire qqch)

spiacevole [spja'tʃevole] *agg* désagréable, déplaisant(e)

spiaggia, ge [s'pjadʒdʒa, dʒe] *sf* plage *f* ● **spiaggia privata** plage privée

spianare [spja'nare] *vt* **1.** aplanir **2.** *(pasta)* étaler

spiare [spi'are] *vt* épier

spiazzo [s'pjattso] *sm* **1.** *(davanti a edificio)* esplanade *f* **2.** *(erboso)* clairière *f*

spiccare [spik'kare] *vi* **1.** se distinguer **2.** *(colore)* ressortir ◇ *vt* ● **spiccare il volo** prendre son envol ● **spiccare un salto** sauter

spiccato, a [spik'kato, a] *agg* **1.** *(marcato)* prononcé(e) **2.** *(notevole)* remarquable

spicchio [s'pikkjo] *sm* quartier *m* ● **spicchio d'aglio** gousse *f* d'ail

spicciarsi [spitʃ'tʃarsi] *vr* se dépêcher

spicciolo, a [s'pitʃtʃolo, a] *agg* ● **moneta spicciola** (petite) monnaie *f* ◆ **spiccioli** *smpl* monnaie *f*

spiedino [spje'dino] *sm* brochette *f*

spiedo [s'pjedo] *sm* broche *f* ● **allo spiedo** à la broche

spiegare [spje'gare] *vt* **1.** expliquer **2.** *(distendere)* déplier **3.** *(vele)* déployer ◆ **spiegarsi** *vr* s'expliquer

spiegazione [spjegats'tsjone] *sf* explication *f*

spietato, a [spje'tato, a] *agg* impitoyable

spiga, ghe [s'piga, ge] *sf* épi *m*

spigolo [s'pigolo] *sm* angle *m*

spilla [s'pilla] *sf* broche *f* ● **spilla da balia** épingle *f* à nourrice

spillare [spil'lare] *vt* *(denaro)* soutirer

spillo [s'pillo] *sm* épingle *f*

spilorcio, a [spi'lɔrtʃo, a] *agg* & *sm, f* radin(e)

spina [s'pina] *sf* **1.** *(di pianta)* épine *f* **2.** *(di riccio)* piquant *m* **3.** *(lisca)* arête *f* **4.** *(elettrica, di telefono)* prise *f* ● **birra alla spina** bière (à la) pression ● **spina dorsale** épine dorsale

spinaci [spi'natʃi] *smpl* épinards *mpl*

spinello [spi'nɛllo] *sm* *(fam)* joint *m*

spingere [s'pindʒere] *vt* pousser ● **spingere qn a fare qc** pousser qqn à faire qqch ◆ **spingersi** *vr* *(inoltrarsi)* s'avancer

spinoso, a [spi'nozo, a] *agg* épineux(euse)

spinta [s'pinta] *sf* **1.** poussée *f* **2.** *(incorraggiamento)* ● **lui ha bisogno di una spinta per reagire** il a besoin d'être secoué pour réagir **3.** *(raccomandazione)* piston *m* ● **dare una spinta a** pousser

spinto, a [s'pinto, a] *pp* ➤ **spingere** ◇ *agg* osé(e)

spintone [spin'tone] *sm* bourrade *f*

spionaggio [spio'naddʒo] *sm* espionnage *m*

spioncino [spion'tʃino] *sm* judas *m*

spiraglio [spi'raʎʎo] *sm* 1. *(fessura)* fente *f* 2. *(di luce)* filet *m*

spirale [spi'rale] *sf* 1. spirale *f* 2. *(anticoncezionale)* stérilet *m*

spirito [s'pirito] *sm* 1. esprit *m* 2. *(alcol etilico)* eau-de-vie ◆ **ciliegie sotto spirito** cerises à l'eau-de-vie

spiritoso, a [spiri'tozo, a] *agg* spirituel(elle) *(drôle)*

spirituale [spiritu'ale] *agg* spirituel(elle)

splendente [splen'dente] *agg* resplendissant(e)

splendere [s'plɛndere] *vi* briller, resplendir

splendido, a [s'plɛndido, a] *agg* splendide

splendore [splen'dore] *sm* 1. splendeur *f* 2. *(di sole, diamante)* éclat *m*

spogliare [spoʎ'ʎare] *vt* déshabiller ● **spogliare qn di qc** dépouiller qqn de qqch ◆ **spogliarsi** *vr* se déshabiller

spogliarello [spoʎʎa'rɛllo] *sm* striptease *m*

spogliatoio [spoʎʎa'tojo] *sm* vestiaire *m*

spoglio [s'pɔʎʎo] *sm* dépouillement *m*

spola [s'pola] *sf* bobine *f* ● **fare la spola (tra)** faire la navette (entre)

spolpare [spol'pare] *vt* 1. *(pollo)* désosser 2. *(osso)* nettoyer

spolverare [spolve'rare] *vt* 1. épousseter, dépoussiérer 2. *(di zucchero, cacao)* saupoudrer ◇ *vi* dépoussiérer

sponda [s'ponda] *sf* 1. *(di fiume, lago)* rive *f* 2. *(di letto)* bord *m* 3. *(di biliardo)* bande *f*

sponsorizzare [sponsoridz'dzare] *vt* sponsoriser

spontaneo, a [spon'taneo, a] *agg* spontané(e)

spopolare [spopo'lare] *vt* dépeupler ◇ *vi* faire fureur ◆ **spopolarsi** *vr* se dépeupler

sporadico, a, ci, che [spo'radiko, a, tʃi, ke] *agg* sporadique

sporcare [spor'kare] *vt* salir ◆ **sporcarsi** *vr* se salir ● **sporcarsi le mani** se salir les mains ● **mi sono sporcata la gonna** j'ai sali ma jupe

sporcizia [spor'tʃittsja] *sf* saleté *f*

sporco, a, chi, che [s'pɔrko, a, ki, ke] *agg* 1. sale 2. *(osceno)* cochon(onne) ◆ **sporco** *sm* saleté *f*

sporgente [spor'dʒɛnte] *agg* saillant(e)

sporgere [s'pɔrdʒere] *vt (tendere)* tendre ◇ *vi* dépasser ◆ **sporgersi** *vr* se pencher

sport [s'pɔrt] *sm inv* sport *m*

sporta [s'pɔrta] *sf* panier *m* (à provisions)

sportello [spor'tɛllo] *sm* 1. porte *f* 2. *(d'ufficio)* guichet *m* ● **sportello automatico** *(di banca)* distributeur *m* automatique

sportivo, a [spor'tivo, a] *agg & sm, f* sportif(ive)

sporto, a [s'pɔrto, a] *pp* ➤ **sporgere**

sposare [spo'zare] *vt* 1. *(sog: sindaco, prete)* marier 2. *(uomo, donna)* épouser ◆ **sposarsi** *vr* se marier ● **sposarsi (con qn)** se marier (avec qqn)

sposato, a [spo'zato, a] *agg* marié(e)

sposo, a [s'pɔzo, a] *sm, f* marié *m*, -e *f*

spossante [spos'sante] *agg* épuisant(e)

spostare [spos'tare] *vt* 1. déplacer 2. *(rimandare)* reporter ◆ **spostarsi** *vr* 1. *(scan-*

sarsi) s'écarter, se pousser **2.** *(muoversi)* se déplacer **3.** *(traslocare)* déménager

spot [s'pɔt] *sm inv* **1.** *(pubblicità)* spot *m* (publicitaire) **2.** *(faretto)* spot *m*

spranga, ghe [s'pranga, ge] *sf* barre *f*

spray [s'praj] *sm inv* **1.** spray *m* **2.** *(bomboletta)* vaporisateur *m*

sprecare [spre'kare] *vt* gaspiller

spreco, chi [s'preko, ki] *sm* gaspillage *m*

spregiudicato, a [spredʒudi'kato, a] *agg* sans scrupules

spremere [s'premere] *vt* presser

spremiagrumi [spremia'grumi] *sm inv* presse-agrumes *m inv*

spremuta [spre'muta] *sf* ● spremuta di arancia orange *f* pressée

sprezzante [sprets'tsante] *agg* méprisant(e)

sprigionare [spridʒo'nare] *vt* dégager ◆ **sprigionarsi** *vr* se dégager

sprizzare [sprits'tsare] *vi* jaillir ◇ *vt* ● sprizzare gioia da tutti i pori respirer la joie

sprofondare [sprofon'dare] *vi* **1.** sombrer **2.** *(crollare)* s'effondrer

sproporzionato, a [sproportsjo'nato, a] *agg* disproportionné(e)

sproposito [spro'pɔzito] *sm* **1.** *(atto sconsiderato)* folie *f* **2.** *(strafalcione)* énormité *f* **3.** *(somma esagerata)* fortune *f* ● parlare a sproposito parler à tort et à travers

sprovveduto, a [sprovve'duto, a] *agg* négligent(e) ◇ *sm*, *f* personne *f* négligente

sprovvisto, a [sprov'visto, a] *agg* ● sprovvisto(a) di dépourvu(e) de ● cogliere qn alla sprovvista prendre qqn au dépourvu

spruzzare [spruts'tsare] *vt* **1.** *(profumo, acqua)* vaporiser **2.** *(persona)* asperger

spruzzatore [sprutstsa'tore] *sm* vaporisateur *m*

spruzzo [s'prutstso] *sm* giclée *f*

spugna [s'puɲɲa] *sf* éponge *f*

spuma [s'puma] *sf* **1.** *(di birra, champagne)* mousse *f* **2.** *(di mare)* écume *f*

spumante [spu'mante] *sm* mousseux *m*

Lo spumante

Le mousseux italien se boit à l'apéritif ou au dessert et peut être doux, demi-sec ou sec. Les meilleurs crus se voient attribuer le sigle V.S.Q.R.D. *(vino spumante di qualità prodotto in regioni delimitate*, soit l'équivalent d'une appellation d'origine contrôlée). Il est d'usage de déboucher une bouteille de mousseux à l'occasion d'un anniversaire, d'un mariage, ou le 31 décembre à minuit.

spumone [spu'mone] *sm* dessert mousseux à base de blancs en neige, de lait et de sucre

spuntare [spun'tare] *vi* pousser ◇ *vt* ● spuntare i capelli couper la pointe des cheveux ● spuntarla arriver à ses fins ◆ **spuntarsi** *vr* ● spuntarsi i capelli se faire couper les pointes (des cheveux)

spuntino [spun'tino] *sm* ● fare uno spuntino manger un morceau o en-cas

spunto [s'punto] *sm* occasion *f* ● prendere spunto da qc s'inspirer de qqch

sputare [spu'tare] *vt* & *vi* cracher

sputo [s'puto] *sm* crachat *m*

squadra [s'kwadra] *sf* **1.** équipe *f* **2.** *(strumento)* équerre *f*

squadrare [skwa'drare] *vt* **1.** *(scrutare)* dévisager **2.** *(blocco)* équarrir

squagliare [skwaʎ'ʎare] *vt* faire fondre ♦ **squagliarsi** *vr* fondre ● **squagliarsela** *(fam)* filer à l'anglaise

squalificare [skwalifi'kare] *vt* disqualifier

squallido, a [s'kwallido, a] *agg* **1.** *(luogo)* sordide **2.** *(persona)* mesquin(e) **3.** *(situazione)* misérable

squallore [skwal'lore] *sm* misère *f*

squalo [s'kwalo] *sm* requin *m*

squama [s'kwama] *sf* écaille *f*

squamare [skwa'mare] *vt* *(pesce)* écailler ♦ **squamarsi** *vr* *(pelle)* desquamer, pel

squargola [skwartʃa'gola] ♦ **a squarciagola** à tue-tête

squar [skwar'tʃare] *vt* déchirer

squar [skwar'tare] *vt* équarrir

squatto, a [skwattri'nato, a] *agg & sm,* (e)

squato, a [skwili'brato, a] *agg* déséquilibre

squoo [skwi'librjo] *sm* déséquilibre *m*

squillo [s'kwillo] *sm* sonnerie *f* ● **fammi uno squillo** passe-moi un coup de fil

squisito, a [skwi'zito, a] *agg* exquis(e)

sradicare [zradi'kare] *vt* déraciner

srotolare [zroto'lare] *vt* dérouler

stabile [s'tabile] *agg* stable ◇ *sm* immeuble *m*

stabilimento [stabili'mento] *sm* établissement *m* ● **stabilimento balneare** établissement balnéaire

stabilire [stabi'lire] *vt* établir ● **stabilire che** décider que ♦ **stabilirsi** *vr* s'installer

stabilità [stabili'ta] *sf inv* stabilité *f*

staccare [stak'kare] *vt* **1.** détacher **2.** *SPORT* distancer ◇ *vi* **1.** *(risaltare)* se détacher **2.** *(fam) (finire il lavoro)* quitter ♦ **staccarsi** *vr* se détacher ● **staccarsi da** *(venir via da)* se détacher de ; *(fig) (allontanarsi da)* s'éloigner de

staccionata [stattʃo'nata] *sf* **1.** barrière *f* **2.** *SPORT* obstacle *m*

stadio [s'tadjo] *sm* stade *m*

staffa [s'taffa] *sf* **1.** *(di sella)* étrier *m* **2.** *(di pantalone)* sous-pied *m* ● **perdere le staffe** sortir de ses gonds

staffetta [staf'fetta] *sf* relais *m*

stage [staʒ] *sm inv* stage *m* ● **svolgere uno stage** faire un stage, être en stage

stagionale [stadʒo'nale] *agg & smf* saisonnier(ère)

stagionato, a [stadʒo'nato, a] *agg* affiné(e)

stagione [sta'dʒone] *sf* saison *f* ● **alta/bassa stagione** haute/basse saison ● **mezza stagione** (de)mi-saison *f*

¹**stagno** [s'taɲɲo] *sm* **1.** *(laghetto)* étang *m* **2.** *(metallo)* étain *m*

²**stagno, a** [s'taɲɲo, a] *agg* étanche

stagnola [staɲ'nɔla] *sf* papier *m* alu(minium)

stalla [s'talla] *sf* **1.** *(per bovini, ovini)* étable *f* **2.** *(per equini)* écurie *f*

stamattina [stamat'tina] *avv* ce matin

stambecco, chi [stam'bekko, ki] *sm* bouquetin *m*

stampa [s'tampa] *sf* **1.** presse *f* **2.** *(tecnica)* imprimerie *f* **3.** *(con stampante)* impression *f* **4.** *(opera)* estampe *f*

stampante [stam'pante] *sf* imprimante *f* • **stampante a getto d'inchiostro** imprimante à jet d'encre • **stampante laser** imprimante laser

stampare [stam'pare] *vt* **1.** imprimer **2.** *(nella memoria)* graver

stampatello [stampa'tello] *sm* caractère *m* d'imprimerie

stampella [stam'pella] *sf* béquille *f*

stampo [s'tampo] *sm* **1.** moule *m* **2.** *(fig) (sorta)* espèce *f*

stancare [stan'kare] *vt* fatiguer • **stancarsi** *vr* se fatiguer • **stancarsi di** *vr+prep* se lasser de

stanchezza [stan'ketstsa] *sf* fatigue *f*

stanco, a, chi, che [s'tanko, a, ki, ke] *agg* fatigué(e) • **stanco morto** mort de fatigue

standby [stem'bai] *sm inv* INFORM mise *f* en veille

stanghetta [stan'getta] *sf* branche *f (des lunettes)*

stanotte [sta'nɔtte] *avv* cette nuit

stante [s'tante] *agg* • **una questione a sé stante** une question à part entière

stantio, a, ii, ie [stan'tio, a, ii, ie] *agg* **1.** *(burro)* rance **2.** *(pane)* rassis(e)

stanza [s'tantsa] *sf* pièce *f* • **stanza da bagno** salle *f* de bains • **stanza da letto** chambre *f* (à coucher)

stanziare [stan'tsjare] *vt* allouer

stare [s'tare] *vi* **1.** rester **2.** *(abitare)* vivre, habiter • **come sta?** comment allez-vous ? • **ti sta bene!** bien fait pour toi ! • **ci stai?** d'accord ? • **sta a voi decidere** c'est à vous de décider • **queste scarpe mi stanno strette** ces chaussures me serrent • **stare per fare qc** être sur le point de faire qqch • **stare bene/male** aller bien/mal • **stare a guardare** regarder • **stare seduto** être assis • **stare simpatico a qn** être sympathique à qqn • **stare zitto** se taire • **starci** *(in valigia, macchina)* rentrer

starnutire [starnu'tire] *vi* éternuer

starnuto [star'nuto] *sm* éternuement *m*

stasera [sta'sera] *avv* ce soir

statale [sta'tale] *agg* de l'État ⋄ *smf* fonctionnaire *mf* ⋄ *sf* ≃ (route *f*) nationale *f*

statistica, che [sta'tistika, ke] *sf* statistique *f*

Stati Uniti [statju'niti] *smpl* • **gli Stati Uniti (d'America)** Les États-Unis *mpl* d'Amérique

stato [s'tato] *sm* état *m* • **essere in stato interessante** être enceinte • **stato d'animo** état d'esprit • **stato civile** état civil • **Stato** *sm* POL État *m*

statua [s'tatwa] *sf* statue *f*

statunitense [stauni'tense] *agg* des États-Unis ⋄ *smf* Américain *m*, -e *f*

statura [sta'tura] *sf* taille *f*, stature *f*

statuto [sta'tuto] *sm* statut *m*

stazionario, a [statstsjo'narjo, a] *agg* stationnaire

stazione [stats'tsjone] *sf* **1.** gare *f* **2.** *(di metropolitana)* station *f* • **stazione balneare** station balnéaire • **stazione centrale** gare principale • **stazione ferroviaria** gare de chemin de fer • **stazione di polizia** poste *m* de police • **stazione sciistica** station de ski o de sports d'hiver • **stazione di servizio** station-service *f* • **stazione termale** station thermale

stecca, che [s'tekka, ke] *sf* 1. latte *f* 2. *(di sigarette)* cartouche *f* 3. *(da biliardo)* queue *f*

steccato [stek'kato] *sm* palissade *f*

stella [s'tella] *sf* 1. étoile *f* 2. *(di cinema, TV)* vedette *f*, star *f* • **stelle filanti** serpentins *mpl* • **albergo a tre stelle** hôtel trois étoiles

stellato, a [stel'lato, a] *agg* étoilé(e)

stelo [s'telo] *sm* tige *f*

stemma, i [s'temma, i] *sm* armoiries *fpl*

stendere [s'tendere] *vt* 1. étendre 2. *(vele)* déployer ◆ **stendersi** *vr* s'étendre

stenografare [stenogra'fare] *vt* sténographier

stentare [sten'tare] *vi* • **stentare a fare qc** avoir du mal à faire qqch

stento [s'tento] *sm* • **a stento** à peine, avec difficulté ◆ **stenti** *smpl* privations *fpl*

sterco [s'terko] *sm* excréments *mpl* *(d'animaux)*

stereo [s'tereo] *sm inv* chaîne *f* stéréo, chaîne hi-fi

stereotipo [stere'otipo] *sm* stéréotype *m*

sterile [s'terile] *agg* stérile

sterilizzare [steriliddz'dzare] *vt* stériliser

sterlina [ster'lina] *sf* livre *f* sterling

sterminare [stermi'nare] *vt* exterminer

sterminato, a [stermi'nato, a] *agg* immense

sterminio [ster'minjo] *sm* extermination *f*

sterzare [ster'tsare] *vi* braquer

sterzo [s'tertso] *sm* *(dispositivo)* direction *f*

steso, a [s'tezo, a] *pp* ➤ **stendere**

stesso, a [s'tesso, a] *agg & pron* même • **l'ho fatto io stesso** je l'ai fait moi-même • **pensi solo a te stesso** tu ne penses qu'à toi(-même) • **lo farò lo stesso** je le ferai quand même • **fa o è lo stesso** *(è uguale)* c'est la même chose ; *(non importa)* ça ne fait rien

stesura [ste'zura] *sf* rédaction *f*

stile [s'tile] *sm* 1. style *m* 2. *(distinzione)* classe *f* • **stile libero** crawl *m*

stilista, i, e [sti'lista, i, e] *smf* styliste *mf*

stilografica, che [stilo'grafika, ke] *sf* stylo *m* plume

stima [s'tima] *sf* 1. *(valutazione)* estimation *f* 2. *(apprezzamento)* estime *f* • **avere stima di qn** avoir de l'estime pour qqn • **fare la stima di qc** estimer qqch

stimare [sti'mare] *vt* estimer

stimolare [stimo'lare] *vt* stimuler • **stimolare qn a fare qc** encourager qqn à faire qqch

stimolo [s'timolo] *sm* motivation *f*

stingere [s'tindʒere] *vi* déteindre ◆ **stingersi** *vr* déteindre

stinto, a [s'tinto, a] *pp* ➤ **stingere**

stipendio [sti'pendjo] *sm* salaire *m*

stipite [s'tipite] *sm* montant *m*

stipulare [stipu'lare] *vt* rédiger

stirare [sti'rare] *vt* *(panni)* repasser

stiro [s'tiro] *sm* ➤ **ferro**

stirpe [s'tirpe] *sf* origine *f*

stitichezza [stiti'kettsa] *sf* constipation *f*

stivale [sti'vale] *sm* botte *f*

stivaletto [stiva'letto] *sm* bottine *f*

stizza [s'tittsa] *sf* colère *f*

stizzirsi [stits'tsirsi] *vr* se fâcher

stoccafisso [stokka'fisso] *sm* stockfisch *m*

stoffa [s'tɔffa] *sf* tissu *m* ● **avere la stoffa di** avoir l'étoffe de

stola [s'tɔla] *sf* étole *f*

stolto, a [s'tolto, a] *agg & sm, f* idiot(e)

stomaco, chi o **ci** [s'tɔmako, ki o tʃi] *sm* estomac *m*

stonato, a [sto'nato, a] *agg (nota)* faux (fausse) ● **essere stonato** *(persona)* chanter faux

stop [stɔp] *sm inv* stop *m* ◇ *esclam* stop !

storcere [s'tɔrtʃere] *vt* tordre ● **storcere il naso** faire la grimace ◆ **storcersi** *vr* se tordre ● **storcersi una caviglia** se tordre la cheville

stordire [stor'dire] *vt* étourdir

stordito, a [stor'dito, a] *agg* étourdi(e)

storia [s'tɔrja] *sf* histoire *f*

storico, a, ci, che [s'tɔriko, a, tʃi, ke] *agg* historique ◇ *sm, f* historien *m*, -enne *f*

stormo [s'tormo] *sm (di uccelli)* vol *m*

storpiare [stor'pjare] *vt* **1.** estropier **2.** *(parola)* écorcher

storta [s'tɔrta] *sf* ● **prendere una storta** se faire une entorse

storto, a [s'tɔrto, a] *agg (non diritto)* tordu(e) ● **andare storto** aller de travers

stoviglie [sto'viʎʎe] *sfpl* vaisselle *f*

strabico, a, ci, che [s'trabiko, a, tʃi, ke] *agg* ● **essere strabico** loucher

stracchino [strak'kino] *sm* fromage au lait de vache frais et crémeux, originaire de Lombardie

stracciare [stratʃ'tʃare] *vt* **1.** déchirer **2.** *(fam)* (sconfiggere) écraser

stracciatella [stratʃtʃa'tella] *sf* **1.** *(gelato)* glace à la vanille avec des pépites de

chocolat **2.** *(minestra)* bouillon additionné d'œufs battus et de parmesan

straccio [s'tratʃtʃo] *sm* **1.** chiffon *m* **2.** *(vestito vecchio)* loque *f*

straccione, a [stratʃ'tʃone, a] *sm, f* va-nu-pieds *mf inv*

strada [s'trada] *sf* **1.** *(fuori città)* route *f* **2.** *(urbana)* rue *f* **3.** *(percorso)* chemin *m* ● **strada facendo** en chemin ● **tagliare la strada a qn** couper la route à qqn ● **strada panoramica** route panoramique ● **strada senza uscita** voie *f* sans issue ▼ **strada privata** voie privée ▼ **strada transitabile con catene** chaînes obligatoires

stradale [stra'dale] *agg* routier(ère) ◇ *sf* police *f* de la route

strafalcione [strafal'tʃone] *sm* faute *f* énorme, énormité *f*

straforo [stra'foro] ◆ **di straforo** *avv* en cachette

strafottente [strafot'tente] *agg & smf* insolent(e)

strage [s'tradʒe] *sf* massacre *m*

stralunato, a [stralu'nato, a] *agg* **1.** *(occhi)* révulsé(e) **2.** *(persona)* hagard(e)

stramazzare [stramats'tsare] *vi* s'écrouler (au sol)

strangolare [strango'lare] *vt* étrangler

straniero, a [stra'njero, a] *agg & sm, f* étranger(ère)

strano, a [s'trano, a] *agg* étrange

¹straordinario [straordi'narjo] *sm* (lavoro) heures *fpl* supplémentaires

²straordinario, a [straordi'narjo, a] *agg* **1.** extraordinaire **2.** *(caso)* exceptionnel(elle)

strapazzare [strapats'tsare] *vt* malmener ◆ **strapazzarsi** *vr* se surmener

strappo [s'trappo] *sm* **1.** accroc *m* **2.** MED déchirure *f* **3.** *(fam)* *(passaggio)* ● dare uno strappo a qn déposer qqn quelque part ● fare uno strappo alla regola faire une entorse à la règle

straripare [strari'pare] *vi* déborder

strascico, chi [s'traʃʃiko, ki] *sm* **1.** traîne *f* **2.** *(conseguenza)* séquelle *f*

stratagemma, i [strata'dʒemma, i] *sm* stratagème *m*

strategia [strate'dʒia] *sf* stratégie *f*

strato [s'trato] *sm* couche *f*

stravagante [strava'gante] *agg* extravagant(e)

stravedere [strave'dere] ◆ **stravedere per** *v+prep* être fou (folle) de

stravisto, a [stra'visto, a] *pp* ➤ **stravedere**

stravolgere [stra'voldʒere] *vt* **1.** bouleverser **2.** *(verità)* déformer

stravolto, a [stra'volto, a] *pp* ➤ **stravolgere**

strazio [s'tratstsjo] *sm* ● essere uno strazio *(spettacolo, film)* être nul (nulle) ; *(persona)* être une plaie

strega, ghe [s'trega, ge] *sf* sorcière *f*

stregone [stre'gone] *sm* sorcier *m*

stremare [stre'mare] *vt* épuiser

stremo [s'tremo] *sm* ● essere allo stremo delle forze être à bout de forces

strepitare [strepi'tare] *vi* *(gridare)* hurler

strepitoso, a [strepi'tozo, a] *agg* retentissant(e)

stress [stres] *sm* stress *m*

stressante [stres'sante] *agg* stressant(e)

stretta [s'tretta] *sf* étreinte *f* ● stretta di mano poignée *f* de main ● mettere qn alle strette mettre qqn au pied du mur

strettamente [stretta'mente] *avv* strictement

¹**stretto** [s'tretto] *sm* détroit *m*

²**stretto, a** [s'tretto, a] *pp* ➤ stringere ◇ *agg* **1.** *(strada, stanza)* étroit(e) **2.** *(vestito, scarpe)* serré(e) **3.** *(rigoroso, preciso)* strict(e) ● **parenti stretti** parents proches

strettoia [stret'toja] *sf* rétrécissement *m* *(de la chaussée)*

striato, a [stri'ato, a] *agg* strié(e)

stridere [s'tridere] *vi* **1.** *(porta, finestra)* grincer **2.** *(cicale, grilli)* striduler

strillare [stril'lare] *vt* & *vi* hurler

strillo [s'trillo] *sm* hurlement *m*

striminzito, a [strimin'tsito, a] *agg* *(indumento)* étriqué(e)

stringa, ghe [s'tringa, ge] *sf* lacet *m*

stringato, a [strin'gato, a] *agg* concis(e)

stringere [s'trindʒere] *vi* serrer ● **il tempo stringe** le temps presse ◇ *vt* **1.** serrer **2.** *(abito)* rétrécir **3.** *(patto, accordo)* conclure ● stringere qn tra le braccia serrer qqn dans ses bras ● stringere la mano a qn serrer la main à qqn ● stringere i tempi faire vite ◆ **stringersi** *vr* *(accostarsi)* se serrer

striscia, sce [s'triʃʃa, ʃʃe] *sf* bande *f* ● **strisce (pedonali)** passage *m* (pour) piétons

strisciare [striʃ'ʃare] *vi* **1.** *(serpente, lumaca)* ramper **2.** *(passare rasente)* frôler ◇ *vt* **1.** *(macchina)* érafler **2.** *(piedi)* traîner

striscione [striʃ'ʃone] *sm* banderole *f*

stritolare [strito'lare] *vt* broyer

strizzare [strits'tsare] *vt* tordre ● **strizzare l'occhio** cligner de l'œil

strofinaccio [strofi'natʃʃo] *sm* torchon *m*

strofinare [strofi'nare] *vt* frotter

Stromboli [s'tromboli] *sf* Stromboli *m*

stroncare [stron'kare] *vt* **1.** *(rivolta)* écraser **2.** *(libro, film)* éreinter

stropicciare [stropitʃ'tʃare] *vt* **1.** froisser **2.** *(braccio, occhi)* frotter

strozzapreti [strotstsa'preti] *smpl* type de pâtes alimentaires

strozzare [strots'tsare] *vt* étrangler ◆ **strozzarsi** *vr* s'étrangler

struccarsi [struk'karsi] *vr* se démaquiller

strumento [stru'mento] *sm* **1.** instrument *m* **2.** *(di fabbro, meccanico)* outil *m*

strusciare [struʃ'ʃare] *vt* frotter ● **strusciare i piedi** traîner les pieds ◆ **strusciarsi** *vr* se frotter

strutto [s'trutto] *sm* saindoux *m*

struttura [strut'tura] *sf* structure *f*

struzzo [s'trutstso] *sm* autruche *f*

stuccare [stuk'kare] *vt* mastiquer

stucco, chi [s'tukko, ki] *sm* **1.** *(malta)* mastic *m* **2.** *(decorazione)* stuc *m* ● **rimanere di stucco** (en) rester baba

studente, essa [stu'dɛnte, 'essa] *sm, f* **1.** *(universitario)* étudiant *m*, -e *f* **2.** *(di liceo)* lycéen *m*, -enne *f*

studentesco, a, schi, sche [studen'tesko, a, ski, ske] *agg* étudiant(e)

studiare [stu'djare] *vt* étudier ◇ *vi* faire des études

studio [s'tudjo] *sm* **1.** étude *f* **2.** *(ricerca)* recherche *f* **3.** *(stanza)* bureau *m* **4.** *(di avvocato, medico)* cabinet *m* **5.** *(di televisione,* *radio)* studio *m* ● **gli studi** *(scolastici, universitari)* les études

studioso, a [stu'djozo, a] *agg* studieux(euse) ◇ *sm, f* chercheur *m*, -euse *f*

stufa [s'tufa] *sf* poêle *m*

stufare [stu'fare] *vt* *(fam)* ennuyer ◆ **stufarsi di** *vr+prep* *(fam)* en avoir marre de

stufato [stu'fato] *sm* daube *f*

stufo, a [s'tufo, a] *agg* *(fam)* ● **essere stufo (di)** en avoir marre (de)

stuoia [s'twɔja] *sf* natte *f*

stupefacente [stupefa'tʃɛnte] *agg* stupéfiant(e) ◇ *sm* stupéfiant *m*

stupendo, a [stu'pendo, a] *agg* superbe

stupidaggine [stupi'daddʒine] *sf* idiotie *f*

stupido, a [s'tupido, a] *agg* stupide, idiot(e)

stupire [stu'pire] *vt* étonner ◆ **stupirsi di** *vr+prep* s'étonner de

stupore [stu'pore] *sm* étonnement *m*

stupro [s'tupro] *sm* viol *m*

sturare [stu'rare] *vt* déboucher

stuzzicadenti [stutstsika'denti] *sm inv* cure-dents *m inv*

stuzzicare [stutstsi'kare] *vt* taquiner ● **stuzzicare l'appetito** ouvrir l'appétit

su [su] *prep*

1. *(stato in luogo)* sur ● **le chiavi sono sul tavolo** les clés sont sur la table ● **a 2 000 m sul livello del mare** à 2 000 m au-dessus du niveau de la mer

2. *(moto a luogo)* ● **venite sulla terrazza** venez sur la terrasse ● **salire sul pullman** monter dans l'autobus

3. *(argomento)* sur ● **un libro sulla vita di Napoleone** un livre sur la vie de Napoléon

4. *(tempo)* ● **sul momento** sur le moment ● **sul presto** assez tôt ● **essere sul punto di fare qc** être sur le point de faire qqch ● **vengo sul tardi** je viendrai en fin de journée

5. *(prezzo e misura)* dans les ● **costerà sui 140 euro** ça doit coûter dans les 140 euros ● **peserà sui tre chili** ça doit peser dans les trois kilos ● **un uomo sulla quarantina** un homme d'une quarantaine d'années

6. *(modo)* sur ● **vestito su misura** costume sur mesure ● **parlare sul serio** parler sérieusement

◇ *avv*

1. *(in alto)* en haut ● **da Bari in su** au nord de Bari ● **dai 18 anni in su** à partir de 18 ans

2. *(per esortare)* allez ● **su, sbrigatevi!** allez, dépêchez-vous ! ● **su con la vita!** allez, courage !

sub [sub] *smf* plongeur *m*, -euse *f*

subacqueo, a [su'bakkweo, a] *agg* sous-marin(e) ● *sm, f* plongeur *m*, -euse *f*

subbuglio [sub'buʎʎo] *sm* agitation *f* ● **essere in subbuglio** être en émoi

subdolo, a [su'bdolo, a] *agg* sournois(e)

subentrare [suben'trare] *vi* ● **subentrare a** succéder à

subire [su'bire] *vt* subir

subissare [subis'sare] *vt* ● **subissare qn di qc** *(regali, complimenti)* couvrir qqn de qqch ; *(rimproveri)* accabler qqn de qqch ; *(domande)* harceler qqn de qqch

subito ['subito] *avv* tout de suite

sublime [su'blime] *agg* sublime

subordinato, a [subordi'nato, a] *agg* ● **subordinato a** subordonné(e)

suburbano, a [subur'bano, a] *agg* de banlieue

succedere [sutʃ'tʃedere] *vi (accadere)* arriver ● **che cos'è successo?** que s'est-il passé ? ● **succedere a qn** succéder à qqn ● **succedersi** *vr* se succéder

successivamente [sutʃtʃessiva'mente] *avv* par la suite

successivo, a [sutʃtʃes'sivo, a] *agg* suivant(e)

¹ successo [sutʃ'tʃesso] *sm* succès *m* ● **di successo** à succès

² successo, a [sutʃ'tʃesso, a] *pp* ➤ **succedere**

successore [sutʃtʃes'sore] *sm* successeur *m*

succhiare [suk'kjare] *vt* sucer

succhiotto [suk'kjɔtto] *sm* tétine *f*

succinto, a [sutʃ'tʃinto, a] *agg* succinct(e)

succo, chi ['sukko, ki] *sm* jus *m* ● **succo di frutta** jus de fruit

sud [sud] *sm sud m* ● **a sud (di qc)** au sud (de qqch)

Sudafrica [su'dafrika] *sm* ● **il Sudafrica** l'Afrique *f* du Sud

Sudamerica [suda'merika] *sm* ● **il Sudamerica** l'Amérique *f* du Sud

sudare [su'dare] *vi* suer, transpirer

suddetto, a [sud'detto, a] *agg* susdit(e)

suddividere [suddi'videre] *vt* subdiviser

sudest [su'dest] *sm* sud-est *m* ● **a sudest (di qc)** au sud-est (de qqch)

sudicio, a, ci, c(i)e ['suditʃo, a, tʃi, tʃe] *agg* sale

sudore [su'dore] *sm* sueur *f*, transpiration *f*

sudovest [su'dɔvest] *sm* sud-ouest *m* ● **a sudovest (di qc)** au sud-ouest (de qqch)

sufficiente [suffi'tʃɛnte] *agg* 1. suffisant(e) 2. SCOL passable

sufficienza [suffi'tʃɛntsa] *sf* SCOL moyenne *f* ● **a sufficienza** suffisamment

suffragio [suf'fradʒo] *sm* suffrage *m*

suggerimento [sudʒdʒeri'mento] *sm* suggestion *f*

suggerire [sudʒdʒe'rire] *vt* 1. suggérer 2. *(risposta)* souffler

suggestionare [sudʒdʒestjo'nare] *vt* impressionner

suggestivo, a [sudʒdʒes'tivo, a] *agg* saisissant(e)

sughero ['sugero] *sm* liège *m*

sugli ['suʎʎi] = su + gli ➤ su

sugo, ghi ['sugo, gi] *sm* 1. jus *m* 2. *(condimento)* sauce *f* ● **sugo di pomodoro** sauce tomate

sui ['sui] = su + i ➤ su

suicidarsi [suitʃi'darsi] *vr* se suicider

suicidio [sui'tʃidjo] *sm* suicide *m*

¹**suino** [su'ino] *sm* porc *m*

²**suino, a** [su'ino, a] *agg* de porc

sul [sul] = su + il ➤ su

sull' [sull] = su + l' ➤ su

sulla ['sulla] = su + la ➤ su

sulle ['sulle] = su + le ➤ su

sullo ['sullo] = su + lo ➤ su

suo, sua ['suo, 'sua] *(mpl* suoi, *fpl* sue ['swɔi, 'sue]) *agg* 1. *(terza persona sing)* son (sa, ses) 2. *(forma di cortesia)* votre (vos) ● **questi occhiali sono suoi** ces lunettes sont à lui/à elle ● **suo padre** son/votre père ● **un suo amico** un de ses/vos amis

● **il suo, la sua** *(mpl* i suoi, *fpl* le sue) *pron* 1. *(terza persona sing)* le sien (la sienne, les siens, les siennes) 2. *(forma di cortesia)* le vôtre (la vôtre, les vôtres)

suocero, a ['swɔtʃero, a] *sm, f* beau-père *m*, belle-mère *f* ● **suoceri** *smpl* beaux-parents *mpl*

suoi ['swɔi] ➤ suo

suola ['swɔla] *sf* semelle *f*

suolo ['swɔlo] *sm* sol *m*

suonare [swo'nare] *vt* 1. sonner 2. *(strumento)* jouer de ◇ *vi* 1. sonner 2. *(musicista)* jouer ● **suonare il clacson** klaxonner

suono ['swɔno] *sm* son *m*

suora ['swɔra] *sf* sœur *f (religieuse)*

super ['super] *agg inv* super *(inv)* ◇ *sf inv* super *m*

superare [supe'rare] *vt* 1. dépasser 2. *(luogo)* franchir 3. *(veicolo)* dépasser, doubler 4. *(esame, concorso)* réussir 5. *(crisi, pericolo)* surmonter

superbo, a [su'perbo, a] *agg* 1. *(arrogante)* hautain(e) 2. *(grandioso)* superbe

superficiale [superfi'tʃale] *agg* superficiel(elle)

superficie [super'fitʃe] *sf* 1. surface *f*, superficie *f* 2. *(esteriorità)* surface *f*

superfluo, a [su'perfluo, a] *agg* superflu(e)

superiore [supe'rjore] *agg* supérieur(e) ◇ *sm* supérieur *m*

superlativo, a [superla'tivo, a] *sm* superlatif *m*

supermercato [supermer'kato] *sm* supermarché *m*

superstrada [supers'trada] *sf* voie *f* rapide

supplementare [supplemen'tare] *agg* supplémentaire

supplemento [supple'mento] *sm* supplément *m*

supplente [sup'plɛnte] *smf* remplaçant *m*, -e *f*

supporre [sup'porre] *vt* supposer

supposta [sup'posta] *sf* suppositoire *m*

supposto, a [sup'posto, a] *pp* ➤ **supporre**

surriscaldare [surriskal'dare] *vt* surchauffer

suscitare [suʃʃi'tare] *vt* susciter

susina [su'zina] *sf* mirabelle *f*

susseguirsi [susse'gwirsi] *vr* se succéder

sussidio [sus'sidjo] *sm* allocation *f*

sussultare [sussul'tare] *vi* sursauter

sussulto [sus'sulto] *sm* sursaut *m*

sussurrare [sussur'rare] *vt* chuchoter, murmurer

svagarsi [zva'garsi] *vr* se distraire

svago, ghi [z'vago] *sm* distraction *f*

svaligiare [zvali'dʒare] *vt* dévaliser

svalutare [zvalu'tare] *vt* **1.** dévaluer **2.** *(sminuire)* dévaloriser

svanire [zva'nire] *vi* **1.** *(odore, nebbia)* se dissiper **2.** *(ricordo, immagine)* disparaître

svantaggio [zvan'taddʒo] *sm* **1.** inconvénient *m* **2.** SPORT retard *m* ● **essere in svantaggio (rispetto a)** être désavantagé(e) (par rapport à)

svariato, a [zva'rjato, a] *agg* varié(e)

svedese [zve'dese] *agg* suédois(e) ◇ *smf* Suédois *m*, -e *f* ◇ *sm (lingua)* suédois *m*

sveglia [z'veʎʎa] *sf* réveil *m*

svegliare [zveʎ'ʎare] *vt* réveiller ◆ **svegliarsi** *vr* se réveiller

sveglio, a [z'veʎʎo, a] *agg* **1.** réveillé(e) **2.** *(intelligente)* vif (vive), éveillé(e)

svelare [zve'lare] *vt* dévoiler

svelto, a [z'velto, a] *agg* rapide ● **alla svelta** en vitesse

svendita [z'vendita] *sf* liquidation *f*, soldes *mpl*

svenire [zve'nire] *vi* s'évanouir

sventare [zven'tare] *vt* déjouer

sventolare [zvento'lare] *vt* agiter ◇ *vi* flotter

sventura [zven'tura] *sf* **1.** *(sfortuna)* malchance *f* **2.** *(disgrazia)* malheur *m*

svenuto, a [zve'nuto, a] *pp* ➤ **svenire**

svestire [zves'tire] *vt* déshabiller ◆ **svestirsi** *vr* se déshabiller

Svezia [z'vɛtsja] *sf* ● **la Svezia** la Suède

svlare [zvi'are] *vt* détourner ● **sviare il discorso** détourner la conversation

svignarsela [zviɲ'ɲarsela] *vr (fam)* filer en douce

sviluppare [zvilup'pare] *vt* développer ◆ **svilupparsi** *vr* **1.** se développer **2.** *(incendio, infezione)* se déclarer

sviluppo [zvi'luppo] *sm* développement *m*

svincolo [z'vinkolo] *sm* **1.** *(strada)* bretelle *f* **2.** *(complesso di strade)* échangeur *m*

svitare [zvi'tare] *vt* dévisser

Svizzera [z'vittsera] *sf* ● **la Svizzera** la Suisse

svizzero, a [z'vittsero, a] *agg* suisse ◇ *sm, f* Suisse *mf*

svogliato, a [zvoʎ'ʎato, a] *agg* paresseux(euse)

svolgere [z'vɔldʒere] *vt* **1.** *(attività, lavoro)* exercer **2.** *(srotolare)* dérouler **3.** *(argo-*

mento, soggetto) développer ♦ **svolgersi** *vr* se dérouler

svolta [z'vɔlta] *sf* **1.** virage *m* **2.** (*mutamento*) tournant *m*

svoltare [zvol'tare] *vi* tourner ● **svoltare a sinistra** tourner à gauche

svolto, a [z'vɔlto, a] *pp* ➤ svolgere

svuotare [zvwo'tare] *vt* vider

T [ti] (*abbr scritta di tabaccheria*) Tabac *m*

tabaccaio, a [tabak'kajo, a] *sm, f* buraliste *mf*

tabaccheria [tabakke'ria] *sf* bureau *m* de tabac

tabacco, chi [ta'bakko, ki] *sm* tabac *m*

tabella [ta'bella] *sf* tableau *m* (*graphique*)

tabellone [tabel'lone] *sm* **1.** panneau *m* **2.** (*con orari*) tableau *m*

tabù [ta'bu] *sm inv* tabou *m*

TAC ['tak] (*abbr di Tomografia Assiale Computerizzata*) TAC *f*

tacca, che ['takka, ke] *sf* entaille *f*

taccagno, a [tak'kaɲɲo, a] *agg* avare

tacchino, a [tak'kino, a] *sm, f* dindon *m*, dinde *f*

tacciare [tatʃ'tʃare] *vt* ● **tacciare qn di qc** taxer qqn de qqch

tacco, chi ['takko, ki] *sm* talon *m* ● **tacchi a spillo** talons aiguilles

taccuino [tak'kwino] *sm* carnet *m*

tacere [ta'tʃere] *vi* se taire

tachimetro [ta'kimetro] *sm* compteur *m* de vitesse

taciturno, a [tatʃi'turno, a] *agg* taciturne

tafano [ta'fano] *sm* taon *m*

tafferuglio [taffe'ruʎʎo] *sm* bagarre *f*, échauffourée *f*

tag [tag] *sm inv INFORM* balise *f*

taglia ['taʎʎa] *sf* taille *f* ● **taglia unica** taille unique

tagliacarte [taʎʎa'karte] *sm inv* coupe-papier *m inv*

taglialegna [taʎʎa'leɲɲa] *sm inv* bûcheron *m*, -onne *f*

tagliando [taʎ'ʎando] *sm* coupon *m*

tagliare [taʎ'ʎare] *vt* couper ● **tagliare corto** couper court ● **tagliare la strada a qn** couper la route à qqn ♦ **tagliarsi** *vr* se couper ● **tagliarsi i capelli/le unghie** se couper les cheveux/les ongles

tagliatelle [taʎʎa'telle] *sfpl* tagliatelles *fpl*

tagliaunghie [taʎʎa'ungje] *sm inv* coupe-ongles *m inv*

tagliente [taʎ'ʎente] *agg* coupant(e), tranchant(e)

tagliere [taʎ'ʎere] *sm* hachoir *m*

taglio ['taʎʎo] *sm* **1.** coupe *f* **2.** (*su carta*) découpage *m* **3.** (*ferita*) coupure *f* **4.** (*di stoffa*) coupon *m* **5.** (*parte tagliente*) tranchant *m* ● **taglio cesareo** césarienne *f* ● **banconote di piccolo/grosso taglio** petites/grosses coupures

tagliuzzare [taʎʎuts'tsare] *vt* couper en petits morceaux

tailleur [ta'jer] *sm inv* tailleur *m*

takeaway [tejke'wei] *sm inv* snack *m* de vente à emporter

talco ['talko] *sm* talc *m*

tale ['tale] *agg dim*
1. *(di questo tipo)* tel (telle) ● **non ammetto tali atteggiamenti** je n'admets pas de tels comportements
2. *(così grande)* tel (telle) ● **fa una tale confusione!** il fait un tel vacarme o un de ces vacarmes ! ● **è di una abilità tale che non sbaglia mai** il est tellement adroit qu'il ne se trompe jamais ● **c'è una nebbia tale che non si vede niente** il y a un tel brouillard qu'on n'y voit rien
3. *(in paragoni)* ● **tale madre tale figlia** telle mère telle fille ● **è tale (e) quale lo ricordavo** il est exactement comme dans mon souvenir
◇ *agg indef* ● **ti cerca un tal signor Marchi** un certain monsieur Marchi te demande ● **il giorno tale all'ora tale** le jour à telle heure
◇ *pron indef* ● **un tale mi ha chiesto di te** quelqu'un m'a demandé de tes nouvelles ● **dei tali** des gens ● **quel tale** ce type

talebano, a [tale'bano, a] *agg & sm, f* taliban(e)

taleggio [ta'ledʒdʒo] *sm* fromage à pâte molle originaire de Lombardie

talento [ta'lɛnto] *sm* talent *m*

talloncino [tallon't∫ino] *sm* coupon *m*

tallone [tal'lone] *sm* talon *m*

talmente [tal'mente] *avv* tellement

talora [ta'lora] *avv* parfois

talpa ['talpa] *sf* taupe *f*

talvolta [tal'vɔlta] *avv* parfois

tamburellare [tamburel'lare] *vi* tambouriner

tamburello [tambu'rɛllo] *sm* tambourin *m*

tamburo [tam'buro] *sm* tambour *m*

tamponamento [tampona'mento] *sm* ● **tamponamento a catena** carambolage *m*

tamponare [tampo'nare] *vt* tamponner

tampone [tam'pone] *sm* tampon *m*

tana ['tana] *sf* **1.** terrier *m* **2.** *(fig) (nascondiglio)* repaire *m*

tandem ['tandem] *sm inv* tandem *m*

tanfo ['tanfo] *sm* puanteur *f*

tanga ['tanga] *sm inv* string *m*

tangente [tan'dʒente] *sf (quota)* pot-de-vin *m*

tangenziale [tandʒen'tsjale] *sf* périphérique *m*; rocade *f*

tango ['tango] *sm* tango *m*

tanica, che ['tanika, ke] *sf* bidon *m*

tantino [tan'tino] ● **un tantino** *avv* un peu

tanto, a ['tanto, a] *agg*
1. *(in grande quantità)* beaucoup de ● **abbiamo ancora tanto tempo** nous avons encore beaucoup de temps ● **ho tanti amici** j'ai beaucoup d'amis ● **tanti auguri!** meilleurs vœux ! ● **tanti saluti!** meilleur souvenir !
2. *(in paragoni)* ● **tanto... quanto** autant de... que ● **non ho tanta immaginazione quanta ne hai tu** je n'ai pas autant d'imagination que toi ● **ha tanti fratelli quante sorelle** il/elle a autant de frères que de sœurs

◇ *pron*

1. *(in grande quantità)* beaucoup ● **mi piace il cioccolato e ne mangio tanto** j'aime le chocolat et j'en mange beaucoup ● **è una ragazza come tante** c'est une fille comme tant d'autres

2. *(una quantità indeterminata)* ● **tanto... tanto** tant... tant ● **di questi soldi tanti sono per la casa, tanti per le tue spese** voilà l'argent : il y a tant pour la maison et tant pour tes dépenses ● **pago un tanto al mese** je paie tant par mois

◆ *tanto avv*

1. *(molto)* beaucoup ; *(con aggettivo)* très ● **ti ringrazio tanto** je te remercie beaucoup ● **è tanto bella** elle est très belle ● **non tanto** *(poco)* pas trop

2. *(così)* si ● **è tanto grasso che non ci passa** il est si gros qu'il n'arrive pas à passer ● **è tanto sciocco da crederci** il est assez bête pour y croire

3. *(soltanto)* ● **tanto per divertirsi/parlare** histoire de s'amuser/de parler ● **una volta tanto** pour une fois

4. *(in espressioni)* ● **tanto vale ricominciare da capo!** autant tout recommencer ! ● **in questo caso, tanto vale che stia a casa** dans ce cas, autant que je reste à la maison

◇ *cong* de toute façon

● **di tanto in tanto, ogni tanto** *avv* de temps en temps

tappa ['tappa] *sf* étape *f*

tappare [tap'pare] *vt* boucher ◆ **tapparsi** *vr* ● **tapparsi le orecchie** se boucher les oreilles

tapparella [tappa'rella] *sf* store *m*

tappetino [tappe'tino] *sm* (del mouse) tapis *m* (de souris)

tappeto [tap'peto] *sm* tapis *m* ● **mandare qn al tappeto** envoyer qqn au tapis

tappezzare [tappets'tsare] *vt* tapisser

tappezzeria [tappetstse'ria] *sf* **1.** *(tessuto)* tapisserie *f* **2.** *(carta di parati)* papier *m* peint

tappo ['tappo] *sm* **1.** *(di sughero, plastica)* bouchon *m* **2.** *(di metallo)* capsule *f* **3.** *(fam)* (persona bassa) demi-portion *f*

tarallo [ta'rallo] *sm* biscuit salé en couronne, parfois parfumé à l'anis et au poivre, typique de l'Italie du sud

tarantella [taran'tella] *sf* tarentelle *f*

tarantola [ta'rantola] *sf* tarentule *f*

tarchiato, a [tar'kjato, a] *agg* trapu(e)

tardare [tar'dare] *vt* retarder ◇ *vi* être en retard ● **tardare a fare qc** tarder à faire qqch

tardi ['tardi] *avv* **1.** tard **2.** *(oltre il termine)* trop tard ● **fare tardi** rentrer tard ● **al più tardi** au plus tard ● **sul tardi** *(mattina)* en fin de matinée ; *(pomeriggio)* en fin d'après-midi

tardivo, a [tar'divo, a] *agg* tardif(ive)

targa ['targa, ge] *sf* **1.** plaque *f* **2.** *(di auto)* plaque *f* d'immatriculation

targhetta [tar'getta] *sf* plaque *f*

tariffa [ta'riffa] *sf* tarif *m* ● **tariffa ridotta** tarif réduit ● **tariffa unica** tarif unique

tarlo ['tarlo] *sm* ver *m*

tarma ['tarma] *sf* mite *f*

tarocchi [ta'rɔkki] *smpl* tarots *mpl*

tartagliare [tartaʎ'ʎare] *vi* bégayer

tartaro [ta'rtaro] *sm* (di denti) tartre *m*

tartaruga, ghe [tarta'ruga, ge] *sf* **1.** tortue *f* **2.** *(materia)* écaille *f*

tartina [tar'tina] *sf* canapé *m*

tartufo [tar'tufo] *sm* **1.** truffe *f* **2.** *(gelato)* dessert glacé à base de mousse au chocolat, recouvert de copeaux de chocolat

tasca, sche ['taska, ske] *sf* poche *f*

tascabile [tas'kabile] *agg* de poche ◇ *sm* livre *m* de poche

taschino [tas'kino] *sm* poche *f*

tassa ['tassa] *sf* **1.** *(per servizio)* taxe *f* **2.** *(fam) (imposta)* impôt *m* ● **tassa di iscrizione** droits *mpl* d'inscription

tassametro [tas'sametro] *sm* taximètre *m*

tassare [tas'sare] *vt* taxer

tassativo, a [tassa'tivo, a] *agg* impératif(ive)

tassello [tas'sɛllo] *sm* *(per muro, mobile)* cheville *f*

tassì [tas'si] *sm inv* = **taxi**

tassista, i, e [tas'sista, i, e] *smf* chauffeur *m* de taxi

tasso ['tasso] *sm* **1.** taux *m* **2.** *(animale)* blaireau *m* ● **tasso di cambio** taux de change

tastare [tas'tare] *vt* tâter ● **tastare il terreno** tâter le terrain

tastiera [tas'tjera] *sf* clavier *m*

tastierino [tastje'rino] *sm* ● **tastierino numerico** pavé *m* numérique

tasto ['tasto] *sm* **1.** touche *f* **2.** *(di TV, radio)* bouton *m*

tastoni [tas'toni] *avv* ● **procedere (a) tastoni** avancer à tâtons

tattico, a, ci, che ['tattiko, a, tʃi, ke] *agg* tactique

tatto ['tatto] *sm* **1.** toucher *m* **2.** *(fig) (accortezza)* tact *m*

tatuaggio [tatu'adʒdʒo] *sm* tatouage *m*

tatuare [tatu'are] *vt* tatouer

tavola ['tavola] *sf* **1.** table *f* **2.** *(asse)* planche *f* ● **mettersi** o **andare a tavola** passer à table ● **tavola calda** snack(-bar) *m*

tavolata [tavo'lata] *sf* tablée *f*

tavoletta [tavo'letta] *sf* tablette *f*

tavolino [tavo'lino] *sm* **1.** *(da salotto)* table *f* basse **2.** *(di bar)* table *f* **3.** *(scrivania)* bureau *m*

tavolo ['tavolo] *sm* table *f*

taxi ['taksi] *sm inv* taxi *m*

tazza ['tattsa] *sf* **1.** tasse *f* **2.** *(del water)* cuvette *f* ● **una tazza di** *(contenuto)* une tasse de

tazzina [tats'tsina] *sf* tasse *f* à café

te [te] *pron (complemento oggetto)* ● **ha salutato te, non me** c'est toi qu'il/elle a salué, pas moi

tè [te] *sm inv* thé *m*

teatrale [tea'trale] *agg* théâtral(e)

teatrino [tea'trino] *sm* théâtre *m* de marionnettes

teatro [te'atro] *sm* théâtre *m* ● **teatro tenda** chapiteau *m*

techno ['tɛkno] *sf* techno *f*

tecnica, che ['tɛknika, ke] *sf (metodo)* technique *f*

tecnico, a, ci, che ['tɛkniko, a, tʃi, ke] *agg* technique ◇ *sm, f* **1.** technicien *m*, -enne *f* **2.** SPORT entraîneur *m*, -euse *f*

tecnologia [teknolo'dʒia] *sf* technologie *f*

tecnologico, a, ci, che [tekno'lɔdʒiko, a, tʃi, ke] *agg* technologique

tedesco, a, schi, sche [te'desko, a, ski, ske] *agg* allemand(e) ◇ *sm, f* Allemand *m*, -e *f* ● **tedesco** *sm (lingua)* allemand *m*

tegame [te'game] *sm* casserole *f*

teglia ['teʎʎa] *sf* plat *m* à four

tegola ['tegola] *sf* tuile *f*

teiera [te'jɛra] *sf* théière *f*

tela ['tɛla] *sf* toile *f* ● **tela cerata** toile cirée

telaio [te'lajo] *sm* **1.** *(tessile)* métier *m* à tisser **2.** *(di macchina, finestra)* châssis *m* **3.** *(del letto)* cadre *m*

telecamera [tele'kamera] *sf* caméra *f* (de télévision)

telecomando [teleko'mando] *sm* télécommande *f*

telecronaca, che [tele'krɔnaka, ke] *sf* reportage *m* (télévisé)

teleferica, che [tele'fɛrika, ke] *sf* téléphérique *m*

telefilm [tele'film] *sm inv* série *f* télévisée

telefonare [telefo'nare] *vt & vi* ● **telefonare (a qn)** téléphoner (à qqn)

telefonata [telefo'nata] *sf* coup *m* de téléphone ● **telefonata a carico (del destinatario)** communication *f* en PCV

telefonico, a, ci, che [tele'fɔniko, a, tʃi, ke] *agg* téléphonique

telefonino [telefo'nino] *sm* (téléphone *m*) portable *m*

telefonista, i, e [telefo'nista, i, e] *smf* standardiste *mf*

telefono [te'lɛfono] *sm* téléphone *m* ● **telefono cellulare** portable *m* ● **telefono fisso** téléphone fixe ● **telefono pubblico** téléphone public ● **telefono a scatti** téléphone à impulsions ● **telefono a scheda** téléphone à carte ● **per telefono** par téléphone

---

Rispondere al telefono

I francesi rispondono al telefono dicendo *Allô*. Se a rispondere è la persona desiderata, questa dirà *c'est moi* oppure, più formalmente, *lui-même*.

Chiudere una telefonata

Per educazione, è bene aspettare che sia la persona chiamante a porre fine alla telefonata. In un contesto formale si può salutare con un semplice *au revoir* (arrivederci). Tra amici, invece, si può dire *tchao/bye(-bye)* (ciao ciao) o *à plus* (alla prossima).

---

telegiornale [teledʒor'nale] *sm* journal *m* télévisé

telegrafare [telegra'fare] *vt & vi* télégraphier

telegramma, i [tele'gramma, i] *sm* télégramme *m*

teleobiettivo [teleobjet'tivo] *sm* téléobjectif *m*

Telepass® ['telepas] *sm inv* télépéage *m*

teleromanzo [telero'mandzo] *sm* feuilleton *m* télévisé

teleschermo [teles'kermo] *sm* écran *m* (de télévision)

telescopio [teles'kɔpjo] *sm* télescope *m*

telespettatore, trice [telespetta'tore, 'tritʃe] *sm, f* téléspectateur *m*, -trice *f*

televideo [tele'video] *sm* télétexte *m*

televisione [televi'zjone] *sf* télévision *f* ● **in** o **alla televisione** à la télévision

La televisione

La télévision publique italienne, dont la jouissance est soumise au paiement d'une redevance annuelle, le *canone*, émet sur l'ensemble du territoire italien. Ses trois chaînes, *RAI 1*, *RAI 2* et *RAI 3*, sont concurrencées par *Canale 5*, *Rete 4* et *Italia 1*, trois chaînes privées, ainsi que par *La 7*, la dernière-née des grandes chaînes nationales. Il existe également de nombreuses chaînes locales ou régionales et, sur abonnement, des chaînes thématiques satellitaires. Enfin, l'Italie a récemment opté pour la télévision numérique terrestre, *il digitale terrestre*, qui vient étoffer une offre déjà importante.

televisivo, a [televi'zivo, a] *agg* télévisé(e), de télévision

televisore [televi'zore] *sm* téléviseur *m* ● **televisore in bianco e nero** téléviseur noir et blanc ● **televisore a colori** téléviseur couleur

telex ['teleks] *sm inv* télex *m*

telo ['telo] *sm* **1.** toile *f* **2.** *(asciugamano)* drap *m* de bain

tema, i ['tema, i] *sm* **1.** sujet *m* **2.** *SCOL* dissertation *f* **3.** *MUS* thème *m*

temere [te'mere] *vt* craindre ● **temo che non venga** je crains qu'il/elle ne vienne pas ● **temo di no/sì** je crains que non/oui ● **temo di non farcela** je crains de ne pas y arriver ◆ **temere per** *v+prep* craindre pour

tempera ['tempera] *sf* détrempe *f*

temperamatite [temperama'tite] *sm inv* taille-crayon *m inv*

temperamento [temperamento] *sm* tempérament *m*

temperato, a [tempe'rato, a] *agg* **1.** *(clima, stagione)* tempéré(e) **2.** *(moderato)* modéré(e)

temperatura [tempera'tura] *sf* température *f*

temperino [tempe'rino] *sm* **1.** *(coltello)* canif *m* **2.** *(temperamatite)* taille-crayon *m inv*

tempesta [tem'pesta] *sf* tempête *f* ● **tempesta di neve** tempête de neige

tempestare [tempes'tare] *vt* ● **tempestare qn di domande** harceler qqn de questions

tempestivo, a [tempes'tivo, a] *agg* rapide

tempestoso, a [tempes'tozo, a] *agg* orageux(euse)

tempia ['tempja] *sf* tempe *f*

tempio ['tempjo] *sm* temple *m*

tempo ['tempo] *sm* **1.** temps *m* **2.** *(movimento)* mouvement *m* **3.** *(ritmo)* rythme *m* **4.** *(di partita)* mi-temps *f* inv **5.** *(di film)* partie *f* ● **avere/trovare il tempo di o per fare qc** avoir/trouver le temps de faire qqch ● **fare qc in o per tempo** faire qqch à temps ● **perdere tempo** perdre du temps ● **tempo di cottura** temps de cuisson ● **tempo libero** temps libre ● **tempo fa** il y a longtemps ● **allo stesso tempo** en même temps

temporale [tempo'rale] *agg* temporel(elle) ◇ *sm* orage *m*

temporaneo, a [tempo'raneo, a] *agg* temporaire

temporeggiare [tempored͡ʒ'd͡ʒare] *vi* gagner du temps, temporiser

tenace [te'natʃe] *agg* tenace

tenacia [te'natʃa] *sf* ténacité *f*

tenaglie [te'naʎʎe] *sfpl* tenailles *fpl*

tenda ['tenda] *sf* 1. rideau *m* 2. (*da campeggio*) tente *f* ● **tenda canadese** canadienne *f*

tendenza [ten'dɛntsa] *sf* tendance *f*

tendenzioso, a [tenden'tsjozo, a] *agg* tendancieux(euse)

tendere ['tɛndere] *vt* tendre ◇ *vi* ● **tendere a qc** (*propendere per*) être enclin(e) à qqch ; (*avvicinarsi a*) tirer sur qqch ● **tendere a fare qc** avoir tendance à faire qqch

tendine ['tɛndine] *sm* tendon *m*

tenebre ['tɛnebre] *sfpl* ténèbres *fpl*

tenente [te'nɛnte] *sm* lieutenant *m*

tenere [te'nere] *vt*

1. (*reggere*) tenir ● **tenere qc in mano** tenir qqch dans sa main ● **tenere qn per mano** tenir qqn par la main

2. (*mantenere*) garder ● **tenere le mani in tasca** garder ses mains dans ses poches ● **tenere la finestra aperta** laisser la fenêtre ouverte ● **tenere qc a mente** retenir qqch ● **tener fede a una promessa** tenir une promesse ● **tenere la destra/sinistra** tenir sa droite/gauche ● **tenere la strada** (bien) tenir la route

3. (*presiedere*) tenir ● **tenere un'assemblea** tenir une assemblée

4. (*in espressioni*) ● **tenere caldo** tenir chaud ● **tenere compagnia a qn** tenir compagnie à qqn ● **tenere conto di qc**

tenir compte de qqch ● **tenere un discorso** faire un discours ● **tenere d'occhio qn** avoir qqn à l'œil

◇ *vi*

1. (*resistere*) tenir ● **questa colla non tiene** cette colle ne tient pas ● **tenere duro** tenir bon

2. (*fare il tifo*) ● **tenere per una squadra** être supporter d'une équipe

3. (*dare importanza*) ● **tenere a** tenir à ● **tengo molto a lei** je tiens beaucoup à elle

● **tenersi** *vr*

1. (*reggersi*) se tenir ● **tieniti forte!** tiens-toi bien ! ● **tenersi a** se tenir à

2. (*restare*) se tenir ● **tieniti pronto** tiens-toi prêt ● **tenersi a disposizione di qn** se tenir à la disposition de qqn ● **tenersi a distanza** se tenir à distance

tenerezza [tene'retstsa] *sf* tendresse *f*

tenero, a ['tɛnero, a] *agg* tendre

tenia ['tɛnja] *sf* ténia *m*

tennis ['tɛnnis] *sm* tennis *m* ● **tennis da tavolo** tennis de table

tennista, i, e [ten'nista, i, e] *smf* joueur *m*, -euse *f* de tennis

tenore [te'nore] *sm* 1. (*stile*) ton *m* 2. MUS ténor *m* ● **tenore di vita** train *m* de vie

tensione [ten'sjone] *sf* tension *f* ● **alta tensione** haute tension

tentacolo [ten'takolo] *sm* tentacule *m*

tentare [ten'tare] *vt* 1. tenter 2. (*metodo, percorso*) essayer ● **tentare di fare qc** essayer o tenter de faire qqch

tentativo [tenta'tivo] *sm* tentative *f*

tentazione [tentats'tsjone] *sf* tentation *f*

tentennare [tenten'nare] *vi* hésiter

tentoni [ten'toni] *avv* ● **andare (a) tentoni** avancer à tâtons

tenue ['tenwe] *agg* **1.** ténu(e) **2.** *(colore)* pâle

tenuta [te'nuta] *sf* **1.** *(abbigliamento)* tenue *f* **2.** *(di liquidi, gas)* étanchéité *f* **3.** *(resistenza fisica)* résistance *f* ● **a tenuta d'aria** étanche ● **tenuta di strada** tenue de route

teoria [teo'ria] *sf* théorie *f* ● **in teoria** en théorie

teoricamente [teorika'mente] *avv* théoriquement

teorico, a, ci, che [te'oriko, a, tʃi, ke] *agg* théorique

tepore [te'pore] *sm* tiédeur *f*

teppista, i, e [tep'pista, i, e] *smf* loubard *m*, -e *f*

tequila [te'kila] *sf inv* tequila *f*

terapeutico, a, ci, che [tera'pɛwtiko, a, tʃi, ke] *agg* thérapeutique

terapia [tera'pia] *sf* thérapie *f*

tergicristallo [terdʒikris'tallo] *sm* essuie-glace *m inv*

tergiversare [terdʒiver'sare] *vi* tergiverser

tergo ['tergo] *sm* ● **a tergo** au verso

terital® ['terital] *sm* Tergal® *m*

termale [ter'male] *agg* thermal(e)

terme ['terme] *sfpl* **1.** établissement *m* thermal **2.** *(degli antichi Romani)* thermes *mpl*

Le terme

Grâce à son sous-sol riche en eaux minérales et à son climat tempéré, l'Italie regorge de stations thermales, notamment au centre et au nord du pays. Les plus connues sont celles d'Abano (Vénétie), de Salsomaggiore (Émilie-Romagne), de Chianciano et de Montecatini (Toscane), de Fiuggi (Latium) et d'Ischia (Campanie).

termico, a, ci, che ['termiko, a, tʃi, ke] *agg* thermique

terminal ['terminal] *sm inv* terminal *m*

terminale [termi'nale] *agg* terminal(e)

terminare [termi'nare] *vt* terminer ◇ *vi* se terminer

termine ['termine] *sm* **1.** *(di viaggio, spettacolo)* fin *f* **2.** *(scadenza)* délai *m* **3.** *(parola)* terme *m* ● **portare** o **condurre a termine qc** mener qqch à terme ● **a breve/lungo termine** à court/long terme ● **senza mezzi termini** sans détour ● **termini** *smpl (di questione, discussione)* termes *mpl*

terminologia [terminolo'dʒia] *sf* terminologie *f*

termite ['termite] *sf* termite *m*

termometro [ter'mometro] *sm* thermomètre *m*

termos ['termos] = **thermos**

termosifone [termosi'fone] *sm* radiateur *m*

termostato [ter'mostato] *sm* thermostat *m*

terra ['terra] *sf* terre *f* ● **terra battuta** terre battue ● **a** o **per terra** par terre ● **essere a terra** *(persona, gomma)* être à plat ● **essere terra terra** *(scherzo)* voler bas ; *(preoccupazione)* être terre à terre

terracotta [terra'kɔtta] *sf* terre *f* cuite

terraferma [terra'ferma] *sf* terre *f* ferme

terrapieno [terra'pjeno] *sm* terre-plein *m*

terrazza [ter'rattsa] *sf* terrasse *f*

terrazzo [ter'rattso] *sm* **1.** balcon *m* **2.** *(di terreno)* terrasse *f*

terremoto [terre'mɔto] *sm* **1.** tremblement *m* de terre **2.** *(persona vivace)* ouragan *m*

terreno [ter'reno] *sm* terrain *m*

terreo, a [ter'rɛo, a] *agg* terreux(euse)

terrestre [ter'rɛstre] *agg* terrestre

terribile [ter'ribile] *agg* terrible

terrificante [terrifi'kante] *agg* terrifiant(e)

terrina [ter'rina] *sf* terrine *f*

territoriale [territo'rjale] *agg* territorial(e)

territorio [terri'tɔrjo] *sm* **1.** *(nazionale, straniero)* territoire *m* **2.** *(montuoso, deserti-co)* région *f*

terrore [ter'rore] *sm* terreur *f*

terrorismo [terro'rizmo] *sm* terrorisme *m*

terrorista, i, e [terro'rista, i, e] *smf* terroriste *mf*

terrorizzare [terroridz'dzare] *vt* terroriser

terso, a [tɛrso, a] *agg* **1.** *(pulito)* net (nette) **2.** *(cielo)* sans nuages

terza ['tɛrtsa] *sf* *(marcia)* troisième *f*

terzetto [ter'tsetto] *sm* trio *m*

terzino [ter'tsino] *sm* arrière *m*

terzo, a [ˈtɛrtso, a] *agg num* troisième ◆ **terzo** *sm* **1.** *(frazione)* tiers *m* **2.** *(piano)* troisième étage *m* ◆ **terzi** *smpl* *(altri)* tiers *mpl*

terzultimo, a [ter'tsultimo, a] *sm, f* avant avant-dernier *m*, avant avant-dernière *f*

tesa ['teza] *sf* bord *m*

teschio ['teskjo] *sm* crâne *m*

tesi ['tɛzi] *sf inv* thèse *f* ● **tesi (di laurea)** ≃ mémoire *m* (de maîtrise)

teso, a ['tezo, a] *agg* tendu(e)

tesoreria [tezore'ria] *sf* trésorerie *f*

tesoro [te'zɔro] *sm* **1.** *(oggetti preziosi, denaro)* trésor *m* **2.** *(naturale)* richesse *f* **3.** *(fam) (appellativo)* trésor *m* ● **Ministro del Tesoro** ministre des Finances

tessera ['tɛssera] *sf* *(di club, partito)* carte *f* ● **tessera magnetica** carte magnétique

tessere ['tɛssere] *vt* tisser

tessile ['tɛssile] *agg* textile

tessitura [tessi'tura] *sf* tissage *m*

tessuto [tes'suto] *sm* tissu *m*

test ['tɛst] *sm inv* test *m* ● **test di gravidanza** test de grossesse

testa ['tɛsta] *sf* tête *f* ● **a testa** par personne ● **dalla testa ai piedi** de la tête aux pieds ● **dare alla testa a qn** monter à la tête de qqn ● **essere fuori di testa** *(fam)* être complètement malade ● **essere in testa (a qc)** être en tête (de qqch) ● **fare a testa o croce** jouer à pile ou face ● **fare di testa propria** n'en faire qu'à sa tête ● **mettersi in testa di fare qc** se mettre en tête de faire qqch ● **montarsi la testa** se monter la tête ● **perdere la testa** perdre les pédales

testamento [testa'mento] *sm* testament *m*

testardo, a [tes'tardo, a] *agg & sm, f* têtu(e)

testato, a [tes'tato, a] *agg* testé(e)

teste ['tɛste] *smf* témoin *m*

testicolo [tes'tikolo] *sm* testicule *m*

testimone [testi'mone] *smf* témoin *m*

testimoniare [testimo'njare] *vi* témoigner ⋄ *vt* témoigner de ● **testimoniare il falso** faire un faux témoignage

testina [tes'tina] *sf (di registratore, stampante)* tête *f*

testo ['tɛsto] *sm* texte *m*

testone, a [tes'tone, a] *sm, f* têtu *m*, -e *f*

testuggine [tes'tudʒdʒine] *sf* tortue *f*

tetano ['tɛtano] *sm* tétanos *m*

tetro, a ['tɛtro, a] *agg* sombre

tetta ['tɛtta] *sf (fam)* nibard *m*

tettarella [tetta'rɛlla] *sf* tétine *f*

tetto ['tɛtto] *sm* toit *m*

tettoia [tet'tɔja] *sf* toiture *f*

Tevere ['tevere] *sm* ● **il Tevere** le Tibre

TG [tidʒ'dʒi] *sm* JT *m (journal télévisé)*

thermos® ['tɛrmos] *sm inv* Thermos® *f*

thriller ['triller] *sm inv* thriller *m*

ti [ti] *(diventa* te *se precede* lo, la, li, le, ne) *pron* te ● **te ne vai?** tu t'en vas ?

tibia ['tibja] *sf* tibia *m*

tic [tik] *sm inv* **1.** *(movimento)* tic *m* **2.** *(rumore)* clic *m*

ticchettio, ii [tikket'tio, ii] *sm (di orologio)* tic-tac *m*

ticket ['tiket] *sm inv* **1.** ticket *m* **2.** MED ≃ ticket *m* modérateur

tiepido, a ['tjepido, a] *agg* tiède

tifare [ti'fare] ● **tifare per** *v+prep* être un supporter de, supporter

tifo ['tifo] *sm* ● **fare il tifo per** être un supporter de, supporter

tifone [ti'fone] *sm* typhon *m*

tifoso, a [ti'fozo, a] *sm, f* supporter *m*

tiglio ['tiʎʎo] *sm* tilleul *m*

tigrato, a [ti'grato, a] *agg* tigré(e)

tigre ['tigre] *sf* tigre *m*

tilt [tilt] *sm* ● **andare in tilt** *(persona)* disjoncter ; *(dispositivo)* planter

timballo [tim'ballo] *sm* timbale *f*

timbrare [tim'brare] *vt* **1.** *(biglietto)* composter **2.** *(francobollo)* timbrer

timbro ['timbro] *sm* **1.** *(arnese)* tampon *m* **2.** *(marchio)* cachet *m*, tampon **3.** *(di voce)* timbre *m*

timer ['taimer] *sm inv* minuterie *f*

timidezza [timi'detstsa] *sf* timidité *f*

timido, a ['tImido, a] *agg* timide

timo ['timo] *sm* thym *m*

timone [ti'mone] *sm* gouvernail *m*

timore [ti'more] *sm* crainte *f*

timpano ['timpano] *sm* ANAT tympan *m*

tinello [ti'nello] *sm* salle *f* à manger

tingere ['tindʒere] *vt* teindre ● **tingersi** *vr* ● **tingersi i capelli** se teindre les cheveux

tinozza [ti'nɔtstsa] *sf* baquet *m*

tinta ['tinta] *sf* **1.** *(materiale)* teinture *f* **2.** *(colore)* teinte *f* ● **farsi la tinta** se faire faire une teinture ● **in tinta unita** uni(e)

tintarella [tinta'rɛlla] *sf (fam)* bronzage *m*

tintinnare [tintin'nare] *vi* tinter

tinto, a ['tinto, a] *pp* ➤ **tingere** ⋄ *agg* teint(e)

tintoria [tinto'ria] *sf* teinturerie *f*

tintura [tin'tura] *sf* ● **tintura di iodio** teinture *f* d'iode

tipa ['tipa] *sf (fam)* fille *f*, femme *f*

tipico, a, ci, che ['tipiko, a, tʃi, ke] *agg* typique

tipo ['tipo] *sm* type *m*

tipografia [tipogra'fia] *sf* imprimerie *f*

tipografo, a [ti'pɔgrafo, a] *sm, f* imprimeur *m*

tiramisù [tirami'su] *sm inv* tiramisu *m*

tiranno, a [ti'ranno, a] *sm, f* tyran *m*

tirare [ti'rare] *vt* **1.** tirer **2.** (lanciare) lancer **3.** (sferrare) donner **4.** (tracciare) tracer ◇ *vi* (vestito) serrer ● **tira vento** il y a du vent ● **tirare diritto** continuer son chemin ● **tirare fuori qc** sortir qqch ● **tirare a indovinare** répondre au hasard ● **tirare a sorte** tirer au sort ● **tirarsi** *vr* ● **tirarsi indietro** (rinunciare) renoncer

tiratore, trice [tira'tore, 'tritʃe] *sm, f* tireur *m*, -euse *f*

tiratura [tira'tura] *sf* tirage *m*

tirchio, a [ˈtirkjo, a] *agg* (fam) radin(e)

tiro [ˈtiro] *sm* **1.** tir *m* **2.** (traino) trait *m* ● **tiro con l'arco** tir à l'arc ● **giocare un brutto tiro a qn** jouer un mauvais tour à qqn

tirocinio [tiro'tʃinjo] *sm* stage *m*

tiroide [ti'rɔide] *sf* thyroïde *f*

tirrenico, a, ci, che [tir'reniko, a, tʃi, ke] *agg* de la mer Tyrrhénienne

Tirreno [tir'reno] *sm* ● **il (Mar) Tirreno** la mer Tyrrhénienne

tisana [ti'zana] *sf* tisane *f*

titolare [tito'lare] *smf* propriétaire *mf*

titolo [ˈtitolo] *sm* titre *m* ● **titolo di studio** diplôme *m*

titubante [titu'bante] *agg* hésitant(e)

tizio, a [ˈtitstsjo, a] *sm, f* homme *m*, femme *f*

tizzone [tits'tsone] *sm* tison *m*

toast [ˈtɔst] *sm inv* ≃ croque-monsieur *m inv*

toccare [tok'kare] *vt* **1.** toucher **2.** (spostare, usare) ● **non voglio che si tocchi la mia roba** je ne veux pas qu'on touche à mes affaires **3.** (argomento) aborder **4.** (riguardare) regarder ◇ *vi* (nell'acqua) avoir pied ● **toccare a** v+prep (capitare) arriver ● **tocca a te pagare da bere** c'est à toi de payer à boire ● **a chi tocca?** à qui le tour ? ● **mi tocca ricomprarlo** il faut que j'en achète un autre

tocco, chi [ˈtokko, ki] *sm* touche *f*

toga, ghe [ˈtɔga, ge] *sf* toge *f*, robe *f*

togliere [ˈtɔʎʎere] *vt* **1.** enlever, ôter **2.** (liberare) tirer ● **togliere qc a qn** enlever qqch à qqn ● **ciò non toglie che** il n'empêche que ● **togliersi gli occhiali** enlever o retirer ses lunettes

toilette [twa'lɛt] *sf inv* **1.** toilettes *fpl* **2.** (mobile) coiffeuse *f* **3.** (acconciatura e trucco) toilette *f*

tollerabile [tolle'rabile] *agg* tolérable

tollerante [tolle'rante] *agg* tolérant(e)

tollerare [tolle'rare] *vt* **1.** tolérer **2.** (dolore, cibi, caldo) supporter

tolto, a [ˈtɔlto, a] *pp* ➤ **togliere**

tomba [ˈtomba] *sf* tombe *f*

tombino [tom'bino] *sm* bouche *f* d'égout

tombola [ˈtombola] *sf* loto *m*

tonaca, che [ˈtɔnaka, ke] *sf* soutane *f*

tonalità [tonali'ta] *sf inv* tonalité *f*

tondo, a [ˈtondo, a] *agg* rond(e)

toner [ˈtɔner] *sm inv* toner *m*

tonfo [ˈtonfo] *sm* **1.** (rumore) bruit *m* sourd **2.** (caduta) chute *f*

¹tonico [ˈtɔniko] *sm* tonique *m*

²tonico, a, ci, che [ˈtɔniko, a, tʃi, ke] *agg* tonique

tonificare [tonifi'kare] *vt* tonifier

tonnellata [tonnel'lata] *sf* tonne *f*

tonno ['tonno] *sm* thon *m* ● **tonno in scatola** thon en boîte

tono ['tono] *sm* **1.** ton *m* **2.** *(di muscoli, pelle)* tonus *m* ● **essere giù di tono** ne pas avoir la forme

tonsille [ton'sille] *sfpl* amygdales *fpl*

tonto, a ['tonto, a] *agg* bête ● **fare il finto tonto** jouer les imbéciles

top ['tɔp] *sm inv* bustier *m*

topaia [to'paja] *sf* taudis *m*

topazio [to'patstsjo] *sm* topaze *m*

topless ['tɔples] *sm inv* monokini *m*, topless *m* ● **mettersi in topless** faire du monokini o topless

topo ['tɔpo] *sm* **1.** *(piccolo)* souris *f* **2.** *(grosso)* rat *m*

toppa ['tɔppa] *sf* **1.** *(di stoffa)* pièce *f* **2.** *(di serratura)* trou *m*

torace [to'ratʃe] *sm* thorax *m*

torbido, a ['tɔrbido, a] *agg* trouble

torcere ['tɔrtʃere] *vt* tordre ◆ **torcersi** *vr* se tordre

torchio ['tɔrkjo] *sm* pressoir *m*

torcia, ce ['tɔrtʃa, tʃe] *sf* torche *f*

torcicollo [tortʃi'kɔllo] *sm* torticolis *m*

torero, a [to'rero, a] *sm, f* toréro *m*

Torino [to'rino] *sf* Turin

tormenta [tor'menta] *sf* tempête *f* de neige

tormentare [tormen'tare] *vt* tourmenter ◆ **tormentarsi** *vr* se tourmenter

tormento [tor'mento] *sm* **1.** *(angoscia)* tourment *m* **2.** *(fastidio)* plaie *f*

tornaconto [torna'konto] *sm* intérêt *m*

tornante [tor'nante] *sm* virage *m*, tournant *m*

tornare [tor'nare] *vi* **1.** *(rientrare)* revenir, rentrer **2.** *(andare di nuovo)* retourner **3.** *(ridiventare)* redevenir ● **tornare a casa** rentrer à la maison ● **tornare utile (a qn)** se révéler utile (à qqn)

torneo [tor'neo] *sm* tournoi *m*

toro ['tɔro] *sm* taureau *m* ◆ **Toro** *sm* Taureau *m*

torre ['torre] *sf* tour *f* ● **torre di controllo** tour de contrôle ● **la torre di Pisa** la tour de Pise

torrefazione [torrefats'tsjone] *sf* **1.** *(attività)* torréfaction *f* **2.** *(locale)* brûlerie *f*

torrente [tor'rɛnte] *sm* torrent *m*

torrido, a ['tɔrrido, a] *agg* torride

torrione [tor'rjone] *sm* donjon *m*

torrone [tor'rone] *sm* nougat *m*

torsione [tor'sjone] *sf* torsion *f*

torso ['torso] *sm* torse *m* ● **a torso nudo** torse nu

torsolo ['torsolo] *sm* trognon *m*

torta ['tɔrta] *sf* **1.** gâteau *m* **2.** *(ricoperta di frutta, salata)* tarte *f* ● **torta gelato** gâteau glacé ● **torta di mele** tarte aux pommes ● **torta pasqualina** *tourte typique de la région de Gênes, faite de pâte feuilletée garnie de blettes, de ricotta, de parmesan et d'œufs*

tortellini [tortel'lini] *smpl* tortellinis *mpl*

tortiera [tor'tjera] *sf* moule *m* à tarte

tortino [tor'tino] *sm* *(salato)* tartelette *f* salée

¹torto ['torto] *sm* tort *m* ● **avere torto** avoir tort ● **a torto** à tort

²torto, a ['torto, a] *pp* ➤ **torcere**

tortora [tor'tora] *sf* tourterelle *f*

tortuoso, a [tor'twozo, a] *agg* tortueux(euse)

tortura [tor'tura] *sf* torture *f*

torturare [tortu'rare] *vt* torturer

tosaerba [toza'erba] *sm inv* o *sf inv* tondeuse *f* à gazon

tosare [to'zare] *vt* **1.** tondre **2.** *(siepe)* tailler

Toscana [tos'kana] *sf* • la Toscana la Toscane

toscano, a [tos'kano, a] *agg* toscan(e)

tosse ['tosse] *sf* toux *f*

tossico, a, ci, che ['tossiko, a, tʃi, ke] *agg* toxique

tossicomane [tossi'komane] *smf* toxicomane *mf*

tossire [tos'sire] *vi* tousser

tostapane [tosta'pane] *sm inv* grille-pain *m inv*

tostare [tos'tare] *vt* griller

tosto, a ['tosto, a] *agg* **1.** dur(e) **2.** ➤ **faccia**

tot [tɔt] *pron inv* tant • spendo tot d'affitto je dépense tant pour le loyer ◇ *agg inv* • il giorno tot tel jour

totale [to'tale] *agg* total(e) ◇ *sm* total *m* • in totale au total

totalità [totali'ta] *sf inv* • la totalità di la totalité de

totalizzare [totalidz'dzare] *vt* totaliser

totano ['totano] *sm* cal(a)mar *m*

totip [to'tip] *sm* PMU *m*

totocalcio [toto'kaltʃo] *sm* ≃ loto *m* sportif

toupet [tu'pe] *sm inv* postiche *m*

tournée [tur'ne] *sf inv* tournée *f*

tovaglia [to'vaʎʎa] *sf* nappe *f*

tovagliolo [tovaʎ'ʎɔlo] *sm* serviette *f* (de table)

¹tozzo ['tɔtstso] *sm* • un tozzo di pane un quignon de pain

²tozzo, a ['tɔtstso, a] *agg* trapu(e)

tra ['tra] *prep* **1.** entre **2.** *(di tempo)* dans **3.** *(di distanza)* à **4.** *(partitivo)* parmi • detto tra (di) noi (soit dit) entre nous • tra breve o poco sous peu, d'ici peu • tra sé e sé en son for intérieur

traballare [trabal'lare] *vi* être bancal(e)

trabiccolo [tra'bikkolo] *sm* *(veicolo)* tacot *m*

traboccare [trabok'kare] *vi* déborder

trabocchetto [trabok'ketto] *sm* piège *m*

tracannare [trakan'nare] *vt* avaler d'un trait

traccia, ce ['tratʃtʃa, tʃe] *sf* trace *f*

tracciare [tratʃ'ʃare] *vt* tracer

tracciato [tratʃ'tʃato] *sm* tracé *m*

trachea [tra'kea] *sf* trachée *f*

tracolla [tra'kɔlla] *sf* bandoulière *f* • a tracolla en bandoulière

tracotante [trako'tante] *agg* arrogant(e)

tradimento [tradi'mento] *sm* **1.** trahison *f* **2.** *(adulterio)* infidélité *f* • a tradimento en traître

tradire [tra'dire] *vt* **1.** trahir **2.** *(coniuge)* tromper ♦ **tradirsi** *vr* se trahir

traditore, trice [tradi'tore, 'tritʃe] *sm, f* traître *m*, -esse *f*

tradizionale [traditstsjo'nale] *agg* traditionnel(le)

tradizione [tradits'tsjone] *sf* tradition *f*

tradurre [tra'durre] *vt* traduire

traduttore, trice [tradut'tore, 'tritʃe] *sm, f* traducteur *m*, -trice *f*

traduzione [traduts'tsjone] *sf* traduction *f*

trafelato, a [trafe'lato, a] *agg* essouf-
flé(e)

trafficante [traffi'kante] *smf (di droga,
armi)* trafiquant *m*, -e *f*

trafficare [traffi'kare] *vt* faire du trafic
de ◇ *vi (darsi da fare)* s'activer

traffico, ci ['traffiko, tʃi] *sm* **1.** circulation *f* **2.** *(aereo, di droga)* trafic *m*

trafiggere [tra'fidʒdʒere] *vt* transpercer

trafiletto [trafi'letto] *sm* entrefilet *m*

trafitto, a [tra'fitto, a] *pp* ➤ **trafiggere**

traforo [tra'foro] *sm* tunnel *m*

tragedia [tra'dʒedja] *sf* tragédie *f*

traghetto [tra'getto] *sm* ferry *m*

tragico, a, ci, che ['tradʒiko, a, tʃi, ke]
agg tragique

tragitto [tra'dʒitto] *sm* trajet *m*

traguardo [tra'gwardo] *sm* ligne *f* d'arrivée ◇ **tagliare il traguardo** franchir la
ligne d'arrivée

traiettoria [trajet'tɔrja] *sf* trajectoire *f*

trainare [trai'nare] *vt* tirer, remorquer

traino ['traino] *sm (con automezzo)* remorquage *m*

tralasciare [tralaʃ'ʃare] *vt* omettre

traliccio [tra'litʃtʃo] *sm* pylône *m*

tram ['tram] *sm inv* tram *m*, tramway *m*

trama ['trama] *sf (di libro, film)* intrigue *f*

tramandare [traman'dare] *vt* transmettre

tramare [tra'mare] *vt (macchinare)* tra-
mer

trambusto [tram'busto] *sm* remue-
ménage *m inv*

tramestio, ii [trames'tio, ii] *sm* confusion *f*

tramezzino [tramedz'dzino] *sm* sandwich *m* club

tramite ['tramite] *prep* **1.** *(posta, radio)*
par **2.** *(persona)* par l'intermédiaire de
◇ *sm* ● **fare da tramite** servir d'intermédiaire

tramontana [tramon'tana] *sf* tramonta-
ne *f*

tramonto [tra'monto] *sm* coucher *m* du
soleil

tramortire [tramor'tire] *vt* assommer

trampolino [trampo'lino] *sm* tremplin *m*

trampolo ['trampolo] *sm (bastoni)* échas-
se *f*

tramutare [tramu'tare] *vt* ● **tramutare
in** transformer en ◆ **tramutarsi in**
vr+prep se transformer en

trancio ['trantʃo] *sm* tranche *f*

tranello [tra'nello] *sm* piège *m*

trangugiare [trangu'dʒare] *vt* engloutir

tranne ['tranne] *prep* ● **tranne (che)** sauf
● **mi va bene tutto, tranne (che) andare
in discoteca** tout me va, sauf aller en discothèque

tranquillante [trankwil'lante] *sm* tranquillisant *m*

tranquillità [trankwilli'ta] *sf inv* tranquillité *f*

tranquillizzare [trankwillidz'dzare] *vt*
tranquilliser ◆ **tranquillizzarsi** *vr* se
tranquilliser

tranquillo, a [tran'kwillo, a] *agg* tranquille, calme

transalpino, a [transal'pino, a] *agg*
1. transalpin(e) **2.** *(strada, ferrovia)* qui
traverse les Alpes

¹**transatlantico, ci** [transa'tlantiko, tʃi]
sm transatlantique *m*

²**transatlantico, a, ci, che** [transa'tlantiko, a, tʃi, ke] *agg* transatlantique

transatto [tran'satto] *pp* ➤ transigere

transazione [transats'tsjone] *sf* transaction *f*

transenna [tran'senna] *sf* barrière *f* (de sécurité)

transgenico, a, ci, che [trans'dʒeniko, a, tʃi, ke] *agg* transgénique

transigere [tran'sidʒere] *vi* transiger

transistor [tran'sistor] *sm inv* transistor *m*

transitabile [transi'tabile] *agg* praticable

transitare [transi'tare] *vi* circuler

transitivo, a [transi'tivo, a] *agg* transitif(ive)

transito ['transito] *sm* transit *m* ▼ divieto di transito circulation interdite

transizione [transits'tsjone] *sf* transition *f*

trapanare [trapa'nare] *vt* 1. *(asse, muro)* percer 2. *(dente)* fraiser

trapano ['trapano] *sm* 1. perçeuse *f* 2. *(del dentista)* fraise *f*, roulette *f*

trapassare [trapas'sare] *vt* transpercer

trapelare [trape'lare] *vi* filtrer

trapezio [tra'petstsjo] *sm* trapèze *m*

trapezista, i, e [trapets'tsista, i, e] *smf* trapéziste *mf*

trapiantare [trapjan'tare] *vt* 1. *(pianta)* transplanter 2. MED greffer

trapianto [tra'pjanto] *sm* MED greffe *f*

trappola ['trappola] *sf* piège *m*

trapunta [tra'punta] *sf* couette *f*

trarre ['trarre] *vt* ● trarre in inganno qn induire qqn en erreur ● trarre origine da venir de ● trarre in salvo qn sauver qqn ● trarre vantaggio da qc tirer profit de qqch

trasalire [trasa'lire] *vi* tressaillir

trasandato, a [trazan'dato, a] *agg* négligé(e)

trasbordare [trazbor'dare] *vt & vi* transborder

trascinare [traʃʃi'nare] *vt* traîner ◆ **trascinarsi** *vr* 1. se traîner 2. *(nel tempo)* traîner

trascorrere [tras'korrere] *vt & vi* passer

trascorso, a [tras'korso, a] *pp* ➤ trascorrere

trascritto, a [tras'kritto, a] *pp* ➤ trascrivere

trascrivere [tras'krivere] *vt* transcrire

trascurabile [trasku'rabile] *agg* négligeable

trascurare [trasku'rare] *vt* 1. négliger 2. *(omettere)* omettre

trascurato, a [trasku'rato, a] *agg* négligé(e)

trasecolare [traseko'lare] *vi* être stupéfié(e)

trasferibile [trasfe'ribile] *agg (assegno)* endossable, non barré(e) ◇ *sm* décalcomanie *f*

trasferimento [trasferi'mento] *sm* 1. *(di impiegato)* mutation *f* 2. *(di negozio, sede, dati)* transfert *m*

trasferire [trasfe'rire] *vt* 1. *(impiegato)* muter 2. *(negozio, sede, dati)* transférer ◆ **trasferirsi** *vr* s'installer

trasferta [tras'ferta] *sf* 1. déplacement *m* 2. *(indennità)* frais *mpl* de déplacement ● giocare in trasferta jouer à l'extérieur

trasformare [trasfor'mare] *vt* transformer ◆ **trasformarsi (in)** *vr+prep* se transformer (en)

trasformatore [trasforma'tore] *sm* transformateur *m*

trasformazione [trasformats'tsjone] *sf* transformation *f*

trasformista, i, e [trasfor'mista, i, e] *smf* **1.** *(artista)* transformiste *mf* **2.** *(spreg) (politica, società)* girouette *f*

trasfusione [trasfu'zjone] *sf* transfusion *f*

trasgredire [trazgre'dire] *vt* transgresser

trasgressore, trasgreditrice [trazgres'sore, trazgredi'tritʃe] *sm, f* contrevenant *m*, -e *f* ▶ **i trasgressori saranno puniti** les contrevenants seront punis

traslocare [trazlo'kare] *vi* déménager

trasloco, chi [traz'lɔko, ki] *sm* déménagement *m*

trasmettere [traz'mettere] *vt* transmettre

trasmissione [trazmis'sjone] *sf* **1.** transmission *f* **2.** RADIO TV émission *f*

trasparente [traspa'rente] *agg* transparent(e)

trasparenza [traspa'rentsa] *sf* transparence *f*

trasparire [traspa'rire] *vi (essere visibile)* transparaître

traspirazione [traspirats'tsjone] *sf* transpiration *f*

trasportare [traspor'tare] *vt* transporter

trasporto [tras'pɔrto] *sm* transport *m*

trastullarsi [trastul'larsi] *vr* **1.** *(divertirsi)* s'amuser **2.** *(perdere tempo)* perdre son temps

trasversale [trazver'sale] *agg* transversal(e)

trattamento [tratta'mento] *sm* traitement *m*

trattare [trat'tare] *vt* **1.** traiter **2.** *(negoziare)* négocier **3.** *(commerciare)* travailler dans ◆ **trattare di** *v+prep* traiter de ◆ **trattarsi** *vr* ● **si tratta di** il s'agit de

trattativa [tratta'tiva] *sf* négociation *f*

trattato [trat'tato] *sm* traité *m*

trattenere [tratte'nere] *vt* retenir ● **trattenere qn dal fare qc** empêcher qqn de faire qqch ◆ **trattenersi** *vr* rester ● **quanto ti tratterrai?** tu restes combien de temps ? ● **trattenersi dal fare qc** se retenir de faire qqch

trattenuta [tratte'nuta] *sf* retenue *f* (sur salaire)

trattino [trat'tino] *sm* **1.** tiret *m* **2.** *(di parola composta)* trait *m* d'union

¹**tratto** [trat'to] *sm* **1.** trait *m* **2.** *(di spazio)* bout *m* **3.** *(di tempo)* laps *m* de temps ● **ad un tratto** o **d'un tratto** tout à coup ◆ **tratti** *smpl (lineamenti)* traits *mpl*

²**tratto, a** ['tratto, a] *pp* ➤ **trarre**

trattore [trat'tore] *sm* tracteur *m*

trattoria [tratto'ria] *sf* restaurant *m*

La trattoria

Autrefois, le terme *trattoria* désignait un restaurant de quartier, bon marché et la plupart du temps géré en famille. Mais de nos jours, la majorité des *trattorie* sont des restaurants de spécialités, souvent assez onéreux, caractérisés par un décor rustique mais cossu.

trauma, i ['trawma, i] *sm* traumatisme *m*

traumatizzare [traumatidz'dzare] *vt (perturbare)* traumatiser

travagliato, a [trava'ʎʎato, a] *agg* tourmenté(e)

travaglio [tra'vaʎʎo] *sm (del parto)* travail *m*

travasare [trava'zare] *vt* transvaser

trave ['trave] *sf* poutre *f*

traveggole [tra'veggole] *sfpl* ● **avere le traveggole** avoir la berlue

traveller's (cheque) [tʃek] *sm* traveller's cheque *m*, chèque *m* de voyage

traversa [tra'versa] *sf* **1.** rue *f* transversale **2.** *SPORT* barre *f* transversale

traversare [traver'sare] *vt* traverser

traversata [traver'sata] *sf* traversée *f*

traverso, a [tra'verso, a] *agg* transversal(e) ● **di traverso** de travers

travestimento [travesti'mento] *sm* déguisement *m*

travestire [traves'tire] *vt* déguiser ◆ **travestirsi da** *vr+prep* se déguiser en

travestito, a [traves'tito, a] *sm* ● **travestito(a) (da)** déguisé(e) (en) ◆ **travestito** *sm* travesti *m*

travisare [travi'zare] *vt (parole)* dévoyer

travolgente [travol'dʒente] *agg* **1.** *(impetuoso)* impétueux(euse) **2.** *(irresistibile)* irrésistible

travolgere [tra'vɔldʒere] *vt* **1.** *(sog: fiume, vento)* emporter **2.** *(sog: macchina)* écraser

travolto, a [tra'vɔlto, a] *pp* → travolgere

tre [tre] *num* trois ● **ha tre anni** il/elle a trois ans ● **sono le tre** il est trois heures ● **il tre gennaio** le trois janvier ● **pagina tre** page trois ● **il tre di picche** le trois de pique ● **erano in tre** ils étaient trois

treccia, ce ['tretʃʃa, tʃe] *sf* tresse *f*

trecento [tre'tʃento] *num* trois cents
➤ **sei** ◆ **Trecento** *sm* ● **il Trecento** le XIVe siècle

tredicesimo, a [tredi'tʃezimo, a] *num* treizième, ➤ **sesto** ◆ **tredicesima** *sf* treizième mois *m*

tredici ['treditʃi] *num* treize, ➤ **sei**

tregua ['tregwa] *sf* trêve *f*

trekking ['trekking] *sm inv* trekking *m*

tremare [tre'mare] *vi* ● **tremare (di)** trembler (de)

tremarella [trema'rɛlla] *sf (fam)* tremblote *f*

tremendo, a [tre'mɛndo, a] *agg* terrible

trementina [tremen'tina] *sf (essence de)* térébenthine *f*

tremila [tre'mila] *num* trois mille, ➤ **sei**

Tremiti ['trɛmiti] *sfpl* ● **le (isole) Tremiti** les îles Tremiti *(dans l'Adriatique, au nord des Pouilles)*

tremito [tremito] *sm* tremblement *m*

trendy ['trendi] *agg inv* à la mode

trenino [tre'nino] *sm* train *m* électrique

treno ['trɛno] *sm* train *m* ● **treno diretto** train direct ● **treno espresso** train express ● **treno merci** train de marchandises ▼ **treni in partenza/in arrivo** trains au départ/à l'arrivée

trenta ['trɛnta] *num* trente, ➤ **sei**

trentesimo, a [tren'tɛzimo, a] *agg* trentième, ➤ **sesto**

trentina [tren'tina] *sf* ● **una trentina (di)** une trentaine (de) ● **essere sulla trentina** avoir la trentaine

Trentino [tren'tino] *sm* ● **il Trentino-Alto Adige** le Trentin Haut-Adige

tresca, sche ['treska, ske] *sf* intrigue *f*

triangolare [triango'lare] *agg* triangulaire

triangolo [tri'angolo] *sm* triangle *m*

tribolare [tribo'lare] *vi* souffrir

tribù [tri'bu] *sf inv* tribu *f*

tribuna [tri'buna] *sf* tribune *f*

tribunale [tribu'nale] *sm* tribunal *m*

tributo [tri'buto] *sm* *(tassa)* impôt *m*

tricheco, chi [tri'kɛko, ki] *sm* morse *m*

triciclo [tri'tʃiklo] *sm* tricycle *m*

tricolore [triko'lore] *agg* tricolore

tridimensionale [tridimensjo'nale] *agg* tridimensionnel(elle)

trielina [trie'lina] *sf* trichloréthylène *m*

triennio [tri'ennjo] *sm* (période *f* de) trois ans

trifoglio [tri'fɔʎʎo] *sm* trèfle *m*

trifolato, a [trifo'lato, a] *agg* sauté(e) à l'ail et au persil

triglia [triʎʎa] *sf* rouget *m*

trimestre [tri'mestre] *sm* trimestre *m*

trina [trina] *sf* dentelle *f*

trincea [trin'tʃea] *sf* tranchée *f*

trinciapollo [trintʃa'pollo] *sm inv* ciseaux *mpl* à volailles

trio [trio] *sm* trio *m*

trionfale [trjon'fale] *agg* triomphal(e)

trionfare [trjon'fare] *vi* triompher

trionfo [tri'onfo] *sm* triomphe *m*

triplicare [tripli'kare] *vt* tripler

triplice [triplitʃe] *agg* triple

triplo, a [triplo, a] *agg* triple ◆ **triplo** *sm* triple *m*

trippa [trippa] *sf* tripes *fpl*

tris [tris] *sm inv* **1.** *(a carte)* brelan *m* **2.** *(ippica)* tiercé *m*

triste [triste] *agg* triste

tristezza [tris'tetstsa] *sf* tristesse *f*

tritacarne [trita'karne] *sm inv* hache-viande *m inv*

tritaghiaccio [trita'gjatstʃo] *sm inv* broyeur *m* à glace

tritare [tri'tare] *vt* hacher

trito, a [trito, a] *agg* haché(e) ● **trito e ritrito** ressassé(e) ◆ **trito** *sm* hachis *m*

triturare [tritu'rare] *vt* broyer

trivellare [trivel'lare] *vt* forer

triviale [tri'vjale] *agg* trivial(e)

trofeo [tro'fɛo] *sm* trophée *m*

tromba [tromba] *sf* trompette *f* ● **tromba delle scale** cage *f* d'escalier

trombone [trom'bone] *sm* trombone *m*

troncare [tron'kare] *vt* **1.** trancher **2.** *(amicizia, relazione)* rompre

tronco, chi [tronko, ki] *sm* tronc *m*

trono [trɔno] *sm* trône *m*

tropicale [tropi'kale] *agg* tropical(e)

tropico [trɔpiko] *sm* tropique *m* ● **i tropici** les tropiques

troppo, a [troppo, a] *agg* trop de ● **c'è troppa nebbia** il y a trop de brouillard ● **ho mangiato troppi biscotti** j'ai mangé trop de biscuits

◇ *pron* trop ● **io ho poco tempo libero, tu troppo** moi j'ai peu de temps libre, toi tu en as trop ● **non voglio altri problemi, ne ho fin troppi** je ne veux pas d'autres problèmes, je n'en ai que trop

◆ **troppo** *avv*

1. *(in misura eccessiva)* trop ● **sei troppo buono** tu es trop bon ● **spendo troppo** je dépense trop ● **parli troppo velocemente** tu parles trop vite ● **ho bevuto un bicchiere di troppo** j'ai bu un verre de trop **2.** *(molto)* ● **non mi sento troppo bene** je ne me sens pas très bien

trota ['trɔta] *sf* truite *f*

trottare [trot'tare] *vi* trotter

trotto ['trɔtto] *sm* trot *m*

trottola ['trɔttola] *sf* toupie *f*

troupe [trup] *sf inv* équipe *f*

trovare [tro'vare] *vt* trouver ● **andare a trovare qn** aller voir qqn ◆ **trovarsi** *vr* 1. se trouver 2. *(incontrarsi)* se retrouver

trovata [tro'vata] *sf* trouvaille *f*

truccare [truk'kare] *vt* 1. maquiller 2. *(risultato, partita)* truquer ◆ **truccarsi** *vr* se maquiller

trucco, chi ['trukko, ki] *sm* 1. maquillage *m* 2. *(artificio)* truc *m* 3. *(inganno)* combine *f*

truce ['trutʃe] *agg* 1. *(sguardo)* farouche 2. *(delitto)* abominable

trucidare [trutʃi'dare] *vt* massacrer

truciolo ['trutʃolo] *sm* copeau *m*

truffa ['truffa] *sf* escroquerie *f*

truffare [truf'fare] *vt* escroquer

truffatore, trice [truffa'tore, 'tritʃe] *sm, f* escroc *m*

trullo ['trullo] *sm* trullo *m*

Il trullo

Construction typique de certaines localités des Pouilles - parmi lesquelles Alberobello, classée au patrimoine mondial de l'Unesco - le *trullo* est une petite maison rurale de pierre sèche, généralement ronde, surmontée d'un toit en forme de cône.

truppa ['truppa] *sf* troupe *f*

tu [tu] *pron (seconda persona)* tu ● **e tu, ci vai?** et toi, tu y vas? ● **se lo dici tu...** puis-

que tu le dis... ● **tu stesso** toi-même ● a **tu per tu** en tête à tête ; *(impersonale)* on ● **sono cose a cui tu non penseresti mai** ce sont des choses qu'on n'imagine même pas
◇ *sm* ● **dare del tu a qn** tutoyer qqn

tua ['tua] ➤ **tuo**

tubare [tu'bare] *vi* roucouler

tubatura [tuba'tura] *sf* tuyauterie *f*

tubercolosi [tuberko'lɔzi] *sf inv* tuberculose *f*

tubero ['tubero] *sm* tubercule *m*

tubetto [tu'betto] *sm* tube *m*

tubo ['tubo] *sm* tuyau *m* ● **tubo di scappamento** o **di scarico** tuyau d'échappement

tue ['tue] ➤ **tuo**

tuffare [tuf'fare] *vt (immergere)* tremper ◆ **tuffarsi** *vr (immergersi)* plonger

tuffo ['tuffo] *sm* plongeon *m*

tugurio [tu'gurjo] *sm* taudis *m*

tulipano [tuli'pano] *sm* tulipe *f*

tumore [tu'more] *sm* tumeur *f*

tunica, che ['tunika, ke] *sf* tunique *f*

Tunisia [tuni'zia] *sf* ● **la Tunisia** la Tunisie

tunnel ['tunnel] *sm inv* tunnel *m*

tuo, tua ['tuo, 'tua] *(mpl* **tuoi***, fpl* **tue** ['twɔi, 'tue]*) agg* ton (ta, tes) ● **questi soldi sono tuoi** cet argent est à toi ● **tuo padre** ton père ● **un tuo amico** un des tes amis ● **il tuo, la tua** *(mpl* **i tuoi***, fpl* **le tue***) pron* le tien (la tienne, les tiens, les tiennes)

tuonare [two'nare] *v impers* ● **tuona** il tonne, on entend le tonnerre

tuono ['twɔno] *sm* tonnerre *m*

tuorlo ['twɔrlo] *sm* ● **tuorlo (d'uovo)** jaune *m* d'œuf

turacciolo [tu'rat∫t∫olo] *sm* bouchon *m*

turare [tu'rare] *vt* boucher

turbamento [turba'mento] *sm (sconcerto)* trouble *m*

turbante [tur'bante] *sm (copricapo)* turban *m*

turbare [tur'bare] *vt (sconcertare)* troubler

turbolento, a [turbo'lɛnto, a] *agg (persona)* turbulent(e)

turchese [tur'keze] *agg* turquoise ◇ *sm* 1. *(colore)* turquoise *m* 2. *(pietra)* turquoise *f*

Turchia [tur'kia] *sf* ● **la Turchia** la Turquie

turchino, a [tur'kino, a] *agg* turquoise

turismo [tu'rizmo] *sm* tourisme *m*

turista, i, e [tu'rista, i, e] *smf* touriste *mf*

turistico, a, ci, che [tu'ristiko, a, t∫i, ke] *agg* touristique

turno ['turno] *sm* 1. *(di gioco)* tour *m* 2. *(di lavoro)* équipe *f* ● **è il tuo turno** c'est ton tour ● **a turno** à tour de rôle ● **essere di turno** être de service

turpiloquio [turpi'lɔkwjo] *sm* propos *mpl* obscènes

tuta ['tuta] *sf* 1. *(da lavoro)* bleu *m* de travail 2. *(sportiva)* survêtement *m*

tutela [tu'tɛla] *sf (salvaguardia)* protection *f*

tutelare [tute'lare] *vt (difendere)* défendre, protéger ◆ **tutelarsi** *vr* se protéger

tutina [tu'tina] *sf* 1. *(da bambino)* grenouillère *f* 2. *(da danza)* justaucorps *m*

tutor ['tjutɔr] *smf inv* tuteur *m*, -trice *f*

tuttavia [tutta'via] *cong* toutefois, cependant

tutto, a ['tutto, a] *agg* 1. *(la totalità di)* tout(e) ● **tutto il giorno** toute la journée ● **in tutta Europa** dans toute l'Europe ● **tutti i presenti** toutes les personnes présentes ● **tutti e cinque** tous les cinq

2. *(ogni)* ● **tutti(e)** tous (toutes) ● **telefona tutti i giorni** il/elle téléphone tous les jours ● **in tutti i casi** dans tous les cas ● **tutte le volte (che)** à chaque fois (que)

3. *(esclusivamente)* ● **è tutta una messinscena** c'est du cinéma ● **è tutta colpa tua** c'est entièrement ta faute

4. *(molto)* tout(e) ● **è tutto contento** il est tout content

◇ *pron (la totalità)* tout(e) ● **bevilo tutto** bois tout ● **verremo tutti** nous viendrons tous ● **tutti** *(la totalità della gente)* tout le monde, tous ● **la legge è uguale per tutti** la loi est la même pour tout le monde o pour tous

● **tutto** *pron (ogni cosa)* tout ● **mi ha raccontato tutto** il/elle m'a tout raconté ● **non è tutto** ce n'est pas tout ● **mangio un po' di tutto** je mange un peu de tout ● **in tutto fanno 200 euro** cela fait 200 euros en tout ● **in tutto e per tutto** en tout et pour tout ● **tutto compreso** tout compris ● **tutto esaurito** complet ● **tutto sommato** tout compte fait

◇ *avv (interamente)* ● **tutt'altro** pas du tout ● **tutto il contrario** tout le contraire ● **non ne sono convinto del tutto** je n'en suis pas tout à fait convaincu ● **tutt'al più** au plus

◇ *sm* ● **il tutto** le tout

tuttora [tut'tora] *avv* encore, toujours

tutù [tu'tu] *sm inv* tutu *m*

tv [tiv'vu] *sf inv* télé *f*

tweed [twid] *sm inv* tweed *m*

ubbidiente [ubbi'djente] *agg* obéissant(e)

*u*U

ubbidire [ubbi'dire] ♦ **ubbidire (a)** *v+prep* 1. obéir (à) 2. (*sog : macchina, veicolo*) répondre (à)

ubriacare [ubria'kare] *vt* enivrer, soûler ♦ **ubriacarsi** *vr* s'enivrer, se soûler

ubriaco, a, chi, che [ubri'ako, a, ki, ke] *agg* soûl(e) ◇ *sm, f* ivrogne *mf*

uccello [ut∫'t∫ello] *sm* oiseau *m*

uccidere [ut∫'t∫idere] *vt* tuer ♦ **uccidersi** *vr* se tuer

Ucraina ['ukrajna o ukra'ina] *sf* ♦ **l'Ucraina** l'Ukraine *f*

udienza [u'djentsa] *sf* audience *f*

udire [u'dire] *vt* entendre

udito [u'dito] *sm* ouïe *f*

UE ['ue] (*abbr di Unione Europea*) *sf* UE *f* (*Union Européenne*)

uffa ['uffa] *esclam* quelle barbe !

ufficiale [uffi't∫ale] *agg* officiel(elle) ◇ *sm* officier *m* ♦ **pubblico ufficiale** officier *m* public o ministériel

ufficialmente [uffit∫al'mente] *avv* officiellement

ufficio [uf'fit∫o] *sm* 1. (*stanza*) bureau *m* 2. (*incarico*) fonctions *fpl* ♦ **ufficio cambi** bureau de change ♦ **ufficio di collocamento** ≃ ANPE *f* (*Agence Nationale Pour l'Emploi*) ♦ **ufficio informazioni** (bureau des) renseignements *mpl* ♦ **ufficio oggetti smarriti** (bureau des) objets *mpl* trouvés ♦ **ufficio postale** bureau de poste ♦ **ufficio turistico** office *m* du tourisme

Uffizi [uf'fitstsi] *smpl* ♦ **gli Uffizi** les Offices *mpl*

ufo ['ufo] ♦ **a ufo** *avv* aux frais d'autrui

UFO ['ufo] (*abbr di Unidentified Flying Object*) *sm inv* OVNI *m* (*objet volant non identifié*)

uggioso, a [ud∫'d∫ozo, a] *agg* maussade

uguaglianza [ugwaʎ'ʎantsa] *sf* égalité *f*

uguagliare [ugwaʎ'ʎare] *vt* 1. égaler 2. (*siepe, erba*) égaliser

uguale [u'gwale] *agg* 1. égal(e) 2. (*identico*) pareil(eille) ◇ *avv* pareil ♦ **uguale a** (*identico*) pareil(eille) que ; (*pari*) égal(e) à

ugualmente [ugwal'mente] *avv* **la ringrazio ugualmente** je vous remercie quand même ♦ **qui tutte le città sono ugualmente belle** ici, toutes les villes sont aussi belles les unes que les autres

ulcera ['ult∫era] *sf* ulcère *m*

ulivo [u'livo] *sm* = olivo

ulteriore [ulte'rjore] *agg* supplémentaire

ultimare [ulti'mare] *vt* achever, terminer

ultimatum [ulti'matum] *sm inv* ultimatum *m*

ultimo, a ['ultimo, a] *agg & sm, f* dernier(ère) ♦ **da ultimo** enfin, à la fin ♦ **fino all'ultimo** jusqu'au bout, jusqu'à la fin ♦ **per ultimo** en dernier

ultras [ul'tras] *smf inv* hooligan *m*

ultravioletto, a [ultravjo'letto, a] *agg* ultraviolet(ette)

ululare [ulu'lare] *vi* **1.** *(lupo)* hurler **2.** *(cane)* aboyer

umanità [umani'ta] *sf inv* humanité *f*

umano, a [u'mano, a] *agg* humain(e)

Umbria ['umbrja] *sf* • **l'Umbria** l'Ombrie *f*

umidità [umidi'ta] *sf inv* humidité *f*

umido, a [u'mido, a] *agg* humide ♦ **umido** *sm* • **in umido** en sauce

umile ['umile] *agg* humble

umiliante [umi'ljante] *agg* humiliant(e)

umiliare [umi'ljare] *vt* humilier ♦ **umiliarsi** *vr* s'abaisser, s'humilier

umiliazione [umiljats'tsjone] *sf* humiliation *f*

umore [u'more] *sm* humeur *f* • **essere di buon/cattivo umore** être de bonne/mauvaise humeur

umorismo [umo'rizmo] *sm* humour *m*

umoristico, a, ci, che [umo'ristiko, a, tʃi, ke] *agg* humoristique

un [un] ➤ **uno**

un' [un] ➤ **uno**

una ['una] ➤ **uno**

unanime [u'nanime] *agg* unanime

unanimità [unanimi'ta] *sf inv* unanimité *f* • **all'unanimità** à l'unanimité

uncinetto [untʃi'netto] *sm* crochet *m*

undicesimo, a [undi'tʃezimo, a] *agg num* onzième ♦ **undicesimo** *sm* **1.** *(frazione)* onzième *m* **2.** *(piano)* onzième étage *m*

undici ['unditʃi] *num* onze • **ha undici anni** il/elle a onze ans • **sono le undici** il est onze heures • **l'undici gennaio** le onze janvier • **pagina undici** page onze • **erano in undici** ils étaient onze

ungere ['undʒere] *vt* **1.** enduire **2.** *(macchiare)* faire des taches de graisse sur

♦ **ungersi** *vr* • **ungersi i pantaloni** faire des taches de graisse sur son pantalon

ungherese [unge'rese] *agg* hongrois(e) ◇ *smf* Hongrois *m*, -e *f* ◇ *sm (lingua)* hongrois *m*

Ungheria [unge'ria] *sf* • **l'Ungheria** la Hongrie

unghia ['ungja] *sf* ongle *m*

unicamente [unika'mente] *avv* uniquement

unico, a, ci, che ['uniko, a, tʃi, ke] *agg* unique

unifamiliare [unifami'ljare] *agg* ➤ **villetta**

unificare [unifi'kare] *vt* **1.** *(unire)* unir **2.** *(uniformare)* uniformiser

uniformare [unifor'mare] *vt* adapter ♦ **uniformarsi** *vr+prep* s'adapter à

uniforme [uni'forme] *agg* uniforme ◇ *sf* uniforme *m*

unione [u'njone] *sf* union *f* • **l'Unione Europea** l'Union Européenne

unire [u'nire] *vt* **1.** *(mettere insieme)* joindre **2.** *(accomunare)* unir **3.** *(collegare)* relier ♦ **unirsi** *vr* **1.** s'unir **2.** *(strade)* se rejoindre

unità [uni'ta] *sf inv* unité *f* • **unità di misura** unité de mesure

unito, a [u'nito, a] *agg* **1.** *(persone)* uni(e) **2.** *(oggetti)* attaché(e)

universale [univer'sale] *agg* universel(elle)

università [universi'ta] *sf inv* université *f*

universitario, a [universi'tarjo, a] *agg* universitaire

universo [uni'verso] *sm* univers *m*

uno, a ['uno, a] *(al m diventa* un *davanti vocale,* h, *consonante,* uno *davanti* s + *consonante,* gn, ps, x, y, z; *al f diventa* una *davanti consonante,* un' *davanti vocale o* h) *art* un (une) ● **un albero** un arbre ● **una donna** une femme
◇ *pron*
1. un (une) ● **uno dei miei libri/dei migliori** un de mes livres/des meilleurs ● **l'un l'altro** l'un l'autre ● **l'uno o l'altro** l'un ou l'autre ● **gli uni e gli altri** les uns et les autres
2. *(un tale)* ● **sta parlando con uno** il/elle est en train de parler avec quelqu'un ● **esce con una che non mi piace** il sort avec une fille qui ne me plaît pas
3. *(chiunque)* on ● **a volte uno non ci crede** parfois, on n'y croit pas
◆ **una** *sf* è **l'una** il est une heure ● **uno** *num* uno ● **da pagina uno a pagina sei** page un à six

¹**unto** ['unto] *sm* graisse *f*
²**unto** ['unto, a] *pp* ▶ **ungere**

untuoso, a [un'twozo, a] *agg* gras (grasse)

uomo ['wɔmo] *(pl* **uomini** ['wɔmini]) *sm* homme *m* ● **uomo d'affari** homme d'affaires ● **da uomo** pour homme

uovo ['wɔvo] *(fpl* **uova**) *sm* œuf *m* ● **uovo in camicia** œuf poché ● **uovo alla coque** œuf à la coque ● **uovo di Pasqua** œuf de Pâques ● **uovo sodo** œuf dur ● **uovo al tegamino** œuf sur le plat ● **uova strapazzate** œufs brouillés

uragano [ura'gano] *sm* ouragan *m*

urbano, a [ur'bano, a] *agg* urbain(e)

urgente [ur'dʒente] *agg* urgent(e)

urgenza [ur'dʒentsa] *sf* urgence *f* ● **d'urgenza** d'urgence

urgere ['urdʒere] *vi* être urgent(e)

urina [u'rina] *sf* urine *f*

urlare [ur'lare] *vt & vi* hurler

urlo ['urlo] *sm (di persona: fpl* **urla**; *di animale: mpl* **urli**) hurlement *m*

urna ['urna] *sf* urne *f* ● **andare alle urne** aller voter

urrà [ur'ra] *esclam* hourra !

urtare [ur'tare] *vt* **1.** heurter **2.** *(irritare)* agacer ◇ *vi* ● **urtare contro** o **in** qc se heurter contre o à qqch ◆ **urtarsi** *vr* **1.** se heurter **2.** *(irritarsi)* se vexer

urto ['urto] *sm* choc *m*

USA ['uza] *smpl* ● **gli USA** les États-Unis *mpl*

usa e getta [uzaedʒ'dʒetta] *agg inv* jetable

usanza [u'zantsa] *sf* coutume *f*

usare [u'zare] *vt* utiliser ● **usare fare qc** avoir l'habitude de faire qqch ● **(si) usa così** c'est la coutume o l'usage

usato, a [u'zato, a] *agg* **1.** *(consumato)* usé(e) **2.** *(di seconda mano)* d'occasion
◆ **usato** *sm* occasions *fpl*

USB [uesseb'bi] *agg inv* ● **penna** o **chiave USB** clé *f* USB ● **porta USB** port *m* USB

usciere [uʃ'ʃere, a] *sm, f* huissier *m*

uscio ['uʃʃo] *sm* porte *f*

uscire [uʃ'ʃire] *vi* sortir ● **a che ora esci dall'ufficio?** tu sors du bureau à quelle heure ? ● **uscire di casa** sortir de chez soi ● **uscire di strada** quitter la route

uscita [uʃ'ʃita] *sf* **1.** sortie *f* **2.** COMM dépense *f* ● **uscita di emergenza** o **di sicurezza** sortie de secours

usignolo [uzin'ɲɔlo] *sm* rossignol *m*

uso ['uzo] *sm* **1.** utilisation *f* **2.** *(abitudine)* coutume *f*, tradition *f* ● **fuori uso** hors d'usage ▼ **per uso esterno** usage externe

ustionare [ustjo'nare] *vt* brûler ◆ **ustionarsi** *vr* ● **ustionarsi le braccia** se brûler les bras

ustione [us'tjone] *sf* brûlure *f*

usuale [uzu'ale] *agg* habituel(elle)

usufruire [uzufru'ire] ◆ **usufruire di** *v+prep* bénéficier de

usuraio, a [uzu'rajo, a] *sm, f* usurier *m*, -ère *f*

utensile [uten'sile o u'tensile] *sm* outil *m* ● **utensili da cucina** ustensiles *mpl* de cuisine

utente [u'tente] *smf* 1. usager *m* 2. *INFORM* utilisateur *m*, -trice *f*

utero ['utero] *sm* utérus *m*

utile ['utile] *agg* 1. utile 2. *COMM* bénéfice *m* ● **posso esserle utile?** je peux vous aider ? ● **rendersi utile** se rendre utile

utilità [utili'ta] *sf inv* utilité *f*

utilitaria [utili'tarja] *sf* (véhicule *m*) utilitaire *m*

utilizzare [utilidz'dzare] *vt* utiliser

uva ['uva] *sf* raisin *m*

uvetta [u'vetta] *sf* raisin *m* sec

V

vacanza [va'kantsa] *sf* 1. *(da lavoro)* congé *m* 2. *(da scuola)* vacances *fpl* 3. *(giorno festivo)* jour *m* férié ● **andare/ essere in vacanza** aller/être en vacances ● **vacanze** *(estive)* grandes vacances ; *(di Natale, Pasqua)* vacances

vacca, che ['vakka, ke] *sf* vache *f*

vaccinare [vatt∫i'nare] *vt* vacciner

vaccinazione [vatt∫inats'tsjone] *sf* vaccination *f*

vacillare [vat∫il'lare] *vi* vaciller

vado ['vado] ➢ andare

vagabondo, a [vaga'bondo, a] *sm, f* 1. vagabond *m*, -e *f* 2. *(fannullone)* fainéant *m*, -e *f*

vagare [va'gare] *vi* errer

vagina [va'dʒina] *sf* vagin *m*

vagito [va'dʒito] *sm* vagissement *m*

vaglia ['vaʎʎa] *sm inv* mandat *m* ● **vaglia postale** mandat postal

vagliare [vaʎ'ʎare] *vt* examiner

vago, a, ghi, ghe ['vago, a, gi, ge] *agg* vague

vagone [va'gone] *sm* wagon *m* ● **vagone letto** wagon-lit *m* ● **vagone ristorante** wagon-restaurant *m*

vai ['vai] ➢ andare

valanga, ghe [va'langa, ge] *sf* avalanche *f*

Val d'Aosta = Valle d'Aosta

valere [va'lere] *vi* 1. être valable 2. *(avere valore)* valoir ◇ *vt* valoir ● **vale a dire** c'est-à-dire ● **farsi valere** se faire respecter ● **valere la pena di fare qc** valoir la peine de faire qqch ◆ **valersi di** *vr+prep* se servir de

valevole [va'levole] *agg* valable

valico, chi ['valiko, ki] *sm* col *m*

validità [validi'ta] *sf inv* validité *f*

valido, a ['valido, a] *agg* 1. efficace 2. *(valevole)* valable

valigia, g(i)e [va'lidʒa, dʒe] *sf* valise *f* ● **fare le valigie** faire ses valises

vallata [val'lata] *sf* vallée *f*

valle ['valle] *sf* vallée *f* ◆ **Valle d'Aosta** *sf* ● **la Valle d'Aosta** le Val d'Aoste

valore [va'lore] *sm* valeur *f* ◆ **valori** *smpl* **1.** *(gioielli)* objets *mpl* de valeur **2.** *(ideali)* valeurs *fpl*

valorizzare [valoridz'dzare] *vt* mettre en valeur

valoroso, a [valo'rozo, a] *agg (coraggioso)* valeureux(euse)

valso, a [ˈvalso, a] *pp* ➤ **valere**

valuta [va'luta] *sf* devise *f*

valutare [valu'tare] *vt* **1.** estimer, évaluer **2.** *(persona)* juger

valutazione [valutats'tsjone] *sf* **1.** estimation *f*, évaluation *f* **2.** SCOL évaluation *f*

valvola ['valvola] *sf* **1.** *(in motore)* soupape *f* **2.** *(in elettricità)* fusible *m*

vampata [vam'pata] *sf* bouffée *f*

vampiro [vam'piro] *sm* vampire *m*

vandalismo [vanda'lizmo] *sm* vandalisme *m*

vandalo, a ['vandalo, a] *sm, f* vandale *mf*

vanga, ghe ['vanga, ge] *sf* bêche *f*

vangelo [van'dʒelo] *sm* évangile *m*

vanificare [vanifi'kare] *vt* rendre vain(e)

vaniglia [va'niʎʎa] *sf* vanille *f*

vanità [vani'ta] *sf inv* vanité *f*

vanitoso, a [vani'tozo, a] *agg* vaniteux(euse)

vanno ['vanno] ➤ **andare**

¹**vano** ['vano] *sm* **1.** *(stanza)* pièce *f* **2.** *(apertura)* embrasure *f*

²**vano, a** ['vano, a] *agg* vain(e)

vantaggio [van'taddʒo] *sm* **1.** avantage *m* **2.** SPORT *(distacco)* avance *f* ● **trarre**

vantaggio da qc tirer profit de qqch ● **essere in vantaggio** SPORT mener

vantaggioso, a [vantadʒ'dʒozo, a] *agg* avantageux(euse)

vantarsi [van'tarsi] *vr* ● **vantarsi (di fare qc)** se vanter (de faire qqch)

vanvera [van'vera] *sf* ● **parlare a vanvera** parler à tort et à travers

vapore [va'pore] *sm* vapeur *f* ● **vapore acqueo** vapeur d'eau ● **cuocere a vapore** cuire à la vapeur

vaporetto [vapo'retto] *sm* bateau *m* à vapeur

vaporizzatore [vaporidzdza'tore] *sm* vaporisateur *m*

vaporoso, a [vapo'rozo, a] *agg* vaporeux(euse)

varare [va'rare] *vt* **1.** *(legge)* adopter **2.** *(nave)* lancer

varcare [var'kare] *vt* franchir

varco, chi ['varko, ki] *sm* passage *m*

variabile [va'rjabile] *agg* variable

variante [va'rjante] *sf* variante *f*

variare [va'rjare] *vt (modificarsi)* changer ◇ *vi* **1.** changer **2.** *(essere diverso)* varier

variazione [varjats'tsjone] *sf* variation *f*

varice [va'ritʃe] *sf* varice *f*

varicella [vari'tʃella] *sf* varicelle *f*

variegato, a [varje'gato, a] *agg (dolce)* marbré(e)

varietà [varje'ta] *sf inv* variété *f* ◇ *sm inv* spectacle *m* de variétés

vario, a ['varjo, a] *agg (svariato)* varié(e) ◆ **vari, varie** *agg pl* **1.** *(numerosi)* plusieurs **2.** *(diversi)* différents(es)

variopinto, a [varjo'pinto, a] *agg* bariolé(e)

vasca, sche ['vaska, ske] *sf* **1.** *(contenitore)* bassin *m* **2.** *(di piscina)* longueur *f* ● **vasca (da bagno)** baignoire *f*

vaschetta [vas'ketta] *sf* cuvette *f*

vasellame [vazel'lame] *sm* vaisselle *f*

vasetto [va'zetto] *sm* pot *m*

vaso ['vazo] *sm* vase *m* ● **vaso da fiori** vase ; *(per piante)* pot *m* de fleurs

vassoio [vas'sojo] *sm* plateau *m*

vasto, a ['vasto, a] *agg* vaste

Vaticano [vati'kano] *sm* ● **il Vaticano** le Vatican

Il Vaticano

La Cité du Vatican, située sur la rive droite du Tibre, à Rome, constitue un État indépendant au cœur de l'Italie. Résidence officielle du Pape, elle imprime ses propres timbres et sa monnaie est aujourd'hui l'euro. Avec son exceptionnelle collection d'œuvres d'art et d'antiquités, le Vatican représente l'un des plus importants centres touristiques et culturels italiens.

ve [ve] ➤ **vi**

vecchiaia [vek'kjaja] *sf* vieillesse *f*

vecchio, a ['vekkjo, a] *agg* **1.** vieux (vieille) **2.** *(sorpassato)* dépassé(e) **3.** *(precedente)* ancien(enne) ◇ *sm, f* vieux *m*, vieille *f*

veci ['vetʃi] *sfpl* ● **fare le veci di qn** remplacer qqn

vedere [ve'dere] *vt* voir ● **si vede che è uscito** il a dû sortir ● **non ci vedo molto bene** je ne vois pas très bien ● **vedere di fare qc** tâcher de faire qqch ● **farsi vedere dal medico** se faire examiner par le médecin ● **non si fa più vedere** on ne le voit plus ● **avere a che vedere con** avoir (qqch) à voir avec ● **non dare a vedere qc** ne pas laisser voir qqch ● **non poter vedere qn** ne pas pouvoir voir qqn ● **non vedere l'ora che/di** avoir hâte que/de ◆ **vedersi** *vr* se voir ● **ci vediamo! à la prochaine !**

vedovo, a ['vedovo, a] *agg & sm, f* veuf (veuve)

veduta [ve'duta] *sf* vue *f*

vegetale [vedʒe'tale] *agg* végétal(e) ◇ *sm* végétal *m*

vegetariano, a [vedʒeta'rjano, a] *agg & sm, f* végétarien(enne)

vegetazione [vedʒetats'tsjone] *sf* végétation *f*

veglia ['veʎʎa] *sf* veille *f*

veglione [veʎ'ʎone] *sm* ● **veglione di Capodanno** ◇ **di San Silvestro** réveillon *m* (de la Saint-Sylvestre) ● **veglione di Carnevale** *fête de carnaval qui dure jusqu'à l'aube*

veicolo [ve'ikolo] *sm* véhicule *m*

vela ['vela] *sf* voile *f*

velare [ve'lare] *vt* voiler

veleno [ve'leno] *sm* **1.** poison *m* **2.** *(di vipera)* venin *m*

velenoso, a [vele'nozo, a] *agg* **1.** *(sostanza)* toxique **2.** *(fungo, pianta)* vénéneux(euse) **3.** *(animale)* venimeux(euse)

velina [ve'lina] *sf* **1.** papier *m* de soie **2.** *(ragazza)* jeune femme qui participe à des émissions télévisées en tant qu'assistante ou danseuse

velivolo [ve'livolo] *sm* aéronef *m*

vellutato, **a** [vellu'tato, a] *agg* velouté(e)

velluto [vel'luto] *sm* velours *m* • **velluto a coste** velours côtelé

velo ['velo] *sm* 1. voile *m* 2. *(strato)* pellicule *f*

veloce [ve'lotʃe] *agg* rapide

velocemente [velotʃe'mente] *avv* rapidement, vite

velocità [velotʃi'ta] *sf inv* vitesse *f* • **alta velocità** *INFORM* haut débit *m*

vena ['vena] *sf* veine *f* • **non essere in vena di** ne pas être d'humeur à

vendemmia [ven'demmja] *sf* vendange *f*

vendemmiare [vendem'mjare] *vi* vendanger

vendere ['vendere] *vt* vendre ▼ **vendesi** à vendre

vendetta [ven'detta] *sf* vengeance *f*

vendicare [vendi'kare] *vt* venger • **vendicarsi** *vr* se venger • **vendicarsi di** se venger de • **vendicarsi su qn** se venger sur qqn

vendita ['vendita] *sf* vente *f* • **essere in vendita** être en vente ▼ **in vendita** qui en vente ici

venditore, **trice** [vendi'tore, 'tritʃe] *sm*, *f* vendeur *m*, -euse *f* • **venditore ambulante** vendeur ambulant

venerdì [vener'di] *sm inv* vendredi *m* • **torniamo venerdì** nous rentrons vendredi • **oggi è venerdì** nous sommes vendredi • **venerdì 6 maggio** vendredi 6 mai • **venerdì pomeriggio** vendredi après-midi • **venerdì prossimo** vendredi prochain • **venerdì scorso** vendredi dernier

• **di venerdì** le vendredi • **a venerdì!** à vendredi !

venereo, **a** [ve'nereo, a] *agg (malattia)* vénérien(enne)

Venezia [ve'nɛtstsja] *sf* Venise

veneziana [venets'tsjana] *sf (tenda)* store *m* vénitien

veneziano, **a** [venets'tsjano, a] *agg* vénitien(enne) ◇ *sm*, *f* Vénitien *m*, -enne *f*

venire [ve'nire] *vi* 1. venir 2. *(arrivare)* arriver 3. *(costare)* coûter • **venire bene** être réussi(e) • **venire male** être raté(e) • **mi viene da piangere** j'ai envie de pleurer • **mi è venuto sonno** j'ai sommeil • **quanto viene?** ça fait combien ? • **venire giù** descendre • **venire via** partir ; *(etichetta)* se décoller • **venire a sapere qc** apprendre qqch

ventata [ven'tata] *sf* coup *m* de vent

ventesimo, **a** [ven'tezimo, a] *num* vingtième ➤ **sesto**

venti ['venti] *num* vingt, ➤ **sei**

ventilare [venti'lare] *vt* ventiler

ventilatore [ventila'tore] *sm* ventilateur *m*

ventina [ven'tina] *sf* • **una ventina (di)** une vingtaine (de) • **essere sulla ventina** avoir une vingtaine d'années

vento ['vento] *sm* vent *m*

ventola ['vɛntola] *sf (del computer)* ventilateur *m*

ventosa [ven'toza] *sf* ventouse *f*

ventoso, **a** [ven'tozo, a] *agg* venteux(euse)

ventre ['vɛntre] *sm* ventre *m*

venturo, **a** [ven'turo, a] *agg* prochain(e)

venuto, **a** [ve'nuto, a] *pp* ➤ **venire**

veramente [vera'mente] *avv* 1. *(davvero)* vraiment 2. *(a dire il vero)* à vrai dire

veranda [ve'randa] *sf* véranda *f*

verbale [ver'bale] *agg* verbal(e) ◇ *sm* procès-verbal *m*

verbo ['verbo] *sm* verbe *m*

verde ['verde] *agg* vert(e) ◇ *sm* 1. vert *m* 2. *(in città)* espaces *mpl* verts

verdetto [ver'detto] *sm* verdict *m*

verdura [ver'dura] *sf* légumes *mpl*

verduraio, a [verdu'rajo, a] *sm, f* marchand *m*, -*e f* de légumes

vergine [ver'dʒine] *agg* vierge ◆ **Vergine** *sf (segno zodiacale)* Vierge *f* ● **la Vergine** la (Sainte) Vierge

vergogna [ver'goɲɲa] *sf* 1. honte *f* 2. *(imbarazzo)* timidité *f*

vergognarsi [vergoɲ'narsi] *vr* ● **vergognarsi (di)** avoir honte (de) ● **mi vergogno di chiederglielo** ça me gêne de le lui demander ça

vergognoso, a [vergoɲ'ɲozo, a] *agg* honteux(euse)

verifica, che [ve'rifika, ke] *sf* vérification *f*

verificare [verifi'kare] *vt* vérifier ◆ **verificarsi** *vr* 1. *(dimostrarsi vero)* se vérifier 2. *(accadere)* se produire

verità [veri'ta] *sf inv* vérité *f* ● **dire la verità** dire la vérité

verme ['verme] *sm* ver *m*

vermicelli [vermi'tʃelli] *smpl* vermicelles *mpl*

vermut ['vermut] *sm inv* vermouth *m*

vernice [ver'nitʃe] *sf* 1. peinture *f* 2. *(di borse, scarpe)* vernis *m* ▼ **vernice fresca** peinture fraîche

verniciare [verni'tʃare] *vt* peindre

vero, a ['vero, a] *agg* 1. vrai(e) 2. *(autentico)* véritable ◆ **vero** *sm* vérité *f*

verosimile [vero'simile] *agg* vraisemblable

verruca, che [ver'ruka, ke] *sf* verrue *f*

versamento [versa'mento] *sm* versement *m*

versante [ver'sante] *sm* versant *m*

versare [ver'sare] *vt* 1. verser 2. *(rovesciare)* renverser ◆ **versarsi** *vr* se renverser

versatile [ver'satile] *agg* polyvalent(e)

versione [ver'sjone] *sf* version *f*

verso ['verso] *prep* 1. vers 2. *(nei confronti di)* envers ◇ *sm* 1. *(di poesia)* vers *m* 2. *(di animale)* cri *m* 3. *(direzione)* sens *m* ● **non c'è verso di convincerlo** il n'y a pas moyen de le convaincre ● **fare il verso a qn** imiter qqn

vertebra [ver'tebra] *sf* vertèbre *f*

verticale [verti'kale] *agg* vertical(e) ◇ *sf* verticale *f*

vertice ['vertitʃe] *sm* sommet *m*

vertigine [ver'tidʒine] *sf* vertige *m* ● **soffrire di vertigini** avoir le vertige

vescovo ['veskovo] *sm* évêque *m*

vespa ['vespa] *sf* 1. guêpe *f* 2. *(scooter)* Vespa® *f*

La Vespa

La vespa® vit le jour en 1946. Véhicule à deux roues populaire, économique et pratique, la Vespa connut un succès immédiat : en 1950, plus de 60 000 *vespe* avaient déjà trouvé acquéreur.

vestaglia [vesˈtaʎʎa] *sf* robe *f* de chambre

veste [ˈveste] *sf* ● **in veste di** en qualité de

vestiario [vesˈtjarjo] *sm* garde-robe *f*

vestire [vesˈtire] *vt* habiller ◇ *vi* s'habiller ◆ **vestirsi** *vr* s'habiller

vestito [vesˈtito] *sm* **1.** *(da uomo)* costume *m* **2.** *(da donna)* robe ◆ **vestiti** *smpl (indumenti)* vêtements *mpl*

Vesuvio [veˈzuvjo] *sm* ● **il Vesuvio** le Vésuve

veterinario, a [veteriˈnarjo, a] *sm, f* vétérinaire *mf*

vetrata [veˈtrata] *sf* **1.** *(di casa)* baie *f* vitrée **2.** *(di chiesa)* vitrail *m*

vetrina [veˈtrina] *sf* vitrine *f*

vetro [ˈvetro] *sm* **1.** verre *m* **2.** *(di finestra, d'auto)* vitre *f* **3.** *(frammento)* éclat *m* de verre

vetta [ˈvetta] *sf* **1.** sommet *m* **2.** *(di classifica)* tête *f*

vettovaglie [vettoˈvaʎʎe] *sfpl* vivres *mpl*

vettura [vetˈtura] *sf* voiture *f*

vezzeggiativo [vettsedʤaˈtivo] *sm* diminutif *m (affectueux)*

vezzo [ˈvettso] *sm* manie *f*

vi [vi] *avv* = **ci** ◇ *pron* vous ● **ve ne andate?** vous partez ?

via [ˈvia] *sf* **1.** rue *f* ● **abito in via Dante 36** j'habite au 36, rue Dante **2.** *(percorso)* chemin *m* **3.** *(passaggio)* passage *m* **4.** *(in espressioni)* ● **via di mezzo** solution *f* intermédiaire ● **in via eccezionale** à titre exceptionnel ● **in via di guarigione** en voie de guérison ● **per via di** à cause de ◇ *prep* via ● **via aerea** par avion ● **via mare** par voie maritime ● **via terra** par voie terrestre ◇ *sm inv* signal *m* du départ ◇ *avv* ● an-

dare **via** partir ● **cacciare via** chasser ● **tirare via** enlever ● **e così via** et ainsi de suite ◇ *esclam* **1.** *(per cacciare)* va-t'en !, allez-vous en ! **2.** *(in gara)* partez !

viabilità [viabiliˈta] *sf inv* viabilité *f*

viaggiare [vjadˈʤare] *vi* **1.** voyager **2.** *(veicolo)* rouler

viaggiatore, trice [vjadʤaˈtore, ˈtritʃe] *sm, f* voyageur *m,* -euse *f*

viaggio [ˈvjadʤo] *sm* voyage *m* ● **buon viaggio!** bon voyage ! ● **essere in viaggio** être en voyage ● **fare un viaggio** faire un voyage ● **viaggio d'affari** voyage d'affaires ● **viaggio di nozze** voyage de noces

viale [ˈvjale] *sm* **1.** avenue *f,* boulevard *m* **2.** *(in un parco)* allée *f*

viavai [vjaˈvai] *sm* va-et-vient *m inv*

vibrare [viˈbrare] *vi* vibrer

vibrazione [vibratsˈtsjone] *sf* **1.** vibration *f* **2.** *(di cellulare)* vibreur *m*

vice [ˈvitʃe] *smf inv* adjoint *m,* -e *f*

vicenda [viˈtʃenda] *sf* événement *m* ● **a vicenda** *avv* mutuellement

viceversa [vitʃeˈversa] *avv* vice versa

vicinanza [vitʃiˈnantsa] *sf* proximité *f* ● **nelle vicinanze (di qc)** à proximité (de qqch)

vicinato [vitʃiˈnato] *sm* voisinage *m*

vicino, a [viˈtʃino, a] *agg* proche ◇ *sm, f* ● **vicino(a) (di casa)** voisin(e) ◇ *avv* tout près ● **da vicino** de près ◇ *prep* ● **vicino a** près de, à côté de

vicolo [ˈvikolo] *sm* ruelle *f* ● **vicolo cieco** voie *f* sans issue, impasse *f*

video [ˈvideo] *sm inv* **1.** *(schermo)* écran *m* **2.** *(musicale)* clip *m* (vidéo)

videocassetta [videokasˈsetta] *sf* cassette *f* vidéo

videocitofono [videotʃi'tɔfono] *sm* interphone *m* vidéo

videoconferenza [videokonfe'rentsa] *sf* visioconférence *f*

videogame [video'geim] *sm inv* = videogioco

videogioco, chi [video'dʒɔko, ki] *sm* jeu *m* vidéo

videoproiettore [videoprojet'tore] *sm* vidéoprojecteur *m*

videoregistratore [videoredʒistra'tore] *sm* magnétoscope *m*

videoscrittura [videoskrit'tura] *sf* traitement *m* de texte

vietare [vje'tare] *vt* ● vietare a qn di fare qc interdire à qqn de faire qqch ● vietare qc a qn interdire qqch à qqn

vietato, a [vje'tato, a] *agg* interdit(e) ▼ vietato l'accesso entrée interdite ▼ è vietato fare il bagno nelle ore notturne baignade nocturne interdite ▼ vietato fumare interdiction de fumer

vigilare [vidʒi'lare] *vt* surveiller ◇ *vi* veiller

vigile ['vidʒile] *agg* vigilant(e) ◇ *sm* ● vigile (urbano) agent *m* de police (municipale) ● vigile del fuoco pompier *m*

vigilia [vi'dʒilja] *sf* veille *f* ● la vigilia di Natale la veille de Noël

vigliacco, a, chi, che [viʎ'ʎakko, a, ki, ke] *agg & sm, f* lâche

vigna ['viɲɲa] *sf* vigne *f*

vigore [vi'gore] *sm* vigueur *f* ● in vigore en vigueur

vile ['vile] *agg* lâche

villa ['villa] *sf* villa *f*

villaggio [vil'ladʒo] *sm* village *m* ● villaggio turistico village de vacances

villano, a [vil'lano, a] *agg* grossier(ère) ◇ *sm, f* rustre *mf*

villeggiatura [villedʒdʒa'tura] *sf* vacances *fpl*

villetta [vil'letta] *sf* maison *f* ● villetta unifamiliare maison individuelle

vimini ['vimini] *smpl* **1.** osier *m* **2.** (per mobili) rotin *m*

vinavil® [vina'il o 'vinavil] *sm* colle *f* blanche

vincere ['vintʃere] *vt* **1.** gagner, remporter **2.** (avversario) battre ◇ *vi* gagner

vincita ['vintʃita] *sf* **1.** (vittoria) victoire *f* **2.** (premio) gain *m*

vincitore, trice [vintʃi'tore, 'tritʃe] *sm, f* vainqueur *m*

vincolo ['vinkolo] *sm* **1.** (legame) lien *m* **2.** (obbligo) contrainte *f*

vino ['vino] *sm* vin *m* ● vino bianco vin blanc ● vino rosso vin rouge

Il vino

Toutes les régions italiennes, sans distinction, produisent du vin, qu'il soit prestigieux ou non. En général, le nom des vins italiens indique la zone de production, comme le *Chianti*, ou le type de cépage utilisé. L'appellation *vino da tavola* est réservée aux vins bon marché, tandis que les sigles DOC (appellation d'origine contrôlée), DOCG (appellation d'origine contrôlée et garantie) et VQPRD (vin de qualité produit dans une zone délimitée) qualifient des vins de qualité supérieure.

vinto, a ['vinto, a] *pp* ➤ vincere

viola ['vjɔla] *agg inv* violet(ette) ◊ *sm inv* violet *m* ◊ *sf* violette *f*

violare [vjo'lare] *vt* violer

violentare [vjolen'tare] *vt* violer

violento, a [vjo'lento, a] *agg* violent(e)

violenza [vjo'lentsa] *sf* violence *f* ● **violenza carnale** viol *m*

violino [vjo'lino] *sm* violon *m*

viottolo ['vjɔttolo] *sm* sentier *m*

vipera ['vipera] *sf* vipère *f*

virare [vi'rare] *vi* virer

virgola ['virgola] *sf* virgule *f*

virgolette [virgo'lette] *sfpl* guillemets *mpl*

virile [vi'rile] *agg* **1.** (reazione) viril(e) **2.** (voce, aspetto) masculin(e)

virtù [vir'tu] *sf inv* vertu *f*

virtuale [vir'twale] *agg* virtuel(elle)

virus ['virus] *sm inv* virus *m*

viscere ['viʃʃere] *sfpl* viscères *mpl*

viscido, a ['viʃʃido, a] *agg* visqueux(euse)

viscosa [vis'koza] *sf* viscose *f*

visibile [vi'zibile] *agg* visible

visibilità [vizibili'ta] *sf inv* visibilité *f*

visiera [vi'zjera] *sf* visière *f*

visionare [vizjo'nare] *vt* examiner

visione [vi'zjone] *sf* vision *f*

visita ['vizita] *sf* visite *f* ● **fare visita a qn** rendre visite à qqn ● **visita medica** visite médicale

visitare [vizi'tare] *vt* **1.** visiter **2.** (sog: medico) examiner

viso ['vizo] *sm* visage *m*

vispo, a ['vispo, a] *agg* vif (vive)

vissuto, a [vis'suto, a] *pp* ➤ vivere

vista ['vista] *sf* vue *f* ● **conoscere qn di vista** connaître qqn de vue ● **a prima vista** à première vue

¹visto ['visto] *sm* visa *m*

²visto, a ['visto, a] *pp* ➤ vedere

vistoso, a [vis'tozo, a] *agg* voyant(e)

visualizzare [vizwalidz'dzare] *vt* afficher

vita ['vita] *sf* **1.** vie *f* **2.** ANAT taille *f*

vitale [vi'tale] *agg* vital(e)

vitamina [vita'mina] *sf* vitamine *f*

vite ['vite] *sf* **1.** (pianta) vigne *f* **2.** (utensile) vis *f*

vitello [vi'tello] *sm* veau *m* ● **vitello tonnato** plat froid composé de veau bouilli découpé en fines tranches et nappé d'une mayonnaise au thon

vittima ['vittima] *sf* victime *f*

vitto ['vitto] *sm* nourriture *f* ● **vitto e alloggio** le vivre et le couvert

vittoria [vit'tɔrja] *sf* victoire *f*

viva ['viva] *esclam* vive !

vivace [vi'vatʃe] *agg* vif (vive)

vivacità [vivatʃi'ta] *sf inv* vivacité *f*

vivaio [vi'vajo] *sm* **1.** (di piante) pépinière *f* **2.** (di pesci) vivier *m*

vivanda [vi'vanda] *sf* mets *m*

vivavoce [viva'votʃe] *sm inv* ● **mettere il vivavoce** (di telefono fisso) brancher o mettre le haut-parleur

vivente [vi'vente] *agg* ➤ essere

vivere ['vivere] *vt & vi* vivre

viveri ['viveri] *smpl* vivres *mpl*

vivido, a ['vivido, a] *agg* (colore) vif (vive)

vivo, a ['vivo, a] *agg* **1.** vivant(e) **2.** (fisce, intenso) vif (vive) ● **dal vivo** live, enregistré(e) en concert ● **farsi vivo (con qn)** donner de ses nouvelles (à qqn)

viziare [vits'tsjare] *vt* gâter

viziato, a [vits'tsjato, a] *agg* **1.** *(bambino)* gâté(e) **2.** *(aria)* vicié(e)

vizio ['vits:tsjo] *sm* vice *m*

vocabolario [vokabo'larjo] *sm* **1.** dictionnaire *m* **2.** *(lessico)* vocabulaire *m*

vocabolo [vo'kabolo] *sm* terme *m*

vocale [vo'kale] *agg* vocal(e) ◇ *sf* voyelle *f*

vocazione [vokats'tsjone] *sf* vocation *f*

voce ['votʃe] *sf* **1.** voix *f* **2.** *(diceria)* bruit *m*, rumeur *f* **3.** *(di vocabolario)* entrée *f* ● **a bassa voce** à voix basse ● **ad alta voce** à voix haute

voga ['voga] *sf* ● **essere in voga** être à la mode

¹vogatore [voga'tore] *sm* *(attrezzo)* rameur *m*

²vogatore, trice [voga'tore, 'tritʃe] *sm, f* rameur *m*, -euse *f*

voglia ['vɔʎʎa] *sf* envie *f* ● **avere voglia di** avoir envie de ● **levarsi la voglia di** passer son envie de ● **contro voglia** à contrecœur

voi ['voi] *pron* ● **io resto, voi andate?** moi je reste ; vous, vous y allez ? ● **voi stessi** vous-mêmes

volano [vo'lano] *sm* volant *m*

volante [vo'lante] *agg* volant(e) ◇ *sm* volant *m* ◇ *sf* brigade *f* volante

volantino [volan'tino] *sm* tract *m*

volare [vo'lare] *vi* **1.** voler **2.** *(tempo)* (s'en)voler

volata [vo'lata] *sf* *(corsa)* sprint *m*

volatile [vo'latile] *sm* volatile *m*

vol-au-vent [volo'van] *sm inv* vol-au-vent *m inv*

volenteroso, a [volente'rozo, a] *agg* plein(e) de bonne volonté

volentieri [volen'tjeri] *avv* volontiers

¹volere [vo'lere] *vt*

1. *(desiderare, esigere)* vouloir ● **cosa vuoi?** qu'est-ce que tu veux ? ● **come vuoi** comme tu veux ● **volere fare qc** vouloir faire qqch ● **ti voglio al telefono** on te demande au téléphone ● **senza volerlo** sans le vouloir ● **vorrei...** je voudrais...

2. *(permettere)* vouloir ● **i miei non vogliono che venga** mes parents ne veulent pas que je vienne

3. *(soldi)* demander ● **quanto vuole per questo orologio?** combien demandez-vous pour cette montre ?

4. *(decidersi a)* vouloir ● **la macchina non vuole partire** la voiture ne veut pas démarrer

5. *(necessitare)* ● **volerci** falloir ● **ci vuole pazienza** il en faut de la patience !

6. *(in espressioni)* ● **voler bene a** aimer qqn ● **voler dire** vouloir dire ● **volerne a qn** en vouloir à qqn ● **la leggenda vuole che...** si l'on en croit la légende...

²volere [vo'lere] *sm* volonté *f* ● **contro il volere di qn** contre la volonté de qqn

volgare [vol'gare] *agg* vulgaire

volgere ['vɔldʒere] *vt* diriger ● **il tempo volge al bello** le temps se met au beau ● **volgere al termine** toucher à sa fin

volo ['volo] *sm* vol *m* ● **volo charter** vol charter ● **volo di linea** vol régulier ● **capire qc al volo** comprendre qqch tout de suite

VO

volontà [volon'ta] *sf inv* volonté *f* • **buona volontà** bonne volonté • **a volontà** à volonté

volontariato [volonta'rjato] *sm (civile)* bénévolat *m*

volontario, a [volon'tarjo, a] *agg & sm, f* volontaire

volpe ['volpe] *sf* renard *m*

volt [volt] *sm inv* volt *m*

volta ['volta] *sf* **1.** fois *f* **2.** *(di edificio)* voûte *f* • **a sua volta** à son tour • **di volta in volta** chaque fois • **una volta** autrefois • **una volta che** une fois que • **una volta tanto** *(per una volta)* pour une fois • **uno per o alla volta** un seul à la fois • **a volte** quelquefois

voltafaccia [volta'fattʃa] *sm inv* volteface *f inv*

voltare [vol'tare] *vt & vi* tourner • **voltare l'angolo** tourner le coin de la rue • **voltare pagina** tourner la page ◆ **voltarsi** *vr* se tourner

voltastomaco [voltas'tomako] *sm* nausée *f* • **dare il voltastomaco** donner la nausée

¹**volto** ['volto] *sm* visage *m*

²**volto, a** ['volto, a] *pp* ➤ **volgere**

volubile [vo'lubile] *agg* changeant(e)

volume [vo'lume] *sm* volume *m*

voluminoso, a [volumi'nozo, a] *agg* volumineux(euse)

vomitare [vomi'tare] *vt & vi* vomir

vomito ['vomito] *sm* vomissement *m*

vongola ['vongola] *sf* palourde *f*

vorace [vo'ratʃe] *agg* vorace

voragine [vo'radʒine] *sf* gouffre *m*

vortice ['vortitʃe] *sm* tourbillon *m*

vostro, a ['vostro, a] *agg* votre (vos) • **sono vostri questi bagagli?** ces bagages sont à vous ? • **vostro padre** votre père • **un vostro amico** l'un de vos amis ◆ **il vostro, la vostra** *(mpl* **i vostri,** *fpl* **le vostre)** *pron* le vôtre (la vôtre, les vôtres)

votare [vo'tare] *vt & vi* voter

votazione [votats'tsjone] *sf* **1.** vote *m* **2.** *SCOL* note *f*

voto ['voto] *sm* **1.** vote *m* **2.** *SCOL* note *f*

vulcanico, a, ci, che [vul'kaniko, a, tʃi, ke] *agg* volcanique

vulcano [vul'kano] *sm* volcan *m*

vulnerabile [vulne'rabile] *agg* vulnérable

vuotare [vwo'tare] *vt* vider ◆ **vuotarsi** *vr* se vider

¹**vuoto** ['vwoto] *sm* **1.** vide *m* **2.** *(bottiglia)* bouteille *f* vide

²**vuoto, a** ['vwoto, a] *agg* **1.** vide **2.** *(discorso)* creux (creuse) • **andare a vuoto** ne pas avoir l'effet escompté • **parlare a vuoto** prêcher dans le désert

WW

wafer ['vafer] *sm inv* gaufrette *f*

walkman® ['wolkmen] *agg inv* walkman® *m*, baladeur *m*

water ['vater] *sm inv* **1.** W-C *mpl* **2.** *(tazza)* cuvette *f* (des W-C)

watt [vat] *sm inv* watt *m*

wc [vutʃ'tʃi o vitʃ'tʃi] *(abbr di water closet)* W-C

web [web] *agg inv* web *(inv)* ◇ *sm inv* web *m*

webcam ['webkam] *sf inv* webcam *f*

webmaster [web'master] *smf inv* webmaster *m*, webmestre *m*

week-end [wi'kɛnd] *sm inv* week-end *m*

western ['wɛstern] *sm inv* ● *(film)* western *m*

whisky ['wiski] *sm inv* whisky *m*

windsurf [wind'sɛrf] *sm inv* planche *f* à voile

wireless ['wajarles] *agg inv* sans fil *(inv)* ● connessione wireless WI-FI *m*

word processing [wordpro'tʃessing] *sm* INFORM traitement *m* de texte

würstel ['vurstel o 'vyrstel] *sm inv* saucisse *f* de Strasbourg

xenofobia [ksenofo'bia] *sf* xénophobie *f*

xilofono [ksi'lɔfono] *sm* xylophone *m*

yacht [jɔt] *sm inv* yacht *m*

yoga ['jɔga] *sm inv* yoga *m*

yogurt ['jɔgurt] *sm inv* yaourt *m*, yoghourt *m*

zZ

zabaione [dzaba'jone] *sm* sabayon *m*

zafferano [dzaffe'rano] *sm* safran *m*

zaino ['dzajno] *sm* sac *m* à dos

zampa ['dzampa] *sf* patte *f* ● a quattro zampe à quatre pattes

zampillo [dzam'pillo] *sm* jet *m*

zampirone [dzampi'rone] *sm* spirale *f* antimoustiques

zampone [dzam'pone] *sm* pied *m* de porc farci

zanna ['dzanna] *sf* 1. *(di elefante)* défense *f* 2. *(di carnivori)* croc *m*

zanzara [dzan'dzara] *sf* moustique *m*

zappa ['dzappa] *sf* houe *f*

zappare [dzap'pare] *vt* travailler la terre *(avec une houe)*

zattera ['dzattera] *sf* radeau *m*

zavorra [dza'vorra] *sf* lest *m*

zazzera ['dzadzdzera] *sf* tignasse *f*

zebra ['dzɛbra] *sf* zèbre *m* ◆ zebre *sfpl* *(fam)* passage *m* piétons

zecca, che ['tsekka, ke] *sf* 1. *(insetto)* tique *f* 2. *(officina di monete)* Hôtel *m* de la Monnaie

zelante [dze'lante] *agg* zélé(e)

zelo ['dzɛlo] *sm* zèle *m*

zenzero ['dzendzero] *sm* gingembre *m*

zeppo, a ['tseppo, a] *agg* bourré(e)

zerbino [dzer'bino] *sm* paillasson *m*

zero ['dzɛro] *sm* zéro *m* ● sotto zero au-dessous de zéro

zigomo ['dzigomo] *sm* pommette *f*

zigzag [dzig'dzag] *sm inv* ● **a zigzag** en zigzag

zimbello [dzim'bello] *sm* tête *f* de Turc

zingaro, a ['dzingaro, a] *sm, f* gitan *m*, -e *f*

zio, a ['tsio o 'dzio, 'tsia o 'dzia] *sm, f* oncle *m*, tante *f*

zip ['dzip] *sm inv* zip *m*

zippare [dzip'pare] *vt* zipper

zitella [dzi'tella] *sf* (*spreg*) vieille fille *f*

zittire [dzit'tire] *vt* faire taire

zitto, a ['dzitto, a] *agg* silencieux(euse) ● **state zitti!** taisez-vous !

zoccolo ['dzɔkkolo] *sm* sabot *m*.

zodiaco [dzo'diako] *sm* zodiaque *m*

zolfo ['dzolfo] *sm* soufre *m*

zolla ['dzɔlla] *sf* motte *f*

zolletta [dzol'letta] *sf* morceau *m* de sucre

zona ['dzɔna] *sf* zone *f* ● **zona blu** o **verde** partie du centre-ville où, à certaines heures, seuls certains véhicules sont autorisés à circuler ● **zona disco** zone *f* bleue ● **zona industriale** zone industrielle ▼ **zona industriale Z.I.** ● **zona pedonale** zone piétonnière o piétonne

zonzo ['dzondzo] ● **a zonzo** *avv* ● **andare a zonzo** flâner

zoo ['dzɔɔ] *sm inv* zoo *m*

zoom [dzum] *sm inv* zoom *m*

zoppicare [dzoppi'kare] *vi* boiter

zoppo, a ['dzɔppo, a] *agg* boiteux(euse)

zucca, che ['dzukka, ke] *sf* potiron *m*

zuccherato, a [dzukke'rato, a] *agg* sucré(e)

zuccheriera [dzukke'rjɛra] *sf* sucrier *m*

zucchero ['dzukkero] *sm* sucre *m* ● **zucchero greggio** sucre non raffiné ● **zucchero vanigliato** sucre vanillé ● **zucchero a velo** sucre glace ● **zuccheri** (*composti*) sucres

zuccheroso, a [dzukke'rozo, a] *agg* sucré(e)

zucchina [dzuk'kina] *sf* courgette *f*

zuccone, a [dzuk'kone, a] *sm, f* **1.** (*sciocco*) abruti *m*, -e *f* **2.** (*testardo*) entêté *m*, -e *f*

zuccotto [dzuk'kɔtto] *sm* bombe glacée, à base de génoise fourrée de glace ou de crème pâtissière, de fruits confits et/ou de chocolat

zuffa ['dzuffa] *sf* **1.** (*lotta*) bagarre *f* **2.** (*litigio*) dispute *f*

zuppa ['dzuppa] *sf* soupe *f* ● **zuppa inglese** génoise imbibée de liqueur et nappée de crème anglaise et de chocolat

zuppiera [dzup'pjɛra] *sf* soupière *f*

zuppo, a ['dzuppo, a] *agg* trempé(e)

Achevé d'imprimer en avril 2009 par «La Tipografica Varese» à Varese (Italie)
Dépôt légal : avril 2009